中国可持续发展功能分区研究

Zoning China Targeted to Sustainable Development

谢高地 等 著

科学出版社

北京

内 容 简 介

本书刻画了我国地形、地貌、植被、土地利用、森林、草地、湿地、自然保护区、能源等自然环境和自然资源空间格局以及社会经济发展空间格局，从居住容载、就业支持、经济发展、资源保障和生态维衡五个方面评价了不同区域可持续发展功能，建立了中国可持续发展功能分区的三级分区方案，提出了不同分区的可持续发展主导功能。

本书可作为资源与环境科学、区域发展相关领域管理人员、科研工作者、研究生和本科生的参考用书。

图书在版编目（CIP）数据

中国可持续发展功能分区研究／谢高地等著. —北京：科学出版社，2012

ISBN 978-7-03-035105-0

Ⅰ. 中… Ⅱ. 谢… Ⅲ. 区域经济发展–可持续性发展–环境功能区划–研究–中国 Ⅳ. F127

中国版本图书馆 CIP 数据核字（2012）第 155872 号

责任编辑：张　震／责任校对：宋玲玲
责任印制：徐晓晨／封面设计：无极书装

科 学 出 版 社 出版
北京东黄城根北街 16 号
邮政编码：100717
http://www.sciencep.com

北京京华虎彩印刷有限公司 印刷

科学出版社发行　各地新华书店经销

*

2012 年 8 月第 一 版　开本：889×1194　1/16
2017 年 4 月第二次印刷　印张：36 3/4　插页：2
字数：1 000 000

定价：180.00 元
（如有印装质量问题，我社负责调换）

前　言

　　确定可持续发展的功能分区，明确不同功能区在促进国家可持续发展中的地位与作用，是我国构建和谐社会、实施可持续发展战略的重大需求。以行政区划为基础的传统区划发展模式往往会忽视地理单元、自然资源分布、区位空间结构特点以及社会经济发展的内在区域差异性和相互依赖性，导致我国在社会经济发展与生态环境建设中不同行政区域的主导功能和发展方向同构化、区域合作中的行政壁垒、自然资源过度消耗和生态环境退化。

　　因此，需要结合区域实地综合调研，借鉴国际经验，通过技术集成和系统模拟的方式，系统地分析我国区域可持续发展的资源、环境和社会经济状况及其与空间的联系，提出可持续发展功能分区的指标体系，确定可持续发展的功能分区，明确不同区域在促进国家可持续发展中的功能定位。在此基础上，构建功能明确、分工合理、优势互补的区域发展格局，促进我国社会经济空间结构向良性方向演进，提高生产要素的空间配置效率，缓解我国战略资源的压力，加速我国的可持续发展进程，为构建和谐社会、应对全球化的挑战奠定坚实的可持续发展基础。

　　自然资源与环境是开展可持续发展功能分区的物质基础和出发点。本书首先展示了我国自然环境和自然资源空间格局，包括地形、地貌、植被、土地利用、森林、草地、湿地、自然保护区、土地荒漠化、能源（煤炭、石油、水能、太阳能、风能和生物质能）等，以及社会经济发展的空间格局，包括人口、城镇化以及新经济区。然后，从生产、生活和生态三个方面评价了可持续发展要素对可持续发展战略的支撑作用，在评价结果基础上，提出了未来实现可持续发展战略的可持续发展要素功能分区方案。涉及的可持续发展要素包括人居功能、粮食生产功能、水生态功能以及综合生态功能。之后，综合可持续发展要素研究成果，开展了中国可持续发展综合功能评价，从居住容载、就业支持、经济发展、资源保障和生态维衡五个方面评价了中国可持续发展现状。最后，在中国可持续发展综合功能评价结果基础上，建立了中国可持续发展功能分区的三级分区方案，提出了不同分区的可持续发展主导功能。

　　国家正在落实科学发展观，加强政府对地域空间的管理和调控，正在不断对国土资源开发、保护和区域发展的战略性问题做出科学的安排。2000年以来，国家发展和改革委员会先后组织开展了京津冀都市圈区域规划、长江三角洲地区区域规划、珠江三角洲规划等跨区域规划；2009年以来，黄河三角洲高效生态经济区、海峡西岸经济区、海南旅游规划区、关中-天水经济区等新的区域不断形成；近来中共中央关于制定"十二五"规划的建议明确提出实施主体功能区战略，要求："按照全国经济合理布局的要求，规范开发秩序，控制开发强度，形成高效、协调、可持续的国土空间开发格局。对人口密集、开发强度偏高、资源环境负荷过重的部分城市化地区要优化开发。对资源环境承载能力较强、集聚人口和经济条件较好的城市化地区要重点开发。对影响全局生态安全的重点生态功能区要限制大规模、高强度的工业化城镇化开发。对依法设立的各级各类自然文化资源保护区和其他需要特殊保护的区域要禁止开发。基本形成适应主体功能区要求的法律法规、政策和规划体系，完善绩效考核办法和利益补偿机制，引导各地区严格按照主体功能定位推进发展。"

　　本书可用以查阅我国不同区域自然资源和环境状况，了解不同区域的各项可持续发展要素对可持续发展战略的支撑作用，获知不同区域所处的人居功能分区、粮食生产功能分区、水生态功能分区、综合生态功能分区以及可持续发展功能分区，为实施主体功能区战略、制定区域可持续发展战略提供重要依据。

　　本书内容是国家科技支撑课题"可持续发展功能分区技术开发"部分成果，该课题是中国 21 世纪议程管理中心负责的国家科技支撑项目"提高区域协调度的多尺度计算机仿真技术研发"的课题之一。在课题进行过程中，中国 21 世纪议程管理中心郭日生主任、周元副主任、周海林处长、孙新章博士、刘荣霞博士对整个研究工作进行了长期的指导、管理和讨论，可以说没有他们的支持，本书是无法完成的，在此表示衷心的感谢。

可持续发展功能分区技术开发课题组

2012 年 3 月

目　　录

彩图

1

绪论：区划的进展

谢高地　曹淑艳　肖　玉

分区或区划就是区域的划分，行政区划、自然区划、生态区划、经济区划、功能区划是分区家族谱系的五大主体类型。美欧发达国家在自然区划、生态区划和经济区划方面都开展了长期研究，尤其是在将陆地与海洋、生态与经济相结合考虑形成的生态经济区划方面，将经济区划落实在空间规划中，以规范人类经济活动的开发秩序和方式，采用"空间鼓励"、"空间准入"、"空间限制"等措施促进区域公平发展的做法，对中国具有重要启迪意义。中国经过近百年的努力，在综合自然区划、生态区划和经济区划方面不断取得进展，近年来，在生态功能区划、环境功能区划和主体功能区划方面取得了新的突破，上述这些区划的成果对区域的发展都是必需的且都发挥着重要的指导作用。但是区域空间是具有多功能性的，区域内部多功能之间的失衡与不同区域多功能之间的失衡都会危及中国的可持续发展。如何在生态区划、经济区划、自然区划等已有区划的基础上，综合考虑人与自然的关系，根据区域所处的发展状态，面临的人地矛盾冲突与资源约束，将区域划分成不同可持续发展功能区，并阐明不同区域的可持续发展方向、模式与途径，为决策部门实施可持续发展的空间规划与管理决策提供导向性知识，是一个迫切需要完成的区划任务。

1.1　区划的产生与类型

分区又称为区划，就是区域的划分。地理学区域学派赫特纳（A. Hettner）指出，区域就其概念而言是整体的一种分割，一种地理区划就是不断地分解它的部分（赫特纳，1983）。分区的概念外延比较广泛，可谓是对各种区域划分的高度概括。

1.1.1　分区的产生与简要发展

分区工作是人们对自然界这一客观存在实体在空间分布的相似性与差异性规律的认识积累到一定程度的结果。19世纪初，近代地理学的创始人、德国地理学家洪堡（A. V. Humboldt）首创了世界等温线图，指出气候不仅受到纬度的影响，而且与海拔、距海远近以及风向等因素有关，并把气候与植被的分布有机地结合起来。俄国地理学家道库恰耶夫（Dokuchaev）提出了成土因素学说并按气候来划分土壤带。与此同时，霍迈尔（H. G. Hommever）提出了地表自然区划和区划主要单元内部逐级分区的概念，即大区（land）—区域（landschaft）—地区（gegend）—小区（ort），从而开创了现代自然区域划分的先河（燕乃玲，2007；郑度等，2005）。Merrian（1898）对美国的生命带和农作物带进行了详细的划分，这是人们首次以生物作为自然分区的依据。道库恰耶夫（1899）根据土壤地带发展了自然地带学说，同时也由自然地带的概念发展了生态区（ecoregion）的概念，指出"气候、植被和动物在地球表面的分布，皆按一定严密的顺序，由北向南有规律地排列着，因而可将地球表层分成若干个带"。1905年，英国生态学家 Herbertson 对全球主要自然区域单元进行了介绍和分类，首次完成了世界自然区的方案。1913 年，苏联贝尔格（Berg）详细地描述了景观地带（landscape zone）的概念，并完成了苏联的景观地带图。1928 年，Fenneman 提出了美国地文区划，主要依据地貌将美国划分为区（division）、省（province）和地段（section）三个等级。然而由于认识的局限性和调查研究的不充分，早期的自然地域划分主要停留在对自然界表面的认识上，缺乏对自然界内在规律的了解和揭示，区域划分的指标主要是基于气候、地貌等单一要素，属于单要素自然区划（郑度，2008）。这种情况一直持续到 20 世纪 40 年代。20 世纪 40 年代以后，应政府和农业部门要求，俄罗斯学者开展了综合自然区划研究，对综合自然区划的理论和实践做了较系统的研究和总结。

生态区划的产生几乎与自然区划同步，其标志为 1899 年生态区概念的提出。此后，一系列以气候为主导因素的植被类型区划陆续出现。其中，Koppen（1931）的生物气候分类法、Holdridge（1947）的生态地带、Hornthwaite（1948）的水分平衡法、Penman 的蒸散公式及 Kira（1945 和 1976）的热量指数和干湿度指数法，在植被类型区分方面发挥了重要的作用。更准确地说，这些研究所采用的植被–气候分类系统，起到自然气候分区与生物分区的双重作用。期间 Dice（1943）提出的生物省（biotic province）的概念成为生态区划的重要分级类型之一。1967 年，Crowley 在进行加拿大生态分类区划时，建议将植物、动物、土壤、气候与地形的研究整合，从而将生态区划由以往的生物层面提升到生态系统层面。但是直到 1976 年，世界上第一个生态区划方案和地图才真正诞生（Bailey，1976）。自此，分区不仅仅是地理学的热点，也逐渐成为生态学的热点，在自然资源与生态保护方面发挥了重要作用。生态经济区划、生态功能区划也随之逐步产生并发生起来（Sombroek et al.，2000；Udvardy，1975）。

20 世纪初，一些学者开始从经济地理的角度探讨区划问题，推动经济区划的产生与逐步发展。例如，20 世纪 20 年代，美国威斯康星州引入区划手段，解决森林皆伐土地税收滞纳恶性循环问题。但最早的区划，可以追溯到 19 世纪初。1826 年，杜能发表的名著《孤立国》，从产业发展的角度集中阐述了农业土地利用最优区位的布局思想。

伴随分区从认识性区划向认识性区划与应用性区划并重的转变，功能区划就开始萌芽。服务于生物保护目的的生态区划、旨在促进农业发展的农业经济区划，以及最近发展起来的生态功能区划与主体功能区划，在某种程度上，都属于功能区划的范畴。

行政区划是历史上行之最早的一种区划，它与国家同时诞生。当人类社会发展到阶级社会时，统治阶级为了便于自身行使"统治"的权利，把所辖领地分解成不同等级的行政单元。在过去的社会里，通常以面积的大小、人口的多寡和赋税的多少作为行政区划的标准。

1.1.2 分区的家族谱系

行政区划、自然区划、生态区划、经济区划和功能区划是分区家族谱系的五大主体类型。除了行政区划外，每类区划又包括众多子类型。由于这四类区划并无截然的分界，有时一些区划子类型可能同属于不同的区划大类。例如，植被区划既属于自然区划，也属于生态区划。再如，自然保护区区划与农业区划，既属于生态区划，也属于功能区划。

自然区划：按区划对象的复合程度，自然区划包括部门自然区划和综合自然区划两部分（蒙吉军，2005）。部门自然区划是对某一自然地理成分的区划，如地貌区划、气候区划、水文区划、土壤区划、植被区划、动物区划等，是按照它们自然特征的相似性和差异性逐级进行区域划分，并根据各区划单位自然特征的相似程度和差异程度排列成一定的区域等级系统。综合自然区划（integrated physio-geographical regionalization）着眼于自然地理环境的整体结构，对自然综合体进行区域划分。这种自然区划以空间地理规律为指导，根据区域发展的统一性、区域空间的完整性和区域综合自然特征的一致性，逐级划分或合并自然地域单位，并按这些地域单位的从属关系建立一定形式的地域等级系统。按区划的内容角度，自然区划包括一般科学性的（或称认识性的）区划和专业性的（或称应用性的）区划（李万，1990）。前者不与解决任何具体实际任务相联系，主要目的是科学地反映地表综合体；后者则是为了解决具体任务，满足生产的要求。一般来说，认识性区划是应用性区划的基础，应用性区划则是以人类某项需求为中心，对一般科学性区划的调整与升华，二者可分为三种基本类型（图1.1）。

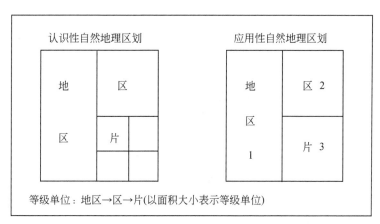

图1.1　认识性区划和应用性区划关系图

生态区划：按区划的对象及其复合程度，生态区划可被划分为：①单要素生物区划，如植被区划、动物区划、鸟类区划（张荣祖，1987；吴征镒，1979）；②单要素生态系统区划，如草地生态系统区划、森林生态系统区划、水域生态系统区划（Olson et al.，2001；Abell et al.，2008；Apalding et al.，2007）；③多要素生态系统区划，如土地利用区划；④生态系统综合区划，如生态系统生产力区划、生态资产区划（徐继填等，2001；陈百明等，2003）；⑤服务于特定目的的生态系统管理区划，如风沙源防治区划、水土流失防治区划、生物多样性保护区划（段淑怀等，2003）。生态区划也可从区划的内容角度出发，被分解为认识性生态区划与应用性生态区划两大子类。

经济区划：一般被分为综合经济区划、部门经济区划与局部经济区划三个亚类。综合经济区划以国民经济的所有生产部门为对象，将研究区域的所有领土划分为若干经济区，目的在于服务地区合理配置生产力。部门经济区划则以国民经济的某一个生产部门为对象来划分研究区域，如种植业生产部门区划、林业生产部门区划、矿业区划等。人口是重要的经济生产要素之一，因而，在某种意义上，人口区划也属于经济区划的一类部门类型。在很多情况下，各部门经济区划还可以再分，如种植业生产部门可以根据作物品种，再细分为小麦生产区划、水稻生产区划、经济作物生产区划等；再如，矿业区划可以按资源类型，细分为煤业区划、水电区划等。局部经济区划是为了解决某一特殊问题、达成特殊目的、完成特殊任务而进行的区划，例如农业机械化区划、土壤改良利用区划等（沈梓培，1957）。从区划内容的角度看，经济区划理论上也分为认识性区划与应用性区划两个亚类，但在实际应用中，更多的是采用应用性经济区划。

功能区划：按区划指向的系统类型，功能区划可被划分为生态功能区划、经济功能区划、环境要素（水环境、大气环境、生物环境、土壤环境、声环境）功能区划三个子类。与自然区划类型类似，按区划内容的角度，功能区划可被分解为认识性功能区划与应用性功能区划，前者以刻画、反映区域对象的规律、特征为主要目的，如生态系统生产力区划、区域生态经济区划；后者以完成特定应用目的为主要目的，如生态系统恢复区划、各类环境要素功能区划、林业经济区划等。

1.2　国外区划研究进展

美欧发达国家在自然区划、生态区划和经济区划方面都开展了长期研究。在生态经济区划方面采用的"空间鼓励"、"空间准入"和"空间限制"等措施在规范人类经济活动开发秩序、促进区域公平发展方面发挥了重要作用，对中国的区划发展具有重要的启迪作用。

1.2.1 生态系统区划

生态区划的前身是"生态土地分类"，是在社会强烈需求下，综合自然区划的功能由认识性向应用性转变的结果。"生态土地类型"这一术语最初来自欧洲，被定义为识别、刻画与绘制生态系统的工作。

20 世纪 30 年代欧洲对土地利用规划评价的强烈需求，推动了生态土地分类的形成与发展。当时，生态分类主要被作为大尺度规划（如农业土地和森林保护）的工具。与欧洲不同，生态区划在美国的发展最初是源于人们对自然灾害与资源开采过程进行资源保护管理的需求。到了 20 世纪七八十年代，随着美国人民与政府对环境影响的认识逐渐增强，人们开始重新关注结构化生态数据评价工作，这使得可以表达生态系统结构复杂性与相互联系的多因子分类系统逐步形成，并用以解决生态系统多重利用与生物多样性保护问题。1976 年美国生态学家 Bailey 将生态区定义为"代表了一组地理区域或一组功能相似的生态系统的地理地带"，并绘出了第一张生态区划地图。在 Bailey 的划分方法中，以气候和植被作为主要选择性因子，并辅以地表结构或地形因素，将生态系统划分为生态域（domain）、生态区（division）、生态省（province）与生态地段（section）四个等级，建立了生态区划等级体系。生态域是具有相似气候的大陆亚区，以降水量与温度作为主要分界指标。全球生态区域分类系统中，共有四个生态域，即极地生态域、湿润温带生态域、干旱生态域与湿润热带生态域。生态区是生态域的细分，以区域气候、降水、温度以及代表性区域植被作为主要分界指标。生态省是生态区的细分，以温度、湿度的气候亚区以及主要地形特征作为分界指标。但是，作为不同生态区的山区，要结合海拔来划分生态省。生态地段，是生态省的次级分区单位，主要是根据地形特征（基岩特征、土壤形成过程、沉积物类型、植被群落分布来划分。图 1.2 是 Bailey 采用的大尺度生态区划层级系统的层次结构、辨识系统与地图单位的相对大小。

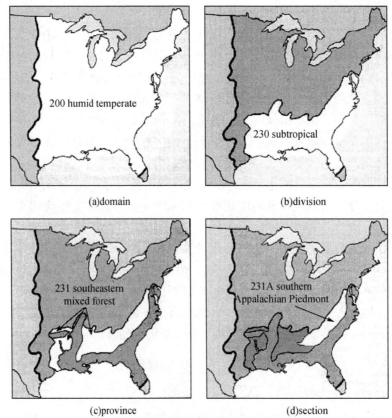

图 1.2 生态系统单位的层次结构

资料来源：Bailey，1996

Omernik 等（1997）发现，Bailey 的生态区划图不适用于水质监测与评价，于是提出了更为整体性的生态区划框架，即整体分析法（holistic analysis）。这一方法认识到了生物与非生物特征对于解释生态系统区域性的重要性，该方法还较以往更为深刻地认识到不同尺度水平的生态系统，并不总是由某一特定因子所主导。加拿大科学家 Wicken（1996）也强调生态区划的整体性方法，他认为：生态土地分类是一种描述与分类生态上具有明显区别的地球表面区域的过程，每一区域可被视为一个由可能发生的地质、地形、土壤、植被、气候、野生动物、水和人类等众多因子相互协调（mesh）与相互作用形成的独立系统；其中的任何一个或多个因子的主导作用随着生态土地单元的变化而变化；土地分类整体性方法可在不同尺度水平上应用，从很小的立地生态系统到很广泛的生态系统。Wicken（1996）提出了包括生态地带（ecozone）、生态省（ecoprovince）、生态区（ecoregion 或 ecolandscape region）和生态地区（ecodistrict）四个等级的生态区划层次系统。1991 年，加拿大生态区划工作组（Ecological Stratification Working Group）联合多个联邦机构和各省区政府，共同修订已有研究成果，建立一个共同的国家生态框架。该小组特别强调整体性方法，致力于从生态系统的角度思考、规划与行动。这需要加拿大提供一个相互融合的国家空间构造（consistent national spatial context），使得在该构造之内，总体的任何水平的生态系统均可以被描述、监测与报告，换言之，这需要加拿大建立一个报告环境状态与生态系统可持续性的共同基础。1996 年，他们出版了工作成果"加拿大国家生态框架"，在报告中描述了构建生态框架绘图的方法、生态框架的层次等级（hierarchical levels of generalization）概念模型，也描述了各类生态地带和生态区。随之，一些新的生态框架研究资料陆续发表，为生态框架研究提供了更为广泛与深入的资料，研究范围涵盖省、国家以及北美洲等不同视角。这些研究与资料包括：1996 年不列颠哥伦比亚省生态区（第四次修订），1998 年萨斯喀彻温省生态区，1998 年马尼托巴生态地带、生态区和生态地区——马尼托巴自然景观生态分类，1999 年新斯科舍生态区与生态地区等，它们形成了加拿大国家统一的陆地生态系统分类层级框架系统（Marshall，Schut，1999）（表 1.1）。

表 1.1　加拿大国家生态框架等级

生态区划等级	特征或特点描述
生态地带 （ecozone）	生态区划等级体系的最高一级，是在次大陆的尺度上定义的加拿大生态镶嵌体。他们代表了地球表面巨大的、具有高度概括性的生态单元，以生物因子与非生物因子相互作用与不断调节为主要特征。加拿大被划分为 15 个生态地带
生态省 （ecoprovince）	生态地带的进一步划分，由结构或表面形态、动物区界和植被的组合以及水文、土壤和微气候的组合决定其主要特征。例如，纽芬兰岛生态省是 Boreal Shield 生态地带的六个生态省之一
生态区 （ecoregion）	生态省的进一步划分，由具有显著差异的区域生态因子（包括气候、地貌、植被、土壤、水和动物区系）决定其主要特征。例如，海洋荒漠生态区是纽芬兰生态省的九个生态区之一
生态地区 （ecodistrict）	生态区的进一步划分，由具有显著区别的微地貌、地形、地质、土壤、植被、水体和植物组合体为主要特色。例如 Jeddore 湖生态地区是海洋荒漠生态区的五个生态地区之一

资料来源：Marshall，Schut，1999

1992 年，美国森林服务机构（USDA Forest Service）采用森林生态系统管理，并组建了生态分类与制图任务小组（Ecological Classification and Mapping Task Team，ECOMAP），目的是开发一种在多地理尺度上应用的连续性生态系统分类与绘图方法。美国森林服务机构主席认为，生态系统分类与制图是使用基础工具与科学知识为规划与实施生态系统管理提供实地单位的第一关键步骤。ECOMAP 在承袭 Bailey 生态系统分类的基础上，进一步细分了生态地段，最终发展了一套更为详细的生态分类系统（表 1.2）。

表 1.2　美国森林服务机构开发的生态区划单位层级系统

规划与分析尺度		生态单位	目的、目标与一般用途	一般区域尺度范围
生态区域 （ecoregion）	全球	生态域（domain）	广泛适用于生态建模、取样、战略规划与分析及国际生态规划	从百万至数万平方英里
	大陆	生态区（division）		
	区域	生态省（province）		
亚区（subregion）		生态区（section） 生态亚区（subsection）	广泛范围的森林规划、流域分析	从数千至数英亩
景观（landscape）		土地类型组合（landtype association）	广泛区域的森林规划、流域分析	从上千至数百英亩
土地单位（land unit）		土地类型组合（landtype association） 土地类型相（landtype phase）	项目与管理地区规划与分析	从数百到不足十英亩

　　1995 年，由加拿大、墨西哥与美国共同组成了环境合作委员会（Commission for Environmental Cooperation，CEC），旨在加强合作与公众参与，以为了当代及未来几代人的利益，促进生态环境的维持、保护与提高（conservation, protection and enhancement）。CEC 认为生态分类是以科学为基础的，但是在某种程度上，也是一种艺术，因为生态循环、生态特征与相互作用并非直观的，需要借助土壤、植被和地形特征以及其他因子来解释。因此，生态制图的区域必须被视为是现实生态系统的部分抽象。地图表述的主要生态因子相互作用形成的主要生态区域，并不能直观地反映生态系统更为动态的特征。而更抽象的特征如气候变化格局、物种动态和土壤化学循环过程，对于理解生态系统是非常重要的。在生态区划中，最初的生态参数筛选依赖于研究者进行科学分析的背景，也依赖于人们在以往工作中对最能阐述生态系统特征的指标的认识与发现，如果植被类型能实现这一功能，就选择植被类型；最终，通过解释说明过程，再考虑广泛的生态特征（包括气候、土壤、地文、水体）。CEC 还特别将土地利用和其他人类活动作为生态区划的参数，这与以往研究是非常不同的。在生态系统分类等级上，CEC 采用Ⅰ～Ⅳ四个等级组成的层次系统，其中，Ⅰ级生态区突出主要生态空间，提供大陆生态镶嵌体在全球或大洲间的宏观背景。北美洲被划分为 15 个Ⅰ级区；Ⅱ级生态区的划分能提供位于Ⅰ级区的大范围生态区的更详细描述，一般是在国家或区域视角下开展Ⅱ级区的划分；Ⅲ级生态区是描述位于Ⅱ级区的更小生态区域的特征，一般是在区域的尺度上进行；Ⅳ级生态区是Ⅲ级生态区的细分，主要是在当地（local）尺度上开展，目前，CEC 的Ⅲ、Ⅳ级生态区划还在进行中。CEC 生态区划的一个显著贡献是在研究中指出，生态系统视角是实现可持续发展的合理且实际的路径，但是生态区划很少将之作为工作原则，并计划建立广泛的基础数据库，他们还表示未来将努力从生态系统角度进行生态区划。1996 年美国生态学大会上所展示的包括大、中、小不同尺度的生态区划研究成果，显示了区划研究的新进展（Bailey，1996）。

　　在陆地生态系统区划发展的同时，水域生态系统区划也陆续进行。表 1.3 与表 1.4 分别是比较具有代表性的淡水生态系统区划研究与海洋生态系统区划研究。其中，Abell 等（Abell et al.，2008）的水域生态系统区划是在已有区域性的研究基础上的全球尺度的区划。在淡水生态系统区划中，Abell 等（2008）选择鱼类作为分类指标，利用最佳区域可得信息，描述淡水生态分区。这个区划可谓是众多已有区划的拼盘。其最大特点是，由于数据缺乏和生物地理驱动力的区域差异，没有采用统一的标准进行区划，即使在同一区域内，区划的标准也可能有所不同，生态区划的方法也是如此。对非洲，生态区划分采用专家知识与主要的河流流域相结合的由上到下的定性评价法。在流域分界并会阻隔物种分布或流域内含有内部物种分散障碍的地方，生态区就跨越流域或对流域进行细分。对前苏联，生态区划方法是：首先对不同层次的水文单元，编制水生生物的种/属/科的出现（缺失）矩阵，然后采用聚类分析与排序技术评价水文单元的生物相似性，识别出主要动物区系分界。对东南亚和南欧区划采用的是，基于公开发表与未公开发表的野外数据，由下而上方法与专家评价相结合的方法。对东亚、北欧与东欧，采用以流域为主要分类起点的由上而下方法，在合适地区，还辅以广为公认的地理格局。对加拿大，以每个一级流域的二级流域内的鱼类出现频度，采用不同的聚类方法进行区划。对大洋洲，根据特色鱼类群系（如地方种或亲缘地方种）进行区划。对墨西哥，生态区的划分是应用国家政府部门的标准水文管理区（standard administrative hydrographical region），基于相似性或差异性的定性评价进行的，在鱼类群系分布显著不同的地方，主要流域的亚单元被划分成一个独立的生态区。对中美洲，生态区根据流域子单元中鱼类出现（缺失）数据的相似性指数来划分。对南非洲，Abell 等考虑到在大洲内由于一些地区的动物群系是不同的，没有采用统一的分类标准：在一些地区，生态区以科为标准划分，而在一些地方，生态区根据一些科以下的低级分类单元的转换率划分。Abell 等（2008）的区划覆盖了地球上几乎所有的非海洋水域，共有426个单元，各生态区的大小相差很大，大的生态区达上百万平方公里，小的生态区仅20多平方公里。

表 1.3　主要淡水生态系统区划研究

研究区域	代表性研究
非洲	Roberts（1975），Skelton（1994），Lévêque（1997），Thieme et al.（2005）
欧洲	Kottelat，Freyhof（2007）
澳大拉西亚*	McDowall（1990），Allen（1991），Unmack（2001），Allen et al.（2002）
大洋洲	Keith et al.（2002）
加拿大	Scott & Crossman（1998）
美国	Maxwell et al.（1995），Abell et al.（2000）
墨西哥	Balderas（2000），Miller et al.（2005）
中美洲	Bussing（1976），Reis et al.（2003）
加勒比海	Rauchenberger（1988），Burgess，Franz（1989）
南美洲	Reis et al.（2003），Menni（2003）
全球	Abell et al.（2008a）

*澳大拉西亚：一个不明确的地理名词，一般指澳大利亚、新西兰及附近南太平洋诸岛，有时也泛指大洋洲和太平洋岛屿。

资料来源：Abell et al.，2008

表 1.4　主要海水生态系统区划研究

研究区域	区划的主要依据或特征	代表性研究
海岸带与大陆架	物种地方特有度（>10%）	Briggs（1974，1995）；Adey，Steneck（2001）
远洋	采用基于生物群系、生物地化省为核心的双层分类系统，依据海洋因子进行区划，并结合全球叶绿素数据库对区划结果进行验证或改进	Watson et al.（2003）；Alan（2004）
巨大海洋生态系统（large marine ecosystems，LMEs）	LMEs是巨大海洋区域，面积不低于200 000平方公里。这是区划没有严格的、可重复的关键分类依据，是一种专家区划系统，主要依据测海学、水文地理学、生产力与相关食物种群进行区划	Hempel，Sherman（2003）；Sherman et al.（2005）
全球性区划	研究对象主要是海岸带与大陆架水域，同时考虑深海与大陆架浮游生物群系。这里是海洋生物多样性最集中的部分 区划采用层次区划系统，主要依据分类结构，并考虑进化历史、分布格局和地理隔离	Apalding et al.（2007）

Apalding 等（2007）划分的世界海洋生态区（Marine Ecoregions of the World，MEOW）系统是在230个已有研究的基础上完成的。他们的工作流程是：①对于每个已有区划，分别查看其基础数据、生态区确定过程以及生物地理单元的界定，并考虑区划的目标；②为了便于比较，Apalding 等将许多已有生物地

理单元转化成数字地图；③向 40 多位专家咨询了意见；④确定分类机制。Apalding 等确定了三个分类原则，它们是基于可靠的生物地理基础、实用性和简约性（parsimony）。其中，基于可靠的生物地理基础是指所有空间单元都基于广泛可比的生物地理特征确定，做法是在确定分类单元边界时，通过复合研究，将各种分类或海洋驱动力有机结合起来，以最大可能地捕捉可靠的、可重现的生物多样性格局；实用性原则是由区划目标决定的，MEOW 区划的目的是开发一个在广泛的连续空间尺度上具有全球可操作性的和涵盖大陆架之外所有生境类型的嵌套式分类系统。所以，区划过程中，Apalding 等一般不采用那些将海岸带与大陆架分割成不同子生境类型的高精度分类系统。简约性原则是针对现有分区系统缺乏统一性确定的。通过采用多层嵌套（nested hierarchy），将已有分类系统的分异最小化。多层嵌套的做法是：利用那些已被广泛应用的分类系统；在更大尺度的系统内或与在其周围的其他系统上进行紧密拟合。Apalding 等（2007）提出的全球海洋生态区划系统，是由 12 个生态大区（realm）、62 个生态省（province）与 232 个生态区（ecoregions）组成的嵌套系统，形成了完整的全球海洋生态区划框架。

1.2.2　生态经济区划

生态区划研究的核心主要是自然要素，人类、人类活动及人类发展的需求很少被考虑。20 世纪 70 年代初，随着全球生态危机意识的觉醒，人们开始深刻反思人与环境之间的关系，采取多种多样的行动，保护生态环境，同时也推动了生态经济学的发展。遵循自然之道，安排社会经济活动，逐渐成为社会活动的重要准则。从以自然要素为主，到把自然约束与人类生存发展的需求与影响结合起来，是生态区划的一大新的发展，生态经济区划由此产生。生态经济区划以农业生态区划（agro-ecological zoning，AEZ）为典型代表。AEZ 最早由 FAO（1976）提出，目的是评估土地的适宜性，以用于指导农业发展规划和其他活动，但最初的研究只是对农业生态区划的概念、方法与步骤进行了概念性的描述，用于指导土地适宜性评价。早期的AEZ 主要是指导在大陆尺度上进行自然土地评价（physical land evaluation），而后发展到指导更具有针对性的土地利用（如雨养农业、灌溉农业、放牧与林业）评价（FAO，1983，1984，1985，1991）。随着应用的深化，土地评价特别是农业土地利用评价逐渐融入更多的、针对性的、定量的分析要素，用于评价生物物理资源的农业经济生产潜力（FAO，1996）。新的 AEZ 方法（FAO，1996）进一步发展了土地评价框架，它在定量分析作物生长的气候、土壤以及其他非生物因素的基础上，开展土地利用评价，将土地利用划分成若干相对均质性的土地单元作为评价土地生产潜力的基本单元，然后结合特定的农业作物，评价各单元的农业生产适宜性。AEZ 的过程见图 1.3。

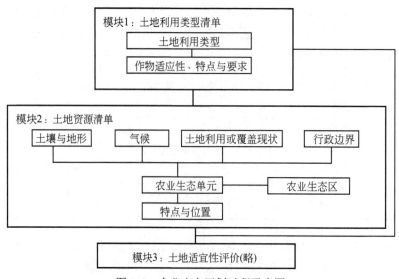

图 1.3　农业生态区划过程示意图

AEZ 应用的重要转变是土地评价方法从基于生物物理因素评估农业经济潜力到与经济因素（如农业投入成本和期望产出效益）相结合。AEZ 评价的对象是在给定的资源（自然资源、劳动力等）约束下，满足特定社会、经济目标的适宜性。决策树分析（Rossiter et al.，1993）、最优化技术与线性规划技术（Hoanh et al.，2000）、GIS 与 RS 技术（Patel et al.，2000）被逐渐引入 AEZ 之中，使得区划过程中得以更为详细地定量考虑与刻画人口、资源和发展之间的关系。特别是 GIS 技术与 RS 技术的引入与发展，大大促进了 AEZ 由基于行政基本单元发展为基于相对均质的地理网格单元，明显有利于提高区划成果的精度和准确度，而且其快速方便的特点使区划研究由静态走向动态，由平面走向立体，更能满足区域可持续发展的各方面需求（肖燕等，2006）。图 1.4 和图 1.5 描述了基于 GIS 和 RS 技术的农业生态区划的土地资源结构与主要区划流程。AEZ 完成了由概念区划到应用区划、由农业生态区划到生态经济区划的转化。

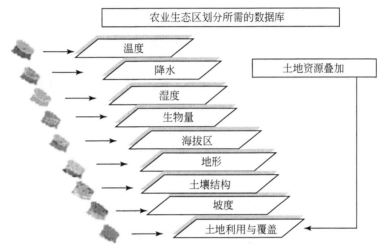

图 1.4　基于 GIS 技术的农业生态区划的单元与流程

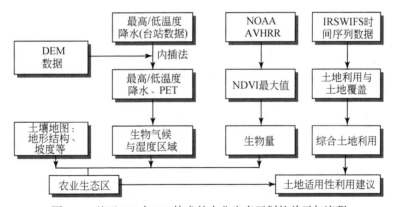

图 1.5　基于 GIS 与 RS 技术的农业生态区划的单元与流程

生态经济区划（ecological-economic zoning，EEZ）实质是一种同时考虑土地利用的生物环境与社会经济环境的土地利用规划。EEZ 并不优先考虑高投入、高产出的农业土地利用，但是考虑能满足不同利益相关者目标的多种多样的土地利用方式。不同利益相关者的目标，在一定程度上可能有所冲突，而且可能随着时间的推移而发生变化。多目标分析与后续优化是确定某一特定区域的最优土地利用的有效且常用的方法。在区划的过程中，EEZ 一般要满足如下参数（FAO，1996）：

- 5～25 年的时间序列框架；
- 以景观或流域为主要空间尺度；

- 受益群体多样化；
- 区划技术能涵盖自然资源相同的所有要素，并最大可能关注原地与异地的环境效应；
- 代际的社会公平性作为目标之一；
- 采用参与式方法；
- 与多种政策相结合。

EEZ过程是一种逐步区划的过程（Sombroek et al.，2000）。首先，收集各类地图和空间信息，并将其数字化到GIS系统中。其次，进行预分区，包括：①划分自然土地单元和对土地的各种自然资源进行专题分析，其中除图1.5所列的自然资源外，EEZ所指的自然资源还包括生物多样性价值、近地表矿物资源及采矿活动、人口密度以及土地所有权；②确定所划分的每一个土地利用单元的土地生物物理环境质量与制约；③识别具有农业生态可行性的土地利用类型，确定他们的生物物理环境需求，在此过程中，要充分与利益相关者接触、会谈；④识别不同地形亚区、行政管理单元以及那些已被划作特定土地利用功能区域的社会经济现状特征与远景特征。第三步是精确区划，包括：①借助匹配与均衡过程，系统比较各土地自然分类单元的生物物理环境质量与各类可能的土地利用类型的资源需求；②将上述结果与当前的社会经济条件比较，改进自然生物分区。第四步是后续分区，这是EEZ成果持续改进的过程。

在EEZ过程中，EEZ专家通过与各种利益相关者的对话与沟通，增加区划成果的实用性。这样的对话模式，是一种非常值得推广的区划方法。

1.2.3 空间规划

空间规划是社会发展到一定阶段，解决经济、资源和环境之间的矛盾，协调区域之间关系而采取的政府干预手段。其主要目的是充分发挥地区优势，合理配置资源，改善区域关系，协调效率与公平的问题。自20世纪20年代英国制定实施空间规划以来，德国、法国、荷兰、日本、韩国、欧盟都进行了空间规划实践，并积累了许多经验。中国推进形成主体功能区，无论是历史背景还是目标、重点，都与空间规划有许多相似之处。

1）德国的空间规划：德国的空间规划体系是按城市和农村分别进行的。其中，农村地区被分为有发展问题的农村、无发展问题的农村与靠近城市的农村三类。德国空间规划的主要目的是实现多中心区空间的平衡发展，以及在全国实现着眼于未来生活条件发展均衡的目标。规划强调跨区协调，各相关部门具有一票否决权；将生态环境保护和土地资源高效、持续利用作为空间规划的重点，注重乡村地区在生态环境保护中的作用；注重实用性，寻找问题地区，面向问题地区和问题产业做规划。

2）英国的空间规划：英国的空间规划主要面向经济衰退区、经济过密区和边远落后区，以实施有力的区域政策对区域发展中的问题予以矫正和解决。

3）美国的空间规划：美国的空间规划被认为是促进经济发展和维持生活质量的有效工具。主要目的是更好地解决区域发展问题和协调城市之间的关系，国家制定了《精明增长法》，注重空间全程管理。一些规划师认为：规划的任务主要是保持增长的质量，使得即使在经济增长减缓的时候，我们依然能享有高品质的生活；好的规划并不单纯意味着限制增长和发展。

4）法国的空间规划：法国的空间规划鼓励建立多极化的城市体系和建立多极化企业联合体，以避免城市蔓延；发展地方大城市，平衡大城市发展。

5）荷兰的空间规划：荷兰的空间规划将国土空间分为基础层、网络层和空间物态层三个层次。基础层指的是水体、土壤、生物群落等，规划重点是力求保留和激发区域自我调节性和自我恢复性；网络层是指所有可见和不可见的基础设施，规划重点是促进与其他国家现有基础设施网络的连通；空间物态层是指人类所产生的空间形态即社会经济发展的具体模式，是空间规划的重点。在规划中，荷兰明确提出了"创造空间，共享空间"的规划理念，坚持空间聚合，坚持城市集中发展，注意保持空间的多样性和等级性，注意空间发展的公正性。

由上可见，空间规划主要是规范人类经济活动的开发秩序和方式，采用"空间鼓励"、"空间准入"、"空间限制"等措施，促进区域公平发展，协调好各方的利益关系。

1.3 国内区划研究进展

1.3.1 中国综合自然区划的发展

综合自然区划研究是对自然区域综合性地划分、研究与描述。一个国家的自然区划水平是反映对自然地理环境认识深度和自然地理研究水平的重要标志之一（杨勤业等，2005）。

虽然中国自然地域划分的历史悠久，但中国现代区域划分起步较晚。1931 年竺可桢先生发表"中国气候区域论"，标志着中国现代自然地域划分研究的开始，20 世纪 40 年代初黄秉维先生首次对中国植被进行了区划。20 世纪 50 年代以来，随着各地综合科学考察的逐渐深入与各类观测站网的建立，比较全面、系统地积累了许多基本科学资料，中国综合自然区划研究因而有了长足的进展（杨勤业等，1999）。先后有罗开富（1954）、黄秉维（1958，1959，1989a，1989b）、李万（1990）、任美锷等（1961，1982，1992）、赵松乔（1983）、席承藩等（1984）、倪绍祥（1994）等综合区划方案。比较具有影响力的研究主要有：

1）1954 年罗开富主编的全国自然地理区划。将全国划分为东、西两大半壁。其中，东半壁（湿润区）依据由北向南按温度递增及在土壤、植被上的变化，进一步被分为东北、华北、华中、华南四个基本"区"，并将垂直分异较为突出的康滇单独另做一个基本区；西半壁（干燥区）根据地势及其所产生的温度差异，进一步划分为蒙新、青藏两个区。在七个基本区之中，又按地形划分为 23 个子单元。

2）1958 年和 1959 年，黄秉维先生在气候、地貌、水文、土壤、植物、动物等单要素区划的基础上，以服务于农业生产为目的，编制了中国综合自然区划。中国综合自然区划突出显示了自然地带性规律，采用自然区（不列级）—热量带与亚带（不列级）—自然地区与亚地区（第一级）—自然地带与亚地带（第二级）—自然省（第三级）—自然州（第四级）—自然县（第五级）七级分类单元系统（黄秉维，1959）。带的划分主要按照生物气候原则，以潜在的土地自然生产力为依据，而不是景观带。首先把全国分为东部季风区、西北干旱区、青藏高寒区三大自然区域；在其下，根据热量将全国分为六大热带量；再下主要根据气候-生物-土壤等地带性要素和地貌、地面组成物质等非地带性要素综合考虑，划分为 18 个自然地区和亚地区、28 个自然地带和亚地带、90 个自然省。在该区划中，每一级单位都有比较明确的定义与划分方法，但是最核心的部分是自然地带与亚地带。核心区划单元的命名采用二名法：（热量带-湿度带）地貌单元+主要植被类型（或其他地域主要指示性特征）。后来，黄秉维先生（1965，1989）又对该区划方案进行了系统修订，简化了区划体系，先是将热量带改为温度带，后来又强调将区域单元作为环境和自然资源的整体来认识，将区域与土地类型相结合，以持续提高及最大限度发挥某一地域自然生产潜力为目的，对自然因素综合体进行分区。

3）任美锷等（1961）根据自然情况的主要矛盾及利用改造自然的不同方向，结合水、热条件及二者的联系，采用自然区—自然地区—自然省—自然州四级区划单元系统。自然区是通过全面分析自然条件，找出其中的主要矛盾，作为分区的依据。全国共分为八个自然区——东北、华北、华中、华南、西南、内蒙古、西北和青藏区。自然地区的划分主要是依据自然区内的生物气候条件的差异，一个自然地区一般相当于一个自然地带，但不局限于自然地带，例如在西北内陆荒漠盆地，每一个盆地的自然景观在形态和发育上都有相对一致性，因此根据巨地形轮廓，把阿尔泰、北疆、南疆、柴达木、阿拉善、河西等划分为五个自然地区。自然省的划分主要分两类情况，一类是根据中地形的差异以及由此引起的自然景观的分异，如华中江汉秦岭地区划分为长江三角洲、长江中下游平原丘陵、大别山地、秦岭-大巴山地四个分省；另一类是根据地带内生物气候的次一级的差异和自然情况的最主要差异，以及利用改造自然方向的最主要不同来划分，如华北平原地区的河北平原省与淮北平原省的划分，前者属典型褐土亚地带，后者属淋溶褐土亚地带。共划分出 65 个自然省，自然州未划分。在分区单元的命名上，各区均冠以地名。与黄秉维（1959）区划方案相比，二者在区划指标是否统一、对指标数量分析如何评价、区划等级单位的拟定和各级自然区命名等方面有很大的不同（郑度，2008）。

4）侯学熠等（1963）综合研究了以发展农、林、牧、副、渔为目的的全国（大农业）自然区划。首先按照温度指标把中国从北而南划分为六个带和一个区，即温带、暖温带、半亚热带、亚热带、半热带、热带及青藏高原区，再按水分和温度状况将全国划分为 29 个自然区，并就各个自然区的农业配置、安排次序、改造利用等方面提出了轮廓性意见。自然区的名称以地理区结合典型植被特点命名，名称后面的括号表明农业现状特点及根据自然条件可能发展的方向，例如，大兴安岭亮针叶林区落叶松（狩猎）、内蒙古高原草原区（牛、羊、马，春小麦、马铃薯、莜麦、甜菜、亚麻）。侯学熠（1988）引入生态系统的观点，将（大农业）自然生态区定义为：任何自然区划的划分单位都是长期以来历史自然地理发展形成的产物，是客观存在的现象，是不受人为活动或人们意志而转移的区域，它与要考虑行政边界的经济区划和农业区划显然不同。其次，自然生态区的高级单位基本取决于所处的自然地理位置，即纬度位置所联系的大气温度和距离海洋远近所联系的大气湿度综合的结果。自然生态区的单位在地理分布方面，原则上说是连续分布的。因此，在一个自然地理区内可能包括多种多样的地貌及其所联系的不同局部气候、土壤、植物、动物所形成的生境，从生态系统观点出发，它们还是相互联系的。将全国划分为 20 个自然生态区，每一生态区都归属于一定的气温带区，但气温带区不是自然生态区的单位级别，其目的只是为了论述上的方便而加上的标题。自然生态区的命名是利用代表性的自然植被名称加自然地理，如气候、土壤等特征来命名的，第一高级区单位采用自然植被命名，原因是自然植被是大气温度和湿度相结合的最好标志。

强调划分自然生态区的理论基础，就是对生态系统理论的充分理解。首先，从微观生态系统（生物地理群落）观点出发，要考虑目前人类还不能改造的大气热量和湿度所联系的野生的和人工饲养或栽培的动、植物资源及其相互之间的制约性。其次，从宏观生态系统（即地区性）观点出发，要考虑生态区同一流域或同一地点的山、水、林、田、路、村庄或农、林、牧、副、渔业的相互联系性。例如，划分平原或盆地的自然生态区，必须联系其周围山地来考虑，因为山地植被破坏了，就会发生水土流失，引起农田水旱灾害的发生，从而道路、村庄受到影响。所以，要提高平原农田的产量就必须治理好山地。此外，划分自然生态区应有流域的生态系统观点。但与流域区划也应有所区别；长江和黄河都发源于青藏高原上，沿途要经过许多不同的自然生态区。强调流域的生态系统，必须结合其他自然生态因素（例如气候、地貌等）来考虑。

5）赵松乔等（1983）根据中国自然地理环境中最主要的地域差异，即纬度和海陆分布等地理位置的差异、地势轮廓及新构造运动的差异、气候主要特征的差异、自然历史演变的主要差异、人类活动及自然界的影响以及开发利用和改造自然的方向之差异，将全国自然地域系统分为大区、地区和区三级（表 1.5）。首先把全国分为东部季风区、西北干旱区、青藏高原区三大自然区域；在其下，根据温度和水文条件组合大致相同，并在土壤和植被等方面有一定共同性的原则，分为七个自然地区；再下细分为 33 个自然区，主要根据气候-生物-土壤等地带性要素和地貌、地面组成物质等非地带性要素综合考虑。在命名上，自然地区的命名采用三名法，即地理位置、水分情况和温度带相并列；综合自然区的命名采用二名法，即地貌单元和主要植被相并列。

6）20 世纪 80 年代初，中国学者开始在自然地理区划中引入生态系统的观点。生态区划、生态经济区划、生态功能区划逐渐发展起来，并在多尺度上得到了广泛的应用。葛全胜等（2002）还从陆地表层系统的高度尝试综合自然区划。

综合自然区划揭示了中国自然条件的宏观和中观上地域差异，为全面认识全国各地区自然环境的综合面貌，提供了有意义的基本参考依据；指出各区自然改造利用的可能性，并提出利用和改造的方向；阐明各区自然条件对于生产建设的有利与不利方面；为国土整治、区域规划提供基础资料（任美锷，1992）。

表 1.5　中国 3 大自然区域、7 个自然地区和 33 个自然区

自然区域	自然地区	自然区
Ⅰ. 东部季风区	（Ⅰ）东北湿润、半湿润温带地区	1. 大兴安岭针叶林区 2. 东北东部山地针阔叶混交林区 3. 东北平原森林草原区
	（Ⅱ）华北湿润、半湿润暖温带地区	4. 辽东半岛落叶阔叶林区 5. 华北平原半旱生落叶阔叶林区 6. 冀晋山地半旱生落阔叶林、森林草原区 7. 黄土高原森林草原、干草原区
	（Ⅲ）华中、华南湿润亚热带地区	8. 北亚热带长江中下游平原混交林区 9. 北亚热带秦岭、大巴山混交林区 10. 中亚热带浙闽沿海山地常绿阔叶林区 11. 中亚热带长江南岸丘陵盆地常绿阔叶林区 12. 中亚热带四川盆地常绿阔叶林区 13. 中亚热带贵州高原常绿阔叶林区 14. 中亚热带云南高原常绿阔叶林区 15. 南亚热带岭南丘陵常绿阔叶林区 16. 南亚热带、热带台湾岛常绿阔叶林区和季雨林区
	（Ⅳ）华南热带湿润地区	17. 琼雷热带雨林、季雨林区 18. 滇南热带季雨林区 19. 南海诸岛热带雨林区
Ⅱ. 西北干旱区	（Ⅴ）内蒙古温带草原地区	20. 西辽河流域干草原区 21. 内蒙古高原干草原、荒漠草原区 22. 鄂尔多斯高原干草原、荒漠草原区
	（Ⅵ）西北温带及暖温带荒漠地区	23. 阿拉善高原温带荒漠区 24. 准噶尔盆地温带荒漠区 25. 阿尔泰山山地草原及针叶林区 26. 天山山地草原和针叶林区 27. 塔里木盆地暖温带荒漠区
Ⅲ. 青藏高原区	（Ⅶ）青藏高原地区	28. 喜马拉雅山南翼山地热带、亚热带地区 29. 藏东、川西切割山地针叶林、高山草甸区 30. 藏南山地灌丛草原区 31. 羌塘高原、青南山地寒草原、山地草原区 32. 柴达木盆地及昆仑山北坡荒漠区 33. 阿里-昆仑山地高寒荒漠与荒漠草原区

资料来源：赵松乔等，1983

经过近 50 年的分异与融合的发展，中国综合自然区划形成了如下特点：

（1）对划分原则达成了更多共识

在中国，不同的研究者可能采取不同的区划原则指导综合自然区划，这在早期研究中尤为明显。随着研究的发展，越来越多的研究在区划原则上达成了更多的共识。根据陈传康等学者的见解，可以把常用的区划原则分为两大类：一是区划的一般原则，这是进行任何区划都必须考虑的原则；二是区划的基本原则，这是综合自然区划所必须遵循的原则。

一般性原则主要包括发生性原则与区域共轭性原则。发生性原则包括发生统一性与相对一致性原则。

自然区域的分异和自然综合体的特征是在历史发展过程中形成的，因此，进行自然区划，必须深入探讨区域分异产生的原因与过程，作为区划的依据之一，这就是发生性原则。任何区域单位都具有发生统一性，但不同等级或同一等级的不同区域单元，其发生统一性的程度和特点是不相同的。即区域单位的发生统一性是相对的。相对一致性原则要求在划分区域单位时，必须注意其内部特征的一致性。这种一致性是相对的一致性，而且不同等级的区域单位各有其一致性的标准。自然区划所划分出来的必须是具有个体性的、区域上完整的自然区域，这称为区域共轭性原则。区域共轭性产生于区域单位空间不可重复的客观事实。任何一个区域单元必然是完整的个体，不可能存在着彼此分离的部分。根据这个原则，尽管山间盆地与其邻近山地在形态特征方面存在很大差别，但必须把两者合并为更高级的区域单位。同理，尽管自然界可能存在两个自然特征很类似，而彼此隔离的区域，但不能把它们划为一个区域单位。

基本原则主要包括综合性原则、主导因素原则和区域完整性原则。在自然界，没有纯粹地带性的自然区域，也没有纯粹非地带性的自然区域。因此，进行综合自然区划必须综合分析地带性和非地带性因素之间的相互作用及其表现程度和结果。任何自然区域都是由各个自然地理要素组成的整体。因此，进行综合自然区划必须综合分析各自然地理要素相互作用的方式和过程，认识其地域分异的具体规律性。只有这样才能真正掌握区域自然地理综合特征的相似性和差异性，以及相似程度和差异程度，才能保证划分出的地域单位是不同等级的自然综合体。在自然界中，差异就是矛盾，故自然区划的实质在于研究各地区内部以及地区间的各种矛盾和矛盾的各个方面，然后尽可能找出其中的主要矛盾和矛盾的主要方面，作为区划的依据，这就是主导因素原则。由于决定区域分异的主导因素在不同地区可以是不同的，因此，区划不宜采用同一个主导指标来划分全国所有的某一等级的区划单位，而应在全面综合分析的基础上，按照各地区的具体情况，选用不同指标，来划分自然区域，这就是"多指标法"。主导因素原则与综合性原则并不矛盾。后者强调在进行区划时，必须全面考虑构成自然区域的各组成要素和地域分异因素；前者强调在综合分析的基础上查明某个具体自然区域形成和分异的主导因素。基于上述认识，有的自然区划作者把上两个原则合称为：综合性分析与主导因素分析相结合原则。区域完整性原则要求所划分的自然区域在地域上必须是连成一片的。

所有上述的各项区划原则，彼此都不是相互排斥，而是相互补充的，可以把它们归结为一条总原则，这就是从源、从众、从主的原则。所谓"从源"指必须考虑成因、发生、发展和共轭关系，"从众"是指必须考虑综合性和完整性，"从主"是指应考虑其典型性和代表性。这些方面都是力图客观地揭示自然界的地域分异事实。

（2）定量化区划方法逐步发展，区划结果的主观性与任意性不断降低

区划的原则与区划的方法是紧密相连的。每一个区划原则，都必须通过相应的方法加以贯彻。"自上而下"的演绎途径是为相对一致性原则而设计的。这种方法进行区划时，主要是从宏观上掌握格局，依据某些区划指标，首先进行最高级别的单位的划分，然后依次将已划分出的高级别单位划分成低一级的单位，一直划分到最低级单位为止。"自下而上"的归纳途径是为区域共轭原则设计的。它在对最小单位图斑的指标分析的基础上，先合并出最低级的区划单位，然后再在低级区划单位的基础上逐步向高级合并，直到得出最高级别的区划单位。综合区划的综合性决定区划方法以采用"自上而下"和"自下而上"相结合的途径，才比较完善。

区划的方法主要有部门区划叠置法、地理相关分析法、主导标志法、顺序划分法和合并法等。

部门区划叠置法是采用重叠各部门区划图（气候区划、地貌区划、土壤区划、植被区划等）的方式来划分区域单元。把各部门区划图重叠之后，以相重合的网络界线或它们之间的平均位置作为区域界线。当然，这并非机械地搬用这些叠置网格，而是要在充分分析比较各部门区划轮廓的基础上来确定界线。

地理相关分析法是一种运用各种专门地图、文献资料以及统计资料对各种自然要素之间的相互关系作相关分析后进行区划的方法。大致步骤如下：①选定区划所需的有关文献资料、统计数据和专门地图有关内容等材料，并标注在带有坐标网格的工作底图上；②对上述资料进行地理相关分析，并按照其相关关系的密切程度编制出具有综合性的自然要素组合图；③在此基础上逐级进行综合自然区域的划分。

地理相关分析法是目前区划工作中运用较广泛的一种区划方法。如果与叠置法相配合使用，会得到较好的效果。

主导标志法是贯彻主导因素原则经常运用的方法。区划时，通过综合分析选取某种反映地域分异主导因素的自然标志或指标，作为划定区界的依据。并且同一级区域单位基本按同一标志划分。应该指出，每一个区域单位都存在自己的分异主导因素，但反映这一主导因素的不仅仅是某一主导标志，而往往是一组相互联系的标志和指标，可以从中挑选出具有决定意义的某一主导标志来。当运用主导标志和指标（如某一气候指标等值线）确定区界时，若不参考其他自然地理要素和指标（如其他气候指标、地貌、水文、土壤、植被等）对区界进行订正，那么所划出的区界可能存在较大的任意性，并且不能保证所划区域单位的内部相对一致性。可见，主导标志法并非只注意某一主导标志而忽视其他标志，标志的指标也并非千篇一律。这种方法实质上是综合性原则与主导因素原则相结合的产物。它被认为是当前最好的区划方法。

顺序划分法是"自上而下"的区划法。这种方法先着眼于地域分异的普遍规律——地带性与非地带性，按区域的相对一致性和区域共轭性划分出最高级区域单位，然后逐级向下划分低级单位。图1.6是采用这种方法进行区划的一种示意图式。

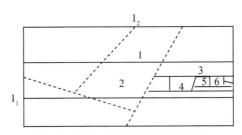

图1.6　综合自然区划顺序划分法

注：①根据最大尺度的地带性和非地带性分异划分自然带和自然大区（图中 1_1 自然带界线，1_2 自然大区界线）；②自然带和自然大区互相叠置得出地区一级单位（图中2），地区可视为自然带的高级省性分异单位；③根据地区内的带段性差异划分地带、亚地带（图中3）；④根据地带、亚地带内的省性差异划分自然省（图中4）；⑤自然省内划分自然州（图中5）；⑥自然州内划分自然地理区（图中6）

合并法，又称类型制图法，或"自下而上"的区划方法。这种方法是从划分最低级的区域单位开始，然后根据地域共轭性原则和相对一致性原则把它们依次合并为高级单位。在实际工作，合并法是根据土地类型单位的对比关系进行区划的方法。该方法首先在部门自然区划中普遍应用，如地貌区划、土壤区划、植被区划等都是以其类型图为依据的。土地类型图出现后，就成为综合自然区划的依据。

对于综合自然区划方法，国内外学者都作过大量的研究工作，摸索总结出不少方法。但多数方法仍停留在定性分析的基础上，以致同一地区相同的资料，不同作者的区划结果往往不相同。近年来，随着科学技术的发展，聚类分析方法与空间操作技术逐步运用到自然区划中，大大克服了传统区划方法的缺陷，使综合自然区划方法向定量化的方向不断发展，区划成果的可重复性也不断提高。

（3）综合自然区划的生态观与应用性逐步增强

随着区划方法由定性向定量的发展，以及区划目的越来越关注社会经济发展，综合自然区划的应用性得到快速提高，多尺度、多门类的生态经济区划的形成与发展便是很好的说明。自20世纪80年代以来，中国区划领域逐步引入生态系统的概念，相继形成自然生态区划、生态功能区划、生态资本区划。

（4）分区边界仍未达成共识

从中国综合自然区划的发展看，不同区划常常采用不同的等级体系。加上分区原则的差异，以及主要基于定性方法进行区划，不同研究得出的区划方案多有所不同。分区方案差异集中地反映在各级区划单元界线差异上（吴绍洪等，2002；何大章等，1988）。

1.3.2 中国生态区划的发展与特点

生态区划的目的是为生态系统的研究、评价、修复和管理提供一个合适的空间单元（Omernik et al.，1997）。中国在 20 世纪 80 年代初开始生态区划研究与实践，最初基本是在农业生态区划。直到 20 世纪末，中国生态区划方案都缺乏对人类活动在自然生态环境变化中的作用和影响的系统分析，尤其是忽略了对生态资产、生态服务功能以及生态脆弱性和敏感性等指标的研究（傅伯杰等，1998）。对此，傅伯杰等（1998，2001）在总结国际生态区划发展过程与特点的基础上，结合国家各种区划特点的基础，提出了中国生态区划的目的、任务和特点，认为中国生态区划的目的是通过开展全国生态区划和建立区划信息系统，为区域资源开发与环境保护提供决策依据，为全国和区域生态环境综合整治服务；其突出特点是将特征区划与功能区划相结合，自然环境特征与人类活动相结合，生态与经济相结合；区划的方法是在要素区划的基础上，利用专家集成和定量分析相结合的方法，初步厘定中国生态区划的步骤与内容（图 1.7）。

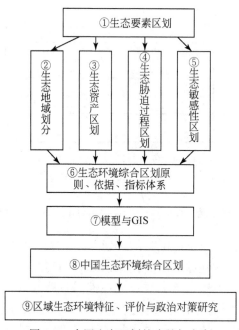

图 1.7　中国生态区划的步骤与内容

资料来源：傅伯杰等，1998

随后，傅伯杰等（2001）进一步明确了生态区划的原则、指标、方法、区划层级系统及其命名规则。在中国生态区划方案中采用生态大区（domain）—生态地区（ecoregion）—生态区（ecodistrict）三级区划系统。根据中国的气候、地貌、地形、生态系统特点以及人类活动规律等特征的定量与定性指标，采用自上而下逐级划分、专家集成与模型定量相结合的方法，将全国划分为 3 个生态大区（东部湿润、半湿润生态大区，西北干旱、半干旱生态大区和青藏高原高寒生态大区）、13 个生态地区和 57 个生态区。生态大区的划分主要根据中国的气候和地势特点，生态地区的划分划分主要是根据温湿指标和地带性植被，而生态区的划分，则主要是根据地貌类型、生态系统类型与人类活动影响。各等级区中生态区单元的命名则主要遵循以下原则：

- 要准确体现各个区域的主要特点；
- 要标明其所处的地理空间位置；
- 要表明其生态系统类型；

- 同一级别生态区的名称应相互对应；
- 要反映人类活动对生态环境的影响；
- 文字上要简明扼要，易于被大家接受。

在上述原则的指标下，中国生态区单元的命名方法分别是：生态大区命名依据"大地理位置-温湿状况"命名，如东部湿润、半湿润生态大区；生态地区命名采用二名法，即"温湿状况-典型地带性植被"，如寒温带湿润针叶林生态地区；生态区的命名采用三名法，为"地貌类型-生态系统类型-人类活动因素"，如大兴安岭北部针叶林生态区、雷州半岛热带农业生态区、珠江三角洲城镇及城郊农业生态区、黔桂喀斯特脆弱生态区等。

几乎与此同时，不同类型的生态区划相续涌现（杨勤业等，1999；黄兴文等，1999；欧阳志云等，2000；王效科等，2001；苗鸿等，2001）。但是，生态区划在研究中存在着概念不统一的问题。例如，张光灿等（2003）认为生态环境建设区划即为生态区划。程叶青等（2006）将各类生态区划划分到生态地理区划的范畴。不同的区划在区划目的、原则、方法、指标、区划单元命名等方面也具有明显的差异，见表1.6。各类生态区划中，生态环境胁迫区划（苗鸿等，2001）在分区指标选择、区划对象界定、分区方法上均非常值得推荐。该区划将人类活动对生态环境的胁迫分别从胁迫源（人类活动）、胁迫过程（资源胁迫和环境胁迫）与胁迫效应三个方面考虑，选择指标。以1∶400万的中国行政分区图为底图，区划的对象是全国2346个行政县、市（不包括台湾、香港和澳门），以行政边界为准，同一城市的不同行政分区合并成一个单元。该区划采用定性分区与数量分区结合的分区方法。首先采用叠置法，将单指标分区图叠置在一起，通过各项指标的重复程度确定分区数量；其次指定各区的聚类中心，完成多变量聚类过程，给每个区划单元赋值；最后用多元线性判别函数，确定各区的界线。区划结果表明，中国人口活动对生态环境的胁迫强度的空间分布规律是从东到西逐渐减弱，东部沿海最高，青藏高原最低。

总体而言，近10年来，中国生态区划在区划对象、体系、方法等方面取得了可喜的发展，但同时也存在很多不足。首先，生态区划虽然从理论上强调考虑人类活动的影响，但在经济区划中对人类活动的考虑远远不够。其次，虽然一些区划方案是定量与定性相结合的，但定量阶段主要发生在指标处理过程，区划边界的确定仍以定性法为主，基于空间技术与数量分析技术的区划边界研究仍较为不足。此外，区划原则、区划层次单元及其命名均存在明显的差异，这与区划系统的规范性不足有关，同时也是区划目的差异不可避免的结果。

表1.6　中国部分生态区划方案比较

区划名称	区划目的	区划原则	区划指标	区划方法	区划等级系统及区划结果
中国生态地域划分（杨勤业等，1999）	认识自然环境各要素的生态地理分异规律	等级层次原则，相对一致性原则，发生学原则，共轭原则	地质地貌、温度、水分、土壤、生态系统类型	由上而下的区划方法，以专家集成为主，模型定量为辅	三级法，3个生态大区、16个生态区和52个生态地区
中国生态资产区划（黄兴文等，1999）	确定生态资产价值的存/增量，划分若干生态资产区	生态系统地域分异规律及其景观差异	生态效益价值	景观类型分区，综合评估法，无特殊区划方法	按资产价值的大小，自然分区
中国水土流失敏感性区划（王效科等，2001）	为制定生态建设目标和水土流失防治服务	水土流失发生概率及其影响因素的区域差异	降水、土壤、地形、地貌、植被	在水土流失敏感性评价的基础上，采用专家集成法	三级法，2个一级区、7个二级区和31个三级区
生态环境敏感性分区（张治华等，2007）	从人地关系角度全面识别生态敏感区	未明确描述	酸雨、水域功能、生态系统类型、地质带	综合评价法，无特殊区划方法	自然分区，分为四级，高、中、低敏感以及不敏感

区划名称	区划目的	区划原则	区划指标	区划方法	区划等级系统及区划结果
中国生态环境胁迫过程区划（苗鸿等，2001）	为制定区域可持续发展战略提供理论依据；县域单元	以人类活动对生态环境的胁迫为主导原则	社会经济、污染胁迫过程、资源胁迫过程、胁迫效应等指标	定性分区（单要素图叠置法）与数量分区（多变量聚类法）结合	三级法，2 个大区、10 个区和 29 个亚区
中国生态区划方案（傅伯杰等，2001）	服务于区域经济发展和环境保护政策决策	分异原则，等级性原则，区域内的相似性和区际的差异性原则	水热气候、地形地貌、生态系统类型、人类活动	采用自上而下逐级划分、专家集成与模型定量相结合的方法	三级法，3 个生态大区、13 个生态地区和 57 个生态区
秦皇岛市生态区划（张静等，2007）	为社会经济的可持续发展服务	未明确描述	涵养水源、水土保持、海岸带保护、气候调节等，土地利用类型、经济产值、人口密度、交通路网密度等等	用地理格网单元叠置法，采用定性和定量指标相结合	二级法，14 个生态地区和 15 个生态区
崇明东滩地区生态保护区划（陶康华等，2004）	帮助分析保护区的合理性	不打扰原则，不间断原则，不损害原则	鸟类游栖视角	未明确指出	分类不分级，生态保护区、生态敏感区、生态建设区和保护开发区
多沙粗沙区生态区划（王玲玲等，2006）	服务于区域生态环境恢复重建	未明确列出	降水、大风日、土壤水含量、侵蚀参数、地貌参数、植被、人类活动	综合评价法	未分级
西北干旱区生态区划（倪健等，2005）	促进西北干旱区的可持续发展	尊重自然规律又符合可持续发展的生态–生产范式的原则	气候、巨地形系统、地貌、基质、植被、土壤以及土地利用和产业发展方向等	以经验判别和地理信息系统（GIS）相结合，以已有成果校正边界	三级法，3 个生态域（Ecodomain）、23 个生态区（Ecoregion）和 80 个生态小区（Ecodistrict）

1.3.3　中国生态经济区划的发展与特点

生态经济区是以生态经济为主要物质内容的区域，它是生态经济要素以及由这些要素的组合、运动所构成的生态经济活动在特定地理单元的集中。无论人类认识与否，生态经济区都是客观存在的。

生态经济区划是有利于实现自然生态系统与人类经济系统功能协调演进的综合区划，从本质看，生态经济区划属于自然区划、生态区划和经济区划的交叉范畴，是一种属于认识性与应用性并重的低层次功能区划（孟令尧，1994）。这种区划强调从区域生态的、社会经济的功能分析入手，剖析自然生态地域结构和社会经济地域结构，科学总结自然、经济功能的地域分异规律，划分融合生态和经济要素的地域单元（王传胜，2005）。

与国际发展类似，中国早期的生态经济区划主要是林业生态经济区划、大农业生态经济区划，近几年来生态经济区划被视为生态系统管理、恢复建设与社会经济模式选择的重要决策支持工具，应用领域拓展较快。例如针对长达半个世纪对黄土高原治理方略的争议，景可（2006）尝试运用生态经济区划工具，为该区域的生态环境建设和农业经济区域发展战略布设提供科学信息支持。同时，综合生态经济区逐渐开始起步（王传胜等，2005；马蓓蓓等，2006；肖燕等，2006）。综合性区划中，王传胜等（2005）对西北六区的区划研究，非常具有代表性。王传胜等（2005）根据地理区划的一般性原则和生态经济区划的特定原则（人文要素与自然环境要素综合分析原则，坚持生态经济系统性原则，行政区的完整性和区划单元在空间上相对集中连片的原则以及主导因素及其定量分析原则），以县为空间对象最小单元，对西北六区进行综合生态经济区划。该区划的技术路线(图1.8)是：首先获取西北地区及周边区域各气象测点的多年主要气象数据和409个县市级点状元素的社会经济统计数据，运用Kriging插值模拟空间态势；然后使用GIS软件计算由各县组成的多边形的值，以此值作为区划的指标，通过区划指标空间分异特征的分析，确立区划的指标体系；最后，通过划分和合并得出区划方案。区划采用三级分类单元，从高到低分别为：生态经济大区（domain）、生态经济地区（region）和生态经济区（district）。在指标的设计上，不同级别区域选取指标有所差异，而且从高级别区域到低级别区域逐步增多人类活动指标。一级区的划分主要以大地貌单元、自然地带分异、农业生产分异和人类综合活动分异为依据。"综合人类活动强度指数"是这一层级的人文指标。二级生态区的划分主要以中国自然带的划分为依据，并以土地利用结构作为综合生态与经济两大系统的主要指标。三级区域是以中小尺度地貌单元为自然生态背景，选取产业结构、城镇化水平、城镇工矿地和交通用地结构等反映人类活动的指标，首先通过相关指标与全国和全区平均水平的对比，确定区划的指标体系；其次，根据指标体系划分出不同的生态经济区。各分区单元的命名规则是：一级分区单元采用三名法，即"地名–气候带–活动强度"；二级分区单元采用三名法，即"地名–气候带–生态经济系统类型"；三级分区单元采用二名法，为"地名–生态经济细分类型"，见表1.7。这种生态经济区命名方式，既反映了人类区划单元的空间位置与宏观自然特征，同时也反映了人类活动的强度与类型，满足了指标命名综合、简约、易懂等要求。

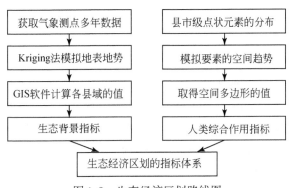

图 1.8　生态经济区划路线图

资料来源：马蓓蓓等，2006

表 1.7　王传胜等（2005）采用的综合生态经济区划单元（部分）

一级单元	二、三级单元
I. 蒙东温带半湿润中度人类活动地域	I1 大兴安岭东北侧半湿润林业生态经济地区
	I1（1）大兴安岭东北侧林业生态经济区
	I2 大兴安岭西侧和南部半湿润农牧业与煤炭资源利用型生态经济地区
	I2（1）呼盟西部与兴安盟牧业与工矿型生态经济区
	I2（2）大兴安岭南部牧农业与城镇工矿型生态经济区
II. 西北干旱荒漠中度人类活动地域	略
III. 陕甘湿润地带强度人类活动地域	略
IV. 青藏高原低度人类活动地域	略

资料来源：王传胜等，2005

与生态区划相比，综合生态经济区划的最大特征有三个：①具有更大的应用价值和更明确的区划目的；②更充分地考虑自然对社会经济发展的生态限制以及人类社会对这种生态限制的适应及如何适应；③区划方法更强调定量方法，特别是现代定量方法与空间操作技术的应用。而与国外生态经济区划相比，中国生态经济区划的最大缺陷在于，在区划的过程，缺少与利益相关者之间的对话与沟通。

1.3.4 生态功能区划的发展与特点

人与生态系统之间的联系总是通过一定的功能途径实现的，无论是人类从自然界取用资源，还是向自然环境排放废弃物质。中国的自然规划与生态系统区划体系取得了可喜的进展，为开展国家与区域生态功能区划提供了宏观的框架。

2002 年中国正式颁布了《生态功能区划暂行规程》（国务院西部开发办领导小组办公室和国家环境保护总局，2002），对生态功能区划的一般原则、方法、程序、内容和要求进行了纲领性的规定，用以指导各地生态功能区划。生态功能区划的任务，第一是明确区域生态系统类型的结构与过程及其空间分布特征，第二是评价不同生态系统类型的生态服务功能及其对区域社会经济发展的作用，第三是明确区域生态敏感性的分布特点与生态高敏感区，第四是提出生态功能区划，明确重点生态功能。

根据生态功能区划的目的，区域生态服务功能与生态环境问题形成机制与区域分异规律，生态功能区划应遵循以下原则：

- 可持续发展原则：生态功能区划的目的是促进资源的合理利用与开发，避免盲目的资源开发和生态环境破坏，增强区域社会经济发展的生态环境支撑能力，促进区域的可持续发展。
- 发生学原则：根据区域生态环境问题、生态环境敏感性、生态服务功能与生态系统结构、过程、格局的关系，确定区划中的主导因子及区划依据。
- 区域相关原则：在空间尺度上，任一类生态服务功能都与该区域，甚至更大范围的自然环境与社会经济因素相关，在评价与区划中，要从全省、流域、全国甚至全球尺度考虑。
- 相似性原则：自然环境是生态系统形成和分异的物质基础，虽然在特定区域内生态环境状况趋于一致，但由于自然因素的差别和人类活动影响，使得区域内生态系统结构、过程和服务功能存在某些相似性和差异性。生态功能区划是根据区划指标的一致性与差异性进行分区的。但必须注意这种特征的一致性是相对一致性。不同等级的区划单位各有一致性标准。
- 区域共轭性原则：区域所划分对象的必须是具有独特性，空间上完整的自然区域。即任何一个生态功能区必须是完整的个体，不存在彼此分离的部分。

生态功能区划包括：①生态环境现状评价；②生态环境敏感性评价；③生态服务功能重要性评价；④生态功能分区方案；⑤各生态功能区概述。区划的方法一般采用定性分区和定量分区相结合的方法进行分区划界。边界的确定应考虑利用山脉、河流等自然特征与行政边界。一级区划界时应注意区内气候特征的相似性与地貌单元的完整性。二级区划界时应注意区内生态系统类型与过程的完整性，以及生态服务功能类型的一致性。三级区划界时应注意生态服务功能的重要性、生态环境敏感性等的一致性。区划单元的命名依级分别进行，但都由三部分组成。一级区命名由"地名-特征-典型生态区"构成，二级区命名由"地名-典型类型-生态亚区"构成，三级区命名由"地名-生态服务功能特点（或生态环境敏感性特征）-生态功能区"构成。

随着《生态功能区划暂行规程》的颁布，中国的生态功能区划取得了迅速的发展。截至目前，由国家环境保护部和中国科学院共同编制的《中国生态功能区划》也已完成，该区划将全国划分为 208 个生态功能区；全国 31 个省、市、自治区和新疆生产建设兵团已经完成了生态功能区划的编制工作。全国生态功能区划采用三级功能区划系统，其中：一级生态功能区根据生态系统的自然属性和所具有的主导服务功能类型划分，将全国划分为生态调节、产品提供与人居保障三类功能区；二级功能区依据所属母生态功能区的重要子生态功能类型划分，将生态调节功能区划分为水源涵养、土壤保持、防风固沙、生物多样性保护、洪水调蓄等子功能区类型，将产品提供功能区划分为农产品、畜产品、水产品和林产品等子功能区类型，将人居保障功能区划分为人口和经济密集的大都市群和重点城镇群等子功能区类型；三级生态功能区是对二级功能区空间坐落的分解。总体看，中国的生态功能区划具有如下特点：

（1）区划的空间尺度丰富，但大尺度或小尺度的区划开展有限

目前，中国的生态功能区划涉及的空间单元从国家、流域、省、市、县到镇，十分丰富。但是，针对省的生态功能区划相对较多，而针对大尺度空间——流域以及小尺度空间——市、县的研究非常有限，而这两类空间单元，是实施可持续发展更为重要的部分。

（2）以行政边界界定生态边界的局限亟需改进

目前中国的生态功能区划大多局限于行政辖区内的区划。但是，行政辖区往往并不能构成一个完整的生态系统，行政边界也并非生态系统的边缘，所以这类区划往往由于不能从生态系统的高度分析区域生态环境问题，生态系统功能评价信息往往一方面不够全面、系统，另一方面是割裂的区域生态功能的空间联系，所以，区划结果的综合性、系统性与客观性会受相当的影响。跨区域的生态功能区划可以避免上述问题，但面临资料获取的困难，问题的解决需要技术上与管理上的同时支持。

（3）对生态服务功能的分析不够全面，一些区划存在概念上的误用

生态功能区划的着眼点应是特定区域的生态系统服务功能。生态系统服务功能是多样性的，包括直接价值、间接价值、选择价值和存在价值。同时，生态系统服务功能的维持与增进和生态系统的状态、格局与过程密切相关。目前在生态功能区划中，生态服务的核算一方面考虑生态服务种类不够全面，另一方面生态服务评价主要是在立地的水平上垂直展开，多忽略了生态系统空间格局与区域间的生态联系。应更多地从尺度-格局-过程的高度，从人的发展与自然的发展同等重要的角度开展生态功能区划。此外，一些基于生态系统物理结构的区划，被作为生态功能区划，在概念上是不恰当的。

（4）区划的定量分析手段亟需发展

一方面，表现为对生态系统服务功能的价值评估多使用定性描述的方法，缺乏对尺度-格局-过程关系的定量分析与评价；另一方面，表现为生态功能区划手段数量分析方法缺乏，这与其他类型的区划类似。

1.3.5　经济区划的发展

中国是在20世纪五六十年代开始经济区划的，最初的形式是经济协作区。经济协作区是一种松散的经济横向联合。60年代初，为了加强各地区的配置与发展，全国被划分为西北、华北、华东、东北、华南、西南六大区。经济协作区区划方案为后来的经济区划工作积累了丰富的经验。但是，经济协作区是在行政区的基础上划分的，是在经济发展"均衡论"指导下完成的（李振泉等，1999）。1978年中国改革开放方针的实施，使一度消失的经济协作区，在商品经济发展的驱动下，重新恢复，并快速发展。1981年以后上海经济区、东北经济区、西南五省六方经济协调会、西北五省经济技术协作联席会等相继成立。到1987年末，全国已成立了各种形式的经济协作区100多个，它们的地区范围大小不等，层次不一，相互交叉，各有特色，在物资串换、资金融通、经济技术协作、共同开发资源、合资兴办企业以及人才、信息交流方面发挥了积极作用，显示了区域协作的优越性（吴传钧，1998）。

至今，中国学术界曾先后对国家大经济区提出过多种划分方案，有所谓"三分法"、"五分法"、"六分法"、"七分法"、"八分法"、"十分法"及"十一分法"等。

三分法（吴传钧，1998；李振泉等，1999）：在制定"七五"计划时，把全国划分为东、中、西三大地带，目的是为了正确处理东部、中部、西部三个经济地带的关系，充分发挥它们各自的优势和发展它们相互间的横向经济联系，逐步建立以大城市为中心，层次不同、规模不等、各有特色的经济"网络"。这种划分，过于简单，而且有些地区的定性也不准确。例如，若根据发达地区、发展中地区和待开发地区三种不同发展水平类型来衡量，把"三线"建设重点区的陕西、四川、贵州、云南和偏远的边疆都合在待开发的西部地带之列，是不确切的。本质上，三大经济地带还不是典型的综合经济区，只是一种典型的类型经济区划。它既没有统一的经济中心，在同一地带内也缺乏紧密的内在联系。

七分法（吴传钧，1998；李振泉等，1999）：在国家的"九五"计划和2010年远景目标中，提出要把坚持区域经济协调发展，逐步缩小地区发展差距，作为今后15年国家经济与社会发展的重要方针之一。提出在全国范围内组建"七大区"，即环渤海地区、长江三角洲及沿江地区、东南沿海地区、东北地区、中部地区、西北地区、西南和华南部分省市区的经济发展的意见。"七大区"在已有经济布局的基础上，突破行政界限。在分区上，以中心城市和交通要道为依托，体现了内在联系的原则。但是这一区划方案没有覆盖全国，有些区在地域范围上有所重叠，如环渤海地区与东北地区的重叠，长江三角洲及沿江地区与中部五省地区之间的重叠。同时，各区的名称和范围有时不一致，如环渤海区包括山西和内蒙古中部，西北地区包括西藏等。实际上，"七大区"也不是典型的经济区，是一种兼顾远景经济区特点与类型经济区特性的综合经济区域。

十分法（吴传钧，1998；杨树珍，1990；方创林，2007）：随着各地区之间横向经济联系的蓬勃开展，大经济区的划分变得日益重要。杨树珍（1990）与杨吾扬教授分别提出了比较完整的中国经济区划设想（方创林，2007）。两个区划方案均采用"十分法"，但是在经济区的命名、边界、经济中心上存在相当的差异，见表1.8。最近，刘勇（2005）基于人口与城镇分布、发展的区位因素以及稳定经济的空间结构，提出了"新三大地带"与"十分法"分区。这一方案继续将沿海作为中国未来经济增长的战略地区考虑，而且每个地带都有一个实力强大的城市群做支撑；充分考虑了流域经济带的建设与发展；充分考虑了经济区划分的民族性和行政区划的完整性（方创林，2007）。

表1.8 不同方案下中国"十大经济区"的分区差异比较

杨树珍区划（A）		杨吾扬区划（B）	
东北区	黑、吉、辽（沈阳）	东北区	黑、吉、辽、内蒙古的东四盟（沈阳、大连、哈尔滨、长春）
华北区	京、津、冀、晋、鲁（天津）	京津冀	京、津、冀、内蒙古的锡林郭勒盟（北京、天津、石家庄）
华东区	沪、苏、浙、皖、赣、闽、台（上海）	晋陕区	晋、陕、蒙西（西安、太原、呼和浩特）
华中区	豫、鄂、湘（武汉）	山东区	山东（青岛、济南）
华南区	粤、桂、琼、港、澳（广州）	上海区	沪、苏、浙、皖、赣（上海、南京）
西南区	川、滇、黔（重庆）	中南区	豫、鄂、湘（武汉、郑州、长沙）
西北区	陕、甘、宁、青（西安）	四川区	四川（重庆、成都）
内蒙古区	内蒙古（呼和浩特）	东南区	闽、粤、台、琼（广州、福州、台北）
新疆区	新疆（乌鲁木齐）	西南区	桂、滇、黔（南宁、昆明、贵阳）
西藏区	西藏（拉萨）	大西区	甘、宁、新、藏、内蒙古的阿拉善盟（兰州、乌鲁木齐）

注：括号内的城市为各经济区的城市中心。

十一分法（方创林，2007）：这个区划方案是按流域经济带-经济区-城市群或都市群三级层次，综合考虑中国沿海地区倾斜发展战略、西部大开发战略和振兴东北等老工业基地战略划分的。将全国划分为六大流域经济带，作为国家一级宏观经济区域；11大经济区，作为国家二级宏观区域或国家一级中观经济区域；在此基础上，优选出28个城市群或都市圈作为国家三级宏观经济区域或国家一级微观经济区域，成为国家二级宏观经济区域的核心区。这种区域方案不仅空间上功能分工明确，注重协调与合作，而且兼顾良好的流域完整性。同时也是中国经济分区中层次最为丰富的一份区划方案。

截至目前，各大经济区的划分仍未达成共识。大经济区以下单元的经济区划鲜有研究涉及。在探索综合经济区划的同时，中国也在矿产资源、人口数量、畜牧产品消费等方面进行了部门经济区划的尝试。但总体而言，与自然区域和各类基于生态系统的区划相比，无论在区划的体系还是区划成果的有用性上，经济区划远无法与之相比。另外，现有综合经济分区总体是采用由上而下的方法进行的，相对较少使用定量化方法。

1.3.6 环境功能区划

中国的环境功能区划，大约开始于20世纪70年代中期，是伴随环境规划的理论与实践的发展而发展的。早期，环境功能区划主要是作为环境规划的组成部分，而后逐渐成为环境管理的重要依据，在国家的环境保护中发挥了重要的作用。按区划的对象，环境功能区划包括水环境功能区划、大气环境功能区划、声环境功能区划三大类。其中，按水域的类型，水环境功能区划又细分为海洋环境功能区划、地表水（淡水）环境功能区划、地下水环境功能区划。截至目前，中国已经开展了全国性的海洋环境功能区划、水环境功能区划、大气（酸雨、SO_2）环境功能区划。

（1）海洋环境功能区划

在20世纪70年代加拿大、联邦德国等相继开展区域性海洋开发规划，开始或酝酿对海洋实行分区管理的影响下，中国于20世纪80年代开始考虑开展全国性海洋功能区划，并在1989年开始在渤海区试点研究，拟定了规划的技术规定和功能大纲等。从1990年开始，中国采用从下到上的方法，开始在全国范围内开展海洋环境功能区划，1997年完成了全国性海洋环境功能区划。该功能区划首次系统地提出了海洋功能区划的方法论，包括海洋功能区划的概念、原则、任务与内容、功能区系统分类、功能区指标体系以及海洋功能区划等，为中国及世界的海洋环境保护做出了卓越的贡献，奠定了中国在海洋环境功能区划领域的国际领先地位。该次规划依据海域的主导功能，将全国海域划分为3642个功能区，其中开发利用区2482个、治理保护区529个、自然保护区221个、特殊功能区330个以及保留区80个。

（2）地表水（淡水）环境功能区划

20世纪80年代，在环境与水利部门的共同推动下，特别是全国第二次水污染防治会议的推动下，中国水环境规划实践逐步走入快速发展的轨道。截至2000年，全国绝大多数省、自治区、直辖市相继完成了水环境功能区划，绝大多数地市编制了包括地表水在内的环境功能区划方案。中国地表水（淡水）环境规划采取二级、11类的分级分类系统（图1.9）。水环境功能区是依照《中华人民共和国水污染防治法》和《地表水环境质量标准》，综合水域环境容量和社会经济发展需要以及污染物排放总量控制的要求来划定。

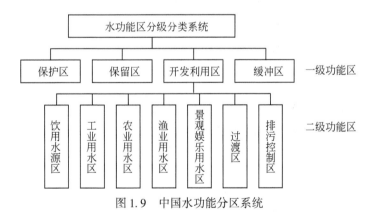

图1.9　中国水功能分区系统

在区域性水环境功能区划的基础上，2002年中国完成了全国性的水环境功能区划。该区划覆盖全国10大流域、51个二级流域、600多个水系、57 374条总计298 386公里的河流、980个总计52 442平方公里的湖库。共划分了12 876个功能区（不含港、澳、台地区），其中河流功能区12 482个，湖泊功能区394个，基本覆盖了环境保护管理涉及的所有水域。构建了1∶25万或1∶5万比例尺的数字水环境管理工程开放的、动态的平台，极大地推动了中国水环境规划的发展。

（3）大气环境功能区划

中国的大气环境功能区划主要针对城市开展，特别是针对酸雨与SO_2问题。目前，尚未形成全国性的大气环境功能区划方案。但是已有学者就全国性酸沉降负荷进行了探索性研究。

1.3.7 主体功能区

经济社会发展空间失衡，资源环境问题突出，严重制约了区域协调、持续发展，这是中国推进形成主体功能区的现实起点。这与国际发达国家推进空间规划的背景是非常类似的。

国家"十一五"规划纲要明确提出："根据资源环境承载能力、现有开发密度和发展潜力，统筹考虑未来中国人口分布、经济布局、国土利用和城镇化格局，将国土空间划分为优化开发、重点开发、限制开发和禁止开发四类主体功能区，按照主体功能定位调整、完善区域政策和绩效评价，规范空间开发秩序，形成合理的空间开发结构"。主体功能区被认为将成为中国协调经济社会发展和人口资源环境的重要载体，以及新时期中国编制空间规划、实施区域管治的重要基础。

根据国家发展和改革委员会宏观经济研究院国土地区研究所课题组（2007）与朱传耿等（2007）研究，主体功能区的基本内涵可以从以下几个方面理解：第一，主体功能区是对区域发展理念、方向和模式加以确定的类型区，强调的是区域的主体功能，面向的是区域空间管制，突出的是区域发展的总体要求。第二，主体功能区是超越一般功能区（如开发区、工业区）和特殊功能区（如防洪区、自然保护区）基础之上的功能定位，但又不排斥一般功能和特殊功能的存在和发挥。第三，主体功能区可以从国家、省、市、县、乡（镇）等不同空间尺度进行划分，尺度的选择取决于空间管理的要求和能力。第四，主体功能区的类型、边界和范围在较长时期内应保持稳定。第五，主体功能区中的"开发"主要是指大规模工业化和城镇化人类活动。优化开发是指在加快经济社会发展的同时，更加注重经济增长的方式、质量和效益，实现又好又快的发展。重点开发是指大力推进工业化和城市化进程，实现优先重点开发，引导人口、要素和产业合理集聚。限制开发应按照保护优先，对开发的内容、方式和强度进行约束与引导。禁止开发并不是指禁止所有的开发活动，而是指禁止那些与区域主体功能定位不符合的开发活动。第六，主体功能区划的主要功能在于弥补市场机制的不足，通过功能类型来进行土地利用和区域开发的空间管制，是政府的行政行为在空间开发上的"补位"。

国家"十一五"规划纲要确定以"主体功能区划"的方式实施区域空间管制，得到了学术界的广泛认可，一些学者分别对主体功能区划的方法与存在的问题进行了理论的探讨与实践（朱传耿等，2007；樊杰，2007）。朱传耿等（2007）编著的《地域主体功能区划：理论·方法·实证》一书，系统地构建了主体功能区划的内涵、特征、理论基础、方法论，采用定性分析为主，兼与定量相结合的方式进行了案例区划，为其他地区的主体功能区划提供了非常有价值的参考框架。朱传耿等（2007）认为，地域主体功能区划是科学发展观在统筹区域协调发展中的空间落实，具有多元综合性、空间地域性、主体功能性、尺度依赖性、政策管理性等特征。地域主体功能区划的主要理论，包括地域分异理论、可持续发展理论、生态经济理论和区域空间结构理论。并就地域主体功能区划的基本方法的如下四个层次进行了方法汇总与介绍：基础层面的数据库构建，关系层面评价指标的赋值与量化、归并与转换，判别层面的主体功能类型识别，应用层面的聚类分区与功能区划的确定。

主体功能区划与生态功能区划同属于功能区划的范畴，但两者具有本质的差别。主体功能区划的对象是社会-经济-自然复合系统，旨在如何约束与引导人类社会经济的发展。而生态功能区划的对象是生态系统的服务功能，旨在识别生态功能及其空间分别规律。主体功能区划是基于资源环境承载力的区划，这意味着它要在生态区划与生态功能区划的基础上进行。

与自然区划、生态区划和生态功能区划不同，地域主体功能区划的分级层次系统与命名较为单一，一级区即为优化开发区、重点开发区、限制开发区与禁止开发区四类，但可随研究尺度的不同进行适当的调整。此外，在空间上，主体功能区可能是不连续的。

地域主体功能区划的划分方法以由下向上的方法为主，从这个角度而言，这类功能区划的方法是以定量法为主的。但是在判定指标取值、赋值与权重的选择与确定过程中，不同程度依赖定性的方法。指标的值及其权重的定性程度在区划过程会得到放大。

主体功能区划无论在方法上还是在应用上，目前至少面临如下问题：第一，以什么指标与标准确定区域的资源环境承载力，是否考虑生态资本与服务的横向流动问题。第二，从多长的时间尺度，以什么指标与标准核算区域的发展潜力。第三，如何组合与权衡区域的生态约束、发展强度、发展潜力，确定区域的主体功能。第四，既然主体功能区的目的是形成合理的空间开发结构，那么在区划的过程中应如何考虑和体现不同区域之间在经济、技术、资源、环境等方面的空间联系与流动。

1.4 可持续发展功能分区

区域空间是具有多功能性的，区域内部多功能之间的失衡与不同区域多功能之间的失衡都会危及中国的可持续发展。中国未来的经济发展目标是以缩小地区差距为目标的追赶式发展，还是立足自身特点的发展？中国日益庞大的经济总量和社会总量如何在全国地域上合理布局？如何使那些生态脆弱和环境恶化的地区不至于发生崩溃？如何使那些生态服务功能重要的地区摆脱生态公益服务者贫困的不公平境况？如何使那些大中城市的经济区、人口及产业集聚带能够得到可持续发展的能力？如何使保育全国粮食安全与耕地安全的农民具有与城镇居民同等的发展机会与享有公平的社会公共服务？这些严峻的问题关系着国家和民族的国土安全和长期生存的生态安全与资源保障。中国现实的发展阶段决定，国家在发展中出现的各类生态、环境问题，必须在发展的过程中解决。所以，客观上要求从空间上合理安排人类活动，形成社会、经济与生态关系均良好的空间关系与发展状态，以及人类与自然间关系协调的发展模式。

目前的区划体系无法满足绘制国家可持续发展方向选择与模式选择空间蓝图的需要。区域是实现可持续发展的重要单元，国家的可持续发展决策的实施成效有赖于其在空间上与时间上的适应性、针对性与准确性。这要求客观上判断不同区域所处的可持续发展状态、面临的发展矛盾与约束以及未来的发展模式与方式，总结出国家可持续发展的空间规律，以服务政府空间规划与管制的需求。现有规划体系，自然区划与生态区划较少考虑人类活动因素，生态经济区划与生态功能规划虽考虑了人类活动，但一方面是考虑的因素有限，另一方面描述对象是生态系统的某项、某些或综合的功能。笼统地讲，它们区划的对象均有自然要素或生态系统。主体功能区划虽然在区划中同时考虑可持续发展的三大维度——社会、经济与生态环境，但区划关注的是生态限制下的社会经济系统的土地利用与区域开发方式，但是，四大类的表达方式无法揭示国家在具体的可持续发展问题与选择上的空间规律，而且对社会、经济、环境之间的相互联系、相互制约的关系的考虑不够系统与全面。

中国的发展需要一种直接基于区域社会-经济-自然复合系统及其多功能性，直接指向全国可持续发展功能格局的分区工作。可持续发展功能分区是以社会、经济、自然组成的复合系统为对象，将区域划分成不同可持续发展功能区的过程。具体地说，可持续发展功能区划就是以社会、经济、自然组成的复合系统为对象，根据区域所处的可持续发展状态，面临的人地矛盾冲突与资源（包括自然的、社会的与经济的）约束，结合区域在地理空间上的位置与重要性，将区域划分成不同可持续发展功能区，并阐明不同区域的可持续发展状态与问题的形成机制，可持续发展的方向、模式与途径，为决策部门实施可持续发展的空间规划与管理决策提供导向性的科学支持。

可持续发展功能区划是在生态区划、经济区划、自然区划等已有区划的基础上，综合考虑人与自然关系的基础上、基于国家长久发展战略的空间布局所处的安排。与其他规划相比，可持续发展功能分区是一种更高的区划种类与空间管制工具（图1.10），具有更强的综合性、复杂性与系统性。

在性质上，可持续发展功能分区首先是一种综合区划。区划的对象是社会、经济、自然组成的复杂的系统。这一系统包括社会、经济、自然三个子系统及它们之间的、内部的相互关系，其中自然子系统又包括自然生态系统、自然环境（要素）质量与自然资源三个更低的子系统。分区的过程，必须考虑三个子系统及其内部各要素之间的协调与均衡问题。其次是一种功能区划。可持续发展功能分区不是简单

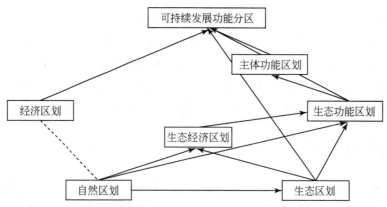

图 1.10 可持续发展功能分区在分区体系中的地位

地就区域的可持续发展状态进行分区，而是特别关注某一区域单元在国家可持续发展的过程中已经承担或发挥、将会承担或发挥什么样的功能。此外，可持续发展功能分区还是一种应用性区划。其分区的目的非常明确，是探索中国不同空间的可持续发展状态（相似性与差异性的）规律、形成机制与发展选择，为决策部门提供信息支持。

可持续发展功能分区的目的是在研究区域可持续发展形成、发展机制的基础上，在空间上科学、合理地统筹安排区域在国家或地区可持续发展战略中的地位，明确不同特征的区域实现可持续发展的路径与模式，以服务于国家或地区的可持续发展决策。其主要任务是：

- 研究区域可持续发展功能分异与社会、经济和自然环境间的基本规律；
- 综合评价、判断与分析区域可持续发展功能及其构成，确定区域的主导功能与约束功能；
- 立足于国家可持续发展的战略目标，构建可持续发展功能分区的分区层次系统、指标体系与分区方法体系；
- 绘制区域可持续发展功能分区地图，阐述各区的特征、特点。对不同功能区特别是典型功能区，提出针对性的发展建议。

参 考 文 献

陈百明，黄兴文. 2003. 中国生态资产评估与区划研究. 中国农业资源与区划，24（6）：20-24.

程叶青，张平宇. 2006. 生态地理区划研究进展. 生态学报，26（10）：3423-3424.

杜黎明. 2007. 地域主体功能区划. 四川大学博士论文.

段淑怀，周玉喜，刘大根. 2003. 北京市水土流失重点防治区划分及防治对策. 中国水土保持科学，1（1）：21-25.

樊杰. 2007. 中国主体功能区划的科学基础. 地理学报，52（4）：339-350.

方创林. 2007. 区域规划与空间管制论. 北京：商务印书馆.

傅伯杰. 1985. 农业生态区划几个问题初探. 农村生态环境，（4）：31-34.

傅伯杰，陈利顶，刘国华. 1998. 中国生态区划的目的、任务及特点. 生态学报，19（5）：591-594.

傅伯杰，刘国华，陈利顶，等. 2001. 中国生态区划方案. 生态学报，21（1）：1-6.

葛全胜，赵名茶，郑景云，等. 2002. 中国陆地表层系统分区初探. 地理学报，57（5）：515-522.

国家发展改革委宏观经济研究院国土地区研究所课题组. 2007. 中国主体功能区划分及其分类政策初步研究. 宏观经济研究，4：1-8.

国务院西部开发办领导小组办公室，国家环境保护总局. 2002. 生态功能区划暂行规程.

何大章，何东. 1988. 中国热带气候的北界问题. 地理学报，43（2）：176-182.

赫特纳 A. 1983. 地理学——它的历史、性质和方法. 北京：商务印书馆.

侯学煜. 1988. 中国自然生态区划与大农业发展战略. 北京：科学出版社.

侯学煜，姜恕，陈昌笃，等.1963.对于中国各自然区的农、林、牧、副、渔业发展方向的意见.科学通报，9：8-26.

黄秉维.1958.中国综合自然区划的初步草案.地理学报，24（4）：349-364.

黄秉维.1959.中国综合自然区划草案.科学通报，18：594-602.

黄秉维.1989a.中国综合自然区划纲要.地理集刊，21：10-20.

黄秉维.1989b.中国综合自然区划图.见：中国自然保护区图集.北京：科学出版社.

黄兴文，陈百明.1999.中国生态资产区划的理论与应用.生态学报，19（5）：602-606.

景可.2006.黄土高原生态经济区划研究.中国水土保持，12：11-14.

李万.1990.自然地理区划概论.长沙：湖南科学出版社.

李振泉，杨万钟，陆新贤.1999.中国经济地理.杭州：华东大学出版社.

刘国华，傅伯杰.1998.生态区划的原则及其特征.环境科学进展，6（6）：67-72.

刘勇.2005.中国新三大地带宏观区域格局的划分.地理学报，60（3）：361-370.

罗开富.1954.中国自然地理分区草案.地理学报，20（4）：379-394.

马蓓蓓，薛东前，阎萍.2006.陕西省生态经济区划与产业空间重构.干旱区研究，23（4）：658-663.

蒙吉军.2005.综合自然地理学.北京：北京大学出版社.

孟令尧.1994.城市生态经济区划——以承德市为例.地理学与国土研究，10（1）：36241.

苗鸿，王效科，欧阳志云.2001.中国生态环境胁迫过程区划研究.生态学报，21（1）：7-13.

倪健，郭柯，刘海江，等.2005.中国西北干旱区生态区划.植物生态学报，29（2）175-184.

倪绍祥.1994.中国综合自然地理区划新探.南京大学学报，20（4）：706-714.

欧阳志云，王如松.2005.区域生态规划理论与方法.北京：化学工业出版社.

欧阳志云，王效科，苗鸿.2000.中国生态环境敏感性及其区域差异规律研究.生态学报，20（1）：9-12.

任美锷，包浩生.1992.中国自然区域及开发整治.北京：科学出版社.

任美锷，杨纫章.1961.中国自然区划问题.地理学报，27：66-94.

任美锷.1982.中国自然地理纲要.北京：商务印书馆.

沈梓培.1957.淮河流域土壤改良利用分区方法概要.土壤学报，5（3）：189-193.

陶康华，倪军，吴怡婷，等.2004.上海市崇明东滩地区生态保护原则与生态区划.现代城市研究，12：13-15.

王传胜，范振军，董锁成，等.2005.生态经济区划研究——以西北6省为例.水利与建筑工程学报，25（7）：1084-1090.

王玲玲，史学建，康玲玲.2006.多沙粗沙区生态区划指标体系研究.生态学报，4（4）：10-13.

王效科，欧阳志云，肖寒，等.2001.中国水土流失敏感性分布规律及其区划.生态学报，21（1）：14-19.

吴传钧.1998.中国经济地理（2008年版）.北京：科学出版社.

吴绍洪，杨勤业，郑度.2002.生态地理区域接线划分的指标体系.地理科学进展，21（4）：302-310.

吴征镒.1979.论中国植物区系的分区问题.云南植物研究，1（1）：1-20.

席承藩，张俊民，丘宝剑，等.1984.中国自然区划概要.北京：科学出版社.

肖燕，钱乐祥，2006.生态经济综合区划研究回顾与展望.中国农业资源与区划，27（6）：60-64.

熊毅.1980.生态区划在农业现代化中的重要意义.土壤，（6）：201-203.

熊毅，祝寿泉，王遵亲.1981.黄淮海平原生态区划.土壤学报，18（1）：1-10.

徐继填，陈百明，张雪芹.2001.中国生态系统生产力区划.地理学报，56（4）：401-409.

燕乃玲.2007.生态功能区划与生态系统管理：理论与实践.上海：上海社会科学院出版社.

燕乃玲，赵秀华，虞孝感.2006.长江源区生态功能区划与生态系统管理.长江流域资源与环境，15（5）：598-602.

杨勤业，李双成.1999.中国生态地域划分的若干问题.生态学报，19（5）：596-601.

杨树珍.1990.中国经济区划研究.北京：中国展望出版社.

张光灿，刘霞，郭春利，等.2003.生态环境建设区划研究现状与展望.水土保持学报，17（5）：7-10.

张静，尹君，张贵军，等.2007.基于GIS地理格网方法的秦皇岛市生态区划.安徽农业科学，35（28）：9088-9089.

张荣祖.1987a.动物地理分区（一）：世界动物地理分区.生物学通报，（2）：1-3.

张荣祖.1987b.动物地理分区（二）：中国动物地理分区.生物学通报，（3）：1-3.

张治华，徐建华，韩贵锋.2007.生态敏感区划分指标体系研究.生态科学，26（1）：79-83.

赵松乔.1983.中国综合自然区划的一个新方案.地理学报，38（1）：1-10.

郑度，葛全胜，张雪芹，等.2005.中国区划工作的回顾与展望.地理研究，24（3）：330-344.

郑度. 2008. 中国生态地理区域系统研究. 北京：商务印书馆.

朱传耿，马晓东，孟召宜，等. 2007. 地域主体功能区划：理论、方法、实证. 北京：科学出版社.

Abell R A, Thieme M L, Revenga C, et al. 2007. Marine ecoregions of the world: A bioregionalization of coastal and shelf areas. BioScience, 57（7）: 473-483.

Abell R A, Thieme M L, Revenga C. 2008. Freshwater ecoregions of the world: a new map of biogeographic units for freshwater biodiversity conservation. Bioscience, 58（5）: 403-415.

Apalding M D, Fox H, ALLEN G R. 2007. Marine ecoregions of the world: a bioregionalization of coastal and shelf areas. BioScience, 57（7）573-583.

Bailey R G. 1976. Eco-regions of the United States (1 : 7 500 000 Colored). Ogden, UT: USDA Forest Service, Intermountain Region.

Bailey R G. 1996. Ecosystem Geography. New York, Berlin, Heideberg: Springer-Verlag.

FAO. 1976. A framework for land evaluation. Soils Bulletin 32.

FAO. 1983. Guidelines: land evaluation for rainfed agriculture. Soils Bulletin 52.

FAO. 1984. Land evaluation for forestry. FAO Forestry Paper 48.

FAO. 1985. Guidelines: land evaluation for irrigated agriculture. Soils Bulletin 55.

FAO. 1991. Guidelines: land evaluation for extensive grazing. Soils Bulletin 58.

FAO. 1996. Agro-ecological zoning: Guidelines. FAO Soils Bulletin 73.

Hoanh C T, Roetter R, Aggarwal P K, et al. 2000. LUPAS: An operational system for land use scenario analysis. In: Roetter R P, et al. Systems research for optimizing future land use in South and Southeast Asia. SysNet Research Paper Series.

Marshall, Schut. 1999. A National Ecological Framework for Canada: Overview. Eastern Cereal and Oilseed Research Centre (ECORC), Research Branch, Agriculture and Agri-Food, Ottawa, Ontario, Canada .

Olson D M, Dinerstein E, Wikramanayake E D. 2001. Terrestrial ecoregions of the world: A new map of life on Earth. BioScience, 51: 933-938.

Omernik J M, Bailey R G. 1997. Distinguishing between watershed and ecoregion. Journal of American Water Resources Association, 33（5）, 935-949.

Patel N R, Mandal U K, Pande L M. 2000. Agro-ecological zoning system: A remote sensing and GIS perspective. Journal of Agrometeorology, 2（1）: 1-13.

Rossiter D G, van Wambeke A. 1993. Automated land evaluation system version 4. Users' Manual. Department of Soil, Crop and Atmospheric Sciences, Cornell University, Ithaca, NY.

Udvardy M D F. 1975. A classification of the biogeographical provinces of the world. IUCN Occasional Paper No. 18.

Wiken E B, Gauthier D, Marshall I, et al. 1996. A Perspective on Canada's Ecosystems: An Overview of the Terrestrial and Marine Ecozones. Canadian Council on Ecological Areas Occasional Paper No. 14. Ottawa: CCEA.

2

区域功能分区的原理与基础

鲁春霞　马蓓蓓　朱　鹏　唐笑飞

本章在论述地域分异规律、人类社会经济活动及其空间效应等空间关系相关理论的基础上，从人类对地理空间差异的自适应性和自 1949 年以来我国人口分布的政府干预以及人口自适应分布特征来描述我国人口的自适应性格局。同时回顾了新中国成立以来我国区域开发战略从均衡发展向非均衡发展，最后演变为可持续发展的变化过程和背景，并对我国在不同的阶段、不同的区域开发战略指导下所采用的区域开发政策及其实施效果进行了评述。进而，又阐述了区域经济发展、生态环境发展、城镇化发展的空间特性与区域功能。最后，从自然环境区位、经济体制等方面分析了区域发展的驱动力。

2.1　空间关系分析的相关理论

2.1.1　自然要素的地域分异规律

地球是人类赖以生存的家园。地表自然要素的空间差异是人类生存发展的客观存在。进入 21 世纪，随着地球人口的不断增长，如何科学合理地利用有限的生态资源，就成为人类共同面临的挑战。

在地表自然环境的形成过程中，各个地区由于纬度位置、海陆位置、地质地貌以及其他因素的不同，而发育为不同的景观，称之为自然地理环境的地域分异（孙鸿烈等，2004）。自然界中地域分异的现象是非常显著的，有地带性分异和非地带性分异。例如，从赤道到两极和从沿海到内陆的水平分异地带性，从山麓到高山顶部的垂直分异地带性，都呈现出自然环境要素在地带上的规律性变化。

地域分异有不同的规模，对于不同规模的地域差异，往往采用不同尺度加以衡量（表 2.1）。

表 2.1　地域分异的尺度划分

规模	层次	范围	厚度	内部联系的基础	更新速率
大尺度	大陆层次	一个大陆或一个洲	对流层至沉积岩层	全球性大气环流、水分循环和地质循环	缓慢
中尺度	区域层次	约 100 万平方公里	摩擦层至风化层	地区性大气环流及大流域的物质迁移	居中
小尺度	局地层次	小于几百平方公里	林冠层至土壤层	群落的生物循环	较快

资料来源：景贵和，1990

热量分带和构造分区都是基本地域分异规律的典型表现，它们构成了不同形式的地域分异基础。

地带性的典型表现是地球表面的热量分带（表 2.2）。因为热量分带是地球球形引起的太阳辐射呈东西延伸、南北更替的分异，它是地球上自然要素纬向分布的内在驱动力。因此，气温、降水、植被等自然要素的地带性分异形成了地球陆地表面自然景观带的空间分异特征（表 2.3）。

表2.2　地球表面太阳辐射的纬度分布

纬度（°）	90	80	70	60	50	40	30	20	10	0
太阳辐射 [亿焦耳/（平方米·年）]	55.8	57.6	63.7	76.5	91.9	106	118.4	127	135.6	135.1

资料来源：景贵和，1990

表2.3　陆地表面主要景观带的定量特征

指标 景观地带	年辐射平衡 （千焦耳/平方厘米）	日平均气温≥10℃ 的积温（℃）	年降水量 （毫米）	年蒸发量 （毫米）	植物量 （吨/公顷）	植物群体年产量（吨/公顷）
冻土地带	54~84	<600	300~500	100~250	28	2.5
泰加林地带	105~126	1000~1800	300~800	250~500	260	7
阔叶林地带	146~230	2400~4000	600~1000	400~600	400	13
草原地带	146~209	3000~3500	400~500	350~500	20	8
温带荒漠地带	188~230	3500~5000	<250	<250	4.5	1.5
地中海地带	251~272	5000~7500	500~800	400~600	170	16
亚热带荒漠地带	230~293	6000~9000	<100	<100	2	1
热带荒漠地带	293~314	9000~10000	<50	<50	1.5	1
典型萨王纳群落地带	314	10000	500~1000	500~900	40	12
热带雨林地带	251~272	9000~9700	1500~2000	900~1250	650	40

资料来源：景贵和，1990

由于地球内能作用而产生的海陆分布、地势起伏、构造活动等区域性分异，称为非地带性。非地带性的典型表现是地表的构造区域性。由于区域地质发展史的差别，不同地区有不同的地质构造组合，从而得出一系列大地构造分区。每一大地构造分区，不仅具有区域地质发展史和地质构造组合的共同性，而且具有岩性组合的共同性以及共同的地貌表现特点，即表现为相应的大山系、大平原或大高原地貌，或表现为山脉、平原、高原等的中小级别有规律的组合。在大地构造-地貌分异的基础上，便可形成其他自然要素或自然综合体的非地带性分异。大地构造的空间分布格局不存在热量带那种近乎完美的数学规则性，相反常表现为使地带性发生畸变的破坏作用，使得地表热量和水分重新分配，不同地理单元之间水热分布空间差异显著。

地球陆地表面就是在地带性与非地带性的相互作用中形成了姿态各异的自然景观和生态系统以及资源空间分布格局，也由此形成了各有差异的区域生态功能以及区域资源禀赋。

地表自然环境要素、生态功能及资源禀赋的空间差异是人类生存发展的客观存在，人类要实现可持续发展，自然资源开发和经济建设活动就必须因地制宜，遵从自然规律。违背自然规律的结果已经造就了地球上目前的诸多生态危机。因此，重温自然地理要素的地域分异规律，认识区域生态环境的功能和资源承载力各有不同，有助于人类纠正违背自然规律的区域经济开发活动，重新检讨以经济增长为目标的发展思维定势，调整经济发展思路，协调区域发展与保护的关系，使人类真正走向可持续发展之路。

2.1.2　区域生态安全相关理论基础

生态安全是人类可持续发展的基础和根本。自从工业革命以来，人类经济活动的足迹已经踏遍了全球几乎所有的生态环境，我们所处的生态环境实际上已经成为既包括自然力投入又有劳动力投入，既有自然再生产又有经济再生产的生态经济复合系统。生态安全是指在人的生活、健康、安乐、基本权利、生活保障来源、必要资源、社会次序和人类适应环境变化的能力等方面不受威胁的状态，包括自然生态安全、经济生态安全和社会生态安全（肖笃宁等，2002），生态安全涉及多个学科的理论基础。

2.1.2.1 景观格局与过程的相互作用原理

构建区域生态安全格局是保障区域生态安全的必由之路。区域生态安全格局是指针对特定的生态环境问题，以生态、经济、社会效益最优为目标，依靠一定的技术手段，对区域内的各种自然和人文要素进行安排、设计、组合与布局，得到由点、线、面、网组成的多目标、多层次和多类别的空间配置方案，用以维持生态系统结构和过程的完整性，实现土地资源可持续利用，生态环境问题得到持续改善的区域性空间格局（刘洋等，2010）。

景观格局决定着资源和物理环境的分布形式和组合（O'Neill et al.，1998）。格局决定过程反过来又被过程改变（傅伯杰等，2001；Forman，1995）。格局与过程相互作用原理是区域生态安全格局研究的理论基础。

区域生态安全可以通过优化景观格局来实现。优化的景观格局来源于对景观格局与生态过程关系的充分了解。特别是要判定哪些过程是有害的、哪些有利的生态过程是需要恢复的。通过改变景观格局，控制有害过程，恢复有利过程，才能实现区域生态安全（马克明等，2004）。

景观的生态恢复与重建是区域生态安全格局构建的关键途径（关文彬等，2003）。景观的生态恢复与重建旨在恢复由于人类活动所破坏的生态系统之间的有机联系，以景观单元空间结构的调整和重新构建为基本模式，通过调整原有的景观格局，引进新的景观组分等手段，达到改善受损害生态系统功能的目标。

2.1.2.2 自然资源与生态环境的保护性利用

大气、矿物和水等基本要素及其再造物和衍生物构成了人类生存和发展的自然资源和环境基础。人类社会的进步和发展必须依赖于这些自然资源和自然环境，这也是区域发展的资源环境基础所在。

在地球上人口持续增长，人类消费欲望不断膨胀的作用驱动下，人类对自然资源的过度开发利用已经超过了自然资源的承载能力和再生能力，造成了资源的枯竭和生态环境的严重破坏，使人类可持续发展的资源与环境基础受到根本性的动摇。

区域生态安全的保障必须通过改变不合理的资源开发利用方式，建立适度发展的经济模式方能实现。资源经济学、生态经济学研究经济发展与资源开发、环境保护之间的相互关系，探讨如何合理地调节经济再生产与自然再生产之间的物质交换关系，最终用较小的资源与环境代价取得较大的经济效益、社会效益和资源环境效益。因此对自然资源和自然环境的保护性利用是可持续发展的前提和基础。

资源经济学和生态经济学能够为解决一系列经济无序发展造成的资源与生态环境问题提供理论基础与技术方法。通过经济学手段调整自然资源开发程度和解决生态环境问题，是实现区域生态安全的重要途径之一。根据区域生态环境问题的成因，确定相应人类干扰的经济学驱动机制，提出改善区域资源利用的科学对策和经济发展模式，应该在区域生态安全格局设计和实施中得到充分重视。

2.1.2.3 资源环境的多功能性与区域性

人类正越来越深刻地认识到资源环境的多功能特征及其合理利用的重要性。例如，土地资源具有生产功能和生态功能，水资源具有调节气候的功能、提供水产品的功能和净化功能。水土资源同时还具有文化美学功能、休闲娱乐功能等。有些功能是可以同时利用的，有些功能在利用上则此消彼长。因此，如何保护资源环境的多功能特征，并根据不同的发展需求开发利用自然资源的不同功能，使各类功能利用达到最优化和最大化，是提高资源环境利用效率，实现资源环境永续利用的关键。

自然要素的地域分异规律决定了地表气候资源、水文资源、植被资源等在空间上有较大的差异。自然资源禀赋的区域差异或者说资源分布的区域性特点决定了对这些资源进行开发利用时，必须注重其区域性。

区域资源环境状态是决定人类活动空间格局的基础。不同区域面临的人口、资源、环境、经济、社会问题不同，因而需要剖析区域发展的资源环境基础及其承载能力，对区域发展进行功能定位，以实现区域资源开发利用的分工合作与优势互补。

2.1.3 地理空间效应与区域发展理论

按照地理学的理解，地理空间效应是由地表结构的差异和空间格局的变换等空间原因所引起的地理系统中物质、能量、信息的再分配现象和传输复杂化现象。表现为以下几个主要方面：地表形态对物质、能量的再分配作用；因地表不均衡引起的地理流，随距中心位置的变化有不同的表现；由于空间的原因，使产品分配和社会消费产生不平等的效果；由空间所致的选择行为、搜寻行为和学习行为问题；空间地理场的形成、表现及影响；非均衡空间中能量、物质和移动的规律。

经济活动是人类最重要的一项活动，是人类社会存在的基础。经济活动一方面有其自身的规律，另一方面它必须在地球表层进行，占据一定空间位置，并改变景观从而产生出它的空间效应。在地理学中，人们最关心的经济活动是空间经济活动，狭义的空间经济过程指以微观经济过程为基础的空间经济过程。在地理学中，统计上稳定的、大量个体综合的现象称宏观现象，把个别行为特别是强烈地依赖于环境特性的现象作为微观现象。空间经济过程的另一种表现是两个城市或区域相互之间有贸易往来、商品交换等经济联系，这就是空间相互作用圈。

地理空间效应是经济增长所必须重视的一个基本内容和前提条件。在对外开放和经济全球化的背景下，只有借鉴新增长理论和新经济地理学理论的合理成分，把地理空间效应与科技进步、生产要素投入、制度创新等多种因素共同考虑，才能揭示区域经济与资源环境的协调发展的复杂机制（王巧玲，2007）。

2.1.3.1 均衡发展理论

新古典经济学一直是西方经济学发展的主流，而均衡既是新古典经济学基本的分析方法，也是其对经济发展所持的基本观点，因而均衡增长理论实际就是新古典增长理论。该理论单纯从供给出发，认为区域的长期增长来源于三个要素——资本、劳动和技术进步，在固定规模报酬和市场机制运营不存在主要障碍的假设下，由于要素报酬率的区域差异，劳动力将由低工资区域流向高工资区域，资本则从高工资区域流向低工资区域，因而市场机制的自我调节将使区域发展的差异不会持久，最终区域之间的发展差距缩小，区域之间将趋于均衡增长或者说趋于收敛。

均衡发展理论是以哈罗德·多马新古典经济增长模型为理论基础发展起来的。均衡发展理论认为，落后国家存在两种恶性循环，即供给不足的恶性循环和需求不足的恶性循环，而解决这两种恶性循环的关键，是实施平衡发展战略，即同时在各产业、各地区进行投资，既促进各产业、各部门协调发展，改善供给状况，又在各产业、各地区之间形成相互支持性投资的格局，不断扩大需求。

20 世纪 60 年代美国学者威廉姆森（Williamson，1965）基于一些发达国家区域收入差异的变化所做的统计分析和据此提出的经济增长和区域均衡增长之间的"倒 U 型"相关假说，是均衡增长理论中最富有影响的观点。

2.1.3.2 非均衡发展理论

与新古典均衡增长观点相反，一些经济学家和地理学家则提出了区域不均衡增长理论。佩鲁（Perroux）的增长极理论、缪尔达尔（Myrdal）和卡尔多（Kaldor）的循环因果积累原理、赫希曼（A. O. Hirschman）的联系理论均强调：在市场力的作用下，区域发展之间的差距不会缩小反而会扩大，因为规模经济和集聚经济所产生的"极化效应"或"反吸效应"和"报酬递增"，将促使资本、劳动和产出在一定区域的循环积累，而其所产生的"涓滴效应"或"扩散效应"以及政府的转移支付只能将区域差异保持在一定限度而不足以促进区域收敛。因此，非均衡增长理论认为，"只要总的发展水平低，市场力量的自然作用在任何时候都将增加国内和国际不平等"（Myrdal，1957），要促进落后地区的发展，缩小区域发展差距，必须依赖于强有力的政府干预和周密的经济政策，如在落后地区建立"增长极"和"增长中心"以启动这些地区的发展，培养其自我发展的能力，然后利用市场力量实现这些地区的积累增长。

2.1.3.3　梯度转移理论

梯度转移理论源于弗农提出的工业生产生命周期阶段理论。该理论认为，区域经济的发展取决于其产业结构的状况，特别是其主导产业在工业生命周期中所处的阶段。如果其主导产业部门处于创新阶段，则说明该区域具有发展潜力，该区域处于高梯度区域。随着时间的推移生产活动逐渐从高梯度地区向低梯度地区转移。

2.2　地理空间差异与人口生态适宜性分布格局

2.2.1　人类对地理空间差异的自适应性特征

所谓自适应性是指生物能改变自己的习性以适应新的环境的一种特征。或者说是生物能修正自己的特性以适应对象和扰动的动态特性的变化。人类作为地球上的高级生物对自然环境的自适应能力十分强大，所以，迄今为止，人类的足迹几乎已经踏遍了地球的每个角落。

自然地理环境要素（地形、气候、水资源分布、土壤、资源禀赋）在区域上的不同组合产生了巨大的空间差异，由此构成了人类生产和生活的自然环境基础。在农业文明时代，逐水而居是不二选择，因为毗邻河流便于取水，有利于发展灌溉农业，遂使大河流域成为人类文明的发祥地。

随着人类科学技术的进步，人类对自然环境的适应能力在不断提高，人类生活居住的地域越来越广、在常年积雪、气候条件恶劣、环境严酷的北极地区分布有土著民族爱斯基摩人；在海拔 4000 米以上高寒缺氧的青藏高原分布有藏族人；在不同地区人类对自然环境的自适应性决定了人类在地球上分布的广泛性。

在生产技术和生产力水平不断提高的 21 世纪，尽管自然环境要素不完全是人口分布的决定条件，但也是影响人口分布的主要因素。世界人口分布格局和城市群的建设实际上是人类在漫长的生产和生活过程中对自然环境逐步适应的结果。

2.2.1.1　人口向生态适宜区的聚集格局

纵观地球上人口的分布不难发现，人口的分布实际上在很大程度上仍然是受自然环境条件的制约与影响，人口的分布取决于人自身对自然环境条件的适应程度，自然环境的适宜性是决定人类生活居住的关键。可以说，地球上人口分布的主体格局是人类追逐适宜自然环境的结果。

自然环境和自然资源是人类生活和生产的物质基础。自然地理环境的地区差异、自然条件的优劣以及自然资源分布的不均匀等自然因素必然要影响到各地区人口的分布和社会经济发展。自然环境要素对人类居住及经济活动的制约和影响同样十分显著，从而在决定全球人口分布格局上发挥了主要的作用。

温带地区的沿海、沿河等平原地区气候适宜、土地生产力相对较高、交通便利，从而成为人口聚集的区域，从全球人口密度的空间分布和城市群的空间分布就可以体现出来。

20 世纪 90 年代初世界人口分布密度最大的地方基本上是在气候温和的沿海、沿江和沿湖等平原地区。据 2005 年的统计数据，地球上人口最稠密地区约占陆地面积的 7%，却居住着世界 70% 人口，而且世界 90% 以上的人口集中分布在 10% 的土地上。从各大陆的人口分布就可以反映出这一特点。欧亚大陆主体分布于北回归线和北极圈之间，总面积约占地球陆地总面积的 32.2%，但人口却占世界人口总数的 75.2%。欧亚大陆人口密度最大，平均每平方公里都在 90 人以上，其他大陆平均每平方公里在 20 人以下。

人口密度分布在纬度和海拔高度的分异也同样体现出人类对生态环境的适宜性选择。中纬度地带是世界人口集中分布区。例如，北半球北纬 20°~60° 之间分布着世界人口的 80%，当然这与北半球陆地面积巨大是密切相关的。从海拔来看，55% 以上的人口居住在海拔 200 米以下、不足陆地面积 28% 的低平地区。世界陆地面积的 60% 基本无人或很少有人居住，如寒带地区的西伯利亚、格陵兰岛、加拿大中北部、智利和阿根廷南部；热带地区的亚马孙盆地、刚果盆地；亚热带和温带的沙漠和干旱地区。

2.2.1.2 产业布局和城镇建设向高资源禀赋区域聚集的格局

尽管自然地理环境和自然资源禀赋空间差异是影响人口空间分布的重要因素，但自然地理环境对人口分布的影响毕竟只是一个方面，而人口的空间分布主要还是通过社会经济因素的作用来实现的。因此人们的物质生产方式（具体说主要指工农业和交通运输业）的发展水平及其生产布局特点才是影响人口分布的决定性因素。

人类进入工业文明时代，自然资源的开发对人口分布的影响十分明显。区域矿产资源的开发往往成为影响人口分布的决定性因素。国外在 18 世纪到 19 世纪由于出现淘金热而吸引了大量移民就是例子。当时在巴西的米纳斯州，美国的科罗拉多州、加利福尼亚洲和阿拉斯加州，澳大利亚的维多利亚州以及南非的德兰士瓦省，每一次淘金热都曾吸引大量的移民。

资源开发是城镇快速发育的重要驱动因素，从而形成了许多资源型城市，例如，休斯敦市是美国石油工业和石化工业的中心。全美 100 家最大能源公司中有 28 家的总部设在这里，此外还有 5000 多家公司从事与能源相关的业务。1850 年休斯敦人口只有 2000 人（魏琦等，2011）。自从 1901 年开始采掘石油后，休斯敦市加速发育，人口不断增加，目前全市人口达到 430 万，是美国的第四大城市。

从 20 世纪 50 年代开始，我国陆续建成许多资源型城市如玉门市、大庆市、攀枝花市、鞍山市等。资源产业以资源型城市为载体，资源型城市的分布反映了区域资源产业的发展状况。我国东北地区、华北地区的资源型城市分布密度相对较大。

2.2.2 中国人口分布的生态适宜性趋向

从近 100 年来中国人口的分布格局可以发现，尽管人为干预可以影响局部地区人口的分布，但人口分布的宏观格局仍然取决于区域资源环境条件即生态适宜性，也就是说在很大程度上决定区域人口分布和社会经济发展的主要因素是自然环境条件。

2.2.2.1 人口分布格局与自然要素分异的一致性

由于东部沿海地区水热资源丰富，单位土地生产力高，土地承载力高，在中华文明的演进过程中，相当长的历史时期，我国人口高度集中于东部地区，尤其是黄河、长江的中下游平原。

早在 20 世纪 30 年代，人口地理学家胡焕庸的研究表明，我国东北黑龙江的瑗珲到云南腾冲一线是一条东南与西北的分界线，该线东南土地占全国面积的 35.4%，西北占全国面积的 64.6%（注：当时全中国的版图包括今天的蒙古人民共和国），但从人口分布的密度来看，该线东南分布有 4.4 亿人口，占全国总人口的 96.6%，该线西北部的人口只有 0.18 亿约占全国总人口的 4%。

根据我国 1982 年人口普查的结果，胡焕庸再次计算了瑗珲-腾冲一线的东南和西北两侧的土地面积和人口数量。其结果仍然指出，位于瑗珲-腾冲线东南的人口占到全国人口的 94.4%，土地面积约占全国的 42.9%；位于这条线西北的人口占全国人口的 5.6%，面积占 57.1%（注：蒙古人民共和国于抗日战争后正式独立）。到 2005 年，我国人口数量的空间分布依然保持了稳定的胡焕庸人口线地理空间格局，大部分人口依然分布在人口线的东南侧（图2.1）。

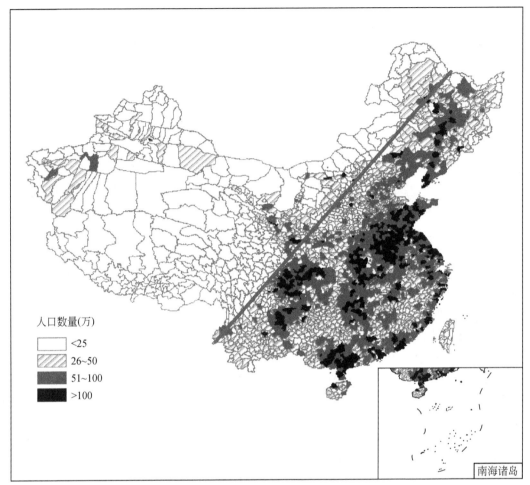

图2.1　2005年中国人口数量分布与胡焕庸人口线

数据来源：中国科学院地理科学与资源研究所人地系统主题数据库（http：//www.data.ac.cn）

不同时期人口分布的空间格局特征表明，自然地理环境特点及其所确定的生态适宜性确定了我国人口的地理格局，即人口分布在区域上呈现东南多西北少的空间特征。源于此，胡焕庸所得出的瑷珲–腾冲人口分布界线被称为中国的胡焕庸人口线。

众多专家对胡焕庸人口线所反映的自然环境要素区域差异进行了大量的研究，得出了以下的结论：

（1）人口分布线是中国自然地理要素分异的重要界线

就地貌而言，该线西北集中了我国主要的山脉，如阿尔泰山、天山、祁连山、昆仑山、唐古拉山、喜马拉雅山等，以及世界上海拔最高的高原青藏高原，山体高大，冰雪覆盖，气候严寒，大多不适宜人类居住与生存。该线东南则是中低山与平原盆地相间分布的地貌景观。就土壤而言，在秦岭以南腾冲–天水线两侧表现出明显差异。腾冲–天水线以东，以山地棕壤、黄壤、黄棕壤为主。在其西部以高原草甸土等为主。在潼关–黑河线以西多风沙土，其东多栗钙土。与土壤分异类似的是植被特征在腾冲–黑河以东地区。植被以针叶落叶阔叶林和灌丛为主，此线以西地区以草甸和灌丛草原为主。以年均降水而论，800mm等降水量线约为胡焕庸线南段和秦岭–淮河线以南地区，它大致划分出了中国湿润区。

（2）人口线与农牧交错带大体一致

腾冲–天水–潼关–黑河线附近，中国生态环境发生了大转变，在生态因子气候、水文、土壤、植被分布方面出现迅速过渡的特征（王峥等，1995）。即沿人口线分布着重要的生态环境过渡带。实际上，这一过渡带也是农牧交错带，即农业种植区与草原畜牧区相连接的生态过渡地带，又称半农半牧区或生态脆弱带。我国农牧交错带是一个独特而重要的产业界面，其分布斜贯我国东北—西南，大体与胡焕庸人口线的分布一致。

农牧交错带处在我国生态环境和地域经济的一个重要分界线上。该地带以东南是我国主体农业区和经济发达区；以西北则是经济相对欠发达的地区而且集中了我国大部分的少数民族人口。在自然条件上，该线东南是湿润、半湿润地区，地势相对平坦，海拔较低，环境条件较为优越，适宜发展种植业，土地的人口承载力高；而以西以北则分布着我国主要的沙漠、高原和山地，地形复杂而生态脆弱，这一地带也是我国生态环境的一条过渡带和生态安全的重要屏障带（吴贵蜀，2003）。

人口线与农牧交错带的大体重叠表明，人类在长期的发展过程中总是选择适宜于生存发展的地理环境。

进入 21 世纪，中国人口密度分布依然保持胡焕庸人口线的地理格局，充分说明，尽管生产力水平不断提高，但是自然资源与生态环境的承载力对人类的生产和生活区域格局的约束与控制是不以人的意志为转移的。因此，人类的一切活动必须以自然资源与生态环境的承载力为底线来进行。

2.2.2.2　人为干预只改变了局部地区的人口地理空间分布

人口迁移是人类适应生存环境的行为选择。人口迁移的类型及其原因有多种。自从 1949 年新中国成立以来，到 20 世纪 60 年代中期以前，人口迁移既有政府推动的作用，也有自主性的迁移，之后，以政府推动的人口迁移为主。但人为干预的人口迁移只是改变了局部地区的人口分布。

(1) 人口向工业基地和内陆的迁移

旧中国工业的 70% 布局在东部沿海地区。电力工业主要集中在辽宁，轻工业主要集中在上海、天津、青岛、广州等少数几个大城市。广大的内陆地区，资源丰富，但几乎没有现代工业。新中国成立后，经过三年的经济恢复，第一个五年计划中列入了 156 个项目，有计划地在东北、西北、内蒙古、湖北、河南、安徽等省区筹建新的工业基地。建成了以鞍山钢铁公司为中心的东北工业基地，以武汉钢铁公司为中心的华中工业基地，以包头钢铁公司为中心的华北工业基地，在此期间，国家从东部沿海各省原有基础较好、人口稠密的工业城市抽调几百万工人、科技人员及随迁家属，支援新的工业基地建设。

因此，"一五"和"二五"工业建设大发展时期是建国后省际人口迁移量最大的时期，年迁移人数达 5594.5 万人（沈益民等，1992）。

"三五"开始，国家从战略安全角度考虑，把沿海和内地工业布局比较密集地区的企业有计划地向西北、西南和中南地区转移，开始了大规模的"三线"工业建设时期。仅上海在 1966~1979 年为支援内地的"三线"建设就迁出职工 26.24 万人，江苏省迁出 10 万余人（沈益民等，1992）。

新中国成立后，随着自然资源如石油和煤炭的开发，人口向资源开发区迁移量也颇为巨大，由此，形成了我国新兴的资源型城市，如大庆市、玉门市、石嘴山市等。

(2) 人口向边疆地区的迁移

边疆省区地广人稀，资源丰富。新中国成立后，我国政府有计划地转移军人和人口稠密地区的群众，移民东北、西北和内蒙古，开发边疆资源，支持少数民族地区的经济建设。例如，从 1955 到 1960 的六年间仅山东省就组织 110 多万人口迁移到东三省以及内蒙古和青海。1969 年从京、津、沪等省市迁移到内蒙古的下乡知识青年就近 8 万人（沈益民等，1992）。总体来看，从 1949 年到 1978 年人口迁移的宏观流向是由东部的人口稠密区向北、向西、向人口稀少的边疆地区迁移。

2.2.2.3　自主性人口迁移中自然要素与社会经济要素的双重吸附功能

我国人口密度分布的东南与西北宏观空间格局主要是资源环境要素的基础所决定的。自然条件良好，生物生产力水平高的平原、沿海和沿江沿河地区由于宜居、承载能力高，因而具有较大的人口吸附功能。

就局部地区而言，与乡村相比，城市因公共设施完备、生活舒适便利，就业环境好等社会经济要素的优势而具有较大的人口吸附功能。

改革开放以来，我国人口的自主性迁移主要受以上要素的驱动和影响。

1978 年以前，由于受户籍制度的严格控制，我国人口的流动主要受政府的控制或推动，尽管为了经济建设和国防安全，政府组织了一些规模性的人口迁移，但实际上，人口迁移并不普遍。随着户籍制度的改革，人口迁移速度和流动规模迅速扩大。

改革开放以来，人口的迁移主要是自主性的迁移，是人们为了寻求就业机会追逐更好的经济利益而进行的流动。

因此，这一时期人口迁移的特点是：

1) 迁移速度快、规模大。1982~1987 年全国有 3000 多万人迁移，其中，1300 多万是由乡村向城镇迁移，150 多万由内地向沿海地区和工矿迁移 (沈益民等, 1992)。

2) 从内地向东部沿海地区流动。东部地区吸收的迁入人口比例从 1982~1987 年的 52.95% 上升到 1995~2000 年的 79.18%，而中、西部地区吸收迁入人口的比例从 1982~1987 年的 27.32% 和 19.72% 下降为 9.03% 和 11.79% (鲍曙明等, 2005)。

3) 从乡村向城市地区迁移。据 1990 人口普查和 1995 年 1% 的人口抽样调查，大于 60% 的迁移者流向城市。尽管 1995~2000 年的人口迁移总数大幅度增加，但迁往城市的比例始终保持在 60% 左右 (鲍曙明等, 2005)。

2.3 区域发展战略演变及其空间效应

2.3.1 中国区域发展战略的阶段性特征

自然空间差异巨大是我国的基本自然背景，由此导致的区域发展不平衡就成为我国的基本国情。

自 1949 年以来，我国分别在各个不同的发展阶段依据当时的国际形势、国内政治经济状况、社会经济发展目标制定了不同的区域经济空间发展政策，其战略思想经历了从以国防安全为导向的区域均衡发展、以效率为导向的区域非均衡发展到统筹各种关系的区域协调发展三个阶段的演变。在每个不同的阶段，也分别有相应具体的空间政策和开发行为，形成了不同时期不同的开发重点区域和空间经济格局 (表 2.4)。

表 2.4　1949 年以来我国区域空间发展战略的阶段演变

阶段	持续时间	空间发展战略	空间政策
恢复时期至"五五"时期	1950~1978 年	强调重工业与国家安全，区域均衡发展战略	加强内地投资，展开"三线"建设
"六五"至"八五"时期	1979~1995 年	重视效率，区域非均衡发展战略	允许有条件的地区先富起来，投资向沿海倾斜，经济特区、开放城市、开发区建设，有重点的梯度开放格局
"九五"至"十一五"时期	1999~2010 年	注重统筹，区域协调发展战略	西部大开发、振兴东北老工业基地、中部崛起、统筹城乡发展、主体功能区划

1949 年以来我国区域发展战略的演变，既体现了作为发展战略必须具有的继承关系，也体现了我国随着国内外形势、经济社会发展的实际情况对发展战略所做出的必要调整和完善，同时也反映了社会各界特别是决策层不断总结区域发展的经验教训，对区域发展内在规律认识逐渐深入的探索过程。

表 2.5   不同时期我国的空间开发状况 (1953～2010 年)

时间	开发方向	转移强度	空间政策	重点开发区域
"一五"时期	由沿海向内陆	强	工业项目、重点工程多布局在内地	西北、华北、华中
"二五"时期	由沿海向内陆	弱	大跃进运动, 工业布局遍地开花	全国
"三五"至"四五"时期	由沿海向内陆	强	以备战为核心, "三线"建设	西南、西北
"五五"时期	由沿海向内陆	弱	洋跃进运动, 大规模基础设施建设	全国
"六五"时期	由内地向沿海	强	设立沿海经济特区、沿海开放城市	沿海地区
"七五"时期	由内地向沿海	强	划分东、中、西三地带, 投资和政策双重倾斜沿海地区	珠江三角洲、长江三角洲
"八五"时期	由内地向沿海	弱	正确处理沿海与内陆的关系, 提倡地区经济合作	沿海地区
"九五"时期	全国	较强	全方位对外开放、区域经济协调发展	七大经济区域
"十五"时期	全国	强	西部大开发战略、新型区域经济关系	全国
"十一五"时期	全国	强	西部大开发、振兴东北老工业基地、中部崛起、统筹城乡发展、主体功能区划、形成各具特色的区域发展格局	全国

2.3.2   过去 60 年区域经济发展政策及其空间效应

2.3.2.1   改革开放前的区域均衡发展战略及其空间效应

1949 年新中国成立之前, 中国作为一个农业国家, 在区域分工上, 除了中心城市和沿海通商口岸及其周边地区有工业产业分布之外, 大部分地区仍然维持自给自足的自然农业经济状态。有数据表明, 此时, 70% 的工业集中于占国土面积 12% 的沿海地区, 内地除武汉和重庆等极少数沿江城市外, 广大内地几乎没有现代工业 (邹东涛等, 2009)。

新中国成立以来, 经过 1950～1952 年的经济全面恢复, 全国农业和工业生产得到迅速的恢复与发展。从 1953 年开始实施的五年发展计划, 则为我国有计划、有步骤的发展现代工业奠定了良好的基础, 也由此推动了区域发展战略, 使我国进入区域化发展时代。

从"一五"到"五五"计划, 经济发展战略的主导思想是优先发展重工业, 尽快实现工业化。在工业区域布局上, 实施区域经济均衡发展战略, 其基本内容主要表现在三个方面: 一是重点加强内地投资建设, 希望实现生产力平衡分布, 改变生产力区域分布不均的状况; 二是强调建立区域独立的工业体系; 三是以备战为中心, 以"三线"地区建设为重点。所谓"三线"是根据中国地理区域划分而成, "一线"是指沿海和沿边疆的省市自治区, 全国战略后方为"三线", 介于其间的地区为"二线"地区。上述工业区域发展战略尤其是三线建设的发展战略对我国国民经济发展产生了巨大的区域效应, 促进了全国区域社会经济的均衡发展。

(1) 重整东北和沿海老工业基地强化了的区域的工业功能

20 世纪 50 年代初期, 新中国的绝大多数工业产业都集中在东北地区和东南沿海一带, 广大内陆地区的工业几乎是一片空白。这种畸形的区域经济格局既不利于有效利用资源、发展经济, 更不利于国防安全。因此, 从"一五"到"二五"计划, 在经济建设中采取合理利用原有工业基地, 同时积极投资创设新的工业基地——这两个方向互相结合, 逐步改变过去经济发展不平衡的状态, 并使经济建设布局适应于国防安全的需要。

从经济发展的空间格局来看, 我国"一五"到"四五"计划时期对东北和沿海老工业基地的改造与重整，为我国实现优先发展重工业，合理安排轻重工业的比例关系奠定了良好的工业基础。

"一五"时期，我国固定资产投资的重点地区是东北地区，因此，形成了以东北地区为中心的单峰形态固定资产投资形势。这一时期，辽宁省的固定资产投资份额名列全国首位，1953年占全国投资总额的近18%，1957年也占全国的11.37%，黑龙江省则位列第二；上海的固定资产投资则基本稳定在5%左右。"二五"时期，尽管固定资产投资呈现遍地开花的态势，但东北地区和上海、江苏仍为重点投资区域。通过对东北及沿海老工业基地的改造和重整，以鞍钢为中心的东北工业基地已经基本建成，上海和其他沿海城市的工业基地也都大为加强，这些地区工业的发展在中国国民经济发展中发挥了重要的带动作用。

（2）内陆地区承担起国防工业和能源矿产资源生产基地的区域功能

充分重视国防因素是新中国成立以来前30年经济建设布局中的一个重要原则。从1953年到1975年的四个五年计划期间，国家经济建设中心由沿海地区向内陆地区推进和转移，随着国家卓有成效的组织和建设布局的展开，大大促进了内地经济的发展。

从"一五"到"四五"计划时期，政府加大投资力度，在华北、华中、西北、西南等内陆省区积极建设新的工业基地。"一五"期间建设的694个项目，大部分都分布在地处内陆东北地区、中部地区和西部地区，仅有较小的部分分布在沿海。西北、华北和华中地区优先发展成为新的工业基地。由前苏联援建的156项（实际开工150项）重点工程有118项分布在内地，占全部项目的79%。迫于紧张的国际形势，当时新建的工业企业特别是国防工业企业，除了造船厂必须在海边外，大都在后方地区。

"二五"和"三五"期间，国家进一步增强了对重工业和资源工业的投入，钢铁、冶金、煤炭、军工和铁路等尤其是三线建设的重点部门，国家投资向三线地区倾斜。"三五"和"四五"期间，全国固定资产投资的重点地区是西南地区的四川省和云南省以及地处中原的河南省、湖北省、地处西北的陕西省等内地省份。以"四五"前期为例，中西部在全国基本建设投资中所占的比重高达54.4%。三线建设期间，不仅在交通闭塞、经济落后的内地修通了成昆等10条铁路干线，而且建成了大中型骨干企业和科研事业单位近2000所，其中军工企业600多个，各具特色的新兴工业城市30座，基本实现了预定的目标，初步建成了以能源交通为基础、国防科技工业为重点、原材料工业与加工工业相配套、科研与生产相结合的战略后方基地，取得了举世瞩目的巨大成就，使我国生产力布局不合理的状况有了较大的改变，形成了我国国民经济中一支不可忽视的重要力量。这对后来我国国民经济的格局产生了重要影响，使广大内陆地区承担起国防工业和能源矿产资源生产基地的重要功能。

2.3.2.2 改革开放以来区域非均衡发展战略及其空间效应

新中国成立30年以来在区域均衡发展战略指导下进行的建设实践，虽然取得了巨大的成就，但是也不断积累和显现出其局限性。由于发展的重心偏向内地，忽视了东部地区的发展，经济建设的效率受到了损害（表2.6），一方面致使东部原有的经济基础没有充分利用，其作用和潜力远远没能得到充分的发挥，进而影响国家整体经济的发展；另一方面对内地特别是西部的投入没有得到应有回报，浪费了人、财、物力，也影响了国家整体经济的发展。也就是说，这种区域均衡发展战略没有建立在生产力发展和区域经济发展的客观规律上，生产力的配置带有极强的主观性和片面性。

表2.6　区域均衡发展战略下沿海地区工业增速（1962~1975年）

时期	年份	工业产值年均增速（%）
"二五"与"三五"之间	1962~1965	17.5
"三五"时期	1966~1970	11.7
"四五"时期	1971~1975	5.1

1978 年改革开放之后，政府开始承认区域发展不平衡的合理性，正视非均衡发展的现实基础：由于历史的原因、自然条件、资源条件、交通条件、经营管理水平、文化教育程度和物质技术基础的差异等因素，地区之间的经济发展不平衡状况客观存在着而且还将长期存在。为了进一步解放生产力和提高人民物质文化生活水平，我国开始强调重视投资效率的地域差别，注重扬长避短，发挥比较优势，区域经济发展战略开始向非均衡方向转变。中国实施不平衡发展战略的主要目标是希望通过"榜样示范"和"先进带后进"的效果，依靠区域间相互开放和高效"联动效应"空间传递机制的建立来促进沿海和内陆地区的共同发展和共同富裕。

因此，1978 年底邓小平提出在经济政策上要允许一部分地区、一部分人先富起来，这一指导思想对后来国家的区域经济政策的制定产生了重要影响。进入 20 世纪 80 年代后，不平衡发展思想和政策取代了平衡发展思路，区域经济发展由过去的主要强调备战和缩小区域差距转向以提高经济效益为中心、向沿海倾斜的发展战略。注重效率，区域经济非均衡发展的思想成为该时期区域空间政策的核心思想。

（1）利用区域优势资源，促进区域合理分工

"六五"计划坚持从国情和国力出发，一是强调经济和社会共同协调发展，计划专用一篇来阐述"社会发展计划"，改变了以往只注重经济发展，忽视社会发展的倾向；二是强调一切经济工作都要以提高经济效益为中心，改变了以往以提高速度为中心、单纯追求高速度和高指标的经济发展战略。

"六五"计划注重效率的指导思想反映在空间发展政策上，表现为初步提出了区域经济发展要利用和发挥相对优势，促成合理分工，大力发展区域间经济协作的战略设想。优先发展沿海地区，通过沿海地区发展带动内地经济发展成为区域经济发展战略的主导思路。1979 年 7 月，中央决定对广东和福建两省的对外经济活动实行特殊政策和灵活措施。1980 年，成立深圳、珠海、汕头、厦门四个经济特区，在这些地区实行特殊的经济政策和管理体制。1982 年 11 月，五届人大五次会议提出，要积极利用沿海地区的现有基础，充分发挥它们的特长，带动内地经济进一步发展。1984 年初，在总结兴办经济特区经验的基础上，进一步开放 14 个沿海港口城市。随后，陆续在东部沿海地区设立了 14 个经济技术开发区。据统计"六五"时期，国家分配给东、中、西部的投资比例分别为 42.71%、36.74% 和 20.55%。中国"先富"的区域直指东部沿海地区，沿海地区开始成为我国最富有经济活力的区域。

（2）东中西三个经济带划分深刻地影响了中国的区域发展格局

"七五"计划首次明确地体现了效率优先、非均衡发展的战略思想，并且第一次按照东部、中部和西部进行了区域划分，提出要正确处理东部沿海、中部和西部三个经济地带的关系。该计划分别对三大经济地带提出了不同的目标、任务和政策措施，形成由东到西、由沿海向内陆的产业、技术、政策支持以及资金的雁行梯级模式，并同时重视横向联系，形成技术、资金和资源的转移。

"七五"计划提出我国经济在区域发展和布局上要有重点，即重点发展东部地区。党的十三大进一步提出，必须继续巩固和发展已经初步推进的"经济特区—沿海开放城市—沿海经济开发区—内地"这样一个逐步推进的开放格局。1988 年 3 月，七届人大一次会议第一次正式明确提出了实施我国沿海地区的经济发展战略，强调要不失时机地加快实施沿海地区经济发展战略，进一步扩大对外开放，加快发展沿海地区外向型经济，积极参加国际交换和竞争，以沿海经济的繁荣带动整个国民经济的发展。1990 年 6 月，国家做出开发浦东的决定，在上海及其浦东实行经济特区的优惠政策。同时，国家开始对三线建设的调整和改造，投资向沿海地区倾斜更加明显，据统计，东、中、西部得到国家投资的比重分别为 51.48%、28.72% 和 19.8%。表 2.7 显示了不同时期我国国家投资的空间结构。由于国家在投资和政策上的双重倾斜，加之沿海省区较好的发展条件，以珠江三角洲和长江三角洲为中心的两大区域经济增长中心迅速形成。至此，我国有重点的、全方位的梯度开放体系和空间经济新格局开始形成。

（3）"八五"时期沿海与内地的区域分工更加显著

"八五"计划继续"七五"期间区域经济发展战略与发展方式，提出"正确处理发挥地区优势与全国统筹规划、沿海与内地、经济发达地区与较不发达地区之间的关系，促进地区经济朝着合理分工、各展其长、优势互补、协调发展的方向前进"。

表 2.7　不同时期国家固定资产投资的空间结构

时期	沿海	内地		
"三五"时期	30.90%	66.80%		
"四五"时期	39.40%	53.50%		
时期	东部	中部	西部	合计
"六五"时期	42.71%	36.74%	20.55%	57.29%
"七五"时期	51.48%	28.72%	19.80%	48.52%

我国沿海地区"要在加强对传统工业改造的同时，大力开拓新兴产业，发展知识技术密集型产业。"而"内陆地区"则要"发挥内地资源丰富的优势，加快能源、原材料工业建设和农牧业的开发，特别要注意发展本地特殊资源优势、面向国内外市场的行业和产品。在经济发展水平比较高的城市和地区，积极发展知识技术密集产业和新兴产业"。

东部沿海地区濒临海洋的区位优势，有利于东部沿海地区率先参与全球化过程，对我国经济的快速发展发挥了先行者的功能。事实上，这一区域目前已经形成了长三角、珠三角、环渤海等地区城市密集、工业发达、交通体系完善的区域，构成了我国东部经济增长中心。

内陆中部地区处于我国的中部枢纽位置，具有承东启西、连南接北的作用。区位优势明显，资源禀赋丰富。新中国成立以来，出于国防安全的考虑，我国生产力布局向中部和西部聚集。在这一过程中，中部地区成为我国重要的能源原材料供应基地和重化工业生产基地。从而使中部地区在我国的社会经济发展中长期承担着重要粮食生产基地、原材料供应基地和重工业生产基地的功能。

我国 72% 的水力资源分布在西南地区，西部的陕西、宁夏、新疆、贵州等是我国煤炭、天然气等化石能源的重要基地。因此，在区域经济发展分工中，西部地区承担着能源供应基地的重要角色。

2.3.2.3　区域协调发展战略及其空间效应

1990 年以来，我国由实施区域经济非均衡协调发展战略转向了实施区域经济协调发展战略。区域协调发展战略的主要观点包括：全面认识区域发展差距，科学对待消除区域发展差距；按照市场经济规律的要求，统筹区域经济协调发展；把握统筹区域经济协调发展机遇，全面建设小康社会；统筹区域经济协调发展，把发展作为第一要务；调整和优化经济结构，统筹区域经济协调发展，走新型工业化和城镇化道路，统筹城乡经济协调发展；实施西部大开发战略，统筹东部和西部地区经济协调发展。

区域协调发展战略的基本出发点，就是要处理好东部与中西部地区之间的关系。针对东、中、西部经济发展的实际情况，处理好这种关系实质上包含两个方面的内容：一方面是加快中西部地区经济发展速度；另一方面是加强对中西部地区的支持力度。而这一切都必须在保持东部地区经济和总体国民经济较快发展的前提下进行。

（1）中西部地区社会经济快速增长，区域发展差距逐步缩小

进入 20 世纪 90 年代中期以来，随着区域非均衡发展战略的全面实施和社会主义市场经济体制自发调节作用的逐步增强，我国东部沿海地区与中、西部地区之间的发展差距进一步扩大，区际差距和区际公平成为了社会各界特别是内地省份关注的焦点。日趋严重的区域发展差距问题促使社会各界对非均衡发展战略进行反思，并催生出以处理好东部与中、西部发展关系问题为核心内容的区域协调发展战略。

"九五"期间，重点围绕解决区际差距，"九五"计划把正确处理发展、改革和稳定的关系提到战略高度，明确提出将三者结合起来考虑，以全方位对外开放和区域经济协调发展为主要特征的区域经济发展战略开始形成。"九五"计划强调按照市场经济规律和区域内在联系以及自然地理的特点，以交通要道和中心城市为依托，逐步形成长江三角洲、环渤海地区、东南沿海地区、西南和华南部分省区、东北地区、中部五省和西北地区 7 个跨省区市的经济区域，各经济区重点发展适合本地条件的重点和优势产业，避免地区间产业结构趋同，促进区域经济在更高起点上向前发展。

"十五"规划纲要提出了"实施西部大开发战略，促进地区协调发展"的要求，以政策手段强力推进中西部的发展方式和速度，以形成东、中、西共同协调发展的局面，形成各具特色的区域经济。实施西部大开发战略的目的是进行国家经济结构的战略性调整，加快中西部地区发展，缩小地区差距，促进并深化地区经济协调发展。中国由东向西的梯度空间发展格局由此得到扭转，各具特色的区域发展格局初步形成，城乡、区域间公共服务、人均收入和生活水平差距扩大的趋势得以遏制。

（2）注重可持续发展，区域主体功能得到强化

在区域协调发展理论和科学发展观的指导下，发挥比较优势，引导和调动地方积极性，形成各具特色的区域经济成为区域经济发展的重点任务，同时加强生态环境保护，实现区域社会经济发展与生态环境保护的共赢成为区域发展的共同理念。

依据"十一五"规划纲要，我国开始构建东、中、西部优势互补、良性互动的区域协调发展机制，建立西部大开发、振兴东北地区等老工业基地、促进中部崛起的长效机制。因此，"十一五"期间，中国的经济区域版图是在缩小地区之间发展不平衡基础上，实行统筹发展和协调发展，构建经济空间布局的新格局。

这种新格局强调的不是每个地区都要常规性的均衡发展，而是要在打破地区和行业之间行政垄断，针对不同区域的资源禀赋、客观条件和潜在的比较优势的基础上按照优化开发、重点开发、限制开发和禁止开发四种主体功能区域来划分各个经济区域，并确定其开发秩序。同时，这种新的经济空间布局，还将体现在各个不同经济区域的资源和生产要素聚合而形成不同的经济圈域。这种经济圈域将会在目前已经形成的经济带和都市经济圈的基础上得到强化，主要包括长江三角洲经济圈、珠江三角洲经济圈、京津冀与环渤海经济圈、东北经济带、长江经济带、陇海大陆桥经济带、西南-东盟经济联系带以及整个沿海大通道经济带的连接等。这些经济带或经济圈域的基本成型，将使各个经济区域的经济联系得到进一步加强，各个经济区域的潜在优势和现实优势也都能够通过发展主导产业得到充分发挥，形成产业之间和经济协作上的优势互补。

2.4 区域经济发展的空间特征

中国过去60年的经济发展主要受经济制度、政治生活和外部环境等影响和冲击，具有显著的阶段性特征。

大体而言，新中国成立以来经济的发展可以分为两个时期、五个阶段（邹东涛等，2009）。两个时期以1978年为分界线，分为改革开放前与改革开放后两个时期。对两个时期的五个阶段划分如下：第一阶段（1949~1957年）是恢复发展时期的中国经济；第二阶段（1958~1978年）是动荡发展时期的中国经济；第三阶段（1979~1991年）是经济体制中转型初期的中国经济；第四阶段（1992~2002年）是全面建立市场经济体制时期的中国经济；第五阶段（2003年至今）是完善市场经济体制时期的中国经济。

上述经济发展阶段的划分实际上反映了我国区域经济发展的时序变化。在不同阶段，中国区域经济发展也呈现出自身的特征。

2.4.1 经济总量的区域特征

衡量一个国家或地区的经济增长和经济繁荣的一个常用总量指标是国内生产总值（GDP）。它是对一个国家或地区总体经济运行表现做出的概括性衡量，表示该国或地区所有常住单位在一定时期内生产的所有商品和服务货币价值的总和。GDP具有国际可比性，是联合国国民经济核算体系（SNA）中最重要的总量指标，为世界各国广泛使用并可用于国际比较。因此，这里选用1949年以来我国各地区不同时间的GDP占全国经济总量的比重为指标，分析不同时期我国经济发展的区域空间格局。

2.4.1.1 改革开放前经济活动布局在地理空间上呈现分散状特征

受中国近代区域经济发展历史的影响，20世纪50年代以前我国的经济布局极不平衡，大部分现代产业都集中在殖民地或半殖民地、沿海地区的少数城市及其周边区域，如辽宁中部、天津、上海、江苏南部和河北东部，其他广大地区的现代产业则基本上处于尚未开发的状态，因而，GDP总量较大的省区也主要分布在这些区域。

1953年有七个省区的GDP比重超过了5%（表2.8），七省区GDP合计占全国GDP总量的47%，即近一半。其中位列前三的分别是江苏省（7.56%）、辽宁省（7.49%）和上海市（7.32%）。到1971年，有8个省区的GDP份额超过5%，但合计占全国GDP的比重已经下降为43%。

经过经济恢复时期国家投资重点向内陆地区倾斜，位于西部地区的云南、甘肃和陕西这三个省份的地区GDP份额达到2%左右，没有表现出与其他地区之间的显著差距。

在1953年、1963年、1971年、1981年，东北三省的GDP比重占全国总量分别为14.72%、15.60%、15.60%和13.09%，其中，辽宁省几乎有一半的贡献，可以说，在改革开放以前，东北地区在我国的经济建设中占据重要的地位。

从1949年到20世纪80年代初的30年间，区域均衡发展的战略打破了旧中国密集于东南沿海的经济空间格局，东北、华北、华中、西北内陆、西南、华南和华东等各个区域都形成了各自的经济体系，促使中国的经济重心由东南沿海向内陆地区全面推进，从而使我国经济生产布局在地理空间上呈现出分散状特征。

表2.8 过去60年来各省份GDP占全国总量的比例（%）

地区	1953年	1963年	1971年	1981年	1991年	2001年	2009年
北京市	2.73	2.85	2.93	2.90	2.82	2.66	3.33
天津市	2.49	2.39	2.64	2.25	1.61	1.80	2.06
河北省	6.02	4.02	5.16	4.64	5.05	5.22	4.72
山西省	2.82	3.03	2.97	2.54	2.21	1.67	2.01
内蒙古自治区	2.21	2.60	2.00	1.62	1.69	1.45	2.67
辽宁省	7.49	6.83	7.13	6.01	5.65	4.71	4.16
吉林省	2.69	3.22	2.92	2.32	2.18	1.90	1.99
黑龙江省	4.53	5.55	5.55	4.76	3.88	3.33	2.35
上海市	7.32	8.14	7.91	6.77	4.21	4.63	4.12
江苏省	7.56	6.78	7.10	7.29	7.54	8.90	9.43
浙江省	3.85	4.18	3.38	4.26	5.10	6.31	6.29
安徽省	3.82	3.66	3.84	3.55	3.13	3.08	2.75
福建省	2.04	2.12	1.97	2.20	2.92	3.98	3.35
江西省	2.79	2.93	2.99	2.53	2.26	2.04	2.10
山东省	6.49	6.07	6.70	7.22	8.53	8.83	9.28
河南省	5.85	3.81	5.03	5.20	4.93	5.28	5.33
湖北省	4.28	5.05	4.80	4.58	4.30	4.36	3.55
湖南省	4.29	4.32	4.75	4.37	3.93	3.73	3.58
广东省	5.84	7.34	5.43	6.05	8.92	9.96	10.81
广西壮族自治区	2.01	2.20	2.20	2.37	2.44	2.09	2.12
海南省				0.46	0.57	0.53	0.45

地区	1953 年	1963 年	1971 年	1981 年	1991 年	2001 年	2009 年
重庆市				1.89	1.60	1.64	1.79
四川省	2.99	2.43	2.10	5.05	4.79	4.14	3.87
贵州省	1.42	1.51	1.55	1.41	1.39	1.02	1.07
云南省	2.10	2.30	2.09	1.96	2.44	1.94	1.69
西藏自治区	0.19	0.23	0.19	0.22	0.14	0.13	0.12
陕西省	2.46	2.46	2.77	2.13	2.20	1.73	2.24
甘肃省	1.97	1.46	1.82	1.48	1.28	1.00	0.93
青海省	0.24	0.44	0.45	0.36	0.35	0.28	0.30
宁夏回族自治区	0.24	0.36	0.39	0.36	0.34	0.28	0.37
新疆维吾尔自治区	1.24	1.71	1.25	1.24	1.58	1.39	1.17

2.4.1.2 改革开放以来经济活动布局在地理空间上呈现聚集性特征

改革开放以来，我国开始实施非均衡发展的区域战略。"六五"计划明确提出要积极利用沿海地区的基础，充分发挥其特长，带动内地经济发展，并开始采取措施向沿海地区倾斜。

"七五"计划制定了三大地带区域经济发展梯度推移的战略思路，即重点是优先发展东部，以东部发展带动中、西部发展，使生产力和区域经济布局由东向西逐步作梯度推移。为保证区域经济非均衡发展战略顺利实施，国家向东部沿海地带给予了一系列政策倾斜。从设立四个经济特区开始，到开放沿海14个港口城市，至90年代初，形成了几十万平方公里、人口近两亿的沿海开放地带。由此推动我国经济发展重心向东南沿海地区聚集。

从表2.8中可以看出，广东省GDP占全国的份额从1981年的6.05%增加到2009年10.81%，山东省从7.22%增加到9.28%，江苏省也从7.29%增加到9.43%，仅这三个东南沿海省份的GDP总量就占全国的近30%。在空间上连接呈条带状的东南沿海带成为中国经济的核心区域，经济重心的东南沿海聚集特征开始凸显出来。与此同时，东北三省的工业地位明显下降，到2009年GDP总量只占全国的8.51%，西部省份的GDP份额与1953年的几乎相当。

目前，作为产业聚集发展的结果，单位面积GDP的高值区已主要分布在东部沿海的狭长地带，区域经济的空间分异特征十分明显。说明我国经济发展的空间集聚特征在改革开放至今的时期内表现得非常强烈，聚集格局是中国经济生产格局空间演变的主导趋势。也由此彰显出我国二元经济地理空间格局特征：经济发达且高度开放的一个狭长沿海地带和经济发展相对落后、相对封闭的广大内陆地区并存。

2.4.2 人均国内生产总值的区域空间格局

人均国内生产总值的区域变化是我国经济发展空间格局演变的重要指标。数据分析表明，过去60年来，我国人均国内生产总值的高值区空间分布由北高南低的格局向东南高西北低的格局演变。20世纪60年代中期，人均GDP省域分布的北高南低已经初现端倪，到70年代初，北方省区人均GDP普遍高于南方省区。改革开放之初，人均GDP的省域差距相对较小，但高值区开始向东部沿海地带聚集。2009年东部沿海省区和内蒙古共同构成的高值区在空间上形成了"丁字形"格局。总体来看，高值区和次高值区主要分布在东南部，低值区主要分布在西北部。

2.4.2.1 改革开放前人均GDP区域差距较小，空间上北高南低

改革开放之前，全国人均GDP总体水平较低，地区之间的差异也不大。1953年人均GDP高出全国平

均水平的 8 个省区中有 7 个分布在北方地区，包括华北地区的京津蒙、东北三省和西北地区的新疆，但上海市的人均 GDP 最高，超过全国平均水平的 5.34 倍。1963 年人均 GDP 超过全国平均值的 10 个省区中，北方地区省份仍然占 8 个，包括华北地区的京津晋、东北三省和西北地区的青海和宁夏，南方地区上海市和浙江省两省市。1973 年人均 GDP 超过全国平均值的 6 个省区中 4 个属于北方地区（表 2.9）。因此，我国人均国内生产总值的高值区的呈现北方高南方低的特征。

表 2.9　人均 GDP 超过全国平均值的省区及其特征

年份	超过全国人均 GDP 平均值的省、区、市	占全国人口比例（%）	占国土面积比例（%）
1953	沪、津、京、黑、辽、蒙、新、吉林	12.46	38.20
1963	沪、津、京、黑、辽、新、蒙、吉、青、粤	20.11	47.62
1973	沪、津、京、黑、辽、吉、青	12.56	16.23

高于全国平均值的省区人口和国土面积占全国总量的比重呈现波动的变化特征。1963 年高值区的人口比重和所占国土面积最大，分别达到 20.11% 和 47%，反映出"一五"和"二五"时期有沿海向内地的区域发展战略发挥了作用，促进了北方地区尤其是广大西北地区的经济发展。

2.4.2.2　改革开放以来人均 GDP 的区域差距增大，空间上呈现东南高西北低

改革开放以来，结合我国宏观区域发展战略，我国的生产发展的重点地区是在环渤海地区、长江三角洲和珠江三角洲。我国经济集聚的现象变得逐渐显著，逐步形成以东南沿海为核心的人均 GDP 高值区和广大中西部地区的人均 GDP 低值区两大水平板块，东部、中西部之间的地区人均 GDP 占全国人均 GDP 的比重差异日益扩大。

从 1981 年、1991 年、2001 年和 2009 年人均 GDP 超过全国平均值的省区来看（表 2.10），绝大部分省区位于东南沿海地带。

从人均 GDP 超过全国平均值的人口比重来看，除 1981 年所占的人口比重相对较低外，1991~2009 年近 20 年间，人均 GDP 高值区的人口比重基本保持稳定，即 28% 左右的人口其所占的人均 GDP 超过全国平均水平。

表 2.10　改革开放以来人均 GDP 超过全国平均值的省区及其特征

年份	超过全国人均 GDP 平均值的省、区、市	占全国人口比例（%）	占国土面积比例（%）
1981	沪、京、津、黑、辽、苏	15.68	7.81
1991	沪、京、津、辽、粤、浙、苏、黑、新、鲁	27.85	29.94
2001	沪、京、津、浙、粤、苏、闽、辽、鲁	28.74	13.76
2009	沪、京、津、苏、浙、粤、蒙、鲁、辽	28.59	21.03

到 2009 年，我国的人均 GDP 空间格局已经发生显著的空间演变。与 1953 年人均 GDP 的空间格局特征对比，不难发现，中国人均 GDP 高值区域的空间转移特征非常明显，具体表现在：①东部沿海地区人均 GDP 比重显著上升，形成当前我国人均 GDP 绝对高位区域带，其中浙江、江苏和上海三省市的地区人均 GDP 分别是全国平均水平的 155%、156%、274%。山东的地区人均 GDP 比重达到了全国平均水平的 125%，进入 21 世纪后福建的地区人均 GDP 比重也上升较快；②东北三省的人均 GDP 优势地位明显下降，辽宁人均 GDP 从 1953 年是全国平均水平的 165% 下降到 2009 年的 123%，黑龙江和吉林的人均 GDP 比重分别下降到 79% 和 93%，落到了全国地区人均 GDP 平均水平以下；③西部省份的地区人均 GDP 比重普遍下降，而且低水平的人均 GDP 省份数量逐步增加，与人均 GDP 绝对高位地区之间的差距不断拉大；④三大直辖市的地区人均 GDP 水平一直保持在绝对高位 200% 以上。

综上所述，人均 GDP 的高值区（大于全国平均水平）主要分布在东南沿海省区，高值区的人口占全

国总人口的比重28%左右，而70%以上的人口所占的人均GDP低于全国平均值，区域间经济发展程度产生如此显著的差异显示出在区域非均衡发展的战略指导下，区域经济发展的极化效应已经凸显出来，而长期极化效应的后果对中国区域经济的可持续发展带来不可忽视的隐患。

2.5 区域生态与环境的空间特征

生态系统与自然环境是人类生存和发展的物质基础，也是人类安身立命之本。就人类利用而言，土地具有生产、生活和生态的多功能性，这种多功能性是维持地球生物多样性和生态平衡的根本所在。

生态环境是社会经济发展的载体和基础，也是社会经济发展的保障和前提。由于生态系统分布的差异性即景观异质性的存在，区域自然资源的地理分布和组成成分有很大差异，因而形成了各种生态过程包括生物生产力、生物地球化学循环、生物控制等亦存在很大差异的生态环境。这种生态环境的差异直接影响着区域社会经济的发展方向。

中国地域广阔，自然差异巨大，也不例外，自从1949年以来的60多年中，我国的土地覆被/土地利用方式发生了巨大的变化，以林草地和湿地为主体的生态用地显著减少，削弱了生态系统服务功能，对区域生态环境质量产生了深刻的影响。

2.5.1 生态用地的空间格局

森林生态系统和草地生态系统是维护生态环境安全的主要生态系统类型。我国林草地的空间分布有显著的东部和西部分异特征。

我国林地主要分布在东部和南部地区，包括东北、西南地区和东南沿海地区，主要包括三大片林区：大、小兴安岭和长白山为主的东北林区；以四川、重庆、贵州为主的西南林区；东南沿海林区。西南山区和南方山地丘陵区生态脆弱，易发生水土流失，泥石流等灾害。而林地具有保障生态安全的强大功能，从而构成了我国东部地区重要的生态屏障。

我国现有草地面积约四亿公顷，占陆地面积的41.7%，占世界草地面积的12.5%。草地主要分布于我国的西部地区，主要由三大片草原构成：一是青藏高原草原区，二是内蒙古草原区，三是新疆草原区。根据2008年草地面积数据，内蒙古、西藏、新疆、青海的草地分别占我国牧草地面积的25.06%、24.61%、19.52%和15.41%，合计占到了全国的84.60%。这三大片草原分布区大都属于干旱半干旱的生态脆弱区，因此，草地生态系统不但具有重要的生产功能，更具有极其重要的水源涵养、水土保持、生物多样性维护的功能。

2.5.2 林草地分布的区域时空演变

对我国天然森林的大规模破坏有三次高潮：1958年大炼钢铁、1968～1978年的无序砍伐、20世纪90年代初期的过量采伐。从而使各省区的天然林遭到严重破坏，生态功能受到严重损害。

与此同时，过去几十年来，我国的植树造林工作在持续展开，人工林地面积不断扩大。第七次森林资源清查表明，与第六次的结果相比，我国人工林面积净增843.11万公顷，人工林蓄积净增4.47亿立方米。未成林造林地面积1046.18万公顷，后备森林资源呈增加趋势。目前，我国人工林保存面积0.62亿公顷，蓄积19.61亿立方米，人工林面积继续保持世界首位。在砍伐与造林的双重作用下，各省区天然林面积减少，人工林面积增加，就森林覆盖率变化而言，大部分省区呈现持续增加的趋势。

建国初期，草地面积为3.92亿公顷，到1996年全国草地面积2.67亿公顷，草地面积减少了32%左右。草地面积的减少除自然因素的影响之外，主要由于人为影响，一是1958年以后在农牧交错带把优质草场开垦为农田，导致草场面积减少；二是草地利用方式不合理，超载过牧，导致草地退化。近20年草地资源总量的变化波动较大，20世纪90年代以后草地面积一度减少幅度较大，但自从实施退耕还林还草的生态建设工程后，草地面积又在快速增大。到2002年草地面积恢复到建国初期的水平，达3.9亿公顷。

2.5.3　区域生态退化问题依然突出

沙漠化是在脆弱的生态条件下，也就是干旱多风，地表富含沙物质的条件下，人类经济活动过度地干预自然–人为生态系统，使之失去平衡而导致的环境变化，即地面抗蚀能力降低，风沙活动效应增强的人为地理过程，使非沙漠环境出现了以风沙活动为主要特征的类似沙质荒漠的环境退化，此过程称之为沙漠化。发生这一过程的土地称之为沙漠化土地。

就省域尺度而言，我国荒漠化最严重的地区是新疆，其次是内蒙古和西藏。这三个自治区面积广阔，荒漠化问题也相应地较为突出。

新疆的沙漠化最为严重，其次为内蒙古，甘肃、青海、西藏三个省区的土地沙化问题也十分突出。这些地区草地面积大，由于过度放牧或者过度开垦，导致草地沙化严重。

因此，作为生态屏障区域的我国西部地区土地沙化问题严重，新疆和内蒙古尤为突出，对保障我国的生态安全产生了巨大的威胁。

在各个区域中，西部12省区水土流失面积最大，为296.65万平方公里，占全国水土流失总面积的83.11%，占该区土地总面积的43.31%。全国水蚀、风蚀的严重地区主要集中在西部地区，其中风蚀面积占全国风蚀面积的近80%。其他几个区域的水土流失面积相对较小，各个区域水土流失面积占本区域土地总面积的比例，由大到小依次是中部地区、东北地区、东部地区，比例分别为27.6%、22.4%、11.8%。

水土流失会给人类社会带来严重的危害：加剧土地资源危机，加速侵蚀泥沙灾害（水库、湖泊、河道等的淤积）和水面污染，诱发泥石流、山体滑坡、崩塌等自然灾害，威胁城市和国民经济的发展。

2.6　区域城镇化发展的空间特性

中国近60年来城镇化的发展经历了两个明显的阶段：一是1978年改革开放之前，城镇化发展极不稳定，城镇化水平和城镇人口数量等都呈现不稳定的变化特征；二是1978年以后，随着改革开放步伐的加快，城镇化发展逐渐走上正轨，城镇化水平持续提升。截至2009年底，我国人口城镇化率达到46.59%，城镇人口的数量达到6.23亿人；同时城镇数量、规模及城镇经济发展水平都有了显著的提升。

无论是同世界平均城镇化水平相比，还是同一些发展水平相近的发展中国家相比，中国的城镇化水平都相对偏低。按照世界银行数据，1978年中国人口城镇化水平为19%，低于世界平均水平27个百分点。到1998年，中国人口城镇化水平与世界平均水平的差距缩小到21个百分点，到2005年进一步缩小到17个百分点。1978年中国人口城镇化水平比中低收入国家平均水平低22个百分点，2005年仍然低15个百分点。

2.6.1　城镇化区域差异明显，发展水平不均

中国地域广阔，自然条件差异十分显著，地区之间的经济和社会发展也不平衡，致使城镇化水平在空间上表现出不同的地域分布规律。

从2009年城镇化水平图中我们可以看出，人口城镇化水平在50%以上的省区全部分布在东部沿海地区，其中，北京、上海和天津三个直辖市的人口城镇化水平达到70%以上，上海最高达到88.6%，达到了城镇化高级发展阶段；人口城镇化水平在40%到50%之间的省区主要分布在中部地区以及东部部分省区；人口城镇化水平在40%以下的省区主要分布在西部地区以及部分中部地区，其中西藏和贵州两省区的人口城镇化水平不足30%，还处于城镇化初级发展阶段（图2.2）。

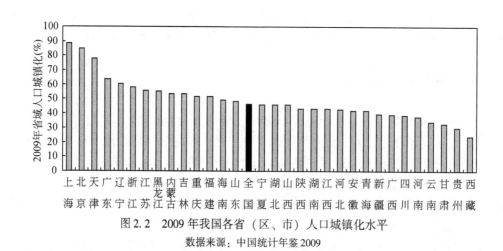

图2.2　2009年我国各省（区、市）人口城镇化水平

数据来源：中国统计年鉴2009

如果按照三个时间点来分析我国东中西部城镇化率的区域差异（图2.3），可以看出，过去近60年来，我国东部地区城市化的发育水平一直高于中部和西部地区。只是东中西部地区的城镇化水平差异在60年中呈现先下降后上升的态势，三个时间点不同区域城镇化标准差分别为1.84、1.83、7.12。也就是说，从1952年到1980年前后，我国东中西地区的城镇化发育水平差距已经缩小，但此后城镇化发育水平的差距迅速拉大。

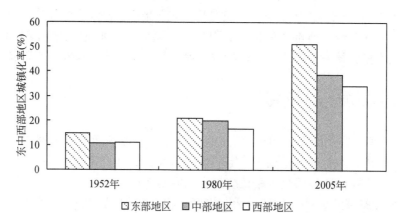

图2.3　不同时间我国东中西地区城镇化发育水平

数据来源：新中国城市五十年；中国城市建设统计年鉴2006

从总体上来看，我国的城镇化水平空间分布呈现东高西低的格局。东部沿海地区的人口城镇化水平最高，其次是中部地区，而西部地区人口城镇化水平最低，而其内部也存在差异。

2.6.2　城镇密度及其用地的空间格局

由于各地基础不同，加之经济社会发展程度的差异，我国不同地区城镇化发展水平各不相同。从2008年城镇分布密度（区域城镇数量/区域土地面积）来看（图2.4），省（区、市）域之间差异较为悬殊，共有8个省（区）域低于全国平均水平，其余23个省（区、市）域均高于全国平均水平。最高的5个省（市）域是上海、天津、江苏、北京和浙江，均位于东部地区。最小的5个省（区）域是西藏、新疆、青海、内蒙古和黑龙江，除黑龙江位于东北地区外，其余均位于西部地区。

城镇分布密度的地区间差别也较大，东部地区>中部地区>全国平均>东北地区>西部地区，呈现出从东南沿海向西北内陆城镇密度逐渐降低的特点。这一状况与我国东高西低、东密西疏的人口分布总态势

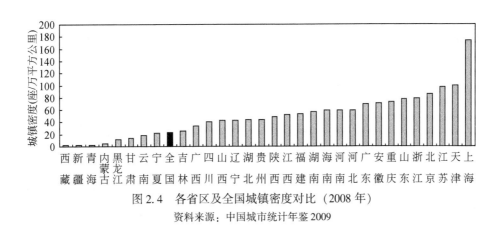

图 2.4　各省区及全国城镇密度对比（2008 年）

资料来源：中国城市统计年鉴 2009

和生产力布局较为一致。

2.6.3　各省区城镇用地扩展格局

通过对比各省（区、市）2000～2005 年的城镇用地扩展，我们可以发现它们用地的扩展主要表现为以下两个显著特点（图 2.5）。

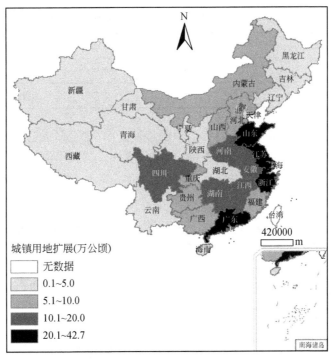

城镇用地扩展(万公顷)
- 无数据
- 0.1～5.0
- 5.1～10.0
- 10.1～20.0
- 20.1～42.7

图 2.5　2000～2005 年城镇用地扩展格局分布图

资料来源：中国城市统计年鉴 2001～2008

首先，绝大部分省（区、市）的城镇用地面积都有所增长（海南和黑龙江除外），但是增长幅度不相同。其中增幅最大的是广东，达到 42.7 万公顷；其次为山东和江苏，分别为 24.9 万和 22.4 万公顷。

其次，用地扩展的区域差异显著，明显表现为东部各省（区、市）城镇扩展面积明显的大于中部、西部和东北地区；而中部则大于西部和东北地区。从东向西、从南向北扩展幅度呈现递减的态势。

2.7 区域格局形成的驱动力

2.7.1 社会经济空间布局受自然因素的约束

在全球范围内国家的财富分布有两个地域特点:第一是地理生态条件的差异,如温带与热带区;第二是能通过国际贸易强调地域分化能力的差异,如沿海与内陆。二者的结合构成了影响经济的决定性因素。

经济布局决定于人口和城镇的分布,而人口和城镇的分布主要决定于地理条件。影响人口和城镇分布的地理环境条件主要包括三个要素,即水热气候条件是否有利于人类居住和活动、地形是否平坦便于通行、是否接近交通便利的海岸线,由此形成了人口和城镇主要集中分布于地球表面的沿海、平原和水热条件优越地区的基本格局,从而决定了人类的经济活动也主要布局于这些地区,特别是以上三个要素都具备的区域。故此,沿海经济、平原经济和水热条件经济就成为经济布局的基本要素。目前形成的长三角、珠三角和环渤海经济圈其实就是自然环境要素约束下形成的经济格局。

过去60年以来,无论实施均衡发展战略还是非均衡发展战略,从总体上来看,70%左右的国内生产总值一直是在20%~30%左右的国土面积上生产出来的(表2.11),也就是说其余70%的国土面积只生产出30%左右的国内生产总值。

表2.11 占全国GDP 70%左右的省份所占国土面积比例(%)

项目	1953年	1963年	1971年	1981年	1991年	2001年	2009年
GDP比例	70.16	72	69.75	69.75	70.22	70.05	71.82
国土面积比例	23.17	25.17	23.34	26.60	29.29	21.68	21.85

区域人口空间分布与GDP空间分布格局有类似的特征。如果按照省域为单元计算,从1953年以来,全国70%左右的人口所占的国土面积除1971年高于40%之外,其余年份大致在25%~31%(表2.12),即长期以来,全国70%的人口居住在30%左右的土地上,事实上,以省域为单位的计算仍然过于粗略,人口居住的实际面积应该小于30%。

表2.12 占全国人口 70%左右的省份所占国土面积比例(%)

项目	1953年	1963年	1971年	1981年	1991年	2001年	2009年
人口比例	71.85	72.27	71.93	71.48	71.50	71.06	70.75
国土面积比例	25.12	26.01	41.48	30.76	30.03	30.03	30.03

中国经济生产布局和人口分布在空间上呈现出的7:3比例关系,也就是说,中国70%的经济总量和70%的人口聚集在30%左右的国土面积上,其余70%的国土面积上只分布有30%的产业和人口。此种聚集性特征主要是自然环境条件和交通运输条件共同制约的结果。

鉴于此,我国的区域发展及功能定位必须充分考虑自然要素与社会要素的合力作用,避免出现人为扭曲自然规律的区域发展战略和发展政策。

2.7.2 均衡发展战略:内地工业生产布局逐步完善形成平衡发展格局

在新中国成立之初,我国先后将全国划分为"沿海"与"内地"和"一线"、"二线"、"三线"地区。国家的发展重点在内地和三线地区，因而这一时期被认为是区域均衡发展战略阶段，这一阶段一直延续到改革开放之前。

均衡发展战略的出台是基于对当时国内外形势的研判。一方面，西方世界对新中国极端仇视，采取政治上孤立、经济上封锁的政策；另一方面，我国工农业基础相当薄弱，资源空间错位显著，社会生产力水平非常落后且地域分布极端不平衡。从发展重工业所需的矿产资源看，如煤、铁和水电主要分布在内陆地区，接近原材料产地的工业企业选址原则客观上起到了区域经济发展战略向内地倾斜的作用。

在这种背景下，国家投资重点向内地和三线地区倾斜，以"三五"和"四五"时期国家基本建设投资分配为例，沿海分别占30.9%和39.4%，内地占66.8%和53.5%。区域发展经历了：①"一五"时期实施东北和沿海老工业基地重整计划；②"二五"时期追求工业"遍地开花"发展模式；③"三五"时期重点进行三线地区工业建设；④"四五"时期持续在内地进行经济产业布局；⑤进入"五五"时期，随着中美关系正常化，我国区域发展战略进入调整阶段，国家建设重点开始向沿海地区东移。

均衡发展战略对我国发展格局的改变是深刻而显著的，主要体现在两个方面：第一，改变了1949年以前我国工业经济过分集中于沿海地区的发展格局，使各个地区的工业建设和生产力布局得到均衡发展，工业现代化水平有了整体提高，构建了区域经济发展的雏形；第二，内地工业产业规模不断扩大，工业产值增加了40多倍，工业产值占全国工业总产值的比重由20世纪50年代初的28%提高到36%，而且内地生产力水平有了较大发展，东西部区域经济差距缩小。

但从区域长远发展的角度来看，由于过多强调内陆地区经济的发展，牺牲了沿海地区的发展机会，导致沿海地区工业发展速度严重滞后。同时由于人为地抑制了东部沿海较发达地区的经济发展，使东部沿海地区在世界新技术革命挑战中丧失了机遇，拉大了中国同发达国家和地区的差距。

2.7.3　非均衡发展：发展重心由内地向沿海转移形成"T"型宏观发展格局

如果说区域均衡发展战略的实施主要是出于对国际环境和生存安全问题的考虑，那么非平衡发展战略的实施则主要是出于对国内政治、经济环境的考虑。

新中国成立后30年经济发展速度缓慢，使党和国家认识到平衡发展的区域经济战略不完全适应中国国情，必须加以调整。

1978年改革开放之后，面对与世界发达国家的差距，我国开始正视非均衡发展的现实基础：由于历史原因、自然条件、资源条件、交通条件、经营管理水平、文化教育程度和物质技术基础的差异等因素，区域之间的经济发展不平衡状况客观存在着而且还将长期存在。为了加快经济增长，缩小与发达国家的差距，我国开始重视投资效率的地域差别，注重扬长避短，发挥比较优势，区域经济发展战略开始向非均衡方向转变。实施不平衡发展战略的主要目标是希望达到"榜样示范"和"先进带后进"的效果，依靠区域间相互开放和高效"联动效应"的空间传递机制的建立来促进沿海和内陆地区共同发展和共同富裕。

在区域非均衡发展战略指导下，通过三个五年计划的实施，我国区域发展格局进行了较大规模的调整（表2.7）。

"六五"期间沿海地区的对外开放、投资倾斜等优惠政策，促进沿海地区优先发展。据统计"六五"期间国家分配给东、中、西部的投资比例分别为42.71%、36.74%和20.55%。东部沿海地区率先"致富"，成为我国最富有经济活力的区域。从而形成了以沿海地区为主轴，带动全国经济发展的空间格局。

进入"七五"时期，针对东中西部地区的资源禀赋与生产力水平分布的错位状况，我国划分为东中西三个经济带，分别对三大经济地带提出了不同的目标、任务和政策措施，旨在形成由东到西、由沿海向内陆的产业、技术、政策支持以及资金的雁行梯级模式，实现技术、资金和资源的梯度转移。由于国家在投资和政策上的双重倾斜，加之沿海省区较好的发展条件，以珠江三角洲和长江三角洲为中心的两大区域经济增长中心迅速形成，构成了我国"T"字型的宏观发展布局。

"八五"计划继续"七五"期间的区域经济发展方式，并且针对东西部地区差距快速拉大的实际，1992 年开始区域发展政策的第二次调整，提出"正确处理发挥地区优势与全国统筹规划、沿海与内地、经济发达地区与较不发达地区之间的关系，促进地区经济朝着合理分工、各展其长、优势互补、协调发展的方向前进"。以减缓地区差距，实现东中西地区的共同发展。

区域非均衡发展战略促使我国有重点、多层次、全方位梯级对外开放的空间格局的基本形成。在区域非均衡发展战略的指导下，我国形成了包括经济特区、沿海开放城市和经济技术开发区、沿海经济开放区、上海浦东新区、保税区以及省会开放城市、边境开放城市和边境经济合作区等多种形式在内的有重点、多层次、全方位对外开放的格局。这一格局必将促进全国各地区经济的外向型发展，加快中国融入世界经济一体化的进程。

区域非均衡发展战略和分权化渐进式的改革开放在使东部沿海地区经济高速发展并由此带动国民经济总体水平提高的同时，也造成了地区经济发展不平衡现象的凸显，而且有区域差距日趋扩大的发展趋势。改革开放以来，尽管各地区人均 GDP 均以较快速度增长，但由于区域发展的政策措施不配套和区域间的空间"联动效应"和产业梯度转移机制未能有效建立，东、中、西部之间的地区差距却在持续扩大。受经济发展水平和发展阶段差异的影响，各地区的社会发展水平差距拉大，由此影响到社会稳定和整个国民经济的持续健康发展。

2.7.4 协调发展战略：形成西部大开发、中部崛起和东北振兴的宏观发展格局

进入 20 世纪 90 年代中期以来，日趋严重的区域发展差距问题促使社会各界对非均衡发展战略进行反思，并催生出以处理好东部与中、西部发展关系问题为核心内容的区域协调发展战略。在这种情况下，以科学发展观为指导的区域协调发展战略应运而生。

区域经济协调发展战略是从中国地区条件差异大，经济发展不平衡的实际出发，着眼于区域经济优势互补，促进资源、生态、经济、人口和社会协调发展，充分调动东、中、西部地区的积极性，根据自然地理特点和经济内在联系，依托中心城市和交通要道，构建各具特色的经济区、经济带和产业带；形成各区域之间合理交换、联合协作、互惠互利、协调发展的经济循环新格局。

1993 年实施对国民经济"软着陆"的宏观调控，使沿海一些高投入高增长的地区投资规模受到一定程度控制；国家加大了对中西部地区的支持力度，使中西部，特别是中部地带的增长加快了步伐。1994 ~ 1996 年，中部地带的河南、安徽、江西、湖南、山西、湖北等的经济增长速度超过了全国的平均水平（10.5%）；沿海经济特区和开放城市的优惠政策逐步取消，使特殊的优惠政策淡化，面临着增创新优势的压力。

在"九五"期间正式实施这一战略。在这一战略的大背景下，1999 年国家实施"西部大开发"，2002 年实施振兴东北老工业基地的"东北振兴"。这里的"西部大开发"和"东北振兴"，都只是国家的区域发展方针，不能说成区域发展战略。2005 年国务院正式确定将"中部崛起"作为我国的区域发展方针之一。这些就构成了今天我国区域发展战略的全部"西部大开发"、"东北振兴"、"中部崛起"，成为我国现阶段区域发展战略的整体构架。

资源、环境、生态等方面的问题出现严峻的态势。沿海经济高速和超高速增长，人口密集，大中城市规模迅速扩张，引起突出的环境问题。经济高速增长主要依靠大规模开发资源和对资源进行大规模加工的地区污染加剧。

"十五"期间，中国政府以政策手段强力推进中西部的发展，以形成东、中、西共同协调发展的局面，形成各具特色的区域经济。实施西部大开发战略的目的是进行国家经济结构的战略性调整，加快中西部地区发展，缩小地区差距，促进并深化地区经济协调发展。

《中共中央关于制定国民经济和社会发展第十一个五年规划的建议》提出，构建东、中、西部优势互补、良性互动的区域协调发展机制，建立西部大开发、振兴东北地区等老工业基地、促进中部崛起的长

效机制。

中国的经济区域版图是在缩小地区之间发展不平衡基础上，实行统筹发展和协调发展，构建经济空间布局的新格局。这种新格局强调的不是每个地区都要常规性的均衡发展，而是要在打破地区和行业之间行政垄断、针对不同区域的资源禀赋、客观条件和潜在比较优势的基础上按照优化开发、重点开发、限制开发和禁止开发四种主体功能区域来划分各个经济区域，并确定其开发秩序。通过主体功能区划分可以有效地保护生态环境，保障我国的生态与环境安全。

同时，这种新的经济空间布局，还将体现在各个不同经济区域的资源和生产要素的聚合而形成不同的经济圈域。这种经济圈域将会在目前已经形成的经济带和都市经济圈的基础上得到强化，主要包括长江三角洲经济圈、珠江三角洲经济圈、京津冀与环渤海经济圈、东北经济带、长江经济带、陇海大陆桥经济带、西南-东盟经济联系带以及整个沿海大通道经济带的连接等。这些经济带或经济圈域的基本成型，将使各个经济区域的经济联系得到进一步加强，各个经济区域的潜在优势和现实优势也都能够通过发展主导产业充分发挥，形成产业之间和经济协作上的优势互补。

参 考 文 献

鲍曙明，时安卿，侯维忠，等.2005.中国人口迁移的空间形态变化分析.中国人口科学，(5)：28-37.
傅伯杰，陈利顶，马克明，等.2001.景观生态学原理及应用.北京：科学出版社.
关文彬，谢春华，马克明，等.2003.景观生态恢复与重建是区域生态安全格局构建的关键途径.生态学报，23(1)：64-73.
国家统计局.1999.新中国城市五十年.北京：新华出版社.
国家统计局.2010.中国统计年鉴2009.北京：中国统计出版社.
国家统计局城市社会经济调查总队.2010.中国城市统计年鉴2009.北京：中国统计出版社.
建设部综合财务司.2007.中国城市建设统计年鉴2006.北京：中国建筑工业出版社.
景贵和.1990.综合自然地理学.北京：高等教育出版社.
刘洋，蒙吉军，朱利凯.2010.区域生态安全格局研究进展.生态学报，30(24)：6980-6989.
马克明，傅伯杰，黎晓亚，等.2004.区域生态安全格局：概念与理论基础.生态学报，24(4)：761-768.
沈益民，童乘珠.1992.中国人口迁移.北京：中国统计出版社.
孙鸿烈，张祖荣.2004.中国生态环境建设地带性原理与实践.北京：科学出版社.
王巧玲.2007.地理空间效应与中国区域经济增长趋同研究.河南大学硕士学位论文.
王峥，张丕远，刘啸雷，等.1995.中国生态环境过渡的一个重要地带.生态学报，15(3)：319-326.
魏琦，王春波，李鸿渐.2011.借鉴休斯敦经验推进资源枯竭型城市转型——以甘肃省白银市为例.生态经济，9：70-74.
吴贵蜀.2003.农牧交错带的研究现状及进展.四川师范大学学报，26(1)：108-110.
肖笃宁，陈文波，郭福良.2002.论生态安全的基本概念与研究方法.应用生态学报，13(3)：354-358.
邹东涛，欧阳日辉.2009.新中国经济发展60年(1949—2009).北京：人民出版社.
Cohen R. 1981. The New International Division of Labor, Multinational Corporations and Urban Hierarchy. In：Dear M, Scott A. Urbanization and Urban Planning in Capitalist Society. London：Methuen.
Forman R T T. 1995. Land Mosaics：the Eecology of Landscapes and Regions. Cambridge：Cambridge University Press.
Myrdal G. 1957. Economic Theory and Under Developed Regions. London：Duckworth.
O'Neill R V, Krummel J R, Gardner R H, et al. 1998. Indices of landscape pattern. Landscape Ecology, 1：153-162.
Turner M G, Romme W H, Gardner R H, et al. 1993. A revised concept of landscape equilibrium：Disturbance and stability on scaled landscapes. Landscape Ecology, 8：213-227.
Williamson J G. 1965. Regional in equalities and the process of national development. Economic Development and Cultural Change, (13)：1-84.

3

区域功能的演变分析

鲁春霞　曹淑艳　裴　厦　孙新章　杨　波

本章论述中国可持续发展的要素及区域功能的演变过程。第一，分析了不同土地利用方式下的土地资源利用情况及其区域功能；第二，从水资源的自然格局、供给格局及消费格局方面分析了对水资源的开发利用；第三，以分析水资源类似的方法，对能源资源的开发利用进行分析；第四，从人口规模、结构和空间流动方面分析了人口分布的区域功能；第五，从农业经济、农产品、畜产品等角度分析了农业的发展及区域功能演变；第六，从轻重工业与高新技术产业角度剖析了工业的演变；第七，从交通运输业、旅游业、金融业等方面分析了第三产业的演变；第八，分析了教育、医疗卫生和养老保障等公共服务业的演变；第九，从城乡差距、区域差别角度分析了国民收入的格局与演变；最后，基于上述各章论述的内容和各大区域自然特征，阐明了该如何对各大区域发展的功能进行定位。

3.1　土地资源开发及其区域功能

3.1.1　区域土地资源开发现状

3.1.1.1　土地资源开发存在东西部与南北方之间的差异

中国地域广阔，土地资源空间分布不平衡、开发历史各异，因而区域间土地利用差异明显，从而使土地资源利用在宏观格局上表现为东西部差异和南北方差异。

东西部地区的界线大致北起大兴安岭西麓，经松辽平原西部、黄土高原的右玉、绥德、环县及青藏高原的西宁、玛多至拉萨，与400毫米等雨线大致吻合。分界线以东为农耕区，主要为耕地资源；分界线以西的广大地区为半农半牧区和纯牧区，以草地资源为主，同时分布有大片戈壁荒漠。

土地利用方式在南北方之间差异亦很明显。我国东北部以秦岭、淮河为界，界线以北为北方地区，土地以旱地耕作为主；分界线以南为南方地区，以水田为基本耕作形态。我国西半部以祁连山、阿尔金山、昆仑山为界，以北为蒙宁甘新地区，以天然草地放牧与灌溉绿洲农业为主要土地利用方式；南部为青藏高原，以天然草地放牧为主要利用方式。

就自然条件而言，我国东南部光热水土资源匹配相对较好，平原面积所占比重高，农业发展历史悠久，生产力水平高，绝大部分土地已有不同程度的开发，大致集中了全国92%左右的耕地与林地，是中国重要的农区与林区。这一地区城镇密集、工农业发达，集中了全国农业人口与农业总产值的95%，土地利用程度高。但人多地少，部门争地的矛盾突出。西北地区人少地广，但由于难以利用的土地面积大，土地开发较为困难，加之干旱高寒，导致土地生产力低，但也不同程度地存在着人多地少的矛盾。

3.1.1.2 农用地占绝对优势，建设用地面积所点比重持续增大

土地利用结构是反映土地利用现状的重要指标。根据土地利用现状变更调查，2005 年全国农用地总面积为 65 704.74 万公顷，占国土总面积的 69.11%（表 3.1）。显然，全国土地利用类型中农业用地占绝对优势。

1）农业用地中，耕地占土地总面积的 12.84%，园地面积占 1.21%，林地面积占 24.8%，牧草地面积占 27.57%，其他农用地面积占 2.69%。农业用地中林草地所占比重达到了 52.37%。林草地既是生产用地，也是生态用地。我国林草地覆盖面积广阔，如何协调林草地的生产功能和生态功能是区域农业发展与生态保护必须面对的挑战。

2）建设用地占国土总面积的 3.36%。其中，居民点及工矿用地面积占 2.74%，交通运输用地占 0.24%，水利设施用地占 0.38%。虽然建设用地所占份额较少，但近年来建设用地所占比重正在上升。

3）未利用地总面积占国土总面积的 27.53%。其中荒草地、盐碱地、沼泽地、沙地、裸土地、裸岩石砾地、其他未利用地占土地总面积的 24.43%；河流水面、湖泊水面、苇地、滩涂、冰川及积雪在占国土总面积的 3.10%（表 3.1）。我国未利用地多为难利用土地，后备土地资源开发潜力有限。

表 3.1　全国 2005 年土地利用现状及其构成（二级地类）

一级地类	二级地类	面积（万公顷）	比例（%）
农用地	总计	65 704.74	69.11
	耕地	12 208.27	12.84
	园地	1 154.9	1.21
	林地	23 574.1	24.8
	牧草地	26 214.38	27.57
	其他农用地	2 553.09	2.69
建设用地	总计	3 192.24	3.36
	居民点及工矿	2 601.51	2.74
	交通运输用地	230.85	0.24
	水利设施用地	359.87	0.38
未利用地	总计	26 171.78	27.53
	未利用土地	23 223.74	24.43
	其他土地	2 948.04	3.10
合计		95 068.75	100.00

资料来源：石玉林，2008

3.1.2　土地开发利用与区域功能

土地资源开发利用中能体现出资源和资产能力、提供生物和非生物之间能量、物质、信息、价值交流场所的承载能力，提供生物（包括人）生产和生活的环境能力和作为地球环境基底的生态与环境容纳能力（谢俊奇，2003），这就是土地的多功能性。简言之，土地资源开发利用中能够提供生产功能、生活功能和生态功能，以满足人类生存发展的需求。

土地资源分布的区域性特点决定了在土地资源开发利用过程中必须面对区域自然地理环境与自然资源条件、社会经济基础与发展水平状况，抓住区域发展所必需的土地主体功能，协调利用土地的其他功能，以此促进区域土地整体功能的优化利用。

在这个意义上，土地资源的开发利用实际上就是对土地不同功能的开发利用，对土地不同利用功能的选择就是对区域空间利用功能的选择。因此说，土地开发利用与区域功能具有相辅相成的关系。

从土地功能利用角度进行土地分类，可以将土地划分为突出生产功能的种植业用地（耕地）、突出生活功能的建设用地和突出生态功能的生态用地（林地、园地和牧草地）。

按照上述类型划分，我国土地资源利用的现状结构格局是：种植业用地占 12.9%，建设用地占 3.36%，生态用地约占 55.6%，未利用土地约占 27.5%。不同土地功能利用在地理空间的分布格局直接影响着区域功能的利用和发展方向。

过去几十年来，尤其是改革开放 30 年来，受人口增长、工业化和城市化快速发展的影响，全国不同土地功能利用在区域空间上已经发生了较为显著的变化。

3.1.2.1 种植用地规模东退西进，东部土地生产功能弱化而中西部提升

近 100 年来，我国种植业用地规模的区域变化较为显著。与 1933 年相比，到 1952 年时，各地区种植用地面积有明显增加（表 3.2）。在此后的几年中，种植用地面积继续平稳增长，至 1957 年，除华北区外，其他各区的种植用地面积又较 1952 年有所增加。但此后由于种种原因，种植用地面积大幅度下降。到了 1965 年，除蒙新区、西南区种植用地面积相比 1952 年有一定增加外，其他各区基本呈现较为明显的下降趋势，尤其以东南沿海区、华北区最为明显，东北区和西北及黄土高原区次之。20 世纪 60 年代中期至 70 年代，东北区和青藏高原区的种植用地面积均有增加，但前者的幅度较大，其他各区有不同程度的下降，其中，蒙新区和华北区的下降趋势明显。

表 3.2　历年各区种植用地面积变化（单位：百万公顷）

年份	1913	1927	1933	1952	1957	1965	1970	1975	1978	1982	平均值
东北区	—	12.65	15.68	15.92	17.06	15.82	18.40	18.50	18.91	16.53	16.61
华北区	21.21	20.06	20.54	27.28	27.03	23.69	22.96	22.38	22.03	21.91	22.91
西北及黄土高原区	9.89	7.33	9.77	13.62	13.86	13.01	12.47	12.32	12.24	12.19	11.67
东南沿海区	27.05	24.56	28.01	29.92	30.60	27.08	26.25	25.78	25.60	25.45	27.03
西南区	14.75	10.39	15.49	14.11	15.17	14.40	14.03	13.87	13.86	13.98	14.00
青藏区	—	—	—	—	—	0.81	0.82	0.84	0.83	0.82	0.82
蒙新区	—	—	—	6.61	7.61	8.78	6.21	6.02	5.92	8.43	7.08

资料来源：葛全胜，戴军虎，2005

实际上，自 20 世纪 80 年代以来，随着工业化和城市化的快速发展，城乡建设用地快速增长，种植用地变化具有区域差异，即华北、华东地区种植用地减少，华中、东北和西北地区种植用地规模增大。

根据 1985、1995 和 2000 年县域范围内种植用地面积占总土地面积的比重变化分析了种植用地的区域变化（图 3.1、图 3.2 和图 3.3）。结果表明，东部地区种植用地比重占县域 80% 以上的在不断减少，1985 年种植用地比重较大的黄淮海平原、四川盆地到 2000 年时，种植用地所占县域土地面积比重已经显著下降。东部沿海地区种植用地占土地比重达 80% 以上的县域几乎完全消失，以江苏省为例，1985 年种植面积占全县土地面积 80% 和 70% 以上的县域数量分别达 67% 和 85%，而 2000 年时，种植用地占 70% 以上的县域数量已经消失为零，大部分县域的种植用地比重在 50% 以下。东部种植用地面积减少的趋势可见一斑。

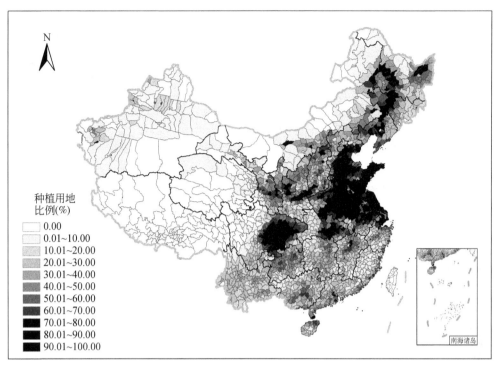

图 3.1　1985 年种植用地占县域土地面积比例的空间分布

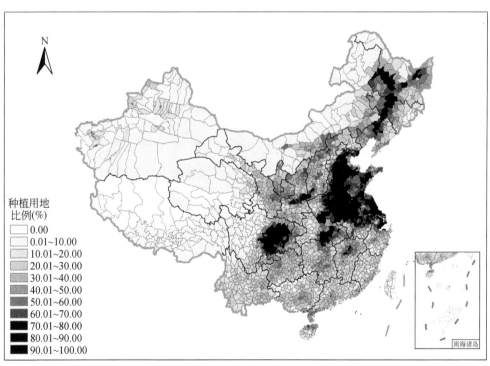

图 3.2　1995 年种植用地占县域土地面积比例的空间分布

　　从全国角度来看，20 世纪 80 年代中期到 2000 年的十多年中，种植地规模在地理空间上表现为东部减少趋势明显，中西部减少量相对较小。

　　根据土地利用情况调查数据，可知 2000～2005 年 6 年省份种植用地增加过程中，增加较多的有内蒙古、新疆、浙江、宁夏、山东等省（自治区）（其新增种植用地占全国种植用地增加额的 46.7%）。其中

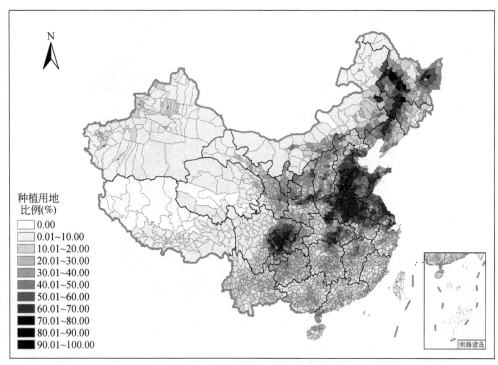

图 3.3　2000 年种植用地占县域土地面积比例的空间分布

内蒙古最多，占全国种植用地增加额的 15.25%，这主要是因为农业结构调整，因农业结构调整增加种植用地占种植用地增加总量的 45.42%，农业结构调整增加的种植用地主要来源于林地和牧草地的转化。从种植用地增加来源所占比例大小来看，土地复垦所占比例列在前几位的有吉林、江苏、安徽、甘肃、福建、西藏等省（自治区），均超过 25%。从各省土地整理所占比例来看，我国土地整理能力相对较弱。从各省土地开发所占比例来看，列在前几位的有江西、天津、云南、重庆、湖南、河北等省（直辖市），均超过 50%，其中江西省土地开发所占比例最大，为 80.17%，主要是来源于荒草地的开发。从各省通过农业结构调整增加种植用地所占比例来看，列在前几位的有宁夏、辽宁、北京等省（自治区、直辖市），均超过 50%。

　　总体来看，过去 30 年来，东部地区种植用地规模不断减少，使这一地区的农业生产功能明显弱化。种植用地重心中移西进，使中部成为我国农业生产的主要区域，中西部地区的农业生产功能和农畜产品供给功能正得到加强。

　　3.1.2.2　东北西南林地为主，青藏蒙新草地为主，林草地的生态功能日趋重要

　　我国大片林区主要分布在东北和西南。在省区尺度上位于前五位的有黑龙江省、云南省、内蒙古自治区、四川省和西藏自治区等，合计占全国林地总面积的 42%。有林地主要分布在黑龙江省、内蒙古自治区、云南省、四川省、湖南省和西藏自治区，各省（区）有林地面积占全国有林地面积的比例均在 5%以上；灌木林地和疏林地主要分布在四川省、云南省、西藏自治区、新疆维吾尔自治区和内蒙古自治区，合计占全国灌木林地和疏林地面积的 47.24%。

　　牧草地分布最为集中，主要集中在内蒙古自治区、西藏自治区、新疆维吾尔自治区、青海省、四川省和甘肃省 6 个省（区），合计占全国牧草地总面积的 94.61%。其中天然草地也集中分布在这些省（区），合计占全国天然草地的 94.79%；改良草地集中分布在内蒙古自治区，占全国改良草地的 71.53%；人工草地主要分布在内蒙古自治区、甘肃省、新疆维吾尔自治区、陕西省和青海省，合计占全国人工草地的 80.35%。

从动态变化来看，1985~2000 年，林地面积减小主要出现在西南地区，蒙青新的草地比重有所下降（图3.4）。

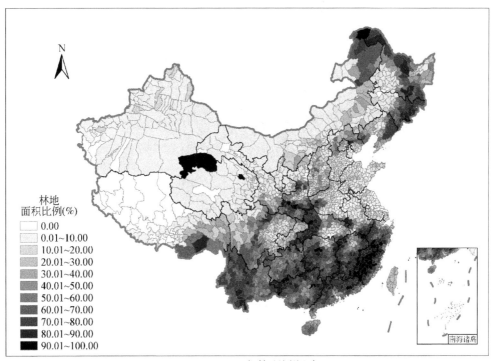

(a) 1985年林地比例分布

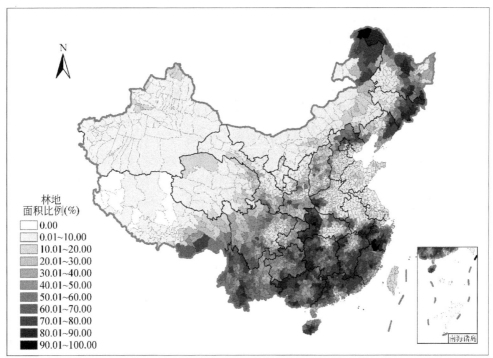

(b) 2000年林地比例分布

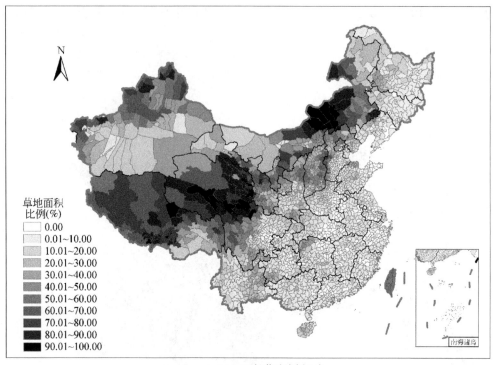

(c) 1985年草地比例分布

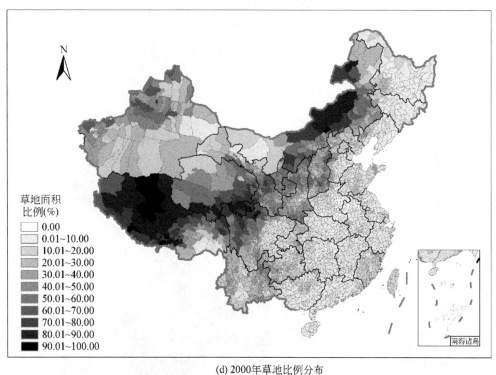

(d) 2000年草地比例分布

图 3.4　1985 年和 2000 年林地草地占县域土地面积比例的空间变化

西南地区林地规模的减少致使森林生态系统涵养水源、保持水土等生态功能受到严重损害。西南地区的森林生态系统是维护长江上中游的生态屏障，林地的减少与破坏使长江上游的生态环境恶化，1998年的特大洪灾对长江流域的社会经济造成极大的损失。也因此，1998 年之后，我国开始实施天然林保护工程，林地作为生态用地的功能更为明确。统计数据表明，1996～2005 年我国林地面积共增加了 813.23万公顷，增加幅度为 3.57%，平均每年增加 90.36 万公顷。在林地增加中，绝大部分是未成林造林地，增加了 605.56 万公顷，占林地增加总量的 74.46%。

西部地区牧草地数量和质量的双重退化使草地的水土保护功能、水源涵养功能和防风固沙功能受到明显损害，黄河频繁断流，2000 年前后西部地区沙尘暴频繁发生，这固然有气象气候的作用，但人类活动对草地生态功能的破坏亦不可低估。

进入 21 世纪，西部地区大开发过程中的退牧还草、退耕还林工程，把保护林草地的生态功能上升为政府行为，从而使我国西部地区的生态屏障功能更为突出。

3.1.2.3 建设用地规模整体增大，东部地区居住功能需求更为突出

我国在经济、城市化和工业化快速发展的过程中，城镇居民点及独立工矿用地成为建设用地的重要组成部分，尤其是随着城市化水平的提高，城市人口的增加，城镇建设用地和交通用地的规模持续增大。由于各地产业结构的差异以及社会经济发展的不均衡，加上各地的工业化和城市化进程不同步，各地所面临的土地资源稀缺程度及因其所产生的压力不尽相同，导致建设用地格局变化。

20 世纪 90 年代是一个城镇化高速推进的时期，在此过程中，城镇面积的变化也存在着明显的时空差异。20 世纪 90 年代的前 5 年，中国经济发展迅速，随着房地产开发及经济技术开发区的大量建设，城镇用地增长速度很快，其中增长最快的地区集中在海南、珠江三角洲、长江三角洲、京津唐城镇群等东部沿海地区，中西部及东北地区城镇用地扩展较慢。从 1995 年开始，国家加强了对耕地资源的保护力度，中国经济增长速度趋于稳定，90 年代后 5 年中国城镇扩展速度趋缓，其中，东部沿海地区城镇用地扩展大幅度回落，城镇用地扩张占全国的比重下滑明显；中部地区城镇用地扩展回落，比重基本不变；西部地区回落幅度较小，城镇用地扩展占全国的比重增加。

我国当前建设用地面积最大的省份是山东省，达 242.24 万公顷，建设用地面积最小的省（区）是西藏自治区，仅为 6.32 万公顷。就各省区情况而言，建设用地占其土地总面积的比重最大的省市是上海市，为 29.14%，其次分别是天津市、北京市、江苏省和山东省，建设用地占各省土地总面积的比重依次是 29.06%、19.68%、17.16% 和 15.42%。而建设用地占土地总面积的比重最小的省（区）是西藏自治区，仅为 0.05%，其次分别是青海省、新疆维吾尔自治区和内蒙古自治区。由此可见，建设用地占土地总面积的比重较大的省份大部分位于东部发达地区，而比重较小的省份大部分位于西部地区（石玉林，2008）。

区域建设用地的快速增加，意味着城镇化人口快速积聚，对土地居住功能和生活功能的需求更为迫切。我国东部地区城市群密集（图 3.5），城镇人口数量大，土地利用开发中，对居住功能和生活功能的需求已经超越了对土地生产功能的需求。

在耕地资源稀缺性越加显著的形势下，对土地居住和生活功能需求的增长，加剧了土地利用过程中生产功能与生活居住功能的冲突，建设用地占用耕地的情况十分严重。如 1996~2005 年非农建设占用耕地总面积列在前五位的有江苏省、山东省、浙江省、河南省和河北省，合计占用耕地面积 85.86 万公顷，占全国非农建设占用耕地总面积的 40.82%（石玉林，2008）。我国优质耕地较少，而且主要分布在用地需求增长较快的经济发达地区，这就使得耕地丧失问题更为严重，对我国的粮食安全产生了较大的威胁。如何协调区域土地的

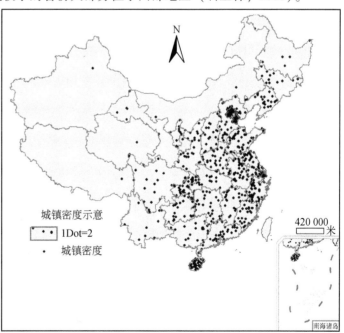

图 3.5　2008 年各省份城市密度分布格局

资料来源：中国城市统计年鉴 2009

生产功能、生活功能和生态功能，正日益成为我国土地资源开发利用中必须面对的挑战。

3.2 水资源开发及其区域功能

3.2.1 水资源的自然分布格局与区域功能

3.2.1.1 水资源分布南多北少、东多西少，青藏川滇水源涵养功能强大

我国水资源总量丰富，但人均占有量少，是一个水资源相对比较缺乏的国家。人均水资源占有量仅为世界平均水平的1/4，每亩耕地占有的水资源量仅为世界平均值的4/5。全国水资源以地表水为主，地表水占水资源总量的比重在96%以上。各大一级流域中，地表水在水资源总量中的比重除在海河流域为44%外，在其他流域均在72%以上，特别是在汇集了全国81%水资源的长江及其以南流域，地表水在水资源总量中的比重高达98%以上。因而，中国地表水分布及变化的时空格局基本上决定了全国水资源总量的分布与变化的总体时空格局。河川径流资源时空分布很不均衡。在空间分布上，如果以长江为界，长江及以南地区分布全国80%以上的地表水资源；如果以"大兴安岭—太行山—雪峰山"一线为界，该线以西分布约3/5的水资源、近4/5的水能资源。

地下水资源分布区域性特征是南方多，北方少。南方地下水资源占全国地下水资源总量的67.7%，多集中在山丘区，南方山丘地下水资源占全国山丘地下水资源量的81.8%；而北方地下水资源仅占全国地下水资源总量的32.3%，主要集中在平原区，北方平原地下水量占全国平原区地下水资源量的78.4%。各大一级流域中，长江流域地下水最为丰富，地下水总量占全国的29.73%，其次是西南诸河，比例可达18.63%，最为贫乏的是海河流域，仅占全国的3.2%。

在省域尺度上，我国的水资源主要分布在西南和中南省区，其中西藏的水资源总量最大，2009年占全国水资源总量的16.7%，其次是四川省和云南省，分别占全国的9.6%和6.5%（图3.6）。青藏高原和西南地区的水资源丰富，是我国长江、黄河、澜沧江等大江大河的发源地和上游区域，就全国范围而言，青藏高原和西南地区具有极其重要的水源涵养功能。

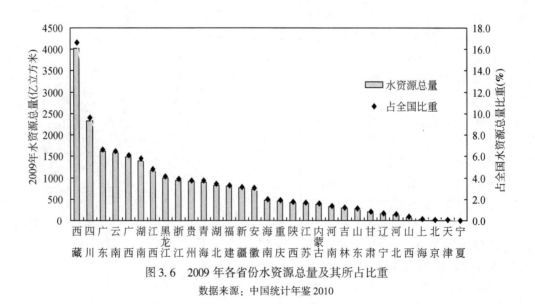

图3.6 2009年各省份水资源总量及其所占比重

数据来源：中国统计年鉴2010

3.2.1.2　水资源在南北向上与土地资源布局错位，东西向上与区域社会经济发展错位

基于研究选定的两个地理分界角度，中国水资源及地表水水资源分布的特点是南多北少、西多东少。这决定了中国水资源与土地资源、经济社会资源分布的空间不匹配性。中国长江以北广大地区，耕地占全国的65%，而水资源量仅占全国的19%，人口占全国的47%；长江及其以南地区耕地面积仅占全国的35%，水资源总量占全国的81%，人口占全国的53%。南北方（以长江为界）单位耕地面积拥有的水资源量相差悬殊。其中，最高的浙闽区单位耕地面积所占水资源量为全国平均水平的2.14倍，最低的海河流域单位耕地面积所占的水资源量只有全国平均水平的11%，两者差距达22倍之多。长江流域以北的北方片的人均水资源占有量仅为南方片的1/3，其中最高的珠江流域为最低的海河流域的12.9倍。

对区域间水资源分布、人口、耕地以及经济发展等要素进行对比分析可知：北方区（包括东北和华北）和西南区的水资源与人口、耕地以及经济的匹配性最差，华北区以占全国9%的淡水资源量，支撑了全国27%的人口和38%的耕地，产出了占全国33%的GDP；而水资源丰富的西南区则恰好相反，它的人口、耕地以及GDP占全国的比重远小于它的淡水资源占全国的比重。南方区（华东和华南）和西北区相对较好（图3.7）。

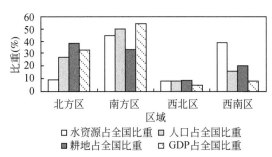

图3.7　我国水资源区域分布与人口、耕地、经济发展匹配情况
数据来源：中国水资源公报1997~2007；中国统计年鉴2008

在以"大兴安岭—太行山—雪峰山"一线为界的东西方向上，水资源与经济社会资源的空间匹配差距也极其显著。由于社会、人口数量与城镇化水平相对发展速度南快北慢、东快西慢，未来水资源南北分布隐藏着更大的分布不均与极大的供需矛盾。

3.2.2　水资源开发及其区域供给功能

3.2.2.1　南方地区依赖河流供水功能，北方地区依赖地下水供水功能

全国供水总量在南北方向上总体呈"6:4"的构成结构。就河流供水而言，南方地区的长江和珠江水资源量丰富，供水功能强大；位于北方地区的黄河和海河流域水资源相对较贫乏，供水功能严重不足，而这些区域承担着重要的生产功能，为解决供需矛盾，实施南水北调工程就成为我国应对水资源供给在地理空间上不均衡的重要措施。

就行政区而言，目前，南方4区供水量3589.1亿立方米，占全国总供水量的60.7%；北方各行政区供水量为2320.8亿立方米，占全国总供水量的39.3%。南方各省级行政区以地表水源供水为主，大多占其总供水量的90%以上；北方各省级行政区天然地表水缺乏，地下水源供水占有较大比例，在河北、北京、山西、河南4个省（直辖市）地下水占总供水量的比重在50%以上（表3.3、表3.4）。但长期依赖地下水供给，已经造成北方地区地下水位持续下降，地下水漏斗不断扩大的状况。

表 3.3　全国及十大流域供水量变化（亿立方米）

流域片	供水总量				地表供水				地下供水			
	1997	2000	2003	2007	1997	2000	2003	2007	1997	2000	2003	2007
松辽河	619.7	617.7	547.8	605.0	353.7	347.8	294.7	319.3	266.0	269.9	252.8	283.3
海河	434.2	399.5	377.0	385.1	168.8	135.9	113.6	128.3	264.2	262.6	263.1	251.0
黄河	404.6	393.6	354.0	381.1	268.5	256.0	219.5	249.1	134.2	134.8	132.2	129.5
淮河	667.1	554.4	472.7	554.4	478.6	373.5	317.6	387.8	184.9	178.1	154.2	164.7
长江	1 738.7	1 735.5	1 714.6	1 939.6	1 650.3	1 640.5	1 628.9	1 853.4	73.5	85.0	79.2	80.5
珠江	835.8	836.3	840.4	879.9	792.4	792.7	798.3	832.6	41.3	41.4	40.0	42.8
东南诸河	288.4	315.6	316.7	338.0	281.1	304.4	304.4	327.3	6.8	9.9	11.0	9.6
西南诸河	87.7	99.3	93.8	108.7	84.7	95.9	91.2	105.4	1.5	2.7	2.4	3.1
内陆河	547.1	578.8	603.4	626.9	487.9	493.7	517.7	520.3	59.2	84.8	85.0	105.0
全国	5 623.2	5 530.7	5 320.4	5 818.7	4 566.0	4 440.4	4 285.9	4 723.5	1 031.5	1 069.2	1 019.9	1 069.5

数据来源：中国水资源公报 1997~2008

表 3.4　2009 年各行政区供水量（亿立方米）

地区	供水总量	地表水	地下水	其他	地区	供水总量	地表水	地下水	其他
全国	5 965.2	4 839.5	1 094.5	31.2	上海	125.2	124.9	0.3	—
北京	35.5	7.2	21.8	6.5	江苏	549.2	540.4	8.8	—
天津	23.4	17.2	6.0	0.1	浙江	197.8	192.3	5.0	0.5
河北	193.7	37.5	154.6	1.6	安徽	291.9	265.3	26.1	0.5
山西	56.3	23.3	32.9	—	福建	201.4	196.4	4.8	0.3
内蒙古	181.3	93.5	87.5	0.3	江西	241.3	230.9	10.4	—
辽宁	142.8	71.6	67.4	3.8	湖北	281.4	271.5	8.8	1.1
吉林	111.1	68.6	42.5	—	湖南	322.3	301.8	20.6	—
黑龙江	316.3	180.2	136.0	—	广东	463.4	440.8	21.0	1.6
山东	220.0	119.6	97.0	3.3	广西	303.4	289.0	11.6	2.7
河南	233.7	94.3	139.0	0.4	海南	44.5	41.0	3.5	—
陕西	84.3	50.9	33.1	0.4	重庆	85.3	83.5	1.8	0.1
甘肃	120.6	94.7	24.0	1.9	四川	223.5	204.6	16.4	2.4
青海	28.8	23.9	4.7	0.1	贵州	100.4	93.2	7.0	0.2
宁夏	72.2	67.0	5.2	—	云南	152.6	145.7	4.3	2.6
新疆	530.9	440.2	90.0	0.7	西藏	30.9	28.3	2.6	—
北方	2 350.8	1 389.8	941.8	19.2	南方	3 489.1	3 324.7	152.5	11.9

数据来源：中国统计年鉴 2010

3.2.2.2　水资源开发利用程度北高南低，波动性北剧南缓，变化动向北减南增

一般认为，当径流量利用率超过 20% 时就会对水生态产生很大影响，超过 50% 时则会产生严重影响。1997 年以来，中国水资源开发利用率总体呈上升趋势，由 20% 提高至目前的 23%，水资源开发利用率约是世界平均水平的 3 倍。水资源开发利用率南北差异、流域差异非常显著，变化趋势也有较大差异（图 3.8）。

北方水资源开发利用率变动特征显著，近十余年来的开发程度虽总体上有下降趋势，但目前依然高达 57%。其中，2008 年海河流域开发程度高达 155%，黄河流域开发程度为 58%。与北方相比，南方地

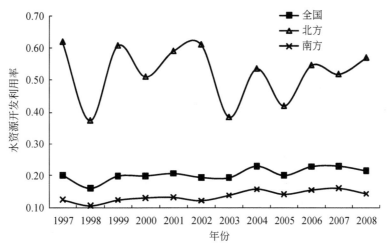

图 3.8　全国及南北方水资源开发利用趋势图

数据来源：作者根据历年《中国水资源公报》相关数据计算

区的水资源开发利用率波动较小，但近十余年来总体呈上升趋势，目前为 14%。其中，长江、珠江、东南诸河流域开发程度都在 20% 左右，而西南诸河流域不足 2%。持续的高强度水资源开采，特别是在中国北方地区，已经严重地威胁了水生态环境的安全。从 20 世纪 80 年代以来，海河、黄河、淮河流域先后进入持续干旱枯水期，河川径流量减少十分明显。黄河下游 20 世纪 90 年代以来断流加剧，在 1997 年断流长度 226 天，淮河在 1999 年出现了历史罕见的断流现象。另外，还发生了湖泊萎缩、湿地退化、地面沉降，海水入侵等一系列水生态和环境问题。

中国用水的部门结构竞争显著，矛盾突出。最初体现在农业与农业部门、生活部门之间，近年来在生态部门与经济社会部门之间更为突出，被形象地比喻为人与自然争水。据分析，中国北方流域经济社会用水约占河道生态环境用水量 155 亿立方米，约占生态需水量的 17%。

在经济社会发展的驱动下与水利开发技术水平提高的配合下，未来全国水资源的开发利用程度不断上升的趋势将持续，供水结构将产生深刻变化。根据刘昌明与陈志恺（2001）研究，2030 年全国供水能力将提高到 1 万亿立方米，其中地表水占 86% 多，地下水比重接近 14%；到 2050 年，全国供水能力将超过 1.15 亿立方米以上，地表水与地下水百分比构成约为 85%：15%。在跨区输送水工程的作用下，未来水资源开放利用率在南方地域将进一步上升，而在北方将继续有所下降，北方的地下水超采程度有望得以缓解。

3.2.3　区域水资源的消费格局演变

3.2.3.1　水资源消费南高北低、东高西低，省际差异显著

受气候、水资源条件、城市化进程和经济发展水平的影响，中国省际空间的用水格局存在明显的区域差异。

在用水总量上各省区的用水量差异较大。以 2009 年为例，大于 500 亿立方米的有江苏、新疆两个省（自治区）、广东省用水量超过了 400 亿立方米，用水量少于 50 亿立方米的有天津、青海、北京、西藏、海南 5 个省（自治区、直辖市）（表 3.5）。在用水结构上，大部分省区以农业用水为主。2009 年，农业用水占总用水量的比重在新疆、宁夏、西藏、内蒙古、甘肃、海南 6 个省份高于 70%，比全国平均水平高 1/2 以上；工业用水比重在上海、重庆、福建、江苏、湖北、贵州、安徽 7 个省份超过 30%，比全国平均水平高 1/4 以上；生活用水比重在北京、重庆和天津超过 20%，约比全国平均水平高 2/3；生态用水比重在浙江、新疆、江苏为 10%～13%，是全国平均水平的 5 倍以上。

表 3.5　2009 年全国各行政区水资源用水量及其构成（亿立方米）

地区	总量	农业	工业	生活	生态	地区	总量	农业	工业	生活	生态
全国	5965.2	3723.1	1390.9	748.2	103.0	上海	125.2	16.8	84.2	23.1	1.2
北京	35.5	11.4	5.2	15.3	3.6	江苏	549.2	300.1	194.5	51.4	3.2
天津	23.4	12.8	4.4	5.1	1.1	浙江	197.8	97.3	55.3	37.6	7.5
河北	193.7	143.9	23.7	23.4	2.7	安徽	291.9	167.2	93.7	29.0	2.0
山西	56.3	34.4	10.5	10.0	1.3	福建	201.4	100.8	77.2	22.1	1.3
内蒙古	181.3	138.7	20.9	14.1	7.6	江西	241.3	157.2	53.2	26.1	4.8
辽宁	142.8	91.1	23.9	24.4	3.3	湖北	281.4	149.4	100.8	30.9	0.2
吉林	111.1	71.2	23.6	14.1	2.3	湖南	322.3	189.2	83.5	46.1	3.5
黑龙江	316.3	237.4	55.7	18.8	4.4	广东	463.4	228.7	136.2	90.4	8.1
山东	220.0	156.4	24.7	34.9	3.9	广西	303.4	195.3	54.0	48.4	5.7
河南	233.7	138.1	53.5	35.8	6.3	海南	44.5	34.0	3.9	6.4	0.1
陕西	84.3	57.2	11.4	14.8	0.9	重庆	85.3	19.0	47.6	18.2	0.5
甘肃	120.6	93.8	13.1	10.8	3.0	四川	223.5	123.6	61.6	36.3	2.0
青海	28.8	21.6	3.0	3.4	0.8	贵州	100.4	50.8	34.1	14.9	0.6
宁夏	72.2	65.3	3.7	1.7	1.6	云南	152.6	103.5	22.4	23.6	3.2
新疆	530.9	489.4	10.1	14.9	16.5	西藏	30.9	27.4	1.4	2.0	—

数据来源：中国统计年鉴 2010

　　用水效率区域差距较大。2008 年，万元生产总值（当年价格）用水量在全国平均为 193 立方米，其中在新疆和西藏分别高达 1209 立方米和 948 立方米，而在水资源稀缺的北京、天津、山东、山西、上海、浙江 6 个省（直辖市），则小于 100 立方米。农田灌溉面积亩均用水量以西藏、宁夏最大，分别 1025.39 亩/立方米和 1002.64 亩/立方米，是全国平均水平的两倍多；在山西、河南较低，主要系农业节水灌溉先进技术的应用；在重庆也较低，主要是气候条件与农业结构的原因。工业万元产值用水量以西藏、贵州、安徽最高，与其工业不发达、技术水平落后密切相关；天津、山东、北京最低，其可利用的水资源量不多，工业节水技术较为先进，使其工业万元产值用水量不高。总体上，大部分省份的用水效率偏低，节水潜力较大。

　　此外，还表现在人均生活用水量方面。2009 年，全国人均生活用水为 156 升/天。高于全国平均值的省市区有 15 个，其中上海人均生活用水量最高，高出全国平均值 2 倍。海南、广东、北京和广西紧随其后，人均生活用水量超过 200 升/天。低于全国平均值的省区中，宁夏、山西和河北位列后三位，人均低于 100 升/天，三省区的人均生活用水量分别是上海的 23%、24% 和 28%。显然，我国人均生活用水量的区域差距较大（图 3.9）。

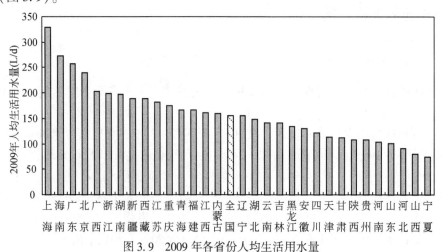

图 3.9　2009 年各省份人均生活用水量

数据来源：中国水资源公报 2010

3.2.3.2 城乡居民用水条件差距减小，但尚有 1.3 亿人口饮用水不安全

在城镇节水水平提高与农村取水条件改善的双重努力下，1997～2007 年中国城乡人均生活用水差距呈倒 "U" 型变化，由最高 160 升/天（1999 年）缩减至 140 升/天。由于城乡生活用水耗水率（即消耗量占用水量的百分比）约为 3.5∶1，城乡居民人均生活用水消耗量大致相当，为 55～60 升/天左右。随着农村生活条件的改善，农村人均生活用水将不可避免继续增长；而在生活节水意识提升与生活用水收费限额的联合作用下，城镇人均生活用水将进一步下降。如果将城乡生活用水耗水率优化至 50%、人均生活日用水量优化至 115 升（年 43.8 立方米），农村居民的用水将能得到显著改善，而且在 2050 年全国总人口达到 16 亿的情况下，生活用水总量为 668 亿立方米，能较 2007 年水平略有下降。

近 20 年来，中国及其各省份农村生活用水条件取得了巨大的改善。1987～2007 年，农改水受益人口率（受益人口占农村总人口的比重）提高了 50% 多，由 60% 提高至 92%；农村自来水覆盖率（饮用自来水人口占农村总人口的比例）提高了 2 倍，由 20.6% 提高至 62.7%。目前，广大西部省份农改水受益人口率普遍在 80% 以下，尚未达到 1993 年中国的全国平均水平；中东部省份农改水受益率基本达到 95% 以上。而农村自来水覆盖率的省域分布呈现东高、西低、中部居中的特点。1987～2007 年，中国农改水工作以扶低（受益率区）兼高（受益率区）的方式非均衡推进，推动省域尺度农村用水条件差异不断缩小，农改水人口受益率变异系数由 0.37 下降至 0.10，自来水覆盖率的变异系数由 1.09 下降至 0.31。目前，中国农村安全饮用水普及率为 81%，远低于世界发达国家农村安全饮用水普及率接近 100% 的水平。这意味着中国尚有 1.3 亿左右人口饮用不安全的生活用水。

3.3 能源资源开发及其区域功能

3.3.1 能源资源的地理分布格局及区域功能

3.3.1.1 化石能源北丰南贫、西多东少，北方和西部省区为主要能源供给区

在全球化石能源分布格局中，中国处于煤炭资源富集高、油气富集程度低的地区。据最新资源评价结果，已知含煤面积 60 多万平方公里，拥有煤炭地质资源量 5.5 万亿吨；拥有石油地质资源量 1073 亿吨，其中陆地、海域分布比为 3∶1；拥有天然气地质储量 54 万亿立方米，陆地、海域分布比接近 7∶3。但是，各类能源资源的探明率均不高，煤炭资源探明率为 23%，石油资源探明率是 39%，其中海洋仅为 12.3%，天然气探明率为 23.0%，其中海洋为 10.9%。

化石能源资源的区域分布总体上北丰南贫，西多东少。如果以 "昆仑山—秦岭—大别山" 一线为界，该线以北分布全国 90% 的煤炭资源与石油资源、近 70% 的天然气资源；如果以 "大兴安岭—太行山—雪峰山" 一线为界，该线以西分布全国 89% 的煤炭资源、约 60% 的石油资源和 75% 的天然气资源。

化石能源的地理分布格局决定了我国北方地区和西部地区在经济发展过程中必须承担化石能源供给的责任。

从省域来看，煤炭能源主要供给区是晋、陕、蒙三省份。已查证全国煤炭储量的 65% 集中在山西、内蒙古、陕西，查证各省煤炭储量均为千亿吨以上，合计为 4706 亿吨。大约 20% 集中在新疆、山东、贵州、云南、河南五省份，查证各省煤炭储量均在 200 亿吨以上，合计为 1415 亿吨。而经济发达的东部 10 省份①，查证煤炭储量合计 568 亿吨，不足全国总量的 8%。

石油资源主要集中在东北、西北省份。黑龙江、新疆、山东三省份的石油储量合计占全国总量的

---

① 包括北京、辽宁、天津、河北、山东、江苏、上海、浙江、福建和广东。

51%，河北、辽宁、吉林、陕西四省的石油储量合计占全国总量的25%。陆上天然气资源主要分布在新疆、四川、陕西、内蒙古。

中国经济实力、人口规模与城镇化水平东高西低、南高北低，决定能源终端消费用户区域分布居南、居东，这与高碳能源资源的自然布局偏北、偏西格局形成明显的逆向。这极大地提高了中国"资源环境—社会经济"系统的复杂性，增大了国家的发展成本，客观上决定中国"北煤南运"、"西煤东运"、"西气东输"、"西油东输"的格局将会长期存在。

3.3.1.2 水能和风能西多东少，西南地区水电供给功能突出，北方地区风能供给潜力大

中国太阳能资源丰富，而且利用条件良好。每年达到地表的太能辐射能总量相当于2.4亿吨标准煤，全国2/3的地区的年日照时间超过2000小时，除湖北及江南地区各省份以外的其他省份，每年太能辐射能强度在5000百万焦耳/平方米以上，具有利用太阳能的良好条件。

全国水能资源理论蕴藏量为6.8亿千瓦，占世界总量16.7%，居世界首位。其中可开发的水能资源为3.8亿千瓦，每年可发电1.92万亿度。水能资源分布与生产力布局在空间上呈逆向关系，西多东少，南多北少（表3.6）。西南地区可开发的水能资源最多，占全国的68%；其次为中南地区和西北地区，分别占全国的15%和10%；而华东、东北、华北合计仅占7%。从水系看，长江水系居首，理论蕴藏量为2.68亿千瓦，占全国的39.6%；其次为雅鲁藏布江水系及西藏其他河流，理论蕴藏量为1.6亿千瓦，占全国的23.6%；居第三位的是西南地区的国际河流，理论蕴藏量为9690千瓦，占全国的14.3%。

从省际看，川、藏、滇是全国水能资源可开发量最丰富的三省区，是水力水电的主要供给区域。

表3.6 全国分地区可开发水能资源

地区	装机容量（万千瓦）	年发电量（亿千瓦·时）	占全国比重（%）
全国地区	37 853.24	19 233.04	100
华北地区	691.98	232.25	1.2
东北地区	1 199.45	383.91	2.0
华东地区	1 790.22	687.94	3.6
中南地区	6 753.49	2 973.65	15.5
西南地区	23 234.33	13 050.36	67.8
西北地区	4 193.77	1 904.93	9.9

资料来源：《中国能源五十年》

风能资源分布广泛。根据第三次风能资源普查结果，中国技术可开发（风能功率密度在150瓦/平方米以上）的陆地面积约为20万平方公里。其中较为丰富的地区为以下四个区域。①三北（东北、华北、西北）地区丰富带：该区带的风能功率密度在200~300瓦/平方米以上，有的可达500瓦/平方米以上，如阿拉山口、达坂城、辉腾锡勒、锡林浩特的灰腾梁等，可利用的小时数在5000小时以上，有的可达7000小时以上；②东南沿海及附近岛屿：包括山东、江苏、上海、浙江、福建、广东、广西和海南等省份沿海近10公里宽的地带，年风功率密度在200瓦/平方米以上；③内陆个别地区由于湖泊和特殊地形的影响，形成一些风能丰富点，如鄱阳湖附近地区和湖北的九宫山和利川等地区；④近海地区：中国东部沿海水深5~20米的海域面积辽阔，按照与计算陆上风能资源同样的方法估测，10米高度可利用的风能资源约是陆上的3倍，即7亿多千瓦。

风能资源空间分布特征是：近海多，陆地少。陆上风能西丰东贫，北丰南贫，西藏、新疆北部、内蒙古、甘肃北部、黑龙江、吉林东部及辽宁和山东半岛的沿海地区等地风能资源丰富，而云南、贵州、四川、甘南、陕南、湘西、河南、福建、广东、广西的山区及新疆塔里木盆地和西藏的雅鲁藏布江等地风能潜力很低。风能资源的地理分布与电力需求存在空间上的不协调。广大的三北地区风力资源丰富，可建设风电场的面积较大，但其电网建设相对薄弱，电力需求相对较小，需要将电力输送到较远的电力

负荷中心。东南沿海地区电力需求大，风电场接入方便，但风能资源丰富的陆地面积小，而且土地资源紧张，可用于建设风电场的面积有限。不过在江苏、福建、山东和广东等地，近海风能资源丰富，距离电力负荷中心很近，发展前景良好。

中国风能资源与水能资源分布具有双重互补性。一个是季节分布互补。风能资源与水能资源均季节分布不均匀，风能资源一般春、秋、冬三季丰富，夏季贫乏，而水能资源正好相反，夏季丰富，其他三季贫乏。丰富的风能资源与水能资源季节分布互补，便于大规模开发水电与风电，为用户提供稳定电力。另一个是地理分布南北互补。中国水能资源丰富区居南，而风能资源丰富区居北，北风电、南水电的电力供给格局，将是国家绿化电力的重要战略内容。

3.3.2 能源生产的空间格局及区域功能

3.3.2.1 能源主产区由北向西向南延伸，但西部和北部省区能源生产功能依然突出

新中国成立之初，中国能源资源生产的空间格局继承了半殖民地时代的开发特征，能源主产地呈线性集中分布在东北三省和华北地区。当时，辽宁省是全国能源生产量最多的省份，其生产总量为874.2万吨标准煤，占全国的18.2%，加上吉林、黑龙江，东北三省的能源生产量占全国总量的1/3强。上海、福建、宁夏、西藏、青海的能源资源开发基本处于空白状态。到了1978年，除了上海市以外，各省份都进行了不同程度的能源资源开发，能源主产地由原来的东北、华北呈现向西、向南拓展的趋势，河南逐渐成为全国的能源生产地。能源生产量占全国总量的比重大于5%的有辽宁（6.76%）、河南（7.48%）、山东（9.80%）、河北（11.12%）、山西（11.89%）和黑龙江（17.11%）6个省份，其能源生产总量合计占全国的64%。而后，川渝地区随着煤炭生产能力的提升与天然气气田的投入生产，在全国能源生产中的地位逐渐上升，成为20世纪90年代中国重要的能源生产集中区。1995年以后特别是2000年以来，内蒙古煤炭生产能力快速提升，陕西煤、油、气资源大力开发，两省逐渐成为全国举足轻重的能源主产地。

目前，全国1/5的能源产量出自内蒙古与陕西。煤炭富集的山西省，一直是中国能源生产大省，近20年来，全国约1/5的能源产量出自这里。目前，全国能源主产地在省际空间上呈"T"型分布。未来，随着川渝地区、贵州、新疆、安徽各类能源资源开发利用能力的提高，中国能源生产格局将进一步朝西、朝南移动，能源生产格局的"T"型格局将为"工"型格局替代。

3.3.2.2 煤炭生产集中化，主产区由北向西转移，晋陕蒙豫鲁形成骨干生产区

新中国成立之初，中国煤炭总产量仅3243万吨，全国共有约40个煤矿企业、200多个矿井和几个露天矿，多数分布在东北地区，且绝大部分煤矿规模小，设备简陋，技术落后。经过60年的建设，全国先后建成一百多个煤炭生产基地，这促进了中国煤炭基地建设与生产布局空间调整，促进煤炭开采规模化、基地化与集中化发展。1980年以前，煤炭生产基地建设主要在东北、华北、华东地区，特别山西、辽宁、黑龙江、安徽、河南与山东。而后煤炭生产基地布局转向西，山西、陕西、内蒙古西部成为国家主要的煤炭基地建设重点，贵州、安徽、云南煤炭基地建设也取得了显著的发展。同时海洋煤业基地在山东龙口起步发展。最新获批的神东、陕北、黄陇、晋北、晋中、晋东、鲁西、两淮、冀中、河南、云贵、蒙东（东北）、宁东等13个大型煤炭基地，共包含98个矿区。其中，蒙东（东北）基地负责向东北三省和内蒙古东部供给煤炭，云贵基地负责向西南、中南供给煤炭，并作为"西电东送"南通道电煤基地，黄陇（华亭）、宁东基地负责向西北、华东、中南供给煤炭。

随着煤炭基地建设骨干区由东北、华北逐渐转为华北、西北，加上国家对云、贵、川、豫、鲁煤炭资源的高度青睐，全国煤炭生产在空间上集中程度进一步强化，煤炭主产区总体上由北向西移动。目前形成了两大煤炭骨干生产集中连片区，一个是以山西为中心的晋陕蒙豫鲁区，1980~2007年，该区煤炭生产量占全国的比重由42%提高至64%；另一个是以贵州为中心的云贵川渝湘地区，煤炭生产量稳定在

全国 15% 总产量的水平上。同时，安徽、黑龙江、河北与辽宁也是全国主要的煤炭生产大省。

3.3.2.3 石油主产区先由西北向东向南扩展，西北和海域正在成为新石油供给区

1907 年中国大陆第一口油井——延一井在陕西建成，但是直到 1949 年，中国石油产量仅 13 万吨。油气基地规模小、零散分布在陕西、新疆与甘肃。1949～1960 年，中国以西部地区为重点，展开了大规模的油气资源普查勘探，并集中开发建设了一批大型优质油（气）田，如青海油田、新疆克拉玛依油田和黑龙江大庆油田，并于 1957 年在海南岛附近开始了中国海上油气资源的开发。在西北地区的石油生产地位进一步提升的同时，黑龙江在石油生产中的重要地位开始显露。1961～1990 年，中国油气资源勘探开发的战略重心开始由西北向东转移，在华北、东北、华中和西南地区广泛地展开了油气资源普查，先后于松辽盆地、渤海湾盆地、南襄盆地、江汉盆地和苏北盆地发现油气田。推动全国石油生产主产地向东、向南拓展，西北石油地位逐渐削弱，东部地区黑、吉、辽、津、冀、鲁六省和中部地区的河南省发展成为全国石油主产区，1980～1990 年，这七个省份的石油在全国石油生产中的比重高达 88%。

随着东部石油主产区进入衰退，和进入 21 世纪以来西部石油资源与海洋石油资源成为开发热点，全国石油生产向西北石油富裕省新疆与陕西、南海近省广东和渤海近省天津转移与聚集。目前这四个省份的石油产量占全国半数以上，其中西北二省与东部二省的石油产量基本平分秋色。黑、吉、辽、冀、鲁的石油生产份额虽然下滑，但依然是中国重要的石油生产区。全国石油主产区呈现一片三点格局：一片系指东部六省连片区，三点指西北的新疆、陕西和东南省份广东，全国 95% 的石油产量出自这些省份。

3.3.2.4 天然气生产由遍地开花转为高度集中，85% 出自陕青新和川粤

中国开发利用天然气较晚，直到 20 世纪 90 年代，天然气开发一直处于遍地开花的状态。主产地相对集中在东部石油生产大省。后来，国家意识到油气失调的严重性，着力加强天然气资源勘探，提高开发强度，天然气开发开始向西北、向南和海域油气资源丰富的地区进军，在省际空间上呈现高度集中的开发态势。目前，全国 85% 的天然气资源产自西北的陕西、青海与新疆，以及南方的四川与广东。

但是受限于油气资源的空间布局，至 2008 年，中国的油气资源主要是生产在西部、消费在东部，西油（气）东运、北油南运的流向格局不断得到加强和空间延伸（表 3.7）。

表 3.7 中国主要天然气输送管线

管线名称	起点	终点	建成时间（年）	长度（公里）
鄯乌线	鄯善	乌鲁木齐	1996	302
陕京线	陕西靖边	北京石景山	1997	918
靖西线	靖边	西安	1996	128
彩—石—克线	彩南	石河子—克拉玛依	1996	103
陕宁县	陕西	宁夏	1998	112
轮库线	新疆轮南	库尔勒	1998	135
塔轮线	塔中	轮南	1996	302
仙敦线	青海八仙台	敦煌	1998	86
忠武线	重庆市忠县	武汉市	2004	738
西气东输线	轮南	上海	2004	3900
陕京二线	陕西榆林	北京	2005	932
涯港线	海南海涯	香港	1996	778
涩宁兰线	涩北	西宁	2001	930
冀宁管道	西气东输干线青山分输站	陕京二线安平分输站	2005	886

资料来源：中国油气管道网．http：//www.cpgp.cn

3.3.2.5 南方和西部水电供给功能较强，北部和近海区域风电开发优势明显

中国水力发电起步晚。1978年，中国首次提出"建设十大水电基地"的设想，1989年编制了"中国12大水电基地"发展规划。12大水电基地中，西部有7个完整的和2个各占一半的水电基地，总装机和年发电量约是全国的7成以上（表3.8）。这决定了中国水电开发布局由最初的居北转变为居西、居南的空间格局。目前，全国3/4的水资源发自四川、云南、西藏三个省区。

表3.8　中国12大水电基地及规模

基地名称	规模［年发电量（亿千瓦·时）］
金沙江（石鼓—宜宾）	2 611
雅砻江（两河口—渡口）	1 181
大渡河（含白龙江，双江口—渡口）	1 109
乌江（洪家渡—涪陵）	418.38
长江上游（宜宾—宜昌，含清江）	1 359.9
红水河（兴义—桂平，含黄泥河）	532.9
澜沧江（布衣—南腊河口）	1 094
黄河上游	593
黄河中游（托克托—花园口）	193
闽浙赣（福建、浙江、江西三省）	416
东北	1 131

资料来源：中国能源研究会等，2002

基于风力资源的空间分布，全国风电开发从东北向西北与东南两翼延伸，逐渐形成"人"字型格局，即东部沿海大规模并网与非并网风电产业带和三北沿线大规模并网与非并网风电产业带。每条风电产业带又由几个重点风电产业基地组成（表3.9）。东部沿海大规模并网与非并网风电产业带包括中国沿海的绝大部分地区，从北向南依次为辽宁、河北、北京、天津、山东、上海、江苏、浙江、广东等。沿海风电产业带由环渤海地区大规模并网与非并网风电基地、长江三角洲地区大规模并网与非并网风电基地、珠江三角洲地区大规模并网与非并网风电基地三大基地构成产业带主体，这三大基地正好与中国经济发展的三大核心区重合，沿海风电产业带也与中国经济发展的一级主轴线，即沿海轴线重合，因而成为未来中国风电产业发展的主轴线。三北沿线大规模并网与非并网风电产业带包括中国东北、华北、西北部分地区，从东向西依次为黑龙江、吉林、辽宁、内蒙古、甘肃、新疆等。三北沿线风电产业带由东北地区大规模并网与非并网风电基地、内蒙古东部大规模并网与非并网风电基地、酒泉大规模并网与非并网风电基地、北疆大规模并网与非并网风电基地共四大基地构成产业带的主体，该产业带经过地区是目前中国经济发展比较落后的地区，未来风能资源开发将受到经济发展水平和用电需求、交通、投资等综合因素限制，但风电产业发展潜力巨大，发展前景良好。

表3.9　中国大规模并网与非并网风电产业带与风电基地建设与空间分布（2007年）

风电产业带	风电基地	范围	理论可开发储量（吉瓦）	技术可开发储量（吉瓦）	占全国比重（%）	场台数（个）	场装机容量（万千瓦）	场装占全国比例（%）
东部沿海大规模风电产业带	环渤海地区	辽宁、河北、山东、北京、天津	205.20	16.10	6.40	1 059	461.47	36.63
	长江三角洲地区	上海、浙江、江苏	51.10	4.00	1.50	546	136.37	13.19
	珠江三角洲地区	广东、香港、澳门	24.80	1.90	0.80	411	26.21	2.53
	小计		281.10	22.00	8.70	2 016	624.05	52.35

续表

风电产业带	风电基地	范围	理论可开发储量（吉瓦）	技术可开发储量（吉瓦）	占全国比重（%）	场台数（个）	场装机容量（万千瓦）	场装占全国比例（%）
三北沿线大规模风电产业带	东北地区	黑龙江、吉林、辽宁	377.90	29.70	11.70	909	156.08	15.09
	内蒙古东部	内蒙古东部	786.90	61.80	24.40	726	125.60	12.15
	酒泉	甘肃河西	145.60	11.40	4.50	233	35.78	3.46
	北疆	新疆北疆	437.30	34.30	13.60	369	79.36	7.67
	小计		1 747.70	137.20	54.20	2 237	396.82	38.37
合计			2 028.80	159.20	62.90	4 253	938.14	90.72

资料来源：李俊峰，2005

3.4 人口空间分布和区域功能

目前，中国人口规模的空间格局具有类"H"型特征。华北、华东与华南沿海区的人口大省与西南地区的人口大省组成"H"的竖线，中部人口大省湖北、河南组成"H"的横线。这种格局已经较为稳定地保持近30年的时间，主要是1950~1980年中国人口分布集中区由华北、华东沿海逐渐向华南沿海扩展，由东部与北部沿海省份逐渐向西南省份不等速扩展的结果。

省际尺度上，近60年里，中国人口分布的东西差异表现"东多、西少、中部居中"的格局特征（图3.10）。东、中、西部的区域总面积分别占全国国土总面积的13.5%、29.6%与56.8%，而区域总人口占全国人口总量的比重分别为43%、35%与22%。

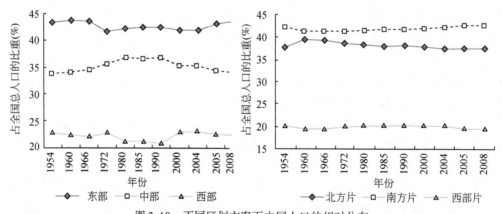

图3.10 不同区划方案下中国人口的相对分布

数据来源：作者依据中华人民共和国人口统计资料汇编1949~1985，《中国统计年鉴》

（1991、1996、2001、2005、2006、2008）提供的人口数据计算

1954~2008年，中国人口分布相对规模变化在东、西部分布呈浅"U"型，在中部地区呈倒"U"型。人口分布的南北差异总体表现为"南多，西少，北部居中"的格局特征。

北方片区以30%的国土面积，支持全国约38%的总人口，南方片以全国15.5%的国土面积，支持全国近42%的总人口（表3.10）。而且，自1960年以来，人口相对分布长期保持"南增、北减"的变化特征。在"三片八区"的"区"尺度上，人口分布最多和最稠密的地区首先是华东沿海地区（包括上海、江苏与浙江）与华北沿海地区（包括北京、天津、河北与山东），这两个区以6%的国土面积支持多于全国25%的人口。其次是华南沿海与长江中游地区，分别分布全国12%与18%的总人口，人口密度约为全国同期平均水平的2~2.5倍。东北地区是中国人口分布的均衡区域，人口密度基本与全国平均水平接近；

黄河中游地区分布着全国 14% 左右的人口，人口密度约是全国平均水平的 80% ；西南地区分布全国 16% 左右的人口，人口密度是全国同期平均水平的 60% 左右，主要是西藏人口密度远低于全国平均水平的结果。而西北地区，区域面积占全国总面积的 30% ，人口总量仅为全国同期的 4% 左右，人口密度相当于全国同期水平的 1/10 左右。

表 3.10   中国"三片八区"区划方案

三大片	八大区	所含省（市、区）
北方片	东北地区	辽宁、吉林、黑龙江
	华北沿海地区	北京、天津、河北、山东
	黄河中游地区	河南、山西、陕西、内蒙古
南方片	华东沿海地区	上海、江苏、浙江
	华南沿海地区	福建、广东、广西、海南
	长江中游地区	湖南、湖北、江西、安徽
西部片	西南地区	重庆、四川、贵州、云南、西藏
	西北地区	甘肃、青海、宁夏、新疆

资料来源：http://www.china.org.cn/chinese/zhuanti/2004xdh/505635.htm

显然，近 60 年来，中国人口分布在东西方向的不均衡性大于南北方向，人口的空间分布虽然更多地取决于经济社会的发展条件，但依然具有明显的自然区位依赖特征。

前文种种分析表明，中国人口地理分布具有稳定的空间格局即"胡焕庸人口线"格局，约 60% ~ 70% 的人口长期居住在我国东南部地区 20% ~ 30% 的土地上。

人口格局稳定分布的背后是我国资源环境的空间组合差异，也就是说，"胡焕庸人口线"的东南部和西北部两侧在人口分布过程中发挥着截然不同功能。东南部 20% ~ 30% 的区域担负着重要的居住功能。

如果以海拔高度小于 500 米为适宜人类生存的环境来计算，我国适宜居住的区域面积大体占国土面积的 24.5% ，目前居住人口占全国总人口的 70.7% 。从图 3.11 不难发现，"胡焕庸人口线"与适宜居住区域的西北边界大体是一致的。占国土面积 30% 左右的东南部地区既承担重要的居住功能，同时具有重要的生产功能，居住功能和生产功能对土地资源的竞争性利用或者冲突性利用，加剧了东南地区土地资源的稀缺性。如何协调利用东南部地区国土资源的多种功能，将是这一区域长期面临的挑战。

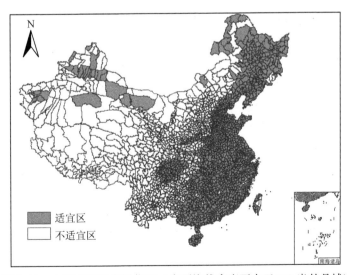

图 3.11   中国主要适宜居住区（主要海拔高度不大于 500 米的县域）

人口线西北的广大国土面积实际上并不适合人类居住，减少这些地区的人口压力，突出其生态功能和生产功能，是实现区域功能可持续发展利用的关键。

3.5 农业发展及区域功能演变

3.5.1 农业在国民经济中的比重普遍下降，但区域差异较大

1952 年我国农业增加值为 342.9 亿元，1978 年增长到 1027.9 亿元，增长了 2 倍，2008 年农业产值扩大到 34 000 亿元，比 1978 年增长了 32 倍。总体来看，改革开放后的增长速度远远高于改革开放以前的速度。但是，由于第二、第三产业的发展速度更快，农业在整个国民经济体系中的比重却呈现不断下降趋势。

从省域来看，我国农业占 GDP 的比重存在较大差距，波动在 0.8%~30%。在经济高度发达的北京和上海，农业占 GDP 的比重已经下降到 1% 左右，与当今世界的美国、日本较为接近；在四川、海南和广西地区，农业占 GDP 的比重仍高达 18% 以上，相当于巴基斯坦、印度的水平。

为了进一步分析各地区农业在国民经济中的比重演变规律，本研究以 2008 年各省份人均 GDP 为标准将全国划分为四类地区：经济发达地区（人均 GDP 大于 35 000 元，包括北京、天津、上海、江苏、浙江、广东）；经济较发达地区（人均 GDP 介于 35 000~20 000 元，包括河北、山西、内蒙古、黑龙江、吉林、辽宁、福建、山东）；经济较落后地区（人均 GDP 介于 20 000~15 000 元，包括河南、湖北、湖南、海南、重庆、四川、陕西、青海、宁夏、新疆）；经济落后地区（人均 GDP 小于 15 000 元，包括安徽、江西、广西、贵州、云南、西藏、甘肃）。

总体来讲，农业在 GDP 中的比重与地区的经济发展状况呈负相关，即经济发达地区→经济较发达地区→经济较落后地区→经济落后地区，农业占 GDP 的比重相应增加。经济较发达地区的农业产值比重一直与全国总体水平较为接近；经济发达地区的农业产值比重与全国总体水平相比，大约存在 10 年的差距；经济较落后地区与落后地区的农业产值比重与全国总体水平相比，大约存在 8 年差距，由此推算，经济落后地区与发达地区相比，大约存在 20 年的差距。从与国际比较来看，当前发达地区农业占 GDP 比重相当于上中等收入国家水平，较发达地区相当于下中等收入国家水平，较落后地区和落后地区则比最不发达地区略强。

3.5.2 粮食生产区的空间转移与区域功能演变

1978 年以前，我国粮食生产重心在南方和东部，这种传统的南重北轻的粮食生产地域格局从 20 世纪 70 年代以来逐渐演变，进入 90 年代后变化日益剧烈，粮食生产重心呈"北上"、"西进"的趋势。主要粮食作物玉米、小麦等向东北、华北等北方粮食产区集中，南方地区仍然是稻谷的主产区，但其生产规模相对萎缩。从流域的角度探讨我国粮食生产格局的变化，可以发现，松辽河区、淮河区、西南诸河区对全国粮食增产的贡献率增加明显，而长江区、东南诸河区、珠江区下降显著。全国主要的粮食调出区已由 20 世纪 70 年代初的松辽河区、长江区、珠江区和东南诸河区转移到 21 世纪初的松辽河区和淮河区。

3.5.2.1 粮食生产由南方向北方转移①

1978 年以来，北方地区对全国粮食生产的贡献程度不断加大，而且这一变化趋势在进入 21 世纪后得

---

① 北方包括黑、吉、辽、京、津、冀、鲁、豫、晋、陕、甘、宁、蒙、新、青、藏等 16 个省（自治区、直辖市），南方包括沪、苏、浙、皖、湘、鄂、赣、闽、粤、桂、琼、滇、黔、川、渝等 15 个省（自治区、直辖市）。为保证数据的连续性，在分析时将重庆市归入四川省，海南省归入广东省。因统计资料可获得性的限制，分析中未包括港、澳、台地区。

到加强，北方地区逐渐成为我国粮食生产和增产的中心。

北方地区粮食产量占全国总产比重从 1978 年的 41.3% 持续上升至 2008 年的 53.6%，已超过南方地区，其粮食生产的区位熵①（图 3.12）上升幅度更加显著，从 0.98 升至 1.28。相比之下，南方地区的粮食生产区位熵从 1.02 降至 0.80。

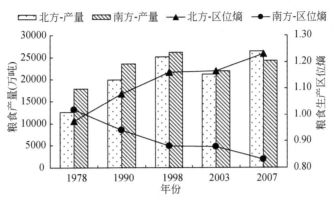

图 3.12　1978~2007 年特征年份南北方粮食产量及区位熵变化
资料来源：根据历年《中国统计年鉴》相关数据整理

1949~1978 年，全国粮食总产增长 1.7 倍（19 159 万吨），其中 55.6% 来自南方地区。在 1978~1990 年、1990~1998 年和 2003~2008 年三个增产时期，全国粮食增产量分别达到 12 972 万吨、7818 万吨和 9801 万吨，北方地区则分别占全国增产量的 57.0%、66.4% 和 73.4%，上升趋势显著。

3.5.2.2　粮食生产在三大区域中向中部转移②

东、中、西三大经济区中，东部作为传统产粮大区，对全国粮食生产的贡献逐渐减小，中部地区则成为粮食生产和增产的中心，且这一趋势逐渐加强（图 3.13）。

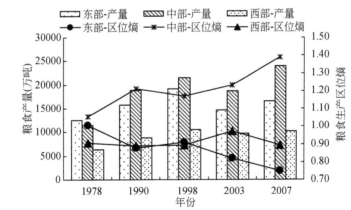

图 3.13　1978~2007 年特征年份东中西粮食作物产量及区位熵变化
资料来源：根据历年《中国统计年鉴》相关数据整理

东部地区粮食产量 1978 年占全国总产比重最高，达到 41.3%，此后逐渐降低，2008 年降至 31.8%，

---

①　本节分析以粮食生产区位熵来反映粮食生产的区域分化和集中状况，文中粮食生产区位熵 =（某区域某类粮食产量/全国该类粮食产量）/（某区域人口数量/全国人口数量）。

②　东中西三大粮食产区的划分参照国家"七五"计划期间三大经济地带的划分方法，东部粮食产区包括京、津、冀、鲁、辽、沪、苏、浙、闽、粤、桂、琼等 12 个省（自治区、直辖市），中部粮食产区包括黑、吉、蒙、晋、豫、皖、湘、鄂、赣等 9 个省（自治区），其他省（自治区）为西部粮食产区。

粮食生产区位熵从 1.01 下降至 0.74；中部地区粮食产量所占比重从 1978 年的 37.7% 上升至 2008 年的 48.4%，粮食生产区位熵从 1.05 上升至 1.45；西部地区粮食生产对全国贡献的变化不大，产量所占比重一直在 20% 左右波动，其粮食生产区位熵亦波动变化，保持在 0.89～1。

1978～1990 年中部地区是全国粮食增产的主要来源区域，增产量占全国总增产量的 56.9%。1990～1998 年，东部成为粮食增产主力，占到 44.3% 的比例，中部下降至 33.3%，西部小幅上升至 22.4%。1998～2003 年全国粮食大幅度减产，东部减产量最大，占到总减产量的 55.5%。2003～2008 年，中部粮食增产量占到总增产的 70.5%，成为全国粮食增产的中心。

3.5.3 畜产品生产的区域差异及功能

肉类生产由西南向东北转移，黄淮海正在成为全国肉类生产的重心。

在历史上，以长江中下游为中心的南方地区是我国肉类生产的核心区域，与"南粮北运"相似，我国肉类生产也呈现"南肉北运"格局。改革开放以来，随着粮食生产的"北上"，肉类生产也开始向北方转移。在 1985 年北方地区肉类产量为 590.0 万吨，南方为 1336.5 万吨，分别占 30.6% 和 69.4%；2008 年北方为 3156.0 万吨，南方为 4122.6 万吨，分别占 43.4% 和 56.6%。

从东、中、西三大区域来看，肉类生产呈现由西部向中部转移的趋势，而东部地区基本保持稳定（图 3.14）。在 1985 年，东、中、西三大区域肉类产量分别为 823.6 万吨、597.3 万吨和 505.6 万吨，占肉类总产量的 43%、31% 和 26%；2008 年，三大区域肉类总产量分别达到 3050.4 万吨、2642.9 万吨和 1585.3 万吨，占肉类总产量的比重转变为 42%、36% 和 22%。

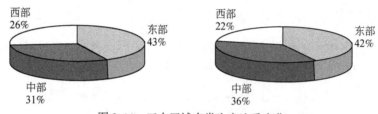

图 3.14 三大区域肉类生产比重变化
资料来源：根据历年《中国统计年鉴》相关数据整理

从八大区域来看，肉类生产由长江中下游、西南地区向黄淮海、东北和蒙新地区转移，华南地区和黄土高原地区肉类生产比重基本稳定（图 3.15）。在 1985 年，长江中下游和西南地区肉类总产量为 1124.7 万吨，占全国的 58%，2008 年总产量升至 3298.6 万吨，所占比重降至 45%。与此同时，黄淮海、东北和蒙新区肉类产量由 1985 年的 490.9 万吨增加到 2008 年的 2841.4 万吨，所占比重由 26% 增加到 39%。从省域来看，山东、河南、四川、湖南、广东、河北是我国 6 大肉类生产省，2008 年 6 省肉类生产总量高达全国总量的 42.8%（图 3.16）。

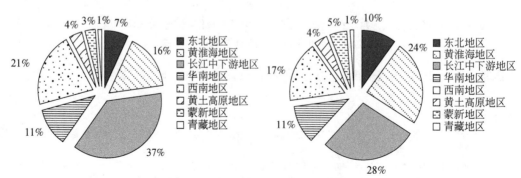

图 3.15 八大区域肉类生产比重变化
资料来源：根据历年《中国统计年鉴》相关数据整理

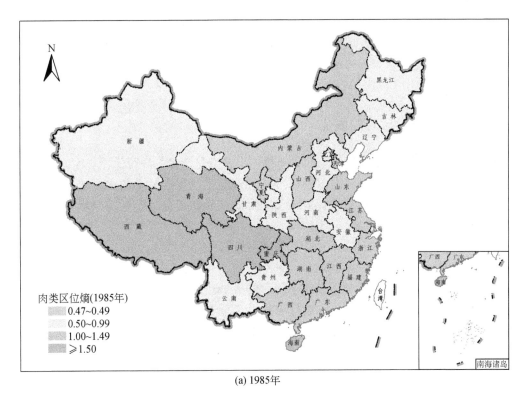

(a) 1985年

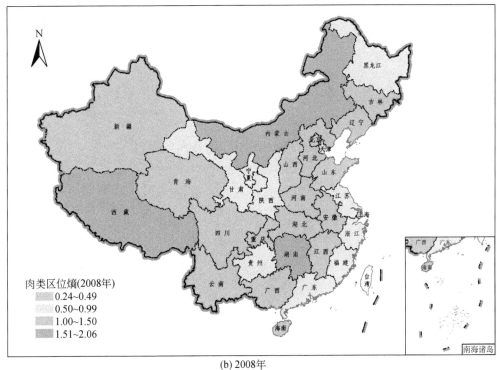

(b) 2008年

图3.16 1985、2008年各省份肉类区位熵

资料来源：根据历年《中国统计年鉴》相关数据整理

3.6 工业及第三产业发展的区域功能演变

经过半个多世纪的建设，中国工业在基础薄弱和空间失衡的条件下，建立起总量巨大、结构完整、

布局广泛的工业结构体系和地域生产体系，产业结构、轻重比例日趋合理，基础工业比重上升，产业发展的空间逐步扩大，高新技术产业发展迅速，工业技术水平不断提高。在不同的发展时期，受资源禀赋、生态环境、区位、开发历史与政策等自然和人文经济要素的影响，我国的工业生产格局表现出不同的演化特征与趋势。

3.6.1 工业化的区域差异与功能演化

新中国成立以来，中国工业增加值的空间分布总体上一直保持着东高西低、非均衡发展的大格局。

工业增加值是指工业企业在报告期内以货币形式表现的工业生产活动的最终成果；是工业企业全部生产活动的总成果扣除了在生产过程中消耗或转移的物质产品和劳务价值后的余额；是工业企业生产过程中新增加的价值。

工业增加值在全国总量中占较大份额的省份集中在东部和沿海地区，其中辽宁省、河北省、山东省、江苏省、上海市和广东省为显著的高份额省份（图3.17）。在不同的发展时期，受到资源、市场、政策方针等因素的影响，中国的不同区域形成具有各自特色的区域产业集群，各区域工业增加值在全国工业增加值总量中所占份额也发生着明显的变化。总体来说，工业布局取向逐渐由靠近资源地或消费市场、向靠近便捷经济的水运物流通道和枢纽演化的趋势十分显著，其中海洋的吸引力大于长江的吸引力，工业发展的海洋吸附力和亲水性特征突出。

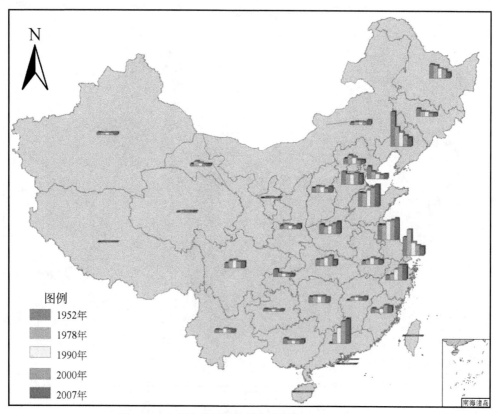

图3.17　中国各省区工业增加值份额（1952～2007）
数据来源：中国统计年鉴2008，新中国五十年统计资料汇编

新中国成立以来，我国工业发展的空间格局呈现出"先展后聚再扩"的三大阶段。20世纪50年代初期，在全国工业基础普遍非常弱的情况下，工业发展呈现高度集中格局，辽宁省工作增加值位居全国工业增加值总量榜首，高达17.2%，工业总量排名前四的省市的工业增加值占到全国总量的40.5%（表3.11）。此后，我国的工业产业以东北、华北老工业基地为核心，不断向西、向南扩展，因而呈现在全国

范围内扩张发展的态势。

表 3.11　1952～2007 年地区工业增加值份额排名前四位的省市

工业增加值份额排名	1952 年	1978 年	1985 年	1990 年	1995 年	2000 年	2007 年
I	辽宁	上海	上海	江苏	江苏	广东	广东
II	上海	辽宁	江苏	山东	广东	江苏	山东
III	江苏	江苏	辽宁	广东	山东	山东	江苏
IV	山东	山东	山东	辽宁	浙江	浙江	浙江

数据来源：中国统计年鉴 2008，新中国五十年统计资料汇编

1978 年改革开放以来至 2000 年，工业发展与经济总体格局的演化趋势相一致，中国工业产业的空间布局呈现出明显的亲水集聚特征。国家宏观区域发展战略先后确定的环渤海地区、长江三角洲和珠江三角洲三个重点经济区始终保持着在全国工业份额中的领先地位，从而使中国的大部分工业产业向沿海地区和沿江地区集聚。

在发展过程中，国家的工业经济重心省份在这些经济区内发生了转移，逐步从东北向东南方向移动，其中辽宁省所占份额逐年下降，而山东省、江苏省、浙江省和广东省的份额稳步上升，其中广东省的上升速度最快，2000 年开始跃居我国工业经济份额排名首位。上海所占份额在这些新兴工业大省的快速发展的势头下也逐渐下降，逐步被挤出工业增加值份额前四名（表 3.12）。在转移过程中，工业增加值前四名的省市之间实力相对均衡，而前四名省市工业增加份额所占的全国比重都在 35% 以上，全国层面上工业增加值总额的区域差异还是非常大。山东、广东、江苏这些工业大省的工业增加值在全国工业增加值当中所占的份额还将进一步增大，中心地位进一步提升。2000 年以来，产业集聚区的辐射效应逐渐显露，我国的工业产业表现出逐渐向中部和近西部地区扩散的发展趋势。

表 3.12　1952～2007 年地区工业增加值份额排名前四位份额数据（%）

工业增加值份额前四名数据	1952 年	1978 年	1985 年	1990 年	1995 年	2000 年	2007 年
I	17.2	12.8	8.9	9.3	10.6	10.9	12.1
II	9.0	9.6	8.8	8.3	10.4	9.8	10.9
III	7.2	7.2	8.6	7.6	9.1	9.5	10.6
IV	7.0	6.7	7.4	7.0	7.0	7.3	7.4

数据来源：中国统计年鉴 2008，新中国五十年统计资料汇编

但从我国经济发展的历史和自然区位现实客观地分析，东部沿海区始终是我国工业发展的前沿地带，其工业生产功能的优势是中西部地区所无法替代的。但中西部地区能源矿产产业同样具有不可替代的优势，因此，实现东、中、西产业资源优势互补、区域产业功能优势互补，形成合理的地域工业化发展分工，才能实现真正意义上的区域协调发展。

3.6.2　第三产业发展的区域差异与功能

我国第三产业空间格局演变主要经历了"西进"和"南下"两个过程，其间还有短暂"东移"的过程。

新中国成立之初，由于各地区经济基础不同，各省区的第三产业发展有相当大的差异。但在计划经济体制下，平衡发展的战略使西部内陆地区的城市经济发展速度加快，因而，1952～1980 年的近 30 年间，全国第三产业重心具有明显的"西进"特点。

20 世纪 80 年代初的改革开放，打破了我国固有的计划经济体制，经济活动全面向东部沿海地区偏移，第三产业也随之出现向沿海地区"东移"的特征。

随着我国工业化和现代化的深入，经济及人口进一步向东向南集聚，第三产业的格局再次发生变化，呈较为明显的"南下"特征。

为考察空间格局状况，按传统方式将除香港、澳门及台湾三地外的 31 个省级行政单元分为六大区（表 3.13），即华北区包括北京、天津、河北、山西、内蒙古五个省（自治区、直辖市）；东北区包括黑龙江、吉林和辽宁三省；西北区包括了陕西、甘肃、青海、宁夏和新疆五省（自治区）；华东区包括了上海、江苏、浙江、福建、安徽、江西和山东七省（直辖市）；中南区包括了河南、湖北、湖南、广东、广西和海南六省（自治区）；西南区包括重庆、四川、云南、贵州和西藏五省（自治区、直辖市）。

表 3.13 主要年份六大区三产增加值占全国总量的比例（%）

区域	1952 年	1980 年	1988 年	1992 年	1996 年	2008 年
华北	15.20	17.88	16.06	14.55	13.73	16.15
东北	15.25	11.51	12.81	11.68	9.75	7.86
华东	36.35	31.25	33.65	33.04	37.81	37.59
中南	19.59	22.70	22.73	26.06	25.53	25.82
西南	8.69	9.98	8.61	8.74	8.27	8.11
西北	4.92	6.69	6.14	5.92	4.91	4.46

资料来源：新中国六十年统计资料汇编

按上述第三产业发展时空格局变化划分的三个阶段，分别分析区域及省域的格局变化，发现以下特征。

第一阶段：1952 年，第三产业增长值占全国比重最大的地区为华东区，达到 36.35%；西北区最小，仅占全国的 4.92%。第三产业增加值排在全国前六位的省份分别为上海、江苏、辽宁、广东、河北和山东，均为沿海省份，此六省市三产增加值之和占全国三产增加值的 46.16%。人均三产增加值方面，排在前五位的分别是上海、天津、辽宁、北京和黑龙江，人均三产增加值均超过 55 元，其中上海市高达 266.66 元。人均三产增加值最少的三个省份均来自西南区，分别是西藏、贵州和广西，其中西藏仅为 3 元/人。1980 年，第三产业增长值占全国比重最大的地区依然是华东区，达到 31.25%；西北区最小，占全国的 6.69%。显然，这一阶段的三产增加值在空间上的重心虽然有西移的特征，但从增加值大小来看呈现东高西低的格局。

方差分析显示，1980 年各区三产增加值总量占全国比例的方差值显著小于 1952 年。主要年份各省区三产增加值所占比例方差（图 3.18）显示，1952～1980 年，各省区间的第三产业增加值的差距明显减小，这是平衡发展的结果。

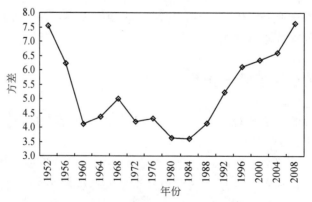

图 3.18 主要年份各省区三产增加值所占比例方差
资料来源：《新中国六十年统计资料汇编》和作者计算结果

第二阶段：1980~1988 年，各大区三产增加值平均年增长率均达到 20% 左右，年增长率最高的地区为东北区，年增长 23.19%，其次为华东区的 22.68%，西南区年均增长率最低，为 19.31%。1988 年，六大区中华东区三产增加值占全国比重达到 33.65%，比 1980 年高出 2 个百分点；西南和西北两大区比例均有所下降，说明东西差距有所拉大，第三产业重心开始向东偏移。省域尺度上，1988 年人均三产增加值排在前五位的分别是天津、上海、北京、辽宁和浙江，人均值均超过 500 元，其中天津市人均三产增加值达到 1595.34 元，是当年全国平均水平的 3.86 倍，是全国人均值最小省区贵州的 10 倍。

第三阶段：1989~2008 年以六大区的数据分析可以看出，华东、中南两区占全国比重有明显增大，因而使第三产业重心向东南偏移；而西南、西北两区比重逐渐减小，甚至开始低于新中国成立 1952 年的状况。省域尺度上，人均三产增加值超过万元省份均来自东部地区，且除北京和内蒙古自治区外，均为沿海省份；人均三产增加值少于 5000 元的省份包括贵州、江西、甘肃和云南，其中贵州省人均值最少，为 3630 元/人，仅为全国平均水平（9072.65 元/人）的 40%。

方差分析显示（图 3.18），1990 年以后，各省份间的三产增加值差距趋于增大，到 2008 年仍未出现拐点，由此说明未来我国各省区之间第三产业发展的差距还将进一步拉大。

3.7 中国区域发展的战略功能定位

3.7.1 自然要素约束下的区域功能特征

从自然地理视角来看，地势上的三大阶梯格局决定了我国三个区域发展的自然要素基础，而这很大程度上规定了三大区域在我国发展中的功能走向。

3.7.1.1 沿海地带的区域特征与功能

东部沿海地区地势平坦、水资源丰富、气候温暖湿润、土地肥沃、自然生态系统自我恢复能力强，因此，东部地区既是宜于居住的区域，也是宜于生产、发展经济的区域。

自从宋代以来，南方地区不仅人口数量高于北方，人口分布面积也超过北方。并且人口规模进一步向长江流域集中，人口分布格局的南北差异与东西差异基本成型。这种人口分布格局总体上将保持长期的稳定。

新中国成立 60 多年以来，中国人口分布的东西差异表现"东多、西少、中部居中"的格局特征。尤其是改革开放 30 年来，经济自沿海向内陆渐次发展、人口自内陆向沿海自主流动，使我国人口进一步向华北、华东与华南沿海区聚集。这种格局已经较为稳定地保持 30 多年的时间。

濒临海洋的区位优势，有利于东部沿海地区率先参与全球化进程，在我国经济的快速发展过程中起到了先行者的作用。事实上，这一区域目前已经形成了长三角、珠三角、环渤海等城市密集、工业发达、交通体系完善的区域，构成了我国东部经济增长中心。

生产力要素向沿海地区的聚集等等，这些现象均表明，人口、经济要素向沿海地区的聚集是我国长期发展中不可人为逆转的客观规律和现实。

而沿海地区目前发展面临的最大挑战是人口经济高度聚集所产生的基础性资源和发展经济的支柱性资源的短缺、快速城市化所产生的人地关系矛盾和环境污染。

未来沿海地区是城市高度聚集、经济要素高度聚集的区域，是经济发展的发动机和增长极，是中国发展海洋经济的平台和走向全球经济一体化的跳板，是我国实现城乡一体化发展的先行区域，是实施资源集约化利用、坚持环境友好发展的示范区域。但社会经济发展与支柱性资源短缺、环境污染的矛盾将是长期困扰东部沿海地区发展的主要问题。

3.7.1.2 中西部的区域功能与特征

中部地区自然条件相对较好、土地资源丰富，农业发展的资源优势明显，农业开发历史悠久，长期以来是国家重要的商品粮生产基地。随着我国东部沿海地区城市化和工业化的快速发展，农业生产的空间重心逐步向中西部转移，所以，中部地区承担着保障国家粮食安全和实现农产品有效供给的重任。

中部地区在空间上具有承东启西、连南接北的作用，因此，其连接东西南北的枢纽功能突出。

西部地区多为山地和高原，气候干旱寒凉，自然条件复杂，生态环境脆弱。西部是我国大江大河的发源地，也是我国土地沙漠化最严重的地区。以草地植被为主的生态系统自我恢复能力低，一旦退化很难恢复，会成为我国中东部地区的沙尘源。作为我国重要的能源矿产工业基地，西部丰富的能源矿产资源开发极易导致环境的破坏，从而使生态与环境问题成为制约西部地区经济发展的刚性因子。

中西部地区工业化的发展总体还处于初中期阶段，水平还比较低，这集中反映在二、三产业特别是发展严重滞后的第三产业；能源原材料等资源型产业所占比重大，高新技术产业和先进制造业严重不足。我国实施的"西部开发"战略、"中部崛起"战略，推动了中西部地区工业化和现代化的发展，缩小了区域发展差距。

而中西部地区市场广阔、能源丰富、劳动力充足、商务成本低等多重组合优势，承载力和可辐射空间巨大，使得中西部地区正在成为承接发达国家和地区产业向中国转移的"桥头堡"。

中部地区未来是我国主要的农产品生产基地、工业原材料的供给区域、是连接南北和东西的枢纽通道、是承接产业转移、形成梯度发展产业链的节点、是协调东西部发展的链环。

西部是我国重要的能源矿产保障基地之一，更是我国中东部地区的生态屏障，担负着保障我国东部和中部地区生态安全的重要功能。

3.7.2 区域发展的战略功能定位

3.7.2.1 华北沿海及其辐射区域的战略功能定位

华北沿海及其辐射区域主要包括北京市、天津市、河北省、山东省及其辐射的内蒙古和山西省，这一地区构成了环渤海经济圈的主体。其中的京津冀都市圈是我国重要的政治、经济和文化中心，也是我国大中城市集聚区之一，是我国生产力布局主轴线上的北方核心区域。因此，这一地区在我国的可持续发展中具有政治中心的功能，具有发展经济、带动北方经济整体又好又快发展的功能，具有加强国际交往、促进文化交流的功能，具有保障我国能源安全的功能，具有保护北方生态环境的屏障功能。

京津冀以城市网络为主导的都市经济区的发展将具有保障首都北京全国政治、文化中心的重要功能；以京、津两市为中心的"双核"型大都市经济区的形成及其完善，将为提升首都圈综合服务功能、建立全球性的国际政治中心和社会经济中心发挥重要作用。

山西、内蒙古、河北和山东既是重要的能源基地和工业基地，也是重要的农产品生产基地。横跨西北、华北和东北的内蒙古是我国北方地区的生态屏障。

在华北沿海及其辐射区域内，各省市区密切配合，加强合作，将可以形成政治文化中心与经济发展中心的优势互补、城市圈资源消费与辐射区物资供给的互补、自沿海向辐射区内不同梯度的产业互补，从而保障华北沿海及其辐射地区的可持续发展。

3.7.2.2 东北沿海生态经济综合功能区

东北地区土地资源丰富，平原、丘陵、山地、沿海滩涂均有分布。土壤肥沃，水资源较为丰富，是我国重要的农业生产基地。东北工业基础好，交通发达便利，城市化程度高，是我国经济较为发达的地区。

新中国成立以来，在计划经济安排下，东北形成了重化工业体系和产业布局，是我国重工业产品的主要生产基地。大庆油田的开发则使东北成为我国重要的能源基地。新中国成立后的 30 年中，东北地区在我国社会经济发展中发挥了举足轻重的区域功能。东北地区所具备的沿海、沿边的地缘优势，使东北地区成为我国向东北亚地区开放的前沿地区，在维护东北亚地区的和平与稳定中发挥了作用。

鉴于此，东北沿海生态经济综合功能区的战略定位如下：

1）连接东北亚的门户与通道。以大连、丹东、锦州、营口等港口为东北的门户，与世界多个国家建立海上通道。以丹东、图们、珲春、绥芬河等沿边口岸城市为平台和基地，对于推动我国与日、韩、俄、蒙、朝等国家的双边或多边的跨国合作、培育东北地区经济增长板块发挥着助推剂的功能。

2）东北亚地区具有竞争力的城市群。东北地区形成了东北沿海经济带和多个城市群。以大连为龙头，丹东和营口为两翼的辽东半岛沿海经济区；以港口城市锦州、盘锦、葫芦岛为骨干，包括阜新、朝阳在内的辽西沿海经济区。东北沿海经济带是促进我国东北及其腹地与国际接轨的重要平台，为辽中城市群、吉中城市群、哈大齐经济带的对外开放架起了桥梁，也为沟通国内外两个市场提供了载体。

3）维护我国东北生态安全和生物多样性的功能。东北是我国三大片林区之一。以大小兴安岭、长白山为主体的森林生态系统及其丰富的物种，极大地丰富了我国的生物多样性，也保障了我国东北平原的生态安全。

综上所述，东北地区在我国的可持续发展中具有发展经济和保护生态的综合功能。

3.7.2.3 长江三角洲地区的功能定位

长江三角洲地区属于我国东部亚热带湿润地区，四季分明，水系发达，淡水资源丰沛，地势平坦，土壤肥沃，港口岸线及沿海滩涂资源丰富，具有适宜发展的自然条件。

这一地区农业发展基础良好，制造业和高技术产业发达，现代服务业发展迅速，经济水平全国领先，是我国综合实力最强的区域。

就区位优势而言，长江三角洲地处我国东部沿海地区与长江流域的结合部，拥有面向国际、连接南北、辐射中西部的密集立体交通网络和现代化港口群，经济腹地广阔，对长江流域乃至全国发展具有重要的带动作用。

根据长江三角洲地区的发展规划，其战略定位如下：

1）亚太地区重要的国际门户。围绕上海国际经济、金融、贸易和航运中心来建设，打造在亚太乃至全球有重要影响力的国际金融服务体系、国际商务服务体系、国际物流网络体系，提高开放型经济水平，在我国参与全球合作与对外交流中发挥主体作用。

2）全球重要的现代服务业和先进制造业中心。围绕培育区域性综合服务功能，加快发展金融、物流、信息、研发等面向生产的服务业，努力形成以服务业为主的产业结构，建设一批主体功能突出、辐射带动能力强的现代服务业集聚区。同时加快区域创新体系建设，大力提升自主创新能力，发展循环经济，促进产业升级，提升制造业的层次和水平，打造若干规模和水平居国际前列的先进制造产业集群。

3）具有较强国际竞争力的世界级城市群。发挥上海的龙头作用，努力提升南京、苏州、无锡、杭州、宁波等区域性中心城市国际化水平，走新型城市化道路，全面加快现代化、一体化进程，形成以特大城市与大城市为主体，中小城市和小城镇共同发展的网络化城镇体系，成为我国最具活力和国际竞争力的世界级城市群。

4）江苏沿海经济区是我国重要的综合交通枢纽、粮食生产基地和沿海地区生物多样性保护区域。在今后的发展中，立足沿海，依托长三角，服务中西部，面向东北亚，把江苏沿海经济区建设成为我国重要的综合交通枢纽，沿海新型的工业基地，重要的土地后备资源开发区，生态环境优美、人民生活富足的宜居区，成为我国东部地区重要的经济增长极和辐射带动能力强的新亚欧大陆桥东方"桥头堡"。

3.7.2.4 东部沿海地区的功能定位

东部沿海地区在行政上包括广东省、福建省和海南省。这一地区既有率先开放和领跑中国经济的珠江三角洲地区，也有近年来新开放的海峡西岸经济区。

珠三角地区在过去30年的改革中充分发挥了改革"试验田"的作用，成为全国市场化程度最高、市场体系最完善的地区；依托毗邻港澳的区位优势，抓住国际产业转移和要素重组的历史机遇，率先建立开放型经济体系，成为我国外向度最高的经济区域和对外开放的重要窗口。新世纪以来，珠三角地区继续被赋予探索科学发展模式试验区和深化改革先行区的使命。

海峡西岸经济区是为加速福建及其周围区域的发展而提出的，是指台湾海峡西岸，以福建为主体包括周边地区。这一地区与珠三角、长三角两个经济区衔接，东与台湾岛、西与江西的广大内陆腹地贯通，可以通过大陆与台湾优势互补，形成进一步带动全国经济走向世界的特点和具有独特优势的地域经济综合体。东部沿海地区在我国可持续发展的战略地位极其重要。

1）是我国对外开放的重要国际门户。东部沿海地区由于区位优势，可以与港澳台密切合作，优势互补，共同打造亚太地区最具活力和国际竞争力的城市群，提高承接全球先进国际产业的能力，全面提升大中华地区经济的国际化水平。对内可以发挥其带动与辐射作用，促动中西部地区的崛起，形成沿海与内地联动的对外发展格局，达到互利共赢、建设安全高效的开放型经济体系的目标。

2）世界先进制造业和现代服务业基地。坚持高端发展的战略取向，建设自主创新新高地，打造若干规模和水平居世界前列的先进制造产业基地，培育一批具有国际竞争力的世界级企业和品牌，发展与香港国际金融中心相配套的现代服务业体系，建设与港澳地区错位发展的国际航运、物流、贸易、会展、旅游和创新中心。

3）全国重要的经济中心。综合实力居全国经济区前列，辐射带动能力进一步增强，形成以珠江三角洲和海峡西岸经济区为双中心的资源互补、产业关联、梯度发展的多层次产业圈，培育我国新的经济增长极。

3.7.2.5 中部地区

中部地区主要包括安徽、江西、河南、湖北、湖南5个省。这一地区处于我国的中部枢纽位置，具有承东启西、连南接北的作用。

区位优势明显，资源禀赋丰富。新中国成立以来，出于国防安全的考虑，我国生产力布局向中部和西部聚集。在这一过程中，中部地区成为我国重要的能源原材料供应基地和重化工业生产基地。中部地区在我国的社会经济发展中长期承担着重要粮食生产基地、原材料供应基地和重工业生产基地的功能。

但改革开放以来，我国实施非均衡发展战略，发展重心向东南沿海地区转移。中部地区第一产业比重较大，国有经济比重大，加之交通基础设施落后，在市场经济条件下，面临适应市场需求、调整产业结构、提高工业化水平、加强基础设施建设、改善民生等巨大问题和挑战。因而使东部沿海地区与中部的发展差距逐渐拉大。

针对我国改革开放近30年来区域发展中出现的"中部塌陷"现象，21世纪初，党中央和国务院提出了"中部崛起"的发展战略，中部地区迎来了发展的历史机遇。

没有中部的崛起和发展，长三角、珠三角和环渤海经济圈的进一步发展既缺少巨大的国内市场，也无法构架东部沿海和西部内陆之间畅通的物流通道，更难以实现大区域的生产要素优化配置、产业的梯度布局。因此，中部地区在未来区域发展中具有极其重要的作用。

1）承东启西、连南接北的枢纽。中部地区是连接东西部的通道，也是贯通南北的桥梁。在市场经济条件下，人口、生产要素、生活要素在全国范围内的频繁流动，对人流、物流通道的需求越来越强，而中部地区的地理区位决定了中部地区将长期承担我国交通枢纽功能和物流通道功能。

2）国家重要的粮食生产基地。中部地区农业开发历史悠久，长期以来是我国重要的商品粮生产基地，承担着保障国家粮食安全和实现农产品有效供给的重任。近些年来，随着东部沿海地区工业化、城市化快速发展，作为传统产粮大区，对全国粮食生产的贡献逐渐减小；与此同时，西部地区退耕还林还草工程的实施，使西部地区耕地面积也在减少、粮食产量显著下降。这样的背景下，中部地区作为我国粮食生产基地的重要功能在未来将更为显著。

3）形成我国中部地区的增长极。中部地区目前已经形成了几个极具发展潜力的城市群，如以武汉、荆州、宜昌为依托打造的"大武汉城市圈"；以长沙、株洲、湘潭、岳阳、衡阳五市为依托打造的"长株潭城市圈"；以南昌、九江为依托构造了"昌九产业带"；安徽以合肥、芜湖、马鞍山、铜陵和蚌埠为依托打造的"T"形产业带；河南省形成了"郑洛产业带"等。这些产业带将形成我国中部地区的增长极，从而带动中部地区的真正崛起。

3.7.2.6 西部地区的功能定位

西部地区包括西南地区和西北地区。

西南地区主要包括广西、重庆、四川、云南、贵州和西藏。在自然地理单元上主要属于青藏高原、云贵高原和四川盆地。西北区在行政区划上包括陕西、甘肃、青海、宁夏和新疆五个省区。在综合自然区划中分属西北干旱区、青藏高原区和黄土高原三个自然地理单位。

西南地区自然资源丰富、区域差异明显。青藏高原和云贵高原是我国主要江河的发源地，以四川、重庆、贵州为主的西南林区是我国三大片林区之一。西部地区的西藏、青海、新疆是我国草地资源的主要分布区域。因此，西部地区是我国重要的生态屏障。

西南山区以喀斯特地貌为主，生态脆弱，易发生水土流失，泥石流等灾害。西北气候干旱、土地退化问题突出。保护西部生态环境是关系到我国资源环境与社会经济协调而可持续发展的关键。

西部是我国重要的能源基地。我国72%的水力资源分布在西南地区，陕西、宁夏、新疆、贵州等省份是我国煤炭、天然气等化石能源的重要基地。因此，西部地区是我国重要的能源供应基地。

西部是我国未来经济增长的高地区。

广西北部湾经济区地处我国沿海西南端，背靠大西南、毗邻粤港澳、面向东南亚，是西南经济圈和东盟经济圈的结合部，是我国西部大开发地区唯一的沿海区域，也是我国与东盟国家既有海上通道、又有陆地接壤的区域，区位优势明显，战略地位突出。是我国沿海地区规划布局新的现代化港口群、产业群和建设高质量宜居城市的重要区域。

关中–天水经济区作为我国西部大开发的三个重点区域之一，在全国具有独特地位和优势。通过优化对外开放格局，创新区域合作机制，拓展对外开放空间，提升经济综合实力，带动西部地区经济社会跨越式发展。

参 考 文 献

葛全胜，戴军虎.2005.20世纪中前期中国农林土地利用变化及驱动因素分析.中国科学（D辑），35（1）：54-63.

国家统计局国民经济统计司.1999.新中国五十年统计资料汇编.北京：中国统计出版社.

国家统计局国民经济统计司.2010.新中国六十年统计资料汇编.北京：中国统计出版社.

李俊峰.2005.风力12在中国.北京：化学工业出版社.

刘昌明，陈志恺.2002.中国水资源现状评价和供需发展趋势分析.见：中国可持续发展水资源战略研究.第二卷，北京：中国水利水电出版社.

刘兴忠，周维勋.1990.中国铀矿省及其分布格局.铀矿地质，（6）：20-25.

石玉林.2008.农业资源合理配置与提高农业综合生产力研究.北京：中国农业出版社.

谢俊奇.2003.土地生态学的基础理论与前沿.北京：中国大地出版社.

中国能源年鉴编委会.2005.中国能源年鉴2004.北京：中国石化出版社.

中国能源研究会，国家电力公司战略研究与规划部.2002.中国能源五十年.北京：中国电力出版社.

4

新区域的形成与分析

章予舒　裴　厦　周海林　刘荣霞

　　2008 年以来的国际金融危机使我国沿海地区的外向型经济遭受了严重的影响。国际金融危机及其引发的世界范围内经济的严重衰退，必将产生全球性经济格局和经济结构的重大变化，并由此对我国产生长期、深刻的影响。在应对国际金融危机的背景下，国务院密集批复了 16 个上升为国家战略的区域发展规划，获批数量前所未有。金融危机的冲击使区域经济的协调发展、经济发展格局的改变以及经济发展结构的调整成为我国迫切需要解决的问题。加快发展方式转变，走创新驱动、内生增长的道路已刻不容缓。

　　分析新区域规划产生的背景、特征、空间分布、战略定位、新区域产生的历史渊源和各个新区域的基本特征以及回答"在一个又一个规划筹备和出台的背后，究竟是政府凭借更强的宏观把握能力有意为之，还是为了满足各地区'要政策'而盲目规划的结果"是本章的主要目的。首先，本章论述了新区域规划产生的背景，在此基础上阐述了发展规划的六个主要特征，以及新一轮区域规划的战略定位与内容。其次，通过对我国区域经济发展历史回顾，分析了均衡战略、非均衡战略在中国区域发展过程中 60 年的曲折历程，探讨了两大战略对当时中国区域经济发展所起过的推动作用以及产生的负面效应；指出从我国区域经济发展战略实施的进程来看，现在进行区域经济战略调整，从非均衡发展战略到再均衡发展战略，从对东部沿海地区的开放到中、西部的开发，是非常必要的。新经济区的出现正是再均衡发展战略的体现，这对我国制定新的经济目标、实现区域经济的可持续发展、提高国民经济的实力具有十分重要的意义。再次，从七个方面综合分析和论述了新经济区出现的原因。最后，作为本章的重点，对新区域规划的地理范围、形成过程、资源环境和社会经济情况以及功能和问题分四个部分进行了分析和阐述，目的是明确我国新的经济功能版图、分析各经济新区的承担的功能以及面临的问题，为我国的可持续发展功能分区奠定坚实的基础。

4.1　新区域的出现与认定

　　2009 年是我国经济最困难的一年，为了应对国际金融危机的冲击，国家出台了一系列扩内需、保增长的政策措施。2009 年，也被称为"区域规划之年"，因为从 5 月到 12 月不到一年中，9 个区域发展规划上升为国家战略，数量几乎是过去 4 年的总和，出台速度之快前所未有。分析新区域规划出现的背景、分布、特征和原因对于深入了解我国区域发展的演变规律，把握未来区域经济发展的走向具有重要的意义。

4.1.1　新区域出现的背景

　　2008 年下半年金融危机使我国经济经历了新世纪困难的一年，给我国的发展带来了许多启示：一是发达国家利用以虚拟经济、过度负债消费拉动增长的方式难以为继；二是依靠资源消耗、危害环境的发展方式难以为继；三是利用廉价劳动力获得国际竞争优势，依靠外需和投资拉动的发展方式难以为继。

金融危机使得区域经济的协调发展，经济发展格局的改变，以及经济发展结构的调整成为我国迫切需要解决的问题。自2008年下半年以来，国务院在应对金融危机的背景下，已经批复了16个上升为国家战略的区域发展规划，获批数量将近前5年总和的两倍，出台速度前所未有。此外，新疆天山北坡经济区正在研究中，有可能获得国务院的批复，成为具有国家战略意义的发展区域。这些区域规划除了继续注重沿海布局外，还开始开发沿边，从我国东部、南部延伸到中部、西部、东北等地；将以往的外向型增长结构转变为"外需、内需共同发展"。

16个区域包括关中–天水经济区、图们江区域–长吉图开发开放先导区、黄河三角洲高效生态经济区、辽宁沿海经济带、海峡西岸经济区、广西北部湾区域、皖江城市带承接产业转移示范、横琴岛开发区、江苏沿海经济区、鄱阳湖生态经济区、甘肃循环经济区、海南旅游规划区、中部崛起区、大小兴安岭林区生态保护和经济转型规划区、两江新区和成渝经济区。此外，还有新疆天山北坡经济区正在研究批复中。其中，关中–天水经济区、甘肃省循环经济区、新疆天山北坡经济区和两江新区将成为西部大开发的四个新的增长极；辽宁沿海"五点一线"经济带和图们江区域将为振兴东北增添动力；江苏沿海地区被看做长三角的延长线；横琴的发展将成为珠三角又一个支撑点。各新区区位见图4.1（彩图）。

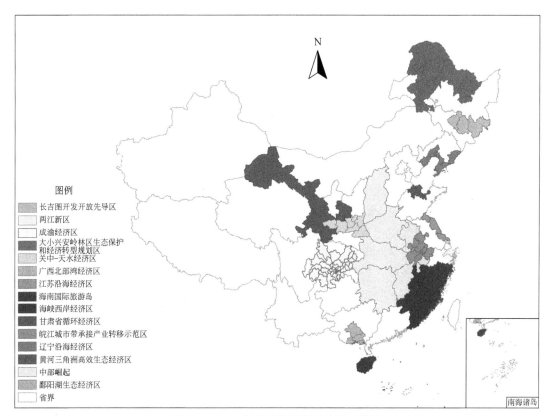

图例
- 长吉图开发开放先导区
- 两江新区
- 成渝经济区
- 大小兴安岭林区生态保护和经济转型规划区
- 关中–天水经济区
- 广西北部湾经济区
- 江苏沿海经济区
- 海南国际旅游岛
- 海峡西岸经济区
- 甘肃省循环经济区
- 皖江城市带承接产业转移示范区
- 辽宁沿海经济区
- 黄河三角洲高效生态经济区
- 中部崛起
- 鄱阳湖生态经济区
- 省界

南海诸岛

图4.1 2009年以来中国新经济区区位图

目前，我国新的区域经济版图逐渐成形，将包括以下经济区域：长三角、珠三角、北部湾、环渤海、海峡西岸、东北三省、中部和西部。至此，我国沿海区域得到进一步的完善，沿海经济区将连成一片。改革开放后，我国沿海地区得到了迅速发展，20世纪80年代，深圳经济特区的建立拉动了珠三角发展；20世纪八九十年代上海浦东新区的开发拉动长三角发展；21世纪后，滨海新区和广西北部湾经济区的建立，则为环渤海地区和北部湾两地都带来了难得的发展机遇。新批复的区域经济发展规划中，进一步保持了"面朝大海"的趋势，江苏沿海经济区、辽宁沿海"五点一线"经济带、横琴、海西经济区等4个经济区都是对我国沿海经济布局的进一步完善。从珠三角、长三角、北部湾经济区、海西经济区、江苏沿海地区，到包括辽宁沿海区域和滨海新区在内的环渤海区域，加上黄三角和山东"蓝色经济区"，全国沿海将连接成带，沿海的整体经济框架将形成。

随着沿海区域开发的完善，沿边区域开发启动，成立了我国首个具国家战略地位的沿边经济开发区——长吉图开发开放先导区。

中部和西部经济发展得到前所未有的重视。经济发展区逐渐出现在西部，使得我国经济的发展格局由东部逐渐向中、西部，由沿海逐渐向内地发展，形成东、中、西区域协调发展的新经济格局。

除了发展格局的调整外，还进一步强调了产业结构的调整。建立了甘肃省循环经济区和皖江城市带承接产业转移示范区。此外，每个新区域的发展规划都对区域内部的产业结构调整做了明确的规定。

区域经济规划以空前的密集度不断出台，并跃升至国家战略层面。从表象来看，是中国区域经济战略布局的"全面开花"；从更深层次来说，它体现了我国更注重区域协调发展、多极化发展、可持续发展、人与自然和谐发展的新思路。

4.1.2 新经济区的特征与战略定位

4.1.2.1 新经济区的特征与分布

各经济发展新区都是在各自的区位特点、资源环境特点和已有的社会经济发展基础之上建立的，由于区域重点发展的产业不同，各区域在国家经济发展大格局中所发挥的功能和作用不同。分析和比较不同经济区的区位资源环境特点和经济功能，对于了解规划实施后我国整体经济发展格局及其变化，经济发展重点的转移以及区域经济功能及其相互之间的协调有着重要的作用。

2009 年区域经济区的崛起，大致有 6 个特征：

（1）新经济区规划从沿海扩张到沿边

经过 2008～2009 年一轮密集的国家战略投放，沿海相对后发地区成为主要受益者，"三大五小"格局成型，即珠三角、长三角及京津唐三足鼎立，辽宁沿海、山东半岛、江苏沿海、福建海西和广西北部湾快速发展，使长达 1.8 万公里的大陆海岸线上，已无经济发展的空白点。

从地区分布上看，沿海地区继续占优势，同时也兼顾了中部、西部和东北地区，从而促使区域开发在空间上趋向协调，形成东中西齐头并进、共同发展的格局，是我国区域发展战略的细化和深化。与此同时在中国约 2.2 万公里的边境线，沿边开放开发的要求也日益高涨。

从内蒙古的满洲里，到黑龙江的黑河、同江、抚远、绥芬河，再到吉林的珲春，各大主要中俄边境口岸城市，也在积极行动，力争国家将本地区纳入规划当中。在我国区域发展历史上，如此大规模、全方位的区域开放开发，应该算是第一次。因此必将对中国未来经济结构和产业格局产生深远影响。

（2）应对金融危机与探索经济转型之路并举

2008 年全球金融危机，使支撑和拉动中国经济 30 年高速发展的珠三角、长三角首当其冲，以对外加工贸易为主体的产业结构受到强烈冲击。为了实现"保八"增长目标，确保中国经济增长，找到新的经济增长点是当务之急，而无论是珠三角、长三角以外的沿海其他地区，或是东北、西南沿边城市，还是中西部中心城市，都有各自一定的软硬件基础和地缘、资源等优势，所需要的不过是更大的政策空间，以及由此而来的更强的投资关注度。

从中长期看，珠三角、长三角过去 30 年辉煌成功所依托的，是劳动密集型为主的对外加工贸易系统，但是产业层次偏低、抗风险能力差等弱点在危机中暴露无遗，同时环境破坏的代价也让人触目惊心，提升产业层次、走可持续发展之路，是中国经济下一个十年乃至更长时间内要探索的主题。

这种大背景下，在沿海后发地区大力投资兴建港口及发展临港重化工业（钢铁、造船、能源等），既顺应现代化、工业化的潮流，也为中国经济持续发展增添了新的动力。

而沿边开放开发，鼓励企业走出国门，向外国要资源、要市场，分享跨境经济合作的好处，也可以促进这些传统意义上的边远地区脱胎换骨，逐步走向中心舞台，可以改善中国区域经济发展不平衡的不利格局。

（3）"自下而上"的区域开发战略

经济特区的设立，是由中央直接决策、统一实施的，是一种"自上而下"的区域开发战略。而本轮国家战略的实施，在形式上也是"自上而下"进行的，但与以往相比有所不同。目前这些所谓上升到国家战略的区域规划，并不完全是中央部门提出来的，有些是地方主动提出并获得中央部门的认可，是一种"自下而上"的区域开发战略。

多数上升为国家战略的区域开发规划，都是地方上早已酝酿、反复完善甚至局部已开始实施。如已获得批复的"黄河三角洲高效生态经济区发展规划"，便是由26年前山东省东营市设立时提出的"黄三角开发构想"发展而来。该城市20多年来一直在探索：如何在发展石油开采加工产业与保护黄河入海口脆弱的生态环境之间找到平衡点。

又如另一个不久前上升为国家战略的"长吉图开放开发先导区规划"，最初的原型是20世纪80年代中后期联合国开发规划署力推的"中俄朝图们江区域开发计划"。这个预计投资300亿美元的庞大国际合作计划，因条件不成熟而搁浅，20年后，又由急于寻找振兴出路的吉林重新提出。

再如2009年7月份正式公布的辽宁沿海经济带开发规划国家战略，脱胎于通称"五点一线"（指大连、营口、锦州、丹东等市的五个开发区，由一条滨海公路相连）的辽宁省级发展战略。

总之新区域规划是中央与地方共同作用的结果。在区域规划内容中，既有中央从全局性利益考虑的目标，也有地方利益的驱动，但是，很大程度上是中央与地方合力的结果。通过上报中央政府批复，使之具有国家战略层面的意义。这种程序上的变化反映出一些地方发展经济的主动性和积极性，以及需要得到国家政策支持的强烈愿望。同时，通过上下互动出台的区域规划使得地方更加明确发展的目标方向，更有利于发挥地方政府的积极性、主动性和创造性。

（4）规划的实施将形成不同层次的增长极

当前大力发展区域经济是为了在我国经济发展中寻求多个经济增长极。自改革开放之初，我国东南沿海地区已经自发形成了珠江三角洲、长江三角洲等一批经济相对发达的地区，但是我国幅员辽阔且人口众多，单纯靠沿海地区一两个经济特区无法带动全国发展。

以往国家层面的区域规划通常都是涉及两个以上省份的跨省区规划。其目的有二，一是解决单一省份内部无法解决的发展问题，比如跨省区之间的交通网络建设、生态环境保护、重大产业分工协作以及相关地方政策的协调。通过国家级规划，统筹考虑，形成跨省区协调机制。另一个目的在于培育国家一级的经济增长极，从而带动辐射更大范围的区域发展。如，"十一五"时期京津冀地区和长三角地区分别单独制定区域性规划，旨在促进两大经济圈的一体化发展，成为能够具有国际竞争力的大都市圈。2009年获批的国家级区域规划中许多规划的空间尺度都在一个省区之内，如江苏沿海经济带规划仅包括江苏省南通到连云港的一片区域；辽宁沿海经济带规划包括辽宁省以大连为中心的沿海六个城市的范围；图们江区域合作开发规划主要包括长春市、吉林市和延边朝鲜族自治州等"长吉图先导区"；海峡西岸经济区规划是以福建省为主体、以两岸合作为重点的区域性规划；横琴岛总体规划是广东珠海联结澳门的一个岛屿的开发规划；海南国际旅游岛的规划是专门针对海南省开发开放的规划。这种空间尺度的缩小，一方面表明这些特定地区战略地位具有需从国家层面来考虑支持其发展的必要性；另一方面这些特定区域的规划也是为了培育"次增长极"，解决特定区域的发展问题，以期促进各区域之间及其内部的协调发展。

（5）区域规划突出了体制创新和区域合作，弱化了政策优惠

从批准的区域规划来看，这一轮中央政府批复的区域规划，并不是着眼于给这些区域更多政策优惠和投资项目，而是给予更多的制度创新和实验的自主权力，突出了体制创新和区域合作。例如，图们江规划的重要内容是长吉图合作与东北亚合作。规划提出在着力推进长吉图开发开放先导区内部联动发展的同时，加强长吉图区域与国内其他区域的经济联系与合作，建立区域性联合推动机制，实现资源优势互补、产业合理分工、基础设施协同共建、区域经济协调发展，全面推动中国图们江区域合作开发。

（6）新区域规划将重构中国区域经济格局

首先，新出台的区域经济规划有利于促进东南沿海的产业升级，促进空间布局的优化，构建新的经济格局，使我国区域经济版图更加细化，区域经济增长点由南向北、由东向西展开，不仅构建了区域经济的点面结合、左右联动的格局，而且对抵御国际金融危机冲击、保持经济平稳较快发展作出了积极贡献。

其次，新增长极的形成和已有增长极必定会有联系或部分重合，增强带动辐射作用。如东北地区（包括内蒙古自治区部分地区）有望成为具有强劲增长势头的新增长极，北部湾和海西区是南部沿海地区的新增长极，西南的成渝地区，西北的关中–天水地区等，都有望成为新一轮经济增长的亮点地区。由此可见，我国新的区域经济版图逐渐成形。

按照区位特点，将16个经济新区分为四大类：沿海经济新区、沿边经济新区、中部经济新区和西部经济新区。其中沿海经济新区包括辽宁沿海经济带、黄河三角洲高效生态经济区、江苏沿海经济区、海峡西岸经济区、广西北部湾区域、横琴岛开发区、海南旅游规划区；沿边经济新区指图们江区域–长吉图开发开放先导区；中部经济新区包括鄱阳湖生态经济区、中部崛起区域、皖江城市带承接产业转移示范区；西部经济新区包括关中–天水经济区、甘肃省循环经济区、新疆天山北坡经济区、成渝经济区（包括两江新区）。

由表4.1显示，总体上来说，沿海经济区的发展情况最好，人均地区生产总值和单位面积地区生产总值都是最高的。西部新区的经济发展情况最差，人均地区生产总值和单位面积地区生产总值都是最低的。沿边新区和中部新区经济发展情况居中。

表4.1 2009年以来中国新区域基本概况

新区		土地面积（平方公里）	总人口（万人）	地区生产总值（万人）	人均地区生产总值（元）	单位面积地区生产总值（万元/平方公里）
沿海新区	辽宁沿海经济区	56 752	1 770	5 696	32 184	1 004
	黄河三角洲高效生态经济区	53 664	2 619	8 438	32 219	1 572
	江苏沿海经济区	32 473	2 058	4 101	19 927	1 263
	广西北部湾经济区	42 473	1 279	1 779	13 906	419
	海峡西岸经济区	298 419	9 928	19 631	19 773	663
	海南国际旅游区	35 354	849	1 223	14 555	346
	总和	**519 135**	**18 504**	**40 869**	**22 087**	**787**
沿边新区	长吉图开发开放先导区	90 391	1 397	3 404	24 376	377
中部新区	中部崛起区	1 027 368	37 181	52 041	13 996	507
	皖江城市带产业转移区	90 031	3 549	5 110	14 399	568
	鄱阳湖生态经济区	72 516	2 274	3 548	15 601	489
	总和	**1 280 306**	**44 401**	**64 104**	**14 437**	**501**
西部新区	关中–天水经济区	89 282	2 879	3 793	13 173	425
	甘肃循环经济区	454 774	2 649	2 702	10 346	59
	新疆天山北坡经济区	85 553	488	1 837	37 644	215
	成渝经济区	51 220	2 691	3 884	14 435	758
	总和	**680 829**	**8 707**	**12 216**	**14 031**	**179**
东北新区	大小兴安岭林区生态保护和经济转型规划区	433 441	1 318	1 584	12 011	37

注：不包括横琴岛开发区；新疆天山北坡经济区尚未批复；由于要突出长吉图开发开放先导区的沿边开发作用，因此尚未将其放入东北新区中。

从地区分布上看，沿海地区继续占优势，同时也兼顾了中部、西部和东北地区，从而促使区域开发在空间上趋向协调，形成东中西齐头并进、共同发展的格局，显示了我国区域发展战略的细化和深化。从产业和开发基础上看，沿海的几个区域具备更好的开发基础，更多的是仍然是面向国际市场的外部需求，加大开放力度，融入全球一体化进程，中部和西部的区域则具有较大的开发潜力，更多的是面向国内市场的内部需求。不同类型的区域规划都要求建立在发展方式转变的基础上，走资源节约、环境友好的可持续发展之路。这些变化体现了中央更注重区域协调发展、集约式发展、可持续发展、人与自然和谐发展的新思路。

4.1.2.2　新一轮区域规划的战略定位与内容

新一轮区域规划的战略定位、内容与区域规划的基本思路一脉相承，特别是在加快重点地区的发展与产业升级，推进落实重大国家战略实施、推动区域功能整合等方面。

第一，体现了区域规划和产业振兴规划共同促进经济发展方式的转变。产业规划直接着眼于产业升级和产业调整，而结合产业转移和产业升级的区域规划政策更具有宏观战略性和针对性，以促进产业结构调整升级。如《珠江三角洲地区改革发展规划纲要》提出建设世界先进制造业和现代服务业基地，全国重要的经济中心。

第二，促进特色区域板块的崛起。从区域规划的功能定位与编制内容考察，多个区域规划都有各自期望和战略重点，政府希望通过整体布局，实现板块间的相互协作和良性互动。如海西经济区要发挥独特的对台优势，努力构筑两岸交流合作的前沿平台；辽宁沿海经济带要起到拉动东北地区经济发展作用；江苏沿海地区的发展有利于提升江苏经济社会整体发展水平、缩小苏南苏北发展差距；关中–天水经济区是支持西安统筹科技资源改革。

第三，在科学发展观指导下，根据资源环境的承载力、开发条件和潜力，确定体现区域经济特色的战略目标定位，并对产业布局、基础设施、生态环境和社会发展做出统一、合理部署和谋划。如黄河三角洲高效生态经济区发展规划、鄱阳湖生态经济区规划、关中–天水经济区发展规划等，都明显突出了生态经济、可持续发展等主题（戚常庆，2010）。

第四，这些新兴区域振兴规划，相对于以前的区域政策而言更为具体和有针对性。目前国家所出台的区域规划主要集中在以下几类区域：一是有利于培育经济增长极并提高国家综合国力和国际竞争力的区域。比如长江三角洲的指导性意见、珠江三角洲的规划纲要、江苏和辽宁沿海地区的区域规划等。二是有利于推进国际区域合作和提升对外开放能力的区域。比如说广西北部湾经济区，是对东盟合作的前沿。三是有利于破解特殊困难和提升自我发展能力的地区。比如广西壮族自治区，此外，新疆、西藏、宁夏、青海等地区，也先后出台了一些促进民族地区加快发展的政策性文件和指导性意见。四是有利于探索区域发展、区域管理先进模式的地区。比如成渝统筹城乡综合配套改革试验区、武汉城市圈和长株潭"两型社会"的试验区等。规划对协调区域内各个城市的发展目标以及对这些地区的内部资源整合将起到极大促进作用。

毫无疑问，这些新经济区的出现意味着旧的区域经济格局的改变和新的格局产生。

近60年来，我国区域经济发展及其布局的战略，经历了前30年均衡发展和后20多年非均衡发展的转变过程。然而，无论是哪种发展战略，虽然在各自实行过程中均有所建树，但均未能很好地实现促使区域协调发展的目的。

因此，回顾区域经济发展历史，正视事实，科学地总结经验、教训，才能使我国区域发展跳出原先所设定的模式，走因地制宜、因时制宜的发展道路，通过实行新的区域协调发展战略，实现区域经济协调发展，在保持高速发展的同时，求得社会经济公平、有序的发展。

4.1.3　我国区域经济发展的历程

区域经济与环境的协调发展是区域经济可持续发展关注的主要内容之一，尤其是在资源与环境问题日益突出的今天，实现经济与环境的协调更显重要。新经济区的出现表明新的区域经济发展理念和模式正在形成，回顾其产生与形成的历史有助于识别新经济区功能与问题，可为实现区域协调发展提供历史参照。

追溯我国经济发展的历史轨迹，随着区域经济实践的不断发展，中国区域发展思潮发生了三次重大的变革。在新中国成立后相当长一段时期内，中国区域经济的发展主要受均衡发展思潮的支配，国家投资的地区布局在"一五"和"三线建设"时期曾出现了两次大规模的"西进"。改革开放以后，在非均衡发展思潮的影响下，中国开始把国家投资布局和政策支持的重点逐步转移到东部沿海地区，由此促进了沿海经济的高速增长和繁荣。从20世纪90年代开始，随着国内地区差距的不断扩大，加快中西部地区发展的呼声渐高，促进地区经济协调发展的要求越来越迫切，协调发展思潮逐渐成为主流。

4.1.3.1 区域经济平衡发展战略的实施及对经济发展的制约

解放初期，中国实行的是一种高度中央集权的计划经济体制，中央政府掌握和支配着绝大部分资源。在20世纪50～70年代，中国国家投资的地区布局和区域经济发展基本上受着均衡发展思潮的影响和支配。在这种平衡发展思潮的影响和支配下，中国国家投资的地区布局曾出现了两次大规模的向西推进，第一次是在"一五"计划时期，第二次是在"三线建设"时期。尤其是在"三线建设"时期，国家累计在"三线"地区的11个省区投资达1173.41亿元，其中"三五"时期482.43亿元，占全国的52.7%；"四五"时期690.98亿元，占全国的41.1%（汪海波，1986）。

均衡发展思潮的形成对中国宏观经济效果产生了严重的影响。在1978年以前，我国在区域发展目标上，过分强调地区之间的均衡发展，较少考虑总体经济效益的提高。在地区布局与投资分配上，以内地为重点，有计划地推动生产力布局的大规模西移。虽然这种区域均衡发展战略的实施，大大地加速了中西部地区的经济发展，奠定了这些地区工业化、现代化的初步基础，这对于整个国民经济的发展，对于改变工业的畸形分布状况有着十分重要的作用，使中西部地区在全国的经济地位明显提高。但也必须看到，"均衡配置、均衡发展"原则指导下的经济布局，没有脱离小生产的轨道，特别是要求各地区自成体系、自给自足，显然是用小生产的观点指导大工业的发展，这必然会产生一系列问题。随着经济规模的扩大，区域经济结构的复杂化，越来越制约整个国民经济的有效发展。

首先，由于"均衡发展"过多地考虑非经济因素，忽视资源和其他生产要素的合理配置，因而使区域经济和整个国民经济效率低下。据统计，20世纪60年代下半期，我国基本建设投资的产出系数，沿海各省在1.7～6.69，而三线地区在0.15～0.89，两者相差十多倍。一方面，国家花费大量投资在中西部铺新摊子，植入现代工业，但是这些现代工业一般都集中在中心城市或某一点上，与周围缺乏有机的联系，成为典型的"二元结构"；另一方面，沿海老工业基地却因缺乏资金，不能进行更新改造，扩建新建，致使设备越来越陈旧，场地越来越拥挤，环境污染越来越严重，经济效益和社会效益不断下降。

其次，"均衡发展"不顾各地区自然资源、生产力水平、社会基础和其他方面的差异，强调建立完整的地方工业体系和经济体系，这不仅不能利用各地区的比较优势，而且也放弃了绝对优势。众所周知，我国是一个幅员辽阔，各地区自然资源、经济条件和社会基础都存在着很大差异的国家，每个地区都有适合自己发展的部门和行业，也有不太适合自己发展、甚至不具备发展条件的部门和行业，同一产业在条件不同的地区也会产生不同的经济效果。因此各地区必须根据当地的实际情况，扬长避短，发挥优势。过分地强调均衡发展，不顾各地区的具体条件和特点，一律要求建立完整的地方工业体系和经济体系，违背了"因地制宜、扬长避短"的原则，必然产生不良影响。

第三，由于分散布局以及在条块分割的管理体制下，建立起来的"小而全"、"大而全"的地方工业体系，使很多部门、行业重复建设、重复生产，致使产业结构严重趋同，产品质量差、效益低。

总之，"均衡发展"以牺牲效率为代价，不仅各地区最终不能平衡发展，而且整个国民经济必然是在低效率的状态下运行。

4.1.3.2 非均衡发展的确立——区域经济梯度发展战略的实施

20 世纪 70 年代改革开放的初期，国际形势发生重大变化。随着经济发展战略的转轨，理论界在对新中国成立以来中国生产力布局经验教训进行总结的基础上，对过去那种以牺牲效率目标为代价的平衡发展思潮进行了批判，并重新探讨了社会主义生产力布局原则体系，把效率原则或效率目标放到第一优先的地位。这样，就在全国范围内形成了一种非均衡发展思潮，均衡发展论也被非均衡发展论所取代。

我国开始调整向中西部地区倾斜的区域经济发展战略，投资重点由内地向东部特别是沿海经济发达地区转移。1973～1980 年，在国家大规模引进的国外 47 个成套项目中，位于东部沿海的有 24 个，中部和西部地区分别为 12 个和 11 个。同期，国家在中西部地区的投资数额也大大下降，投资的重点主要集中在能源、原材料及交通运输等基础行业和部门。

进入改革开放新时期之后，我国区域经济发展战略出现了重大转折，提出了我国区域经济发展的新战略——有重点的梯次不平衡发展战略。这一战略所规划出的我国区域经济发展的轨迹是，以空间上的沿海发达地区的经济发展，作为整个国民经济发展的启动力量，在一定时期内保持地区之间经济发展的差距，然后有次序地发展中西部落后地区，逐步缩小区域经济发展的差距，最终实现全国经济的共同发展。遵循这一新的区域经济发展战略，我国开始实施向东部地区倾斜的经济政策。"六五"计划规定，要积极利用沿海地区的现有经济基础，充分发挥它们的特长，带动内地经济的发展。"七五"计划进一步强调，要按照东—中—西的顺序安排发展重点，沿海地区要加速发展，中部地区要有重点地发展，西部地区则应做好进一步开发的准备。为此，国家给予东部地区许多优惠政策，加快东部沿海地区的对外开放步伐。从 1979 年起，先后批准设立了 4 个经济特区，14 个沿海开放城市和 5 个沿海经济开放区，在东部沿海地区由点到线，由线到面，由南至北形成条带状的开放地带，形成我国新的社会生产力的增长点，有力地促进东部沿海地区经济的高速增长，也推动整个国民经济的持续发展。

区域经济非均衡发展战略在中国实施了 30 年，在这 30 年的区域经济建设中，国家始终贯彻"注重效益、提高质量、协调发展、稳定增长"的战略方针，使国民经济逐步走向健康发展的道路，地区经济布局也出现了很大变化，区域经济特别是东部沿海地区经济得到了飞速发展，这主要表现为：

1）国民经济高效率发展，与世界发达国家经济差距有所缩小。30 年中我国国内生产总值猛增，按可比价格计算，平均每年增长 9.8%，居世界首位，比世界平均速度高 6.5 个百分点。由于经济发展战略方针的转变，使得国家对地区经济布局的指导思想发生了重大变化。首先从投资结构上，把长期以来奉行的"均衡配置、均衡发展"改为"倾斜配置、重点发展"，以使整个国民经济取得最佳效果。自 20 世纪 80 年代以来，我国逐步把投资和发展的重点向沿海老工业基地倾斜。国家在实施区域倾斜政策的同时，对当时成为"瓶颈"的原材料工业、能源工业等也给予重点支持。在这种"双重倾斜"和重点发展的原则下，保证了国民经济的协调稳定发展。

2）开放地区成为我国经济活力最大的地区。由于地区倾斜政策的支持，开放地区成为我国经济活力最大的地区，其利用外资规模、进出口增长的幅度、引进技术数量和质量、国内生产总值、个人收入水平等，都位于全国前列，在与内地未开放地区争夺市场、争夺原材料、争夺人才、争夺资金和投资的竞争中也处于有利地位。其中开放最早的广东省的经济增长名列前茅，开放度最大的经济特区的建设成就令人震惊，创造了举世闻名的"特区速度"。未开放地区在竞争中处于不利地位，地区之间的经济发展水平和个人生活水平差距进一步拉大，使这些地区既感到压力，又滋长攀比心理。于是，内地自发制定"土"开放政策，对外商实行优惠，对人才实行倾斜，提高办事效率，改革管理体制，挖掘经济潜力。全国上下，由地区倾斜式的开放政策引发的经济增长推动着国民经济快速成长。

3）地区优势释放，区域内部经济发展显示新特色。在改革、开放、搞活总方针下，各地开始突破"小而全"、"大而全"的地方经济体系，尽量发挥自己的优势，搞特色的产业和产品。例如，老工业基地上海，按照耗能少、用料少、运量少、"三废"少和技术密度高、附加价值高的要求，压缩粗放产品、控制低档产品，有重点地发展高精尖产品和名牌优质产品，使上海工业的发展开始由粗放型向集约型转变。

这种调整，显示出较大的经济优势。地处东北的吉林通化，合理开发利用当地得天独厚的野生动植物资源，长江、珠江、闽南等沿海地区利用当地资源，建立起一系列农副产品出口基地和出口产品专业厂，初步形成了一个以国营、集体农场为中心以周围地区专业户为联合对象，以出口创汇为目标的农业生产综合体系等。总之，在区域经济非均衡发展战略实施的这 30 年中，我国区域经济的发展取得了一定的成效，区域经济发展开始朝着资源和生产要素的合理配置、区域之间分工协作的方向转变。

概括起来，中国改革开放初期的区域经济非均衡发展战略具有发展战略的一般特点，同日本、韩国等被公认为实施了正确的发展战略、创造了"东亚奇迹"的国家一样，也实施了比较优势战略。这种战略的最为重要的表现就是将中国有限的资源投入东南沿海地区，实行改革开放。这种发展战略是基于改革开放初期中国发展所必需的资本严重缺乏、技术水平低下、劳动者素质不高但数量极为巨大而做出的符合中国国情的一个正确选择。这个选择为中国经济注入了新的活力，极大地促进了中国生产力水平的发展、广大人民群众生活水平的提高、中国综合国力的增强。

在非均衡战略思想指导下，中国区域经济走过了 30 年的快速发展阶段，整体经济实力已从当初的工业化前期的落后状态稳步迈向工业化中期阶段，沿海部分地区甚至与中等发达国家不相上下。但是，随着时间的推移，这一战略的各种负面效应也逐步显现。

4.1.3.3 非均衡区域发展战略的负面效应及协调发展战略

自 20 世纪 90 年代以来，由于两方面的原因，地区经济的协调发展问题日益受到重视。

一是自改革开放以来，中国地区经济发展差距尤其是东西差距一直在不断扩大。优惠政策和市场力量使得资金和人才向东部沿海地区集中，形成严重失衡的发展格局。在优惠政策和市场力量的双重作用下，国内外资金和人才不断向东部沿海地区集中，进一步加剧了地区经济的不平衡增长，各地区之间的差距进一步扩大，形成严重失衡的发展格局。

二是向东部倾斜政策与区域经济非均衡增长战略，制约了国民经济总体发展，加剧了各地区之间的矛盾。向东部倾斜政策与区域经济非均衡增长战略的实施，制约了国民经济总体发展，加剧了各地区之间的矛盾，偏离了区域经济增长的最终目标——共同富裕。从 1979 年到 1992 年，中国东部与中部地区间人均生产总值的相对差距由 31.1% 上升到 43.5%，东部与西部地区间的相对差距则由 43.3% 迅速增加到 49.9%，二者分别扩大 12.4 和 6.6 个百分点。由此，加快中西部地区发展，逐步缩小东西差距的呼声日渐增高。

三是自 1992 年之后，中国经济由计划经济向市场经济转轨的速度明显加快。在市场经济条件下，中央区域政策需要更多地注重公平目标，以弥补市场的缺陷。由于市场的力量一般会扩大而不是缩小地区发展差距，中央政府需要采取逆市场调节的方式，从多方面帮助落后地区发展经济（魏后凯，2007）。因此，促进地区经济的协调发展是中央政府义不容辞的责任。1991 年 3 月，国务院总理李鹏在《关于国民经济和社会发展十年规划和第八个五年计划纲要的报告》中首次提出，要"促进地区经济的合理分工和协调发展"（中共中央文献研究室，1991），由此把促进地区经济协调发展提到了重要的国家战略高度。1995 年 9 月，中共十四届五中全会通过的《中共中央关于制定国民经济和社会发展"九五"计划和 2010 年远景目标的建议》，明确把"坚持区域经济协调发展，逐步缩小地区发展差距"作为今后 15 年经济和社会发展必须贯彻的重要方针之一。为促进区域协调发展，国家先后对外开放了长江沿岸城市、内陆边境口岸城市和省会（首府）城市，提出加快发展中西部地区乡镇企业，实施了"八七"扶贫攻坚计划。

为促进区域经济协调发展，1999 年 9 月中共十五届四中全会提出"实施西部大开发战略"，2003 年 10 月中共中央、国务院又联合发布《关于实施东北地区等老工业基地振兴战略的若干意见》，2004 年 1 月中央经济工作会议又提出"促进中部崛起"，随后有关部门制定实施了一系列的相关政策措施，这表明中国已经进入区域协调发展战略全面实施的新阶段。国家"十一五"规划纲要明确提出"坚持实施推进西部大开发，振兴东北地区等老工业基地，促进中部地区崛起，鼓励东部地区率先发展的区域发展总体战略"，"逐步形成主体功能定位清晰，东、中、西良性互动，公共服务和人民生活水平差距趋向缩小的区域协调发展格局"。

4.1.4 区域经济发展的转折，相对均衡发展战略的回归

时至今日，我国先后将十几个区域规划上升到国家战略层面。自珠三角一体化发展，到海西经济区、关中–天水经济区、横琴岛总体发展规划、江苏沿海、图们江、黄河三角洲、鄱阳湖、皖江、海南国际旅游岛、新疆、西藏振兴、成渝经济区等，从东至西，从南到北，几乎全在国家发展战略的棋局之中。十几个区域规划的先后推出，从某种意义上说明中国正从优先发展东部沿海的非均衡的区域发展战略，转变为均衡发展战略。

均衡战略、非均衡战略在中国走过了60余年的曲折历程，应该肯定两大战略对当时中国区域经济发展所起的推动作用，但同时更要看到它们机械、片面、狭隘的一面。首先，两种战略都存在着一定程度的极端化、单一化、片面化倾向。我国长期以来处理经济布局和区域经济的指导思想及理论来源有两个：一是以原苏联的均衡配置论为理想模式，具有明显的计划经济色彩；二是从西方发达国家引进的多种区位理论，它是已臻成熟的西方市场经济条件下产生的区位模式，而源于中国本土的区域发展战略的思想比较少见。新中国成立初，中国尚处在极不发达国家的行列，在一种近乎盲目的理论支配下选择了"均衡发展战略"，不但没能实现中国区域间真正意义上的"均衡"，反而阻碍了整体经济的快速发展，浪费了巨大的资源和人力。1979年以后，中国选择了非均衡发展道路，这是一种"矫枉过正"的做法，短期内确有成效，极大地增强了综合国力，但从长远和整体情况来看，这一战略对面积和资源都占80%以上的中西部地区来说，无疑是极不公平的选择。

区域经济发展理论在当代中国的区域经济发展实践中有两种可选模式：一是均衡发展模式，即每个区域、每个产业都保持相同的发展速度；现实证明这种发展模式很难实现；二是区域经济的非均衡发展模式，即发展有快有慢、有先有后。然而，非均衡并不是目的，而只是作为实现经济均衡发展的一种有效手段。因此，通过强调在区域经济非均衡发展的同时，采取积极的方法，对这种不均衡进行适度的调控，以期实现区域整体经济的快速、健康和可持续发展，已成为许多国家和地区经济发展的首选模式。

在当前我国经济发展速度较快，地方经济发展不平衡的过程中，合理应用区域经济非均衡发展理论，对我国实现经济和社会可持续发展具有重要的战略意义。但应当认识到"非均衡增长"只是实现更高水平的平衡增长的一个必要阶段。从我国区域经济发展战略实施的进程来看，现在进行战略调整，从非均衡发展战略到再均衡发展战略，从对东部沿海地区的开放到中西部的开发，是非常必要的，这对我国制定新的经济目标，实现国民经济的可持续发展，提高国民经济的实力等都具有十分重要的意义。

"十一五"以来，中国区域经济呈现出"东慢西快"的增长态势，各区域之间相对差距出现缩小态势。这表明区域经济发展已经进入一个重要的转折时期，即从过去的不平衡增长进入相对平衡增长，中国经济增长从主要通过东部带动向东、中、西部共同推动转变。

从20世纪80年代设立经济特区到90年代西部大开发，再到今天，经过由点到线、由线到面的摸索，中国经济已经具备了均衡发展的条件。随着经济全球化和区域一体化的不断深入，均衡、协调成为区域发展中最为关键性的因素。实现区域整体均衡协调发展是区域发展的最终目标，而区域协调机制的建立就是区域实现真正均衡发展的重要途径。区域经济发展的加速以及区域间合作增多对区域均衡、协调发展机制要求更加迫切和严格。

4.1.5 新经济区出现的原因

（1）应对世界经济危机

2009年是我国经济遭遇的最困难的一年，为了应对国际金融危机的冲击，国家出台了一系列扩内需、保增长的政策措施，其中在产业方面，相继制定了钢铁、石化、纺织、装备制造、电子信息、物流等10

大产业振兴规划。而在区域方面，尽管新经济区规划的出台已经酝酿了很长时间，不是直接应对金融危机的冲击，但由于外部环境变化，加快了规划批复的步伐，客观上对抵御金融危机的冲击、保持经济稳定性，起到了积极作用。这样就使密集批复实施十余个重点区域的发展规划间接成为应对危机的举措。由于这些新区域所具备的优势条件，加快其开发步伐，帮助那些失去发展后劲的地方迅速恢复增长活力，不仅有利于促进区域协调发展，还能够通过一些重大项目的建设带动更大区域的发展，减弱金融危机对我国的不利影响。2009 年 12 月召开的中央经济工作会议则为 2010 年中国的宏观经济政策定下基调，即更加注重推动经济发展方式转变和经济结构调整。在此背景下，区域规划同产业振兴规划双双被赋予保证经济稳步增长，推动经济转型的重任。

（2）适应国内外经济结构调整的需要

21 世纪经济结构与产业结构的大调整已在世界范围内普遍展开。新经济区的设立与开发有助于发挥地区优势，形成合理的区域分工格局，并协调地方与国家利益的冲突。

改革开放以来，随着计划经济管理模式逐步被打破，我国原有的区域分工格局正在淡化，建立在市场经济价值规律基础上的区域分工新格局正在形成之中。在这个过程中，由于地区之间的经济行为缺乏协调，各个地区追求自身利益最大化，大力发展高利工业，导致了大量的重复建设和地区产业结构趋同，给国家和区域环境造成了严重损失。实施区域均衡发展，可促使不同地区潜在的资源优势转变为现实的经济比较优势，充分释放各地区市场潜力，发挥各区资源丰富和劳动力成本低的比较优势，为全国经济结构调整和产业结构优化，提供广阔的空间和新的市场。并在此基础上，逐步形成合理的区域分工新格局，最终有效地制止重复建设，在实现各个地区利益最大化的同时，也使整个国家的利益实现最大化。

（3）缩小地区差距，实现共同富裕的要求

地区差距是个重要的政治问题。因为地区经济差距会对国家的政治稳定和民族团结产生不利的影响。不平等和政治不稳定二者是紧密相连的。实际上的不平等和感觉到的不平等引发的政治冲突数不胜数。地区间的不平等就像社会集团间的不平等一样会成为政治冲突的根源。地区不仅是地理和经济的概念，而且是社会的和政治的概念。

区域共同发展是指发达地区和欠发达地区的正常关系不是谁先富谁后富的关系，而应当是共同发展、相互支持、相互带动的关系。发达地区的发展不能以牺牲欠发达地区的发展为代价，而应当促进和带动周围欠发达地区发展。应当提倡的是共同发展的原则，而不是区别发展的原则，应当提倡的是平等发展的原则，而不是歧视发展的原则。当前，在继续加快东部沿海地区经济发展的同时，不失时机地实现战略重点的转移，调整区域发展战略，是促进地区经济协调发展，逐步缩小地区经济差距，最终实现共同富裕的重大战略步骤。

（4）进一步扩大国内需求，保持国民经济快速发展的客观要求

次贷危机的出现使我们真正懂得世界市场容量的有限和不稳定性，知道了只有中国国内市场才是中国经济发展的最为可靠的动力源泉。正是由于次贷危机使我们再一次领会了将对外开放和扩大内需相结合的重要性。

扩大内需特别是扩大国内消费需求早在亚洲金融危机时就已提出，并经过 1998 年中央经济工作会议正式成为中国经济发展的基本立足点和长期战略方针。但当时对扩大内需的认识不足，没有将扩大内需从战略高度来定位，而将其定位于策略层次，长期以来内需扩大的目标没有实现。由于亚洲金融危机对世界经济的影响是区域性的，所以推动中国经济发展的外部拉动因素很快重新发挥对中国经济的拉动作用，长期以来中国经济发展的拉动力是投资和外部需求，国内消费的拉动作用日渐缩小。数据显示，1998 ~ 2008 年，中国的内需不但没有扩大，反而缩小。消费在经济总量中所占的比重不断降低，而投资和对外贸易在国内生产总值中的比重不断提高。

随着美国次贷危机的出现，政府重新正视扩大内需问题，已将扩大内需放在国家中长期经济发展战略的层次上。

新经济区出现表明我国发展战略重点向中西部转移，这样既可以为扩大国内需求提供巨大的潜在市场，创造大量的就业机会，又可以发展中西部地区的特色经济，形成国民经济持续发展的重要支持力量，还可以进一步开拓国际市场。

（5）区域科学发展的要求

我国是一个地域广袤、人口众多、地区发展很不平衡的发展中大国。改革开放 30 多年来，计划经济体制下的中央高度集权让位于适度的地方分权，使地区经济释放出巨大的发展活力。我国经济经历了飞速发展阶段，但是经济增长的方式却存在着土地粗放利用、资源开采过度、环境破坏严重等问题。地区利益的多元化，也导致区域开发的盲目性、无序性，有些开发已超出了当地资源环境的承载力，危及到发展的可持续性。

立足于长远，需要加强对区域发展的规划和指导。因此，在"十二五"规划来临之际，中央政府择机推动地区经济发展向更高质量和效益迈进。各个区域经过多年的发展，已积累了一定的基础，面临着进一步提升，需要更长远的战略定位和发展构想。因此，面对即将开始的第十二个五年计划，新区域规划将成为引领我国区域经济科学发展的行动指南，也成为国家战略布局和区域发展政策的一个重要工具。近年来获批的国家级区域规划都有一个共同特点，就是在科学发展观指导下，根据资源环境的承载力、开发条件和潜力，确定能够体现区域经济特色的战略目标定位，并对产业布局、基础设施、生态环境和社会发展做出统一的、合理的部署和谋划。有的规划区域特色更显著，如黄河三角洲高效生态经济区发展规划、鄱阳湖生态经济区规划、关中–天水经济区发展规划等，都明显地突出了人与自然和谐发展的主题。

（6）中央和地方政府及地方政府之间相互博弈也是规划密集出台的原因之一

中央政府利益是整个社会公共利益最集中的代表和体现。中央政府的行为目标是追求中央利益的最大化。中央政府一方面通过财政转移支付和相关资源分配来调控地方政府的行为，另一方面则通过一整套政府和官员绩效考评制度来约束地方的决策者。

地方政府利益具有双重特性：一方面地方政府利益具有与中央政府利益的一致性，即为实现公共利益的最大化而组织生产，分配资源，促进社会全面进步；另一方面，地方政府利益又具有明显的独立性，它必须首先着眼于本区域的经济、文化和公共设施等事业。这种利益的双重性又导致地方政府角色的双重性：一方面，地方政府作为中央政府代理机构，执行中央政府的决定，实现对本地区经济的宏观管理和调控；另一方面地方政府作为本地区的非政府主体的代表人，争取中央政府的支持，实现本地区经济利益最大化。地方政府为了达成其任务目标，一方面政府自身通过技术和制度创新等来吸引资源流入，并间接促进地方经济发展或者借助国有经济部门直接参与实际经济活动；另一方面地方政府为谋求地方经济政治的最优发展而与中央政府"讨价还价"，要求中央放权让利，给予地方更多照顾，力求获得更多的资源、更多的资金和更有利的政策空间。此外，地方政府的压力不仅来自上级的考评，而且也来自当地居民和市场主体的意愿。发展当地经济和稳定当地社会秩序都需要大量的资源，在资源有限的条件下，就会迫使地方政府相互之间围绕资源展开竞争。基于此，很难说本次各地区争相提出规划并力争上升为国家战略没有利益的驱动。如此高频率的批复，似有地方政府抢申区域规划之嫌。

（7）国家社会稳定、民族团结和边疆安全的要求

中西部地区与周边十多个国家接壤，边境线长，聚居的少数民族群众比较集中，且相当部分跨疆界居住。只有边疆地区的经济和社会发展了，各族人民的生活水平不断提高，才能为加强民族团结和巩固边疆奠定坚实的物质和思想基础，为全国的现代化建设提供稳定的政治和社会环境。实施经济重心向中西部落后地区转移是把经济发展与社会稳定、民族团结结合起来，把中西部发展与全国发展结合起来，通过加强国家财政转移支付等直接配置资源，改善中西部落后地区的生存环境，提高教育、文化、卫生等公共服务与社会发展水平；通过加大基础设施投资力度，改善发展环境和投资环境；通过政策导向、利益驱动，引导资本、人力和技术参与中西部地区经济发展和生态建设。这是实现社会稳定、民族团结、边疆安全和国家的长治久安的唯一途径。

最后，应当指出，在实施新区域规划、重构我国区域经济格局的过程中，还将面临一些难以解决的问题，有些是老问题，诸如不同地区的区域规划在产业选择方面雷同，产业结构不尽合理，生态环境约束以及因本轮区域规划几乎全国普惠，每个省均有，势必加剧区域间竞争等。还有一些新的难题尚待破解，即如何使区域发展实现良性互动，仍是一项十分艰巨的任务，需要对区域发展的管理体制、机制等方面进行研究和探索。这包括如何在国家层面上建立统一有效的管理，跨行政区层面协调机制的有效性亟待提高，政府促进区域协调互动的手段尚待完善等。同样需要高度关注的是，这种规划和投资的大跃进势必带来的土地圈占大跃进、拆迁大跃进，以及由此引发的土地丧失和社会矛盾激增。

正是由于上述问题和不确定性的存在，加之区域规划过多，一些概念性的发展战略在现实中不容易落实，一些区域规划甚至存在着众多争议等，使得目前还不能明确判定所有规划是否能够最终修成正果。但这并不妨碍我们对现有各个新经济区规划进行分析并作为未来区域发展进程的参照。

4.2 辽宁沿海经济带

4.2.1 地理范围

辽宁沿海经济带位于我国东北地区，毗邻渤海和黄海，由大连、丹东、锦州、营口、盘锦、葫芦岛6个沿海市所辖的21个市区和12个沿海县市（庄河市、普兰店市、瓦房店市、长海县、东港市、凌海市、盖州市、大石桥市、大洼县、盘山县、兴城市、绥中县）组成。区域范围长约1400公里，宽30～50公里，土地面积约占全省的1/4，人口约占1/3，地区生产总值占近1/2，是东北地区唯一的沿海区域，在辽宁和东北地区经济发展中占有重要地位。2008年末，常住人口约1800万人，地区生产总值6950亿元，人均地区生产总值38 605元。

4.2.2 形成过程

改革开放以来，我国沿海地区由南向北，已经形成广西北部湾经济区、珠三角的深圳特区、长三角的上海浦东新区、京津冀地区的天津滨海新区四大开放区域。辽宁沿海经济带是我国唯一没有整体开发的沿海区域，也是东北地区开发开放条件最好的区域。

国家于2003年明确提出振兴东北等老工业基地的经济发展战略，随后又明确指出，进一步扩大对外开放是实施东北地区等老工业基地振兴战略的重要组成部分，也是实现老工业基地振兴的重要途径。2005年初，辽宁省在实施振兴东北老工业基地战略中，首先提出了"辽西沿海地区"的新概念，进而提出了建设营口沿海工业基地，开发大连长兴岛和辽西锦州湾的环渤海湾"三点一线"的区域发展战略。2005年末，在"三点一线"的基础上，增加了大连花园口工业园区和丹东产业园区，提出了"五点一线"沿海经济带的战略构想。2006年2月，明确界定了五个沿海重点发展区域，同时正式出台12条促进沿海重点发展区域扩大对外开放的优惠政策。至此，"五点一线"战略格局正式形成（李靖宇等，2009）。

为了在更高的起点上加快推进辽宁沿海经济带开发建设步伐，使辽宁沿海经济尽快在国内、外合作中占据制高点，辽宁省于2008年新增了一批沿海重点支持区域，至此，辽宁沿海经济带重点区域由5个增加到了29个，使辽宁沿海经济带的产业集群定位更加清晰。2009年7月1日《辽宁沿海经济带发展规划》经由国务院常务会议原则通过，正式纳入国家发展战略（闫世忠等，2009）。

4.2.3 资源环境和社会经济情况

辽宁沿海经济带位于东北地区前沿、环渤海地区的中心和东北亚经济圈的关键地带。因其毗邻黄海和渤海，与日本、韩国、朝鲜隔海邻江相望，面向经济活跃的泛太平洋区域，与俄罗斯、蒙古陆路相连，成为欧亚地区通往太平洋的重要"大陆桥"之一。

辽宁沿海经济带是我国北方沿海发展基础较好的区域，资源禀赋优良，拥有约 2000 平方公里的低产或废弃盐田、盐碱地、荒滩和 1000 多平方公里可利用的滩涂；镁、硼、钼、石油、天然气等资源储量较大；宜港岸线约 1000 公里，80% 以上尚未开发；双台河口、丹东鸭绿江口湿地等国家级和省级自然保护区陆域面积 1300 多平方公里。

该区工业实力较强。造船、机床、内燃机车、成套设备等装备制造业具有较强的国际竞争力；石化、冶金等原材料工业在国内具有举足轻重的地位；石油、电力等能源工业规模较大；拥有一批国家骨干企业和大量高素质工程技术人员及产业工人。

该区交通体系发达。大连、营口等港口拥有 300 多个生产性泊位，其中万吨级以上泊位 132 个，已同 160 多个国家和地区的 300 多个港口有贸易往来；依托沈山、哈大等干线铁路，形成了较为完备的疏港和支线铁路运输网络；沈大、沈山、丹大、盘营等多条高速公路贯穿区内；大连、丹东、锦州 3 个空港已开辟 87 条国内航线和 46 条国际航线。

地处环渤海地区和东北亚经济圈的枢纽地带，辽宁沿海经济带既是东北地区唯一的沿海区域，也是东北地区的主要出海通道和对外开放的重要门户。现阶段，辽宁沿海经济带已经发挥了如下的功能：

1）沿海经济带已成为东北地区重要的对外开放门户。外贸出口总额占东北地区的一半以上，实际利用外商直接投资占东北地区 1/5。现已建成 25 个国家级和省级开发区，2005 年地区生产总值占全省的 13.2%。拥有目前东北唯一的、开放程度最高、政策最优惠、功能最齐全的大连大窑湾保税港区。国家批准发布了《辽宁省外商投资优势产业目录》，已形成良好的投资环境和全方位对外大开放态势。

2）沿海经济带已建成东北地区最发达、最密集的综合运输网络。拥有 5 个主要港口，100 多个万吨级以上泊位，最大靠泊能力 30 万吨级，已同世界 160 多个国家和地区通航，是东北地区唯一的出海通道。港口货物吞吐量超过 3 亿吨，集装箱吞吐量近 400 万标箱。分布有沈山、哈大等区域干线铁路和烟大轮渡，沈大、沈山、丹大等多条高速公路，铁大、铁秦等输油管道，大连、丹东、锦州 3 个空港，52 条国内航线和 20 多条国际航线，已形成四通八达的交通和通信网络。

3）沿海经济带的产业基础雄厚，是我国竞争实力较强的装备制造和原材料工业集聚区。机床、造船、内燃机车、炼油产能分别占全国的 30%、23.3%、23%、13%。拥有较强的科技力量。

4）沿海经济带城市密集、功能齐备，是发展的重要依托。拥有 6 个省辖市和 8 个县级市，城镇化率高达 58%，与辽宁中部城市群互为支撑，辐射和带动力较强。大连市物流、商贸、金融、旅游等现代服务业发达，是全国最具经济活力城市之一。

4.2.4 功能分析和未来主要功能

辽宁沿海经济带将通过以大连为核心，大连—营口—盘锦为主轴，渤海翼（盘锦—锦州—葫芦岛渤海沿岸）和黄海翼（大连—丹东黄海沿岸及主要岛屿）为两翼，形成"一核、一轴、两翼"的总体布局框架。实行"五点一线"的产业布局，"五点"即大连长兴岛临港工业区、辽宁沿海产业基地、辽西锦州湾沿海经济区、辽宁丹东产业园区和大连花园口工业园区。"一线"即从丹东到葫芦岛绥中 1443 公里的滨海公路。

按照规划，辽宁沿海经济带将建设成为东北地区对外开放的重要平台、东北亚重要的国际航运中心、具有国际竞争力的临港产业带、生态环境优美和人民生活富足的宜居区，形成我国沿海地区新的经济增长极，在国内和国际发展方面发挥着重要的功能。

1）东北地区对外开放的重要平台。充分发挥东北地区出海通道和对外开放门户的作用，创新国际合作机制，全面参与东北亚及其他国际区域经济合作，构建内外联动、互利共赢、安全高效的开放型经济体系，打造富有活力和国际竞争力的沿海开放地带，提升东北地区对外开放水平。

2）东北亚重要的国际航运中心。以大连港为中心，整合沿海港口资源，拓展港口功能，形成错位发展、优势互补的现代港口集群。加强主要港口和集装箱干线港建设，全面提高航运、物流等服务功能，建设完善的航运基础设施和服务体系。

3）具有国际竞争力的临港产业带。依托沿海港口资源，坚持高端发展的战略取向，重点发展先进装备制造业和原材料工业及配套产业，培育一批世界级企业和品牌，打造若干规模和水平居世界前列的产业集群，建设具有较强自主创新能力和国际竞争力的临港产业带。

4）生态环境优美和人民生活富足的宜居区。进一步加强生态建设和环境保护，优化美化人居环境，加快建设生态屏障、绿色空间和生态城镇，实现人与自然和谐相处。大力发展社会事业，增强公共服务能力，大幅度提高城乡居民生活水平和质量，打造文明富裕、安定和谐的宜居区域。

4.2.5 存在的问题

目前，辽宁沿海整体发展缺乏统筹协调，尚未形成一体化发展格局；产业集聚度不高，结构有待进一步优化；淡水资源严重不足，生态环境压力较大；体制机制尚不完善，对外开放总体水平不高。此外，当前国际金融危机的影响日益显现，调整经济结构、扩大国内需求、保持经济平稳较快增长的压力也在加大。

4.2.5.1 经济发展问题

首先，辽宁沿海经济带发展中存在着地区本位问题（苗淼等，2009），主要表现为以下两个方面：

（1）以地方利益为中心的过度竞争

虽然属于同一个省级行政区，但辽宁沿海地区主要由六个城市组成，其经济运行仍带有明显的行政区经济利益特征，各沿海城市在生产和建设上都想建立一个相对独立完整的体系，在各领域开展了激烈的竞争。在辽宁沿海地区，各城市之间港口重复布局，影响了整体联动效应的发挥；由于受地方或部门利益驱动，导致无序竞争和过度竞争。各城市之间的盲目竞争和无序竞争，已严重影响辽宁沿海的整体经济利益。

（2）产业结构趋同的重复建设

辽宁沿海六市经济发展的战略目标和战略重点具有较强的趋同性，不仅恶化了城市间的经济关系，扭曲了城市职能，且导致地区的资源供给更加紧张，增加了环境负荷。根据联合国工业发展组织推荐使用的结构相似系数的计算公式，计算后的辽宁沿海六市三次产业结构相似系数如表4.2所示。通过比较数据，除盘锦外，其余五市之间的三次产业结构均具有较强的相似性。其中，大连和营口、大连和丹东、营口和丹东、丹东和锦州之间的相似系数均达0.98以上，而葫芦岛与其余四市之间的相似系数都已接近0.99。另外，辽宁沿海五个城市在"十一五"规划中明确提出要重点发展石化工业，四个城市提出要重点发展装备制造业，三个城市提出要重点发展船舶制造业。沿海六市在高新技术领域，如电子信息、新材料、生物工程等产业规划上也具有很强的趋同性。地方政府从地方本位出发实施这种产业布局安排，必然导致新一轮的产业低水平重复建设，也会阻碍区域间产业结构调整和优化进程。

表4.2　辽宁沿海六市三次产业结构相似系数

地区	年度	营口	丹东	盘锦	锦州	葫芦岛
大连	2001	0.989 498	0.975 664	0.877 105	0.947 289	0.988 868
	2004	0.991 266	0.977 656	0.917 726	0.934 187	0.990 785
	2007	0.987 379	0.993 538	0.890 132	0.972 029	0.991 202
营口	2001		0.968 054	0.923 411	0.963 108	0.998 006
	2004		0.961 483	0.958 647	0.936 105	0.998 586
	2007		0.981 536	0.950 764	0.956 233	0.993 476

地区	年度	营口	丹东	盘锦	锦州	葫芦岛
丹东	2001			0.799 749	0.985 655	0.980 908
	2004			0.847 101	0.979 319	0.972 074
	2007			0.881 163	0.992 197	0.995 759
盘锦	2001				0.822 571	0.901 213
	2004				0.836 290	0.948 099
	2007				0.845 318	0.920 725
锦州	2001					0.977 440
	2004					0.953 479
	2007					0.983 335

数据来源：根据2001年、2004年六市统计年鉴和2007年六市统计公报相关数据计算得出。

4.2.5.2 资源环境问题

辽宁沿海经济带的发展还面临着经济建设与资源、生态环境协调发展的问题。

（1）水资源配置

辽宁多年平均水资源总量为341.79亿立方米，根据2000年人口数量和耕地面积计算，辽宁省人均占有水资源量820立方米，亩均耕地占有水资源量547立方米，均为全国平均水平的1/3左右。按照联合国"人均水资源量在500~1000立方米为重度缺水，小于500立方米为极度缺水"的指标分析，辽宁省从整体上为严重缺水省份。尽管在目前缺水的现象并不是突出，但随着区域工业用水、农业用水和生活用水的大幅度增加，水资源短缺必将制约长远发展。

（2）沿海经济建设与生态环境保护协调发展的问题

辽宁沿海经济带被确定为国家重点战略开发区域之后，开发建设迅速升温，城市化、工业化的加速发展让资源环境承载能力受到了严峻考验。随着沿海各市规模浩大的围海造地、港口建设、沿岸采矿以及不断加大的基础设施建设，致使对湿地和近海生态的人为干扰过度，部分海域生物资源衰退，生物多样性受到威胁，生态功能有所减弱；大量的企业和人口向沿海区域迅速集聚，致使生产、生活的资源消耗和各种污染排放急骤上升，导致海水污染概率增加。

从世界范围来看，75%的大城市、70%的工业资本和70%的人口都集中在距海岸100公里左右的沿海地带，全球最发达的大都市地区、经济圈也都分布在沿海地区。改革开放以来，我国沿海地区顺应趋势加速发展，珠三角、长三角、京津冀三大城镇群已成为国家的核心增长极，海峡西岸、北部湾和辽宁沿海则处于国家利益与地缘政治的敏感地区，关乎国家战略利益，需要加快发展步伐。

辽宁沿海经济带位于东北亚核心区，地处环渤海地区北翼、东北经济区的南端，兼具两大经济区的优势，是我国东北地区的出海口和对外开放的门户，对于振兴东北老工业基地和加快东北地区的开发开放、充实完善国家沿海战略、提升我国参与东北亚国际合作与竞争的能力、促进国家产业结构升级都具有重要意义。

辽宁沿海经济带被纳入国家发展战略，将会在我国形成一个辐射东北、连通华北和华中、面向东北亚的新的开放战略高地，我国沿海地区由南向北全面开放新格局也将全面形成，成为东北地区新的重要增长区域，成为东北亚经济隆起带。辽宁沿海经济带正面临前所未有的发展机遇，面对辽宁沿海大规模开发建设，面对着城市化、工业化的突飞猛进，只要能够以不断提升经济发展的质量和提升城市自身资源环境承载力为前提，按照环境保护的要求优化经济结构，按照节约型社会的要求发展循环经济，按照新兴支柱产业的要求扶持环保产业，促进产业结构优化升级，相信未来的辽宁沿海经济带一定能够成为科学发展的典范之地。

随着《辽宁沿海经济带开发建设规划》的进一步实施，辽宁必将成为"东北老工业基地振兴的着力点，环渤海经济带的新亮点，东北亚区域合作的先行区"。

4.3 黄河三角洲高效生态经济区

4.3.1 地理范围

黄河三角洲地区，是以黄河历史冲积平原和鲁北沿海地区为基础，向周边延伸扩展形成的经济区域。地域范围包括东营和滨州两市全部以及与其毗邻、自然环境条件相似的潍坊北部寒亭区、寿光市、昌邑市，德州乐陵市、庆云县，淄博高青县和烟台莱州市，共涉及 6 个设区市的 19 个县（市、区），总面积 2.65 万平方公里，占全省的六分之一，总人口 170.6 万。

4.3.2 形成过程

1983 年东营市的成立，标志着黄河三角洲进入了一个综合开发的新时期。1988 年山东省委、省政府和民盟中央共同在东营组织召开了"黄河三角洲经济、技术和社会发展战略研讨会"。通过这次会议，黄河三角洲确立了以自然资源开发起步，建设能源、化工和农牧渔业三大基地，进而实现区域经济社会长期发展繁荣的战略目标。2001 年 3 月，九届全国人大四次会议审议通过的决议中，把"发展黄河三角洲高效生态经济"纳入了我国国民经济和社会发展第十个五年计划纲要，从而完成了黄河三角洲走可持续发展道路的具体战略定位。2006 年，我国国民经济与社会发展第十一个五年计划再次把这一课题纳入，选择该区域为建设高效生态经济区，目的是借鉴东部沿海地区开发开放的成功经验，在这个生态完整、资源丰富、基础条件较好、行政独立的典型区域，集中力量、重点突破、取得经验、快出效益，进而辐射带动整个黄河三角洲地区的建设和发展。抓住发展黄河三角洲高效生态经济列入国家决策的机遇，2008年上半年，山东省委、省政府提出打造黄河三角洲高效生态产业带的战略。2009 年 12 月国家发展和改革委员会发布《黄河三角洲高效生态经济区发展规划》。

4.3.3 资源环境和社会经济情况

4.3.3.1 区位特点

地理区位条件优越。位于京津冀都市圈与山东半岛的结合部，与天津滨海新区最近距离仅 80 公里，和辽宁沿海经济带隔海相望，是环渤海地区的重要组成部分，向西可连接广阔中西部腹地，向南可通达长江三角洲北翼，向东出海与东北亚各国邻近，具有深化国际国内区域合作、加快开放开发的有利条件。由于处于华东华南向华北产业转移扩展的中间地带，面临着主动接受辐射、扩大交流合作、集聚生产要素、吸引各方投资、加快开放开发的战略机遇。

4.3.3.2 资源环境状况

黄河三角洲具有独特地形地貌、生物种类繁多，是一个特殊的地理与经济单元。黄河三角洲自然资源蕴藏丰富，生态环境本底良好。

（1）土地资源优势突出

该区域是我国东部沿海土地后备资源最多的地区，截至 2006 年末，区内人均土地面积约 4 亩，是全省平均水平的 1.6 倍；拥有未利用地 811 万亩，约占全省 33%，其中国家鼓励开发的盐碱地 271 万亩、荒草地 148 万亩、滩涂 212 万亩；另有浅海面积近 1500 万亩。随着防潮体系建设的开展，土地后备资源将逐步增加。丰富的土地资源是黄河三角洲吸引生产要素聚集、发展高效生态经济的核心优势，是经济社会发展潜力所在。

（2）蕴藏丰富的自然资源

有已探明储量的矿产 40 多种，其中石油、天然气地质储量分别达 50 亿吨和 2300 亿立方米，是全国重要的能源基地之一。地下卤水静态储量约 135 亿立方米，岩盐储量 5900 亿吨，是全国最大的海盐和盐化工基地。海岸线近 900 公里。旅游、风能、地热、海洋等资源丰富，具有转化为经济优势的巨大潜力。

（3）生态系统独特，生态环境宽松可塑

黄河三角洲处于大气、河流、海洋与陆地的交接带，多种物质交汇，多种动力系统交融，陆地和淡水、淡水和咸水、陆生和水生、天然和人工等多类生态系统交错分布，是典型的多重生态界面，大规模发展畜牧业和养殖业、开展动植物良种繁育、培育循环经济产业链、发展生态旅游等条件得天独厚。

黄河三角洲是一块新大陆。在新老黄河口及部分海岸带区域仍保存着大片原始生态区。它与数千平方公里的浅海，纵横交错的故道、河汊、潮沟、苇荡、水库和低地，共同形成了我国东部极其珍贵的湿地生态区，对于调节气候、保护生物多样性、存留珍稀遗传基因、优化人类生存环境和区域发展环境，都具有不可替代的重要作用。

4.3.3.3 社会经济发展情况

从整体上看，黄河三角洲经过多年的开发、积累，已具备了一定的发展能力，形成了一批竞争能力较强的支柱产业、实力雄厚的骨干企业和市场占有率较高的知名品牌；高技术产业发展势头良好，形成了一批国家循环经济示范园区和示范企业。县域经济发展迅速，寿光、莱州、广饶、邹平 4 个县（市）进入全国综合实力百强县，7 个县（市、区）进入山东省 50 强（慈福义等，2009）。

（1）农业发展情况

黄河三角洲是一个传统的农业经济区，与中国多数地区人多地少的情况不同，黄河三角洲土地辽阔，农业资源丰富，且黄河仍在不断地填海造陆，是我国东部沿海土地后备资源最多的地区。但是，由于黄河三角洲成陆时间短，自然生态脆弱，极易造成原始植被破坏，导致土地盐碱化；同时由于开发较晚，该地区农业仍处在以种植业为主的初级产品生产阶段，农业结构不合理，农业综合效益低下；农村第二、第三产业不发达，农副产品深加工不足，规模小等问题，不能将资源优势转化为商品优势。

根据表 4.3 可以看出，黄河三角洲农业总产值约占山东省的 27%，是山东省的农业生产基地。在区内五个城市中，中心城市东营的农业总产值最低，与国家的高效生态农业示范区的地位不符。

表 4.3 黄河三角洲农业发展主要指标（2006 年）

地区	农林渔业总产值 （亿元）	比上年增加 （%）	增加值 （亿元）	比上年增加 （%）
东营	81.65	9.6	42.87	8.5
滨州	151.25	10.2	80.71	8.6
淄博	101.03	8.7	54.06	7.9
潍坊	362.48	6.7	180.40	8.6
德州	226.55	8.0	118.24	7.6
黄河三角洲总计	922.96	8.6	476.28	8.2
山东省	3 453.20	5.7	1778.3	6.9

（2）工业发展情况

2006 年，黄河三角洲的工业生产总值为 2861.86 亿元，约占整个山东省工业生产总值的 33%（表

4.4），是山东省重要的工业生产基地。石油工业是黄河三角洲地区的主导产业，也是国家重要的能源产业。胜利油田是中国第二大油田和国家特大型联合企业，其开发建设不仅带动了黄河三角洲的开发，而且为我国国民经济的稳定发展提供了重要的能源保障。伴随着石油工业的发展，地方工业经济有了较大幅度增长，基本形成了以石油化工、采盐和盐化工、纺织、造纸、机电、建筑建材和食品加工等行业为主的一批骨干企业。

表 4.4　黄河三角洲工业发展主要指标（2006 年）

地区	增加值（亿元）	比上年增加（%）
东营	720.68	17.8
滨州	300.04	24.1
淄博	796.90	20.9
潍坊	683.50	25.7
德州	360.74	18.1
黄河三角洲总计	2 861.86	21.6
山东省	8 724.5	19.2

目前工业经济存在的主要问题是：二元经济结构没有得到根本改变，石油工业占经济总量的70%，结构矛盾突出，且工业内部结构单一，信息、科技服务等高层次第三产业比重很小；地方工业整体素质不高，规模小，大多为资源消耗型，生产优化度和科技含量低；区域工业资源的可持续问题存在隐忧。从目前看，石油加工业链条短、规模小、启动区域发展的动力不足，从长远看，油气资源属不可再生资源，而培植替代产业的主导方向尚未确立。

黄河三角洲区域污染物主要来源于石油工业、地方企业以及乡镇企事业。该区环境质量总体状况是好的，还有很大的潜在环境容量，但区内环境质量状况不平衡。

4.3.4　功能分析和未来主要功能

黄河三角洲高效生态经济区以其独特的区位、丰富的自然资源、宽容的环境条件和扎实的产业基础，在我国的经济发展中发挥着重要的作用。它是我国重要的油气资源生产基地，重要的粮食生产基地和重要的重化工业生产基地，还是我国重要的生态环境保护区域。在今后的发展中，它将发挥以下功能：

（1）全国重要的高效生态经济示范区

高效利用区域优势资源，推进资源型城市可持续发展，加强以国家重要湿地、国家地质公园、黄河入海口为核心的生态建设与保护，实现经济社会发展和生态环境保护的有机统一，为全国高效生态经济发展探索新路径、积累新经验。

（2）全国重要的特色产业基地

发展循环经济，推进清洁生产，突破制约产业转型升级的关键技术，培育一批特色优势产业集群，构筑现代生态产业体系，建成全国重要的高效生态农业基地和循环经济示范基地。

（3）全国重要的后备土地资源开发区

充分发挥盐碱地和滩涂资源丰富的优势，统筹规划土地资源开发利用，合理划分农业、建设和保护生态用地，探索土地利用管理新模式，推进土地集约高效开发，为环渤海地区拓展发展空间提供有力的土地资源保障。

（4）环渤海地区重要的增长区域

充分利用两个市场、两种资源，扩大对内对外开放，重点加强与环渤海地区和东北亚各国的经济技术交流合作，提升综合实力和竞争力，协调推进经济社会发展和生态文明建设，成为支撑环渤海地区发展的又一重要区域。

4.3.5 存在问题

4.3.5.1 生态环境问题

无论中国还是山东省都面临严峻的资源和生态环境问题，这将制约黄河三角洲高效生态经济区经济发展的可持续性，加深对外部自然资源的依赖（芶成富，2009）。

生态环境相对脆弱。土地盐碱化程度较高，林木覆盖率低于全省平均水平。环境污染仍未得到有效治理，生态环境治理与土地恢复整理的难度较大。

首先，淡水资源短缺。黄河三角洲属淡水贫乏地区，多年平均降雨量 577 毫米，年际年内降水不均，拦蓄利用难度大；黄河作为重要客水来源，引水量受国家分配全省每年 70 亿立方米的指标限制；地下水含盐量高，碱地种植耗水量大，水资源利用效率低。水资源总量多年平均为 29.5 亿立方米，人均 303 立方米，比全省人均水平低 41 立方米，约为全国平均水平的八分之一。水资源短缺是长期制约该区域经济社会发展的重大瓶颈。

其次，黄河三角洲高效生态经济区环境污染防治的任务较重。石油化工的污染严重，风暴潮威胁大，海岸蚀退明显，海水入侵和地面沉降严重，土地盐碱化程度较高，森林覆盖率低于全省平均水平，生态环境十分脆弱，发展循环经济的压力巨大。

4.3.5.2 经济发展问题

从生态经济的角度出发，黄河三角洲的经济发展中还存在着以下的问题：

（1）产业结构不尽合理

产业结构层次低。2006 年，黄河三角洲高效生态经济区的三次产业产值比重分别为 8.7%、68.7%、22.6%，而山东省的平均水平为 9.7%、57.7%、32.6%，第三产业比重比全省平均水平低 10 个百分点，说明黄河三角洲高效生态经济区工业比重偏高，第三产业比重低，尤其是交通运输业发展滞后。

高资源消耗产业、高污染密集产业的比重大。以东营市为例，2006 年，全市三次产业产值比例为 3.7 ∶ 82.2∶14.1，其综合耗能分别为 13 万吨、931.8 万吨、82.1 万吨标准煤，占全市综合耗能的比重分别为 1.2%、84.3% 和 7.4%，第二产业中工业综合耗能占全市综合耗能的 81.6%，反映了高资源消耗产业比重大的特征。

（2）区域经济发展不平衡

2006 年，黄河三角洲高效生态经济区的重工业比重为 63.1%，略低于山东省的平均水平（64.4%），但东营市的重工业比重为 85.2%，高于山东省的平均水平 20.8 个百分点。东营市的人均国内生产总值（74 048 元）约为滨州市（22 398 元）的 3.3 倍，反映了区域经济发展不平衡的特征，不利于区域循环经济的协调发展。

（3）开放型经济水平低，不利于同发达国家和地区开展循环经济合作

对外贸易和利用外资规模偏小，2006 年，全区进出口总额和实际利用外商直接投资分别仅占全省的 6.5% 和 4.7%，外贸依存度仅为 16%，比全省低近 20 个百分点。黄河三角洲高效生态经济区开放型经济水平低，不利于同发达国家和地区开展循环经济合作（张文，2009）。

作为我国最具开发潜力的大河三角洲之一，黄河三角洲区位条件优越、自然资源丰富、后发优势明显、开发前景广阔。国务院批复实施《黄河三角洲高效生态经济区发展规划》，为黄河三角洲地区转变发展方式、拓展发展空间提供了机遇。

黄河三角洲高效生态经济发展，有利于实现开发建设与生态保护的有机统一，开创高效生态经济发展新模式，为其他地区提供有益借鉴；有利于增创区域发展新优势，加快环渤海地区一体化发展，完善全国沿海经济布局；有利于加快培育环境友好型产业，保护环渤海和黄河下游生态环境，实现区域可持续发展；有利于拓展发展空间，为我国应对国际金融危机，实现保增长、扩内需的宏观调控目标发挥重要作用。

规划的实现将对完善沿海经济布局、提升环渤海地区整体实力和竞争力具有重大意义。与其他经济区规划不同，《黄河三角洲高效生态经济区发展规划》是我国第一个冠以"高效"、"生态"主题的国家规划。自然生态脆弱与经济结构单一的现状，要求黄河三角洲的开发必须特别注重"生态安全"和"经济安全"，必须走一条高效生态经济的发展道路。因此黄河三角洲地区在发展过程中必须始终把保护自然生态环境作为一个基本的准则，要在保护良好的生态环境的基础上，积极发展高效生态产业，切实加强生态建设，加大环境保护力度，节约集约利用资源，推进资源节约型、环境友好型社会建设，全面增强区域可持续发展能力，构建人与自然和谐发展的生态体系。

4.4 江苏沿海经济区

4.4.1 地理范围

江苏沿海地区处于我国沿海、长江和陇海兰新线三大生产力布局主轴线的交汇区域，包括连云港、盐城和南通三市所辖全部行政区域，陆域面积 3.25 万平方公里，海岸线长 954 公里。2008 年末总人口 1964 万，地区生产总值 4863 亿元，人均地区生产总值 24 760 元，高于全国平均水平。

4.4.2 形成过程

江苏围绕沿海开发的努力一直在持续。20 世纪 90 年代，江苏提出建设"海上苏东"之后，开发的层次与力度不断升级。2004 年 3 月，《江苏省沿海开发总体规划》编制工作启动。2007 年 4 月，省委、省政府召开沿海开发工作会议，全面启动新一轮沿海开发。

2006 年 10 月起，由原全国政协副主席钱正英院士牵头，中国工程院、国家开发银行与江苏省政府联合开展专项研究，完成了《江苏沿海地区综合开发战略研究综合报告》和 11 个课题研究报告。温家宝总理在听取汇报后指出，江苏沿海地区发展是涉及全国的问题，第一步先纳入长三角地区发展的总体布局，第二步制定综合开发战略规划。

2008 年 8 月，国家发展和改革委员会会同 19 个部委组成联合调研组赴江苏省沿海地区深入调研，之后与江苏省政府共同完成了《江苏沿海地区发展规划》的编制。

2009 年 6 月，国务院常务会议讨论并原则通过《江苏沿海地区发展规划》，标志着江苏沿海开发正式上升为国家战略。

4.4.3 资源环境和社会经济情况

（1）区位特点

江苏沿海地区处于我国沿海、沿江和沿陇海兰新三大生产力布局主轴线的交汇区域，包括连云港、盐城和南通三市，陆域面积 3.25 万平方公里，海岸线长 954 公里。

江苏沿海地区是长江三角洲的重要组成部分，南部毗邻我国最大的经济中心上海，北部连接环渤海地区，东与东北亚隔海相望，西连新亚欧大陆桥和长江黄金水道，是陇海兰新沿线地区出海通道的战略要冲。

（2）资源环境条件

区域具有较好的资源环境条件，拥有约占全国 1/4 的海域滩涂湿地和百万亩低产盐田，生物多样性丰富，土地后备资源得天独厚；岸线资源优良，具备在淤泥性海岸建设深水海港的技术条件，连云港可布局建设 30 万吨级航道和码头；海洋资源和风力资源丰富，旅游资源独特；地势平坦，水系发达；区域开发适宜性较好，空间开发潜力较大。

（3）社会经济发展情况

区域经济发展水平高于全国平均水平，但却是东部的"经济洼地"。该区域是我国重要的粮食生产区，由于历史原因，发展相对较慢。2008 年末区域总人口、地区生产总值分别占江苏省的 25.6%、16.2%，人均地区生产总值相当于江苏省平均水平的 61.9%（陈果等，2009）。

江苏沿海在以往的发展中已经形成了良好的经济发展基础，为以后的发展打下了坚实的基础。

1）具有丰富的人力资源。拥有各类人才 133.2 万人，占总人口的比重达 6.8%；基础教育和职业教育较为发达，高中阶段毛入学率达 93%，职业技术教育在校生超过 32 万人；拥有高等院校 14 所，在校大学生 16.7 万人；劳动力素质总体较高。

2）已经形成了较好的产业基础。农业开发历史悠久，生产条件优越，产业化和规模化经营水平较高，是黄淮海平原和江淮地区国家粮食主产区的重要组成部分；工业呈现加速发展态势，纺织、机械、汽车、医药、化工等产业具有一定的规模和配套能力，区域产业分工格局初步形成；服务业发展水平逐步提升，现代物流等生产性服务业处于加速发展阶段，生活性服务业发展模式不断创新。

3）已经具备较完善的基础设施。作为全国主要港口的连云港和南通港辐射带动能力不断增强，南通、盐城和连云港三个机场的运输能力快速增长，新长铁路、沿海高速公路、苏通大桥等相继建成通车，区域综合交通体系初步形成；能源结构逐步优化、供给充足；水利设施较为完善，水资源供给和防洪保安能力显著增强。

4.4.4 功能分析和未来主要功能

江苏沿海经济区是我国重要的综合交通枢纽，粮食生产基地，和沿海地区生物多样性保护区域。在今后的发展中，江苏沿海经济区将建设成为我国重要的综合交通枢纽，沿海新型的工业基地，重要的土地后备资源开发区，生态环境优美、人民生活富足的宜居区，成为我国东部地区重要的经济增长极。

1）我国重要的综合交通枢纽。以连云港为核心，联合南通港、盐城港共同建设沿海港口群，综合发展陆路交通和航空业；大力发展国际航运和现代物流，进一步提高综合服务能力，服务中西部地区和长江中上游地区的经济发展，成为我国重要的综合交通枢纽、陇海兰新沿线地区最便捷的出海通道和对外开放窗口，逐步形成亚欧之间重要的国际交通枢纽。

2）我国沿海新型的工业基地。依托深水港口资源，优先发展石化、造船等临港产业；立足现有产业基础，加快发展现代纺织、新型装备制造、新材料、新医药等优势产业，提高高技术产业比重，推进传统产业全面升级，建设具有较强国际竞争力的新型工业基地。

3）我国重要的土地后备资源开发区。立足沿海海域滩涂资源丰富的独特优势，科学规划土地资源，积极探索有效的开发方式，合理划分农业、建设和生态用地空间，增强粮食安全保障能力，创新土地利用管理机制，推进土地节约集约利用，进一步拓展长三角发展空间。

4）生态环境优美、人民生活富足的宜居区。充分利用滨海临江、区域生态环境良好的优势，大力推进生态城镇建设，进一步优化人居环境，形成人与自然和谐相处的良好局面；积极发展社会事业，不断增强公共服务能力，提高城乡居民生活水平和质量，打造成为经济繁荣、社会和谐、生态良好的沿海宜居地区。

以上规划目标的实现，将使江苏沿海经济区成为：①全国沿海新的增长点。我国东部有环渤海、长三角、珠三角三大经济圈，随着江苏沿海地区和福建海峡西岸地区的崛起，三个经济圈有望成为互补共荣的战略带，实现南北生产要素的贯通畅达。特别从长三角地区看，江苏省沿海为上海、浙江和苏南地区突破资源约束、提升产业结构提供了最佳空间，也使得上海国际航运中心和国际金融中心的辐射圈从半幅扩展为全域。②贯通我国东西部的快捷通道。连云港将成为贯通东西大动脉的"龙头"。经济发展的前提是物流畅通，物流圈不能仅仅集中在沿海，也要带动中西部地区。随着连云港深水航道的突破，沿海经济带和陇海兰新产业带将更紧密地对接，中西部地区将更充分地共享港口资源。③名副其实的新亚欧大陆桥东方桥头堡。从连云港到欧洲西海岸的鹿特丹，经过了中国10个省区，所经过的国家和地区面积占到了世界陆地面积的1/4以上，与西伯利亚大陆桥相比，这条通道运输距离短，将形成陆桥经济走廊，扩大亚太地区与欧洲的经贸合作，成为生产力布局的中轴线。

4.4.5 存在问题

1）经济发展模式落后，过分依赖低效率的传统农业。江苏沿海经济区拥有占全国1/4的海域滩涂湿地和丰富的海洋生物资源，多年来在围垦造田、开发滩涂、海水养殖等方面投入巨大，但始终没有突破高成本、高消耗的传统农业发展模式，投入产出不成正比，滩涂生态遭到破坏。丰富的海洋资源没有得到充分利用，2008年海洋生产总值占全区GDP比重仅为7.0%。

2）产业结构和布局不尽合理。受苏南及其他发达地区产业梯度转移影响，江苏沿海地区承接的小化工、小印染等重污染项目较多，现有产业层次低，结构和布局趋同现象严重。沿海现有主要化工园区共16个，规划总面积370平方公里，现有入区项目2289个，存在化工园区及化工区数量多、布局散，入区项目规模小、污染重、治理难度大等问题，其中60%左右为燃料、医药和农药中间体项目，存在严重的环境风险。

3）农业面源污染严重。2008年江苏省沿海地区农业面源排放化学需氧量97 901吨、氨氮13 483吨。从污染构成看，种植业所占比重较高，其化学需氧量、氨氮排放量分别占排放总量的62.5%和90.8%。从区域分布看，盐城农业面源污染相对较重，其化学需氧量、氨氮分别占规划区域的46.5%和47.8%。

江苏沿海地区地处中国沿海、沿长江和沿陇海兰新线三大生产力布局主轴线交会区域，作为长三角地区的重要组成部分，江苏沿海地区南部毗邻我国最大的经济中心上海，北部连接环渤海地区，东与东北亚隔海相望，西连新亚欧大陆桥和长江黄金水道，是陇海兰新地区出海通道的战略要冲，区位优势独特，土地后备资源丰富，战略地位重要。

《江苏沿海地区发展规划》的批复对加快江苏沿海地区发展，对于长江三角洲地区产业优化升级和整体实力提升，完善全国沿海地区生产力布局，促进中西部地区发展，加强中国与中亚、欧洲和东北亚国家的交流与合作，具有重要意义。

江苏沿海开发应立意高远，跳出苏北，全面融入长三角，以自身的发展成为长三角新的发展空间。同样，江苏沿海开发是高起点规划，重点是要走集约化和新型工业化的道路，切实转变发展方式。

江苏沿海三市各有特色和优势，必须树立分工与协作的发展理念，形成地区分工与合作的发展模式，避免低水平的重复建设和无序的竞争。

江苏沿海开发必然带动新一轮招商引资的高峰。越是在这种情况下，越是要坚持规划先行，以科学规划引领沿海地区科学发展。必须根据沿海地区发展需要，以新的规划思路和发展的战略眼光，超前考虑城乡的生产力布局、空间布局和功能布局，引导城乡建设科学健康发展，推进沿海地区加快发展。

随着江苏沿海开发规划逐渐实施将在江苏沿海地区建成面向国际市场、利用国际资源的产业带，成为江苏经济国际化的重要增长极，并进一步发展成为中西部地区广阔腹地经济发展的新辐射源。江苏沿海地区的发展将会有更加美好的明天。

4.5 海峡西岸经济区

4.5.1 地理范围

海峡西岸经济区，是指台湾海峡西岸，以福建为主体包括周边地区，南北与珠三角、长三角两个经济区衔接，东与台湾岛、西与江西的广大内陆腹地贯通，是具有对台工作、统一祖国，并进一步带动全国经济走向世界的特点和独特优势的地域经济综合体。经济区以福建为主体，包括浙江、广东、江西3省的部分地区，人口约为6000~8000万。截至目前，海峡西岸经济区扩张后，包括福建周边的浙江温州、丽水、衢州、金华、台州，江西上饶、鹰潭、抚州、赣州，广东梅州、潮州、汕头、汕尾、揭阳以及福建福州、厦门、泉州、漳州、龙岩、莆田、三明、南平、宁德共计23市。

4.5.2 形成过程

海峡西岸经济区，简称"海西"。海峡西岸经济区的设想由来已久，当初福建就曾提出过闽东南、闽南三角洲的概念，此后又形成过海峡西岸繁荣带的设想。根据形势的发展，上述设想逐渐扩展成海西经济区的发展战略，这是历届省委、省政府长期探索福建发展之路积累的成果。海峡西岸经济区战略是在福建省原有发展战略，尤其是在海峡西岸繁荣带战略基础上提出的，它既是原有战略的继续，又是原有战略的升华。

2004年1月，时任省长卢展工同志在省十届人大二次会议所作的《政府工作报告》中，正式提出了"建设对外开放、协调发展、全面繁荣的海峡西岸经济区"的战略思路。

2004年3月，福建省出席十届全国人大二次会议的代表联名向大会提交关于建设海峡西岸经济区的建议，引起了较大的反响。

2005年10月，在党的十六届五中全会上，支持海峡西岸经济发展写入《中共中央关于制定国民经济和社会发展第十一个五年规划的建议》。

2006年3月，在十届全国人大四次会议上，支持海峡西岸经济发展分别写入《政府工作报告》和《"十一五"规划纲要》。

2006年10月，党的十六届六中全会关于构建社会主义和谐社会的决定中，再次重申支持海峡西岸经济发展。

2007年10月，"支持海峡西岸经济发展"写入了十七大报告。

2009年5月14日，《国务院关于支持福建省加快建设海峡西岸经济区的若干意见》正式颁布实施，标志着海峡西岸经济区正式从区域战略上升为国家战略，站在了一个新的起点上，进入了全新的发展阶段。

4.5.3 资源环境和社会经济情况

4.5.3.1 区位特点

在自然区位方面，海峡西岸经济区与海峡东岸的台湾同处于我国东南海域与太平洋连结的重要位置上，共同构成了环太平洋海洋战略链，在经济区位上与台湾实行不同的经济制度，但在历史和现实中又是交叉点、结合点（安增军，2008）。从政治区位特点看，该区是台湾感知大陆动向的"神经末梢"、揣摩大陆对台政策的"晴雨表"。人文区位特点则表现为与海峡东岸的台湾属同一文化分支，历史上有着密切的血缘关系。台湾文化是闽南文化的衍生，台湾省籍同胞中有80%祖籍福建，同时又有15%属客家语系。

海峡西岸经济区是一个涵盖经济、政治、文化、社会等各个领域的综合性概念，总的目标任务是"对外开放、协调发展、全面繁荣"，基本要求是经济一体化、投资贸易自由化、宏观政策统一化、产业高级化、区域城镇化、社会文明化。

4.5.3.2 资源环境条件

海峡西岸经济区具有相对独立的地理单元和优越的气候条件。地貌和水系自成体系，气候温暖湿润，生态系统具有较高的生产力。

水资源总量比较丰富。水资源总量 1168.7 亿立方米，人均水资源 3471 立方米，均居全国第 8 位；可开发的水力资源居华东地区首位。

森林资源优势突出。福建是我国重点集体林区，有林地面积 764.94 万公顷，森林覆盖率 62.96%，居全国首位；活立木总蓄积量 4.967 亿立方米。

海洋资源得天独厚。海域面积 13.6 万平方公里，大陆海岸线长 3324 公里，居全国第二位。

港湾资源优势突出，拥有大小港湾 125 个；可开发的风能、潮汐能源居全国前列。

非金属矿在全国具有优势。一些非金属矿产保有储量居全国前列，开采条件好，开发利用潜力大。

生物物种丰富，全省生物物种多样性居全国第三位。

4.5.3.3 社会经济发展状况

（1）经济发展相对落后

海峡西岸经济区主体福建部分，占全国面积的 1.25%，人口约占全国的 2.7%。总体上，经济实力与珠江三角洲及长江三角洲相比存在明显的差距，福建与苏、沪、浙、粤相比，经济规模和可支配的地方财政收入居五省之后，不及江苏、上海的 1/2，只有广东省的 1/4。外向度方面，福建出口额只有江苏、上海的 1/2，广东的 1/7。

（2）山地多、交通落后

多山导致福建的交通建设落后于经济发展要求。到 2006 年年底，已建成的高速公路仅 1210km，在东南沿海各省份中居于末位。福建铁路建设，尤其是省际联网仍较为滞后，鹰厦、外福、漳泉等铁路等级低，且均为尽头线，省内铁路未成网，通过能力低，覆盖面小；现有出省通道与国家铁路干线联系不密切。因此，交通成为福建经济发展中的瓶颈（苏明城等，2008）。

（3）文化旅游资源丰富，闽台文化交流需求大

全省有国家历史文化名城 4 个（福州、泉州、漳州、长汀），国家历史文化名镇 1 个（上杭古田镇），国家历史文化名村 1 个（南靖书洋镇田螺坑村），国家重点风景名胜区 13 个（武夷山、清源山、鼓浪屿-万石山、太姥山、桃源洞-鳞隐石林、金湖、鸳鸯溪、海坛、冠豸山、鼓山、玉华洞、十八重溪、青云山），全国重点文物保护单位 45 个；还有省级历史文化名城 4 个，名乡（镇）12 个，名村 16 个，风景名胜区 26 个，文物保护单位 248 个。特别是武夷山被联合国教育、科学及文化组织列为世界文化与自然遗产，福建土楼、泉州海上丝绸之路也在创造条件申报世界文化遗产，这些都大大提高了福建文化旅游资源的影响力。

福建是台胞的最主要祖籍地，每年都有一批批的台湾同胞回到祖籍地寻根览胜、探亲访友、祭拜宗祖。由于台湾同胞信奉的神明基本上都来源于福建，因此台胞回福建祖庙祭拜以及两地宫庙相互来往就成了闽台两地主要的民间文化交流活动。如妈祖文化旅游节、关帝节等都吸引了众多台胞香客。自从两岸恢复文化交流以来，闽台两地戏曲艺术团互访日益增多，特别是闽南地区与台湾地区的歌仔戏剧团互访最为频繁，近两三年还出现海峡两岸青少年闽南语歌赛、福建民间艺术作品巡展、两岸摄影艺术作品交流展等活动以及中国闽南文化节、海峡青年论坛、闽南文化论坛等，这些交流活动极大地拓宽了闽台区域文化交融的空间。

近年来通过不断努力，海峡西岸经济区发展已初见成效：

海西新增长极加快形成。2008 年，海峡西岸经济区经济总量达到 18 887.27 亿元，增长 12.6%，高于全国平均水平 3.6 个百分点。一大批在全国具有竞争力的先进制造业、产业集群加快发展，东部沿海先进制造业基地日渐成型。

福建主体地位日益凸显。2004 年，福建 GDP 突破 5000 亿元，此后，每年平均跃升一个千亿元的台阶，2008 年突破万亿元，达到 10 823.11 亿元，进入 GDP 超万亿元的省市行列。福建以占海峡西岸经济区 46% 的土地面积和 41% 的人口，创造出 56% 的经济总量、60% 的地方财政收入、60% 的固定资产投资额、53%的社会消费品零售总额、72%的进出口额，吸引了71%的外商直接投资。

4.5.4 功能分析和未来主要功能

在今后的发展中，依据海峡西岸经济区的区位特点、港口优势和发展需求，承担着以下的功能：

（1）两岸交流合作先行先试区

这个功能定位是立足于福建省独一无二的对台优势。海峡西岸经济区对台的区位功能有：一是示范融合功能。福建对台湾同胞具有近距离的直观影响和效应，正如香港和澳门回归之前的广东一样。二是经济整合功能。福建在发展与台湾的经济合作与互补上仍然有着独特的地缘优势和诸多机遇。三是先试先行功能。海峡西岸经济区是"一国两制"的最近接触部，理所当然地成为中央对台政策的先行区和试验点。四是文化凝聚功能。海峡西岸经济区是祖国大陆唯一的闽南话语区，同时又是客家语发祥地之一，在开展争取台湾民心工程上有着独特优势。五是局部对话功能。由于福建与台湾往来频繁，从而给双方地方性、事务性对话和商谈提供了机会。

（2）服务周边地区发展新的对外开放综合通道

这个功能定位是立足于福建得天独厚的港口优势。目前厦门、福州已进入国家十大集装箱港行列，湄洲湾已初步建成工业港。在海峡西岸即将诞生一个促进周边地区人流、物流、资金流等生产要素走向世界，以及促进两岸经济文化交流和发展海峡旅游服务的新的对外开放综合通道。

（3）东部沿海地区先进制造业的重要基地

这个功能定位是福建人民30年改革开放艰苦努力获得的成果，实在来之不易。福建提出要在海西建设特色鲜明的现代产业体系。不久的将来，一个面貌一新的先进制造业基地将出现在海峡西岸经济区。

（4）我国重要的自然和文化旅游中心

基于海峡西岸良好的自然条件和区位条件，海峡旅游将迎来大展宏图的难得机遇，海峡西岸经济区将建设成为我国重要的自然和文化旅游中心。

4.5.5 存在的问题

4.5.5.1 资源环境问题

在海峡西岸经济区建立和发展过程中，面临如下问题：

（1）人口与经济社会发展及资源环境之间的矛盾突出

一是人口资源的不协调，部分资源供需矛盾比较突出，主要体现在：人多地少，人均耕地只有0.04公顷，是全国人均耕地最少的省份之一；水资源分布不平衡，沿海一些城市和开发区工程性和水质性缺水问题比较严重；石油依赖省外输入，煤炭资源保有储量仅居全国第24位，且品种单一；金属矿产相对贫乏；资源开发比较粗放，综合利用率不高，能源的综合利用率大大低于发达国家水平。二是人口与生态环境不协调。随着人口数量的进一步增加，城市化、工业化步伐的加快，生态环境承载压力还将逐步增大。医疗废弃物污染、电子废弃产品污染、城市噪声污染、矿业开发不当造成的生态环境破坏以及机动车尾气污染等问题仍较突出，区域性、行业性污染问题亟待解决。三是人口增长与经济发展不相适应。改革开放以来，福建经济社会快速发展，为海峡西岸经济区建设奠定了较好经济基础。但是，与沿海其他发达省份相比，福建经济总量不大，人均收入水平还较低。四是人口与社会资源短缺的矛盾也开始影响到社会的和谐发展。比较突出的是社会保障、教育、卫生资源不足，行政管理资源短缺，就业压力较大，将可能引发诸多严重的社会问题（林其屏，2008）。

（2）森林资源出现紧张，森林结构发生变化

福建森林面积大，但是林种树种结构不够合理，林业科技含量较低，森林资源质量不高。随着福建经济社会发展，对木材需求量逐年增加，也由于采伐失控和乱砍滥伐，森林资源受到较严重的破坏，天然林面积和蓄积量减少，并向残次林退化，用材林中过熟林面积仅占 25.7%，可伐资源少，工农业生产的原材料林供给能力不足。根据全省林业发展规划，到 2010 年，人造板工业产量达 400 万立方米，产值达 150 亿元；制浆造纸业产量达 280 万吨，产值 200 亿元；林产化工业产值达 80 亿元，木竹制品业产值达 100 亿元。根据这一规划，生产用材林仅靠省内供给，缺口较大。

近年森林结构变化很大，人工林地比重持续上升，天然林地比重下降，根据 1998 年调查，人工林单位面积蓄积量只是天然林的 62.5%，对福建森林活立木总蓄积量下降带来影响。森林构成中，以生态效益为主的防护林、特用林比重偏少，针阔叶林面积比例高达二比一，导致林分总体质量下降。此外，沿海部分地区仍存在防护林沙荒严重，风口造林难，沿海基干林带断带多，树种单一、老化及造林保存率较低等问题。

4.5.5.2　经济发展问题

福建不仅是一个相对独立的自然地理子系统，而且对外经济联系因跨省联系较弱，也基本相对独立，本身就是一个经济区。但由于主导产业不突出和经济总量偏小，使福建成为地处珠江三角洲和长江三角洲两个经济发达地区之间的"洼地"。

（1）产业结构不合理、承接能力差

福建正处于工业化的中期，产业不发达，内部专业化分工机制尚未完全形成，同周边省份的产业联系不密切。整个海西区分布着约 60 个（其中福建有 32 个）产业集群，规模较大的有 20 多个，多属横向产业集群，外向型、劳动密集型为主，技术含量低，与集群内的其他企业联系较少，分工和专业化不明显，产业基础比较薄弱。近年来，外商投资北上转向长三角、环渤海地区表明产业转移在我国已表现出区位要素需求升级。与三大区域经济圈相比，福建吸引外资的关键要素明显不足，难以承接发达地区尤其是台湾的产业转移。

（2）城市规模小、无大经济腹地

当前区域间经济实力的竞争已经演化成城市实力的竞争，尤其是中心城市的竞争。长江三角洲有上海、南京、苏州、杭州等 15 个大城市群，珠江三角洲有广州、深圳、香港、澳门等大城市群，环渤海湾有北京、天津、唐山等大城市群。由于福建的山多平地少和城市化水平低造成了城市人口居住的不集中。与三大区域相比，福建缺少在全国有影响力的大城市。福建省内的三大中心城市福州、厦门和泉州的城区人口之和不到福建人口的 15%。与国际流行的中心城市理论即区域最大的中心城市首位度不低于区域人口的 10%，相距甚远。而且在人口规模上，人口居住相对集中的闽南三角洲地区总人口仅 1000 万多一点，远远落后于三大经济圈。按大城市理论要求，每个都市圈中都须有一个 1500 万或两个 1000 万人口的中心城市，都市圈的城市总人口达到 5000 万。

（3）城乡基础建设不足

福建省城镇化滞后工业化和经济发展水平，城镇规模结构不尽合理，中心城市带动力不足等问题日趋突出，城市基础设施"瓶颈"制约——交通设施不能适应城市发展需要。一是城市环境污染仍较严重，城市垃圾处理率低，部分城市垃圾、污水仍未经处理堆放或排放，城市污水处理率低于全国平均水平 13.83 个百分点，位居全国第 23 位。二是农村基础设施建设滞后于经济发展水平，用于农业财政支出比重逐年下降。

海峡西岸经济区，是具有对台工作、统一祖国，并进一步带动全国经济走向世界的特点和独特优势的地域经济综合体。海峡西岸经济区是一个涵盖经济、政治、文化、社会等各个领域的综合性概念。加快海峡西岸经济区建设是地方政府和中央经过长期准备、酝酿出台的一项重大决策，具有重大战略意义。

经济发展区域化已经成为我国市场经济发展的必然趋势。其对海峡西岸经济区有着更深层次的意义。解决台湾问题，完成祖国的统一大业是我们进入新世纪的三大任务之一。福建地处海峡西岸，与台湾隔海相望。特定的地理条件决定了福建既是中国走向世界的视窗，又是推进两岸统一大业的战略基地。福建与台湾"一衣带水",两地语言相通,血缘相亲,习俗相近,关系十分密切。福建在祖国统一大业中发挥着独特的作用。把海峡西岸经济区建设好,有利于进一步增强对台湾同胞的凝聚力、向心力,促进祖国统一大业。同时发展闽台经贸也是两岸经济发展的必然要求,两岸的经济具有很强的互补性,积极发展两岸关系可实现优势互补,从而促进要素的充分利用,增强两岸经济发展的后劲。上述必然性与必要性决定了海峡经济区是改革开放、区域合作的试验区,规划的最终目标应该是通过经济、科技、文化、教育和人员大交流等全方位区域合作的先行先试,实现两岸直接往来、产业合作、区域性金融合作、社会文化融合以及地方性政治事务交流合作等多项功能,并使之成为不同政治、经济、社会制度相互适应的过渡区,在两岸关系发展中起到探索、试验、先行、示范作用。

尤其应注意的是在发展路径方面福建与珠三角和长三角处于不同的发展阶段,福建必须寻求差异化发展,而不是简单地寻求对接。福建不可能复制两个三角洲的发展模式,不能再采取低成本战略,而应通过对高端目标产业的选择,着力打造和提升硬环境和软环境来增强竞争力。同时,除了采取与台湾合作,还要立足自身,吸引外部资本做大做强,这也利于促进海峡两岸合作。

海峡西岸经济区对于全国整体区域经济布局具有重要的战略意义。已有学者提出,海峡西岸经济区作为长三角和珠三角之间的中间地带,它的崛起将成为推动更大区域长三角和珠三角整合和进一步发展的重要支点。不难预料,海西经济区能够经过几个五年计划的不懈努力,取得明显成绩。

4.6 广西北部湾区域

4.6.1 地理范围

北部湾是南海西北部的最大海湾,指中国的广西沿海、广东雷州半岛、海南西部以及越南东北部所围成的海域。广西北部湾经济区地处我国沿海西南端,背靠大西南、毗邻粤港澳、面向东南亚,由南宁、北海、钦州、防城港四市所辖行政区域组成,是中国西部唯一沿海的地区。陆地国土面积4.25万平方公里,2006年末总人口1255万人。

4.6.2 形成过程

2006年3月北部湾(广西)经济区规划建设管理委员会成立,北部湾开发建设工作正式启动,相关规划编制工作全面展开。2006年4月受北部湾经济区规划建设管理委员会办公室和广西壮族自治区发展和改革委员会的委托,清华大学中国发展规划研究中心承担了"广西北部湾经济区区域规划(2006—2020年)"研究工作,就广西北部湾经济区未来15年经济社会发展中的重大问题进行研究。2007年3月国家发展和改革委员会对规划内容给予具体指导,形成规划研究报告和规划文本,并就规划研究内容在京召开专家咨询会议。2008年1月16日国家正式批准实施《广西北部湾经济区发展规划(2006—2020年)》。同年2月28日广西壮族自治区政府在京召开"北部湾发展规划"介绍会。至此,自2006年开始的规划编制工作圆满结束。

4.6.3 资源环境和社会经济情况

4.6.3.1 区位特点

北部湾经济区地处华南经济圈、西南经济圈和东盟经济圈的结合部,是我国西部大开发地区唯一的沿海区域,也是我国与东盟国家既有海上通道又有陆地接壤的区域,区位优势明显,战略地位突出。北部湾经济区岸线、土地、淡水、海洋、农林、旅游等资源丰富，环境容量较大，生态系统优良，人口承载力较高，开发密度较低，发展潜力较大，是我国沿海地区规划布局新的现代化港口群、产业群和建设高质量宜居城市的重要区域。

4.6.3.2　资源环境条件

广西北部湾经济区陆地面积 4.25 万平方公里，有 1595 公里长的大陆海岸线，沿海岸 0~20 米浅海面积 6488 平方公里，沿海滩涂面积约 1005 平方公里。有辽阔的海洋和众多的海岛（高潮时出露面积大于 500 平方米的岛屿 651 个）。从表 4.5 可以看出，该区域林地与非林地面积大体上各占一半，森林覆盖率 43.3%，其中生态公益林面积占区域森林面积的 35.4%。可见，北部湾区是一个农、林业平分利用的区域，尽管本区域在广西属开发利用程度最高的区域，但森林资源覆盖率仍保持较高的水平，生态公益林比重也较大，森林成为该区域的重要生态屏障，对区域生态环境的贡献巨大（谭纵波，2009）。

表 4.5　北部湾区土地种类构成

区域	北部湾	南宁	北海	防城港	钦州
乔木林（公顷）	1 561 816	657 385.9	74 411.3	294 007.6	536 011.2
竹林（公顷）	24 099.9	15 018.3	1 550.9	1 114.5	6 416.2
红树林（公顷）	10 211.8	0	4 141.9	3 314.9	2 755
灌木林（公顷）	250 627.2	210 124.9	3 383.6	27 709.6	9 490.1
未成林地（公顷）	1 699	574.5	174.5	118.3	831.7
无立木林地（公顷）	133 050.8	44 800.4	12 446	18 921.1	56 883.3
荒草地（公顷）	133 752.3	54 659.9	1 453.8	46 329.3	31 309.3
非林地（公顷）	2 051 543.1	1 140 322	258 435.8	219 691.2	433 094.1
合计（公顷）	4 166 800.1	2 122 885.9	355 977.8	611 206.5	1 076 709.9
森林覆盖率（%）	43.3	41	23.3	49.5	51

注：各类土地总面积因调查统计方法的原因，与"规划"中的面积略有出入；森林覆盖率含国家特别规定的灌木林。引自《广西北部湾经济区发展规划实施对滨海生态环境的影响分析》。

在生态系统类型上，北部湾滨海地区是陆地生态系统与海洋生态系统的交接处，具有明显的生态系统交错带的特征。除了生物多样性极其丰富外，生态系统具有不稳定性。这种不稳定性在台风、海啸、咸水、盐渍等恶劣环境因素下，显得更为脆弱，生态保护任务艰巨。

北部湾经济区现有自然保护区 15 处，保护区总面积 17.08 万公顷，占区域陆土地面积的 4.2%。其中，国家级自然保护区有十万大山、合浦儒艮、山口红树林、北仑河口海洋、防城金花茶、大明山六处。

4.6.3.3　社会经济发展状况

目前，北部湾经济区总体经济实力还不强，工业化、城镇化水平较低，现代大工业少，高技术产业薄弱，经济要素分散，缺乏大型骨干企业和中心城市带动；港口规模不大，竞争力不强，集疏运交通设施依然滞后，快速通达周边省特别是珠三角大市场以及东盟国家的陆路通道亟待完善，与经济腹地和国际市场联系不够紧密；现代市场体系不健全，民间资本不活跃，创业氛围不浓；近海地区生态保护及修复压力较大；社会事业发展滞后，人才开发、引进和储备不足等。

4.6.4　功能分析和未来主要功能

广西北部湾经济区位于我国西南地区的东南部，是我国西南唯一拥有出海通道的地区，具有特殊的地理位置和丰富的物候与矿藏资源，这使得广西北部湾经济区成为连接中国与东盟国家的桥梁和纽带，并有可能成为重要国际区域经济合作的示范区。

广西北部湾总体功能定位是：服务"三南"（西南、华南和中南）、沟通东中西、面向东南亚，连接多区域的重要通道、交流桥梁和合作平台；带动、支撑西部大开发的战略高地；中国–东盟开放合作的物流基地、商贸基地、加工制造基地和信息交流中心；一个国际区域经济合作区。

（1）重要国际区域经济合作区

北部湾经济区在我国对外开放战略中将担任重要角色，全国首个国际区域经济合作区。这一功能定位以面向东盟合作和服务带动"三南"为支点，把构建国家大通道和"三基地一中心"作为核心内容，把北部湾经济区建设成为带动、支撑西部大开发的战略高地和重要国际区域经济合作区作为目标，凸显了北部湾经济区的地域优势，符合国家发展战略要求和中国与东盟的共同利益。

建设中国–东盟"三基地一中心"是构建和形成广西经济新高地的重要基础。对发挥区域优势，加强引导扶持，承接产业转移，加快发展现代产业体系，推动产业优化升级；大力推进信息化和工业化融合，加快发展现代农业，提高服务业现代化水平；加快科技成果转化，加强知识产权保护，不断提高自主创新能力、节能环保水平、产业整体素质和市场竞争力，都有重大意义。

（2）出海出边国际大通道

提升国家大通道能力，构建开放合作的支撑体系。加快建设现代化沿海港口群，打造泛北部湾海上通道和港口物流中心，构筑出海出边出省的高等级公路网、大能力铁路网和大密度航空网，形成高效便捷安全畅通的现代综合交通网络。

基础设施建设特别是交通基础设施是广西北部湾经济区开放合作的重要支撑。必须加强基础设施建设，大力提升交通、能源、水利、信息等基础设施的共建共享、互联互通能力和水平。

加强国内国际合作，建设中国–东盟交通合作项目，大幅度提高沿海港口吞吐能力、高等级公路和大能力铁路路网密度、机场吞吐能力和服务水平，提升出海出边国家大通道能力。

（3）我国沿海发展新一极

加快广西北部湾经济区开放开发，有可能将本地区发展成中国沿海经济增长新的一极，形成中国沿海"两角两湾两岸"（长三角、珠三角、渤海湾、北部湾、台湾海峡两岸）的发展格局。

4.6.5 存在的问题

广西北部湾经济区在发展过程中面临以下问题：

（1）各城市的地位和作用同质化问题

纵观国内外区域经济发展的历史不难看出，在现代区域经济发展过程中，一个区域经济的健康快速发展必须是在经济区中各城市主体之间的良好协作以及合理分工的前提之下才得以进行。目前经济区北海、钦州、防城港沿海三市存在分工问题。现在三市的定位同质化，每个城市都有对GDP增长的追求，产业雷同现象明显。严重影响了整体资源的利用和规模效益的发挥，使得各城市之间的竞争加剧，互补性和协同作用减弱。而这种内耗性的竞争会降低系统资源的利用效率，降低整个区域的对外竞争力。因此，在今后的发展中要打破行政区域的限制，在规划理念上把这几个城市统筹考虑来配套资源、布局产业；同时，要把握好北部湾（广西）经济区在西南、泛珠和环北部湾经济圈中的定位，明确各自在多区域合作中的分工。南宁提出只作"区域性国际化城市"，防城港将自己定位为"商贸、物流、港口城市"，北海和钦州要作"区域性中心城市"，只有这样区域内的同质竞争才得以避免。

（2）规划实施或影响滨海生态环境

在规划实施过程中，特别是岸线规划实施当中，人工岸线将会增加，自然岸线相应减少，岸线将会由曲折向平直化发展，海岸线曲率变小，使海岸抗拒波浪、潮流的能力减弱，海岸脆弱性增加。在增加人工岸线的同时，随着临海工业产业园区的建设，沿海滩涂和红树林的面积将减少，海洋生态环境会受到干扰，滩涂和浅海海洋生物的栖息地也会随之减少。

（3）面临农业发展问题

在区域呈现城市化的背景下，农村用地将有所减少。北部湾经济区农业地区面积至 2020 年将会减少5%，如何解决种植业土地问题，如何增加单位面积农产品的产量，是亟待解决的问题。

《广西北部湾经济区发展规划》标志着该地区的开放开发正在从地方性发展战略走向国家层面的发展战略。广西沿海地区作为一个经济区来统筹开放开发，并将其建设成为"重要国际区域经济合作区"，是国家深入实施西部大开发战略，完善区域经济布局，促进全国区域协调发展和开放合作的重大举措。因其区位优势，北部湾经济区有望成为继"珠三角"、"长三角"和"环渤海"经济区之后的第四经济增长级。

北部湾经济区具有独特的区位优势和后发优势，是中国唯一与东盟海陆相连的区域，是沟通华南与西南的结合部，是我国西南地区最便捷的出海大通道，是我国走向东盟的重要门户。加快北部湾经济区开放开发，不仅关系广西本身的发展，更是关系国家整体发展。对于实施西部大开发，完善我国沿海发展布局，加快中国-东盟自由贸易区建设，构筑和平稳定的周边环境均具有重要的战略意义。

良好的生态环境是优势，是竞争力。加快经济社会发展，必须把保护生态环境放在最重要的位置。北部湾经济区开放开发应该按照建设资源节约、环境友好、生态优良的"绿色经济区"的要求，切实转变经济发展方式，合理开发和高效利用资源，提高节能环保水平，建设资源节约型、环境友好型社会。因此要重点保护生态公益林和自然保护区，以及湿地生态系统和海洋生态功能区，恢复近海生态功能；加强建设和管理力度，按照发展循环经济的要求，布局建设临海工业园区，实施陆域和海洋污染治理工程。

广西面临的机遇前所未有，面临的挑战也前所未有，必须把握机遇，充分利用后发优势，实现制度创新并通过实施项目带动战略，推进产业集聚，壮大中心城市。同时，注重以中国-东盟自由贸易区为平台，积极改善投资环境，吸引全球性资本与技术，不断提升北部湾经济区的国际竞争力。最终实现将北部湾建成"重要国际区域经济合作区"的目标。

4.7 横琴岛开发区

4.7.1 地理范围

横琴岛位于珠海市南部，毗邻港澳，处于"一国两制"的交汇点和"内外辐射"的结合部，也是东南亚和中国这个经济活跃地区的中心。它东与澳门一桥相通，最近处相距不足 200 米，距澳门国际机场 3公里，距香港 41 海里；南濒南海，距国际航线——大西水道 4 海里，北距珠海保税区不到 1 公里，与珠海西区一衣带水。

4.7.2 形成过程

横琴为边陲海岛，1987 年成立横琴乡政府，1989 年撤乡建镇。

1992 年，横琴岛被广东定义为扩大对外开放四个重点开发区之一。同年横琴经济开发区管委会挂牌。

1998 年被确定为珠海五大经济功能区之一。翌年，珠海市建议把横琴开辟为旅游开发协作区，但建议迟迟未能落实。

新世纪后，有澳门舆论申请横琴列入澳门管辖范围。2004 年年底，广东省提出将横琴岛创建为"泛珠三角横琴经济合作区"（"9+2"合作区）。2005 年粤澳合作联席会议确定，以"泛珠合作，粤澳为主力"方针开发横琴。当时还完成了《泛珠三角横琴经济合作区的项目建议书》。

2008 年 11 月，广东省通过了《横琴岛开发建设总体规划纲要》。当年美国拉斯维加斯金沙集团预投资 130 亿美元建国际度假村项目，后开发搁浅。

2008 年《珠江三角洲地区改革发展规划纲要》中横琴成为"横琴新区"。当年下旬澳门特首何厚铧说，来年将会有合适时机商讨启动横琴开发。

2009 年 1 月 10 日，国家副主席习近平访问澳门时表示中央决定开发横琴岛，并由澳港两地政府共同研究开发。

2009 年 6 月 24 日国务院批准《横琴岛开发总体规划》，从国家层面上明确横琴"一示范区—先行区—新平台"的定位。

4.7.3　资源环境和社会经济情况

横琴处于北回归线以南，属南亚热带季风区，年平均气温 22～23℃；最热月份为 7 月，平均气温 27.9℃；最冷月份为 1 月，平均气温 15.1℃；海水温度平均为 22.4℃；平均年降水量 2015.9 毫米；年淡水量达 3654 万立方米。

横琴岛现有陆地面积 67 平方公里，全部开发后将达 86 平方公里，是珠海市 146 个海岛中最大的岛，是澳门现有面积的三倍左右。岛上可供开发土地面积 52 平方公里，现仍有 40 平方公里土地未开发。2008 年末，岛内人口 7585 人，其中常住人口 4203 人。

按照《横琴岛开发总体规划》未来发展规模与空间结构为：规划 2015 年人口规模为 12 万人左右，建设用地规模控制在 12 平方公里；2020 年人口规模为 28 万人左右，建设用地规模控制在 28 平方公里。规划形成各具特色、紧凑发展、紧密关联的"三片、十区"的功能布局。"三片"为商务服务片、科教研发片、休闲旅游片。"十区"为商务服务片中的口岸服务区、中心商务区和国际居住社区；科教研发片中的教学区、综合服务区、文化创意区、科教研发区和高新技术产业区；休闲旅游片中的休闲度假区和生态景观区。

4.7.4　功能分析和未来主要功能

按照《横琴总体发展规划》，主要有三大功能定位："一国两制"下探索粤港澳合作新模式的示范区；深化改革开放和科技创新的先行区；促进珠江口西岸地区产业升级的新平台。将重点发展商务服务、休闲旅游、科技研发、高新技术四大主导产业。

（1）"一国两制"下探索粤港澳合作新模式的示范区

创新通关模式，以横琴为载体大力推进粤港澳融合发展，聚合珠三角的资源、产业、科技优势与港澳的人才、资金、管理优势，加强三地在经济、社会和环境等方面的合作，率先探索建立合作方式灵活、合作主体多元、合作渠道畅顺的新机制，为推进粤港澳更紧密合作提供示范。

（2）深化改革开放和科技创新的先行区

在内地与香港、澳门关于建立更紧密经贸关系的安排（CEPA）框架下进一步扩大开放，进一步发挥香港、澳门的自由港优势，大力推进通关制度创新、科学技术创新、管理体制创新和发展模式创新，为港澳人士在横琴就业、居住和自由往来提供便利，大力提升国际化水平，建设高水平的科技创新和产业化基地，在改革开放的重要领域和关键环节率先取得突破，为珠三角"科学发展、先行先试"创造经验。

（3）促进珠江口西岸地区产业升级的新平台

加强珠澳合作，大力吸纳国外和港澳的优质发展资源，打造区域产业高地，通过高技术的转移、扩散和外溢效应，促进珠三角和内地传统产业的技术改造和优化升级。拓展澳门的产业发展和教育科研空间，促进澳门经济适度多元发展。

（4）目标和任务

《规划纲要》以创新的发展模式提出了横琴岛发展目标，"将横琴岛建设成为一个携手港澳、服务泛珠、区域共享、示范全国，与国际接轨的复合型、生态化创新之岛"。按照总体规划，横琴岛将具备科技研发、高新产业、会议商展和旅游休闲四大主导功能；并以物流贸易、培训交流、文化创意、商业服务、生态居住作为五大辅助功能。海岛的山地、湿地将受到严格的保护。

4.7.5　问题及建议

横琴拥有相对丰富的土地资源储备，在拥挤的城市群中，显得十分珍贵，开发潜力和价值巨大。但在新一轮经济发展过程中即将面临大规模的土地开发。为避免新的"造城运动"和土地资源浪费，应按横琴开发总体规划调整土地使用规划，编制超前、科学、完整的土地利用规划体系，做好空间布局，加强对现有土地的严格管理控制，为横琴高起点的开发建设奠定基础。

横琴岛地处"一国两制"的交汇点，与其他经济区域相较，其特殊之处在于涉及不同政治制度和经济体制，相应的利益协调机制、利益补偿机制、利益分享机制的建立在现有的行政架构和政治体制框架下难以突破。但是，横琴的价值不在于它能够给珠海带来多大的经济增量，它的意义在于是一个粤港澳合作的试验区，拥有中央给的五个制度创新领域的试验权。横琴能否真正成为一个成功的试验区，关键是看它能否在制度创新上有所突破，创造一种全新的发展模式。

正是由于横琴独特的空间地理位置和现实条件，使其成为实行国家两种不同体制对接、融合的首选试验区域，天然地承担着"一国两制"背景下区域经济合作，制度创新的历史使命。因此，横琴的开发建设需要在宏观层面和微观层面展开一系列的制度创新活动。而这种制度创新超越了区域经济合作机制的层面而具有更加重大和深远的意义。制度创新是一个连续、渐进的过程，关键在于把制度的抽象理念、基本原则与制度的实现形式、具体安排、表现方式区别开来。因此，横琴开发区具体的制度安排在最初应宜粗不宜细，在基本的政策、规划明确之后，诸多其他问题的解决主要依靠市场经济的自发调节机制。横琴经济区要从根本上摆脱各地区利益之争，处理好经济利益和政治利益、长远利益和短期利益，局部利益和整体利益的关系，协调好产业定位和布局，只有通过高度国际化和市场化的制度创新才能解决。要充分发挥微观主体比如企业的积极性，通过投融资体制的市场化运作解决开发资金和产业配套问题。特别要吸引一些国际大企业的进入，这些企业自然会带来高度国际化、市场化的企业运作模式，同时推进经济体制和政治体制的一系列改革创新。此外，在横琴的开发中粤港澳政府的作用举足轻重，所以在横琴的行政体制架构中，要充分考虑到他们的作用。

横琴地处粤港澳结合部，推进横琴新区开发，有利于构建粤港澳紧密合作新载体；有利于促进澳门经济适度多元发展和维护港澳地区长期繁荣稳定；也有利于共建珠澳国际都会区，增创珠海发展新优势、培育珠江口西岸地区新的增长极。《横琴总体发展规划》的实施，将使珠海横琴新区站上新的制高点，标志着横琴开发建设迈进了新的阶段。

横琴的价值不在于它能够给珠海带来多大的经济增量，它的意义在于它是一个拥有中央给的五个制度创新领域试验权的粤港澳合作试验区。横琴能否真正成为一个成功的试验区，关键是看它能否在制度创新上有所突破，创造一种全新的发展模式。它在改革方面先行先试产生的示范作用，将远远超出经济上的贡献。

横琴作为粤澳合作的一个试验区，是在一国两制的框架下进行的合作，如何排除两种制度的差异，更好地衔接互补，这是横琴发展的关键。

横琴岛的开发模式，是一个全新的地区或局部地域开发模式。从横琴岛开发和规划本身来说，双赢、互惠、多元参与的开发模式有利于更好地集中各种优势资源和先进理念，将横琴岛的开发和利用提升到一个全新的层次。开发将以新的思维和机制推动创新，积极、开放地引入境内外先进的建设和开发经验、资金和产业模块，这将有利于一国两制的实施，有利于规划纲要的贯彻落实，有利于粤港澳深层次合作，有利于形成一个新的增长极带动珠三角的改革发展和中国的改革发展，有利于为中国其他地区开发建设提供一个示范。

由于《横琴总体发展规划》提出，将横琴纳入珠海经济特区范围；实施"分线管理"的通关创新制度；鼓励金融创新；实行更加开放的产业和信息化政策；支持进行土地管理制度和社会管理制度改革等，可以认为横琴岛已经无限接近了国际自由贸易区，加之得天独厚的区位优势，只要坚持制度创新、探索实行国家两种不同体制对接、融合之路，科学合理开发，其作用和效应的价值，将不可估量，横琴的未来值得期待。

4.8 海南旅游规划区

4.8.1 地理范围和形成过程

海南旅游规划区的地理范围即为海南省区域。

像全国其他省份一样，海南的发展战略一度并不清晰。直到 1996 年"一省两地"的提出，海南省的产业发展战略才逐渐清晰，开始突出海南的区位、资源和生态优势，而海南的经济也从 1998 年开始逐步走出低谷。1999 年，经国家批准，海南成为全国第一个生态省。2007 年的中共海南省第五次党代会上提出"生态立省"。

海南省政府 2007 年 4 月向国务院呈报的《关于设立海南国际旅游岛综合试验区的请示》。2007 年 4 月之后，海南省旅游局和发改委等部门负责人多次赴京，就海南省申请设立"海南国际旅游岛综合试验区"与有关部委沟通。国家联合调研组对海南进行专题调研。2008 年 3 月 5 日，国务院办公厅就海南省申请设立国际旅游岛的问题，正式函复海南省政府与国家发展和改革委员会。2008 年 4 月 25 日，海南省政府发布《海南省国际旅游岛建设行动计划》。2008 年 6 月中旬，海南国际旅游岛建设被确定为当年全国政协重要课题，并安排在第四季度进行调研。这次"高规格、大规模"的调研 9 月 28 日结束，调研成果后来结成《关于海南国际旅游岛建设的调研报告》。这份调研报告得到中央领导的高度重视。2008 年 11 月中旬，国务院总理温家宝在调研报告上做出批示，要求有关部门研究推进。2009 年 1 月 12 日，海南省政府向国务院呈报《海南省人民政府关于海南国际旅游岛建设有关问题的请示》，并希望将海南国际旅游岛建设纳入国家"十二五"经济社会发展规划。2009 年 12 月 31 日国务院正式批复《海南国际旅游岛建设发展规划纲要》，海南国际旅游岛建设正式上升为国家战略。

4.8.2 资源环境和社会经济情况

海南是中国唯一的热带岛屿，旅游资源得天独厚，经济却不发达。

（1）地理位置优越

海南岛位于中国最南端，背靠祖国内陆，而内陆地区迅速崛起的经济实力为海南旅游岛建设提供了庞大的客源市场和强大的资金支持，到目前为止，海南旅游业的消费人群主要还是国内游客。2009 年全年接待旅游过夜人数 2250.33 万人次。其中，接待国内旅游者 2195.18 万人次，接待入境旅游者 55.15 万人次。经过 30 年的改革发展，从总体上说，我国已由生存型阶段进入发展型的新阶段。在这个特定背景下，海南国际旅游岛建设拥有经济实力雄厚的内陆腹地支持，将焕发无限活力。

海南位于太平洋西海岸线的中段位置，恰是亚太经济圈的中心地带。亚太经济圈的蓬勃活力、各国之间日趋加大和频繁的经济合作与交流，使海南发展自动融入其中。

海南紧靠东盟各国。2010 年 1 月 1 日，中国-东盟自由贸易区全面启动，标志着由中国和东盟十国组成、接近 6 万亿美元国民生产总值、4.5 万亿美元贸易额的区域，开始步入零关税时代。这些无疑为海南的发展又增加了动力。

（2）生态环境一流、旅游资源丰富

作为中国第一个生态省，海南森林覆盖率超过 57%，大气环境质量指数常年保持一级标准；世界环保组织公布的全球空气质量十佳城市中，三亚市排第三、海口市排第五。各类水体总体上达到或优于国家一、二类标准。海南被人们冠予天然大氧吧、生态大花园、健康岛、长寿岛等美誉。

海南旅游资源极其丰富，且独具特色。海南的热带原始森林绝不逊于亚马孙的热带雨林。良好的热带海岛气候条件，优质的滨海旅游资源，多种地热温泉，丰富的热带雨林、独特的海岛文化，各种优质的旅游资源为打造丰富多彩的旅游产品提供了很好的基础。文化景观主要有五公祠、东坡书院、琼台书院、丘浚墓、海瑞墓、汉马伏波井以及崖州古城、韦氏祠堂、文昌阁等。海南的红色文化、移民文化、贬官文化、逍遥文化和独具特色的黎苗回族文化，具有独特的旅游观光价值。除汉族外，世居海南岛的少数民族有黎族、苗族、回族。各少数民族至今保留着许多质朴敦厚的民风民俗和生活习惯，使海南的社会风貌显得独特而多彩（朱淑琴等，2010）。

4.8.3 功能分析和未来主要功能

海南是我国最大的经济特区和唯一的热带岛屿省份。充分发挥区位和资源优势，建设国际旅游岛，海南将被建设成为我国旅游业改革创新的试验区、世界一流的海岛休闲度假旅游目的地、全国生态文明建设示范区、国际经济合作和文化交流的重要平台、南海资源开发和服务基地、国家热带现代农业基地。

1）我国旅游业改革创新的试验区。充分发挥海南的经济特区优势，积极探索，先行试验，发挥市场配置资源的基础性作用，加快体制机制创新，推动海南旅游业及相关现代服务业在改革开放和科学发展方面走在全国前列。

2）世界一流的海岛休闲度假旅游目的地。充分发挥海南的区位和资源优势，按照国际通行的旅游服务标准，推进旅游要素转型升级，进一步完善旅游基础设施和服务设施，开发特色旅游产品，规范旅游市场秩序，全面提升海南旅游管理和服务水平。

3）全国生态文明建设示范区。坚持生态立省、环境优先，在保护中发展，在发展中保护，推进资源节约型和环境友好型社会建设，探索人与自然和谐相处的文明发展之路，使海南成为全国人民的四季花园。

4）国际经济合作和文化交流的重要平台。发挥海南对外开放排头兵的作用，依托博鳌亚洲论坛的品牌优势，全方位开展区域性、国际性经贸文化交流活动以及高层次的外交外事活动，使海南成为我国立足亚洲、面向世界的重要国际交往平台。

5）南海资源开发和服务基地。加大南海油气、旅游、渔业等资源的开发力度，加强海洋科研、科普和服务保障体系建设，使海南成为我国南海资源开发的物资供应、综合利用和产品运销基地。

6）国家热带现代农业基地。充分发挥海南热带农业资源优势，大力发展热带现代农业，使海南成为全国冬季菜篮子基地、热带水果基地、南繁育制种基地、渔业出口基地和天然橡胶基地。

4.8.4 问题及建议

海南在发展中出现了以下问题：

（1）国际知名度需要提高

国际知名度不高的直接反映就是入境游客总量占全省游客总数和全国入境游客总量的比重都很小。海南知名度不高，这与海南对外宣传促销力度不够，以及缺乏鲜明的营销定位和品牌有很大的关系。缺乏对旅游促销对象缺乏详尽了解，对国外旅游者的不同需求进行有针对性的产品促销宣传活动更少，宣传促销手段和办法还比较单一，旅游形象宣传与产品经营常常脱节。

（2）企业管理体制存在诸多问题

海南旅行社业一直处于"弱小散"状态，部分旅行社的内部管理混乱，"黑社"、"黑车"、"黑导"、"黑店"等现象屡禁不止。旅行社资本的扩大和资产的增值，处于停滞不前的状态。另外，由于旅行社内部管理松散，人员变动较多，从业人员为追求短期效益，急功近利，对企业的长期发展关心较少，对新产品开发和新市场开拓缺乏动力。短期经营行为严重影响旅行社的信誉和进一步的发展，而由此形成的恶性价格竞争是导致当前旅游市场产生诸多问题的根源。

（3）产业产品结构不尽合理

海南旅游产业结构和产品不尽合理，观光产品、休闲度假旅游产品和各类专项旅游项目建设较为成熟，但缺乏特色，娱乐产品开发不足。如海南拥有黎苗风情特色文化，却没有一个上规模、上档次、深度挖掘和真实展现黎苗风情文化的旅游项目。相当一部分旅游企业仍然管理松散、经营粗放、规模较小、科技含量偏低、产品单一、行业的服务管理脱离国际标准，竞争能力较弱，不能完全适应建设国际旅游岛的需要。

（4）旅游从业人员素质有待提高

海南旅游从业人员的素质相对于世界知名国际型旅游城市有较大差距。海南国际旅游服务人才极其缺乏：如进行国际市场营销、接待、服务和管理等方面都需要大量懂得主要客源国语言、文化、法律制度和管理等知识的人才。首先，海南外语导游人员非常缺。目前全省7000多名导游中，外语导游仅599人，不足十分之一。其次，相应的国际知识缺乏，不了解各国文化背景、习俗差异，难以针对游客提供优质的个性化服务。最后，服务技能和服务态度不到位，难以体现国际化水准。

（5）国际热带海岛旅游竞争激烈

与国外发达的旅游海岛相比，海南旅游业还存在较大的差距，主要体现在国际旅游者人数、城市经济的旅游特征、旅游资源的国际竞争力以及政府旅游相关部门的职能发挥能力上。以国际化度假休闲旅游目的地为核心的国际旅游岛，一个重要特征就是为国际游客的出入境提供比其他旅游目的地更加方便和快捷的条件。在这方面，海南还存在明显差距。如在免签证方面，海南目前只能对21个国家免签，远低于夏威夷、马尔代夫、济州岛，也低于巴厘岛、普吉岛。海南要以免签证、落地签证、航权开放为重点，按照世界上同类旅游目的地的水平，实行更加开放的出入境政策，使海南成为名副其实的"开放之岛"。

（6）防止房地产泡沫重现任务艰巨

20世纪90年代初，海南出现了房地产过热，在海南岛房地产热的带动下，先辐射到广西北海等沿海地带、后辐射到全国，一轮全国性的房地产热、炒房热急剧升温。最后酿成了一场全国性的房地产巨大泡沫。本次规划获批后，各路炒房资金也曾大举进入海南岛。非官方数据表明，至少有超过4700亿元的资金流动到海南大肆圈地。许多知名的开发企业早已提前布局，国有、民营房地产开发资金竞相进入，海南岛的房价已经开始暴涨。为防止海南房地产开发一哄而上，出现新的泡沫，海南将暂停土地出让，暂停审批新的土地开发项目。

海南是中国最大的经济特区和唯一的热带岛屿省份。经济特区运行20多年来，经济社会发展取得显著成就。但由于发展起步晚，基础差，目前海南经济社会发展整体水平仍然较低，保护生态环境、调整经济结构、推动科学发展的任务十分艰巨。

海南是唯一一个以旅游业为主要产业发展方向的经济区。其唯一性还体现在与其他区域相比海南没有经过工业化过程，因而缺乏发展旅游业的资金。面对旅游业广阔的市场和拉动内需的战略要求，唯有解决开放问题才能吸引投资，填补没有工业化带来的资金不足问题。中央政府已给予了相关策的支持，如进一步放开免签证、商品免税购物、金融政策、财税政策。但是，在海南旅游规模日益庞大、区域经济竞争更加激烈的今天，如何将这些政策转化成经济效应将在最大程度上考验海南省府的执行能力。

当前，海南国际旅游岛建设还须做到务实，循序渐进，成功的旅游岛建设一定要使海南持续性受益，要发展对海南的环境和经济带动系数大的产业和项目，四面开花的建设难以建设好海南。因此应严格按照规划中确定的六大功能定位全面发展，实现功能区内的统一规划、统一建设，推动城乡一体化，既让老百姓享受国际旅游岛带来的收益，又能让潜在的土地资源变成海南中长期发展的巨大资本。同时应严防新一轮房地产无度开发，否则可能会把旅游岛开发变成"又一批人炒一阵子房地产"。只有这样才能充分发挥海南的区位和资源优势，顺利建设海南国际旅游岛，打造有国际竞争力的旅游胜地，加快发展现代服务业，实现经济社会又好又快发展，并对国家调整优化经济结构和转变发展方式起到重要示范作用。

4.9 图们江区域-长吉图开发开放先导区

4.9.1 地理范围

本书所指图们江区域规划的主要范围是中国图们江区域的核心地区，即吉林省范围内的长春市、吉林市部分区域（长春市部分区域是指长春市城区、德惠市、九台市和农安县；吉林市部分区域是指吉林市城区、蛟河市和永吉县）和延边朝鲜族自治州（简称长吉图），同时辐射我国其他参与图们江区域国际合作的辽宁省、黑龙江省和内蒙古自治区等地区，并涉及我方与周边国家合作的相关内容。

4.9.2 形成过程

1992 年，在联合国开发计划署的倡导下，中、俄、朝、韩、蒙五国共同启动了图们江区域合作开发项目。16 年来，在合作各方的积极推动下，图们江区域合作机制不断健全，合作领域不断拓展，合作方式不断创新，为进一步推进中国图们江区域国际合作以及东北地区的对外开放打下了坚实基础。

1992 年，我国编制了《图们江下游珲春地区综合开发规划大纲》。1999 年，在应对亚洲金融危机的背景下，为进一步推进图们江地区的开发开放，编制了《中国图们江地区开发规划》。2008 年 3 月为推进新时期新形势下的图们江开发开放，图们江地区开发项目协调小组会议决定修编《中国图们江地区开发规划》，并确定由吉林省编制规划初稿。中国科技部及国家发展和改革委员会于 2009 年 2 月召开专家咨询会议，征求对《中国图们江区域合作开发规划》草案的意见（郑洪莲，2008）。2009 年 8 月 30 日，国务院正式批复《中国图们江区域合作开发规划——以长吉图为开发开放先导区》。

4.9.3 资源环境和社会经济情况

长吉图是中国图们江区域的核心地区，地处东北亚区域地理几何中心和新欧亚大陆桥中心，是东北亚各国联系的纽带，与俄、朝港口群和蒙古东部、俄罗斯西伯利亚远东腹地紧密相连。既有俄罗斯丰富的资源，又有日本和韩国的科技与资本，还有中国的市场与人力资源，因此，是各类生产要素的最佳结合部，合作空间与市场潜力不可限量。

长吉图面积 7.3 万平方公里，人口达 1100 万，经济总量为 3600 亿元。该区域自然资源丰富：一是土地资源丰富，二是林木资源丰富，三是水资源丰富，四是动植物资源丰富。基础设施完备，政策环境优越，经济发展快速。

由于在长吉图开发开放先导区内集中了吉林省的众多优势资源，所以是吉林省域经济发展潜力最大、经济成长性最好的核心区域。不仅区域面积和人口均占吉林省的 1/3，而且经济总量占全省 1/2 以上，具备整体谋划的现实基础。

按照规划纲要，建设长吉图开发开放先导区，吉林省将立足图们江，面向东北亚，服务大东北，以珲春为开放窗口、延（吉）龙（井）图（们）为开放前沿，以长春、吉林市为主要依托，实施边境地区与腹地联动开发开放，率先突破、率先发展，努力形成具有较强实力的经济隆起带和对外开放的先行区，带动吉林加快发展振兴。

（1）长吉图先导区的窗口——珲春

作为开放窗口的珲春市位于吉林省东南部，与俄罗斯、朝鲜山水相连，是一座拥有 25 万人口的县级市，也是我国唯一的一座既沿边又同时近海的城市。虽然不直接临海，但通过 15 公里的图们江下游区域即可入日本海，而且在珲春市 200 公里半径内就密集分布着十个条件优良的俄罗斯和朝鲜港口，具备良好的出海便利。得天独厚的区位优势，使珲春市具备了作为先导区窗口的最重要的条件。珲春的矿产资源丰富，也是支持当地快速发展的重要优势，吉林省最大的煤田和亚洲最大的钨矿坐落于此。这里出产的人参、鹿茸、富硒稻米等土特产品驰名全国，也有利于铸就城市品牌。

（2）长吉图先导区的前沿——延吉、龙井和图们

延吉市位于吉林省东部、长白山脉北麓。延吉市地形为丘陵状起伏，境内河流皆为图们江支流。延吉有着得天独厚的自然条件和优越的地理位置，处于东北亚经济圈的核心部位。东距中俄边境仅 60 公里、距日本海 80 公里，南距中、朝边境十余公里，有着较好的通海条件。目前，已有 300 多家外资企业入驻延吉市。还可以充分利用朝鲜族特有的人缘和地缘优势，积极引导城市和农村剩余劳动力进行劳务输出，大力发展对韩、日等国家和地区的劳务经济，不断扩大经济联系。

龙井市地处中朝边境地带，边境线长 142.5 公里，距离朝鲜罗津、先锋自由贸易区有 160 公里，距离中俄边境有 100 公里，距离日本海只有 130 公里。拥有开山屯、三合两个国家一级陆路开放口岸，三合口岸距离朝鲜清津港仅 87 公里，是经边境进入日本海最理想的通道。两个口岸可直接与朝鲜、俄罗斯等邻国进行贸易，也可经过邻国进行转口贸易，拥有广阔的边贸商机。龙井市物产资源丰富，特产资源种类繁多，是中国苹果梨、绿色大米、红晒烟、黄牛的生产基地。

图们市地处吉林省东部图们江下游，东与珲春市接壤，东南与朝鲜民主主义共和国隔图们江相望，边境线长 60.6 公里，西与延吉市为邻。图们市的总面积为 1142 平方公里，总人口为 13.3 万，其中朝鲜族人口占 55%。图们市交通便利，是连接东北腹地同朝鲜、俄罗斯远东地区公路铁路运输的国际交通枢纽，现已形成陆海空立体交通网络。由于长珲高速公路的贯通。铁路交通非常便捷，外与朝鲜半岛相连，内为通往北京、哈尔滨、沈阳、长春、吉林、大连等多条铁路线的始发站。在水路交通方面，图们市口岸功能齐全，是吉林省唯一有铁路和公路与朝鲜相通的国家一类国际客货运输陆路口岸城市，是中国对朝鲜进出口物资的集散地和转运站。

（3）长吉图先导区的支撑——长春市和吉林市

长春市是吉林省省会，全省的政治、经济、文化和交通中心，面积 20 604 平方公里。截至 2008 年，总人口 868.72 万，平原面积较大，地势平坦，交通便利。长春地处世界三大黄金玉米带之一——吉林黄金玉米带的核心区域，农业高度发达。中国十个产粮大县有七八个来自吉林省，而其中大半位于长春平原。围绕农业以及农产品深加工带动长春农牧业发展动力强劲。长春素有"汽车城"、"电影城"的美誉，是中国汽车、电影等行业的发源地。坐落在长春的中国第一汽车集团公司是中国最大的汽车工业科研生产基地，汽车产量占全国总产量的五分之一。

吉林市是吉林省的第二大城市，面积 27 722 平方公里，人口 432.4 万，市区人口 215.7 万人，是东北第五大城市（市区人口和建成区面积），也是我国唯一一个与所在省重名的城市。吉林市资源丰富，物产丰饶。土地、水利、矿产、森林和野生动植物资源蕴藏量均高于全国平均水平，特别是水利资源蕴藏量较大，是全国平均水平的 1.8 倍，是全国少有的不缺水城市之一。

4.9.4 功能分析和未来主要功能

长吉图开发开放先导区将成为我国沿边开发开放的重要区域、我国向东北亚开放的重要门户和东北亚经济技术合作的重要平台。以长吉图开发开放为先导，立足图们江，面向东北亚，服务大东北，全面推进图们江区域合作开发。

1）我国沿边开放开发的重要区域。以长吉图开发开放先导区建设为主体，在促进沿边地区与内陆腹地优势互补和联动发展、开拓陆海联运国际运输新通道、探索沿边地区跨境经济合作模式等方面先行先试，推动图们江区域合作开发在更高层次上向纵深发展，为全国沿边开放开发提供经验和示范。

2）我国面向东北亚开放的重要门户。推进跨境交通运输工程合作建设步伐，打通东北东部铁路和公路大通道，建成我国东北地区新的国际通道。

3）东北亚经济技术合作的重要平台。以珲春边境经济合作区为窗口，依托长吉图产业基地，吸引域外投资者参与调整产业结构和优化产业布局，加强边境区域经济技术合作，推动建设跨境经济合作区，使长吉图区域成为东北亚地区优势互补、内外联动的有效合作载体，为构建更加开放的经贸合作区域创造条件。

4）东北地区新的重要增长极。发挥区位独特、政策集成、环境容量大、资源承载力强的比较优势，做大做强特色优势产业，进一步优化区域产业分工协作，合作建设具有核心竞争力的新型工业和现代服务业、现代农业示范基地，充分发挥长吉图开发开放先导区在吉林省经济社会发展的引擎作用，提升东北地区的整体综合实力。

4.9.5 存在问题

(1) 沿边对外开放落后，"窗口"作用亟待加强

就全国而言，沿边开放一直滞后于沿海开放。沿海开放的成功主要取决于国家的倾斜政策、区位的独特优势、内地的强力支撑等方面。沿边开放滞后的主要原因是受体制机制和地缘条件影响。20世纪90年代初，我国先后批复黑龙江的黑河、绥芬河，吉林珲春，内蒙古满洲里、二连浩特，新疆伊宁等14个边境城市为沿边开放城市，赋予这些城市省级外贸管理权，并允许其兴办边境经济合作区。随着这些沿边城市起步发展，我国逐步形成了以边境城市为中心的据点式沿边地区开发开放模式。然而，随着经济全球化、区域经济一体化的发展以及我国新的区域开发战略，国家对外开放政策由梯度开放转向全面开放，地区发展政策由沿海优先转向区域协调发展，沿边地区据点式发展模式逐渐显出弊端。以往的开发模式主要存在三个方面的局限性：一是边境城市规模小，难以有效集聚经济资源并成为带动力强的地区经济中心；二是边境城市大都产业基础薄弱，承接产业专业能力不足；三是边境城市缺乏腹地支撑，与相邻国家地区经贸合作推进缓慢。边境窗口城市体量小，与腹地缺乏联动，仍处于简单的边贸合作层次上，这种情况在我国沿边地区普遍存在。要想使我国沿边地区在合作开发开放上取得突破，亟须对沿边开放的广度和深度做出战略调整，实现从沿边开放城市战略向地区中心城市战略的转变。不仅要创新发展模式，即改变过去那种孤立的据点式开发模式，转为内源式的开发模式，切实加强沿边与内陆腹地经济中心的联动发展，更需要中央政府给予特殊政策支持。

(2) 陆海联运国际运输新通道不畅

沿边开放的关键就是国际运输通道问题，其中拓展陆海联运国际通道是重中之重。目前，我国沿边开放普遍存在着运输通道不畅、陆海联运通道受到体制和政策制约的问题。图们江区域在国际陆海联运上，有一定的基础，部分航线已经试航成功，有条件、有能力为全国沿边地区畅通陆海联运国际通道积累经验、提供示范。但全面解决上述问题，还需国家给予特殊的政策和资金扶持。

(3) 沿边地区跨境经济合作模式还需探索

沿边开放核心是要建立跨境经济合作区，远期目标为建立边境自由贸易区。目前我国沿边开放合作都在积极探索跨境经济合作，尚未形成一个可推广的模式。图们江区域合作已经经历了16年，探索跨境经济合作已经有了一定的基础，周边国家毗邻地区也都有相应的愿望和举措。继续探索建立图们江区域跨境经济合作区，可为我国沿边地区提升合作水平提供示范，并为实施自由贸易区战略积累经验。

《中国图们江区域合作开发规划纲要——以长吉图为开发开放先导区》是中国政府迄今为止批准的唯一一个沿边开发开放区域规划。与其他区域发展规划不同，新的图们江区域开发规划赋予了规划区域以沿边开放的先行先试权，鼓励其在对图们江区域的沿边开放中进行探索。改革开放以来，沿海地区取得了很大的成功，但是沿边地区开放进程相对缓慢、开放程度相对较低。国家需要选择一些基础条件较好的地区率先突破，而长吉图区域沿边近海，长春和吉林两个城市是吉林省的经济核心区，延边在图们江国际合作方面奠定了良好基础，也积累了丰富的经验，所以长吉图区域加快开放能够为我国提升沿边开放提供新的经验。

规划最显著的特点强调长吉图的先导作用，通过长吉图先导区的率先发展，带动图们江整体的开发开放迈上新台阶。在国际金融危机的影响下，国际和国内都需要整合力量，共同应对。而该规划与辽宁沿海经济区规划相互衔接，必将有力地推进东北振兴、图们江开发和东北亚国际合作进程。考虑到中国少数民族多聚居于边疆地区，加快建设长吉图开发开放先导区又有着提升沿边开放水平和促进边疆少数民族地区繁荣稳定的双重意义。

尽管长吉图开发开放战略已实施两年，给规划区域的经济发展带来了巨大变化，但随着开发开放的深度和广度逐渐增加，一些深层次的顽疾也会暴露出来，有些可能还会制约长吉图战略深入实施。尤其是东北亚地区的局势对规划实施的影响应得到特别的关注。此外，长吉图与国内其他区域的有机联动以及长吉图政策本身的实施效果等，也可能会成为主要的制约因素。但是只要图们江区域加强在体制统筹、产业互补、基础设施共建、政策共享方面，进行创新试验，不断促进沿边和腹地联动发展，不断调整战略方向，适时提出替代方案以应对周边局势变化，就可以期盼规划将有力地促进沿海与腹地的良性互动，构筑东北地区全方位开放新格局。同时在开创我国内地对外开放新模式，为国家统筹国内发展与对外开放、内地与沿海协调发展方面起到带动和示范性作用。

4.10　鄱阳湖生态经济区

4.10.1　地理范围

鄱阳湖位于长江中下游南岸、江西省北部，是我国最大的淡水湖，是四大淡水湖中唯一没有富营养化的湖泊，同时也是具有世界影响的重要湿地。范围包括南昌、景德镇、鹰潭三市，以及九江、新余、抚州、宜春、上饶、吉安的部分县（市、区），共 38 个县（市、区），国土面积 5.12 万平方公里，2008年实现地区生产总值 3948 亿元，年末总人口 2006.6 万。

4.10.2　形成过程

2004 年 3 月，中共中央提出了"中部地区崛起战略"。这是国家促进东中西互动和中部地区崛起的重大战略布局。中部地区（包括湖南、湖北、河南、安徽、江西、山西六省）位于中国内陆腹地，面积占全国的 10.6%，2007 年人口占全国的 27.2%，地区生产总值占全国的 18.9%。为配合"中部崛起"战略的实施，作为中部六省份之一的江西省以鄱阳湖为核心，以环鄱阳湖城市圈为依托，着手建设高层次的环鄱阳湖生态经济区，实现全省经济社会可持续发展。2007 年 10 月 17 日江西省环鄱阳湖城市群规划编制工作领导小组成立，2008 年 3 月江西省"环鄱阳湖生态经济区"向国家申报立项，2008 年 6 月更名为鄱阳湖生态经济区。2008 年 8 月 1 日，江西省正式启动鄱阳湖生态经济区建设。2009 年 12 月 12 日，国务院正式批复了《鄱阳湖生态经济规划区》，标志着建设鄱阳湖生态经济区上升为国家战略。鄱阳湖生态经济区是江西省区域的主体，是实现江西从中部崛起的必然选择。是促进东中西互动和中部地区崛起的重大战略布局，是国家加快推进可持续发展的重大战略举措。

4.10.3　资源环境和社会经济情况

4.10.3.1　区位特点

鄱阳湖地区位于沿长江经济带和沿京九经济带的交汇点，是连接南北方、沟通东西部的重要枢纽；

毗邻武汉城市圈、长株潭城市群、皖江城市带，是长江三角洲、珠江三角洲、海峡西岸经济区等重要经济板块的直接腹地。该区域基础条件较好、发展潜力较大，是中部地区正在加速形成的增长极之一，在我国区域发展格局中具有重要地位。

4.10.3.2 资源环境条件

鄱阳湖位于北纬 28°22′ 至 29°45′，东经 115°47′ 至 116°45′。地处江西省的北部，长江中下游南岸，是长江的重要调节器，年均入江水量达 1450 亿立方米，约占长江径流量的 15.6%，水质长年保持在 Ⅲ 类以上，鄱阳湖水量、水质的持续稳定，直接关系到鄱阳湖周边乃至长江中下游地区的用水安全。鄱阳湖承担着调洪蓄水、调节气候、降解污染等多种生态功能，拥有丰富的鱼类、鸟类等物种资源，是全球 95% 以上的越冬白鹤栖息地，在保护全球生物多样性方面具有不可替代的作用，是我国重要的生态功能保护区，是世界自然基金会划定的全球重要生态区，是我国唯一的世界生命湖泊网成员，在我国乃至全球生态格局中具有十分重要的地位。

与中部其他城市群不同，鄱阳湖生态经济区不存在缺水和水污染问题。江西的优势是生态优势，鄱阳湖是我国最大的淡水湖，也是最大的候鸟栖息地，生态环境与水资源都是一流的。鄱阳湖是江西的一张"名片"，赣江、抚河、信江、饶江、修河五条河流汇入鄱阳湖，连接我国的"大动脉"——长江（朱正龙等，2009）。

1）中国最大的淡水湖泊。鄱阳湖南北长 173 公里，东西最宽处达 74 公里，平均宽 16.9 公里，湖岸线长 1200 公里，根据卫星遥感测算，湖区最大丰水期面积 5100 平方公里，平均水深 6.4 米，最深处 25.1 米左右，容积约 300 亿立方米，是我国最大的淡水湖泊。它承纳赣江、抚河、信江、饶河、修河五大河，流域面积为 16.2 万平方公里，占江西省国土面积 97% 左右。经鄱阳湖调蓄注入长江的水量超过黄、淮、海三河水量的总和。

2）国际重要湿地。鄱阳湖是国际重要湿地，是长江干流重要的调蓄性湖泊，在中国长江流域中发挥着巨大的调蓄洪水和保护生物多样性等特殊生态功能，是中国最大的"大陆之肾"，是我国十大生态功能保护区之一，是中国唯一的世界生命湖泊网成员，也是世界自然基金会划定的全球重要生态区之一，对维系区域和国家生态安全具有重要作用。

3）丰富的生物物种资源。鄱阳湖湖区不仅有丰富的水生生物资源，而且湖滩洲地的生物资源也比较丰富。湖中有水生维管束植物 102 种、浮游生物 266 种、鱼类 122 种、豚类 2 种、已鉴定的贝类 87 种。鱼类经济价值较大的有鲤、鲫、鲢、鳙、青、草、鳡、鲌等十余种和畅销国内外市场的银鱼，江豚在鄱阳湖中的数量约 200~300 头。此外，还出产众多的贝类、虾、蟹、水禽、莲藕和湖草等水生动植物。保护区有鸟类 300 多种，其中水鸟 115 种，约占全国 225 种水鸟的 51%。

4.10.3.3 社会经济状况

鄱阳湖生态经济区以江西省 30% 的国土面积，承载了全省近 50% 的人口，创造了 60% 以上的经济总量，具有良好的发展基础。

（1）基础设施建设较好

环鄱阳湖六大区域中心城市南昌、九江、景德镇、鹰潭、上饶和抚州两两相距均 150 公里左右，拥有本省最完备的铁路、公路、水运、航空等综合交通体系。本区几乎集中了江西省工业的全部精华。其中汽车、机械、电子、冶金、化工、医药、纺织工业的骨干企业以及这些行业产品产量的 70%~95% 都集中在这一地区。全省科技人员的 70%、高校在校学生的 76% 集中在这一地区。南昌是鄱阳湖地区和全省经济发展水平最高、经济实力最强的城市，南昌经济、文化、技术、信息等因素的辐射是本地区经济发展和城镇体系演化的重要动力来源。

（2）经济发展水平较高

鄱阳湖生态经济区是全省率先进入人均 GDP 超 1000 美元的区域，具有加快工业化、城市化进程的综合经济实力。本区城市化率平均为 42.9%，比全省高 5.9 个百分点（表 4.6）。经济联系较为密切，中心城市产业分工明确，产业链互有渗透。南昌作为全省政治、经济、文化中心和最大的制造业基地，对其他市辐射强；九江作为港口城市是其他城市大宗原材料和产品进出的集散地，是全省重要的能源、化工、纺织、造船等制造业基地；景德镇与九江历史上就联系密切，至今汽车、电子、陶瓷等产业互相密切关联；鹰潭的有色冶金、化工与九江、南昌密切关联。

表 4.6　鄱阳湖生态经济区在江西省经济社会中的地位

项目	全省数量	其中鄱阳湖生态经济区的地位	
		数量	比例（%）
总人口（万）	4 339.249 3	2 210.097 1	50.09
总用地（平方公里）	166 900	76 720	45.96
人口密度（人/平方公里）	260	288	—
GDP（亿元）	4 670.53	2 823.09	60.4
人均GDP（元/人）	10 763.75	12 773.64	—
经济强度（元/平方公里）	2 279.84	367.97	—
社会商品零售额（亿元）	1 236.167 4	761.726 4	61.62
城市化率（%）	36.3	42.9	—

资料来源：据 2007 年《江西省统计年鉴》整理

（3）发展潜力巨大

环鄱阳湖区诸城市有巨大的联系空间，经济区的建设将促使这些城市加强联系，共同打造成江西的增长极，为环鄱阳湖一体化的实施提供重要前提，同时为新的经济增长极奠定基础。鄱阳湖生态经济区有着丰富的劳动力资源，同时又具有毗邻中国经济最为发达的"长三角"、"珠三角"、"闽三角"的区位优势。江西有可能依托鄱阳湖生态经济区的建设，使江西省成为沿海发达地区优质农产品生产供应基地、沿海产业梯度转移承接基地、劳务输出基地。

4.10.4　功能分析和未来主要功能

改革开放特别是新世纪以来，该区域生态农业发展势头良好，有机食品产量位居全国前列，是我国著名的鱼米之乡和重要的商品粮油基地；新型工业初具规模，初步建立了以汽车、航空及精密仪器制造、特色冶金和金属制品加工、中成药和生物制药、电子信息和现代家电产业、食品工业、精细化工及新型建材等为核心的产业体系；基础设施条件较好，初步形成了便捷的立体交通网络，构建了安全可靠的电力供应体系；旅游业发展较快，是我国中部地区重要的旅游目的地；教育、文化、卫生等公共服务体系较为完善（郭杰忠，2008）。

在今后的发展中，鄱阳湖生态经济区将发挥如下功能：

1）全国大湖流域综合开发示范区。通过正确处理经济建设、人口增长与资源利用、环境保护的关系，率先探索生态、经济、社会协调发展的新模式，为全国其他湖区综合开发和治理发挥示范作用。

2）长江中下游水生态安全保障区。发挥保障长江中下游水生态安全的重要作用，加强生态建设和环境保护，切实维护生态功能和生物多样性，着力提高调洪蓄水能力，努力创造一流水质、一流空气、一流生态、一流人居环境，构筑区域生态安全体系。

3）加快中部崛起重要带动区。培育一批具有较强竞争力的核心企业和知名品牌，建成全国粮食安全战略核心区和生态高效农业示范区，建成区域性的先进制造业、商贸和物流中心，培育若干在全国有重要影响的重大产业集聚基地，建设国际知名的生态旅游区和休闲度假区。

4）国际生态经济合作重要平台。切实保护鄱阳湖"一湖清水"，全方位、立体式展示中国坚持生态与经济、人与自然和谐发展的新成就；广泛开展国际经济和技术交流，积极借鉴国际生态经济发展的经验和模式，充分发挥鄱阳湖生态经济区的自身特色，探索建立国际生态经济合作新机制。

围绕上述定位，着力构建安全可靠的生态环境保护体系、调配有效的水利保障体系、清洁安全的能源供应体系、高效便捷的综合交通运输体系；重点建设区域性优质农产品生产基地，生态旅游基地，光电、新能源、生物及航空产业基地，改造提升铜、钢铁、化工、汽车等传统产业基地。

4.10.5　存在的问题

1）生态环境系统脆弱。由于各区域工业化、城镇化发展，大量的农药化肥以及未经处理的工业废水对湖区的污染和大面积的湿地人工改造，以及环湖区居民对生态资源过度利用的影响，造成环鄱阳湖区湿地面积缩小、大片的草洲、滩涂裸露、生物自然性衰退，生物多样性受损，湖水受到污染，自然灾害频繁，森林资源和渔业资源遭受破坏，滨湖区居民生产、生活用水受到影响，约25万人饮水困难。

2）经济发展缓慢，商品生产不发达。鄱阳湖流域经济中，工业和服务业比重偏低。湖区工业中，纺织工业最大，其次为石油化工，食品机械和建材工业。农业以水稻种植为主，区域农业基本上是一种自给半自给的自然经济，农业的商品化程度低下，农业部门仅能向生态工业部门提供较少的低质原料和初级加工产品，生态农业部门对工业部门的市场贡献能力也不强。

3）区域发展不够平衡。部分区、市具有区位优势、交通便利、基础设施完善、工业基础好、第三产业发达。部分县市受鄱阳湖水体的影响，属于传统的农业生产区，第二、三产业落后，城市化水平也较低。

未来一段时期是鄱阳湖生态经济区工业化、城镇化加速推进的重要时期，能源资源需求将大幅增加，节能减排任务更加艰巨，环境保护压力更加突出；与我国经济发达地区相比，鄱阳湖生态经济区的综合经济实力不强，区域竞争力较弱，优势产业和优势企业不多，社会事业发展滞后，人力资源开发培养不足，生态经济区经济社会发展的基础较为薄弱；重开发、轻保护的传统发展模式惯性依然较大，有利于科学发展的政绩综合考评体系尚未建立，有利于促进资源整合、强化污染综合防治的宏观统筹机制仍然存在障碍。因此在规划实施过程中应注重：①统筹生态建设和环境保护，推进流域综合治理；②建设环境友好型生态产业体系；③构建区域优势互补、互利和共赢的经济合作体系；④以省会城市为核心，加快构建鄱阳湖城市群，形成以点带轴、以轴促面的城镇集群发展模式。此外还需要重视的是，鄱阳湖水体污染呈日益加重趋势，同时，低水位一定程度上助长了血吸虫孳生繁殖，威胁着湖区群众身体健康和经济社会发展（焦建新，2010）。

21世纪是生态文明的世纪，生态经济、建设生态文明、低碳经济已成为世界经济发展大趋势。在应对国际金融危机的过程中，各国已清醒地认识到，依赖高投入、高消耗的粗放式经济发展方式难以为继，发展生态经济、建设生态文明，已成为人类文明永续发展的必然选择。鄱阳湖生态经济区规划获批，并成为国家战略，就是在这样的世界经济战略转型背景下的选择，建设鄱阳湖生态经济区是抢占世界生态经济发展先机的具体实践。

鄱阳湖地区以占全省30%的国土面积承载了近50%的人口，创造了60%以上的经济总量，是江西省经济密度最高、承载能力最强的地区，是省内最有潜力实现重点突破、率先崛起的地区，也是最有实力、最有希望支撑中部崛起、参与全国区域竞争的地区。但目前生态环境质量恶化的矛盾凸显，鄱阳湖面积已由1950年的5050平方公里萎缩到3283平方公里。因此，保护鄱阳湖生态环境成为迫切需要。探索生态与经济协调发展、人与自然和谐共存的发展路径，为未来赢得更多的发展权利、更大的发展空间，是鄱阳湖生态经济区发展战略形成的现实基础。因此，规划是一项应时而生、顺势而为、前景光明的重大战略举措。

建设鄱阳湖生态经济区是涉及范围广、建设任务重的系统工程，既肩负着保护鄱阳湖一湖清水的重大使命，又承担着引领江西发展、支撑中部崛起的重要功能，必须统筹兼顾好当前发展和长远发展，在鄱阳湖生态经济区的建设中更多地着力于创新发展理念，将生态保护与经济发展更好地有机统一起来，按照生态与经济协调发展的要求，积极推动产业生态化改造，努力构建以生态农业、新兴工业和现代服务业为支撑的环境友好型产业体系，探索出一条生态与经济协调发展的新路子，创建科学发展、绿色崛起的江西范本。

4.11 皖江城市带承接产业转移示范区

4.11.1 地理范围

皖江城市带是实施促进中部地区崛起战略的重点开发区域，是泛长三角地区的重要组成部分，是长江三角洲地区产业向中西部地区转移和辐射最接近的地区。设立皖江城市带承接产业转移示范区（以下简称"示范区"），有利于深入实施促进中部地区崛起战略，探索中西部地区承接产业转移的新途径和新模式，促进产业结构升级，优化区域产业分工，推动区域协调发展。示范区规划范围为安徽省长江流域，包括合肥、芜湖、马鞍山、铜陵、安庆、池州、巢湖、滁州、宣城九市全境和六安市金安区、舒城县，共59个县（市、区），辐射安徽全省，对接长三角地区。2008年规划区年末总人口3058万，地区生产总值5818亿元，分别占安徽省的45%和66%。

4.11.2 形成过程

1990年，为呼应浦东开发，安徽省委、省政府作出抓住机遇、开发皖江的重大决策。1995年，出台了《关于进一步推进皖江开发开放若干问题的意见》，制定了《安徽省长江经济带开发开放规划纲要》，提出实施"外向带动、整体推进、重点突破、形成支柱"的总体战略，以芜湖为突破口、沿江城市全面跟进的开发开放格局初步形成。进入新世纪，安徽省委、省政府进一步明确了东向发展战略，皖江地区进入快速发展时期，逐步形成了沿江制造业产业带和以合肥、芜湖、马鞍山、铜陵、安庆等城市为重点的城市带。2006年，国家将皖江城市带纳入中部地区崛起战略重点发展区域。2008年，合肥、芜湖、马鞍山、铜陵、安庆、池州、巢湖、滁州、宣城九个皖江城市实际利用省外资金达2306亿元，占全省的71.7%，其中来自长三角地区的资金占55%以上。2010年1月12日，国务院正式批复皖江城市带承接产业转移示范区规划。该规划是迄今为止全国唯一以产业转移为主题的区域发展规划。

4.11.3 资源环境和社会经济情况

4.11.3.1 区位条件

皖江城市带靠近经济比较发达的长江三角洲，又恰逢长三角核心地区（上海、苏州、无锡、常州等）发展到了向外辐射扩散的阶段，因而使得皖江城市带成为最便捷的接纳地；另一方面，因其靠近长江黄金水道，具有运量大、成本低的优势，潜力巨大。

4.11.3.2 资源环境条件

皖江城市带属亚热带湿润性季风气候，气候温和，光、热、水资源较为丰富。皖江城市带地处江南鱼米之乡，动植物种类繁多。矿产资源丰富，主要有铁、铜、金、银等，矿储量大，开发潜力巨大。皖江城市带的旅游资源品质高，特色鲜明，在五万多平方公里的范围内集中了众多的国家级重点风景名胜区，这在全国并不不多见。

皖江城市带自然资源相对丰富。一是有较宽裕的发展空间，由于地形多样，地貌复杂，城市附近基本农田不多，而且还有一些河滩地、沙荒地，可供城市开发的土地资源相对较为丰富；二是水资源较丰富，降雨多，靠近大江大河，城市不会有缺水之虞；三是生态环境良好，大气遭受污染较轻，环境容量大。

皖江城市历史悠久，文化底蕴丰厚，文明程度较高。多种文化交汇（徽文化、皖文化、吴文化），人才辈出。

4.11.3.3 经济发展水平

与其他城市群进行比较，皖江城市带的人均 GDP 低于其他城市群，但经济密度（或称单位面积经济产出）高于辽中南城市群，略低于京津冀城市群；人口密度比较高，仅次于长三角；城镇化水平偏低；经济外向度（进出口贸易额与地区生产总值之比）高于山东半岛和辽中南地区，几乎是这两个城市群的两倍。在中部地区，皖江城市带人均 GDP 与武汉城市群接近，高于中原城市群；经济密度仅次于中原城市群，高于其他城市群；人口密度最高；城镇化水平仅次于武汉城市群，高于中原城市群和长株潭城市群；经济外向度大大高于其他城市群，是武汉城市群的 3 倍、中原城市群的 3.7 倍。与中部地区其他城市群相比，皖江城市带并不处于劣势，经济活力比较强。

4.11.4 功能分析和未来主要功能

皖江城市带承接产业转移示范区的总体功能在于立足安徽，依托皖江，融入长三角，连接中西部，积极承接产业转移，不断探索科学发展新途径，努力构建区域分工合作、互动发展新格局，并成为长江经济带协调发展的战略支点，引领中部地区崛起的重要增长极（王洋，2010）。主要战略目标为：

1）合作发展的先行区。创新合作机制，深化与长三角分工合作，在设施对接、园区共建、信息互通等方面率先突破，在利益分配机制等方面先行探索，在更大范围内实现资源优化配置，加快与长三角一体化步伐，把示范区建成长三角产业拓展优选区，形成与长三角地区优势互补、分工合理、共同发展的产业格局。

2）科学发展的试验区。探索产业承接与自主创新统筹发展新思路，推进承接产业创新提升，增强自主发展能力，提高资源节约集约利用水平。探索区域联动发展新机制，强化与长三角分工合作，实现优势互补。探索经济社会协调发展新途径，加快社会事业发展，推进基本公共服务均等化。探索城乡统筹发展新模式，缩小发展差距，推进城乡一体化。探索体制改革新举措，强化政策支持，促进产业有序转移。

3）中部地区崛起的重要增长极。通过加快产业集聚，加速规模扩张，推进结构升级，不断增强综合经济实力，进一步提升发展水平和带动能力，使皖江城市带成为承接东部、辐射中西部的重要平台，促进区域协调发展的重要支撑。

4）全国重要的先进制造业和现代服务业基地。积极承接产业转移，进一步做大做强优势产业，着力培育高技术产业，加快发展现代服务业，构建现代产业体系，发展壮大一批规模和水平居全国前列的产业集群，培育形成若干具有国际竞争力的行业龙头企业和世界知名品牌。

4.11.5 存在的问题

皖江城市带的综合优势没有得到充分发挥，发展潜力没有得到充分挖掘，对全省发展的贡献还不大；区域发展不平衡，缺乏具有较强带动作用的经济中心，呈现东强西弱、南强北弱的格局，整体推进的发展态势尚未形成；对外开放尤其是对境外开放水平较低；思想观念、市场机制等方面与发达地区相比也还存在较大差距等。

为了充分发挥皖江城市带的综合优势，需要注意：

承接产业转移必须有选择性，必须结合现存产业的研究，才能对承接产业转移做出更好的选择；应当积聚整合优势产业，形成经济增长的龙头。承接产业转移只是手段而并非最终目的，真正的目的是提升自身产业结构，实现自身跨越式发展，因此要顺应长三角城市群的区域扩张，承接对安徽发展有利的产业，着力于促进皖江城市带的产业升级。

承接产业转移过程中坚持自主创新。应该认识到承接产业转移和自主创新是相辅相成的，承接产业转移能使当地区域自主创新有更多的空间和平台，而自主创新可以在更高的层次上和更宽的领域中承接产业转移。因此，应积极承接关联配套的产业、形成专业化分工，社会化协作的产业格局，提升产业竞争力。

进一步优化发展环境。虽然发达省份通过政策引导产业向省内欠发达地区转移，但产业转移毕竟是企业行为和市场行为，市场机制起着关键作用。为此，示范区建设要突出发展环境建设、低成本区建设，不断优化发展环境，降低投资者的投资成本和生产成本。

《皖江城市带承接产业转移示范区规划》从国家战略层面，明确了皖江城市带承接产业转移示范区发展的总体思路、重点任务和政策措施，为当前和今后一个时期皖江城市带高速发展指明了方向。

该规划是我国第一个为促进中西部地区承接东部沿海地区和国外产业转移而专门制定的，对于充分发挥中西部地区比较优势，挖掘发展潜力，探索承接产业转移新途径和新模式，在全国范围内推进并形成更加合理的区域产业分工格局，加快转变经济发展方式，保持经济平稳较快发展，具有十分重大的意义。

改革开放30多年来，我国东部沿海地区与中西部地区的经济格局正在发生重要变化。东部沿海地区受国外市场需求变化和周边国家竞争加剧影响，传统产业的发展优势逐步减弱，进一步加快发展面临着资源环境约束矛盾日益突出、生产要素供给趋紧、产业升级压力增大等诸多问题，迫切需要通过产业转移来加快经济转型和结构升级。而广大中西部地区资源丰富、要素成本低、市场潜力大，具有承接产业转移的优越条件和加快发展的迫切需要。

皖江城市带既有江水通航的优势，又有腹地辐射和劳动力、土地供应以及资源方面的比较优势，且在产业方面与长三角发达地区具有很强的互补关系，在国家"十二五"规划扩大内需战略的宏观背景下，在长三角地区的劳动力成本、土地成本、商务成本等成本上升的趋势下，皖江城市带迎来了承接产业转移的大好时机。

规划中提出的中西部地区承接产业转移的新模式是一项全新的工作，没有可借鉴的经验。因此在规划实施过程中应贯彻国家区域发展总体战略，加强与国家产业调整振兴规划的衔接，既可适应国内外环境的新变化，体现国家战略意图，又能立足安徽发展实际，体现区域特色。应特别注重：承接产业转移与调整区域经济结构、优化产业空间布局的结合；承接产业转移与推进开发园区转型升级、打造承接载体的结合；以及与产业结构优化升级、推进自主创新的结合。通过若干年的努力，定能把皖江城市带承接产业转移示范区建设好，为推动安徽实现跨越式发展，促进中部地区崛起和区域协调发展作出新的更大的贡献。

4.12 中部崛起

4.12.1 地理范围

中部地区包括山西、安徽、江西、河南、湖北、湖南六省，国土面积103万平方公里，2008年实现地区生产总值63 188亿元，占全国的19.3%，年末总人口3.6亿，在我国经济社会发展格局中占有重要地位。

4.12.2 形成过程

2004 年 3 月，国务院政府工作报告正式提出"促进中部地区崛起"的重要战略构想，并指出"加快中部地区发展是区域协调发展的重要方面"。

2005 年 3 月 6 日，全国政协召开国家十部委参加的"促进中部地区崛起提案协商现场办理座谈会"，中部崛起由此"破题"。

2006 年，在全国人大十届四次会议上，国务院政府工作报告中进一步明确要"积极促进中部地区崛起"。

2006 年 2 月中旬，国务院常务会议专门讨论了促进中部崛起的纲领性文件——《促进中部崛起的若干意见》。

2006 年 3 月 27 日，中共中央政治局召开会议，研究促进中部地区崛起的工作。

此后，中部六省加强了横向联动。2006 年 9 月 18 日，中部六省省委书记、省长以及部分中央部委负责人会聚郑州，参加"中部论坛"郑州会议。"中部崛起"的横向合作付诸行动。有关部委和中部六省政府共同主办的中国中部投资贸易博览会也在 2006 年开始举办，每年一届，中博会至今已成为中部地区规模最大、规格最高、影响深远的商界交流平台。

2008 年 1 月，国家发展改革委牵头的促进中部地区崛起工作部际联席会议制度，目的是为了贯彻落实党中央、国务院关于促进中部地区崛起的重大部署；研究促进中部地区崛起的有关重大问题，向国务院提出建议；协调促进中部地区崛起的重大政策制定，推动部门间沟通与交流。

2008 年初，编制《促进中部地区崛起规划》列入了国务院的工作日程表。2008 年下半年，国家发展和改革委员会制定的《促进中部地区崛起规划》（初稿）开始下发，地方和多个部门纷纷提出了修改意见。其中各个省分别根据自己的情况，出台编制了相关规划。

2009 年 9 月 23 日，国务院常务会讨论并原则通过了《促进中部地区崛起规划》。2010 年 1 月 11 日，国家发展和改革委员会公布了《促进中部地区崛起规划》全文。

4.12.3 资源环境和社会经济情况

中部地区位于我国内陆腹地，具有承东启西、连南通北的区位优势。区域内人口众多，自然、文化资源丰富，科教基础较好，便捷通达的水陆空交通网络初步形成，农业特别是粮食生产优势明显，工业基础比较雄厚，产业门类齐全，生态环境容量较大，集聚和承载产业、人口的能力较强，具有加快经济社会发展的良好条件（李莉，2009）。

（1）中部地区的地理位置优势

中部六省地处中国腹地，连接东、西、南、北，具有明显的地理位置优势，在全国区域经济板块中发挥着重要作用。正是由于这种联结东西，纵贯南北的地理特点使得中部地区拥有以铁路、公路、水运、航空等多种现代化运输方式组成的交通运输网络，成为全国交通运输的枢纽。独特的地理位置和相对便利的交通条件，既有利于中部地区与东、西部地区交流与合作，也有利于中部地区自身发展。

（2）中部地区的农业资源优势

中部六省有着得天独厚的气候和地形条件。六省地处亚热带和暖温带，不仅气候温和，光能和雨水充足，还拥有适宜农产品生产的平原、林木生长的山地、游马牧羊的草场和渔业水产养殖的湖泊等多种农业自然生态系统，是我国重要的粮食主产区和商品粮集散地，也是我国重要的木材产地和农产品生产加工基地。优越的生态环境和巨大的粮食生产和输出能力为中部地区大力发展现代农业提供了现实条件。

（3）中部地区的能源、矿产资源优势

中部六省能源、矿产资源种类齐全，尤其是水资源和煤炭资源储量丰富，是我国主要的能源生产与输出基地。中部地区水资源丰富，水电潜力巨大，辖区内有长江、黄河、海河三大流域和洞庭湖、鄱阳湖、巢湖三大淡水湖，拥有长江三峡、葛洲坝、小浪底等重要的水电及水利设施。中部六省稀有矿产资源的储量也明显高于东部地区和西部地区，有广阔的发展前景，这为中部地区能源等基础产业的发展提供了难以替代的资源优势。中部地区丰裕的能源矿藏不仅有利于中部地区现有传统工业的发展，而且有利于其进一步打造新型技术密集型工业产业基地。

（4）中部地区的旅游资源优势

中部六省具有独特而丰富的自然景观。"全国45个森林及动植物类自然保护区中，中部地区拥有9处；全国119个重点风景名胜区中，中部拥有27个；全国84处革命遗址及革命纪念建筑物中，中部拥有22处"。此外，中部地区文化底蕴深厚，人文旅游资源丰富。该区是中华文明的发源地，河南的中原文化、殷商文化，山西的晋文化，安徽的徽文化，湖南的湘西文化等都是珍贵的历史遗产、宝贵的精神财富。独特的自然景观和深厚的人文底蕴为中部地区发展现代化旅游产业提供了良好的客观条件。

（5）中部地区劳动力比较优势

中部六省劳动力密集度高。中部六省劳动力资源总量占全国31个省（市、区）劳动力总量的30%左右，全国40%的农民工来自中部。另外，中部地区也不乏人才，六省中的河南、湖北不仅是人口大省，还是教育大省，为全国各地提供各行各业的精英人才。

4.12.4 功能分析和未来主要功能

中部地区在我国的粮食生产中发挥着重要的作用，是我国发达地区产业转移的承接地，和连接东西、南北的重要交通基地。在今后的发展中中部地区将被建设成为我国重要的粮食生产基地、能源原材料基地、现代装备制造及高技术产业基地、综合交通运输枢纽。

1）粮食生产基地：以加强粮食生产，调整生产基地建设为重点，积极发展现代农业，加快农业结构调整，大力推进农业产业化经营，加强农业农村基础设施建设，不断提高农业综合生产能力，持续增加农民收入，切实改变农村面貌。

2）能源原材料基地：按照优化布局、集中开发、高效利用、精深加工、安全环保的原则，加强重要矿产资源勘查，优化矿产资源勘查开发布局，进一步提高矿产资源开发利用水平，增强工业产能、布局、结构与资源开发的协调性，巩固和提升中部地区重要能源原材料基地地位。

3）现代装备制造及高技术产业基地：围绕中部地区装备制造优势行业，以核心技术、关键技术研发为着力点，增强自主创新能力，提高行业集中度，加快集聚发展，提升装备制造业整体实力和水平。加快发展高技术产业，培育新的经济增长点。促进高新技术和先进适用技术与传统产业融合，推动传统制造业优化升级。

4）综合交通运输枢纽：以建设连通东西、纵贯南北的运输通道和交通枢纽为重点，优化各种交通方式的资源配置，统筹各种交通方式的协调发展，加快构建综合交通体系，提高综合交通能力，充分发挥中部地区在全国综合运输大通道中的作用，强化其综合交通运输枢纽地位。

4.12.5 存在的问题及对策

中部地区也面临诸多制约长远发展的矛盾和问题："三农"问题突出，农业稳定发展和农民持续增收难度增大，统筹城乡发展任务繁重；工业化水平不高，发展方式依然粗放，产业亟待调整和振兴；城镇化水平较低，中心城市的辐射带动能力不强，农村富余劳动力转移和城镇就业压力较大；地区发展不平衡，革命老区、民族地区、贫困地区发展相对滞后，扶贫开发任务艰巨；制度性约束因素多，体制改革尚需深化，开放合作机制有待完善；生态保护和环境治理任务较重，防灾减灾能力亟待加强，促进人与自然和谐发展任重道远。解决上述问题，需要长期坚持：

1）优化产业结构。通过自主创新优化农业产业结构。发展特色农业和高效经济作物，在基地化种植、标准化生产、产业化经营等方面积极改进。根据农业资源利用和农产品供求的现状，加快林业和畜牧水产业的发展，提高其在农业中的比重。在创新现代农业经营形式上下工夫，着力提高现代化大农业综合开发区的组织化、规模化和市场化程度。通过自主创新促进工业产业升级。综合运用现代技术和手段，加快能源资源整合，传统工业产品技术和生产工艺技术优化，提升中部传统工业，加快高新技术产业发展，发展高新技术产业集群，以培育中部新的经济增长点。

2）着力解决三农问题，多种渠道增加农民收入。优化农村经济发展环境，利用区域特色，创新农民增收的有效途径，鼓励和吸引民间资本、工商资本、外来资本投入，促进和培育龙头企业，吸纳农村富余劳动力，加快发展非农产业，推进农民非农化。发挥比较优势，进一步培育壮大特色经济，放手发展民营经济，加快县域经济结构的优化；加快县域和中心镇建设，发挥城镇的集聚带动作用。建立和完善城乡统筹基本社会保障制度。加强农村基本养老制度、农村医疗保险制度、最低生活保障制度和农业保险制度四项社保制度建设，确保农民享有基本社会保障，促进农村劳动力向非农产业和城市转移。提高农业资源利用效率，增强农业和农区的竞争力，使粮食主产区的经济社会发展步入良性循环的轨道。

3）保护生态环境，加强生态环境保护和建设。加大水污染、空气污染和地质灾害的治理力度，重点解决长江、黄河、淮河、洞庭湖、巢湖等流域的污水处理和垃圾处理问题，高度重视水资源保护，加大整顿和规范矿产资源开发秩序的力度，完善资源开发利用补偿机制和生态环境恢复补偿机制，推进资源综合利用和循环利用。

《促进中部地区崛起规划》的产生标志着国家中部崛起战略进入了新阶段。中部地区崛起是国家经济重心多极化发展的必然趋势，也是在国家层面上缩小区域发展不平衡和实现全面建设小康社会目标的客观要求。中部崛起不仅反映了中部人民的期望和诉求，事关中部3.7亿人民，更是持续稳定发展的客观需求，是国家战略的重要组成部分。我国的持续发展需要更充分地动员全国的资源。中部自然资源、人力资源、市场资源、工业基础和区位资源都具有一定优势，理应在新的发展阶段发挥更大的作用。

中国面临着资源环境的双约束，经济发展对世界资源的依赖达到了前所未有的程度，转变增长方式的压力陡然增大，走新兴工业化道路面临着前所未有的紧迫性。这种形势缩小了中部发展道路选择的空间，中部崛起不可能再沿循东部走过的增长方式扩大经济规模，因此中部从崛起的开始就被迫走上了新兴工业化道路。这是一个艰巨的探索过程、转折过程。

中央促进中部崛起战略的提出为中部提供了特殊的机遇。中部是一个特殊的地区，在中国碰到的几乎所有的难题，在中部都已出现。诸如中部的产业结构、城市化水平、二元结构状态，农民人数多，粮食比重大，集中了我国一半以上的粮食大省等。机遇在中国也是生产力。只要中部地区把握机遇，合理借鉴东部开放的经验和教训，吸取西部开发和东北振兴的经验和教训，努力创新，就能探索出中部地区发展的新思路、新模式和新动力。

中部地区曾经为中华文化的发展，中华民族的繁荣做出了辉煌的业绩。在今后几十年里，中部仍会继续为中华民族做出与它相称的贡献。

4.13 关中-天水经济区

4.13.1 地理范围

关中-天水经济区范围包括陕西省西安、铜川、宝鸡、咸阳、渭南、杨凌、商洛（部分区县）和甘肃省天水所辖行政区域，面积7.98万平方公里，2007年末总人口为2842万，直接辐射区域包括陕西省陕南的汉中、安康，陕北的延安、榆林，甘肃省的平凉、庆阳和陇南地区。

4.13.2　形成过程

在十一五规划纲要形成之前，陕西省发展和改革委员会已经委托有关研究单位长期从事"大关中经济区"的课题研究。在2007年4月份召开的西部洽谈会上，正式成立了"大关中经济区"的课题组，开始将关中、天水、陇东、汉中、延安、甚至山西临汾和运城市的一部分都纳入到经济区的规划中，几经易稿后，2007年年底，确定了六市一区：西安、咸阳、宝鸡、铜川、渭南、天水五市和杨凌高新农业产业技术示范区，产生了关中-天水经济区的规划构想。2008年2月，国务院西部开发办在陕西主持召开了《关中-天水经济区规划》编制工作座谈会，标志着陕西、甘肃两省联手建设"关中-天水经济区"工作全面启动。2009年4月，《关中-天水经济区规划》大纲初步完成。2009年6月，国务院正式批准了《关中-天水经济区发展规划》。规划的批准，标志着关中-天水经济区的诞生，标志着国家经济区的设立，标志着西部大开发的深入推进。

4.13.3　资源环境和社会经济情况

4.13.3.1　区位分析

关中-天水经济区之所以采取跨省合作发展的形式，主要是因为关中平原和天水一直有相似之处。从地理位置来说，天水与陕西相邻，天水市西北方向是定西市，而定西辖区的渭源县鸟鼠山就是陕西的"母亲河"渭河的发源地。作为丝绸之路上重镇的西安、天水等市，都具有较强的工业基础。因此，借渭河这条纽带联系起来的关中-天水经济区，被赋予拉动西北经济发展的"龙头"重任。以关中地区为核心，陇东和天水位处其经济辐射范围以内，虽然处于不同的行政区划，但是从经济上，关中、天水一带从"一五、三五、五五"时期就一直是国家重点部署的军工企业"三线"要地。经济和文化上的内在联系使得关中-天水这一区域有着自然形成的共生型经济形态。关中-天水经济区的成立，将在很大程度上加强两地的产业互补和对资源的优化组合以及配套。

4.13.3.2　资源环境分析

关中-天水经济区倚靠着秦岭山系，气候属暖温带大陆型季风气候，冬冷夏热，雨热同季。光、热、水资源丰富，利于农、林、牧、副、渔各业发展。有丰富的农业资源、水资源、矿产资源、生物资源、旅游资源等。是我国西部经济基础好、自然条件优越、人文历史深厚、发展潜力较大的地区。

关中，或关中平原，指陕西秦岭北麓渭河冲积平原，又称关中盆地，其北部为陕北黄土高原，向南则是陕南山地、秦巴山脉，是陕西的工农业发达和人口密集地区，号称"八百里秦川"。关中地区总面积6.55万平方公里，行政范围包括西安、铜川、渭南、宝鸡、咸阳、商洛等六个城市，集聚了全省约60%的人口。以西安为中心的关中地区，在全国区域经济格局中具有重要战略意义，被国家确定为全国16个重点建设地区之一。

甘肃省天水市位于甘肃东南部，东临陕西省宝鸡市，西、北、南分别与定西、平凉和陇南相接，有"陇上小江南"之称。总面积14392平方公里，全市横跨长江、黄河两大流域，新欧亚大陆桥横贯全境。天水经济开发较早。新中国成立后，工业发展较快，特别是国家"三线"建设时期，一批企业相继迁至天水，天水逐步发展成为西北地区的重要工业城市，是国家老工业基地之一。目前有工业企业749家，形成了以加工制造业为主体，电子电器、机械制造、轻工纺织三大行业为主导，食品、建材、化工、冶金、皮革、烟草、塑料等行业竞相发展，门类较多、技术装备较好、具有一定实力和特色的区域工业体系。

4.13.3.3　社会经济情况分析

关中-天水经济区几个城市的产业各具特色，发展基础良好。

西安科技实力强，高等教育发达，是我国科研教育和高新技术产业的重要基地。西安的综合科技实力位居全国大城市前列，具有仅次于北京、上海的综合科技实力和智力机构。西安的大专院校、科研院所、技术开发机构，拥有一批达到国际水平的开放型实验室和国内一流的试验和检测设备，一些尖端技术在国内处于领先地位。尤其在电子、机械、化工、材料、勘测、自控、航天、航空等领域具有国内一流和世界领先水平，有一批具有自主知识产权和技术创新企业，形成了在国内举足轻重、在亚洲颇具影响的教育科技综合实力。

宝鸡是西北地区的工业重镇，国有企业比重大是宝鸡经济结构的显著特征。2000 年以来，依托现有的产业、资源、资产、环境等优势，宝鸡市全力推进和不断深化以投资主体多元化和股份制改造为核心的国企改革。工业经济保持了强劲的增长势头，工业对经济增长的贡献连续几年都在 60% 以上，工业在宝鸡经济发展中的支柱地位不断增强。畜牧业已经成为农业发展、农民增收的支柱产业。在畜牧大市建设的带动之下，农业产业结构调整成效明显，畜、粮、果、菜、药五大主导产业协调发展的局面初步形成。以 34 个农业科技专家大院为载体的新型农业科技推广服务体系基本形成，科技对农业的贡献率达到 53.1%。

咸阳有耕地 41.54 万公顷，是陕西主要粮、棉生产基地，全市有 9 个省级优质商品粮基地县和 6 个国家级优质商品粮基地县，人均产粮居陕西之首，每年提供商品粮 5 亿多公斤。多种经营已形成以棉花、苹果、烤烟、蔬菜、笼养鸡、生猪等产品为主的 15 个商品基地。咸阳是一个新兴的工业城市，已形成纺织、电子、煤炭、石油化工、机械为主体的工业体系。

天水农业以实施种、养、加"六个百万工程"为突破口，粮食生产稳步发展，林果、畜牧、蔬菜、农副产品加工四大支柱产业初具规模，农业产业化进程正在加速；天水是全国著名的五大电器工业基地之一，目前已形成了机械、轻纺、电子三大行业为主导的工业体系。目前天水工业高速发展和产品的进一步升级换代正在实施；五横三纵省道国道及市区环形交通的贯通，天兰、陇海铁路复线的筹建，通讯网、电力网的扩建，交通基础设施的不断完善，商贸流通业的迅速发展，投资规模不断扩大为天水提供了高速发展的良好基础。

4.13.4　功能分析和未来主要功能

关中-天水经济区作为我国西部大开发的三个重点区域之一，在全国具有独特地位和优势：一是这里是华夏文明的重要发祥地，先后有十三个王朝在西安建都，三万多处文物景点闻名全国，堪称全国的人文历史博物馆。二是科技教育的领先性。关中拥有 80 多所高等院校、100 多个国家和省级重点科研院所、100 多万科技人才，有西安高新区、杨凌示范区等 4 个国家级开发区和一批产业基地、大学科技园区、科教综合实力位居全国前列。三是产业构成的高端性。关中的产业涵盖了装备制造、电子信息、生物医药、现代农业等诸多领域，特别是聚集了全国近 30% 的航空工业研发生产能力，是中国的航天动力之乡。四是所处地域的战略性。关中地处祖国腹地，是我国大地原点所在地、欧亚大陆桥中国段的中心，连接中原与甘青新西北边疆的桥梁与纽带，铁路、公路、航线和通信、油气等各种管线密集交汇，千里秦岭又构成我国重要的生态屏障，从而使关中自古以来就是承东启西、连接南北的战略枢纽。

依据关中-天水经济区的战略定位，未来它将发挥以下五个方面的功能：

1）全国内陆型经济开发开放战略高地。通过优化对外开放格局，创新区域合作机制，拓展对外开放空间，提升经济综合实力，带动西部地区经济社会跨越式发展。

2）统筹科技资源，改革示范基地。推进科技创新体制改革先行先试，加快产学研一体化，统筹军民科技融合发展，促进科教优势向经济优势转化，为建设创新型国家探索新路径。

3）全国先进制造业的重要基地。以装备制造业和高技术产业为重点，打造航天航空、机械制造等若干规模和水平位居世界前列的先进制造业集群，培育一批具有国际竞争力的企业和知名品牌。

4）全国现代农业高科技产业基地。以杨凌国家级农业高新技术产业示范区为依托，建设新型农业发展方式和现代农业技术的推广服务平台，成为我国农村制度创新和城乡统筹发展的先行区。

5）彰显华夏文明的历史文化基地。充分发挥历史文化资源集聚优势，建设国际文化交流平台，打造一批具有世界影响力的历史文化旅游品牌，展现和弘扬中华优秀传统文化。

通过打造"一核"、"一轴"、"三辐射"的空间发展框架体系，关中–天水经济区充分利用科技优势、区位优势和产业优势，将辐射带动许多城镇建设，形成重点镇；同时连接内蒙古、宁夏、甘肃、新疆、青海和西藏，将成为我国北方内陆地区"开放开发的龙头"，西安也将成为综合性大都市。

4.13.5 存在问题与对策

当前，经济区总体经济实力还有待进一步提升。企业市场竞争力不强，产业集聚度不高。体制机制创新活力不足，非公有制经济发展相对滞后。城乡发展失衡，城乡人民生活水平差距明显。社会事业发展仍较薄弱，基本公共服务、人力资源开发水平亟待提高。水资源总量不足、综合利用水平较低，生态建设和环境保护任务繁重。与周边地区和国际市场的联系不够紧密，对内对外开放力度还需要进一步加大。

尤其需要强调的是水资源不足可能会成为经济区发展的主要制约因素。历史上水资源对关中区的发展有着举足轻重的影响，甚至影响着朝代更替和都城选择。由于生态环境遭破坏，关–天区逐渐成为缺水之地，这给重新崛起带来了很多困难，生产、生活用水需求随着发展和人口增多会急剧膨胀，与水资源匮乏的矛盾也会相应加剧。

此外，区域内的省份之间、市级之间和区县之间的利益协调问题也十分重要。规划的实施，必然涉及陕西省与甘肃省之间的利益协调问题，也涉及关中区域内各重要城市之间、宝鸡市与天水市的利益协调问题。

今后应以具有特色优势的产业集群来支撑创新型企业的发展。通过体系创新、技术创新，实现关键领域和核心技术的重大创新突破；以市场为导向，发挥经济区航空航天、装备制造等产业的优势，促进经济结构的调整，推动产业结构的升级，形成产业集群。依托高新技术开发区、经济技术开发区、高新技术产业基地等，大力扶持科技创新型企业，在重点领域开发一批核心技术，拥有一批自主知识产权，造就一批具有国际竞争力的企业。

生态与发展协调方面，应从现有产业中的生态要素入手，在工业生产过程中降低资源的消耗和污染的排放，在农业生产中大力发展农业加工，延长农业产业链条，发展无污染的绿色生态农业。发展区域特色产业。关中–天水经济区地处西部，具有丰富的资源环境，人力和旅游等资源，在发展过程中要借助西部大开发，依托本地区丰富的资源优势，打造绿色生态旅游产业，推进资源优势的合理开发和深度加工，充分实现资源优势向经济优势的转化。

关中–天水经济区的产生具有偶然性，是国际金融危机的产物。关中–天水经济区的产生也具有必然性，是我国发展战略的重要内容，是扩大内需战略实施的重要环节，是实施西部大开发战略的继续，是关中–天水经济区的区位优势所决定的。

《关中–天水经济区发展规划》的正式出台，是国家为促进区域协调发展、打造西部大开发战略高地的重大举措。

关中–天水经济区能够成为西部大开发战略的重点选择除了以上原因之外，很重要的一点，就是它区位优势。经济区地处亚欧大陆桥中心，处于承东启西、连接南北的战略要地，是我国西部地区经济基础好、自然条件优越、人文历史深厚、发展潜力较大的地区。加快经济区建设与发展，有利于增强区域经济实力，形成支撑和带动西部地区加快发展的重要增长极；有利于深化体制机制创新，为统筹科技资源改革探索新路径、提供新经验；有利于构建开放合作的新格局，推动西北地区经济振兴；有利于深入实施西部大开发战略，引领大西北；有利于应对当前国际金融危机的影响，承接东中部地区产业转移，促进区域协调发展。

规划的实施，必然涉及陕西省与甘肃省之间的利益协调问题，也涉及关中区域内各重要城市之间的利益协调问题。关中–天水经济区规划是众多规划中涉及两省的规划，或许关中–天水经济区本身的制订意图就在于打破行政区划对经济发展的限制。在计划经济时期，行政区划对经济发展的限制非常明显。虽然在当前市场经济条件下，行政区划的力量发生弱化，但仍通过区域间利益间的争斗在一定程度上制约着区域融合。毋庸置疑，产业集群一旦做大，就必然引发传统的行政区划之间的矛盾，要求传统的行政区之间协调、调整，最终要求行政体制改革。因此关中–天水区作为我国西部一个重要的经济区，在这方面进行探索的意义十分重大。在规划执行过程中，探索在内陆不发达地区加快开放开发的新模式的同时探索跨区域协作发展的路子，探索打破行政区划的局限，发展新机制的方向与路径，显得异常重要。

关中–天水经济区规划的实施，意味着该地区将进入工业化快速发展的历史阶段，而要发展必然会产生污染。要实现经济发展与环境保护的双赢目标，转变经济增长方式，优化经济结构，实现工业生产从高消耗、高污染向低消耗、低排放的转变；要积极做好流域治理，合理利用土地，从源头上加大对水资源、土地资源等自然资源的保护。只要坚持科学发展，加快结构调整、推动发展方式转变，在体制机制上探索创新，关中–天水经济区一定会对西部地区，特别是西北地区的发展起到示范和引领作用。

4.14 甘肃省循环经济区

4.14.1 地理范围于形成过程

甘肃省循环经济区的地理范围即为甘肃省区域。

早在 2004 年，甘肃的循环经济就已经起步。2005 年以来，甘肃围绕环境保护、生态建设、循环经济三大重点和四个关键环节（结构调整、节约水资源、绿化、污染防治），先后出台制订了适应循环经济发展的《甘肃省资源综合利用条例》等相关法律法规和制度。2007 年，甘肃省被列为全国循环经济试点省。2007 年 12 月，国家将甘肃列为循环经济试点省之后，省政府迅速行动，编制《甘肃省循环经济试点实施方案》。2008 年 2 月，在实施方案的基础上，正式编制了《甘肃省循环经济总体规划》。2009 年 12 月 28 日，国务院正式批准实施《甘肃省循环经济总体规划》。总体规划包括十条支持甘肃循环经济发展的政策，72 大类 2133 亿元的投资项目。将打造 16 条循环经济产业链，培育 110 户骨干企业，提升 36 个省级以上开发区，建成七大循环经济基地。

4.14.2 资源环境和社会经济情况

4.14.2.1 区位分析

甘肃位于西北内陆地区，地处青藏高原、内蒙古高原、黄土高原的交汇处，属于中国大陆地理中心，外与蒙古国接界，内与陕、宁、新、青、川和内蒙古接壤，位居西北五省（区）中心，是五省（区）交通运输的中枢、古丝绸之路的咽喉，欧亚大陆桥贯穿全境。

甘肃省是长江、黄河的重要水源补给区和生态功能区。甘南黄河水源补给区是黄河源区降水量丰沛的地区，是黄河、长江上游的河源区。敦煌国家级生态功能保护区、疏勒河流域、黑河中上游国家级生态功能保护区是甘肃省乃至全国的生态屏障。石羊河流域穿过河西走廊的酒泉、张掖、武威等地绿洲，维系着当地生态平衡，陇南山区、祁连山水源涵养林也直接关系着长江中下游地区和河西内陆区域的生态环境安全。

4.14.2.2 自然条件和资源现状

(1) 自然条件

甘肃省内山地、高原、平原、河谷、沙漠、戈壁交错分布，其中以山地、高原为主，大致可分为陇南山地、陇中黄土高原、甘南高原、河西走廊、祁连山地、河西走廊以北地带六个各具特色的地理区域。

甘肃省幅员辽阔，地域狭长，位居我国三大自然区的交汇处，地形地貌复杂，生态类型多样，光热、土地、生物、旅游、矿产和劳动力资源丰富。辖区分属长江、黄河、内陆河三大流域，为中华民族古文化的发祥地之一。

(2) 资源状况

甘肃省土地面积为 42.58 万平方公里，居全国第七位。人均占有土地量高于全国平均水平，居全国第五位，土地利用率为 58.03%；人均耕地面积 2.66 亩，居全国第六位。全省林业用地面积 802.72 万公顷，森林覆盖率仅为 9.9%，远低于全国的平均水平。

甘肃是矿产资源较丰富的省份之一，已发现各类矿产 173 种（含亚矿种），占全国已发现矿种数的 74%，其中名列全国第一位的矿产有十种。

甘肃是水资源严重缺乏的省份之一，水资源主要分属黄河、长江、内陆河三个流域的九个水系，河流年总径流量 415.8 亿立方米。全省多年平均自产水资源总量为 289.44 亿立方米，河流入境水资源量 287.33 亿立方米。全省人均水资源量 1100 立方米，是全国平均水平的 47%，居全国第 22 位，接近国际人均重度缺水界限，其中黄河流域人均只有 750 立方米。

甘肃省预测煤炭资源储量 1428 亿吨，居全国第六位，已探明煤炭储量 92.3 亿吨，居全国第十四位。全省石油累计探明地质储量 68 942 万吨，居全国第七位，占全国基础储量的 3.34%。此外，甘肃蕴藏大量清洁能源和可再生能源。水能资源理论蕴藏 1724.15 万千瓦，可开发水利资源量为 1068.89 万千瓦；风能资源总储量为 2.37 亿千瓦，可开发利用风能资源量为 4000 万千瓦；太阳能资源丰富，尤其是河西地区年太阳能可利用总天数达 280 天，年太阳辐射总量 6680～8400 兆焦耳/平方米，相当于日辐射量 5.1～6.4 千瓦/平方米，具有很大优势，可开发利用空间很大。

4.14.2.3 环境状况

甘肃省生态环境总体恶化趋势尚未得到根本扭转，环境污染状况日益严重。

1) 水环境污染严重。2009 年，甘肃省废水排放总量达到 49 270 万吨，其中，工业废水排放量达到 16 364 万吨，生活污水排放量达到 32 907 万吨，工业废水排放达标率为 81.07%，说明仍有大量的未处理和不达标的废水和污水直接排入江河中，使生活和生产用水安全受到威胁。

2) 大气环境不容乐观。2009 年，甘肃省工业废气排放总量达到 6313.95 亿标立方米，烟尘排放量达 16.18 万吨，工业烟尘排放总量达 9.16 万吨，二氧化硫排放量达 50.03 万吨。其中工业二氧化硫排放量为 40.09 万吨，工业粉尘排放量为 8.37 万吨。空气中的废气、烟尘量大大超过了环境的容纳量，严重地污染了环境。

3) 固体废物污染加重。2009 年，甘肃省工业固体废物产生量为 3150.21 万吨，其中危险废物 20.94 万吨，工业固体废物综合利用率仅为 33.35%，固体废物排放量为 12.31 万吨，部分危险废物未经处理直接排入环境，严重危害人民群众的身体健康。

4) 城市生活垃圾无害化处理率低，污染严重。居民生活中的垃圾及废气、废水的排放量呈逐年递增的趋势。2009 年，甘肃省城市生活垃圾产生量为 263.6 万吨，而垃圾无害化处理率仅为 40.85%；生活污水排放量由 2005 年的 26 930 万吨增加到 2009 年的 32 907 万吨。对环境污染严重。

5) 生态环境问题在甘肃仍较突出。甘肃是长江、黄河重要的水源补给区，是西北乃至全国的生态屏障，担负着保障全国生态安全的重任。但目前一些地方的生态状况欠佳，水土流失严重，沙尘暴频率增加，盐碱地面积扩大，山地泥石流加重，土地承载力远远低于全国平均水平。

4.14.2.4 经济社会发展现状

甘肃是典型的西部欠发达省份，近年来虽然经济发展较快，但仍处于全国落后水平。甘肃省地区国内生产总值位居全国倒数第五，人均生产总值处于全国倒数第二。2008 年，甘肃省实现地区国内生产总值 3176.11 亿元，人均生产总值 12 110 元。甘肃财政对中央转移支付的依赖性较高。

改革开放 30 年来，甘肃省资源利用效率有了较大的提高，但与全国平均水平相比，尤其是与先进省份相比，仍然存在很大的差距。因此，大力发展循环经济，提高资源利用效率，已成为甘肃面临的一项重要而紧迫的任务。

甘肃的资源利用情况有以下两个特点：

第一，资源产出率低。2009 年，甘肃省生产总值约占全国的 0.99%，而能源消耗总量占全国的 1.79%；重要能源消耗占全国的比重也很高，石油占 2.62%，原煤占 2.07%，用电量占 2.95%；而每吨标准煤实现的生产总值仅相当于全国平均水平的 66.41%。

第二，资源利用效率低。2008 年，甘肃六大高耗能行业所消费的能源占甘肃省能源消耗总量的 66.70%，占全国同行业能源消耗的总量的 2.39%，总产值占全国同行业的 1.48%，单位产值能耗比全国平均水平高 62.65%，资源的利用效率低下已成为制约甘肃经济发展的瓶颈。

甘肃是一个典型的资源型省份，但是资源的优势，没有为甘肃的经济发展带来巨大的利益，反而形成了依赖资源的产业结构。高能耗、高排放、资源依赖特征明显。

4.14.3 功能分析和未来主要功能

按照国家发改委定稿的《甘肃省循环经济总体规划》，甘肃要通过实施一批重点项目，完成农业、工业和社会三个循环体系的建设，在重点产业、重点区域循环经济处于全国领先的前提下，使甘肃经济发展对资源的依赖性明显降低，产业生态化水平显著提高，生态环境明显改善，可持续发展能力显著增强，为我国全面发展循环经济提供典范。

（1）循环型农业示范功能

根据气候、水分和土壤条件，将甘肃省农业区域分为河西干旱区、陇东陇中黄土高原区、甘南高寒区和陇南山地区四个农业生产分区，各地区结合当地的农业生产条件和主导产业优势，构建适合本地区情况的农业循环经济模式。

农业是国民经济的重要组成部分，也是发展循环经济的重要基础产业。在大力构建循环型农业发展体系中，规划明确将从节约型技术推广、生物产业开发和废弃物循环利用入手，最终实现农业生产资料循环利用。

（2）循环工业示范功能

依据已有的工业基础和结构，发展新型的节能、减排、生态的工业发展模式。

目前甘肃省的工业结构中，轻重工业结构之比为 16∶84，而在几个资源型城市这个比例更低，甚至达到 10∶90。这种完全以重工业、采掘工业和农产品初级加工为主的产业结构，严重制约了资源型城市的发展。规划把调整产业结构作为甘肃省发展工业循环经济的主要途径，作为推动甘肃省工业向生态工业体系演进的基础，明确提出依靠科技进步，淘汰落后产能，加大绿色深加工产品研制开发力度，大力发展深加工、精加工产品，延长产业发展链条，促进资源的合理有效利用和循环利用，使工业强省战略得以实施。

（3）生态循环示范功能

基于甘肃省为长江、黄河重要水源补给区和生态功能区，规划把生态建设作为农业循环经济基地建设的重点，设计在甘南、临夏和陇南等地，通过全面封禁保护、退牧还草和人工种草等综合治理措施，发展生态旅游和生态畜牧业，推进经济增长方式的转变和产业结构的升级，打造绿色农业产业链。规划设计的两大农业循环经济基地，切中了甘肃省农村经济中的两大薄弱环节。而两大基地的建设，将实现甘肃省农业生产质的转变、跨越式发展。

（4）循环社会示范功能

近年来，甘肃省把发展循环经济与建立循环社会密切地结合起来，提出了"限塑令"、"建筑节能"、"节水型社会"等许多明确的社会发展、消费方式的战略提法。循环不仅仅是经济发展方式的转变，更是一个巨大的社会系统工程，是发展理念的改变，是生活方式的改变，是从循环经济到循环社会的层层递进。同样，循环社会体系建设是循环经济建设的重要组成部分，发展和培育循环型第三产业，是调结构、扩内需、保增长、促就业的重要举措。

4.14.4 存在的问题

甘肃省发展循环经济，尚存在着以下不足：

1）环境脆弱，经济基础薄弱。甘肃千百年来频经战乱，加上一些地方以牺牲环境为代价的经济发展，生态已经极度脆弱：水土流失在加重，沙尘暴频率在增高，盐碱地面积在扩大，水资源短缺日趋严重，主要河流工业污染形势严峻，土地承载力远远低于全国平均水平。

甘肃省地处西北，矿产、水等各种资源比较短缺，企业的经济效益普遍较低，经济基础薄弱。在区域之间、城乡之间、在同一城市的市区与郊区之间，发展水平差别很大。由于缺乏足够的资金，企业生产过程中产生的废气、废水、废渣等污染物，处理效果不理想。

2）产业结构急需调整。环保产业发展落后。建立的污水处理厂的处理能力不足，垃圾的减量化和资源化水平很低，综合利用率低。废旧物资循环利用企业普遍经营规模小、实力弱、加工水平落后，目前绝大多数企业仍是微利或无利润经营，基本没有条件和能力引进和采用新技术、新工艺、新设备，产品的技术含量和附加值较低。

3）缺乏技术支撑体系。从技术层面上看，生态环境问题主要产生于三个方面：一是资源消耗增长过快；二是资源利用效率过低；三是资源再生率不高。无论是单位 GNP 资源、能源消耗率，还是矿产资源的回收利用率，都与世界平均水平有很大差距。因此，必须依靠科技创新，建立符合实际情况的循环经济技术支撑体系。

依以上分析，虽然甘肃省迫切需要发展循环经济，但是，发展循环经济、建设循环型经济社会的经济基础薄弱。

循环经济是西方国家实现可持续发展战略的成功经验，也是发展中国家当前和今后必然要走的经济发展道路和模式。循环经济是对"大量生产、大量消费、大量废弃"的传统经济增长模式的根本变革，它开辟了资源综合利用、反复使用的新途径，从资源消耗的源头减少污染物的产生，使得废物得以回收利用、化害为利。这不仅是经济发展方式的转变，也为甘肃经济发展提供了可资借鉴的路径。中国正处于工业化和城市化的初中期阶段，重化工业增长速度快，粗放型经济增长方式没有根本改变，资源浪费严重，单位产值的污染物排放量高。甘肃作为中国西部的重要省份，作为一个资源大省，面临的问题也是发展中的中国不得不面对的严肃问题。

甘肃是以能源、原材料工业为主的资源开发省份，属典型的资源型省份。高能耗、高排放、资源依赖特征明显。资源的优势，没有为甘肃经济发展带来巨大利益，反而形成了过度依赖资源的产业结构。众多因素影响下，甘肃已由一个富有的资源大省，沦落到了靠吃财政饭过日子的境地。

中国科学院发布的《2002 年中国可持续发展战略报告》中分析，如果全球平均综合发展成本为1.00，中国平均综合发展成本为 1.25。对于甘肃而言，这个发展成本更高。2008 年，全省万元 GDP 能耗高达 2.01 吨标煤，比全国平均水平高出近一倍，万元工业增加值能耗高达 4.2 吨，是全国平均水平的1.57 倍。高成本，低产出，意味着利润空间和发展空间不大。

基于这一认识，早在 2005 年，甘肃就开始组织规划调研和起草全省循环经济发展规划。早在 2007 年已开始大力推进循环经济工作，开始大规模淘汰技术水平低、工艺落后、浪费资源、污染环境的企业和生产线。通过循环经济的发展，提升了甘肃的产业层次和经济增长的质量。2009 年与 2007 年相比，全省资源产出率提高 9.8%，工业固体废弃物综合利用率提高 24.8%，万元生产总值能耗下降 9.6%，万元工业增加值用水量下降 22.3%。正是由于甘肃的省情和发展现实，作为西部地区较为落后的大省，才在这一轮国家战略开发中赢得了一席之地。但是，发展循环经济，甘肃的任务还非常艰巨。对甘肃来说，发展循环经济，关键在于处置传统产业。传统产业是甘肃经济的支柱，是财政收入的主要来源，在全省经济发展中有着极其重要的地位。传统产业不升级，循环经济就不能实现。

以往的发展方式难以为继，甘肃要发展，必须按照科学发展观的要求，科学合理地利用资源，依靠科技进步，发展高附加值的加工产业链，提高资源利用的经济效益和社会效益，努力实现由资源开采的传统模式，向资源高效利用和综合利用的循环经济模式转变。发展循环经济，是甘肃走出困境，再创辉煌的唯一途径。

《甘肃省循环经济总体规划》作为国家的战略性决策，甘肃建设循环经济示范区的典型意义，决不局限于对经济的推动。甘肃地处青藏高原、内蒙古高原和黄土高原交汇处，是我国重要的生态屏障和陆路交通枢纽，资源蕴藏丰富，战略地位重要，发展潜力巨大。随着国家经济建设重点的西移，甘肃最终将发展成联络东南沿海、开发西北内陆的桥梁和纽带。甘肃的未来值得期待。

4.15 两江新区

4.15.1 地理范围

两江新区是中国第三个、内陆唯一的国家级新区，包括江北区、渝北区、北碚区三个行政区部分区域和国家级经济技术开发区、高新技术开发区和两路寸滩内陆保税港区，规划面积 1200 平方公里，其中可开发建设面积 550 平方公里，水域、不可开发利用的山地及原生态区共 650 平方公里。可供开发的建设用地 400 平方公里左右，这个区域拥有中国首个内陆水港加空港保税港区，交通、科技、制造业发达，已具备成为中国西部对外开放门户的基础。两江新区的建设时间表是到 2020 年，主要经济指标是要达到地区生产总值 5000 亿元以上，占全市总量的 1/4。实现工业总产值 1 万亿元以上。相当于十年再造一个重庆，此举将改写重庆在中国经济版图上的位置。

4.15.2 形成过程

1997 年 6 月 18 日，中央正式恢复重庆为中央直辖市。重庆成为继北京、上海、天津之后的中国第四个中央直辖市，也是中国中西部地区唯一的中央直辖市。

2007 年 6 月，国务院批准重庆为全国统筹城乡综合配套改革试验区，2009 年 2 月，国务院正式颁发《关于推进重庆市统筹城乡改革和发展的若干意见》。

重庆两江新区于 2010 年 6 月 18 日挂牌成立，成为我国内陆地区唯一的国家级开发开放新区，是继上海浦东新区、天津滨海新区后，由国务院直接批复的第三个国家级开发开放新区。

4.15.3 资源环境和社会经济情况

两江新区自然资源丰富，生物种类多样，矿产资源主要有煤、天然气、硫铁矿、砂金、含钾凝灰岩、石灰岩、石英砂、陶瓷土、耐火粘土等，均有不同程度开采。水资源除有长江、嘉陵江过境地表水外，境内年平均降水量为 10 亿立方米，地下水出露总量约 1.1 亿立方米。两江新区的发展具有以下优势：

1) 两江新区开发基础条件较好。与浦东和滨海几乎"白手起家"不同，两江新区是"老城+新城"，内陆地区唯一的保税港区、西部最大的会展中心、金融商贸区均已存在。2009 年 GDP 约 800 亿元，分别是浦东和滨海设立之初的 13 倍和 4 倍，具有一定的基础。

2) 区位交通优越。首先，重庆地处中西结合部、是中国大陆版图的几何中心，承东启西、沟通南北，拥有面向国际、连接南北、辐射西部的密集立体交通网络，将形成中国第四大国际机场、内河航运最大港口和八条铁路汇集等三大交通枢纽。长三角海运到达欧洲 28 天，重庆铁海联运到达欧洲 27 天。其次，两江新区创新的物流方式伴随新亚欧大陆桥和印度洋出海通道的打通，极大地降低了物流交易成本，为两江新区汇聚全球生产要素、搭建快速结转平台、发挥长江黄金水道、江北国际航空港枢纽、内陆唯一保税港区影响力、辐射中西部创造了优越的条件，由此可见两江新区已经处于中国内陆开放的最前沿。

3) 自然禀赋优良。一是重庆有着悠久的历史文化和人文积淀，是西部地区的人文之都、时尚之都和魅力之都。二是重庆自新中国成立以来一直为西南经济重镇，综合实力在西部名列前茅。三是重庆的人力、土地、水电气等综合成本只有沿海地区的 60% 左右，而且产业综合配套能力强，治安环境、政务环境和服务环境优良，是投资者、创业者的乐园。

4) 政策优势明显。两江新区除享受浦东和滨海所有政策外，还叠加了一系列优惠扶持政策，主要有税费减免、用地保障、产业扶持、贷款融资、技术开发、项目审批、人才引进等十大类。全国独一无二的优惠政策，开放创新的投资环境，给两江新区注入了无限的生机与活力。作为全国开发开放新区，两江新区集国家西部大开发优惠政策、国家级高新技术开发区和经济技术开发区政策、内陆保税港区政策于一体，对区内所有企业授予在综合配套改革和与国际接轨方面的先行先试权力。

两江新区政策有三个方面：第一，两江新区在西部，西部大开发政策通通都有；第二，国务院 3 号文件针对重庆出台的一批政策，涉及 12 个大方面、50 多个具体政策，两江新区全覆盖；第三，国务院特别强调，两江新区的政策可比照浦东新区和滨海新区。这意味着，浦东和滨海过去有的政策两江新区可以有，浦东和滨海以后产生的新政策，重庆也可以比照拥有。因此，重庆两江新区可以动态生成各种政策，始终保有国家最优惠政策。

和浦东新区和滨海新区比较，两江新区得到的政策优惠更具分量。除了同样享受国家给予浦东新区和滨海新区的优惠政策外，还享受着重庆及西部地区独有的优惠政策，并得到了允许和支持试验一些重大的、更具突破性的改革措施的权利，换句话说，两江新区的建设中有特殊的试错权。

两江新区还享有用地计划指标单列的倾斜、100 亿元的区域性开发投入、重庆产业用地的双优政策等实惠，这些政策能吸引更多企业入驻。

此外，作为各项惠政的亮点之一，重庆市政府还将设立 100 亿元专项资金，用于两江新区启动项目资金，投入区域性开发、征地动迁、七通一平、基础设施建设等。不仅如此，两江新区还可借此向银行融资，最终形成超过 200 亿元的启动开发资金。而浦东新区开发之初，启动资金不过 20 亿元。

4.15.4　功能分析和未来主要功能

作为内陆唯一国家级新区，两江新区具有如下功能定位：统筹城乡综合配套改革实验的先行区；内陆重要的先进制造业和现代服务业基地；长江上游地区的金融中心和创新中心；内陆地区对外开放的重要门户、科学发展的示范窗口。

(1) 城乡统筹先行区

两江新区将按照统筹城乡的基本要求，争取在土地制度、户籍制度、农民工制度建设以及区域协调发展等重大问题上有所突破，成为国家综合改革试验的先行区。

城乡统筹必须依靠城市化来推动，城乡一体化是国家的未来发展趋势，如何实施，需要先在一个区域进行试验，以便为大面积的政策展开提供示范，重庆作为西部地区唯一直辖市，将承担起这个职责。

（2）先进制造业和现代服务业基地

两江新区将作为我国内陆重要的先进制造业和现代服务业基地，构建现代产业体系，强力推进战略性新兴产业的发展，集中打造鱼石片区万亿工业基地，建成西部会展中心，形成西部高水平的现代产业体系。

中国面临经济转型，由出口转向内需。内需市场主要在中西部，而长江流域是中国经济总量中最大的一块。重庆恰好占据黄金水道的交通优势，又处在东西部的承接点上，加上重庆有雄厚的工业基础，在此建立先进制造业和现代服务业基地，能很好地满足中西部内需市场。

（3）长江上游金融和创新中心

作为长江上游地区金融中心和创新中心，打造江北嘴金融区和北部新区总部集聚区，推进创新，建设国家级研发总部和重大科技成果转化基地。

就目前重庆金融业的增速和辐射力来看，打造长江上游金融中心和创新中心，既有现实可行性，又具前瞻性。

（4）内陆对外开放门户

两江新区将作为内陆地区对外开放的重要门户，通过打造内陆开放性经济，发展服务外包和涉外经济，使之成为西部对外开放发展最快的地区。

重庆作为中西部唯一的直辖市、西部新兴增长极，其对西部的辐射带动作用正逐步显现，两江新区区位条件优越，产业基础雄厚，发展潜力巨大，具备了加快发展的条件和实力。

在国家开放战略向内陆纵深推进过程中，建设两江新区，能充分发挥重庆作为内陆开放前沿，和拥有内陆唯一保税港区的开放优势，更好地利用国际国内两个市场和两种资源，建立内陆地区开放型经济体系，为全方位扩大内陆开放探路、示范。

（5）科学发展的示范窗口

两江新区将作为科学发展的示范窗口，坚持科学合理发展，大力发展社会事业，加强资源节约和环境保护，在带动重庆发展、推进西部大开发，促进区域协调中发挥更大作用。

4.15.5　存在问题及建议

比照两江新区所肩负的重任，如下问题或多或少将成为目标实现的阻力，不能忽视：

（1）城乡二元制度体系对城乡的分割

和全国一样，重庆城乡二元制度体系对城乡的分割显而易见，在此不多论述。需要强调的是，城乡分割体制造成城乡之间经济要素的双向流动，是导致城乡经济差异的重要原因。重庆被批准为全国统筹城乡综合配套改革试验区，根本目的是要探索一条改变城乡二元结构的体制机制、寻找中西部地区特有发展模式、构建和谐社会的道路。其核心是不断提高城市和乡村居民的收入水平和享受社会公共服务的水平；基本要求是在提高城乡居民收入和享受社会公共服务水平的基础上逐步缩小以至消灭城乡差别，共同实现全面建设小康社会的目标。统筹城乡综合配套改革试验区的建立无论在理论和实践上都是我国经济发展史上的首创。探索统筹城乡发展的道路，问题主要集中于土地使用制度、农村劳动力转移、基本公共服务城乡一体化、新农村建设。由于涉及制度改革，将面临较大的困难。

（2）经济区的产业结构、布局及其发展也存在着急需解决的问题

一是产业的专业化协作程度低，由于区域内中央所属大企业多、国有企业多、国防科技企业多，在行政隶属关系的分割下，造成企业之间横向联系薄弱，产业链条尚不完善，聚集效益没有得到充分发挥。二是区内产业分工和区域之间的产业协作欠合理，而这正是优化区内资源配置和提高产业整体竞争力的关键，也是经济区未来产业发展的首要任务。三是国有经济强势、民营经济发展缓慢加剧了城乡经济发展的不协调。由于重庆是老工业基地，长期依靠行政力量支撑着工业高速发展，进而推动了城市的高速发展，加剧了城乡差距。而改革开放之后，由于国有经济太强大，对民营经济的发展在一定程度上起到了抑制作用，乡镇企业发展缓慢，进一步加大了城乡差距。

（3）生态环境约束

重庆是全国六大老工业基地之一，面临巨大的生态建设和环境保护压力。目前水土流失面积占全市面积的 48.6%，每年有 0.9 亿吨泥沙进入库区；70% 以上的地质灾害发生在库区；石漠化面积占全市的40%；水质稳定面临挑战，已有一级支流的回水区发生"水华"现象。生态足迹理论和计算表明，重庆人均工业生态足迹相当于全国平均水平，但已超出重庆市总的生态承载能力，并呈现出持续上升趋势，工业生产处于生态不可持续状态。同时，由于重庆处于三峡库区腹心地带，对生态环境有特殊要求。三峡库区是国家淡水的战略储备库，对库区产业的要求严格。这将导致，一方面由于库区处于特殊的地理位置，国家将三峡库区主体功能定位为生态保护区、限制开发区，严格的环保政策是国家制定的一条红线，引进东部地区产业转移将受到限制；另一方面，由于环保成本的提高，导致企业生产成本增高。

作为国家区域战略的重要组成部分，两江新区的设立是重庆的机遇，也是经济社会发展的必然。20世纪 90 年代初，中国提出浦东新区开发开放；把长三角一带的开发开放引入长江流域。此举对后来 20 年整个中国的经济发展起了重大的推动作用。1994 年，开发滨海新区被提上议事日程；又将整个中国沿海的开发开放进一步往北引入到渤海湾，导致整个沿海的大开放。进入 2010 年，两江新区的开发被提升为国家战略，不仅标志着西部大开发进入新阶段，也是国家继续推进西部经济社会持续快速发展的一个举措。同时，也代表着中国沿海开发开放在内陆腹心地带的进一步深化，具有重大的战略意义。金融危机发生以后，原来推动改革开放几十年，快速发展以出口、外需为主导的方式遇到了挑战，在这种情况下，我国应该通过以内需为主导推动经济快速发展已成共识。重庆地处中国西部中心内陆腹地，设立两江新区，便于借助中西部广大地区实现使命。重庆地处中西结合部，是中国大陆版图的几何中心，承东启西、连通南北。随着新欧亚大陆桥建成、印度洋出海通道打通，重庆必将由开放的"三线"变成"一线"。中西部大市场催生了两江新区，两江新区的开发开放必将有力地拉动中西部的发展。

4.16 成渝经济区

4.16.1 地理范围

成渝经济区位于长江上游，地处四川盆地，北接陕甘，南连云贵，西通青藏，东邻湘鄂。成渝经济区的范围包括重庆市的 31 个区县（万州、涪陵、渝中、大渡口、江北、沙坪坝、九龙坡、南岸、北碚、万盛、渝北、巴南、长寿、江津、合川、永川、南川、双桥、綦江、潼南、铜梁、大足、荣昌、璧山、梁平、丰都、垫江、忠县、开县、云阳、石柱），四川省的 15 个地市（成都、德阳、绵阳、眉山、资阳、遂宁、乐山、雅安、自贡、泸州、内江、南充、宜宾、达州、广安），区域面积 20.6 平方公里。

4.16.2 形成过程

1997 年 3 月 14 日，八届全国代表大会第五次会议通过《关于批准设立重庆直辖市的决定》，6 月 18日，重庆直辖市挂牌揭幕大会举行，成为中国第四个中央直辖市，这标志着成都和重庆在行政管理上的分离。2000 年 10 月《中华人民共和国国民经济和社会发展第十个五年计划纲要》将实施西部大开发、促进地区协调发展作为一项战略任务，四川、重庆在长江上游经济带开发的主体地位得以确定。2001 年成渝签订《重庆-成都经济合作会谈纪要》，提出携手打造"成渝经济走廊"。

在 2004 年 4 月 23 日国务院西部开发办召开的"中国西部大开发重点经济带发展国际研讨会"上，明确提出成渝地区是最具开发条件的地区，西部大开发首先在该地区推进具重要意义。2005 年 10 月 11 日党的十六届五中全会审议通过的《中共中央关于制定国民经济和社会发展第十一个五年规划的建议》将成渝经济区纳入国家"十一五"前期规划的重点发展区域，明确提出了促进区域协调发展。

2007年4月2日，川渝两省市进一步在成都签署了《关于推进川渝合作共建成渝经济区的协议》以及交通、旅游、工业等部门的合作协议，确立进一步加强川渝联合与协作的总体框架。2009年10月2日四川省政府出台了《关于加快"一极一轴一区块"建设推进成渝经济区发展的指导意见》，提出了成渝经济区四川部分"一极一轴一区块"的总体区域发展格局。

2009年12月初国家发展和改革委员会组织编制《成渝经济区区域发展规划》，2011年上半年获得国务院批准，成渝经济区规划正式实施。成渝经济区发展问题已从区域合作层面上升到国家经济发展战略层面，即从国家层面上明确了成渝经济区的功能定位、总体布局和发展目标，并提出促进成渝经济区一体化发展的政策措施，此举推动了区域合作向更深层次、更广领域发展。

4.16.3 资源环境和社会经济情况

4.16.3.1 区位优势与自然资源条件

成渝经济区北接陕甘，南连云贵，西通青藏，东邻湘鄂，处于东西结合、南北交汇的中间地带。作为西部最大的双核城市群，是最具备开发条件的地区，最有可能带动整个西部地区的发展。

成渝经济区属于亚热带季风气候，四季分明，土地肥沃，水热资源匹配良好，适宜人类居住；拥有4000多种野生植物、50多种国家重点保护的珍稀野生动物，6处世界遗产和世界地质公园。

成渝经济区矿产资源丰富，已探明的能源、矿产资源中，除石油资源短缺外，其他多居全国前列，天然气储量占全国的60%，钒钛占世界90%，稀土居全国第二，铝土矿、硫铁矿储量分别占全国的1/4以上，铜矿储量占1/3，磷矿储量占2/3，锰矿、铅锌矿储量分别占全国的1/5，且多种资源的组合配套好、空间分布相对集中，为冶金、化工等原材料工业及其后续加工业的发展提供了有利条件。

4.16.3.2 产业基础条件

区内农业开发历史悠久，是我国粮食主产区之一，粮油、畜禽、水产、果蔬、茶叶、蚕桑、药材、经济竹林等特色农林产品在全国占有重要地位。工业门类齐全，配套能力强，形成了以装备制造、汽车摩托车、电子信息、生物医药、能源化工、冶金建材、轻纺食品、航空航天等为主导的工业体系。第三产业发展较快，市场辐射力强，是西部地区重要的物流、商贸、金融中心和全国重要的旅游目的地。

区内人口总量大、密度高，常住人口9267万，劳动力资源总数达6900万人，专业技术人员超过210万人。拥有各类高等院校135所，职业技术学校789所，在校学生280万人以上。科研机构众多，科技活动人员约30万人。

4.16.3.3 城镇分布与交通体系

区内拥有两个特大城市、六个大城市、众多中小城市和小城镇，城镇人口4046万人，城镇化率43.8%，城市密度达到每万平方公里1.76个，是西部地区城镇分布最密集的区域，已经形成了以重庆、成都为核心的城市群。

区内已经初步形成了铁路、公路、内河、民航、管道运输相互衔接、安全可靠、高效便捷的综合交通运输体系。目前，铁路、高速公路总里程分别达3936和3353公里，民用机场九个，港口货物年吞吐能力达到13 000万吨。

4.16.4 功能分析和未来主要功能

成渝经济区位于长江流域的上游，与长江流域下游的长三角经济区、中游的大武汉经济区构成了长江流域三大经济集聚中心。它是我国西部人口数量最密集的地区，也是西部地区工农业生产最为发达的区域，是西部大开发的重要支撑点。作为西南重要的科技、经济和商贸中心，这一区域具有一定的经济基础和科研能力，是国家高科技产业扩散首选区域。

随着经济全球化和区域经济一体化深入发展，国际产业分工不断深入，南亚、东南亚与我国经济联系日益紧密，东部地区产业向中西部地区转移的趋势不断加强，为成渝经济区发展提供了有利条件；国家深入实施西部大开发战略，积极研究出台一系列政策措施，为成渝经济区发展创造了良好环境；国家在重庆、成都设立统筹城乡综合配套改革试验区，允许在重要领域和关键环节改革先行先试，为成渝经济区发展注入了强劲动力；汶川地震灾后恢复重建深入推进，三峡库区居民后期扶持工作全面集中，全国各地加大对口支援力度，为成渝经济区发展起到强有力的助推作用。

基于以上优势，成渝经济区在今后国家经济发展中将发挥以下功能：

1）西部地区重要的经济中心。今后，成渝经济区将坚持城镇化发展战略，强化基础设施对经济发展的支撑能力，提升科技创新对经济增长的贡献率，增强要素集聚功能和辐射带动作用，提升对外开放水平，成为全国重要的经济增长极。

2）全国重要的现代产业基地。成渝经济区将抓住新一轮产业转移机会，积极承接国内外产业转移，加快产业结构优化升级，增强产业市场竞争力，打造国家重要的现代农业基地，形成若干规模和水平居全国前列的先进制造和高技术产业集群，成为功能完善、体系健全、辐射西部的现代服务业高地。

3）深化内陆开放的试验区。成渝经济区通过改善内陆开放环境，构建内陆开放平台，畅通南向、东向、西北向对外大通道，加强与周边国家和地区经济技术的交流与合作，探索内陆地区对外开放合作新路子。

4）统筹城乡发展的示范区。成渝经济区将深入推进重庆、成都全国统筹城乡综合配套改革试验区建设，推动公共服务均等化，建立以城带乡、以工促农的长效机制，形成统筹城乡发展的制度体系和城乡经济社会发展一体化新格局，为全国城乡统筹发展提供示范。

5）长江上游生态安全的保障区。成渝经济区将统筹生态建设、环境保护、资源利用与经济社会发展，加大生态网络建设力度，加强重点流域和地区环境综合整治，大力发展循环经济，提高资源节约集约利用水平，推动绿色发展，构建生态屏障，保障长江上游生态安全。

4.16.5 存在的问题

成渝经济区的发展虽然有着众多的地理区位、资源环境和社会经济优势，是时代发展所要求的产物，但是仍然面临着一些问题和挑战。如果在成渝经济区今后的发展过程中，这些问题得不到及时的解决或规避，其发展速度将严重受阻（何雄浪等，2009）。

4.16.5.1 经济发展问题

（1）川渝分治导致行政区划与经济区划的不整合，产业协调配合不够，重复建设现象严重

川渝分治，"成渝经济区"被分割并分别隶属于四川省和重庆直辖市，从而由一个省内经济区跃升为省际经济区。"成渝经济区"的发展也受到行政区划与经济区划不整合所带来的一系列问题的制约，主要体现在：川渝总体发展战略的改变，导致两地经济发展的离心倾向加剧。四川省以"建设成都平原经济圈"为重点的向东北发展的发展战略和重庆的"建设渝西经济走廊和都市经济圈"相背。向东发展的战略，使内江、自贡、永川等经济区中段的地区由中心地区变成了省际边缘地区，导致成渝两地区位优势弱化，经济发展的离心倾向加剧。行政调整之后"成渝经济区"内的协调工作扩大为四川省与重庆直辖市之间的省际关系协调，加大了协调的难度，统一市场难以建立，从而导致产业协调配合不够。地方利益的存在使得成渝地区目前并没有跳出以行政区经济为主体的发展模式，并没有形成两地之间的战略联盟，还没有出现行政布局协调、经济能量聚集、产业结构合理的空间布局状态。成渝经济区内各地区职能体系分工不太明确，往往几个地区都将同一产业或同几个产业列为重点发展产业，这方面的例子很多。重庆成为直辖市后，四川汽车工业几近消失，但汽车制造基础薄弱的四川省不是着重培养汽配企业，而是引进丰田试图重振四川汽车业。同样，重庆长安集团近 300 家配套企业中，一半来自重庆本地一半来自江浙地区，极少来自四川。在金融、信息、教育、商贸、旅游等服务业方面，成渝两地为争夺市场而不惜大搞重复建设，造成资源严重浪费。成渝两地的竞争更多的是一种"零和博弈"，一方得益必然造成一方受损，结果只能是两败俱伤，不仅使成渝两地发展滞后，还危及整个腹地经济的健康发展。

（2）成渝经济区城镇密度与发达地区相比仍比较低，内部差别大，城市联系松散

成渝经济区内部各城市的城镇密度分布差异显著，密度最高的德阳市是密度最低的达州市的 3.38 倍。2004 年年底，成渝地区城镇密度大于 1.5 个/百平方公里的城市只有五个，即成都、自贡、德阳、内江、南充，占城市总数量的 14.57%，而长三角地区在 2000 年城镇密度大于 1.5 个/百平方公里的城市就有九个，占总数量的 60%。成渝地区交通虽然得到很大发展，主要是地级市之间的联系逐渐增强。然而，目前还有部分地级市之间无高速公路直接连接。这种城市松散联系的状态必然影响到城市之间物质、资金、技术、人才等的交流。

（3）总体发展水平滞后于东部沿海发达地区，经济二元结构明显

与长三角、珠三角、京津冀三大地区比较，成渝经济区的国土面积、人口规模与三大经济区都大体相当，但是，三大经济区已进入工业化的中后期阶段，成渝经济区则处于工业化前期向中期的过渡阶段。三大经济区工业体系较完备，工业重型化特征突出，高新技术产业快速发展，产业群和产业链发展水平相对较高，且各个区域的产业特色和优势较明显。相比之下，成渝经济区的产业体系特征和优势尚不明显和突出，产业链条短，产业群体规模小，具有全国和全球竞争力的优势产业少。成渝经济区二元结构明显，城乡差距大。目前，成渝经济区的城市化水平不到 40%，而东部的上海、北京、天津的城市化水平均已超过了 70%。成渝经济区城市化水平不仅低于目前全国多数省市的城市化水平和全国平均水平，也低于周边最近兴起的一些城市经济区，导致大多数农民仍然囿于传统农业的生产，无法实现身份与角色的转换。

（4）核心城市增长极辐射效应不明显，不利于地区差异的缩小

目前，作为增长极的成都和重庆两中心城市的辐射效应并不明显，成都的经济辐射范围还局限于成都平原经济区一小时范围之内，而重庆的经济辐射范围也仅是周边的一些区县，连接成渝两地的川南城市群具有明显的规模小、等级相近、综合经济实力较弱的特点，两市的影响力范围还远未强大到在空间上相互重叠或呈连续分布状态。两中心城市的极化效应较为明显，以重庆区域为例，主城区的聚集优势和需求增长提高了未来的利润预期，越来越多的资金从区县流向主城区，使得主城区的贷款余额占重庆市贷款余额的比重从 2001 年的 61.8% 持续上升到 2005 年底的 74.4%，结果形成了以工业为主导结构的繁荣区域包括重庆主城区及近郊地区，和以农业为主导的相对停滞区域包括三峡库区。

（5）成渝经济区对外交通不畅，经济开放程度有待提高

成渝经济区地处内陆与长三角、珠三角、京津冀等相距都在 2000 公里以上，跨区域交通网路和综合运输体系尚未形成，物流成本高和时间长削弱了产品的竞争力和对外来投资的吸引力，加之产业同构化，造成了城市之间相对封闭、各自为政的发展现状，没有形成开放的区域市场和真正意义上的经济区，这也进一步制约了区域各主体的对内发展和对外开放。2005 年，成渝经济区外贸依存度为 9.38%，而全国外贸依存度却高达 63.3%。

（6）成渝经济区区域创新能力不强，与发达地区相比差距大

区域创新体系是一个大的社会系统。这个社会大系统内包含着以企业为代表的技术创新系统、以高校、科研机构为代表的知识创新系统、以政府为代表的公共制度创新系统以及以中介组织为代表的服务创新系统。这些子系统通过具有本地区域特色的制度安排，结成一个具有本地特色并且根植于本地的一个社会化网络。目前，成渝经济区由于一体化程度不高，包括户籍和社会制度方面的壁垒、行政监管与执法方面的壁垒、金融服务方面的壁垒、产权市场方面的壁垒等大量存在，这些壁垒阻碍了创新主体和创新资源有序流动，不利于地区之间创新资源互补与创新合作。总体来讲，成渝经济区区域创新能力不强，与发达地区相比差距大。

4.16.5.2 资源环境问题

成渝经济区作为一个典型的流域经济区，生态环境复杂，是长江上游生物多样性的宝库，独特的地理区位也决定了成渝经济区在长江上游和整个长江流域生态屏障建设中具有重要的影响，有着重要的水源涵养、土壤保持和生物多样性保护等生态服务功能。大规模的矿产采掘产生的废弃物、矿产的露天采掘、采空塌陷等已损毁大量的土地，破坏了地貌景观和植被。特别是在采矿结束后，一些地方不对矿区废弃地进行回填复垦及恢复植被工作，破坏了矿产及周围地区的自然环境，并且造成土地资源的浪费。

成渝经济区矿产资源开发主要集中在盆周山地，位于生态安全格局的二级区，这些区域也是长江上游生态屏障的组成部分。矿产资源开发利用已经对盆周山区的水源涵养、土壤保持和生物多样性保护等功能产生了一定程度的影响。随着成渝经济区重点产业的发展，其对矿产资源的依赖将进一步增强，盆周山区的矿产资源开发利用的强度将进一步增大，其对水源涵养、土壤保持和生物多样性保护等主要生态功能的影响也将进一步增加。因此，合理、适度的开发矿产资源，做好矿产资源开发的生态环境影响评价，在保障成渝经济区生态环境、社会经济的可持续发展以及长江流域生态屏障建设方面意义重大（香宝等，2011）。

两江新区成立后，如何整合一个更大的区域，推动经济快速发展，真正实现西部经济重要增长极的定位，不仅上升为国家战略需要，也成为经济发展尤其是区域经济一体化的必然要求。随着国务院正式批复《成渝经济区区域规范》，成渝经济区已上升为国家战略。

未来国内竞争主要是区域之间的竞争，长三角已进入高速发展阶段，珠三角、环渤海都已稳定成型，也即将再度起飞。而成渝经济区的发展途径仍有多种可能性。事实上，成渝经济区的内陆崛起将不同于沿海地区经济开放的过程，由于并无发展先例作为模型，所以区域必须自成一套内陆开放型经济体系。

成渝经济区具有三项优势：一是自然条件。成渝经济区构成了一个非常完整的区域，有利于当地居民在这里统筹安排生产生活等相关活动。二是拥有相对完善的现代产业体系。只要赋予一定的条件，成渝经济区就可以实现快速的成长。三是成渝经济区具有深厚的文化底蕴，即巴蜀文化。上述三点相结合，把区域统筹到一起，配合国家战略、地方发展条件来共同营造，成渝经济区将会在国家发展中发挥越来越重要的作用。只要坚持调整、适应发展方式的转变，打破行政区的固有限制，成渝经济区必将成为中西部地区增长极，辐射和带动整个西南地区的经济发展，对我国进一步深入推进西部大开发，扩大内需，转变发展方式，实现国内产业的梯度转移和生产力重新布局，都具有重大意义。

4.17 大小兴安岭林区生态保护和经济转型规划区

4.17.1 地理范围

大小兴安岭林区包括 50 个县（市、旗、区），其中，黑龙江省 39 个县（市），内蒙古自治区 11 个旗（市、区）（表 4.7）。规划区国土总面积 43 万平方公里，总人口 818 万，林业职工 55 万。

表 4.7　大小兴安岭林区生态保护和经济转型规划区规划范围

省级单位	地级单位	县级单位
黑龙江省	大兴安岭地区	呼玛县、塔河县、漠河县、加格达奇区、松岭区、新林区、呼中区
	伊春市	伊春区、南岔区、友好区、西林区、翠峦区、新青区、美溪区、金山屯区、五营区、乌马河区、汤旺河区、乌伊岭区、红星区、上甘岭区、嘉荫县、铁力市
	黑河市	孙吴县、五大连池市、逊克县、北安市、嫩江县、爱辉区
	佳木斯市	汤原县
	鹤岗市	鹤岗市区、萝北县
	绥化市	绥棱县、海伦市、庆安县
	哈尔滨市	通河县、巴彦县、木兰县
内蒙古自治区	呼伦贝尔市	牙克石市、额尔古纳市、根河市、鄂温克旗、鄂伦春旗、莫力达瓦旗、扎兰屯市、阿荣旗、海拉尔区
	兴安盟	阿尔山市、科尔沁右翼前旗

4.17.2　形成过程

2004 年"十一五"规划明确提出，将大小兴安岭生态功能区作为推进黑龙江省结构调整的"四大经济板块"之一加快建设；2007 年 4 月黑龙江省组织完成了《大小兴安岭生态功能区建设规划》；2008 年 8 月出台了《黑龙江省人民政府关于加快大小兴安岭生态功能区建设的意见》，并将大小兴安岭生态功能区建设作为当前和今后一个时期建设"八大经济区"、实施"十大工程"战略构想的重要组成部分；2008 年 10 月黑龙江省政府向国务院呈报了"关于启动大小兴安岭生态功能区建设有关问题的请示"。国家发展和改革委员会于 2009 年 8 月 4 日组织召开了由 12 个部委参加的协调会，形成了对"大小兴安岭林区生态保护与经济转型"上升到国家层面的意见。2009 年 9 月初由国家发展和改革委员会牵头 10 个部委组成的大小兴安岭林区生态保护与经济转型规划编制工作调研组分别赴内蒙古和黑龙江省，就规划的编制问题进行广泛调研，并于同年 10 月 14 日下发了规划编制大纲。自此，大小兴安岭林区生态保护与经济转型工作全面启动。2010 年 12 月份《大小兴安岭林区生态保护和经济转型发展规划》印发。

4.17.3　资源环境和社会经济情况

由于受近代沙俄、日本的大肆掠夺，加之解放战争、抗美援朝战争和国民经济建设以来连续六十多年的高强度开发，大小兴安岭地区资源破坏较严重。作为全国最大、开发最早、国家最重要的曾占全国统配材生产总量的五分之一的商品材基地，昔日广袤的原始森林的参天大树基本被采光，资源整体生态功能明显衰退，经济社会矛盾凸显。具体表现为：

1) 可采资源枯竭殆尽，生态功能严重下降。可采资源由开发初期的 7.8 亿立方米下降到 2007 年的 6600 万立方米，草地由 1983 年的 296 万公顷减少到 116 万公顷；天然湿地由 1983 年的 284 万公顷减少到 139 万公顷，黄金开采已持续超过 100 年，废弃地达 5 万多公顷，森林的涵养水土、防风固沙、净化空气、纳碳储碳等功能已逐渐退化。

2) 产业结构单一，对木材生产的依存度过大。"因林而建，因林而兴"的资源型地区的木材产量大幅度下调，林区经济缺乏支撑项目的带动，形成了比较严重的就业问题。木材产量只相当于高产时的 40%，需安置的就业人员达 12 万人。

3) 历史包袱沉重，体制弊端影响深远。体制政事企不分，计划经济体制仍然存在，成为制约经济发展的"瓶颈"。企业仍需国家提供60%的行政经费和社会性支出，历史包袱100多亿元。

4）四是社会、生态建设发展缓慢。林区公路密度不足每公顷1米，只相当于全国平均水平的20%。近三分之一的林区职工无法喝到健康自来水，职工住宅基本上都是平房，大部分已近报废，供热、供电、城镇垃圾和污水处理问题突出，文化、教育和医疗卫生等条件明显落后于其他地区。林业职工的收入水平只相当于全省城镇职工的60%，社会保障问题突出（刘安祈，2011）。生态环境质量严重下降、整体生态功能明显弱化、管理体制极其复杂、林业企业负担日趋沉重、接续产业相对弱小、基础设施陈旧落后、群众生活质量低下等一系列问题已经严重制约了林区经济与社会的可持续发展，严重影响了林区人民全面建设小康社会目标的实现。

4.17.4　功能分析和未来主要功能

大小兴安岭林区是我国寒温带针叶林、温带针阔混交林植被类型的重要分布区，是亚欧大陆北方森林带的重要组成部分，其森林植被可有效缓解西伯利亚和冬季西北方向的寒流侵袭，减缓呼伦贝尔草原的沙化过程，为农业生产和人们生活营造了适宜环境。它是黑龙江、松花江等重要水系及其主要支流的源头，是我国最重要的水源涵养区之一，拥有完备的森林、草原和湿地三大自然生态系统、特殊的生态保护功能和多种伴生资源，是全球生态系统的重要组成部分，是我国重要的资源安全保障基地和重要的商品粮基地、畜牧业生产基地无可替代的天然屏障，是国家极为重要的纳碳储碳基地和对俄发展战略的前沿区，在国家生态战略全局中具有特殊而显赫的地位。因此，保护好大小兴安岭生态、建设好大小兴安岭林区，对保持水土、调蓄洪水、净化大气环境、维持寒温带生物多样性和区域生态平衡，调节东北平原和华北平原气候，保障全国乃至东北亚生态安全具有不可或缺的生态功能，具有十分重要的战略意义。

1）我国维护生态安全的重要屏障。大小兴安岭抵御着西伯利亚寒流和蒙古高原寒风的侵袭，使来自东南方的太平洋暖湿气流在此涡旋，具有调节气候、保持水土的重要功能，为东北平原、华北平原营造了适宜的农牧业生产环境，庇护了全国1/10以上的耕地和最大的草原。大小兴安岭林区是嫩江、黑龙江水系及其主要支流的重要源头和水源涵养区，为中下游地区提供了宝贵的工农业生产和生活用水，大大降低了旱涝灾害发生概率。大小兴安岭具有森林、草原、湿地等多样的生态系统，适生着各类野生植物近千种、野生动物300多种，是我国保护生物多样性的重点地区，在国家生态保护总体战略中具有特殊地位。

2）我国应对气候变化的重要支撑区。大小兴安岭林区森林覆盖率高，有林地所占比例大，活立木蓄积量大，是我国重要的碳汇区，在吸收二氧化碳、减缓气候变暖方面具有重要作用。保护大小兴安岭林区生态、增加碳汇，对于我国积极应对全球气候变化，履行国际义务，树立负责任的大国形象显得尤为重要。

3）我国储备木材资源的战略基地。我国经济社会发展对木材需求量不断增加，立足现有林地面积解决木材后备资源问题已成为紧迫而重大的战略任务。在我国各大林区中，大小兴安岭林区面积最大、地形地势相对平坦、人口相对较少、木材材质好，最适宜建设成为国家木材资源战略储备基地，对维护国家长远木材安全具有重大意义。

4.17.5　存在的问题

国家实施"天保"工程以来，大小兴安岭林区"资源危机、经济危困"的状况有所缓解，但是该区仍然面临严重的生态保护、民生和经济发展方面的问题：

1）生态系统破坏严重，自然灾害频繁发生。与开发初期相比，大小兴安岭林区林缘向北退缩了100多公里，湿地面积减少了一半以上，多年冻土退缩，土壤侵蚀加剧，地表径流时间缩短，水土流失严重，局部地区沙化加剧，洪涝、干旱、森林火灾和病虫等自然灾害频发，生态功能严重退化。

2）可采资源难以为继，森林质量大幅下降。黑龙江省的大兴安岭地区，可采成过熟林资源由开发初期的4.6亿立方米下降到2008年的0.21亿立方米，已经到了无林可采的地步。森林龄组结构严重失衡，黑龙江国有林区幼中龄林占85%，单位面积蓄积量下降50%以上。但为维持林区财政收入和职工最基本的生存需要，部分正处于生长旺盛期的中龄林也被列入采伐指标，若涸泽而渔式的采伐不停止，大小兴安岭林区将名存实亡。

3）产业结构极其单一，经济发展严重滞后。长期以来，林区经济是典型的"木头财政"，接续替代产业发展缓慢，且多数起点低、规模小。当前黑龙江大小兴安岭林区主营收入的60%仍然来自木材销售，对木材的依存度依然很高。随着可采资源的逐步枯竭，传统林业经济逐渐萎缩，林区经济发展陷入困境。

4）林区职工生活困苦，民生问题十分突出。由于可采资源锐减，林区经济发展滞缓，就业形势严峻，职工生活困难。林业职工年平均收入不足所在省（区）城镇职工平均收入的50%。在长期计划经济体制下，林区自成社会，居民居住条件极其简陋，棚户区面积近1800万平方米。相当一部分职工仍然居住在开发初期建设的危旧房中。

5）基础设施建设滞后，生产生活极为不便。林区开发初期执行"边生产、边建设"、"先生产、后生活"的方针，基础设施靠林区自己建设，投入较少。更因林区发展相对独立封闭，基础设施建设投入长期依靠森工企业，致使基础设施和公共服务设施严重滞后，林区路网密度小、等级低，弃养路、断头路多，林区电网孤立落后，部分林场（所）尚未通电，大多数林场（所）没有安全供水设施。

6）体制机制矛盾凸显，发展活力明显不足。大小兴安岭林区政企不分问题十分突出，林区政府机构和职能不健全，大部分森工企业仍承担教育、卫生和公、检、法等社会服务职能，企业负担沉重。资源管理权和经营权不清，森工企业既是森林资源的管理者，又是森林资源的经营者，对森林资源经营管理无法形成有效的监督。

在全球、全国的大背景下，社会对林区的需求多样化趋势明显。国家"十二五"规划已明确将森林覆盖率和森林蓄积量确定为约束指标，实现森林面积、蓄积"双增"已经上升为国家和人民的意志。

中国于2009年年底明确承诺，到2020年，单位GDP二氧化碳排放量比2005年水平下降40%到45%。实现这一目标的重要举措之一就是增加森林面积4000万公顷，增加森林蓄积量13亿立方米。由此可见，大小兴安岭林区生态保护、经济转型和民生改善的任务十分艰巨。《大小兴安岭林区生态保护与经济转型规划》的提出，将在维护国家生态安全、应对气候变化、保障国家长远木材供给、改善林区人民生活水平等方面发挥重要作用。

大小兴安岭生态保护和经济转型规划，给强化林区生态建设、加快科学发展提供了政策和发展空间。社会对生态建设的迫切需求，人们对生态改善的迫切渴望，市场对绿色产品、林特产品等需求的不断扩大，维护我国木材安全问题的提出，都为林业和林区的发展带来了机遇。只要坚持生态优先的战略定位，将持续增加森林资源，发挥生态功能作为发展的主攻方向，加速林区体制改革，必将使大小兴安岭林区成为全国乃至东北亚生态安全的生态屏障。

参 考 文 献

安增军.2008."海峡西岸经济区"的构建与中国经济区的新布局.经济地理，28（2）：239-241，270.

陈果，赵丹.2009.江苏沿海地区发展的三重优势.学术论丛，（44）：51-52.

慈福义，张晖.2009.黄河三角洲高效生态经济区循环经济发展的SWOT分析与战略目标选择.工业技术经济，28（2）：68-71.

郭杰忠.2008.鄱阳湖生态经济区的地位、特征与构建.西南林学院学报，28（4）：91-94.

国家发展和改革委员会，国家林业局.2010.大小兴安岭林区生态保护与经济转型规划（2010年–2020年）.

国家发展和改革委员会.2008.广西北部湾经济区发展规划.

国家发展和改革委员会.2009a.关中–天水经济区发展规划.

国家发展和改革委员会. 2009b. 黄河三角洲高效生态经济区发展规划.

国家发展和改革委员会. 2009c. 江苏沿海地区发展规划.

国家发展和改革委员会. 2009d. 辽宁沿海经济带发展规划.

国家发展和改革委员会. 2009e. 中国图们江区域合作发展规划纲要——以长吉图为开发开放先导区.

国家发展和改革委员会. 2010a. 甘肃省循环经济总体规划.

国家发展和改革委员会. 2010b. 皖江城市带承接产业转移示范区规划.

国家发展和改革委员会. 2011. 成渝经济区发展规划.

何雄浪, 杨继瑞. 2009. 成渝经济区: 比较优势、发展不足与治理对策研究. 西华大学学报（哲学社会科学版）, 28 (6): 94-100.

苟成富. 2009. 加快黄河三角洲高效生态经济区发展. 理论学刊, (2): 28-31.

焦建新. 2010. 鄱阳湖生态经济区城市竞争力分析与发展对策研究. 河北师范大学学报, 34 (2): 237-244.

李靖宇, 薛锋, 孙明. 2009. 东北优化开发主体功能区建设进程中的辽宁沿海经济带开发研究. 经济研究参考, (16): 1-13.

李莉. 2009. 基于比较优势的中部崛起战略分析. 现代商贸工业, (18): 22-23.

林其屏. 2008. 海峡西岸经济区在构建海峡经济区中应先行一步. 理论参考, (9): 13-15.

刘安祈. 2011. 对《大小兴安岭林区生态保护与经济转型规划》实施后的思考. 北方环境, 23 (4): 19-20.

苗淼, 支大林. 2009. 辽宁沿海经济带发展中的地区本位问题研究. 经济纵横, (2): 51-53.

国家发展和改革委员会. 2009. 鄱阳湖生态经济区规划.

戚常庆, 2010. 新区域主义与我国新一轮区域规划的发展趋势. 上海城市管理, (5): 36-41.

沈鸿, 宋靓珺. 2007. 海峡西岸经济区与长三角、珠三角经济区产业机构比较研究. 发展之道: 25-26.

苏明城, 张向前. 2008. 海峡西岸经济区可持续发展的若干博弈分析. 广西财经学院学报, 21 (5): 11-16.

谭伟福, 蒋波, 廖铮. 2009. 广西北部湾经济区发展规划实施对滨海生态环境的影响分析. 广西科学院学报, 25 (1): 50-53, 57.

谭纵波. 2009. 区域视角下的战略规划——开展《广西北部湾经济区发展规划研究》的几点体会. 城市规划学刊, (2): 16-22.

汪海波. 1986. 新中国工业经济史. 北京: 经济管理出版社.

王洋. 2010. 皖江城市带承接产业转移示范区战略定位. 安徽科技, (3): 16-17.

王洋. 2010. 皖江城市带承接产业转移示范区指导原则和战略定位分析. 安徽农学通报, 16 (5): 28-29, 143.

魏后凯. 2007. 对当前区域经济发展若干理论问题的思考. 经济学动态, (1): 16-22.

香宝, 马广文, 李咏红, 等. 2011. 成渝经济区矿产资源开发对其生态环境影响分析. 环境科学与技术, 34 (6G): 361-367.

徐承红. 2010. 成渝经济区的因由及其面临的现实问题. 区域经济, (3): 60-66.

闫世忠, 常贵晨. 2009.《辽宁沿海经济带发展规划》解读. 中国工程咨询, (11): 42-44.

袁二户. 2009. 关中–天水经济区产生背景分析. 经济研究, 137-138.

张慧, 赵延德, 潘保田. 2006. 甘肃省循环经济发展模式探析. 甘肃科技, 22 (8): 4-6, 96.

张文. 2009. 加快三角洲高效生态经济区建设的对策研究. 山东经济, (6): 155-160.

郑洪莲. 2008. 图们江区域国际合作开发的历史进程及发展前景. 沿边党校学报, 23 (4): 50-53.

中共中央文献研究室. 1991. 关于国民经济和社会发展十年规划和第八个五年计划纲要的报告. 北京: 人民出版社.

朱淑琴, 植远. 2010. 海南国际旅游岛建设 SWO 研究. 法制与社会, (4): 214-215.

朱正龙, 重业喜. 2009. 从区域差异的角度看鄱阳湖生态经济区的建设. 当代经济, (4): 96-97.

5

粮食安全功能分区

封志明　杨艳昭　赵　霞　游　珍

　　粮食安全是一个复杂的系统工程，其中资源基础、生产能力和消费状况是决定区域粮食安全的核心要素。本章通过分析以上要素的逻辑关联，建立了由资源安全、生产安全、消费安全三大目标，气候生产潜力、资源生产潜力、现实生产能力、持续增产能力、供需平衡水平、经济保障能力六项要素和 14 个评价指标组成的中国可持续粮食安全评价体系，并在此基础上通过建立"要素评价–基础类型–功能分区"的逻辑关联，提出了粮食安全空间功能的界定和识别体系，形成了由三大功能区和九个功能亚区组成的中国粮食安全功能分区方案。结果表明，中国粮食安全的自然要素和社会经济要素的空间分异明显，其中自然主导型指标具有由东南向西北、由平原向山地的等级递减规律，社会经济主导型指标的等级分异则受人口和区域经济水平的影响而具有明显的两级分化特征。粮食安全的生产功能区（优势主产区、潜力提升区和稳产发展区）主要集中于东北地区、长江中下游平原和四川盆地三大区域，战略储备区则具有明显的三北（西北、东北、华北）指向；生活功能区主要分布在中国东部城市化、工业化程度较高的平原区和中部人口众多的山地丘陵区；生态功能区主要分布在西部生态脆弱地区和部分中东部山地丘陵地区。

5.1　引言

　　中国可持续粮食安全功能分区研究是国家科技支撑计划课题"可持续发展功能分区技术开发"的重要组成部分。本研究任务的目标是：根据中国不同地区的粮食供求态势，定量厘清中国不同区域的粮食安全类型，建立中国可持续发展的粮食安全区划指标体系，提出中国粮食安全区划方案，为中国可持续的粮食安全保障提供科学依据和决策参考。

5.1.1　基本概念

5.1.1.1　粮食安全

　　要评价粮食安全，首先要明确什么是粮食安全。到目前为止，粮食安全的定义至少有上百种，其中最广为接受的还是 FAO 的系列定义（FAO，1974，1983，1985，1996，2001），包括 1974 年在第一次世界粮食会议（《世界粮食安全约定》）上提出的"保证任何人在任何时候，都能够得到未来生存和健康所需要的足够食物"，1983 年由其下属的世界粮食安全委员会（WFC）进行的第二次界定"确保所有的人在任何时候，既能买得到又能买得起他们所需要的基本食品"，1996 年在第二次世界粮食首脑会议上（《粮食安全罗马宣言》）提出的"让所有的人在任何时候都能享有充足的粮食，过上健康、富有朝气的生活"，以及 2001 年在德国波恩世界粮食大会上提出的持续粮食安全概念"无污染、无公害地向消费者提供增强健康保证延年益寿的粮食和其他食物"。

应该指出的是，由于各国具体国情不同，在全球范围内，不同国家对国家粮食安全的内涵、目标和要求的理解也各不相同。中国学者娄源功（2003）指出："以 FAO 为代表的几个关于粮食安全的概念虽然精辟、广为引用，但都不能准确反映中国现阶段以及今后较长历史时期粮食安全的实质。"为此，他指出就中国目前的国情而言，中国的粮食安全应定义为："所谓粮食安全，是一个国家或地区可以持续、稳定、及时、足量和经济地获取所需粮食的状态或能力，特别是在非常态（严重自然灾害、战争）情况下国家获取粮食的能力。"此外，封志明等学者（朱泽，1997；封志明等，2000；程亨华等，2002；翟虎渠，2004；刘晓梅，2004；曾宏，2006；罗孝玲等，2006；李玉平等，2006；华红莲等，2008）都从不同的角度对中国的粮食安全进行了探讨。目前比较一致的看法是，中国粮食安全应建立在保护生态环境和资源可持续性利用的基础上，力求做到数量充足、营养全面、结构合理和卫生健康。

5.1.1.2　可持续粮食安全

粮食安全是国家安全的重要组成部分，是任何时候保障居民有充足的食物供应的基本要求，影响中国粮食安全的因素很多，实现粮食安全的途径也有多种选择，但鉴于中国人口众多的特殊国情，考察中国的粮食安全问题必须将重点放在粮食生产的安全和可持续供给上，其次再考虑工业化、城市化和全球化对区域粮食安全的影响，只有这样才能因地制宜发挥各地不同的资源、生产或经济优势，制定出既能分工协作又合理高效的国家粮食安全功能体系。因此，本研究将中国可持续的粮食安全界定为"所谓可持续粮食安全，是指中国在工业化、城市化和全球化的宏观背景下，国家作为一个整体在任何情况下可以持续、稳定、及时、足量和经济地获取所需粮食的状态或能力"。

以上定义包括三个基本内涵，首先，粮食安全是中国居民所享有的一项基本权利，无论在任何情况下，国家都有责任保障居民的基本粮食需求，这就要求国家粮食安全作为一项公共产品或服务在一国范围内具有统一性；其次，可持续的粮食安全必须全面考虑粮食供应的资源基础、生产能力、增产潜力和经济成本，做到持续、稳定、经济和合理地获取，因此，中国长期的粮食安全研究必须兼顾资源安全、生产安全和消费安全；第三，中国正处在快速工业化和城市化的进程中，市场化和国际化因素对中国粮食安全的影响不容忽视，因此，可持续的粮食安全必须全面分析粮食生产、消费、流通和贸易等之间的关联性，构建出科学合理和具有可操作性的空间功能保障体系。

5.1.1.3　粮食安全功能分区

功能分区即功能区划，是按照功能对地区进行划分的一种科学方法或过程，粮食安全功能分区就是为了实现粮食安全这一核心目标而对地域空间进行功能划分和职能安排的过程。因此，本研究将粮食安全功能分区的概念界定为"为满足中国长期可持续的粮食安全保障目标，按照全国不同区域粮食生产的资源基础、生产现状和发展潜力，结合各区域未来人口、资源、环境、经济等重大问题的发展规划和战略部署，为科学合理地实现中国粮食安全的保障目标而进行的地域类型划分和空间功能安排过程"。

以上概念具有四层基本内涵：①粮食安全是一个复杂的系统工程，其安全功能的实现有赖于资源基础、生产现状、发展潜力以及人口、资源、环境和经济等要素的综合作用，因此，对粮食安全的空间功能划分必须全面考虑上述因素的相互影响，做到全面系统和逻辑严密。②从上述要素对粮食安全的影响次序来看，存在着"资源→生产→消费"的逻辑递进关系，因此，由特定区域的光热水土等自然资源要素和条件决定的资源生产潜力是划分粮食安全功能区的资源基础，由人口、资源、环境、经济、技术、管理等要素组成的社会经济条件是判断粮食现状和持续生产能力的主要依据，而由区域供需平衡水平以及经济保障能力决定的消费安全状况则是粮食安全功能分区的重要补充。③粮食安全的功能分区可根据上述要素的组合和匹配状况，按照区域在国家粮食安全体系中的作用和贡献区分为生态、生产和经济（此处指商品粮基地）导向型三种基本类型。④粮食安全功能分区的结果必须与国家人口、粮食以及资源环境和经济等重大规划的战略部署和空间安排进行衔接，以保证分区结果的可操作性。

5.1.2 目标与思路

5.1.2.1 研究目标

从决定粮食供求关系的主要因素来看，解决粮食供给问题的途径无外乎三条：一是降低粮食需求总量；二是扩大粮食进口；三是增加粮食生产总量。基于中国粮食问题的特殊性，中国未来的粮食供应主要还是要从国内粮食产量的增加中去寻找出路。然而，面对需求的刚性增长，中国粮食生产的资源约束日渐明显。因此，本研究的总体目标是按照粮食安全的基本要求，沿着"资源安全–生产安全–消费安全"的逻辑思路，通过对粮食安全基础要素的评价与功能分析，结合国家人口、经济、产业、生态、环境等重大规划（如中国农产品区域发展规划、农业功能分区与食物安全研究、中国耕地后备资源调查与评价、国家主体功能区规划等）的战略安排提出基于分县尺度的粮食安全功能分区方案，为中国长期可持续的粮食安全保障提供空间规划和管制依据。根据以上界定，本研究的具体目标至少包括三项，即粮食安全的资源适宜性、生产持续性和消费保障性。

5.1.2.2 研究思路

以上分析表明，影响一国粮食安全的因素很多，包括自然的可能性、经济的可行性和市场的可获得性等诸多方面，要合理地评价一国粮食安全的基本态势和格局必须全面考虑生产、消费、贸易、流通等环节之间的关联性，建立起从资源基础到功能分区的完整逻辑链条。鉴于一国（地区）的粮食安全状况既是自身的供给能力（生产与储备）与需求水平（人口数量和饮食结构）相互平衡和消长作用的结果，又受到区域粮食贸易（国际和区际）能力的直接影响，因此，理想的粮食安全评价模型应当是以上要素的综合集成，如图5.1所示。考虑到中国的粮食安全主要是依靠国内自给，且一国范围内的各区域之间的粮食分配和交换可由中央政府统一调配，因此，我们认为在研究一国之内粮食安全的功能分区时可以不予考虑粮食的国际贸易交换，因此上述三项要素就简化为生产供给、消费需求和经济购买（指通过国内市场购买所需粮食）三方面（图5.1a）。

进一步地，对粮食安全的生产供给而言，鉴于粮食生产在本质上属于自然再生产产业，即由光、温、水、土等自然资源要素决定的气候条件和资源基础是区域粮食生产的天然本底，因此，本研究首先对粮食安全的这两项基础要素的评价；其次，对于具体区域的粮食生产能力而言，由于粮食生产的各项条件都具有随时间演替的特性，因此，对生产能力的分析不能只停留在对现实生产能力的分析上，还必须反映粮食生产能力的时间持续性，因此，可在资源基础的分析基础上将生产能力进一步区分为现实生产能力与持续增产潜力，其中现实生产能力主要是由耕地面积、粮食播种比例、单位面积产量、复种指数以及水、土、肥、技术和管理等经济要素决定的实际产出能力，而持续增产潜力则是在现实生产能力和资源基础的分析之上，对二者的匹配状况和增产空间及能力大小的判断；再次，鉴于资源基础和生产能力仅是粮食安全的基本前提，而粮食安全的最终实现则取决于区域粮食供需平衡水平及其经济保障能力，因此，本研究在上述分析的基础上进一步构建了由区域粮食余缺量和地方财政压力构成的经济能力评价指标，最终形成了由气候条件、资源基础、生产能力、增产潜力、供需平衡和经济能力等六项要素组成的粮食安全基础评价层（图5.1b），并以此作为下一步进行粮食安全基础分区的依据。

如前所述，资源安全、生产安全和消费安全是现阶段判断中国粮食安全状况的重要基础（图5.1c），因此在上述要素评价的基础上，需要进一步对各种要素的组合关系和安全涵义进行分析，以便为下一步的安全功能分区提供分区依据。在上述三种基础分区中，资源安全（即产得出，产不出）是粮食安全的首要出发点，其中由光、热、水（降水）等气候要素决定的气候生产潜力是构成区域粮食产量的理论上限，而由水土资源条件决定的资源生产潜力是构成区域粮食现实生产力的关键因素。因此，通过对区域光热水土等自然资源要素和条件的分析，可明确中国粮食生产的气候适宜区和资源分布区，在此基础上

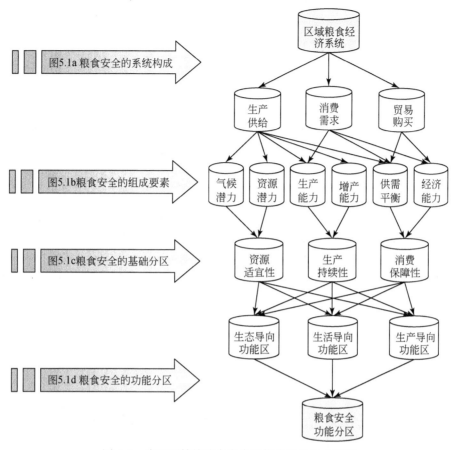

图 5.1　中国可持续粮食安全功能分区的技术流程

通过对二者与现实生产力格局的空间匹配研究，就可以确定资源安全和不安全区域的空间分布格局，从而为下一步调整和优化中国粮食生产的空间布局提供依据。

生产安全（即供得够，供不够）是粮食安全的核心内容，特别是对于中国这样的发展中人口大国，持续增长的人口压力和日益扩张的消费需求是造成粮食不安全的主要原因。鉴于生产安全既包括对现状的分析又包含对未来的预测，因此，按照安全的时间特性可将生产安全进一步区分为现实生产能力和持续增产潜力，其中现实生产能力是区域粮食现状产出水平的具体表征，可作为划分现状粮食主产区和非主产区的主要依据；持续增产潜力则表达了现实生产能力和气候生产潜力的差距水平，可作为判断生产安全持续性程度的主要依据；二者相结合就可判断出中国粮食主产区的空间分布和现状主产区的持续性程度，从而为划分出中国粮食安全的核心产区和后备产区提供依据。

消费安全（即买得起，买不起）是粮食安全的必要补充，经济购买是市场经济条件下获得粮食安全的重要途径。但是，由于粮食消费安全的实现还受制于国家粮食安全←→地区粮食安全←→家庭粮食安全←→个人营养安全等不同尺度粮食安全的双向关系制约，再加上资源安全与生产格局以及消费格局之间存在着普遍的空间偏离，因此即使实现了国家总体的粮食安全，也不能保证所有的地区、家庭和个人都实现了粮食安全，而这种由区域总体经济实力和居民个人经济能力决定的消费状况是决定粮食最终安全程度的最后依据。因此，在上述粮食资源安全和生产安全的基础上，有必要对区域的供需平衡和经济保障能力进行分析，从而明确中国余粮区和缺粮区的空间分布，以及经济保障区和压力区的空间格局，从而为确保中国各类粮食消费区（特别是缺粮区）的粮食安全提供政策参考。

最后，对于粮食安全的功能分区而言，鉴于不同的空间地域在国家粮食安全保障体系中发挥的作用和承担的功能不同，因此，我们在粮食安全基础分区模型的基础上进一步构建了由生态、生活以及生产三种导向的功能区构成的粮食安全功能大区模式（图 5.1d），其中生态导向型功能区是指不具备或者粮食生产的气候条件或资源基础较差的区域，这些区域不仅自然条件限制性因素大，而且经济落后、县域财政和居民个体的经济保障能力都较差，在国家粮食安全的功能体系中属于无法满足自身粮食需求的地区，因此，我们把这类区域定义为生态导向型的粮食安全功能区，旨在通过财政转移支付让这类区域承担起国家的生态服务功能，从而获得粮食安全。

生活导向型功能区是指区域具有一定的资源基础和生产能力，并且能够满足或有一定的增产潜力可以满足未来一定时期内的粮食需求，但是从国家的粮食安全功能来看，这类区域虽然具有相当的生产能力，但是由于自身人口基数以及资源条件等诸多因素的限制，无力承担起国家或区域的粮食生产基地的重任，因此，我们把这类区域定义为生活导向型的粮食安全功能区，旨在通过资源保护和和潜力挖掘等方式为区域可持续的粮食自给提供基础。

生产导向型功能区则是上述区域中资源基础和生产能力特别是增产潜力和经济保障能力等综合优势最为突出的地区，这类地区一般具有突出的资源优势和增产潜力，而且在满足自身人口的粮食消费需求后还有相当规模的余粮可供输出，这类地区有能力承担起保障国家粮食安全的重任，一般是国家级或地区级的粮食核心产区，因此，我们把这类地区定义为生产导向型的粮食安全功能区，旨在通过合理的空间布局和规划建设，为中国长期可持续的粮食安全提供生产保障。

5.1.3 指标与方法

5.1.3.1 指标体系

按照上述目标与思路，本研究建立了由总体目标、具体目标、评价指标、基础指标组成的评价指标体系（3 目标、6 要素、14 指标），即在粮食安全评价的总体目标下包括资源适宜性、生产持续性和消费保障性三个具体目标，其中包括气候生产潜力、资源基础条件、现实生产能力、持续增产潜力、供需平衡水平、经济保障能力六个基础要素和光合生产潜力、光温生产潜力等 14 个评价指标组成的粮食安全功能分区的基础指标体系，如图 5.2 所示。本书以此作为下一步进行粮食安全基础分区和功能分区的划分依据。

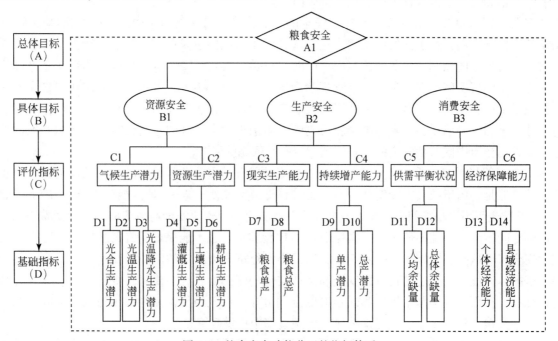

图 5.2　粮食安全功能分区的指标体系

5.1.3.2　数据来源

根据上述思路，本研究需要的基础数据包括县域粮食生产的资源基础数据、生产能力数据和经济类数据三类。其中资源基础数据主要包括光、温、水、土等数据，基于本课题组已有的工作基础，本研究所有的气象数据和土壤数据均直接引用已有研究资料，其中气象原始数据来源于国家气象信息中心（1960～2001 年的全国 730 个国家级站点月平均日照时数、温度、降雨量、风速、相对湿度等数据），土壤原始数据来源于农业部和中国科学院南京土壤研究所编制的中国 1：100 万土壤类型图（包含土壤养分、质地、立地条件等主要参数）。

生产能力数据包括现实生产能力（总产、单产、播种面积）数据和持续增产潜力（单产潜力、总产潜力）数据。鉴于粮食生产受自然、社会和经济等诸多因素的影响而具有明显的年际波动性，为了消除单一年份数据可能带来的偶然性和不稳定性，课题组采用了 2005～2007 年平均值作为指标值，计算所需基础数据取自全国及分省统计年鉴。

经济类数据主要包括供需平衡和经济能力数据，其中供需平衡采用人均粮食产量与消费量的差额表示，经济能力则采用人均 GDP 和地方财政收入表示，为增强分析结果的现势性，本研究中的经济类数据全都采用 2007 年统计数据，数据来源同上。空间数据是应用 GIS 技术进行粮食安全功能分区研究的重要基础，为便于数据分析与比较（主要是与气候潜力数据的衔接），本研究采用课题组已有的 2006 年全国行政区划图作为研究底图，原始数据来源于中国科学院地理科学与资源研究所地球数据共享网。

5.1.3.3　研究方法

粮食安全是一个复杂的系统工程，由于上述的基础要素（气候潜力、资源基础、生产能力、增产潜力、供需平衡以及经济能力）在粮食安全的实现逻辑上存在着后向的决定关系（即前一要素的状态和水平决定了后一要素的状态和水平），并且不同要素之间的组合状况决定了资源安全、生产安全和消费安全的基本格局，而正是这种要素等级的组合情况和基础分区的空间格局为我们进行粮食安全的功能区划分提供了科学基础，为了便于将众多要素的复杂嵌套关系表达清楚并予以正确的反映，我们通过"先分析→后综合→再分区"的方法建立了"要素评价→基础分区→功能分区"的逻辑关联，如图 5.3 所示。其中分析是通过对基础要素的结构分析（即要素的评价指标）和功能分析（即指标的实际涵义），获得基础要素的分级评价结果；综合是在基础要素的等级组合矩阵基础上，按照不同组合的资源、生产或消费涵义获得资源适宜性、生产持续性和消费保障性的基础分级成果；再分区是在基础分区的等级组合矩阵基础上，通过不同组合类型的功能界定和识别获得初步的粮食安全功能大区，然后在此基础上通过主导要素的一致性判别和辅助要素的差异性分析，获得功能大区的亚区划分方案，最后在初步方案的基础上，依据国家有关的空间布局规划和战略（如国家主体功能区划、国家生态功能区划、国家优势农产品布局规划等），结合《国家粮食安全中长期规划纲要（2008—2020 年)》（2008）、《中国农业综合区划》（全国农业区划委员会编写组，1981）、《中国种植业区划》（中国农业科学院，1984）、《中国耕地后备资源》（温明炬等，2007）、《中国耕作制度 70 年》（王宏广，2005）、《中国区域农业资源合理配置、环境综合治理和农业区域协调发展战略研究：农业功能分区与食物安全研究》（卢良恕等，2008）等有关的粮食分区成果，对功能分区的结果进行检验和调整，并在此基础上完成最终的粮食安全功能分区方案。

在具体的实现方法上，鉴于本研究的研究目标主要是明确中国粮食安全的空间格局及其功能分区，在本质上属于空间规划的范畴，因此本书采用了以 ArcGIS 为核心的空间分析和表达方法，具体来说就是在统一的地理底图上，首先按照统一的指标编码规则将评价指标的属性值反映在 GIS 底图上，然后根据研究需要逐次匹配、组合和抽取有关代码信息，再按照不同要素的等级组合矩阵划分出不同类型的评价要素等级类型和基础分区，并在此基础上根据本书界定的安全功能，通过分级和归类制定出中国可持续粮食安全的功能分区方案。

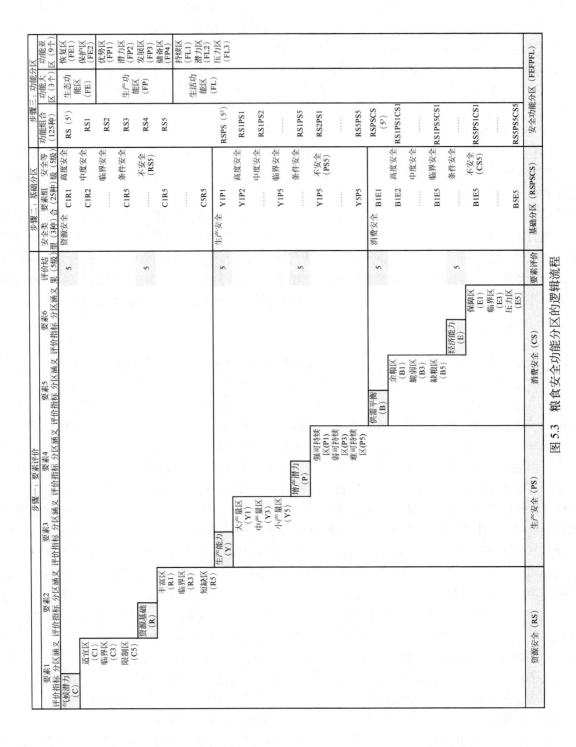

图 5.3 粮食安全功能分区的逻辑流程

5.2 要素评价与基础分区

5.2.1 要素评价

要素评价是基础分区与功能分区的基础，要素评价的关键在于正确筛选评价指标并构建适宜的评价模型。鉴于本书的评价指标均具有丰富的内涵（即可进一步细分为若干个次级指标），因此，本书在指标体系的基础上进一步明确了指标的计算方法，如表5.1所示。并在此基础上规定了以极值和均值为界限的五级评价体系，见表5.2和表5.3。需要说明的是，为了排除气候生产潜力与资源生产潜力在逻辑上的包含关系（即后者是前者与耕地面积的乘积），本书将此处的资源生产潜力定义为由资源数量决定的规模优势，从而避免了资源生产潜力概念中既包含规模优势（指面积）又包括效率优势（指单位面积产量，如气候生产潜力）的逻辑关联，使其在之后的分析中可以作为单独的变量进行矩阵分析。

5.2.1.1 气候生产潜力

（1）评价方法

气候生产潜力是以气候条件来估算粮食生产潜力的方法，即在当地自然的光、温、水（降水）等气候因素的作用下，假设作物的品种、土壤肥力、耕作技术等作用都得到充分发挥时，单位面积可能达到的最高产量，一般认为是区域粮食产量的理论上限。需要指出的是，气候生产潜力包括光合、光温、光温水等多种类型，其中光合生产潜力是指除太阳能以外的其他生态条件和生产条件均适宜时，理想作物群体在当地光照条件下单位面积上所形成的最高产量，一般被认为是粮食产量的理论上限；光温生产潜力是指作物在水肥保持最适宜状态时，由光、温两个因子共同决定的产量，一般被认为是灌溉农业粮食产量的上限；光温水生产潜力是光温生产潜力受自然降水条件限制而衰减后的作物生产潜力，也就是当土壤肥力和农业技术措施等参量处于最适宜的条件下，由辐射、温度和降水等气候因素所确定的作物产量，一般被认为是旱地农业粮食产量的上限。

鉴于本研究对资源基础的分析更多的是关注区域潜在的最大生产能力，考虑到光合生产潜力的极难达到和粮食生产中的水资源因素的重要性，本研究采用以光温生产潜力为主、年平均降水量为辅的组合指标作为气候生产潜力的评价依据，目的是通过分析和评价分县气候资源对粮食生产的影响，明确中国粮食生产的气候适宜区和限制区。

在具体的计算方法上，气候生产潜力的研究方法一般有机制法、试验法和调查法等不同的方法，其中以农业生态区域法（AEZ）为代表的机制法是近年来粮食生产潜力计算的主要方法。鉴于课题组已有基于 AEZ 模型的全国分县气候生产潜力估算结果（封志明等，2007），因此，本研究对分县气候潜力的计算直接引用上述结果。

（2）评价结果

1）光合生产潜力。

如前所述，光合生产潜力是指在温度、水分、二氧化碳、土壤肥力、作物的种植结构以及农业技术措施等均处于最适宜的状态时，由作物群体的光合效率所决定的单位面积生物学产量，是作物产量的理论上限。通过光合生产潜力的计算，不仅可以刻画出作物光合生产潜力的地域分布规律，还可以分析影响作物生长发育和干物质形成的限制因素，以便采取更合理的农业技术措施，最大限度地利用太阳能。

光合生产潜力的计算涉及多种参数，其中最重要的是光合有效辐射［指太阳辐射中能被绿色植物用来进行光合作用的那部分光谱（400～700 纳米）辐射量］的计算，中国大部分地区的年光合有效辐射在2100 兆焦耳/平方米以上，从不同温度分布界限的光合有效辐射的空间分布情况（陈百明，2001）来看，≥0℃期间，中国大多数地区的光合有效辐射值为 1600～2400 兆焦耳/平方米，高值区分布在云南南部、海

表5.1 粮食安全基础指标的算法系统

评价目标 (B)	评价指标 (C)	基础指标 (D)	计算指标 (E)	指标涵义	等级划分方法	评价结果
资源安全 (B1)	气候生产潜力 (C1)				matrix (C1, C2)	资源安全等级 (RS)
					matrix (YT, YW)	气候生产潜力等级 (C1~C5)
		光合生产潜力 (D1)	光合生产潜力 (Yo)	粮食作物单产的理论最大值	按指标生产涵义分等	光温潜力等级 (YT1~YT5)
		光温生产潜力 (D2)	光温生产潜力 (YT)	灌溉农业粮食作物单产上限	按指标生产涵义分等	光温水潜力等级 (Yw1~Yw5)
		光温水生产潜力 (D3)	降水生产潜力 (Yw)	旱作农业粮食作物单产上限		
	资源生产潜力 (C2)				matrix (RI, RL)	资源基础条件等级 (R1~R5)
		水资源潜力 (D4)	灌溉生产潜力 (Y1)	现实灌溉条件下的作物单产	按指标实际值分等	灌溉资源等级 (RI1~RI5)
		土地资源潜力 (D5)			RL=multiply (RS, RA)	耕地资源等级 (RL1~RL5)
			土壤生产潜力 (Ys)	反映耕地资源的质量特征	按指标实际值分等	土壤潜力等级 (RS1~RS5)
			耕地面积 (RA)	反映耕地资源的数量特征	按指标实际值分等	耕地面积等级 (RA1~RA5)
生产安全 (B2)	现实生产能力 (C3)				matrix (C3, C4)	生产安全等级 (PS)
					matrix (YT, YU)	现实生产能力等级 (Y)
		总产能力 (D6)	粮食总产 (YT)	反映县域粮食生产的规模优势	按指标实际值分等	现状总产等级 (YT1~YT5)
		单产能力 (D7)	粮食单产 (YU)	反映县域粮食生产的效率优势	按指标实际值分等	现状单产等级 (YU1~YU5)
	持续增产潜力 (C4)				matrix (PT, PU)	增产潜力等级 (P)
		总产潜力 (D8)	总产潜力 (PT)	反映县域粮食总产的增加潜力	按指标实际值分等	总产潜力等级 (PT1~PT5)
		单产潜力 (D9)	单产潜力 (PU)	反映县域粮食单产的提升空间	按指标实际值分等	单产潜力等级 (PU1~PU5)
消费安全 (B3)	供需平衡水平 (C5)				matrix (C5, C6)	消费安全等级 (CS)
					matrix (BT, BU)	供需平衡等级 (B)
		总余缺量 (D10)	县域余缺总量 (BT)	反映县域粮食余缺总量	按指标实际值分等	5级 (BT1~BT5)
		人均余缺量 (D11)	人均粮食余缺量 (BU)	反映人均粮食余缺数量	按指标实际值分等	5级 (BU1~BU5)
	经济保障能力 (C6)				matrix (ET, EU)	经济能力等级 (E)
		总体经济压力 (D13)	县域财政压力 (ET)	反映余缺总量的财政压力	按指标实际值分等	总体经济压力等级 (ET1~ET5)
		个体经济压力 (D14)	个体经济压力 (EU)	反映人均余缺的个体经济压力	按指标实际值分等	个体经济压力等级 (EU1~EU5)

表5.2 粮食安全基础要素的评价等级系统（一）

气候生产力

评价要素	主导指标（光温生产潜力）				辅助指标（年降雨量）				等级矩阵					评价结果			
	指标涵义（吨/公顷）	指标值域	等级代码	县域个数	指标涵义（毫米）	指标值域	等级代码	县域个数	rf1	rf2	rf3	rf4	rf5	要素等级 5级	等级代码	县域个数	要素类型
气候生产力		0.00~37.89	Y_T	2326		11.83~2676	rf	2326							C	2326	
	二熟以上农作区 >25.00		Y_T1	375	常年湿润区 >1000		rf1	948	373	2	0	0	0	高度适宜	C1	817	适宜区
	二熟农作区 20.00~25.00		Y_T2	453	湿润区 800~1000		rf2	236	390	52	11	0	0	比较适宜	C2	337	
	一熟农作区 15.00~20.00		Y_T3	535	半湿润区 400~800		rf3	862	152	145	232	1	5	临界适宜	C3	263	临界区
	高寒农作区 10.00~15.00		Y_T4	598	半干旱区 200~400		rf4	166	29	27	421	59	62	条件适宜	C4	630	
	零星农作区及牧区 <10.00		Y_T5	365	干旱区 <200		rf5	114	4	10	198	106	47	不适宜	C5	279	不适宜区

资源生产力

评价要素	主导指标（耕地面积）				辅助指标（灌溉土地潜力）				等级矩阵					评价结果			
	指标涵义（万亩）	指标取值	等级代码	县域个数	指标涵义（公斤/亩）	指标值域	等级代码	县域个数	RW1	RW2	RW3	RW4	RW5	要素等级 5级	等级代码	县域个数	要素类型
资源生产力		0.00~34.28	RL	2326		0.00~37.89	RW	2326							R	2326	3类
	100万亩以上 >6.70		RL1	456	亩均1200公斤以上 >18		RW1	357	19	107	219	63	48	资源丰富	R1	554	丰富区
	60~100万亩 4.00~6.70		RL2	491	亩均800~1200公斤 12.00~18.00		RW2	685	56	153	163	78	41	资源较丰	R2	576	
	40~60万亩 2.70~4.00		RL3	410	亩均500~800公斤 7.50~12.00		RW3	673	84	130	103	59	34	资源欠丰	R3	490	临界区
	20~40万亩 1.30~2.70		RL4	555	亩均300~500公斤 4.50~7.50		RW4	353	136	199	111	67	42	资源短缺	R4	384	
	20万亩以下 <1.3		RL5	414	亩均300公斤以下 <4.50		RW5	258	62	96	77	86	93	资源匮乏	R5	322	限制区

现实生产能力

评价要素	主导指标（粮食总产）				辅助指标（粮食单产）				等级矩阵					评价结果			
	指标涵义（万吨）	指标取值	等级代码	县域个数	指标涵义（公斤/亩）	指标值域	等级代码	县域个数	YU1	YU2	YU3	YU4	YU5	要素等级 5级	等级代码	县域个数	要素类型
现实生产能力		0.00~220.00	YT	2326		0.00~14.05	YU	2326							Y	2326	3类
	50万吨以上 >50.00		YT1	239	亩均500公斤以上 >7.50		YU1	408	74	66	72	18	9	大产量区	Y1	492	主产区
	25~50万吨 25.00~50.00		YT2	503	亩均400~500公斤 6.00~7.50		YU2	385	155	125	121	70	32	高产量区	Y2	354	
	15~25万吨 15.00~25.00		YT3	410	亩均300~400公斤 4.50~6.00		YU3	505	101	77	102	78	52	中产量区	Y3	287	中产区
	10~15万吨 10.00~15.00		YT4	353	亩均200~300公斤 3.00~4.50		YU4	465	37	65	73	102	76	低产量区	Y4	372	
	10万吨以下 <10.00		YT5	821	亩均200公斤以下 <3.00		YU5	563	41	52	137	197	394	小产量区	Y5	821	小产区

表5.3 粮食安全基础要素的评价等级系统（二）

持续增产潜力

主导指标（总产潜力）				辅助指标（单产潜力）				等级矩阵					评价结果			
指标涵义	指标取值	等级代码	县域个数	指标涵义	指标取值	等级代码	县域个数		PU1	PU2	PU3	PU4	PU5	要素等级	等级代码	县域个数	要素类型
指标值域（万吨）	(-14.00)~451.00	PT	2326	指标值域（公斤/亩）	(-5.64)~31.43	PU	2326		212	76	85	10	0	5级	P	2326	3类
70万吨以上	>70.00	PT1	383	亩均1000公斤以上	>15.00	PU1	645	PT1	212	76	85	10	0	大潜力区	P1	545	重点区
50~70万吨	50.00~70.00	PT2	257	亩均667~1000公斤	10.00~15.00	PU2	377	PT2	112	60	68	15	2	高潜力区	P2	484	适宜区
30~50万吨	30.00~50.00	PT3	421	亩均333~667公斤	5.00~10.00	PU3	507	PT3	166	107	110	35	3	中潜力区	P3	264	适宜区
10~30万吨	10.00~30.00	PT4	619	亩均167~333公斤	2.50~5.00	PU4	462	PT4	133	117	157	176	36	低潜力区	P4	298	限制区
10万吨以下	<10.00	PT5	646	亩均167公斤以下	<2.50	PU5	335	PT5	22	17	87	99	421	无潜力区	P5	735	限制区

供需平衡水平

主导指标（县域余缺粮食总量）				辅助指标（人均余缺粮食量）				等级矩阵					评价结果			
指标涵义	指标取值	等级代码	县域个数	指标涵义	指标取值	等级代码	县域个数		BU1	BU2	BU3	BU4	BU5	要素等级	等级代码	县域个数	要素类型
指标值域（万吨）	(-235.69)~176.82	BT	2326	指标值域（公斤/人）	(-400)~2426.22	BU	2326							5级	B	2326	3类
余粮10万吨以上	>10.00	BT1	380	余粮200公斤以上	>200	BU1	419	BT1	308	72	0	0	0	粮食富裕	B1	723	余粮区
余粮1.5~10万吨	1.50~10.00	BT2	409	余粮50~200公斤	50~200	BU2	352	BT2	103	240	66	0	0	粮食盈余	B2	114	余粮区
余缺粮±1.5万吨	(-1.50)~1.50	BT3	521	余缺粮±50公斤	(-50)~50	BU3	460	BT3	8	40	322	81	70	临界平衡	B3	322	脆弱区
缺粮1.5~10万吨	(-10.00)~(-1.50)	BT4	681	缺粮50~150公斤	(-150)~(-50)	BU4	502	BT4	0	0	72	367	242	粮食短缺	B4	153	缺粮区
缺粮10万吨以上	<(-10.00)	BT5	335	缺粮150公斤以上	<(-150)	BU5	593	BT5	0	0	0	54	281	严重缺粮	B5	1014	缺粮区

经济保障能力

主导指标（地方财政压力）				辅助指标（个体经济压力）				等级矩阵					评价结果			
指标涵义	合计/值域	等级代码	县域个数	指标涵义	合计/值域	等级代码	县域个数		EU1	EU2	EU3	EU4	EU5	要素等级	等级代码	县域个数	要素类型
合计/值域	(-22.00)~29.00	ET	2326	合计/值域	(-0.28)~0.55	EU	2326							5级	E	2326	3类
余粮压力1倍以上	>1.00	ET1	454	余粮压力0.03倍以上	>0.03	EU1	466	ET1	397	57	0	0	0	高度保障	E1	740	保障区
余粮压力0.1~1倍	0.10~1.00	ET2	397	余粮压力0.01~0.03倍	0.01~0.03	EU2	279	ET2	66	220	111	0	0	中度保障	E2	116	保障区
余缺粮压力±0.1倍	(-0.10)~0.10	ET3	315	余缺粮压力±0.01倍	(-0.01)~0.01	EU3	550	ET3	3	2	283	23	4	经济脆弱	E3	283	脆弱区
缺粮压力0.1~1倍	(-1.00)~(-0.10)	ET4	322	缺粮压力0.01~0.03倍	(-0.03)~(-0.01)	EU4	560	ET4	0	0	156	488	194	中度压力	E4	179	压力区
缺粮压力1倍以上	<(-1.00)	ET5	838	缺粮压力0.03倍以上	<(-0.03)	EU5	471	ET5	0	0	0	49	273	高度压力	E5	1008	压力区

注：①地方财政压力＝县域余缺粮食总量×2007年平均粮食期货价格/地方财政收入；②个体经济压力＝人均余缺粮食量×2007年平均粮食期货价格/人均GDP。

南岛西南部等地区，低值区分布在青藏高原和东北的北部；≥10℃期间，中国大多数地区的光合有效辐射值为1300~2300兆焦耳/平方米之间；≥15℃期间，大部分地区在800~2100兆焦耳/平方米之间，华南和云南南部高达1500~2100兆焦耳/平方米，东北地区不足800兆焦耳/平方米，青藏高原则几乎为零。

与此相对应，中国粮食作物的光合生产潜力也呈现类似的空间分布规律，如图5.4（a）所示。全国总体上具有从东南（约占国土面积1/3的高值区）向西北（约占国土面积2/3的低值区）递减的规律，高低值的分界线大体以长白山—太行山—青藏高原东南边缘为界，此线以东地区平均值在70吨/公顷以上，其中高值区主要分布在太行山、巫山、云贵高原以及武夷山和南岭等地区；此线以西地区多在30~70吨/公顷之间，其中青藏高原大部（除藏东南谷地）、内蒙古长城沿线和大兴安岭地区是中国作物光合生产潜力的低值区。由此可见，光合生产潜力的这种空间不均衡格局不仅是形成中国作物种植格局的自然基础，更是造就中国粮食生产地域分工格局的根源所在。

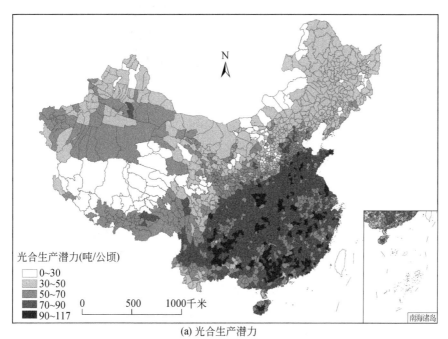

(a) 光合生产潜力

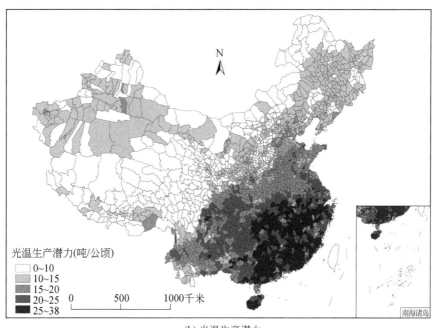

(b) 光温生产潜力

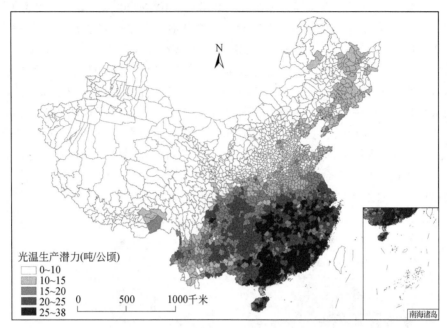

(c) 光温降水生产潜力

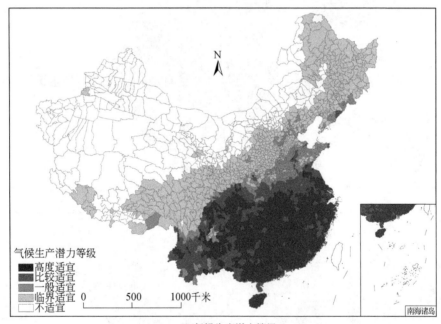

(d) 气候生产潜力等级

图 5.4　中国粮食安全气候生产潜力的空间分布格局

2）光温生产潜力。

光温生产潜力是在光合生产潜力的基础上，经温度有效系数 $f(T)$ 进行衰减后形成的作物生产潜力。中国地域辽阔，南北横跨近 40 个纬度，从南到北有热带、亚热带和温带等多种气候带，各地气温相差悬殊，年平均气温南北相差 26℃左右。

气温分布的地带性差异，使中国的农业生产也具有明显的地带性分布规律，从南到北到依次分布着一年三熟、一年二熟、二年三熟、一年一熟等多种农作制度，从全国的地势格局来看，属于第一阶梯的中国东部低海拔平原丘陵地区，海拔高度一般在 500 米以下，水资源丰富，作物一年三熟或两熟有余。

属于第二阶梯的中部地区，海拔多在 500～2000 米之间，作物一般为一年两熟或一熟；而海拔在 3000 米以上的青藏高原地区，是中国地势的第三阶梯，由于海拔高、温度低、降水少，水热资源缺乏，除河谷地区有喜凉作物可满足一年一熟生长需求外，其余绝大部分高原面上基本上没有种植业。

因此，与光合生产潜力相比，光温生产潜力的分布表现出明显的海拔衰减性影响，如图 5.4b 所示，其中温度衰减作用最强的区域主要位于海拔较高的青藏高原、大小兴安岭以及内蒙古高原等区域，温度限制性较弱的地区主要分布于华南地区、江南地区以及长江中下游地区，该区域的平均光温生产潜力超过了 25 吨/（公顷·年），可以满足于农作物二至三熟以上的热量条件，是中国光温生产潜力最高的区域。

黄淮海平原、四川盆地、豫南鄂北山地以及云贵高原的大部分地区是中国光温生产潜力的均值区 [潜力值大体位于 15～25 吨/（公顷·年），与全国平均水平 17.4 吨/（公顷·年）相当]，可以满足农作物一至二熟的热量条件，是中国最主要的农业生产分布区；东北、内蒙古东部、新疆以及青藏高原的东南部河谷地区属于中国的一熟制农作区，县域光温生产潜力在 5～15 吨/（公顷·年）之间，是中国农业区光温生产潜力的低值区。

最后，青藏高原的绝大部分区域以及阿尔泰山—阴山—大兴安岭沿线的农牧交错带是中国粮食生产的零星分布区和空白区，县域光温生产潜力不足 5 吨/（公顷·年），是中国主要的牧业分布区。

3）光温水生产潜力。

降水是作物水分需求量的重要来源，降水量的多少及其时空分布对区域粮食生产潜力具有重要影响。受季风气候影响，中国年降水量的分布总体上具有从东南向西北逐渐递减的规律，与农业生产关系密切的主要有 200 毫米、400 毫米和 800 毫米等降水量线，其中 200 毫米等降水量线是中国干旱区与半干旱区的分界线，以内蒙古西部—河西走廊西部—藏北高原为界，此线以西主要是中国荒漠或半荒漠分布区，自然植被的产量极低，种植业主要零星分布在河谷地区。400 毫米等降水量线是中国半干旱区与半湿润区以及农牧区的分界线，以大兴安岭—张家口—兰州—拉萨—喜马拉雅山东部（中国西南边界）为界，此线以西为草原和荒漠生态区，农业生产以牧业为主，种植业为灌溉农业兼有旱作农业。800 毫米等降水量线是中国湿润区与半湿润区的分界线，以秦岭–淮河–青藏高原东南边缘为界，此线以北是中国旱作农业区，此线东南部为中国主要的水稻分布区。

受光温生产潜力和降水量的分布规律影响，中国分县粮食作物的光温水生产潜力也具有明显的从东南向西北递减的规律，如图 5.4c 所示。其中：光温水生产潜力的高值区主要分布在年平均降水量 1600 毫米以上的华南及江南部分县市，这部分地区的气候生产潜力大多在 25 吨/（公顷·年）以上；光温水生产潜力的次高值区主要分布在长江中下游、四川盆地以及云贵高原东南部，这些地区年平均降水量在 800～1000 毫米左右，气候生产潜力值介于 15～25 吨/（公顷·年）之间；光温水生产潜力的低值区分布在长白山地、华北平原、秦岭山地以及云贵高原西北部等地区，这些地区的年平均降水量在 400～800 毫米左右，气候生产潜力值多位于 10～15 吨/（公顷·年）之间；最后，光温水生产潜力最低的区域位于大兴安岭—太行山—黄土高原南缘—青藏高原东南边缘一线以西的广大地区，该区域大部分县市的年平均降水量不足 200 毫米，气候生产潜力不足 5 吨/（公顷·年），是中国光照、温度和降水等气候因素综合限制性最大的区域，大部分地区生态脆弱，气候生产潜力低下，粮食生产受自然气候因素的限制性较大。

4）气候生产潜力等级。

根据表 5.2 中气候潜力等级的划分方法，我们按照光温生产潜力和年平均降雨量的组合状况，将全国划分为五个气候潜力区，如图 5.4d 所示。其中：气候生产潜力高度适宜（C1）粮食作物的区域主要分布在华南及江南部分县市，这部分地区气候生产潜力大多在 25 吨/（公顷·年）以上，县域个数 817 个，人口占全国的 44%，土地面积占全国的 17%，耕地面积占全国的 28%，粮食产量占全国的 36%，光温水约为全国平均水平的 1.7 倍（表 5.4），是中国气候条件最为优越的地带。

表 5.4　中国粮食安全的气候生产潜力评价等级表

气候生产潜力	县域个数	人口数量 （万人）	土地面积 （万平方公里）	耕地面积 （万公顷）	粮食产量 （万吨）	气候生产潜力 （吨/公顷）
高度适宜	817	57 685	161	2 933	18 652	24.2
比较适宜	337	21 970	77	1 584	8 544	16.2
临界适宜	263	19 521	46	1 314	8 286	11.5
条件适宜	630	25 798	240	3 378	13 933	7.5
不适宜	279	6 711	440	1 123	2 893	2.0
总计	2 326	131 685	964	10 332	52 307	14.4

等级代码	县数比例 （%）	人口比例 （%）	土地比例 （%）	耕地比例 （%）	产量比例 （%）	气候生产 潜力水平
C1	35	44	17	28	36	1.7
C2	14	17	8	15	16	1.1
C3	11	15	5	13	16	0.8
C4	27	20	25	33	27	0.5
C5	12	5	46	11	6	0.1
总计	100	100	100	100	100	

比较适宜（C2）粮食生产的区域主要位于长江中下游、四川盆地以及云贵高原东南部，这些县市气候生产潜力值介于 15～25 吨/（公顷·年）之间，县域个数 337 个，人口占全国的 17%，土地面积占全国的 8%，耕地面积占全国的 15%，粮食产量占全国的 16%，光温水潜力约为全国平均水平的 1.1 倍，是中国气候条件相对优越的区域。

临界适宜（C3）粮食生产的区域主要位于长白山地、山东半岛、云贵高原南缘的部分县市，这些县市气候生产潜力值介于 10～15 吨/（公顷·年）之间，县域个数 263 个，人口占全国的 15%，土地面积占全国的 5%，耕地面积占全国的 13%，粮食产量占全国的 16%，光温水潜力不足全国平均水平，仅为其 0.8 倍，是中国气候条件适宜农业生产，但局部地区为限制性的农业生产区。

条件适宜（C4）粮食生产的区域主要位于东北平原、华北平原、黄土高原和藏东南谷地的部分县市，这些县市气候生产潜力值介于 5～10 吨/（公顷·年）之间，县域个数 630 个，人口占全国的 20%，土地面积占全国的 25%，耕地面积占全国的 33%，粮食产量占全国的 27%，光温水潜力仅为全国平均水平的一半，是中国单要素（如东北的低温限制和黄土高原的水分限制）限制性作用突出的区域。

不适宜（C5）的区域主要位于内蒙古长城沿线和青藏高原东南边缘以西的广大地区，该区域大部分县市的气候生产潜力在 5 吨/（公顷·年）以下，县域个数 279 个，人口占全国的 5%，土地面积占全国的 46%，耕地面积占全国的 11%，粮食产量占全国的 6%，光温水潜力远低于全国平均水平，仅为其 0.1 倍，是中国农业生产受多要素（如温度和水分）限制，不适宜或不宜大规模进行粮食生产的纯牧业区和农牧交错地带。

5.2.1.2　资源生产潜力

（1）评价方法

资源生产潜力是指区域在特定的气候条件下，由能够投入粮食生产的最大资源量所决定的资源生产潜力，其中土地资源和水资源是最重要的农业生产要素，因此，对于粮食生产的资源潜力的分析至少应包括这两项要素。土地资源是农业生产的物质基础，其中耕地资源是土地资源的精华，鉴于土地资源（指国土面积）向耕地资源的转化受到土地属性、产业结构、农业政策、社会发展以及土地垦殖难易程度等多种因素的影响,考虑到中国已经实现了严格的耕地保护政策,18 亿亩的耕地红线和 16 亿亩基本农田的警戒线已经成为各界共识(王卿等,2010),因此在进行具体的评价时,我们舍弃了垦殖率等间接指标,而采取了分县耕地面积的数值作为评价依据。其次,对于水资源生产潜力而言,水是农业的命脉,也是粮食生产的关键要素,农业生产中的水资源一般包括天然降水和人工灌溉;因此,水资源生产潜力是在气候生产潜力的基础上,经灌溉因子校正后得到的产量。

(2)评价结果

1)分县耕地面积。

耕地资源是粮食生产的物质载体,其数量和质量是粮食安全的根基所在(封志明等,2000),而中国目前的实际情况是随着人口持续增长和工业化、城市化进程的不断加快,优质耕地不断被占用、耕地数量持续减少、人均耕地下降较快,特别是耕地资源分布与经济增长区域的空间复合性,使中国耕地保护与经济发展的矛盾极为突出。

根据国土资源部《中国耕地质量等级调查与评定》(2009)成果,中国的耕地分布不仅空间集中性[其中燕山—太行山—大巴山一线(即中国地貌的第二阶梯前沿)以东地区集中了全国 80% 以上的耕地]特征突出,而且耕地资源的分布与经济发展区域的空间复合性(即中国最强劲的经济发展区域与最需要保护的集中连片优质耕地分布区域在空间上是重合的)特征明显,报告指出中国 83 个 50 万人口以上的大中城市中有 73 个分布在耕地集中分布区,其中华北平原、关中平原、长江三角洲、珠江三角洲以及四川盆地等地区不仅是中国耕地资源最为集中的区域,也是中国人口和经济最为集中的区域。

从分县耕地面积的空间分布格局看,如图 5.5a 所示。这些区域的县域耕地面积都在 60 万亩(即 4 万公顷)以上,县域个数约占全国的 2/5,而人口却占全国总人口的近 4/5,是中国人口高度密集的区域。其余 3/5 的县域耕地面积都在 50 万亩以下,特别是青藏高原和内蒙古长城沿线的较大部分地区耕地面积都不足 20 万亩,是中国县域耕地资源比较缺乏的地区。需要指出的是,耕地资源和人口分布的空间偏离是造成中国人粮关系紧张的根源,也是中国迫切需要通过资源的空间管制现实国家长期粮食安全保障的基本出发点。

2)分县水资源生产潜力。

对分县水资源生产潜力的计算结果表明,受人工灌溉因素的影响,中国分县水资源生产潜力的空间格局依然保持了由东南向西北逐递减的总体趋势,如图 5.5b 所示。其中西北地区(如新疆、内蒙古、青海等地)的生产潜力提高明显,显示出灌溉对这些地区粮食生产的重要影响。水资源生产潜力的高值区

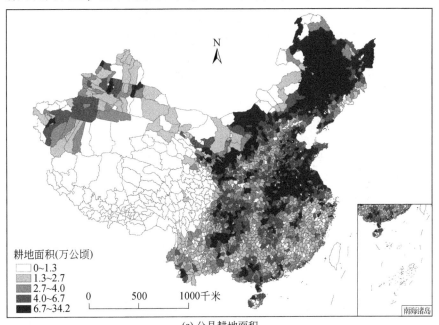

耕地面积(万公顷)
0~1.3
1.3~2.7
2.7~4.0
4.0~6.7
6.7~34.2

0   500   1000千米

南海诸岛

(a) 分县耕地面积

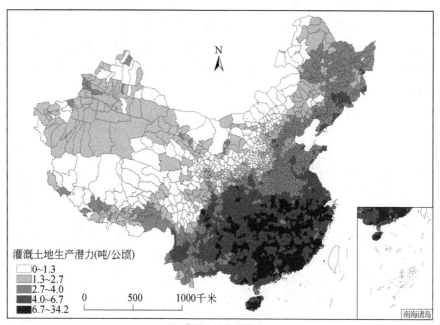

(b) 灌溉土地生产潜力

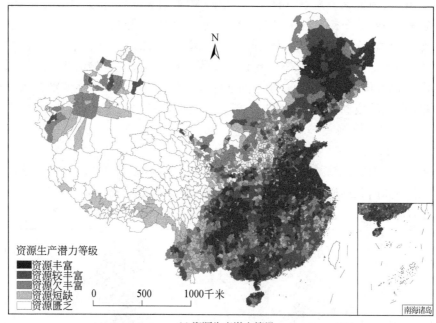

(c) 资源生产潜力等级

图 5.5 中国粮食安全资源生产潜力的空间分布格局

(>12 吨/公顷, 即 800 千克/亩)仍然集中于秦岭—淮河一线以南的地区, 中值区和低值区仍位于此线以北, 除青藏高原外, 其余绝大部分地区的灌溉土地生产潜力都较气候生产潜力有明显提高, 部分县市(如新疆的米泉、喀什、阿勒泰、阿克苏和哈密地区, 以及宁夏的石嘴山、青铜峡、固原和中卫地区, 甘肃的酒泉、张掖、敦煌以及金昌等地区)的灌溉土地生产潜力甚至提高了近十倍。与之相反, 东北、华北和长江中下游平原、四川盆地以及珠江三角洲等地区的水资源生产潜力较降水生产潜力的提高幅度不大, 一般在 20%左右。

3)资源生产潜力等级。

根据表 5.2 对资源潜力等级的划分方法, 我们按照耕地面积和灌溉土地生产潜力的等级组合矩阵把全国划分为五个资源潜力区, 如图 5.5c 和表 5.5 所示。其中资源丰富(R1)的区域主要分布在东北平原、内蒙古河套地区、关中平原以及新疆准格尔盆地等局部地区，这部分县域的耕地面积多在60万亩（4万公顷）以上，人均耕地多在2亩（0.133公顷）以上，是中国耕地资源数量和质量综合优势最为突出的地区，县域个数554个，人口占全国的43%，土地面积占全国的16%，耕地面积占全国的48%，粮食产量占全国的52%，粮食作物的资源生产潜力占全国的56%。

表5.5 中国粮食安全的资源生产潜力评价等级表

资源生产潜力	县域个数	人口数量（万人）	土地面积（万平方公里）	耕地面积（万公顷）	粮食产量（万吨）	资源潜力（万吨）
资源丰富	554	56 192	152	4 909	26 957	58 450
资源较丰富	576	35 415	143	2 533	14 174	27 223
资源欠丰富	490	21 123	140	1 712	6 766	12 769
资源短缺	384	14 499	110	766	3 347	5 333
资源匮乏	322	4 456	420	412	1 063	1 162
总计	2 326	131 685	964	10 332	52 307	104 938

等级代码	县数比例（%）	人口比例（%）	土地比例（%）	耕地比例（%）	产量比例（%）	潜力比例（%）
R1	24	43	16	48	52	56
R2	25	27	15	25	27	26
R3	21	16	14	17	13	12
R4	17	11	11	7	6	5
R5	14	3	44	4	2	1
总计	100	100	100	100	100	100

资源较丰富区（R2）主要位于大小兴安岭、长白山地、山东半岛、四川盆地和新疆南疆盆地和北疆局部地区，这些县市的耕地面积多在20万亩（1.3万公顷）以上，人均耕地多在FAO警戒线0.8亩（0.053公顷）以上，是中国具有相当的耕地总量优势，但人均优势稍显不足的地区，县域个数576个，人口占全国的27%，土地面积占全国的15%，耕地面积占全国的25%，粮食产量占全国的27%，粮食作物的资源生产潜力占全国的26%。

资源欠丰富区（R3）主要位于黄土高原、华北平原、长江沿线以及珠江流域部分地区，这些县市的耕地面积（从不足20万亩到100万亩以上）和人均耕地（从不足0.8亩到3亩以上）规模跨度较大，单项指标优势突出，但综合优势略显不足的区域，县域个数490个，人口占全国的16%，土地面积占全国的14%，耕地面积占全国的17%，粮食产量占全国的13%，粮食作物的资源生产潜力占全国的12%。

资源短缺区（R4）主要位于新疆塔里木盆地、青藏高原东南边缘、云贵高原以及中国中东部广大山地丘陵地区，这些县市的耕地面积多在100万亩（4万公顷）以下，人均耕地多在3亩（0.2公顷）以下，是中国耕地单项限制性（如总量或个量）突出的地区，县域个数384个，人口占全国的11%，土地面积占全国的11%，耕地面积占全国的7%，粮食产量占全国的6%，粮食作物的资源生产潜力占全国的5%。

资源匮乏（R5）的区域主要位于内蒙古长城沿线、京津冀地区和青藏高原大部以及长江以南的东南沿海地区，该区域大部分县市耕地面积不足40万亩（2.7万公顷），人均耕地不足2亩（0.133公顷），是中国耕地资源最为匮乏（R5）的地区，县域个数322个，人口占全国的3%，土地面积占全国的44%，耕地面积占全国的4%，粮食产量占全国的2%，粮食作物的资源生产潜力不足全国的1%。

5.2.1.3 现实生产能力

(1) 评价方法

现实生产能力是区域在目前生产条件下能够达到的实际粮食产量（即现实生产力）。影响粮食生产能力的因素很多，但最终都集中到粮食播种面积、单产水平和复种指数这三个变量上。鉴于这三项指标之间存在着实质的换算关系（即粮食单产=粮食总产/粮食播种面积，复种指数=粮食播种面积/耕地面积），考虑到粮食播种面积的大小直接受制于耕地面积，而粮播面积与耕地面积之间并非简单的线性关系，实现耕地面积到粮播面积的转变还要受到诸如耕地属性（此处指耕地等级）、粮食政策、经济环境、种植结构等因素的影响，也就是说粮播面积的不确定性较多，而耕地面积则相对稳定，因此，为了表征区域比较稳定的现实粮食生产能力，本书在此处将单产概念转化为单位耕地面积上的产量（即耕地单产=粮食总产/耕地面积），以此作为表征区域粮食生产的效率优势指标，同时以粮食总产量作为表征区域粮食生产的规模优势指标，通过将二者的分等评价和组合矩阵的归类，划分出了现实生产能力的等级水平，结果详述如下。

（2）评价结果

1）分县耕地单产。

从比较优势的角度，单产是单位面积上粮食生产能力的集中体现，属于效率优势的范畴。影响区域粮食单产的因素既包括光、热、水、土（土壤、海拔、坡度）等自然要素，又包括作物品种、农业政策、经济技术和管理等众多社会经济要素，所有这些要素共同作用于特定地区的农业土壤和粮食作物，并经农田系统的转化后形成区域在特定自然资源和社会经济条件下的粮食单产，因此，单产能力的空间分布一般与区域的自然资源条件和社会经济水平相一致。

全国分县单产能力的分析表明，与中国气候条件和社会经济发展水平的空间格局类似，中国粮食作物的单产空间分布具有从东南向西北递减的规律，如图 5.6a 所示。其中大兴安岭—太行山—黄土高原东缘—青藏高原东南边缘一线以东的地区是中国粮食作物单产水平较高的区域，该区域大部分县域粮食单产都在 4.5 吨/公顷（亩产 300 公斤）以上，其中东北平原、华北平原、长江中下游平原区、珠江三角洲以及四川盆地和云贵高原等地区的粮食单产优势十分明显，这些地区的县域粮食单产多数在 6 吨/公顷（亩产 400 公斤）以上，局部地区达到 7.5 吨/公顷（亩产 500 公斤）以上，是中国粮食单产优势最为突出的地区。相反，此线以西的绝大部分地区粮食单产都在 3 吨/公顷（亩产 200 公斤）以下，是中国粮食单产水平最低的区域，其中只有内蒙古河套地区、新疆南疆盆地以及藏南谷地等局部地区的粮食单产达到 4.5 吨/公顷（亩产 300 公斤）以上，是西部地区具有相对单产优势的少数地区。

2）分县粮食总产。

总产能力（即粮食总产量）是区域粮食实际产出能力的最终表现，是区域粮食生产的效率优势（单产水平）和规模优势（播种面积）共同决定的综合产出，对分县粮食总产量的评价结果显示，中国粮食

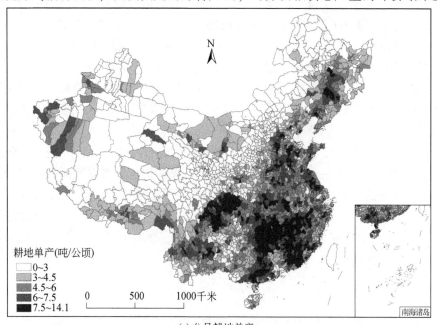

耕地单产(吨/公顷)
- 0~3
- 3~4.5
- 4.5~6
- 6~7.5
- 7.5~14.1

(a) 分县耕地单产

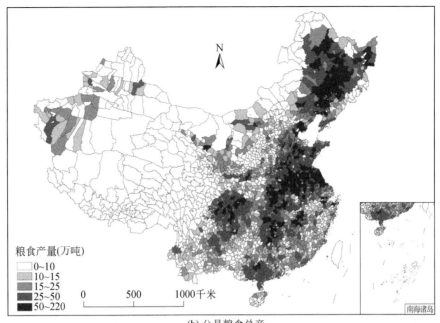

(b) 分县粮食总产

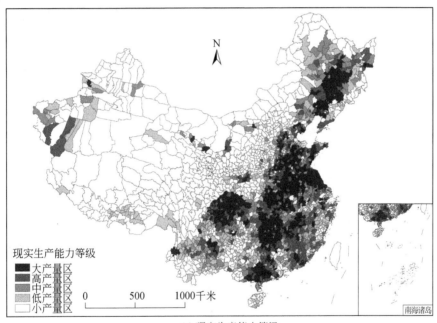

(c) 现实生产能力等级

图 5.6　中国粮食安全现实生产能力的空间分布格局

总产能力的空间集中性特征突出，如图 5.6b 所示。其中东北平原、华北平原、长江中下游平原区、四川盆地以及珠江三角洲等四大区域的粮食总产优势突出，该区域绝大部分县域的粮食总产在 15 万吨以上，其中有 239 个县域粮食总产能力超过 50 万吨，有 503 个县域的粮食总产能力在 25～50 万吨之间，有 410 个县域的粮食总产能力在 15～25 万吨之间，是中国粮食总产生产最为集中的地区；在剩余的 1174 个县域中，有 2/3 以上的县域分布在中国新疆、内蒙古、黄土高原以及青藏高原等广大西部地区，是中国粮食总产能力最为低下的区域，县域粮食总产量不足 10 万吨；其余 353 个县零星分布在上述地区的丘陵山区，是中国粮食总产能力较低的区域。

3）现实生产能力等级。

根据表 5.2 对资源潜力等级的划分方法，我们按照总产能力和单产能力的等级组合矩阵把全国划分为五个生产能力区，如图 5.6c 和表 5.6 所示。由图可知，中国现实粮食生产能力大致以大兴安岭–太行山–青藏高原东南边缘一线为界，东西半壁的差异及其显著，此线以东的大部分地区现实生产能力都在中等以上，其中东北三江平原、松嫩平原、长江中下游平原、四川盆地和珠江三角洲等地区的粮食综合生产能力优势突出，是中国现状粮食生产的大产量区（Y1），该区大部分县域的粮食总产在 25 万吨以上，粮食单产在 300 公斤以上，是中国粮食生产的规模优势和效率优势最为突出的核心产区，县域个数 492 个，人口占全国的 38%，土地面积占全国的 11%，耕地面积占全国的 35%，粮食总产能力占全国的 50%，粮食单产水平约为全国平均值的 1.54 倍。

表 5.6 中国粮食安全的现实生产能力评价等级表

现实生产能力	县域个数	人口数量 （万人）	土地面积 （万平方公里）	耕地面积 （万公顷）	粮食产量 （万吨）	耕地单产 （吨/公顷）
大产量区	492	49 935	107	3 583	25 559	7.7
高产量区	354	24 274	78	1 608	9 312	7.0
中产量区	287	16 625	71	1 394	6 063	5.7
低产量区	372	14 575	111	1 227	4 610	4.8
小产量区	821	26 276	597	2 519	5 590	2.5
合计	2 326	131 685	964	10 332	51 134	5.0
等级代码	县数比例 （%）	人口比例 （%）	土地比例 （%）	耕地比例 （%）	产量比例 （%）	单产水平
Y1	21	38	11	35	50	1.54
Y2	15	18	8	16	18	1.38
Y3	12	13	7	13	12	1.13
Y4	16	11	12	12	9	0.96
Y5	36	20	62	24	11	0.49
合计	100	100	100	100	100	

黄淮海平原、江淮盆地、云贵高原以及新疆南疆盆地等地区的县域粮食总产多在 10 万吨以上，粮食单产多在 200 公斤以上，是中国现实生产能力优势比较突出的高产量区（Y2），这部分县域的县域个数 354 个，人口占全国的 18%，土地面积占全国的 8%，耕地面积占全国的 16%，粮食总产能力占全国的 18%，粮食单产水平约为全国平均值的 1.38 倍。

内蒙古长城沿线、黄土高原东缘以及山东半岛等地区的低山丘陵地区是中国现实生产能力具有一定优势的中产量区（Y3），该区大部分县域的粮食总产和单产的跨度较大，总产从不足 10 万吨到超过 50 万吨，单产从不足 200 公斤到超过 500 公斤，但二者的综合优势较差，是中国粮食生产能力有待提高的主要区域，县域个数 287 个，人口占全国的 13%，土地面积占全国的 7%，耕地面积占全国的 13%，粮食总产能力占全国的 12%，粮食单产水平约为全国平均值的 1.13 倍。

此外，在中国中东部地区的广大山地丘陵地区（如西南山地以及华南山地丘陵等地区）以及西部零星地区（如新疆天山山地、藏东南河谷地区等）还分布着一些现实生产能力不具优势的低产量区（Y4），该区大部分县域的粮食总产多在 50 万吨以下，单产多在 400 公斤以下，是中国粮食总产和单产劣势比较明显的地区，县域个数 372 个，人口占全国的 11%，土地面积占全国的 11%，耕地面积占全国的 12%，粮食总产能力占全国的 9%，粮食单产水平低于全国平均水平，仅为其 0.96 倍。

最后，在大兴安岭—太行山—青藏高原东南边缘一线以西的广大地区，是中国现状粮食生产能力最差的小产量区（Y5），该区绝大部分县域的粮食总产不足 25 万吨，单产多在 300 公斤以下，是中国粮食综合生产能力最差的地区，绝大部分地区粮食生产呈零星分布，青藏高原等少部分地区粮食生产空白，该区域县域个数821个，人口占全国的20%，土地面积占全国的62%，耕地面积占全国的24%，粮食总产能力约为全国的11%，粮食单产水平远低于全国平均水平，仅为其0.49倍。

5.2.1.4 持续增产能力

(1) 评价方法

对现状的分析是为了更好地预测未来，增产能力作为反映特定条件下粮食实际生产能力与理想生产水平之间差距的表征指标，具有揭示增产空间、反映可持续生产能力的重要意义。增产能力分析的关键是如何选取粮食生产的理想水平，即增产上限的确定。对于粮食产量的理论上限，一般认为光合生产潜力是粮食产量的最高理论上限，光温生产潜力是灌溉农业粮食产量的上限，而光温水生产潜力则是旱地农业粮食产量的上限。鉴于中国不同地区的粮食单产记录或典型高产纪录已经达到或超过气候生产潜力（光温水生产潜力）的估算值（王宏广等，2005），考虑到光合生产潜力的极难达到，因此，本文选择了光温生产潜力作为增产潜力分析的理论上限，并据此计算了县域粮食增产能力，结果详述如下。

(2) 评价结果

1）分县单产潜力。

提高单产是增加粮食产量的重要途径，由于人类对粮食的需求随着人口的增加和社会经济的发展而不断增长，与此同时，受耕地面积的限制，粮食播种面积非但无法持续增长，并且受工业化、城市化等要素影响而不可避免地减少，因此，千方百计地提高粮食单产便成为增加粮食产量的重要途径。就粮食单产的本质而言，粮食单产是粮食作物在特定的自然和社会经济条件下自然再生产能力和社会再生产能力的集中体现，粮食单产虽然受制于光温水土等自然资源条件，但通过良种培育、改善耕作技术和田间管理以及改进物质投入等方式，特定区域的粮食单产可以得到极大地提高，有研究表明（王宏广，2005），中国四川、广西、云南、贵州等局部地区的试验田粮食单产都均达到光温生产潜力的水平，因此，本文选用了光温生产潜力作为计算单产提升潜力的理论上限。

计算结果表明，中国县域粮食单产的提升潜力具有从东南向西部呈阶梯状递减的规律，如图5.7a所示。其中秦岭—淮河和青藏高原东南边缘一线以南以东的地区，单产提升潜力多在10吨/公顷以上，是中国最具单产提升潜力的粮食产区；此线以北以西至大兴安岭—阴山—黄土高原西缘—青藏高原东缘的中间地带，单产提升潜力多在2.5~10吨/公顷之间，是中国单产提升潜力尚有一定挖掘空间的地区；而大

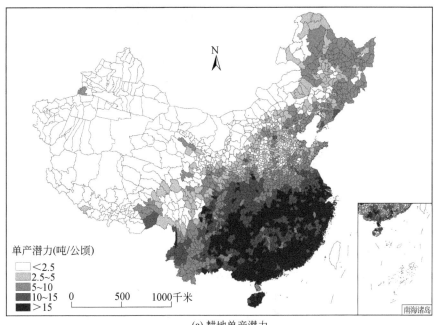

(a) 耕地单产潜力

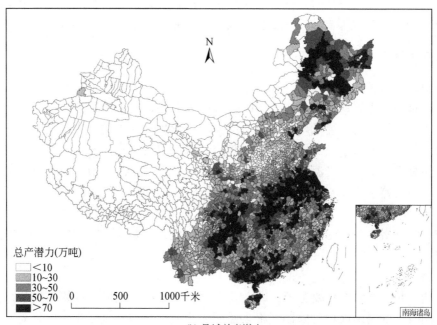

(b) 县域总产潜力

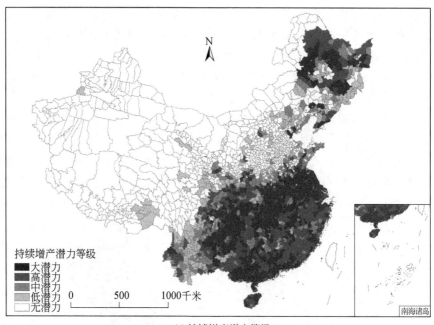

(c) 持续增产潜力等级

图5.7 中国粮食安全持续增产潜力的空间分布格局

兴安岭—阴山—黄土高原西缘—青藏高原东缘以西的广大地区，基本上不具备单产提升潜力，大部分县域的单产提升潜力均不足2.5吨/公顷。

2）分县总产潜力。

总产潜力是单产潜力在县域耕地面积上的叠加值，计算结果表明，与单产潜力的阶梯状分布相似，中国总产潜力也呈现类似的空间分布，如图5.7b所示。所不同的是，东北平原、长江中下游平原、珠江三角洲和四川盆地的总产潜力凸显，这些地区的大部分县域总产潜力都在50万吨以上；除此之外至大兴安岭—阴山—黄土高原西缘—青藏高原东缘中间地带的广大县域，主要包括东北的长白山地、大小兴安岭、辽宁平原的丘陵地区、黄土高原、内蒙古中南部农牧交错区、秦巴山地、川滇高原、西南、中南和华南地区的丘陵及山地地区以及云贵高原西南边缘等地区的绝大部分县域，总产潜力多在 10～50 万吨之间；而大兴安岭—阴山—黄土高原西缘—青藏高原东缘一线以西的广大地区，具体包括新疆全境、青藏高原主体和内蒙古大部，该区域的绝大部分县域总产潜力不足 10 万吨，是中国总产潜力最低的区域。

3）持续增产能力等级。

根据前面对资源潜力等级的划分方法，我们按照总产潜力和单产潜力的等级组合矩阵把全国划分为五个增产能力区，如图 5.7c 和表 5.7 所示。由图可知，中国持续增产潜力的空间集聚特征十分突出，其中秦淮线和青藏高原东缘以南以东的地区和东北地区的增产优势明显，该区域绝大部分县域的增产潜力都在中等以上，大（P1）、高（P2）、中（P3）三个潜力类型在空间上呈复合状分布，其中潜力优势最为突出的大潜力（P1）县域主要集中在东北的三江平原、松嫩平原和长江中下游平原区、四川盆地以及珠江三角洲四大区域，这部分县域的总产潜力多在 50 万吨以上，单产潜力在每亩 667 公斤（10 吨/公顷）以上，是中国粮食综合增产优势最为突出的地区，县域个数 545 个，人口占全国的 40%，土地面积占全国的 15%，耕地面积占全国的 38%，粮食产量占全国的 40%，总产潜力占全国的 60%，单产潜力约为全国平均水平的 1.13 倍。

表 5.7　中国粮食安全的持续增产潜力评价等级表

持续增产潜力	县域个数	人口数量（万人）	土地面积（万平方公里）	耕地面积（万公顷）	粮食产量（万吨）	总产潜力（万吨）
大潜力区	545	52 255	143	3 915	20 531	54 241
高潜力区	484	26 881	112	1 696	9 531	18 913
中潜力区	264	13 830	56	1 009	5 285	7 487
低潜力区	298	13 680	82	924	4 200	5 174
无潜力区	735	25 039	571	2 788	11 588	5 075
合计	2 326	131 685	964	10 332	51 134	90 890
等级代码	县数比例（%）	人口比例（%）	土地比例（%）	耕地比例（%）	产量比例（%）	潜力比例（%）
P1	23	40	15	38	40	60
P2	21	20	12	16	19	21
P3	11	11	6	10	10	8
P4	13	10	8	9	8	6
P5	32	19	59	27	23	6
合计	100	100	100	100	100	100

除此之外的该区区域（包括 P2 和 P3）其他县域总产潜力约在 30 万吨以上，单产潜力约为每亩 333 公斤（5 吨/公顷），县域个数 748 个，人口占全国的 31%，土地面积占全国的 18%，耕地面积占全国的 26%，粮食产量占全国的 29%，总产潜力占全国的 29%，单产潜力大致相当于全国平均水平；与之相对应，秦淮线和青藏高原东缘以北以西的广大地区，总产潜力和单产潜力的平均水平都较低，该区绝大部分县域的总产潜力不足 10 万吨，单产潜力不足每亩 167 公斤（2.5 吨/公顷），是中国粮食增产潜力最小的区域。

5.2.1.5　供需平衡水平

（1）评价方法

如前所述，基于国内粮食安全的考量，本研究对供需平衡的分析不考虑国际贸易带来的影响，因此，对供需平衡的分析就简化为对产需匹配水平的分析。鉴于其中供给水平（等同于产出水平）已经明确，因此，供需平衡分析的关键就在于需求水平的分析，其中关键是人均需求标准的确定。在人均粮食需求标准的确定上，根据卢良恕等（2008）、殷培红（2006）等人的研究，中国目前多采用人均粮食占有量 400 公斤作为研究粮食安全的基准线，人均粮食占有量300公斤是比较公认的温饱标准；参考近年来中国粮食每年有3000万吨左右的净进口量，即相当于人均约23公斤的进口量（若以400公斤为标准，则意味着国内自产粮食的人均需求量应为377公斤），考虑到未来因收入提高和饮食结构西化等原因而导致的粮食间接消费需求的不断增加，因此，本研究仍采用人均400公斤作为人均粮食需求量的计算标准，具体结果分述如下。

（2）评价结果

1）人均粮食余缺量。

对人均粮食余缺量的分析结果表明，如图5.8a所示。按照人均400公斤的消费量，中国将近一半的县域属于缺粮地区，其中人均缺粮150公斤以上的严重缺粮县共593个，占县域总数25%；人均缺粮50～150公斤之间的中度缺粮县共502个，占县域总数的22%；人均余粮和缺粮在±50公斤之间的余缺粮脆弱县共460个，占县域总数的20%。

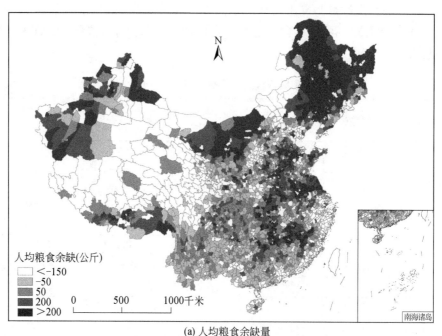

(a) 人均粮食余缺量

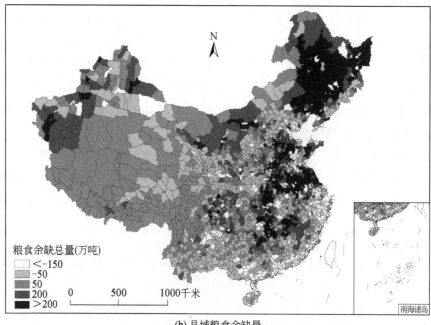

(b) 县域粮食余缺量

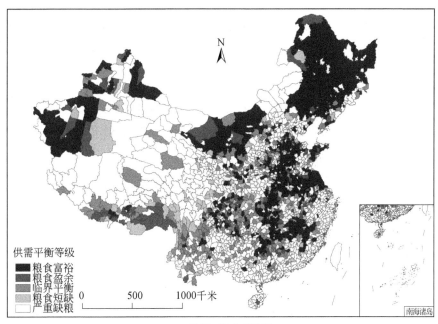

(c) 供需平衡状况等级

图 5.8　中国粮食安全供需平衡水平的空间分布格局

以上地区从缺粮原因上可明显地划分为三类，其中青藏高原及其与周边新疆、内蒙古、四川盆地、黄土高原等接壤的农牧交错地区属于资源型缺粮地区；中东部广大山地丘陵地区，包括秦巴山地、川滇高原山地丘陵、江南丘陵山地、南邻丘陵山地等地区属于资源和经济复合型缺粮地区；而东南沿海的经济发达地区，尤其是浙、闽、粤、贵等沿海地区则属于明显的经济缺粮型地区。

除此之外，约占全国县域总数 1/3 的余粮县在空间分布上呈现明显的集聚特征，其中人均余粮在 200 公斤以上的余粮大县共 419 个，占县域总数 18%，集中分布在东北平原、内蒙古河套地区以及新疆南北疆盆地；人均余粮在 50～200 公斤之间的中度余粮县公 352 个，占县域总数的 15%，主要分布在东北平原、内蒙古中部、山东半岛以及湖北湖南等中部产粮大省。

2）县域粮食余缺总量。

对县域粮食余缺总量的分析结果表明，在叠加了人口因素的影响后，县域粮食余缺总量的空间格局表现出更加明显的集中性特性，如图 5.8b 所示。其中余粮县主要分布在东北平原、内蒙古河套地区、山东半岛和两湖（湖南、湖北）盆地、四川盆地以及新疆南北疆盆地等地区，其中余粮总量超过 10 万吨的余粮大县 380 个，占县域总数的 16%，是中国目前最主要的商品粮集中产区；余粮总量在 1.5 万～10 万吨之间的普通余粮县 409 个，占县域总数的 18%，其空间分布与余粮大县呈交错嵌套状，二者共同构成了中国余粮区的空间集中性特征。

此外，受人口因素的影响，中国广大西部地区在小人口基数的影响下由主要的人均缺粮区转变为县域总体的余缺粮脆弱区，该地区大部分县域的余缺粮数量在 ±1.5 万吨之间，县域个数 521 个，占县域总数的 22%，是中国粮食供需平衡较为脆弱的地区，在气候变化或自然灾害等状态下极易从余粮区转变为缺粮区。

从缺粮区的情况来看，中国县域缺粮总量在 1.5 万～10 万吨之间的中度缺粮地区，主要分布在西北部耕地缺乏型地区（如青藏高原、云贵高原）和中东部山地丘陵人口密集型地区（如四川盆地和黄土高原），这部分县域共 681 个，占县域总数的 29%；县域缺粮总量超过 10 万吨的缺粮大县集中分布在东南沿海经济发达地区（如浙、闽、粤沿海地区）以及中部城镇集中分布区（如京津冀，武汉地区、关中地区），这部分县域共 335 个，占县域总数的 14%，是中国经济和人口复合型缺粮地区。

3）供需平衡水平等级。

根据表5.3对供需平衡等级的划分方法，我们按照总量余缺和人均余缺的等级组合矩阵把全国划分为五个供需平衡等级区，如图5.8c和表5.8所示。由图可知，中国供需平衡的空间格局呈现明显的两极分化特征，其中余缺总量超过1.5万吨且人均余粮50公斤以上的粮食富裕县（B1）723个，占县域总数的31%，余粮总量占全国余粮总量的98%，人均余粮约为全国平均水平的13.59倍，显示出突出的余粮优势；缺粮总量超过1.5万吨且人均缺粮50公斤以上的严重缺粮县（B5）1014个，占县域总数的50%，缺粮总量为全国缺粮总量的98%，人均缺粮量约为全国平均水平的7.32倍，是中国缺粮程度最高的严重缺粮区。

表5.8　中国粮食安全的供需平衡水平评价等级表

供需平衡状况	县域个数	人口数量（万人）	土地面积（万平方公里）	耕地面积（万公顷）	粮食产量（万吨）	余缺总量（万吨）
粮食富裕	723	40 265	262	5 154	28 471	12 365
粮食盈余	114	5 661	63	438	2487	223
临界平衡	322	12 907	110	1 060	5 132	−28
粮食短缺	153	6 771	67	528	2 428	−280
严重缺粮	1 014	66 081	463	3 152	12 616	−13 816
合计	2 326	131 685	964	10 332	51 134	−1 536

等级代码	县数比例（%）	人口比例（%）	土地比例（%）	耕地比例（%）	产量比例（%）	余缺比例（%）
B1	31	31	27	50	55	98
B2	5	4	7	4	5	2
B3	14	10	11	10	10	0
B4	7	5	7	5	5	−2
B5	44	50	48	31	25	−98
合计	100	100	100	100	100	0

在剩余的不足20%的县域中，余缺总量和人均余缺等级匹配程度差的供需平衡临界区（B3）共322个，占县域总数的10%，该区县域总体余粮均衡（即无余无缺），人均粮食约有亏缺，缺粮量约为全国平均水平的0.16倍，属于余缺脆弱的区域；其余不足10%的县域中粮食略有盈余（B2）的114个县，占县域总数的4%，余粮总量仅为全国余粮总量的2%，人均余粮约为全国平均水平的2.87倍，属于略具优势的余粮区。

粮食短缺（B4）的153个县，占县域总数的5%，该区粮食缺粮总量约为全国缺粮总量的2%，人均缺粮量约为全国平均水平的2.33倍，是中国粮食略有亏缺的区域。从空间分布上看，余粮区集中分布在东北地区、内蒙古中部、新疆南北疆盆地、川藏滇河谷地区、山东半岛以及湖北、湖南等中东部产粮大省。缺粮区主要分布在两类地区，一是资源（包括气候和耕地）型缺粮区，主要包括青藏高原、新疆山地、内蒙古北部牧区、东北兴安林区以及中部山地丘陵地区；二是经济型缺粮区，主要包括东南部经济发达的沿海地区和中部城镇集中分布区。而粮食脆弱区的分布与人均粮食脆弱区和余缺总量的脆弱区分布都较吻合，主要分布在上述两类地区的空隙部位。

5.2.1.6　经济保障能力

(1) 评价方法

经济保障能力是影响区域（特别是缺粮区）粮食安全状况的重要因素，一般而言，国内生产总值

（GDP）、地方财政收入、人均 GDP 和人均收入等指标都可用来表征粮食安全的经济保障能力，其中前两项指标可从整体上反映区域经济水平对地区粮食安全的保障能力，后两项指标可从居民个体的角度反映个体经济水平对粮食安全的保障能力。

在具体的指标选取上，考虑到国内生产总值包含了国家经济总体布局和产业政策（如投资和进出口等）以及地方政府的发展定位等众多复杂的因素，不能直接反映地方财政的实际支付能力，因此我们以地方财政收入作为县域整体经济能力的表征；在居民个体经济能力的表征上，由于分县人均收入数据未能形成连续序列，因此本文采用了人均 GDP 指标作为反映个体经济保障能力的表征指标。在具体的计算方法上，个体经济能力的测算是以 2007 年人均 GDP 为基数，通过将人均余缺数量转化为货币价值，获得了县域人均余缺的经济压力指标，并以此作为评价县域个体经济能力的具体数值；总体经济能力的测算也是通过将县域余缺总量转化为货币价值（2042 元），通过计算余缺粮食的货币价值占地方财政收入的比值获得了县域总体经济压力的具体数值，具体结果详述如下。

（2）评价结果

1）个体经济能力。

计算结果表明，中国县域个体经济能力对粮食安全的保障能力具有整体偏低的明显特征，如图 5.9a 所示。接近 70% 的县域个体经济保障能力处于压力区或临界区，其中，缺粮压力较大（压力值超过人均 GDP 的 0.03 倍以上）的县域 471 个，占县域总数的 20%；缺粮压力介于 0.01~0.03 倍之间县域 560 个，占县域总数的 24%；余粮保障能力或缺粮压力介于 ±0.01 倍之间的临界县 550 个，占县域总数的 24%；在剩余的约 30% 的县域中，经济保障能力介于人均 GDP 0.01~0.03 倍之间中等保障县 279 个，占县域总数的 12%；经济保障能力超过人均 GDP 0.03 倍以上的高保障县 466 个，占县域总数的 20%。

从空间分布上看，县域个体经济能力的空间分布与地区经济发展水和粮食总产量具有明显的空间复合性特征，其中中东部经济发达且粮食产量较大地区的县域，如东北平原、华北平原、江淮地区、长江中下游的两湖平原（洞庭湖、鄱阳湖）以及新疆南疆盆地和藏东南谷地等地区的个体经济保障能力较突出，属于个体经济能力的保障区；而除此之外的广大的地区，特别是中西部的绝大多数县域，都属于个体经济保障的压力区或临界区，具体包括青藏高原大部、黄土高原大部、云贵高原大部以及东南沿海的局部山地丘陵地区。

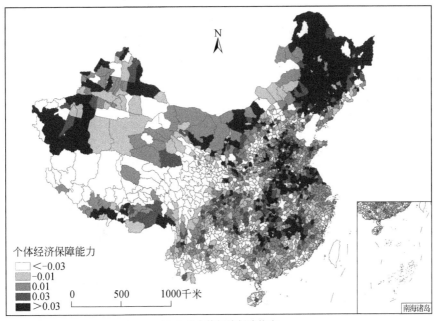

（a）分县个体经济保障能力

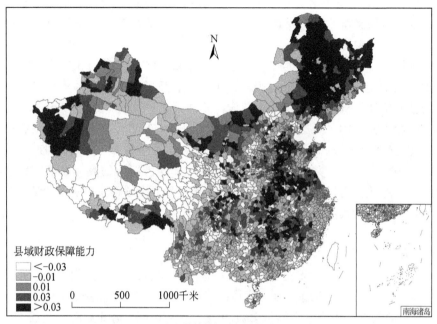

(b) 分县总体经济保障能力

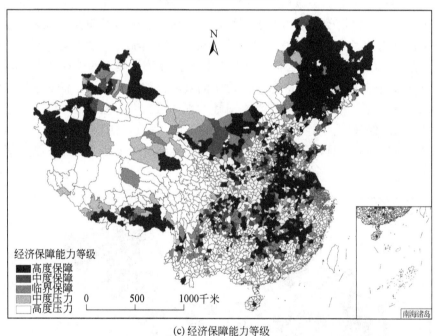

(c) 经济保障能力等级

图 5.9　中国粮食安全经济保障能力的空间分布格局

2）县域经济能力。

对县域总体经济能力的评价结果表明，中国县域总体的经济能力对粮食安全保障程度偏低，如图 5.9b 所示。半数以上（1475 个，约占县域总数的63%）的县域经济能力处于压力区或临界区；在剩余的 851 个县域中，经济保障能力超过地方财政收入的一倍的高保障县 454 个，占县域总数的 20%；经济保障能力介于地方财政收入的 0.1~1 倍之间的中等保障县 397 个，占县域总数的 17%。

从空间分布上看，县域总体经济能力的空间格局与供需平衡的格局相反，突出地表现为东南沿海地区由供需平衡的缺粮地区转变为经济能力的有保障地区，而广大中西部地区则由供需平衡中的中轻度缺粮地区转变为经济能力上的高压力区；其余地区的空间分布也较供需平衡格局表现出更加明显的空间集中性特征，其中东北地区、山东半岛、河南、安徽、湖北、湖南等地区的粮食优势更加突出，而广大中部山地丘陵地区的粮食保障压力也更加明显。

3）经济保障能力等级。

根据对经济保障能力等级的划分方法，我们按照总量经济能力和个体经济能力的等级组合矩阵把全国划分为五个经济能力等级区，如图5.9c和表5.9所示。由图可知，与供需平衡等级的空间分布类似，中国经济保障能力的空间格局也呈现出明显的两极分化特征，其中总体和个体经济保障能力都超过0.1倍的高度保障区（E1）主要分布在东北平原、华北平原、四川盆地和长江中下游的两湖（洞庭湖、鄱阳湖）平原以及内蒙古河套地区、新疆南疆盆地和藏东南谷地等兼具经济和粮食生产能力的地区，县域个数740个，占县域总数的32%，人口占全国的30%，土地面积占全国的30%，耕地面积占全国的49%，粮食产量占全国的54%，总体保障能力为全国平均水平的8.66倍，个体经济保障能力为全国平均水平的14.73倍，是中国经济保障能力最好的区域。

表5.9　中国粮食安全的经济保障能力评价等级表

经济保障能力	县域个数	人口数量（万人）	土地面积（万平方公里）	耕地面积（万公顷）	粮食产量（万吨）	财政压力
高度保障	740	39 005	286	5 062	27 758	2.75
中度保障	116	6 454	37	499	2 940	0.21
临界保障	283	17 608	95	1 192	5 947	-0.01
中度压力	179	10 992	103	609	3 072	-0.21
高度压力	1 008	57 626	443	2 970	11 418	-1.27
合计	2 326	131 685	964	10 332	51 134	0.32
等级代码	县数比例（%）	人口比例（%）	土地比例（%）	耕地比例（%）	产量比例（%）	压力水平
E1	32	30	30	49	54	8.66
E2	5	5	4	5	6	0.65
E3	12	13	10	12	12	-0.03
E4	8	8	11	6	6	-0.66
E5	43	44	46	29	22	-4.00
合计	100	100	100	100	100	1.00

而总体经济压力和个体经济压力都较大的高度压力区（E5）则广布在除此之外的中国绝大部分地区，县域个数1008个，占县域总数的43%，人口占全国的44%，土地面积占全国的46%，耕地面积占全国的29%，粮食产量占全国的22%，总体经济压力水平为全国平均水平的4倍，个体经济压力水平为全国平均水平的8.34倍，是中国粮食安全保障中经济压力最大的区域。

除这两种类型之外的其他三类经济能力区则夹杂分布在上述地区的空隙部位，其中中度保障县（E2）116个，占县域总数的5%，人口占全国的5%，土地面积占全国的4%，耕地面积占全国的5%，粮食产量占全国的6%，总体保障能力为全国平均水平的0.65倍，个体经济保障能力为全国平均水平的2.39倍，是中国略具经济保障能力的区域。总体经济能力和个体经济能力匹配程度较差的经济脆弱县（E3）283个，占县域总数的12%，人口占全国的13%，土地面积占全国的10%，耕地面积占全国的12%，粮食产量占全国的12%，总体经济压力水平为全国平均水平的0.03倍，个体经济压力水平为全国平均水平的0.95倍，是中国经济保障最为脆弱的区域。总体经济压力和个体经济压力都超过0.1倍的中度压力县（E4）179个，占县域总数的8%，人口占全国的8%，土地面积占全国的11%，耕地面积占全国的6%，粮食产量占全国的6%，总体经济压力水平为全国平均水平的0.66倍，个体经济压力水平为全国平均水平的 3.54 倍，是中国粮食安全保障中稍具压力的区域。

5.2.2 基础分区

如前所述，中国粮食安全的根基在于资源安全，核心在于粮食生产的安全，而最终目标是粮食的消费安全，因此，本节将通过上述要素的匹配研究，来获得资源安全、生产安全和消费安全的空间分布规律，从而为下一步进行粮食安全的功能分区提供依据。在具体的分区方法上，根据前述六个基础要素的评价结果，按照不同要素之间的逻辑关系，本书采用了矩阵分析方法作为粮食安全基础分区的方法，其中对于气候生产潜力和资源潜力的组合矩阵组成了资源安全的分区基础，现实生产能力和持续增产能力的组合矩阵构成了生产安全的分区基础，供需平衡水平与经济保障能力的组合矩阵构成了消费安全的分区基础；安全类型的划分则是按照不同安全类别的主要限制性因素给予了不同的矩阵组合方案，每种类别的安全分区等级方案及其具体的分区涵义见表 5.10。

5.2.2.1 资源适宜性

(1) 分区方法

资源安全是粮食安全的物质基础，资源适宜性程度的高低不仅决定了区域粮食现实生产力的基本格局，还在此基础上与气候生产潜力相结合决定了区域持续增产能力的基本格局，是进一步划分可持续粮食安全功能分区的基本前提，其中由光热水土等自然条件决定的自然生产力格局是资源安全的天然基础，而由技术、经济、政策、投入和农民意愿等社会经济因素决定的耕地资源生产能力则是现实资源开发利用水平的重要表征，二者相结合就可以判断出区域粮食生产的气候条件与资源基础的空间匹配（或错位）状况，从而为下一步粮食安全功能分区的生产导向型功能和生态导向型功能的区分提供依据。

根据上述认识，确定了以气候生产潜力为主导指标、资源生产潜力为辅助指标的资源适宜性（RS）等级划分方法，其中高度适宜（RS1）是指气候适宜且资源丰富区，在生产上可作为全国核心粮食生产基地；中度适宜（RS2）是指气候适宜且资源较丰区，在生产上可作为全国或地区性粮食生产基地；临界适宜（RS3）是指气候临界适宜且资源欠丰区，在生产上不具备作为全国或地方性生产基地的功能，但可作为满足自身粮食消费需求的自给型基地；条件适宜（RS4）是指气候条件适宜且资源短缺区，不适宜作为主要的粮食产区，但尚具有一定的粮食生产能力的非粮食主产区，未来宜逐步减少或退出粮食生产；不适宜（RS5）是指不具备粮食生产的基本气候条件，并且资源（主要指耕地）短缺或匮乏区，此类区域一般气候条件恶劣、生态环境脆弱，不宜进行粮食耕种，因此应纳入国家生态保护或恢复区范围而予以保护。

(2) 分区结果

按照上述分区方法，划分的资源适宜性等级共五类，如图 5.10 和表 5.11 所示。其中高度适宜县 933 个，比较适宜县 305 个，一般适宜县 317 个，临界适宜县 492 个，不适宜县 279 个。从空间分异来看，前两个等级的县域（1238 个）约占全国县域总数的 53%，人口占全国的 70%，土地面积占全国的 25%，耕地面积占全国的 53%，粮食产量占全国的 64%，光合、光温和光温水生产潜力均在全国平均水平以上，是中国粮食生产的资源安全区，主要分布在大兴安岭—贺兰山—青藏高原东缘一线以东的广大中东部地区，是中国农业生产和经济发展的精华地区。

相反，此线以西的广大地区（除新疆南北疆盆地外）大都属于一般适宜（RS3）、临界适宜（RS4）和不适宜县（RS5），相应的县域个数分别是 317、492 和 279 个，三类县域占全国县域总数的 36%，人口占全国的 30%，土地面积占全国的 74%，耕地面积占全国的 47%，粮食产量占全国的 36%，气候生产潜力（如光合、光温和光温水生产潜力）和资源生产潜力（如人均耕地）均低于全国平均水平，是中国气候条件限制性作用明显的粮食生产区。

表 5.10 粮食安全基础分区的要素组合和分级归类系统

分区名称		R1	R2	要素矩阵 R3	R4	R5	等级划分	等级代码	县域个数	等级涵义及功能导向
							5 级	RS	2326	
资源安全分区	C1	252	304	192	69	0	高度适宜	RS1	933	气候适宜且水土资源丰富，可作为全国核心粮食生产基地
	C2	120	65	77	73	2	比较适宜	RS2	305	气候适宜且水土资源匹配良好，可作为地区性粮食生产基地
	C3	75	84	42	61	1	一般适宜	RS3	317	气候临界适宜但水土资源匹配欠佳，可作为自给型粮食生产基地
	C4	104	96	123	132	175	临界适宜	RS4	492	气候条件适宜但水土资源短缺，宜减少或退出粮食生产
	C5	3	27	56	49	144	不适宜	RS5	279	气候不宜且水土资源匮乏，不宜开展粮食生产
分区名称		R1	R2	要素矩阵 R3	R4	R5	等级划分	等级代码	县域个数	等级涵义及功能导向
							5 级	RS	2326	
生产安全分区	Y1	235	74	50	29	104	高度持续	PS1	597	现状粮食主产区且增产潜力巨大，属强可持续粮食核心产区
	Y2	94	112	51	34	63	中度持续	PS2	313	现状产区且增产潜力在在中等以上，属较强可持续粮食产区
	Y3	82	78	31	33	63	一般持续	PS3	314	现状粮食产区且具备一定增产潜力，属弱可持续粮食产区
	Y4	50	109	68	51	94	低度持续	PS4	367	粮食生产能力和增产潜力都在中等以下，属较弱可持续粮食产区
	Y5	84	111	64	151	411	难以持续	PS5	735	无增产潜力的粮食产区，属不可持续粮食产区
分区名称		R1	R2	要素矩阵 R3	R4	R5	等级划分	等级代码	县域个数	等级涵义及功能导向
							5 级	RS	2326	
消费安全分区	B1	669	39	15	0	0	高度保障	CS1	815	经济保障能力较强的保障型余粮区，可作为全国性商品粮基地
	B2	57	36	21	0	0	中度保障	CS2	77	经济保障能力较强的中度余粮区，可作为地方性商品粮基地
	B3	14	41	177	55	35	临界保障	CS3	177	具有一定生产或经济保障能力的粮食自给区，能实现粮食消费安全
	B4	0	0	24	41	88	中度压力	CS4	125	经济保障能力较差生产保障能力有限，实现粮食消费安全的压力较大
	B5	0	0	46	83	885	高度压力	CS5	1132	粮食生产能力和经济保障能力都较差，不具备粮食自给的能力

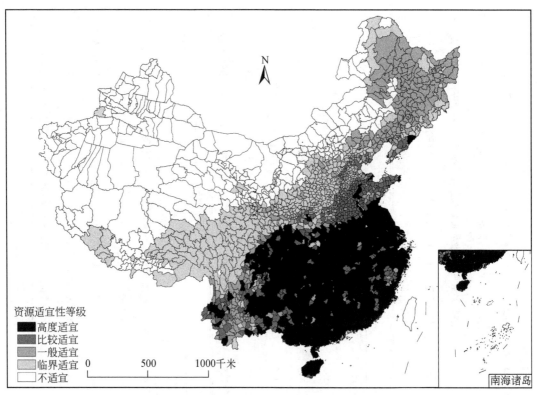

图 5.10　中国粮食安全资源适宜性的空间格局

表 5.11　中国粮食安全资源适宜性的分区统计指标

资源适宜性	县域个数	人口数量 （万人）	土地面积 （万平方公里）	耕地面积 （万公顷）	粮食产量 （万吨）	气候潜力 （吨/公顷）	资源潜力 （万吨）
高度适宜	933	72 161	194	4 175	25 334	22.8	67.05
比较适宜	305	20 048	52	1331	8 359	15.2	42.78
一般适宜	317	16 240	109	2 395	10 939	11.2	62.70
临界适宜	492	16 524	168	1 309	4 782	7.2	15.08
不适宜	279	6 711	440	1123	2 893	2.0	7.32
总计	2 326	131 685	964	10 332	52 307	14.4	45.12
等级代码	县数比例 （%）	人口比例 （%）	土地比例 （%）	耕地比例 （%）	产量比例 （%）	气候潜力 水平	资源潜力 水平
RS1	40	55	20	40	48	1.58	1.49
RS2	13	15	5	13	16	1.05	0.95
RS3	14	12	11	23	21	0.78	1.39
RS4	21	13	17	13	9	0.50	0.33
RS5	12	5	46	11	6	0.14	0.16
总计	100	100	100	100	100	1.00	1.00

5.2.2.2 生产持续性

(1) 分区方法

生产安全是粮食安全的核心，生产持续性程度的高低不仅与区域现状粮食产出能力直接相关，还与区域未来的粮食增产潜力密切相关，通过比较二者的空间匹配程度和差距水平，就可以对区域粮食生产的可持续程度（即安全状况）做出判断，从而为下一步粮食安全功能分区中生产导向型功能区与生活导向型功能区的区分提供依据。

按照上述认识，确定了以持续增产潜力为主、现实生产能力为辅的生产持续性等级（PS）等级划分方法，其中高度持续（PS1）是指现状为粮食主产区、且持续增产潜力在中等以上的强可持续粮食产区，可作为国家粮食安全的核心产区；中度持续（PS2）是指生产能力和增产潜力组合等级较低但持续增产潜力在中等以上的较强可持续粮食产区，可作为国家粮食安全的储备区、潜力区或发展区；一般持续（PS3）是指具有一定粮食增产潜力（指潜力等级在高潜力至低潜力之间）的弱可持续粮食产区，一般不具备建设成为国家粮食生产基地的潜力，但可建设成为主要的自给型粮食产区；低度持续（PS4）是指现状粮食生产能力和增产潜力都在中等以下的较弱可持续粮食产区，可酌情（如结合资源安全和消费安全的等级）建设成为部分自给的自给型粮食产区；难以持续（PS5）是指不具备增产潜力或增产潜力极小的现状粮食产区，应酌情减少或退出粮食生产。

(2) 分区结果

按照上述分区方法，划分的生产持续性等级共五类，如表5.12和图5.11所示。其中高度持续县597个，中度持续县313个，一般持续县314个，低度持续县367个，难以持续县735个。从空间分异来看，前两个等级的县域（910个）占全国县域总数的39%，人口占全国的59%，土地面积占全国的23%，耕地面积占全国的54%，粮食产量占全国的62%，单产潜力约为全国平均水平的1.5倍，总产潜力约占全国的76%，是中国粮食增产潜力最大的粮食主产区，主要分布在秦岭—淮河—青藏高原东缘一线以南以东的地区和东北平原。

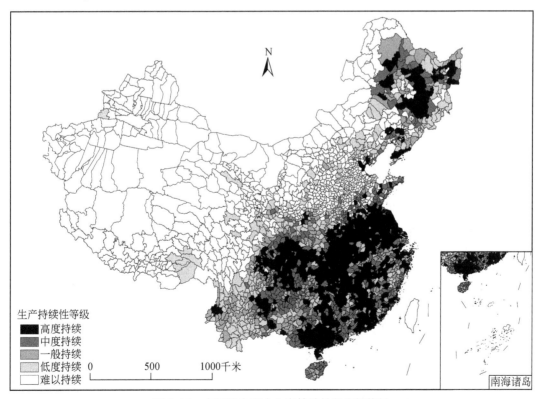

图 5.11 中国粮食安全生产持续性的空间格局

表 5.12　中国粮食安全生产持续性的分区统计指标

生产持续性	县域个数	人口数量（万人）	土地面积（万平方公里）	耕地面积（万公顷）	粮食产量（万吨）	单产潜力（吨/公顷）	总产潜力（万吨）
高度持续	597	57 363	146	3 966	24 610	14.8	49 798
中度持续	313	20 197	71	1 608	6 984	14.3	19 385
一般持续	314	15 452	72	1 003	4 848	14.2	10 015
低度持续	367	13 634	104	968	3 104	8.9	6 618
难以持续	735	25 039	571	2 788	11 588	1.7	5 075
总计	2 326	131 685	964	10 332	51 134	9.6	90 890

等级代码	县数比例（%）	人口比例（%）	土地比例（%）	耕地比例（%）	产量比例（%）	单产潜力水平	总产潜力比例（%）
PS1	26	44	15	38	48	1.54	55
PS2	13	15	7	16	14	1.49	21
PS3	13	12	7	10	9	1.49	11
PS4	16	10	11	9	6	0.93	7
PS5	32	19	59	27	23	0.18	6
总计	100	100	100	100	100	1.00	100

　　在剩余的三种类型中，其中有 314 个县属于一般持续县（PS3），有 367 个县属于低度持续县（PS4），两类合计占全国县域总数的 29%，人口占全国的 22%，土地面积占全国的 18%，耕地面积占全国的 19%，粮食产量占全国的 16%，单产潜力略高于全国平均水平，总产潜力约占全国的 18%，是中国尚具一定增产潜力的粮食产区，主要分布在东北大小兴安岭及长白山区、黄土高原西南边缘、横断山区和藏东南谷地以及云贵高原等地区。

　　最后，增产潜力较小甚至不具备增产潜力的生产难以持续的县域（PS5）主要分布在上述地区以西以北的广大西部地区，包括新疆、内蒙古全境和东北大兴安岭山地以及黄土高原大部和青藏高原地区，共有县域 735 个，占全国县域总数的 32%，人口占全国的 19%，土地面积占全国的 59%，耕地面积占全国的 27%，粮食产量占全国的 23%，单产潜力不足全国平均水平的 1/5，总产潜力仅为全国的 6%，是中国持续发展潜力最差的粮食生产区域。

5.2.2.3　消费保障性

（1）分区方法

　　消费安全是粮食安全的最终目的，在市场经济条件下，消费保障性程度的高低不仅与供需平衡的状况直接相关，还与区域经济整体和居民个体的经济购买能力密切相关，因此，通过供需平衡与区域经济能力的比较分析，就可以判断出区域粮食消费安全的状况和水平，从而为粮食安全功能分区中生活导向型功能区的亚区划分提供依据。

　　按照上述认识，确定了以供需平衡水平为主、经济保障能力为辅的消费保障性（PS）等级划分方法，其中高度保障（CS1）是指供需平衡的现状为临界平衡以上，且经济保障能力为中等以上的保障型余粮区，供需平衡和经济保障的等级均较高，可根据资源安全和生产安全的情况建设成为全国性或地区性商品粮基地；中度保障（CS2）是指经济保障能力较强（中度以上），且与供需平衡的配合良好的保障型粮食平衡区（既包括余粮区也包括缺粮区），可根据资源安全和生产安全的情况酌情建设成为地方性商品粮基地或自给型粮食生产基地；临界保障（CS3）是指具有一定的经济保障能力（中度保障区至中度压力区）且与供需平衡的配合较优，可通过生产或市场满足自给粮食需求的区域；中度压力（CS4）是指经济能力中等以下且与供需平衡的配合较差，通过生产或市场满足自身粮食需求的压力都较大的压力型粮食安全区；高度压力（CS5）是指现状为供需平衡和经济保障能力都较差的压力型缺粮区，粮食安全的经济和生产压力都很大，基本不具备粮食自给的能力，需要根据区域资源安全和生产安全的等级情况酌情确定适宜的粮食安全功能。

(2) 分区结果

按照上述分区方法，划分的消费保障性等级共五类，如图 5.12 和表 5.13 所示。其中高度保障县 815 个，中度保障县 77 个，临界保障县 177 个，中度压力县 125 个，高度压力县 1132 个。从空间分异来看，前两个等级的县域（892 个）占全国县域总数 38%，人口占全国的 36%，土地面积占全国的 35%，耕地面积占全国的 56%，粮食产量占全国的 62%，余粮总量相当于全国余粮总量，人均余粮约为全国平均水平的 10 倍，总体经济保障能力和个体经济保障能力都较强，是中国最主要的粮食消费安全区，主要分布在东北平原、山东半岛、长江中下游平原、四川盆地、两湖盆地（洞庭湖、鄱阳湖）以及新疆南北疆盆地、藏东南谷地和青海东部湟河谷地等地区，是中国粮食供需平衡和经济保障能力都较好的区域。

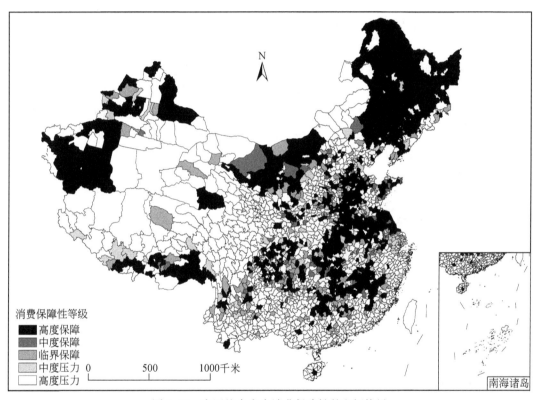

图 5.12　中国粮食安全消费保障性的空间格局

表 5.13　中国粮食安全消费保障性的分区统计指标

消费保障性	县域个数	人口数量（万人）	土地面积（万平方公里）	耕地面积（万公顷）	粮食产量（万吨）	人均余缺量（公斤）	总体压力
高度保障	815	43 833	316	5 437	30 016	326	2.518
中度保障	77	4 041	24	312	1 764	37	0.137
临界保障	177	7 967	62	650	3 185	−1	−0.003
中度压力	125	9 315	36	514	2 475	−80	−0.133
高度压力	1 132	66 529	525	3 419	13 694	−174	−1.154
总计	2 326	131 685	964	10 332	51 134	26	0.318

等级代码	县数比例 （%）	人口比例 （%）	土地比例 （%）	耕地比例 （%）	产量比例 （%）	余缺水平	压力水平
CS1	35	33	33	53	59	12.40	7.93
CS2	3	3	2	3	3	1.41	0.43
CS3	8	6	6	6	6	−0.05	−0.01
CS4	5	7	4	5	5	−3.05	−0.42
CS5	49	51	54	33	27	−6.62	−3.63
总计	100	100	100	100	100	1.00	1.00

在剩余的三种类型中，有177个县属于临界保障区（CS3），125个县属于中度压力区（CS4），两类合计占县域总数的13%，人口占全国的13%，土地面积占全国的10%，耕地面积占全国的11%，粮食产量占全国的11%，缺粮总量不足全国缺粮总量的1/10（9%），人均缺粮相当于全国平均水平的三倍，总体经济压力和个体经济压力都较小，是中国粮食消费安全的脆弱区，主要分布在上述地区的边缘和空隙部位。

最后，几乎一半的县域（占县域总数的49%）属于供需平衡和经济保障能力都较差的粮食高度压力区（CS5），主要分布在三类地区，一是以青藏高原和新疆、内蒙古为主体的中国西部地区，二是除山东半岛的中国东南沿海经济发达地区，三是以黄土高原和内蒙古高原为主体的中部地区。该区域共有县域1132个，占县域总数的49%，人口占全国的51%，土地面积占全国的54%，耕地面积占全国的33%，粮食产量占全国的27%，缺粮总量占全国缺粮总量的91%，人均缺粮相当于全国平均水平的六倍，总体经济压力和个体经济压力都较大，是中国粮食消费最不安全的区域。

5.3 功能分区与政策建议

如前所述，功能就是区域在国家粮食安全中承担的任务或作用，中国粮食安全功能分区的目的就是为国家长期可持续的粮食安全提供空间管制的科学依据。因此，在完成了基础分区的分析和评价后，就必须对各基础分区的空间组合和匹配状况以及由此决定的功能导向进行分析，以便明确不同地域在国家粮食安全体系中的分工和任务，其中功能的界定和识别是关键，本章将从这两方面对此问题做出回答，并对分区之后不同类型区的政策响应进行简要的分析。

5.3.1 功能的界定与识别

5.3.1.1 功能的界定

（1）功能的相对性

功能（function）一词最早来源于生物学，本意是指生物机体的各种结构单元（分子、细胞、组织、器官等）在生物有机体中所起的作用或贡献。在这里，功能的解释与结构（structure）的概念相伴而生，功能的发挥有赖于结构的维持，而结构的变化也必然带来功能的改变，因此，二者之间具有互为因果的逻辑关系。

从功能本身的特性来看，由于功能在本质上属于一种作用或贡献，并且这种作用或贡献的程度或大小取决于行为主体的主观判断，因此功能本身具有相对性，即同样的结构单元在不同行为主体的判断中具有不同的功能定位或价值；同时即使是同一行为主体，随着主观认识的变化，其对同一结构单元的功能认识和定位也会有所变化。

从这个意义上，功能本身具有随时间、空间和行为主体的认识而发展变化的相对性，一般认为，凡是对行为主体有利或有益的功能就是正功能，否则就是负功能或反功能；在绝大多数情况下，人们都要求维护或发展正向功能、遏制或消除负向功能，因此，按照功能的这种变化方向可将功能的演变区分为退化、维持和发展等三种基本情况，其中退化意味着原有功能的减退或丧失，维持意味着原有功能的维护和保持，而发展则是指对原有功能的改善或新功能的增加。

鉴于此，考虑到功能分区对未来空间管制的引领作用，因此，本文对粮食安全的功能分区是建立在维护和发展正向功能（此处理解为强势或优势功能）、消除或遏制负向功能（此处理解为弱势或劣势功能）的基础上，通过对县域粮食安全的资源基础、生产能力和经济保障的综合分析，获得功能发展变化的基本规律（如增强、稳定或减退），从而为不同类型区粮食安全功能的识别和定位提供依据。

（2）空间的多功能性

空间是物质存在的场所，任何有人类活动的空间都同时发挥着社会、经济、生态和环境等多种功能，这种空间的多功能性可以从不同角度加以划分（谢高地，2009）。从农业生产的角度，特定的地域空间同时发挥着食物生产、生态服务和生存空间等多种功能，但是，受自然资源条件和社会发育程度的限制，各地农业生产的效率和潜力存在着显著的地域差异。

就粮食安全而言，各地的粮食生产在长期的自然选择和社会培育过程中形成了相对稳定的地域分工，其中中西部地区的生态功能、东南沿海的经济功能和中部地区的粮食生产功能等格局已经清晰，但是在具体的县域功能上，由于缺乏从下（县域）到上（全国）的统一规划和安排，使各个县域特别是经济发达地区和生态脆弱地区等特殊地区的粮食安全功能定位不清，这不仅降低了中国粮食生产的整体绩效，不利于国家粮食安全的目标分解和空间管制，还造成了各地资源利用和分配上（如生产空间、生态空间和生活空间等）的冲突和无序，增加了中国国土资源空间管制和可持续发展的难度。

因此，面对当前中国粮食生产领域的诸多限制和消费需求的迅速扩张，急需把粮食安全的保障目标落实到具体地域上去，通过自下而上的（分县→地区→国家）的功能识别和"资源→生产→消费"的系统评估，明确粮食安全的优势区、劣势区和潜力区，并通过合理的功能划分和空间安排实现提高粮食生产效率和保护生态环境的目标，做到最大限度地追求区域空间功能价值的最大化和可持续利用。

（3）粮食安全的功能体系

如上所述，由于功能本身具有相对性，因此空间作为功能的承载场所也具有多宜性或多功能性，也就说同一空间可能同时发挥着生产、生活和生态的功能，因此要想对空间的功能进行定位就必须对功能的识别制定出合理的规则。

鉴于前述的资源安全、生产安全和消费安全等基础分区从空间功能的角度分别具有生态、生产和生活三种不同的功能导向，因此，本文对粮食安全的空间功能的界定也首先定位为生态（FE）、生产（FP）和生活（FL）三种基本的空间功能。

其次，对于功能亚区的划分，主要是根据功能大区主导功能的等级差异进行区分，比如在生态功能区中，生态功能是主导功能（或强势功能），其他功能（生产和生活功能）是辅助功能（或弱势功能），因此对于生态功能亚区的划分，主要是根据县域生态功能的大小或在全国生态功能体系中的地位进行区分，因此本研究参考全国生态功能分区等有关规划将其划分为生态保护区（FE1）和生态恢复区两类（FE2），其中字母 FE 代表生态功能，数字 1 和 2 代表生态功能的等级，数字越小功能越强。

根据以上原则，参考国家有关空间布局规划和粮食生产规划，本研究将中国粮食安全的空间功能体系界定为包含三个功能大区和九个功能亚区的两级功能体系，具体包括生态、生产、生活三个功能大区和生态保护区（FE1）、生态退耕区（FE2）、优势主产区（FP1）、潜力提升区（FP2）、稳产发展区（FP3）、战略储备区（FP4）、持续自给区（FL1）、潜在自给区（FL2）、难于自给区（FL3）九个功能亚区，各区具体的功能定位和划分原则见表5.14。

表 5.14　粮食安全的空间功能界定方案

功能区		功能亚区	
功能界定	划分原则	功能界定	划分原则
生态功能区（FE）	纯牧区或粮食作物的气候生产潜力极低，不宜农作或粮食生产的生态脆弱区域	生态保护区（FE1）	资源适宜性等级为不不适宜的县域，现状主要为气候生产潜力极低以及没有种植业的西部高寒牧区，不具备粮食生产的条件，但生态地位重要应予以保护的区域
		生态退耕区（FE2）	资源适宜性等级为条件适宜的全部区域以及部分临界适宜的县域，主要分布在西部生态脆弱区域，粮食生产的能力和潜力都极其有限，不宜再扩大粮食生产规模的区域，应酌情退出或减少粮食生产
生产功能区（PF）	指资源适宜性、生产持续性和消费保障性的匹配情况较好（中等安全以上）的粮食主产区，可视生产持续性特别是增产潜力的等级分别建设成为全国性或地区性粮食生产基地，承担国家粮食安全的生产供给职责	优势主产区（FP1）	指现状为国家粮食主产区，且资源基础优良、增产潜力巨大（大潜力区）、有高度经济保障能力的余粮区，有条件成为国家未来的粮食安全核心产区
		潜力提升区（FP2）	指现状为国家粮食主产区，资源条件和生产能力组合良好（中等以上），且具有相当增产潜力（高潜力或中潜力）的消费安全区，有进一步扩大生产规模的潜力
		稳产发展区（FP3）	指现状为国家粮食主产区，但资源条件、生产能力和增产潜力的组合稍差（中等）的消费安全区，进一步扩大生产能力的潜力稍差，但可维持稳定发展的区域
		战略发展区（FP4）	指现状粮食主产区，但资源基础与生产能力的等级差距较大的高保障余粮区，可经过适当的潜力挖掘或条件改善发展成为国家后备粮食产区
生活功能区（FL4）	指具备一定粮食生产能力和增产潜力，但消费保障性等级较低（具有区，不具备承担国家或一定压力）的粮食产地区性粮食生产基地的能力，但可满足自身粮食消费需求的自给型粮食生产区域	持续自给区（FL1）	指资源基础较好（中等以上），具备一定增产潜力且消费保障性等级在中度压力以上的区域，属现状安全且具备持续安全条件的自给型粮食产区
		潜在自给区（FL2）	指资源基础和增产潜力较好（中等以上），但消费保障性等级低，未来可通过资源开发或潜力挖掘满足自身粮食需求，属潜力型粮食自给区
		难于自给区（FL3）	指资源基础较好（中等以上），但增产潜力有限（中等以下）且消费保障性等级低，粮食自给的生产和经济压力都较大，属于压力型粮食自给区

5.3.1.2　功能的识别

　　功能识别是按照一定的指标或方法将抽象的功能界定转化为具体分区实践的过程，其关键是根据一定的规则建立起功能分区与基础数据之间的逻辑关联。

　　鉴于前文的基础分区成果具有明显的空间功能导向作用，三者匹配后不仅可以满足本文对生态空间、生产空间和生活空间的功能界定，还可形成一个由 5×5×5＝125 种基本类型组成的功能组合矩阵，从而为本书功能亚区的划分提供足够丰富的类型和等级信息。

　　因此，本书对粮食功能大区和亚区的划分就建立在上述功能组合矩阵上，具体方法是首先通过资源安全（RS）、生产安全（PS）和消费安全（CS）的代码匹配（先匹配 RSPS，形成 25 个基本类；再匹配 RSPS 与 CS，形成 125 种基本类型）形成可供评价的基本矩阵，然后再按照前文规定的功能界定方案，通过适当的类型归并后形成粮食安全功能的空间识别体系，各区具体的矩阵类型和识别结果见表 5.15。

表 5.15　粮食安全功能分区的基础代码及分区方案

基础代码的组合矩阵					功能分区方案					
	CS1	CS2	CS3	CS4	CS5	功能区	分区涵义	县域个数	功能亚区	分区涵义	县域个数
RS1PS1	240	27	46	37	176				FP1	优势主产区	353
RS1PS2	37	8	25	11	140				FP2	潜力提升区	235
RS1PS3	13	2	10	7	137	FP	生产功能区	1040	FP3	稳产发展区	136
RS1PS4	1	1	0	1	12				FP4	战略储备区	316
RS1PS5	2	0	0	0	0				FL1	持续自给区	353
RS2PS1	10	1	3	3	6				FL1	持续自给区	353
RS2PS2	25	5	1	1	24	FL	生活功能区	1007	FL2	潜在自给区	339
RS2PS3	22	4	5	6	58				FL3	难于自给区	315
RS2PS4	7	1	9	5	46				FE1	生态保护区	140
RS2PS5	54	2	1	4	2	FE	生态功能区	279	FE2	生态退耕区	139
RS3PS1	43	0	1	1	3	合计	3	2326	9		2326

基础分级代码

分级名称	分级代码	分级名称	分级代码	分级名称	分级代码
资源适宜性	RS	生产持续性	PS	消费保障性	CS
高度适宜	RS1	高度持续	PS1	高度保障	CS1
比较适宜	RS2	中度持续	PS2	中度保障	CS2
一般适宜	RS3	一般持续	PS3	临界保障	CS3
临界适宜	RS4	低度持续	PS4	中度压力	CS4
不适宜	RS5	难以持续	PS5	高度压力	CS5

基础分级的组合数及类型统计

	理论值	空值	实际值	分区值
基础分级的组合数	125	44	81	81
各类所含的县域数	2326	0	2326	2326

（续组合矩阵）

	CS1	CS2	CS3	CS4	CS5
RS3PS2	28	2	0	1	4
RS3PS3	29	0	1	2	11
RS3PS4	17	0	16	9	75
RS3PS5	56	2	4	3	9
RS4PS1	0	0	0	0	0
RS4PS2	0	0	0	0	0
RS4PS3	2	0	0	0	5
RS4PS4	15	2	9	3	124
RS4PS5	96	13	32	16	175
RS5PS1	0	0	0	0	0
RS5PS2	1	0	0	0	0
RS5PS3	0	0	0	0	0
RS5PS4	7	0	0	0	7
RS5PS5	110	7	14	15	118

（1）生态功能的识别

生态功能区（FE）的识别原则是不具备粮食生产的气候或资源条件但生态定位重要的生态保护或屏障地区。根据这一原则，首先将资源适宜性等级为不适宜（RS5）的 25 种组合类型（即 RS5PS1CS1—RS5PS5CS5）界定为生态保护区，剔除其中没有数值的 17 种类型后，共有 279 个县域分属于剩余的 8 个类型，将这部分县域统一划入生态功能区中，理由是这类县域基本不具备粮食生产的气候和资源条件，但生态地位重要，在国家生态功能区划中属于屏障型生态功能区。

其次，对于生态功能亚区的划分，主要是依据消费保障性等级的差异，将其划分为生态保护区和生态退耕区两个亚区，其中消费保障性等级较高（包括高度保障、中度保障和临界保障）的类型划入生态保护区，理由是这些县域不仅缺乏基本的粮食生产条件，而且未来持续生产的增产潜力不大，因此应实行严格的生态保护制度，禁止在区内进一步垦殖；将消费保障性等级为压力（包括中度压力和高度压力）的类型划入生态退耕区，理由是这些县域的现状粮食生产能力已经接近资源基础的极限，因此为了保障长期可持续的发展，建议这些县域应逐步减少或退出粮食生产。

（2）生产功能的识别

生产功能区（FP）的识别原则是资源适宜性、生产持续性和消费保障性的等级组合优良，有能力或潜力建设成为国家或地方粮食生产基地的粮食产区。根据这一原则，首先将资源适宜性等级在临界适宜（RS4）以上的类型（共 4×5×5＝100 个）选入生产功能区，其次剔除消费保障性等级最差的高度压力

(CS5) 类型（共 4×5＝20 个）后，形成了 80 个满足条件的生产功能区类型，剔除其中 22 个 0 值类型后，形成了由 58 个基础类型组成的生产功能类型区。

其次对于功能的亚区划分，根据前文规定的划分原则，将资源基础、生产能力、增产潜力和供需平衡以及经济能力等要素组合较优 8 类（RS1PS1CS1、RS1PS1CS2、RS1PS2CS1、RS1PS2CS2、RS2PS1CS1、RS2PS1CS2、RS2PS2CS1、RS2PS2CS2）353 个县划入了优势主产区（FP1），旨在突出其资源优势和增产潜力以及组合良好的供需平衡和经济保障能力，使其承担起国家粮食安全核心供给基地的职责。

将其中资源适宜性与生产持续性的等级组合良好但消费保障性等级稍差的 19 类（RS1PS1CS3、RS1PS2C3、RS1PS3CS1 等）235 个县域划入了潜力提升区（FP2），旨在通过强调其资源优势和增产潜力，引导县域通过适当的资源开发或潜力挖掘承担起国家或地区粮食生产基地的任务。

将其中等级组合中等（即 RS、PS、CS 三者中至少有一类属于临界等级）的 21 类（RS1PS1CS4、RS1PS2CS4、RS1PS3CS4 等）136 个县域划入了稳产发展区（FP3），旨在通过强调其中的粮食安全风险性因素，引导县域通过能力建设和基础设施改善，发展其作为国家或地方性粮食生产基地的地位。

最后，将此类型中剩余的 32 类（RS1PS5CS1、RS1PS5CS2、RS1PS5CS3 等）148 个县域全部划入了战略储备区（FP4），旨在强调其资源适宜性（临界适宜以上）与生产持续性（条件持续以下）的等级匹配性错位状况，并引导县域通过适当的资源开发或潜力挖掘措施改善其粮食生产与资源基础的匹配状况，逐步将其改造成为国家粮食安全的战略储备基地。

（3）生活功能的识别

生活功能区（FL）的识别原则是具备一定的生产能力和增产潜力（临界以上）但消费保障性等级较低（中度压力以下），能满足自身的粮食消费需求但无力承担起国家或地区粮食生产基地的区域。根据这一原则，首先将消费保障性等级为高度压力（CS5）的 20 类（扣除已经包含在生态功能区中的 5 类后）1007 个县域划入生活功能区。

其次对于功能亚区的划分，按照前文规定的功能界定原则，将其中资源适宜性等级和生产持续性等级都在中等以上的 6 类（RS1PS1CS5、RS1PS2CS5、RS2PS1CS5、RS2PS2CS5、RS3PS1CS5、RS3PS2CS5）353 个县域划入了持续自给区（FL1），旨在强调这些县域比较优越的资源条件和生产潜力，引导其通过调整和优化粮食生产结构，挖掘粮食生产潜力，实现可持续粮食自给的生产目标。

将其中资源适宜性和生产持续性等级中等的 6 类（RS1PS3CS5、RS1PS4CS5、RS2PS3CS5、RS2PS4CS5、RS3PS3CS5、RS3PS4CS5）339 个县域划入了潜在自给区（FL2），旨在突出这些县域较为脆弱的粮食生产能力和资源状况，引导其通过资源的合理开发和适度挖潜提高粮食生产能力，并逐步承担起粮食自给的生产目标。

将其中生产难以持续且资源基础较差的 8 类（RS1PS5CS5、RS2PS5CS5、RS3PS5CS5、RS4PS1CS5、RS4PS2CS5、RS4PS3CS5、RS4PS4CS5、RS4PS5CS5）315 个县域划入了难于自给区（FL3），旨在强调这些区域粮食安全面临的双重压力（即生产压力和经济压力），引导其通过必要的资源开发利用和粮田基础设施建设提高其粮食生产能力，实现粮食自给的基本生产目标。

5.3.2 功能分区与政策导向

按照上述的功能界定和识别方法，本书划分出的粮食安全功能分区的空间格局如图 5.13 所示。各功能亚区包含的县域个数、人口数量、土地面积、耕地面积、粮食产量、气候生产潜力（光温水生产潜力）、人均耕地、耕地单产、总产潜力、单产潜力、人均余缺粮食、县域余缺粮食、总体经济能力、个体经济能力等基本信息见表 5.16。

5.3.2.1 生产功能分区及其政策导向

（1）分区概述

生产功能区（FP）包括 4 个功能亚区，如图 5.14 和表 5.17 所示，分别是优势主产区（FP1）、潜力提升区（FP2）、稳产发展区（FP3）和战略储备区（FP4），该区共有县域 1040 个，占全国县域总数的 45%；人口占全国的 47%，土地面积占全国的 27%，耕地面积占全国的 59%，粮食产量占全国的 67%，资源生产潜力占全国的 61%，总产潜力占全国的 57%；气候生产潜力相当于全国平均水平的 1.38 倍、耕地单产相当于全国平均水平的 1.37 倍、单产潜力相当于全国平均水平的 1.31 倍、人均余粮为全国平均水平的 8.27 倍，总体经济保障能力和个体经济保障能力都较大（分别为 5.99 和 7.20），是中国粮食生产综合优势比较突出的核心产区，可承担起现在和未来一定时期内国家粮食安全主要供给基地的职责，是中国粮食安全战略中应予以重点保护的粮食核心生产功能区。

本功能大区中的 1040 个县按粮食生产的综合优势可进一步划分为优势主产区（FP1）、潜力提升区（FP2）、稳产发展区（FP3）和战略储备区（FP4）四个功能亚区。

1）优势主产区：共包括县域 353 个，集中分布在长江中下游平原（198 县）、华北平原（69 县）和四川盆地（53 县），其余 34 个县散布在珠江流域（22 县）、云贵高原（11 县）以及东北平原（1 县）。

2）潜力提升区：共包括县域 235 个，在空间分布上与优势主产区呈镶嵌状分布，主要集中在东北平原（88 县）、长江中下游平原（36 县）、四川盆地（31 县）、华北平原（23 县）和云贵高原（20 县），其余 37 个县散布珠江流域（23 县）和黄土高原（14 县）地区。

3）稳产发展区：共包括县域 136 个，其空间分布与优势主产区和潜力提升区呈交错状分布，集中分布在长江中下游平原（45 县）、华北平原（23 县）、四川盆地（20 县）、云贵高原（16 县）和东北地区（13 县），其余 19 个县散布在珠江流域（12）和黄土高原（7 县）。

4）战略储备区：共包括县域 315 个，其空间分布与上述格局不同，具有明显的三北（西北、东北、华北）指向，其中西北地区主要包括内蒙古、甘肃、宁夏、陕西的 70 个县，东北地区主要包括黑龙江、吉林、辽宁三省的 34 个县，华北地区主要包括河北、河南、山东、山西、北京、天津六省市区的 212 个县。总之，从生产功能的亚区分布格局可以看出，中国粮食主产区等级分异的空间分布规律还是比较明显，其中东北地区、长江中下游平原以及黄淮海平原的粮食综合生产优势突出，是中国目前和未来相当长时期内粮食安全的主要供给基地，而西北地区的河谷平原和绿洲等地区则具有突出的后备生产优势，可作为未来中国粮食安全的重要后备生产基地。

（2）政策建议

如前所述，生产功能区是中国资源基础、生产能力、增产潜力、供需平衡以及经济保障能力等基础条件比较优越，资源安全、生产安全和消费安全的组合状况良好，有能力或潜力承担起国家或地区粮食供给任务的粮食主产区，现状产量占全国的 67%，总产潜力占全国的 57%，气候生产潜力、耕地单产和单产潜力都远高于全国平均水平（分别为 1.38 倍、1.37 倍和 1.31 倍），人均余粮（为全国平均水平的 8.27 倍）以及经济的总体保障能力和个体保障能力（分别为 5.99 和 7.20）等综合优势突出，是中国最具比较优势和竞争优势的粮食核心产区，未来应在国家可持续功能区划、主体功能区划、粮食生产布局规划等有关战略的安排下进一步提升粮食综合生产能力，并通过产业集聚和专业化布局将其打造成为中国具有较高农业科技水平和竞争优势的现代化粮食生产基地，力争以更少的资源投入获得更多（针对耕地产出效率而言）的粮食产出，使其承担起中国 80% 左右的粮食产出任务，真正成为中国粮食安全的核心生产供给区。

生产功能亚区的划分是生产功能区内部差异性的表现，其中既包括已经发挥了资源优势的优势主产区（FP1），又有尚待进一步挖掘资源优势的潜力提升区（FP2）；既包括现状就是粮食主产区的稳产发展区（FP3），又包括未来可作为粮食主产区的战略储备区（FP4）；既包括资源基础、生产能力和增产潜力等综合优势十分突出的国家级粮食生产基地（如优势主产区和战略储备区），又包括具有相对比较优势的地方性粮食生产基地（如稳产发展区和潜力提升区），因此，在设计功能亚区的政策体系时，应遵循功能亚区本身的分异规律，在生产功能大区统一的政策导向指导下，按照不同区域的具体特点进行有差别化的政策体系设计，具体应包括对优势主产区的综合能力建设、潜力提升区的基础设施支持、稳产发展区的财税政策支持以及战略储备区的环境保育和基础设施建设等差别化的政策方案。

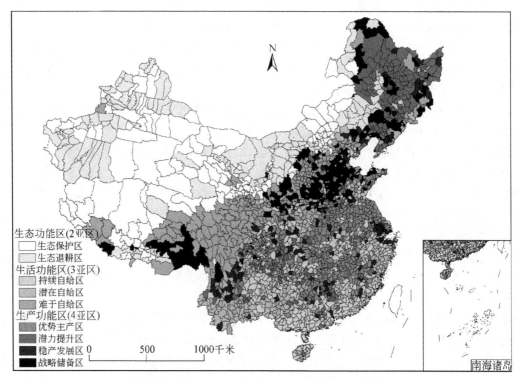

图 5.13　中国可持续粮食安全的功能分区方案

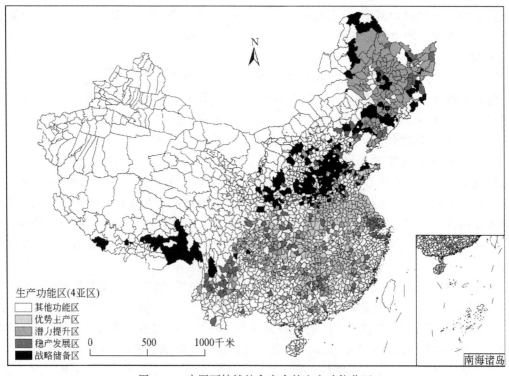

图 5.14　中国可持续粮食安全的生产功能分区

表5.16 中国粮食安全功能分区方案的基本情况统计表

功能区	县域个数	人口数量（万人）	土地面积（万平方公里）	耕地面积（万公顷）	气候潜力（吨/公顷）	资源潜力（万吨）	粮食产量（万吨）	耕地单产（吨/公顷）	总产潜力（万吨）	单产潜力（吨/公顷）	县域余缺（万吨）	人均余缺（公斤）	总体经济能力	个体经济能力
生产功能区	1 040	61 746	256	6 129	15.7	63 822	35 040	6.0	51 983	9.7	10 341	191	1.64	0.04
优势主产区	353	27 123	69	2 179	20.8	28 478	14 887	7.5	26 561	13.3	4 038	155	1.13	0.03
潜力提升区	235	12 548	84	1 948	16.2	20 014	9 363	5.6	15 309	10.5	4 344	392	3.62	0.08
稳产发展区	136	9 198	32	556	17.7	6 731	2 770	5.5	6 444	12.2	-910	-2	0.21	0.01
战略储备区	316	12 877	70	1 447	8.2	8 599	8 020	5.4	3 669	2.9	2 869	221	1.61	0.04
生活功能区	1 007	63 227	268	3 080	16.5	39 073	14 374	4.5	37 764	12.0	-12 090	-168	-1.16	-0.04
持续自给区	353	35 065	82	1 633	22.9	25 407	8 768	5.9	25 810	17.0	-5 721	-129	-0.74	-0.02
潜在自给区	339	15 129	67	708	19.3	8 610	2 920	4.7	8 798	14.7	-3 153	-166	-0.72	-0.03
难于自给区	315	13 034	119	739	7.2	5057	2 686	2.8	3 155	4.4	-3 215	-208	-2.01	-0.05
生态功能区	279	6 711	440	1 123	2.0	2 043	2 893	2.7	1 144	0.6	212	46	0.34	0.01
生态保护区	140	3 634	269	386	1.9	670	598	1.8	462	0.6	-856	-221	-1.21	-0.04
生态退耕区	139	3 078	171	738	2.1	1374	2 295	3.6	681	0.5	1068	313	1.88	0.06
全国总计	2 326	131 685	964	10 332	11.4	104 938	52 307	4.4	90 890	7.4	-1 536	23	0.27	0.01

功能区码	县域个数比例	人口数量比例	土地面积比例	耕地面积比例	气候潜力水平	资源潜力比例	粮食产量比例	耕地单产水平	总产潜力比例	单产潜力水平	县域余缺水平	人均余缺水平	总体经济能力水平	个体经济能力水平
FP	0.45	0.47	0.27	0.59	1.38	0.61	0.67	1.37	0.57	1.31	-6.73	8.27	5.99	7.20
FP1	0.15	0.21	0.07	0.21	1.83	0.27	0.28	1.70	0.29	1.79	-2.63	6.70	4.12	5.75
FP2	0.10	0.10	0.09	0.19	1.42	0.19	0.18	1.29	0.17	1.42	-2.83	16.93	13.22	15.08
FP3	0.06	0.07	0.03	0.05	1.56	0.06	0.05	1.26	0.07	1.64	0.59	-0.08	0.77	1.17
FP4	0.14	0.10	0.07	0.14	0.72	0.08	0.15	1.23	0.04	0.38	-1.87	9.55	5.86	6.81
FL	0.43	0.48	0.28	0.30	1.45	0.37	0.27	1.02	0.42	1.62	7.87	-7.26	-4.23	-6.60
FL1	0.15	0.27	0.09	0.16	2.01	0.24	0.17	1.34	0.28	2.28	3.72	-5.57	-2.71	-4.35
FL2	0.15	0.11	0.07	0.07	1.70	0.08	0.06	1.06	0.10	1.97	2.05	-7.19	-2.63	-6.14
FL3	0.14	0.10	0.12	0.07	0.63	0.05	0.05	0.64	0.03	0.59	2.09	-9.01	-7.34	-9.30
FE	0.12	0.05	0.46	0.11	0.17	0.02	0.06	0.61	0.01	0.07	-0.14	1.99	1.23	2.39
FE1	0.06	0.03	0.28	0.04	0.16	0.01	0.01	0.41	0.01	0.08	0.56	-9.57	-4.40	-6.31
FE2	0.06	0.02	0.18	0.07	0.18	0.01	0.04	0.82	0.01	0.07	-0.70	13.54	6.87	11.10
全国总计	1.00	1.00	1.00	1.00	1.00	1.00	1.00	1.00	1.00	1.00	1.00	1.00	1.00	1.00

表 5.17 中国可持续粮食安全的生产功能区分省统计

所属省（直辖市、自治区）	县域个数	人口数量（万人）	土地面积（万平方公里）	耕地面积（万公顷）	粮食产量（万吨）	气候潜力（吨/顷）	耕地单产（吨/公顷）	单产潜力（吨/公顷）	总产潜力（万吨）	人均余缺（公斤）	县域余缺（万吨）	个体经济能力	总体经济能力
安徽	46	4 168	9	436	2 336	18.9	5.6	13.3	5 088.4	159.0	668.6	0.0	1.5
北京	5	433	1	14	59	9.1	3.4	5.6	70.3	-160.2	-114.7	0.0	0.0
福建	22	629	5	45	313	24.2	6.9	17.3	772.2	133.8	61.0	0.0	0.5
甘肃	11	257	2	42	120	7.3	3.0	4.2	171.7	86.9	17.7	0.0	1.0
广东	18	843	4	53	266	29.1	6.2	22.8	1 205.8	-1.1	-70.6	0.0	0.1
广西	16	660	4	51	304	27.9	6.3	21.6	1 097.0	55.5	39.8	0.0	0.4
贵州	22	979	5	121	429	21.9	3.8	18.1	2 214.7	36.0	37.5	0.0	0.3
海南	1	10	0	1	5	31.0	5.8	25.2	20.9	95.5	0.9	0.0	0.4
河北	92	4 033	8	386	2 346	8.5	6.2	2.2	850.1	192.1	732.5	0.0	2.2
河南	95	7 637	12	684	4 271	12.9	6.4	6.5	4 841.3	166.7	1 216.2	0.0	1.7
黑龙江	65	2 482	38	847	3 169	9.4	3.5	5.9	4 828.5	908.2	2 176.1	0.2	8.6
湖北	46	2 925	11	228	1 494	21.6	6.9	14.8	3 456.0	119.0	324.2	0.0	1.0
湖南	69	4 809	15	257	2 494	24.4	9.7	14.8	3 914.4	109.8	570.9	0.0	0.8
吉林	30	1 657	12	384	2410	11.3	5.9	5.3	1 679.8	887.1	1 747.3	0.1	6.3
江苏	53	5 593	8	402	2 568	20.1	6.3	13.8	5 353.0	95.0	331.0	0.0	0.4
江西	45	2 217	9	142	1 284	25.3	9.0	16.3	2 294.6	193.0	397.2	0.0	0.8
辽宁	41	2 168	12	333	1 807	10.3	5.4	4.9	1 578.4	479.6	940.1	0.1	2.3
内蒙古	19	555	22	238	589	6.5	2.5	3.8	1 175.2	577.5	366.4	0.1	6.5
宁夏	4	109	1	24	65	2.7	3.5	0.9	24.9	193.7	21.0	0.0	1.6
山东	81	5 977	11	511	3 289	11.3	6.6	4.7	2 451.7	172.8	898.0	0.0	0.7
山西	50	1 370	7	183	645	6.2	3.6	2.6	492.9	86.5	96.8	0.0	0.3
陕西	36	1 206	7	145	550	10.5	4.1	6.4	878.5	77.1	67.7	0.0	1.1
上海	6	347	0	18	89	21.0	4.8	16.2	287.7	-146.0	-50.1	0.0	0.1
四川	83	5 303	16	277	2 368	19.5	8.3	11.2	2 986.2	44.1	246.7	0.0	0.6
天津	4	533	1	36	176	8.9	5.3	3.7	164.8	42.5	-37.2	0.0	0.2
西藏	17	60	18	8	36	6.9	4.6	2.9	17.2	165.5	11.8	0.0	1.2
云南	27	795	9	53	324	16.8	6.2	10.7	583.1	9.6	5.9	0.0	0.1
浙江	14	2 100	2	76	432	24.7	6.2	18.5	1 457.3	-69.1	-408.0	0.0	0.0
重庆	22	1 889	6	137	802	20.4	6.1	14.3	2 026.4	25.2	46.3	0.0	0.1
合计	1 040	61 746	256	6 129	35 040	15.5	6.2	9.4	51 983.0	207.9	10 341.2	0.0	1.7

5.3.2.2 生活功能分区及其政策导向

(1) 分区概述

生活功能区（FL）包括三个功能亚区，如图 5.15 和表 5.18 所示，分别是持续自给区（FL1）、潜在自给区（FL2）和难于自给区（FL3）。该区共有县域 1007 个，占全国县域总数的 43%，人口占全国的 48%，土地面积占全国的 28%，耕地面积占全国的 30%，粮食产量占全国的 27%，资源生产潜力占全国的 37%，总产潜力占全国的 42%；气候生产潜力相当于全国平均水平的 1.45 倍，耕地单产相当于全国平均水平的 1.02 倍，单产潜力相当于全国平均水平的 1.62 倍，人均缺粮为全国平均水平的 7.26 倍，有一定的总体经济压力和个体经济压力（分别为 4.23 和 6.60），是中国具有相当的粮食生产规模和优势但人均粮食紧缺的粮食主产区，现状多为具有一定潜力或压力的粮食自给区，未来通过挖掘资源潜力和优化粮食生产计划实现粮食自给，是中国粮食安全战略中重要的保障型粮食生产功能区。

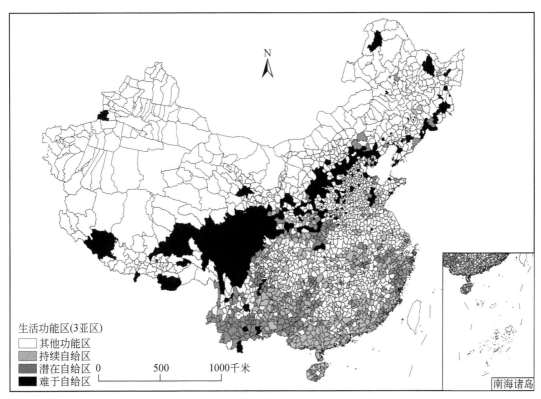

图 5.15　中国可持续粮食安全的生活功能分区

本功能区中的 940 个县按粮食安全的综合等级可进一步划分为持续自给区（FL1）、潜力自给区（FL2）和难于自给区（FL3）三个功能亚区。

1）持续自给区：共有县域 353 个，其空间分布比较零散，较为集中的区域主要有珠江流域（126 县）、长江中下游平原（110 县）、云贵高原（51 县）、四川盆地（32 县）和华北平原（20 县），其余 14 个县零星散布在中国西北（11 县）和东北（3 县）地区。

2）潜在自给区：共有县域 339 个，主要分布在中国东南半壁，空间分布较为集中的地区包括长江中下游平原（包括湖北、湖南、安徽、浙江、江苏、上海、江西七省区的 99 个县）、云贵高原（包括云南、贵州两省区的 93 个县）、华南地区（包括广东、广西、福建、海南四省区的 79 个县）、华北平原（包括河北、河南、山东、山西四省区的 24 县）和四川盆地（包括四川、重庆两省市的 22 个县）等地区，其余 22 个县散布在西北（17 县）和东北（5 县）地区。

表 5.18　中国可持续粮食安全的生活功能区分省统计

所属省（直辖市、自治区）	县域个数	人口数量（万人）	土地面积（万平方公里）	耕地面积（万公顷）	粮食产量（万吨）	气候潜力（吨/公顷）	耕地单产（吨/公顷）	单产潜力（吨/公顷）	总产潜力（万吨）	人均余缺（公斤）	县域余缺（万吨）	个体经济能力	总体经济能力
安徽	32	2 637	5	121	629	20.8	5.1	15.7	1 648.3	-162.2	-426.0	0.0	-0.7
北京	10	1 099	1	10	30	8.3	2.2	6.1	55.4	-337.3	-409.1	0.0	-0.4
福建	45	2 925	7	87	463	25.4	5.3	20.1	1 781.4	-198.9	-707.1	0.0	-0.5
甘肃	41	1 388	12	179	362	6.6	2.2	4.3	796.1	-155.4	-193.8	-0.1	-3.4
广东	70	6 877	14	210	1 250	27.2	6.4	20.8	4 173.1	-187.4	-1 500.6	0.0	-1.1
广西	73	4 385	20	246	1 210	22.8	5.0	17.8	4 358.9	-124.2	-543.9	0.0	-0.8
贵州	60	2 940	13	289	837	20.7	3.6	17.1	4 986.9	-101.3	-339.5	0.0	-0.8
海南	17	801	3	61	164	22.7	3.4	19.3	1 161.1	-164.0	-156.4	0.0	-0.9
河北	44	5 287	8	166	1 677	9.1	4.2	4.8	828.8	-202.6	-1 500.5	0.0	-1.9
河南	31	2 216	4	89	376	12.2	4.4	7.8	700.6	-207.4	-509.7	0.0	-0.3
黑龙江	8	544	3	32	99	7.9	2.9	5.0	192.1	-260.3	-118.6	0.0	-1.1
湖北	32	3 160	8	134	790	21.3	5.4	15.8	2 229.0	-136.3	-495.7	0.0	-0.6
湖南	32	1975	6	64	466	22.9	7.1	15.9	961.1	-144.8	-324.6	0.0	-0.7
吉林	16	948	5	40	199	12.1	4.1	8.0	290.9	-218.0	-180.3	0.0	-0.6
江苏	12	1 760	2	81	360	19.3	5.4	13.9	1 230.9	-168.3	-343.8	0.0	-0.2
江西	46	2 279	8	75	555	26.0	7.4	18.6	1 384.3	-138.4	-356.4	0.0	-0.6
辽宁	17	1 165	3	40	158	10.6	4.0	6.6	267.9	-248.8	-308.2	-0.1	-0.4
内蒙古	2	46	2	3	6	6.5	1.7	4.8	13.6	-298.2	-12.6	0.0	-2.3
宁夏	2	60	1	13	20	2.8	1.9	0.8	17.3	-70.6	-4.6	0.0	-0.8
青海	17	138	16	14	18	3.1	0.8	2.3	47.4	-322.5	-37.1	-0.1	-7.3
山东	28	3 193	5	159	785	10.7	4.6	6.2	968.9	-160.0	-524.2	0.0	-0.3
山西	54	1 756	8	187	351	5.6	2.1	3.5	702.7	-174.1	-351.5	0.0	-0.9
陕西	54	2 489	12	226	578	11.4	2.8	8.6	1 812.6	-137.3	-417.4	0.0	-1.6
上海	3	513	0	6	12	19.4	2.0	17.4	99.4	-357.8	-192.7	0.0	-0.1
四川	74	3 495	32	136	952	13.8	5.3	8.5	1 469.2	-149.5	-446.4	0.0	-1.6
天津	1	37	0	4	6	9.8	1.8	8.1	29.5	-226.5	-8.5	0.0	-0.6
西藏	22	111	28	4	14	2.5	2.2	0.9	6.3	-266.1	-30.6	-0.1	-3.3
新疆	1	17	1	4	6	7.2	1.5	5.7	22.7	-45.5	-0.8	0.0	-0.6
云南	98	3 703	30	233	1 013	15.3	4.5	10.9	2 550.9	-107.3	-467.7	0.0	-0.7
浙江	55	4 034	8	116	657	23.9	5.3	18.6	2 173.0	-229.7	-1 013.0	0.0	-0.3
重庆	10	1 248	3	52	331	21.5	7.2	14.3	803.1	-113.2	-168.6	0.0	-0.5
合计	1 007	63 227	268	3 080	14 374	16.8	4.5	12.3	37 763.5	-166.4	-12 089.7	0.0	-1.1

3）难于自给区：共有县域 315 个，其空间分布较为零散，主要分布在上述地区的山地丘陵和生态较为脆弱的地区，具体包括华北平原（河北、河南、山东、山西、北京、天津六省市的 124 个县）、黄土高原（内蒙古、甘肃、宁夏、青海、陕西五省区的 88 个县）、西南地区（云南、四川、西藏三省区的 66 个县）和东北平原（黑龙江、吉林、辽宁三省的 33 县），其余 4 个县散布安徽（1 县）、湖北（2 县）、新疆（1 县）。

总之，从生活功能亚区的空间格局可以看出，中国粮食生产的持续型自给区和压力型自给区的空间分布呈咬合状分布，从地形图上看主要分布在平均海拔 500～200 米的中山丘陵地区，而潜力型自给区则集中分布在秦岭—淮河—青藏高原东缘一线以南以东的东南半壁，这些区域的现状粮食供需平衡一般为临界平衡或中度缺粮区，但有能力或潜力通过适当的资源开发或潜力挖掘实现粮食自给，因此在国家粮食安全战略中可作为主要的生存型粮食供给地区。

（2）政策建议

生活功能区是中国主要的消费型粮食产区，这些区域一般具有相当的资源基础、生产能力和增产潜力优势，能够满足粮食自给的需求，但因人口众多或资源短缺（如城市地区）无力承担起国家或地区粮食供给任务，该区现状粮食产量占全国的 27%，总产潜力占全国的 42%，气候生产潜力和单产潜力都远高于全国平均水平（分别为 1.45 倍和 1.62 倍），耕地单产与全国平均水平持平（1.02 倍），人均缺粮为全国平均水平的 7.26 倍，有一定的总体经济压力和个体经济压力（分别为 4.23 和 6.60），是中国粮食产区中具有一定潜力或压力的粮食自给区。未来应在国家有关战略的安排下进一步加强农业基础设施建设，力争通过优化资源配置和提高经济保障能力，实现多种方式（生产性、商品性或二者相结合）的粮食自给，在国家粮食安全的功能分区体系中承担起生存型粮食保障任务。

如前所述，生活功能亚区主要分布在中国中东部人口众多的山地丘陵区（如晋陕黄土丘陵片、太行山及豫西山地丘陵片、陇中青东丘陵区、内蒙古中部旱地农业区、伏牛山大别山山区、武陵山山区、滇黔桂岩溶片、南岭山地丘陵地区、滇桂热带区等）和城市化、工业化程度较高的平原区（如山东胶东半岛、汾渭平原、长江三角洲、珠江三角洲等），这些区域一般人口密集、土地垦殖率高、城市化和工业化发展较快、农业人口的就业和生存保障压力较大，因此，在政策设计时需在保障粮食生产的基础上，重点考虑农业人口的就业和收入保障问题，以最有利的发展模式因地制宜［如宜农则农、宜工则工（指城市化发展）、宜林则林，宜渔则渔，劳动力转移］实现多种方式（如粮食全部自给、半自给以及全部购入等）的粮食自给。比如东南沿海地区是中国工业化发展较快、城镇化水平较高的地区，该区目前正处于农业结构升级阶段，其在土地密集型粮食生产上的比较劣势日趋明显，而在资金密集型的经济作物或高附加值农产品的生产上具有较大的比较优势，因此，对于这类地区的政策指导应以国际大市场和城市需求为导向，压缩粮食生产种植，把耕地置换出来，重点发展经济附加值较高的饲养业、水产业、花卉业和果蔬业等名特优新产品，这样既可以提高资源利用效率，又可以为全国提供粮食需求市场，从而为降低中国粮食安全的经济成本和促进粮食生产功能区的空间集聚提供必要的驱动力，使得中国粮食安全保障的空间功能分工更加合理和高效。

5.3.2.3　生态功能分区及其政策导向

（1）分区概述

生态功能大区（FE）包括两个功能亚区，如图 5.16 和表 5.19 所示，分别是生态保护区（FE1）和生态退耕区（FE2）。该区共有县域 279 个，占全国县域总数的 12%，人口占全国的 5%，土地面积占全国的 46%，耕地面积占全国的 11%，粮食产量占全国的 6%，资源生产潜力占全国的 2%，总产潜力占全国的 1%；气候生产潜力相当于全国平均水平的 0.17 倍、耕地单产相当于全国平均水平的 0.61 倍、单产潜力相当于全国平均水平的 0.07 倍，人均余粮为全国平均水平的 1.99 倍，具有一定的总体经济能力和个体经济能力（分别为 1.23 和 2.39），是中国粮食生产中条件差、规模小、综合劣势比较突出的粮食小产区，不能满足自身所需粮食，但生态地位重要，是中国重要的生态保护或生态屏障地区，应按照国家统一的空间功能布局方案逐步减少或退出粮食生产，成为依靠国家财政转移支付（如生态补偿）等方式间接（或者说通过生态空间置换粮食生产空间的方式）实现粮食安全保障目标。

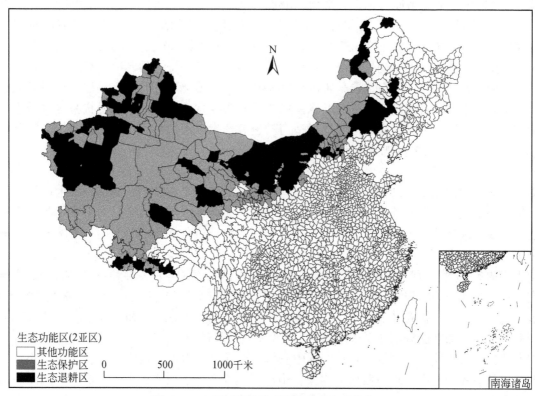

图5.16 中国可持续粮食安全的生态功能分区

本功能区中的279个县按资源安全的等级可进一步划分为生态保护区（FE1）和生态退耕区（FE2）两个功能亚区。

1）生态保护功能亚区：共有县域140个，集中分布在中国西部地区（包括新疆、内蒙古、甘肃、宁夏、青海、陕西、四川、西藏八省区的130个县），其余10个县零星分布在华北平原（河北、山西2省的10个县）。

2）生态退耕功能亚区：共有县域139个，集中分布在中国西部地区（包括新疆、内蒙古、甘肃、宁夏、青海、陕西、西藏七省区的129个县），其余10个县散布在华北平原（6个县）和东北平原（4个县）的生态脆弱地区。

从这两类生态功能亚区的空间格局可以看出，中国粮食生产的生态功能区主要分布在广大西部地区，同时东北地区和中部山地丘陵地区生态脆弱的少数县域也属于该区中生态退耕型功能区，这些区域的共同特征是粮食生产的自然条件较差（包括光、热、水等气候条件和耕地资源条件），不具备粮食生产的自然条件或自然生产潜力低下，是中国国土空间中不宜进行大规模开垦种植的生态脆弱区域，因此，在中国可持续粮食安全的空间战略中可将这些地区作为主要的生态型粮食安全保障区（即以生态空间置换粮食供给）。

（2）政策建议

如前所述，生态功能区是中国粮食生产中条件差（气候生产潜力和耕地单产远低于全国平均水平，分别为0.17倍、0.61倍和0.07倍）、规模小（现状粮食产量和持续增产潜力均不足全国1/20，分别为6%和1%）、综合劣势（土地面积占全国的46%，耕地面积占全国的11%，单产潜力仅为全国平均水平的0.07倍）比较突出的粮食小产区，这些县域主要分布在西部生态脆弱地区和中东部山地丘陵等自然保护区内，粮食生产的气候或资源条件较差，一般不能满足自身所需粮食，但生态地位（生态平衡、生态服务或生态屏障）重要，是中国重要的生态安全保障区。这些区域应该在国家统一的空间功能安排下，通过

表 5.19 中国可持续粮食安全的生态功能区分省统计

所属省（直辖市、自治区）	县域个数	人口数量（万人）	土地面积（万平方公里）	耕地面积（万公顷）	粮食产量（万吨）	气候潜力（吨/公顷）	耕地单产（吨/公顷）	单产潜力（吨/公顷）	总产潜力（万吨）	人均余缺（公斤）	县域余缺（万吨）	个体经济能力	总体经济能力
甘肃	29	1 004	30	123	345	1.9	3.0	0.3	84.1	-13.8	-56.8	0.0	0.2
河北	11	336	3	69	81	4.1	1.7	2.2	173.5	-129.7	-53.1	0.0	-1.3
黑龙江	3	58	2	25	62	6.0	1.9	4.0	98.2	566.4	38.3	0.2	2.5
吉林	3	108	2	36	106	6.7	3.2	3.6	137.6	629.8	62.5	0.1	2.7
内蒙古	68	1 967	93	455	1 117	2.8	2.1	1.2	588.2	160.9	329.8	0.0	0.8
宁夏	12	441	5	66	210	0.8	4.6	-0.5	-13.6	208.3	33.4	0.0	0.3
青海	27	422	66	40	65	1.8	1.4	0.4	12.5	-247.2	-100.0	0.0	-2.1
山西	3	209	1	17	33	4.0	2.0	1.6	28.3	-39.9	-50.6	0.0	0.8
陕西	3	116	2	38	48	3.5	1.6	1.1	36.5	36.1	2.0	0.0	-0.1
四川	1	3	0	0	1	3.6	2.0	1.6	0.6	-95.9	-0.2	0.0	-0.6
西藏	34	106	75	10	45	2.4	3.3	0.1	1.4	-36.7	2.5	0.0	0.0
新疆	85	1 942	162	244	782	0.6	3.1	0.0	-3.7	63.2	4.6	0.0	1.0
合计	279	6 711	440	1 123	2 893	2.0	2.7	0.6	1 143.6	45.0	212.4	0.0	0.3

减少或退出粮食生产将脆弱的生态空间从粮食生产中解放出来，通过国家生态补偿的转移支付方式获得自身的粮食安全保障，从而进一步增强和优化其作为生态安全保障线的空间功能。

生态功能亚区的划分是按照生态功能的大小或者说生态脆弱（或不安全）的程度进行的区分。其中生态保护区主要分布着在以青藏高原为主体的国家级生态保护区内，是中国不宜开展粮食生产的生态屏障型地区，目前已纳入国家生态保护的功能区范围，本功能分区方案沿用了以上的功能定位，将其界定为永久性生态保护地区，不宜开展粮食生产。生态退耕区主要分布在两类地区，一是中国生态功能区划方案中规定的资源环境保护类地区，具体包括森林资源保护（如大兴安岭、长白山地）、湿地保护（如三江平原）、生物多样性保护（如秦巴山地、冀辽北山地、海南）、水源地保护（如滇西滇南）、洪水调蓄（如江淮地区）、综合生态环境保护（如青藏高原地区）等地区；二是中国中西部资源退化压力（风蚀、沙化、盐碱化、水土流失、石漠化、草原退化、水资源紧缺等）较大的区域，具体包括东北西部风蚀沙化区、内蒙古草原退化区、藏北草原退化区、长城沿线水土流失和风蚀沙化区、黄土高原水土流失区、新疆沙化、盐碱化和水资源紧缺区、西南岩溶石漠化区、川滇山原水土流失区以及黄淮海平原水资源紧缺区等区域，这些区域不仅生态环境脆弱，而且社会经济发育滞后，是中国贫困县的集中分布区域，未来在国家粮食安全的政策体系中除重点考虑生态服务功能的财政转移支付外，还应突出保障粮食安全和提高农牧民收入等民生政策，以使其能够持续稳定地发挥生态系统服务的空间功能。

总之，功能分区是实现中国长期可持续的粮食安全目标的有效手段，分区的目的在于优化和调整不同的空间区域在国家粮食安全中承担的作用和角色，使不同的地域发挥各自的优势，因地制宜地和经济合理地实现国家长期和可持续的粮食安全目标。因此，在制定出分区方案后，还必须按照各个功能亚区的功能定位，实行差别化的区域发展导向政策，通过错位竞争和互补发展，避免恶性竞争和趋同发展，做到发挥比较优势，增强竞争优势，从而为最终形成中国粮食安全的经济、合理、高效的空间管制和区域协调发展创造条件。因此，在确定最终的分区方案后，还必须结合中国现行粮食生产、消费和贸易政策研究不同区域可能的行为响应，并据此提出可行的区域协调和合作的政策建议，从而为国家长期、可持续的粮食安全提供地域分工及协调和补偿的指导意见。以上政策建议只是粗略的分析结论，进一步的研究应包括中央政府的粮食安全财政政策、投资政策、产业政策、土地政策以及政绩考核政策等政策体系的设计，以及粮食安全的区域扶持机制、区域协调机制、区域合作机制等粮食区域政策的构建和法制化探索。

参 考 文 献

陈百明．2001．中国农业资源综合生产能力与人口承载力．北京：气象出版社．

程亨华，肖春阳．2002．关于粮食安全及主要指标的研究．粮油食品科技，10（5）：1-4．

封志明，李香莲．2000．耕地与粮食安全战略：藏粮于土提高中国土地资源的综合生产能力．地理学与国土研究，16（3）：1-5．

封志明，杨艳昭．2007．从栅格到县域：中国粮食生产的资源潜力区域差异分析．自然资源学报，22（5）：747-755．

国土资源部．2009-12-24．中国耕地质量等级调查与评定成果发布会．http://www.mlr.gov.cn/wszb/20090612qmpxxxgtzygb_1_2_1.

华红莲，童彦，朱妙园．2008．粮食安全研究进展与模式创新．现代农业科技，（14）：246-249．

李玉平，蔡运龙．2006．区域耕地-人口-粮食系统动态分析与耕地压力预测——以河北省邢台市为例．北京大学学报（自然科学版），1（3）：1-5．

刘晓梅．2004．关于中国粮食安全评价指标体系的探讨．财贸经济，（9）：56-61．

娄源功．2003．中国粮食安全的宏观分析与比较研究．农场经济管理，（03）：30-32．

卢良恕，唐华俊，许世卫．2008．中国区域农业资源合理配置、环境综合治理和农业区域协调发展战略研究：农业功能分区与食物安全研究．北京：中国农业出版社．

罗孝玲，张妤．2006．中国粮食安全界定与评估新视角．求索，（11）：12-14．

马永欢，牛文元．2009．中国粮食生产主体功能区的核心设计：构筑国家生存安全保障线．中国软科学，24（3）：241-247．

牛文元，孙殿义，付允，等.2008.国家主体功能区的核心设计：构筑三条国家基础安全保障线.中国软科学，(7)：1-5.

全国农业区划委员会编写组.1981.中国综合农业区划.http：//www.chinabaike.com/article/316/327/2007/2007022053585.html.

王宏广.2005.中国耕作制度70度.北京：中国农业出版社.

王卿，陈绍充.2010.基于粮食安全视角的"18亿亩耕地红线"的战略意义研究.宏观经济研究，(03)：75-78.

温明炬，唐程杰.2007.中国耕地后备资源.北京：中国大地出版社.

谢高地，鲁春霞，甄霖，等.2009.区域空间功能分区的目标、进展与方法.地理研究，28（3)：561-570.

新华社.2008-11-13.国家粮食安全中长期规划纲要（2008～2020年).http：//www.gov.cn/jrzg/2008－11/13/content_1148414.htm.

殷培红，方修琦，马玉玲，等.2006.21世纪初我国粮食供需的新空间格局.自然资源学报，(4)：625-631.

曾宏.2006.粮食安全的本质内涵与研究框架.税务与经济，145（2)：90-92.

翟虎渠.2004.粮食安全的三层内涵.瞭望新闻周刊，13（3)：60.

张百平，张雪芹，郑度.2009.西北干旱区不宜作为中国耕地后备资源基地.干旱区研究，(1)：1-5.

中国农业科学院.1984.中国种植业区划.北京：中国农业出版社.

朱泽.1997.中国粮食安全状况研究.中国农村经济，(5)：26-33.

FAO. 1983. World Food Security：A Reappraisal of the Concepts and Approaches. available at http：//www.fao.org/docrep/005/y4671e/y4671e06.htm#fn26.

FAO. 1985. Implications of Economic Policy for Food Security：A Training Manual. available at http：//www.fao.org/docrep/004/x3936e/X3936E03.htm#concepts.

FAO. 1996. Rome Declaration on World Food Security and World Food Summit Plan of Action. available at http：//www.fao.org/docrep/003/w3613e/w3613e00.HTM.

FAO. 2001. The State of Food Insecurity in the World 2001. available at http：//www.fao.org/docrep/003/y1500e/y1500e00.htm.

6

水生态功能分区

盖力强　谢高地　冷允法

本章系统阐释水体区划的科学内容与理论基础，提出了水生态功能分区的原则、层级系统与技术方法。综合评价中国水资源及水环境状况，采用自上而下划分的方式，综合采用地理要素相关分析法、聚类分析法、主成分分析法、空间叠置等方法，从流域尺度的水资源格局分区角度，把中国水生态功能区划分为6个一级水生态功能区：东北松辽山地平原少水区（Ⅰ）、华北黄淮海平原少水区（Ⅱ）、西北内陆干旱缺水区（Ⅲ）、南部山地丘陵丰水区（Ⅳ）、青藏高原水塔区（Ⅴ）、西南高原山谷丰水区（Ⅵ）；4种功能类别的二级水生态功能区100个：水及水产品供给功能区（生产生活用水、水产品、航运、水力发电等）；水资源生境支持功能区（生物多样性维持、水生生物栖息地、产卵场、越冬场等）；水资源环境调节功能区（气候调节、水体自净、调蓄分洪等）；水域休憩服务功能区（旅游、文教等）。水生态功能分区与以往国内水功能区划不同，它引入人类影响指标，实现了面状区划与线状区划的结合，充分体现了水资源生态系统的生态服务功能。

6.1　水资源及水环境概况

6.1.1　水系及水资源概况

6.1.1.1　河流

中国是一个河流众多，径流资源十分丰富的国家。据统计，中国大小河流总长度约42万公里，其中流域面积在100平方公里以上的河流达5万余条，1000平方公里以上的河流约有1580条，超过1万平方公里的河流有79条。因受气候、地形的影响，河流分布极不均匀，绝大多数河流分布在中国东部湿润多雨的季风区，并且径流量占全国总径流量的95.55%，西部广阔的干燥和半干燥地区的河流河网密度几乎都在每平方公里0.1公里以下，径流量仅占全国总径流量的4.55%。

按径流的循环形式，中国的河流可分为注入海洋的外流河和不与海洋沟通的内流河两大类。内外流区域的分界线大致北起大兴安岭西麓，经内蒙古高原南缘、阴山、贺兰山、祁连山、日月山、巴颜喀拉山、念青唐古拉山到冈底斯山，这一线的西部除新疆的额尔齐斯河注入北冰洋外，都属内流区域。该线的东部，除嫩江平原、鄂尔多斯高原及雅鲁藏布江南的羊卓雍措等地有小面积的内流区域外，其他均属外流区域。外流区域约占全国总面积的63.76%，内流区域约占36.24%。外流区分三个流区：太平洋流区、印度洋流区、北冰洋流区。中国的大江大河主要有松花江、辽河、海河、黄河、淮河、长江、珠江等。

（1）主要外流河

中国主要外流河的流向除东北和西南地区的部分河流外，干流大都自西向东流。外流河的干流，大部分发源于三大阶梯隆起带上：第一带是青藏高原的东部、南部边缘，从这里发源的都是源远流长的巨川，如长江、黄河、澜沧江、怒江、雅鲁藏布江等。第二带是第二阶梯边缘的隆起带，即大兴安岭、冀晋山地和云贵高原一带，如黑龙江、辽河、海河、西江等都是从这里发源，也都是重要的大河。第三带是长白山地带，主要有图们江和鸭绿江，它们临近海洋，流程短，落差大，水力资源丰富。

黑龙江蜿蜒在中国东北的边境上，是一条国际河流。由于水中溶解了大量的腐殖质，水色黝黑，犹如蛟龙奔腾，故此得名——黑龙江，满语称萨哈连乌拉，即黑水之意。黑龙江有南北两源，南源额尔古纳河，北源石勒喀河。从海拉尔河河源起算，黑龙江全长4370公里，流域面积162万平方公里，是世界上十大巨川之一，额尔古纳河流域属黑龙江的河源地区。黑龙江的支流有200多条，其中以松花江最长。

黄河是中国第二大河，以河水含沙量高和历史上水灾频繁而举世闻名。黄河发源于青海省巴颜喀拉山北麓各恣各雅山下的卡日曲，流经青海、四川、甘肃、宁夏、内蒙古、陕西、山西、河南、山东九个省（自治区），在山东垦利县流入渤海，全长5464公里，流域面积75万平方公里。黄河从源头到内蒙古托克托县河口镇是上游；从河口镇到河南省孟津是中游；从孟津到入海口是下游。黄河含沙量居世界大河之冠，多年平均输沙量约16亿吨。黄河上中游落差很大，有丰富的水力资源。

长江是中国第一大河，又名扬子江，河流长度仅次于尼罗河与亚马孙河，入海水量仅次于亚马孙河与刚果河，均居世界第三位。长江发源于唐古拉山主峰——各拉丹冬，流经青海、西藏、云南、四川、湖北、湖南、江西、安徽、江苏和上海10个省（自治区、直辖市），在崇明岛流入东海，全长6300公里，流域面积180万平方公里，平均每年入海总径流量9793.5亿立方米。长江从河源到河口，可分为上游、中游和下游，宜昌以上为上游，宜昌至湖口为中游，湖口以下为下游，中下游平原湖泊星罗密布，主要通江湖泊有洞庭湖、鄱阳湖、巢湖、太湖四大淡水湖。

珠江是中国南方的一条大河，是中国第四大河。珠江由西江、北江、东江及珠江三角洲诸河四个水系组成。其中，西江最长，通常被称为珠江的主干，发源于云南省境内的马雄山，在广东省珠海市的磨刀门注入南海，全长2214公里。珠江全流域面积45.37万平方公里，其中中国境内面积44.21万平方公里。珠江流域雨量充沛，是河川径流量特别丰富的典型的雨型河。据统计，多年平均流量为11 070立方米/秒，年径流总量达3492亿立方米，约占全国径流量的13%，仅次于长江，居全国第二位，为黄河的6倍，珠江水系常年通航里程达12 000公里，水运量仅次于长江居全国第二位。珠江水系水力资源蕴藏量约2485万千瓦，南盘江、红水河是全国十大水力发电基地之一。

雅鲁藏布江是世界最高的河流。发源于冈底斯山的主峰——冈仁波齐峰的南坡，马法木错以东，上游称马泉河，从阿里地区向东，流经藏南谷地，到墨脱地区转向东南，入印度称布拉马普特拉河，在孟加拉国境内汇入恒河，注入孟加拉湾。雅鲁藏布江在西藏境内全长2050公里，流域面积24.16万平方公里，雅鲁藏布江水力资源丰富，水能蕴藏量仅次于长江。

（2）主要内流河

内流河往往发源于冰峰雪岭的山区，以冰雪融水为主要的补给来源。河流上游位于山区，支流多，流域面积广，水量充足，流量随干旱程度的增减而增减。河流下游流入荒漠地区，支流很少或没有，由于雨水补给小，加之沿途蒸发渗漏，流量渐减，有的河流多流入内陆湖泊，有的甚至消失在荒漠之中。塔里木河、伊犁河、格尔木河是内流区域的主要河流。

塔里木河是中国最长的内流河，上源接纳昆仑山、帕米尔高原、天山的冰雪融水，流量较大的支流很多，全长约2000公里，流域面积为19.8万平方公里。塔里木河上游支流很多，几乎包括塔里木盆地中的大部分河流，主要有阿克苏河、和田河和叶尔羌河，长度分别是110公里、1090公里和1037公里。塔里木河干流水量全部依赖支流供给，近年由于上中游灌溉用水增多，加之渗漏和蒸发，使下游水量锐减，逐渐消失在沙漠中。

伊犁河上游有特克斯河、巩乃斯河和喀什河三大支流，主源特克斯河源于汗腾格里峰北侧，东流与巩乃斯河汇合后称为伊犁河；西流至雅马渡由喀什河注入，以后进入宽大的河谷平原，在接纳霍尔果斯河后进入原苏联，流入巴尔喀什湖。伊犁河在中国境内长441公里，流域面积约5.7万平方公里，是中国西北地区水量最丰富的河流，年径流量达 123 亿立方米，占新疆径流总量的 1/5，其中特克斯河占伊犁河总流量的 63%。

6.1.1.2 湖泊

中国天然湖泊在 1 平方公里以上的有 2300 多个，总面积 75 600 平方公里，占国土面积的 0.8%。但湖泊面积在 500 平方公里以上的大型湖泊并不多，绝大多数湖泊是小型湖泊。根据中国湖泊的分布特点、成因和水文特征的不同，可大致划分青藏高原湖区、东部平原湖区、蒙新湖区、东北山地湖区和平原湖区、云贵高原湖区五个比较集中的湖泊区。

青藏高原湖区，青藏高原上的湖泊面积为 37 549 平方公里，占全国湖泊面积的 49.6%，仅西藏就有大小湖泊 1500 多个。青藏高原湖区是世界上海拔最高、湖泊数量最多、面积最大的内陆高原湖区。境内除东部及南部有部分外流湖为淡水湖外，其他多为内陆咸水湖或盐湖。区内分布有青海湖、纳木错、色林措、羊卓凝措、鄂陵湖、扎陵湖及班公湖等较大的湖泊。

蒙新湖区，湖泊面积为 8854 平方公里，占全国湖泊面积的 11.7%，区内多内陆咸水湖和盐湖。境内较大的湖泊有呼伦湖、博斯腾湖、赛里木湖、布伦托湖（乌伦古湖）及贝尔湖（中、蒙界湖）。著名的罗布泊就分布其中。

云贵高原湖区，云贵高原为中国淡水湖泊分布较多的地区之一，湖泊面积为 1108 平方公里，占全国湖泊面积的 1.5%。区内的湖泊主要集中在滇中和滇西北地区，高原气候温暖，降水量较大，湖泊水量丰富，湖水冬季不结冰，是中国唯一不冰冻的湖区。不少湖泊除蕴藏丰富的水力资源外，还兼有灌溉、供水、航运和发展水产之利。滇池、洱海及泸沽湖等湖泊，山清水秀，风景佳丽，又有名胜古迹，是中国著名的旅游湖泊区。

东北山地湖区和平原湖区，东北多为火山成因的淡水湖，如五大连池、长白山天池、镜泊湖等。

东部平原湖区，长江、淮河中下游的湖泊集中，均为淡水湖。著名的太湖、鄱阳湖、洞庭湖、洪泽湖、巢湖五大淡水湖分布其中。

6.1.1.3 冰川

中国是世界上中低维度山岳冰川最多的国家之一，冰川总面积为 5.87 万平方公里，但分布很不均匀，全国冰川面积约 60% 分布在内陆河区，其次为西南诸河区，约占全国冰川面积的 40%。

中国冰川储量约 51 322 亿立方米，年均冰川融水量约 563 亿立方米，是冰川径流的主要组成部分。分布在内陆河区的冰川水资源量约 236 亿立方米，占内陆河区水资源总量的 20%，是其水资源的重要组成部分。冰川融水补给稳定，使得西北干旱区河流的流量较北方其他河流稳定。

6.1.1.4 水资源总量及特点

中国按河流水系划分成十大流域：Ⅰ松花江流域，Ⅱ辽河流域，Ⅲ海河流域，Ⅳ黄河流域，Ⅴ淮河流域，Ⅵ长江流域，Ⅶ珠江流域，Ⅷ东南诸河流域，Ⅸ西南诸河流域，Ⅹ内陆河流域。

中国多年平均水资源总量为 28 124 亿立方米，以天然降水为主要补给来源。据统计，中国多年平均降水量为 6 万余亿立方米（表 6.1）。水资源评价最新成果显示，1980~2000 年水文系列与 1956~1979 年水文系列相比，黄河、淮河、海河和辽河 4 个流域降水量平均减少 6%，地表水资源量减少 17%，最严重的是海河流域，该流域地表水资源量锐减了 41%。

中国水资源主要有以下特点：

1）水资源总量较丰富，但人均、亩均拥有量少。全国地表水平均径流量约 27 115 亿立方米，平均径流深 284 毫米，地下水 8288 亿立方米，扣除二者重复计算，水资源总量 28 124 亿立方米。中国河川径流量居世界第六位，但中国人口众多，据 1998 年统计，人均水资源量 2263 立方米，为世界平均水平 1/4，亩均水资源量 1900 立方米，为世界平均水平 3/4，属于全球 13 个最贫水的国家之一。

表6.1　全国各水资源区多年平均水资源量（1956～1979年）

水资源区	面积 （万平方公里）	降水量 （亿立方米）	地表水资源 （亿立方米）	地下水资源 （亿立方米）	水资源总量 （亿立方米）	产水模数 （万立方米/平方公里）
松花江流域	92.2	4 476	1 165.9	430.7	1 352	14.96
辽河流域	31.2	1 901	487	194.2	576.7	16.71
海河流域	31.8	1 781	287.8	265	421.1	13.24
淮河流域	32.9	2 830	741.3	393	961	29.19
黄河流域	79.5	3 691	661.4	406	744	9.36
长江流域	180.8	19 360	9 513	2 464.2	9 613	53.16
珠江流域	57.9	8 967	4 685	1 116	4 708	81.08
东南诸河流域	23.7	4 216	2 557	613	2 592	108.08
西南诸河流域	85.0	9 346	5 853.1	1 544	5 852	68.75
内陆河流域	345.0	5 321	1 063.7	862	1 304	3.61
北方片	606.5	19 700	4 507.1	2 551.1	5 358.1	8.83
南方片	348.04	41 889	22 608.1	5 736.6	22 766.3	65.41
中国	960.0	61 889	27 115.2	8 288	28 124	29.46

数据来源：钱正英，张光斗，2001；肖洪浪，2000

2）天然降水量时空分布极不均衡，变化趋势不一，气候极端事件显著增加，南涝北旱现象在加剧。受季风气候的影响，降水量在空间分布上极不均衡，呈东南向西北递减的分布格局。中国极端降雨平均强度和降雨值都有增大的趋势，极端降雨事件频率也不断增加。其中，华北地区降水量趋于减少，而极端降水量占总量的比例趋于增加；西北地区、长江及长江以南地区降水量增加，极端降水事件趋于频繁。

3）水资源时空分布不均，制约社会发展。在时间分布上，年际、年内变化很大。长江以南的中等河流，最大与最小年径流量的比值在5以下，北方则多在10以上；且径流量存在明显的丰枯交替及连续数年出现丰水或枯水的现象。径流量在年内分布上多集中在夏季汛期，占全年的60%～80%，年径流量中连续4个最大月所占的比例，长江以南及云贵高原以东的地区为60%左右，西南地区为60%～70%，长江以北则为80%以上，海河平原高达90%。径流年际年内分布情况，给水资源的开发利用带来很大的困难。

中国水资源及地表水水资源分布的特点是南多北少、西多东少，中国水资源与土地资源、经济社会资源分布的空间不匹配。中国长江以北广大地区，耕地占全国的65%，而水资源量仅占全国的19%，人口占全国的47%；长江及其以南地区耕地面积仅占全国的35%，水资源总量占全国的81%，人口占全国的53%。南北方（以长江为界）单位耕地面积拥有的水资源量相差悬殊。由于社会经济、人口数量与城镇化水平相对发展速度南快北慢、东快西慢，未来水资源南北分布存在更大的分布不均与极大的供需矛盾。

6.1.2　中国水环境现状

6.1.2.1　江河

根据各流域1991～2007年的水质监测资料统计，Ⅰ、Ⅱ类水河长占总评价河长的25%～45%，Ⅲ类7%～29%，Ⅳ、Ⅴ类和超Ⅴ类水河长占39%～63%，表明中国已有超过2/5的河流受到不同程度的污染（图6.1）。

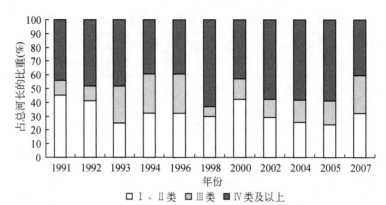

图 6.1　中国 1991~2007 年河流水质状况（年均）

数据来源：中华人民共和国水利部，1992~2008

　　全国 10 个水资源一级区（2007 年）Ⅰ类水河长占总评价河长的 4.1%，Ⅱ类水河长占总评价河长的 28.2%，Ⅲ类水河长占 27.2%，Ⅳ类水河长占 13.5%，Ⅴ类水河长占 5.3%，劣Ⅴ类水河长占 21.7%。总体来看全年河流水质状况汛期、非汛期变化不大。主要污染项目是高锰酸钾指数、化学需氧量、氨氮和挥发酚。水资源丰富的长江、珠江、东南诸河区水体污染相对较轻，而海河、淮河、黄河、辽河区水污染严重，太湖污染形势也十分严峻。

6.1.2.2　湖泊和水库

　　2007 年对全国 44 个湖泊的 1.8 万平方公里水面进行了水质监测评价，水质为Ⅰ类水面占总评价水面的 0.6%，Ⅱ类占 5.4%，Ⅲ类占 42%，Ⅳ类占 17%，Ⅴ类占 5%，劣Ⅴ类占 30%（图 6.2）。除青海湖外，对上述湖泊的营养化评价结果表明：贫营养湖泊 1 个，中营养湖泊 15 个，轻度富营养湖泊 15 个，中度富营养湖泊 12 个。河北的白洋淀、浙江的鉴湖、江西的甘棠湖、云南的滇池等富营养化程度较重。湖泊的主要污染项目是总磷、总氮、高锰酸盐指数、化学需氧量和氨氮。

　　对全国 321 座水库的水质评价分析表明：水质为Ⅰ类水库 28 座，Ⅱ类 119 座，Ⅲ类 105 座，Ⅳ类 49 座，Ⅴ类 12 座，劣Ⅴ类 8 座。在进行营养评价的 299 座水库中，无贫营养水库、中营养水库有 209 座、富营养水库 90 座。相对于湖泊，水库的污染较轻（图 6.3）。

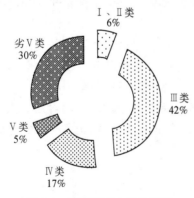

图 6.2　评价湖泊水质类别图

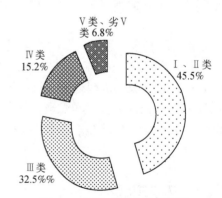

图 6.3　评价水库水质类别图

6.1.2.3　水源地

　　全国 561 个集中式饮用水水源地（其中河流类饮用水水源地 61.7%，湖泊类 3.4%，水库类 34.9%）的水质合格状况检测评价表明：水质合格率在 80% 以上集中饮用水源地有 231 个，水质不合格的水源地 76 个。

6.1.3 水资源开发利用

6.1.3.1 供水分析

全国供水总量由 1980 年的 4432 亿立方米到 1997 年的 5623.16 亿立方米到 2008 年的 5909.95 亿立方米，呈持续增长趋势，地表水供水量和地下水供水量所占比重基本稳定。长江、珠江、东南诸河和西南诸河供水以地表水为主，而松花江、辽河、海河、黄河、淮河及内陆区是地下水开采的集中区。

全国供水总量在南北方向上总体呈六四构成结构。目前，南方 4 区供水量 3589.1 亿立方米，占全国总供水量的 60.7%，南方以地表水源供水为主，占其总供水量的 90% 以上；北方由于天然地表水的缺乏，地下水源供水占有较大比例，在河北、北京、山西、河南 4 个省（直辖市）地下水供水量占总供水量的比重在 50% 以上（表6.2，表6.3）。

表 6.2　1997~2008 年水资源供给量及组成

年份	供水总量（亿立方米）	地表水源		地下水源		其他水源
		水量（亿立方米）	所占比例/%	水量（亿立方米）	所占比例/%	
1997	5 623.16	4 565.94	81.20	1 031.49	18.34	25.73
1998	5 470.00	4 419.76	80.80	1 028.36	18.80	21.88
1999	5 613.33	4 514.22	80.42	1 074.63	19.14	24.48
2000	5 530.73	4 440.42	80.29	1 069.17	19.33	21.14
2001	5 567.43	4 450.65	79.94	1 094.93	19.67	21.85
2002	5 497.28	4 404.36	80.12	1 072.42	19.51	20.49
2003	5 320.40	4 286.00	80.56	1 018.11	19.14	16.29
2004	5 547.80	4 504.20	81.19	1 026.40	18.50	17.20
2005	5 632.98	4 572.19	81.17	1 038.83	18.44	21.96
2006	5 794.97	4 706.80	81.22	1 065.52	18.39	22.70
2007	5 818.67	4 723.90	81.19	1 069.06	18.37	25.70
2008	5 909.95	4 796.42	81.16	1 084.79	18.36	28.74

数据来源：中华人民共和国水利部，1998~2009

表 6.3　全国及十大流域供水量变化（亿立方米）

流域片	供水总量				地表供水				地下供水			
	1997	2000	2003	2007	1997	2000	2003	2007	1997	2000	2003	2007
松辽河	619.7	617.7	547.8	605.0	353.7	347.8	294.7	319.3	266.0	269.9	252.8	283.3
海河	434.2	399.5	377.0	385.1	168.8	135.9	113.6	128.3	264.2	262.6	263.1	251.0
黄河	404.6	393.6	354.0	381.1	268.5	256.0	219.5	249.1	134.2	134.8	132.2	129.5
淮河	667.1	554.4	472.7	554.4	478.6	373.5	317.6	387.8	184.9	178.1	154.2	164.7
长江	1 738.7	1 735.5	1 714.6	1 939.6	1 650.3	1 640.5	1 628.9	1 853.4	73.5	85.0	79.2	80.5
珠江	835.8	836.3	840.4	879.9	792.4	792.7	798.3	832.6	41.3	41.4	40.0	42.8
东南诸河	288.4	315.6	316.7	338.0	281.1	304.4	304.4	327.3	6.8	9.9	11.0	9.6
西南诸河	87.7	99.3	93.8	108.7	84.7	95.9	91.2	105.4	1.5	2.7	2.4	3.1
内陆河	547.1	578.8	603.4	626.9	487.9	493.7	517.7	520.3	59.2	84.8	85.0	105.0
全国	5 623.2	5 530.7	5 320.4	5 818.7	4 566.0	4 440.4	4 285.9	4 723.5	1 031.5	1 069.2	1 019.9	1 069.5

数据来源：中华人民共和国水利部，1998~2009

6.1.3.2 用水分析

2008年全国及各分区用水结构和用水指标见表6.4。2008年全国总用水量约5910亿立方米，其中生活用水占12.3%，工业用水占23.7%，农业用水占62.0%，生态与环境补水（仅包括人为措施供给的城镇环境用水和部分河湖、湿地补水）占2.0%。2008年，全国人均用水量为446立方米，万元国内生产总值（当年价格）用水量为193立方米。城镇人均生活用水量（含公共用水）为每日212升，农村居民人均生活用水量为每日72升，农田实灌面积亩均用水量为435立方米（表6.4）。

表6.4 2008年全国及十大流域用水量及用水指标状况

水资源一级区	用水量（亿立方米）					用水指标				
	生活	工业	农业	生态	总用水量	人均用水量（立方米）	万元国内生产总值用水量（立方米）	农田实际灌溉亩均用水量（立方米）	人均生活用水（升/天）城镇生活	农村生活
全国	729.2	1 397.1	3 663.4	120.2	5 909.9	446	193	435	212	72
北方6区	261.5	340.8	1 959.2	60.4	2 621.9	438	170	378	165	58
南方4区	467.7	1 056.3	1704.2	59.8	3 288	466	183	524	248	85
松花江	33.4	79.21	294.2	4.3	411.1	636	278	446	156	53
辽河	31.7	30.4	137.1	3.3	202.6	364	125	445	187	69
海河	57.1	51.3	254	9.1	371.5	272	86	233	162	58
黄河	39.8	60.8	277.2	6.5	384.2	343	150	395	153	45
淮河	81.9	98.6	421.7	9	611.2	307	130	274	158	62
长江	250.5	718	948.1	34.9	1 951.5	450	191	447	222	71
其中：太湖	46	217.5	88.6	21.4	373.5	750	106	445	310	102
东南诸河	49.5	119.8	162.6	11.6	343.6	452	123	529	250	100
珠江	155.7	210.3	502.3	12.9	881.2	506	185	802	310	119
西南诸河	11.9	8.3	91.2	0.4	111.8	538	495	537	167	73
西北诸河	17.6	20.43	575.1	28.2	641.3	2 103	945	709	217	67

数据来源：中华人民共和国水利部，2009

1952年以来，中国城镇用水量总体呈增加趋势，阶段性特征显著。城镇直接用水量从1952年的48.99亿立方米，到2005年增加至1452.47亿立方米，用水量增长了近30倍。新中国成立以来，特别是快速城镇化以来，用水的增长速度更加加快了。水资源短缺，水的供需矛盾更加突出，已成为制约中国城市发展的瓶颈。据不完全统计，2004年中国缺水城市370多个，年缺水量近64亿立方米。缺水城市主要以资源型缺水城市为主，同时还存在大量的工程型缺水城市和水质型缺水城市。资源型缺水城市主要集中分布在京津华北地区、西北内陆区和胶东半岛等地区。水质型缺水城市主要集中分布在长江三角洲和珠江三角洲地区。工程型缺水城市主要集中分布在西南诸河流域以及南方沿海部分地区（张雷，2009）。

6.1.4 中国水资源可持续利用形势分析

中国的国土辽阔，地形复杂，人口众多，人口与水、土资源的分布不可能完全协调。在以大兴安岭—太行山—雪峰山一线为界的东西方向上，水资源与经济社会资源的空间匹配度差距极其显著。由于社会、人口数量与城镇化水平相对发展速度南快北慢、东快西慢，未来水资源南北分布隐藏着更大的分布不均与极大的供需矛盾。目前中国人口已超过13亿，如果能有效地对人口加以控制，到2030年前后，中国的人口将达到16亿左右。要满足16亿人口的基本需求，达到中等发达国家的生活水平，用水量必将进一步增加。

过去对需水量的预测普遍偏高，对供水规划和供水工程在不同程度上造成误导。1994年，《中国21世纪议程：中国21世纪人口、环境与发展白皮书》预测2000年为6000亿立方米，实际2000年全国的用水量为5566亿立方米，上述预测特别是20世纪80年代的预测明显偏高。

据《中国可持续发展水资源战略研究综合报告及各专题报告》研究预测：中国用水高峰将在2030年前后出现，农业用水总量与现在的规模相仿，为4200亿立方米左右；工业用水总量从现在的1100亿立方米增至2000亿立方米；城乡生活用水从现在的500亿立方米增至1100亿立方米左右；用水总量为7000亿～8000亿立方米，人均综合用水量为400～500立方米。经分析，全国实际可利用的水资源量约为8000亿～9500亿立方米，需水量已接近可利用水量的极限。因此，必须严格控制人口的增长，同时加强需水管理，做到在人口达到零增长后，需水量也达到零增长。

中国经过50年的建设，以仅占全球约6%的可更新水资源、9%的耕地，养活了占世界22%的人口，取得了举世瞩目的巨大成就。然而同时，水资源短缺、水污染严重和水环境恶化已经成为当前制约中国经济和社会可持续发展的突出问题。如何在较低的人均用水量的基础上实现社会经济的可持续发展和现代化，是中国21世纪面临的挑战，比世界上其他国家更严峻。

中国天然水资源量的不足和空间分布的不均衡，以及在全球气候变化和大规模经济开发多重因素的交织作用下，中国水资源形势将更加严峻。未来中国的水资源供需矛盾将更加突出，表现为缺水程度将不断加剧，缺水范围将向南方和东部地区蔓延。北方地区的水资源短缺将加剧这些地区地下水的开发强度和地下水漏斗的不断扩大。

未来20～30年，制约中国经济社会可持续发展的重要因素之一将是水资源短缺，因此，迫切需要及早采取有效措施进行应对。当务之急应加强水资源的统一管理，应从水资源的开发、利用、保护和管理等各个环节上，采取综合有效的对策措施。建设节水型社会，提高水利用效率，积极开辟新水源，狠抓水的重复利用和再生利用，协调水资源开发与经济建设、生态环境之间的关系，促使水资源问题尽快解决。进行全国水生态功能区划，明确水体功能，为水资源管理提供必要的依据，为水资源利用和保护规划奠定基础。

6.2 水区划研究概述

6.2.1 水体区划类型

水生态分区：应用生态学原理和方法，并依据水体资源功能和生态功能的协调来划分，满足区域水资源的可持续开发利用和环境保护。注重自然因素与河流生态系统类型之间的因果关系，并反映水生态系统的基本特征，但未充分考虑水生态服务功能以及人类活动对水体的影响。

水环境功能区划：根据水污染防治与标准等相关法律法规、水域环境容量和社会经济发展需要以及污染物排放总量控制的要求，而划定的水域分类管理功能区。用于控制水污染，更加注重水环境的保护，充分考虑水环境容量，但对水生态系统完整性考虑不足，缺乏流域整体层面上的协调和统一，对容量总量的考虑需加强。传统地划分为5类水质和8类功能区，包括自然保护区、饮用水源地保护区、工业用水区、农业用水区、渔业用水区、景观娱乐用水区、过渡区和混合区。

水功能区：是指为满足水资源合理开发和有效保护的需求，根据水资源的自然条件、功能要求、开发利用现状，按照流域综合规划、水资源保护规划和经济社会发展要求，在相应水域按其主导功能划定并执行相应质量标准的特定区域。简单直观地对不同水域进行了划分，利于水资源的开发利用及保护，但对水体的自然、生态特征考虑较少，未充分考虑水环境容量。

水主导功能：指在某一水域多种功能并存的情况下，按水资源的自然属性、开发利用现状及社会经济需求，考虑各种功能对水量水质的要求，经功能重要性排序，确定的首位功能即为该区的主导功能。

水生态地理分区：依据水域生态地理的异同性来划分，用于表征自然要素（温度、水文、生物等）的空间格局，考虑了自然要素与资源、环境的匹配，仅仅是通过自然地理要素的差异进行划分，未考虑其与河流生态系统类型之间的因果关系，更没有考虑人类活动对水体环境的影响。

水生态功能分区：依据水域生物区系、群落结构和水体理化环境的异同、水生态服务功能以及水生态环境敏感性来划分，用于完整性地评价人类活动对水域环境的影响。是协调水资源、水环境和水生态三方面的划分方法，同时考虑了自然因素以及人类活动对水生态系统的影响，是基于以上方法的不足而提出的最新理念，然而水生态功能分区体系尚不成熟。

6.2.2 国内外水体区划研究

6.2.2.1 国外水体区划

早在 20 世纪 70 年代末，USEPA（US Environmental Protection Agency）期望水环境管理部门在水域的管理中不仅要关注水化学指标和水污染控制问题，而且要关注水生态系统结构和功能的保护；要求有一套针对水生态系统的区划体系，不仅可以指导水质管理，而且能够反映水生生物及其自然生活环境的特征。

20 世纪 80 年代中期，Omernik（1987）首先提出了水生态区的概念和水生态功能区划分方法，即基于土壤、自然植被、地形和土地利用 4 个区域性特征指标，将具有相对同质的淡水生态系统或生物体，及其与环境相关的土地单元划分为同一生态区。它是一个既体现了水生态系统空间特征的差异，又能够为水生态系统完整性标准的制定提供依据的管理单元体系，而且还实现了从水化学指标向水生态指标管理的转变。

1987 年，USEPA 提出了首份水生态功能区划方案，该方案不是根据某一种自然因素来划定各个级别的水生态区，而是依据土壤、自然植被、地形和土地利用 4 个区域性特征指标，这 4 个指标都被认为是能够反映水生态系统与周围陆地生态系统相关关系的关键因素，将各种特征指标结合在一起，共同诠释其对不同层次水生态系统的影响（Omernik and Gallant，1990）。USEPA 在水生态区功能区划中，通过对上述 4 个特征指标的专题地图进行叠置和比较，确定它们各自的空间特点和关系，以及潜在的水生态区范围。每个潜在的水生态区往往都由核心区和过渡区组成。核心区内 4 个特征指标的空间特点相对一致，能够基本重叠在一起，而在过渡区内只有部分特征指标能够重叠在一起，需要根据专家的经验进行判断，最终确定水生态区边界。USEPA 水生态功能区划方案从 1987 年发布，至今已被多次修改，其中最大的变化是从Ⅲ级变为Ⅳ级等级体系。其中，Ⅰ级和Ⅱ级划分都较为粗略，即将整个北美大陆划分为 15 个Ⅰ级水生态区和 52 个Ⅱ级水生态区；Ⅲ级划分比较细致，其中美国大陆包括了 84 个Ⅲ级水生态区，阿拉斯加州被划分为 20 个Ⅲ级水生态区；为了管理和监测非点源污染问题，各州开始进行Ⅳ级的水生态功能区划。目前Ⅳ级水生态区还仅在几个州内得到了实现，USEPA 的最终目标是将Ⅳ级区扩展到每一个州。

Hughes 和 Larse（1988）利用水生态功能区划确定了地表水化学和生物保护的目标，并根据美国俄勒冈州、俄亥俄州、阿肯色州、明尼苏达州之间存在的水质和水生生物群落的内在差异性，建立了水生态功能区划、水质类型和鱼类群落三者之间的关系模型。Gannon 等（1996）研究表明，在水污染防治方面，以水生态功能区划为基础的方法，比以工程技术为基础的方法具有更广阔的前景，提议把水生态区空间结构作为建立非点源污染水质标准的基础。

根据美国所提出的基于水生态功能区划的水环境管理思想，奥地利（Austrian Standards Institute，1997）、澳大利亚（Davies，2000）和英国（Hemsley，2000）等国也都相继开展相关研究。2000 年，欧盟在颁布的"欧盟水政策管理框架"中，明确提出要以水生态区和水体类型为基础确定水体的参考条件，并据此评估水体的生态状况，最终确定生态保护和恢复目标的淡水生态系统保护原则（Moog et al.，2004）。

6.2.2.2 国内水体区划

中国从 20 世纪 50 年代就开始了水体的区划研究，当时是以自然区划方法为主，如根据湖泊的地理分布特点，把中国湖泊分为五大湖泊区；根据河流大小及流经范围，把河流划分为不同层次的流域区；根据内外流域的径流深度、河流水情、水流形态、河流形态、径流量等水文因素的差异，将全国划分为不同级别的水文区；为实现对水产资源的合理开发和利用，根据水生态系统中鱼类的分布特征，开展了内陆渔业区划和淡水鱼类分布区划等。这些都是针对水生态系统的某种特征要素所制定的区划方案。总之，过去几十年里，中国针对流域水生态系统的某些要素开展了众多区划研究，例如，流域区划（中国科学院自然区划工作委员会，1959）、湖泊区划、淡水鱼类分布区划（李思忠，1981）、内陆渔业区划（曾祥琮，1990）、水文区划（熊怡和张家桢，1995）、生态区划（傅伯杰等，2001）以及生态水文区划（尹民等，2005）等。

中国也先后制定了多个与水环境管理相关的功能区划，主要有《地表水环境功能区划分技术导则》和《中国地表水环境功能区划》，相关的区划有《近岸海域环境功能区划分技术规范》、《生态功能区划技术暂行规程》、《水功能区划技术大纲》和《中国水功能区划（试行）》等。这些水体属性的（功能）区划，为中国水资源管理提供了宝贵的理论基础和技术支持。然而，中国还没有系统的流域水生态功能区划的研究工作。中国迫切需要一个更全面的区划分类体系，将水上的区划与陆上影响区建立关联、多区划集成、应用GIS 可视化等先进手段来提高区划的技术水平，以真正实现水体的分类管理。

（1）水环境功能区划

在区域性水环境功能区划的基础上，2002 年中国完成了全国性的水环境功能区划。区划覆盖全国十大流域、51 个二级流域、600 多个水系、57 374 条总计 298 386 公里的河流、980 个总计 52 442 平方公里的湖库；共划分了12 876个功能区（不含港、澳、台地区），其中河流功能区12 482个，湖泊功能区394个，基本覆盖了环境保护管理涉及的水域；构建了1∶25万或1∶5万比例尺的数字水环境管理工程的开放的、动态的平台，极大地推动了中国水环境规划的发展。

（2）水功能区划

水功能区划采用两级体系，即一级区划和二级区划。一级区划是从宏观上解决水资源开发利用与保护的问题，主要协调地区间用水关系，长远考虑可持续发展的需求；二级区划主要协调用水部门之间的关系。

一级功能区分为保护区、保留区、缓冲区、开发利用区。保护区是指对水资源保护、自然生态及珍稀濒危物种的保护有重要意义的水域。保护区分为源头水保护区、自然保护区、生态用水保护区和调水水源保护区四类。保留区是指目前开发利用程度不高，为今后开发利用和保护水资源预留的水域。缓冲区是指为协调省（区）际间用水关系，或在开发利用区与保护区相衔接时，为满足保护区水质要求而划定的水域。缓冲区分为边界缓冲区和功能缓冲区。开发利用区主要指具有满足城镇生活、工农业生产、渔业或游乐等需水要求的水域。

二级水功能区划里将开发利用区划分为饮用水水源区、工业用水区、农业用水区、渔业用水区、景观娱乐用水区、过渡区、排污控制区。

全国水功能区划以各流域的水功能区划和各省、区、市水功能区划成果为基础，筛选各水资源分区的干流、主要支流、重要湖库及具有生态保护意义的河流湖库的水功能区划成果。按照全国水功能区划技术体系的统一要求，选择 31 个省（自治区、直辖市）的 1407 条河流、253 个湖泊水库进行区划。共划分河流水功能一级区 3122 个，区划总计河长209 882公里；湖库型水功能一级区 73 个，湖库面积 33 854平方公里。全国 3122 个河流水功能一级区中，保护区 714 个，占总数的 22.9%；缓冲区 382 个，占总数的 12.2%；开发利用区 1333 个，占总数的 42.7%；保留区 693 个，占总数的 22.2%。全国区划总河长中保护区 52 421 公里，占区划总河长 25.0%；缓冲区 11 510 公里，占 5.5%；开发利用区 80 825 公里，占38.5%；保留区 65 126 公里，占 31.0%。各一级分区结果见表 6.5。

表6.5　全国河流水功能一级区划河长统计表

分区名称	区划河流		保护区		缓冲区		开发利用区		保留区		区划湖库	
	个数	长度（公里）	个数	长度（公里）	个数	长度（公里）	个数	长度（公里）	个数	长度（公里）	个数	面积（平方公里）
黑龙江	334	29 783	125	11 133	48	1 755	89	10 073	72	6 820	6	7 117
辽河	170	10 825	61	2 549	28	758	77	7 230	4	288	0	0
海河	196	14 219	21	1 643	53	2 066	105	9 382	17	1127	10	918
黄河	287	26 486	99	7 173	42	1 500	101	12 654	45	5 157	3	456
淮河	180	13 902	35	2 151	26	765	91	8 907	28	2 077	5	4 779
长江上游	213	18 440	38	3 687	23	1 973	54	1 532	98	11 247	1	294
长江中下游	413	21 721	61	3 315	26	669	134	3 309	192	14 427	22	8 203
太湖	439	7 476	17	416	82	581	328	6 296	12	173	12	2 776
珠江	409	21 942	89	3 579	37	1 267	172	7 717	111	9 377	7	1 891
东南诸河	253	11 067	79	3 289	14	91	100	5 076	60	2 610	0	0
西南诸河	66	1 183	23	3 857	3	81	13	351	27	7 542	1	250
内陆河	162	22 192	66	9 623	0	0	69	8 293	27	4 275	6	7 167
合计	3 122	209 881	714	52 421	382	11 509	1 333	80 825	693	65 126	73	33 854

注：长江流域包括长江上游、长江中下游、太湖三个分区。

数据来源：中国水利部水资源司，2002

全国1351个开发利用区中，共划分水功能二级区2846个，河流总长度73 597.1公里，占全国区划总河长的三分之一，占开发利用区总河长80 825公里的91.7%，其余的河段及湖库目前尚不具备进行二级区划的条件。

总之，尽管中国对流域水生态功能区划没有进行过系统的研究，但对流域水环境功能区划有较多的研究和应用。这些研究为中国开展水生态功能区划方法的研究和实践提供了良好的基础。中国流域水生态功能区划应以水域为单元、以流域水环境功能区划为基础，并充分体现流域水生态综合管理的思想，重点强调水域边界与行政边界之间的关系，统筹兼顾水生态系统服务功能与人类对水资源的需求，综合考虑经济、社会、生态的可持续发展，结合当前所面临的一系列问题（例如，基础资料、资金投入和管理水平等），实现对现有流域水（环境）功能区划方法体系的有效完善和向流域水生态功能区划方法体系建立的过渡。

6.2.3　水生态功能区划意义

随着中国社会和经济的迅速发展、人口的增长、人民生活水平和城市化水平的提高，水资源匮乏和水污染日益严重所造成的水危机已成为中国实施可持续发展战略的制约因素。在中国，许多地区水资源过度开发，忽视生态系统的需水要求以及水的生态服务功能，导致河流断流、湿地丧失、区域生态环境退化、生物多样性受到威胁，如何协调水资源的直接利用和维持水的生态服务功能已成为水资源管理所面临的挑战。综合利用、合理配置、厉行节约、切实保护、加强管理是21世纪实现水资源可持续发展的要求。

水生态功能分区，不单是以自然要素或自然系统的"地带性分异"为基础，更是以生态系统的等级结构和尺度原则为基础，用生态系统的完整性来评价测量人类活动对生态系统的影响，将水生态功能区划的科学基础落在"基于生态系统的管理"之平台上。水生态功能区划将水生态功能区、主体功能区、水环境功能区、水功能区相衔接，完善中国的地表水分区分级体系，补充水环境功能区中所缺乏的生态功能要素，体现人类活动对水生态功能的影响，揭示水生态系统健康状况与演变趋势，制定流域水生态系统保护和恢复策略，支撑国家水环境管理理念的转变。

6.3 水生态功能区划

6.3.1 区划的指导思想、原则和目标

6.3.1.1 指导思想

为了贯彻科学发展观，树立生态文明的观念，运用生态学原理，以协调人与自然的关系、协调水资源保护与经济社会发展关系、增强水资源支撑能力、促进经济社会可持续发展为目标，在充分认识河流流域结构、过程及水生态服务功能空间分布规律的基础上，划分水生态功能区，指导区域水环境保护与产业布局、水资源利用和经济社会发展规划，协调社会经济发展和水资源保护的关系，推动中国经济社会健康发展。

6.3.1.2 基本原则

可持续发展原则：水生态功能区划应与区域水资源开发利用规划及与国家主体功能区规划、重大经济技术政策、社会发展规划、经济发展规划和其他各种专项规划相衔接，根据水资源的可再生能力和自然环境的可承受能力，科学合理开发利用水资源，并留有余地，保护当代和后代赖以生存的水环境，保障人体健康，促进人与自然的协调发展。

发生学原则：区划级别充分考虑水循环过程。区划单元内，各生态要素具有类似的发生原因，类似的发展历史。

一致性原则：区划单元内部特征应该相对一致，不同区划单元之间必须有显著的异质性。

主导性原则：根据保障区域、流域与国家水生态安全的要求，分析和确定区域的主导功能。同一级区划中，区划因子≥2个时，以主导因子作为划区的主要依据。

完整性原则：研究区是一个完整的自然区域。划分的每一个功能单元都是空间上连续的、完整的区域。

协调原则：在区划过程中，综合考虑流域上下游的关系、区域间水生态功能的互补作用，综合分析、统筹兼顾、突出重点；结合考虑现状使用功能和超前性；结合水域水资源综合利用规划，统一考虑水质与水量。

便于管理、实用可行的原则：水生态功能区划的分区界限尽可能与行政区界一致，其水生态功能与社会经济发展规划相协调，以便于管理，区划是规划的基础，区划方案的确定既要反映实际需求，又要考虑经济社会发展，切实可行。

6.3.1.3 目标

研究中国河流及河口生态系统类型、结构及其空间分布识别技术；研究河流生态功能、生态系统健康等评价方法；识别影响流域及河口地区水生态系统分布格局、功能状况的主要影响因子，揭示出河流生态系统生态功能退化机理；在此基础上，研究提出河流水生态功能分区的准则、规范以及表征方法，建立水生态二级功能分区的指标与技术方法体系。以水生态功能区划为基础，指导区域水环境保护与产业布局、水资源利用和经济社会发展规划，协调社会经济发展和水资源保护的关系。

6.3.2 区划方法及流程

6.3.2.1 自上而下的划分方法

在整个研究区内，综合考虑水生态环境空间异质性，首先根据一级分区指标因子的空间分异规律，

划分出最高级区划单元，然后，逐级向下划分，在大的区划单元内划分低级的小单元。

6.3.2.2 统计学方法

聚类分析是研究分类问题的一种多元统计方法，传统的聚类分析是一种硬划分，它把每个待辨识的对象严格地划分到某类中，具有非此即彼的性质。实际上，大多数对象并没有严格的属性，它们的性质和类属方面存在着中介性，具有亦此亦彼的性质，因此适合进行软划分，模糊聚类分析法是实现软划分的有效途径。与传统聚类的硬划分相比，模糊聚类分析以模糊集理论为基础，使用模糊的方法处理聚类问题，建立起样本对于类别的不确定性描述，更能客观地反映现实世界。

6.3.2.3 GIS空间叠置法

空间叠置分析是GIS中常用的用来提取空间隐含信息的方法之一。叠置分析是将有关主题层组成的各个数据层面进行叠置产生一个新的数据层面，其结果不仅生成了新的空间关系，而且综合了原来两个或多个层面要素所具有的属性（汤国安和杨昕，2006）。

适用范围：同一级指标矢量图叠置分析；上、下级矢量图叠置分析。

具体步骤：先把分区边界矢量化，形成矢量图，然后把各矢量图进行叠置；几个叠置因子的空间界线靠近时，根据主导因子的界线确定边界。

6.3.2.4 区划流程

收集相关数据、资料；基于中国地形、地貌及河流分布等特性，对中国水流域进行基于县域的三级流域分区；确定水生态功能分区指标，然后采用统计学、空间叠加等方法对中国河流流域进行水生态功能一、二级分区（基于三级流域）；基于收集的资料，进行分区校验，对聚类的结果与分区结果进行相关分析。水生态功能区划流程详见图6.4。

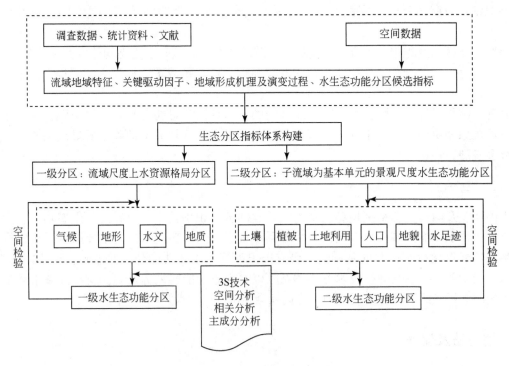

图6.4　水生态功能区划流程图

6.3.3 区划数据及处理

6.3.3.1 使用数据

分区中所使用的数据主要包括：遥感影像数据、气候数据（多年平均气温与降水、>10度积温）、行政区域图、交通图、河流水系图、居民点分布图、土壤类型图、植被类型图、地质地貌图、土地利用类型分布图、人口密度图、人均 GDP 分布图以及水质数据、土壤侵蚀数据、水生生物数据等。

6.3.3.2 产生数据

子流域单元：DEM 数据为原始数据，运用 ArcGIS 水文模块，分别划出一级子流域单元与二级子流域单元。

径流深度：根据各水文站点的径流量数据推算径流深度（径流量/流域面积），计算各子流域单元的值。

水网密度：提取河流水系，以二、三、四级河流作为计算标准，计算子流域内河流长度，并转换成密度。

地表水容量：计算子流域内主要湖泊水库多年平均库容量及计算二、三、四级河流库容量。

聚类分析数据：将指标进行叠加，运用 ISODATA 模糊聚类法，依次聚类，比较聚类结果。

气象数据：1960～2001 年的全国 730 个国家级站点月平均日照时数、温度、降雨量、风速、相对湿度等数据。

地形数据：以 DEM 数据为基础，计算每个子流域单元的值。

水文地质数据：根据不同水文地质类型确定渗透系数，各水文地质类型分别赋值，计算各子流域单元的值。

土壤数据：土壤原始数据来源于农业部和中国科学院南京土壤研究所编制的中国1∶100万土壤类型图（包含土壤养分、质地、立地条件等主要参数）。

植被数据：计算多年平均 NDVI 数据。

土壤侵蚀数据：分别计算 R 因子、K 因子、L 因子、S 因子、C 因子及 P 因子数据。

6.3.3.3 流域分区基本单元的生成

基于中国地形、地貌及河流分布等特性，基于县域对中国流域进行的三级流域分区，作为此次水生态功能分区的基本单元（图6.5）。

6.3.4 全国水生态功能区划方案

6.3.4.1 区划指标体系

水生态功能分区，不单是以自然要素或自然系统的"地带性分异"为基础，更是以生态系统的等级结构和尺度原则为基础，用生态系统的完整性来评价测量人类活动对生态系统的影响，将水生态功能区划的科学基础落在"基于生态系统的管理"之平台上。其一级区划基本原则是依据流域水生态系统空间尺度效应与驱动因子分析而提出的，并且根据不同地质、地貌与气候带的组合提出一级分区指标体系和区划方法；其二级区划基本原则是依据流域水生态景观格局与驱动因子分析而提出的，并基于河流物理栖息地环境因子和流域水生态功能提出二级分区指标体系与区划方法。从而揭示出流域水生态系统在地文要素和河道栖息地环境影响下的成因、演变趋势和区域分异规律。

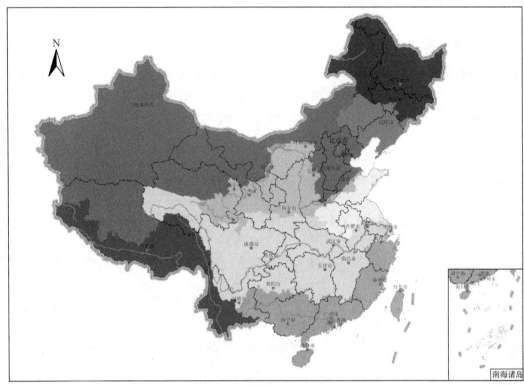

(a) 一级流域分区

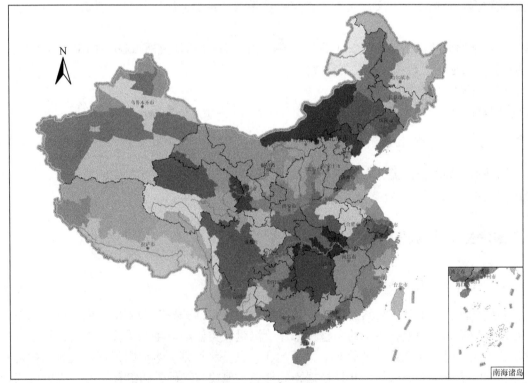

(b) 二级流域分区

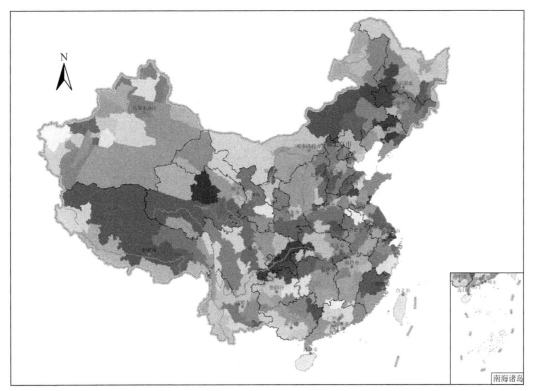

(c) 三级流域分区

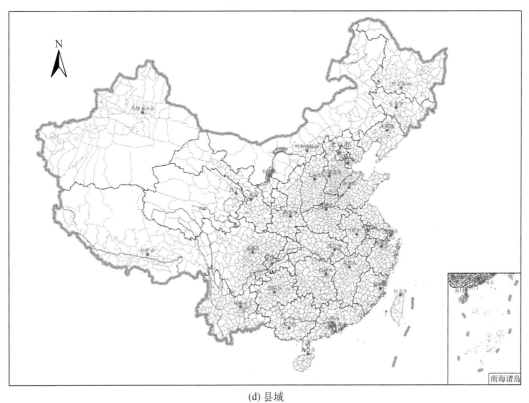

(d) 县域

图 6.5 基于县域的中国流域（一、二、三级）分区、县域图

　　全国水生态功能一级区划从流域尺度的水资源分布格局考虑，综合分析地形地貌、水资源密度、干燥度（蒸发/降雨）等主要指标来进行分区。

　　全国水生态功能二级区划在一级区划的基础上，从景观尺度的水生态系统服务功能空间差异考虑，综合分析植被属性、土壤属性、土地利用类型、水体水质、污染物类型、水生物、社会经济特征、人口密度、水足迹等指标来进行分区（表6.6）。

表6.6 水生态功能区划指标体系

级别	区划指标	指标描述	性质
一级	地貌属性	反映宏观尺度上地形或景观格局的蝉翼对流域水生态功能影响	流域尺度的水资源格局分区
	水资源密度	体现流域水资源条件的空间变化规律	
	降雨、蒸发	干燥度（蒸发/降雨）	
二级	植被属性	植被类型，植被物种组成、植被地面覆盖度、植物光合能力、植物功能群等	景观尺度的水生态功能分区（水生态系统服务功能空间差异）
	土壤属性	土壤类型	
	土地利用	土地利用类型的变化可通过改变地表截留和蒸发散来影响水文循环过程，不同土地利用水水质影响也很大	
	人口密度	能够反映人口对流域水生态系统的压力	
	社会经济特征	能够反映社会经济发展程度的区域GDP	
	水体水质	能够反映流域水生态系统基本健康状态的水质监测数据，例如BOD、COD、TP、TN等	
	污染物类型	面源、点源（化肥、农药、工业排污区）	
	水生生物	通过水生物生存状态，反映区内水体状况	
	水足迹	综合反映人类对水资源利用现状，反映人类对水资源环境的干扰程度	

6.3.4.2 区划方案

全国水生态功能一级区共有6个区，包括东北松辽山地、平原少水区，华北黄淮海平原少水区，西北内陆干旱缺水区，南部山地丘陵丰水区，青藏高原水塔区，西南高原、山谷丰水区（图6.6）。

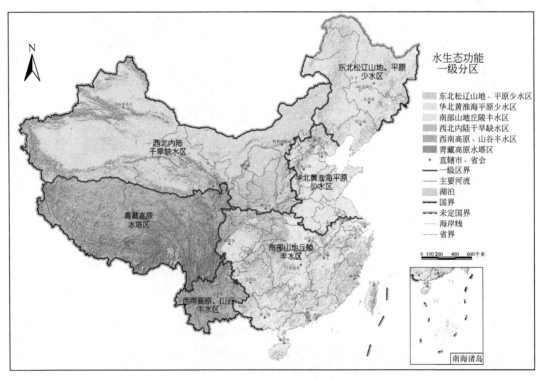

图6.6 全国水生态功能区划一级分区方案

东北松辽山地平原少水区（Ⅰ）：中国东北部的生态屏障、耕地资源丰富、人口密集分布，区内分布有黑龙江、松花江、辽河流域，水资源量基本满足当地需求，处于少水状态。

华北黄淮海平原少水区（Ⅱ）：耕地资源丰富，人口分布密集，区内虽分布有黄河、淮河、海河流域河流，但因城镇化程度较高，农业种植的需求，导致区内水资源问题日趋严重。

西北内陆干旱缺水区（Ⅲ）：水资源匮乏，多沙漠、干旱地，生活、生产与生态之间的关系紧张。

南部山地丘陵丰水区（Ⅳ）：长江、珠江中下游区，水资源丰富，多为山地丘陵区，因此耕地资源相对较少，水资源利用不充分，降雨量大，时有洪水灾害发生。

青藏高原水塔区（Ⅴ）：人口稀少、高原草甸、主要发展牧业，长江、黄河和澜沧江三条江河发源地所在区，保护好该区生态环境，关系到国家的水资源安全。

西南高原山谷丰水区（Ⅵ）：水资源丰富，耕地较少，多为高原、山谷，区内河流多为国际河流，区内水能源丰富。

在一级水生态功能分区的基础上，考虑水生态系统服务功能空间的差异，将全国水生态功能划分为100个二级区。

根据分区特征二级分区大致可划为4类：水及水产品供给功能区（生产生活用水、水产品、航运、水力发电等）；水资源生境支持功能区（生物多样性维持、水生生物栖息地、产卵场、越冬场等）；水资源环境调节功能区（气候调节、水体自净、调蓄分洪等）；水域休憩服务功能区（旅游、文教等）［图6.7（彩图），表6.7］。

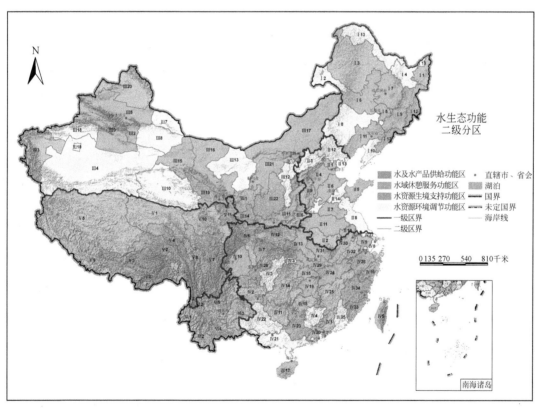

图6.7 全国水生态功能区划二级分区方案

表6.7 全国水生态二级功能分区及特征

一级功能区编码	一级功能区	二级功能区编码	二级功能区	分区特征
Ⅰ	东北松辽山地、平原少水区	Ⅰ1	三江平原农业水资源利用区	水及水产品供给功能区
		Ⅰ2	呼伦贝尔草原水涵养调节区	水资源环境调节功能区

一级功能区编码	一级功能区	二级功能区编码	二级功能区	分区特征
I	东北松辽山地、平原少水区	I 3	大兴安岭水源保护区	水资源生境支持功能区
		I 4	小兴安岭水涵养调节区	水资源环境调节功能区
		I 5	松花江丰满以下工业水资源利用区	水及水产品供给功能区
		I 6	松嫩平原农业水资源利用区	水及水产品供给功能区
		I 7	松花江水资源综合利用区	水及水产品供给功能区
		I 8	西辽河水资源气候调节区	水资源环境调节功能区
		I 9	牡丹江、松花江落叶针叶林生境支持需水区	水资源生境支持功能区
		I 10	辽东半岛沿海水环境调节缓冲区	水资源环境调节功能区
		I 11	辽河平原农业水资源利用区	水及水产品供给功能区
		I 12	长白山水资源旅游、文教服务区	水域休憩服务功能区
		I 13	黑龙江沿岸水环境调节缓冲区	水资源环境调节功能区
II	华北黄淮海平原少水区	II 1	京津都市圈水资源生产生活综合利用区	水及水产品供给功能区
		II 2	淮河中上游水源保护区	水资源生境支持功能区
		II 3	华北北部水涵养调节区	水资源环境调节功能区
		II 4	华北平原农业水资源利用区	水及水产品供给功能区
		II 5	山东半岛水资源综合利用区	水及水产品供给功能区
		II 6	徒骇马颊河农业水资源利用区	水及水产品供给功能区
		II 7	沂沭泗河农业水资源利用区	水及水产品供给功能区
		II 8	黄海沿海岸水环境调节缓冲区	水资源环境调节功能区
		II 9	海河南系山区水源保护区	水资源生境支持功能区
		II 10	淮河中下游生活用水供给区	水及水产品供给功能区
		II 11	淮河中游农业水资源利用区	水及水产品供给功能区
		II 12	滦河山区水涵养调节区	水资源环境调节功能区
		II 13	滦河平原沿海水环境调节缓冲区	水资源环境调节功能区
		II 14	黄河下游水环境调节缓冲区	水资源环境调节功能区
III	西北内陆干旱缺水区	III 1	兰州至中卫生活用水供给区	水及水产品供给功能区
		III 2	吐鲁番盆地农业水资源利用区	水及水产品供给功能区
		III 3	塔里木河水源保护区	水资源生境支持功能区
		III 4	塔里木盆地荒漠绿水气候调节区	水资源环境调节功能区
		III 5	天山北麓诸河综合用水区	水及水产品供给功能区
		III 6	太行山水源保护区	水资源生境支持功能区
		III 7	巴—伊盆地水涵养调节区	水资源环境调节功能区
		III 8	库木塔格沙漠绿水气候调节区	水资源环境调节功能区
		III 9	开—孔河流域、伊犁河农业水资源利用区	水及水产品供给功能区
		III 10	柴达木盆地水涵养调节区	水资源环境调节功能区
		III 11	汾渭平原农业水资源利用区	水及水产品供给功能区
		III 12	河口镇至龙门水环境调节缓冲区	水资源环境调节功能区
		III 13	河西荒漠绿水气候调节区	水资源环境调节功能区
		III 14	渭河平原农业水资源利用区	水及水产品供给功能区

续表

一级功能区编码	一级功能区	二级功能区编码	二级功能区	分区特征
Ⅲ	西北内陆干旱缺水区	Ⅲ15	疏勒河农业水资源利用区	水及水产品供给功能区
		Ⅲ16	石羊河、黑河农业水资源利用区	水及水产品供给功能区
		Ⅲ17	蒙古草原牧区水资源利用区	水及水产品供给功能区
		Ⅲ18	阿克苏河、渭干河气候调节区	水资源环境调节功能区
		Ⅲ19	青海湖水资源旅游、文教服务区	水域休憩服务功能区
		Ⅲ20	额尔齐斯河水源保护区	水资源生境支持功能区
		Ⅲ21	黄河河套农牧水资源利用区	水及水产品供给功能区
		Ⅲ22	龙门至三门峡丘陵农业水资源利用区	水及水产品供给功能区
Ⅳ	南部山地丘陵丰水区	Ⅳ1	东江生物多样性生境支持需水区	水资源生境支持功能区
		Ⅳ2	乌江思南以上、赤水河生物多样性生境支持需水区	水资源生境支持功能区
		Ⅳ3	乌江思南以下、清江水涵养调节区	水资源环境调节功能区
		Ⅳ4	北江水涵养调节区	水资源环境调节功能区
		Ⅳ5	台澎金马诸河水资源综合利用区	水及水产品供给功能区
		Ⅳ6	嘉陵江水源保护区	水资源生境支持功能区
		Ⅳ7	渠江农业水资源利用区	水及水产品供给功能区
		Ⅳ8	太湖水系沿海岸水环境调节缓冲区	水资源环境调节功能区
		Ⅳ9	太湖湖西及湖区工业、生活用水区	水及水产品供给功能区
		Ⅳ10	岷沱江、涪江四川盆地农业水资源利用区	水及水产品供给功能区
		Ⅳ11	柳江森林生态生境支持需水区	水资源生境支持功能区
		Ⅳ12	汉江丹江口以上水源保护区	水资源生境支持功能区
		Ⅳ13	汉江丹江口以下农业水资源利用区	水及水产品供给功能区
		Ⅳ14	洞庭湖水系生物多样性生境支持需水区	水资源生境支持功能区
		Ⅳ15	洞庭湖环湖区水资源旅游、文教服务区	水域休憩服务功能区
		Ⅳ16	浙东、浙南诸河沿海岸水资源保护区	水资源生境支持功能区
		Ⅳ17	海南岛水资源综合利用区	水及水产品供给功能区
		Ⅳ18	湘江衡阳以上水源保护区	水资源生境支持功能区
		Ⅳ19	湘江衡阳以下生活生产用水区	水及水产品供给功能区
		Ⅳ20	珠江三角洲生活、工业水资源利用区	水及水产品供给功能区
		Ⅳ21	珠江粤西桂南沿海水环境调节缓冲区	水资源环境调节功能区
		Ⅳ22	红河水、右江水环境调节缓冲区	水资源环境调节功能区
		Ⅳ23	西江农业水资源利用区	水及水产品供给功能区
		Ⅳ24	鄱阳湖水资源旅游、文教服务区	水域休憩服务功能区
		Ⅳ25	赣江、抚河、信江水土保持生境支持区	水资源生境支持功能区
		Ⅳ26	钱塘江水资源旅游、文教服务区	水域休憩服务功能区
		Ⅳ27	长江入海口水环境调节缓冲区	水资源环境调节功能区
		Ⅳ28	长江宜宾至宜昌生产生活用水、水能源产品供给区	水及水产品供给功能区
		Ⅳ29	长江宜昌至湖口水资源旅游、文教服务区	水域休憩服务功能区
		Ⅳ30	长江湖口以下航运、农业水资源利用区	水及水产品供给功能区
		Ⅳ31	长江湖口左岸生活、农业水资源利用区	水及水产品供给功能区

续表

一级功能区编码	一级功能区	二级功能区编码	二级功能区	分区特征
IV	南部山地丘陵丰水区	IV32	青弋江、水阳江野生物生境支持需水区	水资源生境支持功能区
		IV33	闽南诸河沿海岸生活、生产水源供给区	水及水产品供给功能区
		IV34	闽江及闽东诸河沿海岸水域旅游、文教服务区	水域休憩服务功能区
		IV35	韩江沿海水环境调节缓冲区	水资源环境调节功能区
V	青藏高原水塔区	V1	三江源水源保护区	水资源生境支持功能区
		V2	怒江水能源开发区	水及水产品供给功能区
		V3	拉孜至派乡生活用水供给区	水及水产品供给功能区
		V4	澜沧江沘江口以上水能开发利用区	水及水产品供给功能区
		V5	羌塘高原生物多样性生境支持需水区	水资源生境支持功能区
		V6	藏南诸河水能开发区	水及水产品供给功能区
		V7	金沙江、岷沱江农业水资源利用区	水及水产品供给功能区
		V8	金沙江直门达至石鼓野生物生境支持需水区	水资源生境支持功能区
		V9	雅鲁藏布江上游水源保护区	水资源生境支持功能区
		V10	龙羊峡以上高原生境支持需水区	水资源生境支持功能区
		V11	龙羊峡至兰州农业水资源利用区	水及水产品供给功能区
VI	西南高原、山谷丰水区	VI1	怒江及伊洛瓦底亚热带森林生境支持需水区	水资源生境支持功能区
		VI2	澜沧江沘江口以下生物多样性生境支持需水区	水资源生境支持功能区
		VI3	珠江水源保护区	水资源生境支持功能区
		VI4	红河谷生物多样性生境支持需水区	水资源生境支持功能区
		VI5	金沙江石鼓下野生生物生境支持需水区	水资源生境支持功能区

参 考 文 献

傅伯杰，刘国华，陈利顶. 2001. 中国生态区划方案. 生态学报，21（1）：1-6.

李思忠. 1981. 中国淡水鱼类的分布区划. 北京：科学出版社.

钱正英，张光斗. 2001. 中国可持续发展水资源战略研究综合报告及各专题报告. 北京：中国水利水电出版社.

汤国安，杨昕. 2006. ArcGIS 地理信息系统空间分析实验教程. 北京：科学出版社.

肖洪浪. 2000. 中国水情. 北京：开明出版社.

熊怡，张家桢. 1995. 中国水文区划. 北京：科学出版社.

尹民，杨志峰，崔保山. 2005. 中国河流生态水文分区初探. 环境科学学报，25（4）：423-428.

曾祥琮. 1990. 中国内陆水域渔业区划. 杭州：浙江科学技术出版社.

张雷. 2009. 中国城镇化进程的资源环境基础. 北京：科学出版社.

中国 21 世纪议程管理中心. 1994. 中国 21 世纪议程：中国 21 世纪人口、环境与发展白皮书. 北京：中国环境科学出版社.

中国科学院自然区划工作委员会. 1959. 中国综合自然区划. 北京：科学出版社.

中国水利部水资源司. 2002. 中国水功能区划（试行）.

Austrian Standards：NORM M 6232. 1997. Guidelines for the Ecological Survey and Evaluation of Flowing Surface Waters. Vienna：Austrian Standards Institute，38.

Davies P E. 2000. Development of a national river bio-assessment system，AUSR IVAS in Australia ∥ Wright J F，Sutcliffe D W，Furse M T，et al. Assessing the Biological Quality of Fresh Waters RIVPACS and Other Techniques. Cumbria，UK：Freshwater Biological Association，113-124.

Gannon R W, Osmond D L, Humenik F J. 1996. Goal-oriented agricultural water quality legislation. Water Resources Bulletin, 32: 437-457.

Hemsley F B. 2000. Classification of the biological quality of rivers in England and Wales// Wright J F, Sutcliffe D W, Furse M T. Assessing the Biological Quality of Fresh Waters RIVPACS and Other Techniques. Cumbria, UK: Freshwater Biological Association, 55-69.

Hughes R M, Larsen D P. 1988. Ecoregion: An approach to surface water protection. Journal of the Water Pollution Control Federation, 60: 486-493.

Moog O, Kloiber A S, Thomas O. 2004. Does the ecoregion approach support the typological demands of the E U 'Water Frame Directive'? Hydrobiologia, 516: 21-331.

Omernik J M, Gallant A L. 1990. Defining regions for evaluating environmental resource//Proceedings of the Global Natural Resource Monitoring and Assessment Symposium, Preparing for 21st Century. Venice, Italy: 936-947.

Omernik J M. 1987. Ecoregions of the conterminous United States (Map Supplement). Annals of the Association of American Geographers, 77: 118-125.

7

人居功能分区

封志明　杨艳昭　刘　东　游　珍

中国可持续的人居功能分区研究，旨在定量分析全国不同区域的人居功能类型及其空间分布特征，提出全国可持续的人居功能分区方案，明确各类人居功能区的特征及未来发展目标，以人居功能分区为基础，引导人口合理分布、促进人口合理布局，协调人口发展与资源、环境与社会、经济发展的相互关系。本研究在中国 1km×1km 栅格尺度中国人居环境自然适宜性分类评价和中国分县尺度人口空间集聚程度分级评价的基础上，结合中国分县资源环境承载力和区域经济发展水平和发展潜力，确立了中国可持续发展的人居功能分区评价指标体系与分区模型，提出了中国可持续发展的人居功能分区方案。研究表明：中国可持续的人居功能分区空间分布呈现东南半壁优于西北半壁的格局；人居功能强可持续地区面积约 139.75 万平方公里，占国土面积的 14.66%，相应人口 4.3 亿，接近总人口的 1/3，主要分布在东南沿海、长江中下游地区、四川盆地、黄淮海平原以及东北平原的部分地区；人居功能较强可持续地区面积约 193.61 万平方公里，占国土面积的 1/5，相应人口 3.2 亿，接近总人口的 1/4，主要分布在三江平原、辽河平原、山东半岛以及江南丘陵地区；可持续地区面积 210.19 万平方公里，约占国土面积的 22%，相应人口 3.7 亿，占总人口的 28.24%，主要分布在呼伦贝尔高原、黄土高原和云贵高原等地，零星见于藏东南谷地和柴达木盆地等地区；较弱可持续地区面积约 145.85 万平方公里，占国土面积的 15%，人口 1.4 亿，约占总人口的 11%，零散分布于黄土高原、川滇高原和云贵高原的部分地区；弱可持续地区面积约 263.86 万平方公里，约占国土面积的 27.68%，相应人口 0.4 亿，接近总人口的 3%，主要分布在青藏高原、西北荒漠以及川滇高原北部地区。

7.1　引言

18 世纪工业革命以来，科学技术和社会生产力得到了史无前例的大发展，城市建设突飞猛进。伴随着人口的迅猛增长以及工业化、城市化进程的加速，大量人口涌入城市，城市成为越来越重要的人类聚居地的同时也面临着一系列严峻的问题。生态环境日益恶化，尤其是工业化造成的环境污染，其影响之深前所未有，20 世纪 50 年代前后西方国家出现的"八大公害"事件，曾一度引起居民对环境污染的恐慌。与此同时，城市工业的集中以及人口的急剧膨胀导致城市内部道路拥挤、交通阻塞、能源和资源短缺、建筑稠密、住宅紧张、绿地空间狭小以及教育和卫生等公共服务设施日益缺乏，并引发了人口就业机会的减少、城市贫困的加剧以及犯罪率的上升等一系列社会问题。希腊著名建筑师道萨迪亚斯将日益恶化的城市环境称之为"城市噩梦"，人居环境问题的提出即始发于人类对城市问题的思考（Campbell，1976；Turkoglu，1997）。

西方发达国家城市化过程中所遇到的问题，无一例外地在发展中国家重现，有的甚至变本加厉。全球面临的城市人口爆炸性增长主要集中在发展中国家，生产力水平的低下、人口的急剧增长以及资源的相对短缺，造成发展中国家对资源的过度利用和自然环境的破坏，从而导致灾害频率的增加以及人类生存条件的恶化，出现了关系人类生存的全球性环境问题——温室效应、臭氧层耗损、酸雨等，以及由此引发的区域性灾害，人类的聚居地正在变得不适宜人类居住。人类生存和居住环境的恶化引起了国际组织以及世界首脑们对人居环境问题的关注。联合国1972年召开的人类环境会议、1976年的生态环境-人类社区会议、1986年温哥华人居环境会议、1992年里约热内卢环境发展大会、1996年第二次人类住区会议以及2001年6月"伊斯坦布尔+5"会议等表明人居环境的改善已逐渐上升为全球性的奋斗纲领，由此掀起了人居环境研究与实践的热潮（Choguill，1996；Capello，2002；陈秉钊，2003；李雪铭，2001；吴志强，2003；李华生，2005）。

改革开放以来，中国的城市建设经过近30年日新月异的发展，取得了巨大成就，城市化已成为中国经济发展最为显著的特征之一。中国城镇人口由1978年的1.72亿增加到了2008年的6.07亿，设市城市数目亦由原来的192个增加到了655个，城市化水平已经达到了56.69%。根据中国人口发展战略研究成果，2020年、2030年我国城市化率将分别达到57.05%、67%，中国城市化开始步入快速发展时期。快速的城市化进程使得中国城市人居环境建设进入了机遇与挑战并存的发展阶段。随着城市化的推进，大量人口涌入城市，人口的高度集聚对城市基础设施建设和城市生态环境提出了严峻考验（黄光宇，2001）。近年来，我国加大了城市基础设施建设力度，城市人居环境建设出现了新的特点。城市形象工程、灯光工程、生态保护工程、环境整治工程、绿化美化工程等，在推动城市建设向更高更新的目标前进的同时，亦对城市人居环境建设提出了更高的要求。如果说，在改革开放初期我国城市建设的第一阶段是打基础、追求数量与规模的阶段，那么第二阶段则是讲科技、讲人文、讲生态、讲质量、讲环境、讲城市艺术的城市综合发展阶段。城市人居环境作为城市建设的一项重要基础内容，将提升到更加科学化、更加文明化的发展水平。21世纪，我国城市建设将从追求数量转变到追求质量，从盲目、急躁与粗放转变到健康、理智、集约与可持续发展的新时期。

不容忽视的是，在城市化快速发展的过程中，我国城市人居环境建设亦面临着巨大的挑战（安光义，1997；陈秉钊，2003；Zhang，2005）。一是不断恶化的生态环境。由于城市盲目扩张，房地产过热，城市用地紧张，超强度开发，加上城市化进程中农村人口大量涌入城市，城市人口密度剧增使得城市居住生态环境质量下降，水土污染、大气污染、垃圾污染、城市噪声、"三废"污染等环境问题日益突出。二是拥挤的城市交通。堵车问题并未因为环路、立交桥的兴建而缓解，相反从大城市到小城市，交通堵塞成了普遍现象。三是城市文化的消失。千城一面，城市无特色个性可言，抄袭西洋的所谓欧陆风盛行，失去自己的城市文脉和城市文化个性。老城改造，历史街区的更新，使得城市传统中断，可识别性缺失，有价值的建筑文化遗产破坏严重，城市文化没有继承发扬，城市的民族文化特色和地域特色难以体现。

近年来，伴随着我国政府对"三农"问题的重视以及新农村建设的提出，我国采取了一系列积极措施来改善农村人居环境，乡村人居环境是人类聚居环境的重要组成部分。农业结构的调整以及农村环境的综合整治，有效地遏制了农村生态环境破坏的势头。尽管如此，我国农村的人居环境形势仍然十分严峻。一是村镇建设规划的无序性。农村聚居点的建设规模迅速扩大，但大都缺少规划及相应的实施保证机制，导致城镇和居民点的分散，从而加大了环保基础设施建设、运营的成本以及土地的大量占用。二是农业生产污染。我国农业在走向现代化的进程中从事农业的人口比例逐步下降，除了使用农用机械消耗大量化石燃料外，化肥、农药等农用化学品的使用量也在逐渐增加。氮素化肥、农药的大量使用，造成地下水、地表水水体污染、河流湖泊富营养化等一系列问题，致使不少地区的农田生态平衡失调，生态平衡遭到破坏，严重威胁生物多样性与人类生活健康。三是乡镇工业污染。乡镇企业的发展在给中国农村带来了巨大经济效益的同时也造成了农村环境的污染。我国的乡镇企业存在着数量多、规模小、资金少、技术弱等一系列特点，设备简陋，工艺落后，"三废"处理率低，已经成为影响我国农村人居环境质量的主要因素之一。四是农村生活污染。农民生活水平提高的同时农村生活污水和生活垃圾的排放量也逐年增加，而我国农村基础建设相对滞后，缺乏基本的环境配套设施，生活污水的直接排放以及生活垃圾的随意堆积、焚烧加剧了乡村大气、水体和土壤的污染，对人类健康和自然环境造成很大破坏。

由此可见，在人口不断增长、城市化进程加速、农村工业化和农业现代化稳步推进的条件下，我国人居环境的形势已十分严峻。在可持续发展已经成为全球对人类社会长期发展的思想战略共识的前提下，如何科学评判中国人居环境现状，定量揭示我国人居环境存在的问题已刻不容缓。中国可持续发展的人居功能分区研究即根据中国不同地区的人居环境自然适宜性与人口聚居水平，结合区域资源环境承载力和社会经济发展水平，试图建立中国可持续发展的人居功能区划指标体系，科学界定中国人居功能类型，提出中国可持续的人居功能分区方案，为区域可持续发展提供科学依据和决策支持。

中国可持续人居功能分区研究是国家科技支撑课题可持续发展功能分区研究的重要组成部分。该研究以人口、资源、环境与发展之间的互动关系研究为主线，通过系统评估中国不同区域的人居环境自然适宜性和人口集聚水平，建立中国可持续发展的人居功能区划指标体系，在此基础上，提出中国可持续发展的人居功能区划方案。本章主要介绍以下研究结果：

1）中国人居环境自然适宜性评价。以平方公里格网为基本单元，基于 GIS 技术，建立包括地形起伏度、地被指数、气候适宜度和水文指数的人居环境自然适宜性评价模型，系统评价中国不同地区的人居环境自然适宜性与限制性。

2）中国人口聚居水平。采用 GIS 等技术，定量分析中国人口分布的基本格局，剖析影响中国人口分布的主要因子；在此基础上，全面评价近 50 年来中国人口集聚程度及其时空分布格局。

3）中国可持续人居功能分区。依据中国人居环境自然适宜性评价和中国人口聚居水平评价结果，结合中国不同地区的资源环境承载力和现有开发密度与开发潜力，构建中国可持续发展的人居功能分区指标体系；在此基础上，采用 GIS 等技术，运用决策树、空间叠置等方法，确定各类功能区的基本界限，提出中国可持续发展的人居功能分区方案。

7.2 基础数据库的建立

本研究建立在中国 1km×1km 栅格数据库、台站数据、分县数据库和分省数据库的基础上。其中：

1km×1km 栅格数据库主要包括中国数字化地形图（DEM）、中国 2000 年土地利用类型图（LUCC）与水域比例分布图、2000 年全国人口密度栅格数据、中国归一化植被指数图（NDVI）。

数字高程模型是由全球 30 秒数字高程模型（GTOPO30）（来源于 USGS）中获得的中国数字高程模型，GTOPO30 是美国地质调查局（U. S. Geological Survey，USGS）的地球资源观测卫星（Earth Resources Observing Satellite，EROS）数据中心生产的全球数字高程模型，它基本上可以满足大尺度范围内的研究需要，如地形模拟、生态学研究等，其空间分辨率为 30′。全国纬度栅格数据和全国经度栅格数据由全国数字高程模型提取得到，精度为 30′。

中国土地利用类型图与全国水域比例分布数据来源于国家科学数据共享工程——地球系统科学数据共享网，该数据为中国科学院的"八·五"重大应用研究项目"国家资源环境遥感宏观调查与动态研究"和国家"九·五"重中之重科技攻关项目"国家基本资源与环境遥感信息动态服务体系的建立"的科技成果，其时间尺度为 2000 年，空间分辨率为 1km×1km。

中国 NDVI 数据源于 NOAA/NASA Pathfinder AVHRR Land Data Sets 中的 1982～2000 年植被指数（NDVI）数据集，这是迄今最长的卫星遥感植被观测数据，对提取植被生长及其变化的大尺度区域特征具有优势。

2004 年全国人口密度栅格数据由国家科学数据共享工程——地球系统科学数据共享网提供。该数据采用全国 2004 年分县人口数据，运用基于格点生成法的人口密度空间分布模拟模型，通过融合净第一性生产力、数字高程、城市规模和密度、交通基础设施密度等数据集，模拟了 1km×1km 栅格尺度中国人口的空间分布，较好地反映了中国人口分布的空间格局与地域差异，应用较为广泛（刘纪远，2003）。

台站数据包括全国温度、降水、相对湿度等气象要素数据，来源于国家气象信息中心，其基础数据为全国 730 个基准台站数据，时间范围为 1961～2001 年月均值资料。研究中，采用 ArcGIS 的统计分析模块，运用梯度距离平方反比法（GIDS）对温度、运用样条法（Spline）对降水、运用普通克里格法（Kriging）对相对湿度与风速分别进行了空间内插，进而获取了全国 1km×1km 尺度各气象要素的栅格图层。

资源承载力数据包括土地资源、水资源 2006 年的分县及分省数据，社会经济数据包括土地面积、建设用地面积、人口数、电话数及医院、GDP、床位数，统计数据来源于 2006 年中国统计年鉴，预期寿命、成人识字率、毛入学率等来源于第五次人口普查数据。

7.3 中国人居环境自然适宜性分类

人居环境是人类利用自然、改造自然的主要场所，包括自然、人类、社会、居住、支撑五大系统和全球、区域、城市、社区、建筑五大层次（吴良镛，2001；李丽萍，2001）。影响人居环境的自然因素众多，但最为根本且决定着其他自然环境因素、对人居自然环境起主导作用的则是地形条件、气候条件和水文状况，以及综合反映区域自然条件的土地利用/覆盖特征（吴志强，2003；封志明，2008）。基于此，本研究以 1km×1km 栅格为基本研究单元，构建地形、气候、水文、植被等单要素评价模型，计算地形、地被、水文和温湿指数，揭示中国人居环境的地形、气候、水文、植被等自然因子的适宜性与限制性；在单因素评价的基础上，建立中国人居环境自然适宜性综合评价准则，系统评价中国不同地区的人居环境自然适宜性，定量揭示中国人居环境的空间格局与地域类型（图 7.1），为中国可持续的人居功能分区研究提供定量依据。

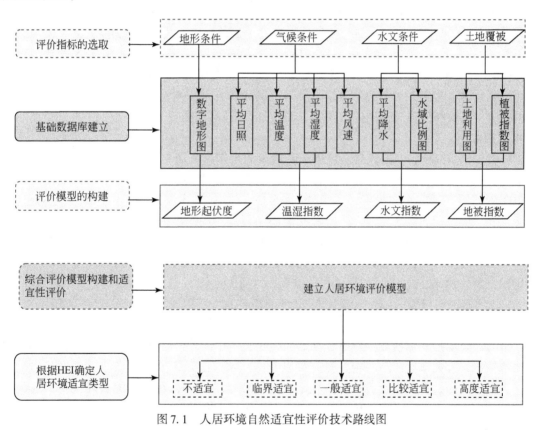

图 7.1 人居环境自然适宜性评价技术路线图

7.3.1 中国人居环境自然适宜性单要素评价

7.3.1.1 模型的构建与数据来源

（1）地形起伏度

地形起伏度又称地表起伏度，是区域海拔高度和地表切割程度的综合表征。地形起伏度研究最早起源于 1948 年苏联科学院地理研究为描述地貌形态所提出的割切深度，其定义为分水岭或斜坡上任一点沿最大斜坡线到谷底基面的高差，又称为垂直割切强度或侵蚀基准深度，通称相对高度。由于地方侵蚀基准的局限性和确定地方基准的任意性，使得割切深度较难科学地描述地貌形态特征。因此，人们逐渐趋向于用地形起伏度代替割切深度来描述区域地貌基本特征（李钜章，1987；封志明，2007）。

参考国内外地形起伏度的研究方法（Pachauri，1998；Feng，2008,），本研究将地形起伏度定义为

$$\text{RDLS} = \text{ALT}/1000 + \{[\text{Max}(H) - \text{Min}(H)] \times [1 - P(A)/A]\}/500 \tag{7.1}$$

式中，RDLS 为地形起伏度；ALT 为以某一栅格单元为中心一定区域内的平均海拔（m）；Max（H）和 Min（H）分别为该区域内的最高与最低海拔（m）；$P(A)$ 为区域内的平地面积（km^2）；A 为区域总面积，本研究确定 5km×5km 栅格为区域单元，即 A 值为 25km^2。地形起伏度计算所需的基础数据数字高程模型数据由全球 30 秒数字高程模型中获取，其空间分辨率为 30′。

（2）气候适宜性

气候条件是区域人居自然环境的重要组成因子，它不仅直接影响各类人群的日常生活与身体健康状况，如着装、旅游、中暑、脑中卒、心肌梗死、感冒等，也直接影响生产企业和商业销售的效率和收益，如商品的季节性、生产数量和销售数量、交通流量和事故率、野外作业和施工的适宜度等。气候对人居环境的影响通常用气候适宜度来表示，气候适宜度是以人类机体与近地大气之间的热交换原理为基础，从气象角度评价人类在不同气候条件下舒适感的一项生物气象指标（刘清春，2007；唐焰，2008）。

本研究采用温湿指数作为中国人居环境气候适宜性评价的标准。其计算公式为

$$\text{THI} = 1.8t - 0.55(1 - f)(1.8t - 26) \tag{7.2}$$

式中，t 为月均温（℃）；f 是月均空气相对湿度（%）。本研究温度和相对湿度的月均值数据源于国家气象局，空间范围包含了全国 730 个气象台站，时间范围为 1961～2006 年。我们分别采用梯度距离平方反比法和克里格法对温度和湿度进行插值，获取了 1km×1km 栅格数据。

（3）水文指数

在人居环境评价研究中，水对人居环境的影响更多的是作为人居生态环境质量的一个方面予以考虑，直接探讨水体对人居环境影响的研究还不多见。在水资源对人类聚居活动的影响研究之中，最为常用的几个评价指标为河网密度、水文密度、水密度、水网密度等。上述评价指标中，除了河网密度有明确、严格的定义以外，概念和内涵界定最为严密的就是国家环保总局提出的水网密度。2006 年 3 月，国家环境保护总局发布了《中华人民共和国生态环境状况评价技术规范》，该规范运用水网密度指数表征了区域内水资源的丰富程度。水网密度指数的定义为评价区域内河流总长度、水域面积和水资源量占被评价区域面积的比重，具体计算公式为

水网密度指数=Ariv×河流长度/区域面积+Alak×湖库(近海)面积/区域面积
+Ares×水资源量/区域面积

式中，Ariv 是河流长度归一化系数；Alak 为湖库面积的归一化系数；Ares 是水资源量的归一化系数。

由上述水资源对人类聚居活动的相关研究可以看出，水资源是影响人口分布和人居环境的重要自然因素之一。为了定量揭示我国水资源的丰沛程度对人居环境的影响，在参考国家环境保护总局水网密度计算方法的基础上，本研究引入水文指数来表征我国各地的水文条件，在此基础上，构建水文指数模型，以 1km×1km 栅格为基本单元，定量计算了中国不同区域的水文指数，以期揭示我国水文条件的空间差异与分布规律及其与人口分布的相关性和适宜性。

本研究的水文指数服务于栅格尺度全国人居环境自然评价工作。在国家环境保护总局发布的生态环境评价标准的基础上，考虑研究尺度的差异性与数据的可获得性，本书采用降水量和水域面积的比重来表征区域水资源的丰缺程度，前者体现了天然状态下区域自然给水能力的大小，后者表征了区域集水与汇水能力的强弱。水文指数的具体计算公式为

$$\text{WRI} = \alpha P + \beta \text{Wa} + \lambda L \tag{7.3}$$

式中，WRI 为水文指数；P 为归一化的降水量；Wa 为归一化的水网密度；L 为归一化的湖泊密度；α、β

和 λ 分别为降水、水网与湖泊的权重。其中，1km×1km 尺度降水数据经全国 730 个气象台站数据采用样条法插值获得。

（4）地被指数

植被在人居自然环境中扮演着重要角色，它通过影响地气系统的能量平衡，在气候、水文和生化循环中起着重要作用，是气候和人文因素对环境影响的敏感指标，在某种程度上植被覆盖的状态可以说是人居环境优劣的指示剂。在所有植被指数当中，归一化植被指数（NDVI）因其可以消除大部分与仪器定标、太阳角、地形、云阴影和大气条件等有关辐照度的影响，增强了对植被的响应能力，成为目前已有的 40 多种植被指数中应用最广的一种。

然而，NDVI 虽然能够大体反映地表植被的覆盖疏密情况，却不能体现植被覆盖类型的差异。为了揭示地表实际植被覆盖类型以及各用地类型的植被覆盖程度对人居环境的影响，本研究引入土地利用指数对 NDVI 进行修正，在此基础上获得一个新的指数——地被指数。地被指数是指一定区域内地表的植被覆盖程度，它表征了不同土地利用/覆被类型下的植被覆盖状态。

本研究通过构建地被指数表征了中国不同地区地表植被的覆盖状况，其定义为

$$LT_i = \left(\sum_1^{25} L_i \times A_i \right) / A \qquad\qquad i = 1, 2, \cdots, 25 \qquad\qquad (7.4)$$

$$LC_i = (NNDV_i \times NLT_i)/2 \qquad\qquad i = 1, 2, \cdots, 25 \qquad\qquad (7.5)$$

式（7.4）中，LT_i 为以某一栅格单元为中心一定区域的土地利用类型指数；L_i 为该区域内的第 i 种土地利用类型；A_i 为该区域内第 i 种土地利用类型的面积；A 为区域总面积，$i = 1, 2, \cdots, 25$，分别代表了耕地、林地、草地、水域、建设用地与未利用地六大主要土地类型中的水田、旱地等 25 类二级土地利用类型。本研究为全国大尺度的区域人居环境自然评价服务，筛选确定 5km×5km 栅格为区域单元，即 A 值为 25km²。公式（7.5）中，LC_i 为地被指数；$NNDV_i$ 为该单元格标准化后的归一化植被指数；NLT_i 为归一化后的土地利用类型指数。各用地类型的权重采用专家打分法确定。本研究土地利用数据源于全国1：100万土地利用图，NDVI 数据源于 SPOT VGT 数据集，时间分辨率为 10 天，空间分辨率为 1km×1km。

7.3.1.2 中国人居环境自然适宜性单要素评价

根据中国人居环境单要素自然适宜性综合评价模型，以 1km×1km 栅格为基本研究单元，本研究计算了中国不同地区的地形、气候、水文和地被指数，揭示了中国人居环境单项要素的空间分布规律，并在此基础上，对中国基于地形、气候、水文和地被的单项要素的自然适宜性进行了评价（图 7.2）。

中国 1km×1km 栅格尺度地形起伏度计算结果表明，中国地形起伏度介于 0 ~ 12.78 之间，区域之间差异较大。整体而言，中国地形起伏度很好地表达了我国地形条件呈三级阶梯分布的空间特征，总体空间分布趋势为西部高于东部，南部高于北部。最高值分布在藏东南——横断山区和天山山地区，除一些巨大的盆地外，由此二处向两侧逐渐降低。最低值分布在东北平原、华北平原和长江中下游平原，四川盆地、准噶尔盆地、塔里木盆地为次低值区域。

中国 1km×1km 栅格尺度温湿指数计算结果表明，中国月均温湿指数介于22 ~ 73 之间，总体分布趋势由东南沿海地区向西北内陆递减。青藏高原、天山山脉和大小兴安岭山地区多气候寒冷，为全国温湿指数的低值区；长江以南大部分区域温湿指数较高。

中国 1km×1km 栅格尺度水文指数计算结果表明，中国水文状况区域差异显著，水文指数整体分布呈东高西低、南高北低的态势。具体而言，全国水文指数的高值区主要分布于华南、江南以及长江中下游地区，这些区域降水量大多在 1500 毫米以上，处于湿润的丰水带，由此导致大部分地区的水文指数在 80 以上。中国水文指数的低值区主要分布在西北地区，其中，水文指数最小的区域分布于西北内陆区，其水文指数在 10 以下，降水量均在 100 毫米以下，水域比例不足 1%。

中国的地被指数计算结果表明，中国地被指数介于 1.4 ~ 100 之间，区域之间差异显著。就空间分布规律而言，中国地被指数空间分布总体呈现由东南沿海向西北内陆递减的趋势。具体而言，东北平原、

华北平原、长江中下游平原、关中盆地和四川盆地为我国受季风影响最为显著的区域，雨热同期，植被生长良好，是我国主要的耕地分布所在地，全年植被覆盖良好，大多数地区地被指数均在 80 以上，处于地被指数的高值区；阿拉善高原、哈顺戈壁、准噶尔盆地、塔里木盆地、柴达木盆地、帕米尔高原以及藏北高原是我国荒漠草原和沙漠戈壁的主要分布地区，地处内陆深处，全年干旱少雨，植被稀疏，地被指数均在 10 以下，是地被条件较差的区域。

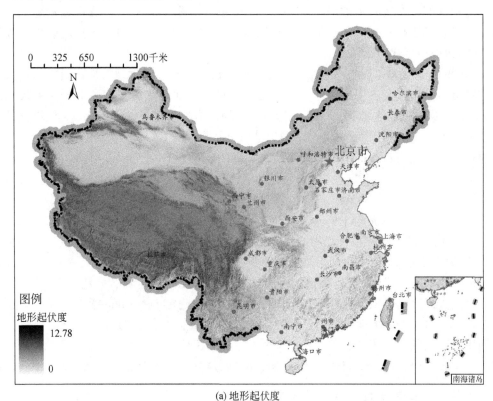

(a) 地形起伏度

(b) 温湿指数

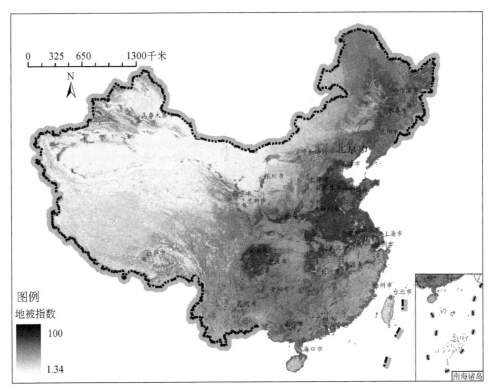

(c) 地被指数

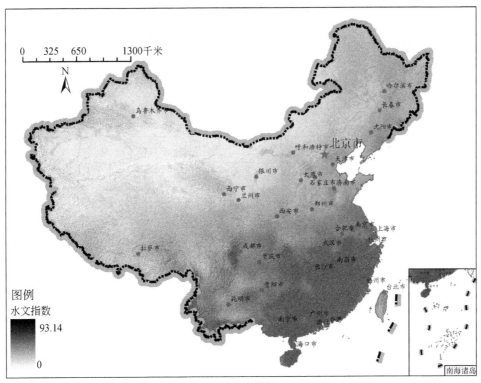

(d) 水文指数

图 7.2　中国 1km×1km 人居环境单项要素空间分布

　　在中国人居环境单项要素空间分布规律分析的基础上，依据各单项要素的空间分布特征以及相关要素的数量特征，本研究对基于地形、气候、水文和地被四个单项要素的人居环境自然适宜性进行了评价。我们将中国不同地区的人居环境自然适宜程度分为五类：

第 1 类为不适宜地区，即不适合人类长期生活和居住的地区。主要是地形、气候、水文或地被等单一自然条件高度限制，基本上是不适合人类生存的无人区。

第 2 类为临界适宜地区，是高度受地形、气候、水文或地被等单一自然条件限制，勉强适合人类居住的地区。

第 3 类为一般适宜地区，受地形、气候、水文或地被等单一自然条件中度限制，一般适宜人类居住的地区。

第 4 类为比较适宜地区，受到一定地形、气候、水文或地被等单一自然条件限制，中等适宜人类居住的地区。

第 5 类为高度适宜地区，是基本不受地形、气候、水文或地被等单一自然条件限制，最适合人类生活和居住的地区。

中国人居环境单项要素的自然适宜性评价结果表明（表 7.1 和图 7.3）：中国地形适宜程度整体呈现平原、盆地高于丘陵、山地的特征。适宜地区约占国土面积的 70%，人口超过全国的 97%，其中，高度适宜区约占国土面积的 16%，人口超过全国的 1/2；不适宜地区约占国土面积的 13%，相应人口不到全国的 5‰；临界适宜地区占国土面积的 16%，相应人口占全国 2%。

表 7.1　中国人居环境单项要素自然适宜性评价结果

人居环境要素	适宜性评价	土地		人口	
		面积（万平方公里）	比例（%）	总量（亿人）	比例（%）
地形起伏度	不适宜地区	124.26	13.03	0.06	0.42
	临界适宜地区	156.77	16.45	0.23	1.72
	一般适宜地区	284.69	29.86	2.16	16.51
	比较适宜地区	238.18	24.98	3.86	29.53
	高度适宜地区	149.39	15.67	6.77	51.81
气候适宜性	不适宜地区	207.65	21.78	0.10	0.79
	临界适宜地区	208.54	21.88	0.81	6.21
	一般适宜地区	209.16	21.94	1.87	14.31
	比较适宜地区	239.92	25.17	7.49	57.31
	高度适宜地区	88.01	9.23	2.80	21.39
水文适宜性	不适宜地区	135.39	14.20	0.10	0.74
	临界适宜地区	223.47	23.44	0.44	3.40
	一般适宜地区	295.87	31.04	3.45	26.42
	比较适宜地区	128.69	13.50	3.73	28.54
	高度适宜地区	169.87	17.82	5.35	40.89
地被适宜性	不适宜地区	191.64	20.10	0.16	1.20
	临界适宜地区	175.31	18.39	0.24	1.85
	一般适宜地区	213.92	22.44	2.29	17.53
	比较适宜地区	236.92	24.85	4.39	33.61
	高度适宜地区	135.51	14.21	5.99	45.82

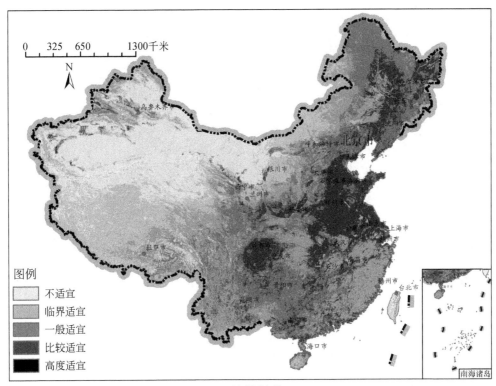

(a) 地形适宜性

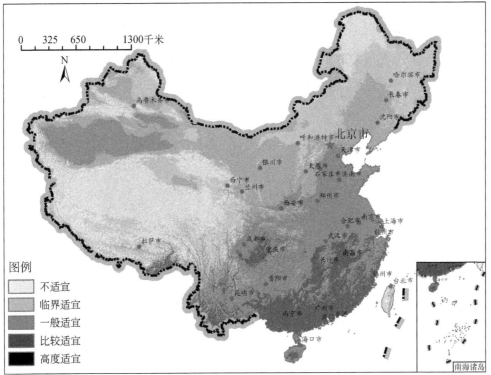

(b) 气候适宜性

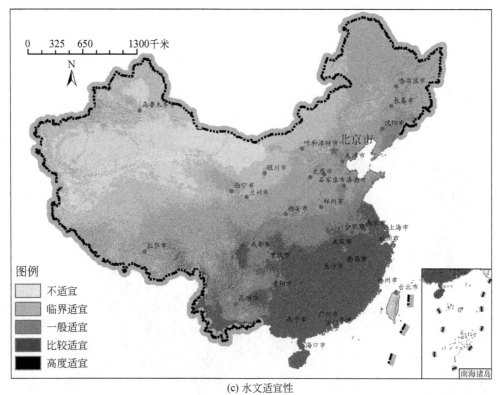

(c) 水文适宜性

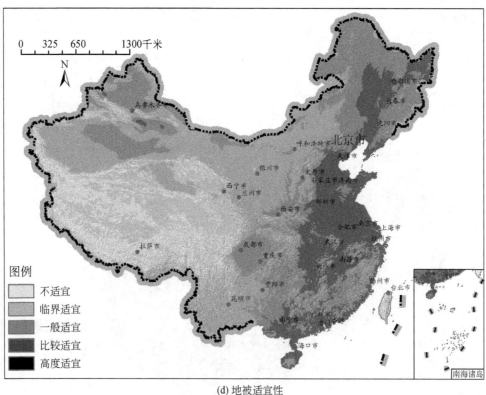

(d) 地被适宜性

图 7.3　中国 1km×1km 人居环境单项要素评价图

　　基于气候适宜度的人居环境自然适宜性评价表明（表 7.1 和图 7.3），我国的人居环境的气候适宜程度整体表现为由东南向西北、由高山向平原递减的趋势。中国气候高度适宜区约占国土面积的 1/10，1/4以上的地区为比较适宜区，1/5 以上的地区为一般适宜区，气候不适宜区约占国土面积的 1/5。全国超过半数的人口生活在气候比较适宜的地区，约 1/4 的人口生活在高度适宜区；全国 93% 的人口生活在气候适宜地区，生活在气候不适宜地区的人口约 1000 万，不到全国的 1%。

基于水文指数的人居环境自然适宜性评价表明（表 7.1 和图 7.3），我国的人居环境的水文适宜程度在空间上整体表现为由东南向西北递减的趋势。中国水文条件适宜地区约为国土面积的 3/5，相应人口超过全国的 95%；不适宜地区约占国土面积的 14%，人口不足全国的 1%。

基于地被指数的人居环境自然适宜性评价表明（表 7.1 和图 7.3），中国的地被适宜程度整体呈由东南向西北逐渐递减的空间分布规律。东北平原、华北平原和长江中下游平原等地区多处在高度适宜区，西北干旱区大部为不适宜区。中国超过 97% 的人口生活在地被条件适宜的地区；地被不适宜地区和临界适宜区约占国土面积的 2/5，相应人口只占 3%。

7.3.2 中国人居环境自然适宜性分类

在对中国人居环境自然适宜性单项要素进行系统评价的基础上，本研究根据各单项要素适宜性的分布特征与规律，确立了中国人居环境自然适宜性综合分类方案，运用 GIS 等软件定量评价了中国不同地区的人居环境自然适宜程度，试图揭示中国人居环境的空间格局与地域特征，为中国可持续的人居功能分区研究提供科学依据和数据支持。

7.3.2.1 分类方案与流程

在中国人居环境地形、气候、水文和地被条件等单项要素适宜性和限制性特征分析的基础上，本章确定了中国人居环境自然适宜性综合分类方案。中国人居环境自然适宜性分类方案及流程如图 7.4 所示，据此，本研究将中国不同地区的人居环境自然适宜程度分为三类七级，完成了中国人居环境自然适宜性分类评价。

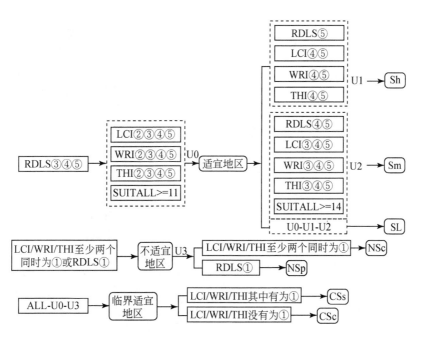

①不适宜地区②临界适宜地区③一般适宜地区④比较适宜地区⑤高度适宜地区

图 7.4 中国人居环境自然适宜性分类方案与流程

第 1 类为不适宜地区（non-suitability，NS），是不适合人类长期生活和居住的地区。根据地形、气候、水文和地被等单因子的限制特征，不适宜地区又可以进一步划分为永久不适宜地区（permanent non-suitability，

NSp）和条件不适宜地区（conditional non-suitability，NSc）两个级别。其中，永久不适宜地区主要是地形起伏度超过 5 的高山、极高山等地形不适宜地区，基本上是不适合人类生存的无人区；条件不适宜地区是同时受地形、气候、水文和植被等多种因素的限制，不适合人类长年生活和居住的地区。

第 2 类为临界适宜地区（critical suitability，CS），是自然条件高度限制、勉强适合人类常年生活和居住的地区。根据地形、气候、水文和地被等因子的限制特征，临界适宜地区又可以细分为限制性临界适宜区（conditional critical suitability，CSc）和适宜性临界适宜区（suitable critical suitability，CSs）两个级别。其中，限制性临界适宜区是受地形、气候、水文和地被等单项因子制约的人居环境临界适宜区，适宜性临界适宜区是地形、气候、水文和地被等单一指标均未对人类长期生活和居住构成限制，但综合条件较差的区域。

第 3 类为适宜地区（suitability，S），受自然条件限制较小、适宜人类居住的地区。根据地形、气候、水文和地被等自然因子的适宜性特征，人居环境适宜地区根据适宜程度，又可以划分为一般适宜地区（low suitability，Sl）、比较适宜地区（middle suitability，Sm）和高度适宜地区（high suitability，Sh）。其中，一般适宜地区是受自然条件限制较小，一般适宜人类常年生活和居住的地区；比较适宜地区是自然条件略受限制、中等适宜人类常年生活和居住的地区；人居环境高度适宜区是基本不受自然条件限制、最适合人类常年生活和居住的地区。

7.3.2.2 中国人居环境自然适宜性分类

根据地形、气候、水文和地被等单项要素人居环境自然适宜性评价结果，基于中国人居环境自然适宜性分类方案，我们完成了中国人居环境自然适宜性分类，结果如图 7.5 和表 7.2 所示。由图 7.5 可以看出，中国人居环境自然适宜程度整体呈现出由东南沿海向西北和由平原、丘陵向高原、山地递减的趋势。

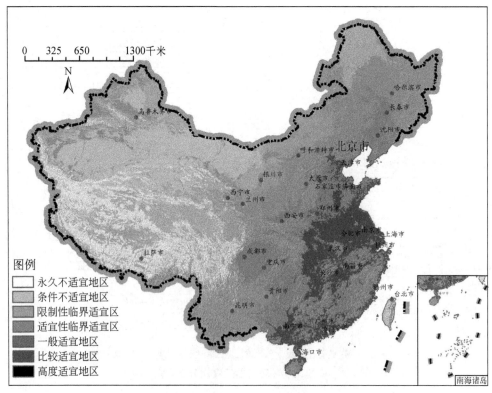

图 7.5　中国人居环境自然适宜性分类

表7.2 中国人居环境单项要素自然适宜性评价结果

中国人居环境自然适宜性		土地		人口		人口密度（人/平方公里）
类型	级别	面积（万平方公里）	比例（%）	总量（亿人）	比例（%）	
不适宜地区	永久不适宜区	124.21	13.03	0.05	0.42	4
	条件不适宜区	131.08	13.75	0.09	0.69	7
	小计	255.29	26.78	0.15	1.11	6
临界适宜地区	限制性临界适宜区	134.30	14.09	0.15	1.14	11
	适宜性临界适宜区	106.90	11.21	0.33	2.52	31
	小计	241.20	25.30	0.48	3.66	20
适宜地区	一般适宜区	238.63	25.03	2.91	22.28	122
	比较适宜区	136.60	14.33	5.12	39.19	375
	高度适宜区	81.54	8.55	4.42	33.77	541
	小计	456.77	47.92	12.45	95.23	273

在分析中国人居环境自然适宜性空间分布规律的基础上，本章将评价结果与全国人口密度栅格数据进行了叠加分析，以期揭示区域尺度上人居环境条件对人口分布的影响。结果表明人居环境条件是影响人口分布的重要因素，全国人口明显集中分布于人居环境适宜程度较高的地区，具体而言（表7.2）：

1）人居环境不适宜地区（NS），土地面积255.29万平方公里，占全国的26.78%，相应人口1500万，占总人口的1.11%。其中：

永久不适宜区，土地面积124.21万，相应人口约500万，主要分布在青南高原，受地形因子的限制作用，地广人稀，人口密度4人/平方公里，是我国人口密度最低的地区所在。

条件不适宜区，土地面积131.08万平方公里，人口约900万，集中分布在西北干旱区的准噶尔盆地、塔里木盆地与阿拉善高原和青藏高原的藏北高原、柴达木盆地。这些地区受地形、植被、水文和气候等因素限制，荒原遍布，人口相对集中在河谷、绿洲地区，人口密度约7人/平方公里，大片荒原沦为"无人区"。

2）人居环境临界适宜地区（CS），面积241.20万平方公里，约占全国的25.30%；相应人口4800万，占全国的3.66%。其中：

限制性临界适宜区面积134.30万平方公里，人口约1500万；主要分布在藏北高原、祁连山地、阿尔泰山、塔里木盆地周边和大兴安岭等地，人口密度约11人/平方公里，人口稀少。

适宜性临界适宜区面积106.90万平方公里，相应人口约3300万，是中国人居环境适宜与否的过渡区域；主要分布在青藏高原东南缘、黄土高原北部和内蒙古高原的部分地区。这些地区大多地处人居环境不适宜地区与一般适宜地区的中间地带，人口密度31人/平方公里，人口相对稀少。

3）人居环境适宜地区（S），面积456.77万平方公里，约占全国的47.92%；相应人口12.45亿，占全国的95.23%。其中：

人居环境一般适宜地区，土地面积238.63万平方公里，约占全国的25.03%；相应人口为2.91亿，占全国的22.28%，主要分布在东北平原、华北平原北部、黄土高原南部、云贵高原和藏南谷地等地区，人口密度122人/平方公里，与全国平均水平持平。

人居环境比较适宜地区，土地面积136.60万平方公里，约占全国的14.33%；相应人口5.12亿，约占全国的39.19%，主要集中在云贵高原东部、四川盆地、长江中下游平原、关中盆地和华北平原南部，人口密度375人/平方公里，是我国人口分布最多的地区。

人居环境高度适宜地区，土地面积81.54万平方公里，约占全国的8.55%；相应人口为4.42亿，占全国人口的33.37%，主要集中在长江中下游平原、华北平原南部以及华南地区的南部和江南的部分地区，人口密度 541 人/平方公里，是我国人口密度最高的地区所在。

7.4 中国人口空间集聚程度分级

7.4.1 中国人口分布的基本格局

人口地理学家胡焕庸在 1935 年提出了一条黑河（爱辉）–腾冲线（后人称之为胡焕庸线），将我国的人口分成东南和西北两个疏密差异悬殊的两部分，东南半壁为我国传统的人口稠密地区（土地面积占国土的 36%，人口占 96%），而西北半壁为我国传统的人口稀疏地区（土地面积占国土地的 64%，人口占全国的 4%）。

70 多年间，我国人口已经由 1935 年的 4.58 亿人上升到 2006 年的 13.14 亿人，但我国人口分布总体上依然保持着这一传统格局。根据 2006 年的统计结果，胡焕庸线东南半壁人口分布密集，土地面积占到全国的 43.8%，而人口却占全部人口的 94.1%；人口密度为 285 人/平方公里，是全国平均水平的两倍多。其中沿海一线、华北平原、四川盆地、东北沿京哈铁路线以及长江等河谷地带等地区人口高度集聚。

与之相对，西北半壁人口分布稀疏，土地面积占全国的 56.2%，人口只占全部人口的 5.9%；人口密度仅有 14 人/平方公里，约为全国人口密度的 1/10。西北半壁人口密度普遍较低，存在大面积无人区；人口相对集中在绿洲、河谷等人居环境适宜地区，需要注意的是，这些人居环境适宜地区的人口呈现高度集聚，其中河西走廊、天山南北两麓、青藏高原的"一江两河"地区和青海黄湟谷地，人口密度远超过全国平均水平，最高可达每平方公里 2000 多人（图 7.6）。

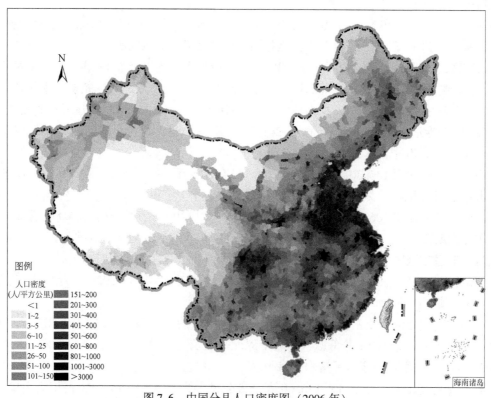

图 7.6 中国分县人口密度图（2006 年）

我国人口分布西疏东密、地域分布严重不均衡的整体格局是由地形、气候、植被等自然因素所决定的，其中地形是我国人口分布大势的决定性因子。

将我国人口分布与地形、气候和植被等自然条件的空间分布（图 7.2）对比，从结果上看，我国人口分布与我国地形条件、植被条件有着高度的一致性，与气候条件也有很高的相关性，其中地形条件对我国人口分布的影响尤为突出。事实上，我国地形地貌的整体格局根本上决定了我国人口分布的整体格局。我国人口分布与地形分布的比较结果显示，我国人口分布与地形起伏度高度相关，其中人口集聚区的分布与我国主要的平原地区分布完全一致，而我国的人口稀疏区乃至无人区也基本上都分布在地形起伏度较大的地区。实际上，我国人口"西疏东密"基本格局的形成恰恰就是我国特有的"平原集中分布于东部地区而西部多高海拔山地以及高原"的地形地貌格局限制的结果；而我国丰富多样且地域差异显著的地貌特征也从根本上决定了我国人口分布在空间上严重不均衡的特点，显然，地形条件是我国人口分布的主要限制性因子。

7.4.2　中国人口集聚程度分级评价

我国人口地域分布不均衡必然导致人口在空间上的集聚，而人口在空间上的集聚则进一步集中反映出我国人口空间分布的态势以及发展脉络，对人口集聚的空间分布情况进行分析，有助于准确把握我国人口空间分布的结构性特征和发展态势。为此，本研究选取人口集聚度作为指标，以全国分县人口数据为基础，对全国分县人口集聚程度进行了定量计算，在此基础上，确定人口集聚程度分级评价标准，揭示了中国人口空间集聚度的空间格局。中国人口集聚程度的计算公式如下：

$$JJD_i = (P_i/A_i)/(Pn/An) = D_i/Dn \tag{7.6}$$

式中，JJD_i 是 i 县的人口集聚度；P_i 是 i 县的人口数量（人）；A_i 是 i 县的土地面积（km^2）；Pn 是全国的人口总数（人）；An 是全国土地面积（平方公里）；D_i 是 i 县的人口密度（人/平方公里）；Dn 是全国平均人口密度（人/平方公里）。

在构建分县人口集聚程度计算模型的基础上，本研究根据全国分县人口集聚程度的分布特征，结合县域人口数量，将全国人口集聚度划分为人口密集地区（JJD≥2）、人口均值地区（0.5≤JJD<2）和人口稀疏地区（JJD<0.5）三个类别。并进一步根据人口密集或稀疏的程度，将人口集聚度划分为8个级别，如表7.3所示。

表7.3　中国人口集聚程度分级标准

人口集聚度分级		人口集聚度
人口密集地区	人口高度密集区	JJD≥8
	人口中度密集区	4≤JJD<8
	人口低度密集区	2≤JJD<4
人口均值地区	人口密度均上区	1≤JJD<2
	人口密度均下区	0.5≤JJD<1
人口稀疏地区	人口相对稀疏区	0.2≤JJD<0.5
	人口绝对稀疏区	0.025≤JJD<0.2
	人口极端稀疏区	JJD<0.025

7.4.2.1　中国人口的空间集聚整体态势

（1）总体上，我国人口的空间集聚不断发展并且走向强化

我国近50年的统计数据显示，我国人口集聚程度不断提高，根据1982人口普查数据，全国分县平均集聚度为2.66，1990年这一数据上升到2.697，2000年再进一步大幅上升到2.896，2006年更是达到了2.944，说明我国人口集聚呈现加速发展的趋势。人口集聚度的快速上升反映出我国经济高速增长和城市化的快速发展。

与此同时，人口集聚的范围也伴随着我国城市化进程越来越集中于几大人口集聚中心区域，这说明我国人口集聚进一步走向强化，城市地区尤其是中心城市的人口大量增加，而广大农村地区人口不断减少，城乡人口出现"倒挂"的趋势。

（2）从空间分布来看，我国人口集聚基本发生在中东部地区

根据 2006 年统计数据，结合地理信息系统软件分析，可以看出，我国人口集聚主要发生在中部和东部地区，我国东部地区分县平均人口集聚度高达 3.895，中部分县平均人口集聚度为 3.447，均明显高于 2.944 的全国分县平均集聚度，而我国西部地区分县平均人口集聚度仅为 1.439，西北地区仅为 1.149，远远低于全国平均水平。

从人口集聚的空间格局上看，人口集聚度比较高的区域基本上都位于东部和中部地区，而西部地区除了四川盆地、关中地区以及少数省会城市外，基本上没有人口高度集聚的地区。

（3）我国已经形成了京津冀、中原地区、长江三角洲、珠江三角洲以及四川盆地五大人口集聚中心

我国人口集聚经过多年的发展，逐渐形成了若干个区域性人口集聚中心，其中以北京－天津为核心的京津冀地区、以中原城市群为核心的中原地区、以沪宁杭为核心的长江三角洲地区、以广州－深圳为核心的珠江三角洲地区以及以成都－重庆为核心的四川盆地成为我国人口高度集聚的五大人口集聚中心，这五大人口集聚中心分别对其周边区域人口分布产生了决定性的影响，共同构成了中国人口集聚的"骨架"，从根本上奠定了中国人口分布的基本格局。

7.4.2.2 基于分县尺度的中国人口集聚程度分级评价

以 2006 年全国人口统计数据为基础，利用 ArcGIS 软件对相应的数据进行分析，根据各县人口集聚度，将全国 2325 个县分为人口密集区、人口均值区和人口稀疏区三种集聚区大类，在此基础上进一步细分为人口高度密集区、中度密集区、低度密集区、人口密度均上区、人口密度均下区、人口相对稀疏区、人口绝对稀疏区和人口极端稀疏区 8 个不同的集聚区类型。基于分县的全国人口集聚度研究结果显示（表 7.4）：

表 7.4 中国基于分县尺度的人口集聚度分级统计表（2006 年）

人口集聚度分级		统计单元	人口		土地		人口密度（人/平方公里）	
		（个）	总量（万人）	比例（%）	面积（万平方公里）	比例（%）	极值（最小值/最大值）	平均值
人口密集区	人口高度密集区	122	21 562.8	16.62	11	1.15	1 098.33/22 307.6	1 960.79
	人口中度密集区	374	32 534.16	25.08	43.85	4.6	548.45/1 089.05	741.97
	人口低度密集区	518	35 170.1	27.12	88.02	9.23	273.93/547.2	399.57
	小计	1014	89 267.06	68.82	142.87	14.98	273.93/22 307.6	624.84
人口均值区	人口密度均上区	511	23 329.3	17.99	119.7	12.56	137.19/273.45	194.90
	人口密度均下区	367	10 774.07	8.31	108.31	11.36	68.78/136.9	99.47
	小计	878	34 103.37	26.3	228.01	23.92	68.78/273.45	149.57
人口稀疏区	人口相对稀疏区	168	3 889.49	3	84.53	8.87	27.42/68.14	46.01
	人口绝对稀疏区	121	1 634.9	1.26	115.14	12.08	6.95/27.15	14.20
	人口极端稀疏区	144	804.21	0.62	382.65	40.15	0.11/6.72	2.10
	小计	433	6 328.6	4.88	582.32	61.1	0.11/68.14	10.87

2006 年中国人口密集区的土地面积占全国的 14.98%，相应人口占全国的比例高达 68.82%，其人口密度最低为 273.93 人/平方公里，最高值达到 22307.6 人/平方公里，平均人口密度达到 624.84 人/平方公里。其中人口高度密集区的土地面积仅占全国的 1.15%，相应人口占全国的比例却高达 16.62%，其平均人口密度达到 1960.79 人/平方公里，其人口核心区的平均人口密度更达到了 3384.95 人/平方公里。

人口均值区的土地面积占全国的23.92%，相应人口占全国的比例为26.3%，其人口密度最低为68.78人/平方公里，最高值为273.45人/平方公里，平均人口密度为149.57人/平方公里。

人口稀疏区的土地面积占全国的比例高达61.1%，其人口却仅占全国的4.88%，其人口密度最高值仅为68.14人/平方公里，平均人口密度仅为10.87人/平方公里，其中人口极端稀疏区的土地面积占全国的比例高达40.15%（其中3/4为无人区），相应人口却仅占全国的0.62%，其平均人口密度仅为2.1人/平方公里，该区有高达3/4的地区为基本无人区。

从空间分布角度看（图7.7），我国人口密集区主要分布于东部和中部的平原地区，其中海河平原、黄淮平原以及长江中下游平原东部构成我国最大的人口集聚区域，包括京津冀、中原地区、长江三角洲三大人口集聚中心，另外还包括东南沿海城市带—珠江三角洲地区，从东南沿海城市带直到珠江三角洲地区，包括福州、泉州、厦门、汕头等沿海城市和作为全国性人口集聚中心的珠江三角洲城市群。西部地区仅有成都平原地区属于人口密集区。

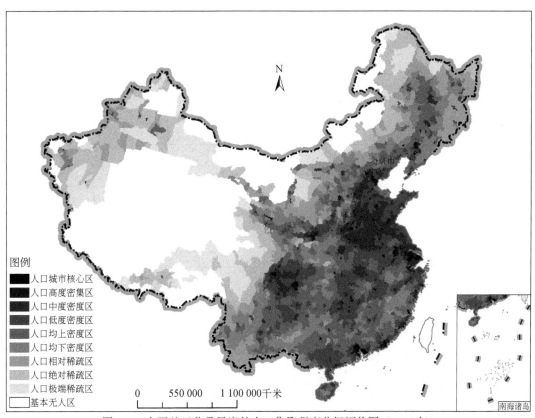

图7.7 中国基于分县尺度的人口集聚程度分级评价图（2006年）

人口均值区广泛分布于我国的中部、东部以及西部与东部连接地区，其中我国华中地区南部、西南地区、华南地区南部以及东北地区的松嫩平原的大部分县域属于这一类型。

人口稀疏区全部位于胡焕庸人口分界线以西的地区，其中青藏高原的西部和南部、内蒙古高原东部和西部地区、阿尔泰山南麓地区、塔里木盆地东端地区由于自然环境恶劣，属于基本无人区。

在对全国人口集聚程度进行分等评价的基础上，本研究进一步探讨了中国人口分布与我自然条件、社会经济发展水平的相互关系。研究表明：

（1）我国人居环境高度适宜区和比较适宜区人口集聚效应明显

通过与我国人居环境适宜区的比较分析可以看出，我国人居环境高度适宜区和比较适宜区人口集聚效应明显，通过我国人口集聚空间分布情况（图7.7）与我国人居环境分区结果（图7.5）的对比，可以明显地看出，我国人口密集区全部位于东南半壁的人居环境较好的地区，即都位于人居环境高度适宜区和比较适宜区，与之相对应，我国人口稀疏区则全部位于我国西北半壁的人居环境临界适宜区和不适宜地区，这说明人居环境对于人口的分布以及人口集聚产生了决定性的影响。

从统计结果来看（表7.5），我国人居环境临界适宜地区人口密度仅为20人/平方公里，人居环境不适宜地区的人口密度仅为6人/平方公里，而与之相对应的人居环境适宜地区人口密度为273人/平方公里，其中人居环境比较适宜地区人口密度为375人/平方公里，人居环境高度适宜地区的人口密度高达541人/平方公里，我国人口向人居环境高度适宜地区和比较适宜地区集聚的效应明显。

表7.5　中国人居环境不同类型区人口密度统计

中国人居环境自然适宜性		人口密度（人/平方公里）
类型	级别	
不适宜地区	永久不适宜区	4
	条件不适宜区	7
	平均	6
临界适宜地区	限制性临界适宜区	11
	适宜性临界适宜区	31
	平均	20
适宜地区	一般适宜区	122
	比较适宜区	375
	高度适宜区	541
	平均	273

（2）我国人口集聚与我国的城市化进程相辅相成

通过将我国人口集聚空间分布情况（图7.7）与我国城市化率的空间分布情况（图7.8）进行对比，

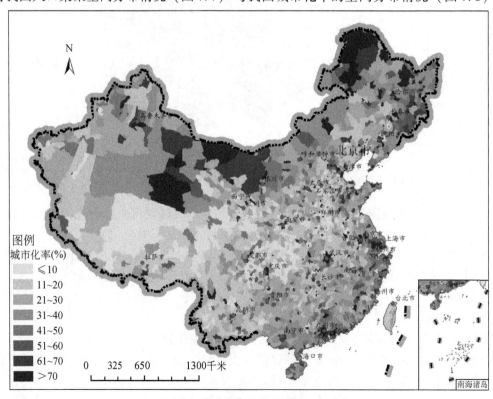

图例
城市化率(%)
≤10
11~20
21~30
31~40
41~50
51~60
61~70
>70

0　325　650　1300千米

南海诸岛

图7.8　我国城市化率的分县分布（2006年）

可以明显地看出，我国人口集聚与城市化高度一致。从图中可以看出，我国主要的人口集聚中心京津冀、
长江三角洲、中原地区、珠江三角洲以及成都平原分别以京津、宁沪杭、中原城市群、惠深港以及成渝
等城市群或城市带为核心，证明城市是我国人口集聚的骨干和核心。我国人口集聚实际上是围绕区域城
市化进行的。

我国的人口集聚伴随着中国的城市化进程不断发展，从最初的分散型城镇体系、中期城市群的初步
形成，未来的都市圈–都市连绵区的全面形成，我国的城市化完全引导着我国人口集聚的发展，这说明我
国的城市化是我国人口集聚的主要驱动力。与此同时，我国的人口集聚也反过来促进了我国城市化进程，

为我国的城市化提供了充足的劳动力和巨
大的发展潜力，成为我国城市化的坚实基
础。我国的人口集聚和城市化紧密联系、
相辅相成。

**（3）我国人口集聚与我国的经济发展
密切相关**

为验证我国的人口集聚与经济的相关
性，分别选取了我国分县人口密度与经济
密度两个指标进行相关分析，分析结果显
示（图 7.9），在 0.05 的置信度水平上，我
国分县人口密度与经济密度的相关度更高

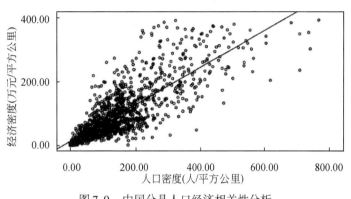

图 7.9 中国分县人口经济相关性分析

达 0.828，相关散点图显示为高度相关，这说明我国人口的空间集聚与各地的经济水平密切相关。

从空间分布角度看，选取分县人口集聚度（图 7.7）与经济集聚度（图 7.10）分别作为人口集聚与经济
发展水平的评判指标，通过将两种集聚度的空间分布进行对比，以探讨人口集聚与经济发展水平之间的空间

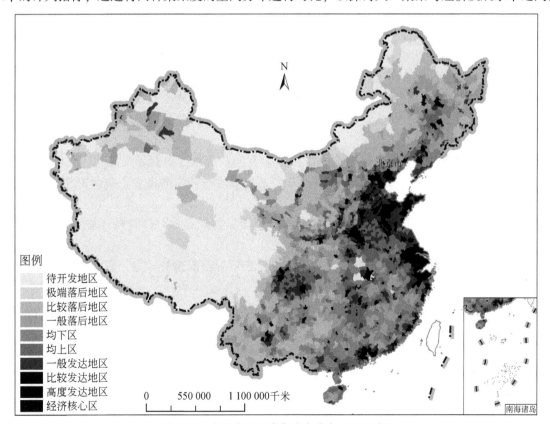

图 7.10 我国分县经济集聚度分布（2006 年）

关系。结果显示，人口集聚与经济发展显著相关，经济核心区与人口核心区完全一致，而极端落后地区以及待开发地区也全部都属于人口极端稀疏区与基本无人区。需要特别指出的是，按照经济集聚度由高到低的各类型区分别与按照人口集聚度由高到低的各人口集聚类型区存在着明显的一一对应关系，这说明我国的人口集聚与我国经济发展水平之间在空间上基本吻合，再次证明我国的人口集聚与我国的经济发展密切相关。

7.5 人居功能分区

中国人居功能分区研究，旨在定量分析全国不同区域的人居功能类型及其空间分布特征，提出全国可持续的人居功能分区方案，明确各类人居功能区的特征及未来发展目标，以人居功能分区为基础，引导人口合理分布、促进人口合理布局，协调人口发展与资源环境社会经济发展的相互关系。

7.5.1 原则与方法

中国可持续的人居功能分区是在人居环境自然适宜性分类评价和人口空间集聚度分级评价的基础上，结合区域资源环境承载力和社会经济发展水平，分析不同区域人居功能类型及其空间分布规律，提出全国可持续的人居功能分区方案。中国可持续的人居功能分区原则如下：

地域完整性原则。尽可能保持一定尺度的自然地理单元（高原、盆地、平原、山地、流域）的完整性与一定级别行政区划单位（省份、地区、县域）的完整性。从方便与实用出发，具体操作时，以一定的自然地理单元或流域单元为单位，不以自然界线为分界线，而考虑一定级别行政区划的完整性加以调整，确定分区。

空间协调性原则。人居功能分区从综合性和战略性角度出发，充分考虑区域内部和区域之间的自然联系与社会经济联系，以促进区域协调发展。协调关系主要包括流域上、中、下游关系，山地与平原、高地与低地的关系。空间协调性是城乡一体化、统筹区域协调发展的具体体现。

主导因素与综合分析相结合原则。人居功能分区具有自然与社会双重性，必须统筹人与自然关系、区域发展、社会经济发展，综合考虑自然环境与社会经济等因素；但不同地区各因素作用程度不同，其中往往一个或几个因素起主导作用，必须突出这些因素才能反映功能区划的本质，因此，人居功能分区必须坚持主导因素与综合分析相结合。同时，人居功能区的确定要与国家主体功能区规划、区域社会经济发展规划和其他专项规划相衔接。

根据中国人居环境自然适宜性分类评价和中国人口空间集聚程度分级评价结果，参考中国分县资源环境承载能力（封志明，2008a，2008b），考虑区域经济发展水平和发展潜力，本研究将全国人居功能划分为五个类型（图7.11）：

1）强可持续地区，是人居环境自然适宜性和人口集聚度匹配态势好，资源环境承载力盈余或平衡，人口增加的地区。

2）较强可持续地区，是人居环境自然适宜性和人口集聚度匹配态势较好，资源环境承载力平衡或盈余，人口适度增加的地区。

3）可持续地区，是人居环境自然适宜性和人口集聚度匹配态势一般，资源环境承载力平衡，人口保持稳定的地区。

4）较弱可持续地区，是人居环境自然适宜性和人口集聚度匹配态势较差，资源环境承载力平衡或超载，人口适度减少的地区。

5）弱可持续地区，是人居环境自然适宜性和人口集聚度匹配态势差，资源环境承载力超载，人口减少的地区。

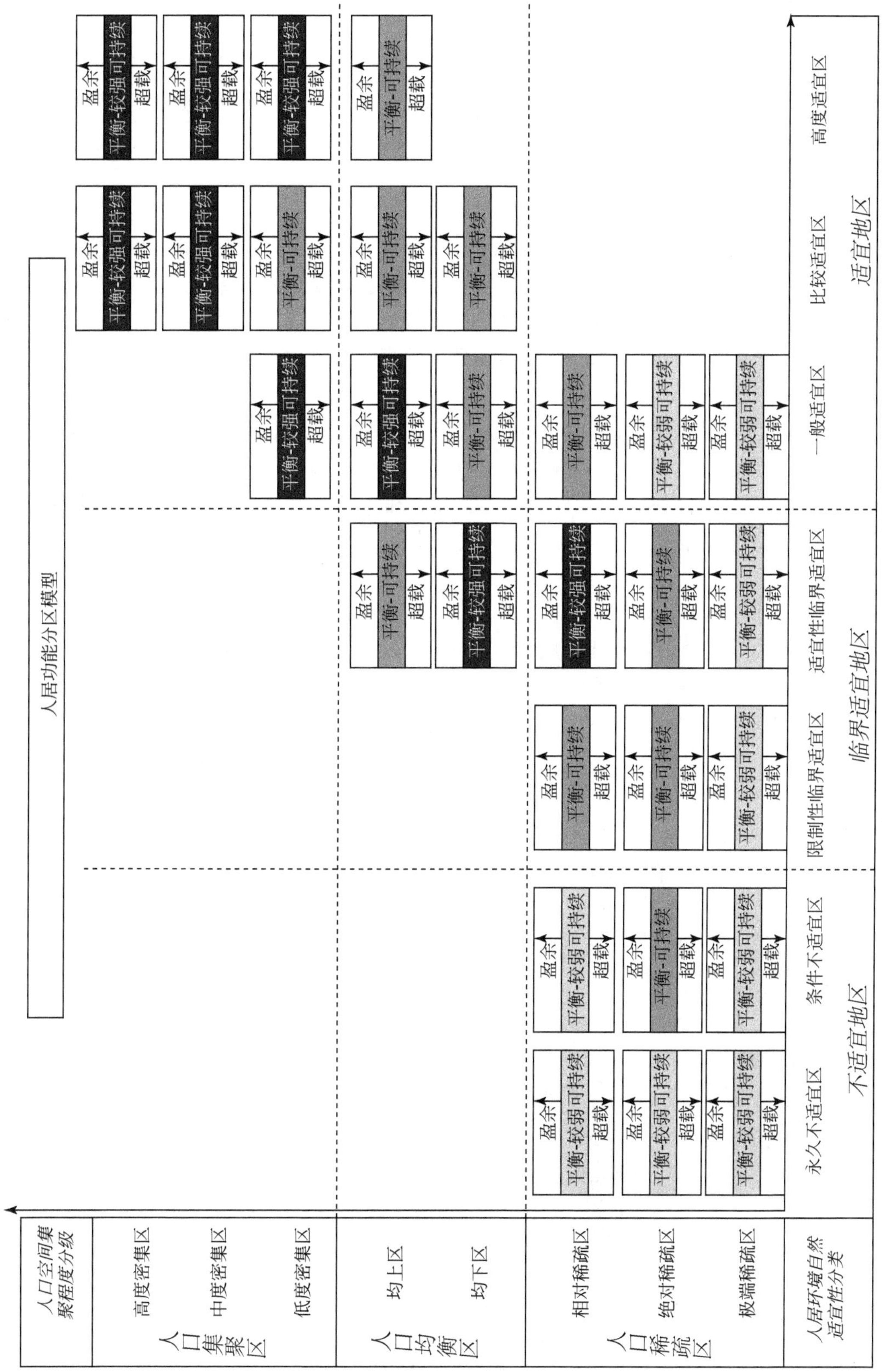

图7.11 中国可持续的人居功能分区模型

7.5.2 中国可持续的人居功能分区方案

在确立中国可持续的人居功能分区原则和方法的基础上，本研究采用中国 1km×1km 栅格尺度的人居环境自然适宜性分类结果与中国分县人口集聚度分级评价结果，参考中国分县资源环境承载力和社会经济发展水平，借助 Arc Info 等 GIS 软件，完成了中国可持续的人居功能分区。

7.5.2.1 人居环境不适宜地区

人居环境不适宜地区是不适合人类长年生活和居住的地区，主要分布在青藏高原和西北内陆区。为细致刻画中国人居环境不适宜地区的人口空间分布规律、确定中国人居环境不适宜地区可持续的人居功能分区方案，本研究对人居环境不适宜地区的分区方案借助 Arc Info 等 GIS 软件，在 1km×1km 栅格尺度完成。中国 1km×1km 栅格人口密度图源于国家科学数据共享网提供的 2000 年中国人口密度图。

(1) 永久不适宜地区

人居环境永久不适宜地区是不适合人类常年生活和居住的地区，中国人居环境永久不适宜地区的人口集聚程度和资源环境承载力结果表明（图 7.12，表 7.6），人口极端稀疏、资源环境超载为其人口集聚和资源环境承载力的主要特征。根据永久不适宜地区人居环境自然适宜性分类、人口集聚程度分级以及资源环境承载力评价结果，结合该类地区社会经济发展水平，本研究确立永久不适宜地区人居功能分区方案如下：

人口极端稀疏区，面积100.68 万平方公里，占永久不适宜区的81.86%，相应人口230 万，占总人口的41.87%，主要分布在藏北高原和南疆山地的部分地区；人口极端稀疏区资源环境承载力超载、平衡和盈余区所占比例约为3.3∶1.2∶1；根据资源环境承载力状况，人口极端稀疏区的资源承载力超载、平衡和盈余地区分别纳入人居功能的弱可持续、较弱可持续和可持续地区。

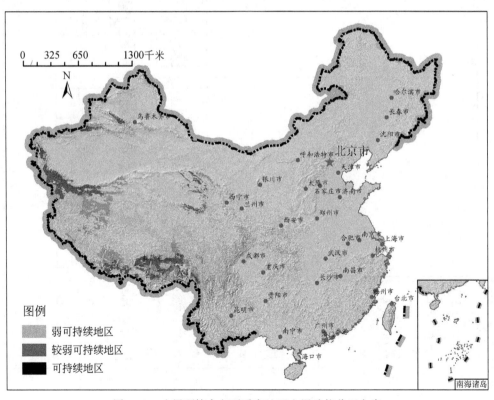

图 7.12　人居环境永久不适宜地区人居功能分区方案

表7.6 人居环境永久不适宜地区主要指标统计与人居功能分区方案

人居环境分类	人口集聚程度分级	资源环境承载力	土地		人口		人居功能类型
			面积（万平方公里）	比例（%）	数量（万人）	比例（%）	
永久不适宜区	极端稀疏区	超载	61.34	49.39	141.59	25.78	弱可持续
		平衡	21.99	17.70	55.68	10.14	较弱可持续
		盈余	18.35	14.77	32.66	5.95	可持续
	绝对稀疏区	超载	10.86	8.74	181.16	32.99	弱可持续
		平衡	1.49	1.20	11.62	2.12	较弱可持续
		盈余	7.56	6.09	24.69	4.49	可持续
	相对稀疏区	超载	0.92	0.74	32.57	5.93	弱可持续
		平衡	1.03	0.83	37.95	6.91	较弱可持续
		盈余	0.67	0.54	31.30	5.70	较弱可持续

人口绝对稀疏区，面积19.91万平方公里，占永久不适宜区的16.03%，相应人口217万，占总人口的39.6%，主要分布在藏东南高山峡谷的部分地区；人口绝对稀疏区资源环境承载力超载、平衡和盈余区土地所占比例为7.3：1：5.1；根据资源环境承载力状况，人口绝对稀疏区的资源承载力超载、平衡和盈余地区分别纳入人居功能的弱可持续、较弱可持续和可持续地区。

人口相对稀疏区，面积2.62万平方公里，占永久不适宜区的2.11%，相应人口102万，占总人口的18.54%，主要分布在藏东南山地的局部地区；人口相对稀疏区资源环境承载力超载、平衡和盈余区所占比例约为1.4：1.5：1；根据资源环境承载力状况，人口相对稀疏区的资源承载力超载区列入人居功能的弱可持续地区，平衡和盈余地区列入人居功能的较弱可持续地区。

（2）条件不适宜地区

中国人居环境条件不适宜地区的人口集聚程度和资源承载力分析结果表明（表7.7，图7.13），受地形、气候、水文和地被等因子的影响，中国人居环境条件不适宜地区不适合人类常年生活和居住，人口集聚程度以人口极端稀疏为主要组成部分，资源环境承载力以超载为主要特征。根据条件不适宜地区人居环境自然适宜性分类、人口集聚程度分级以及资源环境承载力评价结果，结合该类地区社会经济发展水平，本研究确立条件不适宜地区人居功能分区方案如下：

表7.7 人居环境条件不适宜地区主要指标统计与人居功能分区方案

人居环境分类	人口集聚程度分级	资源环境承载力	土地		人口		人居功能类型
			面积（万平方公里）	比例（%）	数量（万人）	比例（%）	
条件不适宜区	极端稀疏区	超载	66.81	50.97	328.14	36.37	弱可持续
		平衡	14.06	10.73	23.55	2.61	较弱可持续
		盈余	28.67	21.87	104.17	11.55	可持续
	绝对稀疏区	超载	7.16	5.46	157.86	17.50	较弱可持续
		平衡	0.59	0.45	9.81	1.09	可持续
		盈余	9.62	7.34	110.52	12.25	较强可持续
	相对稀疏区	超载	1.95	1.49	80.75	8.95	弱可持续
		平衡	0.47	0.36	29.23	3.24	较弱可持续
		盈余	1.76	1.34	58.19	6.45	可持续

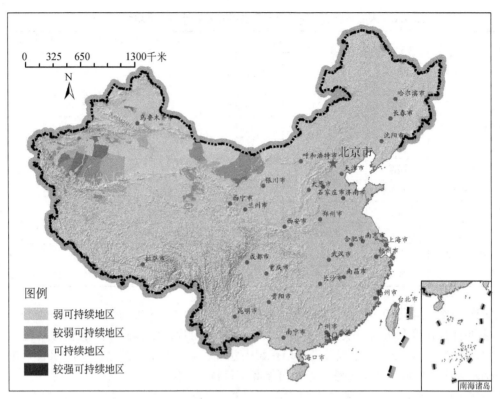

图 7.13　人居环境条件不适宜地区人居功能分区方案

　　人口极端稀疏区，面积 109.54 万平方公里，占条件不适宜区的 83.57%，相应人口约 456 万，占总人口的 50.53%，主要分布在在西北干旱区的塔里木盆地、阿拉善高原和青海北部高原的部分地区；人口极端稀疏区资源环境承载力超载、平衡和盈余区土地所占比例约为 1.8:1:2；根据资源环境承载力状况，人口极端稀疏区的资源承载力超载、平衡和盈余地区分别纳入人居功能的弱可持续、较弱可持续和可持续地区。

　　人口绝对稀疏区，面积 17.37 万平方公里，占条件不适宜区的 13.25%，相应人口 278 万，占总人口的 30.84%，主要分布在东疆盆地和祁连山脉的部分地区；人口绝对稀疏区资源环境承载力超载、平衡和盈余区土地所占比例约为 12.1:1:16.3；根据资源环境承载力状况，人口绝对稀疏区的资源环境承载力超载、平衡和盈余地区分别纳入人居功能的较弱可持续、可持续和较强可持续地区。

　　人口相对稀疏区，面积 4.18 万平方公里，约为条件不适宜区的 3.19%，相应人口 168 万，占总人口的 18.64%，主要分布在河西走廊中部绿洲区以及准噶尔盆地；人口相对稀疏区资源环境承载力超载、平衡和盈余区土地所占比例约为 4.1:1:3.7；根据资源环境承载力状况，人口相对稀疏区的资源环境承载力超载、平衡和盈余地区分别纳入人居功能的弱可持续、较弱可持续和可持续地区。

7.5.2.2　人居环境临界适宜地区

　　人居环境临界适宜地区是自然条件高度限制、勉强适合人类常年生活和居住的地区，为细致刻画中国人居环境临界适宜地区的人口空间分布规律、提出中国人居环境临界适宜地区可持续的人居功能分区方案，本研究采用 Arc Info 等 GIS 软件，在 1km×1km 栅格尺度确立了中国人居环境临界适宜地区的人居功能分区方案。

（1）限制性临界适宜地区

　　中国人居环境限制性临界适宜地区的人口集聚程度和资源环境承载力分析结果表明（图 7.14，表 7.8），受地形、气候、水文和地被等因子的影响，中国人居环境限制性临界适宜地区人口集聚程度以人口稀疏为主要组成部分，其中，极端稀疏区土地所占比例接近全区总面积的3/4，资源环境承载力超载、平衡和盈余所占比例约为6.5：1：5.2。根据限制性临界适宜地区人居环境自然适宜性分类、人口集聚程度分级以及资源环境承载力评价结果，结合该类地区社会经济发展水平，本研究确立限制性临界适宜地区人居功能分区方案如下：

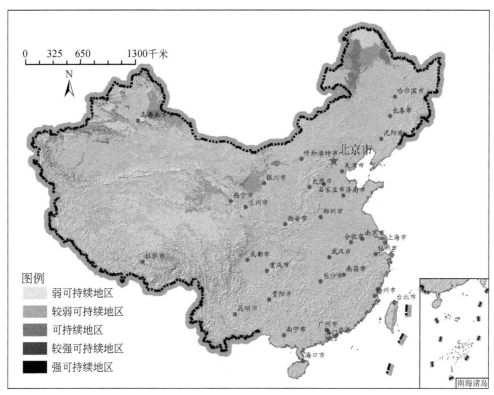

图7.14　人居环境限制性临界适宜地区人居功能分区方案

表7.8　人居环境限制性临界适宜地区主要指标统计与人居功能分区方案

人居环境分类	人口集聚程度分级	资源环境承载力	土地		人口		人居功能类型
			面积（万平方公里）	比例（%）	数量（万人）	比例（%）	
限制性临界适宜区	极端稀疏区	超载	56.76	42.26	197.82	13.28	弱可持续
		平衡	7.82	5.82	59.76	4.01	较弱可持续
		盈余	35.28	26.27	378.94	25.44	可持续
	绝对稀疏区	超载	9.55	7.11	171.30	11.50	弱可持续
		平衡	1.90	1.42	25.64	1.72	可持续
		盈余	16.15	12.03	289.67	19.44	较强可持续
	相对稀疏区	超载	2.16	1.61	177.71	11.93	较弱可持续
		平衡	0.87	0.65	54.21	3.64	可持续
		盈余	3.80	2.83	134.77	9.05	较强可持续

　　人口极端稀疏区，面积99.86万平方公里，占限制性临界适宜地区的74.35%，相应人口约637万，占总人口的42.73%，主要分布在藏北高原和青南高原以及塔里木盆地的部分地区；人口极端稀疏区资源环境承载力超载、平衡和盈余区土地所占比例为7.3：1：4.5；根据资源环境承载力状况，人口极端稀疏

区的资源承载力超载、平衡和盈余地区分别纳入人居功能的弱可持续、较弱可持续和可持续地区；

人口绝对稀疏区，面积27.6万平方公里，占限制性临界适宜地区的20.56%，相应人口4873万，占总人口的32.66%，零散分布在大兴安岭、柴达木盆地和阿尔泰山的部分区域；人口绝对稀疏区资源环境承载力超载、平衡和盈余区土地所占比例约为5∶1∶8.5；根据资源环境承载力状况，人口绝对稀疏区的资源承载力超载、平衡和盈余地区分别纳入人居功能的弱可持续、可持续和较强可持续地区；

人口相对稀疏区，面积6.83万平方公里，约为限制性临界适宜地区的5.09%，相应人口367万，占总人口的24.62%，主要分布在河西走廊中部绿洲区以及准噶尔盆地；人口相对稀疏区资源环境承载力超载、平衡和盈余区土地所占比例约为2.5∶1∶4.4；根据资源环境承载力状况，人口相对稀疏区的资源承载力超载、平衡和盈余地区分别纳入人居功能的较弱可持续、可持续和较强可持续地区。

（2）适宜性临界适宜地区

中国人居环境适宜性临界适宜地区的人口集聚程度和资源环境承载力分析结果表明（图7.15，表7.9），受地形、气候、水文和地被等因子的影响，中国人居环境适宜性临界适宜地区人口集聚程度以人口稀疏为主要构成部分（面积接近全区的85%），资源环境承载力超载、平衡、盈余所占比例约为2.3∶1∶2。根据适宜性临界适宜地区人居环境自然适宜性分类、人口集聚程度分级以及资源环境承载力评价结果，结合该类地区社会经济发展水平，本研究确立适宜性临界适宜地区人居功能分区方案如下：

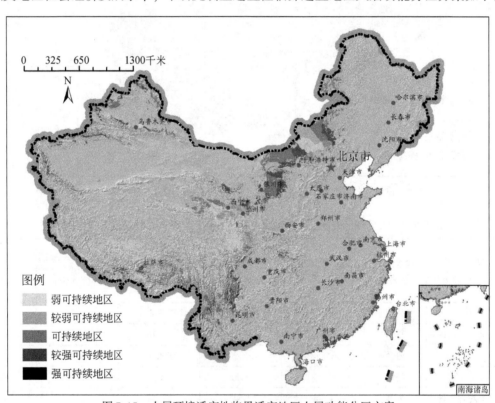

图7.15　人居环境适宜性临界适宜地区人居功能分区方案

表7.9　人居环境适宜性临界适宜地区主要指标统计与人居功能分区方案

人居环境分类	人口集聚程度分级	资源环境承载力	土地		人口		人居功能类型
			面积（万平方公里）	比例（%）	数量（万人）	比例（%）	
适宜性临界适宜区	极端稀疏区	超载	24.02	22.47	180.65	5.47	弱可持续
		平衡	9.73	9.10	98.73	2.99	较弱可持续
		盈余	20.98	19.63	212.61	6.44	较强可持续

人居环境分类	人口集聚程度分级	资源环境承载力	土地		人口		人居功能类型
			面积（万平方公里）	比例（%）	数量（万人）	比例（%）	
适宜性临界适宜区	绝对稀疏区	超载	10.40	9.73	218.42	6.62	弱可持续
		平衡	2.69	2.52	50.70	1.54	可持续
		盈余	10.72	10.03	191.42	5.80	强可持续
	相对稀疏区	超载	5.02	4.69	323.48	9.80	较弱可持续
		平衡	2.93	2.74	139.25	4.22	较强可持续
		盈余	4.15	3.88	225.53	6.83	强可持续
	均下区	超载	4.75	4.44	464.66	14.08	可持续
		平衡	3.78	3.54	326.00	9.88	较强可持续
		盈余	2.89	2.71	222.77	6.75	强可持续
	均上区	超载	2.55	2.39	322.70	9.78	弱可持续
		平衡	1.19	1.12	168.01	5.09	可持续
		盈余	1.09	1.02	155.88	4.72	强可持续

人口极端稀疏区，面积54.73万平方公里，占适宜性临界适宜地区的51.2%，相应人口约492万，占总人口的15%，主要分布在藏北、藏南高原地区以及南疆山地地区；人口极端稀疏区资源环境承载力超载、平衡和盈余区土地所占比例约为2.5∶1∶2.2；根据资源环境承载力状况，人口极端稀疏区的资源承载力超载、平衡和盈余地区分别纳入人居功能的弱可持续、较弱可持续和较强可持续地区。

人口绝对稀疏区，面积23.81万平方公里，占适宜性临界适宜地区的22.28%，相应人口580万，占总人口的14%，主要分布在内蒙古高原、鄂尔多斯高原、柴达木盆地及川滇峡谷的部分地区；人口绝对稀疏区资源环境承载力超载、平衡和盈余区土地所占比例为3.9∶1∶4；根据资源环境承载力状况，人口绝对稀疏区的资源承载力超载、平衡和盈余地区分别纳入人居功能的弱可持续、可持续和强可持续地区。

人口相对稀疏区，面积12.1万平方公里，约为适宜性临界适宜地区的11.31%，相应人口688万，占总人口超过1/5，主要分布在滇西峡谷、川西高原西缘、四川盆地西部以及青东丘陵和内蒙古草原的部分地区；人口相对稀疏区资源环境承载力超载、平衡和盈余区土地所占比例约为1.7∶1∶1.4；根据资源环境承载力状况，人口相对稀疏区的资源承载力超载、平衡和盈余地区分别纳入人居功能的较弱可持续、较强可持续和强可持续地区。

人口均下区，面积约11.42万平方公里，约占适宜性临界适宜地区的1/10，相应人口1013万，占总人口的30.71%，零散分布于川滇高原北部、滇西山地西侧和陇东、青东的部分地区；人口均下区资源环境承载力超载、平衡和盈余区土地所占比例约为1.6∶1.3∶1；根据资源环境承载力状况，人口均下区的资源承载力超载、平衡和盈余地区分别纳入人居功能的可持续、较强可持续和强可持续地区。

人口均上区，面积不足5万平方公里，约占适宜性临界适宜地区的4.53%，相应人口647万，接近总人口的1/5，零散分布于川滇高原和陇中地区；人口均上区资源环境承载力超载、平衡和盈余区土地所占比例约为2.3∶1.1∶1；根据资源环境承载力状况，人口均上区的资源承载力超载、平衡和盈余地区分别纳入人居功能的弱可持续、可持续和强可持续地区。

7.5.2.3 人居环境适宜地区

人居环境适宜地区是受自然条件限制较小、适宜人类居住的地区，在人居环境自然适宜性评价和2006年中国县域人口集聚程度分级评价的基础上，结合中国资源环境承载力评价结果，本研究确立了中国人居环境适宜地区的人居功能分区方案。

（1）一般适宜地区

中国人居环境一般适宜区人口集聚程度和资源环境承载力分析表明（图7.16，表7.10），中国人居环境一般适宜区人口稀疏、均衡和密集区所占比例约为5：5.7：1，人口均衡区和稀疏区为主要组成部分，资源环境承载力超载、平衡、盈余所占比例约为1.8：1：2.8，盈余区比例最高。根据人居环境一般适宜地区人居环境自然适宜性分类、人口集聚程度分级以及资源环境承载力评价结果，结合该类地区社会经济发展水平，本研究将确立人居环境一般适宜地区人居功能分区方案如下：

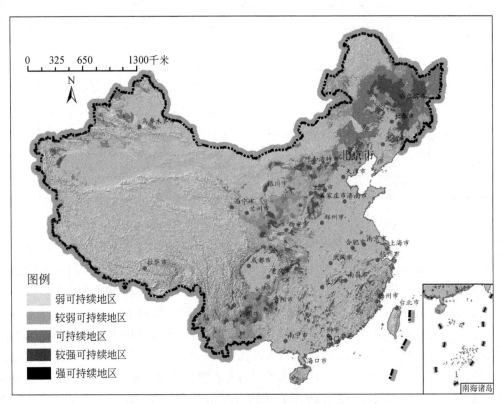

图7.16　人居环境一般适宜地区人居功能分区方案

表7.10　人居环境一般适宜地区主要指标统计与人居功能分区方案

人居环境分类	人口集聚程度分级	资源环境承载力	土地		人口		人居功能类型
			面积（万平方公里）	比例（%）	数量（万人）	比例（%）	
一般适宜区	极端稀疏区	超载	3.43	1.44	30.23	0.10	弱可持续
		平衡	2.52	1.06	24.04	0.08	较弱可持续
		盈余	10.71	4.49	132.27	0.45	可持续
	绝对稀疏区	超载	4.61	1.93	194.29	0.67	弱可持续
		平衡	1.50	0.63	30.91	0.11	较弱可持续
		盈余	21.27	8.91	693.52	2.38	较强可持续
	相对稀疏区	超载	15.25	6.39	1 107.06	3.80	较弱可持续
		平衡	8.48	3.55	621.40	2.13	可持续
		盈余	34.21	14.34	2 177.40	7.48	较强可持续
	均下区	超载	24.57	10.30	2 982.47	10.24	较弱可持续
		平衡	13.29	5.57	1 673.02	5.74	可持续
		盈余	26.86	11.26	3 131.92	10.75	强可持续

续表

人居环境分类	人口集聚程度分级	资源环境承载力	土地		人口		人居功能类型
			面积（万平方公里）	比例（%）	数量（万人）	比例（%）	
一般适宜区	均上区	超载	19.50	8.17	3 392.38	11.65	可持续
		平衡	12.66	5.31	2 539.61	8.72	较强可持续
		盈余	19.26	8.07	3 450.20	11.85	强可持续
	低度密集区	超载	8.81	3.69	2 867.14	9.84	可持续
		平衡	4.57	1.92	1 728.83	5.94	较强可持续
		盈余	7.13	2.99	2 350.00	8.07	强可持续

人口极端稀疏区，面积 16.66 万平方公里，占一般适宜地区的 6.99%，相应人口约 187 万，不足总人口的 1%，主要分布在内蒙古东部以及新疆北部地区，同时，塔里木盆地及藏东南谷地的部分地区也处于这一类型区内；人口极端稀疏区资源环境承载力超载、平衡和盈余区土地所占比例约为 1.4：1：4.3；根据资源环境承载力状况，人口极端稀疏区的资源承载力超载、平衡和盈余地区分别纳入人居功能的弱可持续、较弱可持续和强可持续地区。

人口绝对稀疏区，面积 27.38 万平方公里，占一般适宜地区的 11.47%，相应人口约 919 万，占总人口的 3%，主要分布在内蒙古东部以及新疆北部地区，同时，塔里木盆地及藏东南谷地的部分地区也处于这一类型区内；人口绝对稀疏区资源环境承载力超载、平衡和盈余区土地所占比例为 3.1：1：14.2；根据资源环境承载力状况，人口绝对稀疏区的资源承载力超载、平衡和盈余地区分别纳入人居功能的弱可持续、较弱可持续和较强可持续地区。

人口相对稀疏区，面积 57.94 万平方公里，约占一般适宜地区的 1/4，相应人口 3906 万，占总人口的 13.41%，主要分布在长白山地、小兴安岭、陕北以及滇南河谷区；人口相对稀疏区资源环境承载力超载、平衡和盈余区土地所占比例约为 1.8：1：4.0；根据资源环境承载力状况，人口相对稀疏区的资源承载力超载、平衡和盈余地区分别纳入人居功能的较弱可持续、可持续和较强可持续地区。

人口均下区，面积 64.72 万平方公里，约为一般适宜地区的 27.13%，相应人口 7787 万，占总人口的 26.73%，主要分布在蒙东及长城沿线地区、陕甘黄土区、四川盆地周边山地以及川滇高原西南部地区；人口均下区资源环境承载力超载、平衡和盈余区土地所占比例约为 1.8：1：2；根据资源环境承载力状况，人口均下区的资源承载力超载、平衡和盈余地区分别纳入人居功能的较弱可持续、可持续和强可持续地区。

人口均上区，面积约 51.42 万平方公里，约占一般地区的 21.55%，相应人口 9382 万，占总人口的 1/3 强，主要分布于东北平原、陇中以及川滇高原的部分地区；人口均上区资源环境承载力超载、平衡和盈余区土地所占比例约为 1.5：1：1.5；根据资源环境承载力状况，人口均上区的资源承载力超载、平衡和盈余地区分别纳入人居功能的可持续、较强可持续和强可持续地区。

人口低度密集区，面积 20.51 万平方公里，约占一般适宜地区的 8.6%，人口 6946 万，占总人口的 23.85%，零散分布于川滇高原、陇中和汾渭谷地区；资源环境承载力超载、平衡和盈余区土地所占比例约为 1.9：1：1.6；根据资源环境承载力状况，人口低度密集区的资源承载力超载、平衡和盈余地区分别纳入人居功能的可持续、较强可持续和强可持续地区。

（2）比较适宜地区

中国人居环境比较适宜地区的人口集聚程度和资源环境承载力分析结果表明（图 7.17，表 7.11），中国人居环境比较适宜区以人口均衡区和密集区为主要组成部分，其中均衡区约占全区总面积的 3/5，资源环境承载力超载、平衡、盈余所占比例约为 1.4：1：2.1，以盈余为主要特征。根据人居环境比较适宜地区人居环境自然适宜性分类、人口集聚程度分级以及资源环境承载力评价结果，结合该类地区社会经济发展水平，本研究确定的人居环境比较适宜地区人居功能分区方案如下：

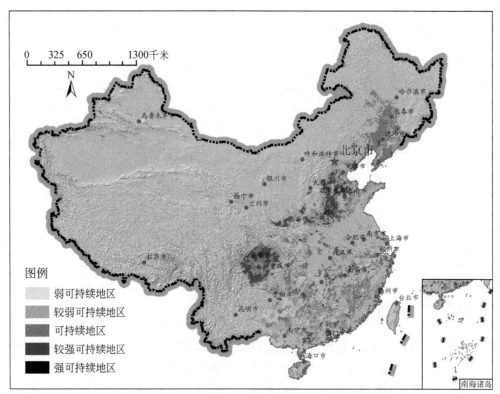

图 7.17　人居环境比较适宜地区人居功能分区方案

表 7.11　人居环境比较适宜地区主要指标统计与人居功能分区方案

人居环境分类	人口集聚程度分级	资源环境承载力	土地		人口		人居功能类型
			面积（万平方公里）	比例（%）	数量（万人）	比例（%）	
比较适宜区	均下区	超载	10.77	7.89	1814.01	3.54	弱可持续
		平衡	6.42	4.70	954.78	1.86	可持续
		盈余	14.62	10.70	2 577.31	5.03	较强可持续
	均上区	超载	16.13	11.81	3 844.80	7.50	较弱可持续
		平衡	10.82	7.92	2 893.82	5.65	可持续
		盈余	21.29	15.58	5 705.26	11.13	较强可持续
	低度密集区	超载	6.78	4.96	2 865.33	5.59	较弱可持续
		平衡	8.70	6.37	3 667.46	7.16	可持续
		盈余	18.06	13.22	8 067.35	15.74	强可持续
	中度密集区	超载	6.28	4.60	4 895.76	9.55	可持续
		平衡	3.86	2.82	2 832.51	5.53	较强可持续
		盈余	8.75	6.40	5 513.43	10.76	强可持续
	高度密集区	超载	3.45	2.52	5 107.92	9.97	可持续
		平衡	0.52	0.38	442.93	0.86	较强可持续
		盈余	0.16	0.12	56.00	0.11	强可持续

人口均下区，面积 31.81 万平方公里，占比较适宜地区的 23.29%，相应人口约 5346 万，占总人口的 1/10，主要分布在辽东丘陵、浙闽山地以及黔南桂西北山地丘陵区；人口均下区资源环境承载力超载、平衡和盈余区土地所占比例为 1.7∶1∶2.3；根据资源环境承载力状况，人口均下区的资源承载力超载、平衡和盈余地区分别纳入人居功能的较弱可持续、可持续和较强可持续地区。

人口均上区，面积48.24万平方公里，约占比较适宜地区的1/3强，是比较适宜区面积最大的区域，相应人口1.24亿，接近总人口的1/4，主要分布在松辽平原、江南以及南岭山地；人口均上区资源环境承载力超载、平衡和盈余区土地所占比例依次为1.5：1：2；根据资源环境承载力状况，人口均上区的资源承载力超载、平衡和盈余地区分别纳入人居功能的较弱可持续、可持续和较强可持续地区。

人口低度密集区，面积33.54万平方公里，约为比较适宜地区的1/4，相应人口1.46亿，占总人口的28.49%，主要分布在华北平原、山东丘陵、汾渭谷地以及四川盆地的部分地区；人口低密集区资源环境承载力超载、平衡和盈余区土地所占比例约为1：1.3：2.7；根据资源环境承载力状况，人口低度密集区的资源承载力超载、平衡和盈余地区分别纳入人居功能的较弱可持续、可持续和强可持续地区。

人口中度密集区，面积约18.89万平方公里，约占一般地区的13.82%，相应人口1.32亿，占总人口的1/4，主要分布于华北平原、淮北平原和四川盆地；人口中度密集区资源环境承载力超载、平衡和盈余区土地所占比例约为1.6：1：2.3；根据资源环境承载力状况，人口中度密集区的资源承载力超载、平衡和盈余地区分别纳入人居功能的可持续、较强可持续和强可持续地区。

人口高度密集区，面积4.131万平方公里，约占比较适宜地区的3%，是比较适宜区面积最小的区域，相应人口5607万，占总人口的1/10，零散分布于辽河平原、华北平原、汾渭谷地和四川盆地等地区；人口高度密集区资源环境承载力超载、平衡和盈余区土地所占比例约为21.6：3.3：1；根据资源环境承载力状况，人口高度密集区的资源承载力超载、平衡和盈余地区分别纳入人居功能的可持续、较强可持续和强可持续地区。

(3) 高度适宜地区

中国人居环境高度适宜地区的人口集聚程度和资源环境承载力分析结果表明（图7.18，表7.12），中国人居环境高度适宜区人口集聚以人口密集区为主，面积约占全区的4/5，资源环境承载力超载、平衡、盈余所占比例约为1：1：3.6，盈余为其主要特征。根据人居环境高度适宜地区人居环境自然适宜性分类、人口集聚程度分级以及资源环境承载力评价结果，结合该类地区社会经济发展水平，本研究确定的人居环境高度适宜地区人居功能分区方案如下：

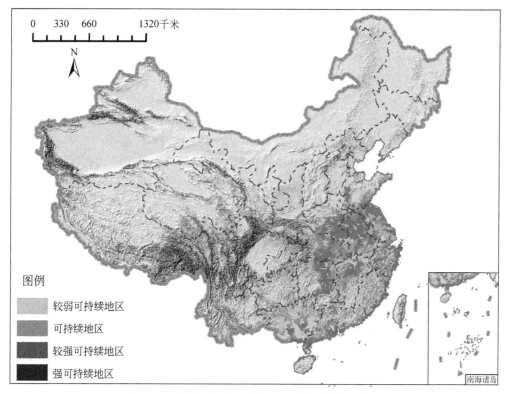

图7.18 人居环境高度适宜地区人居功能分区方案

表 7.12　人居环境高度适宜地区主要指标统计与人居功能分区方案

人居环境分类	人口集聚程度分级	资源环境承载力	土地		人口		人居功能类型
			面积（万平方公里）	比例（%）	数量（万人）	比例（%）	
高度适宜区	均上区	超载	3.7	4.54	1 028.59	2.33	较弱可持续
		平衡	2.44	3	789.26	1.79	可持续
		盈余	11.22	13.76	3 591.44	8.13	较强可持续
	低度密集区	超载	3.83	4.69	1 549.6	3.51	较弱可持续
		平衡	4.58	5.62	2 099.1	4.75	较强可持续
		盈余	29.15	35.75	12 359.38	27.99	强可持续
	中度密集区	超载	4.48	5.5	3 045.1	6.9	可持续
		平衡	5.73	7.02	4 509.11	10.21	较强可持续
		盈余	10.77	13.21	6 997.35	15.85	强可持续
	高度密集区	超载	3.21	3.93	5 490.37	12.44	可持续
		平衡	1.74	2.13	2 285	5.18	较强可持续
		盈余	0.69	0.85	406.82	0.92	强可持续

　　人口均上区，面积 17.36 万平方公里，占高度适宜地区的 1/5 强，相应人口约 54 094 万，占总人口的 12.25%，主要分布在鄂北山地、赣中丘陵以及南岭山地的部分地区；人口均上区资源环境承载力超载、平衡和盈余区土地所占比例约为 1.5∶1∶4.6；根据资源环境承载力状况，人口均上区的资源承载力超载、平衡和盈余地区分别纳入人居功能的较弱可持续、可持续和较强可持续地区。

　　人口低度密集区，面积 37.56 万平方公里，占高度适宜地区的 46.06%，相应人口 1.6 亿，占总人口的 1/3 强，主要分布在长江中下游平原、湘中丘陵盆地、粤桂丘陵的部分地区；人口低度密集区资源环境承载力超载、平衡和盈余区土地所占比例约为 1∶1.2∶7.6；根据资源环境承载力状况，人口低度密集区的资源承载力超载、平衡和盈余地区分别纳入人居功能的较弱可持续、较强可持续和强可持续地区。

　　人口中度密集区，面积 20.98 万平方公里，约为高度适宜地区的 1/4，相应人口 1.46 亿，接近总人口的 1/3，集中分布在淮北平原、长江中下游平原的部分地区；人口中度密集区资源环境承载力超载、平衡和盈余区土地所占比例约为 1∶1.3∶1.9；根据资源环境承载力状况，人口中度密集区的资源承载力超载、平衡和盈余地区分别纳入人居功能的可持续、较强可持续和强可持续地区。

　　人口高度密集区，面积约 5.64 万平方公里，约占高度适宜地区的 6.91%，相应人口 0.82 亿，占总人口的 18.54%；零散分布于长江三角洲地区以及珠江三角洲地区；人口高度密集区资源环境承载力超载、平衡和盈余区土地所占比例约为 4.7∶2.5∶1；根据资源环境承载力状况，人口高度密集区的资源承载力超载、平衡和盈余地区分别纳入人居功能的可持续、较强可持续和强可持续地区。

7.5.2.4　中国人居功能分区方案

　　在对人居环境自然适宜性不同类型区的人居功能类型进行分区的基础上，我们确定了中国可持续的人居功能分区方案。

　　中国可持续的人居功能分区研究表明（图 7.19，表 7.13），中国可持续的人居功能分区主要由 1/4 强的弱可持续地区、1/5 强的可持续地区和 1/5 的较强可持续地区构成，空间分布呈现东南半壁优于西北半壁的格局，具体而言：

　　强可持续地区，是人居环境自然适宜性和人口集聚度匹配态势好，资源环境承载力盈余或平衡，人口可增加的地区；中国人居功能强可持续地区面积约 139.75 万平方公里，占国土面积的 14.66%，相应人口 4.3 亿，接近总人口的 1/3。从空间分布看，人居功能的强可持续地区主要分布在我国东南沿海、长江中下游地区、四川盆地、黄淮海平原以及东北平原的部分地区。

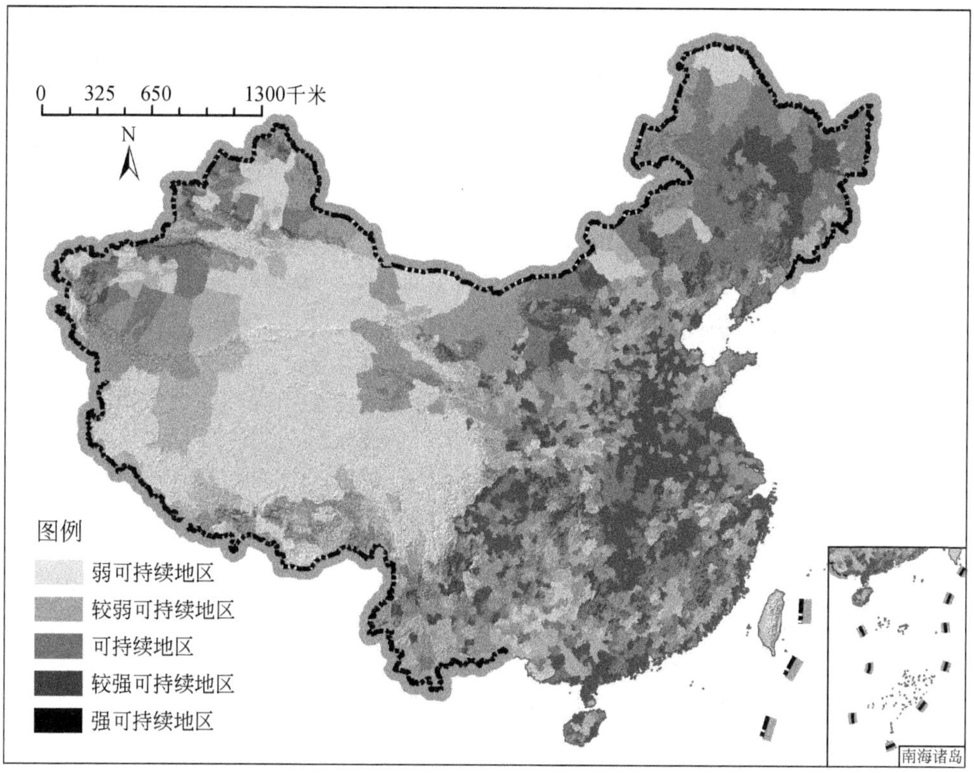

图 7.19　中国可持续的人居功能分区方案

表 7.13　中国可持续的人居功能分区主要指标统计

人居功能分区	土地		人口	
	面积（万平方公里）	比例（%）	数量（万人）	比例（%）
弱可持续地区	263.86	27.68	3 910	2.99
较弱可持续地区	145.85	15.30	14 462	11.06
可持续地区	210.19	22.05	36 925	28.24
较强可持续地区	193.61	20.31	32 375	24.76
强可持续地区	139.75	14.66	43 084	32.95

较强可持续地区，是人居环境自然适宜性和人口集聚度匹配态势较好，资源环境承载力平衡或盈余，人口可适宜增加的地区；中国人居功能较强可持续地区面积约 193.61 万平方公里，占国土面积的 1/5，相应人口 3.2 亿，接近总人口的 1/4。从空间分布看，人居功能的较强可持续地区主要分布在三江平原、辽河平原、山东半岛以及江南丘陵地区。

可持续地区，是人居环境自然适宜性和人口集聚度匹配态势一般，资源环境承载力平衡，人口保持稳定的地区；面积 210.19 万平方公里，约占国土面积的 22.05%，相应人口 3.7 亿，占总人口的 28.24%。从空间分布看，我国人居功能的可持续地区主要分布在呼伦贝尔高原、黄土高原和云贵高原等地，零星见于藏东南谷地和柴达木盆地等地区。

较弱可持续地区，是人居环境自然适宜性和人口集聚度匹配态势较差，资源环境承载力平衡或超载，人口宜适度减少的地区。面积约 145.85 万平方公里，占国土面积的 15.3%，人口 1.4 亿，约占总人口的 11.06%。从空间分布看，我国人居功能的较弱可持续地区分布较为零散，主要见于黄土高原、川滇高原和云贵高原的部分地区。

弱可持续地区，是人居环境自然适宜性和人口集聚度匹配态势差，资源环境承载力超载，人口宜减少的地区。面积约263.86万平方公里，约占国土面积的27.68%，相应人口0.4亿，接近总人口的3%。从空间分布看，我国人居功能的弱可持续地区主要分布在青藏高原、西北荒漠以及川滇高原北部地区。

参 考 文 献

安光义.1997.人居环境学.北京：机械工业出版社.

陈秉钊.2003.可持续中国人居环境.北京：科学出版社.

封志明，唐焰，杨艳昭，等.2007.中国地形起伏度及其与人口分布的相关性.地理学报，62（10）：1071-1082.

封志明，唐焰，杨艳昭，等.2008.中国人居环境自然适宜性模型的建立与应用.地理学报，63（12）：1327-1336.

封志明，杨艳昭，张晶.2008.中国基于人粮关系土地资源承载力研究：从分县到全国.自然资源学报，23（5）：865-875.

封志明，张丹，刘登伟.2008.基于负载指数的中国水资源三级流域分区开发潜力评价.资源科学，30（10）：1471-1477.

黄光宇，杨培峰.2001.自然生态资源评价分析与城市空间发展研究.城市规划，25（1）：67-71.

李华生，徐瑞祥，高中贵，等.2005.南京城市人居环境质量预警研究.经济地理，25（5）：658-661.

李钜章.1987.中国地貌基本形态划分的探讨.地理研究，6（2）：32-37.

李丽萍.2001.城市人居环境.北京：中国轻工业出版社.

李雪铭.2001.大连城市人居环境研究.长春：吉林人民出版社.

刘纪远，岳天祥，王英安，等.2003.中国人口密度数字模拟.地理学报，58（1）：17-24.

刘清春，王铮，许世远.2007.中国城市旅游气候舒适性分析.资源科学，29（1）：133-141.

唐焰，封志明，杨艳昭.2008.基于栅格尺度的中国人居环境气候适宜性评价.资源科学，30（5）：648-653.

吴良镛.2001.人居环境学导论.北京：中国建筑工业出版社.

吴志强，蔚芳.2003.可持续发展中国人居环境评价指标体系.北京：科学出版社.

Campbell A P. 1976. The quality of American life: Perceptions, evaluations and satisfactions. New York: Russell Sage, 32-36.

Capello R, Nijkamp P. 2002. In search of sustainable human settlements: Prefatory remarks. Ecological Economics, (40): 151-155.

Choguill C L. 1996. Toward sustainability of human settlements. Habitat International, 20 (3): 5-8.

Feng Zhiming, Tang Yan, Yang Yanzhao, et al. 2008. Relief degree of land surface and its influence on population distribution in China. Journal of Geographical Sciences, 18 (2): 237-246.

Pachauri A K, Gupta P V, Chander R. 1998. Landslide zoning in a part of the Garhwal Himalayas. Environmental Geology, 36 (3-4): 325-334.

Turkoglu H D. 1997. Residents' satisfaction of housing environments: the case of Istanbul, Turkey. Landscape and Urban Planning, 39 (1): 55-67.

Zhang Q, Zhu C, Liu C L. 2005. Environmental change and its impacts on human settlement in the Yangtze Delta, P. R. China. Catena, (60): 267-277.

8

能源功能分区

沈　镭　刘立涛

　　区域能源可持续发展是区域社会经济可持续发展的前提和基础，随着中国区域能源供需形势的日趋紧张，区域能源问题已经成为中国必须面对的重大挑战。本研究在厘清中国能源现状与问题，摸清能源资源本底，识别区际能源流动规律以及未来区域能源供需情况的基础上，根据各区域在全国区域社会经济分工体系中的方向和重点，寻求中国能源可持续发展功能分区的方法，从而为实现中国区域能源的可持续发展提供科技支撑。形成的中国区域能源可持续发展功能分区方案如下：

　　能源强不可持续区。该区集中分布于中国东部和中部地区，主要包括的省（区、市）有京津冀中的北京与河北、长三角地区、福建、珠三角地区（广东省）、广西、海南省、中部的江西及湖北，共计 11 省（区、市）。该区域在我国能源供应体系中属于能源强汇集区。作为我国经济的主导区，未来很长一段时间，该区还将继续承担率先发展、辐射全国的重任。保障该区域能源可持续发展是长久维持其经济稳健发展的前提和基础。鉴于此，构建该区本地化与多元化、国内与国外多种供应途径的可持续能源供应体系成为当务之急。

　　能源不可持续区域。主要分布于中国的中部地区，涵盖的省份具体包括河南、安徽、贵州和湖南四省。该区域在我国能源供应体系中属于能源次强汇集区。从区位视角出发，上述四省位居中国内陆且与能源强可持续和能源可持续区毗邻，因此，构架该四省的可持续能源供应体系应更多地考虑从能源本地化与多元化、国内区域间能源流动视角出发。

　　能源弱可持续区域。主要分布于胶东半岛与辽东半岛，即山东省和辽宁省两省。该区域在我国能源供应体系中属于能源汇集区。由于山东与辽宁两省位于我国东部地区，具有走能源外向型道路的区位优势，因此该区域能源可持续供应体系构建在立足本地化与多样化，国内能源资源流动的同时，也应该充分利用国外能源资源。

　　能源可持续区域。主要位于西南地区，包括西藏、四川、重庆和云南四省（区、市）。由于西南地区位居我国内陆，且能源供给存在大量盈余，因此该地区在我国能源供应体系中属于次强输出区（次强源）。发挥本地能源资源潜力，更好地服务于全国区域能源需求是本区的主要职责和功能所在。

　　能源强可持续区。分布于我国"三北"地带，主要包括东北地区的黑龙江、吉林两省，华北的内蒙古与山西两省，以及西北的新疆、青海、甘肃、宁夏和陕西五省（区）。由于"三北"地区能源供给存在大量盈余，该区是我国化石能源与可再生能源供应基地。因此该地区在我国能源供应体系中属于强输出区（强源）。发挥本地能源资源潜力，更好地服务于全国区域能源的长远需求，保证国家区域能源安全是本区的主要职责和功能所在。

8.1 问题提出与现状分析

8.1.1 中国能源资源区域分布不均，地区能源结构的差异明显

中国能源资源的地理分布广泛但存在严重的不平衡，能源富集地区与能源消费的经济发达地区形成倒置局面（表 8.1）。煤炭资源北多南少，东欠西丰；华北与西北占探明资源量的 79%；如果再加上西南的资源，占探明资源量的 88%。石油及天然气资源，东、西部多，中部石油少，而西北和西南天然气有较大潜力；水能资源分布偏于西南，主要分布在长江、雅鲁藏布江及西南国际诸河上，三者水能资源约占全国的 80%。

表 8.1   中国能源资源、生产与消费的地区分布

地区	可开发能源资源占全国比例（%）	能源生产占全国比例（%）	能源消费占全国比例（%）
华北	35.5	38.1	25.2
东北	5.8	21.0	16.9
华东	5.4	4.2	11.4
华中	7.3	13.4	15.0
华南	2.3	2.6	7.0
西南	23.7	10.5	10.6
西北	20.0	8.4	7.8

资料来源：吴传钧，1998

从表 8.2 中可以看出，全国各大区中，华北地区能源所占比例最高，占 43.28%，其余依次是西南地区 23.60%，西北地区 14.44%，中南地区 7.05%，华东地区 6.83%，最少的是东北地区，只有 4.52%。全国各大区能源资源结构各不相同，多数以煤为主，又有特色，其中华北区煤的比例高达 99%，其余依次是华东 88.03%，西北 82.37%，东北 80.61%；而中南和西南煤炭所占比例分别是 50.30% 和 35.61%。西南和中南水能所占比例大，分别是 64.33% 和 49.22%。

表 8.2   全国分省区能源资源构成（2003 年）

地区	合计	各地区占全国	各种能源所占比例（%）			
	（亿吨标准煤）	比例（%）	煤	石油	天然气	水能
全国	**3 125.83**	**100.00**	**76.40**	**1.11**	**0.09**	**22.39**
华北地区	**1 352.97**	**43.28**	**99.12**	**0.22**	**0.04**	**0.62**
北京	4.14	0.13	99.97	0.03	0.00	0.00
天津	2.71	0.09	78.34	19.95	1.71	0.00
河北	66.79	2.14	95.13	2.73	0.04	2.10
山西	750.85	24.02	99.44	0.00	0.00	0.56
内蒙古	528.49	16.91	99.26	0.11	0.10	0.53
东北地区	**141.24**	**4.52**	**80.61**	**9.39**	**0.08**	**9.91**
辽宁	39.18	1.25	87.84	6.72	0.08	5.36
吉林	17.25	0.55	63.52	12.00	0.13	24.35
黑龙江	84.81	2.71	80.75	10.10	0.07	9.08

地区	合计 (亿吨标准煤)	各地区占全国比例（%）	各种能源所占比例（%）			
			煤	石油	天然气	水能
华东地区	**213.43**	**6.83**	**88.03**	**0.16**	**0.00**	**11.81**
上海	0.00	0.00	0.00	0.00	0.00	0.00
江苏	18.73	0.60	98.22	1.76	0.02	0.00
浙江	5.96	0.19	6.00	0.00	0.00	94.00
安徽	95.86	3.07	99.25	0.02	0.00	0.73
福建	15.06	0.48	20.97	0.00	0.00	79.03
江西	12.76	0.41	45.13	0.00	0.00	54.87
山东	69.67	2.23	93.41	6.54	0.05	0.00
中南地区	**220.44**	**7.05**	**50.30**	**0.47**	**0.01**	**49.22**
河南	92.00	2.94	94.46	0.95	0.03	4.57
湖北	56.47	1.81	3.04	0.27	0.01	96.69
湖南	31.83	1.02	45.02	0.00	0.00	54.98
广东	10.45	0.33	12.92	0.01	0.00	87.07
广西	29.04	0.93	20.44	0.00	0.00	79.55
海南	0.65	0.02	98.32	1.40	0.28	0.00
西南地区	**737.74**	**23.60**	**35.61**	**0.00**	**0.06**	**64.33**
重庆	25.77	0.82	45.14	0.00	0.54	54.32
四川	220.15	7.04	14.65	0.01	0.12	85.21
贵州	130.38	4.17	81.74	0.00	0.00	18.25
云南	255.65	8.18	43.87	0.00	0.00	56.13
西藏	119.79	3.83	0.07	0.00	0.00	99.93
西北地区	**451.28**	**14.44**	**82.37**	**1.96**	**0.31**	**15.36**
陕西	214.37	6.86	95.18	1.01	0.22	3.59
甘肃	51.32	1.64	68.10	1.87	0.02	30.01
青海	41.14	1.32	30.28	1.24	0.41	68.07
宁夏	50.26	1.61	97.19	0.03	0.00	2.79
新疆	94.20	3.01	75.86	5.52	0.78	17.84

注：①煤、石油、天然气均采用 2003 年最新数据计算，水能数据采用水利部第 5 次全国水能资源普查的数据；②煤用基础储量，石油与天然气用剩余可采储量，水能资源采用可开发量计算的年发电量；③煤炭折算煤比率为 0.714，石油折算标准煤比率为 1.43，天然气折算标煤比率为 1.33，水能折算按 365 克标准煤/千瓦时折标煤，按 100 年计算总量；④香港、澳门缺少常规能源资源，台湾能源资源数据暂未统计进去。

8.1.2 中国能源消费增长迅速、结构单一，供需矛盾日益尖锐

8.1.2.1 能源消费增长迅速

近年来，随着中国经济的快速发展，能源消费总量增长迅速。从 1978 年的 570 兆吨标准煤[①]增加到

---

① 数据来源：《中国能源统计年鉴》（若无特别标注，本章数据均来源于此）。

2006 年的 2460 兆吨标准煤。1978～2006 年，中国能源消费增长经历了三个阶段：第一阶段是 1978～1996 年平稳增长阶段，能源消费年增长率基本维持在 5%～6%；第二阶段是 1997～2000 年负增长阶段，史丹 (2002) 认为对外开放对提高能源利用效率具有显著作用，产业结构及工业内部结构调整提高了能源投入产出率，经济体制改革对能源低效率的改进，是该阶段能源消费呈现出负增长的重要因素；第三阶段是 2001 年以来的快速增长阶段，中国能源消费年增长率维持在 9% 以上的水平。其中，2003 年、2004 年中国能源消费总量增长率曾一度超过 15%。根据 IEA 预测，中国 2030 年的能源需求在目前的基础上至少将翻一番。

8.1.2.2 能源消费结构单一

根据参考情景①下中国一次能源需求构成预测显示（表8.3），在七种主要能源中，煤炭所占的份额最大超过 60%。根据能源消费结构将演变趋势，1999 年能源消费结构的比例为 61.1：13.3：1.5：0：1.3：22.9：—；2030 年能源消费结构将演变为 62.8：21.2：5.2：1.8：2.3：5.9：0.9，煤炭份额先升后降；油气的需求增长较快，在一次能源需求总量构成中的比例将不断扩大，从 1990 年的 14.8% 扩大到 2030 年的 26.4%；水电、核能以及其他可再生能源虽然在以前的基础上得到快速提升，但由于基数太小，在一次能源需求总量中的比重仍然不大；与此同时，生物质能虽然在总量上较以往有所增长，但是由于增长幅度不大，在能源消费构成中的比例呈现出不断下降的趋势。总体来看，未来中国能源需求将呈现出多元化发展的趋势，但是以化石能源尤其是以煤炭为主导的单一能源结构在较长时期内难以得到根本改观。

表8.3　参考情景下中国一次能源需求构成情况

能源类型	1990	2005	2015	2030	2005～2015*	2005～2030*
煤炭（%）	61.1	62.8	65.6	62.8	5.5	3.2
石油（%）	13.3	18.8	19.0	21.2	5.2	3.7
天然气（%）	1.5	2.4	3.8	5.2	10.0	6.4
核电（%）	0.0	0.8	1.1	1.8	8.8	6.5
水电（%）	1.3	2.0	2.2	2.3	6.1	3.8
生物质（%）	22.9	13.0	7.9	5.9	-0.1	0.0
其他可再生能源（%）	—	0.2	0.4	0.9	14.4	9.9
总计（Mtoe）	874	1 742	2 851	3 819	5.1	3.2

资料来源：根据《世界能源展望》(2007) 计算整理得出（*年均增长率）

8.1.2.3 重工业化趋势明显

从 1980 年以来，以钢铁、水泥和化肥为代表的重工业产品产量纷纷出现了快速增长，中国占世界同类产品总量的比率也分别由 8.2%、9.0%、17.0% 上升至 31.2%、46.6%、43.0%（表8.4）。从 1996 年开始的六年多时间内，中国工业发展出现转折性变化，无论是在产值、投资、利润增长方面，还是在比重上重工业都超过了轻工业，出现了再次重工业化的趋势（李佐军，2004）。在国内消费结构升级、发达国家产业转移以及中国城镇化和新农村建设等诸多因素的共同推动下，自 2002 年起，新一轮的经济增长周期表现出了日益显著的重工业化特征，重工业占工业增加值的比例逐年提高且超过了 60%，2004 年已达 67.59%。到 2006 年上半年，重工业比重已接近 70%（崔民选，2007）。再次重工业化意味着今后将需要更多的能源来支持经济的增长。

---

① 参考情景假设在各国政府不再采取进一步的行动来影响能源需求和供应基本趋势的前提下，在给定的经济增长、人口、能源价格和技术设想条件下，提供关于全球能源市场可能如何发展的一种基准视角，从而可让我们测试对未来政府政策的可选择设想。

表8.4　中国重工业产品在世界经济中的重要性［占世界总量的比率（%）］

重工业产品	1980	1995	2000	2005
钢铁生产	8.2	13.0	15.5	31.2
水泥生产	9.0	33.6	37.4	46.6
化肥生产	17.0	27.0	29.0	43.0

资料来源：IEA秘书处基于IMF、CEIC、ADB、IISI和WTO数据库计算得出（WEO，2006）

8.1.2.4　能源进口依存度持续扩大

从2007年上半年开始，中国成为煤炭净进口国，随后中国原煤贸易赤字规模不断扩大，原煤进口依存度也逐渐增大。IEA预测，到2030年中国煤的净进口量预计为1.3亿吨。

中国石油在1993年以前供给大于需求，处于自给自足状态。1993年之后，中国开始成为石油净进口国。在1993至2004年的短短十年内，中国石油对外依存度从0%迅速上升到44%左右。参照情景下，IEA预测，到2020年，中国石油国内消费将增至4.5亿吨，而国内产量仅为2亿吨，缺口高达2.5亿吨，相应地，中国石油对外依存度将达55.6%（图8.1）。IEA进一步预测，2030年中国的石油净进口将增长四倍，达每天1310万桶，进口石油占总需求的份额增长为80%（IEA，2007）。根据国内原煤和石油生产及消费的现状以及未来发展趋势，日益扩大的能源进口依存度，势必将对中国能源的可持续发展造成威胁。

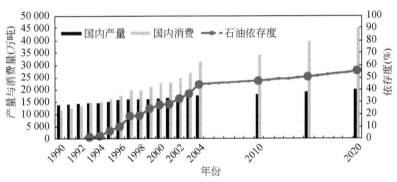

图8.1　中国石油进口依存度

8.1.3　以石油为代表的能源价格节节攀升，社会经济压力增大

近年来，以国际原油、天然气、煤炭为代表的化石能源价格纷纷出现了强劲的上涨势头。原油价格从2003年的平均28.89美元/桶（Dubai、Brent、WTI三者平均）上涨到2007年的每桶70.93美元，年均增速达19.7%。截至2008年，国际现货原油价格达到97.22美元/桶（图8.2），与2000年相比，价格上升了242.9%（BP，2009）。在国际现货原油价格上涨趋势的带动下，以欧盟（到岸价）为代表的天然气价格节节攀升，从2003年的4.40美元/MBtu上涨到2007年的8.93美元/MBtu，涨幅达103.0%。根据西北欧基准价格、美国中部阿巴拉契现货煤炭价格指数、日本焦炭进口到岸价格以及日本锅炉煤进口到岸价格的均值来看，近五年来，全球煤炭价格从2003年每吨39.3美元增长至2007年的每吨74.0美元，涨幅达88.3%。2008年，原油价格一度突破每桶140美元，虽然而后有所回落，但截至2010年1月，原油价格仍维持在每桶80美元左右。以石油为代表的能源价格节节攀升，社会经济压力不断增大。

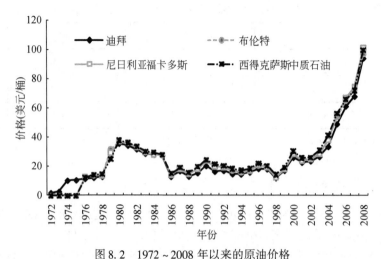

图 8.2　1972～2008 年以来的原油价格

资料来源：根据《BP Statistical Review of World Energy（June 2009）》整理

8.1.4　CO_2排放跃居世界首位，环境保护面临巨大挑战

伴随着能源消费总量迅速增长，CO_2排放量不断增加，中国环保压力也逐渐加大（图 8.3）。1990 年中国能源消费总量为 1000 兆吨标准煤，CO_2排放总量约为 22 亿吨，其中煤炭消费所排放的 CO_2总量为 20 亿吨。2025 年能源消费总量将上升到 5200 兆吨标准煤，CO_2排放总量将达到 82 亿吨，其中煤炭消费所排放的 CO_2高达 60 亿吨左右。虽然从 2002 年开始，煤炭消费释放的 CO_2占能源消费 CO_2排放总量的比例不断下降，但是按照参照情景预测，至 2025 年，该比例仍然维持在 70% 以上。根据世界银行 2007 年数据显示，世界污染最严重的 30 个城市中有 20 个在中国。空气污染导致早亡和疾病所带来的成本在 2003 年已占到国内生产总值（GDP）的 1.2% 到 3.2%。在常规情景中，空气污染的健康危害成本预计将会上升，到 2020 年将相当于中国 GDP 的 13%（国际能源署，2007）。据 2009 年 BP 能源统计数据显示，2008 年中国首次超过美国成为世界上 CO_2排放最大的国家，为 6896.5 万吨（BP，2009）。中国面临的温室气体减排压力不断增大，环境保护面临巨大挑战。

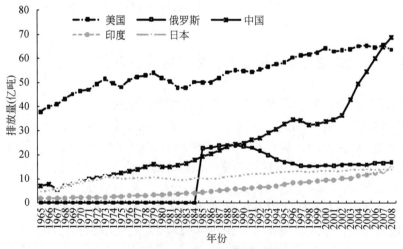

图 8.3　世界主要国家二氧化碳历年排放情况

资料来源：根据《BP Statistical Review of World Energy（June 2009）》整理

8.1.5 能源"四荒"接续出现，区域能源安全问题十分突出

自2005年7月中旬以来，珠三角地区的广州、深圳等地相继出现不同程度的"油荒"，继而引起全国范围成品油供应紧张的局面。作为我国改革开放的前沿之地，广东省经济在过去的20多年间获得了高速发展，至今仍保持着迅猛发展的强劲势头。然而，伴随着持续快速发展的广东经济和不断提高的人民生活水平，能源匮乏却日益严重。广东能源短缺已越来越成为制约广东经济快速发展的瓶颈问题（罗晓斐，2005）。我国能源供应体系还无法满足快速经济发展对能源的需求，能源"四荒"（煤荒、电荒、油荒、气荒）的出现凸显了能源供应保障区域能源安全的不足与压力（蔡国田等，2006）。此外，受能源资源空间分布特征的影响，未来国家能源安全供应保障体系建设的重担将越来越向西部地区倾斜（张雷，2007）。如能源资源丰富的陕西省正在成为我国现代化建设的一个重要能源接续地和支撑点，已经成为我国西煤东运、西气东输、西电东送的重要基地。但陕西省在能源开采特别是煤炭开采方面，存在不少与其他能源资源大省类似的问题。综上，从目前我国能源安全形势来看，现有能源供应无法保障区域能源安全，区域能源安全问题十分突出。

8.2 能源资源本底分析与区际流动

8.2.1 中国88%的常规能源资源来自煤炭

中国煤炭资源与国内石油、天然气、水能和核能等一次能源相比，在数量上占有绝对优势。如果将探明的一次能源资源量全部折算为标准煤的话，煤炭接近90%。

8.2.1.1 储量大，分布广且相对集中

中国煤炭分布较广，全国31个省市区有储量分布（上海、香港、澳门无煤炭）。据全国第二次煤田预测资料，埋深在1000米以内的煤炭资源总量为2.6万亿吨。其中，大别山—秦岭—昆仑山一线以北地区资源量约2.45万亿吨，占全国总资源量的94%，以南的广大地区仅占6%左右；若以大兴安岭—太行山—雪峰山一线为界，以西地区总资源量2.32万亿吨，占89%；以东仅占11%。新疆、内蒙古、山西、和陕西四省（区）占全国资源总量的81.3%，东北三省占1.6%，华东七省占2.8%，江南九省（鄂、湘、桂、粤、浙、闽、赣、苏南、皖南）占1.6%。截至2003年，中国煤炭查明资源量约10 000亿吨，其中煤炭储量多的山西、内蒙古、陕西、贵州和新疆五省区查明资源量约8000亿吨，占全国的80%。

按煤炭类别可分为以下七个煤炭资源集中区域：

燕山太行山区：包括京、津、冀、晋、豫五省（市），以高、中变质煤为主。该区无烟煤储量占全国的54.8%，炼焦煤占全国的62.6%；炼焦用肥煤、焦煤、瘦煤储量占全国的56%~76%。

陕甘宁及内蒙古西部地区：该区以低变质煤为主，是中国动力煤最集中的地区，其低变质动力煤占全国的57.8%，大都是特低灰、特低硫煤。

天山祁连山区：包括新疆、青海两省（区），以低变质动力煤为主，占全国的10.3%。

苏鲁皖区：以中等变质程度炼焦用肥煤和气煤为主，保有储量占全国的4.8%，占全区的88.7%，是东部煤炭资源最多的地区，煤质优良。

东北区：包括黑龙江、吉林、辽宁三省，以中低变质煤为主，其中炼焦煤占该区的45.4%，气煤、一般动力煤和褐煤各占全区储量的1/4左右。该区的保有储量占全国3%。

内蒙古东部区：是全国褐煤的主要产区。该区的保有储量约占全国的9%。

南方区：以无烟煤为主。该区保有储量占全国9%左右。

上述煤炭资源的富集特征，决定了中国北煤南运、西煤东调的格局势必长期存在。

8.2.1.2 煤种齐全、煤质总体较好

中国煤种齐全，优质动力煤丰富，而优质炼焦煤和优质无烟煤不足。动力煤资源占保有储量的 72%，主要集中分布在陕、蒙、宁、新等省（区）；炼焦用煤占保有储量的 27%，受灰分、硫分和可选性的限制，炼焦煤储量中可以作为炼焦配煤的不足 1/2，而优质炼焦用煤则更少，并且炼焦用煤和无烟煤主要分布在山西、贵州两省。

在中国煤炭资源现有探明储量中，烟煤占 75%，无烟煤占 12%，褐煤占 13%。适于炼焦、造气的原料煤占 27%，其中：气煤 13.3%，焦煤 5.9%，瘦煤 3.9%，肥煤 3.3%，未经分类煤 0.5%。

煤炭质量总的来看是比较好的。已探明的煤炭储量中，灰分小于 10% 的特低灰煤占 20% 以上；硫分小于 1% 的低硫煤约占 65%~70%；硫分 1%~2% 的约占 15%~20%。

8.2.1.3 开采条件复杂

中国煤炭资源的煤炭地质条件比较复杂，埋藏较深，可供露天开采的储量较少。据粗略统计，保有储量中一半为暴露、半暴露煤田。煤层埋深小于 300 米的数量占 30%，埋深 300~600 米的占 40%，埋深 600~1000 米的占 30%。暴露和半暴露煤田虽然煤层埋深不大，但由于煤层以薄和中厚煤层为主，厚煤层和特厚煤层较少，所以适宜露天开采的储量甚少。据统计，适宜露天开采的储量只有 641 亿吨（其中褐煤 370 亿吨，约占 57%），分布在内蒙古、山西、云南、新疆、黑龙江和辽宁六省区，其中内蒙古、山西、云南三省区约占全国的 93%。

从煤田地质条件看，比较好的煤田多在中部补给区带的晋、陕、蒙（西）规划区和西部后备区带的宁夏、甘肃、新疆和贵州。全国多数煤田煤层破坏较大，东部地区的煤炭资源大多已经开发和正在开发，后备资源极少，有些矿区已经衰老报废或已进入衰老期。

8.2.1.4 精查储量不足，资源保障程度低

由于长期以来地质勘探费用不足，勘探程度低，目前中国可供开发利用的煤炭精查储量严重不足。现有精查储量中，生产矿井和在建井已占 68.37%，尚未利用的占 31.63%，扣除因交通不便、开采条件很差、受地下水威胁和需要补充勘探等因素暂不能利用，以及只能供地方小矿开采的以外，可供建设重点煤矿的储量只有 220 多亿吨。"九五"煤矿建设规划要求每年至少新增精查储量 60 亿吨，由于勘探资金不足，每年只能提交 30 亿吨，满足不了煤矿建设的需要。2003 年新增查明资源储量 21 亿吨，其中储量（可安排开发的）仅 6 亿吨。

目前这种以煤炭为主的中国能源资源结构存在极大的问题：一是能源效率低，与中等发达国家相比，仍有很大差距；二是煤炭燃烧带来的巨大环境问题，目前 10 亿多吨煤直接燃烧所造成的污染已接近我国环境所能承受的极限；三是我国煤炭资源虽然较丰富，但集中分布在经济欠发达且缺水的晋、陕、蒙和新疆等省（区），而经济发达的东部各省严重缺煤，构成了我国北煤南运和西煤东调的局面，煤炭运输量巨大和缺水，限制了富煤区煤炭资源的开发；四是以煤炭为主的能源结构掩盖了能源的严重短缺，尤其是全国煤炭生产总量过剩掩盖了石油等能源资源的严重短缺形势。在可预见的未来，煤炭仍将是主要的燃料。为此，必须改变煤炭的利用方式，利用清洁煤发电等来减少煤炭在利用过程中产生的污染。

8.2.1.5 煤炭资源区划

2005 年中国工程院开展的中国可持续发展煤炭资源战略研究成果显示，中国煤炭资源分布广泛，但资源储量相对集中。从全国煤炭资源区划及资源储量分布情况来看，占中国矿区数不足 20% 的省份集中了中国 67% 以上的查明资源量。与此相对，占矿区数超过 26% 的省份，查明资源量却不足 1%。这两组数据表明，我国煤炭资源量分布与生产力分布不匹配且不合理（表 8.5 和表 8.6）。

表8.5 全国煤炭资源区划及资源储量分布（亿吨）

区域	规划区	矿区数	储量	基础储量	资源量	查明资源量
一区	北京、天津、河北	274	42.27	97.71	81.32	179.03
	辽宁、吉林、黑龙江	641	68.32	159.4	155.09	314.49
	江苏、安徽、山东、河南	781	174.41	370.43	415.62	786.05
二区	陕西、山西、内蒙古、宁夏	1 208	1 267.32	2 133.78	4 726.18	6 859.96
	甘肃、青海、新疆	538	72.6	166.53	950.71	1117.24
三区	贵州、云南、重庆、四川	1 051	243.83	367.65	494.79	862.44
四区	浙江、福建、江西、湖北、湖南、广东、广西、海南	1 618	23.94	46.54	44.82	91.36
全国统计		6 111	1 892.68	3 342.03	6 868.53	10 210.56

资料来源：中国工程院，2005

表8.6 全国煤炭资源区划及资源储量分布（%）

区域	规划区	矿区数	储量	基础储量	资源量	查明资源量
一区	北京、天津、河北	4.5	2.2	2.9	1.2	1.8
	辽宁、吉林、黑龙江	10.5	3.6	4.8	2.3	3.1
	江苏、安徽、山东、河南	12.8	9.2	11.1	6.1	7.7
二区	陕西、山西、内蒙古、宁夏	19.8	67.0	63.8	68.8	67.2
	甘肃、青海、新疆	8.8	3.8	5.0	13.8	10.9
三区	贵州、云南、重庆、四川	17.2	12.9	11.0	7.2	8.4
四区	浙江、福建、江西、湖北、湖南、广东、广西、海南	26.5	1.3	1.4	0.7	0.9
全国统计		1	1	1	1	1

资料来源：根据中国工程院《中国可持续发展煤炭资源战略研究》（2005）整理

鉴于此，为了引导煤炭生产力与煤炭资源的合理配置，理顺各区域在煤炭供应系统中的相互关系，有必要对各区域的功能进行界定。在延续中国工程院煤炭规划区域划分的基础上，主要依据各区域煤炭资源查明资源量，界定各规划区中长期在煤炭供应体系中的功能。表8.7和图8.4是对各区域在煤炭供应系统中功能的简单描述。

表8.7 中国煤炭资源供应系统区划及功能描述

定位	规划区	功能描述
国家煤炭基地	陕西、山西、内蒙古、宁夏、新疆	煤炭资源蕴藏丰富，是煤炭产能重点布局与开发地区，在满足本区域煤炭需求之外，肩负着调控各区域煤炭资源供求平衡的重任，是国家最重要的煤炭资源输出基地
地区煤炭生产中心	甘肃、青海	区域煤炭资源蕴藏次优地区，主要用于满足本地及邻近区域煤炭资源消费需求，无法对国家煤炭资源宏观调控产生重大影响
	贵州、云南、重庆、四川	
	江苏、安徽、山东、河南	
煤炭消费中心	北京、天津、河北	煤炭资源贫乏地区，不适宜进行大规模的煤炭生产布局与开发，是煤炭资源最主要的汇集地，也是国家煤炭资源宏观调控重点调节地区
	辽宁、吉林、黑龙江	
	上海、浙江、福建、江西、湖北、湖南、广东、广西、海南	

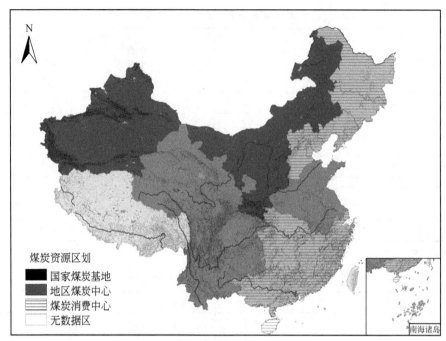

图 8.4　中国煤炭资源供应系统区划

8.2.2　中国 88% 的石油和天然气资源分布在陆上，利用国际石油资源存在地缘政治的制衡

8.2.2.1　油气资源总量及分布的总体评价

1994 年底全国 152 个盆地和地区的第二次油气资源评价结果显示，全国总油气当量为 1320 亿吨，油气当量比为 1:0.4。

到 1998 年，中国有 24 个省、直辖市、自治区发现了油气资源。累计探明石油地质储量 197.7 亿吨，天然气地质储量 19 453 亿立方米。截至 2003 年底，中国剩余的石油可采储量为 32 亿吨，天然气剩余可采储量为 2 万多亿立方米。

邱中建和龚再升（1999）预测全国石油总资源量为 940 亿吨，最终可采储量为 150 亿吨。陆上石油资源主要分布在东部和西部含油气区，分别占陆上石油总资源的 53% 和 37%，其他含油气区仅占 10%。预测天然气总资源量为 38 万亿立方米，最终可采储量为 14 万亿立方米。标定可采资源量为 7 万亿立方米，目前已探明天然气储量 2.3 万亿立方米。天然气资源主要分布在中国的中部，其次在西部。中、西部资源之和占陆上天然气总资源的 76.7%。

油气资源的海域分布以南海为主，其次为东海。从表 8.8 可以看出，中国天然气探明储量主要分布在东部、中部和西部三个油气区，占总资源量的 69.98%，具有相当大的开发潜力。2001~2010 年预测新增天然气探明储量为 1.33 万亿~1.90 万亿立方米，最可能实现值为 1.60 万亿立方米。到 2010 年，中国天然气累计探明储量达到 3.46 万亿~4.24 万亿立方米（中国石油天然气总公司规划设计院，1997）。

表 8.8　中国天然气资源地域分布

地区	资源量（万亿立方米）	比例（%）	探明储量（万亿立方米）	比例（%）
东部	4.38	11.47	0.824 844	36.67
中部	11.52	30.28	0.722 556	32.12
西部	10.74	28.23	0.437 524	19.45

地区	资源量（万亿立方米）	比例（%）	探明储量（万亿立方米）	比例（%）
南方	3.28	8.62	0.002 782	0.12
陆上合计	29.92	78.6	1.987 706	88.36
海域	8.12	21.4	0.261 839	11.64
全国合计	38.04	100	2.249 545	100

注：中国石油天然气总公司规划设计院，1997；探明储量为截止到1995年的数据

8.2.2.2 油气资源的分布特点

油气资源的质量分布。陆上含油气盆地的石油资源以常规油为主，占陆上石油资源的65.3%，主要分布在东部含油气区，占52.3%；其次为西部含油气区，占41.2%，东、西部常规油占总常规油的93.5%。由于中国含油气区盆地主要是陆相沉积，故储层物性以中、低渗透为主，低渗透往往伴随着低产能和低丰度，这种低渗油资源为127.2亿吨，占全国陆上资源量的18.3%，主要分布在东部含油气区的东北和渤海湾亚区，其次分布在中部的鄂尔多斯亚区及西部的准噶尔亚区。

陆上重油（稠油）资源为113.5亿吨，占全国陆上资源的16.4%，主要分布在东部含油气区的松辽、二连盆地、渤海湾盆地和西部准噶尔盆地等。

天然气主要是油型气，占陆上天然气总资源量的81.5%，其次为煤型气，占17.7%，生物气主要分布在柴达木盆地和南方含油气区的一些小盆地（如杭州湾地区），其资源量为2300亿立方米，仅占0.8%。

油气资源的埋深分布。中国陆上石油资源56%（资源量为387.3亿吨）分布在2000~3500米范围，约有24%（资源量为167.7亿吨）的资源埋深超过3500米。东部含油气区资源埋深浅，小于3500米；中部、南方及西藏含油气区资源埋深中等，主要分布在2000~3500米深度范围内，西部含油气区则以大于3500米深度为主，且大于4500米深度的资源占32.4%（表8.9）。天然气资源埋深与石油基本相同。

表8.9 石油资源深度分布

深度范围（米）	资源量（亿吨）	占总资源量比例（%）
<2000	127.5	18.37
2000~3500	356.4	51.35
3500~4500	103.0	14.88
>4500	102.0	14.78

油气资源分布的地理环境。就陆上油气资源分布的自然地理条件而论，石油有35.8%的资源分布在地理环境较复杂的黄土塬、高原、沙漠、山地、沼泽、滩涂等地区（表8.10）；天然气有47.3%的资源分布在以上较复杂的地区。从剩余油气资源来看，石油还有220亿吨，占陆上资源的31.7%，天然气还有134 200千亿立方米，占45.1%的资源。分布在较复杂地区，勘探和开发难度越来越大。

表8.10 石油资源区域分布

区域	资源量（亿吨）	占总资源量比例（%）
海域	246.0	26.17
滩海	29.2	3.11
沼泽	12.1	1.29
沙漠	105.6	11.3

区域	资源量（亿吨）	占总资源量比例（%）
山地	13.0	1.33
黄土源	19.1	2.03
高原	10.2	1.09
平原、丘陵	540.2	53.64
全国	940.0	100

陆上油气资源序列分析。目前全国陆上主要盆地的油气资源探明程度低，同时在不同地区探明程度相差较大。其中，东部地区石油资源探明程度最高，达40.6%，占陆上探明储量的83.5%，中部和西部地区探明程度仅占18.4%和10.4%。石油控制储量偏低，仅占陆上主要盆地资源量的2.75%，且主要集中在东部，占陆上控制储量的80.3%。石油预测储量仍以东部最多，占陆上预测储量的70.3%，其次为西部占18.2%，中部占10.8%。石油推测资源量为319.92亿吨，占陆上总资源的54%，主要分布在东部和西部地区，其中塔里木盆地为93.37亿吨，其次渤海湾盆地为82.28亿吨，松辽和准噶尔盆地分别约为45.68亿吨和41.13亿吨。

陆上天然气探明储量以西部地区最多，占陆上探明储量的58.6%，其中四川盆地为4500亿立方米，鄂尔多斯盆地为2330亿立方米；中部地区的探明程度为5.9%；其次为东部和西部地区，探明程度分别为4.1%和2.3%。控制储量也主要分布在中部，占中部天然气资源的1.8%，占全国天然气控制储量的68.8%。推测资源量主要分布在西部和中部地区，分别为953万亿立方米和9460亿立方米，其中塔里木盆地最多，达8050亿立方米，占西部的84.5%，占陆上推测资源的35.9%。

8.2.2.3 天然气资源区划

根据第二轮油气资源计算结果显示，中国天然气资源总量为38.04万亿立方米，陆上天然气主要分布在中、西部地区。截至1999年底，已探明天然气地质储量20 635.72亿立方米，天然气资源探明率仅5.42%，资源探明程度较低。中国天然气探明储量集中在12个大型盆地，依次为四川、陕甘宁、塔里木、准噶尔、吐哈、柴达木、松辽、渤海湾、渤海海域、东海、莺歌海、琼东南（表8.11）。

表8.11 主要含气盆地资源探明程度

盆地	资源量（亿立方米）	探明储量（亿立方米）	资源探明率（%）
四川	73 575.21	6 419.31	8.72
陕甘宁	41 797.4	3 415.22	8.17
塔里木	83 896.15	2 422.94	2.89
准噶尔	12 289	575.92	4.69
吐哈	3 650	276.94	7.59
柴达木	10 500	1 472.2	14.02
松辽	8 756.5	673.95	7.70
渤海湾	21 181.26	2 020.98	9.54
渤海海域	2 881	267.98	9.30
东海	24 803.4	474.1	1.91
莺歌海	22 390	1 606.64	7.18
琼东南	16 253.4	884.96	5.44
全国合计	380 400	20 635.72	5.42

资料来源：张福东，2005

2007 年中国区域天然气消费与生产情况显示,天然气产地高度集中,80%以上的天然气来自于四川、陕西、新疆与广东四省(区);而天然气消费地则相对分散,消费份额最大的五个省(区、市)依次为四川(15.7%)、新疆(9.8%)、北京(6.5%)、广东(6.4%)、江苏(6.2%)。按八大经济区划分来看,西北、西南与黄河中游地区是中国天然气主产地与消费地,产出量占全国总量的 82%左右,消费超过54%,此外,南部沿海、东部沿海与北部沿海地区消费超过 35%(表 8.12)。

表 8.12 2007 年中国区域天然气消费与生产情况

地 区	消费		生产		地 区	消费		生产	
	总量(亿立方米)	比重(%)	总量(亿立方米)	比重(%)		总量(亿立方米)	比重(%)	总量(亿立方米)	比重(%)
北 京	46.6	6.5	0.0	0.0	河 南	33.1	4.6	15.8	2.3
天 津	14.3	2.0	13.3	1.9	湖 北	8.6	1.2	1.2	0.2
河 北	12.1	1.7	7.1	1.0	湖 南	5.8	0.8	0.0	0.0
山 西	6.9	1.0	0.0	0.0	广 东	45.7	6.4	52.5	7.6
内蒙古	26.5	3.7	0.0	0.0	广 西	1.3	0.2	0.0	0.0
辽 宁	14.2	2.0	8.7	1.3	海 南	23.4	3.3	2.0	0.3
吉 林	6.5	0.9	5.2	0.8	重 庆	43.5	6.1	5.0	0.7
黑龙江	30.7	4.3	25.5	3.7	四 川	112.2	15.7	187.5	27.1
上 海	27.8	3.9	5.1	0.7	贵 州	5.1	0.7	0.0	0.0
江 苏	44.6	6.2	0.6	0.1	云 南	5.5	0.8	0.1	0.0
浙 江	18.1	2.5	0.0	0.0	陕 西	41.3	5.8	110.1	15.9
安 徽	4.0	0.6	0.0	0.0	甘 肃	13.0	1.8	0.6	0.1
福 建	0.5	0.1	0.0	0.0	青 海	20.3	2.8	34.0	4.9
江 西	1.0	0.1	0.0	0.0	宁 夏	9.0	1.3	0.0	0.0
山 东	23.3	3.3	7.8	1.1	新 疆	69.8	9.8	210.2	30.4

资料来源:根据《2008 年中国能源统计年鉴》计算整理

伴随着社会经济的快速发展,中国对天然气资源的消费需求不断上升,天然气资源供需形势日趋紧张。预测显示,中国天然气供需缺口,2010 年为达 130 亿立方米,2015 年达 300 亿立方米(周总瑛等,2003),2020 年这一缺口将进一步扩大到 500 亿~800 亿立方米(赵贤正等,2004)。2010 年之后,天然气消费市场主要集中在长江三角洲、环渤海和东南沿海(表 8.13)(崔民选,2009)。

表 8.13 2008~2020 年中国天然气需求预测(亿立方米)

区域	2008 年	2010 年	2015 年	2020 年
东北	94.4	144.5	219.5	294
环渤海	147.1	203.8	271.2	318.2
长江三角洲	211.5	277	369.8	420.6
中南	87	114.5	159.8	195
中西部	91.5	114.5	164.4	195.7
西北	138.9	162.7	174.2	190
西南	165.8	198.9	245.9	274.8
东南沿海	141.6	189	387.6	457.4

资料来源:《中国化学工业年鉴 2005-2006》(上卷)

综上所述,为了引导天然气产能与资源在中国各区域的有效配置,在上述工作基础上,我们就未来中长期中国各区域在天然气供应系统的功能定位进行简单界定。大体上,中国各区域可以初步划分为国家天然气基地、天然气地区生产中心与天然气消费中心三大类型区（表8.14和图8.5）。

表8.14 中国天然气资源供应系统区划及功能描述

定位	规划区	功能描述
国家天然气基地	主要省份：四川、陕甘宁、新疆与广东 主要盆地：鄂尔多斯、四川、塔里木、柴达木、莺歌海、琼东南、东海、准噶尔、吐哈、陕甘宁	是天然气资源最丰富的重点开发地区，在满足本区域天然气需求之外，天然气存在大量盈余，初步形成"陕气进京"、"川气出川"、"西气东输"、"海气登陆"的天然气流动格局，有助于缓解长期东部地区天然气供应紧张的局面，是国家重要的天然气输出基地
天然气地区生产中心	主要省份：青海、天津、河北、辽宁、吉林、黑龙江、山东、河南 主要盆地：渤海湾、渤海海域、松辽、	天然气资源次优开发地区，主要用于满足本区域天然气消费需求，中长期来看，不能完全满足本区域的消费需求，仍需从外调入天然气资源
天然气消费中心	北京、山西、内蒙古、上海、江苏、浙江、安徽、福建、江西、湖北、湖南、广西、海南、重庆、贵州、云南	天然气资源贫乏地区，需建立大量天然气管网用以承接外地天然气输入，是"陕气进京"、"川气出川"、"西气东输"、"海气登陆"的主要的汇集地，也是天然气供需缺口最大，国家宏观调控重点调节地区

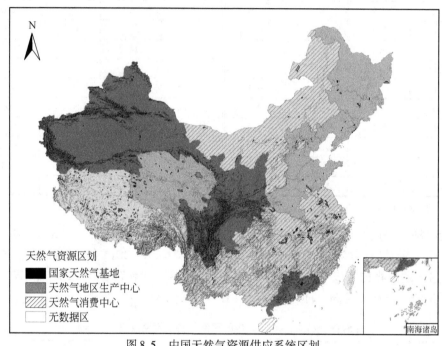

图8.5 中国天然气资源供应系统区划

未来我国的天然气供应将呈现四种格局：一是西气东输，西部优质天然气输送到东部沿海；二是北气南下，来自我国北部（包括从俄罗斯引进的）天然气，供应南部的环渤海、长江三角洲、珠江三角洲等区域；三是海气登陆，一方面是将我国近海地区自己生产的天然气输送到沿海地区，另一方面是将进口液化天然气优先供应沿海地区；四是就近供应，即各资源地周边地区就近利用天然气（崔民选，2009）。

8.2.2.4 原油资源区划

为了从宏观上把握中国石油资源发展的基本趋势，本章根据传统分区办法，将全国划分为东北区、华北区、江淮区、西北区、海域和南方区六个大区。一般常将东北区、华北区与江淮区三大区称为东部老油区。西北区有探明油田的除鄂尔多斯、准噶尔和塔里木三大盆地外还有柴达木、酒西、吐哈、焉耆和三塘湖等盆地。在南方区有探明储量的盆地仅四川、三水、百色和景谷，由于占全国石油储量的份额太低（2004年占全国剩余可采储份额0.14%），南方区并没有列入表8.15中（中国能源网，2006）。

表 8.15　中国石油资源分布情况

地区	地域范围	地质储量		可采储量		剩余可采储量	
		总量 (亿吨)	比例 (%)	总量 (亿吨)	比例 (%)	总量 (亿吨)	比例 (%)
全国		246.8	100.0	67.3	100.0	24.5	100.0
东北区	松辽、伊通、海拉尔、二连等盆地	72.0	29.2	27.0	40.1	7.7	31.4
华北区	渤海湾盆地	92.5	37.5	22.8	33.8	6.9	28.0
江淮区	南襄、江汉、苏北等盆地	6.0	2.4	1.6	2.4	0.5	2.2
东部老油区	东北、华北、江淮区	170.5	69.1	51.4	76.4	15.1	61.6
西北区	鄂尔多斯盆地及其以西的诸盆地	52.7	21.4	11.0	16.4	6.5	26.8
海域	渤海、南海和东海	22.6	9.2	4.8	7.1	2.8	11.5

资料来源：根据中国能源网（2006）计算整理

地质、可采与剩余可采储量数据显示，中国石油资源主要集中在"三北"地区（东北区、华北区与西北区）。"三北"地区地质、可采与剩余可采储量占全国的份额依次为88%、90.3%和86.1%（表8.15）。截至2004年，陆上石油资源主要集中在以松辽、渤海湾（陆上和海域）、鄂尔多斯、准噶尔和塔里木为代表的地五大盆地，其总和占全国可采储量比例超过90%（中国能源网，2006）。

从2007年中国区域原油消费与生产情况来看，原油生产较为集中，23%的省份集中了超过87%的产能。中国能源生产省份主要分布于"三北"地区，依次为黑龙江（22.4%）、山东（15%）、新疆（14%）、陕西（12.16%）、天津（10.3%）、广东（6.77%）、辽宁（6.5%）。与此相对，原油消费则较分散，23%的省份仅集中了不到61%的石油消费需求，主要省份依次为辽宁（16.7%）、山东（11.6%）、广东（8.3%）、江苏（7%）、浙江（6.4%）、黑龙江（5.3%）、新疆（5.3%）（表8.16）。

表 8.16　2007 年中国区域原油消费与生产情况

地区	消费		生产		地区	消费		生产	
	总量 (万吨)	比重 (%)	总量 (万吨)	比重 (%)		总量 (万吨)	比重 (%)	总量 (万吨)	比重 (%)
北 京	950.9	2.7		0.0	湖 北	910.0	2.6	85.5	0.5
天 津	950.1	2.7	1 924.3	10.3	湖 南	671.7	1.9		0.0
河 北	1 124.8	3.2	660.0	3.5	广 东	2 940.1	8.3	1 261.1	6.8
山 西		0.0		0.0	广 西	153.0	0.4	2.9	0.0
内蒙古	142.8	0.4		0.0	海 南	816.3	2.3		0.0
辽 宁	5 893.5	16.7	1 207.2	6.5	重 庆	0.1	0.0		0.0
吉 林	986.1	2.8	623.9	3.3	四 川	240.0	0.7	18.1	0.1
黑龙江	1 886.0	5.3	4 169.8	22.4	贵 州		0.0		0.0
上 海	1 719.6	4.9	20.7	0.1	云 南	0.1	0.0		0.0
江 苏	2 454.0	7.0	195.7	1.1	西 藏		0.0		0.0
浙 江	2 248.7	6.4		0.0	陕 西	1 608.9	4.6	2 265.9	12.2
安 徽	451.1	1.3		0.0	甘 肃	1 432.9	4.1	82.9	0.4
福 建	352.3	1.0		0.0	青 海	110.2	0.3	220.7	1.2
江 西	396.5	1.1		0.0	宁 夏	156.8	0.4		0.0
山 东	4 075.7	11.6	2 793.1	15.0	新 疆	1 873.4	5.3	2 604.3	14.0
河 南	713.8	2.0	485.1	2.6	全国总计	35 259.1	100.0	18 621.2	99.9

资料来源：根据《2008 年中国能源统计年鉴》计算整理

目前，由于东部老油区已进入开发后期阶段，稳产难度很大，而中部、西北以及青藏三大原油资源区目前尚处于勘探初期，是中国石油工业增储的主战场和战略资源接替基地。此外，中国近海海域石油资源丰富，东海、渤海湾、珠江口、北部湾等 11 个大中型盆地的石油资源量占全国总资源量的 24.1%。整体而言，中国海域石油资源探明程度不高，储量替代率达到 157%，特别是 2007 年南堡油田等大型油田的发现，使渤海海域展现出广阔的勘探开发前景（崔民选，2009）。综上，海域与中部、西北以及青藏三大油区将成为中国石油工业的一个重要战略接替区。有鉴于此，依据中长期各区域在中国石油工业中的不同定位，可以大致划分为原油主产区、原油接替区与原油汇集区三个功能区（表 8.17 和图 8.6）。

表 8.17　中国石油资源供应系统区划及功能描述

定位	规划区	功能描述
原油主产区	主要省份：黑龙江、山东、天津、河北、新疆、陕西、辽宁、吉林、广东 主要盆地及地区：松辽、渤海湾（陆上和海域）、鄂尔多斯、准噶尔和塔里木、南海	是目前石油资源储量丰富的重点开发地区，已初步形成"北油南运"（包括俄罗斯原油管道）、"西油东运"、"海油登陆"的石油流动格局，有助于缓解长期东部地区石油供应紧张的局面，是国家重要的石油输出基地
原油接替区	主要省份：新疆、西藏、青海、河南、广东、广西 主要地区：近海海域、中部、西北及青藏	石油资源接替区，目前尚处于勘探初期，主要用于补充东部老油区进入开发后期导致的储量与产量下降，以期实现新老油区的平稳过渡
原油汇集区	主要地区：东北（辽宁、吉林、黑龙江）、京津冀、长三角（上海、江苏、浙江）、珠三角	对石油资源需求旺盛，是"北油南运"、"西油东运"、"海油登陆"的主要的汇集地，国家宏观调控重点调节地区

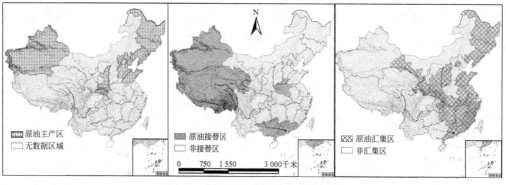

图 8.6　中国石油资源供应系统区划

8.2.2.5　全球可以真正产生贸易流动的能源资源只有石油

近年来，国际石油价格持续飙升，给中国利用国际石油资源带来巨大的挑战。

中国石油资源长期短缺已成定局。单纯从石油可供量看，虽然西部和海域尚有一定的发展潜力，但是，由于勘探投入不足，我国目前探明可供开发的可采储量人均不足 2 吨。东部地区的大庆、辽河、胜利等主要油田均已进入中晚期，稳产难度越来越大；西部战略新区增产幅度不足以弥补东部产能的递减，接替东部油田的战略目标短期内难以实现；海上勘探虽有进展，但从目前剩余可采储量和增储情况分析，到 2010~2015 年产能尚难有影响全局的突破。因此，尽管中国石油供给持续上升（表 8.18），但是，自 1993年以来，中国成为石油净进口国，并且石油生产量与消费量的差额一直处于快速增长之势（图 8.7）。

表 8.18　近年来中国石油可供量（万吨）

年份	石油生产量	石油消费量	石油产消差额	石油净进口量	石油可供量
1990	13 831	11 486	2 345	-2 355	11 476
1991	14 099	12 384	1 716	-1 455	12 644
1992	14 210	13 354	856	-565	13 354

续表

年份	石油生产量	石油消费量	石油产消差额	石油净进口量	石油可供量
1993	14 524	14 721	−197	988	15 512
1994	14 608	14 956	−348	290	14 898
1995	15 005	16 065	−1 060	1 005	16 010
1996	15 733	17 436	−1 703	1 395	17 128
1997	16 074	19 692	−3 618	3 384	19 458
1998	16 100	19 818	−3 718	2 913	19 013
1999	16 000	21 131	−5 131	4 381	20 381
2000	16 300	22 437	−6 137	6 874	23 274
2001	16 500	21 806	−5 306	7 416	23 916
2002	16 700	24 600	−7 900	6 220	22 920
2003	17 010	26 470	−9 460	9 735	26 745

资料来源：1990~2001年的数据来自国家统计局；2002年产量数据来自吴季松（2003）；净进口量来自国家海关总署；2003年数据来自油气信息简报（2004）

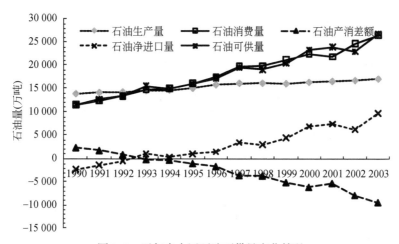

图8.7 近年来中国石油可供量变化情况

世界石油资源集中分布在中东-北非、中亚-俄罗斯和北美三个地区，其探明总剩余石油开采储量占世界的82.3%，中东-北非占68%、中亚-俄罗斯占6.3%、北美占8%；待探明可采资源则占世界的72%，中东-北非29.7%、中亚-俄罗斯占22.4%、北美占20%。

就中国而言，必须利用国外石油资源，建立我国稳定的油气资源供应渠道。在加强国内勘查、开发的同时，根据国际油价格变化情况，伺机增加石油进口。进口时，一要注意进口来源的多元化；二要注意进口方式的多样化；三要注意进口品种的多样化；四要注意逐步优化石油贸易结构。此外，在国家严格控制石油总量平衡和建立健全市场准入机制的情况下，随着我国加入WTO，国内石油市场将逐步对外开放，以促进我国石油贸易的进一步发展，并逐步加大参与国外石油勘探开发的力度。到海外勘探开发石油，是一项周期长、风险高、投入大的活动。目前，我国海外石油勘探开发尚处于起步阶段，实力较弱，需要给予资金上的支持。建立国外供应基地时，应以富产油的周边国家和发展中国家为主，以现在储量开发为主，积极开拓，逐步发展。

8.2.3 中国68%的水能资源不能转化为电能

8.2.3.1 中国水能丰富但可利用的资源有限

中国境内河流众多、水量丰沛、流域广阔、落差巨大，蕴藏着非常丰富的水能资源，居世界首位。

据对全国水资源蕴藏量大于1万千瓦的3019条河流的普查统计，全国水能理论蕴藏量为6.76亿千瓦，其中可开发量为3.78亿千瓦，年电能为59 200亿千瓦·时，年可利用电能为19 200亿千瓦·时，仅为理论蕴藏量的32%，也就是说，中国68%的水能资源不能转化为电能。不论是水能资源蕴藏量，还是可开发的水能资源，中国在世界各国中均居第一位。

水电被认为是替代化石燃料的首选，但实际上，中国水能资源也很有限。即使中国经济上合理开发的水电全部开发完毕，仅可满足2020年发电量的28%，占当年一次能源需求的12%左右。

中国水能资源分布偏于西南，主要分布在长江、雅鲁藏布江及西南国际诸河上，三者水能资源占全国的79.7%。西南地区的水能资源占全国的67.8%，其中川、藏、滇三省区占全国的64.4%。

8.2.3.2 巨大的河流落差造就了中国丰富的水能资源蕴藏量

水能资源蕴藏量，系河流多年平均流量和全部落差经逐段计算的水能资源理论平均。一个国家水能资源蕴藏量之大小，与其国土面积、河川径流量和地形高差有关。中国国土面积小于原苏联和加拿大，年径流总量又小于巴西、原苏联、加拿大和美国。中国水能蕴藏量之所以能超过这些国家而居世界首位，其决定性因素在于中国地形高低悬殊，河流落差巨大。

中国的主要河流，一般都有二三十年的实地水文观测资料，有些具备长达百年左右的水文资料，故水能资源计算有较可靠的依据。统计中，凡国际河流只计中国境内河段；国界河流，只计一半。据此，将全国水能蕴藏量，划分为十个流域（片）统计，如表8.19所示。

表8.19　全国水能蕴藏量的区域分布

编号	流域	理论出力（万千瓦）	年发电量（亿千瓦·时）	占全国比例（%）
	全国	67 604.71	59 221.8	100.0
1	长江	26 801.77	23 478.4	39.6
2	黄河	4 054.80	3 552.0	6.0
3	珠江	3 348.37	2 933.2	5.0
4	海滦河	294.40	257.9	0.4
5	淮河	144.96	127.0	0.2
6	东北诸河	1 530.60	1 340.8	2.3
7	东南沿海诸河	2 066.78	1 810.5	3.1
8	西南国际诸河	9 690.15	8 488.6	14.3
9	雅鲁藏布江及西藏其他河流	15 974.33	13 993.5	23.6
10	北方内陆及新疆诸河	3 698.55	3239.9	5.5

8.2.3.3 中国实际可开发的水能资源很少

所谓可能开发的水能资源，系指经过查勘、规划（只少数边远河流在室内研究规划），对各河流拟定的代表性梯级开发方案中的各级水电站，包括已建、在建和尚未开发水电站所定装机容量和年发电量进行统计计算得到。可能开发的水能资源，除已建、在建的以外，对于尚未开发的水能资源，按照其勘测设计工作的深度，分为四类：一类资源，地质勘测、工程设计做得比较多，已达到选坝址阶段或初步设计阶段；二类资源，已进行了一定的地质勘测和规划设计工作，对建设条件有了一般了解；三类资源，只进行过现场查勘，拟定了梯级布置，未进行地质钻探；四类资源，未进行过查勘，只在室内进行过研究和估算。据统计，中国水能资源可能开发率，即可能开发的水能资源的年发电量与水能资源蕴藏量的年发电量之比为32%。中国可能开发的水能资源按十个流域（片）统计的结果如表8.20所示。

表 8.20　全国可开发的水能资源区域分布

编号	流域	装机容量（万千瓦）	年发电量（亿千瓦·时）	占全国比例（%）
	全国	37 853.24	19 233.04	100.0
1	长江	19 724.33	10 274.98	53.4
2	黄河	2 800.39	1 169.91	6.1
3	珠江	2 485.02	1 124.78	5.8
4	海滦河	213.48	51.68	0.3
5	淮河	66.01	18.94	0.1
6	东北诸河	1 370.75	439.42	2.3
7	东南沿海诸河	1 389.68	547.41	2.9
8	西南国际诸河	3 768.41	2 098.68	10.9
9	雅鲁藏布江及西藏其他河流	5 038.23	2 968.58	15.4
10	北方内陆及新疆诸河	996.94	538.66	2.8

8.2.3.4　水能资源区划

2001年以来，全国水能资源复查采用国际通用方法评价水能资源，按理论蕴藏量、技术可开发量、经济可开发量和已正开发量（含已建、在建水电站）分别进行统计汇总。我国各省（自治区、直辖市）水力资源复查成果汇总情况显示，中国水能资源蕴藏十分丰富，地理分布相对集中。

从理论蕴藏量来看，中国西北与西南地区是中国水能资源分布最丰富也最集中的地区，年发电量与平均功率在全国总量中的份额均接近85%。其次为长江中游与黄河中游地区，理论蕴藏量年发电量占全国份额分别为5.5%、4.2%；平均功率分别为5.5%、4.1%。南部、东部与北部沿海地区无论年电量还是平均功率均不足3%（表8.21）。

表 8.21　我国水能资源复查成果汇总表（八大经济区）

	理论蕴藏量		技术可开发量		经济可开发量		已正开发量	
	年发电量（亿千瓦·时）	平均功率（万千瓦）	装机容量（万千瓦）	年发电量（亿千瓦·时）	装机容量（万千瓦）	年发电量（亿千瓦·时）	装机容量（万千瓦）	年发电量（亿千瓦·时）
南部沿海	1 546.4	1 765.3	1 614.2	572.2	1 528.7	542.7	969.6	197.7
东部沿海	689.8	787.5	670.2	163.2	663.6	161.4	444.6	105.7
北部沿海	301.7	344.5	181.6	38.7	130.3	26.6	72.2	15.8
东北地区	1 143.4	1 305.3	1 504.5	416.6	1 399.8	386.4	621.5	146.9
长江中游	3 368.7	3 845.5	5 379.8	2 073.5	5 186.4	2 003.1	4 098.2	1 616.6
黄河中游	2 533.6	2 892.3	1 614.9	513.1	1 576.9	499.5	591.2	193.2
西北地区	24 387.9	27 840.1	16 179.4	7 889.0	4 996.7	2 043.1	983.1	467.8
西南地区	26 857.5	31 359.3	27 018.9	13 073.0	24 697.3	11 871.2	5 163.9	2 362.3
全国统计	60 829.0	70 139.8	54163.5	24 739.3	40 179.7	17 534.0	12 944.3	5 106.0

注：表中的数值统计范围为理论蕴藏量1万千瓦及以上河流和这些河流上单站装机容量500千瓦及以上的水电站，不含港、澳、台地区。

资料来源：根据中国可再生能源战略研究项目组《中国可再生能源发展拿战略研究丛书（水能卷）》（2008）整理

从各区域已正开发（已经开发及正在开发）绝对情况来看，西南地区占全国水能资源装机容量与年发电量的份额最大分别为39.9%、46.3%，其次长江中游地区为31.7%、31.7%；西北地区第三，已正开发装机容量与年发电量份额分别为7.6%、9.2%；第四为南部沿海地区为7.5%、3.9%；北部沿海地区占全国装机容量与年发电量份额最低，分别为 0.6%、0.3%。

从各区域已正开发相对情况即各地区已正开发量占经济可开发量比重来看，西北与西南地区已正开发装机容量与年发电量占经济可开发装机容量与年发电量的比重最低，均不足 25%。与此相对长江中游地区已正开发装机容量与年发电量占经济可开发装机容量与年发电量的比重最高，均接近 80%；其次为东部沿海地区，均超过 65%；第三为北部沿海地区，均超过 55%；东部沿海地区已正开发装机容量占经济可开发装机容量的比重超过 63%；但已正开发年发电量的比重却不足 40%；东北地区与黄河中游地区则基本维持在 40% 左右的水平。

综上所述，中国现阶段水能资源分布与开发现状显示，西北与西南地区水能资源理论蕴藏量十分丰富，但是开发不足，存在巨大的持续开发利用潜力。长江中游地区开发程度趋于饱和，进一步开发的潜力十分有限。南部、东部与北部沿海地区虽然现阶段仍具有一定的开发空间，但是由于受到水能资源理论蕴藏量的限制，未来水能资源可开发利用潜力不大。东北与黄河中游地区，尚存在较大的开发空间，但由于水能资源蕴藏量并不丰富，未来水能资源可开发利用潜力一般。表 8.22 和图 8.8 为中国未来水电资源供应系统区划及相应功能的简单描述。

表 8.22　中国水电供应系统区划及功能描述

定位	规划区	功能描述
国家水电基地	西北：甘肃、青海、宁夏、西藏、新疆	是水能资源最丰富的重点开发地区，在满足本区域电力需求之外，电力存在大量盈余，肩负着"西电东输"缓解中长期东部地区电力供应紧张局面的重任，是国家重要的水电输出基地
	西南：广西、云南、贵州、四川、重庆	
地区水电中心	长江中游：湖北、湖南、江西、安徽	水能资源次优开发地区，主要用于满足本区域消费，略有盈余，无法对国家区域中长期电力供应区域宏观调控产生重大影响
	黄河中游：陕西、河南、山西、内蒙古	
	东北地区：辽宁、吉林、黑龙江	
水电输入中心	南部沿海：广东、福建、海南	水能资源贫乏地区，不适宜进行大规模水电站建设，是水电"西电东输"主要的汇集地，也是电力供需缺口最大、国家宏观调控重点调节的地区
	东部沿海：上海、江苏、浙江	
	北部沿海：京津冀、山东	

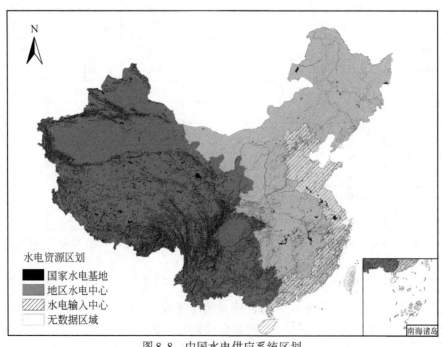

图 8.8　中国水电供应系统区划

此外，到 2010 年，全国小水电规划装机 5000 万千瓦。建成四川、福建、广东、云南、浙江、湖北、广西、湖南八个小水电强省（区）。建成广东韶关、清远，福建三明、龙岩、宁德，浙江丽水，四川雅安、阿坝、凉山，湖北十堰、恩施、宜昌，湖南郴州，广西桂林和江西赣州 15 个小水电基地（崔民选，2009）。

8.2.4 太阳能资源及利用

8.2.4.1 太阳能是优质的替代能源

中国陆地面积每年接收的太阳能辐射总量在 3300 ~ 8 400 000 千焦耳/（平方米·年）之间，相当于 2.4 万亿吨标准煤，属太阳能资源丰富的国家之一。中国西藏、青海、新疆、甘肃、宁夏、内蒙古高原等地区的总辐射量和日照时数均为全国最高，年平均日照时间在 3000 小时左右，年辐射总量在 1500 ~ 1800 千瓦·时/平方米。除四川盆地、贵州太阳能资源稍差外，东部、南部及东北等其他地区为太阳能资源较富和中等区（赵玉文，2000）。

专家测算，按目前及未来发展势头，30 ~ 40 年后全世界化石燃料生产与消耗将出现峰值，此后将逐渐开始减少，因此人类必须很快找到新的替代能源。在可再生能源中，专家们一致首选太阳能。这是因为，火热的太阳每秒钟释放出的能量，相当于燃烧 1.28 亿吨标准煤所放出的能量，每秒钟辐射到地球表面的能量约为 17 万亿千瓦，相当于目前全世界一年能源总消耗量的 3.5 万倍。专家估算，按现在太阳能每年 20% ~ 30% 的增长速度发展，20 年内新增太阳能热水系统节省的总电量就将达到相当于三峡水电站 23 年的发电总和。再过 50 年，全世界利用可再生能源的比例将占到总一次能源的 50% 以上，其中太阳能约占 13% ~ 15%；到 2100 年，可再生能源利用量将占总能源消耗的 86%，其中太阳能约占 67%、太阳能发电占 64%。另外，太阳能资源的数量、分布的普遍性、清洁性和技术的可靠性，都优越于风能、水能、生物质能等其他可再生能源。

8.2.4.2 太阳能利用的技术有待进一步突破

太阳能利用技术主要分为两个方面：一是太阳能的热利用技术，二是太阳能的光伏发电技术。

（1）太阳能热利用技术

太阳能热水器。太阳能热水器是中国太阳能利用中应用最广泛、产业化发展最迅速的领域，1979 ~ 1998 年平均年增长率 35%。1998 年全国热水器产量约 400 万平方米，总安装量约 1400 万平方米，居世界第一位。

太阳能建筑。中国 20 世纪 70 年代开始被动太阳房采暖建筑的研究开发和示范，至今已推广约 1000 万平方米（建筑面积）。目前被动太阳房开始由群体建筑向住宅小区发展。中国被动太阳房采暖节能 60% ~ 70%，平均每平方米建筑面积每年可节约 20 ~ 40 公斤标准煤，发挥着良好的经济和社会效益，但在技术水平上同国外还有相当大的差距。

（2）光伏发电技术

中国太阳能电池的研究开始于 1958 年，20 世纪 80 年代中后期，初步形成生产能力达到 4.5 兆瓦太阳能光伏产业，其中单晶硅电池 2.5 兆瓦，非晶硅电池 2 兆瓦。目前单晶硅电池是中国市场上的主体产品，效率已达到 12% ~ 14%，同国际水平 14% ~ 15% 相比差距已经不大；组件成本已降至 42 ~ 45 元，与进口的同类产品价格基本持平。与此同时，非晶硅薄膜电池、多晶硅薄膜电池以及高效单晶硅太阳能电池等的研究，都取得了积极的成果。其中成本较低的非晶硅电池和多晶硅薄膜电池分别形成批量生产。

通过长期的研究与实践，增强了中国太阳能电池的研究开发能力。目前全国有 40 多个单位从事太阳电池的研究、开发和生产；太阳能电池制造工艺不断得到改进；基础材料的国产化取得重要进展，一些过去需要进口的材料现在中国自己能生产，已基本具备独立设计和建设现代化太阳能电池生产线的能力（张正敏等，1999）。

中国光伏组件生产逐年增加，成本不断降低，市场不断扩大，装机容量逐年增加，1999 年底累计约 15 兆瓦。应用领域包括农村电气化、交通、通信、石油、气象、国防等。特别是光伏电源系统解决了许多农村学校、医疗所、家庭照明、电视等用电需求，对发展边远贫困地区的社会经济和文化发挥了十分重要的作用。

8.2.4.3　太阳能资源区划

近年来，随着太阳能产业的迅速成长，国际上对太阳能在未来能源结构中的份额预测也呈现出增长趋势。欧洲联合研究中心（JRC，2004）预测 21 世纪前半期人类能源结构将发生根本性变革，太阳能将是未来最主要的战略能源。21 世纪中叶，太阳能在全球能源结构中的比重将接近 30%，2100 年这一比重将迅速提升至 67%。与此同时，太阳能发电 21 世纪中叶在能源结构中的比例也将升至 24%，2100 年将增长至 64%，太阳能在未来能源结构中的重要性将不断提升（表 8.23）。

表 8.23　太阳能在未来世界能源结构中的变化

能源形势	2050 年在能源结构中比例（%）	2100 年在能源结构中比例（%）
可再生能源	52	86
太阳能	28	67
太阳能发电	24	64

资料来源：中国可再生能源战略研究项目组，2008c

现阶段，中国政府也初步明确了太阳能发展的中长期目标。到 2010 年光热利用面积达到 1.5 亿平方米，2020 年将在 2010 年的基础上翻一番；光电装机容量在 2010 年将达到 30 万千瓦，2020 年将快速增长至 200 万千瓦，大约可以替代 4 千万吨标准煤常规能源（中国可再生能源战略研究项目组，2008c）。为了便于太阳能资源的开发利用，王炳忠等（1983）对我国太阳能资源进行了三级区划[①]。

表 8.24 是按照太阳总辐照量空间分布即第一级区划方法进行的分区。总体而言，我国太阳能资源十分丰富，大体上可以划分为太阳能极丰富带、很丰富带、丰富带以及一般带四大区域。其中，极丰富带包括西藏大部分、新疆南部以及青海、甘肃和内蒙古的西部；很丰富带包括新疆大部、青海和甘肃东部、宁夏、陕西、山西、河北、山东东北部、内蒙古东部、东北西南部、云南、四川西部；丰富带主要分布在黑龙江、吉林、辽宁、安徽、江西、陕西南部、内蒙古东北部、河南、山东、江苏、浙江、湖北、湖南、福建、广东、广西、海南东部、四川、贵州、西藏东南角、台湾；一般带则主要分布于四川中部、贵州北部以及湖南西北部地区。为了促进太阳能产能在空间上的有序布局和快速增长，本研究在上述太阳能资源区划基础上，对未来各区域在太阳能光伏发电供应体系中的功能进行了界定（表 8.24，图 8.9）。

表 8.24　太阳能资源区划及功能定位

定位	名称	指标 [千瓦·时 /（平方米·年)]	占国土面积比例（%）	地区	功能描述
国家光电基地	极丰富带	≥1 750	17.4	西藏大部分、新疆南部以及青海、甘肃和内蒙古的西部	太阳能资源利用条件最佳的重点开发地区，适宜建大型"光伏发电站"。现阶段主要满足本区域及邻近区域用电需求，未来有可能成为国家重要的电力输出基地

---

①　第一级区划按年太阳辐照量分区；第二级区划是利用各月日照数大于 6h 的天数这一要素为指标的；第三级区划是利用太阳日变化的特征值作为指标的。

定位	名称	指标 [千瓦·时/(平方米·年)]	占国土面积比例（%）	地区	功能描述
地区光电中心	很丰富带	1 400~1 750	42.7	新疆大部、青海和甘肃东部、宁夏、陕西、山西、河北、山东东北部、内蒙古东部、东北西南部、云南、四川西部	太阳能资源利用条件次优开发地区，太阳能"光伏发电"主要用于满足本区域用电需求；此外，未来若有盈余可在一定程度上缓解邻近区域的用电紧张局面。
	丰富带	1 050~1 400	36.3	黑龙江、吉林、辽宁、安徽、江西、陕西南部、内蒙古东北部、河南、山东、江苏、浙江、湖北、湖南、福建、广东、广西、海南东部、四川、贵州、西藏东南角、台湾	
不适宜开发区	一般带	<1 050	3.6	四川中部、贵州北部、湖南西北部	该区域是我国太阳辐射资源最小的地区，不适宜太阳能资源的大规模开发利用

资料来源：中国可再生能源战略研究项目组，2008c

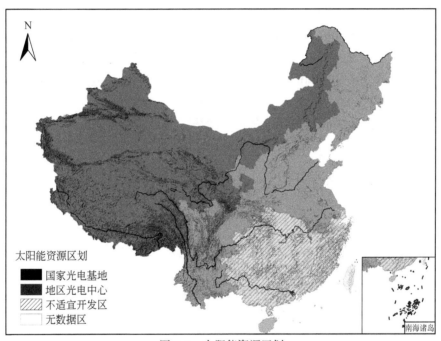

图 8.9　太阳能资源区划

8.2.5　风能资源及利用

8.2.5.1　中国具有大规模开发风电的资源基础

据中国气象科学研究院研究，中国 10 米高度层实际可开发的风能储量为 2.53 亿千瓦。如果年满功率发电按 2000~2500 小时计，风电的年发电量可达 5060~6325 亿千瓦·时，足见中国风能资源丰富，但可供经济开发的风能储量有待查清。

中国风能丰富的地区主要分布在西北、华北和东北的草原或戈壁及东部、东南沿海及岛屿，这些地区一般都缺少煤炭等常规能源，冬春季风大、降雨量少，夏季风小、降雨量大，与水电的枯水期和丰水期有较好的互补性（表 8.25）。中国东部的浅海海域面积辽阔，风能资源丰富，风速较稳定，靠近中国东部主要用电负荷区域，具有建设海上风电场的巨大潜力，初步估计约为陆上风能资源的三倍，即7.5亿千瓦（施鹏飞，2000）。

表8.25　中国风力资源的主要分布（亿千瓦）

省（区）	风力资源	省（区）	风力资源
内蒙古	0.617 8	山东	0.039 4
新疆	0.343 3	江西	0.029 3
黑龙江	0.172 3	江苏	0.023 8
甘肃	0.114 3	广东	0.019 5
吉林	0.063 8	浙江	0.016 4
河北	0.061 2	福建	0.013 7
辽宁	0.060 6	海南	0.006 4

资料来源：中国可再生能源战略研究项目组，2008b

已进行的风能资源普查表明，内蒙古、新疆、黑龙江和甘肃的风能资源都在0.1亿千瓦以上，具有大规模开发风电的资源条件（王淑娟等，1999）。

8.2.5.2　风力发电是西部地区的重要替代能源

中国拥有风力发电的巨大资源潜力。在西部地区，如新疆、内蒙古、西藏、青海、甘肃等地，由于地理位置特殊，又缺少水源，风力发电就成为能源开发的首选项。目前，在新疆达坂城、内蒙古辉腾锡勒、河北张北等地，已建成了大规模的风力发电站。在内蒙古，已有60万居住在偏远地区的牧民用风力发电解决了生活、生产用电，极大地提高了生产效率和生活质量。

国家电力公司已将风电作为中国电力工业的重要组成部分，并制定了发展规划，2000年，全国风力发电装机容量将达到40万千瓦。

8.2.5.3　风电场的建设已步入产业化的发展阶段

中国风电场的建设，始于1986年。截至1999年底，全国11个省（区）先后建起了共24座风电场。全国风电总装机容量和机组台数达到262 350千瓦和594台。

在风电场建设的前8年，全国风电（共12个风电场）总装机容量为13 300千瓦，年平均装机只有1662.5千瓦。1994年全国风电新增装机容量为12 900千瓦，年装机容量首先突破万千瓦大关。在1994～1999年，全国风电（包括21个风电场）共装机容量为249 050千瓦，年均装机41 508千瓦。表明中国风电场建设已步入产业化发展的阶段。其中"九五"期间4年，共装机224 850千瓦，占全国风电总装机容量的85.7%。

中国风电场的建设对机组容量的选型起步较高。在风电场的试验、示范阶段，平均单机容量为129.4千瓦，至1993年达到155千瓦；在产业化发展阶段，平均单机容量为313.2千瓦，至1999年达到442千瓦（表8.26）。在后来的开发中，又及时跟上了国际大中型风电机组的发展步伐。特别是"九五"期间，450～750千瓦的大中型风电机组备受青睐。在此4年间，中国风电场大中型机组装机容量共有208 550千瓦，占同期全国风电新增装机容量的92.8%。

表8.26　全国风电场装机容量发展情况（万千瓦）

年份	1990	1993	1994	1995	1996	1997	1998	1999
当年新增		1.05	1.48	0.68	2.14	10.92	5.69	4.47
累计容量	0.4	1.45	2.93	3.61	5.75	16.67	22.36	26.83

8.2.5.4　中国风电技术进展很大

在风电技术上，中国采取了与国外不同的技术路线，即在风能开发利用的初期，以开发微型和小型风力机为主，进而逐渐发展大型机组。中国50~200瓦的微型风力发电机组已形成年产两万台风电机组的能力，正在内蒙古、新疆、青海等牧区和沿海广泛推广和应用；1~20千瓦的小型风力发电机也研制成功，达到了小批量的生产阶段。到目前为止，中国自主开发的200千瓦风电机组国产化率已达到90%以上；300千瓦风机的主要零部件国产化也已通过考核；风力机控制系统的国产化开发取得了很大进展；通过引进消化吸收，600千瓦风电机组的国产化率已达到50%。

中国从20世纪70年代末期自行开发了多种微型（100~1000瓦）充电用的风电机组，而且初步形成产业，年产量超过1万多台，居世界第一，有的产品还销售到国外市场。中国已形成年产30万台0.1千瓦至5千瓦独立运行小型风力发电机组的能力。

目前我国的风能利用方面与国际水平还有一定差距，但是发展很快，无论在发展规模上还是发展水平上都有很大提高。2004年全国在建项目的装机容量约150万千瓦，其中正在施工的约42万千瓦，可研批复的68万千瓦，项目建议书批复的45万千瓦，包括五个10万千瓦特许权项目。

8.2.5.5　风能资源区划

基于2384个气象台站1971~2000年的地面观测资料以及国家发展和改革委员会下发的《全国风能资源评价技术规定》，按照统一的技术标准，由中国气象局牵头完成了省（自治区、直辖市）级风能资源评价工作（中国气象局，2006）。总体上，中国的风能资源高值区主要分布在三个地带：一是包括西北地区大部、华北北部、东北大部的北部风能资源极丰富带；二是沿海风能资源丰富地带；三是青藏高原腹地。中国大部分内陆省份以及广东、广西的山区及塔里木盆地为我国风能最小区，年平均风功率密度大多在50瓦/平方米以下，风能资源相对贫乏（中国可再生能源战略研究项目组，2008b）。

在明晰中国风能资源区划的基础上，按照年平均风功率密度进一步对各区域风电开发功能进行初步定位。具体而言，中国风电开发大体上可以分为重点开发区（国家风电基地）、次优开发区（地区风电中心）与不适宜开发区三种类型，见表8.27和图8.10所示。

表8.27　中国风能资源区划及功能定位

定位	名称	指标（瓦/平方米）	地区	功能描述
国家风电基地	北部风能极丰富带	>150	"三北"（东北、西北、华北）风能丰富带。主要省份包括：内蒙古、甘肃、青海、西藏、新疆、宁夏、陕西北部长城沿线、山西五台山、管涔山、吕梁山一带；河北北部、黑龙江、吉林中部平原、辽宁等近200千米宽的地带	风能资源开发条件最佳的重点开发地区，适宜建立大型"风电发电站"。可开发利用的风能储量约2亿千瓦，占全国可利用储量的79%。该地区地形平坦，交通方便，没有破坏性风速，是我国连成一片的最大风能资源区，有利于大规模地开发风电场。现阶段主要满足本区域及邻近区域用电需求，未来有可能成为国家重要的电力输出基地
地区风电中心	沿海风能丰富带	100~150	东部、东南部沿海以及岛屿：广东、福建、海南、上海、江苏、浙江、山东	冬春季的冷空气、夏秋的台风，都能影响到沿海及其岛屿，是我国风能最佳丰富区，年有效风功率密度在200瓦/平方米以上，可利用小时数约在7 000~8 000小时，是风能资源优先开发地区，适宜建立大规模沿海风电场。现阶段该区风电主要为满足本区域用电需求，未来有可能进一步满足邻近区域内的供电需求

定位	名称	指标 （瓦/平方米）	地区	功能描述
不适宜 开发区	风能 相对 贫乏 带	<50	云南、贵州、四川、重庆、甘肃南部、陕西、山西、河南、湖北、湖南、江西、安徽西部等大部分中部省（市）以及广东、广西的山区及塔里木盆地	该区域是我国风能资源相对贫乏地区，绝大部分地区不适宜进行大规模风电开发

资料来源：中国可再生能源战略研究项目组，2008b

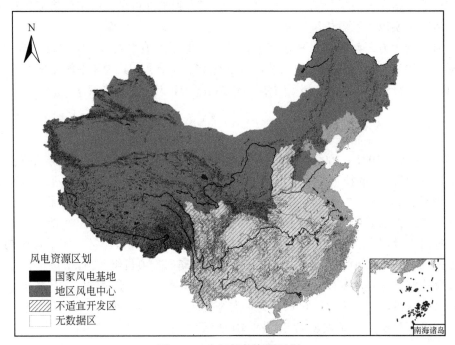

图 8.10　中国风能资源区划

8.2.6　生物质能资源及利用

8.2.6.1　非粮生物质资源蕴藏量丰富，种类多，地域差异大

生物质能是太阳能以化学能形式储存在生物中的一种能量形式，遍布世界各地、蕴藏量极大。据估计地球上每年植物光合作用固定的碳达 2×10^{11} 吨，含能量达 3×10^{21} 焦耳，相当于全世界年耗能量的 10 倍（中国农村能源行业协会，2004）。

中国非粮生物质资源种类繁多，蕴藏量十分丰富。中国是个农业大国，谷类总产量和猪、鸡存栏量都居世界首位，分别占世界总量的 1/5、1/2 和 1/4；薪炭林面积居世界第二位，农林产品加工业也较发达。由农林及加工产品带来的丰富有机废弃物是一种重要的生物质原料资源；此外，中国地域辽阔，自然条件丰富多样，可供开发的能源植物种类很多，有可在全国广大地区种植的甜高粱和薯类；有适宜南方种植的木薯和甘蔗；有麻风树、黄连木等木本油料植物；有大面积的薪炭林和灌木林；有适合在水面繁殖的能源藻类（中国可再生能源战略研究项目组，2008a）。

据估计，中国生物质能实物总蕴藏潜力量①为 35.11 亿吨标准煤，其中理论可获得量为 4.6 亿吨标准煤。生物质能理论可获得量构成中秸秆、畜粪和薪材可获得量分别为 1.7 亿、1.02 亿和 1.66 亿吨标准煤，占全国生物质能理论可获得量的比例依次为 38.9%、22.14%、36.0%，如表 8.28 所示。

表 8.28　全国主要生物质能资源蕴藏潜力与可获得量

类型	实物蕴藏量（亿吨）	总蕴藏潜力量（亿吨标准煤）	理论可获得量（亿吨标准煤）	所占比例（%）
秸秆及农业加工剩余物	7.28	3.58	1.79	38.90
畜禽粪便	39.26	18.80	1.02	22.14
薪柴河林木生物质能	21.75	12.42	1.66	36.01
城市垃圾	1.55	0.22	0.089	1.93
城市废水	482.4	0.09	0.047	1.02
合计		35.11	4.60	100

资料来源：刘刚，2007

从各非粮生物质能源资源在省区分布上来看，秸秆资源主要分布在河南、山东、黑龙江、吉林、四川；畜粪资源主要分布在河南、山东、四川、河北、湖南；林木资源主要集中在西藏、四川、云南、黑龙江、内蒙古；垃圾资源集中分布在广东、山东、黑龙江、湖北、江苏；而废水资源集中分布于广东、江苏、浙江、山东、河南。

从生物质能蕴藏潜力地域分布上看，西南地区占据很大优势，四川、云南、西藏三省（区）总和约占全国的 1/3，其次是东北的吉林和黑龙江，以及中部的河南、河北、山东、湖南等地，分布最少的地区则包括上海、北京、天津、宁夏和海南。从生物质能理论可获得量地域分布上看，最大的五个省（区）依次是四川、黑龙江、云南、西藏和内蒙古，共占全国总量的 38.57%；最小的五个省（区、市）则依次是上海、北京、天津、海南和宁夏，合计仅占全国总量的 1.52%。不管从蕴藏潜力还是可获得量的角度来说，四川省都位居全国第一位；而三个直辖市上海、北京、天津，面积较小的宁夏和最南端的海南省都处于全国最后五位（表 8.29）。

表 8.29　中国生物质能源蕴藏量的省区分布差异

生物质能种类	排序	范围（万吨）	包括省（市、区）
秸秆	前五位	>4 500	河南、山东、黑龙江、吉林、四川
	后五位	<240	天津、青海、西藏、上海、北京
畜粪	前五位	>21 500	河南、山东、四川、河北、湖南
	后五位	<3 000	海南、宁夏、北京、天津、上海
林木	前五位	>21 000	西藏、四川、云南、黑龙江、内蒙古
	后五位	<60	江苏、宁夏、重庆、天津、上海
垃圾	前五位	>800	广东、山东、黑龙江、湖北、江苏
	后五位	<181	天津、宁夏、海南、青海、西藏
废水	前五位	>250 000	广东、江苏、浙江、山东、河南
	后五位	<45 000	甘肃、海南、宁夏、青海、西藏

资料来源：刘刚，2007

---

①　生物质资源实物蕴藏潜力的计算根据秸秆和农业加工剩余物、畜禽粪便、薪柴河林木生物质能、城市垃圾和废水的实物量，乘以相应的折标系数。

8.2.6.2 非粮生物质能与常规一次能源分布存在一定的互补

在空间分布上，中国非粮生物质能源与常规依次能源在一定程度上存在互补关系。根据各省占全国生物质能蕴藏潜力比例与一次能源蕴藏潜力相互关系（图 8.11），在一次能源资源较为丰富的山西、陕西地区生物质能源资源潜力较小，而在一次能源资源较稀缺的吉林、黑龙江、山东、河南等地生物质资源却较为丰富。此外，北京、天津、上海、宁夏、青海、海南、浙江等地常规一次能源和生物质能源都很缺乏，四川、云南、内蒙古等地则两者都比较丰富。

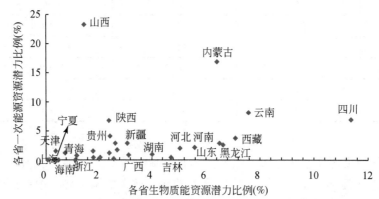

图 8.11 各省占全国生物质能蕴藏潜力比例与一次能源蕴藏潜力比例关系散点图

资料来源：刘刚，2007

8.2.6.3 中国存在大量未开发利用非粮生物质资源

我国现有森林、草原和耕地面积 41.4 亿公顷，理论上生物质资源可达 650 亿吨/年以上。折合理论资源量为 33 亿吨标准煤（中国可再生能源战略研究项目组，2008a）。我国在现有的 15.36 亿亩耕地中，秸秆资源量已超过 6.9 亿吨，其中稻草 1.8 亿吨、小麦秆 1 亿吨、玉米秆 2.6 亿吨、其他 1.5 亿吨，折合标煤为 3.58 亿吨。除约 1 亿吨用于作为饲料、造纸、纺织和建材等用途外，其余 5.9 亿吨可以作为能源生产原料，未被利用的秸秆接近 2 亿吨。

另据调查显示：目前全国有 4600 多万公顷宜林地，约 1 亿公顷不宜发展农业的边际土地资源。另外，尚有荒草地 7.39 亿亩、盐碱地 1.53 亿亩，虽不宜垦田，但可以结合生态建设种植能源植物（中国可再生能源发展战略研究项目组，2008a）。

8.2.6.4 非粮生物质能资源区划

本章中所提及的生物质资源主要指非粮生物质资源，具体包括秸秆、畜粪、林木、垃圾以及废水五大类。中国各区域非粮生物质资源潜力分布情况如表 8.30 所示。

表 8.30 中国区域非粮生物质资源潜力分布情况 （万吨标准煤）

地区	秸秆	畜粪	林木	垃圾	废水	生物质资源潜力
全国总计	35 783.4	187 968.1	124 220.6	2 217.8	933.4	351 123.3
北京	65.3	1 038.4	45.1	70.2	8.5	1 227.5
天津	123.7	999.9	1.5	25.9	9.4	1 160.4
河北	2 204.3	14 708.0	502.7	106.0	47.5	17 568.4
山西	966.1	2 837.6	410.0	84.7	26.7	4 324.9
内蒙古	1 469.0	8 929.1	12 007.1	47.1	19.6	22 471.9
辽宁	1 539.6	5 930.1	788.4	111.4	34.2	8 403.7
吉林	2 348.1	5 399.1	8 593.8	81.8	25.5	16 448.3
黑龙江	2 317.4	7 201.5	13 453.3	151.5	34.4	23 158.1

地区	秸秆	畜粪	林木	垃圾	废水	生物质资源潜力
上海	61.9	224.3	0.0	87.2	19.5	393.0
江苏	1 859.1	5 120.8	34.8	116.9	59.2	7 190.8
浙江	476.8	2 397.7	1 011.6	100.8	39.3	4 026.3
安徽	1 983.5	6 742.8	428.5	66.8	29.3	9 250.9
福建	373.8	2 661.4	3 259.0	41.5	24.4	6 360.0
江西	841.3	4 530.7	1 585.4	37.0	30.7	7 025.2
山东	3 176.5	16 035.4	70.5	177.7	55.0	19 515.1
河南	3 355.0	18 704.1	453.9	97.5	49.5	22 660.0
湖北	1 583.0	6 076.7	1 717.0	127.5	42.0	9 546.2
湖南	1 495.6	10 087.8	2 275.2	69.9	58.6	13 987.1
广东	763.5	6 071.1	1 893.2	223.3	63.3	9 014.4
广西	1 005.0	7 275.9	2 624.2	32.7	73.4	11 011.2
海南	114.0	1 372.4	229.6	11.8	6.2	1 733.9
重庆	741.4	3 354.6	2.8	33.9	19.0	4 151.7
四川	2 158.8	14 927.6	22 550.2	82.9	62.2	39 781.6
贵州	872.5	6 087.6	1 523.3	29.0	14.7	8 527.1
云南	1 080.7	7 505.5	17 812.0	28.6	20.1	26 446.9
西藏	34.5	1 830.7	22 867.2	5.4	0.9	24 738.8
陕西	850.0	3 397.7	4 031.9	50.1	23.5	8 353.3
甘肃	626.6	4 024.3	1 573.1	41.8	10.7	6 276.5
青海	92.0	2 330.0	228.2	8.3	2.6	2 661.0
宁夏	226.5	1 122.8	16.4	19.3	4.9	1 389.9
新疆	986.5	7 555.0	2 215.6	49.4	18.8	10 825.3

资料来源：刘刚，2007

　　根据中国区域非粮生物质资源潜力分布情况，可以把我国大致划分为非粮生物质资源富集区、较富集区和一般区（表8.31和图8.12）。其中，非粮生物质资源富集区主要包括黑龙江、河南、四川、云南、西藏五省（区），一般区主要包括北京、天津、上海、海南和宁夏五省（区、市），其余21个省份则均属于较富集区行列。

表8.31　非粮生物能资源区划及功能定位

定位	名称	资源潜力	地区		功能描述
规模化生物质发电	富集区	前五位	秸秆	河南、山东、吉林、黑龙江、河北	根据区域各非粮生物质资源比较优势情况，因地制宜，大力发展非粮生物质发电、沼气等，用以补充或者替代本区域部分化石能源，改善能源供应结构
			畜粪	河南、山东、四川、河北、湖南	
			林木	西藏、四川、云南、黑龙江、内蒙古	
			垃圾	广东、山东、黑龙江、湖北、江苏	
			废水	广西、广东、四川、江苏、湖南	
			总量	黑龙江、河南、四川、云南、西藏	
中小规模发电	较富集区	中等	总量	冀、晋、蒙、辽、吉、苏、浙、皖、闽、赣、鲁、鄂、湘、粤、桂、渝、贵、陕、甘、青、新	该区域非粮生物质潜力仅次于上述区域，适宜进行中小规模开发。非粮生物质资源发电及其产生的沼气主要补充本地消费需求，改善本地能源供应结构
不适宜规模化开发	一般区	后五位	秸秆	北京、上海、海南、西藏、青海	由于该区域非粮生物质资源潜力有限，本地非粮生物质资源不适宜进行规模化开发。本区域非粮生物质资源主要用于补充本地能源供给不足
			畜粪	北京、天津、上海、海南、宁夏	
			林木	天津、上海、江苏、重庆、宁夏	
			垃圾	天津、海南、西藏、青海、宁夏	
			废水	北京、海南、西藏、青海、宁夏	
			总量	北京、天津、上海、海南、宁夏	

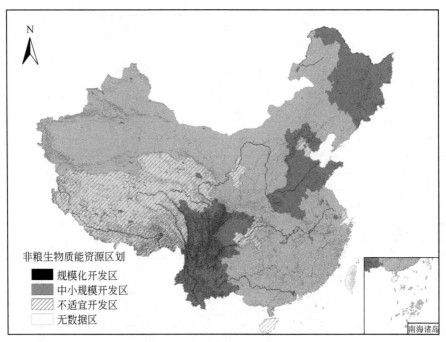

图 8.12 非粮生物质能资源区划

8.2.7 核电布局及利用

核能是一种安全、清洁、可靠的能源。经过 20 多年的发展，中国已成功突破了核电技术和管理方式上的困境，核电站建设已经步入快车道（中国经济信息网，2008）。从 20 世纪 90 年代初至今，我国已陆续建设核电机组 16 座，目前投运的机组为 11 座，在建机组为 5 座。2006 年，中国核电机组运行势头良好，总发电量达 548.45 亿千瓦·时，上网电量为 518.08 亿千瓦·时，同比分别增长 3.3% 和 2.9%。2007 年田湾核电站 1 号、2 号机组分别实行并网发电，使中国核电运行机组增加到 11 台，装机容量达到 906.8 万千瓦（表 8.32）。2008 年开工建设福建宁德、福清和广东阳江三个核电项目。

表 8.32 我国投运和在建核电机组情况（万千瓦）

序号	机组名称	容量	投运时间	序号	机组名称	容量	投运时间
1	秦山一期#1	30	1991.4	9	岭澳#2	99	2003.1
2	秦山二期#1	65	2002.4	10	田湾#1	106	2007.5
3	秦山二期#2	65	2004.3	11	田湾#2	106	2007.8
4	秦山三期#1	70	2002.12	12	岭澳二期#1	108	在建
5	秦山三期#2	70	2003.11	13	岭澳二期#2	108	在建
6	大亚湾#1	98.4	1994.2	14	秦山二期扩建#1	65	在建
7	大亚湾#2	98.4	1994.5	15	秦山二期扩建#2	65	在建
8	岭澳#1	99	2002.5	16	红沿河一期	4×111	在建

资料来源：国家发展和改革委员会，2007

尽管如此，在世界上拥有核能发电的 30 个国家中，法国核电份额最高达 78%，比利时 54%、韩国 39%、瑞士 37%、日本 30%、美国 19%、南非 4%，而中国仅 2%。为了保障我国能源的长期稳定供应，优化能源供应结构，加速我国核电的发展成为保障能源安全的重要选择。在 2006 年 3 月通过的《核电中长期发展规划》基础上，2007 年 11 月，国务院正式批准了国家发展和改革委员会上报的《核电中长期发展规划（2005~2020年)》（下称《规划》）。《规划》初步拟定2020年我国核电总装机容量要达到4000万千瓦，在建1800万千瓦。今后的十多年间，我国平均每年要开工建设2~3台万千瓦级核电机组（表8.33和图8.13）。除沿海厂址外，湖北、江西、湖南、吉林、安徽、河南、重庆、四川、甘肃等内陆省（区、市）也不同程度地开展了核电厂址前期工作。

表8.33 我国沿海核电厂址资源开发与储备情况（万千瓦）

省份	名称	规模	备注
浙江	秦山二期扩建厂址	2×65	已核准
	三门（健跳）厂址	6×100	一期工程已批准项目建议书
	方家山厂址	2×100	已完成复核
	三门扩塘山厂址	4×100	已完成复核
江苏	田湾扩建厂址	4×100	已完成复核
广东	岭澳二期厂址	2×108	已核准
	阳江厂址	6×100	一期工程已批准项目建议书（原方案）
	腰古厂址	6×100	已完成复核
山东	海阳厂址	6×100	已完成复核
	乳山红石顶厂址	6×100	需要进一步研究厂址
辽宁	红沿河厂址	6×100	一期工程4台机组已核准
福建	宁德厂址	6×100	已完成复核
广西	防城港或钦州厂址	4×100	已完成初步审查
合计	13个厂址	5 946	

注：表中建设规模系按原单机容量考虑，由于三代和二代改进型单机容量都有所增加，实际建设规模将大于表中所列数据
资料来源：国家发展和改革委员会，2007

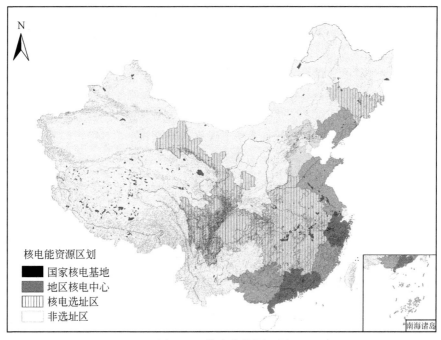

图8.13 核电能资源区划

8.2.8 能源资源的区际流动

8.2.8.1 省际煤炭流动的规模逐步增长，范围逐年扩大

"一五"至"十五"我国省际煤炭资源流动的时空过程有以下特点：①流动规模逐年增大。省际煤炭调出总量由 1957 年的 3 521 万吨增加至 2005 年的 54 497 万吨，增长了 15.5 倍，年均增长率 5.9%。省际煤炭调入总量增长了 13.7 倍，年均增长率 5.6%。②流动范围逐年扩展。无流地由 1957 年的 10 个省区缩小至近年的 1 个左右。煤炭调出省区由 15 个稳定在 20 个上下。输入省区则由 21 扩大至 28 ~ 30 个。③因资源分布的集聚性和消费的遍在性，省际煤炭呈现集中输流、分散汇流的空间特征。调出省区个数<调入省区个数，调出首位度>调入首位度，各省煤炭调出量标准差>调入量标准差。山西一直是首位煤炭调出省、首位度在 1/3 ~ 5/9。首位煤炭调入省（市）先后有河北、北京、辽宁和江苏，首位度在 1/9 ~ 1/5。

从全国来看，"一五"至"十五"我国省际煤炭流动过程大致可分为三个阶段：①"一五"至"五五"（1953 ~ 1980）的国家计划主导、煤炭流动规模波动增长阶段。国家计划控制着煤炭生产、消费、调拨等环节。至 1980 年省际煤炭的调运量达到 1.4 亿吨。②"六五"至"七五"（1981 ~ 1990）计划市场双轨制、煤炭流动规模持续增长阶段。经济发展迅速，区域交流增多，能源原材料供应紧张，煤炭的区域调运规模持续增长。1990 年省际煤炭调出量已超过 2.5 亿吨。③"八五"至"十五"（1991 ~ 2005）的市场经济主导、煤炭流动振荡整合阶段。煤炭价格改革滞后（潘伟尔，2004），致使煤炭行业的竞争乏力。产业结构调整和环保政策的强化，影响了煤炭市场需求。在市场调节和宏观调控下，煤炭流动规模在振荡中增长。2005 年，全国省际煤炭总调出量 5.4 亿吨。总之，宏观调控干预着煤炭生产、消费、调拨等环节，产业布局影响着区域煤炭流动的方向和强度，市场供求引起煤炭流动规模大幅振荡，经济发展的规模和速度决定了区域间煤炭输出/输入强度。

8.2.8.2 煤炭产消分布不均，运煤通道改善和煤价差异促进煤炭区际流动

煤炭产消在空间分布上的不平衡是煤炭资源在区际流动的基本动力。我国煤炭资源北富南贫、西多东少。晋、陕、蒙和西部煤炭产消盈余，华东、中南、东北煤炭产消亏缺，决定了煤炭以晋、陕、蒙为输流中心，以华东和中南为主要汇流中心的煤炭流动格局。运煤通道的改善促进了煤炭区域流动。2005 年交通密度指数在 20 以上的省区，煤炭外运条件较好，交通密度指数 20 以下的省区都不同程度的存在煤炭外运困难。而且，交通设施布局与煤炭生产空间错位也会极大地制约了区域煤炭流动。煤炭区域价格差异是煤炭流动的信号，对资源流动的方向和数量产生一定的影响。目前，由于我国还没有建立起完善的煤炭价格形成机制，尤其是煤炭成本缺失，导致了煤炭价格扭曲，价格信号对煤炭资源区域流动产生了一定的负面作用，使得整个资源输出—运输—消费系统的效率较低。

8.2.8.3 中国原油进口流动规模逐年增大，来源地日趋多元化

1980 ~ 2006 年中国原油进出口流动规模逐年增大，来源地日趋多元化（刘晓洁，2008）。原油供需缺口大，对外依存度逐年上升。1996 年中国进口量首次超过出口量，成为原油净进口国，至 2006 年原油净进口量达到 1.39 亿吨，对外依存度达 42.9%。原油进口来源地呈现多元化趋势。20 世纪 80 年代初期中国原油进口来源国不超过五个，主要来自亚太地区；到 1990 年原油进口来源国也仅为七个，主要来自中东地区；2006 年则增长至 37 个，欧洲成为近年来中国进口原油市场份额增长最快的地区（表 8.34）。此外，国内炼油厂含硫原油加工能力的扩大使得中国在原油进口品种上具有更大的灵活性，含硫原油进口量增长迅速，占原油进口总量的比重呈波动式增长趋势。

表 8.34 不同年份中国原油进口量前五位的国家（万吨）

排序	1990 年		1996 年		2001 年		2006 年	
	国家	数量	国家	数量	国家	数量	国家	数量
1	印度尼西亚	123.08	印度尼西亚	629.61	伊朗	1 084.70	沙特阿拉伯	2 387.15
2	阿曼	85.24	阿曼	565.46	沙特阿拉伯	877.84	安哥拉	2 345.2
3	马来西亚	33.65	也门	376.57	阿曼	814.04	伊朗	1 677.42
4	伊朗	30.12	伊朗	231.11	苏丹	497.34	俄罗斯	1 596.57
5	巴基斯坦	12.07	安哥拉	166.24	安哥拉	379.89	阿曼	1 318.33

资料来源：田春荣，2002~2006

8.2.8.4 中国原油进口运输通道存在安全隐患

中国石油贸易运输形式比较单一，主要是海运和铁路运输。除了来自俄罗斯远东地区和哈萨克斯坦的原油采用陆路运输之外，中国约 90% 的原油进口都依靠水路运入。在海运方面，主要有中东、非洲和东南亚三个地区的运输路线。

中国从中东进口原油主要是经过马六甲海峡—南海航线，即波斯湾—霍尔木兹海峡—阿拉伯海—印度洋—马六甲海峡—南海—中国内地港口（郭伟等，2006）。中国从中东地区和非洲地区进口的原油都必须通过马六甲海峡—南海航线，从亚太地区进口原油中来自印尼和马来西亚的部分原油也都依赖马六甲海峡—南海航线。马六甲海峡作为原油通道，与中国经济安全息息相关。对这条航线的过度依赖，给中国的原油供应带来了重大的潜在威胁。马六甲海峡安全系数下降主要表现在：第一，中国经过马六甲海峡的原油进口量不断增加；第二，马六甲海峡处在马来西亚、新加坡和印尼的控制范围内，印度海军力量扼守在海峡西口，中国货运无法得到来自本国的保护；第三，自 20 世纪 80 年代开始，马六甲海峡是美国志在必得的一个战略要地，谁控制了马六甲海峡，谁就遏制了东亚地区包括中国在内的原油进口航道。

8.2.8.5 中国石油资源产业流动分析

根据石油资源产业流动过程的特点，从石油开采、原油炼制、能源转换和终端消费四个环节展开研究，分析石油资源在不同环节中的流动情况。

从开采环节来看，1980~2006 年期间中国石油资源流量总体呈现增长趋势：1980 年国内原油开采量为 1.51 亿吨标准煤，2006 年国内原油开采量达到 2.64 亿吨标准煤，年平均增长率为 10.63%。

1980 年辽宁、甘肃、新疆、黑龙江、河北、河南、山东、天津等是全国重要的原油生产基地，其中黑龙江的产量最高。到 2006 年，全国原油生产空间进一步扩大，广东、江苏、湖北、陕西等省的原油产量也在全国占有一定地位。目前已经初步形成了大庆、胜利、辽河、克拉玛依、四川、塔里木、长庆、渤海、东海、南海等 24 个原油生产基地。此外，国外原油流入量迅速增加，原油对外依存度呈增长趋势。2006 年，中国原油净进口量达到 2.07 亿吨标准煤，原油对外依存度达到 42.90%。

炼制环节主要表现出以下特点：①流向炼油环节的原油量迅速增长，原油加工能力明显提高，多数原油流向炼油环节；中国炼油行业的炼油能力快速增长，2006 年中国成为仅次于美国的第二大炼油国。②石油资源产品国内供应量大幅增加。其中，炼厂干气、液化石油气、柴油是增幅最快的三种产品，而燃料油国内供应量呈现递减趋势。③产品生产流向结构逐渐完善，二次加工能力显著提高。石油资源产品中化工原料比重呈上升趋势，逐步向燃料-化工型生产转化，轻油产品比重呈明显上升趋势，轻油收率逐年增加。④系统加工损失率呈现逐年递减趋势，石油加工、转换技术水平和管理水平有明显提高。

石油资源产业流动过程中的能源转换环节主要包括发电、制热和制气三种，主要特点有：①石油资源产品消费量呈现波动下降趋势；②消费结构日趋多元化，并逐步向轻质化发展。20 世纪 80 年代初期，发电和制热环节消费的石油资源/产品主要有原油、柴油和燃料油；进入"七五"末期，消费结构发生变化，开始消费液化气、炼厂干气等，且比重持续增加，呈现轻质化趋势。

直接进入终端消费环节的主要是成品油、液化气和其他石油资源产品，终端消费环节的主要特点有：①资源产品流量呈现大幅度增加趋势；不同油品的主要应用领域各不相同：汽油主要消费领域为交通业、工业和其他产业，柴油主要消费领域为农业、工业、交通业，煤油消费领域从最初的生活及其他部门转变为交通部门，燃料油主要应用于工业、发电发热和交通业，而液化石油则主要用于生活消费和工业。②资源产品进口量增加，燃料油和液化气对外依存度加大。燃料油是最大的成品油进口品种，液化气是国内对进口依赖程度位居第二位的石油资源产品。③资源产品消费结构向轻质化发展，汽油、煤油、柴油在内的轻质油品消费比重呈逐步增长趋势。④消费结构中的柴汽比高于生产结构，柴油仍面临供不应求的局面。中国柴汽比问题产生的主要原因包括二次加工装置不配套、汽油柴油价格不合理、原油特性局限等。⑤石油资源生产效率逐步提高。1980 年石油资源生产率为 0.55 万元/吨标准煤，到 2006 年达到 1.20 万元/吨标准煤，年均增长率为 4.45%。

8.3 分区原则与方法

8.3.1 分区原则

中国能源可持续发展功能分区原则是开展区域能源可持续发展功能分区工作的指导思想与基本准则，在充分考虑实现能源资源优化配置与可持续发展的基础上，本报告认为能源可持续发展分区原则主要应该包括以下四个方面：因地制宜原则、比较优势原则、多元化原则与本地化原则。

(1) 因地制宜

能源作为一种战略性资源，与社会、经济、环境等各方面有着千丝万缕的联系。能源生产和消费的过程，就是能源与社会、经济、环境发生物质和能量交换的过程。由于能源资源在地理空间上的分布并不均衡，使得各区域能源供应系统具有一定的地域特色。社会、经济、环境及能源资源禀赋是影响区域能源系统的关键因素，开展能源可持续发展功能分区时，应在充分掌握上述因素发展趋势的基础上，立足于区域能源可持续发展，因地制宜。

(2) 比较优势

比较优势原则要求区域在能源资源开发过程中，要发挥区域能源资源的比较优势，生产绝对劣势较小的能源（具有比较优势的能源），同时输入绝对劣势较大的能源（具有比较劣势的能源）。与此同时，在满足当地能源消费需求的基础上，区域应当大力生产并输出相对丰裕和便宜的能源产品，输入相对稀缺和昂贵的能源产品。坚持比较优势原则有助于发挥各区域能源资源的比较优势，取得较好的社会、经济和环境效益，从而推动中国区域能源的可持续发展。

(3) 多元化

目前，我国绝大部分省（区、市）能源供应结构仍然维持着以煤炭为主导，油气次之，可再生能源所占份额不超过 10% 的状态。伴随着化石能源资源的日益枯竭和国际减排压力的与日俱增，长期来看，我国现行的区域能源供应结构是不安全和不可持续的。多元化是指能源供应种类、渠道及来源地由一元走向多元的过程，多元化有助于分散能源供应风险，有助于实现能源消费的平稳过渡，缓解化石能源消费带来的环境问题，是区域能源可持续发展的必然选择。

(4) 本地化

本地化要求能源供应尽量立足于本地能源资源，缩小能源供应半径，减少由于能源长距离输送带来的能源损耗以及能源供应渠道中断带来的供应风险。此外，本地化也有助于区域能源供应体系对抗由于国际能源价格波动带来的社会经济风险。鉴于此，本地化是提升区域能源供应体系应对外界能源风险

（价格波动、供应中断等）能力，保障区域能源安全，实现区域能源可持续发展的有效途径。

8.3.2 分区方法

本章从"两个尺度、三个方面"出发，构建了中国区域能源可持续发展功能分区技术（图8.14）。

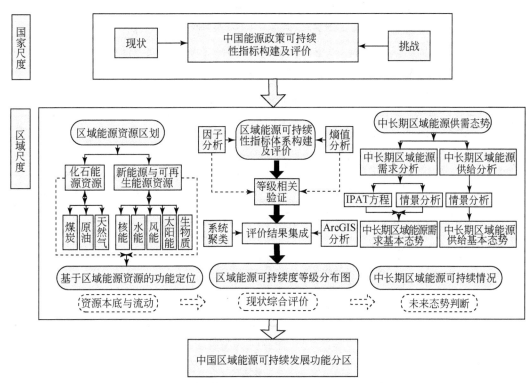

图 8.14 中国区域能源可持续发展功能分区技术路线图

　　具体而言，"两个尺度"分别指国家尺度与区域（省、区、市）尺度。国家层面上，在对中国区域能源可持续发展现状与挑战充分了解的基础上，通过构建中国能源政策可持续性指标体系并对其进行定量评价，在宏观层面上把握中国能源政策所处阶段，明晰该阶段的薄弱环节以及关键所在。

　　"三个方面"指在区域（省、区、市）尺度上，区域能源可持续发展现状、能源资源本底区划以及未来区域能源供需态势三个方面。其中，区域能源可持续发展现状分析，主要从能源足量、可持续、合理供给；能源与水、土地、森林等资源配套能力；国家可持续能源政策与地区规划的融合，减缓环境资源的损耗以及环境可持续性这四个目标出发，构建中国区域能源可持续发展指标体系。在因子分析与改进的熵值分析两种定量分析的基础上，利用斯皮尔曼等级相关系数对上述两种结论进行验证，继而进一步对结果综合集成，在 ArcGIS 技术支持下，结合系统聚类分析法，获得中国区域能源可持续性等级图，从而为后续中长期能源供需态势的情景模拟以及功能分区定下基调。

　　能源资源本底区划分析主要从化石能源资源区划、新能源与可再生能源资源区划两大块出发，充分结合各类资源潜力、储备现状及未来发展趋势，对未来各区域在各项能源资源供应系统中的功能作初步定位，为进一步的情景分析与未来供需态势的判断奠定基础。

　　未来区域能源供需态势判断，主要在参考相关研究成果的基础上，结合情景分析法与 IPAT 方程，对未来中长期中国各区域能源消费需求、碳排放以及能源生产基本态势进行情景模拟，以期为中长期区域能源可持续功能分区工作的开展提供直接依据。

8.3.3　中国能源政策可持续性评价

本节在吸收平衡计分卡（Balanced Scorecard，BSC）（Kaplan et. al., 1996）思想的基础上，拟定了可持续能源政策评价指标体系基本框架，由此实现国内与国际能源政策、长期与短期目标之间的平衡，把能源政策与能源发展联系起来实现动因与结果之间的平衡，实现能源安全、经济竞争力以及环境保护多重目标之间的平衡。在参考 Geiz 和 Kutzmark（1998）文献的基础上，依据反映持续性本质、定性与定量结合、信息及时准确可靠、具有战略性思维的基本原则，构建了由 4 个一级指标、8 个二级指标、24 个三级指标、62 个具体指标构成的中国能源政策可持续发展指标体系（表 8.35）。

表 8.35　中国能源政策可持续性指标体系

目标层	一级指标	二级指标	三级指标	四级指标	状况
能源政策持续性指标体系	能源决策的完整性	公众参与	能源决策透明度	能源统计出版物	√
				节能目标	√
			社区人力资本	能源的社会补贴	√
				能源发展模式	√
			公众与政府之间的互补关系	资助国内非政府组织参与国际会议	∈
				资助国内非政府组织举行的能源政策会议	∈
		能源政策全球化	完整的国际能源发展策略	每年参加全球会议	√
				在全球与能源研究所的联系	√
				能源政策的市场导向机制	△
			能源政策对国际条款的响应	CO_2 减排政策	√
				参与内部会议	√
				长期负责项目	√
	能源供给安全	能源供给多样性和稳定性	追求节能政策	节能法案	√
				降低化石能源比例	√
				能量循环项目	√
			发展可再生能源	可再生能源发展法案	√
				增加可再生能源份额	√
				补贴可再生能源项目	√
				可再生能源组合系统	△
			增加绿色能源的份额	降低石油与煤的份额	√
				增加天然气的份额	√
				增加电热联产的份额	√
			能源预警机制	与能源生产大国展开合作	√
				与能源生产国对话	△
				石油安全储备	△
				能源的远景规划	√
		能源市场自由化与国际化	电力工业的管理效率	增加 IPP 份额	√
				提高配送，分发的效率	√
			加速天然气产业发展	降低关税	√
				增加管线长度	√
			提升石油市场运行效率	提高公众的安全	△
				完善石油市场机制	√
				增加天然气站比率	√

目标层	一级指标	二级指标	三级指标	四级指标	状况
能源政策持续性指标体系	能源消费的可持续性	能源市场机制	包括社会成本的能源价格	减少有损环境项目的补贴	△
				采用市场工具	△
			提升能源市场的竞争力	提高能源效率	√
				增加能源密集型产业的出口	△
			合理的电价系统	在负荷高峰与低谷间实行差异化价格	△
				放开电价	△
		绿色能源消费	能源生态标识系统	增加节能标签	√
				增加节能产品	∈
				增加政府绿色能源采购	△
			家庭和商业能源效率	增加能源服务公司（ESCO）数目	△
				补贴绿色建筑	√
				补贴节能汽车	∈
				补贴低能耗电器	△
			能源密集型产业的监察	加强能源审计	√
				能源密集型产业的节能	√
	能源技术与教育	能源技术开发	鼓励开发新能源技术	补贴R&D	√
				能源专利的增长	△
			信息技术的扩散	能源技术的转移	√
				建立能源数据库	√
				与著名的能源研究机构展开合作	△
		能源教育	人力资本积累	能源补贴文件	∈
				奖励优秀的机构和个人	√
			学校和公众的能源教育	补贴小学能源教育活动	√
				补贴社区能源教育活动	∈
				培养能源教师	∈
			信息扩散机制	举行国际能源会议	√
				举行国内能源部署会议	√
			公众对节能的认知	媒体倡导节能行为	√
				能源网站	△

注：√表示"已经执行"；∈"已经规划"；△"未规划"。

8.3.3.1 指标赋值

对上述选取的能源政策持续性指标进行赋值。赋值原则如下：截止到2008年，若该项指标已经执行给2分，已经规划为1分，未规划为0分。

8.3.3.2 赋值结果

根据上述方法对中国能源政策的可持续性进行评价的结果见表8.36。

表8.36　中国能源政策可持续性赋值结果

能源政策可持续性指标		得分
能源决策的完整性	总计	20.83
	公众参与	10.42
	能源政策全球化	10.42
能源供给安全	总计	20.53
	能源供给多样性和稳定性	9.82
	能源市场开放程度	10.71

能源政策可持续性指标		得分
能源消费的可持续性	总计	9.03
	能源市场机制	2.08
	绿色能源消费	6.94
能源技术与教育	总计	16.53
	能源技术开发	7.5
	能源教育	9.03
合计		66.93

8.3.3.3 阶段划分

按照可持续能源政策演进过程中所呈现的阶段性特征，依据能源决策的完整性、能源供给安全、能源消费的可持续性以及能源技术与教育的持续性程度，把可持续能源政策的演进过程划分为三个阶段：

第一阶段：非可持续发展阶段。该阶段，能源政策持续性评分小于 60 分，能源政策的基本框架正逐步建立，但无论是能源决策的完整性、能源供给安全、能源消费的可持续性还是能源技术与教育均处于较低水平，能源政策整体的持续性较为脆弱。

第二阶段：可持续发展过渡阶段。能源政策持续性评分大于 60 分小于 90 分。该阶段能源政策体系日渐完善。能源供给安全与能源决策的完整性明显增强。能源技术与教育、能源消费的可持续性在以往的基础上得到一定提升，但仍然处于较低水平。

第三阶段：可持续发展阶段。能源政策持续性评分大于 90 分，能源政策体系完善。无论是能源决策的完整性、能源供给安全、能源消费的可持续性还是能源技术与教育均处于较高水平，能源政策体系呈现出较强的持续性。

8.3.3.4 评价结果

(1) 能源政策处于向可持续政策过渡发展阶段

根据可持续能源政策赋值结果，中国可持续能源政策得分总计为 66.93，大于 60 分而小于 90 分，依据可持续能源政策的阶段划分，我们判定目前中国能源政策正处于由非可持续发展向可持续发展转变的过渡阶段。

(2) 能源消费的可持续性成为可持续能源政策的薄弱环节

可持续能源政策评估结果表明，在四个二级指标中，现阶段能源决策的完整性得分最高为 20.83 分，其次为能源供给安全 20.53 分，第三为能源技术与教育，得分为 16.53，能源消费的可持续性最弱，得分仅 9.03。提高能源消费的可持续性成为增强能源政策可持续性的重要一环。

(3) 能源市场机制不完善、绿色能源消费比重不高

可持续能源政策评估结果显示，在八个三级指标当中，得分最低的两个指标分别为能源市场机制 (2.08) 和绿色能源消费 (6.94)，且二者均属于能源消费的可持续性。因此，可以判断，中国能源市场机制不完善，绿色能源消费比重不高是造成现阶段中国能源消费可持续性较弱的关键因素。

8.3.4 区域能源可持续性综合评价

8.3.4.1 因子分析

采用因子分析法对我国 31 个省份 2006 年区域能源可持续性进行综合评估。因子分析法最主要的特点是在具有复杂关系的多因素变量中，通过数据的标准化处理和数学变换，浓缩析取出公因素，并以之描述和代替原始变量，以反映和解释原始变量之间的复杂关系（蔡建琼等，2006；周立等，2006）。因子分析法计算获得的特征值和方差贡献率如表 8.37 所示；旋转后的因子负载矩阵如表 8.38 所示；公因素综合得分及排序如图 8.15 所示。

表 8.37　总方差解释

公因子	初始特征值			提取平方载荷的总和			旋转平方载荷的总和		
	特征值	占总体比例（%）	累计比例（%）	特征值	占总体比例（%）	累计比例（%）	特征值	占总体比例（%）	累计比例（%）
1	7.4	27.4	27.4	7.4	27.4	27.4	6.4	23.7	23.7
2	4.0	14.6	42.1	4.0	14.6	42.1	3.3	12.3	36.0
3	2.9	10.8	52.8	2.9	10.8	52.8	3.0	11.1	47.1
4	2.4	8.9	61.7	2.4	8.9	61.7	2.3	8.4	55.6
5	2.0	7.5	69.2	2.0	7.5	69.2	2.1	7.8	63.4
6	1.4	5.2	74.4	1.4	5.2	74.4	2.1	7.6	71.0
7	1.4	5.1	79.4	1.4	5.1	79.4	1.9	6.9	77.9
8	1.1	3.9	83.4	1.1	3.9	83.4	1.5	5.4	83.4

注：提取方法为主成分分析法；由于第 9~27 个公因子特征值均小于 1，表中予以省略。

表 8.38　旋转后的因子负荷矩阵

评价指标	因子负荷矩阵							
	F_1	F_2	F_3	F_4	F_5	F_6	F_7	F_8
煤炭储产比 I1	0.715	−0.112	0.578	0.099	−0.005	0.142	−0.051	0.048
石油储产比 I2	0.032	−0.004	0.115	0.793	0.327	0.066	0.093	0.261
天然气储产比 I3	0.082	−0.025	−0.091	0.312	0.019	0.772	0.173	−0.202
煤炭产消比 I4	0.631	0.122	0.258	0.142	−0.389	0.277	0.133	0.085
石油产消比 I5	−0.041	−0.144	0.221	−0.206	0.179	0.76	−0.108	0.099
天然气产消比 I6	−0.065	0.132	0.253	−0.148	−0.16	0.633	−0.051	0.277
电力产消比 I7	0.183	0.353	0.054	0.025	0.767	−0.064	0.272	−0.061
可再生能源占能源消费总量比重 I8	0.048	0.214	−0.058	−0.001	0.205	0.012	0.886	−0.181
水资源量占全国比重 I9	−0.191	0.693	0.207	−0.197	0.284	−0.234	0.188	−0.076
土地面积占全国比重 I10	0.204	0.03	0.918	0.014	0.088	0.168	0.038	0.026
农用地占全国比重 I11	0.227	0.108	0.914	−0.015	0.079	0.067	0.073	0.033
建设用地占全国比重 I12	−0.284	0.006	0.304	−0.049	−0.261	−0.017	0.675	0.314
自然保护区占辖区面积比重 I13	0.233	−0.32	0.309	0.255	0.661	0.342	−0.16	0.015
湿地面积占全国比重 I14	−0.413	−0.681	−0.129	−0.173	0.135	−0.143	−0.22	−0.011
森林覆盖率 I15	−0.358	0.814	−0.172	−0.165	−0.045	−0.199	−0.094	−0.082
森林蓄积比 I16	0.281	0.863	0.188	0.117	0.061	0.141	−0.048	0.115
造林总面积占本地国土面积比重 I17	0.392	−0.245	−0.461	0.011	−0.466	−0.11	0.129	0.399
能源消费弹性系数 I18	0.319	0.053	0.192	−0.635	0.366	−0.072	−0.061	0.131
单位 GDP 能耗与全国平均之比 I19	0.935	−0.126	0.14	0.01	0.111	0.007	−0.083	0.057
单位 GDP 电耗与全国平均之比 I20	0.859	−0.15	−0.021	−0.004	0.231	−0.049	−0.205	−0.087
单位 GDP 工业污染投资比 I21	0.168	−0.052	0.029	0.235	−0.019	0.099	−0.063	0.825
工业废水排放达标率 I22	−0.741	−0.02	−0.395	0.074	−0.303	−0.168	0.194	−0.128
二氧化硫排放量 I23	0.903	−0.004	0.049	0.085	−0.078	−0.11	−0.001	−0.163
烟尘排放量 I24	0.853	0.057	0.11	−0.068	−0.081	−0.028	0.028	0.368
粉尘排放量 I25	0.852	0.143	0	0.053	0.119	−0.006	0.081	0.14
工业固体废弃物处置率 I26	0.205	0.086	0.03	0.879	0.006	−0.139	−0.108	0.112
人均碳排放量 I27	0.2	−0.701	0.134	−0.17	−0.106	−0.018	−0.476	0.133

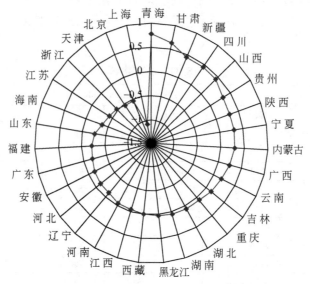

图 8.15 区域能源可持续性因子分析结果

由表 8.38 可知,前八个因子的特征值大于 1 且其累计贡献率为 83.37%,说明这八个因子反映了原变量绝大多数信息。为了达到精简的目的,变量通过旋转后提取前八个特征根大于 1 的因子,分别为 F_1、F_2,…,F_8(表 8.38)。

经过方差最大法正交旋转后,各因子的含义比较清晰。F_1 因子代表的是煤炭储产比、单位地区生产总值能耗与全国平均水平之比等七项指标,这些指标绝大部分是为了减缓环境资源的损耗,用以衡量国家可持续能源政策与地区规划融合程度的能源政策因子与环境可持续指标,由此 F_1 因子可以称为能源政策与环境调控因子。

F_2 因子代表的是森林覆盖率等三项指标,这些指标绝大部分为森林资源指标,因此称 F_2 因子称为森林资源因子。

F_3 因子所代表的指标均为土地利用指标,因此称 F_3 因子为土地因子。

由于工业固体废物处置率、电力产消比、天然气储产比与石油产消比、可再生能源占能源消费总量比重、单位 GDP 工业污染投资比重分别在 F_4、F_5、F_6、F_7、F_8 因子具有较大载荷。依据指标含义将 F_4、F_5、F_6、F_7、F_8 因子分别命名为工业固体废弃物处置因子、电力供应能力因子、油气供应潜力因子、可再生能源因子、污染治理因子。

通过因子负荷矩阵,可以将 F_1、F_2、F_3、F_4、F_5、…、F_8 与原始指标值的关系用线性组合表示:$x_i = a_{i1}f_1 + a_{i2}f_2 + a_{i3}f_3 + \cdots + a_{im}f_m + u_i$ $(i=1, 2, \cdots, 27; m=1, 2, \cdots, 8)$。以旋转后各因子的方差贡献率为权重,得出各地区的可持续能源综合指数 F,计算公式为

$$F = 0.284 * F_1 + 0.148 * F_2 + 0.133 * F_3 + 0.101 * F_4$$
$$+ 0.094 * F_5 + 0.091 * F_6 + 0.083 * F_7 + 0.065 * F_8$$

(8.1)

8.3.4.2 熵值法评价

熵值法与因子分析法在确定指标权数时同属于客观赋权法,两者的区别在于:因子分析法从众多的变量中浓缩析取出少数几个公共因子,减少了评价指标维数,然后根据公共因子对总方差的解释力度确定权重;而熵值法是根据各项指标值的变异程度来确定指标权重,不能减少评价指标维数;因子分析中因子与变量是线性函数关系,而熵值法的综合评价结果与变量不是线性函数关系。由于因子分析法的普及面广,其评价结果具有一定权威性(郭显光,1994);而熵值法评价较为简单,具有一定的合理性。通过两种客观评价方法,从不同角度对区域能源可持续发展情况进行评价,能够更加全面、合理地揭示现

阶段我国区域能源可持续发展信息。

因此，接下来运用熵值法对区域能源可持续性进行评估。在用熵值进行评价时，时常会遇到一些极端值，在本项目的指标中，选取了石油、天然气储产比与产销比。绝大部分省份的这些指标值为0。在熵值法确定权数的过程中，指标值为零时，不能直接计算比重，也不能取对数，而为了保证数据的完整性，指标值为零的省份又不能删去，因此运用改进后的熵值法（郭显光，1998）对我国区域能源可持续性进行评价，结果见图8.16。

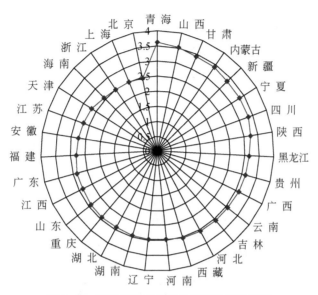

图 8.16　区域能源可持续性熵值法评价结果

8.3.4.3　相关性验证

利用非参数统计方法——等级相关法（龚曙明，2005）来说明这两种评价方法评价结果的密切程度。等级相关是一种特殊的直线相关分析法。斯皮尔曼等级相关系数是把两个变量排序变为等级排序，然后计算相关系数。令斯皮尔曼等级相关系数为 ρ，d_i 为每一对样本的等级之差，然后用以下公式计算斯皮尔曼等级相关系数：

$$\rho = 1 - \frac{6\sum_{i=1}^{n} d_i^2}{n^3 - n} \tag{8.2}$$

式中，n 为等级的项数。斯皮尔曼等级相关系数 $\rho = 0.934$，表明因子分析法与改进的熵值法评价结果高度相关。

8.3.4.4　聚类分析

聚类分析（Cluster Analysis）是应用最广泛的分类技术，它把性质相近的个体归为一类，使得同一类中的个体具有高度的同质性，不同类之间的个体具有高度的异质性，是根据研究对象的特征对研究对象进行分类的多元分析技术的总称（肖宜滨，2001）。聚类分析的大部分应用均属于探测性研究，最终结果是产生研究对象的分类，通过对数据的分类研究还能产生假设（Dillon et al.，1984）。聚类分析也能用于证实性目的，对于其他方法确定的数据分类，可以应用聚类分析进行检验（Lorr，1983）。

聚类分析一般包括以下四个步骤：首先根据研究的目的选择合适的聚类变量；第二步计算相似性测度；第三步选定聚类方法进行聚类；最后是对结果进行解释和验证。

由于本章进行聚类的变量是由因子分析及熵值评价所产生，新变量之间不存在相关关系，适合作为聚类分析变量。对于相似性测度的方法主要可以分为三类：相关测度，距离测度，关联测度。由于欧式距离是聚类分析中运用最广泛的距离，所以本文采用平方欧式距离来测度相似性。对于聚类分析法，目前应用最广泛的有两类即层次聚类法（Hierarchical Cluster Procedures）和迭代聚类法（Iterative Partitioning Procedures）。层次聚类法的核心问题在于计算类与类之间的距离，常见的计算距离的方法有最短距离法（Single Linkage）、最长距离法（Complete Linkage）、平均联结法（Average Linkage）、重心法（Centroid）、离差平方和法（Ward's Method）。其中，离差平方和法和平均联结法是分类较好，在社会科学领域应用较广泛的聚类方法。

为了进一步研究可持续能源区域之间的差异，依据上述方法对31个省（区、市）区域能源可持续性进行聚类分析，本文选择离差平方和法即沃尔德法（Ward's method）作聚类分析，结果如图8.17所示。

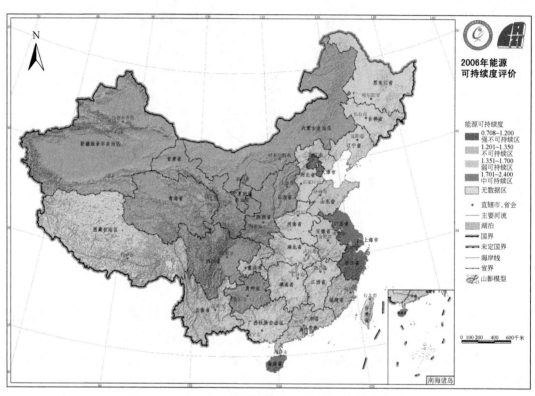

图8.17　2006年中国区域能源可持续度等级分布情况

8.3.4.5　评价结果

（1）可持续能源政策与环境可持续度是制约能源可持续发展的关键因子

能源政策与环境调控因子（F_1）是对总方差解释力度最大的因子。除此之外工业固体废弃物处置因子（F_4）、污染治理因子（F_8）对总方差的解释分别为8.5%、5.4%。国家可持续能源政策与地区规划的融合，减缓环境资源的损耗目标下的具体指标——单位地区生产总值能耗与全国平均水平之比、单位地区生产总值电耗与全国平均水平之比（在第一主因子上具有较大载荷），单位地区生产总值工业污染治理投资比（即污染治理因子，在第八主因子上具有较大载荷）均与可持续能源政策在本区域的执行情况有关。而环境可持续性目标下的具体指标——单位地区生产总值工业二氧化硫排放量、单位地区生产总值烟尘排放量以及单位地区生产总值工业粉尘排放量（在第一主因子上具有较大载荷），工业固体废弃物处置率（在第四主因子上具有较大载荷），均与环境可持续性密切相关。由此判断，现阶段可持续能源政策与环境可持续度是制约能源可持续发展的关键因素。

(2) 能源与森林、土地资源的配套能力是能源可持续发展的重要基础

森林资源因子（F_2）与土地因子（F_3），对总方差的解释力度分别为12.3%、11.1%，二者分别在森林覆盖率、森林蓄积量占活立木总蓄积量，土地面积占全国比重和农用地占全国比重等与森林和土地资源相关的指标上具有较大载荷，而上述指标均隶属于目标2能源与水、土、森林等资源配套能力的范畴，据此，我们可以判断，能源与森林、土地资源的配套能力是能源可持续发展的重要基础。

(3) 能源供应能力是能源可持续发展的核心所在

电力供应能力因子（F_5）、油气供应潜力因子（F_6）、可再生能源供应因子（F_7）均属于能源供应范畴，对总方差的解释力度分别为7.8%、7.6%和6.9%，三者对总方差的解释力度之和超过了20%。能源可持续发展首先必须保障能源安全，而能源安全的关键在于能源的可持续供应，因此，能源供应能力是能源可持续发展的核心所在。

(4) 三大地区能源可持续差异情况

根据中国东、中、西划分标准，按照因子分析法、熵值法评价结果来分别计算中国东、中、西部能源可持续发展差异情况。从中国东、中、西部能源可持续发展差异情况来看，两种方法评价结果显示：东部地区能源发展可持续度分别为-0.346、2.751；中部地区能源发展可持续度分别为0.078、3.064；西部地区能源发展可持续度分别为0.346、3.24。由此可以判断，西部地区是中国能源可持续性最强的地区，中部次之，东部能源可持续性最弱。

(5) 八大区域能源可持续差异情况

根据国务院发展研究中心划分的八大区域：南部沿海地区、东部沿海地区、北部沿海地区、东北地区、长江中游地区、黄河中游地区、西南地区和西北地区（马洪等，2003）。分别按照因子评价、熵值法评价结果，分别计算中国八大区域能源可持续发展差异情况。无论是因子分析法还是改进的熵值法评价，评价结果都显示出：中国八大区域中能源可持续性最强的三大区域分别为西北地区、西南地区和黄河中游地区；最弱的为东部沿海地区、北部沿海地区和南部沿海地区。除此之外，东北地区优于长江中游地区，居第四位。总体来看，中国能源可持续性沿海地区最弱，东北和长江中游地区次之，西北、西南和黄河中游地区最强。

(6) 区域能源可持续度等级分布情况

根据2006年中国区域能源可持续度，通过聚类分析方法，可以初步把我国划分为可持续、弱可持续、不可持续以及最不可持续四个区域。其中，可持续区主要包括青海、甘肃、山西、新疆、四川、内蒙古、宁夏、陕西、贵州九省（区、市）；弱可持续区主要包括广西、云南、吉林、黑龙江、西藏、重庆、湖北、湖南、河北、河南、辽宁、江西12省（区、市）；不可持续区主要包括广东、山东、安徽、福建四省；最不可持续区为上海、北京、浙江、天津、海南、江苏六省（市）。

8.3.5 区域能源供需情景分析

情景分析法（scenario analysis）是指对现状和未来发展的情景设置（Scenario formulation on current conditions and future development）。它是建立在对事实、假设和趋势的分析基础之上的，在对这些事实、假设和趋势深入分析之后，就可以把它们做不同的"综合"，形成不同的方案，这些方案就是我们需要的"情景"（scenarios）（梁巧梅等，2004）。情景分析法的最大优势是使管理者能发现未来变化的某些趋势和避免两个常见的决策错误：过高或过低估计未来的变化及其影响（曾忠禄等，2005）。

国内已有不少关于长期中国能源需求与排放情景研究。其中，国家发展和改革委员会能源研究所课题组在2002年开展过"中国2050能源和温室气体排放多方案研究"。梁巧梅等（2004）提出了基于投入产出的能源需求和能源强度情景分析模型的总体框架。姜克隽等（2009）利用IPAC模型对我国未来中长期的能源与温室气体排放情景进行分析，设计了三个排放情景，介绍了情景的主要参数和结构以及实现减排所需的技术，同时探讨了中国实现低碳情景所需要的发展路径。

国内多采用综合评价模型的定量分析方法，考虑社会经济发展、能源资源、用能技术、环境制约和消费行为等多方面因素，综合分析未来中国能源与温室气体排放情景（国家发展和改革委员会能源研究所课题组，2009）。现阶段对于中国国家尺度上能源需求、碳排放及能源生产情景分析的研究成果较为丰富，但是对于区域层面（省、市、区）的研究则相对欠缺，对于区域层面能源需求与碳排放驱动因素的研究亦十分有限。鉴于此，为了丰富区域层面能源需求、碳排放及能源生产情景分析，厘清中国区域层面能源需求与碳排放驱动因素，为后续中国能源可持续发展功能分区工作的顺利开展提供服务，本节主要对我国区域层面中长期的能源需求、温室气体排放及各区域能源生产情景进行了分析。

8.3.5.1　模型方法

美国斯坦福大学著名人口学家埃里希（Paul R. Ehrlich）发现人口增长对环境的影响不仅与人口总量密切相关，而且还与社会的富裕程度及技术水平有关，基于此，正式提出了表征人类活动对环境影响的三因素公式即 IPAT 方程（Ehrlich，Holdren，1971）。Ehrlich 和 Holdren（1971）将人类的环境冲击（I）分解为人口（P）、富裕度（A）和技术（T）三种驱动因素的综合影响。IPAT 方程可以表述为

$$I = P \times A \times T \tag{8.3}$$

式中，I（impact）指代环境影响；P（population）指代人口；A（affluence）即富裕度，通常用人均 GDP 表示；T（technology）即技术，以单位 GDP 造成的环境影响表示。由于本章旨在借助 IPAT 方程测度区域能源消费，因此 IPAT 方程可以改写为（Dietz，Rosa，1997；Holdren，2000）

能源消费＝人口×人均 GDP×单位 GDP 能耗，即

$$E = P \times \left(\frac{\text{GDP}}{P}\right) \times \left(\frac{E}{\text{GDP}}\right) = P \times \left(\frac{G}{P}\right) \times \left(\frac{E}{G}\right) \tag{8.4}$$

碳排放＝人口×人均 GDP×单位 GDP 能耗×单位能源碳排放，即

$$C = P \times \left(\frac{\text{GDP}}{P}\right) \times \left(\frac{E}{\text{GDP}}\right) \times \left(\frac{C}{E}\right) \tag{8.5}$$

在式（8.4）的基础上，定义增长率 $X(t)$ 为 $r(X) = X^{-1}\mathrm{d}X/\mathrm{d}t$，则 IPAT 恒等式增长率代数式可以表述为

$$r(E) = r(P) + r(g) + r(e) \tag{8.6}$$

$$E = \sum_i E_i = \sum_i P_i g_i e_i \tag{8.7}$$

在能源需求方面，本章主要关注在人口、经济以及能源强度因素的共同驱动下各区域未来能源需求情况。我们运用 IPAT 恒等式进行能源需求情景分析。在碳排放方面，主要关注化石燃料[①]消费过程中的 CO_2 释放情况。在构建区域能源需求情景分析过程中，使用区域[②]层面的数据包括各个区域的人口、能源消费以及国内生产总值（GDP）时序数据。考察各区域能源需求及生产情况是构建区域可持续能源体系的重要一环。

8.3.5.2　情景描述

本研究中，我们将各区域经济发展、人口增长、能源消费、技术进步作为能源需求以及碳排放的主要驱动因素，围绕这些因素，在参照梁巧梅等（2004）、姜克隽等（2009）情景设定的基础上，从区域尺度出发，建立了节能情景、节能减排情景与强化节能减排情景三种情景。表 8.39 是各种情景设定的基本描述。

---

① 原煤、原油与天然气。
② 中国 30 个省、市、自治区。由于数据限制，暂不考虑西藏、香港、澳门及台湾地区。

表8.39 2050年区域能源可持续发展情景的主要参数特征

情景	描述
节能情景	充分考虑中国区域发展的需求和愿望，充分考虑当前的节能措施，但不采取专门针对气候变化的对策。2010年单位国内生产总值（GDP）能源消耗在2005年的基础上降低20%；2010~2020年单位GDP能源强度年均下降3.7%；2035~2050年单位GDP能源强度年均下降3.4%
节能减排情景	在节能情景基础上，综合考虑中国各区域的可持续发展、能源安全、经济竞争力和节能减排能力，考虑优化能源消费结构，到2020年我国单位GDP二氧化碳排放比2005年下降40%~45%，通过大力发展可再生能源、积极推进核电建设等行动，到2020年我国非化石能源占一次能源消费的比重达到15%左右。与此同时单位GDP能源强度在节能情景基础上进一步降低。2005~2010年单位GDP能源强度年均下降3.6%；2010~2020年单位GDP能源强度年均下降5%；2035~2050年单位GDP能源强度年均下降3.4%
强化节能减排情景	在节能减排情景的基础上，考虑新能源与可再生能源的大规模开发，能源消费结构得到进一步优化。水电、核电、风电、太阳能发电等占能源消费结构份额分于2020、2035、2050年达到20%、28%和38%以上。与此同时，主动努力改变经济发展模式、转变生产和消费方式、强化技术进步，单位GDP能源强度进一步下降。单位GDP能源强度年均下降率2020、2030、2040、2050年分别为5.1%、4.8%、4.5%、4.1%、3.7%

8.3.5.3 参数设定

2050年区域能源可持续发展情景参数设定涉及的主要参数包括各区域人口增长率、人均GDP增长率、单位GDP能源强度年均下降率和单位能源碳排放强度年均下降率。本章在情景参数设定过程中，主要借鉴了国家发展和改革委员会能源研究所课题组（2009）《中国2050年低碳发展之路——能源需求暨碳排放情景分析》研究成果。

（1）人口增长率

根据国家计划生育委员会的人口发展情景与国家发展和改革委员会能源研究所课题组（2009）IPAC-人口模型分析显示，2030~2040年中国人口将达到高峰，为14.7亿左右，2050年下降到14.6亿。据此，我们计算出各个时期中国人口年均增长率情况（表8.40）。

表8.40 2005~2050年不同时段人口和人口增长率（%）

年份	2005	2005~2010	2010~2020	2020~2030	2030~2040	2040~2050
人口（百万）	1 308	1 360	1 440	1 470	1 470	1 460
增长率（%）		0.783	0.573	0.355	0.046	−0.045

资料来源：根据国家发展和改革委员会能源研究所课题组（2009）整理

区域人口增长率。在近十年来各区域人口增速的基础上，考虑到中长期宏观人口增长趋势，初步确定中国各省（区、市）人口增长率，详见附录。

（2）人均GDP增长率

根据中国经济"三步走"战略部署，21世纪初至中叶，中国人均国民生产总值达到中等发达国家水平，人民生活比较富裕，基本实现现代化。为达到该目标，中国学者对我国中长期GDP增长率进行了预测，表8.41为具体预测结果。预测结果显示，中国经济总体呈现出先快后慢的增长趋势。

表8.41 中国学者关于GDP增长率的预测（%）

预测者	2000~2010	2010~2020	2020~2030	2030~2040	2040~2050
中宏（2001）	8.1	6.4	5.4	4.9	4.3
李善同等（2003）（基准情景）	7.9	6.6			
国家发展和改革委员会能源研究所课题组（2009）	9.67	8.38	7.11	4.98	3.6

延续中国经济先快后慢的增长趋势,中长期中国人均 GDP 增长率也呈现出较为一致的发展规律(表 8.42)。2005~2010,2010~2020,2020~2030,2030~2040,2040~2050 年期间,人均 GDP 增长率依次为 8.4%,7.9%,6.9%,5.2% 和 4.5%。

由于本研究关注的参数为人均 GDP 增长率,因此在国家发展和改革委员会能源研究所课题组(2009)2005~2050 年不同时段人均 GDP 结论的基础上,计算整理得到 2005~2050 年不同时段人均 GDP 增长率预测值,并据此对各区域人均 GDP 走势进行预测。

表 8.42　2005~2050 年不同时段人均 GDP 和人均 GDP 增长率(%)

年份	2005	2005~2010	2010~2020	2020~2030	2030~2040	2040~2050
人均 GDP[①](万元)	1.2	2.6	5.1	6.8	8.8	13.6
增长率(%)		8.4	7.9	6.9	5.2	4.5

①按照 1990 年不变价格计算。

资料来源:国家发展和改革委员会能源研究所课题组,2009

区域人均 GDP 增长率。根据近十年各区域人均 GDP 增长情况,考虑到 2005~2050 年不同时段人均 GDP 增长趋势,初步确定中国各省(区、市)人均 GDP 增长率,详见附录。

(3)　单位 GDP 能源强度

经济、产业结构的转换升级,管理效率的持续提升,节能技术的快速发展以及能源结构的不断优化等各方面的绩效均可以通过一个综合性的指标得到体现即单位 GDP 能耗。未来中国单位 GDP 能耗将面临持续加速降低的过程,这种趋势将一直持续到 21 世纪 30 年代中后期,单位 GDP 能耗加速降低转变为减速降低。根据国家发展和改革委员会能源研究所课题组(2009)模型计算结果显示,2005~2050 年节能情景的能源强度(单位 GDP 能耗)年均下降 3.7%,而低碳和强化低碳情景的能源强度年均下降率分别为 4.1% 和 4.3%(表 8.43)。据此,设置 2005~2050 年不同时段中国区域能源可持续发展单位 GDP 能耗节能情景、节能减排情景和强化节能减排情景,并对中国区域单位 GDP 能耗进行预测。

区域单位 GDP 能源强度。根据近十年各区域单位 GDP 能源强度下降情况,在参照上表关于 2005~2050 年不同时段单位 GDP 能源强度年均下降趋势的基础上,初步设定中国各省(区、市)单位 GDP 能源强度参数,详见附录。

表 8.43　2005~2050 年不同时段的单位 GDP 能源强度年均下降率(%)

年份	2005~2010	2010~2020	2020~2030	2030~2040	2040~2050
节能情景	2.7	3.7	4.05	3.9	3.4
节能减排情景	3.6	5	4.7	3.9	3.4
强化节能减排情景	3.9	5.1	4.8	4.1	3.7

资料来源:根据国家发展和改革委员会能源研究所课题组(2009)计算整理

(4)　能源生产增速

能源生产参数设置分为两部分:一部分是化石能源生产,主要包括煤炭、石油和天然气;另一部分是新能源与可再生能源的生产,主要包括区域核电、风电以及水电。区域能源生产旨在为区域能源消费提供服务,因此,本章化石能源生产参数设置部分主要参照国家发展和改革委员会能源研究所课题组(2009)中国一次能源需求量情景分析结果来确定中国各区域能源生产总体趋势(表 8.44),各区域化石能源生产参数设置详见附录。

表 8.44　不同情景下一次化石能源需求量（百万吨标准煤）

情景	年份	2005	2007	2010	2020	2035	2050
节能	煤炭	1 548	1 845	2 119	2 773	3 012	2 752
	石油	465	522	608	1 116	1 451	1 779
	天然气	64	91	126	290	472	667
低碳	煤炭	1 548	1 845	2 002	2 131	2 207	2 004
	石油	465	522	591	796	993	1 095
	天然气	64	91	125	293	476	661
强低碳	煤炭	1 548	1 845	1 965	2 010	1 870	1 434
	石油	465	522	581	765	948	997
	天然气	64	91	124	289	458	634

资料来源：根据国家发展和改革委员会能源研究所课题组（2009）整理

区域可再生能源发展参数设置主要参照中国可再生能源战略研究项目组（2008）中国可再生能源发展预测（2004～2050 年）的相关成果，在此基础上分别依据近年来核电、风电以及水电相关规划（表 8.45），分别设置核电、风电以及水电参数详见附录。

表 8.45　中长期区域水电开发程度（大、小）参数设定（%）

地区	2010	2020	2030	2050
东部	90	100	100	100
中部	78	90	100	100
西部	25	52	78	100
四川	27	63	90	100
云南	21	62	90	100
贵州	79	94	100	100

注：水电开发程度＝已正装机容量/技术可开发装机容量

届时水电发电设备年均利用小时数，2020 年之前保持不变，2030 年为 2020 年的 1.2 倍，2050 年为 2020 年的 1.8 倍。

8.3.5.4　结果分析

（1）能源需求

情景分析结果表明，持续到 21 世纪中叶，中国主要能源消费区域仍然集中在东部。具体而言，2030 年以前，山东、广东、河北、河南与江苏分列中国能源消费前五位。2050 年，山东被内蒙古取代，能源消耗前五位依次为广东、河北、河南、内蒙古和江苏。

与前五甲相对，中国能源消耗最少的省份变动较大。三种情景下，海南、宁夏与青海较为稳定，2030 年之前均处于能源消耗最小的五个省（市、区）行列（表 8.46）。

表 8.46　2010～2050 年中国区域能源消费情景分析

项目		2010	2020	2030	2050
节能情景	前五位	鲁、冀、粤、苏、豫	鲁、冀、粤、苏、豫	粤、冀、豫、鲁、苏	粤、冀、豫、蒙、苏
	后五位	琼、青、宁、渝、津	琼、青、宁、京、甘	琼、宁、京、青、黑	京、宁、黑、青、琼
节能减排情景	前五位	鲁、冀、粤、苏、豫	粤、冀、鲁、豫、苏	粤、冀、豫、苏、蒙	粤、冀、豫、蒙、浙
	后五位	琼、青、宁、渝、津	琼、青、宁、京、津	宁、琼、青、黑、京	宁、黑、京、津、吉

项目		2010	2020	2030	2050
强节能	前五位	鲁、冀、粤、苏、豫	粤、冀、豫、苏、鲁	粤、冀、豫、苏、蒙	粤、冀、豫、蒙、苏
减排	后五位	琼、青、宁、渝、津	琼、宁、青、京、甘	宁、琼、青、黑、京	宁、黑、京、津、青

（2）能源供给

2010~2050 年中国区域能源生产情景分析结果显示，新疆、山西、陕西、内蒙古、河南、云南、四川以及吉林八大地区是中国能源主要生产基地。其中，新疆、山西、陕西以及内蒙古四省在中国未来能源供应体系中占据主导地位。此外，中国能源生产最少的省份集中分布于中国东部地区，主要包括海南、上海、北京和浙江。不同预测年份，不同情景下，能源生产最多与最小的省（市、区）存在细微变动，但是变动幅度整体不大（表 8.47）。

表 8.47　2010~2050 年中国区域能源生产情景分析

项目		2010	2020	2030	2050
节能情景	前五位	晋、蒙、陕、新、豫	晋、蒙、新、陕、滇	新、晋、蒙、陕、滇	新、吉、陕晋、蒙
	后五位	琼、沪、京、浙、藏	沪、琼、京、浙、藏	沪、琼、京、浙、桂	沪、琼、京、浙、桂
节能减排	前五位	晋、蒙、陕、豫、新	新、晋、蒙、陕、川	新、晋、蒙、陕、吉	新、吉、陕、晋、蒙
情景	后五位	琼、沪、京、浙、藏	沪、琼、京、浙、桂	沪、琼、京、浙、桂	沪、琼、京、浙、桂
强节能	前五位	晋、蒙、陕、豫、新	新、晋、蒙、陕、川	新、晋、陕、蒙、吉	新、吉、陕、晋、川
减排	后五位	琼、沪、京、浙、藏	沪、琼、京、浙、桂	沪、琼、京、浙、桂	沪、琼、京、浙、闽

（3）能源对外依存度

区域能源对外依存度指一定时期、区域范围内能源净输入量与该区能源需求量之比。能源对外依存度是衡量区域能源自给能力的有效指标。区域能源对外依存度越大，反映该区域对外能源依赖程度越高，则该区域能源可持续性越弱；反之，则越强。

能源对外依存度研究结果表明，中国能源对外依存度最高的省份集中分布于东部的京津冀、长三角与珠三角地区，具体主要包括上海、浙江、北京、江苏、广东、海南。与此相对，能源对外依存度最小的省份则主要分布于中国"三北"（东北、华北与西北）地区，具体包括新疆、陕西、山西、内蒙古、黑龙江和吉林（表 8.48）。

表 8.48　2010~2050 年中国区域能源对外依存度情景分析

项目		2010	2020	2030	2050
节能情景	前五位	沪、浙、京、琼、苏	沪、京、浙、琼、苏	沪、浙、琼、粤、京	沪、浙、粤、琼、苏
	后五位	晋、陕、蒙、新、黑	新、陕、晋、蒙、青	新、陕、晋、吉、黑	新、吉、陕、黑、晋
节能减排	前五位	沪、浙、京、琼、苏	沪、京、琼、浙、苏	沪、琼、浙、京、粤	沪、浙、琼、粤、苏
情景	后五位	晋、陕、蒙、新、黑	新、陕、晋、黑、蒙	新、陕、晋、吉、黑	新、吉、黑、陕、晋
强节能	前五位	沪、浙、京、琼、苏	沪、浙、琼、京、苏	沪、琼、浙、粤、京	沪、浙、琼、粤、闽
减排	后五位	晋、陕、蒙、新、黑	新、晋、陕、黑、吉	新、陕、吉、晋、黑	新、吉、陕、黑、川

8.4　分区结果

在资源本底分析、能源可持续性现状判断及相关情景综合分析的基础上，本研究发现，情景设置中的节能减排情景与现实较为接近，因此，主要依据节能减排情景中的相关结论，把我国各区域划分五大区域：能源强不可持续区、能源不可持续区、能源弱可持续区、能源可持续区与能源强可持续区（图 8.18）。

图 8.18 中国区域能源可持续功能分区（能源保障）

注：由于缺乏数据，台湾省、香港与澳门特别行政区暂不列入分区范畴。

（1）能源强不可持续区

第一区为能源强不可持续区。该区集中分布于中国东部和中部地区，主要包括的省（区、市）有京津冀中的北京与河北、长三角地区、福建、珠三角地区（广东省）、广西、海南省、中部的江西与湖北，共计 11 省（区、市）。

（2）能源不可持续区

第二区为能源不可持续区域。不可持续区的能源对外依存度呈现出明显的上升趋势，截至预测末期，能源对外依存度超过 65%。能源不可持续区主要分布于中国的中部地区，涵盖的省份具体包括：河南、安徽、贵州和湖南四省。上述四省未来能源对外依存度较为接近，2050 年能源对外依存度在 0.65 ~ 0.77 之间。

（3）能源弱可持续区

第三区为能源弱可持续区域。弱可持续区的能源对外依存度相对稳定，截止到预测末期，能源对外依存度基本控制在 60% 以下水平。主要分布于胶东半岛与辽东半岛，即山东省和辽宁省两省。截至 2050 年，两省能源对外依存度分别为 53% 与 60%。

（4）能源可持续区

第四区为能源可持续区域。可持续区能源对外依存度相对稳定，基本控制在 20% 以下水平。能源可持续区主要位于西南地区，包括西藏、四川、重庆和云南四省（区、市）。

（5）能源强可持续区

第五区为能源强可持续区。强可持续区能源对外依存度呈现出加速递减（对外输送能源加速递增）趋势，能源依存度基本维持在 0 以下水平（能源输出地）。从地理空间分布上看，强可持续区集中分布于我国"三北"地带，主要包括东北地区的黑龙江、吉林两省，华北的内蒙古与山西两省以及西北的新疆、青海、甘肃、宁夏和陕西五省（区）。

8.5 各区的特征与功能定位

8.5.1 能源强不可持续区

8.5.1.1 特征分析

从地理分布上看，能源强不可持续区集中分布于中国东部沿海地区，呈现出"T"字型分布特征。具体而言，以北京、河北、江苏、上海、浙江、福建、广东、广西为横，湖北、江西为纵，以江西为交汇点。

从能源资源禀赋来看，就化石能源而言，该区属于煤炭、天然气资源贫乏区域，东海、珠江口、北部湾等近海海域均有石油分布，但储量十分有限。就新能源与可再生能源而言，浙江、江苏、广东、山东、辽宁、福建与广西七省区为我国核电站重点布局地区；地处沿海风能与太阳能丰富带，可以用于发电的水能资源与其他区域相比十分有限。此外，广东、江苏、湖北、广西等地利用垃圾与废水等非粮生物质资源较为丰富。

从区域能源供求特征来看，该区属于能源净输入地区。能源对外依存度呈现出快速上升趋势，能源供需存在巨大缺口，该区能源供给不足以支撑该区域的可持续发展。

8.5.1.2 功能定位

该区域在我国能源供应体系中属于能源强汇集区，为我国经济的主导区，未来很长一段时间，该区还将继续承担率先发展、辐射全国的重任。保障该区域能源可持续发展是长久维持该区域经济稳健发展的前提和基础。鉴于此，构建该区可持续能源供应体系成为当务之急。东部能源可持续供应体系是本地化与多元化，国内与国外多种供应途径综合作用的结果。

国内部分。首先积极挖掘本地优势能源资源潜力。由于该地区具有发展新能源与可再生能源的经济与技术优势，因此应当大力提倡核电、风电、太阳能、非粮生物质能以及潮汐能等的开发利用，努力增强本地能源供给能力。其次，积极勘探和开发近海石油与天然气，增强油气供给能力。第三，不断加强"西电东送"、"西气东输"、"北油南运"等能源管网与通道的建设，充分利用中国西、北地区能源资源，实现国内能源资源的优化配置。

国外部分。充分利用沿海石油、液化天然气进口的有利地理区位，加大能源对外开发步伐。积极鼓励该区域各市场行为主体建设石油战略储备基地，构建外向型能源供应体系。

8.5.2 能源不可持续区

8.5.2.1 特征分析

从地理分布上看，能源不可持续区主要分布于中国中部地区，地处能源强不可持续区与能源强可持续区和能源可持续区的过渡地带。

从能源资源禀赋来看，就化石能源而言，除湖南省外，河南、贵州和安徽三省煤炭资源均较为丰富；此外，除河南省具有少量石油、天然气资源之外，其余三省石油、天然气资源均较为贫乏；就新能源与可再生能源而言，四省均无核电分布。贵州省为我国水电站重点布局地区之一，与此同时，湖南、河南和安徽水能资源也较为丰富；然而，上述四省风能资源却较为贫乏，且均地处风能相对贫乏地带；与此相对，四省绝大部分区域位于太阳能资源丰富带。此外，河南非粮生物质能源资源潜力位居全国前五位，湖南、贵州和安徽非粮生物质能源资源也较为丰富。

从区域能源供求特征来看，该区均属于能源净输入地区。能源对外依存度仅小于能源强不可持续区，能源供需存在较大缺口，该区能源供给不足以支撑该区域的可持续发展。

8.5.2.2 功能定位

该区域在我国能源供应体系中属于能源次强汇集区。从区位视角出发，上述四省位居中国内陆且与能源强可持续和能源可持续区毗邻，因此，构架该四省的可持续能源供应体系应更多地考虑从能源本地化与多元化、国内区域间能源流动视角出发。

本地化方面，应该积极发挥本地的煤炭、水能、太阳能以及非粮生物质能源资源的比较优势，大力发展水电、太阳能热利用、光电、生物质发电等，不断加强能源本地供给能力。

国内能源流动方面，应该不断加强"西电东送""西气东输""北油南运"等能源管网与通道的建设，充分利用中国西南与"三北"地区能源资源，实现国内能源资源的优化配置。

8.5.3 能源弱可持续区

8.5.3.1 特征分析

从地理分布上看，能源弱可持续区主要分布于中国东部的胶东半岛与辽东半岛环渤海湾地区，包括山东与辽宁两省。

从能源资源禀赋来看，就化石能源而言，山东省煤炭资源较为丰富而辽宁省则相对贫乏；两省天然气资源均较为丰富；且均位于我国原油主产区。就新能源与可再生能源而言，山东与辽宁均有核电布局；辽宁水能资源较丰富而山东则较贫乏；两省风能、太阳能以及非粮生物质能源资源均较丰富。

从区域能源供求特征来看，该区属于能源净输入地区。能源对外依存度小于能源不可持续区，能源供需存在缺口，该区能源供给不足以维持该区域的可持续发展。

8.5.3.2 功能定位

该区域在我国能源供应体系中属于能源汇集区。由于山东与辽宁两省位于我国东部地区，具有走能源外向型道路的区位优势，因此该区域能源可持续供应体系构建在立足本地化与多样化，国内能源资源流动的同时，也应该充分利用国外能源资源。

本地化方面，应该立足于本地具有比较优势的油气资源、新能源与可再生能源资源，在此基础上积极开发核电、风电、太阳能、非粮生物质能、潮汐能等，不断增强本地能源供给能力。

国内能源资源流动方面，主要加强能源管网与通道的建设，促进东北与华北能源资源向本区域的有效流动，实现东北与华北地区能源资源的优化配置。

国外能源资源流动方面，充分利用沿海石油、液化天然气进口的有利地理区位，加大能源对外开发步伐。加大能源输入管网与通道的建设，积极鼓励该区域各市场行为主体建设石油战略储备基地，构建外向型能源供应体系。

8.5.4 能源可持续区

8.5.4.1 特征分析

从地理分布上看，能源可持续区集中分布于中国西南地区，主要包括西藏、四川、重庆和云南四省（区、市）。

从能源资源禀赋来看，就化石能源而言，上述四省是我国煤炭资源较丰富地区，其中四川盆地是我国天然气资源量第二大的盆地，其余三省天然气资源则较为贫乏；此外，西藏为我国原油接替区，其余三省原油资源储量均较为贫乏；就新能源与可再生能源而言，西南地区是我国的水电基地，水力资源最为丰富，但是却处于风能相对贫乏地带；除四川中部太阳能资源较为贫乏之外，其余均较为丰富。西南地区无核电布局。此外，该区非粮生物质能源资源十分丰富，中国五大非粮生物质富集区中的四川、云南、西藏位于该区。

从区域能源供求特征来看，该区均属于能源净输出地区。能源对外依存度为负，且能源净输出幅度仅小于能源强可持续区，能源供给大于需求，足以维持该区域的可持续发展。

8.5.4.2 功能定位

由于西南地区位居我国内陆，且能源供给存在大量盈余，因此该地区在我国能源供应体系中属于次强输出区（次强源）。发挥本地能源资源潜力，更好地服务于全国区域能源需求是本区的主要职责和功能所在。

本地化方面，应该立足于本地具有比较优势的煤炭、水能、太阳能以及非粮生物质能源资源，在此基础上积极开发火电、水电、太阳能、非粮生物质能等，进一步增强本地能源外送能力。

国内能源资源流动方面，主要加强输出能源管网与通道的建设，促进西南能源资源向中、东部的有效流动，实现西南地区能源资源在中国区域间的优化配置。

8.5.5 能源强可持续区

8.5.5.1 特征分析

从地理分布上看，能源强可持续区集中分布于中国"三北"地区，主要包括黑龙江、吉林、内蒙古、山西、陕西、宁夏、甘肃、青海和新疆九省（区）。

从能源资源禀赋来看，就化石能源而言，该区是我国化石能源的主产地。山西、陕西、内蒙古、宁夏和新疆煤炭资源储量十分丰富，是我国煤炭基地，甘肃与青海煤炭储量也较为丰富。陕甘宁、塔里木、准格尔、吐哈、柴达木等是我国的主要含气盆地，蕴藏丰富的天然气资源；松辽、伊通、海拉尔、二连、鄂尔多斯及其以西的诸盆地等蕴藏我国80%以上的石油资源。就新能源与可再生能源而言，该区总体上水能资源丰富。西北的甘肃、青海、宁夏和新疆位居我国水能资源第一梯队，黄河中游的山西、陕西、内蒙古及东北地区的黑龙江和吉林省位居我国水能资源第二梯队；"三北"地区地处我国北部风能极丰富带，是我国连成一片的最大风能资源区，占全国可利用的79%。新疆南部以及青海、甘肃和内蒙古的西部太阳能资源极为丰富，新疆大部、青海和甘肃东部、宁夏、陕西、山西、内蒙古东部、东北西南部太阳能也很丰富，其余地区太阳能资源属丰富行列。此外，黑龙江非粮生物质能源极为丰富，除宁夏与青海非粮生物质能源资源较一般外，该区其余省份均较丰富。

从区域能源供求特征来看，该区均属于能源净输出地区。能源对外依存度为负，且能源净输出幅度最大，能源供给大于需求，能源供给足以维持该区域的可持续发展。

8.5.5.2 功能定位

由于"三北"地区能源供给存在大量盈余，因此该地区在我国能源供应体系中属于强输出区（强源）。发挥本地能源资源潜力，更好地服务于全国区域能源的长远需求，保证国家区域能源安全是本区的主要职责和功能所在。该区是我国化石能源与可再生能源供应基地。

本地化方面，应该立足于本地具有绝对优势的煤炭、水能、风能、太阳能以及非粮生物质能源资源，在此基础上积极开发火电、水电、风电、太阳能、非粮生物质能等。在进一步挖掘化石能源资源潜力的同时，大力发展可再生能源，实现化石能源与可再生能源的有序结合，不断优化能源供应结构，快速增强本区域能源外输能力，提高本地能源外输质量。

国内能源资源流动方面，主要加强能源输出管网与通道的建设，促进"三北"能源资源向中、东部的有效流动，实现"三北"地区能源资源在中国各区域间的优化配置。

参 考 文 献

蔡国田，张雷．2006．中国能源保障基本形式分析．地理科学进展，25（5）：57-66．

蔡建琼，于惠芳，朱志洪，等．2006．SPSS 统计分析实例精选．北京：清华大学出版社，336-349．

成升魁，徐增让，沈镭．2008．中国省际煤炭资源流动的时空演变及驱动力．地理学报，63（6）：603-612．

崔民选．2007．中国能源发展报告（2007）．北京：社会科学文献出版社，22-23．

崔民选．2009．中国能源发展报告（2009）．北京：社会科学文献出版社，106．

高群，毛汉英．2003．基于 GIS 的三峡库区云阳县生态经济区划．生态学报，23（1）：74-81．

龚曙明．2005．应用统计学（第二版）．北京：清华大学出版社，268-269．

郭伟，王颖．2006．马六甲海峡——南海航线与当代中国经济发展．第四纪研究，26（3）：485-490．

郭显光．1994．熵值法及其在综合评价中的应用．财贸研究，6：56-60．

郭显光．1998．改进的熵值法及其在经济效益评价中的应用．系统工程理论与实践，12：98-102．

国际能源署．2007．世界能源展望 2007：中国选萃．http：//www.worldenergyoutlool.com/index_chinese.asp：168-258．

国家发展和改革委员会．2007．核电中长期发展规划（2005–2020）．http：//www.sdpc.gov.cn/nyjt/nyzywx/W020071102337736707723.pdf．

国家发展和改革委员会能源研究所课题组．2009．中国 2050 年低碳发展之路：能源需求暨碳排放情景分析．北京：科学出版社．

姜克隽，胡秀莲，庄幸，等．2009．中国 2050 年低碳情景和低碳发展之路．中外能源，14（6）：1-7．

李善同，侯永志，翟凡．2003．未来 20 年中国经济增长和发展预测．http：//www.drcnet.com.cn/eDRCnet.common.web．

李佐军．2004．"重工业化"是工业化中后期的一般规律．经济参考报，（3）：10-20．

梁巧梅，魏一鸣，范英，等．2004．中国能源需求和能源强度预测的情景分析模型及其应用．管理学报，1（1）：62-66．

刘刚．2007．西藏能源消费格局及其环境效应．北京：中国科学院地理科学与资源研究所硕士学位论文，27-36．

刘晓洁．2008．石油资源流动效应与机理研究．北京：中国科学院地理科学与资源研究所博士学位论文，30-50．

罗晓斐．2005．从"油荒"到可持续发展——广东省能源结构调整策略．沿海企业与政策，（12）：121-123．

马洪，王梦奎．2003．中国发展研究．北京：中国发展出版社．

潘伟尔．2004．破除煤炭价格机制市场改革的五大障碍．中国煤炭，30（12）：17-19．

邱中建，龚再升．1999．中国油气勘探．北京：石油工业出版社，254．

全国农业区划委员会．1984．中国自然区划概要．北京：科学出版社．

施鹏飞．2000．21 世纪风力发电前景．中国电力，33（9）：78-84．

史丹．2002．对我国能源消费量下降的认识及建议．中国经贸导刊，（18）：26．

田春荣．2002．2001 年中国石油进出口状况分析．国际石油经济，10（3）：9-16．

田春荣．2003．2002 年中国石油进出口状况分析．国际石油经济，11（3）：24-31．

田春荣．2004．2003 年中国石油进出口状况分析．国际石油经济，12（3）：9-16．

田春荣．2006．2005 年中国石油进出口状况分析．国际石油经济，3：1-8．

王炳忠．1983．中国太阳能资源利用区划．太阳能学报，4（3）：221-228．

王淑娟，王彦佳，施祖麟．1999．我国可持续能源系统发展的途径探讨．中国人口·资源与环境，9（1）：68-71．

吴传钧．1998．中国经济地理．北京：科学出版社．

肖宜滨．2001．聚类分析的理论及其应用．江苏统计，（11）：13-15．

杨树珍．1990．中国经济区划研究．北京：中国展望出版社．

曾忠禄，张冬梅．2005．不确定环境下解读未来的方法：情景分析法．情报方法，（5）：14-16．

张福东．2005．中国天然气可持续发展战略研究．北京：中国地质大学博士学位论文，60-70．

张抗．2005．近 20 年中国石油储量变化分析．石油天然气地质，26（5）：584-589．

张雷. 2007. 能源生态系统——西部地区能源开发战略研究. 北京：科学出版社，1-4.

张正敏，朱俊生. 1999. 中国可再生能源技术攻关成就显著. 中国能源，9：9-11.

赵贤正，李景明，李东旭，等. 2004. 中国天热气资源潜力及供需趋势. 天热气工业，24（3）：1-4.

赵玉文. 2000. 21 世纪中国太阳能利用发展趋势. 中国电力，33（9）：73-77.

中国经济信息网. 2008. 2008 年中国能源行业年度报告. 北京：中国经济信息网，113.

中国可再生能源发展战略研究项目组. 2008a. 中国可再生能源发展战略研究丛书（生物质能卷）. 北京：中国电力出版社.

中国可再生能源战略研究项目组. 2008b. 中国可再生能源发展战略研究丛书（风能卷）. 北京：中国电力出版社，55-70.

中国可再生能源战略研究项目组. 2008c. 中国可再生能源发展战略研究丛书（太阳能卷）. 北京：中国电力出版社，87-91.

中国农村能源行业协会. 2004. 中国农村能源行业 2004 年产业发展报告. http：//www. docin. com/p-153797. html.

中国气象局. 2006. 第三次风能资源评估报告. 北京：气象出版社.

中国石油天然气总公司规划设计院. 1997. 2000-2010 年中国进口天然气管道总体规划.

中宏信息网. 2001. 21 世纪上半叶中国经济长期预测. 中国宏观经济形势报告（8）.

周立，吴玉鸣. 2006. 中国区域创新能力：因素分析与聚类研究——兼论区域创新能力综合评价的因素分析替代方法. 中国软科学，（8）：96-103.

周总瑛，周庆凡，张抗. 2003. 中国天热气勘探开发区域战略布局分析. 资源科学，25（4）：25-30.

BP. 2009. Statistical Review of World Energy June 2009. http：//www. bp. com/liveassets/bp_internet/globalbp/globalbp_uk_english/reports_and_publications/statistical_energy_review_2008/STAGING/local_assets/2009_downloads/statistical_review_of_world_energy_full_report_2009. pdf.（last accessed 2009/2. 28）.

Dietz T，Rosa E. 1997. Effects of population and affluence on CO_2 emissions. Proceedings of the National Academy of Sciences，94（1）：175.

Dillon W R，Goldstein M. 1984. Multivariate Analysis：Methods and Applications. New York：Wiley.

Ehrlich P R，Holdren J P. 1971. Impact of population growth. Science，171：1212-1217.

European Commission's Joint Research Center. 2008. PVNET European Roadmap for PV R&D. http：//www. pvaustria. at/upload/274_Roadmap_PVNET. pdf.

Geiz D，Kutzmark T. 1998. Developing Sustainable Communities：the Future is Now. Public Management Magazine，International City/Couny Management Association，Washington DC.

Holdren J P. 2000. Environmental degradation：population，affluence，technology，and sociopolitical factors. Environment，42（6）：4-5.

IEA. 2007. World Energy Outlook 2007. http：//www. iea. org/textbase/nppdf/free/2007/weo_2007. pdf.

Kaplan R S，Norton D P. 1996. The Balanced Scorecard：Translating Strategy into Action. Boston，MA：Harvard Business School Press.

Lorr M. 1983. Cluster Analysis For Social Scientists. San Francisco，Ca：Jossey-Bass Publishers.

Pan Weier. 2004. Remove the five barriers that interrupt reform to induce market mechanism in coal price. China coal，30（12）：17-19.

9

生态功能分区

张昌顺　谢高地　曹淑艳　冷允法　周海林

　　生态功能区划是在分析研究区域生态特征、生态系统服务功能、生态环境敏感性和生态问题空间分异规律的基础上，根据主要生态环境因子、生态系统服务、生态环境敏感性和生态问题的重要程度在不同区域的异质性和相似性，将研究区域划分为不同生态功能区的过程。随着各地人口的膨胀、经济迅猛发展和城市化建设的快速推进，人类活动对自然的干扰规模和强度空前。很多地区由于自身生态功能定位不清，片面地追求经济高增长，而忽视了对生态资源的保育和生态环境的保护，最终阻碍了区域社会、经济和生态的可持续发展。基于此，为明晰各区域的生态功能定位，保障中国主要生态资源的生态安全，为国家或区域战略决策、生态资源保育等提供科学依据。本区划以中国各区县为基本区划单元，运用现代生态学理论、区划理论以及 GIS 技术手段，综合分析中国主要生态因子、生态系统类型及其生态服务、生态敏感性和主要生态问题等空间数据，在确定分区原则、分区方法、分区依据和指标的基础上，将中国划分成四个生态大区，即东北部湿润半湿润生态大区、南部湿润生态大区、北部干旱半干旱生态大区和青藏高原生态大区，11 个生态地区，63 个生态区和 268 个生态功能区，并根据各区生态特征、主要生态问题和主导生态功能对其生态功能进行科学定位。

9.1　研究进展综述

9.1.1　生态功能区划内涵与目的

　　生态区划是指在分析研究区域生态特征空间分异规律的基础上，根据主要生态环境因子在不同区域的异质性和相似性，将研究区域划分为不同生态区的过程，其目的是为生态系统的研究、评价、修复和管理提供一个合适的空间单元（Omernik et al.，1997；欧阳志云等，2009）。生态功能区划是在研究区域生态环境特征、生态环境问题、生态环境敏感性和生态服务功能空间分异规律的基础上，依据区域不同等级生态环境的整体联系性、空间连续性、相似性、相异性及人类活动影响强度，通过归纳相似性和区分差异性进行的空间区域的划分和功能定位（贾良清等，2005；欧阳志云等，2009），是继要素区划、综合自然区划、农业区划、生态区划之后有关生态环境保育与建设的重大基础性工作，其目的是明确区域生态系统结构、生态过程、生态功能及其空间分异规律，评价不同生态系统类型的服务功能对区域可持续发展的支撑能力与作用，确定区域生态环境敏感性和生态环境脆弱性的分布格局，明确各级区划单元的生态环境与社会经济功能以及生态环境保护目标，为区域资源开发、产业布局与生态环境保育提供决策依据，从而实现生态环境分区管理与综合整治（欧阳志云等，2009；蔡佳亮等，2010）。

9.1.2 国外有关生态区划的研究

区划是人类在认识和改造自然过程中逐步形成和发展起来的，而生态区划是在自然区划的基础上发展而来的。早在 19 世纪初，德国地理学家洪堡德（Humboldt）将气候与植被分布有机地结合起来，首创了世界等温线图，并指出气候既受纬度的影响，也受海拔、距海远近、风向等因素的影响。俄国地理学家道库恰耶夫（Dokuchaev）在提出土壤形成过程和按气候来划分自然土壤带概念的基础上，创立了土壤地带学说。与此同时，霍迈尔（Hommeyer）设想出小区（ort）、地区（gegend）、区域（landschaft）和大区域（land）四级地理单元，发展了地表自然区划的观念和逐级分区的概念，从而开创了自然区划研究的先河（傅伯杰等，1999）。

19 世纪末，孟利亚姆（Merriam，1898）对美国的生命带和农作物带的划分被看作生态区划的雏形。1905 年，英国生态学家赫伯逊（Herbertson）提出开展全球生态地域划分的必要性，并首次完成了全球主要自然区域单元的区划与介绍（Herbertson，1905）。此后，很多生态学家与地学家日益认识到生态区划的重要性和必要性，并积极开展了生态区划的研究。尤其是在 1935 年英国生态学家坦斯利（Tansley）提出了生态系统（ecosystem）概念后，以植被（生态系统）为主体的自然区划研究得到了蓬勃发展（Krajina，1965；Rowe，1972；Walter et al.，1976），但同时也出现将植被区划等同于生态区划，忽视生态系统整体特征的研究误区（欧阳志云等，2009；蔡佳亮等，2010）。

真正意义上的生态区划是由美国生态学家贝利（Bailey）于 1976 年首次提出。他从生态系统的观点出发提出了美国生态区域的等级系统，并按地域（domain）、区（division）、省（province）和地段（section）四个等级进行划分，编制了 1：750 万的美国生态区域图（Bailey，1976）。此后，各国生态学家对生态区划的原则、依据及区划的指标、等级和方法等方面进行了大量的研究和讨论，并在国家和区域尺度进行各种生态区划，尤以北美地区生态区划开展的最多。如在大量实际调查研究的基础上，贝利等编制了世界各大陆的生态区域图（Bailey，1986），并在此基础上于 1989 年编制了北美和美国范围内的陆地生态区域图和海洋生态区域图（Bailey，1989）。在加拿大，从 20 世纪 80 年代开始也开展了一系列的全国和区域尺度的生态区划研究，如 Wiken 于 1982 年首次提出并完善了按生态地带（ecozone）、生态省（ecoprovince）、生态地区（ecoregion 或 ecolandscape region）和生态区（ecodistrict）四级单元进行划分的加拿大全国生态区划方案（Wiken，1982）。此外，在加拿大生态地区委员会的支持下，Wiken 等于 1996年进一步完成了加拿大陆地和海洋的生态区域划分，该方案以生态地带（ecozone）、生态地区（ecoregion）、生态区（ecodistrict）、生态地段（ecosection）、生态地点（ecosite）和生态元素（ecoelement）6 个等级将加拿大划分为 5 个海洋生态地带、15 个陆地生态地带，并详细描述了各地带的动植物、气候、地形、土壤等生态要素特征（Wiken et al.，1996）。在全球尺度上，1992～1995 年俄罗斯生态学家与美国生态学家合作，共同对世界生态区域图进行了修订。由于长期从事生态区划研究，在提出生态系统地理学的概念后，Bailey 于 1996 年采用生态系统地理学的方法成功完成了对全球的陆地和海洋生态地域的划分，编制出了全球陆地和海洋的生态区划图（Bailey，1996）。在此期间，全球生态系统区划研究方面成绩斐然。生态学家们对生态地域区划的原则、依据以及区划指标、等级和方法等进行了深入研究，相继提出了一系列以生物群区（Biome）为单位的全球分类方案，如 Holdridge（1967）的生命地带分类系统、Matthews（1983）的世界主要生态系统类型、Stolz 等（1989）的陆地生物群区系统、Prentice 等（1992）的全球生物群区类型、Box（1995）的全球潜在优势植被类型、Schultz（1995）的世界生态区划。但是，这些区划主要依据自然生态因素，几乎没有考虑人类对生态系统的影响。如今生态学家开始将生态区划和生态制图的方法与成果应用于阐明生态系统对全球变化的响应机制，分析区域生态环境问题形成机理，并进一步对区域生态环境功能进行综合评估，为区域资源可持续利用、生态环境建设、生物多样性保育、产业布局及制订区域可持续发展战略等提供依据，致使生态区划及生态制图成为当前宏观生态学的研究热点（Bailey，1996，1998；欧阳志云等，2009）。

9.1.3 国内有关生态区划的研究

中国在 20 世纪 80 年代初开始生态区划研究与实践，最初的区划基本是农业生态区划（侯学煜，1988）。直到 20 世纪末，中国生态区划方案都缺乏对人类活动在自然生态环境变化中的作用和影响的系统分析，尤其是忽略了对生态资产、生态服务功能以及生态脆弱性和敏感性等指标的研究（傅伯杰等，1999）。对此，刘国华等（1998）、傅伯杰等（1999）在总结国际生态区划发展过程与特点的基础上，结合国家各种区划特点的基础，提出了中国生态区划的目的、任务和特点，认为中国生态区划的目的是通过开展全国生态区划和建立区划信息系统，为区域资源开发与环境保护提供决策依据，为全国和区域生态环境综合整治服务；其突出特点是将特征区划与功能区划相结合、自然环境特征与人类活动相结合、生态与经济相结合；区划的方法是在要素区划的基础上，利用专家集成和定量分析相结合的方法，初步厘定了中国生态区划的步骤与内容。随后傅伯杰等（2000，2001）分别以西部地区与中国整体为对象开展生态区划工作，进一步明确了生态区划的原则、指标、方法、区划层级系统及其命名规则。其中，中国生态区划方案采用生态大区—生态地区—生态区三级区划系统。根据中国的气候、地貌、地形、生态系统特点以及人类活动规律等特征的定量与定性指标，采用自上而下逐级划分、专家集成与模型定量相结合的方法，将全国划分为 3 个生态大区（东部湿润、半湿润生态大区，西北干旱、半干旱生态大区和青藏高原高寒生态大区）、13 个生态地区和 57 个生态区。生态大区的划分主要根据中国的气候和地势特点，生态地区的划分主要是根据温湿指标和地带性植被；而生态区的划分，则主要是根据地貌类型、生态系统类型与人类活动影响（傅伯杰等，2001）。

几乎与此同时，不同类型的生态区划相继涌现（杨勤业等，1999；黄兴文等，1999；欧阳志云等，2000；王效科等，2001；苗鸿等，2001）。但是，生态区划在研究中存在着概念不统一的问题，不同的区划在区划目的、原则、方法、指标、区划单元命名等方面也具有明显的差异。总体而言，近十年，中国生态区划在区划对象、体系、方法等方面取得了可喜的发展，但同时也存在很多不足。首先，生态区划虽然从理论上强调考虑人类活动的影响，但在经济区划中对人类活动的考虑远远不够。其次，虽然一些区划方案是定量与定性相结合的，但定量阶段主要发生在指标处理过程，区划边界的确定仍以定性为主，基于空间技术与数量分析技术的区划边界研究仍较为不足。此外，区划原则、区划层次单元命名均存在明显差异，这与区划系统的规范性发育不足有关，同时也是区划目的差异的不可避免的结果。

基于此，本生态功能研究的目的为明晰各区域的生态功能定位，保障中国主要生态资源的生态安全，为国家或区域战略决策、生态资源保育、生态环境保护与建设等提供科学依据。本区划以中国各区县为基本区划单元，运用现代生态学理论、区划理论以及 GIS 技术手段，通过分析研究主要生态因子、生态系统类型及其生态功能空间分异规律，在确定分区方法、分区原则、分区依据和指标的基础上，对中国进行生态功能区域划分。

9.2 区划原则、方法及数据源

9.2.1 区划原则

生态功能区划是在一定的理论和方法准则指导下进行，即通常所称的区划原则。它是选取区划方法、确定依据和指标，建立等级单位体系的基础。本生态功能区划过程中遵循以下基本原则：

（1）相似性和差异性原则

区域生态环境特征、生态过程与生态服务功能以及生态环境敏感性的地域差异性和相似性是客观存在的，生态功能区划正是对其区内相似性和区间差异性加以识别，然后进行区域划分与合并。同时在区划时，必须注意区划单元内部特征的相似性和划分指标的相对一致性。例如，生态大区的相似性体现在生物气候特征和人类社会经济活动特点的大致相同；生态功能区的相似性体现在主导生态服务功能、生态环境敏感性和主要生态问题大致相同。

（2）主导因素原则

区域生态系统的形成过程及其结构、功能是极其复杂的，受多种因素的影响，是各个因素综合作用的结果。但在各个因素之中，必然有一两个因素起主导的、决定性的作用，其他因素只起调节、修正或协同的作用。本区划生态大区的主导因素选定为温度、降雨和海拔，生态地区的主导因素为地貌，生态区的主导因素为生态系统服务，生态功能区的主导因子是生态问题和主导生态功能。

（3）便于生态管理原则

生态区划的目的是促进资源的合理利用与开发，增强区域社会经济发展的生态环境支撑能力，促进区域的可持续发展。因此，本区划坚持便于生态管理原则，各级生态分区的边界保持与县界一致。

9.2.2 区划方法与命名

（1）区划方法

本研究采用四级区划，即生态大区、生态地区、生态区和生态功能区，各级区划单元的方法如下：

生态大区：主要采用聚类分析和空间叠置方法，即先对影响生态系统分布及其生态功能的主要生态因子（降雨、气温、海拔和植被）进行聚类分析，再用空间叠置法根据地形地貌、气候带等数据进行区域划分。

生态地区：主要采用空间叠置法，即对地形地貌数据与生态大区进行空间叠置分析。

生态区：主要采用主要标志法和定量分析法，即先核算各个区县生态系统服务价值，再根据生态系统服务价值进行区域划分，在区域划分过程中还兼顾生态系统分布、气候带、全国主要山脉、河流等数据。

生态功能区：主要采用空间叠置法，即对中国面临的主要生态问题、生态环境敏感性、国家级保护区等数据进行空间叠置分析。

（2）命名

生态大区名称由"地名+气候特征+生态大区"构成；

生态地区名称由"地名+（气候类型）+生态地区"构成；

生态区名称由"地名+（气候类型）+生态系统类型+生态区"构成；

生态功能区名称由"地名+主导服务功能（生态环境敏感性特征或生态问题）+功能区"构成。

9.2.3 数据来源

本生态功能区划用到的数据来源如下：全国土地利用、土壤侵蚀、气温、降雨、植被指数数据来源于中国科学院地理科学与资源研究所地球系统科学数据共享平台（http：//www.geodata.cn/Portal/aboutWebsite/connectus.jsp）；中国地貌、海拔数据来源于中国科学院地理科学与资源研究所中国自然资源数据库（http：//www.data.ac.cn/index.asp）；全国森林、国家级自然保护区数据来源于中国林业科学研究院中国林业科学数据中心（http：//www.cfsdc.org/）；国家主要生态工程图件、土壤荒漠化及全国重要生态工程等空间数据主要来源于国家林业局出版的《林业科学数据集（第一卷）》（中国林业科学研究院等，2005）及国家林业局和环保部等相关网站。

9.2.4 与以往区划的区别

尽管本区划方案尽量使用模糊聚类等半定量方法来提高分区的科学性和可接受性，但更确切地说，这是我国多年已有自然区划、生态区划成果的集成。其中，博伯杰等（2001）提出的中国生态区划方案将全国划分为三个生态大区（东部湿润、半湿润生态大区，西北干旱、半干旱生态大区和青藏高原高寒生态大区）、13 个生态地区和 57 个生态区，这一方案提出以来已被广泛应用。本区划方案与博伯杰中国生态区划方案相比，二者的指导思想和划分原则是基本一致的，划分方法和指标只是侧重不同，尽管划分结果有较大差异，但最大的区别是本区划保持了县域边界的完整性，使用者可以根据需求选用。生态区划领域的一项新进展是欧阳志云等完成的中国生态功能区划，该区划保留了中国生态区划方案的生态大区，生态区和生态亚区前三级分区系统，在此基础上又根据生态系统的功能特征和地理特征进行了生态功能区四级区划（欧阳志云等，2009）。同样二者在指导思想和划分原则上是基本一致的，划分方法和划分依据只是侧重不同，同时，本区划方案与中国生态功能区划方案也是互补的。

9.3 全国生态功能区划结果

根据上述生态分区的原则、依据、指标体系和命名方法，结合中国的自然地理特点、生态系统类型、主要区域生态问题和人类活动状况等要素，采用自上而下逐级划分、定量分析与空间叠置的定性分析相结合的方法来划分各生态区单元，最终得到四个生态大区，即东北部湿润半湿润生态大区、北部干旱半干旱生态大区、南部湿润生态大区和青藏高原生态大区，在此基础上，再逐级划分出 11 个生态地区、63 个生态区和 268 个生态功能区。

9.3.1 生态大区

生态大区可以看成是由气候因素和水热对比与地形地貌分异决定的区域单元，划分出的四个生态大区：东北部湿润半湿润生态大区、北部干旱半干旱生态大区、南部湿润生态大区和青藏高原生态大区。具体特征如下：东北部湿润半湿润生态大区大致北起大兴安岭，南沿内蒙古高原东南边缘，向西南沿燕山、太行山与黄土高原和淮河相连。该区处于年降雨量 400mm 等值线以东，气候湿润，地貌以平原为主，但也存在大、小兴安岭和长白山等山地丘陵地貌，面积约 166.64 万平方公里。本区既是中国粮食主产区，也是中国原始森林主要分布区。北部干旱半干旱生态大区，沿青藏高原北部边缘，以昆仑山、阿尔金山、祁连山、秦岭、太行山、燕山、大兴安岭一线为界。根据气候、地貌和生态系统类型，明显分为内蒙古高原生态、黄土高原生态和西北干旱生态区域，面积约为 315.82 万平方公里，地貌类以高原戈壁和荒漠为主。由于主要受大陆性气候的影响，年降雨量较小，是中国干旱半干旱主要分布区，也是中国主要畜牧生产区。南部湿润生态大区指的是秦岭、淮河以南、青藏高原藏东南边缘以东的广大区域，面积约 247.55 万平方公里，以季风气候为主，降雨充沛，气候温暖湿润。地貌类型多样，既有山地丘陵、河流、湖泊和平原，也有高原、坝子、台地等地貌。本区既是商品林主产区，也是水稻和水果主产区，还是中国主要生物多样性保育区。青藏高原生态大区总面积约为 229.99 万平方公里，约占国土总面积的 1/4，该区地势高亢、气候寒冷，多数地区热量欠缺，生态系统以高寒草甸草原、戈壁、寒漠为主。本区既是中国湿地和原始林的主要分布区，还是中国长江、黄河、澜沧江等大江大河的发源地，正因此，该区是中国乃至亚洲生态安全的天然屏障。各生态大区范围及空间分布详见表 9.1 和图 9.1。

表9.1　生态大区基本特征

生态大区	区域范围	面积（万平方公里）
东北部湿润半湿润生态大区	黑龙江大部、吉林、辽宁、内蒙古东北部、河北大部、北京、天津、山东、豫东南部、皖北和苏北	166.64
北部干旱半干旱生态大区	新疆、甘肃大部、内蒙古大部、宁夏、山西、陕北、黑龙江北部及豫西北	315.82
南部湿润生态大区	云南大部、川南、陕南、豫西南、皖中南、苏南、重庆、贵州、湖北、湖南、江西、安徽、浙江、福建、海南、台湾及两广地区	247.55
青藏高原生态大区	西藏、青海、川西北、滇西北及甘肃和新疆的部分地区	229.99

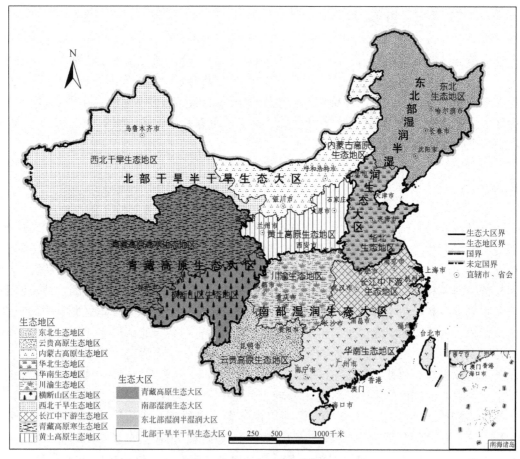

图9.1　生态大区和生态地区

9.3.2　生态地区

生态地区是中国特有的大尺度地形地貌和气候植被地带性决定的地域相对完整的生态区域。在东北部湿润半湿润生态大区中划分出东北生态地区和华北生态地区；在北部干旱半干旱生态大区中划分出内蒙古高原生态地区、西北干旱生态地区和黄土高原生态地区；在南部湿润生态大区中划分出川渝生态地区、长江中下游生态地区、华南生态地区和云贵高原生态地区；在青藏高原生态大区中划分出青藏高原高寒生态地区和横断山区生态地区。各生态地区之间有巨大差异，各生态地区内部具有相似的生态环境特征和问题，可以作为生态环境评价和国家生态环境治理对策制定的目标生态地域。生态地区概况及空间分布特征详见表9.2和图9.1。

表9.2　生态地区概况

生态大区	生态地区	面积（万平方公里）
东北部湿润半湿润生态大区	东北生态地区	115.63
	华北生态地区	51.01
北部干旱半干旱生态大区	内蒙古高原生态地区	82.36
	西北干旱生态地区	182.32
	黄土高原生态地区	51.13
南部湿润生态大区	川渝生态地区	59.23
	长江中下游生态地区	44.46
	云贵高原生态地区	52.84
	华南生态地区	91.01
青藏高原生态大区	青藏高原高寒生态地区	174.71
	横断山区生态地区	55.29

9.3.3　生态区

生态区可以看成是由植被类型主导的相对独立的生态区域单元，采用主导标志法和空间叠置法，依据生态系统服务功能、原生植被类型和栽培植被类型的空间异质性，兼顾地貌、河流，将生态地区进一步划分成63个生态区（图9.2），其中，东北生态地区包含6个生态区，华北生态地区包含5个，内蒙古高原生态地区包含5个，西北干旱生态地区包含6个，黄土高原生态地区包含5个，川渝生态地区包含4个，长江下游生态地区包含4个，华南生态地区包含11个，云贵高原生态地区包含7个，青藏高原高寒生态地区包含7个，横断山区生态地区包含3个生态。生态区内部具有类似的原生植被和栽培植被，可以作为生态功能保护和生态管理的目标区域。

9.3.3.1　东北部湿润半湿润生态大区

（1）I01：大兴安岭北部寒温带针叶林生态区

该区地貌为中山或低山，中等切割，河流密布，属寒温带、温带气候；土壤类型以棕色针叶林土、暗棕色森林土为主；植被以兴安落叶松（*Larix gmelini*）为主，其次为樟子松（*Pinus. sylvestnis*），伴生白桦（*Betula platyphylla*）等；马鹿（*Cervus elaphus*）、驯鹿（*Rangifer tarand*）、獐子（*Moschus moschiferus*）、猞猁（*Felis lynx*）等野生动物资源丰富。该区既是生物多样性保护和木材生产区，也是农田、草原防护和水源涵养功能区。

（2）I02：小兴安岭中温带落叶针叶林生态区

该区为低山丘陵地貌，属温带北部大陆性季风气候；土壤类型山地主要为暗棕色森林土，河谷平原则为隐域性的草甸土和沼泽土；植被以红松（*Pinus koraiensis*）为主的温性针阔混交林，林内含有较多的珍贵树种和林下珍贵药材。此区定位为木材生产与天然林保育功能区。

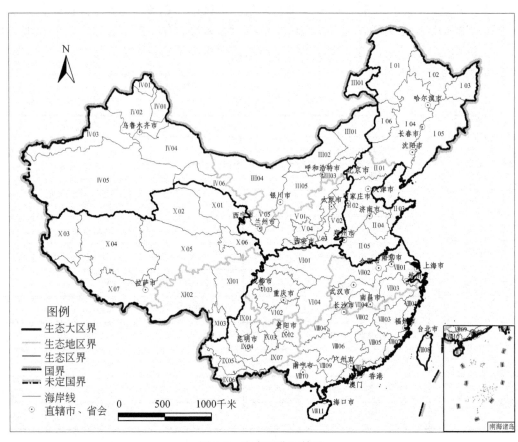

图9.2　生态区分区结果

注：I 01：大兴安岭北部寒温带针叶林生态区；I 02：小兴安岭中温带针叶-落叶阔叶混交林生态区；I 03：三江平原温带农业生态区；I 04：松辽平原温带农业生态区；I 05：长白山温带红松阔叶混交林生态区；I 06：大兴安岭南部温带针叶林生态区；II 01：燕山温带落叶阔叶林生态区；II 02：海河平原暖温带农业生态区；II 03：鲁东温带落叶阔叶林生态区；II 04：鲁中南温带落叶阔叶林生态区；II 05：黄淮平原暖温带农业生态区；III 01：蒙东北中温带草原生态区；III 02：阴山及阴山以北中温带草地生态区；III 03：河套平原温带草地生态区；III 04：阿拉善高原温带荒漠生态区；III 05：鄂尔多斯高原中温带荒漠生态区；IV 01：阿尔泰山温带草原生态区；IV 02：准噶尔盆地温带荒漠、草原生态区；IV 03：天山温带山地森林-草甸生态区；IV 04：吐哈盆地温带荒漠草原生态区；IV 05：南疆暖温带盆地绿洲-荒漠生态区；IV 06：河西走廊暖温带农业生态区；V 01：黄土丘陵暖温带落叶阔叶林生态区；V 02：太行山暖温带落叶阔叶林生态区；V 03：汾渭平原暖温带农业生态区；V 04：陇秦晋暖温带落叶阔叶林生态区；V 05：陇中温带荒漠生态区；VI 01：秦巴山地暖温带阔叶林生态区；VI 02：四川盆周亚热带山地常绿阔叶林生态区；VI 03：四川盆地亚热带农业生态区；VI 04：川鄂黔湘亚热带农林复合生态区；VII 01：长江中下游亚热带农业生态区；VII 02：大别山、桐柏山亚热带常绿、落叶阔叶混交林生态区；VII 03：天目山中亚热带常绿阔叶林生态区；VII 04：幕阜山亚热带常绿阔叶林生态区；VIII 01：闽浙沿海中亚热带常绿阔叶林生态区；VIII 02：湘赣浙中部丘陵农林复合生态区；VIII 03：武夷山中亚热带常绿阔叶林生态区；VIII 04：湘西南黔东南山地丘陵常绿阔叶林生态区；VIII 05：赣闽粤亚热带常绿阔叶林生态区；VIII 06：南岭亚热带常绿阔叶林生态区；VIII 07：闽粤沿海亚热带季风常绿阔叶林生态区；VIII 08：台湾热带、亚热带常绿阔叶林生态区；VIII 09：西江、红柳河山地丘陵农林复合生态区；VIII 10：粤桂沿海丘陵、台地农林复合生态区；VIII 11：海南及南海诸岛热带雨林季雨林生态区；IX 01：川西南亚热带常绿阔叶林生态区；IX 02：黔中亚热带常绿阔叶林生态区；IX 03：黔西高原亚热带常绿阔叶林生态区；IX 04：滇东北、滇中高原盆湖亚热带常绿阔叶林生态区；IX 05：滇西南亚热带常绿阔叶林生态区；IX 06：滇南热带雨林季雨林生态区；IX 07 元江、南盘江南亚热带常绿阔叶林生态区；X 01：祁连山温带山地草甸、山地灌丛生态区；X 02：青西北高寒荒漠生态区；X 03：阿里山地温带干旱荒漠、草原生态区；X 04：羌塘高原亚寒带半干旱草原生态区；X 05：四江源高原寒带亚寒带草甸草原生态区；X 06：黄河上游高山灌丛、高山草甸生态区；X 07：藏南山原宽谷温带半干旱灌丛草原生态区；XI 01：川西高原暗针叶林、硬阔叶林生态区；XI 02：藏东南暗针叶林-硬阔叶林生态区；XI 03：滇西北高山峡谷暗针叶林生态区

（3）I 03：三江平原温带农业生态区

该生态区为沼泽冲积平原地貌，属温带季风气候；土壤以白浆土为主，还有草甸土、黑土、沼泽土

及暗棕色森林土；植被类型以长白植物区系的隐域性的沼泽植被为主。此生态区定位为农业生产与湿地保护功能区。

（4） I 04：松辽平原温带农业生态区

该生态区为平原地貌，属温带半湿润、半干旱季风气候区；土壤类型较多，北部、东部的山区丘陵波状平原为黑土、黑钙土和草甸土，南部为草甸土，西部为栗钙土、褐土、黑钙土，中部和西南部为风沙土，在滞水地区为盐化草甸土、盐碱土，河流两岸为沼泽土；植被以羊草草原，蒿类–沙生植物群落、盐生植物为主。本位定位为农业生产与平原绿化功能区。

（5） I 05：长白山温带红松阔叶混交林生态区

此区为中山或低山地貌，同时兼有部分丘陵，属温带湿润季风气候；土壤类型以山地暗棕色森林土、棕色森林土、白浆土、草甸土为主；植被种类繁多，有不少珍贵树种，如水曲柳（*Fraxinus mandshurica*）、胡桃楸（*Juglans mandshurica*）、黄波罗（*Phellodendron amurense*）等。植被类型以红松（*Pinus koraiensis*）纯林、红松落叶阔叶混交林、蒙古栎（*Quercus mongolica*）或山杨（*Pobulus davidiana*）、白桦（*Betula platyphylla*）与阳性先锋树种所形成的次生森林群落为主。此区既是东北平原水源涵养与农防功能区，也是生物多样性保护和木材生产功能区。

（6） I 06：大兴安岭南部温带针叶林生态区

该区地貌为低缓的低山丘陵地貌，属温带大陆性季风气候；土壤类型多样，其中山地以暗棕色森林土为主，河谷平原以隐域性的草甸土和沼泽土为主；地带性植被以温性针阔混交林为主，林下有珍贵药用植物，如刺五加（*Acanthopanax senticosus*）、暴马丁香（*Syringa reticulatavar*）、毛榛（*Corylus mandshurica*）、北五味子（*Schisandra chinensis*）等。本区既是水源涵养功能区，还是木材生产和生物多样性保护功能区。

（7） II 01：燕山温带落叶阔叶林生态区

该区为中山、低山地貌，属暖温带大陆性季风气候，土壤类型以褐土为主；地带性植被为落叶阔叶林（以栎类为主），并混生暖性针叶油松（*Pinus tabuliformis*）林。此区既是水源涵养功能区，也是风沙治理和平原绿化及生物多样性保护功能区。

（8） II 02：海河平原暖温带农业生态区

该生态区地貌以洪积倾斜平原、洪积–冲积扇形平原、冲积平原、冲积–湖积平原、海积–冲积平原、海积平原等地貌类型，属暖温带湿润或半湿润气候；地带性土壤为棕壤或褐土；原生植被属暖温带落叶阔叶林带，但早被农作物所取代。该区定位为农业生产及平原绿化功能区。

（9） II 03：鲁东温带落叶阔叶林生态区

该区为丘陵地貌，地处中纬度临近海湾的温和湿润季风区，属暖温带海洋性季风气候；土壤类型以棕壤为主；植被属于亚热带落叶阔叶林区，但原生植被早已破坏，现存的主要是栎类次生林和以刺槐（*Robinia pseudoacacia*）、赤松（*Pinus densiflora*）为主的人工林。本区主要以沿海防护为主导的生态保护功能区。

（10） II 04：鲁中南温带落叶阔叶林生态区

该区为中山或低山地貌，属暖温带季风气候。土壤以褐土为主，土层较薄；地带性植被为温带落叶阔叶林区，但原生植被早已破坏，现存零星栎类、鹅耳枥（*Carpinus turczaninowii*）、黄栌（*Cotinus coggygria*）、山合欢（*Albizia kalkora*）等次生植被及人工森林和经济林。本区定位为水源涵养与水土保持功能区。

（11） II 05：黄淮平原暖温带农业生态区

此区地貌主要有洪积倾斜平原、洪积–冲积扇形平原、冲积平原、冲积–湖积平原、海积–冲积平原、海积平原，处在由北亚热带湿润气候向暖温带湿润或半湿润气候过渡带上；地带性土壤为棕壤或褐土。地带性植被为暖温带落叶阔叶林，但原生植被早被农作物所取代。该区定位为农业生产功能区。

9.3.3.2 北部干旱半干旱生态大区

（12）Ⅲ01：蒙东北温带草原生态区

该区为蒙古高原地貌，气候以大陆性干旱气候为主；主要土壤类型有灰色森林土、草原草甸黑钙土、草原栗钙土；植被类型为森林草原，但以草原为主。该区既是畜牧生产功能区，也是风沙源治理功能区。

（13）Ⅲ02：阴山及阴山以北中温带草地生态区

该区有断块山地、宽谷、盆地、河流地貌，属由半湿润向半干旱、干旱的过渡类型；土壤以栗钙土和棕钙土为主；地带性植被为典型草原地带性群落，主要建群种有贝加尔针茅（*Stipa baicalensis*）、羊草（*Leymus chinensis*）、线叶菊（*Filifolium sibiricum*）、冷蒿（*Artemisia frigida*）、地椒（*Thymus quinquecostatus*）等。该区主要为风沙源功能区。

（14）Ⅲ03：河套平原温带草地生态区

该区地貌以断层山地为主，气候为由半湿润向半干旱、干旱过渡地带，主要表现为干旱、热量不高、风多风大，灾害性气候频繁；土壤类型依地貌而不同，在内蒙古高原的边缘或其组成部分的较平缓地带，至东向西为栗钙土和棕钙土。本区植被依地貌的差异而不同，如丘陵地区广泛分布典型草原，主要建群种为贝加尔针矛（*Stipa baicalensis*）、羊草〔*Leymus chinensis*（*Trin.*）〕、线叶菊（*Filifolium sibiricum*），灌丛群落以小叶锦鸡儿（*Caragana microphylia*）为主。本区主要为水土保持功能区。

（15）Ⅲ04：阿拉善高原温带荒漠生态区

该区地貌为沙地、戈壁、沙漠地貌，属大陆性干旱气候，光照充足，热量丰富，干旱多风，少雨；土壤以灰漠土，灰棕漠土和棕漠土为主；地带性植被为荒漠，优势植物以藜科、柽柳科、菊科、豆科为主。本区主要为风沙源治理与绿化功能区。

（16）Ⅲ05：鄂尔多斯高原中温带荒漠生态区

该区地貌为冲积、洪积、风积平原阶地；属温带季风区西缘，土壤以草甸土、灰钙土和栗钙土为主。原生植被破坏殆尽，现存少量怪柳和胡杨，人工植被主要有杨、柳、榆、槐等，其次为油松、落叶松、文冠果、枸杞等；鄂尔多斯草原为灌木草原。本区主要为沙地治理和生物多样性防护功能区。

（17）Ⅳ01：阿尔泰山温带草原生态区

该区为高原高山地貌，属强度大陆性气候；土壤多样，山前平原为淡栗钙土，随海拔升高，依次为山地栗钙土、灰黑土、漂灰土、黑毡土、草毡土、冰沼土；地带性植被为温带草原，石蒙古达乌里草原和哈萨克草原交错分布的地区，800～1500米以下为荒漠草原、灌木草原带，1500米以上为落叶松、西伯利亚云杉（*Picea obovata*）混交林或新疆冷杉（*Abies sibirica*）与新疆五针松（*P. sibirica*）混交林。该区主要为生物多样性保护与农田防护功能区。

（18）Ⅳ02：准噶尔盆地温带荒漠–草原生态区

该区地貌为河流、盆地、冲积扇、冲积平原地貌，属典型的温带大陆性荒漠气候；土壤类型有灰色森林土、淡栗钙土、淡棕钙土、淡灰钙土、暗色草甸土、绿洲灰土、灰漠土和灌溉耕作土；植被以温带半灌木、小乔木、荒漠植被为主。该区主要为农业生产、农田防护及沙地治理功能区。

（19）Ⅳ03：天山温带山地森林–草甸生态区

该区为断块山地、山间断陷盆地与谷地地貌，属温带山地气候，气候随海拔变化较大；土壤垂直分布明显，北坡由低至高分别为棕钙土、山地栗钙土、山地黑钙土、灰褐土、黑毡土和草毡土，南坡则分别为山地棕漠土、棕钙土、栗钙土、黑毡土；植被类型以北温带和欧亚温带成分占优势，古地中海的中亚西部成分和亚洲中部成分占有重要位置，温带亚洲成分小。森林植被主要以雪岭云杉（*Picea schrenkiana*）、欧洲山杨（*Populus tremula*）、疣枝桦（*Betula pendula*）、新疆方枝柏（*Sabina pseudosabina*）等为主，山地植被垂直分布带明显。该区为水源涵养和生物多样性保护功能区。

（20）Ⅳ04：吐哈盆地温带荒漠草原生态区

吐哈盆地属典型的大陆性荒漠干旱气候，降雨稀少，蒸发作用强烈。据吐鲁番市、托克逊县多年气象资料统计，年平均气温 11.3～13.9℃，6～8 月平均气温 25～35℃，最高气温 48℃，地面直射极端气温 76.6℃，沙丘表面实测最高温度高达 82.3℃；平均降雨量 16.6 毫米，最大降水量 48.4 毫米，最小降水量 2.9 毫米；年平均蒸发量 2800～3700 毫米，是降水量的近 200 倍，气候干燥。地貌以断陷盆地为主，地带性植被为荒漠植被，群落稀疏，植被类型简单。主要有泡泡刺（*Nitraria sphaerocarpa*）、膜果麻黄（*Ephedra przewalskii*）、盐节木（*Halocnemum strobilaceum*）、花花柴（*Karelinia caspia*）、骆驼刺（*Alhagi sparsifolia*）、刺山柑（*Capparis spinosa*）、沙枣（*Elaeagnus angustifolia*）等耐寒植物及小麦、高粱、棉花、花生、葡萄等栽培植物。该区主要为风沙治理和农业生产功能区。

（21）IV05：南疆盆地暖温带绿洲-荒漠生态区

该区为冲积扇和广阔的冲积平原及河谷平原，属暖温带荒漠气候；土壤以棕漠土为主，有机质少，含盐量高；地带性植被为荒漠灌丛，主要有麻黄（*Ephedra intermedia*）、泡果白刺（*Nitraria sphaerocarpa*）、霸王（*Zygophyllum rosovii*）等。该区主要为农业生产、绿洲防护与沙地治理功能区。

（22）IV06：河西走廊暖温带农业生态区

该区为山前倾斜平原和一系列干燥剥蚀低山丘陵地貌，属典型的大陆性气候，干燥少降水、蒸发量大；土壤以温带荒漠地带的灰棕漠土为主；植被以温带半灌木、灌木荒漠为主。该区主要为农业生产与农防和沙地功能区。

（23）V01：黄土丘陵暖温带落叶阔叶林生态区

该区为黄土高原地貌，属中温带半干旱区和暖温带半干旱半湿润区；土壤以黄绵土为主；地带性植被为暖温带落叶林。该区为以水土保持为主导功能的农业生产功能区。

（24）V02：太行山暖温带落叶阔叶林生态区

该区为中山、低山地貌，属中纬度暖温带区，气候温和，光照充足。土壤以亚高山草甸土、棕壤和褐土为主；地带性植被为落叶阔叶林。该区为水源涵养功能为主的风沙治理、水土保持及平原绿化功能区。

（25）V03：汾渭平原暖温带农业生态区

该区地貌以洪积扇、黄土台塬、河流阶地和河滩地为主。属暖温带半湿润气候；土壤有褐土带，主要包括褐土性土、淋溶褐土和碳酸盐褐土；地带性植被为暖温带落叶阔叶林，但天然植被破坏殆尽，仅存有灌木林、人工林和果树林。该区为农业生产和平原绿化功能区。

（26）V04：陇秦晋暖温带落叶阔叶林生态区

该区为高原中山地貌，属温带、暖温带与半干旱、半湿润气候；土壤以褐土、碳酸盐褐土、淋溶褐土和山地棕壤为主；地带性植被为暖温带落叶阔叶林，但原生植被早已破坏，现存的为辽东栎（*Quercus liaotungensis*）、山杨、白桦、油松（*P. tabulaeformis*）、侧柏（*Biota orientalis*）为主的次生植被。该区主要为水源涵养功能区。

（27）V05：陇中温带荒漠生态区

该区地貌为沙漠、戈壁、荒漠，属温带大陆性气候；土壤以棕钙土为主；地带性植被以荒漠灌丛、草甸为主。该区为生态防护和沙地治理功能区。

9.3.3.3 南部湿润生态大区

（28）VI01：秦巴山地暖温带阔叶林生态区

该区地貌为山地、宽谷、峡谷、断陷盆地等，属由暖温带向北亚热带过渡类型；土壤以黄棕壤、褐土、棕壤、山地暗棕壤、亚高山草甸土为主；植被类型为暖温带落叶阔叶林向北亚热带常绿阔叶林的过渡类型，兼有中国南北植物种类成分。此区是中国生物多样性保护和水土保持功能区。

（29）VI02：四川盆周山地亚热带山地常绿阔叶林生态区

此区为高山、峡谷地貌，属亚热带湿润季风气候；土壤呈现山地垂直带谱特征，自下而上依次为黄壤—山地黄壤—山地黄棕壤、山地暗棕壤—山地草甸土；地带性植被为常绿阔叶林，高山灌丛、草甸在高海拔区域出现。此区为水源涵养、水土保持和生物多样性保护功能区。

（30）Ⅵ03：四川盆地亚热带农业生态区

地貌以丘陵为主，兼平坝、低山地貌，属中亚热带季风气候；土壤以紫色土和黄壤为主；原生植被早已破坏，主要植被为马尾松（*Pinus massoniana*）、灌丛和草坡及油桐、油茶经济林。本区主要为产品提供和水土保持功能区。

（31）Ⅵ04：川鄂黔湘亚热带农林复合生态区

以山地丘陵地貌为主，属亚热带湿润气候；土壤垂直分布明显，其中 800～1700 米的山地以山地黄壤为主，800 米以下以黄红壤为主，1700 米以上的以黄棕壤和山地草甸土为主；地带性植被为亚热带常绿阔叶林，且林内具有众多珍贵的动植物资源。本区主要为农林生产、生物多样性保护和水土保持功能区。

（32）Ⅶ01：长江中下游亚热带农业生态区

该区地貌为滨湖平原，属北亚热带向中亚热带过渡的亚热带季风性气候；土壤以黄壤、黄棕壤、红壤和黄红壤为主；北部地区为温带落叶阔叶林和中亚热带常绿阔叶林的过渡类型，南部为中亚热带常绿阔叶林，但原生植被早已破坏，现存较多是砍伐后形成的次生林、人工林和果树林。该区主要为产品提供、堤岸防护和生物多样性保护功能区。

（33）Ⅶ02：大别山、桐柏山亚热带常绿、落叶阔叶林生态区

地貌主要为中山或低山，属由暖温带半湿润区向亚热带湿润区过渡类型；土壤以花岗片麻岩和结晶片岩发育的黄棕壤为主；植被以北亚热带落叶阔叶与常绿阔叶混交林为主，建群种主要为山毛榉（*Fagaceae*），落叶树种占优势，属暖温带向北亚热带过渡的类型。该区主要为产品提供、水土保持、生物多样性保护功能区。

（34）Ⅶ03：天目山中亚热带常绿阔叶林生态区

该区为中山、山间盆地、河谷平原地貌，属亚热带湿润季风气候；土壤以红壤为主，山地黄红壤、山地黄壤、山地黄棕壤次之；主要植被类型为亚热带常绿阔叶林。该区主要为水土保持和生物多样性保护功能区。

（35）Ⅶ04：幕阜山亚热带常绿阔叶林生态区

以山地地貌为主，属中亚热带季风气候，土壤以黄壤分布最广，红壤次之，兼有少量紫色土；植被以常绿阔叶林为主，800 米以下主要有马尾松、杉木（*Cunninghamia lanceolata*）和毛竹林（*Phyllostachys pubescens*），800～1200 米主要为黄山松（*P. taiwanensis*），1200～1400 米主要为白檀（*Symplocos paniculata*）、杜鹃、海棠、野山楂（*Crataegus cuneata*）等灌木丛，1400 米以上则为芒草、野古草等草丛，经济林以油茶为主，油桐次之。该区主要为水土保持功能区。

（36）Ⅷ01：闽浙沿海中亚热带常绿阔叶林生态区

以低山丘陵为主的地貌，属典型亚热带海洋性季风气候；土壤以红壤为主，其次为黄壤和少量山地草甸土；植被类型属中亚热带常绿阔叶林，本区针叶林以马尾松林为主，其次为黑松（*P. thunbergii*），杉木林主要分布于低山丘陵，此外竹林、油茶林（*Camellia oleifera*）、油桐林（*Vernicia fordii*）等经济林分布较广。该区主要为沿海防护功能区。

（37）Ⅷ02：湘赣浙中部农林复合生态区

丘陵与盆地地貌交错分布，属中亚热带季风气候；土壤属红壤土系，江河两岸多为冲积土，山地多为红壤；植被类型为亚热带常绿阔叶林，物种丰富，但原生植被破坏殆尽，现存植被以铁芒萁（*Dicranopteris linearis*）-映山红（*Rhododendron simsii*）-马尾松群落分布最广，油茶林次。主要为产品提供、水土保持功能区。

（38）Ⅷ03：武夷山中亚热带常绿阔叶林生态区

该区中山广布，为山间盆地与河谷盆地相间排列的地貌，属亚热带东南季风气候；土壤以黄壤、红壤为主，土层深厚，有机质含量高，土壤肥力高；植被属于"中亚热带常绿阔叶林北部亚地带，浙闽山丘甜槠木荷林区"，是典型的常绿阔叶林地带，林内具有百山祖冷杉（*Abies beshanzuensis*）、华东黄杉

（*Pseudotsuga sinensis*）、福建柏（*Fokienia hodginsii*）、花榈木（*Ormosia henryi*）等珍贵树种。该区既是产品提供和水土保持功能区，也是生物多样性保护功能区。

（39）Ⅷ04：湘西南黔东南山地丘陵常绿阔叶林生态区

该区以山地丘陵为主，间有盆地及山间谷地，气候类型为亚热带季风湿润气候，年均降雨量约1300毫米；土壤类型以红壤和黄壤为主，其次为石灰土。该区植被区系介于华中、华南和滇黔植物区系的过渡地带，属于中亚热带典型常绿阔叶林北部植被亚地带，为中国中亚热带典型地带。原生植被为亚热带常绿阔叶林，如今主要为马尾松、杜鹃等次生林，人工林以杉木、毛竹、马尾松等为主。该区主要为中国杉木速生丰产林培育区，也是重要的水源涵养、水土保持功能区。

（40）Ⅷ05：赣闽粤亚热带常绿阔叶林生态区

地貌以丘陵、山地为主，属亚热带季风气候；土壤以红壤和赤红壤为主；原生植被为亚热带季风常绿阔叶林，现早已被破坏，大部分为次生植被及马尾松、杉木及毛竹人工林和经济林。该区主要为水土保持功能区。

（41）Ⅷ06：南岭亚热带常绿阔叶林生态区

地貌以山地丘陵为主，间有盆地、山间谷底地貌，属亚热带湿润气候；土壤以红壤、黄壤为主，黄棕壤、石灰土次之；植被为亚热带常绿阔叶林，主要优势种有山毛榉、茶科、木兰科、安息香科等，草本以蕨类为主，原生植被破坏后，马尾松、芒萁、杜鹃等组成的次生针叶林出现，现存植被以马尾松、杉木和毛竹为主。该区既是生物多样性保护功能区，也是产品提供、水源涵养和水土保持功能区。

（42）Ⅷ07：闽粤沿海亚热带季风常绿阔叶林生态区

地貌以丘陵、台地地貌为主，属亚热带海洋性季风气候，土壤以赤红壤为主，其次为红壤和黄壤，土层较厚，但水土流失较严重；原生植被以亚热带季风常绿阔叶林为主，但现在较多的是次生植被及人工马尾松、木麻黄（*Casuarinn equiestifolia*）、桉树及毛竹人工林和龙眼（*Dimocarpus longan*）、荔枝（*Litchi chinensis*）、芒果（*Mangifera indica*）、三叶橡胶（*Hevea brasiliensi*）等热带水果林。该区既是生物多样性保护功能区，也是产品提供和沿海防护功能区。

（43）Ⅷ08：台湾热带、亚热带常绿阔叶林生态区

以山地岛屿地貌为主，属热带、亚热带海洋性气候；土壤类型多样，平原多为冲积土，丘陵台地为砖红壤，海拔500米以上为砖红性红壤、山地红壤、山地黄壤、山地黄棕壤，沿海海滨为盐渍土；植被类型丰富，北回归线以北为亚热带季风常绿阔叶林，以南为热带雨林、季雨林，且山地垂直地带性分布明显。该区是产品提供、水土保持、沿海防护和生物多样性保护功能区。

（44）Ⅷ09：西江、红柳河山地丘陵农林复合生态区

地貌为中山、低山及盆地，属亚热带温湿季风气候；土壤以红壤、赤红壤为主，石灰土、紫色土次之；植被类型为亚热带季风常绿阔叶林，但现存的大多是次生和栽培植被。该区主要为产品提供、生物多样性保护和水源涵养功能区。

（45）Ⅷ10：粤桂沿海丘陵、台地农林复合生态区

山脉河谷、山河相间及岩溶地貌，属热带和亚热带季风气候；土壤以赤红壤为主，红壤、砖红壤、石灰土次之；植被以热带雨林为主，但现存多为次生林。西部为典型的石灰岩常绿季雨林。该区主要为沿海防护、产品提供和生物多样性保护功能区。

（46）Ⅷ11：海南及南海诸岛热带雨林季雨林生态区

地貌多样，主要有平原、台地、低山丘陵、山地，属热带季风气候，高温多雨，干湿季分明；土壤以砖红壤为主；植被类型多种多样，主要原生植被为热带雨林和季雨林，次生植被是热带稀疏草地，从滨海到中部山地依次出现红树林、沙生草地或多刺灌丛、稀疏灌木草地、热带季雨林、热带雨林、亚热带常绿阔叶林、高山矮林，是中国热带地区生物基因库。该区为生物多样性保护、沿海防护、产品提供功能区。

（47） IX01：川西南亚热带常绿阔叶林生态区

地貌以山地高原地貌为主，属中亚热带季风气候，但因受热带季风和西南环流的交替影响，冬无严寒，夏无酷暑；土壤类型随海拔变化，但以山地红壤和紫色土为主；植被类型以亚热带西部偏干的云南松为主，高海拔地区以铁杉（*Tsuga chinensis*）、苍山冷杉（*Abies delavayi*）等暗针叶林为主或川滇高山栎（*Q. aquifolioides*）、黄背栎（*Q. pannosa*）为主的山地硬叶常绿栎林，高山杜鹃林。该区主要为水源涵养和水土保持功能区。

（48） IX02：黔中中亚热带常绿阔叶林生态区

以侵蚀隆起的山原丘陵为主，盆地宽谷等地貌亦有分布，属中亚热带季风气候；土壤以酸性基岩上发育的酸性黄壤为主；植被为中亚热带常绿阔叶林，以壳斗科、樟科、山茶科、木兰科等科中的栲属、青冈栎属、樟属、木荷属等优势种为主的石灰岩常绿阔叶林。人工植被以马尾松、杉木、侧柏林及油茶、油桐、核桃等经济林为主。该区主要为水土保持功能区。

（49） IX03：黔西高原亚热带常绿阔叶林生态区

该区地貌主要表现为高原地貌，气候类型多样，主要分为黔中北隅中亚热带湿润暖热气候区、暖温带干湿交替温凉气候区和北亚热带干湿交替温和气候区。土壤类型多样，主要有高原黄棕壤、山地黄棕壤、黄壤、红壤、石灰土和紫色土。地带性植被为亚热带常绿阔叶林。该区主要为水土保持功能区。

（50） IX04：滇东北、滇中高原盆湖亚热带常绿阔叶林生态区

该区主要呈中低山、丘陵、盆地和石灰岩岩溶高原地貌，古夷平面痕迹明显，区内最高点在滇东北乌蒙山南段的白龙塘附近海拔达4300米。气候类型主要为北亚热带季风气候和中亚热带季风气候，但其垂直变化明显。土壤类型主要有山地棕色森林土、山地黄壤、山地红壤、紫色土和水稻土。地带性植被为以壳斗科植物为主体的常绿阔叶林分布，如今大面积植被多为云南松幼林和疏林。该区主要为水土保持和产品提供功能区。

（51） IX05：滇西南亚热带常绿阔叶林生态区

该区地貌表现为中山、低山、丘陵、谷地、盆地交错分布，属南亚热带季风气候；土壤类型主要有山地棕色森林土、山地黄壤、山地红壤、赤红壤、砖红壤、燥红壤、石灰土和水稻土。地带性植被为季风常绿阔叶林，现实大面积分布为思茅松（*Pinus kesiya*）林。该区主要为水土保持和生物多样性保护功能区。

（52） IX06：滇南热带雨林季雨林生态区

该区地貌以中山、宽谷和盆地相间的高原为主，属北热带、南亚热带季风气候；土壤以黄红壤、黄棕壤、黄壤、砖红壤、赤红壤和红壤为主；植被类型复杂，因地处热带北缘，植被类型及其组成种类有浓厚的东南亚和印、缅热带雨林、季雨林色彩，主要有常绿季雨林、半常绿季雨林、湿润雨林和季节雨林等类型。该区既是生物多样性保护区，也是产品提供功能区。

（53） IX07：元江、南盘江南亚热带常绿阔叶林生态区

地貌多样，主要有高原、盆地、丘陵、石林、石芽、溶蚀洼地、溶洞等。处南亚热带季风气候的最北端，土壤以红壤和砖红壤性红壤为主；地带性植被为亚热带季风常绿阔叶林，在河谷地带分布着季雨林，但原生植被破坏严重，现存主要为云南松（*Pinus yunnanensis* Franch.）或细叶云南松（*Pinus yunnanensis* Franch. var. tenuifolia Cheng et Law）。该区主要为水源涵养和生物多样性保护功能区。

9.3.3.4 青藏高原生态大区

（54） X01：祁连山温带山地草甸、山地灌丛生态区

此区地貌主要为高山峡谷，属高寒半湿润气候；东部土壤以灰褐土、灰钙土、栗钙土、黑毡土和草毡土为主，西部以棕漠土、灰棕漠土和高山寒漠土为主；植被垂直分布显著，其中2000（2200）~2500（2700）米为山地草原，2400（2700）~3400（3450）米为山地森林草原，阳坡为草原，阴坡、半阴坡和半阳坡为寒温性针叶林，主要植被为青海云杉（*P. crassifolia*）、祁连山圆柏林（*Sabina przewalskii*），3400~3800米为高山灌丛草甸。此区主要为水源涵养及生物多样性保护功能区。

（55）X02：青西北高寒荒漠生态区

该区地貌多样，峻山、丘陵、盆地、河谷、湖泊交叉分布，还具有"风蚀林"、"沙石林"的风蚀"雅丹"地貌，属高原大陆性气候，气候干旱少雨；土壤以盐化荒漠土和石膏荒漠土为主；植被以干旱、半干旱荒漠和具有高度抗旱能力的灌木、半灌木和草本为主，盐生植物较多。野生动物具有蒙新区向青藏区过渡的特征，主要有野骆驼（*Camelus bactrianus*）、野驴（*Equus hemionus*）、野牦牛（*Bos mutus*）、黄羊（*Procapra gutturosa*）、青羊（*Naemorhedus goral*）、旱獭（*Marmota bobac*）、狼（*Canis Lupus*）、马熊（*Ursus arctos*）、獐（*Hydropotes inermis*）、狐（*Vulpes velox*）、獾（*Meles meles*）等。该区主要为沙地治理和畜牧生产功能区。

（56）X03：阿里山地温带干旱荒漠、草原生态区

该区地貌为高山、盆地与宽谷相间地貌，属高原寒带、高原温带大陆性气候；土壤主要有漠嘎土、寒漠土和寒冻土；植被以青藏苔草（*Carex moorcroftii*）、垫状驼绒藜（*Ceratoides compacta*）等高山荒漠草原和高山荒漠为主。该区主要为生物多样性保护和水土保持功能区。

（57）X04：羌塘高原亚寒带半干旱草原生态区

该区主要地貌为山原面和湖盆宽谷高原面，属高原寒带、高原亚寒带气候，即低温、干旱、风大、雷暴多、冰雹多。土壤以草毡土、沙嘎土和寒漠土为主；植被为垂直带谱中的高寒植被，水平地带性明显，由东南至西北依次为高原灌丛、高寒草甸、高寒草原和高寒荒漠。高寒灌丛主要建群种有金露梅、高山杜鹃、高山柳和箭叶锦鸡儿；高寒草甸主要建群种有蒿草和蓼等；高寒草原建群种有紫花针茅、羽柱针茅、昆仑针茅、硬叶苔草、蒿属等；高寒荒漠建群种主要有垫状驼绒藜、硬叶苔草及羽柱针茅。该区主要为生物多样性保护及产品提供功能区。

（58）X05：四江源高原寒带亚寒带草甸草原生态区

地貌以高山、峡谷、高原湖泊、草原等为主，属温带高原大陆性气候；地带性土壤为高原地带性土壤，多为高山土类，土层薄，质地粗，含大量砾石，母质多为坡积。植被以高寒森林、草原植被为主，植被类型有针叶林、阔叶林、针阔混交林、灌丛、草甸、草原、沼水生植被、垫状植被和稀疏植被等。该区主要为生物多样性保护和水源涵养功能区。

（59）X06：黄河上游高山灌丛、高山草甸生态区

该区主要地貌有高山、草原盆地、流动山丘等，属温带大陆性气候；土壤垂直分布明显，从谷底至高山依次为栗钙土、山地棕壤、灰褐色森林土、草甸土等；植被有高山灌丛、高山草甸、森林草原等类型，森林主要有云杉、冷杉等亚高山针叶林。此区主要为水源涵养功能区。

（60）X07：藏南山原宽谷温带半干旱灌丛草原生态区

以高原山地、山间河谷和湖盆及宽谷丘陵地貌为主，属高原温带大陆性季风气候；土壤以亚高山草原土（巴嘎土）和高山灌丛草原土（莎嘎土）为主；植被以半干旱灌丛草原为主，森林垂直地带性明显，自下而上依次为亚热带常绿落叶阔叶混交林、山地亚热带温性针叶林、山地温带阔叶林、山地温带针叶林、山地寒温带针叶林、高山灌丛和高山草甸，主要森林类型以山毛榉和樟科树种为主，并混有漆树（*Toxicodendron vernicifluum*）、鹅耳枥（*Carpinus viminea*）、刨花树（*Actinodaphne pilosa*）、旱东瓜（*Alnus nepalensis*）、槭树（*Acer palmatum*）等。主要为水土保持和生物多样性保护功能区。

（61）XI01：川西高原暗针叶林–硬阔叶林生态区

地貌主要有高山、冰川、峡谷、河流、高寒草原，以寒温带气候为主；土壤垂直分布明显，由低至高依次为燥红土、红壤、山地黄棕壤、漂灰土和高山草甸土；植被类型以亚高山针叶林为主。该区主要为生物多样性保护和水源涵养功能区。

（62）XI02：藏东南暗针叶林–硬阔叶林生态区

地处西藏高原东南部，属温带大陆性季风气候，南来印度洋的暖湿气流常沿河谷而深入，气候不甚寒冷且水分较充足；土壤类型空间差异明显，其中藏东以褐土、棕壤、棕褐土、酸性棕壤、漂灰土、棕毡土、黑毡土、草毡土、寒冻土为主。藏东南以阿嘎土、淡黑毡土、巴嘎土、淋溶巴嘎土、莎嘎土、淋溶莎嘎土、草毡土、原始草毡土和寒冻土为主。植被类型复杂多样，其中藏东峡谷区以针阔混交林和暗针叶林为主，藏南植被垂直分布明显，热带雨林、季雨林、山地亚热带常绿阔叶林、山地暖温带常绿、山地暖温带针阔混交林、落叶阔叶林、山地温带和山地寒温带暗针叶林及高山灌丛草甸在此均有分布。该区主要为生物多样性保护、水源涵养和水土保持功能区。

（63）XI03：滇西北高山峡谷暗针叶林生态区

主要为高山峡谷地貌，属高原湿润大陆季风气候；土壤由低到高为燥红土、红壤、山地黄棕壤、漂灰土和高山草甸土；植被以亚高山针叶林为主，优势种有长苞冷杉林（*Abies georgei*）、苍山冷杉林（*Abies delavayi*）、怒江冷杉林（*Abies nukiangensis*）、丽江云杉林（*Picea likiangensis*）、大果红杉林（*Larix potaninii var. macrocarpa*）、高山松（*Pinus densata*）及高山杜鹃。此区既是生物多样性保护功能区，也是产品提供和水土保持功能区。

9.3.4 生态功能区

综合分析生态敏感性和中国较长时期面临的诸如土壤侵蚀、风沙治理等主要生态问题后，即空间叠置分析土壤侵蚀模数、坡度、京津风沙源治理、三北防护、天然林保护、平原绿化、长江珠江生态防护、沿海防护、国家级自然保护区等数据，最终得到 268 个生态功能区，即 33 个水源涵养功能区、57 个水土保持功能区、19 个防风固沙功能区、11 个沿海防护功能区、63 个产品提供功能区和 85 个生物多样性保护功能区。生物多样性保护区总面积最大，约为 369.61 万平方公里，约占国土总面积的 38.50%，产品提供区次之，面积达 190.65 万平方公里，约占国土面积的 19.86%，沿海防护区最小，仅占国土面积的 1.95%。各类生态各功能区概况及分布详见表 9.3 和图 9.3～图 9.7。生态功能区内部具有类似的主导功能或面临相似的生态问题，同时具有相似的典型植被和栽培作物，可指导区域功能定位、生态建设及生物多样性保育。

表 9.3 不同功能区基本特征

生态功能区类型	生态功能区数量（个）	面积（万平方公里）	面积比例（%）
水源涵养区	33	122.12	12.72
水土保持区	57	132.84	13.84
防风固沙区	19	126.08	13.13
沿海防护区	11	18.70	1.95
生物多样性保护区	85	369.61	38.50
产品提供区	63	190.65	19.86
总计	268	960.00	100.00

9.3.4.1 水源涵养功能区

水源涵养功能区是指中国大江大河上游或重要水源补给区，如主要河流诸如长江、黄河、澜沧江、怒江、雅鲁藏布江、珠江的上游，以及生态需水巨大区域的周边的生态系统，如东北平原、华北平原、北京等周边的森林、灌丛即为水源涵养功能区，这些区域对中国工农业生产和城市发展极为重要。中国水源涵养功能区主要分布于青藏高原南部和东南部，这里是中国主要河流（长江、黄河、澜沧江、怒江、

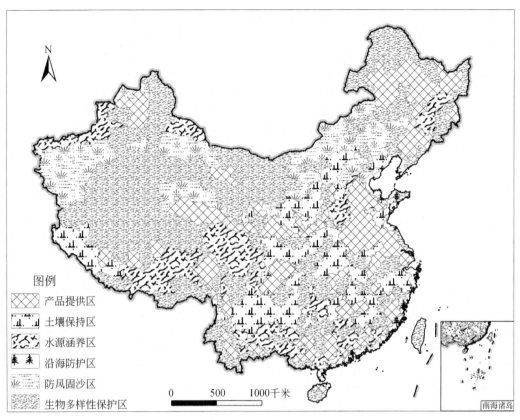

图例
- ▨ 产品提供区
- ⊥ 土壤保持区
- ▩ 水源涵养区
- ⊥ 沿海防护区
- ▦ 防风固沙区
- ▨ 生物多样性保护区

0   500   1000千米

图9.3　不同类型生态功能区分布格局

雅鲁藏布江）的发源地，其次分布于华南、华东和西南地区。其中青藏高原是中国长江、黄河、澜沧江、怒江等大江大河的发源地，西南、华南是元江、珠江等河流的发源地，同时华南还是中国生态需水量大、水生态问题突出的珠三角地区所在区域，这些区域不仅要保护各自水源涵养功能区的生态环境，还应提高水资源利用率和污水净化能力，降低单位 GDP 水耗。东北长白山地区、华北太行山及北疆天山等地区紧随其后，它们分别为东北平原、华北平原和绿洲工农业生产提供宝贵的水源。因此，这些水源涵养区不仅影响中国粮食生产，还直接影响区域经济、生态的可持续发展。

9.3.4.2　水土保持功能区

土壤保持的重要性评价主要考虑土壤侵蚀敏感性及其对下游的可能影响。据中国土壤侵蚀调查结果表明，全国水土流失强度以上侵蚀的面积约为193.26万平方公里，占国土总面积的20%以上，侵蚀强度因侵蚀类型的不同而不同。中国降雨侵蚀主要分布于降雨量大、坡度较大且人为干扰强度较大的南方红壤丘陵区；风蚀主要分布于干燥、少雨、风大的西北地区；冻融侵蚀主要分布于青藏高原及亚高山地区。故中国水土保持功能区面积为132.84万平方公里，占全国国土面积的13.84%，主要分布于云贵高原、黄土高原、三峡库区、西南石漠化地区、西藏自治区东南部、河套地区、辽东半岛及江西、福建、湖南、湖北等红壤丘陵地区。这些区域水土流失严重，除与降雨量大、坡度大及土壤抗侵蚀性差有关外，还与人为干扰密不可分。

图9.4 东北部湿润半湿润生态大区生态功能区分布

注：Ⅰ01-01：大兴安岭北部山区生物多样性保护功能区；Ⅰ01-02：锡林郭勒高原东部牧防功能区；Ⅰ02-01：小兴安岭生物多样性保护功能区；Ⅰ02-02：小兴安岭木材生产及天然林保护功能区；Ⅰ02-03：三江平原农田防护与天然林保护功能区；Ⅰ03-01：三江平原生物多样性保护功能区；Ⅰ03-02：三江平原农田防护与平原绿化功能区；Ⅰ03-03：三江平原农田防护及木材生产功能区；Ⅰ03-04：三江平原农业生产功能区；Ⅰ04-01：松嫩平原农业生产、农田防护与平原绿化功能区；Ⅰ04-02：松嫩平原生物多样性保护功能区；Ⅰ04-03：松嫩平原农业生产与农防林建设功能区；Ⅰ04-04：蒙东吉西科尔沁沙地防护功能区；Ⅰ04-05：辽河平原生物多样性保护功能区；Ⅰ04-06：辽河平原农业生产与速丰林建设功能区；Ⅰ04-07：蒙冀辽风沙治理与农业生产功能区；Ⅰ04-08：辽河平原农业生产与平原绿化功能区；Ⅰ05-01：张广才岭山地水源涵养林功能区；Ⅰ05-02：老爷岭生物多样性保护功能区；Ⅰ05-03：老爷岭天然林保护与木材生产功能区；Ⅰ05-04：长白山北部生物多样性保护功能区；Ⅰ05-05：哈达岭山地木材生产及生态防护功能区；Ⅰ05-06：长白山南部山地天然林保护与木材生产功能区；Ⅰ05-07：长白山南部山地生物多样性保护与沿海防护功能区；Ⅰ05-08：辽东半岛沿海防护及速丰林建设功能区；Ⅰ06-01：锡林郭勒高原东部牧防、农防功能区；Ⅰ06-02：大兴安岭南部生物多样性保护功能区；Ⅰ06-03：大兴安岭南部风沙源治理功能区；Ⅱ01-01：京津风沙源治理与生物多样性保护功能区；Ⅱ01-02：京津风沙源治理功能区；Ⅱ01-03：燕山东翼水土保持与农田防护功能区；Ⅱ02-01：海河平原沿海防护与生物多样保护功能区；Ⅱ02-02：京津周边生态绿化功能区；Ⅱ02-03：太行山大清河上游水源涵养功能区；Ⅱ02-04：冀东南农林复合与平原绿化功能区；Ⅱ02-05：冀鲁农业生态功能区；Ⅱ02-06：滏阳河上游防护功能区；Ⅱ02-07：鲁西北农林复合、平原绿化功能区；Ⅱ02-08：太行山卫河上游水源涵养功能区；Ⅱ02-09：晋东北农林复合、平原绿化功能区；Ⅱ03-01：鲁东沿海生物多样性保护功能区；Ⅱ03-02：鲁东丘陵沿海防护功能区；Ⅱ03-03：鲁东平原绿化及丘陵水保功能区；Ⅱ04-01：鲁中平原农业生产与水保功能区；Ⅱ04-02：泰山水土保持功能区；Ⅱ04-03：泰山丘陵木材生产与水土保持功能区；Ⅱ04-04：鲁中沂蒙山地丘陵水土保持与速丰林功能区；Ⅱ05-01：黄淮平原农业生产与平原绿化功能区；Ⅱ05-02：苏北沿海防护与生物多样性保护功能区；Ⅱ05-03：华东平原农林生产与平原绿化功能区。

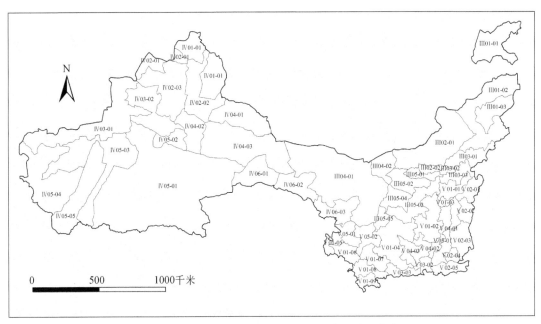

图 9.5　西部干旱半干旱生态大区生态功能区分布

注：Ⅲ01-01：呼伦贝尔草原生物多样性保护与牧防功能区；Ⅲ01-02：浑善达克沙地、锡林郭勒草原风沙源治理功能区；Ⅲ01-03：锡林郭勒草原生物多样性保护功能区；Ⅲ02-01：浑善达克沙地西部、阴山风沙治理功能区；Ⅲ02-02：大青山生物多样性保护功能区；Ⅲ03-01：阴山–苏克斜鲁山水土保持功能区；Ⅲ03-02：大青山东端生物多样性保护功能区；Ⅲ03-03：大青山东端水土保持功能区；Ⅲ04-01：阿拉善高原沙地治理及生物多样性保护功能区；Ⅲ04-02：乌兰布和沙漠沙地治理与生物多样性保护功能区；Ⅲ05-01：毛乌素沙漠生物多样性保护与沙地治理功能区；Ⅲ05-02：库布齐沙漠沙地治理与平原绿化功能区；Ⅲ05-03：毛乌素沙漠沙地治理功能区；Ⅲ05-04：贺兰山东侧生物多样性保护与沙地治理功能区；Ⅲ05-05：腾格里沙漠沙地治理与生物多样性保护功能区；Ⅳ01-01：阿尔泰山生物多样性保护及农防功能区；Ⅳ02-01：阿拉山–塔尔巴哈台山平原农防与沙地治理功能区；Ⅳ02-02：准噶尔盆地生物多样性保护功能区；Ⅳ02-03：准噶尔盆地平原农防与天保功能区；Ⅳ03-01：天山水源涵养与农田防护功能区；Ⅳ03-02：天山生物多样性保护功能区；Ⅳ04-01：博格达山北麓水源涵养功能区；Ⅳ04-02：吐哈盆地生物多样性保护功能区；Ⅳ04-03：吐哈盆地防风固沙功能区；Ⅳ05-01：塔里木盆地生物多样性保护功能区；Ⅳ05-02：塔里木盆地平原绿化功能区；Ⅳ05-03：塔里木盆地平原绿化与沙地治理功能区；Ⅳ05-04：昆仑山北端荒漠生态与农田防护功能区；Ⅳ05-05：和田河沿岸胡杨防护林生态功能区；Ⅳ06-01：阿尔金山东北麓农田防护与生物多样性保护功能区；Ⅳ06-02：龙首山西南麓农业生产与平原绿化功能区；Ⅳ06-03：龙首山东南麓生物多样性保护功能区；Ⅴ01-01：小五台山–吕梁山北段水土保持功能区；Ⅴ01-02：黄河中游晋陕峡谷水土保持与堤岸防护功能区；Ⅴ01-03：吕梁山北段生物多样性保护功能区；Ⅴ01-04：陇东高原水保农防功能区；Ⅴ01-05：拉脊山水土保持功能区；Ⅴ01-06：青东甘南黄河上游干流生物多样性保护功能区；Ⅴ01-07：六盘山西麓农业生产与水土保持功能区；Ⅴ01-08：秦岭西段平原农业生产与水保功能区；Ⅴ01-09：秦巴山地水土保持与天然林保护功能区；Ⅴ02-01：太行山风沙源治理功能区；Ⅴ02-02：太行山滹沱河防护功能区；Ⅴ02-03：太行山漳河上游水源涵养与防护功能区；Ⅴ02-04：太行山、秦岭生物多样性保护功能区；Ⅴ02-05：太行山、秦岭水土保持、堤岸防护功能区；Ⅴ03-01：汾河平原农业生产与农田防护功能区；Ⅴ03-02：吕梁山南端汾渭平原农业生产与水保防护功能区；Ⅴ03-03：渭北平原农业生产、农防及平原绿化功能区；Ⅴ04-01：吕梁山生物多样性保护功能区；Ⅴ04-02：吕梁山西麓渭北高原水土保持与农田防护功能区；Ⅴ04-03：陇东高原农业生产与水土保持功能区；Ⅴ05-01：祁连山东麓平原农防与生物多样性保护功能区；Ⅴ05-02：河西走廊东南部包兰铁路防护功能区。

9.3.4.3　防风固沙功能区

　　沙尘暴不仅严重影响区域的生态环境及工农业生产与生活，还影响区域生态健康形象和投资环境。随着一系列诸如三北防护林、京津风沙源治理等工程的实施，沙尘暴在中国得到一定程度的控制。由于西北干旱少雨，生态恢复与治理难度极大，中国西北沙化形势依然严峻，故防风固沙功能区对我国生态环境建设意义重大。本区划得到的防风固沙功能区主要分布于内蒙古浑善达克沙地、呼伦贝尔西部、科尔沁沙地、毛乌素沙地、河西走廊和阿拉善高原西部、黑河下游、柴达木盆地东部、准噶尔盆地周边、塔里木盆地、京津风沙源区等地区，面积达 126.08 万平方公里，约占国土面积的 13.13%。这些区域既是中国生态脆弱区，也是中国干旱少雨大风区，植被恢复难度大。鉴于防风固沙区面积大，造林难度大，防风固沙区生态建设的重点应在实施国家重点防风固沙工程的基础上，利用封育、自然与人工更新相结合的方法，根据适地适树、适树适生境原则进行区域生态环境综合治理。

图 9.6　南部湿润生态大区生态功能区分布

注：Ⅵ01-01：秦岭东部山地水土保持与水源涵养功能区；Ⅵ01-02：伏牛山东麓山地水土保持功能区；Ⅵ01-03：伏牛山、武当山生物多样性保护功能区；Ⅵ01-04：秦岭南麓生物多样性保护功能区；Ⅵ01-05：大巴山北麓山地水土保持功能区；Ⅵ01-06：大巴山东部山地水土保持功能区；Ⅵ02-01：大巴山南麓山地水土保持功能区；Ⅵ02-02：三峡库区库岸防护与生物多样性保护功能区；Ⅵ02-03：四川盆周长江源生态保护与水源涵养功能区；Ⅵ02-04：大娄山北麓砂质山地水土保持功能区；Ⅵ02-05：大娄山西麓生物多样性保护功能区；Ⅵ02-06：攀西滇北山地水土保持功能区；Ⅵ03-01：成都平原农业生产与水土保持功能区；Ⅵ03-02：四川盆地水土保持与平原绿化功能区；Ⅵ03-04：四川盆地生物多样性保护功能区；Ⅵ04-01：巫山三峡库区水土保持、库岸防护功能区；Ⅵ04-02：鄂西南巫山生物多样性保护功能区；Ⅵ04-03：武陵山东段生物多样性保护功能区；Ⅵ04-04：武陵山西段生物多样性与水土保持功能区；Ⅵ04-05：武陵山水源涵养与水土保持功能区；Ⅶ01-01：苏东沿海生物多样性保护功能区；Ⅶ01-02：苏中农业生产与平原绿化功能区；Ⅶ01-03：苏中淮河平原农林复合与水保功能区；Ⅶ01-04：皖中平原农业生产与堤岸防护功能区；Ⅶ01-05：太湖平原农业生产、平原绿化与堤岸防护功能区；Ⅶ01-06：皖苏生物多样性保护与平原绿化功能区；Ⅶ01-07：鄂东滨湖堤岸防护功能区；Ⅶ01-08：鄂东滨湖堤岸防护功能区；Ⅶ01-09：江汉平原农业生产、平原绿化及堤岸防护功能区；Ⅶ01-10：赣皖生物多样性保护功能区；Ⅶ01-11：湘东北鄂南生物多样性保护功能区；Ⅶ01-12：洞庭湖平原农业生产、平原绿化与堤岸防护功能区；Ⅶ01-13：鄱阳湖平原农业生产与堤岸防护功能区；Ⅶ02-01：江淮丘陵水土保持功能区；Ⅶ02-02：皖中平原农林复合与水土保持功能区；Ⅶ02-03：桐柏山山地丘陵水土保持功能区；Ⅶ02-04：大别山、桐柏山生物多样性保护功能区；Ⅶ02-05：大洪山山地丘陵水土保持功能区；Ⅶ03-02：天目山水土保持与木材生产功能区；Ⅶ04-01：幕府山北麓长江堤岸防护功能区；Ⅶ04-02：幕阜山罗霄山北端生物多样性保护功能区；Ⅶ04-03：幕阜山山地水土保持及木材生产功能区；Ⅷ01-01：浙东沿海防护功能区；Ⅷ01-02：戴云山东段水土保持功能区；Ⅷ01-03：乌岩岭生物多样性保护功能区；Ⅷ01-04：闽东北沿海防护功能区；Ⅷ02-01：浙中山地丘陵水土保持功能区；Ⅷ02-02：赣浙丘陵水土保持、木材生产功能区；Ⅷ02-03：玉山西麓水土保持功能区；Ⅷ02-04：武功山北麓山地丘陵水土保持功能区；Ⅷ02-05：衡山淮江农林渔复合功能区；Ⅷ02-06：雪峰山东麓水源涵养与水土保持功能区；Ⅷ02-07：吉泰盆地农林生产与水土保持功能区；Ⅷ03-01：浙南生物多样性保护功能区；Ⅷ03-02：闽北赣东生物多样性保护功能区；Ⅷ03-03：戴云山西麓木材生产与水土保持功能区；Ⅷ03-04：武夷山水土保持与木材生产功能区；Ⅷ03-05：闽中戴云山木材生产、水土保持功能区；Ⅷ03-06：闽西武夷山生物多样性保护功能区；Ⅷ04-01：雪峰山北部生物多样性保护与水源涵养功能区；Ⅷ04-02：雪峰山水源涵养、木材生产功能区；Ⅷ04-03：湘西南雪峰山西麓生物多样性保护功能区；Ⅷ05-01：黔东南乌江、红水河山地水土保持功能区；Ⅷ05-02：赣南山地、丘陵水土保持与木材生产功能区；Ⅷ05-03：闽西南生物多样性保护功能区；Ⅷ05-04：九连山北麓木材生产与生态保护功能区；Ⅷ05-05：莲花山水源涵养与木材生产功能区；Ⅷ05-06：罗浮山木材生产、生态保护功能区；Ⅷ05-07：潮汕平原农业生产功能区；Ⅷ06-01：罗霄山中段生物多样性保护功能区；Ⅷ06-02：湘南山地丘陵水源涵养功能区；Ⅷ06-03：越城岭都庞岭生物多样性保护功能区；Ⅷ06-04：桂北大瑶山生物多样性保护功能区；Ⅷ06-05：骑田岭大庾岭生物多样性保护功能区；Ⅷ06-06：桂北九万山中下游农业生产与木材生产功能区；Ⅷ06-07：东、北江流域水源涵养与木材生产功能区；Ⅷ07-01：粤东南沿海防护功能区；Ⅷ07-02：闽东南戴云山东麓木材生产与生态防护功能区；Ⅷ07-03：粤东南沿海防护功能区；Ⅷ07-04：珠江下游及东北江生态防护功能区；Ⅷ08-01：台湾生物多样性保护与生态功能区；Ⅷ09-01：大瑶山西麓南麓生物多样性保护功能区；Ⅷ09-02：桂中北红水河中下游农业生态、平原绿化功能区；Ⅷ09-03：浔江农林生产及生态保护功能区；Ⅷ09-04：西江农林生产及生态保护功能区；Ⅷ09-05：大阴山生物多样性保护功能区；Ⅷ09-06：云雾山水源涵养功能区；Ⅷ10-01：郁江上游农业生产功能区；Ⅷ10-02：桂南中游农业生产与水土保持功能区；Ⅷ10-03：云开大山西麓水源涵养功能区；Ⅷ10-04：桂南沿海生物多样性保护与沿海防护功能区；Ⅷ10-05：云雾山南麓沿海防护与速丰林生产功能区；Ⅷ10-06：雷州半岛速丰林生产功能区；Ⅷ11-01：琼北沿海防护与生物多样性保护功能区；Ⅷ11-02：琼中速丰林生产、天然林保护与沿海防护功能区；Ⅷ11-03：琼南沿海防护与生物多样性保护功能区；Ⅸ01-01：大渡河下游水土保持功能区；Ⅸ01-02：雅砻江下游水土保持功能区；Ⅸ01-03：金沙江上游水土保持功能区；Ⅸ02-01：武陵山南部矿质山地水土保持功能区；Ⅸ02-03：苗岭北部矿质山地水土保持功能区；Ⅸ02-04：九万大山北部生物多样性保护功能区；Ⅸ02-05：苗岭南麓水土保持功能区；Ⅸ03-01：乌江上游矿质山地水土保持功能区；Ⅸ03-02：北盘江流域水源涵养功能区；Ⅸ04-01：滇中滇中山地水土保持功能区；Ⅸ04-02：滇东北水土保持功能区；Ⅸ04-03：南盘江中上游水源涵养水土保持功能区；Ⅸ04-04：元江上游水源涵养水土保持功能区；Ⅸ05-01：高黎贡山南段生物多样性保护功能区；Ⅸ05-02：无量山生物多样性保护与水源涵养功能区；Ⅸ05-03：无量山西麓水土保持功能区；Ⅸ06-01：高黎贡山南麓热带雨林季雨林生物多样性保护功能区；Ⅸ06-02：澜沧江下游热带雨林季雨林生物多样性保护功能区；Ⅸ06-03：红河下游热带雨林季雨林生物多样性保护功能区；Ⅸ07-01：红水河中上游水源涵养水土保持功能区；Ⅸ07-02：南盘江右江生物多样性保护功能区；Ⅸ07-03：右江水土保持功能区；Ⅸ07-04：元江盘龙江农业生产与水土保持功能区。

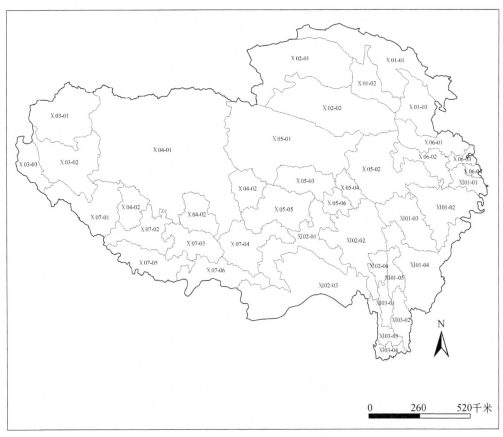

图 9.7　青藏高原生态大区生态功能区分布

注：X01-01：祈连山生物多样性保护功能区；X01-02：党河南山东麓农田防护与沙地治理功能区；X01-03：青海湖生物多样性保护功能区；X02-01：柴达木盆地高寒荒漠与沙地治理功能区；X02-02：柴达木盆地–布尔汗不达山高寒荒漠功能区；X03-01：昆仑高原寒带生物多样性保护与防护林功能区；X03-02：噶尔–班公错宽谷湖盆荒漠冰蚀防护功能区；X03-03：郎钦藏布谷山原半荒漠冰蚀防护功能区；X04-01：羌塘生物多样性保护功能区；X04-02：南羌塘高寒草原畜牧生产功能区；X05-01：青藏高原北部生物多样性保护功能区；X05-02：巴颜喀拉江源及长江上游生态保护与水源涵养功能区；X05-03：唐古拉山江源生态保护与水源涵养功能区；X05-04：横断山脉北部生物多样性保护功能区；X05-05：怒江源区高寒草甸水源涵养、水土保持功能区；X05-06：横断山区澜沧江上游水源涵养与水土保持功能区；X06-01：黄河上游平原农业生产与农防功能区；X06-02：阿尼玛卿山水源涵养与水保功能区；X06-03：黄河上游秦岭西部生物多样性保护功能区；X06-04：黄河上游秦巴山地水土保持与天然林保护功能区；X07-01："四江"源高寒湖泊—草原生态冰蚀防护功能区；X07-02：雅鲁藏布江上游高寒草原冰蚀防护功能区；X07-03：雅鲁藏布江中游谷地水源涵养、水土保持功能区；X07-04：念青唐古拉山南麓雅鲁藏布江中游谷地水源涵养功能区；X07-05：雅鲁藏布江生物多样性保护功能区；X07-06：中喜玛拉雅北翼高寒草原水源涵养、冰蚀防护功能区；XI01-01：川西北横断山脉东北部生物多样性保护功能区；XI01-02：岷江上游水源涵养与水土保持功能区；XI01-03：川西横断山区雅砻江中上游水源涵养与水土保持功能区；XI01-04：川西北横断山脉中东部生物多样性保护功能区；XI01-05：川西横断山区金沙江上游水源涵养与水土保持功能区；XI02-01：念青唐古拉山南翼常绿硬阔、暗针叶林水源涵养与水土保持；XI02-02：昌都地区高寒畜牧生产功能区；XI02-03：藏南生物多样性保护功能区；XI02-04：芒康生物多样性保护功能区；XI03-01：滇西北生物多样性保护功能区；XI03-02：滇西北坝区农牧生产与水土保持功能区；XI03-03：滇西北怒江澜沧江中游水土保持功能；XI03-04：横断山南端生物多样性保护区。

9.3.4.4　生物多样性保护功能区

中国是地球上生物多样性最丰富的国家之一，中国生物多样性总体呈现物种高度丰富，特有属、种繁多，区系起源古老，栽培植物、家养动物及其野生亲缘的种质资源异常丰富，生态系统丰富多样，空间格局繁复多样的特点（中国生物多样性国情研究报告编写组，1998）。虽然中国在生物多样性保护方面取得了喜人的成就，但中国生物多样性保护形势依然严峻。本区划本着生态优先的原则，得到中国生物多样性保护区总面积约为 369.61 万平方公里，占国土总面积的 38.50%。中国生物多样性保护区主要分布于青藏高原地区（昆仑山脉、唐古拉山、喜马拉雅山）和西部干旱地区（阿尔泰山、天山、祁连山、阴山贺兰山和呼伦贝尔草原），其次为川西北亚高山和东北地区（大小兴安岭、长白山、三江平原）。此外，南岭、秦岭、武夷山、武陵山、长江中下游丘陵区（江苏省北部沿海滩涂湿地、洞庭湖、鄱阳湖和太湖湿地等地区）、滇西（高黎贡山、大雪山）、滇南（哀牢山和西双版纳）、十万大山地区、燕山、吕梁山、台湾岛和海南岛等地也有较大生物多样性保护区的分布。

9.3.4.5 沿海防护功能区

中国大陆海岸线北起辽宁鸭绿江口，南至广西北仑河口，长达 18 340 公里。中国沿海是一个自然灾害的多发区，历史上曾发生过多次海啸，风暴潮更是频繁发生。沿海湿地不仅具有重要的生物多样性保育的功能，还具有强大的生态防护功能，对沿海地区的防灾减灾和人民生命财产安全具有重要的意义。正因此中国实施了沿海防护林生态工程，以期建成结构稳定、功能齐全、规模宏大、有效抵御海啸和风暴潮等自然灾害的综合性防护体系。中国沿海防护功能区主要分布于海南岛、华南、华东及辽东半岛、山东半岛的沿海地区，总面积 18.19 万平方公里，约占国土面积的 1.89%。

9.3.4.6 产品提供功能区

生产有机物即产品提供是最基本的生态系统服务功能。各种生态系统通过第一级与次级生产来生产人类所必需的各种物质。据专家统计，地球生态系统每年为人类提供 18 亿吨粮食、7 亿吨肉类。同时，地球生态系统还为人类生产生活提供大量的工业原料，如木材、藤条、橡胶、紫胶、松脂、医药原料等。本生态功能区划得到中国粮食生产区主要分布于黄淮海平原、东北平原、西北干旱区河套地区、四川成都平原和长江中下游平原地区，这些地区既是中国主要商品粮基地，也是中国水果、肉、蛋、奶等畜产品的主要生产区，如南方高产商品粮基地、黄淮海平原商品粮基地、东北商品粮基地和西北干旱区商品粮基地。中国速生丰产林主要分布在小兴安岭、长白山、黄河下游地区、长江中下游丘陵、四川东部丘陵、湖南雪峰山、江西福建武夷山、南岭及海南岛等地区，这些区域大多降雨充沛，林木生产快。中国天然林主要分布于东北、内蒙古的大小兴安岭及长白山、新疆天山、西南及藏南边远地区，由于这些地区大多属于生态脆弱区或江源区，主要以保护为主，故这些区域是中国木材潜在生产区。中国畜牧业发展区主要分布在内蒙古自治区东部草甸草原、青藏高原高寒草甸与高寒草原以及新疆天山北部草原等地区，但由于不合理的开发利用，现阶段这些区域主要以生态恢复为主。

参 考 文 献

蔡佳亮，殷贺，黄艺.2010. 生态功能区划理论研究进展. 生态学报，30（11）：3018-3027.

傅伯杰，陈利顶，刘国华.1999. 中国生态区划的目的、任务及特点. 生态学报，19（5）：591-595.

傅伯杰，刘国华，陈利顶，等.2001. 中国生态区划方案. 生态学报，21（1）：1-6.

傅伯杰，刘国华，孟庆华.2000. 中国西部生态区划及其区域发展对策. 干旱区地理，23（4）：289-297.

侯学煜.1988. 中国自然生态区划与大农业发展战略. 北京：科学出版社.

黄兴文，陈百明.1999. 中国生态资产区划的理论与应用. 生态学报，19（5）：602-606.

贾良清，欧阳志云，赵同谦，等.2005. 安徽省生态功能区划研究. 生态学报，25（2）：254-260.

刘国华，傅伯杰.1998. 生态区划的原则及其特征. 环境科学进展，6（6）：67-72.

苗鸿，王效科，欧阳志云.2001. 中国生态环境胁迫过程区划研究. 生态学报，21（1）：7-13.

欧阳志云，王效科.2009. 全国生态功能区划研究. 见：中国生态学学会第八届全国会员代表大会暨学术年会论文集，33-38.

欧阳志云，王效科，苗鸿.2000. 中国生态环境敏感性及其区域差异规律研究. 生态学报，20（1）：9-12.

欧阳志云，郑华，高吉喜，等.2009. 区域生态环境质量评价与生态功能区划. 北京：中国环境科学出版社.

王效科，欧阳志云，肖寒，等. 2001. 中国水土流失敏感性分布规律及其区划. 生态学报，21（1）：14-19.

杨勤业，李双成. 1999. 中国生态地域划分的若干问题. 生态学报，19（5）：596-601.

中国林业科学研究院，中国测绘科学研究院. 2005. 林业科学数据集（第一卷）. 北京：中国林业出版社.

中国生物多样性国情研究报告编写组. 1998. 中国生物多样性国情报告. 北京：中国环境科学出版社.

Bailey R G, Hogg H C. 1989. A world ecoregions map fox resoure partitioning. Environmental Conservation, 13：195-202.

Bailey R G. 1976. Ecoregins of the United States Map（scale 1：7,500,000）. US Department of Agriculture, Forest Service, Inter-mountain Region, Ogden, Utah.

Bailey R G. 1986. Explanatory supplement to ecoregions map of the continents. Environmental Conservation, 16（4）：307-309.

Bailey R G. 1996. Ecosystem Geography. New York：Springer-Verlag.

Bailey R G. 1998. Ecoregions：the Ecosystem Geography of the Oceans and Continents. New York：Springer-Verlag.

Box E. 1995. Factors determining distributions of tree species and plant functional types. Vegetatio, 121（1-2）：101-116.

Herbertson A. 1905. The major natural regions：an essay in systematic geography. The Geographical Journal, 25：300-312.

Holdridge L R. 1967. Life zone ecology. San Jose. Costa Rica：Tropical Science Center.

Krajina V. 1965. Biogeoclimatic zones and classification of British Columbia//Krajina V J. Ecology of Western North America. Vancouver, Canada：University of British Columbia Press, 1-17.

Matthews E. 1983. Global vegetation and land use：New high-resolution data bases for climate studies. Journal of Climate and Applied Meteorology, 22（3）：474-487.

Merriam C. 1898. Life zones and crop zones of the United States. US Department of Agriculture, Washington, D. C. Division of Biological Survey Bulletin 10, 1-79.

Omernik J M, Bailey R G. 1997. Distinguishing between watersheds and ecoregions. Journal of American Water Resources Association, 33（5）：935-949.

Prentice I C, Cramer W, Harrison S P, et al. 1992. A global biome model based on plant physiology and dominance, soil properties and climate. Journal of Biogeography, 19（2）：117-134.

Rowe J. 1972. Forest Regions of Canada. Ottawa, Ontario：Canadian Forestry Service Publication.

Schultz J. 1995. The Ecozones of the World：the Ecological Divisions of the Geosphere. Berlin：Springer-Verlag Press, 5-71.

Stolz J, Botakin D, Dastoor M. 1989. The integral biosphere//Rambler M B, Margulis L, Fester R. Global Ecology：Towards A Science of the Biosphere. Boston, MA：Academic Press, 31-51.

Walter H, Box E. 1976. Global classification of natural terrestrial ecosystem. Vegetatio, 32（2）：75-81.

Wiken E, Gauthier D, Marshall I, et al. 1996. A Perspective on Canada's Ecosystems：An Overview of the Terrestrial and Marine Ecozones. Canadian Council on Ecological Areas Occasional Paper Ho. 14. Ottawa：CCEA.

Wiken E. 1982. Terrestrial ecozones of Canada. Ottawa：Environment Canada, Lands Directorate.

10

可持续发展功能分区的方法体系

谢高地　曹淑艳　周海林

　　理论上，国家可持续发展格局是可以预知的。本章从三个方面构建了可持续发展功能分区的方法体系：①基于中国功能区划的发展与国家面临与关注的核心问题之间的响应–驱动关系，探讨了中国对可持续发展功能分区技术的现实需求；②在解析可持续发展的本质与界定可持续发展功能的基础上，剖析了可持续发展功能分区的内涵、目标与任务；③构建了系统的可持续发展功能分区的三级层级系统与分区技术，其中，一级区采用三维判断矩阵法由上而下划分，二级区与三级区基于 FCM 由下而上得到。

10.1　可持续发展功能分区的现实需求

10.1.1　功能区划研究视角的演化

　　区划工作是人们对自然界或人类社会、经济系统这些客观存在实体在空间分布的相似性与差异性规律的认识积累到一定程度的结果。从 19 世纪初近代地理学的创始人洪堡（A. V. Humboldt）首创世界等温线图以来，区划的对象逐渐从单一自然要素逐渐扩展到综合自然系统、生态系统乃至社会–经济–自然复合系统，区划研究也逐渐从认识性区划转变为认识性区划与应用性区域并重，由此促进了功能区划研究的形成与发展。

　　中国功能区划研究萌芽于 20 世纪 40 年代的气候区划，但是真正意义上的功能区划是直到 20 世纪 50 年代开始的农业区划。1953 年中央发布的《1956～1967 年全国农业发展纲要（草案）》中，为安排全国不同地区粮食亩产应达到的指标，将全国划分为三个地区，即黄河、秦岭、白龙江以北地区，黄河以南、淮河以北地区，淮河、秦岭、白龙江以南地区，这开启了中国功能区划的研究。1958 年黄秉维在以往气候、地貌、水文、土壤、植物、动物等单要素区划基础之上完成的以服务于农业生产为目的的全国综合自然区划可以看作中国系统性功能区划方案的最早雏形。邓静中等（1960）编撰的《中国农业区划方法论研究》可谓是中国功能区划最早的系统性区划方法研究，而首例功能区划当为侯学焴等（1963）综合编制的以发展农、林、牧、副、渔为宗旨的全国（大农业）自然区划，同年邓静中（1963）也完成了全国农业现状区划。随后，中国农业区划的范围不断开拓，各类农业自然条件区划、农业部门区划、农业技术发展区划、土地利用区划、综合农业区划陆续出现，形成了目前较为完备的农业区划系统。

　　20 世纪五六十年代，中国开始了经济区划研究。在"计划经济"的制约与影响下，中国的经济区划研究一度缺乏对经济原则和社会劳动地域分工规律的应有重视，区划方案主要取决于决策者的"拍板"而不是系统方法论指导下的科学划分，区划对象、目标模糊，结果随意性高（李振泉，1999；丁四保，2001）。直到 20 世纪 80 年代中后期，中国经济区划研究才走出混沌，步入初步发展时期，经济区划的科学内涵逐渐明晰，即经济区划是对一定经济地域系统内的多种客观存在单元的生产力总体布局框架的战略性划分，区划的对象也由早期的模糊经济系统发展为人口、资源、经济组成的综合系统。

20 世纪 70 年代中期，中国城市地区经济发展与环境发展之间的矛盾日益深化，在时空上合理安排人与环境被提上日程，环境功能区划由此萌芽。最初的环境功能区划局限在城市地区，基于环境的使用功能开展。其中，部门环境功能区或落脚于具体的环境使用功能或落脚于环境使用功能需求的主体差异，而综合环境功能区落脚于区域的环境使用功能的发展归宿，包括重点保护区、一般保护区、污染控制区、重点治理区等（曹淑艳，谢高地，2009）。

20 世纪 70 年代中期，中国也开始了生态功能区划研究。截止到 20 世纪末，中国生态功能区划研究主要聚焦在生态系统的经济生产功能，并以种植业经济区划、林业经济区划等部门生态经济区划为主，而近年来综合生态经济区（王传胜等，2005；马蓓蓓等，2006）才开始发展起来。20 世纪 90 年代生态系统多功能研究在国内外快速发展，加上国家生态健康、安全发展的迫切需求，最终促成了全国指导性生态功能区划于 2002 年正式出台，即《生态功能区划暂行规程》。

在国家"十一五"规划纲要的驱动下，中国正式开始主体功能区划研究。主体功能区划是基于资源环境承载能力、现有开发密度和发展潜力，对未来人口分布、经济布局、国土利用和城镇化格局的战略发展方向的统筹划分（方创林，2007）。其中，战略发展方向包括优化开发、重点开发、限制开发和禁止开发四大方向。主体功能区划关注的是大规模工业化和城镇化人类活动，本质上是一种面向区域空间管制的社会-经济活动发展引导机制（包括空间鼓励、空间准入、空间限制、空间禁止等）的空间安排。

由上分析可见，中国功能区划研究视角的形成、丰富与发展是在国家面临和解决某类发展问题的驱动下推进的，是科学家积极响应发展决策需求的结果。在中国功能区划的演化过程中，人的因素与人与自然之间的相互制约、相互作用关系愈来愈多地被涵盖进来。功能区划研究视角逐步从粮食生产地域系统（简称"地系统"）拓展到人地系统，具体的演化规律（曹淑艳，谢高地，2009）是：从 20 世纪 50～80 年代单一集中于农业地域生产系统与经济系统特别是集中于粮食生产系统到 20 世纪 80 年代拓展到关注环境质量系统与经济功能生态系统，自 21 世纪初进一步拓展到多功能生态系统和社会-经济-自然复合系统。

综合而言，国内分区工作具有如下综合特征：

1）分区对象的系统性与复杂性逐步提高。从单要素自然区划到综合自然区划，再到基于生态系统的生态区划、生态功能区划、生态经济区划，以及地域主体功能区域，分区对象涉及的自然要素与人类要素的规模以及二者关系，逐渐增多，而且区划对自然系统与人地系统的系统性考虑越来越多。

2）分区方法越来越重视定量技术与现代空间技术的应用。随着地理学、生态学、数学等学科领域定量技术的发展，以及现代空间技术强大数据挖掘、分析与集成功能的引入与发展，促进了中国分区界限确定由以定性为主向定量化手段增强的方向转变。

3）分区从状态、结构分区向与功能分区并重的方向转变。中国分区的发展从自然区划到农业区划，从生态区划到生态经济区划、生态功能区划，再到环境质量区划、主体功能区划，无不表明功能分区越来越受到重视，同时作为功能分区的支撑基础，自然区划、生态系统的体系与应用也在不断地发展。这反映了中国区划工作追求科学性与应用性提高的双重发展趋势。

4）区划研究依然面临着众多的挑战。中国在区域研究上取得了明显的进步，但是依然面临很多的挑战，如同一类型、不同区划方案以及不同类型的区划方案之间的协调问题，区划边界的科学界定问题，分区层次体系的划分与命名，小尺度的区划的开展等。

10.1.2 基于区域多功能的分区需求强烈

自 1949 年以来，中国发展面临的核心问题可以概括为五大类：经济发展、粮食供给、资源安全、环境污染与生态破坏（曹淑艳，谢高地，2009）。无论在时间维度还是空间维度上，这五大问题的形成与发展均有明显的差异。

在时间尺度上，随着贫困问题的解决，可持续发展成为全国共同的任务。1949～1977年，中国不仅在经济上贫困，在粮食供给上也极度贫困，人均每日热量始终未达脱贫所需达到的热量摄入量标准8.79兆焦耳（许世卫与李志强，2003），解决占全球近1/4人口的吃饭问题是头等大事，解决这些人口的经济发展问题次之。中国在1985年前后成功地解决了温饱问题，人均热量供给量达到10.05兆焦耳的温饱线；在2000年左右实现全面小康，人均蛋白质日摄入量75克/人。但是拥有全球近1/4人口却只有全球1/11耕地的客观现实决定粮食问题将持续是中国发展的核心问题。近30年来，虽然中国经济持续快速增长，人均GDP（当年汇率折算成美元）在世界的排名上升了215位，在2007年达到2461美元，但也仅为世界平均水平的四分之一强，无疑经济发展问题仍将是中国的发展核心问题。由于全球性的资源稀缺与生态债务增长，经济系统只有在保持自然资源的质量及其所提供服务的前提下，才能解除发展面临的资源与环境风险，才能获得持续的发展。

在空间尺度上，中国的发展呈现两个宏观特征：区域经济与社会发展不平衡；经济社会发展与资源供给、生态环境保护服务之间存在冲突。全国经济发展总体呈现"东高、西低、中部坍陷"，作为中国经济增长极的东部沿海地区，经济增长的福利跨国外溢程度高，向内辐射带动能力不足，导致作为经济增长极区的京津区、长三角区与珠三角区对周围与中西部资源保育产生了明显的"吸空"效应，使得供给者与保育者、生态公益性服务提供者贫困问题在全国范围内广泛存在。中国收入差距超过警戒线至少已20年，惯性发展情景下，基尼系数将在2018年前后将达到0.60，社会分配进入高度不均状态。王云飞（2007）基于1990年不变价GDP角度分析了中国的地区收入差距，结果表明：中国的收入差距主要表现为东、中、西部之间的差距，地区间的基尼系数贡献度占地区总基尼系数的比重已经达到80%，其中又以东西和东中之间的差距为主。从三大地区的内部看，东部地区内部的收入差距要大于中、西部地区内部的差距，但东部各省之间的差距有缩小趋势，而西部各省的差距正在不断扩大。由上分析可见，如何实现经济发展成果公平分配，已经成为影响经济发展活力与生态环境安全的重大性问题。毕竟在人类可持续发展系统中，经济可持续是基础，生态可持续是条件，社会可持续才是目的。中国的区域发展为什么有水平（即数量）和特点（即个性）的差异，这是由什么因素决定的？总体上，影响乃至决定中国区域发展差距的因素包括自然基础和自然资源、历史基础、区位（自然的和历史的）、科学技术创新和制度创新。由于自然资源市场发展程度低，生态服务市场基本缺失，近年来全球化、信息化发展等因素日益成为中国区域发展差距扩大的主要因素。因为市场机制在本质上具有使"强者越强，弱者越弱"的力量。

区域空间是具有多功能性的，区域内部多功能之间的失衡与区域之间多功能之间的失衡都会危及中国的可持续发展。中国未来的经济发展目标是以缩小地区差距为目标的追赶式发展，还是立足自身特点的发展？中国日益庞大的经济总量和社会总量如何在全国地域上合理布局？如何使那些生态脆弱和环境恶化的地区不至于发生崩溃？如何使那些生态服务功能重要的地区摆脱生态公益服务者贫困的不公平境况？如何使那些大中城市的经济区、人口及产业集聚带能够得到可持续发展的能力？如何使保育全国粮食安全与耕地安全的农民具有与城镇居民同等的发展机会与享有公平的社会公共服务？这些严峻的问题关系着国家和民族的国土安全和长期生存的生态安全与资源保障。中国现实的发展阶段决定，国家在发展中出现的各类生态、环境问题，必须在发展的过程中解决。所以，客观上要求从空间上合理安排人类活动，形成社会的、经济的与生态的关系均良好的空间关系与发展状态，以及人类与自然间关系协调的发展模式。

由上可见，中国迫切需要科学认识与统筹安排全国地域空间的功能。以促进、优化甚至重新塑造中国发展的地域空间格局，对国土开发和建设布局的地区格局作出规划、约束、限制与引导，使得全国各区域的发展各尽其职、各展所长，全民共同富裕，全国生态环境基底安全可靠。

目前的区划体系无法满足绘制国家可持续发展方向选择与模式选择的空间蓝图的需要。区域是实现可持续发展的重要单元，国家的可持续发展决策的实施成效有赖于其在空间上与时间上的适应性、针对性与准确性。这要求客观上判断不同区域所处的可持续发展状态、面临的发展矛盾与约束以及未来的发展模式与方式，总结出国家可持续发展的空间规律，以服务政府空间规划与管制的需求。现有规划体系，自然区划与生态区划较少考虑人类活动因素，生态经济区划与生态功能规划虽考虑了人类活动，但一方面是考虑的因素有限，另一方面描述对象是生态系统的某项、某些或综合的功能。笼统地讲，它们区划的对象均有自然要素或生态系统。主体功能区划虽然在区划中同时考虑可持续发展的三大维度——社会、经济与生态环境，但区划关注的是生态限制下的社会经济系统的土地利用与区域开发方式，但是，四大类的表达方式无法揭示国家在具体的可持续发展问题与选择上的空间规律，而且对社会、经济、环境之间的相互联系与相互制约的关系的考虑不够系统与全面。

10.2 区域可持续发展功能分区的内涵

10.2.1 可持续发展的核心

可持续发展是指一种既满足当代人的需求，又不损害后代人满足其需求的能力的发展模式。这是一种注重长远发展的发展模式，是一种新的人类发展理念与方式。通常，可持续发展强调的是人的全面发展，在具体内容方面包括可持续经济、可持续生态和可持续社会三方面的协调统一，要求人类在发展中讲究经济效率、关注生态和谐和追求社会公平。在经济可持续发展方面，可持续发展鼓励经济发展，而不是以环境保护为名取消经济发展，因为经济发展是国家实力和社会财富的基础。与经济增长相比，经济发展不仅重视经济增长的数量，更追求经济增长的质量。在生态可持续发展方面，可持续发展要求经济和社会发展要与自然承载能力相协调，在发展的同时必须保护和改善地球生态环境，保护自然资本，使人类的发展控制在地球承载能力之内。可持续发展强调了发展是有限制的，没有限制就没有发展的持续。要求通过转变发展模式，从人类发展的源头、从根本上解决环境问题。在社会可持续发展方面，可持续发展强调社会公平是环境保护得以实现的机制和目标。

可持续发展的内涵非常丰富。首先，可持续发展强调共同发展。地球是一个复杂的巨系统，其最根本特征是具有整体性。每个国家或地区都是这个巨系统不可分割的子系统，相互联系并发生作用。单个子系统发生问题不仅会直接或间接影响到其他子系统，甚至会诱发系统的整体突变，这在生态系统中表现最为突出。因此，可持续发展追求整体发展和协调发展，即共同发展。其次，可持续发展强调协调发展，包括经济、社会、环境三大系统的整体协调，也包括世界、国家和地区三个空间层面之间及各自内部的区域协调，还包括当代人与未来后代之间的代际协调。第三，可持续发展强调公平发展。公平发展包含两个维度：一是时间维度上的公平，当代人的发展不能以损害后代人的发展能力为代价；二是空间维度上的公平，一个国家或地区的发展不能以损害其他国家或地区的发展能力为代价。因而，可持续发展定义包含两个基本要素或两个关键组成部分："需要"和对需要的"限制"。满足需要，首先是要满足贫困人民的基本需要。对需要的限制主要是指对未来环境需要的能力构成危害的限制，这种能力一旦被突破，必将危及地球生命支持系统。第四，可持续发展追求高效发展。公平和效率是可持续发展的两个轮子。可持续发展的效率既包括经济意义上的效率，也包含着自然资源和环境的损益的成分。因此，可持续发展思想的高效发展是指经济、社会、资源、环境、人口等协调下的高效率发展。此外，可持续发展强调多维发展。人类社会的发展表现出全球化的趋势，但是不同国家与地区的发展水平是不同的，不同国家与地区的文化、体制、地理环境、国际环境等发展背景也是不同的。因此，在可持续发展这个全球性目标的约束和指导下，各国与各地区在实施可持续发展战略时，应该从国情或区情出发，走符合本国或本区实际的、多样性、多模式的可持续发展道路。

综上分析认为，可持续发展强调自然的全面发展与人的全面发展。自然的全面发展指人类以外其他生物与自然生态系统的发展，强调生态系统各功能的全面保育、维持与发展。人的全面发展包括经济发展与社会发展。在此视角下，可持续发展的核心是人与自然的全面发展，是在保障自然的可持续发展的条件下，实现人的可持续发展，包括经济发展与社会发展，要求在保护环境与资源永续利用的前提下进行经济发展，也就是"决不能吃祖宗饭，断子孙路"，同时要求不断提高人口素质，促进社会的发展。

10.2.2　区域可持续发展功能

作为资源配置的空间载体，区域（全球、地区、国家、区域等空间尺度）是实现可持续发展的基本空间单元。没有亚地理单元的可持续发展，国家或地区的可持续发展就无从谈起；没有国家或地区的整体可持续发展，亚地理单元的可持续发展难以长久维系与推进。因为，亚地理单元间总是天然或非天然地存在某种或某些相互影响、相互制约的作用机制。一个国家或地区推进可持续发展的过程，实质上就是该国家或地区的各级亚地理空间单元基于全局可持续发展与自身可持续发展的双重目标，合理选择、组织与优化其可持续发展功能的过程。

自然、社会与经济三方面的资源分布的区域分异性与区域发展阶段的多层次性，以及区域经济社会发展对自然的依赖与溢出（更多是施加压力）和对其他地区的依赖与溢出，要求区域发展要走适合于自身的发展路径与模式，包括经济发展的方向、速度、结构、规模，社会发展的方向与福利、自然发展的方向、结构与规模等。这就是区域可持续发展位选择问题。

综上，区域可持续发展功能可以理解为该区域的可持续发展位，具体指该区域在更高级别的地域单元的可持续发展进程中，应发挥的作用与承担的功能。该作用的发挥与功能的承担，首先要保障上级区域的整体可持续发展，同时又保障本区域的可持续发展。在国家尺度上，区域可持续发展功能可以形象地理解为：全国资源配置优化，生态支持与资源供给有安全保障；区域各尽其职，宏观功能协调，内部功能也协调；区域发展模式富有个性，并公平、平等地享受发展的成果。

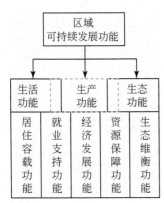

图 10.1　区域可持续发展功能分解

根据可持续发展的核心是追求自然的可持续发展与人的可持续发展即经济社会的可持续发展，区域可持续发展功能可以被分解为生态功能、生产功能与生活功能（图 10.1）。其中，生态功能与生产功能在资源供给方面具有一定的交叉，生产功能与生活功能在就业与收入方面存在一定的交叉。将交叉部分单独分离后，区域的可持续发展功能被细分为如下五类：

1）居住容载功能：指区域支持人类居住的能力；
2）就业支持功能：指区域提供就业岗位的规模与质量；
3）经济发展功能：指区域经济发展的竞争力与活力；
4）资源供给功能：指区域提供自然资源的能力；
5）生态维衡功能：指区域在生态过程维持与环境污染净化方面的综合能力。

10.2.3　可持续发展功能分区的含义

可持续发展功能分区是以社会–经济–自然组成的复合系统为对象，将区域划分成不同可持续发展功能区的过程。具体地说，可持续发展功能区划就是以社会、经济、自然组成的复合系统为对象，根据区域所处的可持续发展状态，面临的人地矛盾冲突与资源（包括自然的、社会的与经济的）约束，结合区域在地理空间上的位置与重要性，将区域划分成不同可持续发展功能区，并阐明不同区域的可持续发展状态与问题的形成机制及可持续发展的方向、模式与途径，为决策部门实施可持续发展的空间规划与管理决策提供导向性的科学支持。

可持续发展功能分区以社会、经济、自然三大要素组成的人地复合系统为对象，将多功能地域单元划分成不同的可持续发展功能区。可持续发展功能区划的过程好比生物在生态系统中确立自己的生态位的过程，是一个分析和确立区域自身可持续发展位的过程，更准确地说是确立自己在纵横交错的嵌套功能区划系统的地位、功能与它们的关联。一个国家的可持续发展战略格局是可以预知的，国家可持续发展功能区划的目的就是预知国家的这种空间格局，为决策部门实施可持续发展战略提供决策支持。科学、全面地认识国家整体可持续发展的空间作用机制与规律，是客观评价、判断各区域单元在国家可持续发展战略格局中的坐落和保障国家可持续发展功能区划成果的科学性与实用性的基本前提，也是可持续发展功能区划方法论体系中最具挑战的部分。

可持续发展功能区划是在生态区划、经济区划、自然区划等已有区划的基础上，综合考虑人与自然的关系的基础上，基于国家长久发展战略的空间布局所处的安排。与其他规划相比，可持续发展功能分区是一种更高的区划种类与空间管制工具，具有更强的综合性、复杂性与系统性。

在性质上，可持续发展功能分区首先是一种综合区划。区划的对象是社会、经济、自然组成的复杂的系统。这一系统包括社会、经济、自然三个子系统及其它们之间的、内部的相互关系，其中自然子系统又包括自然生态系统、自然环境（要素）质量与自然资源三个更低的子系统。分区的过程，必须考虑三个子系统及其内部各要素之间的协调与均衡问题。其次是一种功能区划。可持续发展功能分区不是简单地就区域的可持续发展状态进行分区，而是特别关注某一区域单元在国家可持续发展的过程中已经承担或发挥、将会承担或发挥什么样的功能。此外，可持续发展功能分区还是一种应用性区划。分区的目的非常明确，是探索中国不同空间的可持续发展状态（相似的与差异性的）规律、形成机制与发展选择，为决策部门提供信息支持。

10.2.4　可持续发展功能分区的目标

面向实践，服务社会，适应时代要求，是传统区划的重要目标与特征（朱传耿等，2007），也是可持续发展功能分区的重要目标和特征。具体而言，可持续发展功能分区的目的是在研究区域可持续发展形成、发展机制的基础上，在空间上科学、合理地统筹安排区域在国家或地区可持续发展战略中的地位，明确不同特征的区域实现可持续发展的路径与模式，以服务于国家或地区的可持续发展决策需要，兼丰富中国区划体系。具体目标与任务包括：

1）研究区域可持续发展功能分异与社会、经济与自然环境间的基本规律；
2）综合评价与分析区域可持续发展功能及构成，确定区域的主导功能与约束功能；
3）立足于国家可持续发展的战略目标，构建可持续发展功能分区的分区层次系统、指标体系与分区方法体系；
4）绘制区域可持续发展功能分区地图，阐述各区的特征、特点。对不同功能区特别是典型功能区，提出针对性的发展建议。

10.3　可持续发展功能分区的技术方法

10.3.1　分区的基本思路

（1）充分考虑制约区域可持续发展的"硬约束"与"软约束"
区域可持续发展功能的定位，首先要尊重人类发展不可逾越的重要自然制约因子，这些因素多具有不可贸易的特征，如地貌、区位、生物生产性空间的分布。人类社会经济的发展只有适应或充分利用这些发展约束，才能从源头上降低人类发展对自然的影响，才能从源头上寻找人与自然协调发展的道路。同时，各类自然等级的空间系统都是开放的系统，系统间的人、财、物、能交流有很多是可以贸易、能相互补充的，区域现时发展面临的这类约束（软约束），是可以通过资源空间流动与配置来克服的。可持续发展功能分区应同时考虑人类的发展自适应性与自调节能力，从根本上将人的发展与自然的发展放到同等重要的地位。只有这样，划分出来的功能区才具有科学性与可操作性。

（2）分区指标具有可拓性、继承性与变动性

可持续发展功能分区的各级分区单元均是通过对一系列的指标进行归纳划分出来的。指标选取的科学、可靠与有效性，直接决定划分出来的功能区的质量。指标体系应是一个层次性体系，不同层级的指标之间具有可拓性、继承性（再分性）与变动性，这样的做法可以保障分区是基于主导因子且是差异性主导因子进行，以保障分区成果能真实揭示区域可持续发展功能的空间分异与组合规律。例如，一级分区单元选择生物生产性空间有无作为指标，二级分区单元选择农业生产土地、工矿业生产土地、城镇发展支撑土地等指标进行细分，三级分区中选择种植业用地、林业用地、畜牧业用地、渔业用地等指标对农业生产性土地进行更为细致的划分。

（3）以定量技术为主，辅以定性分析技术

区域可持续发展功能的定位主要是综合分析表征自然、社会、经济三大维度子系统状态及其相互关系的各类指标。其中，有些指标是可以定量的，如人均GDP、人口规模、城镇化水平，也有些指标只能定性地表达，如区位、生产性空间的有无。在汇总区域的指标过程中，由于各指标对区域可持续发展功能定位的贡献并不完全等同，不可避免要引入权重因子。同时，功能区的定位是以实用性为目的的，单纯基于指标的分区过于机械，有时难以反映国家发展的战略安排，所以，基于指标体系划分出来的分区结果还应在广泛征求专家与决策者意见的基础上，适当调整。所以，为了保证分区具有科学性与可操作性，可持续发展功能分区宜采用以定量分析为主、以定性分区为辅的分区方法。

（4）采用"自上而下"与"自下而上"相结合的分区方法

每一种区划原则都必须用一定的区划方法加以贯彻。分区方法有"自上而下"的演绎途径与"自下而上"的归纳途径两大类。"自上而下"的演绎途径是为相对一致性原则而设计的。用这种方法进行区划时，主要是从宏观上掌握格局，依据某些区划指标，首先进行最高级别的单位的划分，然后依次将已划分出的高级别单位划分成低一级的单位，一直划分到最低级单位为止。"自下而上"的归纳途径是为区域共轭原则设计的。它在对最小单位图斑的指标的分析的基础上，先合并出最低级的区划单位，然后再在低级区划单位的基础上，逐步向高级合并，直到得出最高级别的区划单位。

可持续发展功能区划所依据的原则决定分区宜采用"自上而下"与"自下而上"相结合的分区方法。进行可持续发展功能分区时，当决定同级别的各功能区的主导因子变动性较大时，在小范围内采用"自下而上"的方法是经济、可行的，但在大范围内使用"自下而上"的方法则在操作上是不经济的，此时适宜选择"自上而下"的方法。当决定同一级别的各功能区的主导因素变动不大时，各级功能区的划分均可以采用"自下而上"的分区方法。在本研究中，一级功能区侧重于突出区域在国家可持续发展战略中的统筹安排，采用"自上而下"的演绎途径分区；二级功能区是在一级功能分区的基础上完成，在具体分区技术上采用聚类法，三级分区与之类似，这两级分区从本质上是属于"自下而上"与"自上而下"相结合的方法。

10.3.2 分区的基本原则

可持续发展功能分区是分区家族体系的一员。综合自然区划、生态区划、经济区划等已有综合区划的很多原则，都不同程度适用于可持续发展功能分区，同时，可持续发展功能分区在规划对象、内容与方法上又与上述分区有所差异，这客观上又决定进行可持续发展功能分区不能完全照搬照抄已有综合分区的原则。

（1）空间适应性原则

指区域发展的方向与强度必须遵循自然基本规律，只有这样，区域才有可能实现可持续发展。宜耕则耕、宜林则林形象地说明了发展的空间适应性原则。需要注意的是，空间适应性原则并不等同于环境决定论。社会与经济能量的使用，可以提高人类发展对空间的适应性。

（2）空间组织与协调原则

指从宏观尺度上安排不同功能单元的发展功能，整体上形成合理的发展空间格局。

（3）公平与效率相结合原则

指进行可持续发展功能分区时，必须同时尊重人的发展权和自然的发展权，注重资源、生态与环境的利用效率。其中，人的发展权又包括当代人的发展权与未来后代的发展权。这是可持续发展的目的所决定的。

（4）开放系统原则

制约区域发展的各要素中，有些要素是难以突破空间界限的，将这类约束称为区域可持续发展的硬约束，例如地形、区位、孕灾区；有些要素是不局限于空间边界的，可以通过区域间的物能交流或社会经济资本交流而间接得到满足，将这类约束称为区域可持续发展的软约束，例如生产性土地、自然矿产资源、人力资本、资金资本。进行可持续发展功能分区时，应对这两类约束因子给予区别对待，分区时在注重区域生态、环境与资源等自然硬约束的基础上，充分考虑自然要素与社会经济要素等软约束在空间横向流动规模、活跃程度与流动效益，从区域分工合作、互惠发展的角度安排区域的发展位置。只有这样，才能保证分区出来的结果是基于全国层面上可持续发展的战略性划分。

（5）其他区划遵循的常用原则

主要包括发生性原则、区域共轭性原则、综合性原则、主导性原则与地域完整性原则。

1）发生性原则。指基于区域分异产生的原因与过程进行可持续发展功能区划。发生性原则包括发生统一性与相对一致性原则。无论是发生统一性原则，还是相对一致性原则，都是相对的。任何区域单元都具有发生统一性，但不同等级或同一等级的不同区域单元，其发生统一性的程度和特点是不相同的。相对一致性原则要求在划分区域单元时，必须注意其内部特征的一致性，而且不同等级的区域单位各有其一致性的标准。

2）区域共轭性原则。共轭性原则指地域上联系的不同的低级区划单位，根据发生上的联系和物质、能量的联系组成高级区划单位的原则。这意味着区域划分出来的每一个单元必须是具有个体性的、区域上完整的自然区域，不存在着彼此分离的部分。

3）综合性原则。综合性原则要求进行综合自然或生态区划必须综合分析系统各要素相互作用的方式和过程，认识其地域分异的具体规律性。只有这样才能真正掌握区域综合特征的相似性和差异性，以及相似程度和差异程度，才能保证划分出的地域单位是不同等级的自然综合体。具体到可持续发展功能分区上，综合性原则要求分区时要充分认识区域实现可持续发展的综合特性的地域分异规律与分布规律，保证划分出来的空间单位是不同等级的社会–经济–自然复合系统。

4）主导性原则。主导性原则要求在进行区域划分时，不应对各种因素等量齐观，而应在综合分析的基础上，凭借主导因素体现地域分异的主要方面。由于决定区域分异的主导因素在不同地区、时间上可以是不同的，区域划分不宜采用同一个主导因素指标来划分全国所有的某一等级的分区单位，而应在全面综合分析的基础上，按照各地区的具体情况，选用不同指标来指导区划，这就是"多指标法"。例如：在可持续发展功能分区中，地势是决定可持续发展基底条件的主要因素，但是在一些地区，生物生产性空间才是决定可持续发展基底条件的主要因素，如在黄土高原地区、西北干旱地区。

5）地域完整性原则。地域完整性原则原是要求所划分的自然区域在地域上必须是连成一片的，随着生态区划的发展，这一原则更突出强调分区单元在结构与功能上的空间完整性。兼顾区划的流域完整性便是其中的一大体现。

10.3.3　分区的层级系统

从已有分区的等级系统看，三级分区系统繁简适中，在分区执行与实践指导上都具有良好的可操作性，适宜在地区、流域、国家及以上尺度的分区中采用。鉴此，研究采用三级区划系统。

片区：为综合反映区域的整体格局特征，研究引入"片区"，并将之定义为具有相似功能特征与总体发展定位的可持续发展功能一级区的空间连续聚类单元。

一级区：从国家发展战略与发展的空间规律角度上，反映国家可持续发展在空间上的长久战略安排与规律。鉴于可持续发展的首要本质是发展，一级区的划分应从长久时间尺度上，体现发展的区域分异与组合规律。一级区的划分是在遵循"地"的规律基础上统筹安排"人"的发展，在考虑硬约束制约下国家可持续发展功能的空间统筹安排。地形地貌、生物生产性空间的有无、空间区位是社会任何发展时期都难以逾越的发展约束，它们无疑是区域可持续发展的硬约束。

二级区：二级区是一级区的组成部分，反映区域发展的自然资源支撑与约束和人类对之的适应、调节能力与基于需求的发展安排。与以往的发展单纯追求经济发展与人口发展的两种再生产发展相比，可持续发展的最大进步在于追求人与自然的协调与互动发展，具体说是追求经济、人口与自然三种再生产的同时发展。而无论哪一类再生产的发展，都必须落实到具体的领域才能得以进行。所以，二级区的划分主要是体现发展的产业化（产业发展）、生态化（生态发展）、文明化（社会发展）的空间分异与组合规律。

三级区：三级区是二级区的组成部分，根据区域分异情况，对区域的产业发展、生态发展与社会发展做进一步的细分，对区域功能的进一步个性化定位与安排。

可持续发展功能分区层级系统的命名遵循如下原则：

1）准确表明分区单元的地理空间位置；
2）突出各级分区单元的主要可持续发展功能特征与定位；
3）上下相邻级别的分区单元名称是包含与被包含的关系；
4）同一级别分区单元的名称是平行对等的关系；
5）命名简约、易懂、易接受。

片区与一级区命名基于地理区位，因为区域具有多功能性。二级与三级功能命名采用二名法，以"地理区位+发展功能（主导功能、约束性功能、目标性功能）方向"的形式命名。区域的发展功能方向主要从产业化（非农产业发展与农业产业发展）、生态化（生态发展）、文明化（城镇与农村）三个方面为切入点，考虑国家"三生"（生产、生态与生活）问题的宏观统筹空间安排，研究采用的发展方向见表10.1。一级区采用一位大写罗马数字标记，二级区采用一位大写罗马数字（所在一级区的标记）加空格与一位阿拉伯数字标记，如Ⅰ1，三级区在二级区标记的基础上，加连字符与一位阿拉伯数字标记，如Ⅰ1-1。

表 10.1 区域可持续发展功能的聚类清单

发展方向一级定位	发展方向二级定位	功能说明
生态服务功能发展区	生态系统服务提升区	生态安全关键区和生态服务功能重要供给区
	生态系统资源保育区	生态系统类型典型区
	生物多样性保护区	物种多样性典型区
	生态功能限制发展区	生态基底脆弱或生态功能较为重要区
	文化保育发展区	民族文化典型区
综合粮食安全保障区	耕地保育区	耕地分布重点区，但生态本底总体较好
	耕地限制开发区	耕地分布重点区，但生态本底较为脆弱
人类集聚发展区	城镇发展极	区域经济社会发展辐射带动源；城镇体系网络关键节点
	潜力经济发展极	理论上具有成为城镇增长极的综合经济区
	综合经济发展区	适宜以中小型城镇为依托的综合经济发展区
	区位开发区	具有国家意义的物流集散通道区
资源依赖发展区	矿产能源资源经济区	国家不可再生资源储量丰富区与重要供给区
	复合型自然资源经济区	可再生资源与不可再生资源储量丰富区与重要供给区

10.3.4　总分区技术路线

研究采用的可持续发展功能分区主要技术路线由7步构成（见图10.2）。

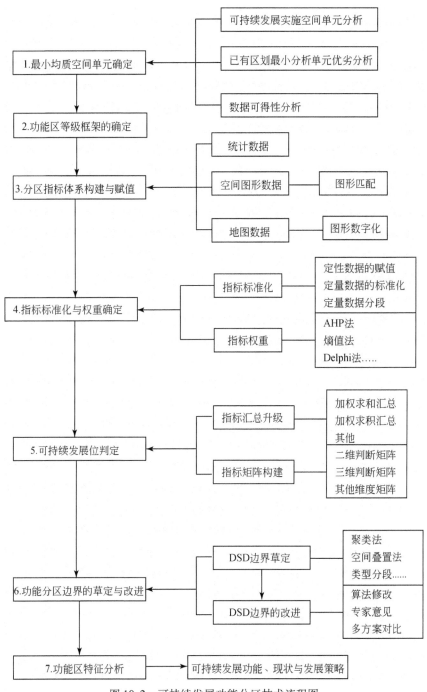

图 10.2　可持续发展功能分区技术流程图

　　第一步是确定功能区划的最小均质空间单元。考虑数据获取的约束与管理的需求，研究以县域单元为最小均值空间单元。

　　第二步是确定可持续发展功能分区的等级框架。研究将空间尺度等级框架由下到上划分为基本分析空间单元、评价单元与功能分区单元三个层次。其中，分析基本空间单元是指提取评价指标信息时的基本数据单元,应用统计数据时,分析单元为行政县,应用空间数据或地图数据时,分析单元的大小可能大于行政县,也可能小于行政县。为提高评价单元赋值的准确性,可将矢量多边形分析图形转化成较为精细的栅格图形。评价单元是可持续发展功能分区的最小均质单元,在本研究中为行政县。功能分区单元是可持续发展功能分区的空间结果单元,在本研究中采用三级层级系统表示。

第三步是构建分区指标体系,并为指标赋值。基于可持续发展功能分区的需要,结合数据的可得性,建立基于评价单元的分区指标体系,并为之赋值。在指标赋值过程中,图件匹配与空间属性数据提取是重要的环节。

第四步是对指标进行标准化处理和确定指标的权重。指标标准化是指标重新赋值的过程,如定性因子赋值、定量因子分段或标准化,权重确定是衡量与确定指标相对重要性的过程。

第五步是通过评价指标综合。借助一定的算法如加权汇总、矩阵判断,将所有或部分指标汇总成更综合的新指标,判定区域的可持续发展位做好准备工作。

第六步是功能区分区边界的初定与改进。首先是借助一定的算法,如聚类、叠置分析、类型分段等,机械地得到各功能区的边界。这样划分出来的功能区从本质上属于类型区,必须借助一定的方法对功能区边界进行改进,使之是基于远景发展确定的功能区。

第七步,对功能区进行特征分析。分析的内容包括功能区可持续发展现状、发展方向及差距分析等。

各等级可持续发展功能区的划分,还需要更为具体技术路线作为指引,详见下文。

10.3.5　一级区分区技术

一级可持续发展功能区(以下简称"一级区")采用"自上而下"的分区方法,其技术路线见图10.3。一级区分区综合应用了地理要素相关分析法、空间叠置法与叠合法、主导标志法与三维矩阵判断法。

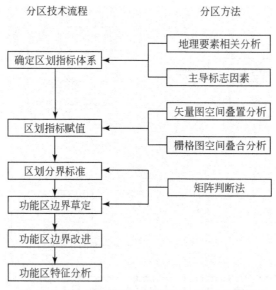

图 10.3　一级可持续发展功能分区技术流程图

地理要素相关分析法就是应用相关分析法研究各地理要素间的相互关系和联系强度的一种技术(张超,杨秉庚,1985)。该技术建立的理论基础是:社会-经济-自然复合系统总是位于一定地理位置的,可以将其内的各个组成要素均视为广义地理要素,地理要素间的关系可分为两大类,一类是确定性的关系,即函数关系,这种关系在地理各要素之间较为少见,另一类是相关关系,所谓相关,是指两个或两个以上变数间相互关系是否密切(张超,杨秉庚,1985)。在一级中,地理要素相关分析法用于确定分区的主导指标和剔除关联指标，从而保障评价指标的相互独立性。

空间叠置分析与叠合分析是 GIS 中常用的用来提取空间隐含信息的常用方法，在一级分区中用于提取评价单元的数据信息。两者的差异在于操作对象的空间数据格式不同，前者基于矢量图形，而后者是基于栅格图形。叠置分析是将有关主题层组成的各个数据层面进行叠置产生一个新的数据层面，其结果不仅生成了新的空间关系，而且综合了原来两个或多个层面要素所具有的属性关系（汤国安，杨昕，2006）。根据操作形式的不同，叠置分析可以分为图层擦除、识别叠加、交集操作、均匀差值、图层合并和修正更新等六种。在可持续发展功能分区中主要应用识别叠加（Identity）操作。叠合分析实际是栅格数据的空间统计分析，包括单元统计、邻域统计与分类区统计三种，在可持续发展功能分区中，主要应用单元统计与分类统计功能。

三维矩阵判断法用于确定功能区的边界，其中隐含了对主导标志法的应用。一级功能区的分区指标包括三个：海拔高度、区位、生物生产性空间的有无。这三个指标基于主导标志法确定。选择的原因是人口、经济及自然资源的分布均与海拔高度有着密切的联系，并有明显的空间分布与自然区位依赖特征（见第 11 章）。三维矩阵判断法则利用上述三个主导指标构建的三维关联判断矩阵（图 10.4），根据评价单元所处的矩阵位置，确定其所属功能区。

将各指标的数据进行分类或分级处理，是构建三维矩阵的基础性技术工作。假定各指标的分类数或分级数依次为 x、y、z（三者均为非零整数），在各指标类（级）均不发生组合的情况下，可得功能区数目（N）最小，此时 $N_{min}=xyz$。在分区工作中，基于地域完整性的考虑，某一个或几个指标的类（级）存在某种程度的组合，此时所得功能区理论数目将大于 N_{min}，而且指标可能出现的组合越多，所得功能区的数目越高。但是，当指标分类（级）间存在相互排斥的情况下，所得功能区的理论数目也可能小于 N_{min}。在本研究中，各指标的分类或分级数目及确定方法如下：

1）海拔高度：分为 6 级，海拔高度（单位：米）分界值依次为 0、200、500、1000 和 3500；

2）区位：采用定性数据，依据行政县的地理区位，分为临海、临江、临河、临边和临山 5 类；

3）生物生产性空间的有无：采用定性数据，依据地表植被覆盖情况，分为有和无 2 类。

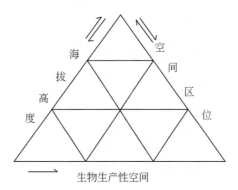

图 10.4 一级功能区分区基于的三维判断矩阵示意图

10.3.6 二级区分区技术

10.3.6.1 基于模糊 C 均值聚类法的分区技术

基于模糊 C 均值聚类法（Fuzzy c-Means，FCM），由自下而上对二级可持续发展功能区（以下简称"二级区"）进行划分，其基本技术思路如图 10.5。FCM 是一种典型的模糊聚类方法，它根据数据点和聚类中心的加权相似性测度，通过对目标函数进行迭代优化以确定最佳分类（高新波，2004）。这是一种软划分技术，而可持续发展功能分区适宜采用软划分技术。分区过程本质上是依据一定的标准，对地理单元进行划分即聚类的过程。一般的聚类属于无监督分类，按照一定的要求和规律对事物进行区分和分类，在这过程中没有任何关于分类的先验知识与教师指导，仅靠事物间的相似性作为类属划分的准则。可见，传统的聚类分析是一种硬划分，它把每个待辨识的对象严格地划分到某类中，具有非此即彼的性质。实际上，大多数对象并没有严格的属性，它们的性质和类属方面存在着中间性，具有亦此亦彼的性质，因此适合进行软划分，模糊聚类分析法是实现软划分的有效途径。与传统聚类的硬划分相比，模糊聚类分析以模糊集理论为基础，建立起了样本对于类别的不确定性描述，更能客观地反映现实世界，从而成为聚类分析研究的主流。目前较为经典的模糊聚类算法中，FCM 因理论基础完善、算法设计简单，在应用中获得了非常广泛且成功的应用，在区划研究中也开始受到重视。与采用硬划分的分区结果相比，采用 FCM 技术的分区结果能更有效地表达分区对象的空间分布信息。因此，研究采用 FCM 作为二级区分区依托技术。

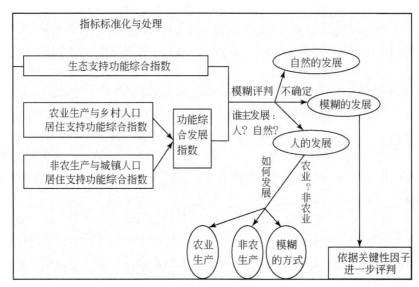

图 10.5　基于 FCM 的二级区分区技术思路

利用 FCM 进行聚类的任务是根据各个样本之间的相互关系，把它们分为不同的类，且使相似的样本尽量在同一类，不相似的样本尽可能在不同的类。对于一个待分类的样本集 U，$U = \{u_1, u_2, \cdots, u_n\}$，将 U 分为 c 类，其模糊聚类的目标函数如下：

$$J_m(U, c) = \sum_{i=1}^{n} \sum_{j=1}^{c} u_{ij}^{n} \times d_{ij} \qquad m \in (1, \infty) \tag{10.1}$$

式中，J 表示各类样本到聚类中心的加权距离平方和；c 为预分组类数；U 为隶属度矩阵，$U = [u_{ij}]$，u_{ij} 表示数据点 x_j 对聚类中心 v_i 的隶属度，经过标准化处理，将 U 中的数据压缩至 0 至 1 的区间内，即令 $[u_{ij}] \in [0, 1]$；$D = [d_{ij}]$，d_{ij} 表示样本 j 距离聚类中心 v_i 的距离，一般用欧式距离法计算；m 为隶属度加权系数，决定结果的模糊程度，$m \in [1, \infty]$。

根据聚类准则，要求实现 J 值最小，即 min（J），其约束条件如式 10.2a 与式 10.2b：

$$\sum_{i=1}^{c} u_{ij} = 1 \mid 0 \leqslant u_{ij} \leqslant 1 \tag{10.2a}$$

$$0 < \sum_{i=1}^{c} u_{ij} < n \tag{10.2b}$$

利用拉格朗日方程，对 min（J）求解，其解如式 10.3 所示。

$$u_{ij} = \left\{ \sum_{k=1}^{c} \left[\left(\frac{d_{ij}}{d_{ik}} \right)^{\frac{2}{m-1}} \right] \right\}^{-1} \tag{10.3}$$

利用 FCM 进行分区的过程，实际上一个不断优化的过程。主要由四步完成：第一步是给出类型数 c

与给定初始化矩阵 $U = [u_{ij}]$，记为 $U^{(0)}$。第二步利用式 10.4 计算聚类中心。第三步是利用式 10.3 更新 $U^{(k)}$，求得 $U^{(k+1)}$。第四步是计算两次迭代之间的聚类中心距离 $\|U^{(k+1)} - U^{(k)}\|$，判断其是否小于设定值 ε，如果 $\|U^{(k+1)} - U^{(k)}\| < \varepsilon$，则计算完成，否则返回第二步。

$$c_j = \frac{\sum_{i=1}^{n} u_{ik}^m \cdot x_i}{\sum_{i=1}^{n} u_{ik}^m} \tag{10.4}$$

10.3.6.2 二级区的主导分区指标

确定分区的主导指标体系，是使用 FCM 进行分区的重要工作。表 10.2 列出了研究筛选出的二级区主导分区指标。当表 10.2 所列指标不足以支持分区成功时，根据分区对象的特征，针对性补充指标。

表 10.2 二级区的主导分区指标

指标名称	指标说明
1. 发展硬约束指标（3 个）	
1.1 草地覆盖率（%）	生态维衡功能衡量指标，衡量土地利用结构与相对丰度
1.2 森林覆盖率（%）	生态维衡功能衡量指标，衡量土地利用结构与相对丰度
1.3 荒漠化土地比重（%）	生态维衡功能衡量指标，逆指标
2. 发展软约束指标（9 个）	
2.1 人口密度（人/平方公里）	居住支持功能的现状指标
2.2 城镇化率（%）	居住支持功能的现状指标
2.3 人均 GDP 富裕度（无量纲）	经济发展功能的现状指标，以人均 15 000 元为富裕标准
2.4 工农业产值之比（无量纲）	经济发展功能的现状指标，衡量一二产业的相对结构性
2.5 第三产业比重（%）	区域就业支持能力的现状指标，亦能衡量产业发达程度
2.6 耕地覆盖率（%）	资源保障功能指标，衡量土地利用相对丰度指标
2.7 耕地占全国的比重（%）	资源保障功能指标，衡量耕地的相对丰度指标
2.8 农作物产出占全国的比重（%）	资源保障的现状指标，衡量农作物的相对丰度指标
2.9 肉类产出占全国的比重（%）	资源保障的现状指标，衡量肉产品的相对丰度指标

10.3.7 三级区分区技术

三级可持续发展功能区（以下简称"三级区"）也是基于 FCM，由自下而上进行划分得到（图 10.5）。表 10.3 列出了研究筛选出的三级区主导分区指标。同二级区类似，当表 10.3 所列指标不足以支持分区成功时，根据分区对象的特征，增补其他指标。

表 10.3　三级功能区的主要分区指标

指标名称	指标说明
1. 发展硬约束指标（7个）	
1.1 草地覆盖率	
1.1.1 草地理论覆盖率（%）	
1.1.2 草地覆被实现率	
1.2 森林覆盖率	某类土地利用的理论覆盖率表征区域生态系统的原生状态；
1.2.1 森林理论覆盖率（%）	某类土地利用的覆被实现率等于其实际覆盖率与理论覆盖率之比，表征生态系统被干扰的程度
1.2.2 森林覆被实现率	与结果
1.3 荒漠化土地比重	
1.3.1 天然荒漠覆盖率（%）	
1.3.2 土地退化指数	
1.4 国家级自然保护区（%）	保护区面积占区域面积的比重
2. 发展软约束指标（18个）	
2.1 人口密度（人/平方公里）	居住支持功能的现状指标
2.2 城镇化率（%）	居住支持功能的现状指标
2.3 人均GDP富裕度（无量纲）	经济发展功能的现状指标，以人均15 000元为富裕标准
2.4 工农业产值之比（无量纲）	经济发展功能的现状指标，衡量一二产业的相对结构性
2.5 第三产业比重（%）	区域就业支持能力的现状指标，亦能衡量产业发达程度
2.6 耕地覆盖率（%）	资源保障功能指标，衡量土地利用相对丰度指标
2.7 耕地占全国的比重（%）	资源保障功能指标，衡量耕地的相对丰度指标
2.8 农作物产出占全国的比重（%）	
2.8.1 粮食产量的比重	资源保障功能指标，衡量粮食产出的相对丰度指标
2.8.2 棉花产量的比重	资源保障功能指标，衡量棉花产出的相对丰度指标
2.8.3 油料作物产量的比重	资源保障功能指标，衡量油料作物产出的相对丰度指标
2.9 肉类产出占全国的比重（%）	资源保障功能指标，衡量肉类产品产出的相对丰度指标
2.10 少数民族人口比重（%）	区域文化多样性的反映指标
2.11 耕地开发度	等于耕地实际覆盖率与理论覆盖率的比值，衡量耕地适宜性与开发、利用程度的指标
2.12 水资源密度（立方米/平方米）	资源保障功能的衡量指标
2.13 人类发展指数	就业支持功能的度量指标
2.14 中小学生占地区人口的比重（%）	就业支持功能的度量指标，反映人口的年龄结构
2.15 就业岗位结构比	就业支持功能的度量指标，等于城镇在岗人员数与乡村农业从业人员数之比
2.16 工业盈利率（无量纲）	经济发展功能的现状指标，等于区域第二产业增加值与工业总产出的比值

参 考 文 献

曹淑艳，谢高地．2009. 发展问题驱动下的中国功能区划视角演化与展望．资源科学，31（4）：539-543.

邓静中，孙承烈，高泳源，等.1960. 中国农业区划方法论研究．北京：科学出版社.

邓静中等.1963. 中国农业现状区划的初步探讨．地理学报，29（4）：265-280.

丁四保.2001. 试论经济区划的现实意义及其发展．经济地理，21（6）：641-644.

方创琳.2007. 区域规划与空间管制论．北京：商务印书馆.

高新波.2004. 模糊聚类分析及其应用．西安：西安电子科技大学出版社.

侯学熠，姜恕，陈昌笃，等.1963. 对于中国各自然区的农、林、牧、副、渔业发展方向的意见．中国科学通报，（9）：8-26.

黄秉维.1958.中国综合自然区划的初步草案.地理学报,24(4):349-364.

李振泉,杨万钟,陆新贤.1999.中国经济地理.杭州:华东大学出版.

马蓓蓓,薛东前,阎萍.2006.陕西省生态经济区划与产业空间重构.干旱区研究,23(4):658-663.

汤国安,杨昕.2006.Arc View 地理信息系统空间分析方法.北京:科学出版社.

王传胜,范振军,董锁成,等.2005.生态经济区划研究——以西北6省为例.生态学报,25(7):1084-1090.

王云飞.2007.我国地区收入差距变化趋势——基于基尼系数分解的分析.山西财经大学学报,29(8):28-32.

许世卫,李志强.2003.新时期中国食物安全发展战略研究.山东:山东科学技术出版社.

张超,杨秉庚.1985.计量地理学基础.北京:高等教育出版社.

朱传耿,马晓东,孟召宜,等.2007.地域主体功能区划:理论、方法、实证.北京:科学出版社.

11

可持续发展功能分区基础评价

曹淑艳　谢高地

区域可持续发展功能评价是可持续发展功能分区的基础性工作。本章的主要内容包括：①基于区域的多功能性，构建了区域可持续发展功能评价指标体系与技术路线。技术路线的核心内容是：采用改进的归一化法对指标进行标准化处理，采用加权平均法对各指标、各子功能的结果进行综合与升级。②分析了主要评价指标对地形的依赖，验证了地形是决定中国区域发展格局与功能的基础性指标假设是成立的，结果表明中国的区域发展功能具有明显的地形依赖特征，主要表现为横向格局占主导和不均衡梯度格局。③对中国 2329 个县域单元进行区域可持续发展功能评估，结果表明中国县域空间具有明显的功能分异与不均衡分布特征。④运用区域可持续发展综合功能指数与各子功能的功能指数，建立了区域限制性功能与主导性功能的评判准则。

11.1　可持续发展功能评价模型

11.1.1　评价技术路线

可持续发展评价已有近 20 年的历史，主要是用一套指标体系去描述评价可持续发展的目标、状况、水平和趋势（中国 21 世纪议程中心，2007），至于某一地域单元在区域可持续发展中应承担的功能，尚未有公开文献对之进行系统研究。研究基于区域的多功能性，借鉴可持续发展评估的经验与方法，构建可持续发展功能评价体系。核心技术路线（图 11.1）包括构建评价模型与构建评价指标体系两个工作模块。除了指标综合升级（单指标指数→子功能指数→综合功能指数）外，指标筛选、指标标准化处理与权重确定也是评价模型的重要组成内容。

11.1.2　评价指标体系

在信息论中，熵是对不确定性的一种度量。信息量越大，不确定性越小，熵也就越小；信息量越小，不确定性越大，熵也越大。根据熵的特性，熵值可用来判断某个指标的离散程度与重要性，指标的离散程度越大，该指标对综合评价的影响越大，重要性也越大。

本章采用熵值法筛选出区域可持续发展功能评价的指标体系。通过熵值法计算，有效剔除初选指标体系中变化较小的指标（张卫民，2004），进而得到有效的评价指标体系。假设需评价某区域 m 年的发展状况，年度可以是连续的也可以是跳跃的，评价指标体系包括 n 个指标。显然，这是一个由 m 个样本组成、用 n 个指标进行综合评价的问题。熵值法步骤可以简单地概括为这样五步：①原始数据的标准化处理；②第 j 项指标的信息熵值 e_j 的计算；③定义指标 x_j 的信息效用值 δ_j；④第 j 项指标的权重为 ω_j；⑤样本

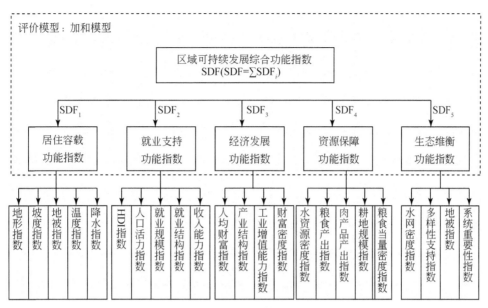

图 11.1　区域可持续发展功能评价的核心技术路线

评价。

　　采用熵值法共筛选出 23 个评价指标，组成区域可持续发展功能评价指标体系（图 11.1），其中地被指数植被既是居住容载功能的评价指标，也是生态维衡功能的评价指标。

11.1.3　数据来源与预处理

　　依据数据来源，研究基于的数据可分为两类——统计数据与空间图谱数据，后者有栅格图谱与矢量图谱两种。社会、经济指标与常用耕地面积为 2007 年数据，来自《2008 年中国区域统计年鉴》（国家统计局，2009），部分缺乏数据根据各县的社会经济公报补充。运用的空间图谱数据主要包括中国数字高程模型图（DEM）、中国土地利用类型图（LUCC）、中国归一化植被图（NDVI）、中国年均温度图、中国年均降水图，均为栅格图谱，通过 ARCGIS 中的栅格统计命令 "Zonal Statistics"，计算各县的平均指标值。中国国家级自然保护区分布图、中国湿地分布图、中国荒漠化土地分布图为矢量数据，通过 ARCGIS 的矢量叠置命令 "overlay"，得到各县的相应指标值。

11.1.4　指标标准化处理

　　可持续发展功能评价指标体系是由多属性指标组成的。在评价时，为了消除不同指标的量纲差异与数量差异，需对评价指标进行标准化处理，以将不同量纲、不同数量级的指标转换成相互之间可比的无量纲指标（郭怀成，2001）。这一过程即为指标标准化处理。目前常用的评价指标值标准化方法有向量归一化、线性比例变换、极差变换、概率单位法、线性插值法、百分位次法、指数法、秩次法等。根据任务的需要，本章采用改进的归一化法来进行指标标准化。所有的正、逆向指标经标准化处理后，均转化为值域为 [0，1] 的正向指标，使得评价结论具有一致性。为了与指标原值相区别，研究将各指标标准化处理后的结果称为指标指数。

11.1.4.1　居住容载功能指数

区域 k 的居住容载功能指数（$r_{1,k}$）由温度指数（$r_{1,1,k}$）、地被指数（$r_{1,2,k}$）、降雨指数（$r_{1,3,k}$）、坡度

指数（$r_{1,4,k}$）与地形指数（$r_{1,5,k}$）来衡量。其中，温度指数是基于指标温度 T（单位：℃）计算（式11.1），地被指数基于指标 NDVI 计算（式11.2），降雨指数基于年均降雨量 pc（单位：毫米）计算（式11.3），坡度指数基于区域平均坡度 sl（单位：°）计算，地形指数基于海拔高度 DEM 计算（式11.5）。

$$r_{1,1,k} = \frac{|16 - T_k|}{30} \tag{11.1}$$

$$r_{1,2,k} = \min\left(1, \frac{NDVI_k}{0.6}\right) \tag{11.2}$$

$$r_{1,3,k} = \begin{cases} \dfrac{int(pc_k/10)}{180} & (pc < 1800) \\[3mm] 1 - \dfrac{int(pc_k/10) - 180}{230} & (pc \geqslant 1800) \end{cases} \tag{11.3}$$

$$r_{1,4,k} = 1 - \min\left(1, \frac{sl_k}{10}\right) \tag{11.4}$$

$$r_{1,5,k} = \begin{cases} 1 - \dfrac{int(DEM_k/10) \times 0.8}{180} & (DEM < 1800) \\[3mm] \left[1 - \dfrac{int(DEM_k/10) - 180}{350}\right] \times 0.2 & (1800 \leqslant DEM) \end{cases} \tag{11.5}$$

11.1.4.2 就业支持功能指数

区域 k 的就业支持功能指数（$r_{2,k}$）由 HDI 指数（$r_{2,1,k}$）、人口活力指数（$r_{2,2,k}$）、就业规模指数（$r_{2,3,k}$）、就业结构指数（$r_{2,4,k}$）与收入能力指数（$r_{2,5,k}$）来衡量。

（1）HDI 指数

基于人类发展指数 HDI 来计算：

$$r_{2,1,k} = \min\left(1, \frac{HDI_k}{0.8}\right) \tag{11.6}$$

（2）人口活力指数

人口活力指标（HAC）指6~15岁年龄段人口占总人口的比重（单位：%），用于衡量人口的年龄结构。由于县域数据的限制，采用中小学生人口代表6~15岁年龄段人口数，这隐含了适龄者均入学的假设。指标 HAC 经过标准化处理后的结果，即为人口活力指数：

$$r_{2,2,k} = \min\left(1, \frac{HAC_k}{15}\right) \tag{11.7}$$

（3）就业规模指数

就业规模指数是指标就业密度（单位：人/平方公里）的标准化处理结果（式11.8）。由于数据限制，就业密度采用农业从业人口与城镇在岗职工之和的面积强度（ED）来度量。

$$r_{2,3,k} = \begin{cases} \dfrac{ED}{60} \times 0.5 & (ED < 60) \\[3mm] 0.50 + \dfrac{ED - 60}{1000 - 60} \times 0.40 & (60 \leqslant ED < 1000) \\[3mm] \min\left(1, 0.9 + \dfrac{ED - 1000}{1000} \times 0.1\right) & (10\,000 \leqslant ED) \end{cases} \tag{11.8}$$

（4）就业结构指数

县域单元 k 的就业结构指数的计算方法见式11.9a。

$$r_{2,4,k} = \max(EC1_k, EC2_k) \tag{11.9a}$$

式中，$EC1_k$ 与 $EC2_k$ 分别表示人均耕地拥有量 A（单位：亩）与人均第三产业增加值 V（单位：元）的标准化指数，见式 11.9b。

$$EC1_k = \min(1, A_k/5)$$
$$EC2_k = \min(1, V_k/10\ 000) \tag{11.9b}$$

（5）收入能力指数

收入能力指数基于人均储蓄（单位：元）指标计算：

$$r_{2,5,k} = \min(1, AS_k/10\ 000) \tag{11.10}$$

式中，AS 为人均储蓄水平。

11.1.4.3 经济发展功能指数

区域 k 的经济发展功能指数（$r_{3,k}$）由人均财富指数（$r_{3,1,k}$）、产业结构指数（$r_{3,2,k}$）、工业盈利能力指数（$r_{3,3,k}$）与财富密度指数（$r_{3,4,k}$）来衡量。

（1）人均财富指数

选用人均地区生产总值指标衡量人均财富，对之进行标准化处理得到人均财富指数：

$$r_{3,1,k} = \begin{cases} \dfrac{\mathrm{int}(GLP_k/500)}{50} \times 0.9 & (GLP < 25\ 000) \\[3mm] \min\left(1,\ 0.9 + \dfrac{\mathrm{int}[(GLP_k - 25\ 000)/500] - 180}{50} \times 0.1\right) & (GLP \geqslant 25\ 000) \end{cases} \tag{11.11}$$

式中，GLP 为人均地区生产总值（单位：元）。

（2）产业结构指数

选用非农产业占地区生产总值的比重衡量产业结构，其标准化处理方法如下：

$$r_{3,2,k} = \frac{GNAP_k}{100} \tag{11.12}$$

式中，GNAP 为非农产业增加值占地区经济总增加值的比重（单位:%）。

（3）工业盈利能力指数

基于工业利润率计算：

$$r_{3,3,k} = \begin{cases} B_k \times 0.4 & (B < 1) \\[3mm] 0.4 + \dfrac{B_k - 1}{3} \times 0.5 & (1 \leqslant B < 4) \\[3mm] \min\left(1,\ 0.9 + \dfrac{B_k - 4}{6} \times 0.1\right) & (4 \leqslant B) \end{cases} \tag{11.13}$$

式中，B 为工业利润率，等于工业总产值与工业增加值的比值。

（4）财富密度指数

基于 GDP 面积强度计算：

$$r_{3,4,k} = \begin{cases} \dfrac{GDPD_k}{3} \times 0.5 & (GDPD < 3) \\[3mm] 0.5 + \dfrac{GDPD_k - 3}{3} \times 0.2 & (3 \leqslant GDPD < 6) \\[3mm] 0.7 + \dfrac{GDPD_k - 6}{3} \times 0.2 & (6 \leqslant GDPD < 9) \\[3mm] \min\left(1,\ 0.9 + \dfrac{GDPD_k - 9}{3} \times 0.1\right) & (9 \leqslant GDPD) \end{cases} \tag{11.14}$$

式中，GDPD 表示区域 GDP 面积强度（10^6 万元/平方公里）。

11.1.4.4 资源保障功能指数

区域 k 的资源保障功能指数（$r_{4,k}$）由水资源密度指数（$r_{4,1,k}$）、粮食产出指数（$r_{4,2,k}$）、肉产品产出指数（$r_{4,3,k}$）、耕地规模指数（$r_{4,4,k}$）与粮食当量密度指数（$r_{4,5,k}$）来衡量。

（1）水资源密度指数

基于水资源密度 WRD（单位：10^3立方米/平方公里）计算：

$$r_{3,4,k} = \begin{cases} \dfrac{\text{WRD}_k}{50} \times 0.3 & (\text{WRD} < 50) \\[2mm] 0.3 + \dfrac{\text{WRD}_k - 50}{200} \times 0.4 & (50 \leqslant \text{WRD} < 250) \\[2mm] 0.7 + \dfrac{\text{WRD}_k - 250}{250} \times 0.2 & (250 \leqslant \text{WRD} < 500) \\[2mm] \min\left(1, \ 0.9 + \dfrac{\text{WRD}_k - 500}{500} \times 0.1\right) & (500 \leqslant \text{WRD}) \end{cases} \tag{11.15}$$

（2）粮食产出指数

基于区域粮食产量占全国总量的比重计算：

$$r_{4,2,k} = \begin{cases} \dfrac{\text{Grn}_k}{0.03} \times 0.5 & (\text{Grn} < 0.03) \\[2mm] 0.5 + \dfrac{\text{Grn}_k - 0.03}{0.02} \times 0.2 & (0.03 \leqslant \text{Grn} < 0.05) \\[2mm] 0.7 + \dfrac{\text{Grn}_k - 0.05}{0.05} \times 0.2 & (0.05 \leqslant \text{Grn} < 0.10) \\[2mm] \min\left(1, \ 0.9 + \dfrac{\text{Grn}_k - 0.10}{0.05} \times 0.1\right) & (0.10 \leqslant \text{Grn}) \end{cases} \tag{11.16}$$

式中，Grn 为区域粮食产量占全国总量的比重（%）。

（2）肉产品产出指数

基于区域禽畜肉产品产量占全国总量的比重（单位:%）计算，方法同式 11.16。

（3）耕地规模指数

基于区域常用耕地面积占全国总量的比重（单位:%）计算，方法同式 11.16。

（4）粮食当量密度指数

基于粮食当量密度指标计算：

$$r_{4,5,k} = \begin{cases} \dfrac{\text{GED}_k}{50} \times 0.5 & (\text{GED} < 50) \\[2mm] 0.5 + \dfrac{\text{GED}_k - 50}{50} \times 0.2 & (50 \leqslant \text{GED} < 100) \\[2mm] 0.7 + \dfrac{\text{GED}_k - 100}{400} \times 0.2 & (100 \leqslant \text{GED} < 500) \\[2mm] \min\left(1, \ 0.9 + \dfrac{\text{GED}_k - 500}{500} \times 0.1\right) & (500 \leqslant \text{GED}) \end{cases} \tag{11.17}$$

式中，GED 表示粮食当量密度（吨/平方公里）。粮食当量由谷物、棉花与油料三类产出根据谷物当量系数折算，根据作物生产力的差异，取棉花与油料的谷物当量系数为 0.2。

11.1.4.5 生态维衡功能指数

区域 k 的生态维衡功能指数（$r_{5,k}$）由水网密度指数（$r_{5,1,k}$）、多样性支持指数（$r_{5,2,k}$）、系统重要性指数（$r_{5,3,k}$）与地被指数（$r_{5,4,k}$）来衡量。

（1）水网密度指数

基于水网密度 WDI 计算：

$$r_{5,1,k} = \frac{WDI}{100} \tag{11.18}$$

式中，水网密度 WDI 等于区域内河流总长度、湖泊与海洋面积及水资源量与评价区域的面积比，即 WDI $= \frac{河流长度}{区域面积} + \frac{湖库与近海海洋面积}{区域面积} + \frac{水资源量}{区域面积}$。

（2）多样性支持指数

基于生态系统类型多样性与生物多样性两个指数计算：

$$r_{5,2,k} = \max(ESD_k, SD_k) \tag{11.19}$$

式中，ESD 与 SD 分别表示生态系统类型多样性与生物多样性的标准化指数。生态系统类型多样性（ER）采用 Shannon 指数法计算，生物多样性（SR）依据土地利用构成与物种丰富性权重计算，森林、草地、农田与水域的权重依次为 0.4、0.18、0.1 与 0.32。ER 的最大值为 1，在各类土地利用均衡分布时达到；SR 的最大值为 0.4，当地区全部为森林时达到。因此，ER 与 SR 的标准化处理公式为：ESD = ER，SD = SR/0.4。

（3）系统重要性指数

基于地形指数 DEM（单位：米）计算：

$$r_{5,3,k} = \begin{cases} \frac{int(DEM_k/10) \times 0.8}{180} & (DEM < 1800) \\ 0.8 + \frac{int(DEM_k/10) - 180}{350} \times 0.2 & (1800 \leqslant DEM) \end{cases} \tag{11.20}$$

（4）地被指数

与居住容载功能中地被指数界定相同，均是对 NDVI 指标的标准化处理（式 11.2）。

11.1.5 功能值计算模型

研究采用加权平均法（Jollands，2006）对各指标、各子功能进行综合与升级。区域可持续发展功能计算包括如下两步骤：

第一步是汇总各指标的标准化指数，使之升级为区域可持续发展子功能指数。生态维衡功能指数 SDF_5 经剔除限制性功能后采取等权重汇总（式 11.21），其他子功能的功能指数依式 11.22 计算。对于居住容载功能，坡度指数与地形指数的权重分别为 0.30 与 0.25，其他指数的权重均为 0.15；对于经济发展功能，GDP 密度指数的权重为 0.10，其他指标指数的权重为 0.30；对于就业支持功能与资源保障功能，所有指标采用等权重，均为 0.20。

$$SDF_{5,k} = \left[\sum_j r_{i,j,k} - \min(r_{i,j,k}) \right] / 3 \tag{11.21}$$

$$SDF_{i,k} = \sum_j w_{i,j} \times r_{i,j,k} \qquad (i = 1, 2, 3, 4) \tag{11.22}$$

第二步是汇总区域可持续发展子功能的功能指数，使之升级为区域可持续发展综合功能指数（式 11.23）。研究认为各可持续发展子功能具有同等的重要性，即 $w_i = 0.20$。

$$SDF_k = \sum w_i \times SDF_{i,k} \tag{11.23}$$

11.1.6 可持续发展功能分级

研究采用五级法将区域可持续发展功能分为高、较高、一般、较低与低五个等级,具体分级标准见表 11.1。

表 11.1　区域可持续发展功能分级标准

功能类型	高	较高	一般	较低	低
居住容载	0.75 ~ 1.00	0.65 ~ 0.75	0.55 ~ 0.65	0.45 ~ 0.55	0.00 ~ 0.45
就业支持	0.70 ~ 1.00	0.60 ~ 0.70	0.50 ~ 0.60	0.40 ~ 0.50	0.00 ~ 0.40
经济发展					
资源保障					
生态维衡					
综合功能	0.80 ~ 1.00	0.70 ~ 0.80	0.60 ~ 0.70	0.50 ~ 0.60	0.00 ~ 0.50

注:综合功能分界值系 2 个本级、2 个高一级、1 个高二级的界限值的平均值;分级下限为开区间(0 时为闭区间),上限为闭区间,即 $(X1, X2]$。

11.2　区域发展功能与地形依赖

研究选择海拔高度这一定量指标与区位、生物生产性空间的有无两个定性指标作为一级区划的主导指标。这隐含了如下假设:地形是决定区域发展格局与功能的基础性指标,社会、经济与资源的空间分布具有明显的地形依赖特征。以下将通过实证分析来验证上述假设是成立的。

11.2.1　横向格局占主导

图 11.2 是以县域为基本空间单元,以地形(海拔高度)为横坐标,以县域的人口规模、区域 GDP、粮食产量、棉花产量、油料作物产量、禽畜肉产品产量、常用耕地的累计百分数作为纵坐标,绘制的社会、经济、资源分布与地形的关系曲线。图 11.2 表明中国的发展具有明显的横向格局,经济社会与人工自然系统的产出总体呈西高东低,呈阶梯状分布的特征,与中国的地形格局基本类似。

研究采用县域单元的地形变异率指标进一步分析发现,中国的横向格局同时伴有明显的地形起伏再分格局特征。其中,地形变异率被定义为区域海拔变化幅度与区域平均海拔之比。中国县域地形变异率的南北分界大致是昆仑山、秦岭、大别山一线,东西界限大致为大兴安岭、太行山与雪峰山沿线。两线交界形成的坐标平面中,Ⅰ、Ⅲ 象限的区域地形变异率相对低于位于 Ⅱ、Ⅳ 象限的区域,其中,东部地区地形变异率的南北分化程度最高,西部地区的地形变异率是南高北地。这主要是因为中国地形南北特征较为显著,在中东部地区,表现为中间低、两头高;在西部地区,表现为南高北低。

11.2.2　不均衡梯度格局

表 11.2 是基于地形统计的中国主要社会、经济与资源指标的累计百分数信息。表 11.2 表明,全国 95% 的人口、GDP、主要农牧产品与耕地资源分布在平均海拔不超过 1800 米的县域。这部分县域的区域面积合计占全国总面积的 62.5%。其他县域区域面积合计占全国总面积的 37.5%,仅分布全国 5% 左右

的人口、GDP、主要农牧产品与耕地资源。其中：

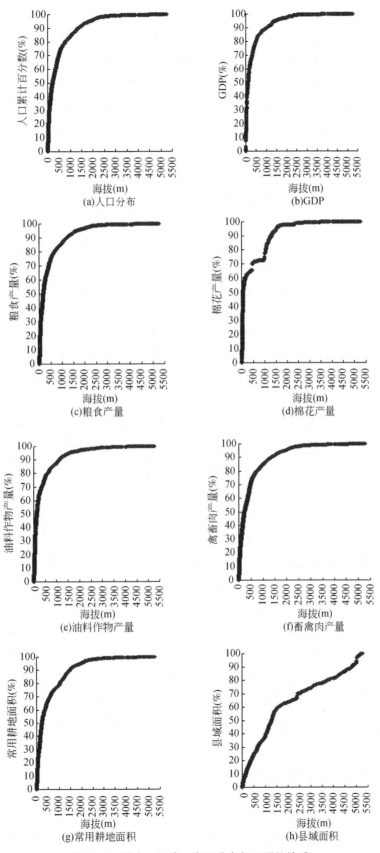

图 11.2　社会、经济、资源分布与地形的关系

表 11.2　地形高度与中国主要社会、经济、资源指标的累计比例（%）

DEM（米）	县域面积	人口数量	GDP规模	常用耕地面积	粮食当量产量	粮食产量	棉花产量	油料作物产量	禽畜肉产量
200	13.1	48.5	62.3	45.6	54.1	53.2	61.3	60.2	46.4
500	24.5	70.7	80.4	67.0	74.9	74.7	70.8	77.4	71.7
800	33.8	80.5	87.9	75.7	82.9	82.9	72.7	84.8	81.1
1000	39.3	84.2	90.0	79.2	86.3	86.3	77.5	88.1	85.1
1500	58.7	91.9	95.5	90.7	93.9	93.8	95.0	94.7	91.8
1800	62.5	94.8	97.0	94.0	96.1	96.0	97.8	96.3	94.4
2000	63.7	96.1	97.5	95.5	97.0	97.0	97.8	97.1	95.6
2500	70.4	98.5	99.3	98.2	98.8	98.9	99.3	98.2	98.3
3000	74.2	99.2	99.6	99.1	99.4	99.5	99.6	99.2	99.0
4000	81.5	99.7	99.8	99.6	99.8	99.8	100.0	99.8	99.5
5000	92.6	100.0	100.0	100.0	100.0	100.0	100.0	100.0	99.9
5250	100.0	100.0	100.0	100.0	100.0	100.0	100.0	100.0	100.0

资料来源：国家统计局，2009

海拔高度 200 米及以下的平原县县域面积合计占全国总面积的 13.1%，其户籍人口占全国总人口的 48.5%，如果考虑非户籍人口，这一数值将超过 50%。这些县拥有全国 45.6% 的常用耕地面积、62.3% 的 GDP、54.1% 的粮食、46.4% 的禽畜肉类产量、61.3% 的棉花产量和 60.2% 的油料作物产量。显然，这一地区是中国社会、经济与耕地资源的最集中分布区，该区各县的禽畜产品密度、主要粮食作物产出密度、人口密度及 GDP 密度是全国平均水平的 3.5 ~ 4.8 倍。

平均海拔为 200 ~ 500 米的丘陵县域总面积占全国总面积的 11.4%，户籍人口占全国总人口的 12.2%，GDP 占全国总 GDP 的 18.1%。这些县的常用耕地面积占全国的 22.6%，粮食、棉花、油料作物与禽畜产品的产量依次占全国相应总量的 21.5%、9.5%、17.2% 与 15.3%。其人口密度接近全国的平均水平，GDP 密度约为全国平均水平的 1.6 倍，粮食产出密度为全国平均水平的 2 倍多。

平均海拔为 500 ~ 800 米的山地县域总面积占全国总面积的 9.2%，户籍人口占全国总人口的 9.8%，分布着全国约 7% ~ 9% 的 GDP、常用耕地资源、粮食产量与禽畜肉产品产量，属于中国发展的平均地带。

平均海拔为 800 ~ 1000 米的山地县域总面积占全国总面积的 5.5%，户籍人口占全国总人口的 3.7%，分布着全国 2.1% 的 GDP、4.2% 的常用耕地资源，提供了全国 3.4% ~ 4.8% 的粮食、棉花、油料作物及畜牧产品的产出。

上述两类县域主要集中在中国大兴安岭、太行山与雪峰山沿线，部分分布在长白山与武夷山沿线。

平均海拔为 1000 ~ 1800 米的县域总面积占全国总面积的 23.2%，这里是中国的 10% 区域。拥有全国 10% 左右的户籍人口和各类农畜产品产出，不过 GDP 约为全国的 7%。而后随着海拔进一步增加，县域社会、经济与耕地等资源分布的不均衡性进一步增强。

上述分析可见，中国的社会、经济与资源分布具有明显的梯度格局，由东向西不均衡性逐渐递增，海拔高度 500 ~ 800 米是中国县域社会、经济与资源分布的过渡地形。

11.3　可持续发展功能评估结果

基于研究构建的区域可持续发展功能评估框架（图 11.1），对中国县域单元的可持续发展功能进行了评估。结果是：全国可持续发展综合功能指数为 0.61，属于"一般"等级。其中，居住容载功能指数平均为 0.69，接近"较高"等级的下限；就业支持功能指数平均为 0.65，属于"一般"等级；经济发展功能指数平均为 0.54，属于"较低"等级；资源保障功能指数平均为 0.50，刚刚达到"较低"等级的下限；生态维衡功能指数平均为 0.67，属于"一般"等级。

11.3.1 综合功能

图 11.3 与表 11.3 描述了中国 2329 个县域单元包括县与市辖区（下同）的可持续发展综合功能评估结果。结果表明：

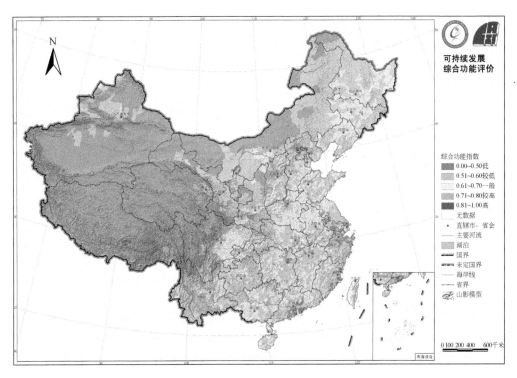

图 11.3 中国县域可持续发展综合功能评价图

1）可持续发展综合功能等级为"高"的县域。全国共 31 个即 1.3% 的县域属于这类，主要是东部地区的一些地级市。这些县域单元的面积合计占全国总面积的 0.5%，户籍人口占全国总人口的 2.0%。

2）可持续发展综合功能等级为"较高"的县域。全国 381 个即 16.4% 的县域单元的可持续发展综合功能等级为"较高"。主要分布在东部沿海地区与洞庭湖、鄱阳湖地区。其县域面积合计占全国总数的 7.0%，户籍人口占全国总人口的 25.6%，人口密度是全国平均水平的 3.7 倍。

3）可持续发展综合功能等级为"一般"的县域。全国 944 个即 40.5% 的县域单元的可持续发展综合功能等级为"一般"。集中分布三个区域：东北的大兴安岭以东与长白山以南的区域；黄河以南与太行山—雪峰山一线以东的区域；四川盆地。这些县域面积合计占全国总数的 19.8%，户籍人口占全国总人口的 48.3%，人口密度是全国平均水平的 2.4 倍。

4）可持续发展综合功能等级为"较低"的县域。全国共有 651 个县的可持续发展综合功能等级为"较低"，主要分布在东北的西半边和中国的中间地带的黄土高原、云贵高原与四川盆地的周围。这些县的县域面积合计占全国总面积的 24.7%，户籍人口占全国总人口的 20.5%，人均密度为全国平均水平的 83%，

5）可持续发展综合功能等级为"低"的县域。全国共 322 个县的可持续发展综合功能等级为"低"，集中分布在中国的青藏高原地区、西北地区与内蒙古东部。其县域面积合计占全国总面积的 48.1%，户籍人口仅占全国总人口的 3.6%，人口密度仅为全国平均水平的 7.5%。

由上分析可知，在县域尺度上，中国区域空间具有明显的不均衡与功能分异特征，全国仅四分之一左右的国土面积具有"一般"及以上等级的可持续发展综合功能，其他四分之三的国土面积可持续发展综合功能等级为"较低"或"低"。

表 11.3　中国县域可持续发展综合功能评价结果

分级评价	县域单元		区域面积		人口	
	数量（个）	比重（%）	数量（万平方公里）	比重（%）	数量（亿人）	比重（%）
低	322	13.8	461.5	48.1	0.48	3.6
较低	651	28.0	236.6	24.7	2.73	20.5
一般	944	40.5	190.0	19.8	6.43	48.3
较高	381	16.4	67.4	7.0	3.41	25.6
高	31	1.3	4.6	0.5	0.27	2.0
合计	2329	100.0	960.0	100.0	13.3	100.0

11.3.2　居住容载功能

图 11.4 与表 11.4 描述了中国 2329 个县域单元的居住容载功能评估结果。结果表明：

1）居住容载功能等级为"高"的县域。全国共 1056 个即 45.3% 的县域具有"高"的居住容载功能，主要分布四个地带：太行山—雪峰山一线以东的广大地区、四川盆地中心地区、辽东沿海与辽吉的中间地带。其县域面积合计占全国总面积的 18.7%，户籍人口占全国总人口的 61.5%，人口密度是全国平均水平的 3.3 倍。

2）居住容载功能等级为"较高"的县域。全国共 488 个即 21.0% 的县域具有"较高"的居住容载功能，主要分布在大兴安岭以东的东北地区以及雪峰山沿线的西南地区。这些县域的面积合计占全国总面积的 13.4%，户籍人口占全国总人口的 22.1%，人口密度是全国平均水平的 1.6 倍。

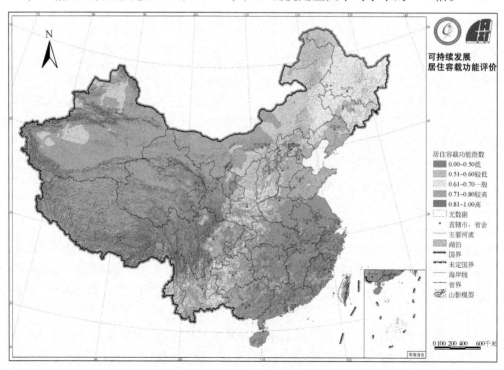

图 11.4　中国县域可持续发展功能之居住容载功能评价图

表 11.4　中国县域居住容载功能评估结果

分级评价	县域单元		区域面积		人口	
	数量（个）	比重（%）	数量 （万平方公里）	比重（%）	数量（亿人）	比重（%）
低	227	9.7	356.9	37.2	0.34	2.5
较低	276	11.9	200.9	20.9	0.77	5.8
一般	282	12.1	94.2	9.8	1.02	7.6
较高	488	21.0	128.2	13.4	2.94	22.1
高	1056	45.3	179.7	18.7	8.20	61.5
合计	2329	100.0	960.0	100.0	13.3	100.0

3）居住容载功能等级为"一般"的县域。全国共 282 个即 12.1% 的县域具有"一般"的居住容载功能，主要分布在大兴安岭以西的东北地区、河套平原地区以及四川盆地与云贵高原的部分地区。县域面积合计占全国总面积的 9.8%，户籍人口占全国总人口的 7.6%，人口密度是全国平均水平的 0.8 倍。

4）居住容载功能等级为"较低"的县域。全国共 276 个即 11.9% 的县域具有"较低"的居住容载功能，主要分布在新疆北部、陕西与甘肃的南部以及云贵高原的广大地区。县域面积合计占全国总面积的 20.9%，户籍人口占全国总人口的 5.8%，人口密度不足全国平均水平的 0.3 倍。

5）居住容载功能等级为"低"的县域。全国共 227 个即 9.7% 的县域具有"低"的居住容载功能，主要分布在新疆南部与青藏高原。县域面积合计占全国总面积的 37.2%，户籍人口占全国总人口的 2.5%，人口密度不足全国平均水平的 0.1 倍。

由上分析表明，全国 83.6% 的人口（户籍人口口径）生活在居住容载功能为"高"或"较高"的县域，7.6% 的人口生活在居住容载功能为"一般"的县域，其余 8.3% 的人口生活在居住容载功能"较低"或"低"的县域。从空间上看，东南临海区域是中国居住容载功能最为理想的区域，这里地形低，地势起伏绝对值较小，雨水丰沛，温湿度适宜，植被覆盖良好。太行山—雪峰山一线以南的广大内陆区域是居住容载功能次为理想的区域，而新疆南部与青藏高原地区受地形、气候、降水、植被等因素的综合制约，居住容载功能最低。

11.3.3　就业支持功能

图 11.5 与表 11.5 描述了中国 2329 个县域单元的就业支持功能评估结果。结果表明：

1）就业支持功能等级为"高"的县域。全国共 775 个即 33.3% 的县域就业支持功能等级为"高"，县域面积合计占全国总面积的 23.2%，户籍人口占全国总人口的 44.9%，人口密度约是全国平均水平的 2 倍。主要分布在如下区域：东部沿海地区、大城市、市辖区，主要归功于非农产业的高密度发展；东北与西北县域，主要归功于丰富的耕地资源。

2）就业支持功能等级为"较高"的县域。全国共 613 个县域，县域面积合计占全国总面积的 21.0%，户籍人口占全国总人口的 26.9%，人口密度约是全国平均水平的 1.3 倍。分布区域较为零散，相对集中分布在东北的大兴安岭以东与长白山以西之间的地带、河套平原地区、环太湖流域、鄱阳湖流域与洞庭湖流域地区。

3）就业支持功能等级为"一般"的县域。全国共 611 个县域，县域面积合计占全国总面积的 27.3%，户籍人口占全国总人口的 22.2%，人口密度约是全国平均水平的 0.8 倍。分布区域也较为分散，相对集中分布在内蒙古高原的东北、秦岭–大别山沿线、四川盆地为核心的周围县域，以及西南的武夷山、南岭一带。

4）就业支持功能等级为"较低"的县域。共 282 个县，县域面积合计占全国总面积的 19.6%，户籍人口占全国总人口的5.4%，人口密度不足全国平均水平的0.3倍，主要集中分布在青藏高原的部分地区以及雪峰山以西的大部分地区。

5）就业支持功能等级为"低"的县域。全国共48个县，县域面积合计占全国总面积的9%，户籍人口占全国总人口的0.2%，人口密度仅为全国平均水平的0.02倍，几乎全部位于青藏高原。

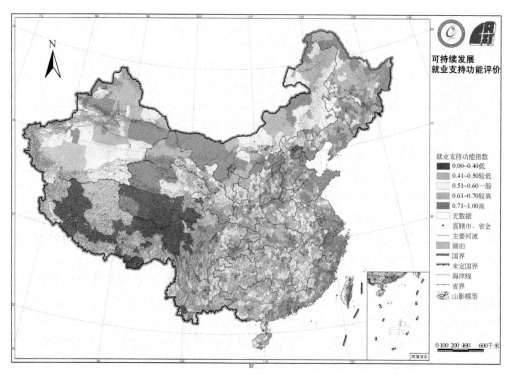

图11.5 中国县域可持续发展功能之就业支持功能评价图

由上分析可见，相对于居住容载功能，就业支持功能视角下的人口分布不均衡性较低。从就业支持功能的指标层面来看，中国县域单元的就业岗位密度总体上以爱辉-腾冲县为界表现为东高、西低。就业岗位结构指数宏观表现为东部沿海及昆仑山-秦岭一线以北的大部分地区高，而其他地区相对较低，而且就业岗位结构指数相对较低的地区也是中国人均储蓄能力较低和人类发展指数相对较低的地区。虽然中国自2000年来已经进入老龄化社会阶段，但是人口的就业活力总体上依然很高。

表11.5 中国县域就业支持功能评估结果

分级评价	县域单元		区域面积		人口	
	数量（个）	比重（%）	数量（万平方公里）	比重（%）	数量（亿人）	比重（%）
低	48	2.1	86.3	9.0	0.03	0.2
较低	282	12.1	187.7	19.6	0.72	5.4
一般	611	26.2	262.0	27.3	2.95	22.2
较高	613	26.3	201.3	21.0	3.59	26.9
高	775	33.3	222.7	23.2	5.98	44.9
合计	2329	100.0	960.0	100.0	13.3	100.0

11.3.4 经济发展功能

图11.6与表11.6描述了中国2329个县域单元的经济发展功能评估结果。结果表明：

1）经济发展功能等级为"高"的县域。全国共 487 个县域，县域面积合计占全国总面积的 13.6%，户籍人口占全国总人口的 32.7%，人口密度约是全国平均水平的 2.4 倍。主要分布在黄渤海、长三角、珠三角，以及蒙西、陕西与山西煤炭资源丰富的"三西"地区。

2）经济发展功能等级为"较高"的县域。全国共 313 个县域，县域面积合计占全国总面积的 11.6%，户籍人口占全国总人口的 14.0%，人口密度约是全国平均水平的 1.2 倍。分布较为零散。

3）经济发展功能等级为"一般"的县域。全国共 447 个县域，县域面积合计占全国总面积的 14.6%，户籍人口占全国总人口的 17.6%，人口密度约是全国平均水平的 1.2 倍。空间分布也较为零散。

4）经济发展功能等级为"较低"的县域。全国共 564 个县域，县域面积合计占全国总面积的 21.8%，户籍人口占全国总人口的 22.5%，人口密度接近全国的平均水平。主要分布在东北地区和瑷珲—腾冲一线以东。这里多是中国人均 GDP 与 GDP 密度的双低区域，第二、三产业不发达，工业增值能力有限。

5）经济发展功能等级为"低"的县域。全国共 518 个县域，县域面积合计占全国总面积的 22.2%，户籍人口占全国总人口的 12.8%，人口密度不足全国平均水平的 60%，主要分布在青藏高原地区与秦岭以南的山区。这里是中国人均 GDP、GDP 密度与工业增值能力的"三低"区域。

总体而言，相对于居住容载功能与就业支持功能，经济发展功能的县域分布格局不均衡性更低。从经济发展功能的指标层面看，中国县域 GDP 密度的分布极化现象非常严峻，以高指数水平与低指数水平为主，前者集中分布在环渤海、东部沿海与四川盆地中心地区。人均 GDP 也面临严峻的极化问题，高指数水平区集中分布在东部沿海、内蒙古中西部与甘肃北部。内蒙古中西部与甘肃北部的高人均 GDP 与矿业经济具有密切的联系，但其工业产业增值能力水平有限，为低或较低水平。虽然中国大部分县域单元的经济结构已经较为发达，但质量不高，表现为大部分县域单元的工业获利能力指数处于"低"或"较低"的等级。可见，竞争力是中国县域经济发展与结构调整的核心问题。

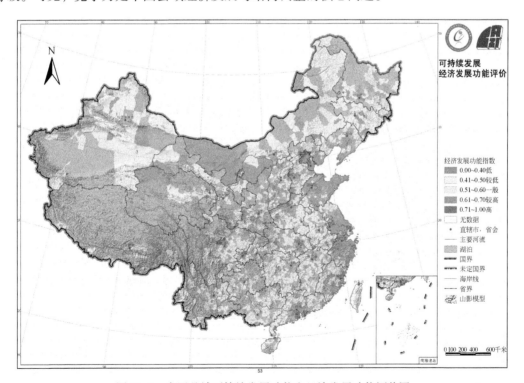

图 11.6　中国县域可持续发展功能之经济发展功能评价图

表 11.6　中国县域经济发展功能评估结果

分级评价	县域单元		区域面积		人口	
	数量（个）	比重（%）	数量（万平方公里）	比重（%）	数量（亿人）	比重（%）
低	518	22.2	369.3	38.5	1.71	12.8
较低	564	24.2	209.2	21.8	3.00	22.5
一般	447	19.2	139.7	14.6	2.34	17.6
较高	313	13.4	111.5	11.6	1.86	14.0
高	487	20.9	130.2	13.6	4.35	32.7
合计	2329	100.0	960.0	100.0	13.3	100.0

11.3.5　资源保障功能

图 11.7 与表 11.7 描述了中国 2329 个县域单元的资源保障功能评估结果。结果表明，中国 36% 的县域的资源保障功能等级为"低"，其面积合计占全国总面积的 61.2%，人口合计占全国的 32.4%。空间分布特征是集中分布与零散分布相结合。集中分布区主要位于瑷珲—腾冲一线的西部，人口分布较为稀疏；零散分布区主要是地级市与市辖区，是中国人口高度集中与城镇户发展水平较高的区域。资源保障功能为"高"等级的县域共 615 个，县域面积合计占全国总面积的 14.6%，户籍人口占全国的 38.4%，主要是中国的农牧产品的主产区与耕地资源的主要分布区。资源保障功能等级为"较高"、"一般"与"较低"的县域数量大致相当，在中国地势第二阶梯与西南部的山区呈插花式分布。

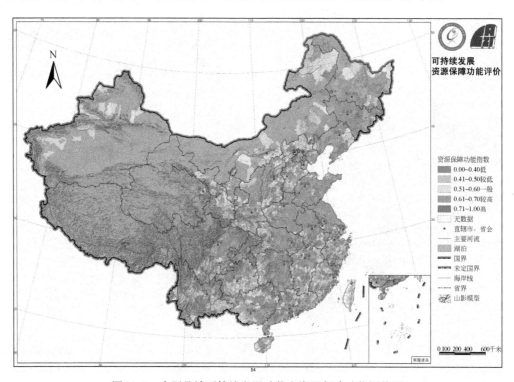

图 11.7　中国县域可持续发展功能之资源保障功能评价图

从资源保障功能的指标层面看，中国县域水资源密度指数格局是南高、北低，常用耕地资源指数在东北地区、华北地区、河套平原、四川平原、环洞庭湖、环鄱阳湖地区的大部分地区很高，而在其他地区普遍很低。农牧产品分布基本以瑷珲—腾冲一线为界，东高、西低，呈极化分布。

表 11.7　中国县域资源保障功能评估结果

分级评价	县域单元		区域面积		人口	
	数量（个）	比重（%）	数量（万平方公里）	比重（%）	数量（亿人）	比重（%）
低	838	36.0	587.1	61.2	4.32	32.4
较低	287	12.3	88.1	9.2	0.97	7.3
一般	287	12.3	76.9	8.0	1.21	9.1
较高	302	13.0	67.8	7.1	1.66	12.4
高	615	26.4	140.2	14.6	5.11	38.4
合计	2329	100.0	960.0	100.0	13.3	100.0

11.3.6　生态维衡功能

图 11.8 与表 11.8 描述了中国 2329 个县域单元的生态维衡功能评估结果。结果表明，中国 46.5% 的县域的生态维衡功能等级为"高"，其面积合计占全国总面积的 34.6%，人口合计占全国的 41.8%；生态维衡功能等级为"较高"、"一般"和"较低"的县域在数量上与人口规模上有明显的差别，但县域面积大致相当，接近全国总面积的 19% ±2%。全国共有 102 个县的生态维衡功能等级为"低"，其县域面积合计占全国的 8.0%，分布着全国 3.6% 的人口。

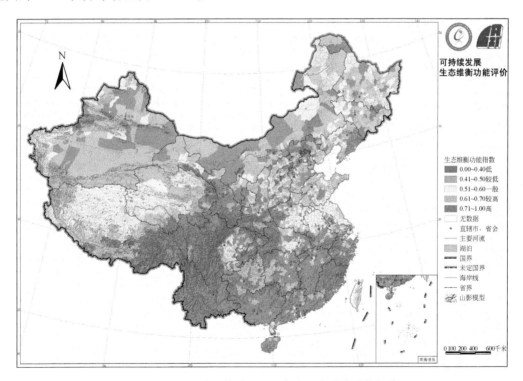

图 11.8　中国县域可持续发展功能之生态维衡功能评价图

从空间上看，中国生态维衡功能总体上以瑷珲—腾冲线为界，东高、西低，以 32°N 为界，南高、北低。"高"生态维衡功能区主要集中在黄河源头区与长江流域。大部分西北地区与蒙西地区，以及平原农耕区，是全国生态维衡功能的低功能区，前者主要由于土地人为或天然退化严重，后者主要是高密度农业种植导致地区生态系统多样性与生物多样性单一。青藏高原南部县域的生态维衡功能总体上处于"一般"等级，主要系水资源制约的结果。

表 11.8　中国县域生态维衡功能评估结果

分级评价	县域单元		区域面积		人口	
	数量（个）	比重（%）	数量（万平方公里）	比重（%）	数量（亿人）	比重（%）
低	102	4.4	76.6	8.0	0.48	3.6
较低	262	11.2	178.1	18.6	1.69	12.7
一般	419	18.0	203.5	21.2	3.25	24.4
较高	463	19.9	169.3	17.6	2.29	17.2
高	1083	46.5	332.4	34.6	5.56	41.8
合计	2329	100.0	960.0	100.0	13.3	100.0

11.4　区域功能方向判断准则

基于县域尺度的全国可持续发展综合功能及其子功能评估结果表明，区域各类功能可能大体接近，也可能相差很大。如能识别出区域的主导性功能与约束性功能，将对可持续发展分区边界的科学划分与区域功能的准确定位具有很大的帮助。

研究运用区域可持续发展综合功能指数与各子功能的功能指数，建立区域限制性功能与主导性功能的评判方法。如果某一区域的可持续发展综合功能指数记为 SDF，子功能 i 的功能指数记为 SDF_i，如果 SDF_i–SDF>0.2，认为子功能 i 为区域的主导性功能，如果 SDF_i–SDF <0.2 或 SDF_i 属于"较低"及以下等级，认为子功能 i 为区域的限制性功能。

理论上，一个区域可能同时具有几项限制性功能或主导性功能，也可能没有任何限制性功能与主导性功能。当区域没有明显的主导性功能，而且综合功能指数又处于"较高"或"高"等级时，认为该区域具有显著的多功能性，既适合人类居住发展，也适合社会经济与就业支持发展，同时也是资源供给与生态维衡的重要区域。当区域没有明显的主导性功能，且综合功能处于"低"或"较低"等级时，这样的区域理论上是人类发展的收缩区，应该以自然恢复发展为主。如果区域具有明显的主导功能，区域的发展定位应以主导功能为主。

基于生态学视角，以区域生态维衡功能为横坐标，以土地退化程度为纵坐标，建立区域发展方向判定矩阵（图 11.9）。位于第 I 象限的区域属于生态维衡功能与土地退化程度的双高区域，应该走生态恢复保育发展的道路。由于该类区域生态功能重要，单纯依靠自然力恢复退化生态系统是不足够的，其生态

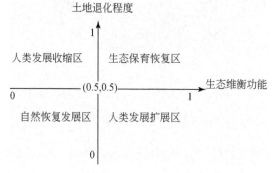

图 11.9　基于生态视角的发展方向选择矩阵

恢复应采取人类遵守自然法则的生态管理行为。位于第Ⅲ象限的区域属于生态维衡功能与土地退化程度的双低区域，此类区域的生态退化一般主要系自然力制约的结果，应该走生态系统自然恢复的发展道路。位于第Ⅳ象限的区域，生态维衡功能高，生态系统退化程度低，是人类发展的适合拓展区。而位于第Ⅱ象限的区域，生态维衡功能低，土地退化程度高，理论上是人类发展的规避区与收缩区。

<h2 style="text-align:center">参 考 文 献</h2>

郭怀成. 2001. 环境规划学. 北京：中国环境科学出版社.

国家统计局. 2009. 中国区域统计年鉴 2008. 北京：中国统计出版社.

张卫民. 2004. 基于熵值法的城市可持续发展评价模型. 厦门大学学报（哲学社会科学版），(2)：109-115.

中国 21 世纪议程中心. 2007. 中国可持续发展状态与趋势. 北京：社会科学文献出版社.

Jollands N. 2006. How to aggregate sustainable development indicators：a proposed framework and its application. International Journal of Agricultural Resources，Governance and Ecology，5（1）：18-34.

12

中国可持续发展功能分区方案

谢高地　曹淑艳　冷允法　郭日生　周　元　周海林

　　研究以县域为基本空间单元，在区域可持续发展功能评价的基础上，对全国 2329 个县域单元进行了可持续发展功能分区，共将全国划分为三大片区、10 个一级区、40 个二级区、182 个三级区。其中，三大功能片区是泛东片区、大西南片区与大西北片区；10 个一级区包括东北区、黄淮海区、东南临海区、中南近海区、四川盆地区、云贵高原区、青藏高原区、西北区、中北高原区与黄土高原区。本章的重点是：①简要介绍中国可持续发展功能分区系统；②分析三大功能片区的区域可持续发展功能与其经济社会和自然条件，判定其可持续发展功能定位，结论是：泛东功能片区是人口聚集、耕地保护与经济开发等多功能全面发展区，大西南功能片区是生态屏障功能主导下的多功能全面发展，大西北功能片区是资源约束开发发展区；③逐一分析各一级区的可持续发展功能、资源条件与经济社会发展现状，明确其在国家可持续发展格局中承担的责任与所处的位置。

12.1　分区系统概览

　　根据研究构建的区域可持续发展分区指标体系，以县域为基本空间单元，在全国县域尺度区域可持续发展功能评价的基础上，一级功能区分区采用三维矩阵判断法，二、三级功能区采用模糊均值 c 聚类法，对全国 2329 个县域单元进行了可持续发展功能分区。共将全国划分为三大片区、10 个一级区、40 个二级区、182 个三级区（图 12.1，见彩图）。中国可持续发展功能分区一、二级区清单见表 12.1，三级区清单见表 12.2。

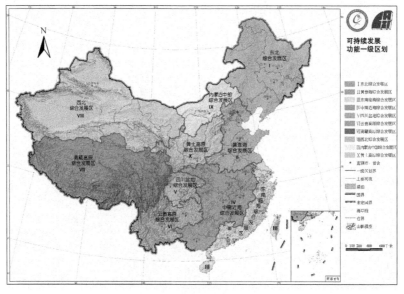

（a）一级区格局

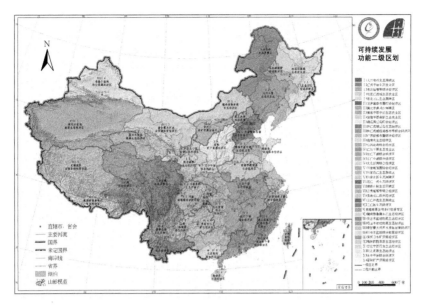

（b）二级区格局

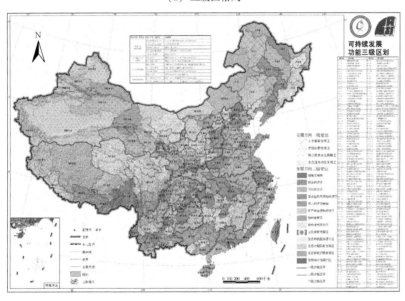

（c）三级区格局

图 12.1 中国可持续发展功能分区

表 12.1 中国可持续发展功能分区系统一、二级区清单

代码	名称（简称）	代码	名称
I	东北综合发展区（东北区）	I 1	大兴安岭生态屏障区
		I 2	辽河平原生态农业区
		I 3	东北城镇带综合经济区
		I 4	松花江流域生态农业区
		I 5	东北三江生态屏障区
II	黄淮海综合发展区（黄淮海区）	II 1	京津冀都市圈综合经济区
		II 2	冀北京津风沙屏障区
		II 3	黄淮平原中部生态农业区
		II 4	黄淮平原南部生态农业区
		II 5	渤海湾近海综合经济区

代码	名称（简称）	代码	名称
IV	中南近海综合发展区（中南近海区）	IV1	江汉平原生态农业区
		IV2	长江下游综合经济区
		IV3	长江中游综合经济区
		IV4	大北部湾综合经济区
III	东南临海综合发展区（东南临海区）	III1	珠江流域近海生态经济区
		III2	珠江流域临海都市带综合经济区
		III3	沪苏浙都市圈综合经济区
		III4	海南岛生态经济区
		III5	台湾岛屿综合经济区
V	四川盆地综合发展区（四川盆地区）	V1	川渝城镇圈综合经济区
		V2	川渝沿江生态屏障区
		V3	川渝北部生态屏障区
VI	云贵高原综合发展区（云贵高原区）	VI1	双江一河生态经济区
		VI2	横断山脉生态屏障区
		VI3	云贵城镇带综合经济区
		VI4	贵南双江新兴经济区
VII	青藏高原综合发展区（青藏高原区）	VII1	三江并流生态屏障区
		VII2	三江源生态经济区
		VII3	羌塘高原生物多样性保育区
		VII4	藏南雅鲁藏布江生态经济区
VIII	西北综合发展区（西北区）	VIII1	柴达木盆地能源生态经济区
		VIII2	塔里木盆地能源生态经济区
		VIII3	青甘蒙大河西水资源保育经济区
		VIII4	准噶尔盆地综合能源经济区
IX	中北高原综合发展区（中北高原区）	IX1	黄河口水矿资源经济区
		IX2	锡林郭勒草原生态经济区
X	黄土高原综合发展区（黄土高原区）	X1	甘北宁西沿黄生态经济区
		X2	陕北高原生态经济区
		X3	关中平原综合经济区
		X4	晋陕矿产资源经济区

表 12.2　中国可持续发展功能分区系统三级区清单

代码	名称	代码	名称
I1-1	中麓物流集散经济区	I3-2	大长春都市圈区
I1-2	北麓森林保育经济区	I3-3	大沈阳都市带区
I1-3	西南麓草原畜牧经济区	I3-4	辽东沿海都市带区
I2-1	辽吉生态农业区	I4-1	黑龙江生态农业区
I2-2	辽蒙交界物流集散经济区	I4-2	三江源农业保育耕作区
I2-3	科尔沁沙地生态农业区	I5-1	小兴安岭北麓生物多样性保护区
I2-4	辽西走廊生态农业区	I5-2	三江平原湿地保育发展区
I3-1	黑龙江都市圈区	I5-3	东部水源涵养生态林业区

代码	名称	代码	名称
II 1-1	京津唐都市圈区	IV 1-1	南阳盆地生态农业区
II 1-2	渤海港物流集散经济区	IV 1-2	豫南皖西山林湿地保育发展区
II 1-3	首都核心生态屏障区	IV 1-3	鄂中南淮汉城市群区
II 1-4	冀东北都市生态农业区	IV 1-4	鄂中南长江湖口城镇群区
II 1-5	冀中西都市生态农业区	IV 1-5	巢淮生态农业经济区
II 1-6	冀中都市生态农业区	IV 2-1	鄱阳湖生态农业经济区
II 2-1	坝上风沙屏障区	IV 2-2	鄱阳湖水生态保育发展区
II 2-2	坝上生物多样性保育发展区	IV 2-3	赣中南沿江水土保持经济区
II 3-1	冀西南城镇带区	IV 2-4	赣西北修水生态林业经济区
II 3-2	冀中南多功能农业区	IV 2-5	长株潭核心城镇群区
II 3-3	河北经济作物农业区	IV 2-6	湘赣双江丘陵生态农业区
II 3-4	鲁北临黄生态农业区	IV 2-7	洞庭湖水质保护经济区
II 3-5	山东半岛城市群区	IV 3-1	陕南秦巴山地水土保育发展区
II 3-6	山东半岛生态农业区	IV 3-2	鄂沿江城镇集群带区
II 4-1	豫北临黄生态农业区	IV 3-3	三峡库区生态特别保育区
II 4-2	豫中临黄生态农业区	IV 3-4	湘鄂交界生物多样性保育发展区
II 4-3	中原城市群区	IV 3-5	湘西土家文化保留发展区
II 4-4	中原都市生态农业区	IV 3-6	湘西低山丘陵生态农业区
II 4-5	豫东多功能农业区	IV 3-7	桂东北新兴经济区
II 4-6	鲁西南生态农业区	IV 3-8	桂西新兴经济区
II 5-1	黄河三角洲河口湿地保育区	V 1-1	川渝沿江都市带区
II 5-2	山东半岛临海城镇带区	V 1-2	盆地核心生态农业区
II 5-3	渤海湾苏北经济区	V 1-3	渝北都市休闲经济区
II 5-4	临河近海多功能生态农业区	V 1-4	岷沱江北部生态农业区
III 1-1	武夷山森林经济区	V 1-5	四川都市发展带区
III 1-2	浙闽三江山地生态经济区	V 1-6	岷沱江特别文化保育发展区
III 1-3	粤北双江经济区	V 1-7	川南都市生态农业区
III 2-1	浙南临海生态都市区	V 1-8	嘉陵江生态农业区
III 2-2	浙南临海生态屏障保育发展区	V 1-9	渝西北水文调蓄功能保育发展区
III 2-3	闽东北生态屏障发展区	V 1-10	渝西北生物多样性保育发展区
III 2-4	闽东南生态都市带区	V 2-1	大巴山特别生态保育发展区
III 2-5	粤北临海生态都市带区	V 2-2	渝北三峡库区水土保持发展区
III 2-6	珠江三角洲生态都市群区	V 2-3	三峡库区民族文化保存发展区
III 2-7	粤南生态农业区	V 2-4	渝东南水土保育发展区
III 3-1	苏中江淮交界生态农业区	V 3-1	四川盆地生态屏障区
III 3-2	苏锡长江沿岸都市圈区	V 3-2	盆地西北边缘生态农业区
III 3-3	太湖流域都市圈区	V 3-3	盆地东北缘生态农业区
III 3-4	长三角北部都市生态农业区	VI 1-1	滇东南水矿资源经济发展区
III 3-5	长江三角洲沿江城市带区	VI 1-2	滇东南生态文化保育发展区
III 3-6	大杭州都市圈区	VI 1-3	西双版生态旅游经济区
III 3-7	舟山群岛物流集散经济区	VI 1-4	滇西南生物多样性保育发展区
III 3-8	钱塘江水生态保护发展区	VI 1-5	滇西南双江水利经济发展区
III 4-1	琼东临海综合经济区	VI 2-1	怒江生物多样性保育发展区
III 4-2	琼中热带高山生态系统保育区	VI 2-2	滇北三江并流水土保育发展区
III 4-3	琼南热带生态旅游经济区	VI 2-3	滇西北三江并流生态旅游经济区
III 4-4	琼南热带低山生态系统保育区	VI 2-4	滇北沿江资源型城镇发展区
III 4-5	琼北综合经济发展区	VI 2-5	川南金沙江水土保育发展区
III 5-1	台湾省都市区	VI 2-6	岷江流域生物多样保育发展区
IV 4-1	郁江流域生态农业区	VI 3-1	大昆明都市带
IV 4-2	北部湾综合经济发展区	VI 3-2	珠江源生态保育发展区

代码	名称	代码	名称
Ⅵ3-3	黔西资源型城镇发展区	Ⅸ1-2	黄河口矿产资源经济区
Ⅵ3-4	贵州城镇群区	Ⅸ1-3	蒙中城镇带综合经济区
Ⅵ3-5	黔北生态农业经济区	Ⅸ1-4	蒙中物流集散经济区
Ⅵ4-1	黔中沿湖生态旅游经济区	Ⅸ2-1	东部草原生态经济区
Ⅵ4-2	黔东南资源型城镇发展区	Ⅸ2-2	西部草原恢复保育发展区
Ⅵ4-3	珠江流域生态农业经济区	Ⅹ1-1	甘北沿黄矿产资源经济区
Ⅶ1-1	横断山脉峡谷生态系统保育区	Ⅹ1-2	宁西沿黄矿产资源经济区
Ⅶ1-2	川西北三江水土保持区	Ⅹ1-3	宁夏平原灌溉农业经济区
Ⅶ1-3	甘南黄河源生态经济区	Ⅹ2-1	青东沿黄生态农牧经济区
Ⅶ2-1	藏东南生物多样性保育区	Ⅹ2-2	甘南沿黄城镇带区
Ⅶ2-2	甘西长江源生态经济区	Ⅹ2-3	甘南渭河流域生态农业区
Ⅶ2-3	藏东双江上游生态林牧经济区	Ⅹ2-4	陇东生态农业区
Ⅶ3-1	藏西国际物流集散经济区	Ⅹ2-5	甘南沿江天水综合经济区
Ⅶ3-2	藏西江河源湖沼保育发展区	Ⅹ2-6	甘东南长江水系保育发展区
Ⅶ4-1	藏南雅鲁藏布江水土涵养区	Ⅹ2-7	甘宁交界水土保育发展区
Ⅶ4-2	藏南生态牧矿经济区	Ⅹ3-1	关中平原矿产经济区
Ⅶ4-3	西藏沿江城镇带发展区	Ⅹ3-2	关中平原生态农业经济区
Ⅷ1-1	塔里木河源水土保育区	Ⅹ3-3	宝鸡城镇带区
Ⅷ1-2	北疆沙漠油气能源经济区	Ⅹ3-4	关中盆地生物多样性保育发展区
Ⅷ1-3	北疆绿洲经济区	Ⅹ3-5	关中平原城市圈区
Ⅷ2-1	甘西生物多样性保育发展区	Ⅹ3-6	陕晋黄河湾水土保育农业区
Ⅷ2-2	海西绿洲经济区	Ⅹ3-7	晋南盆地物流集散经济区
Ⅷ3-1	青海湖环湖生态保育发展区	Ⅹ4-1	陕北能源经济区
Ⅷ3-2	黑河生态恢复保育发展区	Ⅹ4-2	陕西北生态农业经济区
Ⅷ3-3	龙羊峡水矿资源经济区	Ⅹ4-3	陕中北洛水生态旅游经济区
Ⅷ3-4	石羊河生态农业经济区	Ⅹ4-4	陕东晋西沿黄水土保育发展区
Ⅷ3-5	河西风沙屏障生态经济区	Ⅹ4-5	陕北资源城市综合经济区
Ⅷ3-6	疏勒河水矿资源经济区	Ⅹ4-6	吕梁山水土保育生态农业区
Ⅷ4-1	天山北麓绿洲经济区	Ⅹ4-7	吕梁山生物多样性保育发展区
Ⅷ4-2	伊犁河谷物流集散经济区	Ⅹ4-8	大同盆地能源经济区
Ⅷ4-3	北疆综合能源经济区	Ⅹ4-9	晋北吕梁山水土保育
Ⅷ4-4	北疆天山综合经济区	Ⅹ4-10	太行山晋东农矿复合经济区
Ⅸ1-1	黄河口灌溉农业经济区	Ⅹ4-11	太原城市圈区

12.2　可持续发展功能片区分区

12.2.1　三大功能片区的分区边界

研究基于一级区分区与功能评价结果，将 10 大一级区划分成三大功能片区：泛东片区、大西南片区与大西北片区（图 12.2）。

12.2.1.1　泛东功能片区

泛东综合发展功能片区（简称"泛东功能片区"）的标志性地理分界线为海拔高度 1000 米的地理界限，主要由海拔低于 1000 米的东部地区与四川盆地地区构成。共包括东北区（Ⅰ）、黄淮海区（Ⅱ）、东南临海区（Ⅲ）、中南近海区（Ⅳ）与四川盆地区（Ⅴ）5 个一级区，共含 1535 个县域单元，总面积 361

万平方公里，户籍人口共 10.95 亿人，地区 GDP 合计 25.9 ×10^{12}元。人口平均密度 303.2 人/平方公里，是全国平均水平的 2.2 倍；GDP 密度 717 万元/平方公里，是全国平均水平的 2.4 倍；人均 GDP 23 832 元，较全国平均水平高 7.2%。

12.2.1.2　大西南功能片区

大西南综合发展功能片区（简称"大西南功能片区"）主要由青藏高原与云贵高原构成，包括云贵高原区（Ⅵ）与青藏高原区（Ⅶ）两个一级区，共含 362 个县域单元。县域面积合计 265 万平方公里，户籍人口共 0.98 亿人，地区 GDP 合计 9000 亿元。人口平均密度是 37.0 人/平方公里，不足全国平均水平的 27%；GDP 密度是 36 万元/平方公里，仅为全国平均水平的 12%；人均 GDP 为 9 923 元，是全国平均水平的 45%。

12.2.1.3　大西北功能片区

大西北综合发展功能片区（简称"大西北功能片区"）由西北区（Ⅷ）、中北高原区（Ⅸ）与黄土高原地区（Ⅹ）3 个一级区共 432 个县域单元组成。县域面积合计 333 万平方公里，户籍人口共 1.33 亿人，地区 GDP 合计 2.4 ×10^{12}元。人口平均密度 40 人/平方公里，较大西南功能片区高出 3 人/平方公里，是全国平均水平的 29%；GDP 密度 71 万元/平方公里，约是大西南功能片区 GDP 密度的 2 倍，仅为全国平均水平的 20%；人均 GDP 约为 18 100 元，约是全国平均水平的 4/5。

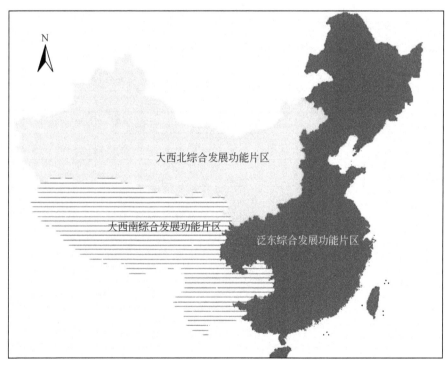

图 12.2　中国可持续发展功能片区格局

12.2.2　功能片区的功能评价与定位

表 12.3 是基于县域单元的中国可持续发展三大功能片区的可持续发展功能评价结果。各片区的可持续发展功能指数是所包含县域的可持续发展功能指数的算术平均值。表 12.4 与表 12.5 是三大功能片区的主要可再生资源与社会经济指标的统计信息。

12.2.2.1 泛东功能片区

泛东功能片区的可持续综合发展指数在三大片区中最高，为 0.65。该片区虽以居住容载功能指数为最大，但无明显的主导功能，也无明显的限制性功能，各子功能指数介于 0.58～0.76 之间。泛东功能片区是中国人口与经济的集聚区。该片区居住着全国 82.5% 的人口资源（户籍人口统计口径），分布着全国 93.5% 的工业企业（数量口径），产出全国 88.6% 的 GDP、92.2% 的工业总产值。第一、二、三产业的结构比是 10%：50%：40%，城镇化率约为 48%[①]。依据西蒙·库兹涅茨三次产业结构与经济发展阶段关系（表 12.6）判断，泛东功能片区总体上处于工业化后期，而依据 H. 钱纳里城市化率与经济发展阶段关系（表 12.7）判断，泛东功能片区总体上处于工业化中期中工业化中期向工业化成熟期转变时期。也就是说，该功能区的城镇化发展水平低于工业化发展水平。而从另一个角度而言，该功能区具备快速城镇化发展的良好经济社会基础。

泛东部片区是中国可再生资源的富集区。分布着全国 78.1% 的常用耕地与 63.5% 的水资源总量，是全国约 2/3 的棉花与甜菜产量、85% 以上的粮食、甘蔗、禽畜肉与油料作物产品，以及近乎 100% 的水产品的生产区。从人均角度看，该片区也是我国人均粮食、纤维与肉类产品资源的富裕区。显然，泛东功能片区是中国食物安全与水土安全的战略保障区与重点区。

2007 年，泛东部片区的人类发展指数（HDI）县域平均值为 0.80，已经达到高度发展水平。除了发展战略因素外，泛东部功能片区同时具备：①经济产业基础与社会发展水平等经济社会资源优势；②海洋吸引、平原支撑与水土资源丰富等自然优势。这两大优势叠加，客观上决定这一片区是中国经济社会发展与国家粮食安全的主阵地。

综上分析，研究对该功能片区的发展功能定位是：多功能全面发展区。

表 12.3　中国可持续发展功能片区的可持续发展功能评价结果

功能片区	功能指数						功能定位
	居住容载	就业支持	经济发展	资源保障	生态维衡	综合功能	
泛东片区	0.76	0.68	0.58	0.58	0.66	0.65	多功能全面发展
大西南片区	0.49	0.49	0.38	0.33	0.76	0.49	生态屏障功能主导
大西北片区	0.50	0.63	0.53	0.33	0.59	0.52	资源约束开发发展
全国	0.69	0.65	0.54	0.50	0.67	0.61	多功能全面发展

注：基于各片区所包含县域单元可持续发展功能指数的算术平均值计算，表中数据由作者计算。

表 12.4　基于功能片区的中国水土资源统计

功能片区	占全国比例（%）				人均资源（全国水平=1）	
	区域面积	人口	常用耕地	水资源	耕地	水资源
泛东片区	37.6	82.5	78.1	65.3	1.03	0.79
大西南片区	27.6	7.4	4.3	29.8	0.80	4.10
大西北片区	34.7	10.1	17.5	4.9	0.92	0.49

注：作者基于评价指标整理。

资料来源：国家统计局，2009

---

① 县域人口统计空间，城镇化率为 42%；按省域水平相关数据调整后，城镇化率为 48%。

表 12.5　基于功能片区的中国社会经济现状统计

功能片区	人均 GDP（元/人）	HDI	人均产量（千克/人）			
			粮食	棉花	油料作物	禽畜肉
泛东片区	23 832	0.80	371	4	21	66
大西南片区	9 923	0.65	302	0	14	71
大西北片区	18 013	0.71	318	16	14	41
全国	22 235	0.76	361	5	20	64

注：作者基于评价指标整理。

资料来源：国家统计局，2009

表 12.6　西蒙·库兹涅茨三次产业结构与经济发展阶段关系

三次产业结构［占 GDP 比例（%）］			时期	经济发展阶段
第一产业	第二产业	第三产业		
>33.7	<28.6	<37.7	工业化准备期	初级产品生产阶段
<33.7	>28.6	>37.7	工业化初期	工业化阶段
<15.1	>39.4	>45.5	工业化中期	
<14.0	>50.9	>35.1	工业化成熟期	
<14.0	<50.0	>36.0	工业化后期	经济稳定增长阶段

资料来源：西蒙·库兹涅茨，1985

表 12.7　钱纳里城市化率与经济发展阶段关系

城市化率（%）	时期	经济发展阶段
<32.0	工业化准备期	初级产品生产阶段
32.0~36.4	工业化初期	工业化阶段
36.4~49.9	工业化中期	
49.9~65.2	工业化成熟期	
>65.2	工业化后期	经济稳定增长阶段

资料来源：钱纳里等，1995

12.2.2.2　大西南功能片区

大西南功能片区的可持续综合发展指数在三大片区中最低，为 0.49。该片区的主导功能为生态维衡功能，其指数值为 0.76；限制性功能为资源保障功能，其指数值为 0.33。其他三项子功能的指数为 0.38~0.49。

大西南功能片区是中国的战略河源带。其中，青藏高原的东南部是第一河源带，发源于此的都是亚洲大陆的巨川大河，如长江、黄河、澜沧江、怒江、雅鲁藏布江等。云贵高原一带属于第二河源带，是长江、西江（珠江的最大支流）和元江（下游为红河）三大水系的分水岭。这一片区降水量的区域地带性非常显著，汇集了全国五大径流地带中（赵济，1995）的四个地带——多水带（年降水量 800~1600毫米）、过渡带（年降水量 400~800毫米）、少水带（年降水量 200~400毫米）与缺水带（年降水量小于 200 毫米）。加上独特的高原地带，大西南功能片区生态系统类型非常丰富，是全国草原类草场、天然森林与人工林的重要分布区。不过该片区的生态系统较为脆弱，在东南部尤为显著。该片区东南部雨量充足，山高坡陡，土地退化较为严重，而且是中国泥石流的高发区与重灾区以及重要地震带区。大西南片区河源带的战略地位与其生态系统脆弱性形成了鲜明的对比。

大西南片区是中国少数民族人口的集聚区，也是三大功能片区中社会经济发展水平最薄弱的地区。HDI 的县域平均值为 0.65，较全国平均水平滞后约 15 年。人均 GDP 尚未突破 10 000 元，不及全国平均水平的一半。三次产业结构比为 18%∶35%∶47%，城镇化率尚未达到 25%。依据西蒙·库兹涅茨三次产业结构与经济发展阶段关系（表 12.6）判断，该片区总体上处于工业化初期，而依据 H. 钱纳里城市化率与经济发展阶段关系（表 12.7）判断，该片区尚处于工业化准备期。总体上，大西南片区是中国城镇化水平滞后于工业化水平最显著的区域。

大西南功能片区是中国人均禽畜肉产品与棉花产品最丰富的片区，同时也是人均耕地资源、粮食产品拥有量最低的片区。很大程度上，这是该片区土地利用与种植结构调整的结果，同时也与该片区土地退化具有密切的联系。

综上分析，研究对大西南功能片区的发展功能定位是：生态屏障功能主导发展区。

12.2.2.3 大西北功能片区

大西北功能片区的可持续综合发展指数在三大片区中居中，为 0.52。该片区的限制性功能为资源保障功能，其指数值为 0.33；其他子功能的指数为 0.50~0.63。该片区的相对主导功能为就业支持功能，这主要得益于其拥有丰富的矿产资源库与人均可利用生态土地资源。

大西北功能片区是中国能源安全保障的战略区。"三西"地区（山西、陕西、内蒙古自治区西部）煤炭资源丰富，探明煤炭储量占全国约 70%，煤炭产量占全国近 50%。新疆煤炭探明储量和产量度也在逐年大幅增加[①]，有可能成为中国第四大煤炭大省。根据三大石油公司测算，全国石油可采资源量为 150 亿吨左右。截止到 2003 年底扣除已探明石油可采储量 65 亿吨，尚有待发现和探明的石油可采资源为 85 亿吨左右，占总资源量的 57%，这些待探明的石油资源主要分布在沙漠、黄土塬、山地和海域。随着东部油气田开发相继进入开采后期，位于大西北功能片区的塔里木、鄂尔多斯和准噶尔三大油气盆地，将是中国油气资源的战略接替区。

大西北功能片区也是中国重要的粮、棉、糖、毛生产基地。拥有全国 17.5% 的常用耕地和约半数草原，全国约 9% 的粮食、35% 的棉花、50% 的甜菜与毛绒产品产自这里。由于地处缺水带（年降水量小于 200 毫米）与中国荒漠与荒漠化土地集中分布地，大西北功能片区的水资源总量不足全国的 5%，生态环境基底脆弱、水土严重不匹配与土地严重退化三大问题并存。

大西北功能片区是三大功能片区中社会经济发展水平居中的地区。HDI 的县域平均值为 0.71，较全国平均水平滞后近 10 年。人均 GDP 较全国平均水平低 20% 左右。三次产业结构比为 10%∶53%∶37%，城镇化率约为 42%。依据西蒙·库兹涅茨三次产业结构与经济发展阶段关系（表 12.6）判断，该片区总体上处于工业化初期。依据 H. 钱纳里城市化率与经济发展阶段关系（表 12.7）判断，该片区尚处于工业化中期，该区城镇化水平超前于工业化水平。

在大西北功能片区，水、土等自然资源的资源支持功能"较低"，能源矿产资源丰富，区域经济具有明显的资源依赖特征，第一产业经营粗放，第三产业发展滞后。该片区的城镇化类型以资源型城镇为主，在未来的一定时期内，资源采掘可能是该片区城镇化发展的重要推力之一。在发展的过程中面临的主要国家任务是：合理采掘能源矿产，确保全国能源供应安全，在发展的过程中要注重产业结构协调与多样性，避免过度依赖资源产业，重复现有"资源枯竭型"城市的发展老路，引致"资源诅咒"；恢复脆弱生态系统主要是草原生态系统，确保耕地资源的数量与质量。在发展之中，该片区的最大约束资源在于水。

综上，研究对该功能片区的发展功能定位是：资源约束开发发展区。

---

① 根据 2009 年的勘探数据，新疆煤炭储量在 2.19×10¹² 吨，占目前全国已探明总储量的 40%。

12.2.3 政策设计与选择

三大功能片区在中国的国家可持续发展战略格局中具有显著的功能分异：泛东功能片区的定位是人口聚集、耕地保护与经济开发等多功能全面发展区；大西南功能片区地处战略河源带与生态脆弱带，可持续发展功能定位是生态屏障功能主导下的多功能全面发展；大西北功能片区生态环境基底脆弱，能源矿产丰富，可持续发展功能定位是资源约束开发发展区。

上述区域功能格局是区域资源和要素在空间上得到优化配置，实施差异性分工的过程与结果。在市场经济中，市场是配置资源和要素的基础性力量，因此，形成理想的国家可持续发展功能格局应主要依靠市场力量推动。但是，由于市场分配的标准是要素的功能即要素的生产能力（赵春雨，2006），市场经济运行的目标是追求效率最大化，因而市场机制难以实现收入和财富的公平分配。也就是说，当区域的发展基础具有明显的差异时，市场机制本身具有天然的公平失灵缺陷与发展极化趋向。如果没有外力来调节与平衡收入分配，社会的贫富差距将会变得十分严重，直至危及社会稳定。加上很多资源与绝大多数生态服务产品是薄市场或无市场的，因而，形成理想的国家可持续发展功能格局还必须发挥政府调控的作用。只有通过市场"无形之手"与政府"有形之手"的共同作用，才能促进与形成理想的国家可持续发展功能格局。

合理的政策体系，是市场机制与政府调控职能有效发挥作用的前提。这需要明晰的政策目标，即政策目标必须明确具体，包括指向的政策问题明确与政策内容明确，政策目标必须统一协调，而且具有一定的前瞻性，并必须遵守公平性、普惠性、持续性、融合性、个人受益、劣势者利益最大化等基本原则。不同的可持续发展功能区，承担的发展功能不同，面临的资源优势与限制也不同，这要求不同功能区的政策目标应富有区域性与针对性，同时又遵循国家可持续发展的总体政策目标。

12.2.3.1 总体目标

总体目标可以概括为促进分工合理，功能协调，各展所长，人地和谐，形成与发展活力与竞争力持续提升的国家可持续发展功能格局。

（1）基于区域多功能性，优化资源与要素的空间配置，促进区域合理分工

首先，依据区域的生态与资源实际，合理进行区域经济社会分工，使区域分工合理。对于可空间流转的生态环境资源，允许一些地区承载力赤字发展，对于无法空间流转的生态环境资源，禁止任何区域承载力赤字发展，确保社会经济活动强度在区域生态平衡能力之内。其次，依据区域的自然与生态区位，合理进行区域生态功能分工，确保国家生态安全与资源安全特别是膳食资源安全。因为，自然生态系统是我们发展的支持家园。

（2）促进人口与生产力向适宜区分布与聚集，促进人与自然协调发展

走适合区域的经济发展模式，合理布局生产力与人口，促进生产力与人口分布的协调，是国家可持续发展战略的重要内容，也是协调人与自然关系的重要途径。中国国土面积广泛，社会、经济与自然条件差异显著，区域发展优势、发展潜力与发展需求也是差异显著，生产力与人口的布局要充分考虑这些现实。从宜居性、区域可进入性与资源承载力角度而言，泛东功能片区是中国人口与工业化产业的适宜集聚区，具备进一步集聚人口与工业产业的能力，但是环境容量资源有限，经济发展模式应以经济生态化发展为核心。大西南功能片区生态战略地位显著，宜居性整体较低，应当走生态经济化的发展道路。大西北功能片区生态基底脆弱，能源矿产资源地位显著，可利用土地资源相对丰富，居住适宜性总体较低，应当走生态经济化与经济生态化相结合的发展道路。

（3）促进发展成果共享与公平分配，推动区域共赢发展与可持续发展

区域资源禀赋与功能分异的客观现实决定中国的生产力布局是不均衡的。因此，中国可持续发展的目标不应是区域经济均衡发展，而应是区域公平地享有经济发展成果，实现社会层面的均衡发展，如在生活质量、人类发展水平、公共服务资源等方面。通过机制体制创新，制定合适的利益再分配机制，使获得更多发展机会的地区（如东部）与发展机会受约束的地区（如生态屏障区）公平、平等地享受经济发展成果。这也是区域分工持续优化与避免短期决策的重要前提。

12.2.3.2 各片区的主要目标

（1）泛东功能片区

泛东功能片区是中国发展基础与发展条件最好的地区，是最适宜人类生活居住的地区，也是宜农耕地分布最集中与水土匹配最好的地区，但工农争地与农城争地矛盾突出，城镇化发展滞后于工业化水平，产业密度与效率距离世界发达水平尚具有明显的差异，因而限制了区域的就业支持功能。这一区域的可持续发展依赖其他两大片区的资源保障与生态安全保障。该片区的主要政策工具的目标为：

1）人口政策：坚持计划生育政策，鼓励外地居民迁入，鼓励农村居民向城镇迁入，促进开放劳动力市场发展。

2）产业政策：实施严格的产业准入、限制与鼓励政策，鼓励高技术、高附加值产业的发展，限制区域同构性明显产业与高耗能、高污染产业的发展；大力发展第三产业。

3）土地政策：支持农业部门的发展，保护基本农田，严格控制生态用地占用规模的扩张；创新地权政策与土地金融政策，促进土地的市场化流转，促进农业生产集约化程度与生产效率提高；增强土地权利和土地管理的一致性和整体性，提高土地拥有者的权利保障程度；实施积极的土地管理政策，如水土保持政策、土地改良政策等。

4）生态政策：基于生态服务功能，实施分区政策，如对生态屏障区与耕地保护区，实施限制土地开发与生态补偿综合政策。限制对生态环境有较大影响的矿产资源开发。

5）环境政策：严格实施总量限制制度与排污许可证制度，大力恢复受污环境系统。

6）资源政策：开展资源核算与定期评估，促进资源高效利用、循环与有偿利用。

7）财政政策：与产业政策相一致；对生态服务上游地区实施税收转移；对耕地所有者因发展机会受限进行更广泛的农业补贴。

8）公共服务政策：以公共服务均衡化为目标，优先发展初始条件较差地区的公共服务水平。

9）规划政策：充分重视"规划"在社会经济发展中的效率作用，切实落实规划环境影响评估与战略评估，促进城镇合理布局与适当规模发展；促进产业合理布局与结构优化；促进土地等资源的高效与节约利用。

（2）大西南功能片区

大西南功能片区是中国的生态服务功能高地区，自然条件总体上较不适宜人类生活居住，社会经济发展滞后，土地退化严重。生态屏障的国家责任使这一区域的经济发展面临多种约束，因而不可避免失去一些发展机会。该片区的主要政策工具的目标是：

1）人口政策：坚持计划生育政策，鼓励本地居民迁出或向域内较适宜居住的地区迁移，提升劳动力素质。

2）产业政策：实施严格的产业准入、限制与鼓励政策，鼓励发展生态经济产业，限制进入与发展生态干扰程度大的产业；大力发展第三产业。

3）土地政策：保护基本农田、天然草地与林地，严格控制生态用地占用规模的扩张。实施水土保持政策。

4）生态政策：基于生态服务功能，实施分区政策。

5）环境政策：严格实施总量限制制度与排污许可证制度。

6）资源政策：开展资源核算与定期评估，限制可更新资源过度开发。

7）财政政策：与产业政策相一致，以货币与项目形式，对该区域实施生态补偿；对该区域实施倾斜财政，补偿发展机会受限。

8）公共服务政策：提高公共服务覆盖范围与水平。

9）规划政策：核心是城镇布局规划、产业布局规划与生态保育规划。城镇与产业选址要尽可能避开泥石流、地震等地质问题灾害带。

（3）大西北功能片区

大西北功能片区是中国的能源矿产保障区与重要耕地、草地资源分布区，自然条件总体上较不适宜人类生活居住，水土不匹配问题突出，生态基底脆弱，土地退化严重，水资源是该区域发展的主要限制。资源保障的国家责任使这一区域的经济发展具有明显的资源依赖特征，因而容易引致"资源诅咒"，以资源为依托的城镇可能重复现有资源枯竭型城市的发展命运。该片区的主要政策工具的目标核心是恢复区域退化生态系统，促进片区经济多元化发展，促进人口适当集聚与向外迁移。主要政策工具的目标是：

1）人口政策：坚持计划生育政策，鼓励居民向域内较适宜居住的地区迁移，鼓励农村居民向城镇迁入，提升劳动力素质。

2）产业政策：实施严格的产业准入、限制与鼓励政策，鼓励生态经济产业的发展，鼓励节水型与资源深度加工、转化产业的发展，限制耗水型产业；大力发展第三产业。

3）土地政策：保护基本农田与天然草地，严格控制生态用地占用规模的扩张，严格实施矿产资源毁损土地生态修复。

4）生态政策：基于生态服务功能，实施分区政策；落实草畜平衡制度，继续推行禁牧休牧轮牧；发展舍饲圈养，搞好人工饲草地和牧区水利建设。

5）环境政策：严格实施总量限制制度与排污许可证制度。建立多元化的矿山环境保护投资机制；对生产矿山，建立以矿山企业为主的环境治理投资机制。

6）资源政策：健全矿产资源有偿使用制度；开展资源核算与定期评估，限制土地与可更新资源过度开发。

7）财政政策：与产业政策相一致，以货币与项目形式，对该区域实施生态补偿；对该区域实施倾斜财政，补偿发展机会受限。牧草良种补贴、种草直补、草畜平衡补贴以及草原牧业生产资料综合补贴等逐步纳入农业补贴范围。

8）公共服务政策：提高公共服务覆盖范围与水平。

9）规划政策：核心是城镇布局规划、产业布局规划、生态恢复规划与资源开发利用规划。

12.3 一级可持续发展功能区分区

12.3.1 十大一级区的分区边界

基于县域可持续发展功能评价结果，依据海拔高度、区位、生物生产性空间的有无三个主导标志指标，采用三维矩阵判断法，由上而下对全国 2329 个县域单元进行可持续发展功能区一级区划分，共得到 10 个一级区（图 12.1a）。表 12.8 是基于县域单元的中国可持续发展功能一级区人口与区域面积基本统计信息。

表 12.8 基于县域单元的中国可持续发展功能一级区基本统计信息

代码	名称	县域数	人口		区域面积		人口密度
		个	万人	占比（%）	万平方公里	占比（%）	人/平方公里
I	东北区	220	11 991	9.0	129	13.4	93.0
II	黄淮海区	438	33 745	25.4	58	6.0	581.4
III	东南临海区	294	23 522	17.7	50	5.2	471.2

代码	名称	县域数	人口		区域面积		人口密度
		个	万人	占比（%）	万平方公里	占比（%）	人/平方公里
IV	中南近海区	452	28 940	21.8	99	10.3	292.7
V	四川盆地区	131	11 307	8.5	25	2.6	445.3
VI	云贵高原区	228	9 091	6.9	61	6.3	149.8
VII	青藏高原区	135	726	0.5	200	20.8	3.6
VIII	西北区	125	2 764	2.1	244	25.4	11.3
IX	中北高原区	48	1 211	0.9	40	4.2	30.0
X	黄土高原区	258	9 379	7.1	54	5.6	173.6
全国		2 329	132 676	100	960	100.0	138.2

注：作者基于评价指标整理。

资料来源：国家统计局，2009

12.3.1.1 东北区

东北区包括辽宁省、吉林省、黑龙江省和内蒙古自治区的东部四盟市——呼伦贝尔市、兴安盟、通辽市、赤峰市，共220个县域单元，户籍人口合计约1.20亿人，占全国总人口的9.0%，县域总面积共129万平方公里，占全国国土面积的13.4%。面积在一级区中居第三位。人口密度为93人/平方公里，是全国平均水平的2/3。

平原广袤、水绕山环、沃野千里是东北区地面结构的基本特征。东北平原（包括松嫩平原、辽河平原和三江平原三部分）、呼伦贝尔高平原以及山间平地的总面积与山地面积基本平分秋色，土质以黑土为主。加上自然资源丰富，东北区天然具有形成大经济区的良好天然基础。

12.3.1.2 黄淮海区

黄淮海区主要由黄河、淮河与海河和其支流冲积而成的黄淮海平原以及与其相毗连的鲁中南丘陵和山东半岛组成，包括北京、天津、河北、山东四省（直辖市）的全部区域、河南的大部区域和安徽、江苏两省淮河流域的大部分地区，共含438个县域单元，总面积58万平方公里，占全国国土面积的6.0%。该区历来是人口众多、农业发达的经济区。2007年，黄淮海地区总人口约3.4亿人，占全国总人口的25.4%。人口密度约为581人/平方公里，是人口最稠密的一级区。

黄淮海区位于华北、华东和华中三大区域的结合部，依山沿海，面向东北亚和太平洋，水、路、空运输发达。全区2/3区域为海拔在200米以下的平原地区，海拔大于500米的区域不足全区总面积的1/4。区内能源矿产丰富，且与"三西"煤炭基地为近邻，是东北亚和亚太地区经济技术合作的重要窗口。

12.3.1.3 东南临海区

东南临海区由上海、浙江、福建、广东、海南、澳门、香港、台湾八省（直辖市）的全部以及江苏省长江流经县组成，共含294个县域单元，总面积50万平方公里，占全国国土总面积的5.2%。2007年，该区总人口为2.35亿人，占全国总人的17.7%。人口密度471人/平方公里，是人口第二稠密的一级区。

东南临海区为东海与黄海所围，天然的近海自然区位之利居各大一级区之首。地处长江中下游平原，40%的区域是海拔200米以下的平原或山间平地，42%的区域是海拔在200~500米之间的丘陵或低山山地。该区是中国改革开放和现代化建设的先行地区，为中国综合实力的增强做出了巨大贡献，也是中国经济发展的热点区与高地区。

12.3.1.4 中南近海区

中南近海区由长江中下游平原的非临海省份与珠江流域省份构成，涉及湖北、湖南、江西、广西四省（自治区）的所有地区、安徽中南部地区与河南、陕西的南部，共 452 个县。总面积 99 万平方公里，占全国国土面积的 10.3%。户籍总人口 2.9 亿人，占全国总人口的 21.8%。是含县域单元数量最多的一级区，也是户籍人口最多的功能区。人口密度为 293 人/平方公里，是全国平均人口密度的 2.1 倍，在十大一级区中居第四位。

中南临海区具有借长江、珠江与南海水运之利的自然便利，又遇有秦岭、雪峰山与大娄山、凤凰山三面围裹的陆路交通约束。该区是中国典型的中间地区——总体位于全国地势第二台阶中，北部处于中国地势第一级阶梯向第二级阶梯的过渡地带，南部处于中国地势第二级阶梯向第三级阶梯的过渡地带。境内地形以平原和丘陵为主，平均海拔低于 200 米的县域面积占 37%，平均海拔在 200~500 米之间的县域面积占 32%，而超过 1000 米的县域面积占 8% 左右。

12.3.1.5 四川盆地区

四川盆地区主体由四川盆地构成，包括重庆市与四川省的东部，共含 131 个县域单元，总面积 25 万平方公里，占全国国土总面积的 2.6%，是面积最小的一级区。户籍总人口为 1.13 亿人。人口平均密度 445 人/平方公里，在一级区中居第三位。

四川盆地区位于长江上游，地处青藏高原与长江中下游平原的过渡地带。该区四周为海拔 2000~3000 米的山脉和高原，其中，北面是大巴山、米仓山、龙门山，西面是青藏高原边缘的邛崃山、大凉山，南面是大娄山，东面是巫山，区内大部分地区海拔在 500 米左右。四川盆地区地势北高南低，内部丘陵、平原交错，土壤肥沃，河渠稠密，诸葛亮赞其为"沃野千里，天府之土"。

12.3.1.6 云贵高原区

云贵高原区由云贵高原及其周围地区构成，包括贵州省所有地区、云南省西北边界五县之外的所有地区以及四川中南部部分县域，共含 131 个县域单元，总面积 61 万平方公里，占全国国土总面积的 6.3%。户籍总人口为 0.91 亿人，人口平均密度接近 150 人/平方公里，较全国平均水平高 8.5%。

云贵高原区地处中国南北走向和东北—西南走向两组山脉的交汇处，是长江、西江（珠江的最大支流）和元江（下游为红河）三大水系的分水高地。地势西北高、东南低，海拔总体为 1000~2000 米。全区地貌可以大致分为三级地形面：山原、盆地和峡谷。盆地（坝子）地区地势平坦，土层深厚而肥沃，是该区的主要农耕地带。地貌构成基本上是"八山一水一分田"。雨水丰沛，年均降水量为 800~1500 毫米；气候类型丰富多样，全区有北热带、南亚热带、中亚热带、北亚热带、南温带、中温带和高原气候区共 7 个气候类型，温暖湿润，属亚热带湿润季风气候。因而动植物资源极为丰富，其中的云南省，素有"植物王国"、"动物王国"美誉。云贵高原区水、电、煤多种能源兼备，金属矿产亦是门类齐全，分布广泛，储量丰富，是支持中国可持续发展的重要资源保障重地。

12.3.1.7 青藏高原区

青藏高原区包括青藏高原的绝大多数区域，涉及西藏自治区所有县域、青海省约半数地区与四川省西部，共含 135 个县域单元，总面积 200 万平方公里，占全国国土总面积的 1/5 多。户籍总人口 726 万人，人口平均密度为 3.6 人/平方公里，是人口最稀疏的一级区。该区平均海拔 4000~5000 米，是亚洲许多大河的发源地。长江、黄河、澜沧江、怒江、雅鲁藏布江以及塔里木河等都发源于此，水力资源丰富。区内高山湖泊、沼泽密集，草地广泛分布，是中国重要的草原分布区。由于地势高，大部分地区热量不足，高于 4500 米的地方最热月平均温度不足 10℃，无绝对无霜期，只宜放牧。相对于其他一级区，该区矿产资源种类与数量相对较少，但石油资源找矿远景很好。

12.3.1.8　西北区

西北区包括昆仑山以北、贺兰山以西的大部分地区，涉及新疆维吾尔自治区所有县域、青海省与甘肃省的中北部与内蒙古自治区西部三个旗，共 125 个县，总面积 244 万平方公里，约占全国国土总面积的 1/4，是面积最大的一级区。户籍总人口为 2764 万人，占全国总人口的 2.1%，人口密度是 11.3 人/平方公里，是人口第二稀疏的一级区。

西北区生态环境本底脆弱。县域年均降水量由东向西逐渐减少，最高为 493 毫米，其中 85% 以上区域的年均降水量低于 200 毫米。地表植被随降雨量递减，由东向西为草原、荒漠、草原、荒漠，受人类活动的影响，区内土地退化严重。但是，西北区矿产资源丰富，煤、石油、稀土、铁、镍、黄金、盐、宝石等储量大，是中国可持续发展的资源保障战略要地。

12.3.1.9　中北高原区

中北高原区由位于北部高原中部的内蒙古北方农牧交错带及其以北的大部分地区组成，共 48 个县域单元，总面积 40 万平方公里，是面积第二小的一级区。户籍总人口为 1211 万人，人口密度是 30 人/平方公里。

中北高原区地处中国北方主要江河源地及上游地段，是中东部地区巨大的生态安全屏障。各县平均海拔主要为 1000~1300 米，但地势平坦，坡度总体在 2° 以下。大部分地区位于中国北方 200~400 毫米降水带，部分县域降水量不足 150 毫米。天然草场面积大，牧草资源丰富，提供着重要的防风固沙、涵养水源等生态服务功能，是东中部地区的重要生态安全屏障，具有发展绿色畜牧业的潜力和优势。由于地势平坦，土地利用可农、可牧，该区农牧争地矛盾突出，造成广泛的土地退化，与该区重要的生态屏障战略需求形成了鲜明的对比。

12.3.1.10　黄土高原区

黄土高原区包括太行山以西、日月山以东、秦岭以北、长城以南的广大地区。涉及山西省、宁夏回族自治区的所有地区、陕西省的绝大部分地区、甘肃省南部和青海省中东部的部分地区，共 258 个县域单元，总面积 54 万平方公里，占全国国土总面积的 5.6%。户籍总人口 9379 万人，人口密度为 173.6 人/平方公里，是全国平均水平 1.26 倍。

黄土高原区生态环境本底脆弱。全区平均海拔 1000~1500 米，年均气温 6~14℃，年均降水量 200~700 毫米，从东南向西北递减，以 400 毫米降雨量等值线为界，西北部为干旱区，年均降雨量 100~200 毫米；中部为半干旱区，年均降雨量 300~400 毫米；东南部为半湿润区，年均降雨量为 600~700 毫米。植被依次出现森林草原、草原和风沙草原。大部分区域覆盖有深厚的黄土层，黄土厚度在 50~80 米之间。由于该区地处从平原向山地高原过渡、从沿海向内陆过渡、从湿润向干旱过渡、从森林向草原过渡、从农业向牧业过渡等多重过渡带，各种自然要素相互交错，自然环境条件天然脆弱，不稳定，加上人类活动的不断加剧，水土流失问题较为突出。黄土高原区自然资源丰富，煤、石油、铝土储量在全国居重要地位，是中国重要的能源矿产战略要地。

12.3.2　一级区的功能评价与定位

12.3.2.1　东北区

东北区可持续发展功能综合指数为 0.60，在 10 个一级功能区中居第五位，是泛东功能片区中可持续发展功能综合指数最低的一级区。其中，就业支持功能指数最大，为 0.68，居住容载功能指数居第二，为 0.66，其他三项功能的功能指数为 0.54~0.58（图 12.3）。可见，东北区无明显的主导功能，也无明显的限制性功能。

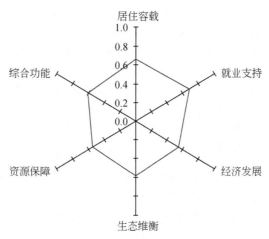

图 12.3 东北区可持续发展功能指数雷达图

东北区自然环境较为宜居，城镇化水平相对较高。该区南、北、东三面山环水绕，西面为陆界，区内平原或平地广泛分布，除北部气温偏低，居住容载功能"一般"外，其他区域居住容载功能大部分为"高"或"较高"水平。大部分的东北区降水量不十分丰富，年均为 400～600 毫米，同时气候具有冷湿的特征，是影响这一区宜居性的主要原因。2007 年，东北区城镇化率为 56% 多，在 10 个一级区中仅次于中北高原区。城乡人均收入比 2.6，与黄淮海区、东南近海区接近，这三个区域是 10 个一级区中城乡人均收入差距最小的区。

东北区水热条件纵横交错，土质以黑土为主，壤质肥沃，是全国农林牧业发展的理想场所和可更新资源供给重点战略区之一。受纬度、海陆位置、地势等因素的影响，东北区自南而北跨暖温带、中温带与寒温带，热量显著不同；自东而西降水量自 1000 毫米降至 300 毫米以下；气候上从湿润、半湿润过渡到半干旱；农业上从农林区、农耕区、半农半牧区过渡到纯牧区。水热条件的纵横交叉使东北区具有发展综合性大农业的良好自然基础。东北区的常用耕地面积占全国总量的 26%，另外拥有宜垦荒地约 1 亿亩，是世界"三大黄金玉米带"的分布所在，也是中国农、林、牧、渔产品的重要产区。全国 18.6% 的粮食、6.8% 的油料、15% 的木材、13.2% 的禽畜肉、约 25% 的鲜奶和 9% 的水产品出自该区。人均粮食占有量 740 公斤多，是全国平均水平的 2 倍以上，是人均粮食产出占有量最高的一级区。东北区畜牧业属于"粮食型"与"草食型"混合畜牧业，二者构成比约为 4∶1。人均畜牧产品占有量 93 公斤，约是全国平均水平的 1.5 倍。就农产品产出密度而言，东北区在 10 个一级区中居于中间地位，在泛东部片区中最低，这主要是气候资源约束的结果。

东北区产业基础好，这很大程度上获益于最早进入计划经济，但受最晚退出计划经济的拖累，目前经济发展功能指数在 10 个一级区中仅居第四位[①]。2007 年，东北区约 2/3 的农村从业人员依然从事农、林、牧、渔业。其三次产业结构为 13%∶46%∶41%，在第二产业中，轻、重工业构成比约为 1∶4。依据西蒙·库兹涅茨三次产业结构与经济发展阶段关系（表 12.6）判断，东北区总体上处于工业化后期，而依据 H. 钱纳里城市化率与经济发展阶段关系（表 12.7）判断，东北区总体上处于工业化成熟期。一方面，这说明东北区的城镇化进程滞后于工业化进程，另一方面，也说明东北区具有加大农牧业集约发展的产业支持与就业支持。2007 年，东北区人均 GDP 超过 25 000 元，居东南近海区与中北高原区之后，在 10 个一级区中处第三位。东北区的 GDP 密度为 234 万元/平方公里，在一级区中居第六位，不及全国

---

① 早在 20 世纪 30 年代，东北区现代工业已经粗具规模。至 20 世纪 50～70 年代，该区一直是全国内地最发达的地区。改革开放以后，国家经济战略重心逐渐向华南与华东沿海转移，作为老工业基地的东北区，受经济体制与产业结构的拖累，产业竞争力发生相对衰退。

平均水平的80%，老工业基地的衰退由此可见。这主要是由于东北地区曾长期服务于国家"短缺经济"，经济发展一度以外延型经济扩张为主，倚重资源主导产品与重工业，非公有制经济不发达，产业过于"集中"（石建国，2009）。2007年东北区工业企业数仅占全国工业企业总数的7%；工业企业密度为172个/万平方公里，在一级区中居第六位，仅为全国平均水平的53%，这与东北地区具有的大产业经济区的天然优势是极不匹配的。

东北区矿产资源丰富[①]，长期是国家重要的能源与原材料基地，形成了以钢铁、机械、石油、化工、建材、煤炭等重化工业为主体的工业体系。在过去的50多年中，仅东北三省就为国家累计提供了全国1/2的原油、1/6的煤炭、1/7的钢铁。目前，东北区依然是全国举足轻重的资源战略区，生产着全国30%的原油和约10%的钢铁与煤炭。分布在鞍山、本溪一带的铁矿，储量约占全国的1/4，目前仍是全国最大的探明矿区之一。松辽平原石油资源探明储量占全国50%左右，煤炭资源保有储量约723亿吨，60%分布在内蒙古东部，27%分布在黑龙江。东北区产业体系因矿而兴，依矿而存，随着大批矿山进入生命周期的中后期，东北老工业基地的基础地位和经济社会作用受到了前所未有的威胁。根据有关部门对东北三省13个主要矿种（铬铁矿、金矿、镁矿、锰矿、钼矿、镍矿、铅矿、砂金、锑矿、铁矿、铜矿、锌矿、银矿）1019座矿山资料的初步统计研究表明，危机矿山935座，占91.76%，其中严重危机矿山696座，占矿山总数的68.30%；中度危机矿山有125座，占矿山总数的12.27%；潜在危机矿山34座，占3.33%（龙如银，2005）。做好资源接替与产业接替，成为决定东北区可持续发展的关键（毛健，潘鸿，2011）。

东北地区是全国重要的森林资源与湿地资源集中分布区，生态产品与服务类型丰富，是东北乃至整个华北不可替代的生态屏障。该区分布着全国近1/3的林地，森林覆盖率43%；湿地面积约800万公顷，占全国湿地总面积的1/5多，其中，三江平原是中国最大的平原沼泽区，约有112万公顷的沼泽地。大小兴安岭、长白山脉的森林绵延数千公里，是松花江、嫩江等众多江河的发源地。两大绿岭环抱松辽平原、三江平原和呼伦贝尔大草原，保育着东北的水源生命线，保障着东北的粮食、禽畜产品与水产品生产。相对于实物型物质产品，该区森林、草地与湿地的更大价值在于其提供的水土保持、水源涵养等服务型生态产品。在国家的战略安排中，东北区长期充当资源产品供给者，导致一系列的生态退化。1949年以来东北区长期提供全国约半数木材（累计约10亿立方米）以满足国家建设需要，由于长期过量采伐，东北区的森林退化较为严重（周生贤，2004）。例如，小兴安岭林分平均蓄积量仅63立方米/公顷，比50年前下降了68%。作为全国的重要粮畜生产重地，东北区大量湿地被垦殖为农田，导致湿地萎缩、农田肥力下降。1954~2005年，三江平原沼泽湿地面积减少了77%（王宗明等，2009）。据统计，东北三省土地沙化面积已达150万公顷多，水土流失面积约1800万公顷，黑土层厚度仅为20世纪50年代的1/3~1/2（周生贤，2004）。

综上分析，东北区宜居功能较好，资源保障与生态屏障地位显著，产业结构较为发达，但内部结构失衡，区域经济过度依赖资源产品与重化工业制品。因而，研究对东北区的发展功能定位是：走生态产品、大农业产品、资源产品、工业制品与第三产业服务产品"五品"并重，多功能全面发展的道路。从居住性能、资源丰度、人口密度与产业潜力而言，东北具有进一步集聚人口的良好潜力。

12.3.2.2 黄淮海区

黄淮海区可持续发展综合指数（图12.4）为0.66，与本片区的中南临海区、四川盆地区可持续发展功能综合指数接近，低于东南近海区。该区居住容载功能指数最大，为0.75；就业支持功能指数居第二，为0.73；经济发展功能与资源保障功能的功能指数分别为0.66与0.61；生态维衡功能指数最低，为0.53。总体上，黄淮海无明显的主导功能，也无明显的限制性功能。但相对而言，生态维衡功能是该区发

---

① 东北区主要金属矿产有铁、锰、铜、钼、铅、锌、金以及稀有元素等，非金属矿产有煤、石油、油页岩、石墨、菱镁矿、白云石、滑石、石棉等，这些资源在全国有重要的地位。

展的最大约束。

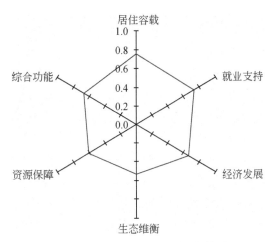

图 12.4　黄淮海可持续发展功能指数雷达图

黄淮海区自然环境非常适合人类居住与发展，城镇化水平较高。该区地处中国的南温带与半湿润区，年降水量以 500 ~ 800 毫米为主，降水量适中，地形以平原为主，地势平坦，区内绝大部分县域的居住容载功能均为"较高"水平。2007 年，黄淮海区城镇化率约为 50%，在一级区中居第四位，城镇化水平空间差异非常显著。北京、天津两大直辖市的城镇化率分别高达 84% 与 77%，接近或超过发达国家 80% 左右的平均城镇化水平，而河南省的平均城镇化率不足 36%。总体规律是交通便利和沿海地区的城镇化水平高，而中部内陆地区的城镇化水平低，说明黄淮海区横向辐射功能发育不足。该区城乡人均收入比为 2.6，与城镇化水平类似，也存在显著的空间差异。值得注意的是，自 20 世纪 90 年代以来，该区的村庄规模具有明显的扩大化趋势，目前村庄内部房屋空弃与过度建设问题较为突出，这一问题越靠近城市区域，越为明显。

黄淮海区耕地资源与渔业用地资源丰富，光热条件好，是全国重要的大综合农业经济区，是全国大粮食（粮、肉、蛋、奶、果、蔬）安全的重要保障。2007 年，该区人口占全国总人口的 25.4%，常用耕地资源占全国总量的 23%，粮食产量约为全国的 30%，油料作物产量占全国的 35%，禽畜肉类产量占全国的 26%，鲜奶产品与水果产量超过全国的 1/3，水产品产量约为全国的 1/5，蔬菜产量与鲜蛋产量均为全国相应总量的 2/5 左右。人均粮食、禽畜肉、鲜奶、蔬菜、水果、水产等多项农业产品指标在一级区中居于前列。黄淮海区粮食当量密度居十大一级区之榜首，为 281 吨/平方公里，是全国平均水平的 5 倍多；禽畜肉产品密度为 38 吨/平方公里，仅低于四川盆地区，是全国平均水平的 4 倍多；水产品产出密度仅低于东南近海区，为 16 吨/平方公里，是全国平均水平的 3 倍多。黄淮海区草地资源稀缺，牧草地覆盖率仅为 3%，畜牧业发展主要靠农作物秸秆、糠麸、油粕与粮食饲料。该区水资源稀缺，缺水程度与以色列相仿。淡水资源总量仅为全国的 4.3%，人均淡水资源 317 立方米，约为全国平均水平的 1/6。农业灌溉特别是冬小麦灌溉，是该区的第一用水大户，农业用水量约占全国农业用水总量的 1/4。一方面，该区工业用水正在严重挤压农业用水，危及农业经济发展；另一方面，农业灌溉效率不高，地下水开采严重，造成广泛的土壤盐渍化，同时也引发湿地萎缩。因而，必须高度重视黄淮海区的耕地安全与水环境生态安全问题。

黄淮海地区工业发展历史较久，产业体系较为发达。目前，其三次产业结构比为 11% : 53% : 37%，依据西蒙·库兹涅茨三次产业结构与经济发展阶段关系（表 12.6）判断，总体上处于工业化成熟期向工业化后期的关键时期。与工业化水平相比，该区的城镇化发展也滞后于工业化，这主要是全国户籍制度与该区第三产业发育相对滞后共同作用的结果。虽然黄淮海区的工业门类较齐全，全国工业 40 个行业在该区均有分布，但区域经济仍具有浓厚的矿产资源经济特征，能源（煤炭、石油）、原材料（铁矿、建材及化工原料）、轻纺、机电等传统行业为该区的主导产业。改革开放以来，该区发电量增长了约 10 倍，水泥、钢材与成品钢生产量增长了约 20～40 倍，均高于全国同期平均水平。目前，全国 17% 的煤炭、30% 的原油、约 40% 的钢铁与碱类、25% 的水泥、48% 的纱与 27% 的布、35% 的机制纸与纸板、27% 的化学农肥、20% 的乙烯、23% 的塑料产品产自黄淮海区。这其中，大部分产品属于耗水大、耗能大与排污量大的产品，加剧了本区水资源与环境容量资源的稀缺。相对于东部沿海地区，黄淮海区高新技术产业[①]起步较晚，且发展不平衡，主要分布在北京、天津、青岛、烟台以及济南、石家庄、郑州，这些区域高新技术产业发展势头较快，但面临缺乏自主创新的共同问题。2007 年，黄淮海区人均 GDP 接近 24 000 元，在一级区中居第四位；GDP 密度是 1352 万元/平方公里，在一级区中居第二位，仅次于东南临海区，是全国平均水平的 4.2 倍。

综上所述，黄淮海区在全国具有重要的战略地位——全国粮食生产核心区、工业核心区和人口密集区。该区是全国 1/4 人口的居住家园，是中国重要的大粮食生产要地、多类重要工业产品的主产区，是全国的政治、经济和文化中心——首都圈的分布所在。经济系统产业体系较为发达、完备，但仍具有浓厚的矿产资源依赖特征。自然系统水资源严重稀缺、生态系统高度人工化、水生态过程受阻，环境容量稀缺。社会经济系统区域发展不均衡显著。鉴于该区的区位优势、资源优势与自然约束，以及人类发展的需求，未来黄淮海区经济发展的战略目标是优化产业结构，丰富产业业态，提高产业品质，加强区域的集聚与横向辐射功能。具体可持续发展功能定位是：以节水、节能、低碳发展、低污染排放与高新技术开发应用为核心，走大农业、大工业、多核心城镇带与多样化服务业相融合的多功能全面发展道路。

12.3.2.3 东南临海区

东南临海区可持续发展综合指数（图 12.5）为 0.71，在一级区中居于首位。该区居住容载功能指数最大，为 0.84，就业支持功能与生态维衡功能的指数水平接近，约为 0.75，经济发展功能指数为 0.68，这四项功能全国一级区中或居第一位或基本与居第一位区域的水平基本相当。资源保障功能的功能指数为 0.52，在一级区中居第五位。总体上，东南临海区无明显的主导功能，但存在较为明显的资源限制。

东南临海区是中国最适合人类居住与发展的区域。该区地处中国的亚热带与湿润区，年降水量 1000～2000 毫米，降水丰富。区内生态景观形态丰富，平原、低山丘陵（或山地）与中高山地构成比约为 4：4：2，河流密布，植被覆盖度高，年均 NDVI 为 0.50。东南临海区长江水道通江达海，具有吸收人流、物流与资本流的天然优势，是中国人口流动的重要汇。2007 年，该区户籍人口城镇化率为 60%，乡村人口中约 2/3 从事非农产业。城乡人均收入比总体为 2.6：1，区域差异较为显著。

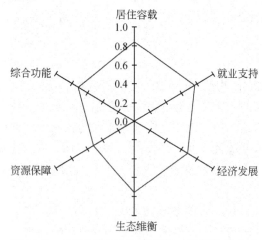

图 12.5　东部临海区可持续发展功能指数雷达图

---

① 高新技术产业包括电子信息技术、机电仪一体化、生物医药工程、新能源和新材料等行业。

东南临海区是中国内地区域经济的热点区与区域经济发展的增长极。2007 年，东海临海区人均 GDP 超过 40 000 元，GDP 密度约为 1900 万元/平方公里，是全国平均水平的 6 倍多。三次产业构成比为 6%：52%：42%，区域经济处于工业化成熟期向工业化后期转变的转折时期。东南临海区工业以制造业为主导，尤以机电产品、高新技术产品、机械及运输设备、化学品及相关产品见长。全国 86% 的化学纤维、45% 的机制纸与纸板、43% 的化学农药、52% 的乙烯、25% 的钢材、33% 的金属切割机床、39% 的大中型拖拉机、39% 的轿车、63% 的家用洗衣机、95% 的微型电子计算机、86% 的集成电路与 70% 的彩色电视机系该区生产。

东南临海区经济具有明显的外向型特征，是中国国际资本的重要流动通道。这可以从该区贸易依存度的变化中得到验证。1978 年时，该区贸易对外依存度不足 10%，目前已经超过 90%。东南临海区出口以工业制成品产品出口为主，占其出口总额的 90% 以上，其中机电产品约占半壁江山。但是，整体而言，该区的产品出口仍以中低技术水平的劳动紧密型制成品为主。随着经济全球化、一体化的发展，该区将继续担负中国国际竞争力提升和国内经济发展示范的重要作用。

东南临海区土地资源紧缺。全区常用耕地仅占全国总量的 7.3%，人均常用耕地为全国平均水平的 1/3。2007 年，东南临海区粮食与油料产量约占全国的 9%，禽畜肉与鲜蛋产量占全国 10% 略多，水果产量占全国的 19%。由于该区分布着全国 17.7% 的户籍人口，除水果与水产品之外，该区的粮食、肉、蛋、奶等多项农产品的人均占有量均低于全国平均水平。东南临海区综合粮食产出密度为 95 吨/平方公里，在一级区中居第四位，但相对于该区的气候资源而言，粮食产出密度并不高。这与该区农（业）、城（镇）、工（业）三方争地，土地管理强度不高，具有密切的联系。

东南临海区渔业用地资源丰富。浅海滩涂海湾可养殖面积 135 万公顷，占全国总量的 52%，陆地区水网密布全区。全国 45% 的水产品产自该区。近年来，该区不断扩大水产业规模，由于片面追踪产品的经济价值，忽视水产品赖以发展的水生态环境的社会价值与服务性生态价值，引发了不容忽视的环境污染与生态退化，成为制约区域水产业发展的瓶颈。

东南临海区生态要素丰富，生态维衡功能极为重要。江苏省、上海市与浙江省北部处长江中下游平原区，平原广袤，耕地富集。浙江省南部及其他区域峰峦逶迤，林木葱郁，是武夷山、天目山、雁荡山、戴云山等著名大山分布所在。境内河流纵横，海岸曲折，湿地面积大，类型丰富，支持着丰富的生物多样性。全区森林覆盖率超过 50%，湿地面积占全国总量的 13%，湿地鸟类接近全国总数的半数。这一功能区富集全国 17.5% 的淡水资源，是东海与南海的毗邻，是全国近 1/3 GDP 的创造者。该区的水生态健康直接关系全国的可持续发展。由于污染排放与不合理开发利用，该区的水生态面临环境容量超载、湿地萎缩、林地质量退化等一系列问题。例如，"湿地大省"江苏在 20 世纪最初的 5 年里，湿地面积萎缩了 30 万公顷多。

综合而言，东南临海区宜居性优越，有进一步聚居人口的潜力。产业体系发达，经济战略地位显著，但资源约束明显，生态环境退化与污染问题也较为突出。因而，对东南临海区的发展功能定位是：以提高区域产业国际竞争力与要素生产力为核心，合理规划城镇布局与产业空间布局，走产业经济增值、智力资源培育与生态经济增值并重的多功能全面发展道路。

12.3.2.4 中南近海区

中南近海区的可持续发展功能综合指数（图 12.6）为 0.66。其中，居住容载功能指数与生态维衡功能指数分别为 0.82 与 0.78，居一级区之首位；就业支持功能与资源保障功能的指数接近 0.60；经济发展功能指数为 0.51。综合而言，中南近海区的相对主导功能是居住容载功能与生态维衡功能，相对限制性功能是经济发展功能。可见，协调好生态系统与社会经济之间的发展关系，是关系该区可持续发展的关键。

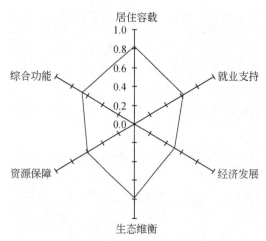

图 12.6　中南近海区可持续发展功能指数雷达图

中南近海区与东南近海区并处中国最适合人类居住的一级区。该区所属县或地处长江中游，或位于珠江流域，气候温暖、湿润，县域年降水量多为 800～1600 毫米。区内平原县、低山县与中高山县基本呈三分格局，且 90% 以上的人口居住在平均坡度小于 5° 的县域内。中南近海区植被覆盖总体较高，年均NDVI 为 0.47。该区近江近海，路网发达，水网密布，所涉及省份或 "八省通衢" 或 "九省通衢"，是联通中国南北与东西的核心一级区。2007 年，中南近海区城镇化率略超过 35%，城镇化水平总体与工业化水平相匹配，但明显滞后于全国的发展。55% 以上的乡村人口从事农、林、牧、渔业。城乡人均收入比为3.4∶1，高于全国平均水平。

中南近海区是中国重要的水、土资源分布区与大综合农业区。常用耕地占全国的 18%，不过由于人口规模大，人均常用耕地不足全国人均水平的 70%。淡水资源总量占全国的 30%，人均淡水资源量超过2500 立方米，较全国平均水平高 35%。水资源密度为 72.8 万立方米/平方公里，仅低于东南临海区，约是全国平均水平的 3 倍。农产品类型之丰富，规模之大，居全国一级区之首。2007 年，中南临海区粮食、棉花、油料作物产量分别占全国相应总量的 21%、17% 与 28%，水果与蔬菜产量占全国的 17%，禽畜肉与鲜蛋产量分别占全国的 23% 与 14%，水产品占全国的 19%，但奶类产品产出规模小，仅占全国的 2%。综合从气候、生物、土壤、水等自然资源与农业提供的就业机会、收入等社会经济资源来说，该区都是一个名副其实的大综合农业区。水、土资源特别是土地资源，是该区农业以及整个社会经济的命脉。该区虽然人口密度是全国平均水平的两倍多，耕地资源密度低于全国的平均水平，但主要农产品的人均占用量或超过全国平均水平，或与全国平均水平差距不大。

中南临海区水能与矿产资源丰富。全区水能资源约占全国总量的 1/4，约为 2 亿千瓦。目前是中国水电站分布的主要区域，分布着三峡、葛洲坝、汉江、丹江口、堵河、黄龙滩及白莲河、陆水、富水等著名大中型水电站。区内矿产资源种类繁多，储量较大，其中，广西与湖南省素有中国 "有色金属之乡"美誉，湖南省还是中国的 "非金属之乡"，江西省被形象地比喻为 "七朵金花"①、"世界钨都"、"稀土之乡"。在国家确定的 45 种主要矿产中，湖南省有探明储量的有 37 种，安徽省保有资源储量居全国前十位的矿产有 12 种，其中煤炭居全国第七位，铁、铜矿居全国第五位，硫铁矿、水泥灰岩居全国第三位；湖北省已有查明资源储量的矿产 98 种（含亚种），其中有 56 种矿产资源储量列居全国前十位。对国民经济发展具有重要意义的 15 种支柱性矿产中，湖南省有探明储量的有 12 种，其钨、铋、萤石、石墨、海泡石等 8 种矿产保有储量居全国首位。江西省已探明资源储量的矿产品有 102 种，其中保有资源储量居全国第一位的有铜、金、银、钽等 13 种金属矿产和硅灰石、海泡石黏土等 5 种非金属矿产；居全国第二位的

① "七朵金花" 是铜、钨、铀、钽、重稀土、金和银等 7 种矿产。

有钨、钪等 8 种；居全国第一位的有硅灰石、海泡石等 5 种。可见，中南近海区是中国低碳能源的重点发展区，也是中国制造业发展的战略资源保障区。

中南近海区的生态安全不仅关系本区的经济安全发展，更关系东南临海区乃至全国的经济安全发展。全区林草地覆盖率接近 50%，其中森林覆盖率为 34%；湿地面积占全国的 12%，覆盖率为 4%。由于 20 世纪 50 年代以来的持续过度采伐，该区林地分布不均，林种与树种总体上比较单一，属于绿化数量型林业，具有良好水土涵养等生态服务功能的森林所占比例不高。例如，在湖南的"四水"（长江中游的一级支流中流经湖南的湘江、资江、沅江和澧水）中上游流域，林地覆盖率为 46%，其中，80% 属于用材林和经济林，防护林与公益林所占比重不足 20%。森林保育功能不强，土地过度垦殖，工矿业污染物排放以及农业化肥、农药的强度施用致使中南近海区水土流失问题广泛发生，湿地退化严重，水体污染突出。全区有 15% 的县域面积土地退化指数高于 20%，在洞庭湖和鄱阳湖湖区周围尤为显著，不仅影响耕地质量与粮食生产，也造成了湖库淤塞、库容减少与河床抬高，加大了洪涝灾害发生的风险。

中南近海区是缩小中国区域发展差距的两大桥梁地带之一，但目前尚未发挥此潜力。2007 年，该区 GDP 占全国的 14%，人均 GDP 尚不足 15 000 元，在一级区中居倒数第四位，但 GDP 密度为 407 万元/平方公里，是全国平均水平的 1.4 倍。三次产业构成比为 17% : 45% : 38%，区域经济尚处于工业化初期。区内产业体系以农产品与矿产品居主导。第一产业增加值占全国总量的 22%，仅低于黄淮海区。第二产业以采掘业、化学制品业、机械制造业、钢铁业为主。2007 年，全区硫酸产量占全国的 28%，钢铁产量约占全国的 15%，水泥、化肥与农药产量约占全国的 20%～30%，汽车、家用洗衣机、家用电冰箱产量约占全国总量的 15%～30%。另外，该区的煤炭产量占全国的 8%，水利发电量占全国的 38%。

目前，虽然中南临海区建设用地占 6%，约是全国平均水平的 1.8 倍，但人均建设用地低于全国人均水平，土地利用开发程度距离开发极限[①]还有很大的差距。加上区内水、能源矿产与金属矿产资源丰富，水陆交通便利，是中国制造业发展极具基础与潜力的一级区。该区可能成为中国新的经济热点区。

中南近海区经济地位的重要性与目前的局面形成了鲜明的对比。要走出这一困境，该区必须高度重视生态资源与自然资源的多重价值——经济价值、生态价值与社会价值。因而，对中南临海区的可持续发展功能定位是：以生态资本化与经济化为基础，以生态增值与资源增值为核心，提高人口的就业技能、就业质量与收入、生活水平，走大农业生态化与大工业生态化的多功能发展之路。

12.3.2.5 四川盆地区

四川盆地区的可持续发展功能综合指数（图 12.7）为 0.65。其中，居住容载功能指数为 0.74，生态维衡功能指数为 0.69，就业支持功能指数与资源保障功能指数均为 0.64，经济发展功能指数为 0.51。总体上，该区没有明显的主导功能与限制性功能，但相对而言，居住容载功能是相对主导功能，经济发展功能是相对约束功能，这一约束是可以解缚与突破的。与中南近海区类似，该区发展的关键也是协调好生态系统与社会经济之间的发展关系。

四川盆地区地处长江上游，在气候带上属于中亚热带气候，在干湿分区上属于湿润区。全区 60% 以上的县域面积海拔在 800 米以下，区域地势起伏度小于 6°，森林覆盖率为 35%，如果考虑用材林与经济林等其他林种，全区林地覆盖率约为 55%，属于典型的"绿区"。大部分县域地质较为稳定。2007 年，四川盆地区城镇化率逼近 40%；城乡人均收入比为 5.3 : 1，远高于全国平均水平；区内大部分县域的 HDI 属于中下发展水平，约 55% 的乡村劳动力从事农、林、牧、渔业。整体而言，该区的宜居性主要在于自然层面，社会环境方面亟须提升。

四川盆地区是缩小中国区域发展差距的另一大桥梁地带，与中南近海区类似，目前该区也尚未发挥此方面的影响力。2007 年，四川盆地区 GDP 接近全国总量的 5%，GDP 密度为 563 万元/平方公里，是全

---

① 高志强等（1999）研究认为土地利用开发程度指数极限为 400。

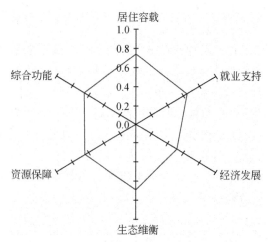

图 12.7 四川盆地区可持续发展功能指数雷达图

国平均水平的 1.9 倍；人均 GDP 不足 13 000 元，在一级区中居倒数第三位；三次产业构成比为 17%：46%：37%，尚处于工业化初期。作为老工业基础，四川盆地区工业以能源、原材料、化工、冶金为主导，近年来机械制造业在本区有较快的发展。总体而言，该区经济结构存在显著的"重工业过重、轻工业过轻"，2000 年以来，轻重工业构成比之悬殊达到了历史最大，已经接近 30%：70%。工业重型化趋深（王嘉瑞，2008）反页了该区经济发展目前有重复东南近海区的历史轨迹，走数量型扩张的动悟。

四川盆地区自然资源丰富，是天赋的"聚宝盆"。全区已探明储量的矿产资源多达近百种，在国家论证的 45 种主要矿产中，半数以上在该区有分布。该区天然气、铁、钛、钒、铂族、轻稀土、硫铁矿、铝土矿等近 20 种储量居于前列（按省份水平比较）。渝西、渝东南、渝东、川南、川西南均属于矿产资源富集区。四川盆地区水能资源丰富，是中国最大的水电开发和西电东送基地之一。生态旅游资源也十分丰富独特。丰富的自然资源为该区经济发展提供了坚实的自然保障，同时也容易引发数量型开发利用，进而引致"资源诅咒"。

四川盆地区担负着重要的耕地保育、大粮食生产与生态服务产品供给功能。全区常用耕地不足全国的 4%，但粮食产量占全国的 6.6%，油料产量占全国的 7.8%，禽畜肉产量占全国的 12.3%。综合粮食密度为 139 吨/平方公里，是全国平均水平 2.5 倍；畜牧产品密度为 40 吨/平方公里，是全国平均水平的 4.7 倍，是长江上游的"第一粮仓"。该区人均常用耕地不足全国平均水平的一半，人多地少的矛盾非常突出。保育耕地，就等于培育该区的经济优势。四川盆地区地处长江上游，地质、地貌复杂，其生态安全直接关系整个东部地区与全国。全区林地面积在近十余年来虽总体上不断增长，但有林地以中幼林为主，提供生态服务产品的能力不高，防护效益和森林抗逆力较差，增加了区域发生洪涝灾害与地质滑坡、泥石流的风险。高强度的干扰使得四川盆地区的生态问题较为严峻。例如，四川省有 1/3 的土地、重庆市有 1/2 的土地存在不同程度的水土流失；若尔盖草地中的 300 多个湖泊已有 200 多个干涸（黄勤，2009）；2002 年 1～2 月，国家环保局抽查重庆饮用水源地水质发现水质全部超标，主要超标项目是类大肠菌，全市集雨面积大于 100 平方公里的 207 条次级河流，有 1/4 以上被严重污染，并基本丧失了水资源的使用功能。自然生态条件退化，已经影响到了该区的生物多样性资源。

综合而言，促进居住容载功能从数量型向质量型转变，是四川盆地区未来发展的重点。其关键是培育健康的生态基础，不断提高区域可更新资源生产力与经济生产力。因而，对四川盆地区的可持续发展功能定位是：以生态资本化与经济化为基础，以生态增值与资源增值为核心，走大农业生态化、大工业生态化与服务业生态化的多功能发展之路。

12.3.2.6 云贵高原区

云贵高原区的可持续发展功能综合指数（图 12.8）为 0.57。其中，生态维衡功能指数为 0.76，居住容载功能指数为 0.63，就业支持功能、资源保障功能与经济发展功能的功能指数依次为 0.55、0.47 与 0.43。可见，生态维衡功能是云贵高原区的明显主导功能。总体上，该区没有明显的限制性功能，其经济发展功能属于相对约束功能。生态维衡功能居主导，经济发展功能居最弱地位也属于相对约束功能，客观上要求区域提供的产品中应该有相当一部分是具有公共服务性质的生态服务产品，这要求其自然可持续发展优先于经济社会可持续发展，在战略安排与生产生活实践中必须协调好自然发展与社会经济发展的发展关系。

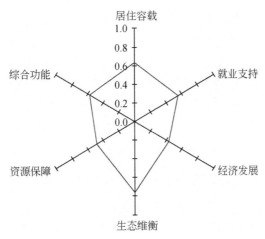

图 12.8　云贵高原区可持续发展功能指数雷达图

云贵高原区属于"绿区"，林地覆盖率与森林覆盖率分别为 55% 与 45%。大部分地区温湿宜人，但该区山高、山多、山陡，是破坏性地震与泥石流的密布区。除盆地县外，该区大部分县域的居住容载功能为"较低"。地质安全是约束该区人口分布与聚集程度的关键因素之一。2007 年，云贵高原区城镇化率不及 25%，城乡人均收入比为 4.5：1，差距非常悬殊；区内大部分县域的 HDI 属于中下发展水平，近 65% 的乡村劳动力从事农、林、牧、渔业。该区可持续发展需高度重视人口合理布局与人口素质与就业。

云贵高原区矿产资源与水能丰富。矿产资源种类齐全，储量与富矿比例均较大，找矿潜力好。其中，云南省素有"金属王国"美誉，贵州省以"沉积岩王国"著名，川西地区也属于四川的资源富集区。云南省的锡、铅、锌、磷、铟等 20 余种矿产资源和贵州的铝土矿、磷矿等 20 余种矿产资源保有资源储量居全国中前三位（省份排名，下同）。全区矿产资源富集区相对集中。例如，贵州省煤炭资源保有储量 530 亿吨，全国排名第五位，集中分布于西部的六盘水和毕节地区；铝土矿保有储量 3.95 亿吨，居全国第二位，占全国总量的 17%，集中产于中部；富磷保有储量 25.6 亿吨，列全国第二位，集中于开阳、瓮福和织金新华，锰矿保有储量 7181 万吨，占全国总量的 13%，集中分布于遵义与松桃两地。而云南的富磷矿、富锰矿、富铁矿与富铜矿分别占全国富矿保有资源储量的 34.4%、45.3%、27.7% 与 13.6%。该区部分地区开发较早，已经成为或接近资源耗竭，但是老矿山资源枯竭与外围资源丰盈并存。综合而言，云贵高原区在全国矿产资源保障中占有重要地位。此外，该区旅游资源与水能资源也非常丰富。

云贵高原区是目前中国经济发展的"洼地"，与之丰富的自然资源形成了强烈的对比。2007 年，该区 GDP 占全国总量的 3%，GDP 密度为 143 万元/平方公里，不足全国平均水平的一半。人均 GDP 不足 10 000 元，在一级区中居最末，三次产业构成比为 18%：46%：36%，与四川盆地区类似，即该区尚处于工业化初期。该区经济发展"洼地"局面的形成，与其是全国重要能源与矿产资源基地、产业倚重数量型扩张、业态丰度不足且一度过于依赖烟草等农业资源与矿业资源、产业链条偏短具有密切的联系。不过，该区在装备制造业方面具有相对较好的基础，在可更新能源开发方面也极具潜力。

云贵高原区常用耕地占全国的比重与四川盆地区接近，但耕地质量与生产力明显偏低。粮食产量、油料作物产量与禽畜肉类产量占全国的比重分别比四川盆地区低近 1 个百分点、4 个百分点与 5 个百分点，依次为 5.7%、4.7% 与 7.4%。综合粮食密度为 48.6 吨/平方公里，仅为四川盆地区的 1/3 略强，是全国平均水平 87%；畜牧产品密度为 40.2 吨/平方公里，为四川盆地区的 1/4，是全国平均水平的 1.2 倍。尽管耕地质量与生产力不高，但在西南地区，云贵高原区的耕地与农业生产力依然十分重要，耕地在经济发展中的生命线地位不亚于平原地区，甚至较平原地区更为重要。

云贵高原区是长江、珠江等国内外江河的上游、源头和分水岭。其地质环境脆弱，人地矛盾突出，加上矿业采掘业在区内经济体系所占比重较大，引发了植被退化、泥石流、水土流失、土地沙漠化、石漠化、水体功能萎缩、生物多样性受危等多重生态环境问题。全区土地退化指数平均为 26%，有 26 个县域单元区域平均坡度超过 25°，这些县域户籍人口共 1100 万人。其中，云南省的水土流失状况虽然较 20 年前有所好转，但是水土流失面积依然高达该省总面积的 37%，每年因此流失土壤 5 亿吨多，且多是肥力强、颗粒细、有机质含量丰富的表土，全省共有 2442 座水库、水电站遭受明显影响（孟广涛，2011）。岩溶环境系统是一个仅次于沙漠边缘地区的脆弱生态环境系统。贵州省处于岩溶区的腹地，是全球三大连片岩溶发育区之一，全省 73% 的区域属于岩溶面积（叶良平，2009）。该省石漠化总面积 9.8 万平方公里，占全省土地总面积的 56%（刘唐松与戴全厚，2008），集中分布在贵州西部及西南部的毕节地区、六盘水市、安顺地区、黔西南州及黔南州（长江流域和珠江流域的分水岭地带），占全省石漠化面积的 87%。云贵高原区陆地生态环境破坏严重，水资源的维系基础遭遇严重损失，对该区及全国的当地及未来发展形成明显的影响。

综合而言，云贵高原区应该以生态维衡功能为核心，以生态恢复保育经营、产业结构优化与人口合理聚集与分布为重点，以生态增值、资源增值与人力资源提升为目标，走生态经济化区域可持续发展之路。

12.3.2.7 青藏高原区

青藏高原区可持续发展功能综合指数（图 12.9）为 0.41，在一级区中最低。该区生态维衡功能与云贵高原区并列全国第一，功能指数为 0.76。就业支持功能位居该区第二，为 0.44，明显低于生态维衡功能。居住容载功能、经济发展功能与资源保障功能的功能指数依次为 0.35、0.33 与 0.18。可见，生态维衡功能是该区的绝对主导功能，资源保障功能是该区的绝对限制功能。

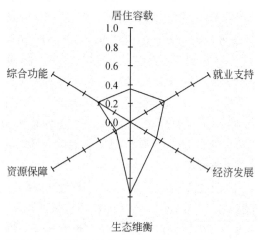

图 12.9　四川盆地区可持续发展功能指数雷达图

青藏高原区素有"世界屋脊"和"地球第三极"之称，是维系全国生态安全与发展可持续性的战略生态屏障区。该区地理特殊，是中国乃至东半球的气候启动器和调节器，对影响中国旱涝分布的气候格局作用明显，是影响中国与东亚气候系统稳定的重要屏障（毛飞等，2008）。该区地势高耸带来的高原动力作用、特殊热力效应和热量、水气交换的巨屏障作用，直接影响长江流域季风梅雨的发生与过程，影响全国旱涝格局。青藏高原区是南亚、东亚地区的江河源与生态源。该区是世界上山地冰川最发育的地区，也是世界上河流发育最多的区域，全区湖泊星罗密布，江河川流不息，是"亚洲水塔"。可见，青藏高原区水源涵养和河流水文调节功能在全国生态安全格局中至关重要的地位。青藏高原区环境地域单元独特，野生动植物资源丰富，是重要的生物物种基因库。该区拥有除海洋生态系统外的所有陆地生态系统类型，是世界山地生物物种最主要的分化与形成中心、全球高海拔生物多样性最丰富的区域，有高寒生物自然种质库之美誉。青藏高原区属高寒草甸和草原区，生态环境脆弱，水土保持能力较差。由于气候暖化[①]与人为因素的共同作用，该区草地退化、土地荒漠化、土壤与植被退化问题较为突出。

青藏高原区海拔高，气候寒冷，且大部分地区干旱或半干旱，加上是地质灾害的重酝灾区，因而居住容载功能低。2007年，该区城镇化率不及20%，城乡人均收入比超过8∶1，区内大部分县域的 HDI 小于0.5，属于低发展水平，全区80%的乡村劳动力从事农、林、牧业。青藏高原区的 GDP 仅占全国总量的0.2%，GDP 密度为40 000元/平方公里，与全国平均水平相差两个数量级；人均 GDP 居全国倒数第二位，接近10 500元。青藏高原区三次产业构成比为31%∶36%∶44%，处于工业化初期。虽然该区三次产业已形成了"三二一"结构，但三次产业结构内部并不协调（刘刚与沈镭，2007），第三产业增加值半数以上来源于中央财政补贴，并带有明显的消费型、粗放型特征；第二产业倚重于建筑业，主要由于国家投资拉动，使得该区经济呈现显著的依附特征，产业基础不稳，区域特色、优势利用与经济活力不足。例如，西藏边境线约4000公里，与南亚五个国家和一个地区接壤，具有发展边境贸易独特的地缘优势。这一区位优势在目前尚未被开发利用，转化为经济资源。

类型多样、利用潜力较好的丰富资源，是该区可持续发展的重要依托。全区矿产资源种类丰富，已发现矿床、矿点及矿化点3000余处，涉及矿种102种，在资源上是中国重要的战略资源储备基地。在已查明矿产资源储量的矿产中，有12种矿产居全国前五位，有18种居前十位，其中，铬、铜的保有储量位列全国第一。目前，该区的矿产业尚处于起步阶段，对 GDP 的贡献率很小。该区清洁能源丰富，仅西藏的水能资源理论蕴藏量就约为2亿千瓦，其中可供开发利用的水能资源有5600万千瓦，是现已开发利用的水能资源的20多倍。该区是国家"西电东送"的能源接续基地。光能资源丰富，太阳辐射值接近世界最大值，开发利用潜力极大。该区生态旅游资源、野生动植物资源与药用生物资源也十分丰富，且具有浓厚的区域特色，蕴含着丰富的价值。但是，这些有利的资源优势与条件目前尚未被生态化，进而转化为产业优势。某种意义上，合理有序地开发该区的优势资源，包括矿产资源，是畅通该区经济发展与生态屏障保育功能的重要桥梁。

由上可见，虽然青藏高原区是全国可持续发展综合功能的低功能区，但是其在全国可持续发展格局中地位的重要性不亚于任何其他区域。作为中国、南亚和东南亚地区的"江河源"和"生态源"、中国乃至东半球气候的"启动器"和"调节区"，该区生态安全关系全国可持续发展的命运。目前青藏高原区社会经济落后，生态系统面临诸多问题，区位与自然资源优势尚未得到优先利用。因而，对该区的可持续发展功能定位是：以生态维衡功能提升为核心，走自然资源生态经济化的发展道路，全面协调该区的社会经济发展与自然生态系统发展。

12.3.2.8 西北区

西北区的可持续发展功能综合指数（图12.10）为0.46。其中，功能最大的是就业支持功能，功能指数为0.61；其次为生态维衡功能，功能指数为0.54，居住容载功能与经济发展功能的功能指数均为0.45左右；资源保障功能最低，功能指数为0.27。总体上，就业支持功能系该区的相对主导功能，这主要得益于丰富的资源矿产与可利用土地资源，资源保障功能系区可持续发展面临的明显约束功能。

---

① 根据《西藏生态安全屏障保护与建设规划（2008—2030年）》，1961~2007年，西藏地区年平均气温以每10年0.32℃的速率上升，明显高于全国和全球的增温率。气候变化导致冰川退缩，高原冻土下界上升与冻融消融作用加强，诱发草地退化。

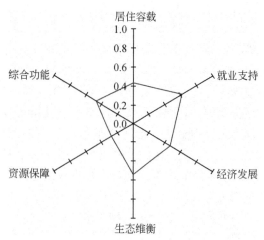

图 12.10　西北区可持续发展功能指数雷达图

西北区降水少，气候干旱，区内荒漠与沙漠化土地广泛分布，植被稀疏，但各县区域内地势较为平坦，平均坡度多在 6°以下。因而，居住容载功能低。2007 年，该区城镇化率为 50%，城乡人均收入比 3.5∶1，约 4/5 乡村从业人员从事农、林、牧、渔。大部分县的 HDI 处于中下发展水平。西北区 GDP 不足全国总量的 2%，GDP 密度为 21 万元/平方公里，约是全国的 1/15，人均 GDP 接近 19 000 元，比全国平均水平低 1/6。三次产业构成比是 17%∶51%∶32%，处于工业化发展的中期阶段。作为老工业基地与能源、原材料基地，西北区产业结构存在诸多与东北区、青藏高原区类似的问题。首先，技术落后，过度依赖矿产资源，产业链短，附加值低，区位、草业、矿产与清洁能源资源优势未有效转化为产业优势。其次，工业发展过度依赖重工业。例如，新疆重工业占工业增加值的比重在 1978 年为 21.6%，到 1991 年下降为改革开放以来的最低水平，为 12.7%，而后逐步提升，目前已经接近 38%，轻工业比重则从 1978 年的 15.4%下降到 2008 年的 4.8%。第三，产业垄断明显。该区工业企业数占全国总量的 0.7%，每个工业企业的平均增加值是 1.17 亿元，在全国一级区中居第一位，产业垄断情形由之可见。此外，区域经济发展过度依赖资本形成，特别是国家投资。

西北区矿产资源丰富，煤、石油、铝土等资源储量在全国居重要地位，是中国重要的能源矿产战略要地。该区虽然荒漠广布，但土地资源总量相对丰富，属于国家土地储备区，人均常用耕地面积是全国的 1.8 倍，人均粮食产量 374 公斤，禽畜肉产品 68 公斤，均高于全国人均水平。该区是全国重要的经济作物分布区，棉花产量约占全国的近 1/3。西北区水资源稀缺，全区区域面积占全国的 25.4%，淡水资源总量不及全国的 2.5%，水资源密度为 2.3 万立方米/平方公里，是全国平均水平的 1/11[①]。从流域角度，西北区水资源分为内陆水系和外流水系，前者汇水面积小、流程短、河道比降大，是绿洲经济的生命命脉；后者主要包括黄河上游河段，是该区灌溉农业的命脉，更是黄河中下游生态与经济可持续发展的重要命脉。在西北区，水不仅是生产要素资源，更是生态服务功能载体资源。保障生态用水是维系这一地区土地生态系统健康，支持矿业资源开采利用的基本前提。过度开发水土资源，已经给该区造成了河流功能萎缩、土地沙化与盐渍化、植被退化等很多生态问题。例如，新疆的塔里木河流域的耕地面积增加了 6916 万公顷，人口增加了 568 万人（李香云，2004），由于上游地区过度开发造成下游可用水减少和断流；河西走廊的黑河下游在 20 世纪 50 年代连片茂密的沙枣、胡杨、红柳、芦苇、芨芨草等灌木草甸（杨国宪等，2004），由于上游的截水灌溉，已濒临消失。新疆草地退化率从 1980 年的 5.8%增加至 2007 年的 80.0%（董智新与刘新平，2009），造成生态收益与经济收益双低。

综上，资源保障功能是西北区的约束功能，但在国家可持续发展格局中同时又肩负着矿产资源基地

---

① 由于人口稀疏，西北区人均水资源为 2100 立方米多，比全国平均水平高 14%。

与土地储备基地的重要资源保障功能。看似矛盾的描述，深刻表达了西北区资源功能供给与功能需求的矛盾、区内发展需求与国家发展需求之间的冲突。协调好水、土、矿三者之间的开发利用与保护关系，是该区可持续发展的核心。这一功能区的矿产资源开发必须重视水资源约束，农业结构也要节水，农矿生产以及城镇建设必须注重节约土地资源，产业安排必须在保障生态用水的前提下进行，要走生态矿业经济的发展之路。所以，对西北区的可持续发展功能定位是：以维护与提高水资源的生态服务载体功能为前提，经济系统以节水与资源利用高效为重点，社会系统为发展教育，吸引人才与人口合理布局为重点，自然系统以生态恢复保育为重点，走生态保护产业、生态农业、生态工业共同发展的道路。

12.3.2.9 中北高原区

中北高原区的可持续发展功能综合指数（图 12.11）为 0.54。其中，就业支持功能、经济发展功能与生态维衡功能较为接近，功能指数约为 0.60，居住容载功能指数为 0.50；资源保障功能指数为 0.36，在一级区中居第四位，但与处于第三的黄土高原区差别甚微。综合而言，中北高原区没有明显或相对明显的主导功能，但有明显的约束功能，为资源保障功能。

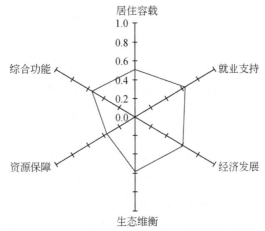

图 12.11　中北高原区可持续发展功能指数雷达图

中北高原区虽地处高原但内部地势起伏度较小，在气候上属于干旱、半干旱区，地表植被覆盖覆盖率低，NVDI 为 0.23，该区的居住容载功能总体上处于较低水平与低水平的临界。2007 年，中北高原区城镇化率达到 60%，居一级区之首，且以资源型城市为主要类型。该区 75% 的乡村劳动力从事农、林、牧、渔业，由于区内耕地与草地人均面积双丰，该区城乡差距接近于全国平均水平，城乡人均收入比为 3.2∶1。

中北高原区是全国重要的农业用地分布区，是中东部地区巨大的生态安全屏障。该区常用耕地占全国的 3.1%，人均常用耕地是全国平均水平的 2.5 倍，人均粮食是全国平均水平的 1.5 倍，为 537 公斤；区内约 3/4 的土地利用为林草地，人均禽畜肉产品 81 公斤，是全国平均水平的 1.3 倍。该区水资源短缺，人均水资源不足全国平均水平的 40%，水资源密度为 2.5 万立方米/平方公里，仅为全国平均水平的 1/10，略高于西北区。水土资源不匹配情形突出。中北高原区是中国北方主要江河源地及上游地段，同时也是北方沙质荒漠化最严重的地区之一，土地退化问题突出，土地退化指数为 31%。土地退化与水资源稀缺是该区可持续发展的主要限制因素。

中北高原区资源丰富，经济产业结构相对发达，实力较强，是中西部的经济高地。该区是全国重要的煤炭资源、油气资源、金属资源、稀土资源与草原资源的分布区，羊、煤、土、气（羊绒、煤炭、稀土、天然气）是该区重要经济来源。2007 年，该区人均 GDP 超过 3.4 万元，居第二位，是全国平均水平的 1.5 倍，三次产业结构比为 8.6%∶50.7%∶40.7%，依产业结构判断，该区处于工业化成熟期与工业化后期的临界时期。而从经济密度角度看，中北高原区的经济并非如数字揭示得那样富有实力。GDP 密度为 117 万元/平方公里，不足全国平均水平的 40%。从产业的内部结构看，该区工业已经形成能源、冶金、装备制造、化工、农畜产品加工和高新技术产业等优势特色产业，但整体上依然具有"重型化"的特点，在资源开发利用中一度是"资源优势，效益劣势"。而且该区的产业集群程度不足。现有的鄂尔多斯煤炭产业群与羊绒产业群、包头稀土产业群、呼和浩特乳品产业群，主要靠政府投资、区外要素推动形成，产业群之间的关联与互补作用不强。此外，该区行业发展垄断特征显著，束缚了中小型乃至整个区的经济活力。近年来，西北在资源经济转型方面取得了显著的成绩，值得后发资源经济地区参考与借鉴。例如，鄂尔多斯市已探明煤炭储量约占全国总储量的1/6，通过变卖煤为卖电，使煤炭工业附加值增加5倍，同时为国家节约了大量的运输能耗；正在发展煤转化工产品项目将使煤炭附加值增加10～20倍。呼和浩特市乳制品产业的发展展现了农业集群发展与品牌发展的巨大效益。同时，该区在资源经济包括农业资源经济与矿产资源经济的发展中，日益重视技术创新与自主创新的经济效能。

综合而言，中北高原区的经济发展功能、就业支持功能与生态维衡功能基于共同的资源依托：农业用地、生态系统与矿产资源。从长久看，生态的健康是该区持续的财富源泉。受水资源稀缺与生态基底天然脆弱的影响，中北高原区的人口规模不宜大幅度增长，产业发展也需走节水型道路。所以，研究对中北高原区可持续发展功能的定位是：大西部片区与大西南片区生态资源经济化发展的技术示范与模式示范区；脆弱生态环境下经济实力提升的产业示范园。

12.3.2.10 黄土高原区

黄土高原区的可持续发展功能综合指数（图12.12）为0.55。该区的就业支持功能与生态维衡功能、经济发展功能与居住容载功能较为接近，功能指数分别为0.65与0.55，资源保障功能最弱，功能指数为0.35。可见，该区没有明显或相对明显的主导功能，但具有明显的限制性功能，为资源保障功能。

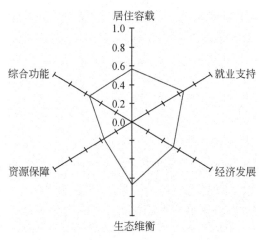

图12.12 黄土高原区可持续发展功能指数雷达图

由于温湿度气候因素的原因，黄土高原区的居住容载功能略高于中北高原区。该区与中北高原区在资源优势、产业结构方面具有明显的相似性，但社会经济发达程度却明显不同。黄土高原区矿产资源也非常丰富，是全国煤炭、铝土矿等矿产资源的主要分布区。2007年，该区GDP占全国总量的4.8%，是中北高原区的3倍，GDP密度为258万元/平方公里，是中北高原区的两倍多。但是由于人口稠密，该区人均GDP刚越过15 000元，不及中北高原区人均水平的一半。黄土高原区农业所占比重与中北高原区基本相同，第二产业所占比重较之高4.1个百分点，三次产业结构比为8.5%：54.8%：36.7%，处于工业化成熟期阶段。城镇化率为41%，仅为中北高原区的2/3左右。约65%的乡村劳动力从事农、林、牧、渔业，较中北高原区低10个百分点。城乡人均收入比为4.5：1，显著高于中北高原区。究其原因，可以归结为：黄土高原区农业获利能力相对较低，第三产业发展水平低，乡村居民收入低而不稳；资源产业主导与垄断明显，矿产资源输出中初级状态资源所占比重大，矿产资源经济效益外溢突出而向内辐射能力不足；城镇化与人类素质发展相对于产业发展滞后，拖累经济发展，同时也限制了居民收入与自身发展能力的提升。某种程度上，交通通达程度与制度关爱均衡度不足，也是该区与中北高原区差距与该区内部城乡差距较为明显的重要原因。

黄土高原区是中国农业的发祥地，农林牧渔发展潜力均很大。全区常用耕地占全国的10.2%，水资源占全国的2.2%，水土资源的匹配程度显著优于中北高原区。2007年，该区粮食产量占全国的5.2%，油料作物、棉花及禽畜肉产品占全国的2%~3%，水果产量占全国的13%左右。由于黄土高原区人口占全国人口的7.1%，因而，除水果外，该区上述农产品的人均占有量均低于全国平均水平。黄土高原区土地粮食生产潜力是现实生产力的4倍，草地中人工草场和改良草场不足5%，干草产量700千克/公顷左右，渔业生产条件较好，可供渔业用途的水面远未充分利用。此外，全区尚有数万公顷左右的宜农可垦荒地有待开发，已开垦的耕地中，中低产田面积占87.5%。由此可见，该区的农业有很大的增值空间。

黄土高原区地处多重过渡带结合部、中国粮仓黄淮海之上游，其生态安全关系重大。该区山区面积占全区总面积的77.8%，丘陵区占总面积的18.6%，平原面积仅占3.3%，是中国也是全球水土流失最为严重的地区之一。水土流失类型复杂，原因多样，既有自然因素，也有人为因素。目前，虽然该区林地覆盖率已经提高到35%，但是经济林与用材林占半数多，生态林与公益林所占比例不足一半，因而全区森林覆盖率不到17%。加上75%的草地存在不同程度的退化，区域生态系统的水土保育服务功能十分短缺。

综合而言，该区与中北高原区类似，经济发展功能、就业支持功能与生态维衡功能基于共同的资源依托：农业用地、生态系统与矿产资源。对该区的可持续发展功能的定位是：围绕水、土、矿、服务特别是水资源为核心，以土地恢复保育为重点发展多功能生态农业，提高土地生产力；以资源产业链延伸为重点，促进资源经济生态化发展与产业聚集；以人口合理布局为重点，加快城镇化进程，发展生态城镇；以传统服务产品与生态服务产品供给为重点，多角度发展第三产业。

参 考 文 献

董智新，刘新平．2009．新疆草地退化现状及其原因分析．河北农业科学，13（4）：89-92，96．

高志强，刘纪远，庄大方，等．1999．基于遥感和GIS的中国土地利用/土地覆盖的现状研究．遥感学报，3（2）：134-139．

国家统计局．2009．2008年中国区域统计年鉴．北京：中国统计出版社．

黄勤．2009．四川产业结构变迁及其生态环境效应研究．西南民族大学学报（人文社科版），（6），183-187．

李香云，杨君，王立新．2004．干旱区土地荒漠化的人为驱动作用分析——以塔里木河流域为例．资源科学，26（9）：29-36．

刘刚，沈镭．2007．1951~2004年西藏产业结构的演进特征与机理．地理学报，62（4）：364-376．

刘唐松，戴全厚．2008．贵州省石漠化地区生态系统健康状况评价综述．水土保持研究，15（4）：165-167．

龙如银．2005．中国矿业城市可持续发展：理论与方法研究．北京：中国矿业大学出版社．

毛飞，唐世浩，孙涵，等．2008．近46年青藏高原干湿气候区动态变化研究．大气科学，32（3）：499-457．

毛健，潘鸿．2011．矿产资源接续的路径选择——基于东北老工业基地振兴的战略思考．工业技术经济，（1）：2-12．

孟广涛．2011．云南省水土流失治理及水土保持效益研究．中国水土保持，（2）：34-36．

钱纳里，鲁宾逊，赛尔奎因．1995．工业化和经济增长的比较研究．吴奇译．上海：三联书店．

石建国．2009．中国工业化的路径转换与东北工业基地的兴衰．中国党史研究，（3）：26-33．

王嘉瑞．2008．重庆市产业结构虚高度化问题及对策．商业时代，（18）：104-105．

王宗明，宋开山，刘殿伟，等．2009．1954~2005年三江平原沼泽湿地农田化过程研究．湿地科学，7（3）：208-217．

西蒙·库兹涅茨．1985．各国的经济增长．北京：商务印书馆．

杨国宪，何宏谋，杨丽丰．2003．黑河下游地下水变化规律及其生态影响．水利水电技术，34（2）：27-29．

叶良平．2009．贵州岩溶生态脆弱区水资源可持续利用研究．中国农村水利水电，（12）：27-29．

赵春雨．2006．论转型期政府作用与社会分配．商业时代，（19）：7-43．

赵济．1995．中国自然地理．北京：高等教育出版社．

周生贤．2004-03-01．建设大生态屏障，确保东北地区可持续发展．人民日报，13．

13

东北区

曹淑艳　谢高地　肖　玉

　　东北区共由 5 个二级区、16 个三级区、220 个县域单元组成，人口占全国总人口的 9.0%，区域面积占全国国土面积的 13.4%。本章主要内容包括：①基于不同尺度，分析东北区区内格局的总特征；②对各二级区，逐一分析其内部格局特征，以及其组成子功能区的特征，判定各二级区与三级区的可持续发展功能定位及促进功能发展的主要策略。主要结论是：可持续发展综合功能及各项子功能普遍具有尺度依赖性，在二级区尺度上是较为均匀分布的，在三级区与县域尺度上普遍是不均匀分布的。对二级区，适宜采用均衡发展的区域发展战略，对三级区，适宜采用非均衡的区域发展战略。各功能区是否适宜多功能均衡发展视具体区情与发展需求而定。各二级区中，东北城镇带综合发展区（I3）属于人类集聚发展型的功能区，适宜走多功能均衡发展的道路；大兴安岭生态屏障区（I1）与东北三江生态屏障区（I5）属于生态屏障型的功能区，适宜走资源保障功能约束下生态经济化发展道路；辽河平原生态农业区（I2）与松花江流域生态农业区（I4）属于耕地保育发展型的功能区，适宜立足于耕地保育，通过充分开发生态位资源，推进区域多功能发展。

13.1　功能区内部总体特征

13.1.1　基于二级区尺度分析

　　东北区共由 5 个二级区、16 个三级区组成（表 13.1）。5 个二级区中，属于耕地保育发展型的有 2 个，为辽河平原生态农业区（I2）与松花江流域生态农业区（I4）；属于生态屏障型的有 2 个，为大兴安岭生态屏障区（I1）与东北三江生态屏障区（I5）；属于人类集聚发展型的有 1 个，为东北城镇带综合发展区（I3）。各区经济、社会与资源的相对程度见图 13.1。东北区各二级区可持续发展功能评估结

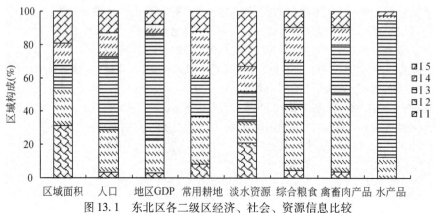

图 13.1　东北区各二级区经济、社会、资源信息比较

果表 13.1。由表 13.1 可见，除 I 1 的可持续发展功能综合指数相对略低，为 0.53，其他二级区的可持续发展功能综合指数基本接近，在 0.60 上下。可见，在二级区尺度上，东北区的可持续发展综合功能是较为均衡的，全区适合主导功能下的均衡发展战略。

表 13.1　东北区各二级区的可持续发展功能指数评价结果

二级区代码与名称		居住容载	就业支持	生态维衡	经济发展	资源保障	综合功能
I 1	大兴安岭生态屏障区	0.57	0.65	0.57	0.52	0.34	0.53
I 2	辽河平原生态农业区	0.66	0.64	0.55	0.51	0.63	0.60
I 3	东北城镇带综合经济区	0.70	0.73	0.56	0.63	0.55	0.63
I 4	松花江流域生态农业区	0.67	0.66	0.58	0.43	0.63	0.60
I 5	东北三江生态屏障区	0.66	0.70	0.64	0.53	0.44	0.59
东北区		0.66	0.68	0.54	0.58	0.54	0.60

13.1.2　基于县域尺度分析

图 13.2 至图 13.7 是同时以面积、人口与 GDP 为指标，基于区域可持续发展功能综合指数及各子功能指数绘制的指标累积曲线。区域面积累积曲线可以反映可持续发展功能的区域均质程度，其越陡峭，表明功能指数的区域均质性越高。区域面积累积曲线、人口累积曲线与 GDP 累积曲线的接近与远离程度可以揭示评价区内各县域单元人口分布、经济分布与人均财富的均质程度与差异程度。

图 13.2 表明，东北区基于可持续发展功能综合指数得到的区域面积累积曲线、人口累积曲线与 GDP 累积曲线均呈"S"型，且相互之间的关系总体为基本重叠或平行。可见，东北区内各县域的区域面积、人口与 GDP 总体上与可持续发展功能综合指数具有正向的关系。可持续发展功能综合指数低于 0.50 即处于"低"等级的县域，其人口与 GDP 均占全区的 0.5%；可持续发展功能综合指数为 0.50~0.60 即处于"较低"等级的县域，其人口与 GDP 均占全区的 48%；可持续发展功能综合指数为 0.60~0.70 即处于"一般"等级的县域，其人口占全区的 46%，GDP 占全区的 43%；可持续发展功能综合指数为 0.70~0.80 即处于"较高"等级的县域，其人口占全区的 6%，GDP 占全区的 9%。可见，在大部分县域，该区的人口分布与 GDP 分布是较为均质的。

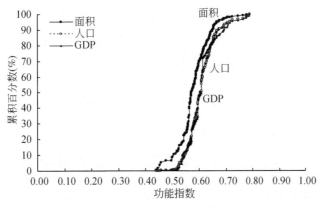

图 13.2　基于可持续发展功能综合指数的东北区累积曲线

图 13.3 表明，东北区基于居住容载功能指数得到的人口累积曲线与 GDP 累积曲线均呈"S"型，且总体上相互重叠，而区域面积累积曲线为弧形与"S"型复合曲线。其中，大部分县域单元的居住容载功能指数为 0.65 左右，这部分县域单元的人口累积曲线与 GDP 累积曲线接近线性，说明居住容载功能在东

北区大部分县域间是均匀分布的，人均财富也基本相等。全区共 164 个即 75% 县域的居住容载功能为"较高"，其面积合计占全区的 56%，人口占全区的 81%，GDP 占全区的 87%。居住容载功能为"一般"的县域面积合计占全区的 28%，人口占全区的 17%，GDP 占全区的 12%。而居住容载功能为"较低"的县域面积合计占全区的 16%，人口占全区的 2%，GDP 不足全区的 1%。

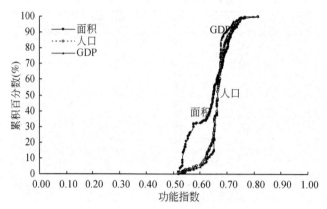

图 13.3 基于居住容载功能指数的东北区累积曲线

图 13.4 表明，东北区基于就业支持功能指数得到的区域面积累积曲线、人口累积曲线与 GDP 累积曲线之间形成明显的侧立柳叶结构，说明就业支持功能指数总体上是不均匀分布的。全区 78.3% 的县域单元就业支持功能指数为"较高"与"高"，有 21.3% 的县域单元就业支持功能等级为"一般"，只有 1 个

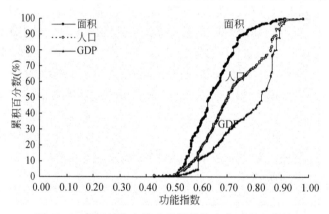

图 13.4 基于就业支持功能指数的东北区累积曲线

县域单元的就业支持功能指数为"较低"。就业支持功能指数为"一般"、"较高"与"高"的县域单元的数量构成比约为 21%：39%：39%，面积构成比约为 30%：40%：30%，人口构成比约为 15%：32%：53%，GDP 构成比约为 11%：17%：72%。0.8 是人口累积曲线与 GDP 累积曲线相对关系发生分化的重要就业支持功能指数分界线，该线左侧，人口累积曲线与 GDP 累积曲线剪刀差不断扩大，该线右侧，二者剪刀差逐渐缩小。

图 13.5 表明，基于经济发展功能绘制的县域面积累积曲线与 GDP 累积曲线之间、人口累积曲线与 GDP 累积曲线之间均呈现了明显的纺锤形，说明经济发展功能指数的空间分布是明显不均匀的。全区近 1/3 县域单元的经济发展功能指数为"较高"及以上水平，其县域单元面积合计占全区面积的 23%，人口占全区人口的 49%，GDP 占全区 GDP 的 78%，也就是说，东北区 3/4 多的 GDP 集中在 1/4 的县域单元面积上，为近 2/4 的人口所享有。有 42 个县域单元经济发展功能指数为"低"，其县域面积合计占全区的 23%，人口占全区的 14%，GDP 占全区的 4%。经济发展功能指数为"较低"与"一般"的县域单元数分别为 40 个与 26 个，县域面积分别占全区的 39% 与 15%，人口分别占全区的 24% 与 14%，GDP 分别占全区的 10% 与 8%。

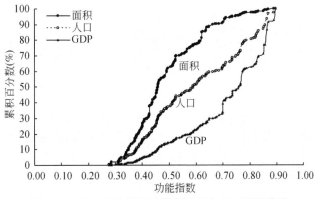

图 13.5 基于经济发展功能指数的东北区累积曲线

图 13.6 表明，东北区的生态维衡功能在县域空间上也是不均匀分布的。全区有近 100 个县域单元（占总县数的 45%）生态维衡功能指数为"较高"及以上水平，其面积合计占全区的 50%，人口占全区的 34%，GDP 占全区的 25%。生态维衡功能指数为"一般"的县域的面积合计占全区的 35%，人口与 GDP 均占全区的 25% 左右。生态维衡功能指数为"较低"及以下的县域的总面积合计占全区的 15%，人口占全区的 40%，GDP 占全区的 51%。生态维衡功能高值区经济相对贫困与生态维衡功能低值区经济相对富裕形成了鲜明的对比。

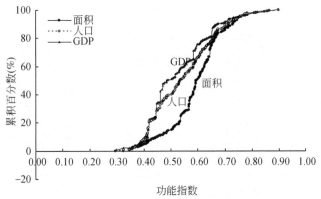

图 13.6 基于生态维衡功能指数的东北区累积曲线

图 13.7 显示，高功能者低富裕或者说资源拥有者贫困现象在东北区较为明显。全区有 33 个县域单元（占总县数的 15%）资源保障功能指数低于 0.15，其总面积占全区的 11%，人口占全区的 30%，GDP 约占全区的 60%。而资源保障功能指数为"高"的县域单元共 90 个，面积合计占全区的 32%，人口占全区的 41%，GDP 仅占全区的 25%。

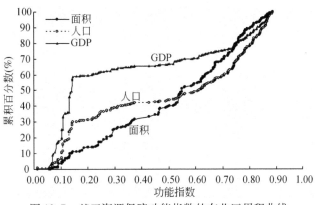

图 13.7 基于资源保障功能指数的东北区累积曲线

13.2 大兴安岭生态屏障区（Ⅰ1）

13.2.1 内部格局特征

大兴安岭生态屏障区（Ⅰ1）位于大兴安岭山脉的西北部，是嫩江右岸支流和额尔古纳河水系的发源地。Ⅰ1共有3个子功能区、22个县域单元（表13.2），总面积为40.7万平方公里，户籍人口418万人，人口密度10.3人/平方公里，在全国39个位于中国大陆的二级区①中居第33位。该区是内蒙古高原与松辽平原以及内、外流水系的重要分界线，全区森林覆盖率高达50%，生态服务功能高，水网密布，是中国北方重要的生态屏障区，在调节气候、涵养水源、稳定生态平衡、保障农牧业生产方面均具有重要作用。

表13.2　Ⅰ1区分区及其组成单元基本信息

功能区代码	功能区名称	县域单元名称
Ⅰ1-1	中麓物流集散经济区	扎兰屯市、牙克石市、阿荣、莫力达瓦达斡、额尔古纳市、根河市、鄂伦春
Ⅰ1-2	北麓森林保育经济区	呼玛、塔河、漠河
Ⅰ1-3	西南麓草原畜牧经济区	呼伦贝尔市辖区、满洲里市、鄂温克、新巴尔虎右、新巴尔虎左、陈巴尔虎、乌兰浩特市、阿尔山市、科尔沁右翼前、霍林郭勒市、东乌珠穆沁、西乌珠穆沁

除林地资源丰富外，该区多项指标均在二级区中居于前列。人均常用耕地面积8.1亩，居第1位；人均综合粮食占有量近1200公斤，居第1位；人均禽畜肉产品117公斤，居第3位；人均水资源超过1.1万立方米，居第5位；人均GDP近25 600元，居第10位。但是，由于区域面积广，上述指标的密度水平在全国各二级区中均处于后10位。2007年，Ⅰ1城镇化率为62%，城乡人均收入比为2.7：1，各县域HDI为中或中下发展水平，每千人拥有病床数为3.8张。

Ⅰ1属于中国可持续发展功能居于中间地位的二级区。其可持续发展功能综合指数为0.53，在东北区的二级区中为最低。图13.8表明，该区具有明显的约束功能，为资源保障功能，没有明显或相对明显的主导功能。很大程度上，该区的经济发展功能、就业支持功能均受益于其生态系统——拥有丰富的森林资源与水资源、较高的人均耕地占有量，以及区位优势。2007年，该区的三次产业构成比是22%：37%

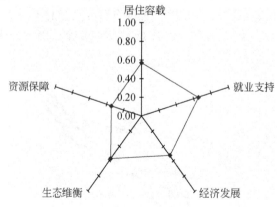

图13.8　Ⅰ1可持续发展功能评价综合结果

---

① 由于数据限制，未考虑香港、澳门与台湾信息。功能区排序未考虑台湾所在区（台湾在二级区与三级区中各有一个功能区）。

：41%，经济总体上还处于工业化初期。"三、二、一"的产业结构序位一方面反映该区经济发展符合经济结构演替方向，另一方面也反映该区在"农"口径上属于资源输出地区，可更新资源的经济增加值外溢明显。从其组成子功能区看，各区的可持续发展功能综合指数大致接近，但是子功能之间具有明显的分异（表 13.3）。Ⅰ1 各子功能区可持续发展功能的特色与依托，及其现在面临的主要发展问题见表 13.4。

表 13.3　Ⅰ1 可持续发展功能评价分区结果

功能区代码	居住容载	就业支持	经济发展	资源保障	生态维衡	综合功能
Ⅰ1-1	0.58	0.61	0.44	0.55	0.59	0.55
Ⅰ1-2	0.57	0.67	0.35	0.21	0.66	0.49
Ⅰ1-3	0.56	0.67	0.61	0.25	0.54	0.53

表 13.4　Ⅰ1 区可持续发展功能定位清单

功能区代码	特色生态屏障功能	发展功能的依托	存在的主要问题
Ⅰ1-1	河源生态屏障与平原生态屏障的家园	区位资源、森林生态产品与服务资源、耕地资源	产业结构不合理；资源初级产品输出为主
Ⅰ1-2	原始森林与原始生态河生态资源的家园	森林生态产品与服务资源	产业结构不合理；矿业开发引发生态破坏
Ⅰ1-3	天然草原生态资源的家园	草原生态产品与服务资源、区位优势	矿产资源深加工不足；草原退化问题严重

13.2.2　子功能区特征

Ⅰ1 有三个子功能区，它们是中麓物流集散经济区（Ⅰ1-1）、北麓森林保育经济区（Ⅰ1-2）和西南麓草原畜牧经济区（Ⅰ1-3）。

Ⅰ1-1 位于大兴安岭北麓中段的森林草原区、额尔古纳河的发源地。植被以针叶林为主，地形以低海拔小起伏山地为主，区域沼泽湿地分布广泛。该区没有明显的主导功能与限制性功能，但经济发展功能最低（表 13.3）。Ⅰ1-1 与俄罗斯赤塔州相望，是中俄边境贸易的重要通道，国家向北对外开放的窗口。其境内森林覆盖率高达 73%，野生动植物种类繁多，经济价值巨大，地下矿藏铅、锌、银、金、珍珠岩较为丰富。区内旅游资源丰富，大兴安岭林海自然景观壮美，近 20 个民族组成的民族大融合家园人文景观多样，例如，大兴安岭敖鲁古雅鄂温克猎民以独特的生产生活方式构成的人文景观。Ⅰ1-1 是 Ⅰ1 森林覆盖率最高、人均耕地面积最多与人均粮食占有量最多的子功能区，但经济发展水平在 Ⅰ1 三个子功能区中居中间。2007 年，Ⅰ1-1 人均 GDP 约为 12 500 元，仅为 Ⅰ1 人均 GDP 水平的一半，三次产业构成比为 40%∶25%∶35%，区域经济处于工业化准备期。目前，该区发展目前较为单一地依赖可更新资源生产，农业资源深加工能力、旅游资源与区位资源开发远远不足。综上，研究对 Ⅰ1-1 的可持续发展功能定位是物流集散经济区。充分开发该区的区位优势，发展低生态影响、高收益与高就业支持的物流业，活跃地区经济，同时也有利于不断增强区域生态服务流通量，增强区域生态屏障功能。

Ⅰ1-2 位于大兴安岭北麓的北段，森林覆盖率高，水资源丰富，水质极优。在 Ⅰ1-2 中，生态维衡功能与就业支持功能并属主导功能，资源保障功能属于限制性功能（表 13.3）。该区地形以低海拔平原与小起伏山地为主，有冻土发育。植被以北方针叶林为主，其中原始落叶松所占比例较大，阔叶林分布也较为广泛，系中国"绿色宝库"和"落叶松故乡"。激流河（又称贝尔茨河）与呼玛河流经该区，其中，激流河是中国北部原始林区水面最宽、弯道最多、落差最大的原始森林河，其绝大部分范围尚未开发，仍保持原始生态环境；呼玛河发源于大兴安岭北坡大布勒山和博乌拉山一带，属黑龙江水系，有一二级支流118条，主支流河道总长3357公里，水域中珍稀濒危野生动物种类繁多。该区是生物资源的宝库。野生异兽珍禽有鹿、犴、貉、黑熊、狍子、紫貂及飞龙鸟、榛鸡、树鸟、雉鸟等，江河中盛产闻名遐迩的鳇、鲟、鲑鱼和鳌鱼、哲罗、细鳞为代表的"三花五罗十八鳞"等鱼类，山林中富有毛尖蘑、猴头蘑、黑木耳、蕨菜、黄花菜等食用山产品，有号称"兴安药材八百种"的北芪、五味子、掌参、党参、柴胡、桔梗、防风等寒地野生药材。I1-2矿产资源很丰富。岩金、砂金、煤、大理石、矿泉水、黏土、陶粒矿、磁铁矿、黄铜矿等20余种矿产资源储量可观，其中黄金储量占黑龙江省的一半，是全国重点黄金产地。但是，粗放型开矿已在该区部分地区造成地形地貌与地表植被的破坏，矿山周围受污染土地面积增加、矿区水土流失和水资源衰减加剧等生态环境问题。重矿轻农严重阻碍了该区的经济社会发展。2007年，I1-2人均耕地面积8.9亩，人均粮食占有量不足275公斤；人均GDP不足12 000元。三次产业构成两头大、中减小，构成比是42%：19%：39%，是181个大陆三级区中产业结构最落后的区。自然资源优势未转化为经济优势，生态服务增加值与矿产资源增加值外溢显著，是该区的显著特征。综上，研究对I1-2的可持续发展功能定位是森林保育经济区。充分开发该区的丰富且有地方特色的大农业资源，走生态养殖、生态产品深加工、生态品牌经营与生态旅游开发的发展道路，对该区的矿产资源宜走地下封存、储备的管理方式。

对I1-1与I1-2应实施生态补偿。由于产业结构严重滞后，经济基础弱，特别是对I1-2，生态补偿更多地依赖跨区域补偿。对于这两个区，丰富的自然资源财富未能被有效地转化为经济财富，很大程度上是由于技术问题。因而，相对于以资金方式进行的生态补偿，该区更需要以技术输入与生态保育型增殖产业培育方式进行的生态补偿，因为后者有利于培育和提升该区的自我发展能力，激活区域发展活力。区域生态屏障功能与社会经济发展功能之间是可以很好地协调发展的，根本途径是走生态经济化的发展道路。充分利用生态位资源，培育特色生态资源产品，培育资源深加工、生态品牌发展与生态资源产品服务业等新的经济增长点。

I1-3位于大兴安岭北麓的西南段，是中国天然草原的重要分布区。其北部属呼伦贝尔草原，天然草场面积占80%，是中国目前保存最完好的草原，有"牧草王国"之称；南部是蒙古草原的天然牧场的重要组分部分——乌珠穆沁盆地（又称乌珠穆沁草原），区内水草丰美，河网密布。对I1-3区进行可持续发展功能评估结果（表13-3）表明，该区没有明显的主导功能，但具有明显的限制性功能，该功能为资源保障功能。I1-3是全国重要的草原牧畜业生产区与草原生态旅游经济区。人均禽畜产品为160公斤。该区矿产资源种类齐全，既有能源矿产、黑金属矿产，也有有色金属、贵重金属矿产。同时化工、建材矿产及矿泉水丰富，仅呼伦贝尔境内就已发现矿产9类65种，矿床/点近700处。加之该区毗邻俄蒙富矿地质带，在东北区经济一体化发展中的战略地位非常重要。2007年，I1-3人均GDP超过47 000元，在东北区各三级区中居第一位。三次产业构成比14%：42%：44%，处于工业化发展的中期阶段。I1-3城镇化率已经超过65%，说明工业的发展滞后于城镇化发展。全区HDI属中下发展发展水平，城乡人均收入比2.6：1，每千人拥有病床数4.6张。可见，I1-3的社会经济发展相对较好，丰富的草地资源与矿产资源为此作出了重要的贡献。同时应该注意，该区土壤条件天然脆弱，加上气候干旱、过度放牧、垦殖与矿产资源开发等，区内草原面临严峻的挑战。例如，呼伦贝尔草原的沙漠化及潜在沙漠化土地总面积在1989年为8065平方公里，至2004年，扩展为13 052平方公里（张德平与冯宗炜，2006）。

I1-3最大的财富是丰富的天然草场，这里是中国牧草资源的重要基因库，是中国北方土地生态系统健康的重要保护者。因而，该区的发展应立足于天然草原保育。研究将该区的可持续发展功能定位于草原畜牧业经济区，并不排斥该区发展种植业与工矿业，而是强调该区的优势，也是国家生态安全格局之需要，是天然草原资源，区内所有产业的安排均应服务于天然草原保育这一主要的目标。在种植业上，应当调整种植业内部结构，由口粮种植业向饲料/草种植业转变，工矿业应向生态型工矿业发展，第三产业应充分挖掘生态服务业，特别是该区具有天然草原的资源优势与处于中、蒙、俄三国交界的区位优势。在I1-3，由于矿业资源丰富，保护性矿业开发可与该区承担的生态屏障公益性服务功能之间形成互补循环，通过资源生态保育税费的形式，部分进行生态补偿。

13.3 辽河平原生态农业区（I2）

13.3.1 内部格局特征

辽河平原生态农业区（I2）位于松花江、嫩江与辽河交界及其以南方，主要由辽宁、吉林的西部县域与内蒙古的东南部县域构成，共包括57个县域单元、4个子功能区（表13.5）。全区总面积28.9万平方公里，户籍人口3064万人，人口密度106人/平方公里，在全国39个位于中国内地的二级区①中居第23位。其中，辽吉生态农业区（I2-1）包括20个县域单元，总面积6.3万平方公里，户籍人口共1272万人；辽嫩交界物流集散经济区（I2-2）包括3个县域单元，总面积3.8万平方公里，户籍人口共272万人；科尔沁沙地生态农业区（I2-3）包括17个县域单元，总面积14.7万平方公里，户籍人口共743万人；辽西走廊农果复合农业区（I2-4）包括13个县域单元，总面积4.1万平方公里，人口共777万人。

表13.5 I2区分区及其组成单元基本信息

功能区代码	功能区名称	县域单元名称
I2-1	辽吉生态农业区	辽中、康平、法库、新民市、台安、北镇市、黑山、彰武、昌图、农安、德惠市、四平市辖区、梨树、双辽市、公主岭市、松原市辖区、前郭尔罗斯、长岭、乾安、扶余
I2-2	辽嫩交界物流集散经济区	扎赉特、突泉、白城市辖区、镇赉、洮南市、大安市、泰来
I2-3	科尔沁沙地生态农业区	赤峰市辖区、阿鲁科尔沁、巴林左、巴林右、林西、翁牛特、喀喇沁、敖汉、科尔沁右翼中、通辽市辖区、科尔沁左翼中、科尔沁左翼后、开鲁、库伦、奈曼、扎鲁特、通榆
I2-4	辽西走廊农果复合农业区	宁城、义县、阜新市辖区、阜新、朝阳市辖区、朝阳、建平、喀喇沁左翼、北票市、凌源市、绥中、建昌、兴城市

I2是全国常用耕地的重要分布区与大粮食安全的重要保障区。全区常用耕地总面积占全国的7.5%，在二级区中居第2位，仅低于黄淮平原南部生态农业区（II4）；综合粮食与禽畜肉产品产量分别占全国的7.0%与6.2%，分居二级区第4位与第5位。区内大部分县域单元的年均降水量为300～500毫米，水资源较匮乏，人均水资源为780立方米，水资源密度为8.5万立方米/平方公里，在二级区中均居第29位，与土地资源的丰富形成了明显的对比。该区人均常用耕地面积3.2亩，在二级区中居第4位；人均GDP近1.9万元，在二级区中居第13位。2007年，I2三次产业构成比为18%：34%：48%，经济处于工业化发展的初期阶段；镇化率为38%，基本与该区工业化发展水平相匹配。城乡人均收入比为2.6：1，大部分县域HDI为中或中下发展水平，每千人拥有病床数为2.1张。总体上，I2的经济发展水平在二级区中居于中等。

I2及其各子功能区可持续发展功能评估结果见图13.9与表13.6。由之可见，该区可持续发展功能综合指数为0.60，区域层面上没有明显的主导功能，也没有明显的约束功能，子功能层面的情况有所分异。各子功能区可持续发展功能的特色与依托以及其面临的发展问题见表13.7。

---

① 由于数据限制，未考虑香港、澳门与台湾信息。功能区排序未考虑台湾所在区（台湾在二级区与三级区中各有一个功能区）。

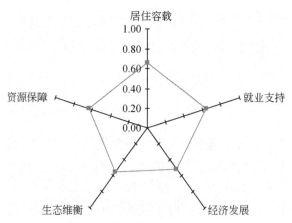

图 13.9　Ⅰ2 可持续发展功能评价综合结果

表 13.6　Ⅰ2 可持续发展功能评价分区结果

功能区代码	居住容载	就业支持	经济发展	资源保障	生态维衡	综合功能
Ⅰ2-1	0.70	0.69	0.56	0.75	0.47	0.63
Ⅰ2-2	0.66	0.60	0.43	0.62	0.60	0.58
Ⅰ2-3	0.61	0.60	0.48	0.56	0.63	0.57
Ⅰ2-4	0.66	0.62	0.51	0.55	0.56	0.58

注：数据由作者计算得出。

表 13.7　Ⅰ2 各子功能区的功能定位清单

功能区	特色资源保障功能	发展功能的依托	存在的主要问题
Ⅰ2-1	壤质肥沃、数量丰富的耕地资源，较为丰富的水资源	区位资源、森林生态产品与服务资源、耕地资源	资源保障与生态保育矛盾、产业结构发育严重滞后
Ⅰ2-2	四省沟通桥梁、三国物流集散地的区位优势资源	区位资源、丰富的林草资源	产业结构发育严重滞后、经济洼地
Ⅰ2-3	草地生态资源、耕地资源、生态屏障服务资源	草地生态资源的健康	产业结构发育严重滞后、沙漠化问题严重
Ⅰ2-4	区位资源、农业用地资源、生物多样性资源	区位资源、农业用地资源	矿产资源枯竭、农业资源开发深度不足

13.3.2　子功能区特征

Ⅰ2 包括辽吉生态农业区（Ⅰ2-1）、辽嫩交界物流集散经济区（Ⅰ2-2）、科尔沁沙地生态农业区（Ⅰ2-3）与辽西走廊农果复合农业区（Ⅰ2-4）4 个子功能区。

Ⅰ2-1 由 Ⅰ2 内位于辽宁西部与吉林西部的 20 个县域单元组成。全区土地肥沃平坦，各县年降水量介于 450～670 毫米之间，可利用水资源量 79 亿立方米，年均温度 4～6℃，属中温带、半湿润大陆性气候，适合水稻、玉米、大豆及各种经济作物生长，是东北区及全国的重要粮仓和畜产品生产区。全区常用耕地面积占全国的 3.1%，综合粮食与禽畜肉产品产量分别占全国的 4.4% 与 4.1%。人均常用耕地面积 3.3 亩，在 Ⅰ2 中仅高于 Ⅰ2-4，但人均综合粮食、禽畜肉产品与水产品占有量分别为 1754 千克、274 千克与 14 千克，在 Ⅰ2 中依次居第 1 位或第 2 位。该区也是 Ⅰ2 中水资源密度最高的子功能区，为 12.5 万立方米/平方公里，为水稻种植提供了天然便利。其中，前郭灌区是东北四大灌区之一，控制灌溉面积

7 万公顷。Ⅰ2-1 大部分县域单元的林地覆盖率不足 20%，并以农田防护林为主。在Ⅰ2-1 的北部，林草资源与湿地资源较为丰富，其中位于前郭县的查干湖（又名查干淖尔）水域面积 420 平方公里，是全国六大淡水湖之一。Ⅰ2-1 的社会发展滞后于经济发展。2007 年，该区人均 GDP 为 18 000 余元，GDP 密度为 363 万元/平方公里，在Ⅰ2 中均居第 2 位。三次产业构成为 26%：43%：31%，区域经济发展总体属于工业化初期阶段。城镇化率不足 30%，是Ⅰ2 中城镇化率最低的子功能区；城乡地区人均收入偏低，特别是城镇居民收入水平不高，城乡人均比为 2.2∶1，为Ⅰ2 中城乡收入差距最小的区。区域 HDI 属于中下发展水平，每千人拥有病床数不足 2 张。资源保障功能是Ⅰ2-1 的相对主导功能，而生态维衡功能系其相对约束功能（表 13.6）。解决好这两者的关系对区域的经济社会的协调发展及国家粮食安全均具有重要意义。

Ⅰ2-2 地处东北区三省一区的连接处，是东北区三省一区的沟通桥梁，也是中、俄、日三国物流集散的交通枢纽区，具有发展商贸服务业的良好区位优势。该区年均降水量 400～470 毫米，为典型的农牧混合区。区内自然资源较为丰富，人均常用耕地为 5.8 亩，在Ⅰ2 各功能区中最多；大部分组成县域单元的林草地覆盖率在 50% 以上。2007 年，该区人均 GDP 尚未达到 10 000 元，三次产业构成比为 28%：37%：35%，经济总体上尚处于工业化发展初期阶段，总体上，这一区是东北区的经济总量洼地，也是经济结构最滞后区。Ⅰ2-1 的城镇化率为 47%，超前于工业化进程。城乡居民收入双低，但差距非常显著。2007 年，Ⅰ2-1 农村人均纯收入主要为 2000～2500 元，平均为 2380 元；城镇在岗职工年均工资主要为 12 000～15 000 元，平均为 14 400 元，城乡居民收入超过 4∶1。Ⅰ2-1 的经济发展功能为其相对约束性功能（表 13.6），主要系产业结构不合理、土地经营管理粗放，良好的自然资源与区位优势特别是后者未能转化为经济增量的结构。

Ⅰ2-3 居于科尔沁沙地（原科尔沁草原）西南部，属森林草原与干旱草原的过渡带，在历史上曾是水草丰美的疏林草原景观，是传统的宜牧地区。该区具有旱作农业的一定生态域宽，系典型的农牧交错带（张力小，2007）。由于清朝末期的放垦开荒与建国初期"以粮为纲"的农业发展导向，原科尔沁草原草地被逐渐垦殖为农田，加上过度放牧与过度樵采等的强度干扰，致使科尔沁草原退化成中国四大沙地中面积最大的一个沙地，总面积达 4.23 万平方公里，区内原本的草原景观已逐渐演变成为农田、草场与流沙、半固定和固定沙丘镶嵌分布的景观。Ⅰ2-3 是科尔沁沙地沙漠化问题最为集中的区域，该区土壤机制不稳定，风势强劲，而且风的作用和干旱季节同期，因而生态环境十分脆弱（董光荣等，1994；赵哈林等，2000；韩国峰，况明生，2008）。近年来，该区沙漠化发展与逆转处于相持状态，原沙漠化土地发展程度明显减轻，而原非沙漠化土地出现较为严重的沙漠化过程，且后者还未引起足够重视。Ⅰ2-3 没有明显的限制性功能与约束性功能（表 13.6）。其中，生态维衡功能最高，功能指数为 0.63，同时也是Ⅰ2各子功能区生态维衡最高的区；经济发展功能最低，功能指数为 0.48。该区分布着全国 2.1% 的常用耕地，生产出全国 1.2% 的粮食与近 1% 的禽畜产品，然而 GDP 不足全国的 0.4%。2007 年，该区人均 GDP刚超过 14 000 元，三次产业构成比为 23%：44%：33%，区域经济总体上处于工业化初期阶段。城镇化率已超过 40%，农村人口年均纯收入平均为 3500 元，城镇在岗职工年均工资约 15 000 元，城乡人均收入比为 2.9∶1。城乡内部人均收入区域差异均较为明显，开鲁县农村人均纯收入最高，超过 5000 元，通榆县农村人均纯收入最低，不足 2300 元，该县城镇在岗职工也最低，不足 11 200 元，较城镇在岗职工年均最高的敖汉旗低 6000 多元。Ⅰ2-3 是辽河走廊与黄淮海区的近邻，其生态保障的发展功能需要不言而喻。该区也是全国重要的耕地、草地资源分布区与农牧产品生产区，其资源保障作用也极为重要。历史经验表明，在半干旱地区，无论是沙荒地还是天然牧场，如果没有补偿措施，一经开垦土地很容易发生沙漠化。相对于种植业，该区发展草原畜牧业的生态域更宽广，适宜草原畜牧业的发展。但是，由于草原天然畜牧业产出能力相对于种植业偏低，无法满足人民收入提高的迫切需求，容易引发过度放牧与偷垦行为泛滥。综上分析，研究将Ⅰ2-3 的可持续发展功能定位为生态维衡功能主导下的生态农业经济发展区。鉴于该区的沙漠化发生与存在的历史原因，以及其生态地位和资源地位的重要性，应对该区进行以技术支持为主导的生态补偿，促进该区种植业向精准、生态与高效的方向发展，促进草原生态管理，提高牧草地生产力。通过土地生产潜力挖掘，恢复受损生态系统与自然景观，做到土地开发与补给相融合。

Ⅰ2-4 由辽宁西部的 13 个县域单元组成，西邻京津冀都市圈，东邻辽东沿海城镇带。该区没有明显或相对明显的主导功能与限制功能（表 13.6）。其自然概貌为"七山一水二分田"，林地面积约占全区的 50%。全区农业用地约占全区土地利用总面积的 2/3，其中林地、耕地、草地与园地的构成比接近 5∶3∶1∶1。常用耕地约占全国的 1%，水资源总量不足全国的 0.2%。2007 年，Ⅰ2-4 粮食总产量占全国的 0.7%，禽畜肉产量占全国的 0.9%。Ⅰ2-4 耕地分布较为分散，大面积连片地块所占比例小，土壤有机质含量低，养分不足，林地立地条件差，牧草地植被稀疏矮小，退化严重。由于农业发展过度依赖化肥与平面扩张，该区土地利用退化问题特别是水土流失问题不容忽视。全区土地退化指数平均为 20%，有的地区达到 40%。在动物地理区划（郑作新，1960）上，该区是华北、蒙新、东北三个动物地理区相互交错、过渡地带的重要构成单元，处于候鸟陆路和水路两条重要的迁徙线上，是鸟类迁徙的重要"中转站"。全区野生动植物多样性丰富，陆生野生脊椎动物约 500 种，其中 20% 属于国家重点保护动物，野生植物逾千种。因而，其土地退化的生态影响不容小觑。Ⅰ2-4 矿产资源丰富，矿山企业较多，产业经济基础在 Ⅰ2 中相对最好。2007 年全区人均 GDP 接近 27 000 元。城镇化率为 45%，大部分县的农村人均纯收入在 4000 元上下，但城镇在岗职工平均工资县域差异较大，为 10 000～20 000 元不等。由于矿业开发特别是煤炭开发时间早，该区的矿产资源枯竭问题非常明显，1/4 的县域单元属资源枯竭区。产业接替已成为影响该区社会经济稳定发展的头等大事。综上分析，Ⅰ2-4 是中国东北与华北以至中原地区的沟通纽带，是京津冀都市圈与辽东沿海城镇带的中间地带，区位优势及其形成的农业资源优势将是这一区域经济社会可持续发展的重要支持。因而，研究对Ⅰ2-4 的可持续发展功能定位是：以土地健康恢复保育、区位优势资源开发、生物中转与栖息家园为依托的、具有高增加值性质的大城郊型生态农果产品保障区。

13.4 东北城镇带综合经济区（Ⅰ3）

13.4.1 内部格局特征

Ⅰ3 由黑龙江西南部、吉林中部、辽宁中部及其东部沿海的共 59 个县域单元构成，是东北区城镇化发展的连绵带。该区可持续发展功能综合指数为 0.63，是东北区中最高的二级区，区域层面上，该区没有明显的主导功能，也没有明显的约束功能（图 13.10），是典型的多功能区。在中国大陆 39 个二级区中，Ⅰ3 的可持续发展功能综合指数居第 13 位，其中就业支持功能居第 6 位，经济发展功能居第 8 位，资源保障功能居第 13 位，居住容载功能居第 16 位，而生态维衡功能居第 31 位。

Ⅰ3 总面积 17.5 万平方公里，户籍总人口 5427 万人，人口密度 300 人/平方公里，在全国 39 个大陆二级区中居第 12 位。该区是全国常用耕地的重要分布区与大粮食安全的重要保障区。全区常用耕地占全国的 6.1%，在二级区中居第 4 位；综合粮食、禽畜肉产品与水产品产量分别占全国的 4.5%、4.0% 与 8.9%，在二级区中分别居第 9 位、第 5 位与第 4 位。该区水资源较为匮乏，仅占全国的 1.4%，在二级区中居第 20 位。该区人均常用耕地 1.6 亩，居第 14 位；人均综合粮食 480 千克，居第 12 位，人均畜牧产品与水产品均为 65 千克左右，分别居第 24 位与第 3 位。膳食资源自给有余是该城镇带功能区的显著特征之一。

2007 年，Ⅰ3 人均 GDP 近 38 000 元，在二级区中居第 5 位。三次产业构成比为 9%∶52%∶40%，区域经济总体处于工业化发展的成熟期向后期转型的过渡阶段。镇化率为 68%，城镇化发展略超前于工业化发展。城乡人均收入比为 2.4∶1，大部分县域 HDI 为中等发展水平，每千人拥有病床数为 4.4 张。Ⅰ3 是东北区的经济与技术创新发展的区域增长辐射极区，其发达程度直接关系全区的发展水平。

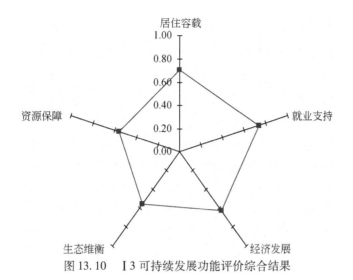

图 13.10　I 3 可持续发展功能评价综合结果

I 3 共有 4 个子功能区（表 13.8）。其中，黑龙江都市圈区（I 3-1）包括 14 个县域单元，总面积 6.2 万平方公里，户籍人口共 1305 万人；大长春都市圈区（I 3-2）包括 8 个县域单元，总面积 3.2 万平方公里，户籍人口共 942 万人；大沈阳都市带区（I 3-3）包括 19 个县域单元，总面积 3.8 万平方公里，户籍人口共 1515 万人；辽东沿海都市带区（I 3-4）包括 18 个县域单元，总面积 4.3 万平方公里，户籍人口共 1485 万人。

表 13.8　I 3 分区及其组成单元基本信息

功能区代码	功能区名称	县域单元
I 3-1	黑龙江都市圈区	哈尔滨市辖区、齐齐哈尔市辖区、龙江、甘南、富裕、大庆市辖区、肇州、肇源、林甸、杜尔伯特、双城市、安达市、肇东市、兰西
I 3-2	大长春都市圈区	长春市辖区、九台市、榆树市、吉林市辖区、永吉、蛟河市、舒兰市、伊通
I 3-3	大沈阳都市带区	沈阳市辖区、鞍山市辖区、抚顺市辖区、抚顺、新宾、清原、本溪市辖区、本溪、辽阳市辖区、辽阳、灯塔市、铁岭市辖区、铁岭、西丰、调兵山市、开原市、辽源市辖区、东丰、东辽
I 3-4	辽东沿海都市带区	大连市辖区、长海、瓦房店市、普兰店市、庄河市、岫岩、海城市、凤城市、东港市、锦州市辖区、凌海市、营口市辖区、盖州市、大石桥市、盘锦市辖区、大洼、盘山、葫芦岛市辖区

各子功能区的可持续发展功能评估结果见表 13.9。各功能区均没有明显的主导功能与限制性功能，均为多功能发展区。但是，由于耕地资源丰富，各子功能区在城镇化发展的过程中肩负着重要的耕地资源保育与大粮食资源保障重任。四个子功能区的人口密度、水资源密度是自北向南递增，GDP 密度在 I 3-1 与 I 3-2 大体接近，为 800 万元/平方公里，较 I 3-3 低 45% 左右。除 I 3-3 的农村地区外，各区城、乡人口收入差异显著。如何发挥城市圈（带）核心区的辐射功能，是该区在未来发展中亟须破解的难题。

表 13.9　I 3 可持续发展功能评价分区结果

功能区代码	居住容载	就业支持	经济发展	资源保障	生态维衡	综合功能
I 3-1	0.66	0.69	0.51	0.63	0.51	0.60
I 3-2	0.70	0.70	0.56	0.65	0.56	0.63
I 3-3	0.72	0.70	0.67	0.49	0.60	0.64
I 3-4	0.72	0.80	0.71	0.53	0.55	0.66

13.4.2 子功能区特征

I3-1 位于松嫩平原中部，是以哈尔滨、齐齐哈尔与大庆三个市辖区为核心，由哈大齐工业走廊及其周围县域单元组成的多核心都市圈区。依据规划，哈大齐工业走廊中哈尔滨突出高新技术，大庆以石油、天然气和化工产业为主，齐齐哈尔以装备制造为主，而肇东以农业副产品加工、轻工业等为主。I3-1 矿产与土地资源丰富，水资源稀缺。油气资源储量巨大，矿产资源类型繁多。其中，大庆市累计探明石油地质储量 61 亿吨，天然气远景储量 2×10^{12} 立方米，地热资源富集，静态储量达 3000 亿立方米。齐齐哈尔市已发现矿产共 5 大类 47 个品种，其中，非金属矿藏有 4 大类（石、砂、土、灰）19 个品种，总储量为 139 亿立方米。全区常用耕地占全国的 3.4%，在三级区中居第 3 位，而淡水资源总量不足全国的 0.3%，在三级区中居第 93 位。2007 年，全国 1.8% 的综合粮食、0.8% 的禽畜肉产品产自该区。I3-1 湿地资源丰富，总面积愈万亩，其中的扎龙自然保护区被誉为"鹤的故乡"，是全国最大的水禽、鸟类保护区。全区自然草原辽阔，草原覆盖率占 40% 左右。I3-1 的资源与区位优势尚未得到有效转化为经济优势。该区的经济发展功能在 I3 中最低，功能指数为 0.51。2007 年，I3-1 人均 GDP 38 180 元，三次产业构成比为 11%：54%：35%，区域经济整体上处于工业化成熟期。全区城镇化率为 69%，城镇人口主要集中在市辖区内，其他县的城镇化率普遍在 30% 以上。I3-1 城乡人口收入存在明显的区域差异，农村人均纯收入近 3500 元，其中富裕县与青冈县的农村人均纯收入尚不足 1500 元；城镇在岗职工年均收入 16 000 余元，最高的已经接近 30 000 元，最低的尚在 12 000 元左右。无论城乡人均收入还是人均 GDP，该区均具有市辖区显著高于周围县的特征，说明矿产资源的增加值没有被共享。这些社会经济发展水平偏低的县恰是该区耕地资源的保育者与各类农产品的生产者。切实保护好耕地资源，发展高增加值的生态农业，充分挖掘与发挥哈大齐工业走廊的辐射带动功能，统筹区域城乡发展，是 I3-1 的重要发展方向。

I3-2 位于东北腹地长白山脉向松嫩平原的过渡地带，是以长春市与吉林市为双核的都市圈区。该区大部分区域是长吉图开发开放先导区的重要组成单元。根据《中国图们江区域合作开发规划纲要》，长吉图地区未来发展目标是成为中国沿边开发开放的重要区域，面向东北亚开放的重要门户，以及东北亚经济技术合作的重要平台，成为东北地区新的重要增长极，建设成为中国沿边开发开放的先行区和示范区。2007 年，I3-2 三次产业构成比为 8.0%：52%：40%，区域经济整体处于工业化成熟期。人均 GDP 约 27 800 元，其中长春市辖区、吉林市辖区人均 GDP 在 30 000 元以上，其他县域单元的人均 GDP 普遍低于 15 000 元。2007 年，该区城镇化率为 67%，城乡人均收入比为 2.6：1，其中农村人均纯收入均在 4300 元左右，城镇在岗职工年均工资在 13 000～25 000 元不等。I3-2 是中国耕地分布与粮畜产品生产的重要区域。全区耕地约占全国的 1%，在三级区中居 34 位；综合粮食产量占全国的 1.1%，在三级区中居第 25 位；禽畜肉产品产量占全国的 1.0%，居第 29 位。除了土地资源外，该区矿产资源也较为丰富。与 I3-1 类似，该区耕地资源的保育者与各类农产品的生产者的收入水平偏低。因此，统筹区域城乡发展，也是 I3-2 的重要发展方向。

I3-3 是位于辽宁省中部、以沈阳为主核心的都市带区。该区以铁岭市、抚顺市、本溪市与鞍山市的市辖区连线为主辐射圈。2007 年人均 GDP 超过 39 000 元，三次产业构成比为 5%：54%：41%，区域经济整体处于工业化成熟期。全区耕地面积占全国的 0.8%，水资源占全国的 0.4%，综合粮食占全国的 0.8%，禽畜肉产品占全国的 0.9%，水产品占全国的 2.2%，是全国耕地保育与粮食安全保障的重要组成单元。由于人口密度高，为 292 人/平方公里，人均粮食与禽畜肉产品占有量并不高，人均粮食为人均 279 千克，人均禽畜肉产品为人均 51 千克，是 I3 各子功能区中的最低者。该区城镇化率为 78%，城乡人均收入比为 1.9：1，主要得益于海洋养殖区对农民的增收效应。

I3-4 是以大连市与瓦房店市为双核心的沿海都市圈。优越的区位与丰富的岸线资源是该区发展的重要依托，吸引人口与产业向该区聚集。由于地处临海，该区享有依海发展的自然优势，同时也负有保护海洋免受污染的重要责任。2007 年，该区人均 GDP 为 43 400 元，三次产业构成比为 11%：50%：39%，区域经济整体处于工业化成熟期。全区耕地占全国的0.9%，水资源占全国的0.5%，综合粮食与禽畜肉产品占全国的1%左右，水产品占全国的6.4%。Ⅰ3-4居民享有丰富的膳食资源，人均粮食占有量344千克，人均禽畜产品73千克，人均水产品184千克，人均水资源量880千克。2007年，Ⅰ3-3农村人均纯收入为5000元，较Ⅰ3-4低1650多元，城镇在岗职工年均工资为18 750元，较Ⅰ3-4高450元；城镇化率为58%，城乡人均收入比为2.6：1。

13.5　松花江流域生态农业区（Ⅰ4）

13.5.1　内部格局特征

Ⅰ4是位于黑龙江省松花江流域的一条左倾"L"区域，由2个子功能区、共26个县域单元构成（表13.10）。全区总面积17万平方公里，户籍总人口1698万人。人口密度100人/平方公里，在二级区中居第24位。该区没有明显的主导功能，但有相对的约束功能，为经济发展功能（图13.11）。

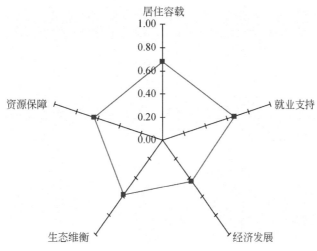

图13.11　Ⅰ4可持续发展功能评价综合结果

表13.10　Ⅰ4分区及其组成单元基本信息

功能区代码	功能区名称	县域单元
Ⅰ4-1	黑龙江生态农业区	方正、宾县、依安、克山、克东、拜泉、讷河市、铁力市、嫩江、北安市、五大连池市、尚志市、五常市、巴彦、木兰、通河、延寿、绥化市辖区、海伦市、望奎、青冈、庆安、明水、绥棱
Ⅰ4-2	三江源农业保育耕作区	依兰、双鸭山市辖区、集贤、友谊、宝清、佳木斯市辖区、桦南、桦川、汤原、富锦市、七台河市辖区、勃利

Ⅰ4是全国常用耕地的重要分布区与大粮食安全的重要保障区。常用耕地占全国的7.3%，人均常用耕地面积5.8亩，分别在二级区中居第3位与第2位。综合粮食占全国的3.5%，禽畜肉占全国的1.3%，在二级区中依次居第12位与第8位。水资源总量较为匮乏，仅占全国的1.2%，由于人口密度较全国平均水平低，该区人均水资源大致与全国平均水平接近。2007年，该区人均GDP尚不足10 000元，在二级区中居第31位。三次产业构成比为31%：32%：37%，区域经济总体处于工业化发展的初期阶段。城镇化率逼近50%，城乡人均收入比为2.6：1，大部分县域HDI为中等发展水平。

13.5.2 子功能区特征

　　Ⅰ4 中，Ⅰ4-1 地处嫩江和松花江汇流的松嫩平原腹地，包括 24 个县域单元，总面积 12.1 万平方公里，户籍人口共 1208 万人，人口密度为 95 人/平方公里；Ⅰ4-2 位于三江平原西部，包括 12 个县域单元，总面积 4.9 万平方公里，户籍人口共 490 万人，人口密度为 107 人/平方公里。

　　由各子功能区的可持续发展功能评估结果（表 13.11）可见，Ⅰ4-1 以经济发展功能为约束性功能，没有明显的主导功能；Ⅰ4-2 没有明显的主导功能与约束功能。2007 年，Ⅰ4-1 与 Ⅰ4-2 人均常用耕地分别为 6.4 亩与 4.5 亩，人均综合粮食产量分别为 1195 千克与 1000 千克，人均畜牧产品在 70 千克左右。从密度看，这两个三级区的综合粮食产出密度接近，均为 110 吨/平方公里左右。但是 GDP 密度差异很大，Ⅰ4-1 仅为 Ⅰ4-2 的 70%，这主要是 Ⅰ4-1 产业结构相对更不发达所致。2007 年，Ⅰ4-1 三次产业构成比为 34%∶31%∶39%，而 Ⅰ4-2 为 25%∶33%∶42%。在城镇化发展上，Ⅰ4-1 也明显滞后于 Ⅰ4-2。2007 年，Ⅰ4-1 人均 GDP 为 9400 元，农村人均纯收入为 3490 元，分别较 Ⅰ4-2 低 30% 与 7%，而两区的城镇职工在岗工资大致相当，为 18 500 元。从县域尺度上看，Ⅰ4-1 与 Ⅰ4-2 内部的人均 GDP 与农村人均纯收入均有明显的差异，总体情况是前者区域差异程度大于后者，但城镇职工工资差异不大。但是，由于农村人均纯收具有明显的区域差异，城乡人均收入比区域差异也很显著。

表 13.11　Ⅰ4 可持续发展功能评价分区结果

功能区代码	居住容载	就业支持	经济发展	资源保障	生态维衡	综合功能
Ⅰ4-1	0.67	0.65	0.41	0.66	0.55	0.59
Ⅰ4-2	0.67	0.68	0.49	0.58	0.63	0.61

　　Ⅰ4 及其子功能区的发展与 Ⅰ1 与 Ⅰ2 中耕地资源丰富的子功能区存在很多类似之处。因而，该区的发展应立足于耕地保育，通过充分利用生态位资源，推进生态经济化发展。

13.6　东北三江生态屏障区（Ⅰ5）

13.6.1　内部格局特征

　　Ⅰ5 是由黑龙江、吉林、辽宁三省北部或东部临河、临山的 46 个县域单元（表 13.12）构成的一条半包围东北三省的狭长生态走廊带。全区森林丰富，矿产资源品种齐全，且储量较大。该区曾是全国重要的木材生产基地与煤炭生产基地密集区。全区总面积 24.9 万平方公里，户籍总人口 1564 万人；人口密度为 63 人/平方公里，在二级区中居第 28 位。Ⅰ5 森林覆盖率为 80% 多，是野生动植物的生活天堂，是东北的生态屏障边防线。但总体上，Ⅰ5 没有明显的主导功能，但有相对约束功能，为资源保障功能（图 13.12）。

表 13.12　Ⅰ5 分区及其组成单元基本信息

功能区代码	功能区名称	县域单元
Ⅰ5-1	小兴安岭北麓生物多样性保护区	伊春市辖区、黑河市辖区、逊克、孙吴
Ⅰ5-2	三江平原湿地保育发展区	虎林市、鹤岗市辖区、萝北、绥滨、饶河、嘉荫、抚远、同江市、密山市
Ⅰ5-3	东部水源涵养生态林业区	桓仁、丹东市辖区、宽甸、磐石市、桦甸市、通化市辖区、通化、辉南、柳河、梅河口市、集安市、白山市辖区、抚松、靖宇、长白、临江市、延吉市、图们市、敦化市、珲春市、龙井市、和龙市、汪清、安图、鸡西市辖区、鸡东、牡丹江市辖区、穆棱市、东宁县、林口、绥芬河市、海林市、宁安市

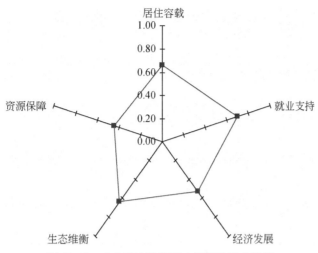

图 13.12　Ⅰ5 可持续发展功能评价综合结果

Ⅰ5 是全国水土资源较为丰富与北方水土匹配较好的区域。全区常用耕地占全国的 3.2%，在二级区中居第 13 位。水资源总量占全国的 2.6%，水资源密度为 26 万立方米/平方公里多，是黄淮以北区域的最丰水区。人均常用耕地面积 5.8 亩，在二级区中居第 2 位。

总体上，Ⅰ5 的经济发展与社会发展并不同步。2007 年，该区人均 GDP 为 17 810 元，在二级区中居第 18 位。三次产业构成比为 20%∶40%∶40%，区域经济总体处于工业化发展的初期阶段。Ⅰ5 城镇化率为 67% 在东北区的二级区中居第 2 位，城镇类型主要系森工城镇，其次为煤炭资源型城镇。由于林矿资源开发早，全区是二级区中资源枯竭城镇最为密集的二级区。全区 46 个县域单元中，有 12 个属于资源枯竭型城市，占县域总数的 26%。2007 年，Ⅰ5 农村人均纯收入为 4230 元，城镇在岗职工平均工资接近16 000 元，城乡居民人均收入比为 2.6∶1，大部分县域 HDI 为中等发展水平。

由于地处中国东北边陲，Ⅰ5 国境线资源丰富，享有作为国际物流集散通道的自然便利。林、水、矿、耕地、区位、生物资源"六品"丰富，为该区的经济社会发展提供了重要依托。该区还负有耕地保育、绿色生态长廊保育的重大责任。因而，全区的发展要重视资源产品开发约束，避免单一开采资源，走多样化生态服务产品培育、开发与保护利用的道路。

13.6.2　子功能区特征

Ⅰ5 共有 3 个子功能区（表 13.12）。其中，小兴安岭北麓生物多样性保护区（Ⅰ5-1）位于 Ⅰ5 的北部，由 4 个县域单元组成，总面积 4.8 万平方公里，户籍人口共 120 万人；三江平原湿地保育发展区（Ⅰ5-2）由环绕三江平原的 9 个县域单元组成，总面积 5.8 万平方公里，户籍人口共 232 万人；东部水源涵养生态林业区（Ⅰ5-3）位于 Ⅰ5 的南部，由乌苏里江、图们江与鸭绿江的 33 个邻近县域单元构成，总面积 14.3 万平方公里，户籍人口共 1212 万人。三个子功能区的人口密度依次为 27 人/平方公里、35 人/平方公里与 86 人/平方公里。

各子功能区的可持续发展功能评估结果见表 13.13。Ⅰ5-1 以就业支持为主导功能，以资源保障为约束功能；Ⅰ5-2 以经济发展为约束功能，没有明显主导功能；Ⅰ5-3 有 1/3 多的构成单元为资源枯竭型县域单元，因而以资源保障功能为限制功能，没有明显约束性功能。2007 年，Ⅰ5-1、Ⅰ5-2 与 Ⅰ5-3 的常用耕地在全国三级区中依次居第 108 位、第 11 位与第 16 位，综合粮食产量分别居第 163 位、第 63 位与第 22 位，禽畜肉产依次居第 178 位、第 134 位与第 25 位，水产品分别居第 75 位、第 58 位与第 48 位。

总体来看，三个功能区特别是 Ⅰ5-2 与 Ⅰ5-3 承担了明显而且是过度的资源供给功能。资源供给功能过度利用，已对该区造成了系列不良的社会经济与生态后果。在生态方面表现为：三江平原湿地萎缩，肥沃的黑土层正在变薄，森林立地条件恶化与功能衰退，生物多样性生境破碎化等。在社会经济方面表现为产业结构不合理，经济发展过度依赖原材料资源或其简单加工，社会分配区域差异显著，资源枯竭城镇居民面临失业危机等。从可持续发展角度考虑，经济发展约束是可以通过发展破解的，而资源保障约束需在发展的过程中高度重视，不可突破。

表 13.13　Ⅰ5 可持续发展功能评价分区结果

功能区代码	居住容载	就业支持	经济发展	资源保障	生态维衡	综合功能
Ⅰ5-1	0.64	0.73	0.46	0.29	0.59	0.54
Ⅰ5-2	0.67	0.70	0.40	0.53	0.63	0.59
Ⅰ5-3	0.66	0.69	0.58	0.44	0.65	0.60

表 13.14 是依据Ⅰ5 各功能区区情与发展需求规划的发展模式。总体上，各子功能区都存在产业结构滞后、资源开发利用域宽不足与方式粗放矛盾突出，生态资源价值未得到有效保育与激活等发展问题，由于该区生态资源丰富，生态屏障保育与耕地保障需求并存，因而适宜走生态经济化的发展道路。通过大力发展生态保育型高效农业，转林、水、耕地、区位、生物资源等资源优势为经济优势，化生态屏障保育的生态增加值为经济增加值，激发区域保育生态屏障的活力与动力。充分挖掘区位优势，发展物流集散服务业，也是该区重要的经济增长点。

表 13.14　Ⅰ5 各子功能区的功能定位清单

功能区代码	人均 GDP/三次产业构成比	特色生态屏障功能	发展方向	主要解决的主要问题
Ⅰ5-1	11 400 元/ 19%∶32%∶49%	物种栖息家园	走生态经济化发展之路，化生态屏障保育的生态增加值为经济增加值	产业结构滞后； 资源域宽利用不足且深加工不足
Ⅰ5-2	17 150 元/ 41%∶28%∶31%	湿地保育		
Ⅰ5-3	15 980 元/ 17%∶42%∶41%	跨国界河流的水源涵养		林矿资源开发历史早，面临资源枯竭； 资源接替与产业重构迫在眉睫

参 考 文 献

董光荣，金炯，李保生，等 .1994. 科尔沁沙地沙漠化的几个问题——以南部地区为例 . 中国沙漠，14（1）：1-9.

韩国峰，况明生 .2008. 从系统论角度探析沙漠化系统的形成机制——以科尔沁沙地奈曼旗地区为例 . 安徽农业科学，36（19）：8263-8264，8266.

张德平，冯宗炜 .2006. 呼伦贝尔草原沙漠化现状、潜在危险及对策 . 北方经济，（8）：23-24.

张力小 .2007. 中国北方农牧交错带农牧业选择适宜性分析——以科尔沁沙地为例 . 水土保持研究，14（5）：16-20.

赵哈林，赵学勇，张铜会 .2000. 我国北方农牧交错带沙漠化的成因、过程和防治对策 . 中国沙漠，20（S1）：22-28.

郑作新 .1960. 中国动物地理区划和主要经济动物的分布 . 动物学杂志，（4）：176-178.

14

黄淮海区

曹淑艳　谢高地　肖　玉

黄淮海区由5个二级区、24个三级区、438个县域单元组成，区域面积占全国国土面积的6.0%，人口占全国总人口的25.4%。该区人口密度581人/平方公里，是人口最稠密的一级区。与东北区类似，黄淮海区在二级区尺度上适宜均衡发展战略，在三级区及县域尺度上总体适宜非均衡发展战略。二级区的总体发展战略是：以Ⅱ1与Ⅱ5为双增长极，横向辐射Ⅱ4，纵向辐射Ⅱ2；Ⅱ3走区内辐射带动的发展道路。其中：①Ⅱ1可持续发展的关键是控制Ⅱ1-1城镇范围过度扩张，提高Ⅱ1-3的生态保障能力，在其他三级区注重培育与发展中等城市，提高资源开发域宽与接受核心经济辐射的能力；②Ⅱ2区内社会经济发展的受束与塌陷并存，同时肩负生态保育公益服务重责，其发展要走生态经济化的道路，并需要经济带动与生态补偿政策的保障；③Ⅱ3各子功能区在区域可持续发展的功能分异导致了发展差异，其原因在于公益性生态服务成本没有被共担，经济社会发展收益没有被共享，该区的发展政策应紧紧围绕这一核心，采取多样化发展策略；④Ⅱ4是天然赋予的高居住容载功能区，全国耕地安全与粮食安全的战略保障区，其人口规模及密度、耕地面积、农畜果产品产出均在二级区中居于首位，全区发展均质性高，适宜以耕地保育为核心走多功能发展之路；⑤Ⅱ5各子功能的发展功能分异明显，为区域合作提供了良好的平台，而且该区有望成为横向辐射Ⅱ4的重要动力源区。

14.1 功能区内部总体特征

14.1.1 基于二级区尺度分析

黄淮海区共由5个二级区（表14.1）、24个三级区组成。5个二级区中，属于耕地保育发展型的有1个，为黄淮平原中部生态农业区（Ⅱ3）；属于生态屏障型的有2个，为冀北京津风沙屏障区（Ⅱ2）与黄淮平原南部生态农业区（Ⅱ4）；属于人类集聚发展型的有2个，为京津冀都市圈综合经济区（Ⅱ1）与渤海湾近海综合经济区（Ⅱ5）。各区经济、社会与资源的相对程度见图14.1。各二级区可持续发展功能评估结果见图14.1。由之可见，各二级区中，Ⅱ2的可持续发展综合功能处于劣势，同时肩负生态保育公益服务，因此需对之进行经济带动与生态补偿；其他四区可持续发展综合功能指数接近，但是社会经济发展程度与自有发展能力差异明显。

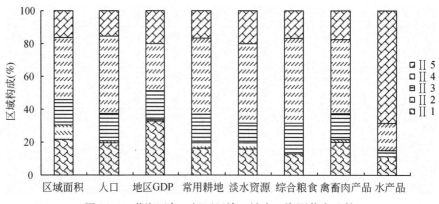

图 14.1　黄海区各二级区经济、社会、资源信息比较

表 14.1　黄海区各二级区的可持续发展功能指数评价结果

二级区代码与名称		居住容载	就业支持	经济发展	生态维衡	资源保障	综合功能
Ⅱ1	京津冀都市圈综合经济区	0.71	0.79	0.70	0.54	0.50	0.65
Ⅱ2	冀北京津风沙屏障区	0.53	0.59	0.43	0.72	0.39	0.53
Ⅱ3	黄淮平原中部生态农业区	0.75	0.74	0.65	0.46	0.60	0.64
Ⅱ4	黄淮平原南部生态农业区	0.79	0.68	0.62	0.56	0.68	0.66
Ⅱ5	渤海湾近海综合经济区	0.78	0.78	0.75	0.51	0.66	0.69
	黄淮海区	0.75	0.73	0.66	0.53	0.61	0.66

14.1.2　基于县域尺度分析

图 14.2～图 14.7 是同时以面积、人口与 GDP 为指标，基于区域可持续发展功能综合指数及各子功能指数绘制的指标累积曲线。

图 14.2 表明，黄淮海区基于可持续发展功能综合指数得到的区域面积累积曲线、人口累积曲线与 GDP 累积曲线均呈"S"型，且三条曲线总体上是高度重叠的，说明在大部分县域单元，其经济社会分布与可持续发展功能综合指数之间是正相关的。在 438 个组成县域单元中，可持续发展功能综合指数为"低"的县域有 3 个，面积合计占全区的 3%，人口占全区的 0.2%，GDP 不足全区的 0.1%；可持续发展

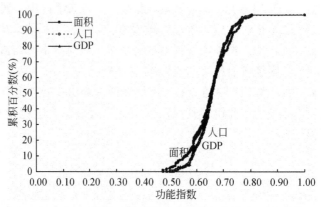

图 14.2　基于可持续发展功能综合指数的黄淮海区累积曲线

功能综合指数为"较低"的县域有76个，面积占的20%，人口占全区的15%，GDP占全区的24%；可持续发展功能综合指数为"一般"的县域有266个，面积占全区的57%，人口占全区的63%，GDP占全区的51%；可持续发展功能综合指数为"较高"的县域有89个，面积占全区的21%，人口占全区的21%，GDP占全区的24%；其余的4个县可持续发展功能综合指数为"高"，面积、人口和GDP均约占全区的1%。由图14.2可知，黄淮海区人均GDP在大部分县域空间上的分布较为均匀的。细微的分异主要发生在可持续发展功能综合指数为0.6~0.8的范围内，并以0.67为界，位于该界左侧的县域人均GDP高于右侧县域，与东北区的情况正好相反。上述分析也表明，黄淮海总体上是适宜走均衡发展道路。

从居住容载功能（图14.3）看，黄淮海区共289个即66%县域单元居住容载功能为"高"水平。这些县域的面积合计占全区总面积的57%，人口占全区的72%，GDP占全区的53%。居住容载功能为"较高"的县域面积合计占全区的24%，人口占全区的23%，GDP占全区的42%。居住容载功能为"一般"的县域面积占该区的10%，人口和GDP所占比重均为4%。其他14个即3%的县域面积占全区的9%，人口占全区的1%，GDP不足全区的1%。综合而言，黄淮海区的居住容载功能在大部分组成县域单元见的分布是不均匀的，人口分布与GDP分布均表现出了较为明显的居住容载功能依赖特征。

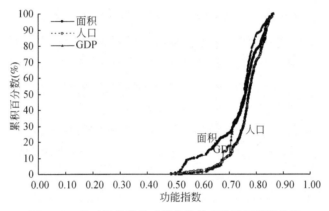

图14.3 基于居住容载功能指数的黄淮海区累积曲线

图14.4显示，黄淮海区的就业支持功能指数是不均匀分布的，并具有明显分段的特征，其分界值发生在0.60与0.70左右。就业支持功能为"一般"、"较高"与"高"的县域单元的数量构成比约为14%：32%：54%，面积构成比约为20%：33%：45%，人口构成比约为16%：30%：54%，GDP构成比约为5%：14%：81%。就业支持功能指数为0.80左右是人口累积曲线与GDP累积曲线相对关系的重要分界线，在该线的左侧，两条累积曲线呈扩大的剪刀差特征，在该线的右侧，两条累积曲线的剪刀差逐渐缩小。

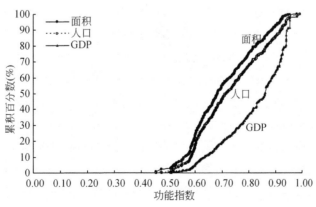

图14.4 基于就业支持功能指数的黄淮海区累积曲线

图 14.5 显示，黄淮海区的经济发展功能指数在县域尺度上具有明显的不均匀分布特征。全区共有
180 个县域单元（占全区的 41%）经济发展功能为"高"水平，其面积合计占全区总面积的 36%，人口
占 43%，GDP 约占 70%。经济发展功能为"较高"的县域单元面积和人口合计均约占全区的 17%，GDP
合计占 15%。经济发展功能为"一般"的县域单元面积与人口数量均占 17%，GDP 占 10%。经济发展功
能为"较低"的县域单元面积合计占 22%，人口占 19%，GDP 占 5%。其余 16 个县域单元面积占 8%，
人口占 4%，GDP 所占比重不足 1%。经济发展功能指数为 0.75 左右是人口累积曲线与 GDP 累积曲线相
对关系的重要分界线，二者间差距的变化情况与基于就业支持功能的情况类似。

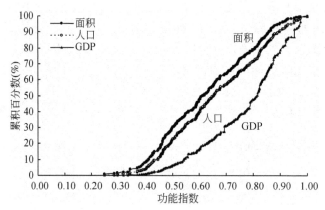

图 14.5　基于经济发展功能指数的黄淮海区累积曲线

图 14.6 揭示，黄淮海区的生态维衡功能指数在县域尺度上也是不均匀分布的。全区生态维衡功能为
"高"的县域单元共 55 个，面积占全区的 20%，人口约占 10%，GDP 占 9%；生态维衡功能为"较高"
的县域单元共 52 个，面积占 15%，人口占 12%，GDP 占 11%；生态维衡功能指数为"一般"的县域单
元共 138 个，面积占 34%，人口占 39%，GDP 占 30%；生态维衡功能指数为"较低"的县域单元共 146
个，面积占 26%，人口占 30%，GDP 占 36%；生态维衡功能指数为"低"的县域单元共 47 个，面积占
全区的 5%，人口占 9%，GDP 占 15%。图 14.6 揭可以看出，生态维衡功能指数曲线具有较为明显的分
段特征，在生态维衡功能指数为 0.5~0.6 的县域单元，其人均 GDP 相对低一些。

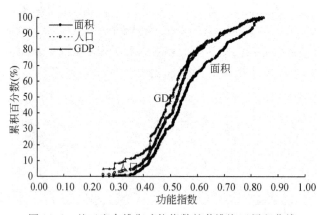

图 14.6　基于生态维衡功能指数的黄淮海区累积曲线

从资源保障功能（图 14.7）看，黄淮海区人均 GDP 两极分化的现象较为明显。资源保障功能为
"低"的县域单元，面积占全区的 19%，拥有全区 28% 的人口与 50% GDP；而资源保障功能为"高"的
县域单元，面积占全区的 46%，分布有全区 52% 的人口，GDP 仅占全区的 32%。说明该区与东北区类
似，资源拥有者贫困现象明显。

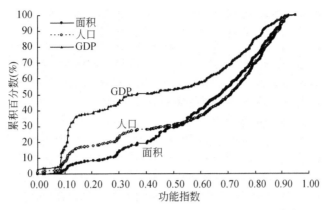

图 14.7　基于资源保障功能指数的黄淮海区累积曲线

14.2　京津冀都市圈综合经济区（Ⅱ1）

14.2.1　内部格局特征

京津冀都市圈综合经济区（Ⅱ1）是以北京市和天津市为双核心，以石家庄、保定、秦皇岛、廊坊、沧州、承德、张家口和唐山八座城市的市辖区为副核心，共由 109 个县域单元组成的城镇连绵区。Ⅱ1 以就业支持功能居相对主导地位，以资源保障功能居相对约束地位（图 14.8）。

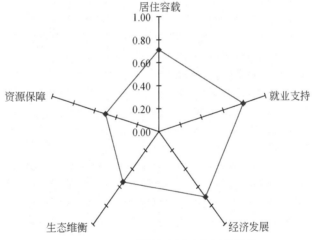

图 14.8　Ⅱ1 可持续发展功能评价结果

全区总面积 12.6 万平方公里，户籍总人口 6584 万人，占全国总人口的 5.0%。人口密度为 524 人/平方公里，在二级区中居第 7 位。常用耕地占全国的 3.7%，在二级区中居第 11 位，淡水资源总量不足全国的 0.7%，水土矛盾突出。人均常用耕地 0.8 亩，在二级区中居第 25 位，属黄淮海区最低水平。2007 年，该区人均 GDP 为 41 660 元，在二级区中居第 3 位。三次产业构成比为 8%∶48%∶44%，区域经济总体已经发展进入工业化的后期阶段。农村人均纯收入为 5570 元，城镇在岗职工平均工资为 20 460 元，城乡居民人均收入比为 2.5∶1，HDI 为中等及以上发展水平。目前过半数人口的乡村从业人员从事非农行业，"空心村"在京津周围大范围、高程度存在。由于京津的"空吸"效应与户籍制度约束，Ⅱ1 的城镇化发展进程严重滞后，目前城镇化率尚不到 45%。该区的 5 个子功能区中，农村人均纯收入最大区与最小区的绝对差距为 5000 元、相对比率为 3 倍之巨，城镇在岗职工年均工资相差 12 000 元之大。人均

GDP 的差异更是显著，子功能区之间的人均 GDP 最大绝对差距为 60 000 元，最大相对比值为 7。县域水平上的社会经济差异更放大。

Ⅱ1 共有 6 个子功能区。它们是京津唐都市圈区（Ⅱ1-1）、渤海港物流集散经济区（Ⅱ1-2）、首都核心生态屏障区（Ⅱ1-3）、冀东北都市生态农业区（Ⅱ1-4）、冀中西都市生态农业区（Ⅱ1-5）与冀中都市生态农业区（Ⅱ1-6）。各子功能区的县域组成单元、面积与人口信息见表 14.2。

表 14.2　Ⅱ1 分区及其组成单元基本信息

功能区代码	功能区名称	面积（万平方公里）	人口（万人）	县域单元
Ⅱ1-1	京津唐都市圈区	3.1	2837	北京市城区、朝阳区、丰台区、石景山区、海淀区、门头沟区、房山区、昌平区、顺义区、通州区、大兴区、平谷区、天津市城区、东丽区、西青区、北辰区、宁河、武清区、静海、宝坻区、蓟县、唐山市辖区、滦县、玉田、廊坊市辖区、固安、永清、香河、大厂、霸州市、三河市、涿州市、高碑店市
Ⅱ1-2	渤海港物流集散经济区	1.0	482	滨海新区、津南区、滦南、乐亭、唐海、秦皇岛市辖区、昌黎、海兴、黄骅市
Ⅱ1-3	首都核心生态屏障区	1.1	168	怀柔区、密云、延庆、怀来、涿鹿
Ⅱ1-4	冀东北都市生态农业区	2.6	562	迁安市、迁西、遵化市、青龙、抚宁、卢龙、承德市辖区、承德、兴隆、平泉、滦平、宽城
Ⅱ1-5	冀中西都市生态农业区	2.2	519	行唐、灵寿、平山、蔚县、易县、涞源、定兴、顺平、唐县、涞水、曲阳、阜平
Ⅱ1-6	冀中都市生态农业区	2.7	2026	石家庄市辖区、井陉、鹿泉市、正定、栾城、高邑、深泽、赞皇、无极、元氏、赵县、藁城市、晋州市、新乐市、保定市辖区、满城、清苑、沧州市辖区、沧县、青县、肃宁、献县、任丘市、河间市、大城、文安、定州市、安国市、徐水、望都、高阳、安新、雄县、容城、博野、蠡县、饶阳、安平

Ⅱ各子功能区的可持续发展功能综合指数大致接近，但具体到功能类型上，具有较为明显的分异（表 14.3）。其中，Ⅱ1-1 与 Ⅱ1-2 的就业支持功能居主导功能地位，资源保障功能与生态维衡功能居明显或相对约束功能地位。Ⅱ1-3 与 Ⅱ1-6 均无明显的主导功能，资源保障功能为前者的约束功能，生态维衡功能为后者的约束功能。而 Ⅱ1-4 与 Ⅱ1-5 既无明显主导功能，也无明显的约束功能。

图 14.3　Ⅱ1 各子功能区的可持续发展功能评价结果

功能区代码	居住容载	就业支持	经济发展	资源保障	生态维衡	综合功能
Ⅱ1-1	0.73	0.87	0.82	0.39	0.52	0.66
Ⅱ1-2	0.73	0.84	0.74	0.45	0.48	0.65
Ⅱ1-3	0.62	0.74	0.66	0.46	0.72	0.64
Ⅱ1-4	0.68	0.71	0.67	0.50	0.64	0.64
Ⅱ1-5	0.65	0.64	0.51	0.53	0.66	0.60
Ⅱ1-6	0.75	0.78	0.68	0.59	0.47	0.65

14.2.2　子功能区特征

Ⅱ1-1 拥有中国的政治、文化中心，拥有比较完整的产业体系和发展现代化工业所需的能源矿产、金属矿产与建筑等非金属矿产资源，是全国重要的人口和经济密集区，更是国家提升竞争力与带动经济社会发展的龙头区、国家经济发展的增长极。其可持续发展功能定位为都市发展区。Ⅱ1-2 区内矿产资源与渔业资源丰富，产业门类齐备。由于地处环渤海地区的中心位置，在港口建设的快速发展推动下，物流集散将成为该区新的经济增长点。Ⅱ1-3是距离京津最近的水源涵养区与风沙屏障区，在区域发展需求定位上属于生态屏障区。Ⅱ1-4、Ⅱ1-5及Ⅱ1-6分居Ⅱ1-1东西两侧。理论上，是Ⅱ1-1的理想粮、蔬供应区，可持续发展功能适宜走服务于大城市的生态农业道路。

表14.4与表14.5描述了各子功能区的主要经济社会信息。从中可见，Ⅱ1社会经济发展二元特征明显。Ⅱ1-1是Ⅱ1的经济高地，也是经济孤岛，GDP密度已超过5亿元/平方公里。但是，该区内部的京、津两地的产业结构同化问题严重，既直接导致了两地在资源、能源、项目等方面的争夺，也滞缓了具有创新能力的产业链和产业集群的培育与发展进程。部分程度上，这也是Ⅱ1-1对外辐射带动能力未能有效发挥的重要原因。

表14.4　Ⅱ1各子功能区基本社会经济与资源表

功能区代码	密度信息					人均信息					
	人口（人/平方公里）	GDP（万元/平方公里）	水资源（千立方米/平方公里）	综合粮食（吨/平方公里）	禽畜肉产品（吨/平方公里）	GDP（元/人）	耕地（亩/人）	水资源（立方米/人）	综合粮食（千克/人）	禽畜肉产品（千克/人）	水产品（千克/人）
Ⅱ1-1	847	5 007	153	142	38.8	59 080	0.5	180	168	46	10.7
Ⅱ1-2	476	3 315	137	172	27.1	69 630	0.9	288	361	57	117.2
Ⅱ1-3	152	322	105	47	20.3	21 120	1.2	689	307	133	2.0
Ⅱ1-4	213	578	144	71	24.4	27 140	0.8	674	335	115	17.1
Ⅱ1-5	231	223	136	105	19.6	9 660	1.1	590	453	85	6.5
Ⅱ1-6	746	1 928	111	402	62.2	25 880	1.0	149	539	83	3.3

表14.5　Ⅱ1各子功能区工业化发展阶段诊断及人口收入信息表

功能区代码	产业构成（%）			工业化发展阶段	农村人均纯收入（元）	城镇在岗职工年均工资（元）	城乡居民人均收入比
	第一产业	第二产业	第三产业				
Ⅱ1-1	5	44	52	后期	7 820	27 580	2.4
Ⅱ1-2	11	56	33	成熟期	5 740	17 770	2.1
Ⅱ1-3	12	44	44	后期	6 670	22 560	2.3
Ⅱ1-4	10	60	30	中期	4 310	18 820	3.0
Ⅱ1-5	20	51	29	中期	2 850	15 450	3.7
Ⅱ1-6	12	54	35	成熟期	4 680	16 550	2.4

注：城乡居民人均收入比基于城镇在岗职工年均工资调整后的城镇居民收入计算。

由于京津的"空吸"效应，Ⅱ1-4和Ⅱ1-5成为Ⅱ1发展的两大片塌陷带，二者GDP密度与Ⅱ1-1相差一个数量级。其中，Ⅱ1-5的经济塌陷问题最为突出。2007年，Ⅱ1-5的人均GDP不足万元，单位面积产出的GDP才223万元/平方公里。由于长期作为京津的矿产资源供给地与京津的人口流动吸附作用，Ⅱ1-4和Ⅱ1-5的第一产业与第三产业效益不足与发育不足并存，导致第二产业所占比重畸高，产业结构扭曲严重。这两个功能区的农村居民纯收入收入中相当一部分依靠外出务工，城镇居民收入中相当一部分依靠资源采掘。由于人口密集，从人均角度看，Ⅱ1-6也是位于Ⅱ1-1周围的一个经济塌陷地。Ⅱ1-4、Ⅱ1-5与Ⅱ1-6的塌陷问题亟待快速解决，否则可能会导致作为经济核心与城市核心的Ⅱ1-1没有经济腹地，失去了赖以生存与发展的物质基础。可见，资源供给者发展滞后、收入低而不稳在Ⅱ1区表现得非常突出。

承担生态屏障服务功能的Ⅱ1-3，经济量相对不大，但城乡居民收入相对较高，这主要得益于该区服务于都市居民的生态观光旅游服务业的发展。生态旅游的发展使该区生态屏障功能与经济发展功能之间矛盾冲突得到了明显的缓解。但是，由于北京都市核心区扩展与产业转移，该区的生态资源特别是土地资源面临严峻的过度开发利用挑战，存在资源约束功能与生态维衡功能退化的风险。亟须有效控制都市圈无序扩张，大力维系与提高该区的绿色生态系统。

综上所述，Ⅱ1可持续发展的关键是：控制Ⅱ1-1城镇范围过度扩张，提高Ⅱ1-3的生态保障能力，在其他三级区注重培育与发展中等城市，提高资源开发域宽与接受核心经济辐射的能力。

14.3 冀北京津风沙屏障区（Ⅱ2）

14.3.1 内部格局特征

冀北京津风沙屏障区（Ⅱ2）位于河北坝上地区。该区是中国北方沙漠南侵的前缘地带，是北京和天津境内河流的发源地、上游地段及水源地，其防风固沙、涵养水源、水土保育等生态服务产品生产能力直接影响着京津乃至华北地区的生态环境安全和经济建设。Ⅱ2共有2个子功能区：坝上风沙屏障区（Ⅱ2-1）包括张家口市辖区、宣化、张北、康保、沽源、尚义、阳原、怀安、万全与崇礼10个县域单元，总面积2.4万平方公里，户籍人口共314万人；坝上生物多样性保育发展区（Ⅱ2-2）包括赤城、隆化、丰宁与围场4个县域单元，总面积2.8万平方公里，户籍人口共164万人。

Ⅱ2以生态维衡功能居主导，资源保障功能居相对约束地位（图14.9）。该区生态服务产品需求与生态资源产品供给冲突显著，造成草场退化，水土流失广泛存在，草场鼠害严重。由于地处京津"吸附"效应区，加上长期服务于京津生态屏障保育服务，Ⅱ2的产业结构发展受到限制，该区是环Ⅱ1-1的另一片塌陷区。2007年，该区人均GDP为11 800元，三次产业构成比是18%：46%：36%，经济发展整体上处于工业化发展初期。其中，Ⅱ2-1的人均GDP为13 370元，三次产业构成比是14%：48%：44%，经济发展处于工业化初期向中期的过渡阶段；Ⅱ2-2的人均GDP为8760元，三次产业构成比是31%：38%：30%，区域经济处于工业化发展初期。由此可见，Ⅱ2及其组成单元的经济塌陷程度较Ⅱ1各子功能区更为严重。

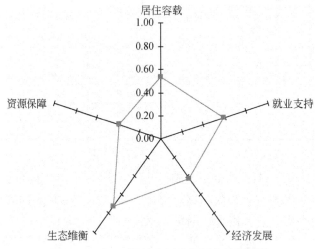

图14.9　Ⅱ2可持续发展功能评价综合结果

14.3.2 子功能区特征

表14.6描述了Ⅱ2各子功能区的可持续发展功能评估结果。可见，Ⅱ2-1与Ⅱ2-2有明显的主导功能，且均为生态屏障功能，但是前者有约束功能，为资源保障功能，而后者没有明显的约束功能。

总体上，Ⅱ2-1与Ⅱ2-2的经济发展功能处于"低"水平，同时生态系统面临严重的退化。Ⅱ2-1沙漠化土地约占全区总面积的 68%，土壤侵蚀模数高达每年 3000 吨/平方公里（刘正恩，2010；袁金国等，2006）。Ⅱ2-2 森林生态系统和濒危珍稀野生动植物资源丰富，土地沙化问题也较为严重，例如围场县 40%左右的土地已经不同程度沙化（刘宪军与宋玉华，2010），77%的土地不同程度发生水土流失（王海生与丛庆龙，2009）。目前，Ⅱ2 实施的生态建设项目有京津风沙源治理、21 世纪初期首都水资源可持续利用、退耕还林、三北防护林等，由于这些工程过于偏重生态建设，忽略自然恢复，加上反复建设与树种选用单一，生态林的生态功能不理想。而且该区的生态建设项目往往是通过行政命令手段来实施的，生态建设与生态产业培育关联严重不足，明显削弱了当地居民的参与积极性。近年来，受滑雪产业热与温泉热的影响，该区掀起一股建滑雪场、开发温泉的热潮，立地条件较好的森林植被受到了明显的侵扰，应当予以高度的重视。

鉴于Ⅱ2 生态屏障功能的重要性和区内社会经济发展的受束与塌陷的现实，其经济发展要走生态经济化的道路。首先，在生态建设过程中充分考虑生态产业创建、培育与发展，使生态保育变成一项有收入保障的好事。其次，要严格实施产业进入管制。作为生态服务需求方，Ⅱ1-1 应对Ⅱ2 发展机会损失进行合理的生态补偿。第三，借助距京、津近的区位便利，发展高效生态旅游服务业，大力培育与发展低生态环境影响的物流服务业。此外，也是非常重要的一点，围绕京津市场，大力发展高附加值的生态农业。建议该区对京津地区长期提供生态公益服务的历史现实，Ⅱ1-1 应对之进行适当的补偿。

表 14.6　Ⅱ2 各子功能区可持续发展功能评价结果

功能区代码	居住容载	就业支持	经济发展	资源保障	生态维衡	综合功能
Ⅱ2-1	0.53	0.62	0.43	0.36	0.71	0.53
Ⅱ2-2	0.55	0.51	0.40	0.47	0.75	0.54

14.4　黄淮平原中部生态农业区（Ⅱ3）

14.4.1　内部格局特征

黄淮平原中部生态农业区（Ⅱ3）由 6 个子功能区共 87 个县域单元构成（表 14.7），全区总面积 8.8 万平方公里。户籍总人口 5541 万人，占全国总人口的 4.2%，人口规模在二级区中居第 9 位；人口密度 628 人/平方公里，在二级区中居第 3 位。

表 14.7　Ⅱ3 分区及其组成单元基本信息

功能区代码	功能区名称	县域单元
Ⅱ3-1	冀西南城镇带区	邯郸市辖区、邯郸、涉县、磁县、武安市、邢台市辖区、邢台、临城、内丘、柏乡、沙河市
Ⅱ3-2	冀中南多功能农业区	辛集市、临漳、成安、大名、肥乡、永年、鸡泽、魏县、曲周、隆尧、任县、南和、宁晋、泊头市、深州市、武强
Ⅱ3-3	河北经济作物农业区	邱县、广平、馆陶、巨鹿、新河、广宗、平乡、威县、清河、临西、南宫市、东光、盐山、南皮、吴桥、孟村、衡水市辖区、冀州市、枣强、武邑、故城、景县、阜城、德州市辖区
Ⅱ3-4	鲁北临黄生态农业区	济阳、商河、惠民、乐陵市、禹城市、陵县、平原、夏津、武城、齐河、临邑、宁津、聊城市辖区、临清市、茌平、东阿、冠县、高唐
Ⅱ3-5	山东半岛城市群区	济南市辖区、平阴、章丘市、淄博市辖区、桓台、高青、泰安市辖区、肥城市、莱芜市辖区、邹平
Ⅱ3-6	山东半岛生态农业区	沂源、临朐、青州市、新泰市、临沂市辖区、沂水、蒙阴、沂南

总体上，Ⅱ3 没有明显的主导功能，但生态维衡功能居约束地位（图 14.10）。这主要是该区土地利用以耕地为主，森林覆盖率低，水资源少。全区常用耕地占全国的 4.1%，在二级区中居第 11 位，淡水资源总量不足全国的 0.5%，在二级区中居第 34 位，水土资源矛盾突出。Ⅱ3 是中国耕地的重要分布区，也是全国粮食与畜牧产品的重要生产区。2007 年，该区综合粮食产量接近 3000 万吨，在二级区中居第 5 位；禽畜肉类产量 350 万吨多，在二级区中居第 10 位。由于人口密度大，Ⅱ3 人均常用耕地低于全国平均水平，为 1.0 亩，在二级区中居第 11 位；人均综合粮食产量 543 千克，在二级区中居第 8 位；人均禽畜产品为 40 千克，在二级区中居第 22 位。2007 年，该区人均 GDP 为 25 460 元，在二级区中居第 11 位，在黄淮海区中居第 3 位。三次产业构成比为 4%：54%：42%，区域经济总体已经进入工业化的成熟期。该区城镇化率为 38%，农村人均纯收入为 4450 元，城镇在岗职工平均工资超过 16 000 元，城乡居民人均收入比为 2.5：1。近半数农业从业人员从事非农行业，说明该区人地分离现象明显，城镇化发展滞后于需求。

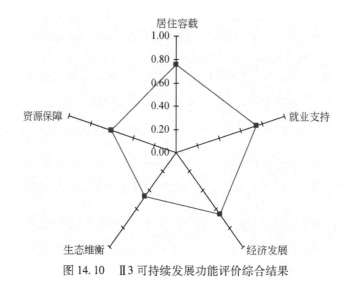

图 14.10　Ⅱ3 可持续发展功能评价综合结果

Ⅱ3 有 6 个子功能区，其基本情况见表 14.7。其中，冀西南城镇带区（Ⅱ3-1）包括 11 个县域单元，总面积 1.0 万平方公里，户籍人口共 590 万人；冀中南多功能农业区（Ⅱ3-2）包括 16 个县域单元，总面积 1.2 万平方公里，户籍人口共 868 万人；河北经济作物农业区（Ⅱ3-3）包括 24 个县域单元，总面积 1.6 万平方公里，户籍人口共 891 万人；鲁北临黄生态农业区（Ⅱ3-4）包括 18 个县域单元，总面积 1.9 万平方公里，户籍人口共 1057 万人；山东半岛城市群区（Ⅱ3-5）包括 10 个县域单元，总面积 1.7 万平方公里，户籍人口共 1309 万人；山东半岛生态农业区（Ⅱ3-6）包括 8 个县域单元，总面积 1.4 万平方公里，户籍人口共 826 万人。6 个子功能区中，Ⅱ3-2 与 Ⅱ3-5 两区的人口密度依次为 700 人/平方公里与 767 人/平方公里，其他功能的人口密度均为 550 人/平方公里左右。

14.4.2　子功能区特征

Ⅱ3 各子功能区具有明显的组团特征。其中，属于内陆耕地保育型功能区的 Ⅱ3-2、Ⅱ3-3 与 Ⅱ3-4 构成一个组团，属于人类聚集型功能区的 Ⅱ3-1 与 Ⅱ3-5 构成一个组团，Ⅱ3-6 单独成为一个组团。为了叙述方便，将前两个组团分别称为 Ⅱ3a 组团与 Ⅱ3b 组团。各子功能区的可持续发展功能综合指数均为 0.60 ~ 0.70，相差不大（表 14.8）。属于 Ⅱ3b 组团的 Ⅱ3-1 与 Ⅱ3-5，以就业支持功能为主导功能，以资源保障功能为约束功能。而属于 Ⅱ3a 组团的 Ⅱ3-2、Ⅱ3-3、Ⅱ3-4，以生态维衡功能为约束功能，但没有明显的主导功能。Ⅱ3-6 是沿海型水陆双依生态农业区，没有明显的主导功能与约束功能。

表 14.8　Ⅱ3 各子功能区的可持续发展功能评价结果

功能区代码	居住容载	就业支持	经济发展	资源保障	生态维衡	综合功能
Ⅱ3-1	0.69	0.79	0.69	0.46	0.49	0.62
Ⅱ3-2	0.77	0.68	0.54	0.69	0.42	0.62
Ⅱ3-3	0.77	0.74	0.55	0.55	0.40	0.60
Ⅱ3-4	0.78	0.69	0.73	0.71	0.46	0.67
Ⅱ3-5	0.75	0.83	0.83	0.50	0.53	0.69
Ⅱ3-6	0.74	0.75	0.72	0.64	0.65	0.70

表 14.9 与表 14.10 归纳了Ⅱ3 各子功能区的主要社会经济信息。Ⅱ3a 组团各功能区人均耕地资源多，粮食、畜牧产品产出密度大，GDP 密度小；人均粮食与禽畜肉产品占有量高，人均 GDP 水平低；区域经济总体上处于工业化发展的初期阶段，产业结构发育滞后，城乡人均收入低。很大程度上，这与该组团负有耕地资源保育的国家责任，发展机会受限具有很大的关联。从效益流角度，这类区域属于公益性生态服务溢出区。Ⅱ3b 组团经济结构发达，区域经济总体上已经进入工业化成熟期或后期阶段。其土地的功能更多是支持非农产业创造增加值与社会财富，而不是依靠其生产可更新资源与输出原材料。因而，Ⅱ3-1 与Ⅱ3-5 粮食、畜牧产品产出密度低，但 GDP 密度高；人均粮食与禽畜肉产品占有量小，但人均 GDP 与城乡人均收入高。由于资源定价制度缺陷与生态服务市场缺失，这类资源输入型区域免费使用公益性生态服务，并对周围的社会经济相对低发展区产生不同程度的"吸空"效应。需要注意的是，Ⅱ3-1 属于资源带动形成的城镇群，由于资源开发早，城乡隔离发展，一度处于被"吸空"的阴影区，因而，该区的农村发展情况与上一组团区较为类似。就目前的发展现状而言，Ⅱ3-6 本应归属到Ⅱ3a 组团之中。但考虑其临海的天然优势，功能定位应充分考虑对其区位资源进行开发。通过产业承接与新增长点的培育，区域社会经济发展可以得到快速提升。

从县域尺度看，各子功能发展的空间异质性组团特征也十分明显。表现为Ⅱ3b 组团各功能区内最大，在Ⅱ3-6 的区域内居中，在Ⅱ3a 组团的区域内最小。

由上分析，Ⅱ3 各子功能区在区域可持续发展中承担的功能不同，而且功能分异导致了发展差异。分析表明，其原因可以归根结底可以概括为：公益性生态服务成本没有共担，经济社会发展收益没有共享。区域发展政策的制定应紧紧围绕这一核心。

表 14.9　Ⅱ3 各子功能区基本社会经济与资源表

功能区代码	密度信息					人均信息					
	人口（人/平方公里）	GDP（万元/平方公里）	水资源（千立方米/平方公里）	综合粮食（吨/平方公里）	禽畜肉产品（吨/平方公里）	GDP（元/人）	耕地（亩/人）	水资源（立方米/人）	综合粮食（千克/人）	禽畜肉产品（千克/人）	水产品（千克/人）
Ⅱ3-1	568	2 350	117	163	26.8	41 392	0.7	205	287	47	5.3
Ⅱ3-2	700	829	103	573	65.3	11 856	1.5	147	820	93	1.6
Ⅱ3-3	545	811	92	361	38.0	14 884	1.7	170	663	70	1.4
Ⅱ3-4	550	1 027	131	513	48.4	18 691	1.4	239	934	88	11.8
Ⅱ3-5	767	3 281	186	171	23.6	42 752	0.3	242	223	31	8.0
Ⅱ3-6	565	1 131	240	188	39.1	20 026	0.7	425	333	69	7.1

表14.10　Ⅱ3各子功能区工业化发展阶段诊断及收入信息表

功能区代码	产业结构（%）			工业化发展阶段	农村人均纯收入（元）	城镇在岗职工年均工资（元）	城乡居民人均收入比
	第一产业	第二产业	第三产业				
Ⅱ3-1	10	49	41	后期	4 430	17 230	2.7
Ⅱ3-2	23	47	30	初期	4 100	14 310	2.4
Ⅱ3-3	17	53	30	初期	3 620	14 860	2.8
Ⅱ3-4	16	56	28	初级	4 830	15 090	2.2
Ⅱ3-5	5	56	39	成熟期	6 110	20 690	2.3
Ⅱ3-6	10	56	33	中期	5 200	18 070	2.4

注：数据由作者计算得出。城乡居民人均收入比基于城镇在岗职工年均工资调整后的城镇居民收入计算。

14.5　黄淮平原南部生态农业区（Ⅱ4）

14.5.1　内部格局特征

黄淮平原南部生态农业区（Ⅱ4）总面积21.9万平方公里，由河南、山东、安徽与江苏四省接壤处共170个县域单元构成，这些县域单元进一步被分解为6个功能区（表14.11）。Ⅱ4是全国人口规模最大、分布最稠密的二级区，户籍总人口1.59亿人，占全国总人口的12.0%，人口密度为726人/平方公里。该区常用耕地面积占全国的10.8%，综合粮食产量与禽畜肉产品产量分别占全国的15.6%与11.9%，是全国耕地分布面积最多、农畜果产品产出最高的二级区。区域GDP占全国的7.7%，在二级区中居第4位。Ⅱ4的耕地保育的重要意义与经济社会发展的重要性不言而喻。总体上，该区没有明显的主导功能与约束功能，但相对而言，生态维衡功能最薄弱（图14.11）。

表14.11　Ⅱ4分区及其组成单元基本信息

功能区代码	功能区名称	县域单元
Ⅱ4-1	豫北临黄生态农业区	阳谷、莘县、安阳市辖区、林州市、安阳、汤阴、滑县、内黄、鹤壁市辖区、浚县、淇县、延津、长垣、卫辉市、辉县市、濮阳市辖区、清丰、南乐、范县、台前、濮阳
Ⅱ4-2	豫中临黄生态农业区	枣庄市辖区、滕州市、济宁市辖区、微山、鱼台、嘉祥、汶上、泗水、梁山、曲阜市、兖州市、邹城市、宁阳、东平、苍山、平邑、费县、郓城县、鄄城县
Ⅱ4-3	中原城市群区	芮城、郑州市辖区、荥阳市、中牟、新郑市、登封市、新密市、巩义市、开封市辖区、尉氏、开封、洛阳市辖区、孟津、新安、栾川、嵩县、汝阳、宜阳、洛宁、伊川、偃师市、平顶山市辖区、宝丰、鲁山、郏县、襄城、汝州市、新乡市辖区、新乡、获嘉、原阳、封丘、焦作市辖区、修武、博爱、武陟、温县、孟州市、济源市、沁阳市、许昌市辖区、许昌、禹州市、长葛市、三门峡市辖区、渑池、陕县、卢氏、义马市、灵宝市
Ⅱ4-4	中原都市生态农业区	东明、杞县、通许、兰考、叶县、舞钢市、鄢陵、漯河市辖区、舞阳、临颍、民权、宁陵、睢县、扶沟、方城

功能区代码	功能区名称	县域单元
Ⅱ4-5	豫东多功能农业区	徐州市辖区、铜山、睢宁、新沂市、邳州市、宿迁市辖区、蚌埠市辖区、怀远、五河、固镇、淮南市辖区、凤台、淮北市辖区、濉溪、阜阳市辖区、亳州市辖区、界首市、临泉、太和、涡阳、蒙城、阜南、颍上、利辛、宿州市辖区、萧县、灵璧、泗县、郯城、商丘市辖区、虞城、夏邑、柘城、永城市、周口市辖区、项城市、西华、商水、太康、鹿邑、郸城、淮阳、沈丘、驻马店市辖区、泌阳、遂平、西平、上蔡、汝南、平舆、新蔡、正阳、社旗、唐河、淮滨
Ⅱ4-6	鲁西南生态农业区	丰县、沛县、砀山、金乡、菏泽市辖区、曹县、定陶、成武、单县、巨野

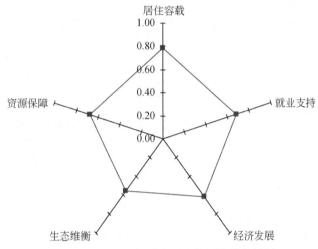

图 14.11　Ⅱ4 可持续发展功能评价综合结果

14.5.2　子功能区特征

Ⅱ4 各子功能区的面积与人口规模具有明显的差异。其中，豫北临黄生态农业区（Ⅱ4-1）包括21个县域单元，总面积2.1万平方公里，户籍人口1568万人；豫中临黄生态农业区（Ⅱ4-2）包括19个县域单元，总面积2.5万平方公里，户籍人口1818万人；中原城市群区（Ⅱ4-3）包括50个县域单元，总面积5.7万平方公里，户籍人口3498万人；中原都市生态农业区（Ⅱ4-4）包括15个县域单元，总面积1.7万平方公里，户籍人口1229万人；豫东多功能农业区（Ⅱ4-5）包括55个县域单元，总面积8.6万平方公里，户籍人口6756万人；鲁西南生态农业区（Ⅱ4-6）包括10个县域单元，总面积1.3万平方公里，户籍人口1039万人。

各子功能区的可持续发展功能评估结果见表14.12，社会经济主要信息见表14.13与表14.14。从之可见，Ⅱ4 的各子功能区的可持续发展功能综合指数均在0.65左右（表14.12）。Ⅱ4 区的可持续发展功能综合指数空间均质性在三级区尺度上高于Ⅱ3 区。这主要是由于Ⅱ4 人口分布相对均衡，产业结构同质性高，各子功能区工业化程度大致相当所致（表14.13，表14.14）。

表 14.12　Ⅱ4 各子功能区的可持续发展功能评价结果

功能区代码	居住容载	就业支持	经济发展	资源保障	生态维衡	综合功能
Ⅱ4-1	0.76	0.67	0.65	0.65	0.48	0.64
Ⅱ4-2	0.78	0.71	0.68	0.72	0.59	0.70
Ⅱ4-3	0.74	0.74	0.73	0.57	0.59	0.68
Ⅱ4-4	0.81	0.63	0.57	0.75	0.58	0.67
Ⅱ4-5	0.83	0.64	0.51	0.75	0.56	0.66
Ⅱ4-6	0.80	0.64	0.53	0.69	0.53	0.64

表 14.13　Ⅱ4 各子功能区基本社会经济与资源表

功能区代码	密度信息					人均信息					
	人口（人/平方公里）	GDP（万元/平方公里）	水资源（千立方米/平方公里）	综合粮食（吨/平方公里）	禽畜肉产品（吨/平方公里）	GDP（元/人）	耕地（亩/人）	水资源（立方米/人）	综合粮食（千克/人）	禽畜肉产品（千克/人）	水产品（千克/人）
Ⅱ4-1	928	1 121	138	481	51.9	12 085	0.8	149	518	56	2.3
Ⅱ4-2	701	1 320	222	377	50.8	18 830	0.8	317	538	72	37.0
Ⅱ4-3	609	1 420	184	251	32.1	23 338	0.8	302	412	53	4.4
Ⅱ4-4	720	800	228	481	69.2	11 120	1.1	317	669	96	4.9
Ⅱ4-5	762	763	298	438	46.2	10 015	1.0	391	575	61	7.5
Ⅱ4-6	791	672	180	360	47.0	8 493	0.8	227	455	59	7.2

表 14.14　Ⅱ4 各子功能区工业化发展阶段诊断及收入信息表

功能区代码	产业构成（%）			工业化发展阶段	农村人均纯收入（元）	城镇在岗职工年均工资（元）	城乡居民人均收入比
	第一产业	第二产业	第三产业				
Ⅱ4-1	15	60	25	初期	4 170	14 210	2.4
Ⅱ4-2	13	56	31	初期	4 890	18 860	2.7
Ⅱ4-3	8	61	31	初期	4 550	16 880	2.6
Ⅱ4-4	24	53	23	初期	3 650	14 530	2.7
Ⅱ4-5	24	42	34	初期	3 470	16 400	3.3
Ⅱ4-6	26	44	30	初期	4 390	14 090	2.2

注：城乡居民人均收入比基于城镇在岗职工年均工资调整后的城镇居民收入计算。

14.5.3　与Ⅱ3 的比较

Ⅱ4 是天然赋予的高居住容载功能区，同时是全国耕地安全与粮食安全的战略保障区。但是，除Ⅱ4-1 生态维衡功能居相对约束地位外，其他各子功能区没有明显的主导功能与约束功能。全区发展均质性高，加之地处四省交界，在制度安排上容易成为各省的遗忘区与制度吸空区，经济增长点培育的难度较Ⅱ3 更大。

通过与Ⅱ3 的比较分析，我们来探讨Ⅱ4 的可持续发展之路。从产业形态判断，Ⅱ4 的社会经济发展程度明显滞后于Ⅱ3，而从两区的城乡人口的收入水平看，Ⅱ4 的社会经济发展程度滞后与Ⅱ3 差异并不大。这主要是由于矿产资源经济为Ⅱ4 社会发展积累了相当的发展基础，并推动该区的城镇化进程，促进区域农业朝多样性化方向发展。这从Ⅱ3 与Ⅱ4 的粮食产出密度、禽畜肉产品产出密度与人均收入的对比关系中可见。此外，由于人均耕地资源少，促使Ⅱ4 更高比例的农村人口从事非农产业，提高了收入来源的多样性。Ⅱ4 区矿产资源开发早，其原有煤炭型、石油型城市正在或将相继进入资源枯竭生命时期，这意味着矿产资源孕育区域社会经济发展资本积累的时代即将终结。由于在矿产资源经济生命力黄金时期，该区以原材料产品输入为主，工业体系没有得到应有的培育与发展，使得该区面临严峻的产业接替问题。

综合而言，与Ⅱ3 相比，Ⅱ4 的发展效益的外溢程度更大。这也是无论从产业形态还是从收入水平上，该区城镇型子功能区与耕地保育型子功能区之间的差异并不显著的重要原因。Ⅱ4 的发展需要借助外源性推动力与拉力，在制度上需要跨区战略性制度安排。

14.6 渤海湾近海综合经济区（Ⅱ5）

14.6.1 内部格局特征

渤海湾近海综合经济区（Ⅱ5）由山东与江苏两省环渤海 58 个县域单元构成，该区共分为 4 个子功能区（表 14.15），总面积 9.5 万平方公里。户籍总人口 5234 万人，占全国总人口的 3.9%；人口密度 545 人／平方公里，在二级区中居第 11 位。

表 14.15 Ⅱ5 分区及其组成单元基本信息

功能区代码	功能区名称	县域单元
Ⅱ5-1	黄河三角洲河口湿地保育区	东营市辖区、垦利
Ⅱ5-2	山东半岛临海城镇带区	青岛市辖区、胶州市、即墨市、胶南市、烟台市辖区、海阳市、长岛、龙口市、莱州市、蓬莱市、招远市、威海市辖区、文登市、荣成市、乳山市、日照市辖区
Ⅱ5-3	渤海湾苏北经济区	连云港市辖区、赣榆、东海、灌云、灌南、沭阳、泗阳、涟水、泗洪、淮安市辖区、盐城市辖区、响水、滨海、阜宁、射阳、建湖、宝应、莒南、临沭
Ⅱ5-4	临河近海多功能生态农业区	平度市、莱西市、利津、广饶、栖霞市、莱阳市、潍坊市辖区、安丘市、昌乐、昌邑市、高密市、诸城市、寿光市、五莲、莒县、滨州市辖区、阳信、无棣、沾化、博兴、庆云

对 Ⅱ5 进行可持续发展功能评估表明，该区没有明显的主导功能与约束功能，但相对而言，生态维衡功能系约束功能（图 14.12）。其常用耕地占全国的 3.8%，综合粮食产量占全国的 5.5%，禽畜肉产品产量占全国的 5.3%，水产品产量占全国的 15.6，在二级区中依次居第 10 位、第 6 位、第 9 位与第 2 位。全区 GDP 占全国的 5.4%，在二级区中居第 4 位。从各指标的密度水平看，Ⅱ5 的 GDP 密度、综合粮食密度、禽畜肉产品产出密度、水产品产出密度在二级区中均居前 4 位，而水资源密度仅居第 26 位。由于人口分布稠密，该区人均耕地与粮、畜、渔产品人均占有量在二级区中居于中间位置。

综合而言，Ⅱ5 肩负的耕地保育、膳食资源生产、经济社会发展与生态保护等多重国家发展功能安排。

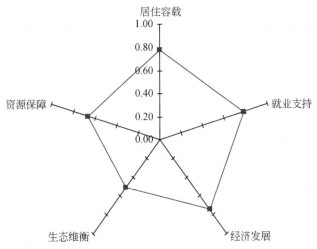

图 14.12　Ⅱ5 可持续发展功能评价综合结果

14.6.2 子功能区特征

Ⅱ5 各子功能的区域面积规模与人口规模相差较大。黄河三角洲河口湿地保育区（Ⅱ5-1）包括 2 个县域单元，总面积 0.5 万平方公里，户籍人口 105 万人；山东半岛临海城镇带区（Ⅱ5-2）包括 16 个县域单元，总面积 2.4 万平方公里，户籍人口 1428 万人；渤海湾苏北经济区（Ⅱ5-3）包括 19 个县域单元，总面积 3.3 万平方公里，户籍人口 2143 万人；临河近海多功能生态农业区（Ⅱ5-4）包括 21 个县域单元，总面积 3.4 万平方公里，户籍人口 1558 万人。

各子功能区的可持续发展功能评估结果见表 14.16，社会经济主要信息见表 14.17 和表 14.18。由表 14.16 可见，Ⅱ5 各子功能区的可持续发展功能综合指数均在 0.70 左右，且空间分布十分均质，但各类可持续发展功能指数的变化范围与区域差异性较大。Ⅱ5-1 的就业支持功能与经济发展功能并居主导地位，资源保障约束地位，生态维衡功能属于"较低"等级。Ⅱ5-2 的就业支持与经济发展功能也并居主导地位，生态维衡功能与资源保障功能双处约束地位。Ⅱ5-3 的居住容载功能属于相对明显的主导功能，生态维衡功能是相对明显的约束功能，经济发展功能处于"较低"等级。Ⅱ5-4 没有明显的主导功能，其约束功能是生态维衡功能。

受发展基础、资源丰度与发展机会差异的影响，Ⅱ5 各子功能区的经济产出能力明显不同。人均 GDP 在Ⅱ5-1 高达 12.7 万元，在Ⅱ5-2 为 5.4 万元，而在Ⅱ5-3 与Ⅱ5-4 分别为 1.4 万元与 2.6 万元。Ⅱ5 的农村地区之间与城镇地区之间的收入差距远小于 GDP 差距，说明经济财富并不等同于居民的收入财富。

Ⅱ5-1 地处山东省黄河入海口处，是国家级黄河三角洲自然保护区的分布所在，该区分布着地球暖温带地区最广阔、最完整、最年轻的湿地生态系统。区内油气资源丰富，胜利油田共发现油田 69 个、气田 2 个，探明石油地质储量 42.9 亿吨，探明天然气地质储量 382.4 亿立方米。该区 GDP 的发展主要获益于石油资源经济，工业产业体系与第三产业体系总体发育程度不高，应尽早丰富产业构成，在油气资源开发进入耗竭期之前培育出完备的产业体系。

Ⅱ5-2 目前产业结构不发达，但核心城市制造业的快速发展以及农业产品深加工的发展将为该区孵育强大的经济发展功能。由于居住适宜度好，人均资源总体上较高，Ⅱ5-2 具有进一步集聚人口与社会经济资源的良好潜力，适宜发展成为以中等城市为多核心的城镇群。

Ⅱ5-3 目前产业结构滞后、经济发展总体水平属于Ⅱ5 的洼地区。但由于地缘优势，Ⅱ5-3 拥有良好的经济发展潜力，有望成为中国新的经济增长点。

在区位上，Ⅱ5-4 可能受益于周围的石油资源经济发展，也可能成为石油资源经济型城市的"吸空"区，这主要取决于该区是否能重视并培育出多样化的生态农业与高效物流服务业。

由上分析可见，Ⅱ5 各子功能的发展功能分异明显，为区域合作提供了良好的平台。该区有望成为横向辐射Ⅱ4 的重要动力源区。

表 14.16　Ⅱ5 各子功能区的可持续发展功能评价结果

功能区代码	居住容载	就业支持	经济发展	资源保障	生态维衡	综合功能
Ⅱ5-1	0.72	0.86	0.84	0.36	0.58	0.67
Ⅱ5-2	0.75	0.89	0.87	0.55	0.47	0.71
Ⅱ5-3	0.83	0.68	0.60	0.75	0.53	0.68
Ⅱ5-4	0.76	0.77	0.78	0.69	0.51	0.70

表 14.17　Ⅱ5 各子功能区基本社会经济与资源表

功能区代码	密度信息					人均信息					
	人口（人/平方公里）	GDP（万元/平方公里）	水资源（千立方米/平方公里）	综合粮食（吨/平方公里）	禽畜肉产品（吨/平方公里）	GDP（元/人）	耕地（亩/人）	水资源（立方米/人）	综合粮食（千克/人）	禽畜肉产品（千克/人）	水产品（千克/人）
Ⅱ5-1	190	2 422	145	23	16.5	127 646	0.5	762	122	87	312.2
Ⅱ5-2	600	3 253	171	209	34.8	54 204	0.6	285	348	58	359.0
Ⅱ5-3	649	896	314	369	29.9	13 811	1.1	483	568	46	0.5
Ⅱ5-4	458	1 172	186	307	59.2	25 591	1.2	406	669	129	53.0

表 14.18　Ⅱ5 各子功能区工业化发展阶段诊断及收入信息表

功能区代码	产业结构（%）			工业化发展阶段	农村人均纯收入（元）	城镇在岗职工年均工资（元）	城乡居民人均收入比
	第一产业	第二产业	第三产业				
Ⅱ5-1	2	77	21	初期	5 780	26 370	3.1
Ⅱ5-2	6	57	37	初期	7 320	22 510	2.1
Ⅱ5-3	22	42	36	初期	5 140	17 050	2.3
Ⅱ5-4	12	57	31	初期	5 760	17 380	2.1

注：城乡居民人均收入比基于城镇在岗职工年均工资调整后的城镇居民收入计算。

参 考 文 献

刘宪军，宋玉华 . 2010. 浅谈围场县治沙成效及今后对策 . 河北林业，(4)：22-23.

刘正恩 . 2010. 河北坝上生态环境退化现状、原因及对策措施 . 生态经济，(1)：166-169.

王海生，丛庆龙 . 2009. 围场县水土流失及防治措施探讨 . 海河水利，(2)：23-25.

袁金国，王卫，龙丽民 . 2006. 河北坝上生态脆弱区的土地退化及生态重建 . 干旱区资源与环境，20 (2)：139-143.

15

东南临海区

曹淑艳　谢高地　肖　玉

东南临海区由 5 个二级区、24 个三级区、294 个县域单元组成，总面积占全国国土总面积的
5.2%，人口占全国总人口的 17.7%，该区是中国人口第二稠密的一级区。基于可持续发展功能
指数的区域面积、人口与 GDP 的累积曲线分析表明，该区的人口与产业有向高居住容载功能地
域单元自然汇集的趋势，区域经济发展极化现象明显。Ⅲ1 属于耕地资源约束下的多功能发展
区，目前是东南临海区的经济发展洼地，其发展策略应聚焦于耕地保育与活力激发和环境友好
型第二、第三产业深化发展的生态经济之路。Ⅲ2 是中国经济发展的增长极与发展模式示范区，
也是物质高度对外依赖的区域，其发展应立足于资源约束现实，走节约化之路。Ⅲ3 的 8 个子功
能区发展不均衡，形成了较为完整的工业化演进链条，适宜走多样化的发展道路。Ⅲ4 及其各子
功能区居住容载功能优越，但生态维衡功能的国家意义更为重大，其未来最大的财富在于保留、
保护与发展好这片热带生态宝地，走基于经营生态资源与生态服务的新型发展之路。

15.1　功能区内部总体特征

15.1.1　基于二级区尺度分析

东南临海区由 5 个二级区（表 15.1）、共 24 个三级区组成。总面积 50 万平方公里，总人口 2.35 亿
人（2007 年）。各区经济、社会与资源的相对程度见图 15.1。

表 15.1　东南临海区各二级区可持续发展功能指数评价结果

二级区代码与名称		居住容载	就业支持	经济发展	资源保障	生态维衡	综合功能
Ⅲ1	珠江流域近海生态经济区	0.83	0.67	0.59	0.50	0.76	0.67
Ⅲ2	珠江流域临海都市带综合经济区	0.83	0.77	0.67	0.51	0.80	0.72
Ⅲ3	沪苏浙都市圈综合经济区	0.85	0.84	0.81	0.56	0.66	0.75
Ⅲ4	海南岛生态经济区	0.86	0.66	0.43	0.50	0.87	0.66
Ⅲ5	台湾岛屿综合经济区	—	—	—	—	—	—
东南临海区		0.84	0.76	0.68	0.52	0.75	0.71

注：因数据限制，东南临海区平均值为不包括港、澳、台的县域平均值，其中，Ⅲ2 仅对大陆区域进行核算，未包括香港与澳门；未
列出Ⅲ5 评估结果。

东南临海区各二级区的可持续发展功能评价结果见表 15.1。总体上，各二级区可持续发展功能综合
指数大致相当，为 0.70 左右。其中，居住容载功能与资源保障功能分别为 0.85 与 0.53；就业支持功能在

两个都市综合经济区即珠江流域临海都市带综合经济区（Ⅲ2）与沪苏浙都市圈综合经济区（Ⅲ3）大致相当，为0.80左右，在两个生态经济区即珠江流域近海生态经济区（Ⅲ1）与海南岛生态经济区（Ⅲ4）基本相等，分别为0.67与0.66；经济发展功能与生态维衡功能区域变化显著，前者尤为突出，Ⅲ3的经济发展功能指数约是Ⅲ4的4倍。虽然东南临海区在一级区尺度上没有明显的主导功能，以资源保障为约束功能，但二级区尺度上的情况有所分异，Ⅲ1、Ⅲ2和Ⅲ3与其母功能区一样，属于资源保障功能约束下的多功能发展区，Ⅲ4具有明显的功能分化，生态维衡功能居主导地位，经济发展功能居约束地位。

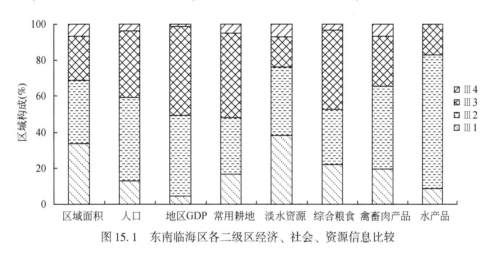

图 15.1　东南临海区各二级区经济、社会、资源信息比较

15.1.2　基于县域尺度分析

图15.2～图15.7是以东南临海区各县域单元的区域面积、人口与GDP为指标，基于区域可持续发展功能综合指数及各子功能指数绘制的累积曲线。

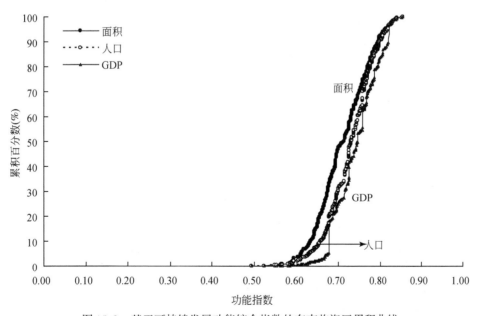

图 15.2　基于可持续发展功能综合指数的东南临海区累积曲线

图15.2表明，东南临海区各县域单元的可持续发展功能综合指数集中在0.5～0.8的分布区间上，这部分县域单元数量、面积、人口、GDP合计均占全区相应总量的90%左右。当东南临海区的可持续发展功能综合指数大于0.6时，其与县域面积具有显著的正向线性关系。在其294个组成县域单元中，可持续

发展功能综合指数为"低"和"较低"的县域共 15 个,面积合计占全区的 3%,人口占全区的 2%,GDP 不足全区的 1%;可持续发展功能综合指数为"一般"的县域有 122 个,面积占全区的 42%,人口占 28%,GDP 占 24%;可持续发展功能综合指数为"较高"的县域有 132 个,面积占全区的 45%,人口约占 60%,GDP 占 58%;可持续发展功能综合指数为"高"的县域有 25 个,面积占全区的 10%,人口占 12%,GDP 占 18%。综上可见,东南临海区可持续发展综合功能指数为"一般"及以下水平的县域单元,是该区的人均财富低值区,其他县域单元的人均 GDP 大致接近。

图 15.3 显示,东南临海区县域居住容载功能指数分布区间为 0.63 ~ 0.93。基于此功能绘制的区域面积、人口与 GDP 三条累积曲线呈高度重合的长尾曲线。说明从居住容载的角度来看,该区各县域单元的人口与 GDP 的空间分布是非常均质的。东南临海区共 284 个即 97% 县域单元的居住容载功能为"高",其面积、人口、GDP 合计均占全区的 99% 左右。也就是说,该区的人口与产业有向高居住容载功能的地域单元自然汇集的趋势。

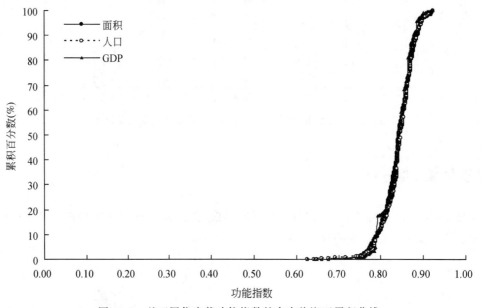

图 15.3 基于居住容载功能指数的东南临海区累积曲线

图 15.4 表明,东南临海区县域单元的就业支持功能分布在 0.45 ~ 0.95 的区间内。基于就业支持功能指数绘制的区域面积、人口与 GDP 三条累积曲线,两两构成弯叶结构。全区 85% 的县域单元(共 251 个)就业支持功能为"较高"与"高",有 40 个县域单元就业支持功能为"一般",有 3 个县域单元的就业支持功能为"较低"。就业支持功能为"一般"、"较高"与"高"的县域单元的数量构成比为 14% : 21% : 64%,面积构成比为 16% : 26% : 56%,人口构成比约为 7% : 14% : 76%,GDP 构成比为 1% : 4% : 95%。可见,从就业支持功能的角度看,东南临海区的人口与 GDP 空间分布是不均质的。就业支持功能指数为 0.80 是该区人口累积曲线与 GDP 累积曲线相对关系的分界,该线左侧,人口累积曲线与 GDP 累积曲线之差距呈扩大的剪刀差特征,该线右侧,二者的剪刀差逐渐缩小。

图 15.5 显示,基于经济发展功能指标绘制的三条累积曲线与基于就业支持功能绘制的累积曲线非常相似。东南临海区共 134 个县域单元(占全区县域单元的 46%)经济发展功能为"高",其面积合计占全区的 39%,人口占 73%,GDP 占 89%。经济发展功能为"较高"的县域单元的面积合计约占全区的 17%,人口与 GDP 分别约占全区的 12% 与 5%。经济发展功能为"一般"的县域单元的面积合计占全区的 23%,人口占全区的 13%,GDP 占 3%。经济发展功能为"较低"和"低"的县域单元面积合计约占全区总面积的 20%,人口占全区的 12%,GDP 占 2%。由上可见,基于经济发展功能视角看,东南临海区的经济发展极化问题十分明显。

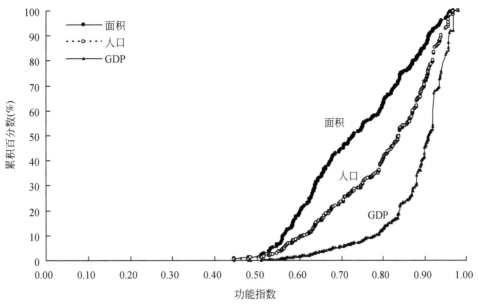

图 15.4　基于就业支持功能指数的东南临海区累积曲线

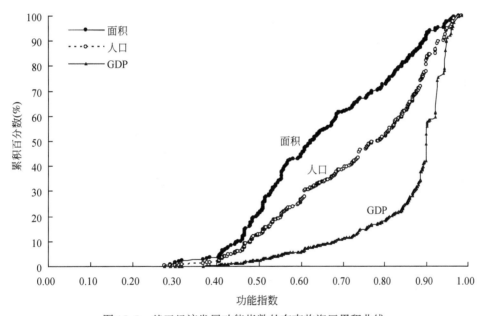

图 15.5　基于经济发展功能指数的东南临海区累积曲线

　　图 15.6 显示，东南临海区大部分县域单元区的生态维衡功能处于"高"与"较高"等级。这些县域单元共 245 个，占全区县域单元总数的 84%，面积合计占全区的 89%，人口占 74%，GDP 占 65%。生态维衡功能为"一般"的县域单元面积合计占全区的 9%，人口占 21%，GDP 占 30%。生态维衡功能为"较低"和"低"的县域单元合计占全区总面积的 1%、人口与 GDP 均占全区相应总量的 5% 左右。由图 15.6 可以看出，基于区域生态维衡功能指数的各指标累积曲线分段特征较为明显，当生态维衡功能指数位于 0.6 ~ 0.8 时，GDP 和人口之间的分异现象较为明显，当生态维衡功能指数高于 0.8 时，GDP 和人口的分布趋于协调。

　　从资源保障功能（图 15.7）看，该区与东北区和黄淮海区的情况类似，高功能者低富裕或资源拥有者贫困现象也较为明显。全区共 85 个县域单元（占总县数的 29%）资源保障功能指数为低，其面积合计约占全区的 21%，人口约占 32%，GDP 占 57%。资源保障功能指数为"较低"的县域单元共 40 个，县域面积合计占全区总面积的 13%、人口占全区的 10%，GDP 占 11%。资源保障功能为"一般"的县域单

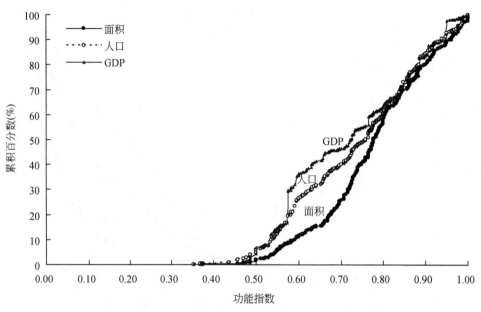

图 15.6 基于生态维衡功能指数的东南临海区累积曲线

元共 51 个，县域面积合计占全区总面积的 20%，人口占 14%，GDP 占 7%。资源保障功能为"较高"的县域单元共 56 个，是东南临海区人均 GDP 最低的组成单元。县域面积合计占全区总面积的 21%，人口约占 19%，GDP 仅占 10%。资源保障功能为"高"的县域单元共 62 个，县域面积合计占全区的 23%，人口占 25%，GDP 占 15%。

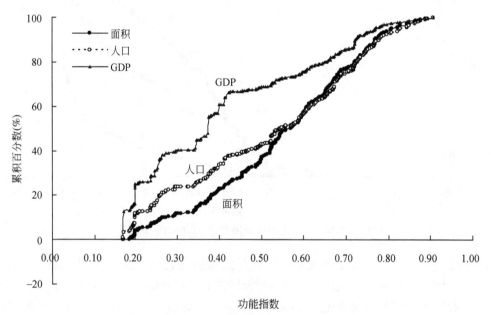

图 15.7 基于资源保障功能指数的东南临海区累积曲线

15.2 珠江流域近海生态经济区（Ⅲ1）

15.2.1 区域总体概况

珠江流域近海生态经济区（Ⅲ1）由浙江、福建与广东三省距东海或南海距离较近的 75 个非临海县域构成。可持续发展功能评价表明，该区居住容载功能与生态维衡功能为"高"，就业支持功能为"较高"，经济发展功能属"一般"，而资源保障功能为"较低"（图15.8）。综合而言，该区有明显的约束功能，为资源保障功能，有相对的主导功能，为居住容载功能。

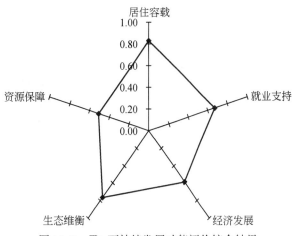

图15.8　Ⅲ1可持续发展功能评价综合结果

Ⅲ1 总面积16.8万平方公里。户籍人口3074万人，占全国总人口的2.3%。人口密度为183人/平方公里，在二级区中居第17位。常用耕地占全国的1.2%，在二级区中居第25位，人均常用耕地不足全国平均水平的一半。淡水资源总量占全国的6.7%，在二级区中居第3位，水资源密度为98 000立方米/平方公里，是二级区中的最高者。综合粮食产量与禽畜肉产品均约占全国的2.0%，在二级区中分别居第15位与第16位；水产品产量占全国的3.8%，在二级区中居第8位。该区GDP占全国的1.50%，在二级区中居第16位。人均GDP 14 260元，GDP密度261万元/平方公里，在二级区中分别居第23位与第16位，是东南临海区各二级区的最低者。在经济社会发展程度上，Ⅲ1明显滞后于Ⅲ2与Ⅲ3，在空间形成Ⅲ2与3半包裹的经济社会发展洼地。

综合而言，Ⅲ1属于耕地资源约束下的多功能发展区。该区是东南临海区的经济发展洼地，土地资源束缚明显，加之位于Ⅲ2的上游，且距离海洋距离较近，其水土资源与水环境容量保护程度直接关系Ⅲ2乃至全国的经济发展。该区的发展策略应聚焦于保护耕地，提高耕地生产力与产出多样化，加速发展环境友好型经济。

15.2.2　子功能区特征

Ⅲ1共含3个子功能区（表15.2）。其中，武夷山森林经济区（Ⅲ1-1）由以武夷山山脉为核心18个县域单元组成，总面积4.3万平方公里，户籍人口18万人；浙闽三江山地生态经济区（Ⅲ1-2）由瓯江、岷江与韩江流经28个浙闽县域单元组成，总面积5.5万平方公里，户籍人口955万人；粤北双江经济区（Ⅲ1-3）由流经东江与北江的广东北部29个县域单元组成，总面积7.1万平方公里，户籍人口1600万人。

表15.2　Ⅲ1分区及其组成单元基本信息

功能区代码	功能区名称	县域单元
Ⅲ1-1	武夷山森林经济区	常山、江山市、遂昌、明溪、清流、宁化、将乐、泰宁、建宁、永安市、邵武市、武夷山市、建阳市、浦城、光泽、长汀、武平、连城
Ⅲ1-2	浙闽三江山地生态经济区	武义、永康市、丽水市辖区、龙泉市、青田、云和、庆元、缙云、松阳、景宁、三明市辖区、大田、尤溪、沙县、南平市辖区、建瓯市、顺昌、松溪、政和、寿宁、龙岩市辖区、漳平市、永定、上杭、梅州市辖区、梅县、平远、蕉岭
Ⅲ1-3	粤北双江经济区	从化市、韶关市辖区、始兴、南雄市、仁化、乐昌市、翁源、乳源、新丰、广宁、怀集、封开、四会市、龙门、五华、兴宁市、河源市辖区、紫金、龙川、连平、和平、东源、佛冈、英德市、阳山、连州市、连山、连南、清新

各子功能区的可持续发展功能评估结果见表15.3，主要社会经济信息见表15.4与表15.5。由表15.3可见，各子功能区可持续发展功能综合指数基本接近，为0.67左右。而且，各子功能区且均以居住容载

功能为相对的主导功能，以资源保障功能为约束功能或相对约束功能。Ⅲ1 各子功能区的区域发展功能指数顺位总体上较为一致，表现为：居住容载功能>生态维衡功能>就业支持功能>经济发展功能>资源保障功能。

表 15.3　Ⅲ1 各子功能区的可持续发展功能评价结果

功能区代码	居住容载	就业支持	经济发展	资源保障	生态维衡	综合功能
Ⅲ1-1	0.85	0.66	0.57	0.53	0.77	0.68
Ⅲ1-2	0.82	0.70	0.63	0.42	0.76	0.67
Ⅲ1-3	0.83	0.63	0.55	0.56	0.75	0.67

表 15.4　Ⅲ1 各子功能区基本社会经济与资源表

功能区代码	密度信息					人均信息					
	人口（人/平方公里）	GDP（万元/平方公里）	水资源（千立方米/平方公里）	综合粮食（吨/平方公里）	禽畜肉产品（吨/平方公里）	GDP（元/人）	耕地（亩/人）	水资源（立方米/人）	综合粮食（千克/人）	禽畜肉产品（千克/人）	水产品（千克/人）
Ⅲ1-1	120	187	989	65	10.2	15 529	0.8	8 221	537	85	94.5
Ⅲ1-2	181	347	943	46	8.2	19 146	0.4	5 196	255	45	74.9
Ⅲ1-3	222	239	997	74	12.2	10 754	0.5	4 486	331	55	17.8

表 15.5　Ⅲ1 各子功能区工业化发展阶段诊断及收入信息表

功能区代码	产业结构（%）			工业化发展阶段	农村人均纯收入（元）	城镇在岗职工年均工资（元）	城乡居民人均收入比
	第一产业	第二产业	第三产业				
Ⅲ1-1	23.0	40.4	36.6	初期	5 050	20 700	2.8
Ⅲ1-2	14.1	50.9	34.9	初期	4 850	23 700	3.4
Ⅲ1-3	19.3	44.1	36.7	初期	4 230	18 660	3.0

注：城乡居民人均收入比基于城镇在岗职工年均工资调整后的城镇居民收入计算。

上述分析表明，理论上该区的发展具有很好的空间一致性。实际情况也大致如此，但是地区 GDP 方面有所差异。Ⅲ1 的 3 个子功能区总体上处于工业化发展的初期阶段，产业结构不协调问题突出。从区域经济财富向居民财富的转化能力看，Ⅲ1-1 的第一产业的丰富性与区域经济总体发展的协调性要高于另外两个兄弟功能区，生态旅游服务业的发展发挥了重要的产业调构作用。Ⅲ1-2 过度依赖原材料采掘与直接输出，Ⅲ1-3 工业与第三产业发育双双不足，导致这两个区一个是人均 GDP 与人均收入背离明显，一个是人均 GDP 与人均收入双低。Ⅲ1 的三个子功能的森林资源与水资源均十分丰富，但土地资源短缺，区域经济发展应围绕林、水做文章，发展森林生态经济、水域生态经济与水域物流服务经济。

15.3　珠江流域临海都市带综合经济区（Ⅲ2）

15.3.1　区域总体概况

珠江流域临海都市带综合经济区（Ⅲ2）由东南临海区襟海县域单元及其近邻构成，共含 7 个子功能区、100 个县域单元（表 15.6）。与Ⅲ1 类似，该区总体上也属于资源约束下的多功能发展区（图 15.9）。

表 15.6 Ⅲ2 分区及其组成单元基本信息

功能区代码	功能区名称	县域单元
Ⅲ2-1	浙南临海生态都市区	洞头、乐清市、台州市辖区、临海市、温岭市、三门、玉环
Ⅲ2-2	浙南临海生态屏障保育发展区	温州市、永嘉、平阳、苍南、文成、泰顺、瑞安市、仙居
Ⅲ2-3	闽东北生态屏障发展区	福州市辖区、闽侯、连江、罗源、闽清、长乐市、宁德市辖区、福安市、福鼎市、霞浦、古田、屏南、周宁、柘荣
Ⅲ2-4	闽东南生态都市带区	永泰、平潭、福清市、厦门市辖区、莆田市辖区、仙游、泉州市辖区、惠安县、安溪、永春、德化、金门县、石狮市、晋江市、南安市、漳州市辖区、云霄、漳浦、诏安、长泰、东山县、南靖、平和、华安、龙海市
Ⅲ2-5	粤北临海生态都市带区	汕头市、南澳、潮阳县、大埔、丰顺、汕尾市、海丰、陆丰市、陆河、潮州市辖区、潮安、饶平、揭阳市辖区、揭东、揭西、惠来、普宁市
Ⅲ2-6	珠江三角洲生态都市群区	广州市辖区、增城市、深圳市辖区、珠海市辖区、佛山市辖区、鹤山市、肇庆市辖区、德庆、高要、惠州市辖区、博罗、惠东、清远市辖区、东莞市、中山市、云浮市辖区
Ⅲ2-7	粤南生态农业区	江门市辖区、恩平市、台山市、开平市、湛江市辖区、吴川市、遂溪、徐闻、廉江市、雷州市、茂名市辖区、信宜市、电白、化州市、高州市、新兴、郁南、罗定市、阳江市辖区、阳西、阳春市、阳东、云安县

全区总面积 17.6 万平方公里，户籍总人口 1.1 亿人，占全国总人口的 8.2%。人口密度 619 人/平方公里，在二级区中居第 3 位。其常用耕地占全国的 2.3%，在二级区中居第 17 位，由于人口密集，人均常用耕地仅为全国平均水平的 1/4，是东南临海区受土地资源束缚最大的子功能区。淡水资源总量占全国的 6.6%，在二级区中居第 4 位。综合粮食产量占全国的 2.7%，居第 13 位。禽畜肉产品占全国的 4.9%，居第 8 位。水产品产量占全国的 32.1%，在二级区中居第 1 位。2007 年，该区 GDP 占全国的 14.4%，人均 GDP 为 38 800 元，GDP 密度约为 2400 万元/平方公里，在二级区中分别居第 2 为、第 4 位与第 2 位。

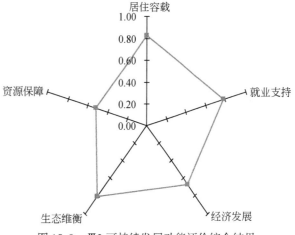

图 15.9 Ⅲ2 可持续发展功能评价综合结果

综合而言，Ⅲ2 经济活跃，人口密集，经济生产对矿产资源需求量大，满足人口营养需求的膳食资源主要依靠域外供给，是中国物质流入最为频繁与规模最大的区域之一，也是中国经济发展的增长极与发展模式示范区之一。

15.3.2 子功能区特征

Ⅲ2 的 7 个子功能区，面积在 0.7 万 ~ 4.7 万平方公里不等，人口在 600 万 ~ 2400 万人不等。其中，浙南临海生态都市区（Ⅲ2-1）总面积最小，为 0.7 万平方公里，人口也最少，为 603 万人；粤南生态农业区（Ⅲ2-7）总面积最大，为 4.7 万平方公里，户籍人口 2350 万人；粤北临海生态都市带区（Ⅲ2-5）人口最多，为 2363 万人，面积 2.1 万平方公里。其他子功能区的情况是：浙南临海生态屏障保育发展区（Ⅲ2-2）总面积 1.2 万平方公里，户籍人口 688 万人；闽东北生态屏障发展区（Ⅲ2-3）面积 2.0 万平方公里，户籍人口 1837 万人；闽东南生态都市带区（Ⅲ2-4）与珠江三角洲生态都市群区（Ⅲ2-6）面积均为 3.4 万平方公里，户籍人口分别为 1937 万人与 2315 万人。

区域可持续发展功能评估表明，Ⅲ2 各子功能区的可持续发展功能综合指数大致接近（表 15.7）。其中，除了Ⅲ2-7 外，其他子功能区具有明显的约束功能，为资源保障约束，而Ⅲ2-7 有明显的主导功能，为生态维衡功能，其他子功能区则没有明显的主导功能。不同类型的可持续发展功能在Ⅲ2 的子功能区之间有所分异。综合区域可持续发展功能、区位与发展基础等因素，各子功能区在国家发展格局中承担的责任有所不同：有 2 个子功能区属于生态屏障功能发展需求下的多功能发展区，它们是Ⅲ2-2 与Ⅲ2-3；有 4 个子功能区属于人类集聚型的城镇综合经济区，它们是Ⅲ2-1、Ⅲ2-4、Ⅲ2-5 与Ⅲ2-6；有 1 个子功能区属于耕地保育型的生态农业区，该区是Ⅲ2-7。

表 15.7　Ⅲ2 各子功能区的可持续发展功能评价结果

功能区代码	居住容载	就业支持	经济发展	资源保障	生态维衡	综合功能
Ⅲ2-1	0.81	0.85	0.83	0.48	0.66	0.73
Ⅲ2-2	0.82	0.76	0.69	0.48	0.82	0.71
Ⅲ2-3	0.82	0.72	0.65	0.45	0.89	0.71
Ⅲ2-4	0.79	0.77	0.69	0.50	0.78	0.70
Ⅲ2-5	0.83	0.72	0.58	0.54	0.84	0.70
Ⅲ2-6	0.85	0.90	0.81	0.43	0.81	0.76
Ⅲ2-7	0.86	0.74	0.60	0.64	0.78	0.72

表 15.8 和表 15.9 汇总了各三级区的基本经济社会信息。由于人多地少、山多平地少，该区除Ⅲ2-7 区居民膳食基本可以自给外，其他子功能区的膳食资源很大程度上依靠域外供给。

各三级区的人口密度自东北向西南呈倒"N"字型对称格局分布。人口密度的两个峰值分别在Ⅲ2-1 与Ⅲ2-5 达到，依次为 1073 人/平方公里与 896 人/平方公里。Ⅲ2-5 南北方向上有对称兄弟功能区——Ⅲ2-4 与Ⅲ2-6，其人口密度均约为 650 人/平方公里。需要特别说明的是，人口密度是按户籍人口统计的，由于Ⅲ2-6 外来务工人员所占比例较高，其实际人口密度高于户籍口径计算的人口密度。Ⅲ2-2 与Ⅲ2-3 的人口密度均为 450 人/平方公里左右，而Ⅲ2-7 的人口密度为 490 人/平方公里。

各三级区的 GDP 密度的变化自东北向西南呈"降–升–锐降"格局。峰值发生在Ⅲ2-6，为 7269 万元/平方公里，在全国大陆 181 个三级区中居长江三角洲沿江城市带区（Ⅲ3-5）之后，处第 2 位。但Ⅲ2-6 的 GDP 密度不足Ⅲ3-5 的 50%。Ⅲ2-6 人均 GDP 显著大于其兄弟功能区，2007 年人均约为 110 000 元，而其左右两侧的兄弟区Ⅲ2-5 与Ⅲ2-7 人均 GDP 最低，均约为 15 500 元；居于其北侧的Ⅲ1-3 人均 GDP 为 10 754元。可见，Ⅲ2-6 这一中国的重要经济增长极已演化为经济孤岛，其周围的区域（Ⅲ2-5、Ⅲ2-7 与Ⅲ1-3）遭受了明显的"吸空"。

Ⅲ2 各子功能区的经济发展质量也有显著的差异，这从区域工业化进程和城乡人口收入与区域 GDP 的对比关系的分异中清晰可见。虽然Ⅲ2-6 经济密度与人均 GDP 在Ⅲ2 中一枝独秀，但是由于产业结构依然偏"重"和偏于产业链较末端、低附加值的制造业，区域经济总体上处于工业化后期，产业结构不如Ⅲ2-7 以外的其他兄弟功能区协调与成熟，而且，Ⅲ2-6 城乡居民的人均收入均不及Ⅲ2-1 居民的收入，说明Ⅲ2-6 的居民分享经济发展成果受限，换言之，区域经济增长的福利外溢显著。这不仅影响本区的经济与社会发展，也削弱该区作为中国重要经济增长极所应发挥的辐射带动能力。

综上所述，Ⅲ2 各子功能区应立足于资源约束现实，走节约化的发展之路。其中，Ⅲ2-6 需要产业与人口稀疏政策，引导本区的人口与产业向本区其他空间单元有序转移。从综合条件而言，Ⅲ2-7 与中南近海区是理想的承接地，但是在承接产业转移的过程中，Ⅲ2-7 需协调好耕地保育与工业化之间的关系。作为生态屏障区的Ⅲ2-2 与Ⅲ2-3 应围绕"水"做深度发展。其他三级区属于人口集聚型，应走生态城镇化的道路。

表 15.8　Ⅲ2 各子功能区基本社会经济与资源表

功能区代码	密度信息					人均信息					
	人口（人/平方公里）	GDP（万元/平方公里）	水资源（千立方米/平方公里）	综合粮食（吨/平方公里）	禽畜肉产品（吨/平方公里）	GDP（元/人）	耕地（亩/人）	水资源（立方米/人）	综合粮食（千克/人）	禽畜肉产品（千克/人）	水产品（千克/人）
Ⅲ2-1	1 073	2 244	965	79	23.9	20 918	0.2	900	74	22	207.4
Ⅲ2-2	543	1 483	930	65	7.1	27 335	0.3	1 714	120	13	58.9
Ⅲ2-3	374	1 008	915	62	9.4	26 940	0.4	2 447	167	25	225.0
Ⅲ2-4	644	1 606	775	76	24.5	24 942	0.2	1 204	118	38	152.9
Ⅲ2-5	896	1 366	1 015	108	26.7	15 254	0.2	1 133	120	30	84.0
Ⅲ2-6	656	7 269	1 020	38	24.1	110 744	0.2	1 554	58	37	84.1
Ⅲ2-7	490	779	915	123	30.1	15 883	0.5	1 866	251	61	94.6

注：城乡居民人均收入比基于城镇在岗职工年均工资调整后的城镇居民收入计算。

表 15.9　Ⅲ2 各子功能区工业化发展阶段诊断及收入信息表

功能区代码	产业构成（%）			工业化发展阶段	农村人均纯收入（元）	城镇在岗职工年均工资（元）	城乡居民人均收入比
	第一产业	第二产业	第三产业				
Ⅲ2-1	7.2	56.8	36.0	成熟期	8 380	32 460	2.7
Ⅲ2-2	3.3	52.5	44.3	成熟期	6 450	25 990	2.8
Ⅲ2-3	10.5	44.5	45.0	后期	5 250	19 910	2.6
Ⅲ2-4	8.4	53.7	37.9	成熟期	6 250	18 430	2.0
Ⅲ2-5	9.1	52.9	38.0	成熟期	4 190	16 800	2.8
Ⅲ2-6	2.0	51.1	46.9	后期	7 050	25 090	2.5
Ⅲ2-7	19.5	45.1	35.4	初期	5 060	15 990	2.2

15.4　沪苏浙都市圈综合经济区（Ⅲ3）

15.4.1　区域总体概况

沪苏浙都市圈综合经济区（Ⅲ3）是以上海、南京与杭州为多核心的都市连绵区，共包括 91 个县域单元，总面积 12.1 万平方公里。该区户籍总人口 8681 万人，占全国总人口的 6.5%，人口密度 717 人/平方公里，人口规模与人口密度在二级区中分别居第 6 位与第 2 位。全区 GDP 占全国的 6.5%，在二级区中居第 6 位。2007 年，Ⅲ3 的人均 GDP 为 5.3 万元，GDP 密度约为 3870 万元/平方公里，在二级区中双居第一位。农村人均纯收入为 8215 元，在二级区中居于榜首。Ⅲ3 常用耕地占全国的 3.4%，人均常用耕地不足全国平均水平的 1/2。与前两个兄弟功能区一样，该区发展也面临显著的土地资源束缚问题。综合粮食产量占全国的 3.9%，居第 11 位。禽畜肉产品占全国的 3.0%，居第 13 位。水产品产量占全国的 7.4%，居第 5 位。与母功能区类似，该区总体上属于资源约束下的多功能发展区（图 15.10）。

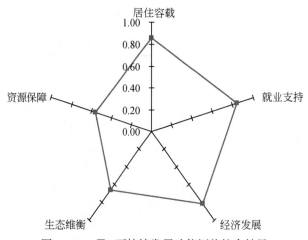

图 15.10　Ⅲ3 可持续发展功能评价综合结果

15.4.2　子功能区特征

Ⅲ3 包括 8 个子功能区（表 15.10），其可持续发展功能综合指数大致接近（表 15.11）。研究基于各子功能的发展功能指数构成、区域自然区位与国家发展战略需求，对之进行定位。其中：

表 15.10　Ⅲ3 分区及其组成单元基本信息

功能区代码	功能区名称	县域单元
Ⅲ3-1	苏中江淮交界生态农业区	洪泽、金湖、大丰市、东台市、兴化市、高邮市
Ⅲ3-2	苏锡长江沿岸都市圈区	南京市辖区、海安、如皋市、扬州市辖区、江都市、姜堰市、仪征市、泰州市辖区、泰兴市、靖江市、镇江市辖区、句容市、扬中市、丹阳市
Ⅲ3-3	太湖流域都市圈区	溧水、高淳、无锡市辖区、江阴市、宜兴市、常州市辖区、溧阳市、金坛市、苏州市辖区、常熟市、张家港市、昆山市、吴江市、太仓市
Ⅲ3-4	长三角北部都市生态农业区	南通市辖区、如东、海门市、启东市
Ⅲ3-5	长江三角洲沿江城市带区	上海市城区、闵行区、宝山区、嘉定区、浦东新区（含南汇、奉贤区、松江区、金山区）青浦区、崇明、嘉兴市辖区、嘉善、海盐、平湖市
Ⅲ3-6	大杭州都市圈区	杭州市辖区、海宁市、桐乡市、湖州市辖区、德清、长兴、安吉、绍兴市辖区、绍兴、郎溪、广德
Ⅲ3-7	舟山群岛物流集散经济区	宁波市辖区、象山、宁海、余姚市、慈溪市、奉化市、上虞市、舟山市辖区、岱山、嵊泗县
Ⅲ3-8	钱塘江水生态保护发展区	桐庐、富阳市、临安市、淳安、建德市、嵊州市、新昌、诸暨市、金华市辖区、浦江、磐安、兰溪市、义乌市、东阳市、衢州市辖区、开化、龙游、天台

表 15.11　Ⅲ3 各子功能区的可持续发展功能评价结果

功能区代码	居住容载	就业支持	经济发展	资源保障	生态维衡	综合功能
Ⅲ3-1	0.85	0.74	0.68	0.81	0.62	0.74
Ⅲ3-2	0.85	0.83	0.83	0.63	0.59	0.75
Ⅲ3-3	0.84	0.88	0.90	0.62	0.61	0.77
Ⅲ3-4	0.86	0.81	0.84	0.67	0.52	0.74
Ⅲ3-5	0.85	0.87	0.74	0.42	0.58	0.69

功能区代码	居住容载	就业支持	经济发展	资源保障	生态维衡	综合功能
Ⅲ3-6	0.88	0.84	0.84	0.55	0.72	0.76
Ⅲ3-7	0.82	0.89	0.84	0.46	0.74	0.75
Ⅲ3-8	0.87	0.81	0.76	0.52	0.80	0.75

1）苏中江淮交界生态农业区（Ⅲ3-1）：由位于江苏中部黄河与淮河交界区域内的 6 个县域单元构成，总面积 0.9 万平方公里，户籍人口共 450 万人。该区属于经济发展功能约束下的多功能发展区，该约束可以破解。

2）苏锡长江沿岸都市圈区（Ⅲ3-2）：由苏州与无锡所辖长江湖口沿线 14 个县域单元构成，总面积 2.0 万平方公里，户籍人口共 1726 万人。该区为生态维衡功能约束下的多功能发展区，在发展中需高度重视生态环境保育与恢复。

3）太湖流域都市圈区（Ⅲ3-3）：由位于西湖区与武阳湖区的 14 个环太湖县域单元构成，总面积 1.7 万平方公里，户籍人口共 1539 万人。该区属于资源保障功能相对约束下的多功能发展区，应高度重视区域经济社会发展对太湖的影响，对受损生态环境进行恢复。

4）长三角北部都市生态农业区（Ⅲ3-4）：由淮河、长江入海口区的 4 个县域单元构成，总面积 0.6 万平方公里，户籍人口共 529 万人。该区属于生态维衡功能约束下的多功能发展区，该约束不可突破。

5）长江三角洲沿江城市带区（Ⅲ3-5）：由 14 个县域单元构成，总面积 0.9 万平方公里，户籍人口共 1597 万人。该区系资源保障功能约束极为显著的多功能发展区，有必要适当稀疏产业与人口。

6）大杭州都市圈区（Ⅲ3-6）：是以杭州为核心的 11 个县域单元构成的都市圈，总面积 1.5 万平方公里，户籍人口共 1036 万人。资源保障功能在该区属约束功能。

7）舟山群岛物流集散经济区（Ⅲ3-7）：由 10 个县域单元构成，总面积 1.2 万平方公里，户籍人口共 752 万人。资源保障功能在该区是非常显著的约束功能，得天独厚的海岸资源优势使该区适宜发展物流业。

8）钱塘江水生态保护发展区（Ⅲ3-8）：由 18 个县域单元构成，总面积 3.4 万平方公里，户籍人口共 1062 万人。资源保障功能在该区属约束功能。

从表 15.12 和表 15.13 所列各子功能区的经济社会信息可见，Ⅲ3 各子功能区发展较为不均衡。8 个子功能区所处的工业化阶段形成了较为完整的工业化演进链条：工业化准备期（Ⅲ3 区无此阶段的子功能区）—工业化初期（Ⅲ3-1）—工业化中期（Ⅲ3-3）—工业化成熟期（Ⅲ3-2、Ⅲ3-4、Ⅲ3-6、Ⅲ3-8）—工业化后期（Ⅲ3-5）。Ⅲ3-5（长江三角洲沿江城市带）虽然经济结构演进较 Ⅱ2-6（珠江三角洲生态都市群区）好，但也存在明显经济增长福利外溢显著问题，不过外溢程度低于 Ⅱ2-6。值得注意的是，虽然所处的工业化进程明显不同，Ⅲ3 各子功能区的人均收入区域差异性明显低于人均 GDP 的区域差异性，说明经济发展的成果在区域之间形成了相对较好的共享机制，因而这一区域的产业流动与收入流动模式非常值得深入研究。

表 15.12　Ⅲ3 各子功能区基本社会经济与资源表

功能区代码	密度信息					人均信息					
	人口（人/平方公里）	GDP（万元/平方公里）	水资源（千立方米/平方公里）	综合粮食（吨/平方公里）	禽畜肉产品（吨/平方公里）	GDP（元/人）	耕地（亩/人）	水资源（立方米/人）	综合粮食（千克/人）	禽畜肉产品（千克/人）	水产品（千克/人）
Ⅲ3-1	587	1 024	311	553	35.2	17 425	1.6	529	941	60	0.0
Ⅲ3-2	695	3 329	399	246	26.8	47 891	0.7	574	354	39	0.0

功能区代码	密度信息					人均信息					
	人口（人/平方公里）	GDP（万元/平方公里）	水资源（千立方米/平方公里）	综合粮食（吨/平方公里）	禽畜肉产品（吨/平方公里）	GDP（元/人）	耕地（亩/人）	水资源（立方米/人）	综合粮食（千克/人）	禽畜肉产品（千克/人）	水产品（千克/人）
Ⅲ3-3	1 027	6 927	476	192	28.2	67 456	0.5	463	187	27	0.0
Ⅲ3-4	909	2 316	317	316	26.8	25 485	0.8	349	347	30	0.0
Ⅲ3-5	2 114	14 798	490	147	24.7	69 996	0.2	232	69	12	6.3
Ⅲ3-6	683	3 939	660	118	18.5	57 665	0.4	966	173	27	44.9
Ⅲ3-7	604	3 417	480	79	13.1	56 549	0.4	794	130	22	303.1
Ⅲ3-8	308	941	924	68	10.9	30 584	0.5	3 004	221	35	13.4

表 15.13　Ⅲ3 各子功能区工业化发展阶段诊断及收入信息表

功能区代码	产业构成（%）			工业化发展阶段	农村人均纯收入（元）	城镇在岗职工年均工资（元）	城乡居民人均收入比
	第一产业	第二产业	第三产业				
Ⅲ3-1	20.5	46.5	33.0	初期	6 210	18 960	2.1
Ⅲ3-2	4.6	53.3	42.1	成熟期	7 120	23 990	2.3
Ⅲ3-3	2.1	61.2	36.7	中期	9 550	28 600	2.1
Ⅲ3-4	7.0	57.0	36.0	成熟期	7 170	24 090	2.3
Ⅲ3-5	1.3	48.3	50.4	后期	8 890	32 460	2.5
Ⅲ3-6	4.2	52.5	43.3	成熟期	8 910	28 220	2.2
Ⅲ3-7	5.2	54.7	40.1	成熟期	9 670	33 330	2.4
Ⅲ3-8	7.8	55.7	36.5	成熟期	7 270	29 360	2.8

注：城乡居民人均收入比基于城镇在岗职工年均工资调整后的城镇居民收入计算。

15.5　海南岛生态经济区（Ⅲ4）

15.5.1　区域总体概况

海南岛生态经济区（Ⅲ4）由海南省所属的 18 个县域单元构成，总面积 3.4 万平方公里，户籍总人口 866 万人。人口密度为 256 人/平方公里，在二级区中居第 15 位。Ⅲ4 系中国最大的"热带宝地"，全国 42.5% 的热带土地面积分布在此区。全区森林覆盖率 51%，其中半数森林为热带天然林。Ⅲ4 物种资源特别是特有种物种非常丰富，在全国生物多样性保护中占据重要地位。该区已发现的植物有 4200 种，占全国植物种类的 15%，其中有近 600 种为海南特有；有野生动物中爬行类 104 种，占全国的 29.5%；兽类 76 种，占全国的 18.6%。其中有 58 种植物、133 种动物别列入国家保护对象。总体上，该区生态维衡功能和居住容载功能优越（图 15.11）。

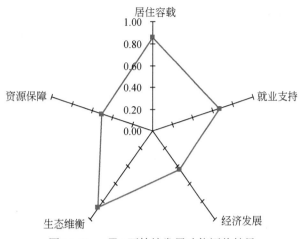

图 15.11　Ⅲ4 可持续发展功能评价结果

15.5.2　子功能区概况

基于区域生态系统服务功能的特征与经济社会发展的基础和需求，研究将Ⅲ4 划分为 5 个子功能区（表15.14），它们是琼东临海综合经济区（Ⅲ4-1）、琼中热带高山生态系统保育区（Ⅲ4-2）、琼南热带生态旅游经济区（Ⅲ4-3）、琼西热带低山生态系统保育区（Ⅲ4-4）与琼北综合经济发展区（Ⅲ4-5）。各区可持续发展功能评价结果见表15.15，其经济社会信息见表15.16 与表15.17。

从表15.14 可见，Ⅲ4 各子功能区的可持续发展功能指数在 0.64 ~ 0.71 之间，相差不大，且居住容载功能与生态维衡功能都极为优越，而经济发展功能与资源保障功能处于约束或相对约束的功能地位。从表15.16 与表15.17 可见，Ⅲ4 各子功能区目前总体上处于未开发的"处女地"。区域经济总体上处于工业化发展的准备期。2007 年，该区农村人均收入均在 4500 元以下，城镇在岗职工工资在 15 000 ~ 21 000 元之间，收入水平整体不高，并有一定的区域差异。

表 15.14　Ⅲ4 分区及其组成单元基本信息

功能区代码	功能区名称	县域单元
Ⅲ4-1	琼东临海综合经济区	琼海市、文昌市、万宁市、定安、海口市辖区
Ⅲ4-2	琼中热带高山生态系统保育区	五指山市、屯昌、白沙、保亭、琼中
Ⅲ4-3	琼南热带生态旅游经济区	陵水、三亚市辖区
Ⅲ4-4	琼西热带低山生态系统保育区	昌江、东方市、乐东
Ⅲ4-5	琼北综合经济发展区	儋州市、澄迈、临高

表 15.15　Ⅲ4 各子功能区的可持续发展功能评价结果

功能区代码	居住容载	就业支持	经济发展	资源保障	生态维衡	综合功能
Ⅲ4-1	0.89	0.74	0.50	0.58	0.86	0.71
Ⅲ4-2	0.82	0.63	0.32	0.36	0.92	0.61
Ⅲ4-3	0.82	0.74	0.50	0.39	0.85	0.66
Ⅲ4-4	0.82	0.57	0.45	0.52	0.86	0.64
Ⅲ4-5	0.92	0.63	0.44	0.65	0.81	0.69

表 15.16　Ⅲ4 各子功能区基本社会经济与资源表

功能区代码	密度信息					人均信息					
	人口（人/平方公里）	GDP（万元/平方公里）	水资源（千立方米/平方公里）	综合粮食（吨/平方公里）	禽畜肉产品（吨/平方公里）	GDP（元/人）	耕地（亩/人）	水资源（立方米/人）	综合粮食（千克/人）	禽畜肉产品（千克/人）	水产品（千克/人）
Ⅲ4-1	392	658	1 004	53	33.7	16 815	0.4	2 565	136	86	0.0
Ⅲ4-2	99	282	1 001	30	6.8	28 499	0.7	10 110	307	68	0.0
Ⅲ4-3	287	512	750	33	12.7	17 804	0.3	2 609	116	44	0.0
Ⅲ4-4	169	192	619	53	9.4	11 360	1.0	3 666	315	56	0.0
Ⅲ4-5	288	288	946	69	20.6	9 986	0.7	3 283	240	72	0.0

表 15.17　Ⅲ4 各子功能区工业化发展阶段诊断及收入信息表

功能区代码	产业构成（%）			工业化发展阶段	农村人均纯收入（元）	城镇在岗职工年均工资（元）
	第一产业	第二产业	第三产业			
Ⅲ4-1	21.5	24.7	53.9	准备期	4 150	19 680
Ⅲ4-2	49.1	23.7	27.2	准备期	2 450	15 640
Ⅲ4-3	26.9	33.3	39.9	准备期	3 630	20 480
Ⅱ4-4	38.0	41.2	20.8	准备期	3 340	20 570
Ⅲ4-5	52.7	24.4	22.9	准备期	3 850	15 980

注：城乡居民人均收入比基于城镇在岗职工年均工资调整后的城镇居民收入计算。

15.5.3　发展功能定位

Ⅲ4 及其各子功能区居住容载功能优越，但其生态维衡功能的国家意义更为重大。国家发展格局的需要使Ⅲ4 宜采取人口进入限制政策，不宜开发以人口集聚为目的的产业，包括制造业与建筑业。

对Ⅲ4 而言，其未来最大的财富在于保留、保护与发展好这片"热带宝地"。长达 1528 千米的海岸与丰富多样的热带生物资源决定该区的发展适宜走生态资源与生态服务经营的发展道路。在全国的可持续发展功能格局中，这是一块应由工业化准备期向后期跨越发展的功能区，跨越发展的依托即为经营生态资源与生态服务，并通过生态旅游服务，促进生态增加值向经济增长价值转化。

具体而言，Ⅲ4-1 与Ⅲ4-5 应走综合型生态经济发展之路。Ⅲ4-2 与Ⅲ4-4 系海南重要的热带森林区与野生动植物的重要栖息家园，原生态的保留具有重要意义，应当走生物保育经营的发展道路。在这两个区的发展过程中，处理好经济发展、资源保障与生态维衡之间的矛盾，极为关键。Ⅲ4-3 旅游资源丰富，人口分布密集，适宜走生态服务业的发展道路。

16

中南近海区

曹淑艳　谢高地　肖　玉

　　中南近海区共由4个二级区、22个三级区、452个县域单元组成，总面积占全国国土面积的10.3%，户籍人口占全国总人口的21.8%。各二级区均以居住容载功能为主导或相对主导功能，以经济发展功能为约束或相对约束功能。经济发展功能属于软约束，该区总体上具有良好的发展潜势，提升经济发展功能是中南近海区的重要发展任务。Ⅳ1与Ⅳ2是全国耕地保育与膳食生产的重要保障。其中，Ⅳ1各三级区总体处于工业化初期向中期过渡的临界期，区域发展适宜走功能多样化的道路；Ⅳ2是东南沿海辐射能力向西南与西北传递的桥梁区，其三级区工业化进度不一，该区也适宜走多功能发展的道路，但在内部安排上，需注重子功能区的功能个性化发展与相互之间的综合协调与平衡；Ⅳ3是沟通中国南北方与东西部的重要桥梁，并肩负自然赋予的耕地保育、生态维衡等国家发展格局公益性生态服务供给的战略责任，其高度的区域均质性以及在国家格局塑造中的区位作用呼吁制度安排向之倾斜；Ⅳ4直接连接中国与东盟，具有成为中国经济增长新极的区位潜力。综合而言，中南近海区有培育出多核心区经济增长极链带区的很好潜力，这些核心区自北向南是Ⅳ3-2、Ⅳ1-3、Ⅳ2-5、Ⅳ3-7、Ⅳ3-8与Ⅳ4-1。

16.1　功能区内部总体特征

16.1.1　基于二级区尺度分析

　　中南近海区共由4个二级区（表16.1）、共22个三级区组成。4个二级区中，属于耕地保育发展型的有1个，为江汉平原生态农业区（Ⅳ1），其他均为综合性经济区。各区经济、社会与资源的相对程度见图16.1。

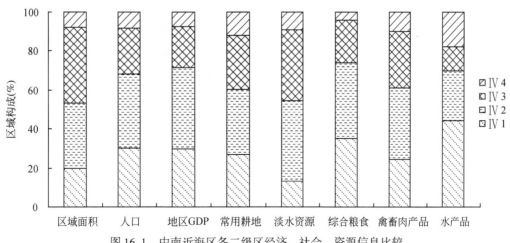

图16.1　中南近海区各二级区经济、社会、资源信息比较

表 16.1 是各子功能区可持续发展功能评估结果。中南近海区各二级区的可持续发展综合功能指数大致接近，为 0.65 左右。各类区域发展功能指数在二级区间虽有所差异，但差异较小，功能指数序位总体为：居住容载功能>生态维衡功能>资源保障功能>就业支持功能>经济发展功能。综合而言，各二级区均以居住容载功能为主导或相对主导功能，以经济发展功能为约束或相对约束功能，提升经济发展功能是中南近海区的重要发展任务。对该区的二级区格局分析表明，中南近海区有培育出多核心区经济增长极链带区的很好潜力，这些核心区自北向南是IV3-2、IV1-3、IV2-5、IV3-7、IV3-8 与IV4-1。

表 16.1　中南近海综合经济区各二级区的可持续发展功能指数评价结果

二级区代码与名称		居住容载	就业支持	经济发展	资源保障	生态维衡	综合功能
IV1	江汉平原生态农业区	0.84	0.66	0.54	0.66	0.69	0.68
IV2	长江下游综合经济区	0.86	0.63	0.55	0.60	0.80	0.69
IV3	长江中游综合经济区	0.76	0.57	0.45	0.55	0.79	0.63
IV4	大北部湾综合经济区	0.84	0.67	0.48	0.60	0.86	0.69
中南近海区		0.82	0.62	0.51	0.60	0.78	0.66

16.1.2　基于县域尺度分析

图 16.2～图 16.7 是以中南近海区各县域单元的区域面积、人口与 GDP 为指标，基于区域可持续发展功能综合指数及各子功能指数绘制的指标累积曲线。

县域尺度上，中南近海区的可持续发展功能综合指数的分布区间为 0.51～0.82（图 16.2），区域面积、人口与 GDP 三条累积曲线呈陡立的"S"形，且总体上相互间具有良好的平行关系。在 452 个组成县域单元中，可持续发展功能综合指数为"较低"的县域单元共 71 个，面积合计占全区的 18%，人口占全区的 9%，GDP 不足全区的 5%；可持续发展功能综合指数为"一般"的县域单元有 251 个，其面积合计约占全区的 54%，人口占 53%，GDP 占 47%；可持续发展功能综合指数为"较高"和"高"水平等级的县域单元共 129 个，面积合计占全区的 27%，人口共占全区的 38%，GDP 占 48%。综合而言，GDP 累积曲线和人口累积曲线随着区域可持续发展功能指数变化规律是：随着区域可持续发展功能指数的增加，二者之间的剪刀差先扩大，然后相对稳定，再逐步缩小。不过，GDP 累积曲线和人口累积曲线之间的差距并不明显，说明从可持续发展功能指数来看，该区在县域尺度上人口与 GDP 分布总体上是较为均匀的。

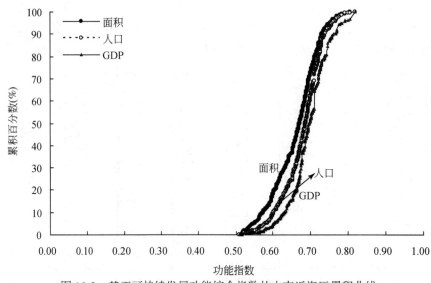

图 16.2　基于可持续发展功能综合指数的中南近海区累积曲线

从居住容载功能（图16.3）看，中南近海区各县域单元的居住容载功能指数分布在0.55~0.95的区间内，区域面积、人口与GDP的累积曲线总体上为"J"型曲线。全区共440个县域单元居住容载功能为"较高"和"高"，其面积、人口、GDP合计均占全区的99%左右。居住容载功能为"较低"和"一般"的县域单元仅12个。说明从居住容载的角度来看，该区人口分布与GDP分布蕴涵了高度的自适应性机制。

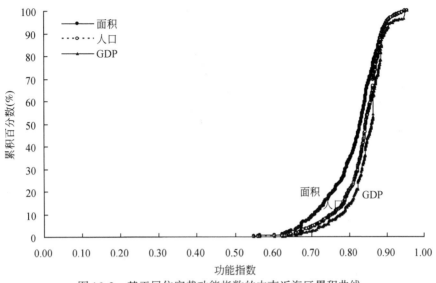

图16.3　基于居住容载功能指数的中南近海区累积曲线

从就业支持功能（图16.4）看，该区人口累积百分数曲线与GDP累积百分数曲线组成了侧立的柳叶型曲线。对于就业功能指数为0.40~0.70的县域，随着就业支持功能指数的增加，县域人均GDP差距呈快速的拉大趋势，这样的县域合计占全区的半数左右。对于就业功能指数大于0.70的县域单元，其县域人口累积百分数与GDP累积百分数的剪刀差逐渐缩小，说明人均GDP总体上随着收入功能指数的提升而提高。

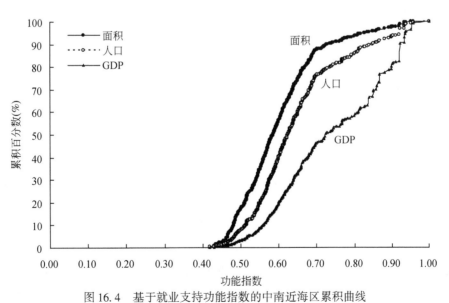

图16.4　基于就业支持功能指数的中南近海区累积曲线

从经济发展功能（图16.5）看，中南近海区县域单元的人口累积百分数曲线与GDP累积百分数曲线组成了弓弧型曲线。说明区域人口与GDP之间的分布差距也是先扩后缩，分界经济发展功能指数为0.60。

区域经济发展功能指数低于0.60的县域单元面积合计占全区总面积的82%，人口占全区的70%，GDP总量仅占全区的42%。可见，中南近海区4/5的县域需要提升经济发展功能。

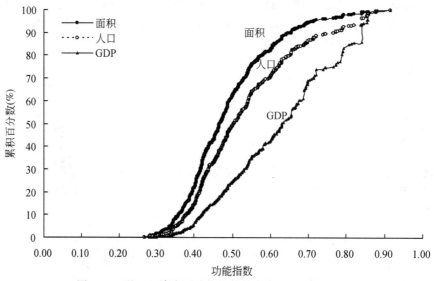

图16.5　基于经济发展功能指数的中南近海区累积曲线

　　从生态维衡功能看（图16.6），中南近海区91%的县域面积具有"较高"或"高"的生态维衡功能。这些区域分布着该区82%的人口与74%的GDP。而且，人口分布具有向高功能区聚集的特征。虽然该区的经济分布与人口分布在一定生态维衡功能指数范围内有所背离，但差距较小。从生态维衡功能角度看，中南近海区的人口分布总体上也是较为均质的。

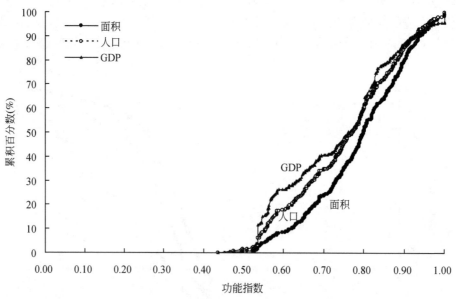

图16.6　基于生态维衡功能指数的中南近海区累积曲线

　　从资源保障功能（图16.7）看，中南近海区与前述几个一级功能区类似，也存在高功能者低富裕或资源拥有者贫困问题。该区共88个县域单元（占总县数的19%）资源保障功能指数为"低"，这些县域单元的总面积占全区的16%，人口占全区的24%，GDP占全区的43%。资源保障功能指数为"较低"或"一般"的县域数量及其面积均约占全区相应总数的27%，分布全区15%的人口和11%的GDP。资源保障功能指数为"较高"与"高"的县域面积合计分别约占全区总面积的16%和40%，依次承载全区近

10% 和 50% 的人口，以及全区 8% 和 38% 的 GDP。由于发展水平整体较低，该区资源拥有者贫困现象目前尚不十分显著。

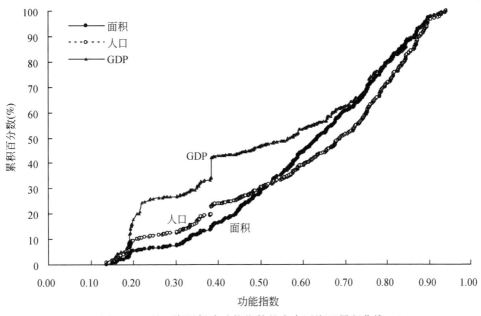

图 16.7　基于资源保障功能指数的中南近海区累积曲线

16.2　江汉平原生态农业区（Ⅳ1）

16.2.1　区域总体特征

江汉平原生态农业区（Ⅳ1）地理范围包括广义的江汉平原及其以东、江苏省以西位于长江北岸东岸的 92 个县域单元，该区跨河南、湖北与安徽三省。总面积 19.5 万平方公里。全区户籍总人口 8768 万人，占全国总人口的 6.6%，人口密度是 449 人/平方公里，人口规模与人口密度在二级区中分别居第 5 位与第 8 位。

Ⅳ1 在地貌上属冲积平原，地势平坦，具有独特的地理优势和区位优势。由于水热条件好，土壤肥沃，该区的农业生产力较高。该区常用耕地占全国的 4.8%，在二级区中居第 7 位。淡水资源总量占全国的 3.8%，居第 8 位。综合粮食产量占全国的 7.7%，居第 3 位。禽畜肉产品占全国的 5.6%，居第 6 位。水产品产量占全国的 10%，在二级区中居第 3 位。综合粮食密度为 212 吨/平方公里，在二级区中居第 4 位。禽畜肉产品与水产品的产量密度均在二级区中居于前 7 位。可见，Ⅳ1 是全国耕地安全保障与膳食资源安全保障的重点区。

2007 年，该区 GDP 合计占全国的 4.1%，在二级区中居第 10 位。人均 GDP 为 13 860 元，GDP 密度为 616 万元/平方公里，在二级区中分别居第 25 位与第 9 位。三次产业构成比为 16%∶45%∶40%，依据西蒙·库兹涅茨三次产业结构与经济发展阶段关系（表 12.6）判断，区域经济总体上处于工业化初期，但二、三产业结构相对较为协调。2007 年，该区城镇化率为接近 45%，依据钱纳里城市化率与经济发展阶段关系（表 12.7），该区的区域经济总体上处于工业化发展的中期阶段。在该区的子功能组成单元中，农业增加值占地区 GDP 的比重多为 16%~22%，说明Ⅳ1 总体上属于工业化初期向中期过渡的临界期。Ⅳ1 约半数乡村劳动力从事非农行业，一方面说明该区农村劳动力收入来源多样，土地耕作呼唤集约化生产；另一方面也隐藏着区域经济活力培育过程中存在高素质劳动力资源流失的严峻挑战。

对该区进行可持续发展功能评估表明，该区以居住容载功能为主导功能，以经济发展功能为约束功能，其他功能的功能指数基本接近，略高于0.7（图16.8）。由于经济发展功能属于软约束，因而该区总体上具有良好的发展潜势。

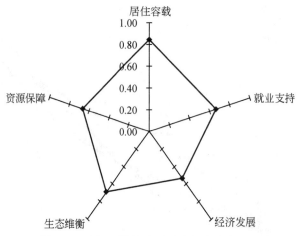

图 16.8　Ⅳ1 可持续发展功能评价综合结果

16.2.2　子功能区特征

Ⅳ1 包括5个子功能区（表16.2）。南阳盆地生态农业区（Ⅳ1-1）与巢淮生态农业经济区（Ⅳ1-5）属于耕地保育型功能区，前者由位于南阳盆地的8个县域单元，县域面积合计为1.8万平方公里，户籍人口792万人，后者由淮河流域与长江流域巢滁皖地区接壤的安徽中南部24县组成，区域面积为5.0万平方公里，户籍人口2406万人。鄂中南淮汉城市群区（Ⅳ1-3）与鄂中南长江湖口城镇群区（Ⅳ1-4）属于人类集聚发展型综合经济区。其中，Ⅳ1-3由湖北中南部位于淮河、汉江交界的9个县组成，县域面积2.8万平方公里，户籍总人口为874万人；Ⅳ1-4由位于湖北中部的29个襟江县组成，县域面积5.5万平方公里，户籍人口3184万人。Ⅳ1-4是Ⅳ1区区域面积最大、人口数量最多的子功能区。豫南皖西山林湿地保育发展区（Ⅳ1-2）系生态系统保育型经营功能区，该区由位于河南省南部、安徽省西部共22个县域单元，县域面积共4.4万平方公里，户籍人口1512万人。

表16.2　Ⅳ1 分区及其组成单元基本信息

功能区代码	功能区名称	县域单元
Ⅳ1-1	南阳盆地生态农业区	南阳市辖区、邓州市、南召、西峡、镇平、内乡、淅川、新野
Ⅳ1-2	豫南皖西山林湿地保育发展区	安庆市辖区、怀宁、潜山、太湖、望江、岳西、金寨、霍山、确山、桐柏、信阳市辖区、息县、潢川、光山、商城、罗山、新县、大悟、麻城市、红安、罗田、英山
Ⅳ1-3	鄂中南淮汉城市群区	襄樊市辖区、宜城市、随州市辖区、枣阳市、安陆市、广水市、随县、钟祥市、京山
Ⅳ1-4	鄂中南长江湖口城镇群区	宿松、武汉市辖区、黄石市辖区、大冶市、鄂州市辖区、孝感市辖区、孝昌、云梦、汉川市、应城市、荆州市辖区、团风、武穴市、黄冈市辖区、浠水、蕲春、黄梅、咸宁市辖区、赤壁市、嘉鱼、崇阳、通山、阳新、仙桃市、洪湖市、天门市、潜江市、江陵、监利
Ⅳ1-5	巢淮生态农业经济区	盱眙、合肥市辖区、长丰、肥东、肥西、桐城市、枞阳、滁州市辖区、来安、全椒、定远、凤阳、明光市、天长市、六安市辖区、寿县、霍邱、舒城、巢湖市辖区、庐江、无为、含山、和县、固始

各子功能的可持续发展功能评估结果见表 16.3，主要社会经济信息见表 16.4 和表 16.5。由表 16.3 可知，Ⅳ1 各子功能区的可持续发展功能综合指数均在 0.67 左右，且均以居住容载功能指数为最高，但各子功能区的各类可持续发展功能指数构成序位有所不同，说明理论上该区域适宜走功能多样化的发展格局。其中，Ⅳ1-1 没有明显的主导与约束功能，Ⅳ1-2、Ⅳ1-3 与Ⅳ1-5 以居住容载功能为主导功能，以经济发展功能为约束功能，其中Ⅳ1-2 区生态维衡功能也居于"较高"水平。Ⅳ1-4 以居住容载为主导功能，没有明显的约束功能。

表 16.3　Ⅳ1 各子功能区的可持续发展功能评价结果

功能区代码	居住容载	就业支持	经济发展	资源保障	生态维衡	综合功能
Ⅳ1-1	0.76	0.66	0.59	0.67	0.66	0.67
Ⅳ1-2	0.84	0.62	0.49	0.64	0.78	0.67
Ⅳ1-3	0.83	0.68	0.56	0.62	0.71	0.68
Ⅳ1-4	0.87	0.69	0.56	0.62	0.66	0.68
Ⅳ1-5	0.85	0.65	0.52	0.74	0.65	0.68

表 16.4　Ⅳ1 各子功能区基本社会经济与资源表

功能区代码	密度信息					人均信息					
	人口（人/平方公里）	GDP（万元/平方公里）	水资源（千立方米/平方公里）	综合粮食（吨/平方公里）	禽畜肉产品（吨/平方公里）	GDP（元/人）	耕地（亩/人）	水资源（立方米/人）	综合粮食（千克/人）	禽畜肉产品（千克/人）	水产品（千克/人）
Ⅳ1-1	416	570	300	203	29.5	13 717	0.9	721	489	71	7.1
Ⅳ1-2	334	302	506	179	17.6	9 045	0.8	1 515	536	53	23.5
Ⅳ1-3	346	399	366	151	22.4	11 519	0.6	1 056	435	65	39.9
Ⅳ1-4	572	1 026	619	188	23.1	17 943	0.5	1 082	329	40	73.8
Ⅳ1-5	468	582	446	305	28.8	12 424	1.0	953	652	62	37.5

表 16.5　Ⅳ1 各子功能区工业化发展阶段诊断及收入信息表

功能区代码	产业结构（%）			工业化发展阶段	农村人均纯收入（元）	城镇在岗职工年均工资（元）	城乡居民人均收入比
	第一产业	第二产业	第三产业				
Ⅳ1-1	19.3	53.1	27.5	初期	4 030	14 550	2.5
Ⅳ1-2	22.6	41.8	35.7	初期	3 220	15 300	3.3
Ⅳ1-3	20.6	42.5	36.9	初期	4 300	13 670	2.2
Ⅳ1-4	12.0	44.5	43.5	后期	3 940	14 420	2.5
Ⅳ1-5	16.7	43.7	39.6	初期	3 950	19 000	3.3

注：城乡居民人均收入比基于城镇在岗职工年均工资调整后的城镇居民收入计算。

综合而言，Ⅳ1-1 适宜围绕丰富的森林与耕地资源，走多功能均衡发展的生态经济化发展模式；Ⅳ1-2 由于地处大别山麓和江淮接壤处，其水土保育能力具有战略意义，但收入水平低容易引发土地及其覆被资源被过度利用，适宜围绕林、水资源走生态服务增殖与经济化的发展之路，通过生态资源与服务培育，破解经济发展功能约束。从区域资源、区位开发利用潜力与国家格局需求角度上，Ⅳ1-3、Ⅳ1-4 和Ⅳ1-5 区适宜走多功能均衡的发展道路，其中Ⅳ1-4 已经具备成为城镇集群发展区的产业基础，而Ⅳ1-3 的产业基础正在积累之中，是潜力型城镇集群发展区；Ⅳ1-5 区目前正处于制造业发展的迅增阶段，需要严格的产业进入制度，以确保产业构成与区域生态服务需求相吻合。

16.3 长江下游综合经济区（Ⅳ2）

16.3.1 区域总体特征

长江下游综合经济区（Ⅳ2）由7个三级区、共193个县域单元组成（表16.6）。全区总面积33.2万平方公里。户籍总人口1.1亿人，占全国总人口的8.2%，人口规模在二级区中居第2位。人口密度为329人/平方公里。Ⅳ2总体上以居住容载功能为主导功能，以经济发展功能为约束功能，生态维衡功能占重要地位（图16-9）。

表16.6　Ⅳ2分区及其组成单元基本信息

功能区代码	功能区名称	县域单元
Ⅳ2-1	鄱阳湖生态农业经济区	芜湖市辖区、芜湖、繁昌、南陵、马鞍山市辖区、当涂、铜陵市辖区、铜陵、黄山市辖区、歙县、休宁、黟县、祁门、宣城市辖区、宁国市、泾县、旌德、绩溪、池州市辖区、东至、石台、青阳、景德镇市辖区、浮梁、乐平市、彭泽、上饶市辖区、德兴市、上饶、广丰、玉山、铅山、横峰、弋阳、鄱阳、万年、婺源
Ⅳ2-2	鄱阳湖水生态保育发展区	南昌市辖区、南昌、新建、进贤、九江市辖区、九江、永修、德安、星子、都昌、湖口、瑞昌市、鹰潭市辖区、贵溪市、余江、丰城市、樟树市、高安市、余干、东乡
Ⅳ2-3	赣中南沿江水土保持经济区	新余市辖区、赣州市辖区、赣县、南康市、信丰、大余、上犹、崇义、安远、龙南、定南、全南、宁都、于都、兴国、瑞金市、会昌、寻乌、石城、上高、吉安市辖区、吉安、吉水、峡江、新干、永丰、泰和、遂川、万安、抚州市辖区、南城、黎川、南丰、崇仁、乐安、宜黄、金溪、资溪、广昌
Ⅳ2-4	赣西北修水生态林业经济区	安义、武宁、修水、奉新、宜丰、靖安、铜鼓、通城
Ⅳ2-5	长株潭核心城镇群区	长沙市辖区、长沙、宁乡、浏阳市、株洲市辖区、株洲、攸县、醴陵市、湘潭市辖区、湘潭、韶山市、衡阳市辖区、衡阳、衡南、衡山、衡东
Ⅳ2-6	湘赣双江丘陵生态农业区	萍乡市辖区、莲花、上栗、芦溪、分宜、宜春市辖区、万载、井冈山市、安福、永新、茶陵、炎陵、湘乡市、常宁市、祁东、耒阳市、邵阳市辖区、邵东、新邵、邵阳、娄底市辖区、涟源市、双峰、郴州市辖区、资兴市、桂阳、永兴、宜章、嘉禾、临武、汝城、桂东、安仁、永州市辖区、道县、宁远、江永、江华、蓝山、新田、双牌、祁阳
Ⅳ2-7	洞庭湖水质保护经济区	石首市、公安、望城、岳阳市辖区、岳阳、华容、湘阴、平江、汨罗市、临湘市、常德市辖区、安乡、汉寿、澧县、临澧、津市市、益阳市辖区、沅江市、南县、桃江、安化

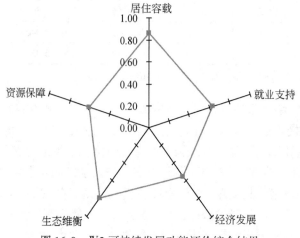

图16-9　Ⅳ2可持续发展功能评价综合结果

全区常用耕地合计占全国的 6.0%，在二级区中居第 5 位。淡水资源总量占全国的 12.2%，居第 1 位。水资源密度为 9.0 万立方米/平方公里，居第 3 位。该区综合粮食、禽肉产品与水产品产量分别占全国相应总量的 8.6%、8.4% 与 5.8%，依次在二级区中居第 2 位、第 3 位与第 6 位。该区的水土保育直接关系全国的膳食资源安全、水资源安全与经济社会发展安全。全区 GDP 合计占全国的 5.8%，在二级区中居第 6 位。从密度水平看，该区的人口、GDP、综合粮食、禽畜产品与水产品的密度均在二级区中居第 10 位左右。由于人口稠密，该区只有人均禽畜产品在二级区居前 10 位，人均 GDP、水资源与综合粮食占有量均居第 15 位左右，而人均耕地面积居第 27 位。

综上分析，Ⅳ2 是全国耕地保育与膳食生产的重要国家安全保障。破解该区区域经济发展功能约束必须走区域总体多功能发展的道路。子功能区分析表明，在内部安排上，要注重子功能区的功能个性化发展与相互之间的综合协调与平衡。

16.3.2 子功能区特征

Ⅳ2 各子功能区的可持续发展功能评估结果见表 16.7，主要经济社会信息见表 16.8 与表 16.9。

表 16.7 Ⅳ2 各子功能区的可持续发展功能评价结果

功能区代码	居住容载	就业支持	经济发展	资源保障	生态维衡	综合功能
Ⅳ2-1	0.88	0.65	0.56	0.49	0.80	0.68
Ⅳ2-2	0.87	0.65	0.59	0.62	0.76	0.70
Ⅳ2-3	0.87	0.59	0.49	0.56	0.89	0.68
Ⅳ2-4	0.85	0.57	0.50	0.55	0.84	0.66
Ⅳ2-5	0.85	0.71	0.65	0.67	0.78	0.73
Ⅳ2-6	0.82	0.62	0.53	0.63	0.76	0.67
Ⅳ2-7	0.86	0.62	0.56	0.73	0.73	0.70

表 16.8 Ⅳ2 各子功能区基本社会经济与资源表

功能区代码	密度信息					人均信息					
	人口（人/平方公里）	GDP（万元/平方公里）	水资源（千立方米/平方公里）	综合粮食（吨/平方公里）	禽畜肉产品（吨/平方公里）	GDP（元/人）	耕地（亩/人）	水资源（立方米/人）	综合粮食（千克/人）	禽畜肉产品（千克/人）	水产品（千克/人）
Ⅳ2-1	285	665	1 004	93	9.1	23 366	0.8	3 528	329	32	20.6
Ⅳ2-2	438	827	975	222	21.4	18 909	0.8	2 228	508	49	0.0
Ⅳ2-3	215	190	904	91	12.8	8 858	0.8	4 205	423	59	0.0
Ⅳ2-4	170	146	913	83	9.1	8 560	0.9	5 355	489	53	1.2
Ⅳ2-5	519	1 282	955	233	48.4	24 707	0.6	1 841	448	93	22.4
Ⅳ2-6	323	356	856	130	25.4	11 008	0.7	2 647	402	78	17.6
Ⅳ2-7	403	552	733	212	31.5	13 708	0.8	1 821	526	78	68.9

表 16.9 Ⅳ2 各子功能区工业化发展阶段诊断及收入信息表

功能区代码	产业结构（%）			工业化发展阶段	农村人均纯收入（元）	城镇在岗职工年均工资（元）	城乡居民人均收入比
	第一产业	第二产业	第三产业				
Ⅳ2-1	7.9	54.8	37.3	成熟期	4 380	23 880	3.8
Ⅳ2-2	9.9	54.4	35.7	成熟期	4 220	15 240	2.5

功能区代码	产业结构（%）			工业化发展阶段	农村人均纯收入（元）	城镇在岗职工年均工资（元）	城乡居民人均收入比
	第一产业	第二产业	第三产业				
IV2-3	20.1	45.9	33.9	初期	3 330	14 710	3.0
IV2-4	22.2	47.2	30.6	准备期	3 730	14 840	2.7
IV2-5	9.9	45.8	44.3	后期	5 560	19 710	2.4
IV2-6	20.6	44.6	34.8	初期	3 370	17 880	3.7
IV2-7	21.8	44.2	34.0	初期	4 200	16 660	2.7

各子功能区中，有2个属于耕地保育型功能区，它们是鄱阳湖生态农业经济区（IV2-1）、湘赣双江丘陵生态农业区（IV2-6）；有4个属于水源涵养与水质保育（直接或间接）为核心的生态保育发展功能区，它们是鄱阳湖水生态保育发展区（IV2-2）、赣中南沿江水土保持经济区（IV2-3）、赣西北修水生态林业经济区（IV2-4）与洞庭湖水质保护经济区（IV2-7）；另1个属于人类集聚发展的综合经济区，该区为长株潭核心城镇群区（IV2-5）。其中IV2-1、IV2-3与IV2-7分别包括37个、39个与21个县域单元，各区总面积与户籍人口分别均约为1.3万平方公里与1700万人；IV2-2包括20个县域单元，县域面积共1.0万平方公里，户籍人口1325万人；IV2-4由8个县组成，总面积0.2万平方公里，户籍人口278万人；IV2-5与IV2-6分别包括16与42个县，总面积依次为2.9万平方公里与7.8万平方公里，户籍人口分别为1528万人与2620万人。

由表16.7可知，IV2各子功能区的可持续发展功能综合指数均在0.7左右。除了IV2-1以资源保障为限制功能和IV2-3以居住容载与生态维衡功能为双主导功能外，其他各区均只有一种主导功能，该功能为居住容载功能，并没有明显的约束功能。可见，IV2是非常典型的多功能发展区，总体上适宜多功能均衡发展。

在三级区尺度上，IV2的社会经济发展具有明显的区域差异（表16.8，表16.9）。各功能区的人均GDP从8500元到25 000元不等，GDP密度从146万元/平方公里到827万元/平方公里不等；区域经济发展既有属于工业化准备期与初期的，也有处于工业化成熟期与后期的。就资源优势与区位优势而言，该区具备集聚人口发展的良好潜力，可以成为生态移民区的人口承接地，也适宜成为东部产业转移的承接地。从国家经济格局而言，这一区域将是东南沿海辐射能力向西南与西北传递的桥梁区。IV2-5（长株潭核心城镇群区）的发展对此至关重要。

16.4 长江中游综合经济区（IV3）

16.4.1 区域总体特征

长江中游综合经济区（IV3）由8个三级区、共149个县域单元组成（表16.10）。全区总面积38.4万平方公里。户籍总人口6857万人，占全国总人口的5.2%，在二级区中居第7位；人口密度311人/平方公里。全区常用耕地占全国的4.9%，在二级区中居第6位。淡水资源总量占全国的10.9%，居第2位，水资源密度为8.5万立方米/平方公里，居第5位。该区综合粮食、禽肉产品与水产品产量分别占全国相应总量的4.8%、6.5%与2.8%，在二级区中依次居第8位、第10位与第4位。全区GDP占全国的2.9%，在二级区中居第11位。与IV2一样，该区的水土保育也直接关系全国的耕地资源安全、膳食资源安全、水资源安全与经济社会发展安全。2007年，该区人口、GDP、综合粮食、禽畜肉产品产量的密度水平在二级区中均居第17位左右，而人均水资源量、人均禽畜肉产品及人均水产品占有量均居第11位左右，人均GDP居第27位，人均耕地居第23位。

表 16.10　IV3 分区及其组成单元基本信息

功能区代码	功能区名称	县域单元
IV3-1	陕南秦巴山地水土保育发展区	郧西、竹山、竹溪、汉中市辖区、南郑、城固、洋县、西乡、勉县、宁强、镇巴、安康市辖区、汉阴、石泉、紫阳、岚皋、平利、镇坪、旬阳、丹凤、商南、山阳、镇安、柞水
IV3-2	鄂沿江城镇集群带区	十堰市辖区、宜昌市辖区、枝江市、远安、宜都市、当阳市、南漳、谷城、保康、老河口市、荆门市辖区、沙洋、松滋市、丹江口市、郧县、房县、白河
IV3-3	三峡库区生态特别保育区	兴山、秭归、长阳、巴东、神农架林区
IV3-4	湘鄂交界生物多样性保育发展区	五峰、恩施市、利川市、建始、宣恩、咸丰、来凤、鹤峰、桃源、石门、张家界市辖区、慈利、桑植、沅陵
IV3-5	湘西土家文化保留发展区	花垣、保靖、古丈、永顺、龙山
IV3-6	湘西低山丘陵生态农业区	隆回、洞口、武冈市、绥宁、新宁、城步、中方、冷水江市、新化、东安、怀化市辖区、洪江市、辰溪、溆浦、麻阳、新晃、芷江、会同、靖州、通道、吉首市、泸溪、凤凰、资源
IV3-7	桂东北新兴经济区	柳州市辖区、柳江、柳城、桂林市辖区、阳朔、临桂、梧州市辖区、苍梧、鹿寨、象州、融安、三江、融水、金秀、灵川、全州、兴安、永福、灌阳、龙胜、平乐、荔浦、恭城、岑溪市、藤县、昭平、蒙山、贺州市、钟山、富川、平南、容县、北流市、罗城
IV3-8	桂西新兴经济区	马山、天等县、合山市、忻城、百色市、田阳、田东、平果、德保、靖西、那坡、凌云、乐业、田林、隆林、西林、河池市、宜州市、环江、南丹、天峨、凤山、东兰、巴马、都安、大化

　　对IV3进行可持续发展功能评价表明,该区总体上是以生态维衡功能为主导、以经济发展功能为约束功能的多功能发展区(图16.10)。综合而言,IV3既是沟通中国南北方经济社会发展的重要桥梁区,也是沟通东西部经济社会发展的重要桥梁区,又肩负自然赋予的耕地保育、生态维衡等国家发展格局公益性生态服务供给的战略责任,而且面临生态环境脆弱的自然基底约束。该区的发展在于破除经济发展功能束缚,促经济发展潜力由蕴藏转为实现。

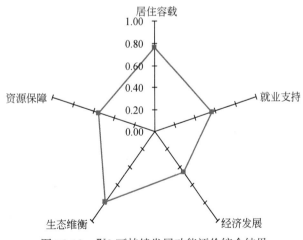

图 16.10　IV3 可持续发展功能评价综合结果

16.4.2　子功能区特征

　　IV3 的 8 个子功能区(表 16.10)中,有 3 个属于生态保育型功能区,有 2 个属于综合经济型发展功能区，其他 3 个子功能区分别属于文化保育型发展区、人类集聚型发展功能区与生态恢复保育型农业经济区。

3 个生态保育型的子功能区是陕南秦巴山地水土保育发展区（Ⅳ3-1）、三峡库区生态特别保育区（Ⅳ3-3）与湘鄂交界生物多样性保育发展区（Ⅳ3-4）。其包括的县域单元数量依次为 24 个、5 个与 14 个，区域总面积分别为 6.3 万平方公里、1.5 万平方公里与 4.6 万平方公里，户籍人口规模依次是 902 万人、932 万人与 761 万人。

2 个属于综合经济型的子功能区是桂东北新兴经济区（Ⅳ3-7）与桂西新兴经济区（Ⅳ3-8），二者的总面积分别为 8.3 万平方公里与 7.4 万平方公里，户籍人口依次是 1829 万人与 911 万人。分析表明，这两个三级区具有成为新的区域经济增长极的区位优势与资源基础。

湘西土家文化保留发展区（Ⅳ3-5）属于文化保育发展区，区域面积 1.1 万平方公里，户籍人口 181 万人。鄂沿江城镇集群带区（Ⅳ3-2）属于人类集聚发展功能区，区域面积 4.3 万平方公里，户籍人口 902 万人。湘西低山丘陵生态农业区（Ⅳ3-6）属于生态恢复保育型农业经济区，区域面积 4.9 万平方公里，户籍人口 1186 万人。

各子功能区的可持续发展功能评估结果见表 16.11。由表 16.11 可知，除Ⅳ3-2 与Ⅳ3-7 各子功能区的可持续发展功能综合指数不低于 0.65 外，Ⅳ3 的子功能区的区域可持续发展功能指数大致相当，为 0.6 左右。虽然Ⅳ3 的子功能区的各类可持续发展功能指数具有一定的分异，但总体构成格局是"双高+三低"，"双高"系居住容载功能高与生态维衡功能高，"三低"即就业支持功能低、经济发展功能低与资源保障功能低。

在三级区尺度上，Ⅳ3 的社会经济发展（表 16.12 和表 16.13）较为均质。各三级区的区域经济发展均处于工业化初期，人均 GDP 多为 6000 元左右，农村人均纯收入主要在 2300 元上下，城镇在岗职工年均工资区域差异相对大些。Ⅳ3-2 与Ⅳ3-7 发展状况相对较好，可以成为Ⅳ3 的经济社会发展的先导先行区，Ⅳ3-8 丰富的自然资源赋存使之具备通过生态型、高附加值的资源经济开发实现经济起飞，并快速发展成为Ⅳ3 的经济增长极的良好潜力。Ⅳ3 高度的区域均质性及其在国家格局塑造中的区位作用呼吁制度安排向之倾斜。

表 16.11　Ⅳ3 各子功能区的可持续发展功能评价结果

功能区代码	居住容载	就业支持	经济发展	资源保障	生态维衡	综合功能
Ⅳ3-1	0.66	0.54	0.41	0.46	0.80	0.57
Ⅳ3-2	0.76	0.66	0.54	0.55	0.75	0.65
Ⅳ3-3	0.65	0.54	0.46	0.50	0.82	0.60
Ⅳ3-4	0.76	0.51	0.43	0.64	0.80	0.63
Ⅳ3-5	0.78	0.51	0.44	0.52	0.81	0.61
Ⅳ3-6	0.80	0.56	0.48	0.61	0.71	0.63
Ⅳ3-7	0.81	0.61	0.46	0.62	0.86	0.67
Ⅳ3-8	0.76	0.54	0.43	0.48	0.80	0.60

表 16.12　Ⅳ3 各子功能区基本社会经济与资源表

功能区代码	密度信息					人均信息					
	人口（人/平方公里）	GDP（万元/平方公里）	水资源（千立方米/平方公里）	综合粮食（吨/平方公里）	禽畜肉产品（吨/平方公里）	GDP（元/人）	耕地（亩/人）	水资源（立方米/人）	综合粮食（千克/人）	禽畜肉产品（千克/人）	水产品（千克/人）
Ⅳ3-1	141	93	397	49	7.5	6 603	0.7	2 813	344	53	0.1
Ⅳ3-2	229	576	422	100	13.5	25 168	0.6	1 843	436	59	40.5

功能区代码	密度信息					人均信息					
	人口（人/平方公里）	GDP（万元/平方公里）	水资源（千立方米/平方公里）	综合粮食（吨/平方公里）	禽畜肉产品（吨/平方公里）	GDP（元/人）	耕地（亩/人）	水资源（立方米/人）	综合粮食（千克/人）	禽畜肉产品（千克/人）	水产品（千克/人）
IV3-3	105	87	720	42	8.9	8 261	1.0	6 826	399	84	11.0
IV3-4	163	124	858	79	13.7	7 602	1.0	5 274	483	84	10.2
IV3-5	159	97	823	64	7.2	6 115	1.0	5 189	403	46	7.2
IV3-6	238	185	780	106	20.2	7 777	0.8	3 281	446	85	10.8
IV3-7	229	367	941	72	22.3	16 045	1.2	4 114	317	98	19.4
IV3-8	119	99	643	32	9.4	8 358	1.3	5 422	274	79	10.9

表 16.13　IV3 各子功能区工业化发展阶段诊断及收入信息表

功能区代码	产业结构（%）			工业化发展阶段	农村人均纯收入（元）	城镇在岗职工年均工资（元）	城乡居民人均收入比
	第一产业	第二产业	第三产业				
IV3-1	26.0	34.8	39.2	初期	2 110	16 240	5.3
IV3-2	19.2	44.7	36.1	初期	3 600	15 060	2.9
IV3-3	24.9	31.5	43.6	初期	2 720	12 950	3.3
IV3-4	29.7	30.2	40.1	初期	2 400	17 990	5.2
IV3-5	23.4	44.0	32.5	初期	2 170	20 110	6.4
IV3-6	25.9	32.9	41.2	初期	2 570	18 380	4.9
IV3-7	21.8	46.7	31.5	初期	3 400	19 220	3.9
IV3-8	23.5	47.0	29.5	初期	2 510	18 600	5.1

16.5　大北部湾综合经济区（IV4）

大北部湾综合经济区（IV4）地处中国沿海西南端，由以南宁、北海、钦州、防城港四市辖县为主的共 28 个县域单元组成（表 16.14），总面积 7.7 万平方公里，户籍总人口 2386 万人。人口密度 311 人/平方公里，在二级区中居第 11 位。IV4 有两个子功能区，其中，郁江流域生态农业区（IV4-1）包括 15 个县域单元，区域总面积 4.2 万平方公里，户籍总人口 1083 万人，人口密度 300 人/平方公里；北部湾综合经济发展区（IV4-2）包括 13 个县域，区域总面积 3.5 万平方公里，户籍总人口 1303 万人，人口密度 360 人/平方公里。IV4 以经济发展功能为约束性区域发展功能，以居住容载功能与生态维衡功能为明显的或相对明显的主导功能（图 16.11），子功能区的情况也类似。

表 16.14　IV4 分区及其组成单元基本信息

功能区代码	功能区名称	县域单元
IV4-1	郁江流域生态农业区	武鸣、凭祥市、横县、宾阳、上林、隆安、扶绥、崇左市、大新、宁明、龙州、武宣、来宾市、贵港市辖区、桂平市
IV4-2	北部湾综合经济发展区	南宁市辖区、北海市辖区、合浦、防城港市辖区、上思、东兴市、兴业、玉林市辖区、陆川、博白、钦州市辖区、灵山、浦北

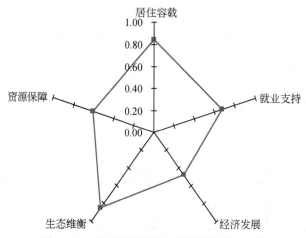

图 16.11　Ⅳ4 可持续发展功能评价综合结果

　　Ⅳ4 水资源丰富，水热条件好，农牧产业生产力均较高。水资源密度与禽畜产品密度在二级区中分别居第 5 位与第 6 位，综合粮食产出密度居第 19 位。由于人口密度高，Ⅳ4 人均占有的综合粮食产量仅约 190 千克，但人均禽畜肉产品与水产品合计为 140 千克，在二级区中居于前列。

　　目前，Ⅳ4 经济社会发展总体上还较薄弱，正处于成为经济增长极孵育的关键时期。全区 GDP 总量占全国的 1%，在二级区中居第 17 位。人均 GDP 约为 12 000 元，GDP 密度为 393 万元/平方公里，在二级区中分别居第 29 位与第 12 位。Ⅳ4-1 与Ⅳ4-2 的三次产业结构比分别为 31%：37%：32% 与 20%：37%：43%，两个三级区总体上处于工业化发展的初期阶段，亟须快速提升经济发展功能，破解区域可持续发展的制约瓶颈。Ⅳ4-2 的人均 GDP 与 GDP 密度是Ⅳ4-1 的 3 倍左右。但是，Ⅳ4-1 与Ⅳ4-2 城乡居民收入差距并不大，2007 年两区的农村人均纯收入均在 3500 元左右，城镇在岗职工年均工资约为 1.8 万元，说明Ⅳ4-2 区经济财富外溢明显。

　　Ⅳ4 直接连接中国与东盟，具有成为中国经济增长新极的区位潜力，财富外溢问题需要给予高度的重视，避免重复其他经济增长极培育与发展过程产生的缺陷与问题。

17

四川盆地区

曹淑艳　谢高地　肖　玉

　　四川盆地区是面积最小的一级区，包括 3 个二级区、17 个三级区、131 个县域单元，总面积 25 万平方公里，户籍总人口 1.13 亿人。该区存在明显的生态经营者贫困与生态资源、服务丰富区发展水平滞后问题。川渝城镇圈综合经济区（V1）属于人类集聚发展综合经济区，该区产业结构演进不均衡，V1-1 与 V1-5 两个都市带已进入工业化后期，在区域经济中较好地发挥了辐射作用，并抑制了吸空效应。V2 整体上以经济发展功能为约束功能，区域大部分县域为三峡库区或其邻近的自然区位，使之肩负国家生态屏障责任。该区的发展需通过生态保育，促进生态资本培育、增值与转化循环圈的形成并不断发育。V3 没有明显的主导功能与约束功能，但地处江河上游与城镇带近邻的重要区位需要其在区域经济发展格局中担负起生态屏障保育功能。

17.1　功能区内部总体特征

17.1.1　基于二级区尺度分析

　　四川盆地区包括 3 个二级区、17 个三级区，共含 452 个县域单元。3 个二级区（表 17.1）在发展功能定位上，川渝城镇圈综合经济区（V1）属于人类集聚发展综合经济区，川渝沿江生态屏障区（V2）与川渝北部生态屏障区（V3）属于生态保育型经济发展区。宏观上，四川盆地区没有明显的主导功能与限制功能，属于均衡型的多功能发展区。但在中微观尺度上，区域的主导功能与约束功能发生分异，所以区域的发展选择应充分考虑区域功能个性。V1 与其母功能区一样，总体上没有明显的主导功能与限制功能；V2 与 V3 均以生态维衡功能为相对主导功能，以经济发展功能为约束功能。各区经济、社会与资源的相对程度见图 17.1。

表 17.1　四川盆地区各二级区的可持续发展功能指数评价结果

二级区代码与名称		居住容载	就业支持	经济发展	资源保障	生态维衡	综合功能
V1	川渝城镇圈综合经济区	0.76	0.66	0.55	0.65	0.67	0.66
V2	川渝沿江生态屏障区	0.71	0.59	0.38	0.65	0.73	0.61
V3	川渝北部生态屏障区	0.68	0.55	0.42	0.62	0.74	0.60
	四川盆地区	0.74	0.64	0.51	0.64	0.69	0.65

17.1.2　基于县域尺度分析

　　图 17.2 ～ 图 17.7 是以区域面积、人口与 GDP 为指标，基于区域可持续发展功能综合指数及各子功能

指数绘制的四川盆地区各指标的累积曲线。

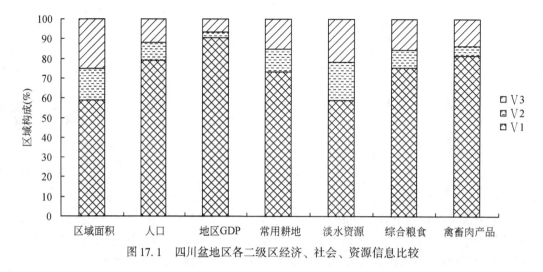

图 17.1　四川盆地区各二级区经济、社会、资源信息比较

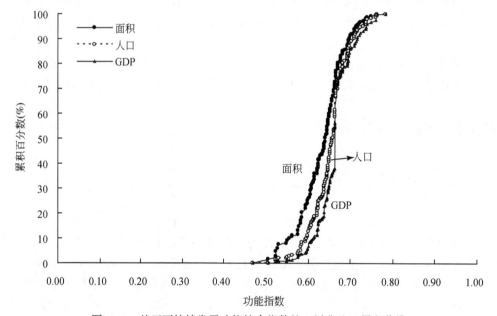

图 17.2　基于可持续发展功能综合指数的四川盆地区累积曲线

　　图 17.2 表明，可持续发展功能综合指数在四川盆地区大部分县域单元上的分布是较为均匀的，总体格局具有"中间大、两头小"的特点。区域可持续发展功能综合指数为"一般"的县域占主体，县域数量占全区的 65%，面积占全区的 77%，GDP 占全区的 80%。其次是综合指数为"较低"与"高"的县域，数量分别为 22 个与 18 个，面积分别占全区的 25% 与 8%，人口分别约占全区的 13% 和 11%，GDP分别占全区的 6% 与 14%。由此可见，基于县域可持续发展综合指数看，GDP 密度的区域分布较人均GDP 的区域不均质性要高。

　　基于居住容载功能指数（图 17.3）看，四川盆地区的人口和经济总体上分布在居住容载功能为"高"或"较高"的县域。这些县域合计占全区总面积的 83%，居住着全区 94% 的人口，支持全区 94%的 GDP 产出。

　　基于就业支持功能指数看（图 17.4），四川盆地区的人口分布格局与 GDP 分布格局具有显著差异。该区有 10 个县域单元的就业支持功能水平为"较低"，其面积合计占全区总面积的 15%，分布全区 3% 的人口，GDP 产出不足全区的 1.5%。有 41 个县域单元的就业支持功能水平为"一般"，其面积合计占全区

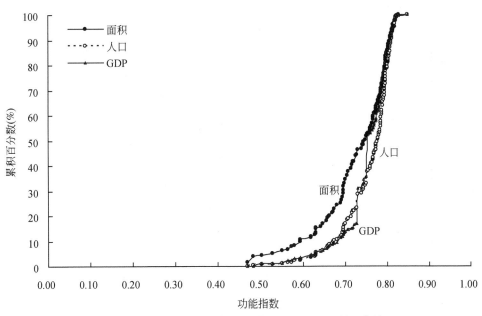

图 17.3 基于居住容载功能指数的四川盆地区累积曲线

总面积的 35%，分布全区 28% 的人口，GDP 产出不足全区的 13%。分别有 39 个与 41 个县域单元的就业支持功能水平为"较高"与"高"，其面积分别约占全区总面积的 27% 与 24%，人口分别占全区总人口的 32% 与 37%，GDP 产出则分别占全区的 21% 与 63%。由上分析可知，四川盆地区有 10 个县域单元的就业支持能力亟待提升，由于这部分县的数量不大，可以考虑通过人口生态迁移的途径；另有 41 个县域单元的就业质量也亟待改善，建议采取适当的人口转移与聚集措施。

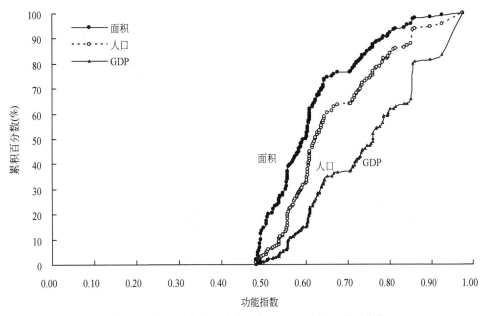

图 17.4 基于就业支持功能指数的四川盆地区累积曲线

基于经济发展功能指数看（图 17.5），四川盆地区人口分布合理性有待改善。该区经济发展功能指数为"较低"或"低"的县域单元数为 74 个，面积占全区的 77%，分布全区 51% 的人口与 27% 的 GDP。有 30 个县域单元的经济发展功能指数为"一般"，面积合计占全区总面积的 18%，分布全区约 22% 的人口与近 20% 的 GDP。经济发展指数为"较高"或"高"的县域合计 27 个，面积占全区总面积的 15%，分布全区 17% 的人口与 54% 的 GDP。

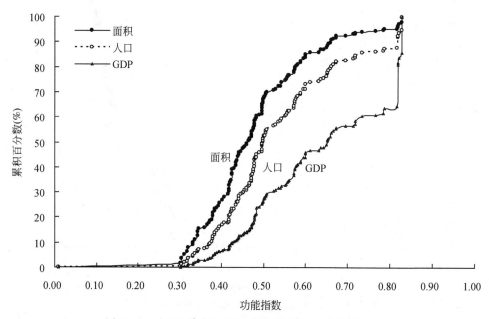

图 17.5　基于经济发展功能指数的四川盆地区累积曲线

　　基于生态维衡功能指数看（图 17.6），四川盆地区存在明显的生态经营者贫困与生态资源、服务丰富区发展水平滞后问题。全区 70% 多的人口分布在生态维衡功能指数为"较高"或"高"的县域，其面积合计占全区总面积的 83%，GDP 占全区的 62% 左右。平衡这些县域单元的生态保育与经济发展之间的利益关系，对四川盆地区及全国的可持续发展至关重要。另外近 30% 人口几乎全部分布在生态维衡功能为"一般"的县域，其面积合计占全区总面积的 17%，GDP 占全区总 GDP 的 38%。

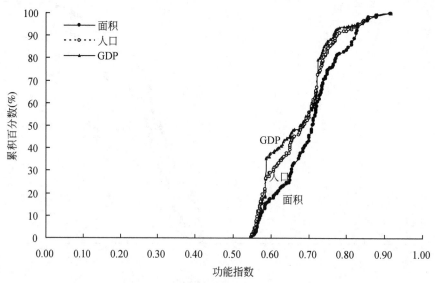

图 17.6　基于生态维衡功能指数的四川盆地区累积曲线

　　基于资源保障功能指数看（图 17.7），四川盆地区近 70% 的人口分布在资源保障功能指数为"较高"或"高"的县域。这些县域的面积合计也约占全区总面积的 70%，GDP 产出仅占全区的 46%。其余的人口与 GDP 绝大部分分布在资源保障功能指数为"低"的区域。可见，该一级区也存在明显的资源拥有者贫困问题。在发展的过程中，应予以高度重视，避免可更新资源过度开发利用，以及引致不良的甚至灾害性的生态环境问题。

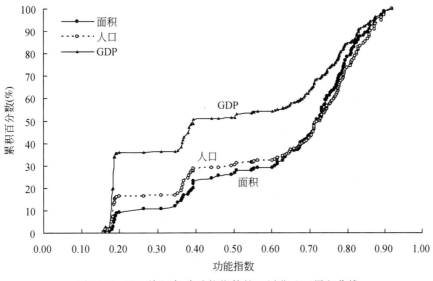

图 17.7　基于资源保障功能指数的四川盆地区累积曲线

17.2　川渝城镇圈综合经济区（V1）

17.2.1　区域总体特征

川渝城镇圈综合经济区（V1）是以重庆市辖区与成都市辖区为双核心的城镇综合经济带，共包括 10 个二级区、共 99 个县域单元，总面积 15 万平方公里（表 17.2）。全区户籍总人口 0.90 亿人，占全国总人口的 6.7%，在二级区中居第 4 位；人口密度 595 人/平方公里，在二级区中排第 5 位。GDP 合计占全国的 4.5%，在二级区中居第 9 位；GDP 密度为 870 万元/平方公里，在二级区中排第 8 位。由于人口稠密，该区人均 GDP 在二级区中居第 21 位。区域三次产业构成比为 15%：47%：38%，说明区域经济总体上处于工业化成熟期，但第三产业发育相对不足。2007 年，该区城镇化率约为 43%，近半数乡村从业人员从事非农产业。

表 17.2　川渝城镇圈综合经济区（V1）分区及其组成单元基本信息

功能区代码	功能区名称	县域单元
V1-1	川渝沿江都市带区	万盛区、重庆市辖区、长寿区、綦江、梁平、涪陵区、垫江、南川区、武隆、达州市辖区、达县、开江、大竹、华蓥市、广安市辖区、邻水
V1-2	盆地核心生态农业区	双桥区、潼南、大足、荣昌、自贡市辖区、富顺、遂宁市辖区、蓬溪、大英、内江市辖区、乐至、安岳、资中、隆昌、资阳市辖区、南充市辖区、蓬安、渠县、岳池、武胜
V1-3	渝北都市休闲经济区	铜梁、璧山、永川区、合川区
V1-4	岷沱江北部生态农业区	荣县、威远、犍为、井研、沐川、青神、宜宾市辖区、宜宾、南溪、高县、筠连、珙县、屏山
V1-5	四川都市发展带	成都市辖区、双流、郫县、邛崃市、蒲江、新津、彭州市、德阳市辖区、绵竹市、什邡市、罗江、广汉市、绵阳市辖区、乐山市辖区、眉山市辖区、夹江、洪雅、彭山、丹棱、峨眉山市、雅安市辖区、名山
V1-6	岷沱江特别文化保育发展区	崇州市、大邑、都江堰市、芦山

功能区代码	功能区名称	县域单元
V1-7	川南都市生态农业区	金堂、中江、三台、盐亭、射洪、简阳市、仁寿
V1-8	嘉陵江生态农业区	南部、营山、仪陇、西充
V1-9	渝西北水文调蓄功能保育发展区	江津区、泸州市辖区、泸县、合江、江安
V1-10	渝西北生物多样性保育发展区	叙永、古蔺、长宁、兴文

V1 是一个膳食资源高度自给的城镇带。区内常用耕地占全国的 2.8%，在二级区中居第 15 位。淡水资源总量占全国的 3.6%，居第 9 位。综合粮食产量占全国的 5.0%，居第 7 位。禽畜肉产品占全国的 10%，居第 2 位。人均综合粮食占有量为 300 千克，人均禽畜肉产品占有量为 93 千克，单位面积综合粮食与禽畜产品的产量在二级区中分别居第 5 位与第 1 位。

与其他两个兄弟功能区相比，V1 的可持续发展功能无论在综合水平上，还是在具体功能类型上，均相对较高。总体上，V1 没有明显的主导功能，也没有明显的约束功能，但相对而言，居住容载功能与经济发展功能之间的距离最大（图 17.8）。

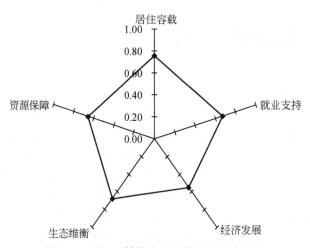

图 17.8　V1 可持续发展功能评价综合结果

17.2.2　子功能区特征

总体上，V1 的 10 个子功能区可以归为 5 类。川渝沿江都市带区（V1-1）与四川都市发展带（V1-5）属人类集聚发展的综合经济区；盆地核心生态农业区（V1-2）、岷沱江北部生态农业区（V1-4）与嘉陵江生态农业区（V1-8）属于耕地保育型功能区；渝北都市休闲经济区（V1-3）与川南都市生态农业区（V1-7）属于果蔬经济与观光生态农业为主的耕地保育区；岷沱江特别文化保育发展区（V1-6）属于人文保育发展区；渝西北水文调蓄功能保育发展区（V1-9）与渝西北生物多样性保育发展区（V1-10）系生态系统保育型发展区。V1 各子功能区的区域面积、人口与区域可持续发展评估结果见表 17.3，具体社会经济信息见表 17.4 与表 17.5。

由表 17.3 可见，V1 各子功能区普遍具有较高的宜居性，各区的可持续发展功能综合水平大致接近，功能指数均为 0.65 左右。但可持续发展功能存在一定的区域分异性，具体表现为：V1-7 与 V1-8 的经济发展居约束功能，资源保障属主导功能；V1-10 的经济发展属约束功能，该区没有明显的主导功能；其他三级区没有明显的主导功能与约束功能。

表17.3　V1各子功能区的面积、人口与功能指数

功能区代码	功能区面积与人口		可持续发展功能指数					
	面积（平方公里）	人口（万人）	居住容载	就业支持	经济发展	资源保障	生态维衡	综合功能
V1-1	3.1	1 828	0.75	0.69	0.53	0.59	0.69	0.65
V1-2	2.9	2 131	0.80	0.64	0.51	0.64	0.63	0.64
V1-3	0.6	408	0.79	0.72	0.61	0.72	0.72	0.71
V1-4	1.7	677	0.75	0.58	0.52	0.64	0.64	0.63
V1-5	2.3	1 648	0.73	0.75	0.66	0.57	0.70	0.68
V1-6	0.5	192	0.62	0.77	0.57	0.67	0.77	0.68
V1-7	1.4	844	0.79	0.59	0.47	0.85	0.66	0.67
V1-8	0.7	398	0.81	0.59	0.44	0.82	0.72	0.68
V1-9	1.0	543	0.78	0.65	0.52	0.70	0.64	0.66
V1-10	0.8	242	0.73	0.54	0.41	0.71	0.70	0.62

表17.4　V1各子功能区基本社会经济与资源表

功能区代码	密度信息					人均信息					
	人口（人/平方公里）	GDP（万元/平方公里）	水资源（千立方米/平方公里）	综合粮食（吨/平方公里）	禽畜肉产品（吨/平方公里）	GDP（元/人）	耕地（亩/人）	水资源（立方米/人）	综合粮食（千克/人）	禽畜肉产品（千克/人）	水产品（千克/人）
V1-1	649	1 094	660	120	34.2	16 845	0.3	1 016	185	53	0.0
V1-2	729	695	447	201	73.8	9 527	0.4	612	275	101	0.0
V1-3	655	812	545	242	55.1	12 386	0.2	832	369	84	0.0
V1-4	398	420	591	163	41.7	10 557	0.7	1 485	410	105	0.0
V1-5	708	2 001	753	145	65.9	28 263	0.3	1 063	205	93	0.0
V1-6	386	578	892	172	60.9	14 993	0.7	2 313	445	158	0.0
V1-7	606	474	433	314	80.4	7 822	0.8	715	518	133	0.0
V1-8	580	322	469	286	65.1	5 554	0.6	808	492	112	0.0
V1-9	528	540	621	171	52.1	10 231	0.3	1 176	325	99	0.0
V1-10	281	148	555	110	27.7	5 271	0.4	1 972	389	98	0.0

表17.5　V1各子功能区工业化发展阶段诊断及收入信息表

功能区代码	产业结构（%）			工业化发展阶段	农村人均纯收入（元）	城镇在岗职工年均工资（元）	城乡居民人均收入比
	第一产业	第二产业	第三产业				
V1-1	12.8	46.3	40.9	后期	3 790	44 300	8.1
V1-2	20.8	46.7	32.4	初期	3 820	29 710	5.4
V1-3	15.3	47.6	37.1	中期	4 520	19 090	2.9
V1-4	21.0	53.1	25.9	准备期	3 810	43 710	7.9

功能区代码	产业结构（%）			工业化发展阶段	农村人均纯收入（元）	城镇在岗职工年均工资（元）	城乡居民人均收入比
	第一产业	第二产业	第三产业				
V1-5	8.1	50.4	41.5	后期	4 780	31 970	4.6
V1-6	19.5	39.6	40.9	初期	4 770	32 530	4.7
V1-7	32.6	38.0	29.4	准备期	4 010	23 670	4.1
V1-8	37.2	34.5	28.4	准备期	3 370	45 720	9.3
V1-9	21.1	45.3	33.6	初期	4 090	20 410	3.4
V1-10	33.0	36.4	30.6	初期	3 350	25 950	5.3

V1 的子功能区的人口密度规律是处于 V1 西部地势变化较大区域的 3 个功能区 V1-4、V1-6 与 V1-10 的人口密度低，位于西南边缘的子功能区与为两个都市带之间的夹心地带的子功能区人均 GDP 水平低。而农村人均收入分布规律则是在都市休闲经济区与文化保育发展区相对较高，说明生态服务价值增值可以转化为居民收入。

从区域产业结构看，V1 的产业结构演进是不均衡的。V1-1 与 V1-5 两个都市带的区域经济总体进入工业化后期，而其他三级区总体上处于工业化发展的初期与准备期。相对而言，处于两个都市带之间的功能区产业结构发育相对较好，说明两个都市带较好地发挥了辐射功能，抑制了吸空效应。这是一个非常利好的发展信息。

17.3 川渝沿江生态屏障区（V2）

川渝沿江水土保育生态屏障（V2）是位于四川盆地区东部的一条生态走廊带，共包括 4 个二级区、12 个县域单元（表 17.6），总面积 4.0 万平方公里。全区户籍总人口 1000 万人。该区北区属大巴山山脉，地处亚热带暖湿季风气候区，地貌属典型的中深切割中山地形，物种资源丰富；中间为三峡库区重要组成部分，素有"渝东门户"之称，地跨长江巫峡两岸；西部为武陵山区，水土流失问题突出。

表 17.6　川渝沿江生态屏障区（V2）分区及其组成单元基本信息

功能区代码	功能区名称	县域单元
V2-1	大巴山特别生态保育发展区	巫山、巫溪
V2-2	渝北三峡库区水土保持发展区	万州区、忠县、云阳、奉节、丰都
V2-3	三峡库区民族文化保存发展区	石柱
V2-4	渝东南水土保育发展区	秀山、黔江区、酉阳、彭水

V2 整体上以经济发展功能为约束功能，并无明显的主导功能（图 17.9），但可持续发展功能存在区域分异（表 17.7）。其中，大巴山特别生态保育发展区（V2-1）、渝北三峡库区水土保持发展区（V2-2）与三峡库区民族文化保存发展区（V2-3）均以生态维衡功能为主导功能，区域发展过程要高度重视生态服务保育。渝东南水土保育发展区（V2-4）虽然没有明显的主导功能，但生态基底容易发生水土流失的客观现实决定该区的发展应以生态恢复保育为主导方向。从表 17.8 与表 17.9 所列各子功能区的社会经济指标可见，V2 耕地资源数量少，质量低。但是，该区大部分县域林下资源非常丰富，具有开发林下经济的自然优势。各子功能区的经济总体上处于工业化发展的准备期与初期，城乡人均收入水平不高。

V2 由于地处三峡库区或其邻近，旅游资源得天独厚，自然景观、文化景观与工业景观并存，具有发展生态服务旅游的巨大潜力。通过生态保育，促进生态资本培育、增值与转化循环圈形成并不断发育。在生态服务市场培植的初期阶段，适宜对该区引入技术补偿为主的生态补偿机制。

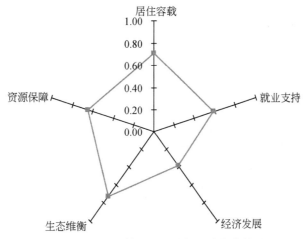

图 17.9 V2 可持续发展功能评价综合结果

表 17.7 V2 各子功能区的可持续发展功能评价结果

功能区代码	居住容载	就业支持	经济发展	资源保障	生态维衡	综合功能
V2-1	0.65	0.51	0.31	0.67	0.82	0.59
V2-2	0.73	0.63	0.39	0.67	0.71	0.63
V2-3	0.70	0.55	0.42	0.68	0.80	0.63
V2-4	0.71	0.58	0.40	0.60	0.68	0.59

表 17.8 V2 各子功能区基本社会经济与资源表

功能区代码	密度信息					人均信息				
	人口（人/平方公里）	GDP（万元/平方公里）	水资源（千立方米/平方公里）	综合粮食（吨/平方公里）	禽畜肉产品（吨/平方公里）	GDP（元/人）	耕地（亩/人）	水资源（立方米/人）	综合粮食（千克/人）	禽畜肉产品（千克/人）
V2-1	163	68	680	60	11.7	4 141	0.9	4 166	367	72
V2-2	255	141	698	97	15.9	5 523	0.7	2 742	380	63
V2-3	175	119	725	90	9.6	6 779	0.8	4 141	512	55
V2-4	148	76	787	73	10.2	5 114	0.8	5 310	491	69

表 17.9 V2 各子功能区工业化发展阶段诊断及收入信息表

功能区代码	产业结构（%）			工业化发展阶段	农村人均纯收入（元）	城镇在岗职工年均工资（元）
	第一产业	第二产业	第三产业			
V2-1	33.8	21.1	45.1	准备期	2 490	16 510
V2-2	27.6	35.4	37.0	初期	2 990	19 000
V2-3	28.1	35.0	36.8	初期	3 000	18 210
V2-4	28.0	36.8	35.2	初期	2 540	19 120

17.4 川渝北部生态屏障区（V3）

17.4.1 区域总体特征

川渝北部生态屏障区（V3）位于四川盆地区的北部，地处嘉陵江流域上游地区，是四川盆地区的另一条水土保育生态经济带。该区含 20 个县域单元，总面积 6.4 万平方公里，户籍总人口 1370 万人。人口密度为 214 人/平方公里，在二级区中居第 16 位。该区生态基底脆弱，水土流失问题较为严峻，不合理土地利用容易引发与加剧水土流失。理论上，V3 没有明显的主导功能与约束功能（图 17.10），但由于地处江河上游与城镇带近邻的重要区位，需要其在区域经济发展格局中担负生态屏障保育功能。

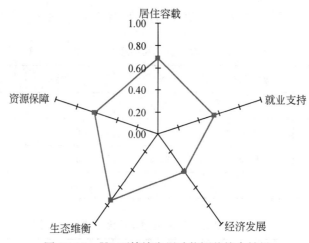

图 17.10　V3 可持续发展功能评价综合结果

17.4.2 子功能区特征

V3 有 3 个子功能区（表 17.10）。其中，四川盆地生态屏障区（V3-1）包括北川、平武、广元市辖区、旺苍、青川、茂县、南江 7 个县域单元，总面积 2.7 万平方公里，全区户籍总人口 283 万人；盆地西北边缘生态农业区（V3-2）包括安县、梓潼、江油市、剑阁、苍溪、阆中市 6 个县域单元，总面积 1.3 万平方公里，全区户籍总人口 404 万人；盆地东北缘生态农业区（V3-3）包括开县、城口、万源市、宣汉、巴中市辖区、通江、平昌 7 各县，总面积 2.4 万平方公里，全区户籍总人口 683 万人。各功能区的可持续发展功能评价结果（图 17.11）与其母功能区类似，没有明显的主导功能与约束功能。由表 17.12 和表 17.13 所描述的区域经济社会信息可见，这 3 个三级区的发展情况与 V2-4 较为类似：耕地资源数量少，质量低，林下资源使之具备挖掘畜牧产品生产的巨大潜力；区域经济总体上处于工业化发展的准备期，城乡人均收入水平偏低。

表 17.10　V3 分区及其组成单元基本信息

功能区代码	功能区名称	县域单元
V3-1	四川盆地生态屏障区	北川、平武、广元市辖区、旺苍、青川、茂县、南江
V3-2	盆地西北边缘生态农业区	安县、梓潼、江油市、剑阁、苍溪、阆中市
V3-3	盆地东北缘生态农业区	开县、城口、万源市、宣汉、巴中市辖区、通江、平昌

表 17.11　V3 各子功能区的可持续发展功能评价结果

功能区代码	居住容载	就业支持	经济发展	资源保障	生态维衡	综合功能
V3-1	0.59	0.52	0.42	0.46	0.77	0.55
V3-2	0.75	0.59	0.46	0.76	0.69	0.65
V3-3	0.72	0.54	0.39	0.65	0.75	0.61

表 17.12　V3 各子功能区基本社会经济与资源表

功能区代码	密度信息					人均信息				
	人口（人/平方公里）	GDP（万元/平方公里）	水资源（千立方米/平方公里）	综合粮食（吨/平方公里）	禽畜肉产品（吨/平方公里）	GDP（元/人）	耕地（亩/人）	水资源（立方米/人）	综合粮食（千克/人）	禽畜肉产品（千克/人）
V3-1	101	78	463	30	12.0	7 719	0.6	4 602	299	119
V3-2	320	277	420	189	40.6	8 628	0.8	1 310	590	127
V3-3	272	160	605	98	23.0	5 862	0.4	2 224	358	85

表 17.13　V3 各子功能区工业化发展阶段诊断及收入信息表

功能区代码	产业结构（%）			工业化发展阶段	农村人均纯收入（元）	城镇在岗职工年均工资（元）
	第一产业	第二产业	第三产业			
V3-1	27.0	39.8	33.2	准备期	2 730	10 800
V3-2	29.0	38.6	32.4	准备期	3 520	7 780
V3-3	34.7	33.3	32.0	准备期	2 610	23 460

18

云贵高原区

曹淑艳　谢高地　肖　玉

　　云贵高原区由 4 个二级区、19 个三级区、131 个县域单元组成，总面积 61 万平方公里，户籍总人口 0.91 亿人。天然赋予这一功能区的居民为区域生态服务维系的代理者。4 个二级区中，双江一河生态经济区（Ⅵ1）与横断山脉生态屏障区（Ⅵ2）属于生态屏障保育型生态经济区，云贵城镇带综合经济区（Ⅵ3）属于人类集聚发展综合经济区，贵南双江新兴经济区（Ⅵ4）具有发展成为经济增长极的综合优势。云贵高原区经济发展极化问题较为明显。Ⅵ1 以生态维衡功能为主导功能，以资源保障功能为约束，区域可持续发展的关键是打通生态服务增加值向经济增加值转化的通道。Ⅵ2 是怒江、澜沧江、金沙江等许多大河的发育区，也是具有国际意义生物多样性保护的关键地区和全球生物多样性优先重点保护的热点地区，该区的发展功能主要落实在水土涵养与生物多样性保护方面。Ⅵ3 是一个以昆明与贵阳为双核心的城镇带动型综合经济区，区内经济社会发展水平不一，可持续发展功能分化明显，适宜实施差异化的发展战略。Ⅵ4 便利的区位资源使之具有沿江开发、开放的天然优势，在战略安排上，该区适宜在一定时期内实施"空留"机制，精细经营自然与孵育物流集散，促进区位优势转化为经济优势。

18.1　功能区内部总体特征

18.1.1　基于二级区尺度分析

　　云贵高原区包括 4 个二级区（表 18.1）、19 个三级区。4 个二级区中，有 2 个属于生态屏障保育型生态经济区，它们是双江一河生态经济区（Ⅵ1）与横断山脉生态屏障区（Ⅵ2），有 1 个属于人类集聚发展综合经济区，即云贵城镇带综合经济区（Ⅵ3），还有 1 个属于具有发展成为经济增长极的综合经济区，即贵南双江新兴经济区（Ⅵ4）。各区经济、社会与资源的相对程度见图 18.1。

表 18.1　云贵高原区各二级区的可持续发展功能指数评价结果

	二级区代码与名称	居住容载	就业支持	经济发展	资源保障	生态维衡	综合功能
Ⅵ1	双江一河生态经济区	0.65	0.51	0.40	0.37	0.80	0.55
Ⅵ2	横断山脉生态屏障区	0.55	0.54	0.42	0.44	0.81	0.55
Ⅵ3	云贵城镇带综合经济区	0.64	0.60	0.48	0.55	0.73	0.60
Ⅵ4	贵南双江新兴经济区	0.72	0.51	0.40	0.50	0.70	0.57
	云贵高原区	0.63	0.55	0.43	0.47	0.76	0.57

各二级区中，除Ⅵ3没有明显的主导性与约束性功能外，其他3个子功能区与云贵高原区的总体情况类似，均以生态屏障功能为主导功能。既要做好生态屏障保育者，又要破除经济发展功能的约束，是云贵高原区各子功能区共同面临的重大挑战。无论从资源保障约束与生态维衡功能的角度，还是从区域发展的长期可持续性的角度，各功能区都需将发展对自然的扰动控制在生态系统能承受的范围内。恢复受损生态系统，提高生态系统的承载能力与弹性，培育可转化成经济增加值的生态服务产品与服务流，使管理与保育自然成为生态服务增值与经济社会财富增加的双赢之路。

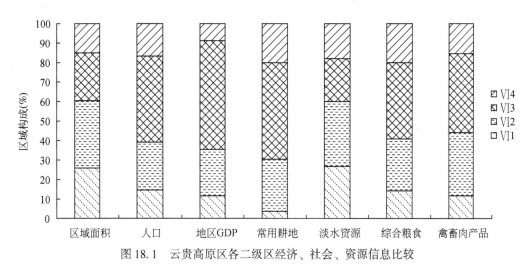

图 18.1   云贵高原区各二级区经济、社会、资源信息比较

18.1.2   基于县域尺度分析

图 18.2 至图 18.7 是以云贵高原区各县域单元的区域面积、人口与 GDP 为指标，基于区域可持续发展功能综合指数及各子功能指数绘制的指标累积曲线。

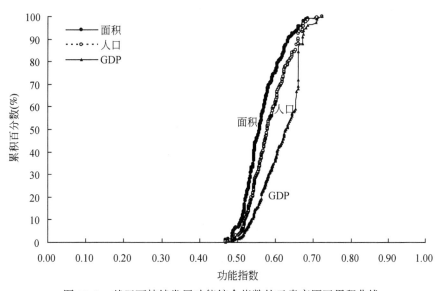

图 18.2   基于可持续发展功能综合指数的云贵高原区累积曲线

图 18.2 揭示，云贵高原区的各指标累积百分率与区域可持续发展综合功能指数之间具有显著的线性关系（当可持续发展功能综合指数大于 0.5 时例外，GDP 累积曲线呈"Γ"型）。说明，从区域可持续发展综合功能角度判断，云贵高原区存在普遍的经济社会差异，也说明该区存在可能的经济增长极区与城

镇发展核心区。该区约 60% 的人口分布在可持续发展功能水平"较低"的县域单元，这些县域单元的 GDP 约占全区的 35%。而可持续发展功能水平为"一般"的县域，人口合计占全区的 35% 多，GDP 约占 60%。

基于居住容载功能指数看（图 18.3），在县域尺度上云贵高原区的区域面积、人口及 GDP 的累积曲线呈线性，且三者总体具有较高的重叠度。说明在居住容载功能视角下，云贵高原区的经济社会分布存在一定的空间异质性。

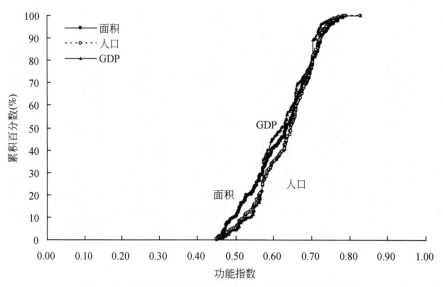

图 18.3　基于居住容载功能指数的云贵高原区累积曲线

从基于就业支持功能指数看（图 18.4），云贵高原区各指标的面积累积曲线与人口累积曲线总体呈"Γ"型，而 GDP 累积曲线总体呈线性，且面积累积曲线分布在人口累积曲线上方，后者又分布在 GDP 曲线上方，说明在居住容载功能视角下，该区大部分县域单元的社会经济空间分布是较为均质的，同时也说明该区存在明显的经济汇集区，分析表明这类区域主要为资源型城市及市辖区。从图 18.4 还可以看出，云贵高原区就业支持功能为"一般"及以下的县域，人口密度大致接近，人均 GDP 随着就业支持功能指数的提高而下降，说明单一依靠土地资源解决就业只是低水平上的就业支持。

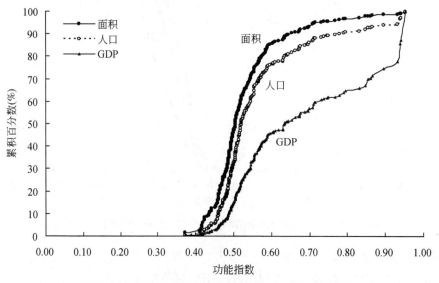

图 18.4　基于就业支持功能指数的云贵高原区累积曲线

基于经济发展功能指数的主要指标累积曲线（图18.5）表明，云贵高原区约80%的县域面积经济发展功能指数为"较低"或"低"，这些县域的GDP合计占全区的38%、人口占70%。而经济发展功能指数为"高"的10个县域，面积合计占全区总面积的2.6%，人口占全区的8.7%，GDP占全区的34%。这些县域单元是安宁市、呈贡、个旧市、水富、大理及贵阳市、曲靖市、昆明市、玉溪市与攀枝花市的市辖区部分。以上分析表明，云贵高原区的经济发展极化问题较为明显。

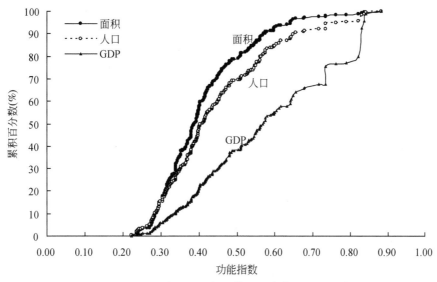

图18.5　基于经济发展功能指数的云贵高原区累积曲线

基于生态维衡功能指数的主要指标累积曲线（图18.6）表明，云贵高原区几乎所有县域单元的生态维衡功能均为"较高"与"高"。总体上，区域面积、人口与GDP的县域累积百分数与生态维衡功能之间均具有较好的线性关系。天然赋予这一功能区的居民为区域生态服务维系的代理者。

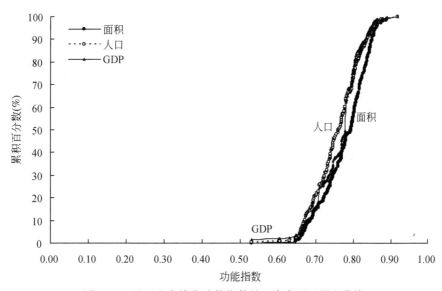

图18.6　基于生态维衡功能指数的云贵高原区累积曲线

从资源保障功能指数（图18.7）看，云贵高原区人口累积百分率总体呈线性，而GDP累积曲线由"S"型与线性趋势线复合而成。从图18.7可见，该区一些资源保障功能指数相对"较低"的县域单元，人均GDP规模畸高，说明该区域可能存在经济增长极或经济吸空区。

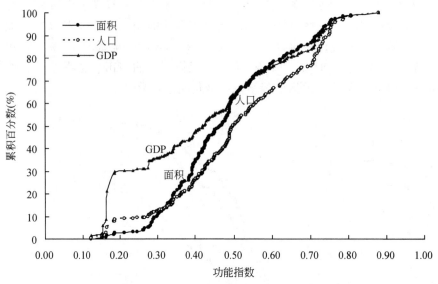

图 18.7　基于资源保障功能指数的云贵高原区累积曲线

18.2　双江一河生态经济区（Ⅵ1）

18.2.1　区域总体概况

　　双江一河生态经济区（Ⅵ1）位于云贵高原区的西南部，由流经澜沧江、怒江与红河流域接壤的42个县域单元组成，总面积15.6万平方公里。户籍人口1315万人，占全国总人口的1.0%，在二级区中居第24位；人口密度为85人/平方公里，在二级区中居第27位。总体上，该区的区域可持续发展功能以生态维衡功能为主导，以资源保障功能为约束功能，同时经济发展功能指数较低，属于相对约束性功能（图18.8），宏观上该区属资源保障约束下的多功能发展区。

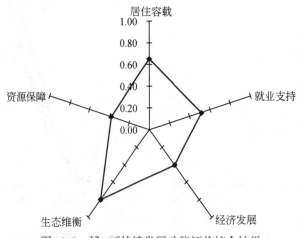

图 18.8　Ⅵ1 可持续发展功能评价综合结果

　　Ⅵ1 水资源相对丰富，耕地资源较少，经济发展水平低。全区淡水资源总量占全国的3.5%，水资源密度为5.7万立方米/平方公里，在二级区中分别居第10位与第11位。常用耕地不足全国的0.15%，在二级区中居倒数第4位，不过由于水热条件好与林下资源丰富，该区的人均粮畜产品是自给有余的。2007

年，Ⅵ1 人均 GDP 不足 8500 元，在二级区中居倒数第 4 位，区域三次产业构成比为 25%：43%：32%，区域经济总体上处于工业化发展的初期阶段。

18.2.2　子功能区特征

Ⅵ1 包括 5 个子功能区（表 18.2）。其中滇东南水矿资源经济发展区（Ⅵ1-1）包括 11 个县域单元，总面积 4.5 万平方公里，户籍人口 481 万人；滇东南生态文化保育发展区（Ⅵ1-2）包括 10 个县域单元，总面积 2.6 万平方公里，户籍人口 271 万人；西双版纳生态旅游经济区（Ⅵ1-3）包括 3 个县域单元，总面积 2.0 万平方公里，户籍人口 92 万人；滇西南生物多样性保育发展区（Ⅵ1-4）包括 184 个县域单元，总面积 2.5 万平方公里，户籍人口共 184 万人；滇西南双江水利经济发展区（Ⅵ1-5）包括 12 个县域单元，总面积 4.5 万平方公里，户籍人口共 284 万人。

表 18.2　Ⅵ1 分区及其组成单元基本信息

功能区代码	功能区名称	县域单元
Ⅵ1-1	滇东南水矿资源经济发展区	个旧市、开远市、蒙自、建水、石屏、弥勒、砚山、西畴、丘北、广南、富宁
Ⅵ1-2	滇东南生态文化保育发展区	屏边、元阳、红河、金平、绿春、河口、文山、麻栗坡、马关、江城
Ⅵ1-3	西双版纳生态旅游经济区	景洪市、勐海、勐腊
Ⅵ1-4	滇西南生物多样性保育发展区	新平、元江、墨江、景东、镇沅、云县
Ⅵ1-5	滇西南双江水利经济发展区	普洱市辖区、宁洱、景谷、孟连、澜沧、西盟、临沧市、永德、镇康、双江、耿马、沧源

各子功能区的可持续发展功能评估结果见表 18.3。由表 18.3 可见，Ⅵ1 各子功能区的可持续发展功能综合指数均在 0.55 左右，且均以生态维衡功能为主导功能，以资源保障功能为约束功能，同时经济发展功能处于薄弱环节。这与它们的母功能区的总体情况基本是一致的。说明 Ⅵ1 总体上适宜采用一致性的生态资源管制与保育发展战略。

表 18.3　Ⅵ1 各子功能区的可持续发展功能评价结果

功能区代码	居住容载	就业支持	经济发展	资源保障	生态维衡	综合功能
Ⅵ1-1	0.64	0.57	0.46	0.45	0.76	0.57
Ⅵ1-2	0.67	0.50	0.39	0.38	0.81	0.55
Ⅵ1-3	0.74	0.59	0.41	0.39	0.81	0.59
Ⅵ1-4	0.59	0.46	0.39	0.37	0.82	0.53
Ⅵ1-5	0.64	0.47	0.37	0.31	0.83	0.52

各子功能区的主要经济社会信息见表 18.4 与表 18.5。从中可见，Ⅵ1 各子功能区的经济发展水平总体较低，且存在较为明显的区域差异。其中Ⅵ1-1 与Ⅵ1-3 人均 GDP 较高。分析表明，Ⅵ1-1 较高的人均 GDP 水平主要源自矿产资源采掘，但是其内的个旧市、开原市等开发较早的矿山城市正在或将进入资源枯竭生命时期。从资源角度看，Ⅵ1-1 水能资源与地下矿产资源十分丰富，在生态服务产品培植起来之前，水、矿资源依然是起飞该区区域经济与积累经济发展基础的重要增加值来源。不过该区的水、矿资源经济要走生态化开发与利用的道路。Ⅵ1-3 较高的人均 GDP 水平系生态旅游与矿产资源共同支持的结果。与东部近海区类似，这两个三级区的资源经济收益外溢问题突出，这从城乡居民收入水平偏低中可以看出端倪。Ⅵ1-5 水利资源丰富，是全国水电开发的重点区，区域发展适宜以"水利"为核心，走广义的生态水利经济路线。将高效水土保育林果业、高效水土保育种植业、生态公益林建设与水电开发等综合起来，打通生态服务增加值向经济增加值转化的通道。Ⅵ1-2 是民族原生态文化的大家园，Ⅵ1-4 是野

生动植物栖息的乐园，这两个三级区地下均有丰富的矿产资源，其开发利用需采取严格的限制与约束制度。

表18.4　Ⅵ1 各子功能区基本社会经济与资源表

功能区代码	密度信息					人均信息				
	人口（人/平方公里）	GDP（万元/平方公里）	水资源（千立方米/平方公里）	综合粮食（吨/平方公里）	禽畜肉产品（吨/平方公里）	GDP（元/人）	耕地（亩/人）	水资源（立方米/人）	综合粮食（千克/人）	禽畜肉产品（千克/人）
Ⅵ1-1	114	109	394	37	8.3	9 528	0.1	3 439	327	73
Ⅵ1-2	101	66	814	34	5.9	6 533	—	8 034	340	59
Ⅵ1-3	45	56	532	18	1.3	12 246	1.2	11 721	392	29
Ⅵ1-4	72	52	537	25	4.3	7 231	0.0	7 428	341	59
Ⅵ1-5	56	36	612	18	2.0	6 364	0.1	10 927	323	37

表18.5　Ⅵ1 各子功能区工业化发展阶段诊断表

功能区代码	第一产业	第二产业	第三产业	工业化发展阶段
Ⅵ1-1	18.8	53.5	27.7	初期
Ⅵ1-2	24.9	38.1	37.0	初期
Ⅵ1-3	31.7	29.6	38.8	初期
Ⅵ1-4	31.2	40.0	28.8	准备期
Ⅵ1-5	36.0	30.1	33.9	准备期

18.3　横断山脉生态屏障区（Ⅵ2）

18.3.1　区域总体概况

横断山脉生态屏障区（Ⅵ2）由川南、滇北地属于横断山脉的75个县域单元构成，总面积21万平方公里。户籍总人口2238万人，占全国总人口的1.7%。人口密度106人/平方公里，在二级区中居第22位。Ⅵ2 耕地资源不足全国人均水平的半数，但由于水热条件好，膳食资源可以自给自足。人均粮食产量在2007年为350千克，禽畜肉产品人均占有量为90千克。该区人口、GDP与综合粮食的区域密度值在二级区中居第22～24位，禽畜肉产品产出密度居第20位。人均GDP为9250元，在二级区中居倒数第7位。区域三次产业构成为22%∶45%∶32%，该区经济总体上处于工业化初期阶段。

由于地理位置特殊，Ⅵ2 在气体调节、水土涵养、生物多样性支持等多方面具有极为重要的作用。例如，该区山高谷深，是怒江、澜沧江、金沙江、大渡河、安宁河等许多大河的发育区。在生物多样性方面，该区是具有国际意义生物多样性保护的关键地区和全球生物多样性优先重点保护的热点地区之一。综合而言，Ⅵ2 的可持续发展功能以生态维衡功能为主导功能（图18.9），且生态维衡功能主要落实在水土涵养与生物多样性保护功能上。

18.3.2　子功能区特征

Ⅵ2 包括6个子功能区（表18.6）。其中属于生物多样性保育类型的有2个，为怒江生物多样性保育

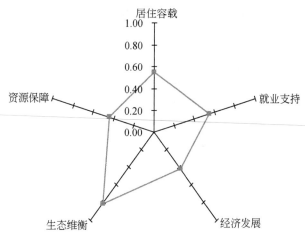

图 18.9　VI2 可持续发展功能评价综合结果

发展区 VI2-1 与岷江流域生物多样保育发展区 VI2-6；属于水土涵养恢复保育的有 2 个，为滇北三江并流水土保育发展区 VI2-2 与川南金沙江水土保育发展区 VI2-5；属于生态资源经济型与资源型城镇的功能区各一个，分别为滇西北三江并流生态旅游经济区 VI2-3 和滇北沿江资源型城镇发展区 VI2-4。

表 18.6　VI2 分区及其组成单元基本信息

功能区代码	功能区名称	县域单元
VI2-1	怒江生物多样性保育发展区	腾冲、龙陵、瑞丽市、潞西市、梁河、盈江、陇川
VI2-2	滇北三江并流水土保育发展区	楚雄市、牟定、南华、姚安、大姚、禄丰、大理市、漾濞、祥云、宾川、弥渡、南涧、巍山、永平、保山市辖区、施甸、昌宁、凤庆
VI2-3	滇西北三江并流生态旅游经济区	盐边、盐源、云龙、洱源、剑川、鹤庆、丽江市、玉龙、永胜、华坪、宁蒗、泸水、兰坪
VI2-4	滇北沿江资源型城镇发展区	攀枝花市辖区、会东、禄劝、昭通市辖区、鲁甸、巧家、盐津、大关、永善、绥江、彝良、水富、永仁、元谋、武定
VI2-5	川南金沙江水土保育发展区	米易、峨边、马边、石棉、西昌市、德昌、会理、宁南、普格、布拖、金阳、昭觉、喜德、冕宁、越西、甘洛、美姑、雷波
VI2-6	岷江流域生物多样保育发展区	荥经、汉源、天全、宝兴

各子功能区的可持续发展功能评估结果见表 18.7，社会经济主要信息见表 18.8 与表 18.9。从之可见，在社会经济发展方面，VI2 与 VI1 中的同类功能区存在很多类似。产业结构不合理，矿产资源经济价值外溢效应明显，人均收入水平整体偏低；生态屏障的国家责任与经济增收的地方利益短期矛盾明显；生态服务市场空白，生态服务收益向经济收益转化的通道短缺。该区的发展也需要制度倾斜。

表 18.7　VI2 各子功能区的可持续发展功能评价结果

功能区代码	县数（个）	人口（万人）	面积（万平方公里）	功能评价					
				居住容载	就业支持	经济发展	资源保障	生态维衡	综合功能
VI2-1	7	202	2.0	0.70	0.57	0.42	0.43	0.86	0.60
VI2-2	18	639	4.9	0.59	0.53	0.39	0.44	0.82	0.55
VI2-3	13	306	5.2	0.51	0.52	0.44	0.37	0.84	0.54
VI2-4	15	581	3.5	0.55	0.55	0.41	0.44	0.74	0.54
VI2-5	18	442	4.5	0.49	0.54	0.42	0.49	0.81	0.55
VI2-6	4	68	1.0	0.49	0.63	0.48	0.42	0.84	0.57

表 18.8　VI2 各子功能区基本社会经济与资源表

功能区代码	密度信息					人均信息				
	人口（人/平方公里）	GDP（万元/平方公里）	水资源（千立方米/平方公里）	综合粮食（吨/平方公里）	禽畜肉产品（吨/平方公里）	GDP（元/人）	耕地（亩/人）	水资源（立方米/人）	综合粮食（千克/人）	禽畜肉产品（千克/人）
VI2-1	99	71	942	43	5.6	7 221	0.3	9 556	434	57
VI2-2	129	122	430	44	10.3	9 418	0.4	3 331	338	80
VI2-3	57	50	492	22	4.8	8 777	0.3	8 674	382	85
VI2-4	166	164	356	39	10.1	9 855	0.8	2 147	234	61
VI2-5	108	100	532	47	16.1	9 255	0.9	4 925	431	149
VI2-6	70	73	660	34	9.2	10 439	0.8	9 379	484	131

表 18.9　VI2 各子功能区工业化发展阶段诊断及收入信息表

功能区代码	产业结构（%）			工业化发展阶段	农村人均纯收入（元）	城镇在岗职工年均工资（元）
	第一产业	第二产业	第三产业			
VI2-1	29.8	29.0	41.2	初期	2 060	—
VI2-2	25.1	38.3	36.5	初期	5 710	18 250
VI2-3	21.8	46.9	31.3	准备期	2 110	40 140
VI2-4	15.3	56.8	27.9	中期	2 290	37 040
VI2-5	26.3	43.8	29.9	准备期	3 010	41 450
VI2-6	24.3	47.3	28.4	准备期	3 710	25 940

18.4　云贵城镇带综合经济区（VI3）

18.4.1　区域总体概况

云贵城镇带综合经济区（VI3）是以一个以昆明与贵阳为双核心的城镇带动型综合经济发展区。全区共包含 64 个县，总面积 15 万平方公里。户籍总人口 4000 万人多，占全国总人口的 3.0%，在二级区中居第 12 位。人口密度 268 人/平方公里，在二级区中居第 13 位。该区淡水资源总量占全国的 3.0%，水资源密度为 4.9 万立方米/平方公里，在二级区中分别居第 11 位与第 14 位。区内常用耕地资源占全国的 2%，人均常用耕地面积仅为全国的一半。VI3 综合粮食产量占全国的 2.2%，人均水平超过 300 千克，禽畜产品产量占全国的 3.0%，人均占有量为 65 千克，总体上该城镇带的膳食资源是可以自给的。从密度水平看，该区人口、淡水资源、综合粮食与禽畜肉产品在二级区中均居第 15 位左右。2007 年，VI3 人均 GDP 为 12 700 元，在二级区中居第 26 位，属 VI 各子功能区中的最高水平。区域三次产业构成比是 28%：35%：36%，总体上处于经济化发展的初期。无论综合层面上，还是子功能区层面上，该区均是一个适宜以生态维衡功能主导下的多功能发展区（图 18.10）。

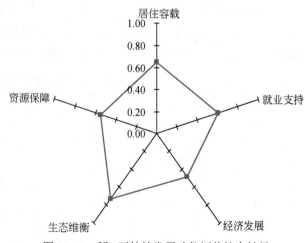

图 18.10　VI3 可持续发展功能评价综合结果

18.4.2 子功能区特征

VI3 包括 5 个子功能区（表 18.10）。其中，大昆明都市带（VI3-1）、黔西资源型城镇发展区（VI3-3）与贵州城镇群区（VI3-4）属于都市或城镇聚集发展型功能区。VI3-1 包括 14 个县域单元，总面积 3.7 万平方公里，户籍人口共 790 万人；VI3-3 与 VI3-4 分别包括 7 个与 20 个县域单元，总面积依次是 2.3 万平方公里与 4.3 万平方公里，户籍人口分别为 620 万人与 1540 万人。珠江源生态保育发展区（VI3-2）属于流域保育型发展区，黔北生态农业经济区（VI3-5）属于耕地保育型发展区。其中，VI3-2 由 13 个县组成，总面积 3.7 万平方公里，户籍人口 525 万人；VI3-5 由 10 个县组成，总面积 2.4 万平方公里，户籍人口 528 万人。

表 18.10　VI3 分区及其组成单元基本信息

功能区代码	功能区名称	县域单元
VI3-1	大昆明都市带	昆明市辖区、呈贡、晋宁、安宁市、富民、嵩明、宣威市、沾益、寻甸、会泽、双柏、玉溪市辖区、易门、峨山
VI3-2	珠江源生态保育发展区	宜良、石林、曲靖市辖区、马龙、富源、罗平、师宗、陆良、江川、澄江、通海、华宁、泸西
VI3-3	黔西资源型城镇发展区	六盘水市辖区、盘县、水城、威宁、赫章、镇雄、威信
VI3-4	贵州城镇群区	贵阳市辖区、六枝特区、遵义市辖区、赤水市、遵义、仁怀市、习水、毕节市、大方、黔西、金沙、织金、纳雍、安顺市辖区、清镇市、开阳、息烽、修文、平坝、普定
VI3-5	黔北生态农业经济区	桐梓、绥阳、正安、道真、务川、凤冈、湄潭、思南、德江、沿河

从表 18.11~表 18.13 列出的 VI3 各子功能区社会经济信息可见，VI3-2 与 VI3-5 总体上尚处于工业化发展的准备期，其他兄弟子功能区具有较好的产业发展基础，目前均处于工业化发展的后期或成熟期。但是，由于矿产资源开发早，VI3-3 面临的资源枯竭问题非常明显，该城镇带的发展主要是如何做好产业接替。VI3-1 与 VI3-4 两个都市带是云贵高原区的重要经济增长极，但是目前其区域经济实力整体上还不强，对外辐射带动能力更是有限。由上分析可见，VI3 适宜实施差异化的发展战略。

表 18.11　VI3 各子功能区的可持续发展功能评价结果

功能区代码	居住容载	就业支持	经济发展	资源保障	生态维衡	综合功能
VI3-1	0.60	0.66	0.59	0.46	0.78	0.62
VI3-2	0.63	0.62	0.52	0.50	0.78	0.61
VI3-3	0.60	0.59	0.43	0.59	0.72	0.58
VI3-4	0.67	0.59	0.50	0.59	0.70	0.61
VI3-5	0.68	0.51	0.31	0.66	0.68	0.57

表 18.12　VI3 各子功能区基本社会经济与资源表

功能区代码	密度信息					人均信息				
	人口（人/平方公里）	GDP（万元/平方公里）	水资源（千立方米/平方公里）	综合粮食（吨/平方公里）	禽畜肉产品（吨/平方公里）	GDP（元/人）	耕地（亩/人）	水资源（立方米/人）	综合粮食（千克/人）	禽畜肉产品（千克/人）
VI3-1	208	507	388	46	17.0	24 406	0.7	1 868	219	82
VI3-2	219	289	382	76	20.1	13 204	0.7	1 747	347	92
VI3-3	261	175	448	69	10.9	6 705	0.7	1 713	263	42

续表

功能区代码	密度信息					人均信息				
	人口（人/平方公里）	GDP（万元/平方公里）	水资源（千立方米/平方公里）	综合粮食（吨/平方公里）	禽畜肉产品（吨/平方公里）	GDP（元/人）	耕地（亩/人）	水资源（立方米/人）	综合粮食（千克/人）	禽畜肉产品（千克/人）
VI3-4	343	410	551	104	17.7	11 930	0.5	1 606	303	52
VI3-5	218	80	678	93	17.7	3 665	0.7	3 110	427	81

表 18.13　VI3 各子功能区工业化发展阶段诊断及收入信息表

功能区代码	产业结构（%）			工业化发展阶段	农村人均纯收入（元）	城镇在岗职工年均工资（元）	城乡居民人均收入比
	第一产业	第二产业	第三产业				
VI3-1	7.0	50.2	42.8	后期	3 630	21 550	4.1
VI3-2	20.3	49.1	30.6	准备期	3 250	20 870	4.4
VI3-3	15.0	50.4	34.6	成熟期	2 080	20 320	6.7
VI3-4	13.6	49.1	37.2	后期	2 880	21 100	5.0
VI3-5	44.2	19.9	35.8	准备期	2 300	18 540	5.6

18.5　贵南双江新兴经济区（VI4）

18.5.1　区域总体概况

贵南双江新兴经济区（VI4）由贵州南部位于长江流域与珠江流域的 47 个县域单元构成。全区总面积 9.1 万平方公里，户籍总人口 1534 万人，占全国总人口的 1.2%。人口密度 168 人/平方公里，在二级区中居第 19 位。该区淡水资源总量占全国的 2.4%，在二级区中居第 16 位。常用耕地不足全国总面积的 0.8%，在二级区中处中间地带。综合粮食与禽畜肉产品产量均占全国相应总量的 1.1%，分别居第 23 位与第 20 位。人均粮食产品接近 400 千克，人均禽畜产品超过 60 千克。2007 年，该区人均 GDP 为 5100 元，在二级区中居最末位，但 GDP 密度在二级区居第 28 位。VI4 三次产业构成比是 25%：43%：32%，区域经济总体上处于工业化发展的初期阶段。从地缘上判断，该区便利的区位资源使之具有沿江开发、开放的天然优势，这种优势会使这一区域的经济发展功能约束逐渐破解（图 18.11）。

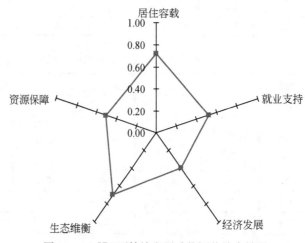

图 18.11　VI4 可持续发展功能评价综合结果

18.5.2 子功能区特征

Ⅵ4 区包括3个子功能区（表18.14）。这3个子功能区在可持续发展功能指数及其构成、区域社会经济条件等方面具有较高的相似性（表18.15~表18.17）。主要表现为：3个子功能区的区域经济均表现为农业所占比例较高，工业经济与第三产业发展严重滞后，区域产业结构发展滞后与结构同构问题并存；优势的自然资源既未得到有效保护，也未得到有效开发，区域经济特色与活力亟待提高；城乡居民收入偏低。

表18.14 Ⅵ4分区及其组成单元基本信息

功能区代码	功能区名称	县域单元
Ⅵ4-1	黔中沿湖生态旅游经济区	余庆、铜仁市、江口、玉屏、石阡、印江、松桃、万山特区、凯里市、黄平、施秉、镇远、岑巩、麻江、都匀市、贵定、福泉市、瓮安、龙里
Ⅵ4-2	黔东南资源型城镇发展区	三穗、天柱、锦屏、剑河、台江、黎平、榕江、从江、雷山、丹寨、荔波、独山、三都
Ⅵ4-3	珠江流域生态农业经济区	兴义市、兴仁、普安、晴隆、贞丰、望谟、册亨、安龙、关岭、镇宁、紫云、平塘、罗甸、长顺、惠水

表18.15 Ⅵ4各子功能区的可持续发展功能评价结果

功能区代码	居住容载	就业支持	经济发展	资源保障	生态维衡	综合功能
Ⅵ4-1	0.72	0.54	0.44	0.51	0.68	0.58
Ⅵ4-2	0.75	0.48	0.35	0.44	0.69	0.54
Ⅵ4-3	0.69	0.50	0.39	0.53	0.74	0.57

表18.16 Ⅵ4各子功能区基本社会经济与资源表

功能区代码	密度信息					人均信息				
	人口（人/平方公里）	GDP（万元/平方公里）	水资源（千立方米/平方公里）	综合粮食（吨/平方公里）	禽畜肉产品（吨/平方公里）	GDP（元/人）	耕地（亩/人）	水资源（立方米/人）	综合粮食（千克/人）	禽畜肉产品（千克/人）
Ⅵ4-1	193	118	639	81	13.4	6130	0.6	3306	420	70
Ⅵ4-2	124	45	729	45	7.0	3631	0.6	5876	364	56
Ⅵ4-3	177	86	579	67	10.7	4888	0.7	3278	379	61

表18.17 Ⅵ4各子功能区工业化发展阶段诊断及收入信息表

功能区代码	产业结构（%）			工业化发展阶段	农村人均纯收入（元）	城镇在岗职工年均工资（元）
	第一产业	第二产业	第三产业			
Ⅵ4-1	24.9	38.0	37.1	初期	2 320	19 170
Ⅵ4-2	39.9	22.3	37.8	初期	2 070	20 600
Ⅵ4-3	27.6	37.5	34.9	初期	2 130	19 140

Ⅵ4 地下矿产资源较为丰富，生态环境脆弱，发展不足容易造成短视的资源开发，造成资源浪费与生态破坏，同时为社会经济的持续发展埋下隐患。在战略角度上，Ⅵ4 适宜在一定时期内实施"空留"机制，不要急于上工业，精细经营自然与孵育物流集散，促进区位优势转化为经济优势。

19

青藏高原区

曹淑艳 谢高地 肖 玉

青藏区由 4 个二级区、11 个三级区、135 个县组成。总面积 200 万平方公里，占全国国土总面积的 1/5 多，户籍总人口 726 万人，人口平均密度为 3.6 人/平方公里，是人口最稀疏的一级区。该区内部具有某些内源动力可以导致经济社会发展不均匀，目前该种动力源在大多数区域处于潜伏状态，使得区域经济发展的区域分异性总体上不大。青藏区的 4 个二级区均系生态屏障型发展功能区。其中，三江并流生态屏障（Ⅶ1）与羌塘高原生物多样性保育区（Ⅶ3）主要生态屏障功能在于水土保育与生物多样性保育，而三江源生态经济区（Ⅶ2）与藏南雅鲁藏布江生态经济区（Ⅶ4）属于生态屏障功能约束下的多功能发展区。总体上，青藏区应依据区域可持续发展功能的空间分化与发展需求的空间分异，采用倾斜发展战略，生态维衡功能稳定提升和就业支持功能与经济发展功能跨区提升是该区可持续发展的重点。

19.1 功能区内部总体特征

19.1.1 基于二级区尺度分析

青藏区由 4 个二级区（表 19.1）、共 11 个三级区组成。4 个二级区均系生态屏障型发展功能区，各区经济、社会与资源的相对程度见图 19.1。对该区进行可持续发展功能评估结果（表 19.1）表明，各二级区均以生态维衡功能占绝对主导地位，以资源保障功能为约束功能，另三项区域发展功能均为"低"等级。这三项功能类型中，居住容载功能受自然条件决定，难以提升，而就业支持功能与经济发展功能主要取决于经济社会发展能力，在理论上是可以提升的。在区域尺度上，青藏区适合均衡发展战略，这一均衡不反映在经济水平上，而是社会发展水平与生态保育能力；在功能类型上，青藏区适于倾斜发展，遵照资源约束与居住容载功能自然依赖的客观规律，以生态维衡功能稳定提升和就业支持功能与经济发展功能跨越提升并重为发展重点。

表 19.1 青藏高原区各二级区的可持续发展功能指数评价结果

二级区代码与名称		居住容载	就业支持	经济发展	资源保障	生态维衡	综合功能
Ⅶ1	三江并流生态屏障区	0.41	0.45	0.32	0.20	0.80	0.44
Ⅶ2	三江源生态经济区	0.32	0.41	0.31	0.19	0.79	0.40
Ⅶ3	羌塘高原生物多样性保育区	0.26	0.43	0.32	0.08	0.55	0.33
Ⅶ4	藏南雅鲁藏布江生态经济区	0.29	0.44	0.35	0.18	0.73	0.40
	青藏高原区	0.35	0.44	0.33	0.18	0.76	0.41

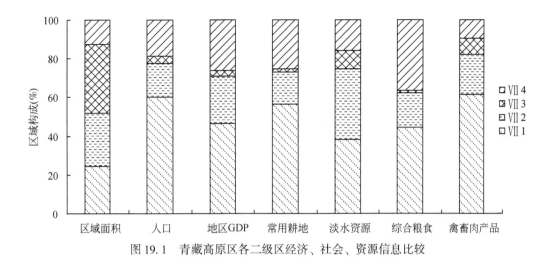

图 19.1 青藏高原区各二级区经济、社会、资源信息比较

19.1.2 基于县域尺度分析

图 19.2～图 19.7 是以青藏高原区各县域单元的区域面积、人口与 GDP 为指标，基于区域可持续发展功能综合指数及各子功能指数绘制的各指标累积曲线。

从可持续发展功能综合指数（图 19.2）角度看，该区的各指标累积曲线与前几个一级功能区明显不同。首先，该区可持续发展功能综合指数分布范围窄，为 0.30～0.60。其次，该区人口累积百分率与区域可持续发展指数之间呈现分段线性联系，说明人口分布具有朝高功能区迁移的自适应机制，同时也说明居住的习惯性限制了人类朝高发展功能区迁移。从 GDP 累积分布曲线看，青藏高原区的经济分布也呈现了明显的分段特征，分段与可持续发展功能综合之间呈近等比例均匀分布。综合而言，青藏高原区大部分县域单元的 GDP 密度的分布均匀性高于人均 GDP。

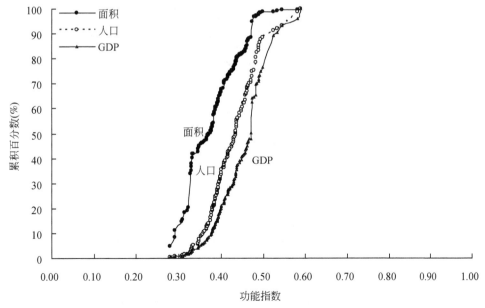

图 19.2 基于可持续发展功能综合指数的青藏高原区累积曲线

从居住容载功能指数描述的各指标累积曲线（图19.3）可以看出，在大部分青藏区，GDP分布的空间均匀性高于人口分布。而且，该区高人均GDP区分布在居住容载功能指数为0.30~0.45的县域单元。

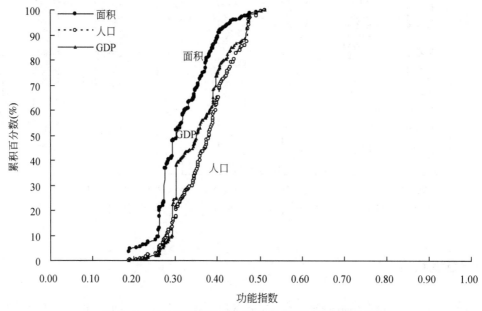

图19.3　基于居住容载功能指数的青藏高原区累积曲线

基于就业功能指数描述的各指标累积曲线（图19.4）表明，就业支持功能指数为0.60是一个重要的临界域。当区域就业支持功能指数在0.60以下时，青藏高原区人口累积百分率与就业支持功能指数具有明显的线性关系，GDP累积分布也是如此，不过前者的斜率大于后者，说明人口累积的速度更快。当区域就业功能指数为0.6~0.7时，青藏高原区人口累积百分率与GDP累积百分率的速度基本相当，区域呈现出人均GDP角度的相对均衡发展，不过涉及这类情形的县域单元数量较少。

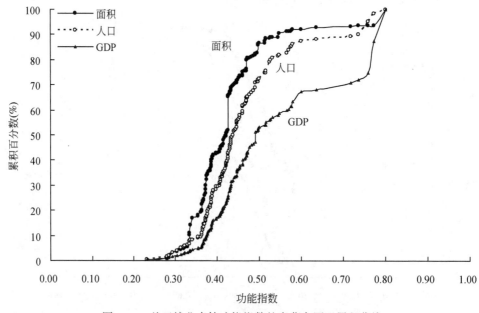

图19.4　基于就业支持功能指数的青藏高原区累积曲线

基于经济发展功能（图19.5）角度来看，0.4是经济发展功能影响人口分布与GDP分布的重要临界值。经济发展功能指数在0.4以下时，区域人口累积百分率与GDP累积百分率均和经济发展功能指数呈现良好的线性联系，且后者的斜率小于前者，说明人口累积的增速相对更快，表现为人均 GDP 随着经济发展功能指数的提高而下降。经济发展功能指数在 0.4 以上时，区域人口累积百分率与 GDP 累积百分率随经济发展功能指数的变化基本等速，区域人均 GDP 相对均衡分布。一方面反映该青藏高原区居民具有追求高经济发展的心理动机与行动，另一方面也隐含着能力约束会限制心理动机向行动的转化。

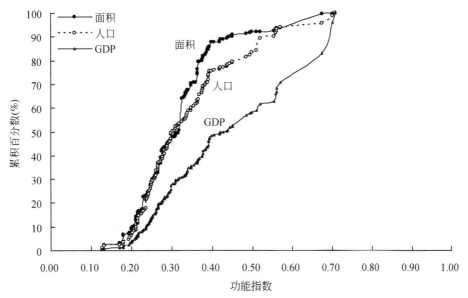

图 19.5 基于经济发展功能指数的青藏高原区累积曲线

　　基于生态维衡功能（图 19.6）角度看，青藏高原区 GDP 累积分布曲线总体位于人口累积曲线的上方，说明只有少数县域单元的人均 GDP 高于全区的平均水平。就面积而言，该区约半数的县域单元生态维衡功能指数低于 0.65。对于在生态维衡功能指数为 0.65~0.87 的县域单元，其面积累积曲线为右上方倾斜的直线，这些县域单元的面积合计占全区总面积的 47% 左右。

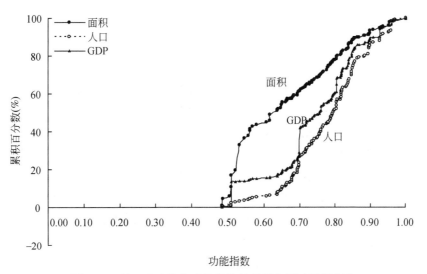

图 19.6 基于生态维衡功能指数的青藏高原区累积曲线

　　基于资源保障功能（图 19.7）角度看，资源拥有者贫困问题在该一级区也同样存在。
　　由以上分析可以判断，青藏区存在内源动力，驱动该区社会经济发展朝不均质化发展。不过这种动力源在大多数区域目前处于潜伏状态，所以社会经济发展的区域分异总体上还并不显著。

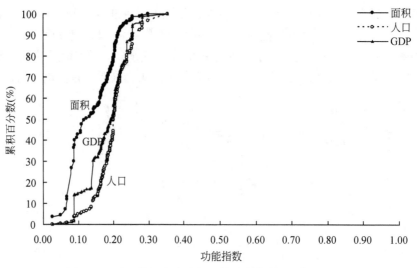

图 19.7　基于资源保障功能指数的青藏高原区累积曲线

19.2　三江并流生态屏障区（Ⅶ1）

19.2.1　区域总体特征

三江并流生态屏障区（Ⅶ1）位于青藏高原南沿的横断山脉纵谷地区，共包括 61 个县域单元，区域总面积 48.7 万平方公里，人口 438 万人。在行政区上，该区系澜沧江、泯沱江与金沙江"三江并流"的所在。该区地处东亚、南亚和青藏高原三大地理区域的交汇处，是世界上罕见的高山地貌及其演化的代表地区，物种资源极为丰富，系天然的地质历史博物馆与"世界生物基因库"。该三级区是自然决定的生态屏障区。

19.2.2　子功能区特征

Ⅶ1 共包括 3 个子功能区，均依据生态屏障保育服务的对象而命名（表 19.2）。横断山脉峡谷生态系统保育区（Ⅶ1-1）由四川、云南与西藏交界处横断山脉腹地的 16 个县域单元组成，总面积 12 万平方公里，户籍人口 119 万人。该区区内原始森林密布，珍稀野生动植物品种繁多，水能资源与矿产资源丰富。川西北三江水土保持区（Ⅶ1-2）由四川西北部三江并流区覆盖的 19 个县域单元及其周围 5 个跨省接壤县构成，总面积 20.6 万平方公里，户籍人口为 146 万人。该区水能资源与矿产资源丰富，区内地震与泥石流等地质灾害频发，水土流失问题也较为严重。甘南黄河源生态经济区（Ⅶ1-3）因甘南洲玛曲系黄河源所在而命名，由玛曲及其周围县域组成，共包括 21 个县域单元，总面积 16.1 万平方公里，户籍人口 173 万人。

表 19.2　Ⅶ1 分区及其组成单元基本信息

功能区代码	功能区名称	县域单元
Ⅶ1-1	横断山脉峡谷生态系统保育区	康定、泸定、九龙、雅江、理塘、巴塘、乡城、稻城、得荣、木里、福贡、贡山、香格里拉、德钦、维西、芒康
Ⅶ1-2	川西北三江水土保持区	汶川、理县、松潘、金川、小金、黑水、马尔康、壤塘、阿坝、红原、丹巴、道孚、炉霍、甘孜、新龙、德格、白玉、石渠、色达、江达、贡觉、察雅、玉树、称多

功能区代码	功能区名称	县域单元
VII1-3	甘南黄河源生态经济区	九寨沟、若尔盖、临夏、积石山、合作市、临潭、卓尼、玛曲、碌曲、夏河、同仁、泽库、河南、同德、兴海、玛沁、班玛、甘德、达日、久治、玛多

从表 19.3 所列的 VII1 各子功能区的区域可持续发展功能评估结果可知，VII1 各子功能区与青藏区的总体情况类似，生态维衡功能居主导地位，资源保障功能处约束地位，其他功能指数均较低，而且区域差异很小。

表 19.4 和表 19.5 列出了 VII1 各子功能区的主要经济社会信息。各区人均粮食与禽畜肉产品产出虽有差异，但总体上可以满足膳食需求。各区人口密度大致接近，每平方公里为 7~10 人，属于青藏高原区人口分布较为 "稠密" 的地区。各子功能区均处于工业化的准备期。人均 GDP 在 VII1-1 最高，在 VII1-3 最低，城镇在岗职工年收入顺位与之相同，而农村人均纯收入的情形正好相反，反映该区的矿产资源经济属于简单的输出型经济。3 个子功能中，农业在地区经济中所占比重高的区域农民人均纯收入最高，农业所占比重低的则农民人均纯收入也低，说明农民收入增长的来源主要依靠农牧业，未能直接从矿产资源采掘中惠益。

表 19.3　VII1 各子功能区的可持续发展功能评价结果

功能区代码	居住容载	就业支持	经济发展	资源保障	生态维衡	综合功能
VII1-1	0.41	0.46	0.35	0.22	0.81	0.45
VII1-2	0.40	0.43	0.31	0.21	0.82	0.43
VII1-3	0.43	0.46	0.32	0.18	0.77	0.43

表 19.4　VII1 各子功能区基本社会经济与资源表

功能区代码	密度信息					人均信息				
	人口（人/平方公里）	GDP（万元/平方公里）	水资源（千立方米/平方公里）	综合粮食（吨/平方公里）	禽畜肉产品（吨/平方公里）	GDP（元/人）	耕地（亩/人）	水资源（立方米/人）	综合粮食（千克/人）	禽畜肉产品（千克/人）
VII1-1	10	10	408	3	0.6	10 127	0.8	42 511	290	66
VII1-2	7	6	352	1	0.7	8 326	1.2	52 404	163	99
VII1-3	9	6	196	1	0.9	6 887	1.1	20 908	157	96

表 19.5　VII1 各子功能区工业化发展阶段诊断及收入信息表

功能区代码	产业结构（%）			工业化发展阶段	农村人均纯收入（元）	城镇在岗职工年均工资（元）
	第一产业	第二产业	第三产业			
VII1-1	17.9	49.5	32.7	准备期	1 670	28 880
VII1-2	27.2	38.4	34.4	准备期	2 020	24 730
VII1-3	33.0	20.4	46.6	准备期	2 270	25 230

19.3　三江源生态经济区（VII2）

19.3.1　区域总体特征

三江源生态经济区（VII2）包括 3 个子功能区、27 个县域单元（表 19.6），总面积 23.9 万平方公里，户籍人口合计为 36 万人。2007 年，该区人均 GDP 为 14 500 元，在全国二级区中居倒数第 4 位。该区水资源丰富，人均水资源 12 万立方米，在二级区中居第 1 位；人口稀疏与草原分布广泛使该区人均畜牧肉产品占有量高达 200 千克，在二级区居第 1 位。人均拥有耕地面积少，不足全国平均水平的一半，人均粮食产量不足 100 千克。

表 19.6　VII2 分区及其组成单元基本信息

功能区代码	功能区名称	县域单元
VII2-1	藏东南生物多样性保育区	昌都、类乌齐、八宿、左贡、洛隆、林芝、墨脱、波密、察隅
VII2-2	甘西长江源生态经济区	杂多、治多、囊谦、曲麻莱、格尔木市
VII2-3	藏东双江上游生态林牧经济区	林周、当雄、墨竹工卡、丁青、边坝、嘉黎、比如、聂荣、索县、巴青、工布江达、米林、那曲

19.3.2　子功能区特征

VII2 的 3 个子功能区以保护对象或发展模式来命名（表 19.6）。藏东南生物多样性保育区（VII2-1）是西藏自然保护区分布的密集区，不同保护区服务于不同的保护目的。例如，察隅自然保护区以保护亚热带常绿阔叶林、亚热带珍稀动物种类、云南松高产林为主要目标；类乌齐自然保护区以保护马鹿为主目的；密岗乡自然保护区以保护高产云杉等森林生态系统为目的。甘西长江源生态经济区（VII2-2）由长江源头县及其周边地区共 5 县域单元组成，总面积 28.3 万平方公里，户籍人口合计为 31 万人。该区高原湿地及地表植被等生态系统的水土保育能力直接关系到长江流域的生态环境安全。藏东双江上游生态林牧经济区（VII2-3）由西藏东部地处雅鲁藏布江与怒江交汇处上游的 13 个县域单元构成，总面积为 13.1 万平方公里，户籍人口 59 万人，该区森林茂密，水能资源丰富，同时也是泥石流、水土流失的发育区。

3 个子功能区的基本信息见表 19.7 ~ 表 19.9。由之可见，VII2 各子功能区虽然可持续发展综合功能指数及其构成总体一致，但是经济社会发展存在明显的不同。VII2-2 产业倚重矿业采掘，而 VII2-1 与 VII2-3 主要依靠农牧业，林木产品在各区农业经济中均占有重要的比重。3 个子功能区的第三产业结构发展均较为滞后，区域经济总体上均处于工业化发展的准备期。与 VII1 类似，VII2 的资源经济收益外溢也十分明显，当地农民难以有效分享经济发展的成果。

表 19.7　VII2 各子功能区的可持续发展功能评价结果

功能区代码	居住容载	就业支持	经济发展	资源保障	生态维衡	综合功能
VII2-1	0.34	0.40	0.32	0.21	0.93	0.44
VII2-2	0.33	0.44	0.27	0.12	0.60	0.35
VII2-3	0.30	0.41	0.31	0.20	0.77	0.40

表 19.8　VII2 各子功能区基本社会经济与资源表

功能区代码	密度信息					人均信息					
	人口（人/平方公里）	GDP（万元/平方公里）	水资源（千立方米/平方公里）	综合粮食（吨/平方公里）	禽畜肉产品（吨/平方公里）	GDP（元/人）	耕地（亩/人）	水资源（立方米/人）	综合粮食（千克/人）	禽畜肉产品（千克/人）	水产品（千克/人）
VII2-1	3	2	536	1	0.2	8 074	1.2	19 5354	336	89	0.0
VII2-2	1	4	87	0	0.1	35 855	0.6	8 7376	89	85	0.3
VII2-3	4	3	360	1	0.5	8 002	1.1	8 5545	291	118	0.0

表 19.9　Ⅶ2 各子功能区工业化发展阶段诊断及收入信息表

功能区代码	产业结构（%）			工业化发展阶段	农村人均纯收入（元）	城镇在岗职工年均工资（元）
	第一产业	第二产业	第三产业			
Ⅶ2-1	31.9	23.9	44.2	准备期	3 940	—
Ⅶ2-2	8.9	67.3	23.8	准备期	2 630	29 690
Ⅶ2-3	31.0	29.7	39.3	准备期	3 160	50 770

19.4　羌塘高原生物多样性保育区（Ⅶ3）

19.4.1　区域总体特征

羌塘高原生物多样性保育区（Ⅶ3）由 12 个县域单元组成，总面积 71 万平方公里，总人口 135 万人。该区平均海拔在 5000 米以上，气候严寒，自然条件严酷，生态系统具有破坏容易、恢复难的特点。区内高原湖泊众多，野生动物资源独特而丰富，主要有藏羚羊、黑颈鹤等重点保护动物和高寒荒漠草原珍稀特有物种。与前两个兄弟功能区相比，该区的各类可持续发展功能指数均明显偏低，在生态维衡功能方面尤为明显（表 19.10）。

表 19.10　Ⅶ3 各子功能区的可持续发展功能评价结果

功能区代码	居住容载	就业支持	经济发展	资源保障	生态维衡	综合功能
Ⅶ3-1	0.22	0.46	0.36	0.06	0.52	0.33
Ⅶ3-2	0.29	0.40	0.29	0.10	0.56	0.33

19.4.2　子功能区特征

Ⅶ3 有 2 个子功能区：藏西国际物流集散区（Ⅶ3-1）与藏西江河源湖沼保育发展区（Ⅶ3-2）。

Ⅶ3-1 由西藏西南部普兰、札达、噶尔、日土、革吉 5 个县构成，总面积 18 万平方公里，总人口为 5 万人。该区由于地处中国、印度、尼泊尔三国交界处，具有发展物流集散的区位优势。目前这一区位优势已经有所凸显。2007 年，该区人均 GDP 略微超过 1 万元。

Ⅶ3-2 包括昂仁、安多、申扎、班戈、尼玛、改则、措勤八县，总面积 53 万平方公里，总人口为 7 万人。该区人口密度 0.13 人/平方公里，是人口最稀疏的二级区。2007 年，Ⅶ3-2 人均 GDP 尚未达到 8000 元。Ⅶ3-2 区内大湖密集，著名的申扎自然保护区分布于此。由于自然因素及人类干扰，该区生态系统退化问题严重，土地沙漠化、冻融侵蚀、草地退化等问题并存。只有走生态经济化的发展道路，才能扭转这一生态重地的生态退化。

19.5　藏南雅鲁藏布江生态经济区（Ⅶ4）

19.5.1　区域总体特征

藏南雅鲁藏布江生态经济区（Ⅶ4）由 3 个子功能区共 35 个县构成（表 19.11）。总面积 25 万平方公里，人口总数为 135 万人，人口密度 5.5 人/平方公里。该区人口规模、耕地数量、粮食产出水平、禽畜肉产品产量占全国的比重在二级区中均居于最末。由于人口稀疏和土地生产力相对较高，该区并不是中国人均资源最稀缺与单位面积产出水平最低的区域，不过，各指标多居于倒数第 5 位至第 6 位。2007 年，该区人均 GDP 为 14 500 元，在二级区中居第 22 位。人均耕地面积约 1.5 亩，在二级区中居第 15 位，是耕地资源相对丰富的二级区。人均粮食产量近 500 千克，是青藏区人均粮食占有量最大的二级区，约是居于青藏第二位的Ⅶ2 人均粮食占有量的 2 倍。

表 19.11　藏南雅鲁藏布江生态经济区（Ⅶ4）分区及其组成单元基本信息

功能区代码	功能区名称	县域单元
Ⅶ4-1	藏南雅鲁藏布江水土涵养区	定日、仲巴、吉隆、聂拉木、萨嘎
Ⅶ4-2	藏南生态牧矿经济区	措美、洛扎、隆子、错那、浪卡子、康马、定结、亚东、岗巴
Ⅶ4-3	西藏沿江城镇带发展区	拉萨市辖区、尼木、曲水、堆龙德庆、达孜、乃东、扎囊、贡嘎、桑日、琼结、曲松、加查、日喀则市、南木林、江孜、萨迦、拉孜、谢通门、白朗、仁布、朗县

19.5.2　子功能区特征

Ⅶ4 各子功能区的可持续发展功能综合指数大致接近（表 19.12），为 0.40 左右。各子功能区的主导功能均为生态维衡功能，生态维衡功能指数为 0.71～0.77，明显高于Ⅶ3 各区，但明显低于另两个兄弟功能区；约束功能均为资源保障功能，为 0.18 左右。

藏南雅鲁藏布江水土涵养区（Ⅶ4-1）由西藏南部藏南雅鲁藏布江沿江 5 个县域单元构成，其重要职责是保育水土资源。藏南生态牧矿经济区（Ⅶ4-2）由分布在西藏东南部措美、洛扎、隆子等 9 个县域单元构成，该区草原资源与矿产资源丰富，但生态环境脆弱，土地遭受扰动后易发生退化，畜牧生产应严格控制载畜量，矿产开发应采取生态矿业的方式进行。西藏沿江城镇带发展区（Ⅶ4-3）是以拉萨市辖区和日喀则市为核心的西藏人口主要分布区，由于地处河谷区，该区植被生产力水平较高。区内旅游资源也十分丰富。由表 19.13 可见，Ⅶ4-3 的主要指标均明显高于其兄弟功能区。2007 年，Ⅶ4-3 的三次产业构成情况是三产>二产>一产，旅游服务业对此贡献显著。该区具有进一步集聚人口的潜能。

表 19.12　藏南雅鲁藏布江生态经济区（Ⅶ4）各子功能区的可持续发展功能评价结果

功能区代码	居住容载	就业支持	经济发展	资源保障	生态维衡	综合功能
Ⅶ4-1	0.26	0.43	0.32	0.17	0.71	0.38
Ⅶ4-2	0.29	0.43	0.32	0.17	0.77	0.39
Ⅶ4-3	0.30	0.45	0.37	0.19	0.71	0.40

表 19.13　藏南雅鲁藏布江生态经济区（Ⅶ4）各子功能区基本社会经济与资源表

功能区代码	密度信息					人均信息				
	人口（人/平方公里）	GDP（万元/平方公里）	水资源（千立方米/平方公里）	综合粮食（吨/平方公里）	禽畜肉产品（吨/平方公里）	GDP（元/人）	耕地（亩/人）	水资源（立方米/人）	综合粮食（千克/人）	禽畜肉产品（千克/人）
Ⅶ4-1	1	1	241	0	0.1	8 926	1.4	19 2613	378	92
Ⅶ4-2	2	1	297	1	0.1	6 959	1.6	143 941	414	61
Ⅶ4-3	14	22	238	7	0.5	16 152	1.4	17 242	522	33

20

西北区

曹淑艳　谢高地　肖　玉

西北区共由4个二级区、20个三级区组成，共包括125个县域单元，总面积244万平方公里，约占全国国土总面积的1/4，是面积最大的一级区。户籍总人口为2764万人，人口密度11.3人/平方公里。从区域可持续发展功能指数判断，西北区的人口空间分布总体上是较为合理的，但经济财富分布严重不均匀，15%的县域人口分享该区55%的GDP。综合而言，西北区是中国的资源经济区，同时其水土保持的国家意义重大。需要注意的是，资源经济区不能被简单地等同于资源开采与输出区，其最大的功能在于：满足国家的资源需求，促进区域产业经济完备体系的孵育与发展，为资源区吸集与积累资金、人才、技术等发展资本。西北区适宜走多样化的发展模式。其中，柴达木盆地能源生态经济区（Ⅷ1）是生态能源经济与生态绿洲经济相结合的发展区，塔里木盆地能源生态经济区（Ⅷ2）是生态能源经济区与生物多样性保育相结合的发展区，青甘蒙大河西水资源保育经济区（Ⅷ3）属于水资源保护型的生态发展区，而准噶尔盆地综合能源经济区（Ⅷ4）是一个新能源与传统能源开发利用潜力均十分可观的能源经济区。

20.1　功能区内部总体特征

20.1.1　基于二级区尺度分析

西北区共由4个二级区（表20.1）、共20个三级区组成。4个二级区宏观上均为自然资源经济区，其中柴达木盆地能源生态经济区（Ⅷ1）与塔里木盆地能源生态经济区（Ⅷ2）以矿产资源经济为主，青甘蒙大河西水资源保育经济区（Ⅷ3）以水利经济为主，准噶尔盆地综合能源经济区（Ⅷ4）以矿产能源与可更新能源为主。各区经济、社会与资源的相对程度见图20.1。区域可持续发展功能评估（表20.1）表明，西北区的4个二级区可持续发展功能综合指数较为接近，均在0.45左右，但各类功能指数区域差异程度有所不同，总体序位是：资源保障功能的区域差异最大，其次为经济发展功能、续之为生态维衡功能、就业支持功能与居住容载功能。各二级区的约束功能均为资源保障功能，Ⅷ2具有两种明显的主导功

表 20.1　西北区各二级区的可持续发展功能指数评价结果

二级区代码与名称		居住容载	就业支持	经济发展	资源保障	生态维衡	综合功能
Ⅷ1	柴达木盆地能源生态经济区	0.42	0.57	0.38	0.27	0.48	0.42
Ⅷ2	塔里木盆地能源生态经济区	0.33	0.67	0.64	0.06	0.47	0.43
Ⅷ3	青甘蒙大河西水资源保育经济区	0.40	0.62	0.56	0.23	0.61	0.49
Ⅷ4	准噶尔盆地综合能源经济区	0.47	0.65	0.47	0.32	0.58	0.50
西北区		0.43	0.61	0.46	0.27	0.54	0.46

能——就业支持与经济发展，其他区没有明显的主导功能。可见，西北区是发展模式多样性选择或者说异质性较高的一个区。

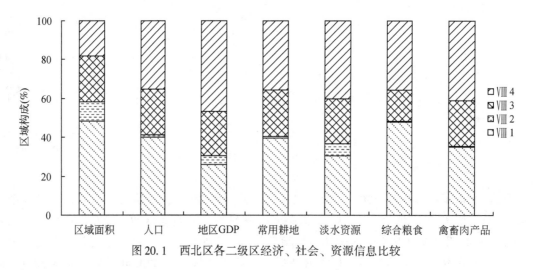

图 20.1　西北区各二级区经济、社会、资源信息比较

20.1.2　基于县域尺度分析

图 20.2～图 20.7 是以区域面积、人口与 GDP 为指标，基于县域单元的可持续发展功能综合指数及各子功能指数绘制的西北区各指标累积曲线图。

从可持续发展功能综合指数（图 20.2）角度看，西北区 90% 的县域面积可持续发展综合功能指数低于 0.5，属于"较低"水平。人口累积分布曲线呈浅"S"型，GDP 累积分布曲线基本类似，不过其"S"型曲线的深度相对大一些。可见，相对于人口分布，GDP 分布更倾向于向高功能区集聚。

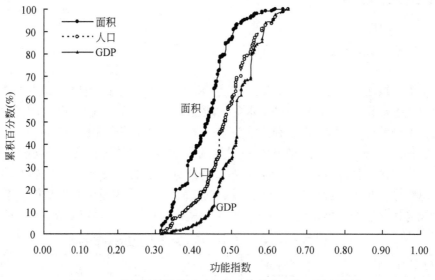

图 20.2　基于可持续发展功能综合指数的西北区累积曲线

从居住容载功能指数（图 20.3）看，人口累积分布曲线总体呈"S"型。当区域容载功能指数大于 0.45 时，人口分布与 GDP 分布在县域空间上总体一致。在居住功能指数为 0.32～0.36 的区间内，区域 GDP 累积快速飙升，人口分布与 GDP 分布的差距因此快速拉大。此类县域多为地下矿产资源丰富的县，其 GDP 的快速增长很大程度得益于资源采掘。而当居住功能指数在 0.36～0.45 时，区域 GDP 累积增速小

于人口累积增速，使得人口累积分布曲线与 GDP 累积分布差距逐渐拉小，直至重合。

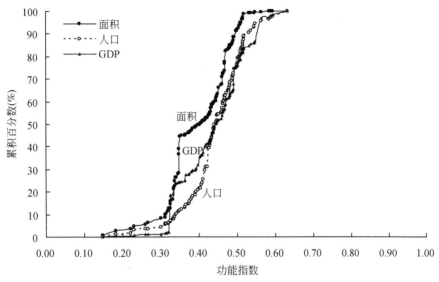

图 20.3　基于居住容载功能指数的西北区累积曲线

从就业支持功能指数（图 20.4）看，人口累积分布曲线总体呈线性，且基本与县域面积累积分布曲线重合，说明从就业角度看，西北区的人口分布具有明显的空间分异性。分异主要发生在就业支持功能指数小于 0.55 与大于 0.75 时，说明区域产业结构的选择对解决劳动力就业非常关键。

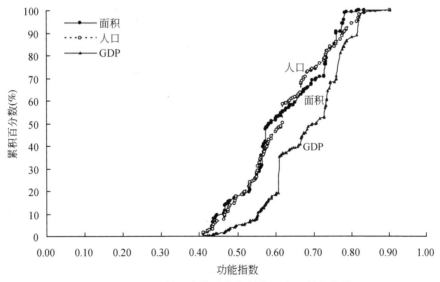

图 20.4　基于就业支持功能指数的西北区累积曲线

从经济发展功能指数（图 20.5）看，人口累积分布曲线也是总体呈线性，且基本与县域面积累积分布曲线高度重合。说明从经济发展角度看，西北区的人口密度分布较为均匀。人口累积百分率与 GDP 累积百分率之间的差距先拉大后缩小，分界值大致在经济发展功能指数为 0.65 左右。经济发展功能指数大于 0.65 的县域人口占全区总人口的 15%，这 15% 人口分享该区 55% 的 GDP。经济财富分布的不均匀性由此可见。

从生态维衡功能指数（图 20.6）看，近半数人口在生态维衡功能指数为 0.4~0.5 的县域呈总体均匀分布。总体上，该区人口具有向生态功能好的区域分布的自适应机制，但是又不完全受生态环境吸引。GDP 累积分布曲线随着生态维衡功能指数的提高，先呈指数增长，而后增长放缓，总体呈斜率很小的线

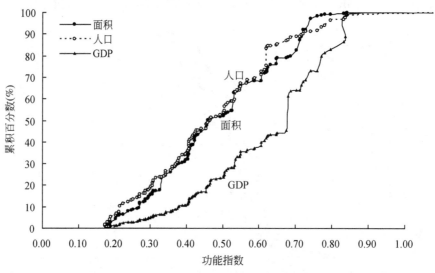

图 20.5 基于经济发展功能指数的西北区累积曲线

性。使得人口累积分布与 GDP 累积分布的关系出现两次差距先增后减，不过二者的差距总体不大。当生态维衡功能指数大于 0.55 时，西北区的县域面积累积分布曲线与 GDP 累积分布曲线呈现良好的平行性，在 0.40 ~ 0.55 时二者差距总体上不断拉大，这隐含该区的经济发展在部分地区依赖生态环境，在另外一些地区不完全依赖生态环境。

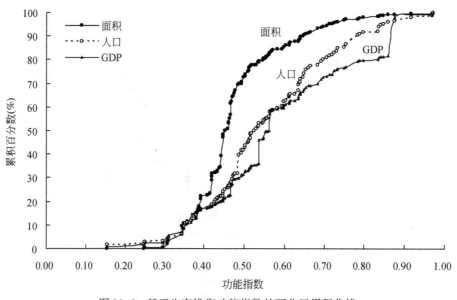

图 20.6 基于生态维衡功能指数的西北区累积曲线

从资源保障功能指数（图 20.7）看，西北区同样存在资源保障功能低的地区积累财富程度高的现象。不过在西北区，这类区资源保障功能低主要系历史上自然因素形成的，其 GDP 累积曲线的迅增主要系区域开发利用历史时期形成的不可更新自然资源的结果。在这部分历史时期资源积累财富向经济财富转化过程中，大部分人口被排除在外，没有直接分享到这笔历史遗产。

上述分析表明，西北区的人口空间分布总体上是较为合理的。在西北区，经济发展大致分为两类：一类是依靠生态资源与服务的经济类型，如农业、林业、水利；另一类是依靠历史时期自然财产的经济类型，即矿产资源经济。从短期看，矿产资源经济能驱动区域快速增加经济社会财富；长远看，社会经济最终的财富来源于自然界可更新的能力。

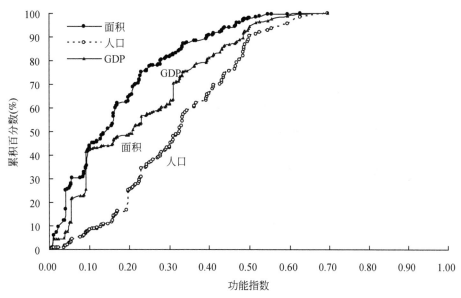

图 20.7　基于资源保障功能指数的西北区累积曲线

20.2　柴达木盆地能源生态经济区（Ⅷ1）

20.2.1　区域总体特征

　　柴达木盆地能源生态经济区（Ⅷ1）由塔里木盆地及其周围共 48 个县域单元构成，总面积 118 平方公里，户籍人口合计为 1109 万人，占全国总人口的 0.8%。人口密度为 9.4 人/平方公里，在 39 个大陆二级区中居第 34 位。2007 年，该区 GDP 占全国的比重不足 0.5%；人均 GDP 为 12 200 元，在二级区中居第 28 位。全区人均常用耕地 2.0 亩，人均综合粮食占有量为 665 千克，人均禽畜肉产品占有量为 60 千克，在二级区中分别居第 9 位、第 5 位与第 28 位。Ⅷ1 水资源匮乏，水资源密度在 39 个大陆二级区中居倒数第 2 位，但由于人口稀疏，人均水资源量为 1660 立方米，在二级区中居于中间地位。2007 年，该区三次产业结构比为 24.5%：45.5%：30%，第三产业发展明显滞后。区域经济主要依赖农、矿两类自然资源。Ⅷ1 的区域可持续发展功能没有明显的主导功能，但约束功能明显，为资源保障功能约束（图 20.8）。这要求社会经济活动必须与当地的承载力相适应。

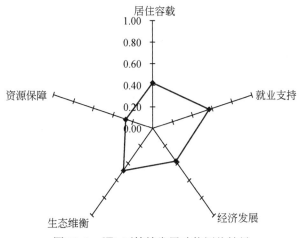

图 20.8　Ⅷ1 可持续发展功能评价结果

20.2.2 子功能区特征

Ⅷ1 包括 3 个子功能区（表 20.2）。塔里木河源水土保育区（Ⅷ1-1）由新疆西部及北部环塔克拉玛干沙漠的 23 个县域单元组成，总面积 30.4 万平方公里，户籍总人口 603 万人。该区是中国第一大内陆河——塔里木河的河源带，在涵养水源、防风固沙等方面发挥着巨大的作用。北疆沙漠油气能源经济区（Ⅷ1-2）由新疆西南部位于或县内大部分地区位于塔克拉玛干沙漠的 18 个县域单元构成，总面积 65.2 万平方公里，户籍总人口 377 万人。该区油气资源储量丰富。北疆绿洲经济区（Ⅷ1-3）由位于塔克拉玛干沙漠北部的哈密盆地与吐鲁番盆地及其周围区组成，共包括 7 个县域单元，总面积 22.6 万平方公里，户籍总人口 129 万人。

表 20.2　Ⅷ1 分区及其组成单元基本信息

功能区代码	功能区名称	县域单元
Ⅷ1-1	塔里木河源水土保育区	库尔勒市、轮台、焉耆、和静、温宿、库车、拜城、乌什、阿图什市、阿克陶、阿合奇、乌恰、喀什市、疏附、疏勒、英吉沙、泽普、莎车、叶城、岳普湖、伽师、塔什库尔干、皮山
Ⅷ1-2	北疆沙漠油气能源经济区	若羌、且末、阿克苏市、沙雅、新和、阿瓦提、柯坪、麦盖提、巴楚、和田市、和田、墨玉、洛浦、策勒、于田、民丰、阿拉尔市、图木舒克市
Ⅷ1-3	北疆绿洲经济区	吐鲁番市、鄯善、托克逊、哈密市、尉犁、和硕、博湖

各子功能区的可持续发展功能评估结果见表 20.3。由表 20.3 可见，Ⅷ1 各子功能区可持续发展功能综合指数基本接近，为 0.43 左右，但各类功能指数存在明显的区域差异。总体上，就业支持功能在 3 个子功能区均属于主导功能或相对主导功能，Ⅷ1-1 不存在明显的约束功能，Ⅷ1-2 与 Ⅷ1-3 的约束功能均为资源保障功能，但前者受约束的幅度明显低于后者。

表 20.3　Ⅷ1 各子功能区的可持续发展功能评价结果

功能区代码	居住容载	就业支持	经济发展	资源保障	生态维衡	综合功能
Ⅷ1-1	0.39	0.54	0.37	0.32	0.54	0.43
Ⅷ1-2	0.44	0.56	0.33	0.25	0.42	0.40
Ⅷ1-3	0.47	0.68	0.52	0.14	0.42	0.45

各子功能区的主要经济社会信息见表 20.4 和表 20.5。从经济社会发展现状看，Ⅷ1-1 在人口、GDP、粮食等指标的密度水平上均是 Ⅷ1 的高值区。Ⅷ1 各子功能区的产业结构总体上处于工业化发展的准备阶段，区域经济严重依赖农业与地下矿产。但是，从人均水平看，Ⅷ1-3 总体状况相对较好。

表 20.4　Ⅷ1 各子功能区基本社会经济与资源表

功能区代码	密度信息					人均信息				
	人口（人/平方公里）	GDP（万元/平方公里）	水资源（千立方米/平方公里）	综合粮食（吨/平方公里）	禽畜肉产品（吨/平方公里）	GDP（元/人）	耕地（亩/人）	水资源（立方米/人）	综合粮食（千克/人）	禽畜肉产品（千克/人）
Ⅷ1-1	19	23	38	13	1.3	12 407	1.9	1 990	664	68
Ⅷ1-2	6	5	8	5	0.3	8 344	2.4	1 321	782	48
Ⅷ1-3	6	13	5	2	0.3	23 239	1.7	938	315	58

表 20.5　VIII1 各子功能区工业化发展阶段诊断及收入信息表

功能区代码	产业结构（%）			工业化发展阶段	农村人均纯收入（元）	城镇在岗职工年均工资（元）
	第一产业	第二产业	第三产业			
VIII1-1	20.8	54.9	24.3	准备期	2 890	20 540
VIII1-2	39.8	18.2	42.0	准备期	3 120	20 790
VIII1-3	17.2	52.5	30.4	准备期	4 730	21 940

　　柴达木盆地荒漠广布，水资源与具有生物生产能力的土地资源均较为稀缺。VIII1 各功能区，无论是能源经济区还是绿洲经济区，都需把水土保育作为一项重要的生态环境事业乃至社会经济事业来抓。因而，VIII1 的能源经济应走生态保育型经济开发利用的方向。在开发的过程中，要避免对周围区造成吸空影响。

20.3　塔里木盆地能源生态经济区（VIII2）

　　塔里木盆地能源生态经济区（VIII2）包括德令哈市、乌兰、都兰、海西直辖市区和阿克塞 5 个县域单元，总面积为 24 万平方公里，人口共 34 万人，是包含县域单元数量最少、区内人口规模最小的二级区。从图 20.9 绘制的该区可持续发展功能指数雷达图可见，该区的资源保障功能极低，而经济发展功能与就业功能为"一般"。2007 年，VIII2 人均 GDP 为约为 53 000 元，在二级区中居第 2 位，主要系油气资源开采的贡献。同年，该区农村人均纯收入为 3550 元，城镇在岗职工工资为 25 000 元。

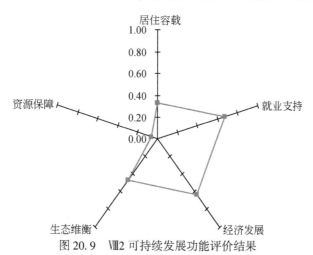

图 20.9　VIII2 可持续发展功能评价结果

　　VIII2 包括 2 个子功能区。甘西生物多样性保育发展区（VIII2-1）仅包括阿克塞一个县域单元。该子功能区海拔高度为 2800 多米，境内生境类型丰富，有哈尔腾大草原、安南坝荒漠、苏干湖畔草原以及丰富的湿地资源，是野牦牛、西藏野驴、白唇鹿、盘羊、岩羊等珍稀野生动物等多重野生动植物的栖息家园。海西绿洲经济区（VIII2-2）由德令哈市、乌兰、都兰、海西直辖市区组成，区内石油、煤与金属矿产资源丰富。VIII2-1 与 VIII2-2 工业增加值占地区 GDP 的比重分别超过 60% 与 70%，第三产业发育严重不足。

20.4　青甘蒙大河西水资源保育经济区（VIII3）

20.4.1　区域总体特征

　　青甘蒙大河西水资源保育经济区（VIII3）包括湟源、海晏德、金昌市辖区、敦煌市等分属 6 个子功能区的 31 个县域单元（表 20.6）。总体上，该区属于水资源保护型的生态发展区（图 20.10）。该区总面积为 57.3 万平方公里，人口共 650 万人。人口密度 0.4 人/平方公里，在二级区中居最末位。区内常用耕地合计占全国的 0.01%，在二级区中也居最末；淡水资源总量占全国的 1.57%，在二级区中居第 19 位；禽畜肉产品约占全国的 0.06%，在二级区中居第倒数第 2 位。该区水资源密度在二级区中处于第 17 位，为 26 万立方米/平方公里。从Ⅷ3整体特征来看，由于人口密度小，该区多项资源指标的人均水平在二级区排名中居第 10 位至第 25 位。例如，人均常用耕地基本接近全国人均水平，在二级区中居 10 位。2007 年，该区人均粮食产量为 360 千克，禽畜肉产品为 60 千克，膳食资源在数量上可以完全自给。

表 20.6　Ⅷ3 分区及其组成单元基本信息

功能区代码	功能区名称	县域单元
Ⅷ3-1	青海湖环湖生态保育发展区	永登、湟源、海晏、刚察、共和、天峻
Ⅷ3-2	黑河生态恢复保育发展区	额济纳、酒泉市、金塔、张掖市、肃南、民乐县、临泽、高台、山丹、祁连
Ⅷ3-3	龙羊峡水矿资源经济区	大通、门源
Ⅷ3-4	石羊河生态农业经济区	金昌市辖区、永昌、武威市辖区、民勤、古浪、天祝
Ⅷ3-5	河西风沙屏障生态经济区	阿拉善左、阿拉善右
Ⅷ3-6	疏勒河水矿资源经济区	嘉峪关市辖区区、玉门市、敦煌市、肃北、瓜州

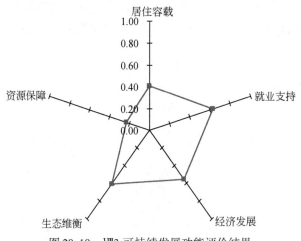

图 20.10　Ⅷ3 可持续发展功能评价结果

20.4.2　子功能区特征

Ⅷ3 的 6 个子功能区（表 20.6）中，青海湖环湖生态保育发展区（Ⅷ3-1）包括永登、湟源、海晏、刚察、共和、天峻 6 个县，总面积 6.0 万平方公里，户籍总人口 88 万人，人口密度为 14.2 人/平方公里，2007 年人均 GDP 为 12 000 元左右。黑河生态恢复保育发展区（Ⅷ3-2）包括额济纳、酒泉市、金塔等 10 个县域单元，总面积 18.8 万平方公里，户籍总人口 189 万人，人口密度为 11.9 人/平方公里。龙羊峡水矿资源经济区（Ⅷ3-3）包括大通与门源两个县，总面积 1.0 万平方公里，户籍总人口 60 万人，人口密度为 60 人/平方公里。石羊河生态农业经济区（Ⅷ3-4）包括金昌市辖区、永昌、武威市辖区、民勤、古浪和天祝 6 个县域单元，总面积 4.2 万平方公里，户籍总人口 234 万人，人口密度为 56 人/平方公里。河西风沙屏障生态经济区（Ⅷ3-5）由位于内蒙古西端的阿拉善左、阿拉善右两个位于黄河西岸的旗组成，总面积 15.2 万平方公里，户籍总人口 16 万人，人口密度为 1.1 人/平方公里。疏勒河水矿资源经济区（Ⅷ3-6）由传统河西走廊玉门市、敦煌市等 5 个县域单元组成，总面积 12.1 万平方公里，户籍总人口 63 万人，人口密度为 4.6 人/平方公里。

各子功能区的区域可持续发展功能指数较为接近，为 0.5 左右，但各区的具体构成有所不同（表 20.7）。Ⅷ3-1 以资源保障为约束功能，以生态维衡为主导功能。Ⅷ3-2 与Ⅷ3-4 以资源保障为约束功能，无主导功能。Ⅷ3-3 无约束功能，以生态维衡功能为主导功能，其指数远大于其他各项功能。Ⅷ3-5 与Ⅷ3-6 以资源保障为约束功能，以就业支持与经济发展为主导功能。

表 20.7　Ⅷ3 各子功能区的可持续发展功能评价结果

功能区代码	居住容载	就业支持	经济发展	资源保障	生态维衡	综合功能
Ⅷ3-1	0.39	0.54	0.52	0.20	0.66	0.46
Ⅷ3-2	0.40	0.61	0.54	0.28	0.62	0.49
Ⅷ3-3	0.38	0.55	0.52	0.40	0.87	0.55
Ⅷ3-4	0.41	0.62	0.50	0.31	0.65	0.50
Ⅷ3-5	0.46	0.76	0.71	0.12	0.37	0.48
Ⅷ3-6	0.40	0.72	0.65	0.08	0.48	0.47

Ⅷ3 各子功能区的社会经济状况具有明显的区域差异（表 20.8，表 20.9）。Ⅷ3-4 粮食产出密度最大，是其他各兄弟功能区的 3 倍以上。Ⅷ3-5 与Ⅷ3-6 的人均 GDP 显著大于其兄弟功能区，这主要系矿产资源采掘业的贡献。Ⅷ3-2 农村人均纯收入高于人均 GDP 遥遥领先的Ⅷ3-5 与 Ⅷ3-6，一方面反映经营好农业也可以获得很好的经济回报，一方面反映简单的资源采掘业难以给区域居民的经济增长带来更多的实惠。总体上，Ⅷ3 的区域经济尚处于工业化发展的较低水平。

前述在对西北区可持续发展功能定位时已指出，Ⅷ3 存在植被退化、土地沙化、湿地退化等严峻的生态环境问题。因此，在发展的过程中需注重生态恢复。鉴于该区水系、气候、土壤等自然环境的特征，生态恢复适宜以自然恢复为主。

表 20.8　Ⅷ3 各子功能区基本社会经济与资源表

功能区代码	密度信息					人均信息					
	人口（人/平方公里）	GDP（万元/平方公里）	水资源（千立方米/平方公里）	综合粮食（吨/平方公里）	禽畜肉产品（吨/平方公里）	GDP（元/人）	耕地（亩/人）	水资源（立方米/人）	综合粮食（千克/人）	禽畜肉产品（千克/人）	水产品（千克/人）
Ⅷ3-1	14	17	60	4	0.9	12 056	2.4	4 272	296	63	1.3
Ⅷ3-2	12	12	25	5	0.9	10 049	2.5	2 136	393	79	0.0
Ⅷ3-3	59	69	150	25	3.4	11 703	2.5	2 538	421	58	0.0
Ⅷ3-4	56	96	48	18	3.3	17 127	1.3	859	313	59	0.0
Ⅷ3-5	1	6	3	1	0.1	56 986	2.4	2 814	871	73	0.0
Ⅷ3-6	5	20	7	1	0.1	44 654	1.3	1 483	292	27	0.0

表 20.9　Ⅷ3 各子功能区工业化发展阶段诊断及收入信息表

功能区代码	产业结构（%）			工业化发展阶段	农村人均纯收入（元）	城镇在岗职工年均工资（元）
	第一产业	第二产业	第三产业			
Ⅷ3-1	14.4	50.5	35.1	中期	3 070	32 910
Ⅷ3-2	42.5	39.0	18.5	准备期	6 250	19 250
Ⅷ3-3	10.2	74.9	14.9	准备期	2 840	20 830
Ⅷ3-4	14.2	61.5	24.3	准备期	3 380	19 470
Ⅷ3-5	4.6	72.9	22.5	准备期	5 030	24 960
Ⅷ3-6	8.0	70.4	21.6	准备期	5 530	27 430

20.5　准噶尔盆地综合能源经济区（Ⅷ4）

20.5.1　区域总体特征

准噶尔盆地综合能源经济区（Ⅷ4）由位于准噶尔盆地的克拉玛依市辖区、昭苏、和布克赛尔、乌鲁木齐等分属4个三级区的40个县域单元构成（表20.10）。该区是一个新能源与传统能源开发利用潜力均十分可观的能源经济区。总面积为44.6万平方公里，人口971万人。人口密度5.5人/平方公里，在二级区中居第36位。区内常用耕地合计占全国的1.5%，在二级区中居第23位；淡水资源总量占全国的0.9%，在二级区中居第26位。由于人口规模小，该区的人均耕地面积、人均粮食与禽畜产品产量在二级区中均处于前10位，膳食资源在数量上自给有余。2007年，Ⅷ4人均GDP为2.6万元，在二级区中居第9位。三次产业构成比是13%：48%：39%，产业结构发育相对较好。可持续发展功能评估表明，该区以资源保障功能为约束功能，但是其资源保障功能指数水平在西北区中是最高的。具体到各子功能区上，除受资源保障功能约束外，其他四类功能的指数水平总体上较为均衡（图20.11）。

表20.10　Ⅷ4分区及其组成单元基本信息

功能区代码	功能区名称	县域单元
Ⅷ4-1	天山北麓绿洲经济区	克拉玛依市辖区、呼图壁、玛纳斯、博乐市、精河、温泉、奎屯市、霍城、乌苏市、沙湾、石河子市
Ⅷ4-2	伊犁河谷物流集散经济区	伊宁、察布查尔、巩留、新源、昭苏、特克斯、尼勒克
Ⅷ4-3	北疆综合能源经济区	塔城市、额敏、托里、裕民、和布克赛尔、阿勒泰市、布尔津、富蕴、福海、哈巴河、青河、吉木乃
Ⅷ4-4	北疆天山综合经济区	乌鲁木齐市辖区、乌鲁木齐、巴里坤、伊吾、昌吉市、阜康市、奇台、吉木萨尔、木垒、伊宁市、五家渠市

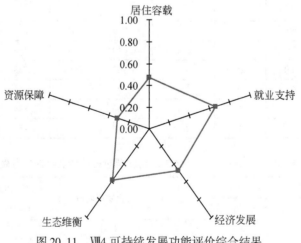

图20.11　Ⅷ4可持续发展功能评价综合结果

20.5.2　子功能区概况

Ⅷ4的4个子功能区（表20.10）中，天山北麓绿洲经济区（Ⅷ4-1）属于耕地保育型的功能区，共包含 11 个县域单元，总面积 8.5 万平方公里，总人口 289 万人。矿产资源开采在Ⅷ4-1 区域经济中也占有重要的比重。伊犁河谷物流集散经济区（Ⅷ4-2）属于区域沟通桥梁区，共包含 7 个县域单元，总面积 4.9 万平方公里，总人口 160 万人。北疆综合能源经济区（Ⅷ4-3）属于新能源与传统能源开发利用经济区，该区共包含 12 个县域单元，总面积 18.5 万平方公里，总人口 123 万人。北疆天山综合经济区（Ⅷ4-4）为人类集聚发展的综合经济区，共包含 11 个县域单元，总面积 12.7 万平方公里，总人口 399 万人。各子功能区的区域可持续发展功能综合水平较为接近（表 20.11）。从表 20.12 与表 20.13 所示的各子功能区主要经济社会信息可见，尽管Ⅷ4 各子功能区区域经济工业化进程不一，但人均 GDP 与城乡居民人均收入水平均相对较高。

表 20.11　Ⅷ4 各子功能区的可持续发展功能评价结果

功能区代码	居住容载	就业支持	经济发展	资源保障	生态维衡	综合功能
Ⅷ4-1	0.48	0.72	0.54	0.35	0.57	0.53
Ⅷ4-2	0.44	0.56	0.36	0.38	0.79	0.51
Ⅷ4-3	0.48	0.66	0.43	0.24	0.50	0.46
Ⅷ4-4	0.47	0.64	0.52	0.32	0.53	0.49

相对西北区的其他 2 个二极区，Ⅷ4 的发展潜力是非常多样化的，在矿产资源经济开发时应注意对之进行挖掘与培育，做好资源产业接替的准备工作。该区与其他兄弟区类似，目前也存在较为严重的生态退化问题。

表 20.12　Ⅷ4 各子功能区基本社会经济与资源表

功能区代码	密度信息					人均信息				
	人口（人/平方公里）	GDP（万元/平方公里）	水资源（千立方米/平方公里）	综合粮食（吨/平方公里）	禽畜肉产品（吨/平方公里）	GDP（元/人）	耕地（亩/人）	水资源（立方米/人）	综合粮食（千克/人）	禽畜肉产品（千克/人）
Ⅷ4-1	32	111	60	26	2.6	34 726	2.1	1 873	816	81
Ⅷ4-2	32	29	152	17	2.6	9 086	2.1	4 723	528	82
Ⅷ4-3	6	10	39	5	0.8	16 600	5.1	6 695	802	140
Ⅷ4-4	29	85	26	11	2.0	29 898	1.4	922	394	70

表 20.13　Ⅷ4 各子功能区工业化发展阶段诊断及收入信息表

功能区代码	产业构成（%）			工业化发展阶段	农村人均纯收入（元）	城镇在岗职工年均工资（元）
	第一产业	第二产业	第三产业			
Ⅷ4-1	14.1	63.3	22.6	准备期	5 960	17 490
Ⅷ4-2	25.3	29.5	45.2	初期	3 730	17 040
Ⅷ4-3	25.1	39.4	35.4	准备期	4 180	16 300
Ⅷ4-4	7.7	38.8	53.5	后期	4 890	21 560

20.6　西北区发展的注意事项

综上分析，西北区是中国的资源经济区。需要说明的是，丰富的地下矿产资源埋藏使西北区具有利用矿产资源启动工业、储备工业积累的优势，但是如果对资源开发利用不进行精细管理，片面走开采—输出的发展路线，区域既难以收益到资源经济的增加值与技术、人才集聚的效益，又面临矿产资源开采可能造成生态环境破坏的风险，导致区域经济产业结构单一。西北区生态环境天然脆弱，但是其水土保持的国家意义重大。对于无法实现高精开发利用的矿产资源，应采取地下留存的财富积累方式。在发展的过程中，绝不能将资源经济区简单地等同于资源开采与输出区。资源经济区最大的功能在于：满足国家的资源需求；促进区域产业经济完备体系的孵育与发展；为资源区吸集与积累资金、人才、技术等发展资本。

21

中北高原区

曹淑艳　谢高地　肖　玉

中北高原区包括两个二级区、6个三级区、48个县域单元，总面积40万平方公里，总户籍人口1211万人，人口密度是30人/平方公里。综合而言，中北高原区属于资源保障功能为约束功能的资源经济综合发展功能区。其中，黄河口水矿资源经济区（Ⅸ1）是可更新资源约束下的多功能发展区，区内社会经济发展的区域差异目前较为显著；锡林郭勒草原生态经济区（Ⅸ2）是草原生态系统保育约束下的多功能发展区。中北高原区有39个县域单元、91%的县域面积可持续发展功能综合指数为"低"和"较低"，区域居住容载功能总体也低，在发展决策的过程中需高度重视产业选择与人口规模与分布的合理控制。

21.1　功能区内部总体特征

21.1.1　基于二级区尺度分析

中北高原区（Ⅸ）由两个二级区（表21.1）、6个三级区组成。两个二级区中，黄河口水矿资源经济区（Ⅸ1）属于水利资源、矿产资源丰富的资源经济区，锡林郭勒草原生态经济区（Ⅸ2）属于草原资源丰富的生态经济区。两个二级区的可持续发展功能综合指数（表21.1）分别为0.57和0.49，除了居住容载大致相当外，二者的就业支持、经济发展、资源保障和生态维衡等功能指数存在明显的差异，说明这两个二级区属于差异较大的兄弟功能区。Ⅸ2与Ⅸ1没有明显的主导功能，均以资源保障功能为约束功能，且资源保障的约束性在Ⅸ2表现得尤为明显。各区经济、社会与资源的相对程度见图21.1。

表21.1　中北高原区各二级区的可持续发展功能指数评价结果

二级区代码与名称		居住容载	就业支持	经济发展	资源保障	生态维衡	综合功能
Ⅸ1	黄河口水矿资源经济区	0.51	0.65	0.64	0.45	0.62	0.57
Ⅸ2	锡林郭勒草原生态经济区	0.49	0.59	0.58	0.26	0.53	0.49
	中北高原区	0.5	0.63	0.61	0.36	0.58	0.54

21.1.2　基于县域尺度分析

图21.2～图21.7是以中北高原区各县域单元的区域面积、人口与GDP为指标，基于区域可持续发展功能综合指数及各子功能指数绘制的指标累积曲线。

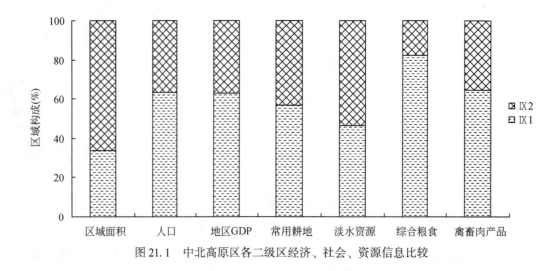

图 21.1　中北高原区各二级区经济、社会、资源信息比较

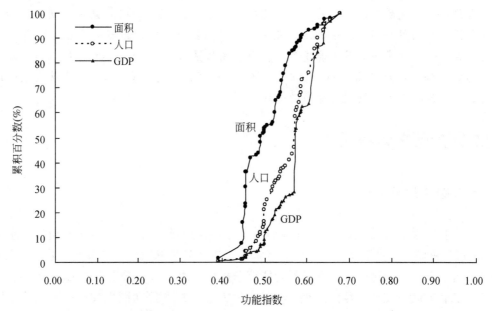

图 21.2　基于可持续发展功能综合指数的中北高原区累积曲线

　　图 21.2 揭示，中北高原区各县域单元可持续发展功能综合指数大多数集中在"低"与"较低"等级。当区域可持续发展功能综合指数为 0.4~0.55 及 0.6~0.7 时，人口与经济在县域尺度上的空间分布是比较均质的。当可持续发展功能综合指数为 0.55~0.6 时，GDP 累积曲线和人口累积曲线之间的差距总体上经历了一个先扩大然后逐步缩小的过程。中北高原区的 48 个组成县域单元中，可持续发展功能综合指数为"低"和"较低"水平等级的县域共 39 个，县域面积合计占全区的 91%，人口占全区的 73%，GDP 占全区的 62%。该区可持续发展功能综合指数为"一般"的县域共 8 个，面积合计占全区的 9%，人口占全区的 27%，GDP 占全区的 38%。可见，中北高原区的发展程度整体上还不高。

　　从居住容载功能（图 21.3）看，中北高原区共 45 个即 94% 县域单元居住容载功能为"低"与"较低"水平。这些县域的面积、人口、GDP 合计分别占全区的 98%、91% 与 96%。居住容载功能为"较高"和"一般"的县域一共仅 3 个，面积、人口和 GDP 合计分别占全区的 2%、9% 与 4%。由图 21.3 可知，中北高原区人口累积曲线与面积累积曲线、GDP 累积曲线高度重合且较为垂直，说明从居住容载功能的角度来看，该区各县域单元的人口、GDP 分布是相对均匀的。同时，该区居住容载功能普遍较低，说明从居住角度，中北高原区不宜大规模地发展劳动力密集产业。

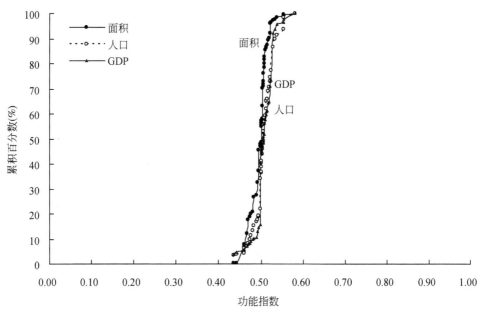

图 21.3　基于居住容载功能指数的中北高原区累积曲线

从就业支持功能（图 21.4）角度看，全区 50% 即 24 个的县域单元的就业支持功能等级为"较高"与"高"，其他县域单元的就业支持功能等级基本为"一般"和"较低"。就业支持功能指数为 0.82 是人口累积曲线与 GDP 累积曲线相对关系的重要分界线，该线的左侧人口累积百分数与 GDP 累积百分数的差距不断扩大，该线右侧二者的差距快速缩小。

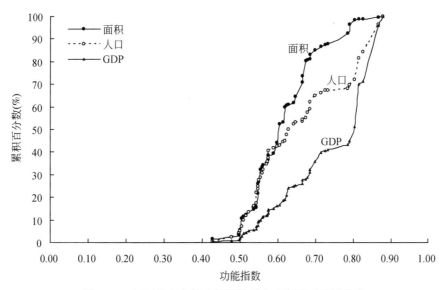

图 21.4　基于就业支持功能指数的中北高原区累积曲线

从经济发展功能（图 21.5）角度看，在中北高原区县域面积累积曲线总体呈分段线性，人口累积曲线总体呈线性，而 GDP 累积曲线成指数增长曲线。经济发展功能指数为 0.65，是人口累积曲线与 GDP 累积曲线相对关系的重要分界线。该线的左侧人口累积百分数与 GDP 累积百分数的差距具有扩大的剪刀差特征，该线右侧二者的剪刀差逐渐缩小。

从生态维衡功能（图 21.6）角度看，中北高原区 75% 县域面积生态维衡功能为"较低"和"低"。这些县域单元的人口合计占全区总人口的 34%，GDP 占全区的 24%。该区 GDP 曲线有两次跳跃。一次跳

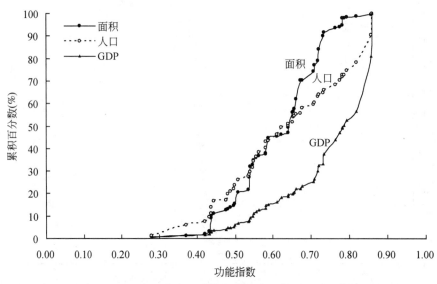

图21.5　基于经济发展功能指数的中北高原区累积曲线

跃发生在生态维衡功能为0.60，对应的县域单元是包头市，包头市的面积占中北高原区的0.8%，分布着全区12.2%的人口和24.7%的GDP。另一次跳跃发生在生态维衡功能为0.80，对应的县域单元是呼和浩特市辖区，该市辖区的面积占中北高原区的0.5%多，分布着全区9.6%的人口和18.9%的GDP。从图21.6可见，在生态维衡功能指数大于0.8时，GDP累积曲线和人口累积曲线高度重叠，说明这些县域单元的人均GDP基本接近。

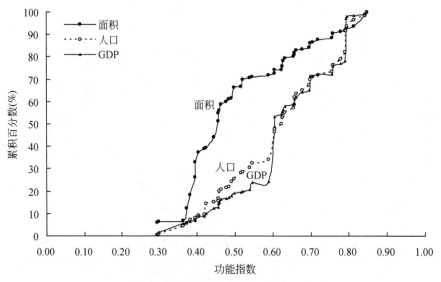

图21.6　基于生态维衡功能指数的中北高原区累积曲线

从资源保障功能（图21.7）角度看，该区高功能者低富裕或资源拥有者贫困现象并不明显。全区共35个县域单元（占总县数的77%）资源保障功能指数为"低"和"较低"，这些县域单元的总面积占全区的85%，人口占全区的67%，GDP占全区的81%。资源保障功能指数为"一般"的县域单元共7个，县域面积合计占全区的9%、人口占全区的15%，GDP占全区的9%。资源保障功能为"较高"和"高"的县域单元共6个，面积合计占全区总面积的6%，人口占全区总人口的18%，GDP占全区的10%。由图21.7可知，该区多数县域单元的资源保障功能相对较低，说明该区的资源约束问题既是宏观层面问题，也是中微观层面问题。

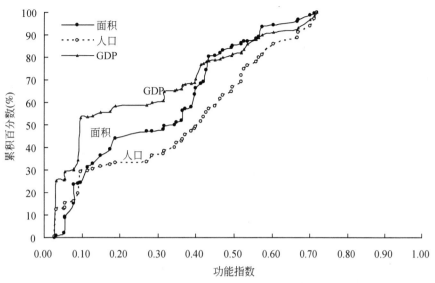

图 21.7　基于资源保障功能指数的中北高原区累积曲线

21.2　黄河口水矿资源经济区（Ⅸ1）

21.2.1　区域总体特征

黄河口水矿资源经济区（Ⅸ1）由位于黄河口的巴彦淖尔市辖区、伊金霍洛、土默特左等26个县域单元构成（表21.2）。可持续发展评估表明，该区是可更新资源约束下的多功能发展区（图21.8）。总体上，该区属于利用水力和矿产的资源经济区。全区总面积13.6万平方公里，户籍人口765万人，占全国总人口的0.6%。人口密度56人/平方公里，在二级区中居第29位。区内常用耕地占全国的1.8%，在二级区中居第21位。综合粮食产量约占全国的1.3%，在二级区中居第21位。禽畜肉产品约占全国的0.86%，在二级区中居第23位。淡水资源总量占全国的0.19%，在二级区中居第36位；水资源密度为3.4万立方米/平方公里，在二级区居34位。全区GDP合计占全国的1.02%，在二级区中居第18位，人均GDP为3.4万元，GDP密度为219万元/平方公里，在二级区中分别居第7位与第18位，人均GDP在Ⅸ1的三级区中位于前列，说明区域经济相对较为发达。该区存在资源耗竭、水土流失以及土地沙漠化等资源环境问题。

表 21.2　Ⅸ1 分区及其组成单元基本信息

功能区代码	功能区名称	县域单元
Ⅸ1-1	黄河口灌溉农业经济区	巴彦淖尔市辖区、五原、磴口、乌拉特前、杭锦后
Ⅸ1-2	黄河口矿产资源经济区	乌海市、鄂托克前、鄂托克、杭锦、乌审、伊金霍洛
Ⅸ1-3	蒙中城镇带综合经济区	呼和浩特市辖区、土默特左、托克托、土默特右、和林格尔、清水河、鄂尔多斯市辖区、达拉特、准格尔
Ⅸ1-4	蒙中物流集散经济区	乌兰察布市辖区、丰镇市、卓资、兴和、凉城、察哈尔右翼前

21.2.2　子功能区特征

Ⅸ1 的4个子功能区中，黄河口灌溉农业经济区（Ⅸ1-1）由五原、磴口、乌拉特前等5个县域单元组

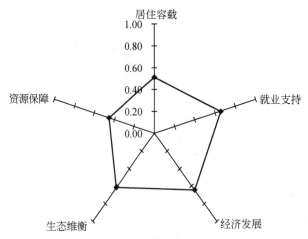

图 21.8　Ⅸ1 可持续发展功能评价结果

成，总面积 1.8 万平方公里，户籍人口 164 万人。黄河口矿产资源经济区（Ⅸ1-2）由鄂托克、杭锦、乌审等 6 个县域单元组成，总面积 7.0 万平方公里，户籍人口 102 万人。蒙中城镇带综合经济区（Ⅸ1-3）由呼和浩特市辖区、土默特左等 9 个县域单元组成，总面积 3.2 万平方公里，户籍人口 330 万人。蒙中物流集散经济区（Ⅸ1-4）由乌兰察布市辖区、丰镇市、卓资等 6 个县域单元组成，总面积 1.6 万平方公里，户籍人口 169 万人。

　　各子功能区的可持续发展功能评估结果见表 21.3～表 21.5。从表 21.3 可见，Ⅸ1 各子功能区可持续发展功能综合指数均为 0.57 左右，相对而言，Ⅸ1-3 的可持续发展功能综合指数最高，Ⅸ1-2 可持续发展功能综合指数最低。从人均 GDP 来看，Ⅸ1-2 人均 GDP 最高，但是Ⅸ1-2 过度依赖原材料采掘与直接输出，产业结构不合理，且区域经济主要耗竭性资源，长期上这种发展是不可持续的。Ⅸ1-3 和Ⅸ1-4 以生态维衡功能为主导方向，目前这两个三级区的经济发展总体上与生态环境保护不协调，特别是在Ⅸ1-3，土壤退化和水土流失问题严峻。从工业化程度上来看，Ⅸ1-2 和Ⅸ1-3 分别处于工业化的成熟期和后期，而Ⅸ1-1 和Ⅸ1-4 分别处于工业化的准备期和初期，可见Ⅸ1 的社会经济发展的区域差异较为显著。

表 21.3　Ⅸ1 各子功能区的可持续发展功能评价结果

功能区代码	居住容载	就业支持	经济发展	资源保障	生态维衡	综合功能
Ⅸ1-1	0.53	0.65	0.54	0.55	0.51	0.56
Ⅸ1-2	0.49	0.71	0.72	0.31	0.48	0.54
Ⅸ1-3	0.53	0.66	0.69	0.47	0.70	0.61
Ⅸ1-4	0.50	0.58	0.56	0.47	0.73	0.57

表 21.4　Ⅸ1 各子功能区基本社会经济与资源表

功能区代码	密度信息					人均信息					
	人口（人/平方公里）	GDP（万元/平方公里）	水资源（千立方米/平方公里）	综合粮食（吨/平方公里）	禽畜肉产品（吨/平方公里）	GDP（元/人）	耕地（亩/人）	水资源（立方米/人）	综合粮食（千克/人）	禽畜肉产品（千克/人）	水产品（千克/人）
Ⅸ1-1	86	113	25	175	11.1	13 227	3.7	296	2 043	129	0.0
Ⅸ1-2	16	93	27	11	2.2	57 078	2.8	1 647	701	133	0.0
Ⅸ1-3	136	584	52	73	6.2	42 853	2.2	383	536	45	0.0
Ⅸ1-4	105	153	42	50	10.9	14 515	3.0	397	476	103	0.0

表21.5　Ⅸ1各子功能区工业化发展阶段诊断及收入信息表

功能区代码	产业结构（%）			工业化发展阶段	农村人均纯收入（元）	城镇在岗职工年均工资（元）	城乡居民人均收入比
	第一产业	第二产业	第三产业				
Ⅸ1-1	37.8	35.1	27.1	准备期	5 300	15 540	2.0
Ⅸ1-2	5.9	61.4	32.7	成熟期	6 200	25 390	2.8
Ⅸ1-3	7.2	45.2	47.7	后期	5 670	22 780	2.8
Ⅸ1-4	19.0	51.8	29.2	初期	3 610	21 230	4.1

21.3　锡林郭勒草原生态经济区（Ⅸ2）

21.3.1　区域总体特征

锡林郭勒草原生态经济区（Ⅸ2）由位于锡林郭勒草原的锡林浩特市、阿巴嘎、苏尼特左等22个县域单元构成（表21.6）。可持续发展功能评估表明，该区是资源约束下的多功能发展区（图21.9）。该区草原生态系统的重要性决定该区属于维系区域生态平衡的生态经济区。全区总面积26.8万平方公里，户籍总人口446万人，占全国总人口的0.34%。人口密度16.7人/平方公里，在二级区中居第31位。区内常用耕地合计占全国的1.33%，在二级区中居第24位。淡水资源总量占全国的0.22%，在二级区中居第35位。综合粮食产量约占全国的0.29%，在二级区中居第33位。禽畜肉产品约占全国的0.47%，在二级区中居第23位。全区GDP合计占全国的0.6%，在二级区中居第23位，人均GDP为34 687元，GDP密度为65.8万元/平方公里，在二级区中分别居第6位与第31位。从人居GDP来看，该区在二级区中位于前列，但是从GDP密度上来看，则位于倒数几位。这主要是由于该区人口密度较小，经济发展主要依靠利用当地资源的缘故。

表21.6　Ⅸ2分区及其组成单元基本信息

功能区代码	功能区名称	县域单元
Ⅸ2-1	东部草原生态经济区	克什克腾、二连浩特市、锡林浩特市、阿巴嘎、苏尼特左、苏尼特右、太仆寺、镶黄、正镶白、正蓝、多伦、化德、商都、察哈尔右翼中、察哈尔右翼后
Ⅸ2-2	西部草原恢复保育发展区	包头市、固阳、武川、达尔罕茂明安、四子王、乌拉特中、乌拉特后

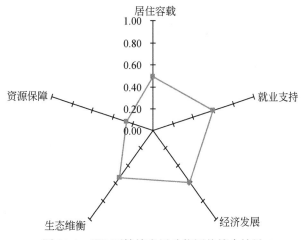

图21.9　Ⅸ2可持续发展功能评价综合结果

21.3.2 子功能区特征

IX2 的 2 个子功能区中，东部草原生态经济区（IX2-1）包括二连浩特市、锡林浩特市、阿巴嘎等 15 个县域单元，总面积 16.67 万平方公里，户籍人口 206 万人；西部草原恢复保育发展区（IX2-2）包括包头市、固阳、武川等 7 个县域单元，总面积 10.1 万平方公里，户籍人口 240 万人。

各子功能区的可持续发展功能评估结果见表 21.7，主要经济社会信息见表 21.8 和表 21.9。由表 21.7 可见，IX2 各子功能区可持续发展功能综合指数均在 0.5 左右，且以生态维衡功能为主导功能，以资源保障功能为显著的约束功能。IX2-1 和 IX2-2 均依赖当地生态资源优势来进行发展，尽管 GDP 总量和密度不高，二者的人均 GDP 远远高于中北高原区内的其他子功能区。对生态资源的依赖目前已经成为 IX2-1 和 IX2-2 发展的制约因素之一。一旦过度利用造成草原资源退化，将会影响这两个区的后续发展能力。尽管从产业结构上来看，这两个区均已经处于工业化的成熟期，但是由于过度依赖当地的自然资源，区域产业结构还需大幅度优化。草原是 IX2-1 和 IX2-2 的经济发展的持续活力与动力源泉，在发展的过程中应充分重视这一点，注意对草原的保护，避免过度利用。

表 21.7　IX2 各子功能区的可持续发展功能评价结果

功能区代码	居住容载	就业支持	经济发展	资源保障	生态维衡	综合功能
IX2-1	0.50	0.58	0.57	0.23	0.54	0.48
IX2-2	0.48	0.61	0.62	0.32	0.51	0.51

表 21.8　IX2 各子功能区基本社会经济与资源表

功能区代码	密度信息					人均信息					
	人口（人/平方公里）	GDP（万元/平方公里）	水资源（千立方米/平方公里）	综合粮食（吨/平方公里）	禽畜肉产品（吨/平方公里）	GDP（元/人）	耕地（亩/人）	水资源（立方米/人）	综合粮食（千克/人）	禽畜肉产品（千克/人）	水产品（千克/人）
IX2-1	12	22	22	4	1.7	17 629	4.2	1 777	296	137	0.0
IX2-2	30	138	17	9	1.1	46 350	3.0	568	313	37	0.0

表 21.9　IX2 各子功能区工业化发展阶段诊断及收入信息表

功能区代码	产业结构（%）			工业化发展阶段	农村人均纯收入（元）	城镇在岗职工年均工资（元）	城乡居民人均收入比
	第一产业	第二产业	第三产业				
IX2-1	15.5	55.5	28.9	成熟期	3 540	20 750	4.0
IX2-2	3.9	54.1	42.0	成熟期	4 260	21 440	3.5

22
黄土高原区

曹淑艳　谢高地　肖　玉

黄土高原区包括 4 个二级区、28 个三级区、258 个县域单元，总面积 54 万平方公里，户籍人口 9379 万人，人口密度为 173.6 人/平方公里。该区矿产资源丰富，生态环境本底脆弱，属于资源保障功能约束下的多功能发展区。该区可持续发展功能的总体定位是：围绕水、土、矿、服务特别是水资源为核心，以土地恢复保育为重点发展多功能生态农业，提高土地生产力；以资源产业链延伸为重点，促进资源经济生态化发展与产业聚集；以人口合理布局为重点，加快城镇化进程，发展生态城镇；以传统服务产品与生态服务产品供给为重点，多角度发展第三产业。各二级区的具体定位是：甘北宁西沿黄生态经济区（X1）和陕北高原生态经济区（X2）系耕地保育为主的功能区，关中平原综合经济区（X3）系支持人类集聚发展为主的功能区，晋陕矿产资源经济区（X4）为依托耗竭性资源积累发展资本的功能区。

22.1　功能区内部总体特征

22.1.1　基于二级区尺度分析

黄土高原区由 4 个二级区（表 22.1）、共 28 个三级区组成。各区经济、社会与资源的相对程度见图 22.1。4 个二级区中，甘北宁西沿黄生态经济区（X1）和陕北高原生态经济区（X2）属于耕地保育为主的功能区，关中平原综合经济区（X3）属于人类集聚发展为主的功能区，晋陕矿产资源经济区（X4）以资源开采和输出为主，属于耗竭性资源为发展依托的功能区。在二级区尺度上，黄土高原区可持续发展功能结果见表 22.1。该区可持续发展功能综合指数的区域分布规律是：各二级区的可持续发展功能综合指数大致相当，为 0.55 左右。居住容载功能与功能区类型相关，呈梯次分布，甘北宁西沿黄生态经济区和陕北高原生态经济区的居住容载功能指数相近，依次为 0.47 与 0.48，晋陕矿产资源经济区居住容载功能指数为 0.56，关中平原综合经济区居住容载功能指数最高，为 0.65。就业支持功能除了陕北高原生态经济区略低（为 0.56）外，其他三个区基本相当，为 0.68 左右。经济发展功能与就业支持功能的空间变化情况类似，功能指数除了陕北高原生态经济为 0.40 外，在其他三个区基本为 0.56 左右。从整体上看，黄土高原区没有明显的主导功能，均以资源保障为约束功能，但落实到二级区水平上，情况有所分异。X1、X3 与其母功能区一样，属于资源保障功能约束下的多功能发展区，但在 X4，生态维衡功能居主导地位。

表 22.1　黄土高原区各二级区的可持续发展功能指数评价结果

二级区代码与名称		居住容载	就业支持	经济发展	资源保障	生态维衡	综合功能
X1	甘北宁西沿黄生态经济区	0.47	0.68	0.56	0.32	0.66	0.54
X2	陕北高原生态经济区	0.49	0.56	0.40	0.36	0.75	0.51

二级区代码与名称		居住容载	就业支持	经济发展	资源保障	生态维衡	综合功能
X3	关中平原综合经济区	0.65	0.68	0.56	0.43	0.66	0.59
X4	晋陕矿产资源经济区	0.56	0.68	0.57	0.31	0.62	0.55
	黄土高原区	0.56	0.65	0.52	0.35	0.67	0.55

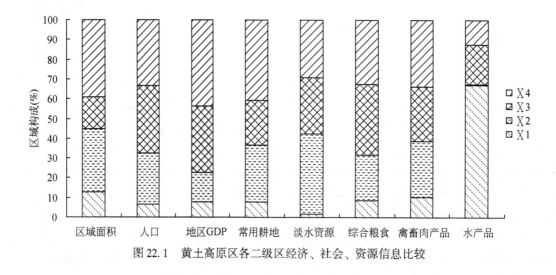

图 22.1　黄土高原区各二级区经济、社会、资源信息比较

22.1.2　基于县域尺度分析

图 22.2～图 22.7 是以黄土高原区各县域单元的区域面积、人口与 GDP 为指标，基于区域可持续发展功能综合指数及各子功能指数绘制的指标累积曲线。

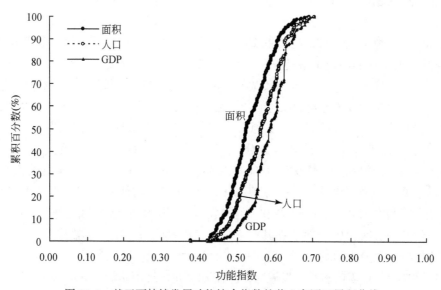

图 22.2　基于可持续发展功能综合指数的黄土高原区累积曲线

由图 22.2 可见，黄土高原区 84% 的县域总面积可持续发展功能综合指数为"低"和"较低"，这类县域单元共 199 个，分布着全区 78% 的总人口和 55% 的 GDP。可持续发展功能综合指数为"一般"和"较高"的县域有 59 个，面积合计占全区的 16%，人口占全区的 22%，GDP 占全区的 45%。由图 22.2

可知，GDP累积曲线存在三个分异点，分别在可持续发展综合指数为0.55、0.61与0.65时，在每个分异点的两侧，人均GDP呈现不同的变化趋势。

从居住容载功能（图22.3）看，黄土高原区共120个即46%的县域单元居住容载功能为"低"、"较低"水平。这些县域的面积、人口与GDP合计分别占全区的62%、46%和44%。居住容载功能为"较高"和"一般"的县域共138个，县域面积、人口和GDP合计分别占全区的38%、54%和56%。由图22.3可知，黄土高原区大部分县域单元的人口累积曲线位于GDP累积曲线的上方，可见，该区存在明显的经济相对集中区。分析发现，这样的区域主要为资源城市或市辖区。

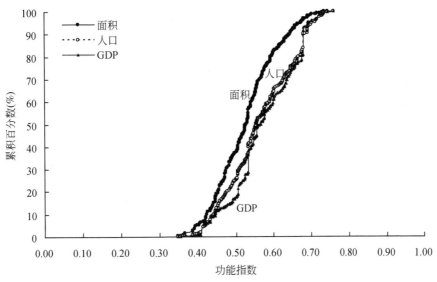

图22.3　基于居住容载功能指数的黄土高原区累积曲线

从就业支持功能（图22.4）角度看，全区153个即58%的县域单元的就业支持功能等级为"较高"与"高"，有105个县域单元的就业支持功能等级为"一般"和"较低"。就业支持功能指数为0.80左右，是人口累积曲线与GDP累积曲线相对关系的重要分界线，该线的左侧人口累积百分数与GDP累积百分数之差距具有扩大的剪刀差特征，该线右侧二者的剪刀差逐渐缩小。

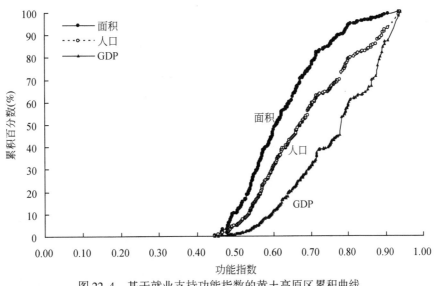

图22.4　基于就业支持功能指数的黄土高原区累积曲线

从经济发展功能（图22.5）角度看，黄土高原区县域面积累积曲线与人口累积曲线总体成直线型，且前者的斜率更大，而 GDP 累积曲线由指数曲线与直线复合而成。三条累积曲线的关系总体上表现为：县域面积累积曲线位于人口累积曲线的上方，而后者又位于 GDP 累积曲线的上方。可见，该区经济发展功能指数高的地方，人均财富相对较高。

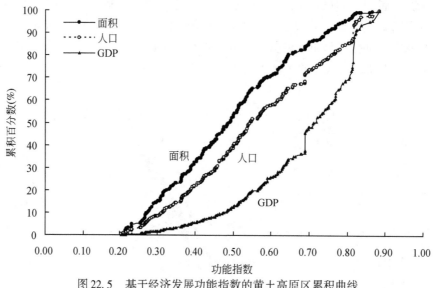

图 22.5　基于经济发展功能指数的黄土高原区累积曲线

从生态维衡功能（图 22.6）看，黄土高原区近 4/5 的县域面积生态维衡指数为"高"或"较高"。这部分县分布该区 70% 左右的人口和 GDP。说明该区人类经济活动分布对自然生态系统具有很高的依赖性。

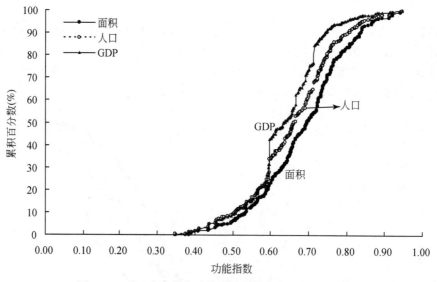

图 22.6　基于生态维衡功能指数的黄土高原区累积曲线

从资源保障功能（图 22.7）看，该区高功能者低富裕或资源拥有者贫困现象也明显存在。全区约 10% 的县域面积资源保障功能指数为"低"和"较低"，这些县域单元汇集了全区 25% 的人口和 43% 的 GDP。资源保障功能为"较高"与"高"的县域单元面积不足全区总面积的 5%，这些县域单元承载着黄土高原区 10% 多的人口和 6% 多的 GDP。综合而言，黄土高原区多数县域单元资源保障功能相对较低，说明该区各功能区发展主要受到资源的制约。

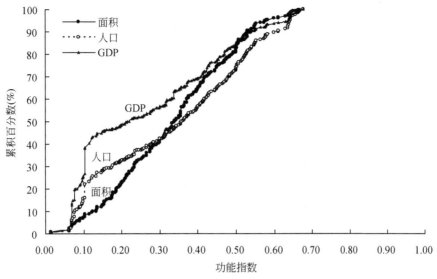

图 22.7 基于资源保障功能指数的黄土高原区累积曲线

22.2 甘北宁西沿黄生态经济区（X1）

22.2.1 区域总体特征

甘北宁西沿黄生态经济区（X1）由甘肃北部、宁夏西部等沿黄河分布的 17 个县域单元构成。总体上，该区属于耕地保育型的生态发展区（图 22.8）。全区总面积 7 万平方公里，户籍总人口 613 万人，占全国总人口的 0.6%。人口密度 88.2 人/平方公里，在二级区中居第 26 位。区内常用耕地合计占全国的 0.79%，在二级区中居第 28 位。淡水资源总量占全国的 0.04%，在二级区中居第 28 位。综合粮食产量约占全国的 0.42%，在二级区中居第 31 位。禽畜肉产品约占全国的 0.30%，在二级区中居第 30 位。水产品产量占全国的 0.2%，在二级区中居第 16 位。该区水资源密度在二级区中是最小的，为 1.4 万立方米/平方公里。全区 GDP 合计占全国的 0.37%，在二级区中居第 28 位。人均 GDP 为18 690元，GDP 密度为157 万元/平方公里，在二级区中分别居第 14 位与第 20 位。从经济发展程度上，X1 高于 X2 与 X3，低于 X4，在空间属于 X2、X3 和 X4 之间的过渡区。X1 存在一定程度的土地沙化现象，年降水量较少，受耕地保育制约相对明显，其水土资源与直接关系到 X1 的可持续发展进程。

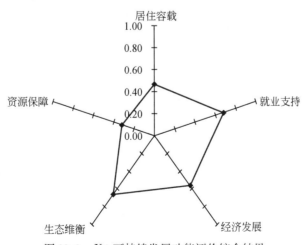

图 22.8 X1 可持续发展功能评价综合结果

22.2.2 子功能区特征

X1 包括 3 个子功能区（表 22.2）。甘北沿黄矿产资源经济区（X1-1）由皋兰、白银市辖区、靖远和景泰 4 个县域单元组成，总面积 1.7 万平方公里，户籍人口共 139 万人；宁西沿黄矿产资源经济区（X1-2）由盐池、同心、海原 3 个县域单元组成，总面积 2.1 万平方公里，户籍人口共 99 万人；宁夏平原灌溉农业经济区（X1-3）由位于宁夏平原灌区的宁夏市辖区、永宁、贺兰等 10 个县域单元组成，总面积 3.2 万平方公里，户籍人口共 375 万人。

表 22.2　X1 分区及其组成单元基本信息

功能区代码	功能区名称	县域单元
X1-1	甘北沿黄矿产资源经济区	皋兰、白银市辖区、靖远、景泰
X1-2	宁西沿黄矿产资源经济区	盐池、同心、海原
X1-3	宁夏平原灌溉农业经济区	银川市辖区、永宁、贺兰、石嘴山市辖区、平罗县、吴忠市辖区、青铜峡市、中卫市、中宁、灵武市

各子功能区的可持续发展功能评估结果见表 22.3。X1-1 和 X1-2 可持续发展功能综合指数均在 0.51 左右，而 X1-3 可持续发展功能综合指数为 0.56。从约束功能方面来看，各区均以资源保障功能为明显的约束功能。从主导功能上来看，X1-1 和 X1-2 的主导功能为生态维衡功能，而 X1-3 的主导功能为就业支持功能。

表 22.3　X1 各子功能区的可持续发展功能评价结果

功能区代码	居住容载	就业支持	经济发展	资源保障	生态维衡	综合功能
X1-1	0.44	0.63	0.53	0.25	0.71	0.51
X1-2	0.45	0.61	0.37	0.36	0.74	0.51
X1-3	0.49	0.72	0.63	0.33	0.62	0.56

各子功能区的主要经济社会信息见表 22.4 与表 22.5。可见，X1 各个子功能区之间的发展并不平衡，X1-3 处于工业化的成熟期，而 X1-1 和 X1-2 分别处于工业化的准备区和初期。X1-1 区和 X1-2 工业化程度较低主要是由于过度依赖原材料采掘与资源简单输出。总体上看，X1 的三个子功能区均存在耕地退化问题，区域经济应围绕着耕地保育与资源集约利用，走生态经济化的发展道路。

表 22.4　X1 各子功能区基本社会经济与资源表

功能区代码	密度信息					人均信息					
	人口（人/平方公里）	GDP（万元/平方公里）	水资源（千立方米/平方公里）	综合粮食（吨/平方公里）	禽畜肉产品（吨/平方公里）	GDP（元/人）	耕地（亩/人）	水资源（立方米/人）	综合粮食（千克/人）	禽畜肉产品（千克/人）	水产品（千克/人）
X1-1	80	120	14	22	2.0	15 046	1.7	178	275	25	0.0
X1-2	44	20	16	17	2.0	4 594	4.6	378	385	45	0.0
X1-3	113	266	12	48	5.5	23 591	1.2	103	427	49	22.1

表 22.5　甘北宁西沿黄生态经济区（X1）各子功能区工业化发展阶段诊断及收入信息表

功能区代码	产业结构（%）			工业化发展阶段	农村人均纯收入（元）	城镇在岗职工年均工资（元）	城乡居民人均收入比
	第一产业	第二产业	第三产业				
X1-1	11.3	58.4	30.3	准备期	2 490	18 240	5.1
X1-2	27.0	31.2	41.8	初期	2 250	24 040	7.4
X1-3	8.5	55.2	36.2	成熟期	4 170	22 060	3.6

22.3　陕北高原生态经济区（X2）

22.3.1　区域总体特征

陕北高原生态经济区（X2）由陕西、青海东部、甘肃南部、甘肃与宁夏交界处等甘肃北部、宁夏西部等沿黄河分布的 68 个县域单元构成。总体上，该区属于耕地保育型的生态发展区（图 22.9）。全区总面积 17.3 万平方公里，户籍总人口 2455 万人，占全国总人口的 1.85%。人口密度 142 人/平方公里，在二级区中居第 21 位。区内常用耕地合计占全国的 3%，在二级区中居第 14 位。淡水资源总量占全国的 0.91%，在二级区中居第 27 位。综合粮食产量约占全国的 1.15%，在二级区中居第 22 位。禽畜肉产品约占全国的 0.83%，在二级区中居第 25 位。该区水资源密度在二级区中处于第 27 位，为 12.9 万立方米/平方公里。全区 GDP 合计占全国的 0.71%，在二级区中居第 22 位。人均 GDP 为 8620 元，GDP 密度为 120 万元/平方公里，在二级区中分别居第 33 位与第 22 位。从经济发展程度上，X2 属于黄土高原区欠发展区，该区的发展受到土地退化、资源相对较少、工业不发达等多种因素的制约，其中水土资源保护的影响尤为显著。

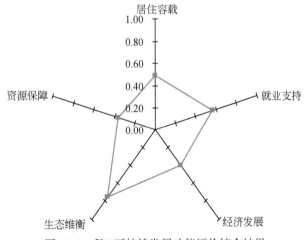

图 22.9　X2 可持续发展功能评价综合结果

22.3.2　子功能区特征

X2 包括 7 个子功能区（表 22.6）。青东沿黄生态农牧经济区（X2-1）包括西宁市辖区、乐都、湟中等 11 个县域单元，总面积 2.8 万平方公里，户籍人口 316 万人。甘南沿黄城镇带区（X2-2）包括榆中、会宁、定西市等 5 个县域单元，总面积 1.7 万平方公里，户籍人口 378 万人。甘南渭河流域生态农业区（X2-3）包括武山、张家川、通渭、陇西等 18 个县域单元，总面积 3.3 万平方公里，户籍人口共 651 万人。陇东生态农业区（X2-4）包括彬县、平凉市、泾川等 15 个县域单元，总面积 2.6 万平方公里，户籍人口 438 万人。甘南沿江天水综合经济区（X2-5）包括天水市辖区、秦安、成县等 6 个县域单元，总面积 1.6 万平方公里，户籍人口 232 万人。甘东南长江水系保育发展区（X2-6）包括岷县、陇南市辖区、宕昌等 9 个县域单元，总面积 3.4 万平方公里，户籍人口共 294 万人。甘宁交界水土保育发展区（X2-7）包括环县、华池、彭阳等 4 个县域单元，总面积 2.0 万平方公里，户籍人口共 116 万人。

表 22.6　X2 分区及其组成单元基本信息

功能区代码	功能区名称	县域单元
X2-1	青东沿黄生态农牧经济区	西宁市辖区、平安、民和、乐都、湟中、互助、化隆、循化、尖扎、贵德、贵南
X2-2	甘南沿黄城镇带区	兰州市辖区、榆中、会宁、定西市、永靖
X2-3	甘南渭河流域生态农业区	清水、甘谷、武山、张家川、通渭、陇西、渭源、临洮、漳县、庄浪、静宁、临夏市、康乐、广河、和政、东乡族、西吉、隆德
X2-4	陇东生态农业区	彬县、长武、旬邑、平凉市、泾川、灵台、崇信、华亭、庆阳市、庆城、合水、正宁、宁县、镇原、泾源
X2-5	甘南沿江天水综合经济区	略阳、天水市辖区、秦安、成县、两当、徽县
X2-6	甘东南长江水系保育发展区	岷县、陇南市辖区、宕昌、康县、文县、西和、礼县、舟曲、迭部
X2-7	甘宁交界水土保育发展区	环县、华池、固原市辖区、彭阳

各子功能区的可持续发展功能评估结果见表 22.7。X2 各子功能区可持续发展功能综合指数均在 0.5 左右，且以生态维衡为主导功能，以资源保障功能为显著的或相对明显的约束功能。各类区域发展功能的程度在 X2 各子功能区中的顺位总体一致，表现为：生态维衡功能>居住容载功能>经济发展功能>就业支持功能>资源保障功能。理论上，X2 各子功能的发展具有很好的一致性。实际情况也大致如此，但是地区 GDP 水平上有所差异，详见表 22.8 和表 22.9 所列的该区主要经济社会信息。

表 22.7　X2 各子功能区的可持续发展功能评价结果

功能区代码	居住容载	就业支持	经济发展	资源保障	生态维衡	综合功能
X2-1	0.39	0.56	0.47	0.30	0.80	0.50
X2-2	0.42	0.64	0.54	0.32	0.76	0.54
X2-3	0.48	0.55	0.31	0.45	0.75	0.51
X2-4	0.57	0.60	0.41	0.36	0.68	0.52
X2-5	0.56	0.46	0.37	0.77	0.77	0.55
X2-6	0.45	0.48	0.33	0.32	0.84	0.49
X2-7	0.49	0.56	0.46	0.28	0.68	0.49

表 22.8　X2 各子功能区基本社会经济与资源表

功能区代码	密度信息					人均信息					
	人口（人/平方公里）	GDP（万元/平方公里）	水资源（千立方米/平方公里）	综合粮食（吨/平方公里）	禽畜肉产品（吨/平方公里）	GDP（元/人）	耕地（亩/人）	水资源（立方米/人）	综合粮食（千克/人）	禽畜肉产品（千克/人）	水产品（千克/人）
X2-1	119	163	95	29	5.0	13 702	1.4	800	246	42	0.1
X2-2	218	431	44	21	4.2	19 726	1.2	200	98	19	0.0
X2-3	197	66	106	64	5.9	3 368	2.3	540	327	30	0.0

功能区代码	密度信息					人均信息					
	人口（人/平方公里）	GDP（万元/平方公里）	水资源（千立方米/平方公里）	综合粮食（吨/平方公里）	禽畜肉产品（吨/平方公里）	GDP（元/人）	耕地（亩/人）	水资源（立方米/人）	综合粮食（千克/人）	禽畜肉产品（千克/人）	水产品（千克/人）
X2-4	162	124	53	59	4.9	7 654	2.0	329	365	30	0.0
X2-5	160	131	273	34	3.1	8 182	0.8	1 703	210	20	0.0
X2-6	79	24	267	15	2.1	3 007	1.3	3 371	188	27	0.0
X2-7	62	36	36	17	2.2	5 819	2.2	576	280	35	0.0

表 22.9　X2 各子功能区工业化发展阶段诊断及收入信息表

功能区代码	产业结构（%）			工业化发展阶段	农村人均纯收入（元）	城镇在岗职工年均工资（元）	城乡居民人均收入比
	第一产业	第二产业	第三产业				
X2-1	9.5	46.2	44.3	后期	2 700	23 610	6.0
X2-2	4.4	44.4	51.1	后期	2 080	19 510	6.5
X2-3	35.3	24.8	39.9	准备期	1 900	19 010	6.9
X2-4	20.3	51.6	28.1	准备期	2 100	20 190	6.6
X2-5	14.7	45.5	39.8	初期	1 980	16 200	5.6
X2-6	34.8	22.1	43.1	准备期	1 500	16 640	7.6
X2-7	15.3	55.7	29.0	初期	2 030	21 120	7.2

从经济发展的角度来看，X2 各子功能区分为两类。一类由 X2-1 与 X2-2 组成，这两个三级区处于工业化的后期阶段，产业结构较为合理，人居 GDP 明显高于其他兄弟功能区，分别为人均 1.37 万元和 1.97 万元。X2-1 与 X2-2 除外的其他子功能区组成一类。该类子功能区目前处于工业化的初期或者准备区，经济不发达、产业不协调问题突出。X2-3 是 X2 中人均常用耕地资源数量最多、人均 GDP 最低的子功能区，尽管其第三产业在区域经济中所占比重已经超过 30%，但是以低端服务业为主。X2-4 是 X2 中人均综合粮食最高的子功能区，也是第二产业比重次高的子功能区。该区农民收入在 X2 中属次低者，这主要是由于该区农业经济依托于粮食经济，缺乏多样性，农民在粮食生产、加工和贸易中的各个环节中获益较低。X2-5 和 X2-7 则处于工业化准备区向初期的过渡期，各项产业关系尚未完全理顺。X2-6 是 X2 的生态高地区，但无论在人均水平上还是在密度水平上，该区均是 X2 的经济社会发展洼地区，协调好生态保育与经济发展之间的关系，是这一区域面临的重大难题。总体来看，X2 各子功能区受地理区位影响比较明显，耕地、水土流失等为该区的主要发展制约因素。

22.4　关中平原综合经济区（X3）

22.4.1　区域总体特征

关中平原综合经济区（X3）由位于关中平原的宜君、千阳、韩城市、华阴市等 63 个县域单元构成。总体上，该区属于资源制约型的综合经济发展区（图 22.10）。全区总面积 8.8 万平方公里，户籍总人口 3184 万人，占全国总人口的 2.4%。人口密度为 362 人/平方公里，在二级区中居第 9 位。区内常用耕地合计占全国的 2.3%，在二级区中居第 16 位。淡水资源总量占全国的 0.63%，在二级区中居第 32 位。综合粮食产量约占全国的 1.67%，在二级区中居第 18 位。禽畜肉产品约占全国的 0.98%，在二级区中居第

21 位。该区水资源密度为 17.5 万立方米/平方公里。GDP 合计占全国的 1.64%，在二级区中居第 19 位。人均 GDP 为 15 370 元，GDP 密度为 545 万元/平方公里，在二级区中分别居第 19 位与第 10 位。从经济发展程度上，X3 属于黄土高原区的过渡区，尽管受到水土资源保护等制约因素的影响，但整体上而言，该区的生态经济化模式已经具有相当的基础，未来应进一步深化发展。

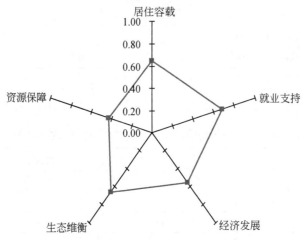

图 22.10　X3 可持续发展功能评价综合结果

22.4.2　子功能区特征

X3 包括 7 个子功能区（表 22.10）。关中平原矿产经济区（X3-1）包括铜川市辖区、宜君、千阳等 7 个县域单元，总面积 0.9 万平方公里，户籍人口 206 万人。关中平原生态农业经济区（X3-2）包括岐山、扶风、礼泉等 6 个县域单元，总面积 0.5 万平方公里，户籍人口共 295 万人。宝鸡城镇带区（X3-3）包括宝鸡市辖区、陇县、凤县 3 个县域单元，总面积 0.9 万平方公里，户籍人口 176 万人。关中盆地生物多样性保育发展区（X3-4）包括眉县、太白、留坝等 7 个县域单元，总面积 1.5 万平方公里，户籍人口也是 176 万人。关中平原城市圈区（X3-5）包括西安市辖区、蓝田、高陵等 9 个县域单元，总面积 1.5 万平方公里，户籍人口 1020 万人。陕晋黄河湾水土保育农业区（X3-6）包括运城市辖区、永济市、临猗等 25 个县域单元，总面积 1.4 万平方公里，户籍人口 1026 万人。晋南盆地物流集散经济区（X3-7）包括临汾市辖区、侯马市等 6 个县域单元，总面积 0.6 万平方公里，户籍人口共 285 万人。各子功能区的可持续发展功能评估结果见表 22.11，主要经济社会信息见表 22.12 和表 22.13。

表 22.10　X3 分区及其组成单元基本信息

功能区代码	功能区名称	县域单元
X3-1	关中平原矿产经济区	铜川市辖区、宜君、千阳、麟游、乾县、永寿、淳化
X3-2	关中平原生态农业经济区	凤翔、岐山、扶风、礼泉、武功、兴平市
X3-3	宝鸡城镇带区	宝鸡市辖区、陇县、凤县
X3-4	关中盆地生物多样性保育发展区	周至、户县、眉县、太白、留坝、佛坪、宁陕
X3-5	关中平原城市圈区	西安市辖区、蓝田、高陵、咸阳市辖区、三原、泾阳、富平、商洛市辖区、洛南
X3-6	陕晋黄河湾水土保育农业区	运城市辖区、永济市、临猗、万荣、新绛、稷山、河津市、闻喜、夏县、绛县、平陆、垣曲、渭南市辖区、韩城市、华阴市、华县、潼关、大荔、蒲城、澄城、白水、合阳、沁水、阳城、翼城
X3-7	晋南盆地物流集散经济区	临汾市辖区、侯马市、霍州市、曲沃、襄汾、洪洞

表 22.11　X3 各子功能区的可持续发展功能评价结果

功能区代码	居住容载	就业支持	经济发展	资源保障	生态维衡	综合功能
X3-1	0.64	0.60	0.43	0.37	0.67	0.54
X3-2	0.69	0.65	0.55	0.63	0.63	0.63
X3-3	0.55	0.71	0.62	0.27	0.73	0.58
X3-4	0.56	0.57	0.41	0.39	0.79	0.54
X3-5	0.67	0.70	0.60	0.44	0.64	0.61
X3-6	0.67	0.70	0.57	0.43	0.65	0.60
X3-7	0.63	0.81	0.73	0.41	0.53	0.62

表 22.12　X3 各子功能区基本社会经济与资源表

功能区代码	密度信息					人均信息					
	人口（人/平方公里）	GDP（万元/平方公里）	水资源（千立方米/平方公里）	综合粮食（吨/平方公里）	禽畜肉产品（吨/平方公里）	GDP（元/人）	耕地（亩/人）	水资源（立方米/人）	综合粮食（千克/人）	禽畜肉产品（千克/人）	水产品（千克/人）
X3-1	220	202	129	79	6.5	9 185	1.2	585	360	29	0.0
X3-2	627	624	132	333	30.7	9 956	1.1	210	531	49	0.0
X3-3	188	407	231	18	1.2	21 702	0.4	1 233	94	7	0.0
X3-4	119	101	333	59	6.0	8 556	1.0	2 811	495	50	0.0
X3-5	694	1 528	189	112	8.9	22 025	0.4	273	161	13	0.0
X3-6	332	384	114	120	6.3	11 544	1.5	342	361	19	1.8
X3-7	499	811	76	159	10.0	16 244	1.5	152	319	20	1.9

表 22.13　X3 各子功能区工业化发展阶段诊断及收入信息表

功能区代码	产业结构（%）			农村人均纯收入（元）	城镇在岗职工年均工资（元）	城乡居民人均收入比
	第一产业	第二产业	第三产业			
X3-1	20.6	45.0	34.4	2 370	16 550	4.8
X3-2	20.3	49.5	30.2	3 160	15 740	3.4
X3-3	5.3	62.5	32.2	2 730	18 260	4.6
X3-4	19.7	52.0	28.3	2 440	16 350	4.6
X3-5	6.3	45.7	48.0	3 090	16 980	3.8
X3-6	12.4	55.1	32.5	3 000	15 910	3.6
X3-7	5.4	62.7	32.0	4 910	18 900	2.7

　　X3 各子功能区可持续发展功能综合指数均约 0.6，各子功能区的约束功能和主导功能存在一定的差异（表 22.11）。X3-1 以原材料开采和输出为主要经济发展依托，以资源保障为约束功能，无明显的主导功能。X3-2 属于平原区，农业相对较为发达，无明显的约束功能和主导功能。X3-3 属于城市带，产业结构中工业占绝对优势，其人均 GDP 在 X3 各子功能区中居第一位，但是该区发展需要其他区域的资源支持。在发展的过程中如果不注重区域合作，X3-3 可能对周围区形成"空吸"效应，进而影响其他区域乃至本区的可持续发展。X3-4 是 X3 人均 GDP 最低的一个子功能区，很大程度上，这是由于 X3-4 负有重要的生物家园支持功能与公益性生态服务供给功能，但没有得到合适补偿的结果，因此在发展方向上应注意在维持本身的生态资源与服务的同时，将区域生态资源与服务优势转化为经济收益来源。X3-5 属

于城市圈，其特点与X3-3类似。X3-6系典型的农业区，区内水土流失现象较为明显，属于以耕地保育为约束功能的区域。X3-7以就业支持为主导功能。综合而言，X3的各个子功能区的产业结构均不合理，应注意区域联动，以X3-3和X3-5为带动点，相互补充，合理配置整个区域的资源，实现共同发展。

22.5 晋陕矿产资源经济区（X4）

22.5.1 区域总体特征

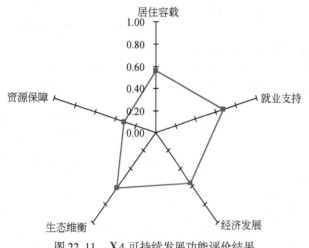

图22.11 X4可持续发展功能评价结果

晋陕矿产资源经济区（X4）由陕西北部、山西东部等110个县域单元构成。总体上，该区属于资源耗竭型的矿产资源经济区（图22.11）。全区总面积21万平方公里，户籍总人口3127万人，占全国总人口的2.4%。人口密度是149人/平方公里，在二级区中居第14位。区内常用耕地合计占全国的4.23%，在二级区中居第8位；淡水资源总量占全国的0.65%，在二级区中居第31位。综合粮食产量约占全国的1.61%，在二级区中居第18位。禽畜肉产品约占全国的0.98%，在二级区中居第21位。该区水资源密度在二级区中处于第30位，为7.6万立方米/平方公里。全区GDP合计占全国的2.1%，在二级区中居第12位。人均GDP

为1.99万元，GDP密度为290万元/平方公里，在二级区中分别居第12位与第15位。从经济发展程度上，X4属于黄土高原区经济较发达区域，但产业结构不合理，部分子功能区受到资源耗竭因素的影响，发展缺乏后劲与持续性，应当尽快转变经济发展模式，及时培育接替产业和进行产业升级。

22.5.2 子功能区特征

X4包括11个子功能区（表22.14）。各子功能区的可持续发展功能评估结果见表22.15，主要经济社会信息见表22.16和表22.17。从中可见，X4各子功能区可持续发展功能综合指数在0.46~0.58，各子功能区的约束功能、主导功能和经济社会发展水平存在一定差异。

陕北能源经济区（X4-1）包括石楼、子长、绥德、米脂等8个县域单元，总面积1.4万平方公里，户籍人口共180万人。人口密度128人/平方公里，在X4中居第5位。该区可持续发展功能综合指数为0.46，在X4各子功能区处于最低，以资源保障功能为相对约束功能，功能指数为0.30，但经济发展功能为0.37，功能也"低"，其他可持续发展功能指数基本接近，为0.53~0.54。由于区内能源矿产资源丰富，该区在区域可持续发展中属于能源经济区。但是，目前X4-1经济以原材料开采和输送为主，产业结构不合理，人均收入低，城乡差距大。2007年，该区人均GDP在X4各子功能区中居最后一位，GDP密度为66万元/平方公里，在X4中居倒数第2位。三次产业构成为23.8%：37.8%：38.4%，是X4中农业占比最高和工业最不发达的子功能区。农村人均收入2010元，城镇在岗职工年均工资20 070元，城乡居民人均收入比高达6.9之巨，在X4中居第一位。但该区农业生产力相对较高，粮食产出密度为41吨/平方公里，在X4中居第2位。除了X4-1外，X4-5与X4-8也是以能源为主要经济发展依托的三级区。进一步的分析表明，虽然它们之间经济发展程度存在较大的差异，但是面临相同的资源耗竭、发展缺乏持续动力问题。

　　陕西北生态农业经济区（X4-2）包括延安市辖区、延川、安塞、志丹、吴起、靖边、定边 7 个县域单元，总面积 2.8 万平方公里，户籍人口 172 万人。人口密度 59 人/平方公里，在 X4 中居倒数第 2 位。该区可持续发展功能综合指数为 0.56，在 X4 各子功能区处第 3 高，以资源保障功能为约束功能，功能指数为 0.28，以经济发展功能为主导功能，功能指数为 0.72。该区居住容载功能与 X4-1 接近，功能指数为 0.54，就业支持功能与生态维衡功能基本接近，功能指数分别为 0.53 与 0.54。在区域可持续发展功能定位上，该区属于资源约束下的生态经济区。区域经济社会发展程度在 X4 区中相对较好，但城乡差距也很大。2007 年，X4-1 GDP 密度为 246 万元/平方公里，在 X4 中居第 4 位，粮食产出密度为 19 吨/平方公里，在 X4 中居于中间地位，三次产业构成为 3.9%：87.0%：9.1%，是 X4 工业占比最高的子功能区。农村人均收入 2760 元，在 X4 中居于中等水平，城镇在岗职工年均工资 26 270 元，在 X4 中最高，城乡居民人均收入差距也非常显著，城乡居民人均收入比高达 6.6 之巨。

　　陕中北洛水生态旅游经济区（X4-3）包括甘泉、富县、洛川、黄龙、黄陵 5 个县域单元，总面积 1.3 万平方公里，户籍人口 62 万人。人口密度 47 人/平方公里，是 X4 人口密度最低的子功能区。该区是以资源保障功能为约束功能的多功能发展区。粮食产出密度为 24 吨/平方公里，在 X4 中居于中间地位。2007 年，该区 GDP 密度为 106 万元/平方公里，在 X4 中居第 3 位；三次产业构成比为 13.2%：73.1%：13.7%，是 X4 工业占比第二高的子功能区。农村人均收入 3300 元，在 X4 中居于前五位，城镇在岗职工年均工资 20 350 元，在 X4 中最二高，城乡居民人均收入比为 4.2。

　　陕东晋西沿黄水土保育经济区（X4-4）由陕西与山西两省东西交界处的 10 个县域单元组成，总面积 1.6 万平方公里，户籍人口 123 万人，人口密度 72 人/平方公里。该区也是以资源保障功能为约束功能的多功能发展区。

　　陕北资源城市综合区（X4-5）包括榆林市辖区、神木、府谷、横山 4 个县域单元，总面积 2.2 万平方公里，户籍人口共 147 万人。粮食产出密度为 11 吨/平方公里，人均综合粮食产量仅 162 千克，在 X4 各三级区中分别居最末尾和倒数第二位。2007 年，该区 GDP 密度为 161 万元/平方公里，三次产业构成比为 7.0%：71.1%：21.9%；农村人均收入 3440 元，城镇在岗职工年均工资 22 960 元，城乡居民人均收入比为 4.6。

　　吕梁山水土保育生态农业区（X4-6）包括兴县、临县、柳林、方山、离石市、中阳等 6 个山区县域单元，总面积 1.2 万平方公里，户籍人口 182 万人，人口密度 150 人/平方公里。区域经济社会发展滞后，城乡差距显著，是该区的总体特征。2007 年，该区粮食产出密度为 16 吨/平方公里，人均综合粮食产量仅 1105 千克，在 X4 各三级区中分别居倒数第二位和最尾位。GDP 密度为 157 万元/平方公里，人均 GDP 接近 15 000 元，三次产业构成比为 5.6%：62.7%：31.7%。农村人均收入 1780 元，在 X4 各三级区中最低，城镇在岗职工年均工资 17 820 元，城乡居民人均收入比高达 6.9。

　　吕梁山生物多样性保育发展区（X4-7）包括宁武、五寨、岢岚 3 个县域单元，总面积 0.5 万平方公里，户籍人口共 35 万人，人口密度 65 人/平方公里。该区是三晋母亲河——汾河的源头地区，是中国暖温带残存的天然次生林的重要完整分布集中区，以云杉与华北落叶松的故乡、国家一级保护野生动物褐马鸡的原产地而闻名。因而，X4-7 肩负生物多样性保护责任。该区也是 X4 中经济社会发展较为滞后的区域。2007 年，该区粮食产出密度为 13 吨/平方公里，GDP 密度为 50 万元/平方公里，人均 GDP 不足 8000 元，在 X4 各三级区中均最低。三次产业构成比为 16.5%：35.7%：47.7%。农村人均收入 1960 元，城镇在岗职工年均工资 15 100 元，城乡居民人均收入比高达 5.3。

　　大同盆地能源经济区（X4-8）由以大同市辖区为核心的 12 个县域单元组成，总面积 2.2 万平方公里，户籍人口 443 万人，人口密度 196 人/平方公里。该区是全国重要的能源保障区。人均耕地 3.4 亩，在 X4 各子功能区中最多，然而人均粮食占有量为 373 千克，在 X4 各子功能区中仅居第 3 位。2007 年，该区 GDP 密度为 367 万元/平方公里，人均 GDP 为 18 682 元，在 X4 各三级中均居前 3 位。三次产业构成比为 6.9%：55.6%：37.5%。农村人均收入 3330 元，城镇在岗职工年均工资 17 690 元，城镇居民的收入水平与该区的经济发展水平并不匹配。

晋北吕梁山水土保育区（X4-9）包括神池、河曲、保德、偏关 4 个县域单元，总面积 0.5 万平方公里，户籍人口共 51 万人，人口密度 96 人/平方公里。该区石灰岩资源丰富，由于低质、无序开发，目前区域生态破坏与环境污染问题十分突出。2007 年，该区人均耕地 1.6 亩，然而人均粮食占有量 258 千克，分别在 X4 各子功能区中居第 8 位与第 7 位。人均 GDP 不足 15 000 元，在 X4 各三级中居倒数第 3 位。三次产业构成为 9.1%∶57.8%∶33.1%。农村人均收入 2110 元，城镇在岗职工年均工资 15 240 元。

太行山晋东农矿复合经济区（X4-10）由位于山西省东部的 30 个太行山区县域单元组成，总面积 4.5 万平方公里，户籍人口 814 万人。该区是黄土高原区重要的粮畜产品生产区与高产区，矿产资源类型丰富，分布广泛，区域经济社会发展相对较好。2007 年，该区人口密度 181 人/平方公里，GDP 密度为 359 万元/平方公里，在 X4 各子功能区中均居第 2 位。人均粮食占有量 375 千克，在 X4 各子功能区中居于首位。人均 GDP 接近 20 000 元，三次产业构成为 5.8%∶58.8%∶35.3%。农村人均收入 3510 元，城镇在岗职工年均工资 18 780 元。分析表明，X4-10 属于产业接替与结构发展相对较好的区域。

太原城市圈区（X4-11）包括 21 个县域单元，总面积 2.9 万平方公里，户籍人口共 918 万人，该区是黄土高原区的经济增长极区。X4-11 作为区域内的都市圈，对周边区域起辐射作用，但是从相邻子功能区的发展程度上来看，该区存在明显集聚效应与吸空效应，造成相邻子功能区的人流和资源流向城市中转移，周边子功能区为此承担了额外的发展成本，同时发展机会也受到了不同程度的削弱与限制。

整体上来看，X4 属于依托耗竭型资源起飞区域经济社会发展的矿产资源经济区，区内经济社会发展程度较为不平衡，矿产资源经济增加值外溢问题突出，城乡收入差距过大。加上生态本底脆弱和耗竭型矿产资源开发具有耗竭性，该区在发展过程中应高度重视资源约束的影响，充分发挥大城市的辐射效应，对区域内的产业进行合理配置，改变过度依赖原材料开采和直接输送的工业模式，促进区域产业多态发展，并走产业生态化的发展道路。

表 22.14　X4 分区及其组成单元基本信息

功能区代码	功能区名称	县域单元
X4-1	陕北能源经济区	石楼、子长、绥德、米脂、佳县、吴堡、清涧、子洲
X4-2	陕西北生态农业经济区	延安市辖区、延川、安塞、志丹、吴起、靖边、定边
X4-3	陕中北洛水生态旅游经济区	甘泉、富县、洛川、黄龙、黄陵
X4-4	陕东晋西沿黄水土保育经济区	交口、吉县、乡宁、蒲县、大宁、永和、隰县、汾西、延长、宜川
X4-5	陕北资源城市综合经济区	榆林市辖区、神木、府谷、横山
X4-6	吕梁山水土保育生态农业区	兴县、临县、柳林、方山、离石市、中阳
X4-7	吕梁山生物多样性保育发展区	宁武、五寨、岢岚
X4-8	大同盆地能源经济区	大同市辖区、阳高、天镇、广灵、浑源、左云、大同、朔州市辖区、山阴、应县、右玉、怀仁
X4-9	晋北吕梁山水土保育区	神池、河曲、保德、偏关
X4-10	太行山晋东农矿复合经济区	灵丘、阳泉市辖区、平定、盂县、长治市辖区、长治、潞城市、襄垣、屯留、平顺、黎城、壶关、长子、武乡、沁县、沁源、晋城市辖区、陵川、泽州、高平市、五台、代县、繁峙、榆社、左权、和顺、昔阳、古县、安泽、浮山
X4-11	太原城市圈区	太原市辖区、清徐、阳曲、娄烦、古交市、忻州市辖区、原平市、定襄、静乐、孝义、汾阳市、文水、交城、岚县、晋中市辖区、介休市、寿阳、太谷、祁县、平遥、灵石

表 22.15　X4 各子功能区的可持续发展功能评价结果

功能区代码	居住容载	就业支持	经济发展	资源保障	生态维衡	综合功能
X4-1	0.54	0.53	0.37	0.30	0.54	0.46
X4-2	0.53	0.63	0.72	0.28	0.65	0.56
X4-3	0.62	0.59	0.57	0.21	0.71	0.54
X4-4	0.58	0.60	0.50	0.20	0.58	0.49
X4-5	0.53	0.67	0.59	0.27	0.58	0.53
X4-6	0.56	0.61	0.57	0.21	0.53	0.50
X4-7	0.50	0.71	0.41	0.21	0.72	0.51
X4-8	0.50	0.75	0.56	0.41	0.64	0.57
X4-9	0.52	0.68	0.50	0.18	0.57	0.49
X4-10	0.59	0.71	0.60	0.35	0.63	0.58
X4-11	0.56	0.73	0.61	0.34	0.62	0.57

表 22.16　X4 各子功能区基本社会经济与资源表

功能区代码	密度信息					人均信息					
	人口（人/平方公里）	GDP（万元/平方公里）	水资源（千立方米/平方公里）	综合粮食（吨/平方公里）	禽畜肉产品（吨/平方公里）	GDP（元/人）	耕地（亩/人）	水资源（立方米/人）	综合粮食（千克/人）	禽畜肉产品（千克/人）	水产品（千克/人）
X4-1	128	66	65	41	3.3	5 099	1.8	502	317	25	0.0
X4-2	59	246	51	19	2.2	41 735	2.7	866	327	37	0.0
X4-3	47	106	51	24	1.5	22 767	1.3	1 093	508	32	0.0
X4-4	72	88	68	26	1.6	12 133	1.7	940	358	22	0.2
X4-5	70	161	58	11	1.7	22 959	1.4	828	162	24	0.0
X4-6	150	157	48	16	1.7	10 486	1.8	323	105	11	0.2
X4-7	65	50	53	13	3.0	7 631	3.4	814	203	46	0.7
X4-8	196	367	73	51	5.8	18 682	3.4	373	262	30	0.4
X4-9	92	134	44	24	3.9	14 559	1.6	483	258	42	0.8
X4-10	181	359	128	68	5.4	19 861	2.0	705	375	30	0.7
X4-11	307	689	79	71	7.2	22 450	1.0	256	230	24	0.7

表 22.17　X4 各子功能区工业化发展阶段诊断及收入信息表

功能区代码	产业结构（%）			农村人均纯收入（元）	城镇在岗职工年均工资（元）	城乡居民人均收入比
	第一产业	第二产业	第三产业			
X4-1	23.8	37.8	38.4	2 010	20 070	6.9
X4-2	3.9	87.0	9.1	2 760	26 270	6.6
X4-3	13.2	73.1	13.7	3 300	20 350	4.2
X4-4	8.5	67.8	23.6	2 150	16 400	5.2
X4-5	7.0	71.1	21.9	3 440	22 960	4.6
X4-6	5.6	62.7	31.7	1 780	17 820	6.9
X4-7	16.5	35.7	47.7	1 960	15 100	5.3
X4-8	6.9	55.6	37.5	3 330	17 690	3.7
X4-9	9.1	57.8	33.1	2 110	15 240	5.0
X4-10	5.8	58.8	35.3	3 510	18 780	3.7
X4-11	4.0	55.3	40.7	3 980	16 730	2.9

23

中国可持续发展功能分区可视化系统

安 凯 肖 玉 谢高地

中国可持续发展功能分区可视化系统（光盘版）以光盘（CD-ROM）的形式，实现面向可持续发展的功能分区成果的可视化表达与查询分析。系统主要功能包括：功能分区成果的可视化表达、图形和属性的双向查询、查询结果的统计分析、制作统计图表、制作专题地图。系统以表格、地图、图表等多种方式，满足可持续发展政策制定者、区域社会经济研究人员了解和深入分析可持续发展功能分区成果的需要。系统集成了组件式地理信息系统运行许可，通过光盘的形式安装后即可使用。

中国可持续发展功能分区可视化系统（网站共享版）基于网络地理信息系统技术（Web GIS），实现中国可持续发展综合功能分区以及各类专题功能分区（人口分区、水资源分区、矿产资源分区）基于互联网的共享与发布。系统主要功能包括：各类功能分区地图快速浏览与操作、基于电子地图的空间查询与属性查询、电子地图保存与打印。系统以可视化的形式，为各级政府部门、科研机构、社会公众了解中国可持续发展功能分区情况提供支持。

23.1 中国可持续发展功能分区可视化系统设计

23.1.1 光盘版设计

23.1.1.1 系统开发环境

（1）硬件环境

CPU：600MHz 或以上。

内存：512M 或以上。

硬盘：650M 或以上剩余磁盘空间。

显存：32M 或以上。

（2）软件环境

操作系统：Microsoft Windows NT4.0（SP4 或以上）、Windows 2000（SP2 或以上）、Windows XP（SP2 或以上）、Windows Server 2003（SP1 或以上）、Windows Vista 系列、Windows Server 2008 系列、Windows 7 系列。

开发工具：Microsoft Visual Studio 2008 专业版，开发语言为 C#。

GIS 软件：北京超图 SuperMap Objects 6.0 开发版。

其他软件：Microsoft Data Access Component 2.7 或以上、Microsoft XML SDK 4.0、Microsoft DirectX 9。

23.1.1.2　系统总体结构设计

系统采用框架加组件的开发模式，由可扩展的系统主框架和面向不同功能需求的软件组件构成（图23.1）：

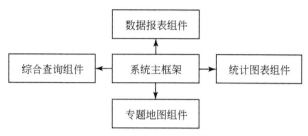

图 23.1　光盘版系统总体结构

(1)　系统主框架

系统主框架负责集成和调用各软件组件，提供的系统主工具栏用于在各组件之间进行切换。系统主框架同时提供获取联机帮助和退出系统的功能。

(2)　综合查询组件

综合查询组件负责显示和操作系统底图，并提供多种针对功能分区指标的查询功能。综合查询组件的主要功能包括指标选取、地图浏览、地图选择、邻域分析、地图量算、地图输出和查询操作。

(3)　数据报表组件

数据报表组件负责显示系统查询结果，并在此基础上提供多种数据分析功能。数据报表组件的主要功能包括报表目录浏览、报表保存、记录筛选、指标统计、指标运算、记录导航、报表导出、统计图表制作和专题地图制作。

(4)　统计图表组件

统计图表组件以多种类型的图表形式对数据查询结果进行展现。统计图表组件的主要功能包括图表目录浏览、指标选择、显示参数设置、图表保存、图表类型选择和图表输出。

(5)　专题地图组件

专题地图组件以多种专题地图的形式，展现数据的空间分布规律。专题地图组件的主要功能包括专题地图目录浏览、专题地图保存、制图向导、单值专题图制作、范围分段专题图制作、等级符号专题图制作、点密度专题图制作、统计专题图制作、地图浏览、显示图例和地图输出。

23.1.1.3　系统功能模块设计

(1)　系统主框架

系统主框架的主要职责是负责集成和切换各软件组件，并提供联机帮助和退出系统的功能。为方便使用，系统主框架表现为工具栏的形式，点击各工具栏按钮即可实现相应的功能：

1）"综合查询"按钮：切换到综合查询组件。

2）"数据报表"按钮：切换到数据报表组件。

3）"统计图表"按钮：切换到统计图表组件。

4）"专题地图"按钮：切换到专题地图组件。

5）"联机帮助"按钮：获取系统联机帮助。

6）"退出系统"按钮：退出系统。

(2)　综合查询组件

进入系统后，默认显示的是综合查询组件。综合查询组件负责显示地图并提供针对地图的各种操作。

在综合查询组件中，将显示各级功能分区的指标体系供用户选择，并可以根据用户的选择执行相应的查询操作。综合查询组件功能设计如表23.1所示。

表23.1 综合查询组件功能设计

一级功能	二级功能	功能描述
指标选取	指标选取	以列表的形式显示各级功能分区指标体系。对于每一级功能分区，可以选择多个指标进行查询。可以全选或全不选每一级功能分区的指标。指标列表可以隐藏或显示
地图浏览	放大	对地图进行放大操作，可以拉框放大也可以直接点击放大
	缩小	对地图进行缩小操作，可以拉框缩小也可以直接点击缩小
	缩放	对地图进行连续的自由缩放
	平移	对地图进行连续的上下左右移动操作
	全图	使地图在当前窗口中满窗显示
	刷新	清除地图窗口中绘制的临时对象，并在当前地图显示范围内重新绘制地图
地图选择	点选	在地图上单击选中查询对象。在点击的同时按住键盘上的<Shift>键，可以连续选中多个对象
	框选	在地图上绘制一个矩形，选中此矩形区域内的全部对象
	圆选	在地图上绘制一个圆形，选中此圆形区域内的全部对象
	多边形选	在地图上绘制一个多边形，选中此多边形区域内的全部对象
	全选	选中当前显示的功能分区图层中的全部对象
	不选	取消地图上所有被选中对象的选中状态
邻域分析	邻域分析	根据多边形对象的空间邻接关系，以选中的一个或多个空间对象为中心，得到与这些中心多边形相邻的所有多边形。可以同时对多个选中的多边形对象执行邻域分析
地图量算	距离量算	在地图上绘制线段（直线或折线），显示线段的长度
	面积量算	在地图上绘制多边形，显示多边形的面积
地图输出	地图输出	将当前地图窗口中的地图要素输出为图片，支持BMP、JPEG、PNG、TIFF图片文件类型
查询操作	查询操作	根据选择的功能分区对象及其指标，执行查询操作，系统将自动切换到数据报表组件

（3）数据报表组件

数据报表组件负责显示系统查询结果，并提供报表数据的保存、查询、筛选、运算、导出等功能，同时可以基于报表数据制作统计图表和专题地图。数据报表组件功能设计如表23.2所示。

表23.2 数据报表组件功能设计

一级功能	二级功能	功能描述
数据报表目录浏览	数据报表目录浏览	以列表的形式显示系统中已经保存的数据报表的名称。双击报表名称可以打开该报表。右键点击报表名称可以选择删除该报表
报表保存	报表保存	将查询生成新报表保存到数据库中
记录筛选	显示指标统计值	显示用来设置筛选条件的指标的最大值、最小值、平均值，作为设置筛选条件时的参考
	构造筛选条件	通过指定指标、运算符、操作值，构造一个筛选条件
	设置逻辑关系	可以设置多个筛选条件之间的逻辑关系，包括"并且（AND）"和"或者（OR）"两种，默认为"并且（AND）"
	添加筛选条件	将设置的筛选条件添加到筛选条件集合中
	显示筛选条件集合	将用户添加的筛选条件放到一个集合中，以筛选条件集合列表的形式显示
	清空筛选条件	清空筛选条件集合
指标统计	计算指标统计值	计算统计指标的最大值、最小值、平均值、合计值、标准偏差、方差
	导出统计结果	将统计结果导出为本地文件，支持txt和csv两种格式

一级功能	二级功能	功能描述
指标运算	显示可选指标列表	显示可供选择的指标名称列表，双击指标名称将该指标添加到指标计算公式中
	提供常用运算符	提供常用的基本运算符，如加、减、乘、除、括号等，点击运算符将其添加到指标计算公式中
	构造指标计算公式	通过可选指标、常用运算符和手工输入三种方式的组合，构造指标计算公式
	清空指标计算公式	清空指标计算公式
记录导航	首记录	选中数据报表中的第一条记录
	上移记录	选中数据报表中的上一条记录
	下移记录	选中数据报表中的下一条记录
	尾记录	选中数据报表中的最后第一条记录
报表导出	报表导出	将数据报表导出为本地文件，支持 txt 和 csv 两种格式
统计图表制作	统计图表制作	以数据报表的内容为数据源，生成统计图表，并自动切换到统计图表模块
专题地图制作	专题地图制作	以数据报表的内容为数据源，自动切换到专题地图模块，显示专题地图制图向导

（4）统计图表组件

统计图表组件以统计图表的形式实现功能分区信息的可视化，具备多种图表类型，并可以对图表显示参数进行设置，达到最佳的显示效果。统计图表组件功能设计如表 23.3 所示。

表 23.3　统计图表组件功能设计

一级功能	二级功能	功能描述
图表目录浏览	图表目录浏览	以列表的形式显示系统中已经保存的统计图表的名称。双击图表名称可以打开该图表。右键点击图表名称可以选择删除该图表
指标选取	指标选取	以列表的形式显示用来制作图表的指标，可以选择多个指标
显示参数设置	显示图例	确定图表中是否显示图例
	显示数值	确定图表中是否显示指标的取值
	显示标题	确定图表中是否显示标题
	三维效果	确定图表是否显示三维效果
视觉效果设置	缺省	图表显示为默认效果
	圆柱	图表显示为圆柱效果
	浮雕	图表显示为浮雕效果
	渐进	图表显示为渐进效果
	楔形	图表显示为楔形效果
图表保存	图表保存	将图表保存到数据库中
图表类型选择	图表类型选择	包括7种图表类型：柱形图、堆积柱形图、折线图、饼图、条形图、堆积条形图、圆环图
图表输出	图表输出	将图表输出为图片，支持 BMP、JPEG、PNG、TIFF 图片文件类型

（5）专题地图组件

专题地图组件以 GIS 特有的专题地图的形式实现功能分区信息的空间可视化，具备多种专题地图类型，从不同的角度展现可持续发展功能分区信息。专题地图组件功能设计如表 23.4 所示。

表 23.4　专题地图组件功能设计

一级功能	二级功能	功能描述
专题地图目录浏览	专题地图目录浏览	以列表的形式显示系统中已经保存的专题地图的名称。双击专题地图名称可以打开该地图。右键点击专题地图名称可以选择删除该地图
专题地图保存	专题地图保存	将专题地图保存到数据库中
制图向导	制图向导	主要用来选择专题地图类型。选中每类专题地图类型后，将提示该类型专题地图的描述信息和显示效果
单值专题图	选择专题字段	选择用来制作单值专题图的字段，单选
	设置随机色	为每个单值设置随机颜色
	设置渐进色	将所有单值按取值大小按渐进色显示
	单个修改颜色	单独修改每个单值的颜色
范围分段专题图	选择专题字段	选择用来制作范围分段专题图的字段，单选
	设置分段数量	为每个分段设置随机颜色
	设置渐进色	将所有分段按取值大小按渐进色显示
	单个修改颜色	单独修改每个分段的颜色
等级符号专题图	选择专题字段	选择用来制作等级符号专题图的字段，单选
	设置符号缩放比例	设置符号的缩放比例
	设置正值风格	设置取值为正的符号的显示风格
	设置负值风格	设置取值为负的符号的显示风格
点密度专题图	选择专题字段	选择用来制作点密度专题图的字段，单选
	设置每点代表的值	设置每一个点代表的取值
	设置点颜色	设置点的颜色
	设置点大小	设置点的大小
统计专题图	添加专题字段	添加用来制作统计专题图的字段，可多选
	移除专题字段	移除用来制作统计专题图的字段
	设置统计专题图类型	统计专题图包含9种类型，分别是柱形图、三维柱形图、饼图、三维饼图、玫瑰图、三维玫瑰图、堆积柱形图、三维堆积柱形图、圆环图
	设置随机色	为每个指标设置随机颜色
	单个修改颜色	单独修改每个指标的颜色
地图浏览	放大	对专题地图进行放大操作，可以拉框放大也可以直接点击放大
	缩小	对专题地图进行缩小操作，可以拉框缩小也可以直接点击缩小
	缩放	对专题地图进行连续的自由缩放
	平移	对专题地图进行连续的上下左右移动操作
	全图	使专题地图在当前窗口中满窗显示
显示图例	显示图例	确定是否显示专题图的图例
专题地图输出	专题地图输出	将专题地图输出为图片，支持BMP、JPEG、PNG、TIFF图片文件类型

23.1.2　网站共享版设计

23.1.2.1　系统开发环境

中国可持续发展功能分区可视化系统（网站共享版）（以下简称系统）开发的软硬件环境需要满足以下要求：

（1）硬件环境

CPU：2.4GHz 或以上。

内存：2GB 或以上。

硬盘：1GB 或以上剩余磁盘空间。

显存：32M 或以上。

（2）软件环境

操作系统：Windows XP（SP2 或以上）、Windows Server 2003（SP1 或以上）、Windows Server 2008 系列、Windows 7 系列。

Web GIS 平台：SuperMap IS. NET 6.0 企业版。

其他软件：. NET Framework 3.5 SP1、Microsoft Data Access Component 2.7 或以上、Microsoft XML SDK 4.0、Microsoft DirectX 9。

23.1.2.2　系统总体结构设计

系统主要由系统标题栏、地图目录列表、系统工具栏和地图及信息窗口组成（图23.2）。

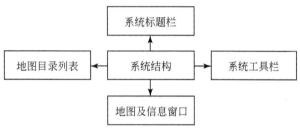

图 23.2　网站共享版系统总体结构

（1）系统标题栏

系统标题栏主要是展示系统标题。

（2）地图目录列表

系统地图目录窗口主要负责展示系统需要展示的地图目录。以树形目录的形式来展示，包括一级目录、二级目录和三级目录（即地图名称列表）。

（3）系统工具栏

系统工具栏主要由地图常用功能组成。包括拉框放大、拉框缩小、地图平移、全幅显示、点选查询、框选查询、圆选查询、多边形查询、清除高亮、地图保存、地图图例、距离量算、面积量算和系统窗口全屏。

（4）地图及信息窗口

系统地图及信息窗口主要显示系统的地图、地图滑动条（地图缩放条）及地图查询结果信息。地图滑动条（地图缩放条）包括向上下左右平移地图、地图全幅显示、逐级比例尺放大地图、逐级比例尺缩小地图和任意比例尺级别浏览地图。地图查询结果信息包括查询结果列表和查询结果详细信息。查询结果列表是将查询返回的结果以列表的形式展示；查询结果详细信息是展示每条查询结果的详细信息。

23.1.2.3　系统功能模块设计

（1）系统标题栏

进入系统后，在系统界面的最上方就是系统标题栏，用于显示系统名称，即中国可持续发展功能分区可视化系统（网站共享版）。

（2）地图目录列表

进入系统之后，在左侧的面板就是系统的地图目录列表，主要是以树状目录的形式来展示地图。目前树状目录分为三级，第一级目录就是一级分类的名称，第二级目录就是二级分类的名称，第三级目录就是地图名称的列表。点击第一级目录和第二级目录名称将逐级展开树状目录；点击第三级目录中的地图名称，将在地图窗口中显示点击的地图。

（3）系统工具栏

系统工具栏主要提供常用的地图操作功能，主要包括拉框放大、拉框缩小、地图平移、全幅显示、点选查询、框选查询、圆选查询、多边形查询、清除高亮、地图保存、地图图例、距离量算、面积量算和系统窗口全屏。主要功能设计如表 23.5 所示。

表 23.5　地图常用功能

一级功能	二级功能	功能描述
拉框放大	拉框放大	对地图进行放大，先点击拉框放大按钮，然后在地图上拉框对地图放大
拉框缩小	拉框缩小	对地图进行缩小，先点击拉框缩小按钮，然后在地图上拉框对地图缩小
地图平移	地图平移	对地图进行连续的上下左右移动操作
全幅显示	全幅显示	使地图在当前窗口中满窗显示
点选查询	点选查询	点击点选查询按钮，在地图上单击选中查询对象，然后列出查询结果的列表以及详细信息
框选查询	框选查询	点击框选查询按钮，在地图上绘制一个矩形，选中此矩形区域内的全部对象，然后列出查询结果的列表以及详细信息
圆选查询	圆选查询	点击圆选查询按钮，在地图上绘制一个圆形，选中此圆形区域内的全部对象，然后列出查询结果的列表以及详细信息
多边形查询	多边形查询	点击多边形查询按钮，在地图上绘制一个多边形，选中此多边形区域内的全部对象，然后列出查询结果的列表以及详细信息
清除高亮	清除高亮	对地图上查询得到的高亮结果进行清除，例如对距离量算、面积量算、点选查询、框选查询、圆选查询和多边形查询的结果进行清除
地图保存	地图保存	将当前地图窗口中的地图要素保存为图片，支持 BMP、JPEG、PNG、TIFF 图片文件类型
地图图例	地图图例	对地图要素以图文列表的形式进行描述
距离量算	距离量算	在地图上绘制线段（直线或折线），显示线段的长度
面积量算	面积量算	在地图上绘制多边形，显示多边形的面积
系统窗口全屏	系统窗口全屏	让系统窗口满屏显示，即相当于按 F11 按钮操作

（4）地图及信息窗口

地图及信息窗口用于放置系统地图以及显示地图查询结果信息，功能设计如表 23.6 所示。

表 23.6　地图及信息窗口功能设计

一级功能	二级功能	功能描述
显示地图	显示地图	显示地图目录列表中选中的地图
地图滑动条（地图缩放条）	向上平移地图	点击按钮，使地图向上平移
	向下平移地图	点击按钮，使地图向下平移
	向左平移地图	点击按钮，使地图向左平移
	向右平移地图	点击按钮，使地图向右平移
	地图全幅显示	点击按钮，使地图在当前窗口中满窗显示
	逐级比例尺放大地图	点击按钮，使地图在当前比例尺级别基础上逐级放大
	逐级比例尺缩小地图	点击按钮，使地图在当前比例尺级别基础上逐级缩小
	任意比例尺级别浏览地图	点击滑动条上的比例尺，是地图切换此比例尺下显示

续表

一级功能	二级功能	功能描述
地图查询结果信息	查询结果列表	对地图感兴趣的对象进行查询操作（点选查询、框选查询、圆选查询或多边形查询）后，以列表的形式返回符合查询条件的结果
	查询结果详细信息	对地图感兴趣的对象进行查询操作（点选查询、框选查询、圆选查询或多边形查询）后，以列表的形式返回符合查询条件的结果，然后点击查询结果列表的记录，可以查看对应查询结果的详细信息

23.2 中国可持续发展功能分区可视化系统（光盘版）使用手册

23.2.1 系统概述

23.2.1.1 系统简介

中国可持续发展功能分区可视化系统（光盘版）（以下简称"系统"）以光盘（CD-ROM）的形式，实现面向可持续发展的功能分区成果的可视化表达与查询分析。系统主要功能包括：功能分区成果的可视化表达、图形和属性的双向查询、查询结果的统计分析、制作统计图表、制作专题地图。系统以表格、地图、图表等多种方式，满足可持续发展政策制定者、区域社会经济研究人员了解和深入分析可持续发展功能分区成果的需要。系统集成了组件式地理信息系统运行许可，通过光盘的形式安装后即可使用。

23.2.1.2 系统运行环境

（1）硬件环境
CPU：600MHz 或以上。
内存：512M 或以上。
硬盘：650M 或以上剩余磁盘空间。
显存：32M 或以上。
（2）软件环境
操作系统：Microsoft Windows NT4.0（SP4 或以上）、Windows 2000（SP2 或以上）、Windows XP（SP2 或以上）、Windows Server 2003（SP1 或以上）、Windows Vista 系列、Windows Server 2008 系列、Windows 7 系列。
其他软件：Microsoft Data Access Component 2.7 或以上；Microsoft XML SDK 4.0；Microsoft DirectX 9。

23.2.2 系统功能组织

23.2.2.1 系统主界面布局

系统主界面由三部分组成（图23.3）：①系统主工具栏：系统主工具栏负责系统各主要模块之间的切换，同时提供获取系统联机帮助和退出系统的功能。②模块成果目录：模块成果目录以列表的方式分别显示各模块保存的分析成果，对于不同的模块显示各自不同的内容。③模块显示窗口：可视化显示系统各主要模块的内容，包括综合查询模块、数据报表模块、统计图表模块和专题地图模块。

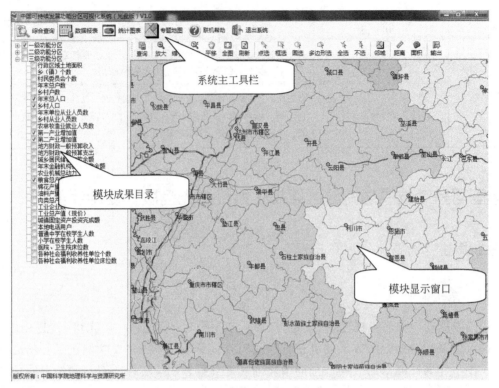

图 23.3　系统主界面布局

23.2.2.2　系统主工具栏

系统主工具栏各按钮的功能（图 23.4）：①"综合查询"按钮：切换到综合查询模块。②"数据报表"按钮：切换到数据报表模块。③"统计图表"按钮：切换到统计图表模块。④"专题地图"按钮：切换到专题地图模块。⑤"联机帮助"按钮：获取系统联机帮助。⑥"退出系统"按钮：退出系统。

图 23.4　系统主工具栏

23.2.2.3　综合查询模块

综合查询模块包括（图 23.5）：①各级分区指标目录：分级别显示各级功能分区指标。用鼠标双击目录右侧的竖形条，可以隐藏或显现该目录。②综合查询工具栏：提供查询功能和各类地图操作功能。③地图显示区：显示系统地图和各类地图操作结果。

23.2.2.4　数据报表模块

数据报表模块包括（图 23.6）：①数据报表目录：显示系统中已经保存的数据报表名称。双击报表名称，即可打开并显示该报表。用鼠标双击目录右侧的竖形条，可以隐藏或显现该目录。②数据报表工具栏：提供报表数据的保存、查询、筛选、运算、导出等功能，同时提供基于报表数据制作统计图表和专题地图的功能。③数据显示区：显示报表数据和各类数据操作结果。

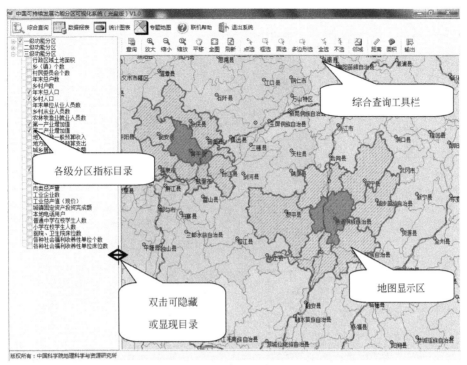

图 23.5　综合查询模块布局

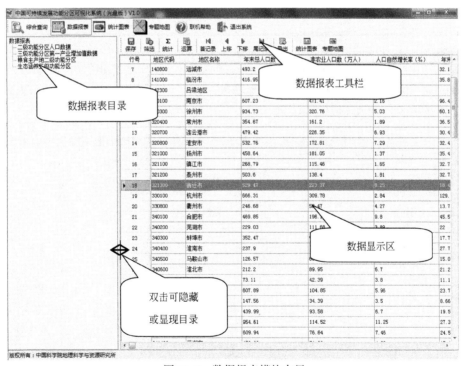

图 23.6　数据报表模块布局

23.2.2.5　统计图表模块

统计图表模块包括（图 23.7）：①统计图表目录：显示系统中已经保存的统计图表名称。双击图表名称，即可打开并显示该图表。用鼠标双击目录右侧的竖形条，可以隐藏或显现该目录。②统计图表工具栏：提供统计图表保存、图表类型切换、输出等功能。③指标选择区：选择用来制作统计图表的指标。④显示参数设置区：设置与统计图表显示效果有关的参数。⑤图表显示区：显示统计图表和各类图表操作结果。

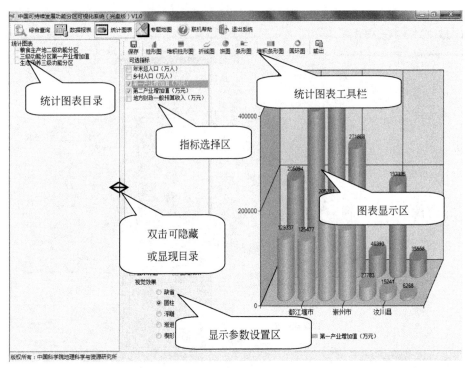

图 23.7　统计图表模块布局

23.2.2.6　专题地图模块

专题地图模块包括（图 23.8）：①专题地图目录：显示系统中已经保存的专题地图名称。双击专题地图名称，即可打开并显示该地图。用鼠标双击目录右侧的竖形条，可以隐藏或显现该目录。②专题地图工具栏：提供专题地图保存、向导、浏览、输出等功能。③专题地图显示区：显示专题地图和各类地图操作结果。④图例显示区：显示专题地图图例。

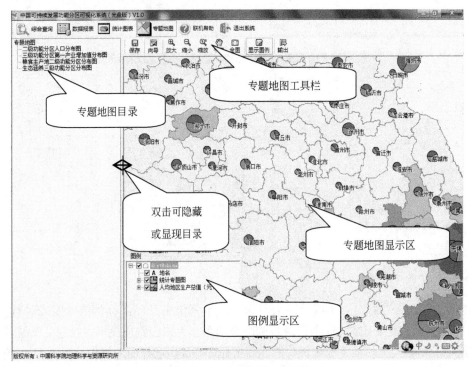

图 23.8　专题地图模块布局

23.2.3 系统模块使用指南

23.2.3.1 综合查询模块

综合查询模块的主要功能包括：指标选取、地图浏览、地图选择、邻域分析、地图量算、地图输出和查询操作。

（1）指标选取

在各级分区指标目录中，可以选取各级功能分区的查询指标，选定的查询指标将通过查询操作显示在数据报表模块中（图23.9）。点击图中的功能分区节点（一级节点），可以选中或取消该级别功能分区的全部指标；点击指标节点（二级节点），可以选中或取消单个指标。

（2）地图浏览

地图浏览功能包括：①放大 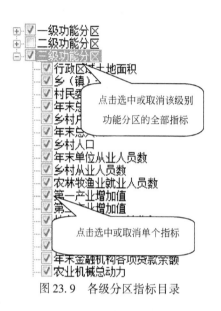：点击放大按钮后，可以对地图进行放大操作。如果进行拉框放大，地图会放大到框选范围。如果直接鼠标点击放大，系统会将鼠标点击处作为地图的中心点并放大2倍。②缩小 ：点击缩小按钮后，可以对地图进行缩小操作。如果进行拉框缩小，地图会缩小到框选范围。如果直接鼠标点击缩小，系统会将鼠标点击处作为地图的中心点并缩小为操作前大小的1/2。③缩放 ：点击缩放按钮后，可以对地图进行连续的自由缩放。④平移 ：点击平移按钮后，可以对地图进行连续的上下左右移动操作。⑤全图 ：点击全图按钮后，地图将根据当前显示窗口的大小来调整缩放比例，使得地图在当前窗口中满窗显示。⑥刷新 ：点击刷新按钮，将清除地图窗口中绘制的临时对象，并在当前地图显示范围内重新绘制地图。

图 23.9 各级分区指标目录

（3）地图选择

地图选择功能包括（图23.11）：①点选 ：点击点选按钮后，可以用鼠标在地图上单击选中查询对象。在点击的同时按住键盘上的<Shift>键，可以连续选中多个对象。②框选 ：点击框选按钮后，在地图上单击并按下鼠标左键，然后拖动鼠标在地图上绘制一个矩形，在此矩形区域内的对象全部被选中。③圆选 ：点击圆选按钮后，在地图上单击并按下鼠标左键，然后拖动鼠标在地图上绘制一个圆形，在此圆形区域内的对象全部被选中。④多边形选 ：点击多边形选按钮后，在地图上的不同位置连续点击鼠标左键，绘制一个任意多边形（按右键结束绘制），在此多边形区域内的对象全部被选中。⑤全选 ：点击全选按钮后，地图窗口中当前显示的功能分区图层中的全部对象都将被选中。⑥不选 ：点击不选按钮后，地图上所有被选中的对象都将取消选中状态。

通过上述各种选择方式选中的查询对象，都将在地图上呈现选中状态（以红色斜条纹填充）（图23.10）。

图 23.10　查询对象选中状态

（4）邻域分析

邻域分析功能根据多边形对象的空间邻接关系，以选中的一个或多个空间对象为中心，得到与这些中心多边形相邻的所有多边形。中心多边形与相邻多边形共同成为系统查询操作的对象。邻域分析的操作步骤如下：①在地图上选取一个或多个多边形对象，作为进行邻域分析的中心多边形（图23.11）；②点击邻域分析按钮 邻域，系统将进行邻域分析，中心多边形将以绿色显示，与其相邻的多边形呈现选中状态（图23.12）。

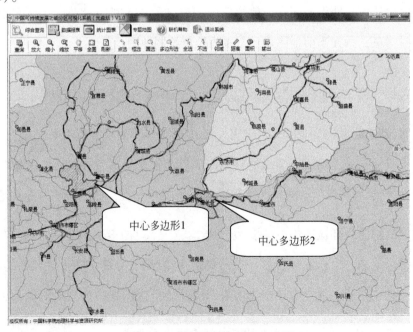

图 23.11　邻域分析中选中多边形

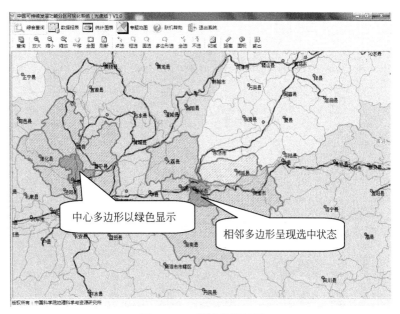

图 23.12　邻域分析结果

(5) 地图量算

地图量算功能包括：①距离量算 ![距离]：点击距离按钮后，就可以在地图上点击鼠标量算距离，单击右键结束，这时系统将提示得到的距离信息（图 23.13）。②面积量算 ![面积]：点击面积按钮后，就可以在地图上点击鼠标量算面积，单击右键结束，这时系统将提示得到的面积信息（图 23.13）。

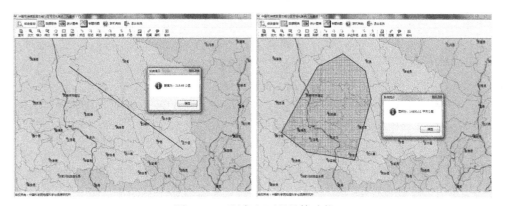

图 23.13　距离和面积量算功能

(6) 地图输出

点击输出按钮，系统将弹出地图输出对话框。在对话框中输入文件名称，选择文件类型，即可将当前地图窗口中的地图要素输出为图片。地图输出支持 BMP、JPEG、PNG、TIFF 图片文件类型。

(7) 查询操作

点击查询按钮 ![查询]，系统将生成数据报表，并自动切换到数据报表模块。在综合查询模块中选中的指标将显示为数据报表的列（即字段），在综合查询模块中选中的地图对象将显示为数据报表的行（即记录）（图 23.14）。

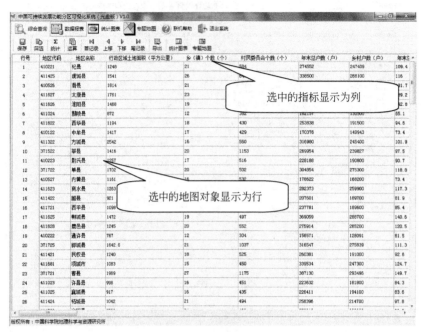

图 23.14　生成数据报表

23.2.3.2　数据报表模块

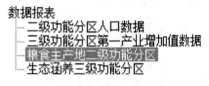

图 23.15　数据报表目录

数据报表模块的主要功能包括：报表目录浏览、报表保存、记录筛选、指标统计、指标运算、记录导航、报表导出、统计图表制作和专题地图制作。

（1）报表目录浏览

在数据报表目录中，双击报表名称（二级节点），即可打开并显示该报表（图 23.15）。

（2）报表保存

点击保存按钮，系统将弹出数据报表保存对话框。输入数据报表名称后，点击确定按钮，即将该数据报表保存到数据库中。

（3）记录筛选

记录筛选功能通过设置单个或多个过滤条件，对查询记录进行进一步的筛选，以得到更加符合查询分析需要的结果。点击筛选按钮 ，系统将显示如图 23.16 所示的记录筛选窗口。

记录筛选操作流程如下：①在指标下拉列表中，选择用来设置筛选条件的指标。系统根据所选指标的取值情况，自动在指标下方以蓝色字体提示指标取值的最大值、最小值与平均值，作为设置筛选条件中的操作值的参考。②在运算符下拉列表中，选择筛选条件包含的运算符。然后，在文本框中输入相应的操作值。③点击添加按钮即可将筛选条件添加到窗口下方的筛选条件列表中。④在添加多个筛选条件时，需要设置条件之间的逻辑关系——并且、或者，默认为并且。⑤点击确定按钮，数据报表中将只显示满足筛选条件的记录。如果要取消筛选，点击图 23.16 所示的筛选窗口中的清空按钮，清除筛选条件列表，然后点击确定按钮即可。

（4）指标统计

点击统计按钮 ，系统将显示如图 23.17 所示的统计结果窗口，以数据报表中显示的所有记录为

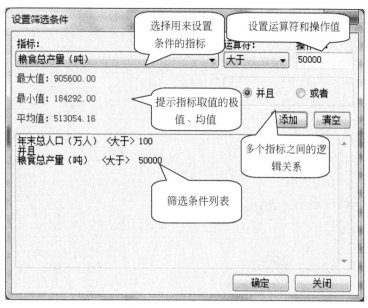

图 23.16　记录筛选窗口

统计对象，计算每一个指标的常用统计信息，包括：最大值、最小值、平均值、合计值、标准偏差和方差。点击窗口中的导出按钮，可以将统计分析结果导出为 csv 或 txt 文件。

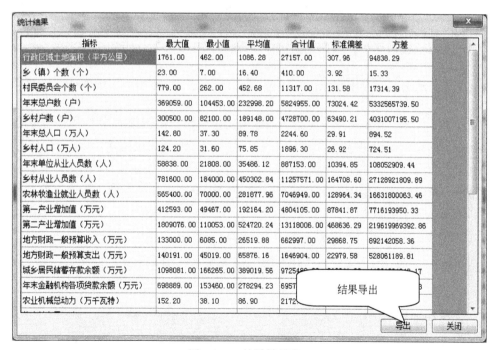

图 23.17　统计结果窗口

（5）指标运算

点击运算按钮 ，系统将显示如图 23.18 所示的指标运算器窗口。指标运算功能通过对数据库中已有的指标进行组合运算，达到新建指标的效果，操作流程如下（针对图 23.18 所示的指标运算器窗口）：①输入新建指标名称。②通过双击可选指标名称、点击常用运算符按钮，构建指标计算公式。选中的指标和运算符将自动显示在计算公式框中。也可以在计算公式框中手工输入运算符。③点击确定按钮，新建指标及该指标针对所有记录的取值都将显示在数据报表中。

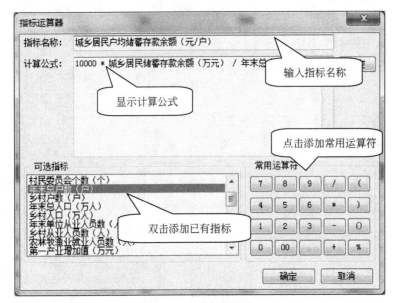

图 23.18　指标运算器窗口

（6）记录导航

记录导航功能主要用于定位数据报表中当前选中的记录，包括：①首记录 ![首记录]：点击首记录按钮，数据报表中的第一条记录将被选中，成为当前选中记录。②上移 ![上移]：点击上移按钮，当前选中记录的前一条记录将被选中，成为当前选中记录。③下移 ![下移]：点击下移按钮，当前选中记录的后一条记录将被选中，成为当前选中记录。④尾记录 ![尾记录]：点击尾记录按钮，数据报表中的最后一条记录将被选中，成为当前选中记录。

（7）报表导出

点击导出按钮，系统将弹出报表导出对话框，在对话框中输入文件名称，选择文件类型，即可将数据报表导出为 csv 或 txt 格式的文件。

（8）统计图表制作

点击统计图表按钮 ![统计图表]，系统将以数据报表的内容为数据源，生成统计图表，并自动切换到统计图表模块。

（9）专题地图制作

点击专题地图按钮 ![专题地图]，系统将以数据报表的内容为数据源，自动切换到专题地图模块，显示专题地图制图向导窗口。

23.2.3.3　统计图表模块

统计图表模块的主要功能包括：图表目录浏览、指标选择、显示参数设置、图表保存、图表类型选择和图表输出。

（1）图表目录浏览

在统计图表目录中，双击图表名称（二级节点），即可打开并显示该图表（图 23.19）。

（2）指标选取

在指标目录中，可以选取用来制作统计图表的指标。点击指标名称即可选中或取消该指标（图 23.20）。选取的指标将自动显示在统计图表中。

（3）显示参数设置

显示参数设置界面中的四个复选按钮是可以同时被选中的（图 23.21），分别用来控制图表是否显示图例、是否显示数值、是否显示标题和是否显示三维效果（图 23.22）。显示参数设置界面中的五个单选按钮只能有一个被选中（图 23.21），用来设置图表的视觉效果——缺省、圆柱、浮雕、渐进和楔形。

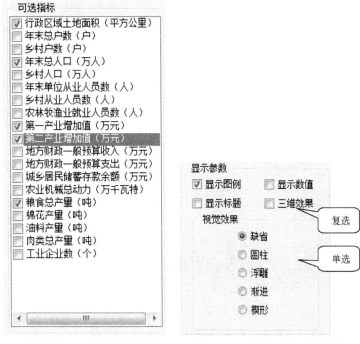

图 23.19　统计图表目录　　　　图 23.20　指标选取　　　　图 23.21　图表显示参数设置

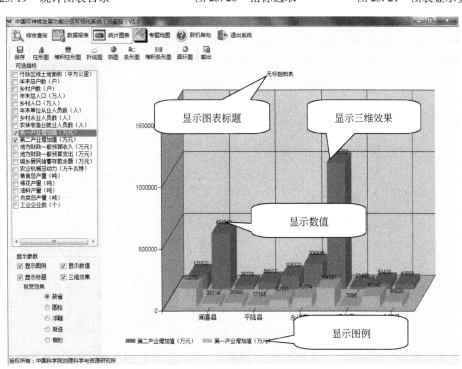

图 23.22　图表显示参数设置后

（4）图表保存

点击保存按钮，系统将弹出统计图表保存对话框。输入统计图表名称后，点击确定按钮，即将该统计图表保存到数据库中。

（5）图表类型选择

系统提供了7种类型的统计图表：柱形图、堆积柱形图、折线图、饼图、条形图、堆积条形图和圆环图（图23.23）。

图 23.23　图表类型选择功能

（6）图表输出

点击输出按钮，系统将弹出图表输出对话框。在对话框中输入文件名称，选择文件类型，即可将当前统计图表输出为图片。图表输出支持 BMP、JPEG、PNG 和 TIFF 图片文件类型。

23.2.3.4　专题地图模块

专题地图模块的主要功能包括：专题地图目录浏览、专题地图保存、制图向导、单值专题图制作、范围分段专题图制作、等级符号专题图制作、点密度专题图制作、统计专题图制作、地图浏览、显示图例和地图输出。

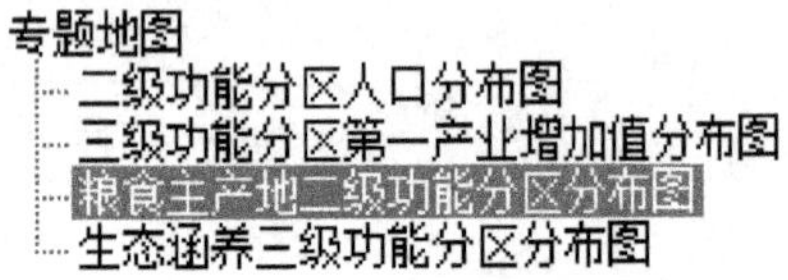

专题地图
　二级功能分区人口分布图
　三级功能分区第一产业增加值分布图
　粮食主产地二级功能分区分布图
　生态涵养三级功能分区分布图

图 23.24　专题地图目录

（1）专题地图目录浏览

在专题地图目录中，双击专题地图名称（二级节点），即可打开并显示该专题地图（图23.24）。

（2）专题地图保存

点击保存按钮，系统将弹出专题地图保存对话框。输入专题地图名称后，点击确定按钮，即将该专题地图保存到数据库中。

（3）制图向导

专题地图制作向导窗口主要用来选择专题地图类型。点击向导按钮  ，系统将显示专题地图制图向导窗口（图23.25）。选中每类专题图类型后，将提示该类型专题图的描述信息和显示效果。点击下一步按钮，将进入各种类型专题图的制作程序，系统将首先显示所选类型专题图的参数设置窗口。

图 23.25　专题地图制作向导窗口

（4）单值专题图制作

单值专题图根据单一的数据值来渲染地图对象的显示风格，每个不同的数值即为单值，用不同的颜色进行表达。在专题地图制作向导窗口中选择单值专题图，点击下一步按钮，系统将显示单值专题图参数设置窗口（图23.38）。

单值专题图制作流程如下：①选择用来制作专题图的字段，单值专题图只能包含一个专题字段。②设置每个单值对应的颜色。系统默认为每个单值生成随机色，点击生成随机色按钮可以达到同样的效果。也可以通过设置起始色和终止色，生成渐进的颜色序列。同时，用鼠标双击单值对应的颜色，将弹出颜色对话框，可以对每个颜色进行单独设定。③在单值专题图参数设置窗口中点击确定按钮，系统将显示制作完成的单值专题图（图23.26）。

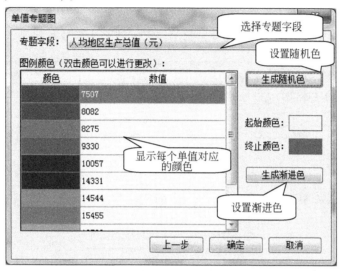

图 23.26　单值专题图参数设置窗口

（5）范围分段专题图制作

范围分段专题图将数据的取值分成若干段，根据每个值所在的分段范围赋予相应对象的显示风格。一般按照分段取值由小到大的顺序，用由浅到深的颜色进行地图渲染。在专题地图制作向导窗口中选择范围分段专题图，点击下一步按钮，系统将显示范围分段专题图参数设置窗口（图23.27）。

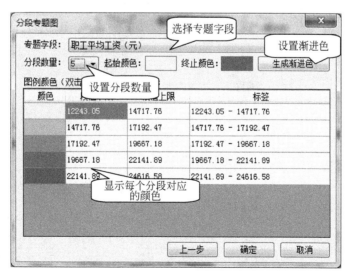

图 23.27　范围分段专题图参数设置窗口

　　范围分段专题图制作流程如下：①选择制作专题图的字段，范围分段专题图只能包含一个专题字段。②设置分段数量。③设置每个分段对应的颜色。系统默认生成由浅黄色到深红色的渐进色，可以通过修改起始色和终止色，生成相应的渐进色。同时，用鼠标双击每个分段对应的颜色，将弹出颜色对话框，可以对每个颜色进行单独设定。④点击确定按钮，系统将显示制作完成的范围分段专题图（图23.27）。

（6）等级符号专题图制作

　　等级符号专题图通过使用尺寸与数据值成比例的符号反映不同取值的比例关系。在专题地图制作向导窗口中选择等级符号专题图，点击下一步按钮，系统将显示等级符号参数设置窗口（图23.28）。

　　等级符号专题图制作流程如下：①选择制作专题图的字段，等级符号专题图只能包含一个专题字段。②设置符号缩放比例，默认值为100%，即不对符号进行缩放。③设置正值的风格和负值的风格。点击风格图片，将弹出符号风格对话框（图23.29），可以对正值风格和负值风格进行单独设定。④在等级符号专题图参数设置窗口中点击确定按钮，系统将显示制作完成的等级符号专题图。

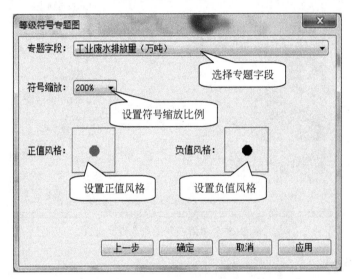

图 23.28　等级符号专题图参数设置窗口

图 23.29　符号风格对话框

(7) 点密度专题图制作

点密度专题图用点的密集程度反映数据值的大小，每个区域内有一定数量的点，每个点代表固定的取值，点数与点值的乘积即是该区域内数据的取值。在专题地图制作向导窗口中选择点密度专题图，点击下一步按钮，系统将显示点密度专题图参数设置窗口（图23.30）。

点密度专题图制作流程如下：①选择制作专题图的字段，点密度专题图只能包含一个专题字段。②设置每个点代表的值。③设置点的颜色和大小。点击点颜色框，将弹出颜色对话框，可以对颜色进行设定。④点击确定按钮，系统将显示制作完成的点密度专题图（图23.30）。

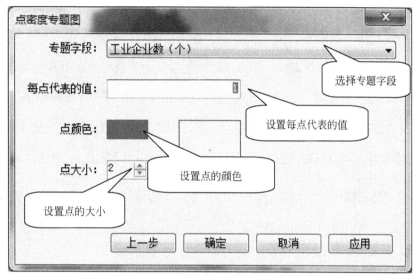

图23.30　点密度专题图参数设置窗口

(8) 统计专题图制作

统计专题图是一种多变量的专题图，可以同时分析多个统计指标，与传统意义上的统计图表类似，不同之处在于前者是基于地图平面表达数据的。由于地图具有可以任意缩放和自由平移的特点，统计专题图在表现力上要优于传统的统计图表，特别是对于饼图、圆环图等类型。在专题地图制作向导窗口中选择统计专题图，点击下一步按钮，系统将显示统计专题图参数设置窗口（图23.31）。

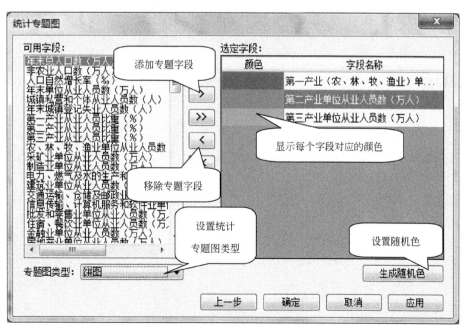

图23.31　统计专题图参数设置窗口

统计专题图制作流程如下：①选择制作专题图的字段，统计专题图可以包含多个专题字段。窗口中包含以下4个按钮，用于实现添加单个字段、添加全部字段、移除右侧列表中选中的单个字段和移除全部字段。②设置统计专题图类型。统计专题图包含9种类型，分别是：柱形图、三维柱形图、饼图、三维饼图、玫瑰图、三维玫瑰图、堆积柱形图、三维堆积柱形图和圆环图。③设置每个字段对应的颜色。系统默认为每个字段生成随机色，点击生成随机色按钮可以达到同样的效果。同时，用鼠标双击字段对应的颜色，将弹出颜色对话框，可以对每个颜色进行单独设定。④点击确定按钮，系统将显示制作完成的统计专题图（图23.31）。

（9）地图浏览

专题地图浏览功能包括：①放大：点击放大按钮后，可以对地图进行放大操作。如果进行拉框放大，地图会放大到框选范围。如果直接鼠标点击放大，系统会将鼠标点击处作为地图的中心点并放大2倍。②缩小：点击缩小按钮后，可以对地图进行缩小操作。如果进行拉框缩小，地图会缩小到框选范围。如果直接鼠标点击缩小，系统会将鼠标点击处作为地图的中心点并缩小为操作前大小的1/2。③缩放：点击缩放按钮后，可以对地图进行连续的自由缩放。④平移：点击平移按钮后，可以对地图进行连续的上下左右移动操作。⑤全图：点击全图按钮后，地图将根据当前显示窗口的大小来调整缩放比例，使得地图在当前窗口中满窗显示。

（10）显示图例

显示图例按钮，控制专题地图窗口中是否显示图例。点击该按钮，将在显示与不显示两种状态之间切换。

（11）专题地图输出

点击输出按钮，系统将弹出专题图输出对话框。在对话框中输入文件名称，选择文件类型，即可将当前专题地图窗口中的地图要素输出为图片，支持BMP、JPEG、PNG和TIFF图片文件类型。

23.3　中国可持续发展功能分区可视化系统（网络共享版）使用手册

23.3.1　系统概述

23.3.1.1　系统简介

中国可持续发展功能分区可视化系统（网站共享版）（以下简称"系统"）基于网络地理信息系统技术（Web GIS），实现中国可持续发展综合功能分区以及各类专题功能分区（人口分区、水资源分区、矿产资源分区）基于互联网的共享与发布。系统主要功能包括：各类功能分区地图快速浏览与操作、基于电子地图的空间查询与属性查询、电子地图保存与打印。系统以可视化的形式，为各级政府部门、科研机构和社会公众了解中国可持续发展功能分区情况提供支持。

23.3.1.2　系统运行环境

（1）硬件环境

CPU：2.4GHz或以上。

内存：2GB 或以上。

硬盘：1GB 或以上剩余磁盘空间。

显存：32M 或以上。

（2）软件环境

操作系统：Windows XP（SP2 或以上）、Windows Server 2003（SP1 或以上）、Windows Server 2008 系列、Windows 7 系列。

Web GIS 平台：SuperMap IS. NET 6. 0 企业版。

其他软件：Microsoft Data Access Component 2.7 或以上；Microsoft XML SDK 4.0；Microsoft DirectX 9。

23. 3. 2　系统布局

系统总体分为五个部分：系统标题栏、系统工具栏、地图目录、地图显示窗口和地图操作滑动条（图23.32，见彩图）。①系统标题栏：显示系统名称和版本信息。②地图目录：以分级列表的形式列出系统中包含的地图名称，单击地图名称，即打开对应的地图。③地图工具栏：左侧显示系统当前打开的地图的名称，右侧以按钮的形式提供各类地图操作功能。④地图缩放活动条：为地图基本操作提供更加便捷的方式。⑤地图显示窗口：显示地图以及查询结果，包括地图的滑动条、当前地图以及查询结果窗口。

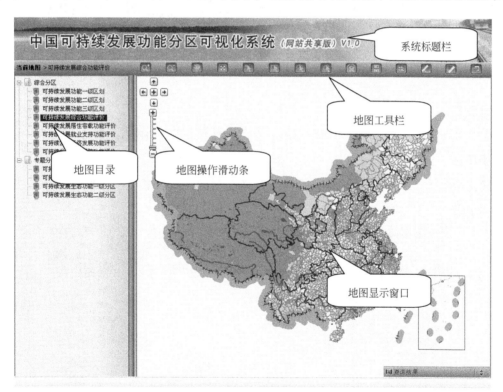

图23.32　系统整体布局

23. 3. 3　系统功能使用指南

23. 3. 3. 1　常用地图功能

系统常用的地图功能包括拉框放大、拉框缩小、地图平移、全幅显示、高亮清除、地图保存、距离量算、面积量算、向上平移、向下平移、向左平移、向右平移、逐级放大、逐级缩小和地图任意比例尺缩放。

（1）拉框放大

拉框放大就是在地图上拉框逐级放大地图。操作：点击工具栏上的图标 ，在地图上拉对角线画框（图 23.33）。

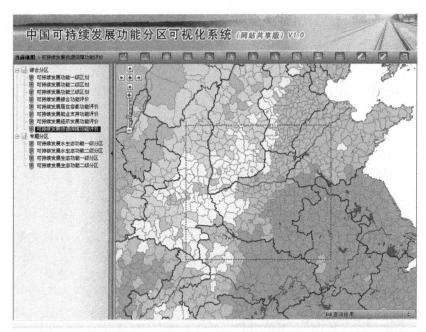

图 23.33　拉框放大

（2）拉框缩小

拉框缩小就是在地图上画框来逐级缩小地图。点击工具栏上的图标 ，在地图上拉对角线画框。

（3）地图平移

地图平移就是向任意方向拖动地图来达到平移地图的目的。点击工具栏上的图标 ，然后直接拖动地图（图 23.34）。

图 23.34　地图平移后

（4）全幅显示

全幅显示就是让地图整幅居中显示。点击工具栏上的图标 即可。

（5）高亮清除

高亮清除就是清除地图操作之后的高亮结果。点击工具栏上的图标 即可。例如，清除距离量算结果（图23.35）。

图23.35　清除高亮前后对比

（6）地图保存

地图保存就是将当前地图窗口的地图保存为图片。点击工具栏上的图标 即可。

（7）距离量算

距离量算就是通过在地图上画线，然后测算出所画的线的长度。点击工具栏上的图标 ，然后在地图上画线（图23.36）。

图23.36　距离量算结果

（8）面积量算

面积量算就是测量地图上任意区域的面积。在地图上任意画一个面或一个区域然后测算出此面或区域的面积。点击工具栏上的图标 ，然后在地图上画面（图23.37）。

图 23.37 面积量算结果

（9）平移地图

平移地图就是向上、下、左和右移动地图。点击地图操作滑动条上的图标↑、↓、←和→即可（图 23.38）。

图 23.38 平移地图

（10）逐级放大、缩小和任意比例尺缩放

逐级放大、缩小和任意比例尺缩放就是按地图预先设定的比例尺逐级放大或缩小地图，或按照任意缩放地图。点击地图操作滑动条上的图标、和即可（图 23.39）。

图 23.39　逐级放大、缩小和任意比例尺缩放

(11) 地图窗口全屏

地图窗口全屏就是让系统的标题栏部分折叠起来, 然后地图窗口全屏显示。点击图标工具栏上的图标 即可 (图 23.40)。

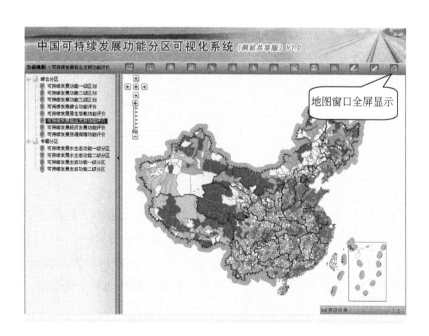

图 23.40　地图窗口全屏显示前

23.3.3.2　地图切换浏览

地图切换浏览就是通过点击左边面板上地图列表树目录的地图名称, 就可以达到任意切换地图进行浏览的目的。在左边面板的地图列表树目录中, 将树节点展开到最低节点, 然后点击地图名称即可。

23.3.3.3　空间查询

（1）点选查询

点选查询就是切换到感兴趣的地图，然后用鼠标点击选中感兴趣的对象，被查询对象在地图上高亮显示，并且能查询到查询结果的详细信息。首先在地图列表中点击感兴趣的地图，将地图切换过来，然后再点击工具栏上的图标，接着在地图上选中查询对象即可。以综合功能分区的一级功能分区地图为例，首先在左边面板上展开综合功能分区节点，接着再展开一级功能分区节点，点击一级功能分区图，然后在地图上选中"青藏高原江湖源生态屏障型"，"青藏高原江湖源生态屏障型"在地图上高亮显示（红线部分），并且在页面左下角有查询结果列表和查询结果的详细信息（图23.41）。

图23.41　点选查询结果

（2）框选查询

框选查询就是切换到感兴趣的地图，然后拉框（画框）选中感兴趣的对象，被查询对象在地图上高亮显示，并且能查询到查询结果的详细信息。首先在地图列表中点击感兴趣的地图，将地图切换过来，然后再点击工具栏上的图标，接着在地图上拉框（画框）选中查询对象即可。以综合功能分区的一级功能分区地图为例，首先在左边面板上展开综合功能分区节点，接着再展开一级功能分区节点，点击一级功能分区图，然后在地图上拉框选中查询对象，然后查询结果就在地图上高亮显示（红色线条），并且在页面左下角有查询结果列表和查询结果的详细信息（图23.42）。

（3）圆选查询

圆选查询就是切换到感兴趣的地图，然后画圆选中感兴趣的对象，被查询对象在地图上高亮显示，并且能查询到查询结果的详细信息。首先在地图列表中点击感兴趣的地图，将地图切换过来，然后再点击工具栏上的图标，接着在地图上画圆选中查询对象即可。以综合功能分区的一级功能分区地图为例，首先在左边面板上展开综合功能分区节点，接着再展开一级功能分区节点，点击一级功能分区图，然后在地图上画圆选中查询对象，然后查询结果就在地图上高亮显示（红色线条），并且在页面左下角有查询结果列表和查询结果的详细信息（图23.43）。

图 23.42　框选查询结果

图 23.43　圆选查询结果详细信息

(4) 多边形查询

　　多边形查询就是切换到感兴趣的地图,然后画多边形选中感兴趣的对象,被查询对象在地图上高亮显示,并且能查询到查询结果的详细信息。首先在地图列表中点击感兴趣的地图,将地图切换过来,然后再点击工具栏上的图标 ,接着在地图上画多边形选中查询对象即可。以综合功能分区的一级功能分区地图为例,首先在左边面板上展开综合功能分区节点,接着再展开一级功能分区节点,点击一级功能分区图,然后在地图上画多边形选中查询对象,然后查询结果就在地图上高亮显示(红色线条),并且在页面左下角有查询结果列表和查询结果的详细信息(图23.44)。

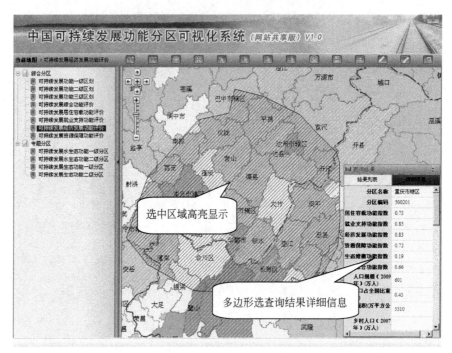

图23.44　多边形查询结果详细信息

23.4　评价与展望

可持续发展功能分区可视化系统是一个综合的信息集成、展现、分析与共享系统,涉及信息集成、信息可视化、Web GIS、空间数据库引擎等多项关键技术。

信息集成主要实现可持续发展涉及的各类属性信息与地理信息的集成,关键在于在异构环境下实现信息的有机集成。传统的信息集成模式有数据转换模式、联邦数据库模式、数据仓库模式和中介器模式,当前最新的信息集成模式是基于元数据和元模型的集成模式,该模式可以较好地在技术和语义两个层面实现信息的集成,具有显著的优势。在本课题的研究中,将采用基于元数据和元模型的集成模式,实现可持续发展信息与地理信息的集成,形成可持续发展信息综合视图,为信息的可视化展现与分析提供丰富的信息源。

地理信息可视化可以直观地展示可持续发展信息内部结构特征和复杂关系,反映其时空变化模式与规律。在本研究中,采用基于专题地图的空间可视化和基于统计图表的可视化两种方式,实现可持续发展信息的双重视图,为可持续发展战略提供决策支持。

Web GIS技术已成为地理信息技术的主流,主要包括基于服务器的模式和基于客户端的模式两类实现技术,前者包括通用网关接口模式、服务器应用程序接口模式和分布式多层架构模式,后者则由插件模式、ActiveX控件模式、Java Applet模式组成。经过综合对比,本研究采用分布式多层架构模式,基于国产高性能Web GIS平台SuperMap IS. NET,实现可持续发展信息基于Internet环境的共享发布,并通过专题地图、统计图表等多种可视化手段对信息加以直观表达。

基于关系型数据库的空间数据库引擎技术是面向海量地理数据存储与管理的关键技术,可以较好地克服传统纯文件模式和文件结合关系型数据库的管理模式存在的诸多缺点,是当前空间数据库管理的主流模式。本研究采用了此模式,利用国产大型空间数据库引擎SuperMap SDX+,实现可持续发展信息基于关系型数据库的存储管理，有效扩大信息使用范围，提升信息使用价值。

从目前已有的多个案例看来，信息集成、信息可视化、Web GIS、空间数据库引擎等是建立与可持续发展相关的综合集成信息系统的关键技术。通过这些技术的应用，可以最大限度的利用已有的数据资料，得出尽可能多的能服务于可持续发展决策的结果，并且通过 Web GIS 技术可以扩大结果的影响范围，在实现区域可持续发展过程中发挥重要作用。

附　　录

表1　中国可再生能源发展预测（2004~2050年）

年份		2004	2010	2020	2030	2050
中国能源总量（亿吨标准煤）		20	23	30	50	70
小水电	装机（万千瓦）	3 400	5 000	7 500	10 000	20 000
	年发电量（亿千瓦·时）	1 000	1 545	2 300	3 200	6 400
风电	装机（万千瓦）	76	500	3 000	10 000	40 000
	年发电量（亿千瓦·时）	11.4	105	690	2 300	9 200
生物质发电	装机（万千瓦）	200	550	2 000	5 000	10 000
	年发电量（亿千瓦·时）	51.8	212	835	2 250	5 000
光伏发电	装机（万千瓦）	6.5	30	180	1 000	10 000
	年发电量（亿千瓦·时）	0.78	3.6	21.6	140	1 500
可再生能源比例（%）		3	4.2	8	14.6	22.5

资料来源：中国可再生能源战略研究项目组，2008. 中国可再生能源发展战略研究丛书（太阳能卷）. 北京：中国电力出版社

表2　各区域人均GDP预测（2005~2050年）（元/人）

	2005	2010	2020	2030	2040	2050
北　京	16 387.89	25 903.98	61 269.24	110 025.42	248 893.39	340 420.14
天　津	18 956.60	34 933.86	110 376.23	242 216.17	721 591.63	1 100 834.93
河　北	7 440.60	13 072.45	37 742.62	77 797.32	212 719.75	313 602.55
山　西	6 233.80	10 382.88	27 104.73	52 105.13	129 457.28	183 735.90
内蒙古	8 125.22	13 342.61	33 911.68	63 996.18	155 008.58	217 799.76
辽　宁	10 491.32	17 097.52	42 836.35	80 041.39	191 247.51	267 275.90
吉　林	4 941.97	7 601.66	17 079.43	29 604.39	63 779.31	85 576.84
黑龙江	6 826.57	10 634.64	24 472.48	43 123.55	95 040.53	128 664.60
上　海	32 160.12	55 458.73	154 583.64	310 958.49	822 267.53	1 196 211.76
江　苏	12 948.41	23 218.28	69 669.09	147 498.33	418 357.44	625 835.24
浙　江	13 784.52	24 463.63	71 988.76	150 360.64	418 640.89	621 647.88
安　徽	4 825.35	8 309.27	23 098.84	46 378.94	122 327.01	177 777.51
福　建	9 838.32	17 613.44	52 692.74	111 324.98	314 856.83	470 469.22
江　西	4 426.67	7 414.82	19 564.38	37 888.66	95 096.51	135 511.77
山　东	10 837.59	19 617.75	59 924.74	128 450.02	370 564.52	558 106.03
河　南	4 888.25	8 613.22	25 004.97	51 738.48	142 208.53	210 087.56
湖　北	6 242.15	10 504.72	27 962.34	54 483.10	137 896.15	197 153.22
湖　南	4 706.67	7 505.63	18 050.32	32 788.01	75 352.47	103 705.07
广　东	13 006.21	23 857.98	74 727.32	162 995.64	481 576.02	732 244.64

	2005	2010	2020	2030	2040	2050
广　西	4 894. 16	8 012. 80	20 250. 75	38 067. 33	91 711. 55	128 589. 49
海　南	6 486. 49	9 919. 69	22 045. 26	37 925. 43	80 861. 88	108 056. 74
重　庆	5 205. 84	9 031. 25	25 460. 00	51 618. 38	137 971. 83	201 577. 75
四　川	4 892. 10	7 834. 64	18 993. 52	34 693. 01	80 341. 46	110 904. 16
贵　州	2 617. 47	3 776. 62	7 521. 73	12 001. 56	23 059. 21	29 586. 29
云　南	3 908. 21	5 985. 15	13 336. 47	22 985. 11	49 130. 46	65 718. 33
西　藏	5 355. 66	9 110. 24	24 747. 06	48 899. 65	126 173. 22	181 775. 90
陕　西	4 907. 44	8 018. 57	20 189. 43	37 853. 80	90 872. 38	127 233. 56
甘　肃	3 994. 77	6 175. 52	14 006. 73	24 436. 59	53 119. 90	71 525. 50
青　海	4 977. 87	7 294. 66	14 959. 37	24 352. 35	48 106. 13	62 394. 25
宁　夏	4 250. 87	6 393. 66	13 771. 04	23 186. 21	47 987. 23	63 383. 38
新　疆	5 309. 59	7 968. 70	17 093. 20	28 698. 69	59 165. 14	78 028. 59

注：人均 GDP 以 1990 年不变价计算。

表3　各区域人口增长预测（2005~2050 年）（万人）

	2005	2010	2020	2030	2040	2050
北　京	1536. 00	1537. 45	1539. 57	1539. 96	1540. 21	1540. 08
天　津	939. 31	939. 61	940. 06	940. 14	940. 19	940. 17
河　北	6844. 00	6846. 33	6849. 73	6850. 35	6850. 76	6850. 56
山　西	3351. 85	3353. 52	3355. 97	3356. 42	3356. 71	3356. 57
内蒙古	2386. 10	2386. 81	2387. 84	2388. 02	2388. 15	2388. 09
辽　宁	4221. 00	4222. 11	4223. 74	4224. 04	4224. 23	4224. 14
吉　林	3669. 40	3670. 42	3671. 92	3672. 19	3672. 37	3672. 28
黑龙江	3818. 00	3818. 86	3820. 12	3820. 34	3820. 49	3820. 42
上　海	1360. 26	1360. 57	1361. 03	1361. 11	1361. 17	1361. 14
江　苏	7468. 00	7470. 16	7473. 33	7473. 90	7474. 28	7474. 09
浙　江	4894. 00	4895. 81	4898. 47	4898. 95	4899. 26	4899. 11
安　徽	6516. 00	6518. 96	6523. 31	6524. 10	6524. 62	6524. 36
福　建	3532. 00	3533. 30	3535. 22	3535. 56	3535. 79	3535. 68
江　西	4311. 20	4313. 11	4315. 91	4316. 42	4316. 76	4316. 59
山　东	9239. 00	9241. 41	9244. 95	9245. 59	9246. 02	9245. 81
河　南	9768. 00	9771. 78	9777. 32	9778. 32	9778. 98	9778. 65
湖　北	6031. 00	6032. 68	6035. 13	6035. 57	6035. 87	6035. 72
湖　南	6732. 10	6733. 98	6736. 74	6737. 24	6737. 57	6737. 41
广　东	9185. 00	9191. 69	9201. 50	9203. 27	9204. 45	9203. 86
广　西	4655. 00	4657. 29	4660. 64	4661. 25	4661. 65	4661. 45
海　南	826. 31	826. 81	827. 54	827. 68	827. 76	827. 72
重　庆	2798. 00	2798. 07	2798. 17	2798. 19	2798. 20	2798. 20
四　川	8212. 00	8214. 36	8217. 82	8218. 45	8218. 86	8218. 66
贵　州	3725. 00	3727. 40	3730. 91	3731. 54	3731. 96	3731. 75

	2005	2010	2020	2030	2040	2050
云　南	4442.44	4445.02	4448.80	4449.49	4449.94	4449.71
西　藏	276.00	276.22	276.53	276.59	276.63	276.61
陕　西	3718.00	3719.24	3721.05	3721.38	3721.59	3721.49
甘　肃	2591.72	2592.80	2594.37	2594.66	2594.85	2594.75
青　海	542.50	542.84	543.35	543.44	543.50	543.47
宁　夏	595.00	595.46	596.13	596.25	596.33	596.29
新　疆	2008.15	2009.84	2012.33	2012.78	2013.08	2012.93

表 4　各区域单位 GDP 能耗（2005～2050 年）（节能情景）（吨标准煤/万元）

	2005	2010	2020	2030	2040	2050
北　京	2.19	1.61	0.68	0.27	0.10	0.05
天　津	2.31	1.63	0.82	0.38	0.18	0.09
河　北	3.88	3.13	2.03	1.27	0.78	0.53
山　西	4.84	3.71	2.18	1.22	0.67	0.41
内蒙古	5.55	4.88	3.77	2.84	2.12	1.68
辽　宁	3.07	2.40	1.46	0.85	0.49	0.31
吉　林	3.29	2.54	1.52	0.86	0.48	0.30
黑龙江	2.92	2.03	0.99	0.44	0.20	0.10
上　海	1.90	1.50	0.93	0.55	0.32	0.21
江　苏	1.75	1.36	0.82	0.47	0.27	0.17
浙　江	1.78	1.44	0.94	0.58	0.36	0.24
安　徽	2.07	1.68	1.11	0.70	0.44	0.30
福　建	1.77	1.48	1.03	0.69	0.46	0.33
江　西	2.25	1.89	1.34	0.92	0.62	0.46
山　东	2.51	1.79	0.92	0.44	0.21	0.11
河　南	3.06	2.51	1.69	1.10	0.71	0.49
湖　北	2.62	2.09	1.34	0.82	0.50	0.33
湖　南	2.88	2.40	1.66	1.12	0.74	0.53
广　东	1.45	1.21	0.85	0.57	0.38	0.28
广　西	2.19	1.89	1.40	1.01	0.73	0.55
海　南	1.53	1.46	1.34	1.21	1.10	1.01
重　庆	2.66	2.09	1.28	0.75	0.44	0.28
四　川	2.81	2.13	1.22	0.67	0.36	0.21
贵　州	6.59	6.22	5.53	4.87	4.27	3.84
云　南	3.47	3.09	2.46	1.92	1.48	1.20
西　藏	—	—	—	—	—	—
陕　西	2.97	2.44	1.64	1.06	0.68	0.47
甘　肃	4.22	3.37	2.14	1.31	0.79	0.52
青　海	6.18	5.57	4.52	3.59	2.84	2.34
宁　夏	9.81	7.71	4.76	2.81	1.63	1.05
新　疆	5.16	4.41	3.21	2.27	1.59	1.19

表 5　各区域单位 GDP 能耗（2005～2050 年）（节能减排情景）（吨标准煤/万元）

	2005	2010	2020	2030	2040	2050
北　京	2.19	1.61	0.68	0.30	0.15	0.08
天　津	2.31	1.63	0.62	0.25	0.11	0.06
河　北	3.88	3.13	1.71	0.97	0.59	0.39
山　西	4.84	3.71	1.76	0.87	0.47	0.29
内蒙古	5.55	4.88	3.40	2.43	1.80	1.41
辽　宁	3.07	2.40	1.20	0.63	0.35	0.22
吉　林	3.29	2.54	1.24	0.63	0.35	0.21
黑龙江	2.92	2.03	0.73	0.28	0.12	0.06
上　海	1.90	1.50	0.77	0.41	0.24	0.15
江　苏	1.75	1.36	0.67	0.34	0.19	0.12
浙　江	1.78	1.44	0.79	0.45	0.27	0.18
安　徽	2.07	1.68	0.94	0.54	0.33	0.22
福　建	1.77	1.48	0.89	0.55	0.36	0.26
江　西	2.25	1.89	1.17	0.74	0.50	0.36
山　东	2.51	1.79	0.70	0.29	0.13	0.07
河　南	3.06	2.51	1.45	0.86	0.55	0.38
湖　北	2.62	2.09	1.12	0.63	0.37	0.25
湖　南	2.88	2.40	1.44	0.89	0.58	0.41
广　东	1.45	1.21	0.73	0.46	0.30	0.22
广　西	2.19	1.89	1.25	0.84	0.60	0.45
海　南	1.53	1.46	1.29	1.15	1.04	0.96
重　庆	2.66	2.09	1.06	0.56	0.32	0.20
四　川	2.81	2.13	0.98	0.47	0.25	0.15
贵　州	6.59	6.22	5.29	4.54	3.97	3.55
云　南	3.47	3.09	2.25	1.67	1.28	1.03
西　藏	—	—	—	—	—	—
陕　西	2.97	2.44	1.40	0.83	0.52	0.36
甘　肃	4.22	3.37	1.79	0.99	0.59	0.38
青　海	6.18	5.57	4.16	3.16	2.49	2.04
宁　夏	9.81	7.71	3.92	2.08	1.19	0.76
新　疆	5.16	4.41	2.83	1.87	1.29	0.96

表 6　各区域单位 GDP 能耗（2005～2050 年）（强节能减排情景）（吨标准煤/万元）

	2005	2010	2020	2030	2035	2040	2050
北　京	2.19	1.61	0.71	0.33	0.23	0.17	0.09
天　津	2.31	1.63	0.65	0.28	0.19	0.13	0.07
河　北	3.88	3.13	1.78	1.04	0.81	0.65	0.43
山　西	4.84	3.71	1.84	0.95	0.70	0.53	0.32
内蒙古	5.55	4.88	3.48	2.53	2.18	1.90	1.49
辽　宁	3.07	2.40	1.25	0.68	0.51	0.39	0.25

	2005	2010	2020	2030	2035	2040	2050
吉　林	3.29	2.54	1.29	0.68	0.51	0.39	0.24
黑龙江	2.92	2.03	0.78	0.32	0.21	0.14	0.07
上　海	1.90	1.50	0.80	0.45	0.34	0.26	0.17
江　苏	1.75	1.36	0.70	0.37	0.28	0.21	0.13
浙　江	1.78	1.44	0.82	0.48	0.37	0.30	0.20
安　徽	2.07	1.68	0.97	0.58	0.45	0.36	0.24
福　建	1.77	1.48	0.92	0.58	0.47	0.39	0.28
江　西	2.25	1.89	1.20	0.79	0.64	0.54	0.39
山　东	2.51	1.79	0.74	0.32	0.22	0.15	0.08
河　南	3.06	2.51	1.50	0.92	0.73	0.59	0.41
湖　北	2.62	2.09	1.17	0.67	0.52	0.41	0.27
湖　南	2.88	2.40	1.48	0.95	0.77	0.63	0.45
广　东	1.45	1.21	0.76	0.49	0.40	0.33	0.23
广　西	2.19	1.89	1.28	0.89	0.75	0.64	0.48
海　南	1.53	1.46	1.30	1.17	1.11	1.06	0.97
重　庆	2.66	2.09	1.10	0.60	0.45	0.35	0.22
四　川	2.81	2.13	1.02	0.52	0.37	0.28	0.16
贵　州	6.59	6.22	5.34	4.62	4.32	4.06	3.64
云　南	3.47	3.09	2.29	1.73	1.52	1.34	1.08
西　藏	—	—	—	—	—	—	—
陕　西	2.97	2.44	1.44	0.88	0.70	0.57	0.39
甘　肃	4.22	3.37	1.86	1.06	0.82	0.65	0.42
青　海	6.18	5.57	4.23	3.27	2.90	2.60	2.13
宁　夏	9.81	7.71	4.09	2.25	1.70	1.32	0.84
新　疆	5.16	4.41	2.91	1.96	1.64	1.38	1.02

表7　各区域能源消费预测（2005～2050年）（节能情景）（万吨标准煤）

	2005	2010	2020	2030	2040	2050
北　京	5 522	6 415.22	6 452.24	4 520.64	3 892.61	2 430.00
天　津	4 115	5 366.08	8 487.39	8 706.96	11 889.77	9 617.17
河　北	19 745	27 987.02	52 583.53	67 628.52	113 999.95	113 269.76
山　西	10 117	12 922.24	19 832.70	21 270.27	29 045.24	25 311.47
内蒙古	10 765	15 540.08	30 518.84	43 397.22	78 641.94	87 170.12
辽　宁	13 592	17 307.82	26 469.54	28 766.14	39 426.03	35 025.94
吉　林	5 958	7 089.08	9 530.40	9 399.03	11 356.14	9 510.61
黑龙江	7 620	8 264.15	9 217.07	7 327.69	7 137.40	4 974.64
上　海	8 312	11 305.59	19 601.77	23 414.63	36 280.81	34 137.03
江　苏	16 895	23 523.22	42 546.99	51 668.45	82 874.88	77 904.64
浙　江	12 032	17 227.28	32 991.16	42 995.02	73 800.53	73 858.20
安　徽	6 518	9 108.34	16 670.23	21 150.05	34 839.70	34 484.69

	2005	2010	2020	2030	2040	2050
福　建	6 157	9 194.34	19 133.03	27 136.50	51 004.86	54 595.18
江　西	4 286	6 047.89	11 321.96	15 041.49	25 651.98	26 661.70
山　东	25 105	32 499.51	50 766.89	52 084.99	70 563.39	57 461.09
河　南	14 624	21 161.26	41 422.62	55 601.76	98 058.85	100 853.10
湖　北	9 851	13 276.28	22 661.67	27 110.54	41 609.31	39 560.91
湖　南	9 110	12 110.29	20 234.91	24 646.46	37 597.58	37 032.05
广　东	17 272	26 517.99	58 166.44	85 764.17	169 591.19	185 772.15
广　西	4 981	7 034.83	13 228.81	17 972.63	31 037.95	33 153.71
海　南	819	1 199.21	2 441.80	3 813.81	7 364.42	9 073.22
重　庆	3 882	5 279.50	9 148.90	10 875.07	16 812.19	15 719.91
四　川	11 300	13 714.60	19 092.54	18 964.03	23 511.10	19 509.03
贵　州	6 429	8 755.50	15 532.14	21 813.65	36 771.10	42 382.49
云　南	6 024	8 233.69	14 610.09	19 603.74	32 417.16	35 151.71
西　藏	—	—	—	—	—	—
陕　西	5 424	7 266.06	12 296.21	14 904.75	22 877.11	22 236.13
甘　肃	4 368	5 391.10	7 793.45	8 291.08	10 852.41	9 661.70
青　海	1 670	2 205.89	3 673.26	4 755.73	7 428.47	7 950.85
宁　夏	2 480	2 934.89	3 910.45	3 883.28	4 676.59	3 972.01
新　疆	5 507	7 058.93	11 042.12	13 100.23	18 916.21	18 649.05

表8　各区域能源消费预测（2005～2050年）（节能减排情景）（万吨标准煤）

	2005	2010	2020	2030	2040	2050
北　京	5 522	6 415.22	6 374.69	5 071.92	5 610.20	4 285.79
天　津	4 115	5 366.08	6 396.82	5 628.74	7 514.81	5 968.73
河　北	19 745	27 987.02	44 256.73	51 836.43	86 183.82	84 679.35
山　西	10 117	12 922.24	16 000.08	15 272.43	20 500.32	17 618.52
内蒙古	10 765	15 540.08	27 551.62	37 063.00	66 616.07	73 349.44
辽　宁	13 592	17 307.82	21 695.23	21 165.45	28 551.39	25 040.30
吉　林	5 958	7 089.08	7 746.53	6 827.17	8 113.32	6 704.25
黑龙江	7 620	8 264.15	6 851.30	4 637.03	4 410.97	3 016.25
上　海	8 312	11 305.59	16 193.05	17 438.22	26 611.07	24 730.62
江　苏	16 895	23 523.22	34 689.76	37 709.02	59 505.75	55 202.51
浙　江	12 032	17 227.28	27 766.89	32 955.15	55 793.11	55 215.66
安　徽	6 518	9 108.34	14 097.05	16 330.15	26 541.96	25 987.19
福　建	6 157	9 194.34	16 550.17	21 697.04	40 310.89	42 743.62
江　西	4 286	6 047.89	9 872.64	12 176.60	20 539.94	21 159.10
山　东	25 105	32 499.51	38 614.55	34 150.63	45 266.96	36 217.47
河　南	14 624	21 161.26	35 375.87	43 588.74	75 909.14	77 276.22
湖　北	9 851	13 276.28	18 958.12	20 586.94	31 149.46	29 275.23
湖　南	9 110	12 110.29	17 495.88	19 693.22	29 694.20	28 972.36

	2005	2010	2020	2030	2040	2050
广　东	17 272	26 517.99	50 442.45	68 842.53	134 588.10	146 070.12
广　西	4 981	7 034.83	11 760.38	14 989.53	25 643.78	27 182.76
海　南	819	1 199.21	2 358.79	3 615.68	6 962.52	8 558.67
重　庆	3 882	5 279.50	7 521.71	8 039.51	12 235.63	11 296.47
四　川	11 300	13 714.60	15 253.50	13 413.23	16 333.86	13 358.21
贵　州	6 429	8 755.50	14 837.63	20 327.48	34 140.61	39 232.97
云　南	6 024	8 233.69	13 348.24	17 054.02	27 997.80	30 181.18
西　藏	—	—	—	—	—	—
陕　西	5 424	7 266.06	10 487.78	11 661.40	17 672.76	17 001.06
甘　肃	4 368	5 391.10	6 502.86	6 270.81	8 090.13	7 118.44
青　海	1 670	2 205.89	3 382.24	4 187.18	6 497.33	6 916.87
宁　夏	2 480	2 934.89	3 221.98	2 880.45	3 415.63	2 864.86
新　疆	5 507	7 058.93	9 734.59	10 785.66	15 417.87	15 075.95

表9　各区域能源消费预测（2005～2050 年）（强节能减排情景）（万吨标准煤）

	2005	2010	2020	2030	2040	2050
北　京	5 522	6 415.22	6 721.06	5 613.13	6 412.69	4 885.56
天　津	4 115	5 366.08	6 790.38	6 310.80	8 737.67	6 918.86
河　北	19 745	27 987.02	45 890.06	55 567.31	94 462.17	92 639.44
山　西	10 117	12 922.24	16 740.18	16 655.33	22 983.56	19 706.76
内蒙古	10 765	15 540.08	28 148.77	38 619.96	70 336.24	77 359.20
辽　宁	13 592	17 307.82	22 622.61	22 934.01	31 740.05	27 776.82
吉　林	5 958	7 089.08	8 091.96	7 422.73	9 059.72	7 469.48
黑龙江	7 620	8 264.15	7 294.36	5 228.36	5 166.96	3 521.91
上　海	8 312	11 305.59	16 857.09	18 835.14	29 459.00	27 320.58
江　苏	16 895	23 523.22	36 212.99	40 947.32	66 337.76	61 404.32
浙　江	12 032	17 227.28	28 791.64	35 327.07	61 152.30	60 406.08
安　徽	6 518	9 108.34	14 602.67	17 471.93	29 017.98	28 359.71
福　建	6 157	9 194.34	17 061.93	23 002.28	43 542.30	46 097.20
江　西	4 286	6 047.89	10 160.65	12 867.19	22 091.53	22 723.54
山　东	25 105	32 499.51	40 910.19	38 145.99	52 375.21	41 781.04
河　南	14 624	21 161.26	36 568.34	46 450.53	82 554.91	83 897.53
湖　北	9 851	13 276.28	19 682.96	22 122.81	34 251.91	32 128.66
湖　南	9 110	12 110.78	18 038.49	20 881.51	32 081.81	31 252.40
广　东	17 272	26 517.99	51 974.27	72 908.88	145 179.92	157 321.28
广　西	4 981	7 034.83	12 054.25	15 716.49	27 298.48	28 899.66
海　南	819	1 199.21	2 375.91	3 666.24	7 091.47	8 713.87
重　庆	3 882	5 279.50	7 838.14	8 700.47	13 579.88	12 510.93
四　川	11 300	13 714.60	15 992.16	14 685.85	18 408.15	15 018.04
贵　州	6 429	8 755.50	14 980.28	20 704.42	34 979.58	40 176.93

	2005	2010	2020	2030	2040	2050
云　南	6 024	8 233.69	13 603.29	17 684.94	29 373.84	31 633.29
西　藏	—	—	—	—	—	—
陕　西	5 424	7 266.06	10 844.25	12 433.48	19 233.15	18 470.15
甘　肃	4 368	5 391.10	6 755.21	6 745.75	8 908.25	7 822.89
青　海	1 670	2 205.89	3 441.23	4 328.48	6 788.48	7 220.31
宁　夏	2 480	2 934.89	3 355.97	3 114.50	3 786.46	3 169.23
新　疆	5 507	7 058.93	9 995.46	11 347.05	16 486.09	16 098.36

表 10　各区域能源生产预测（2005～2050 年）（节能情景）（万吨标准煤）

	2005	2010	2020	2030	2040	2050
北　京	679.5	445.45	329.06	320.67	339.34	357.76
天　津	2 663.93	4 184.04	11 028.04	13 874.68	20 194.80	23 653.41
河　北	7 090.1	8 036.31	10 740.21	11 690.78	13 060.87	13 845.79
山　西	47 233.5	68 301.68	109 301.83	117 795.97	117 152.13	107 985.92
内蒙古	19 082.3	45 538.13	104 390.14	119 693.49	120 088.04	106 509.66
辽　宁	6 770.8	7 626.95	10 094.70	10 739.77	11 201.88	10 877.42
吉　林	2 791.5	5 247.82	18 253.59	34 458.86	108 246.48	181 238.73
黑龙江	13 755.6	16 955.47	21 613.78	22 855.69	22 827.00	21 741.94
上　海	126.8	96.92	115.72	129.58	145.05	159.31
江　苏	2 267.6	2 625.77	3 737.90	4 033.09	4 361.61	4 088.24
浙　江	1 273.02	535.42	1 876.86	2 009.77	2 266.19	937.84
安　徽	6 215.4	8 832.32	12 132.20	12 771.25	12 755.44	12 081.53
福　建	2 387.1	2 821.45	5 072.00	5 675.64	5 945.44	5 584.48
江　西	2 101.5	2 966.70	4 084.20	4 389.66	4 572.36	4 351.03
山　东	13 995.62	14 611.72	17 285.89	17 778.63	18 441.65	17 777.56
河　南	14 522	20 418.86	27 627.63	29 031.67	28 938.85	27 392.09
湖　北	4 369.6	2 557.12	3 086.04	3 721.00	4 910.88	4 899.86
湖　南	5 758.68	5 728.88	6 774.61	7 210.59	7 744.53	7 568.34
广　东	4 525	3 707.83	5 288.18	5 667.04	6 388.21	5 116.36
广　西	1 233.18	1 925.39	2 980.25	3 333.23	4 002.97	3 521.74
海　南	59.2	87.28	173.52	216.84	294.08	329.86
重　庆	2 222.2	4 368.23	7 756.75	10 047.46	16 221.74	20 441.27
四　川	8 301	14 770.35	26 625.83	33 854.94	45 605.10	47 887.05
贵　州	8 459.5	11 015.33	13 895.60	14 659.30	15 255.68	14 726.04
云　南	5 353.36	13 220.08	31 523.37	38 500.65	42 785.09	38 471.93
西　藏		1 353.00	2 795.82	5 079.38	8 789.48	9 765.82
陕　西	14 576.4	33 041.21	86 676.77	109 316.05	150 688.58	170 092.55
甘　肃	3 605.1	3 809.47	5 918.18	7 106.89	9 568.62	11 135.14
青　海	1 775.41	3 280.47	10 831.04	14 292.93	17 255.92	16 682.36
宁　夏	1 927.8	4 112.38	8 530.94	9 635.34	9 716.56	8 831.98
新　疆	8 175.7	18 226.96	90 636.57	172 706.51	474 168.12	722 254.88

表11 各区域能源生产预测（2005～2050 年）（节能减排情景）（万吨标准煤）

	2005	2010	2020	2030	2040	2050
北 京	679.5	445.45	413.66	410.36	445.05	477.22
天 津	2 663.93	4 184.04	7 251.86	8 992.81	11 976.32	13 098.80
河 北	7 090.1	8 036.31	9 738.65	10 508.95	11 403.47	11 883.90
山 西	47 233.5	68 301.68	78 185.25	81 289.61	76 328.04	68 583.15
内蒙古	19 082.3	45 538.13	60 687.65	66 075.71	61 273.70	53 397.42
辽 宁	6 770.8	7 626.95	9 333.72	9 853.86	10 188.82	9 857.14
吉 林	2 791.5	5 247.82	16 797.78	34 069.86	112 014.06	186 797.28
黑龙江	13 755.6	16 955.47	18 068.45	18 551.27	17 936.43	17 039.12
上 海	126.8	96.92	119.06	131.87	146.55	160.68
江 苏	2 267.6	2 625.77	3 623.72	3 906.64	4 207.37	3 918.26
浙 江	1 273.02	535.42	1 878.75	2 011.55	2 268.46	940.99
安 徽	6 215.4	8 832.32	9 675.03	9 945.23	9 565.73	8 908.69
福 建	2 387.1	2 821.45	3 558.88	3 875.18	3 944.71	3 693.89
江 西	2 101.5	2 966.70	3 279.57	3 462.27	3 526.68	3 314.27
山 东	13 995.62	14 611.72	16 678.93	17 119.21	17 619.56	16 848.61
河 南	14 522	20 418.86	22 158.52	22 723.48	21 816.68	20 320.12
湖 北	4 369.6	2 557.12	2 882.78	3 489.33	4 631.06	4 600.23
湖 南	5 758.68	5 728.88	6 085.47	6 432.65	6 858.41	6 661.32
广 东	4 525	3 707.83	5 546.24	5 920.16	6 654.32	5 395.03
广 西	1 233.18	1 925.39	2 524.32	2 795.43	3 402.95	2 947.17
海 南	59.2	87.28	156.54	195.39	259.26	285.80
重 庆	2 222.2	4 368.23	6 539.78	8 751.36	15 013.45	19 327.41
四 川	8 301	14 770.35	24 045.04	30 942.58	42 355.92	44 647.91
贵 州	8 459.5	11 015.33	11 887.90	12 374.22	12 663.43	12 105.93
云 南	5 353.36	13 220.08	19 162.83	23 254.19	26 097.30	23 520.20
西 藏		1 353.00	2 795.82	5 079.38	8 789.48	9 765.82
陕 西	14 576.4	33 041.21	53 226.95	65 381.01	84 267.81	90 591.00
甘 肃	3 605.1	3 809.47	5 251.30	6 383.25	8 819.69	10 393.01
青 海	1 775.41	3 280.47	6 159.46	8 080.16	10 690.20	11 456.94
宁 夏	1 927.8	4 112.38	5 363.52	5 807.73	5 491.46	4 930.20
新 疆	8 175.7	18 226.96	89 786.86	177 460.85	493 498.50	745 923.75

表12 各区域能源生产预测（2005～2050 年）（强节能减排情景）（万吨标准煤）

	2005	2010	2020	2030	2040	2050
北 京	679.5	445.45	436.89	468.29	614.00	760.56
天 津	2 663.93	4 184.04	7 236.20	9 049.06	11 686.17	12 326.70
河 北	7 090.1	8 036.31	9 651.70	10 311.44	10 853.51	11 065.52
山 西	47 233.5	68 301.68	72 041.08	66 353.41	45 520.29	32 667.66
内蒙古	19 082.3	45 538.13	53 181.83	47 988.52	28 740.79	20 402.52

续表

	2005	2010	2020	2030	2040	2050
辽　宁	6 770.8	7 626.95	9 131.73	9 355.00	9 047.17	8 366.11
吉　林	2 791.5	5 247.82	16 652.56	32 688.88	105 616.35	176 888.03
黑龙江	13 755.6	16 955.47	17 201.99	16 418.06	13 499.53	11 793.71
上　海	126.8	96.92	119.07	131.84	146.70	160.96
江　苏	2 267.6	2 625.77	3 607.57	3 867.94	4 107.26	3 774.41
浙　江	1 273.02	535.42	1 879.53	2 013.60	2 278.15	968.35
安　徽	6 215.4	8 832.32	9 158.22	8 683.36	6 791.15	5 453.50
福　建	2 387.1	2 821.45	3 273.09	3 182.46	2 577.73	2 170.87
江　西	2 101.5	2 966.70	3 111.49	3 052.07	2 630.99	2 206.89
山　东	13 995.62	14 611.72	16 641.30	17 039.73	17 377.36	16 474.75
河　南	14 522	20 418.86	20 994.50	19 880.49	15 582.75	12 575.58
湖　北	4 369.6	2 557.12	2 848.60	3 406.81	4 435.89	4 340.81
湖　南	5 758.68	5 728.88	5 931.57	6 055.22	5 975.67	5 489.06
广　东	4 525	3 707.83	5 551.88	5 909.70	6 648.73	5 404.96
广　西	1 233.18	1 925.39	2 435.65	2 580.12	2 966.08	2 446.39
海　南	59.2	87.28	156.46	195.66	258.03	282.51
重　庆	2 222.2	4 368.23	6 285.76	8 018.46	13 250.89	17 116.05
四　川	8 301	14 770.35	23 502.96	29 421.57	39 005.49	40 573.45
贵　州	8 459.5	11 015.33	11 451.23	11 305.46	10 231.22	8 966.94
云　南	5 353.36	13 220.08	17 074.64	18 226.99	17 196.74	14 635.56
西　藏		1 353.00	2 795.82	5 079.38	8 789.48	9 765.82
陕　西	14 576.4	33 041.21	49 453.42	56 275.22	65 725.96	69 167.97
甘　肃	3 605.1	3 809.47	5 110.29	6 005.36	7 902.19	9 193.06
青　海	1 775.41	3 280.47	5 540.18	6 539.03	8 435.69	9 602.55
宁　夏	1 927.8	4 112.38	4 793.41	4 430.07	2 898.52	2 177.13
新　疆	8 175.7	18 226.96	89 934.73	172 332.76	472 009.87	715 669.73

表 13　各区域核电生产预测（2005～2050 年）（万吨标准煤）

	2010	2020	2030	2050
北　京	0.00	0.00	0.00	0.00
天　津	0.00	0.00	0.00	0.00
河　北	0.00	0.00	0.00	0.00
山　西	0.00	0.00	0.00	0.00
内蒙古	0.00	0.00	0.00	0.00
辽　宁	0.00	516.18	516.18	516.18
吉　林	0.00	0.00	0.00	0.00
黑龙江	0.00	0.00	0.00	0.00
上　海	0.00	0.00	0.00	0.00
江　苏	182.38	526.50	526.50	526.50
浙　江	258.09	1402.29	1402.29	1402.29

续表

	2010	2020	2030	2050
安　徽	0.00	0.00	0.00	0.00
福　建	0.00	0.00	0.00	0.00
江　西	0.00	0.00	0.00	0.00
山　东	0.00	1032.36	1032.36	1032.36
河　南	0.00	0.00	0.00	0.00
湖　北	0.00	0.00	0.00	0.00
湖　南	0.00	0.00	0.00	0.00
广　东	339.65	1557.83	1557.83	1557.83
广　西	0.00	344.12	344.12	344.12
海　南	0.00	0.00	0.00	0.00
重　庆	0.00	0.00	0.00	0.00
四　川	0.00	0.00	0.00	0.00
贵　州	0.00	0.00	0.00	0.00
云　南	0.00	0.00	0.00	0.00
西　藏	0.00	0.00	0.00	0.00
陕　西	0.00	0.00	0.00	0.00
甘　肃	0.00	0.00	0.00	0.00
青　海	0.00	0.00	0.00	0.00
宁　夏	0.00	0.00	0.00	0.00
新　疆	0.00	0.00	0.00	0.00

注：核电预测基于现有投建核电站布局，核电年均发电小时数为7000小时。

表14　各区域水电生产预测（2005～2050年）（万吨标准煤）

	2010	2020	2030	2040	2050
京津冀	70.12	77.91	93.49	140.24	140.24
山　西	138.76	159.29	212.39	318.59	318.59
内蒙古	90.01	103.33	137.77	206.66	206.66
辽　宁	95.91	106.57	127.88	191.82	191.82
吉　林	152.86	175.48	233.97	350.95	350.95
黑龙江	195.98	224.98	299.97	449.96	449.96
沪、苏	1.92	2.13	2.55	3.83	3.83
浙　江	260.00	288.89	346.67	520.00	520.00
安　徽	50.77	58.28	77.70	116.56	116.56
福　建	281.33	312.59	375.10	562.65	562.65
江　西	260.79	299.38	399.18	598.76	598.76
山　东	1.77	1.97	2.36	3.54	3.54
河　南	124.34	142.73	190.31	285.46	285.46
湖　北	1 480.29	1 699.31	2 265.75	3 398.63	3 398.63
湖　南	716.07	822.02	1 096.02	1 644.03	1 644.03
广　东	404.86	449.85	539.82	809.72	809.72

	2010	2020	2030	2040	2050
海　南	40.10	44.56	53.47	80.20	80.20
广　西	1 022.03	1 135.58	1 362.70	2 044.05	2 044.05
四　川	2 180.57	5 189.10	8 853.44	14 755.73	14 755.73
重　庆	188.93	390.75	710.18	1 229.15	1 365.73
贵　州	837.14	1 001.16	1 278.07	1 917.11	1 917.11
云　南	1 327.46	3 977.22	6 973.05	11 621.74	11 621.74
西　藏	1 350.61	2 793.43	5 076.98	8 787.09	9 763.43
陕　西	95.68	197.90	359.68	622.53	691.70
甘　肃	169.21	349.98	636.08	1 100.90	1 223.23
青　海	312.44	646.21	1 174.46	2 032.72	2 258.58
宁　夏	41.49	85.82	155.98	269.97	299.96
新　疆	1 838.24	3 801.99	6 910.03	11 959.66	13 288.51

注：包括大小水电。

表 15　各区域风电生产预测（2005~2050 年）（万吨标准煤）

	2010	2020	2030	2040	2050
北　京	2.45	6.86	8.63	10.43	12.11
天　津	0.00	0.00	0.00	0.00	0.00
河　北	72.46	1051.91	1481.74	1955.80	2376.57
山　西	4.84	13.56	17.06	20.62	23.94
内蒙古	243.68	3537.71	4983.32	6577.62	7992.73
辽　宁	81.53	1183.60	1667.26	2200.66	2674.12
吉　林	69.77	1012.85	1426.73	1883.18	2288.33
黑龙江	54.56	792.03	1115.68	1472.61	1789.43
上　海	2.57	37.31	52.56	69.38	84.30
江　苏	42.29	613.93	864.81	1141.48	1387.06
浙　江	12.70	184.33	259.65	342.72	416.45
安　徽	0.00	0.00	0.00	0.00	0.00
福　建	18.51	268.73	378.54	499.65	607.14
江　西	1.59	4.47	5.62	6.79	7.88
山　东	37.33	542.01	763.48	1007.74	1224.55
河　南	1.91	5.35	6.72	8.13	9.43
湖　北	0.52	1.45	1.82	2.20	2.55
湖　南	0.06	0.18	0.22	0.27	0.31
广　东	23.93	347.47	489.45	646.04	785.04
广　西	0.00	0.00	0.00	0.00	0.00
海　南	3.80	55.12	77.64	102.48	124.53
重　庆	0.06	0.18	0.23	0.27	0.32
四　川	0.00	0.00	0.00	0.00	0.00
贵　州	0.00	0.00	0.00	0.00	0.00

续表

	2010	2020	2030	2040	2050
云　南	2.99	8.38	10.53	12.74	14.78
西　藏	0.00	0.00	0.00	0.00	0.00
陕　西	0.00	0.00	0.00	0.00	0.00
甘　肃	41.55	603.23	849.73	1121.58	1362.88
青　海	0.00	0.00	0.00	0.00	0.00
宁　夏	25.65	372.39	524.55	692.37	841.33
新　疆	37.63	546.28	769.50	1015.69	1234.20

注：风机年均利用小时数 2010 年为 2200 小时，2020 年 2420 小时，2030 年 2860 小时，2040 年为 3300 小时，2050 年为 3740 小时。

彩　　图

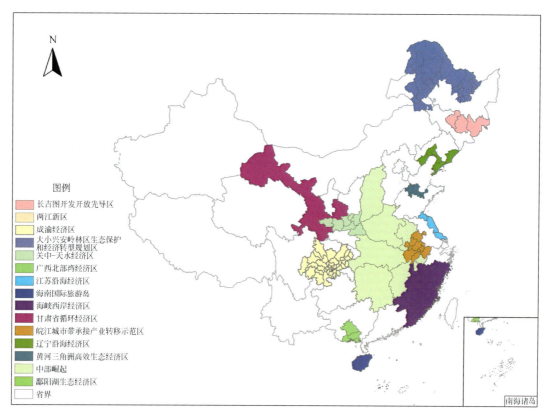

图 4.1　2009 年以来中国新经济区区位图

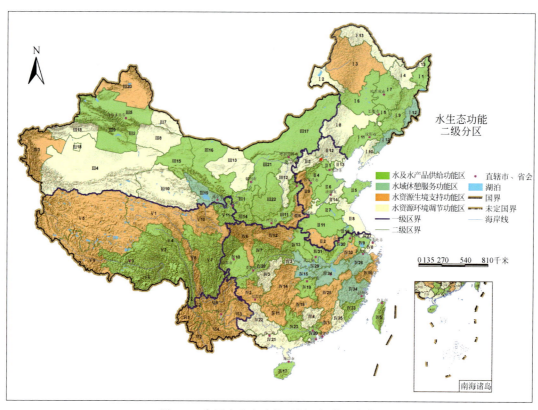

图 6.7　全国水生态功能区划二级分区方案

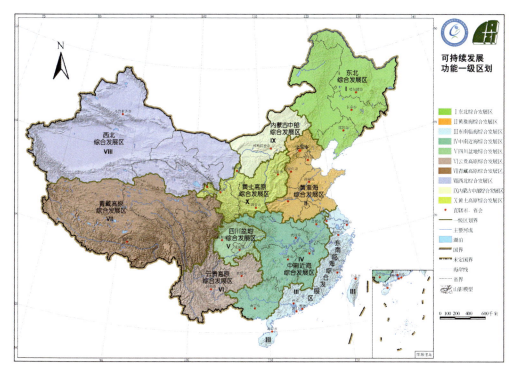

（a）一级区格局

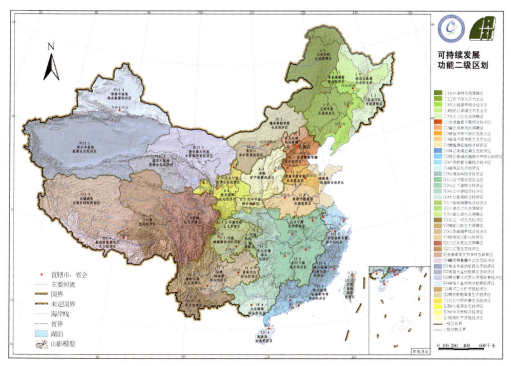

（b）二级区格局

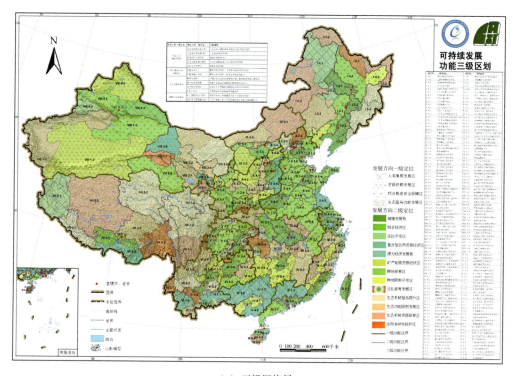

（c）三级区格局

图 12.1　中国可持续发展功能分区

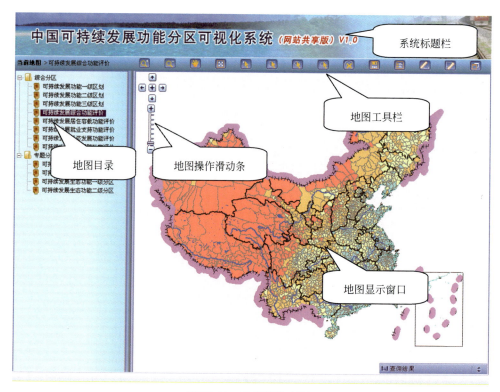

图 23.32　系统整体布局